EGON
SCHIELE

Herausgegeben von der
GRAPHISCHEN SAMMLUNG ALBERTINA IN WIEN

Veröffentlichung der Albertina Nr. 13

© 1979 Residenz Verlag, Salzburg und Wien
Alle Rechte, insbesondere das des auszugsweisen Abdrucks
und das der photomechanischen Wiedergabe, vorbehalten
Papier von Borregaard Hallein: Euroffset 135 g
Printed in Austria by Druckhaus R. Kiesel, Salzburg
ISBN 3-7017-0197-0

EGON SCHIELE

1890–1918

Leben
Briefe
Gedichte

von

Christian M. Nebehay

46 ganzseitige Farbtafeln
244 Schwarzweiß-Abbildungen
157 Dokumenten-Reproduktionen

Residenz Verlag

MEINEM SOHN MICHAEL GEWIDMET

Inhaltsverzeichnis

	Christian M. Nebehay: Vorwort	9
	Walter Koschatzky: Zum Geleit	12
I.	Herkunft	13
II.	Kindheit und frühe Jugend	33
	Dokumente und Korrespondenz 1840—1905	44
III.	An der Akademie	57
	Dokumente und Korrespondenz 1906—1907	80
IV.	Die erste Ausstellung; Heinrich Benesch wird auf Schiele aufmerksam	83
	Dokumente und Korrespondenz 1908	91
V.	Austritt aus der Akademie; Gründung der „Neukunstgruppe"	93
	Dokumente und Korrespondenz 1909	110
VI.	Czihaczek legt die Mitvormundschaft zurück; der unheimliche Erwin Osen	115
	Dokumente und Korrespondenz 1910	130
VII.	Schiele und Wally Neuzil; Ausweisung aus Krumau	147
	Dokumente und Korrespondenz 1911	163
VIII.	Die Affäre von Neulengbach	191
	Dokumente und Korrespondenz 1912	213
IX.	Besuch bei Arthur Roessler in Altmünster	237
	Dokumente und Korrespondenz 1913	245
X.	Der Reininghaus-Wettbewerb; Schiele als Radierer; „Die Aktion"	279
	Dokumente und Korrespondenz 1914	298
XI.	Ausstellung in der Galerie Arnot; Heirat; Einberufung; Militärdienst	321
	Dokumente und Korrespondenz 1915	332
XII.	Im Lager für kriegsgefangene russische Offiziere in Mühling	359
	Dokumente und Korrespondenz 1916	365

XIII. In der K. K. Konsumanstalt, Wien;
　　　Vermittlung von Klimts „Beethovenfries" 403
　　　Dokumente und Korrespondenz 1917 413
XIV. Klimts Tod; die 49. Ausstellung der „Secession";
　　　Umzug in ein neues Atelier; Tod 437
　　　Dokumente und Korrespondenz 1918 450
　　　Gedichte und poetische Texte 497
　　　Menschen um Schiele 509
　　　Abbildungsverzeichnis, Besitznachweis 578
　　　Benützte Literatur 582
　　　Register 583

1 Anton Josef Trčka [Pseudonym: Antios], Maler-Fotograf in Wien. Schuf in den Jahren 1914/15 — unter Anleitung von Egon Schiele — eine große Zahl künstlerisch bedeutender Porträt-Fotos nach ihm.

AN R·R—r. 1911.

ICH EWIGES KIND, — ICH FOLGTE STETS DEN GANG DER BRÜNSTIGEN LEUTE UND WOLLTE NICHT IN IHNEN SEIN, ICH SAGTE; — REDETE UND REDETE NICHT, ICH LAUSCHTE UND WOLLTE SIE STARK ODER STÄRKER HÖREN UND HINEINSEHEN.

ICH EWIGES KIND, — ICH BRACHTE OPFER ANDEREN, DENEN, DIE MICH ERBARMTEN, DENEN, DIE WEITWEG WAREN ODER MICH SEHENDEN NICHT SAHEN. ICH BRACHTE GABEN, SCHICKTE AUGEN UND FLIMMERNDE ZITTERLUFT IHNEN ENTGEGEN, ICH STREUTE IHNEN ÜBERWINDBARE WEGE VOR UND, — REDETE NICHT. — ALSBALD ERKANNTEN EINIGE DIE MIMIK DES HINEINSEHERS UND SIE FRAGTEN DANN NICHT MEHR.

ICH EWIGES KIND, — VERDAMMTE ALSBALD DAS GELD UND LACHTE, WÄHREND ICH ES BEWEINEND NAHM, DAS HERGEBRACHTE, DAS MASSENMUSS, DAS KÖRPERTAUSCHLICHE, DAS ZWECKGELD. ICH SAH SILBER WIE NICKEL, NICKEL WIE GOLD UND SILBER UND NICKEL, UND ALLES, WIE UNBESTÄNDIGE WERTLOSE ZAHLEN FÜR MICH, DIE MICH NICHTS KÜMMERN, DOCH WERDE ICH BEWEINEND ÜBER DAS ZWECKGELD LACHEN. — WOZU HIESS ES IN MIR. WOZU? — JEMAND SAGT: GELD IST BROT. — JEMAND SAGT: GELD IST WAARE. — JEMAND SAGT: GELD IST LEBEN. —

2 Egon Schiele. Die erste Seite eines Briefes an Arthur Roessler, Wien, 6. Januar 1911 [Nr. 171].

Vorwort

> „Correspondenzen gehören mit größter Wichtigkeit zu dem gewissenhaften Portraite eines Menschen, den man beauftragt ist, mit Worten und Werken zu zeichnen. Wer die Correspondenzen vergißt, dem soll das Bildnis nicht gelingen, denn er vergißt die Seele zum Leibe."
>
> Goethe an Lavater

Eingedenk der im zitierten Ausspruch Goethes enthaltenen Mahnung ist hier der Versuch unternommen worden, das Leben Egon Schieles — auf Grund vieler Briefe und Dokumente, die gleichzeitig mitgeteilt werden — ohne alle Emotion sachlich und verläßlich darzustellen. Schiele läßt sich merkwürdigerweise trotz des umfangreichen Briefwechsels als Mensch nicht leicht erfassen. Es sei auch erwähnt, daß in seinen Briefen jeglicher Hinweis auf empfangene Kunsteindrücke, auf Literatur oder Musik fehlt. Wir fanden einen einzigen Liebesbrief des jungen Schiele, jedoch nicht eine wirklich warme Zeile an seine junge Frau (siehst man von seinen originellen Anbiederungsversuchen ab). Es ist also doch anzunehmen, daß sehr viel Material verlorengegangen ist.

Von allem Anfang an war klar, daß eine Veröffentlichung des kompletten Briefwechsels zwar angestrebt, jedoch nicht erreicht werden konnte. Wir glauben aber, daß es uns gelungen ist, zumindest den Großteil zu erfassen. Waren bisher rund 180 seiner Briefe in Buchform veröffentlicht und weitere 80 in einer Zeitschrift, so bringen wir nicht weniger als 1803 Nummern (wobei einschränkend erläutert sei, daß diese Zahl durch die chronologische Aufgliederung des bisher unvollständig veröffentlichten Kriegstagebuchs von 1916 sowie des unpublizierten Notizbuchs von 1918 um einige hundert Nummern angeschwollen ist). Erfaßt sind auch alle an Schiele gerichteten Briefe, die sämtlich bisher nie publiziert wurden. Sie wurden in den meisten Fällen resümeeartig wiedergegeben.

Eingeordnet in die Korrespondenz sind auch alle Gedichte und Aphorismen Schieles, zum Teil mit kritischen Hinweisen auf bereits Publiziertes. Wenn wir uns dazu entschlossen haben, die Gedichte und die poetischen Texte gegen Ende dieses Buches nochmals zu bringen, so geschah dies in der Absicht, den Leser nachdrücklich auf Schieles schriftstellerische Tätigkeit hinzuweisen, die völlig in Vergessenheit geraten ist.

Ursprünglich war daran gedacht, auch die Skizzenbücher Schieles aus dem Egon Schiele Archiv zu veröffentlichen. Allein, die Fülle des von uns Gebrachten verbot eine weitere Ausweitung dieses Bandes. Es ist aber beabsichtigt, diese (bereits weitgehend vorbereitete) Arbeit in absehbarer Zeit nachfolgen zu lassen.

Was die Auswahl der Illustrationen betrifft, so war es unser Bestreben, soviel wie möglich an Neuem und Unbekanntem zu bringen. Wir hoffen, daß die bisher weder publizierten noch ausgestellten Jugendarbeiten Schieles das gleiche Interesse finden werden wie jene Arbeiten, die seine künstlerische Entwicklung (Beeinflussung durch die Kunst der „Secession" und durch Gustav Klimt) verdeutlichen. Es schien uns selbstverständlich, daß in einem Buch über Schieles Leben nicht nur ausgewählte Beispiele seines Schaffens gezeigt werden, sondern Wichtiges in Vollständigkeit. Daher bilden wir alle 1912 im Gefängnis von Neulengbach gezeichneten Blätter sowie auch alle seine Graphiken ab. Darüber hinaus haben wir es uns angelegen sein lassen, durch entsprechend großzügige Abbildungen erstmals auf die große Bedeutung hinzuweisen, die die Fotografie im Leben und Schaffen Schieles 1914/15 spielte. Damals ist eine große Anzahl künstlerisch bedeutender Fotografien von Schiele entstanden. Wir haben aus den vielen hundert Selbstporträts, die er gezeichnet hat, solche gewählt, die uns für eine Gegenüberstellung am besten geeignet schienen.

Es obliegt dem Herausgeber, allen jenen zu danken, die das Erscheinen dieses Buches durch ihr großzügiges Entgegenkommen ermöglicht haben. An erster Stelle ist hier die Schwester des Künstlers, Frau Gertrude Peschka-Schiele, zu nennen, die nicht nur ihr gesamtes Material zur Verfügung stellte, sondern darüber hinaus den Abdruck ihrer Kindheitserinnerungen an Egon erlaubte. Herr Ingenieur Norbert Gradisch hat mit gleicher Liebenswürdigkeit zur Verfügung gestellt, was er aus dem ursprünglich umfangreichen Erbgut seiner Tante, Frau Melanie Schuster-Schiele, zu retten vermochte. Darüber hinaus übergab er uns eine Anzahl von ihm in jüngster Zeit neu aufgefundener Dokumente und Fotografien zur Veröffentlichung. Beiden Genannten sei an dieser Stelle auch für die großzügige Regelung der Urheberrechte gedankt.

Unter den privaten Sammlern sei in erster Linie Herr Viktor Fogarassy, Graz, erwähnt. Er versteht Sammeln etwa im Sinne der Brüder Edmund und Jules Goncourt und zögert nie, bereitwillig zur Verfügung zu stellen, was er besitzt. Einem ungenannt bleiben wollenden Sammler gilt der besondere Dank des Herausgebers für die Erlaubnis, sein außerordentlich interessantes Material publizieren zu dürfen. Es sei auch Herr Erich Lederer, Genf, genannt, einer der wenigen, der Schiele gut gekannt hat. Seine Anteilnahme an diesem Buch hat er durch viele anregende Gespräche bekundet. Auch Mr. Serge Sabarsky, New York, muß erwähnt werden, weil er das Reproduzieren einiger wichtiger Blätter seiner Sammlung ermöglichte. Dieser noblen Haltung vieler, die hier namentlich nicht alle genannt werden können, steht die Weigerung zweier gegenüber, die uns ihr Material nicht zur Verfügung stellen wollten. Solcher Art gerät, unserer Meinung nach, Sammeln in ein schiefes Licht.

Was öffentliche Institute anlangt, so haben deren Leiter in vorbildlichem Entgegenkommen die Arbeit des Herausgebers unterstützt. An erster Stelle ist hier die Graphische Sammlung Albertina in Wien zu nennen, die unter ihren Schätzen das von Max Wagner 1950 geschenkte „Egon Schiele Archiv" bewahrt. Der Autor betrachtet es als Ehre, daß er von der Graphischen Sammlung Albertina nicht nur mit der Ordnung des vom Sammler in keinem erkennbaren System hinterlassenen Materials beauftragt wurde, sondern darüber hinaus auch mit dessen Veröffentlichung. Dem

Bundesministerium für Wissenschaft und Forschung sei der Dank des Herausgebers für die Förderung und Betrauung mit dem Forschungsauftrag „Egon Schiele: Leben, Briefe und Gedichte" ausgesprochen. Dem Direktor der Graphischen Sammlung Albertina, Wirkl. Hofrat Prof. Dr. Walter Koschatzky, sei für sein Vertrauen und alle Unterstützung herzlich gedankt. Im Bestreben, die Korrespondenzen Egon Schieles so vollständig wie möglich zu bringen, ist der Autor mit anderen Instituten in Verbindung getreten. Der zweite große Schatz an Egon-Schiele-Dokumenten wird — als Nachlaß von Arthur Roessler — in den Sammlungen der Stadt Wien verwahrt. Handschriftliches in der Wiener Stadtbibliothek, Gemälde, Zeichnungen und Graphik im Historischen Museum der Stadt Wien. Die beiden Leiter, Dr. Walter Obermaier und Hofrat Dr. Robert Waissenberger, haben unsere Arbeit durch großes Entgegenkommen gefördert. Der gleiche Dank gilt den Vorständen der Handschriftensammlung der Österreichischen Nationalbibliothek und der Sammlungen des Tiroler Landesmuseums Ferdinandeum, Innsbruck, dem Amt der Niederösterreichischen Landesregierung und allen übrigen Stellen.

Das Zustandekommen dieses Buches wäre ohne die Hilfe der Mitarbeiter des Autors und seines Freundes Wolfgang Ploderer kaum möglich gewesen. Besonders sei Frau Waltraud Krug erwähnt, die mit dem Herausgeber in wochenlanger Arbeit die Ordnung des „Egon Schiele Archivs" vorgenommen hat. Kein menschliches Unterfangen ist vollkommen, und sollten sich — trotz aller Sorgfalt — Fehler eingeschlichen haben, so lag das gewiß nicht am guten Willen aller Beteiligten.

Nicht zuletzt sei dem Verleger, Herrn Wolfgang Schaffler, dafür gedankt, daß er großzügig alle Anregung hinsichtlich der Gestaltung dieses Buches in die Tat umsetzte. Auch seine Mitarbeiter waren immer bemüht, das Buch aufs Beste zu betreuen. Die Zusammenarbeit zwischen Verlag, Autor und dem Druckhaus Kiesel war perfekt.

Möge also dieses Buch als Handbuch über das Leben und Wirken Egon Schieles Anerkennung finden. Es ist nicht zuletzt auch ein Beitrag zu der noch ungeschriebenen Geschichte des Sammelns und des Kunsthandels in Deutschland und Österreich in den Jahren 1908—1918.

Pulkau in Niederösterreich, im Juni 1978 *Christian M. Nebehay*

Zum Geleit

Wenige Jahre nur waren Schiele zu Leben und Schaffen bestimmt. Ich habe die poetische Phrase nie so recht begriffen, daß ein allzu früher Tod Ausdruck einer besonderen Liebe der Götter sein solle. In der Tat scheint allerdings vielen dieser Frühvollendeten — Mozart, Schubert, Trakl — etwas gemeinsam zu sein, eine Dichte besonderer Art ihres Tuns, geradezu wie ein Verbrennen in ihrer aus der Tiefe der Unbewußtheit getriebenen Sehnsucht, schaffend Bleibendes zu hinterlassen. Im langen Bogen der Kunstgeschichte begegnet uns dies immer wieder, wenn wir so mancher Lebensbeschreibung folgen. Man mag sich an Vasari erinnern und an alle folgenden, den vir illustris aus seiner vita erklären zu wollen. Der Geniekult wurde davon nur allzu lange beherrscht. Späterhin hat sich die Kunstwissenschaft zu anderen Sehweisen bekannt; eine Art intellektueller Abstraktion ließ die Werke weit eher in spekulativer Kühle (der „klinischen Atmosphäre") aus anderen Voraussetzungen, dem Zeitgeist, dem Stilwollen und anderem, erläutern. Es mag sich indes Kunstinterpretation inzwischen auf solche Art manches Mal allzu weit von den Fakten und persönlichen Schicksalen als entscheidender Motivierung entfernt haben. Kein Zweifel daher, das, was not tut, ist, sich von Spekulation und individueller Schau des Interpreten ab- und gesicherten Fundamenten der Tatsachen zuzuwenden, mit größter Akribie, aller Wissenschaftlichkeit also, sich neuer dokumentarischer Forschung anzunehmen. Wir haben darum alle Bemühungen um das Schiele Archiv der Graphischen Sammlung Albertina, dessen Bewahrung und gelegentliche Benützung nicht darüber hinwegtäuschen konnte, daß hier bislang weder systematischer Zugang noch hinreichende Erfahrung gegeben waren, so nachdrücklich begrüßt. Ich habe Christian M. Nebehay, dem verdienten und unermüdlichen Forscher, dem aufrichtig verehrten Freund, an dieser Stelle zu danken und alle Anerkennung zu entbieten. In selbstloser Bemühung hohen Maßes hat er sich diesem Ziel, ebenso wie schon lange zuvor für Gustav Klimt, gewidmet und eine klare, überschaubare und damit aller kommenden Forschung nützliche Einrichtung geschaffen; der Graphischen Sammlung Albertina ist damit eine sehr wertvolle Leistung zuteil geworden. Es sei daher auch allen gedankt, die ihre Mithilfe angeboten haben und ebenso sehr deutlich eine Gesinnung einzelner bedauert, die eine solche ablehnten. Tatsächlich erscheint einem in Schieles knapper Schaffenszeit jedes Jahr wie eine Dekade. Sein Werk — das des subtilen Zeichners wie des Malers — hat in der Kulturwelt eine späte, dafür aber um so bedeutsamere Entdeckung erfahren. Und längst gehört Egon Schiele der Weltkunst an. Die Graphische Sammlung Albertina kann für sich in Anspruch nehmen, für die Anerkennung eben dieses österreichischen Künstlers sehr nachdrücklich gewirkt zu haben. Meder und Stix erwarben kurz nach dem Ersten Weltkrieg Hauptwerke, stellten sie bereits auch aus, Reichel setzte diese Einkäufe zielbewußt fort, Otto Benesch schließlich — durch lange Zeit mit dem Künstler freundschaftlich verbunden — vollzog alles Weitere: die Erwerbung der Meisterwerke (Marksteine der Ausstellung von 1948), die Übernahme des Archivs. Nicht weniger bemüht folgten die Ausstellung von 1968, ebenso aber zahllose internationale Aktivitäten sowie die Forschungen und Publikationen von Erwin Mitsch. All dem fügt sich dieses vorliegende Werk in höchster Verantwortung ein, und wir sind überzeugt, daß sich Schieles Anerkennung dadurch noch erweitern und vertiefen wird.

Walter Koschatzky

I. Herkunft

Es scheint geboten, sich zunächst in großen Zügen mit der Familie Egon Schieles auseinanderzusetzen. Sie war — und dies sei mit allem Nachdruck festgehalten — gutbürgerlich und stammte, vom Großvater väterlicherseits her, aus Norddeutschland. Sie läßt sich bis in das 14. Jahrhundert zurückverfolgen und weist Bauern, evangelische Pastoren, Schulherren, Juristen, Beamte und Offiziere auf. Weitverzweigt gibt es — über die Familie von Besser und von Puttkamer — eine Verbindung zu Otto Fürst von Bismarck. Ein Familienmitglied, der Staatsanwalt Just Schiele aus Bernburg, hat 1880 eine Stammtafel verfaßt, die Egon Schiele übrigens hinsichtlich seiner eigenen Familie ergänzte[1]. Von seiten der Mutter her waren die Vorfahren Bauern, kleinstädtische und ländliche Handwerker aus der Umgebung von Krumau in Südböhmen.

Einschränkend müssen wir allerdings — was Schieles Vaterhaus anlangt — von einer in kleinbürgerlicher Enge verbrachten Jugend sprechen. Denn sehr weit hat es sein Vater → *Adolf Eugen Schiele* (1850—1905) beruflich nicht gebracht. Er war Oberoffizial der K. K. Staatsbahn, also ein Eisenbahnbeamter des gehobenen Dienstes. Als er 1879 heiratete, war er Bahnhofsvorstand in Launsdorf, Kärnten[2]. Am 2. I. 1887 trat er ein weit verantwortungsvolleres Amt als Stationsvorstand von Tulln an, einem Ort, der ungefähr 30 Kilometer westlich von Wien liegt. Die Station war zu Zeiten der österreichisch-ungarischen Monarchie von größerer Bedeutung als heute, denn damals führte ein reger Personen- und Güterverkehr nordwärts, über die nahe gelegene große Donaubrücke, nach Böhmen, Mähren und Galizien. Adolf Schiele schien also auf dem Wege nach oben, doch das Schicksal wollte es anders. Leider haben wir nur eine sehr vage Vorstellung von seiner Persönlichkeit. Es hat sich bisher nichts unter den Schriften gefunden, was geeignet wäre, ihn als Mensch zu erfassen. Egon Schiele scheint sich einmal, als man ihm Vorwürfe wegen unbedachter Geldausgaben machte, zu → *Arthur Roessler*[3] geäußert zu haben:

„Sie mögen recht haben, ich bin mit dem Geld ein bissl leicht. Das hab' ich von meinem Vater ge-

erbt. Mein Vater litt an dem österreichischen Erbübel, der Sucht, über seine Verhältnisse zu leben: so hielt er sich, als er Vorstand einer kleinen Bahnstation war, Pferd und Wagen und tat auch im übrigen gerne ‚nobel'. Ich hab' das aber nicht ungern, ich versteh's, wenn einer über seine Grenze hinaus will, auch wenn's zum Verderben führt, was liegt daran? Lieber verkommen als versumpern[4].„

Roessler zitierte auch einen ähnlichen Ausspruch von Schieles Onkel und Mitvormund → *Leopold Czihaczek*[5].

Egon Schieles Familie führte während seiner Kindheit das wohlgeordnete Leben einer Beamtenfamilie: kleinbürgerlich, wir wiederholen dies mit Absicht, also ohne Beziehung zu den Künsten; ein eher gleichbleibender grauer Alltag; Pflichterfüllung als oberstes Gebot; keine erkennbaren Passionen; ein Haushalt wie zehntausend andere auch. Man hatte mit dem Gehalt auszukommen. Erspartes Geld, eigenes Vermögen, wurde angelegt. Man schnitt Kupons und hütete sich, die eingenommenen Zinsen auszugeben. Das Geld hatte damals noch seinen Wert. Man hatte zu sparen und zu trachten, es zu vermehren. Jede, auch die geringste Abweichung vom vorgeschriebenen Lebensstandard wurde — man denke an Schieles Ausspruch von vorhin — sofort kritisiert und konnte der Karriere schaden. Man mußte als Beamter trachten, ja nicht aufzufallen.

Adolf Schiele hatte sich seine Frau → *Marie*, geborene *Soukup*, aus Krumau an der Moldau in Südböhmen geholt. Sie war die älteste Tochter eines durch die großen Eisenbahnbauten jener Zeit wohlhabend gewordenen Baumeisters, des → *Johann Franz Soukup*. Man erzählt in der Familie Schiele, daß die Soukups allein in Wien sechs Zinshäuser besessen hätten[6].

Wenn man sich mit Egon Schieles Familie beschäftigt, muß man sich auch jenem Manne zuwenden, der in seinem Leben eine wichtige Rolle gespielt hat: seinem Onkel → *Leopold Czihaczek* (1842 bis 1929). Es bleibt ungeklärt, weshalb dessen Vermögensverhältnisse um so viel besser waren als jene seines Schwagers Adolf Schiele, dessen Schwester → *Marie* (26. V. 1853—8. II. 1937) er geheiratet hatte. Sein namhaftes Vermögen konnte weder aus eigener beruflicher Tätigkeit — er war Ingenieur und „Ober-Inspektor der k. k. Staatsbahnen" (Nordbahn) — und kaum vom Vater her stammen, dem er eine aufschlußreiche Erinnerungsschrift gewidmet hat[7]. Dieser war als Sohn eines Tuchmachers 1811 in Bystritz ob Pernstein in Mähren geboren worden und hatte den Beruf eines Landschullehrers ergriffen; 1835 in Krumau Antonie Krk, die Tochter eines Grundbesitzers und Gastwirtes, geheiratet; kam durch eisernen Fleiß und Begabung von 1863 bis 1872 an die k. k. Brünner Deutsche Lehrerbildungsanstalt und leitete dort das Konvikt der Lehramtskandidaten, zuletzt mit einem Jahresgehalt von 1440 Gulden. Das Vermögen des Sohnes konnte also kaum vom Vater her stammen, ebensowenig wie etwa aus seinem Beamtengehalt. Leopold Czihaczek hat es also offenbar — im Gegensatz zu seinem Schwager — verstanden, das Geld, das seine Frau in die Ehe gebracht haben muß, nicht nur zu wahren, sondern auch zu mehren.

Leopold Czihaczeks Ehe war kinderlos. Er besaß ein stattliches Haus in Wien und verbrachte die Sommermonate stets in einer Mietvilla in der näheren Umgebung der Stadt; selbstverständlich reiste er jedes Jahr auf ein paar Wochen „in die Ferien"; er hatte seine Loge im Burgtheater und war ein musikliebender Mann, der nicht nur selbst gut Klavier spielte, sondern auch musikalische Abende in seinem Hause veranstaltete. Soviel er allerdings für Musik übrig hatte, sowenig verstand er — auch darin ein echter Wiener — von bildender Kunst. Dafür erregte er auf dem Ringstraßenkorso Aufsehen, weil er von zwei afrikanischen Windspielen begleitet spazierenging. Kurz, er war der typische Wiener Hausherr und Bourgeois. Sicher wohlmeinend und von einer gewissen Noblesse seinem Neffen und Mündel Egon und auch anderen jungen Menschen gegenüber[8]. So hat er sich von seinem Neffen in den Jahren 1906—1909 nicht weniger als neunmal in Öl malen lassen. Daraus allein kann man schließen, daß während jener Jahre ihr Verhältnis ein gutes war und daß es dem eitlen Mann schmeichelte, von seinem Neffen, dessen Begabung er somit anerkannte, dargestellt zu werden.

Der sechzehnjährige Egon Schiele, außerhalb Wiens aufgewachsen, erhielt durch ihn und das Leben in seinem gastlichen Haus die notwendigen gesellschaftlichen Umgangsformen; er wurde mit anderen Worten unbewußt aus einem Landkind zu einem Kind der Großstadt. In der Folge gab er aber immer deutlicher zu erkennen, daß ihm das Leben in diesem Hause nicht behagte. Der Onkel war wohl ohne Gefühl für die Sensibilität des kunstbesessenen Jünglings und zudem ein penibler Pedant. Man ersieht das unschwer aus seinem Tagebuch[9], in dem er nicht nur gewissenhaft die während des Urlaubs gemachten Schritte, sondern auch die Stunden des Erwachens und alle Menus festhielt.

Das Unglück, das über die Familie Adolf Schieles hereinbrach, hatte gesundheitliche Gründe. Die ersten beiden Kinder, ein Mädchen und ein Knabe, kamen 1880, respektive 1881 tot zur Welt[10], was allein schon ein Alarmzeichen war. Das dritte Kind, → *Elvira,* 1883 geboren, starb mit zehn Jahren. Die nachfolgenden drei Kinder allerdings waren gesund:

→ *Melanie,* verheiratete *Schuster,* 1886 geboren, starb 1974 im Alter von 88 Jahren;

→ *Gertrude,* verheiratete *Peschka,* 1894 geboren, lebt noch, ausgestattet mit einem erstaunlichen Erinnerungsvermögen an die Tage ihrer Kindheit.

Egon, 1890 geboren, steht also zwischen seinen beiden Schwestern. Auch er war vollkommen gesund, nur von schwächlicher Konstitution. Ein sogenanntes „Kinderherz"[11] bewahrte ihn vor der Ableistung des Militärdienstes in Friedenszeiten. Daß er mit achtundzwanzig Jahren starb, hatte seine Ursache in der damals herrschenden „Spanischen Grippe", die ihn drei Tage nach seiner Frau dahinraffte. Zehntausende starben damals daran, weil die geschwächte Bevölkerung, der im Ersten Weltkrieg große Entbehrungen auferlegt worden waren, der Krankheit keinen Widerstand zu leisten vermochte.

Adolf Schiele mußte 1902 den Dienst quittieren und mit zweiundfünfzig Jahren in Pension gehen. Es zeigten sich an ihm nicht übersehbare Anzeichen einer geistigen Störung. Er übersiedelte 1904 mit seiner Familie in das Wien näher gelegene Klosterneuburg und starb dort, im Haus Ortnergasse 28, am 1. I. 1905[12]; wie es scheint, an den Folgen einer progressiven Paralyse[13]. Man erzählt in der Familie Schiele, daß er in einem unbewachten Moment den gesamten, gewiß namhaften Aktienbesitz in den Ofen gesteckt und verbrannt habe. Damit sei er mit einem Schlag ohne Vermögen dagestanden[14].

Bedrückender aber als die in jenen drei Jahren einsetzenden Einschränkungen muß das sonderbare Verhalten des Vaters auf den heranwachsenden Knaben gewirkt haben. Es wird berichtet, Adolf Schiele habe in den letzten Jahren seines Lebens für einen imaginären Gast bei Tisch decken lassen, der von den Familienmitgliedern mit aller Ehrfurcht empfangen und behandelt werden mußte[15]. Dies und sicher auch sein — selbst für Kinder merkbares — unheimliches Betragen haben sich gewiß belastend auf die Seele des heranreifenden Knaben ausgewirkt, der sich als Erwachsener nach außen hin heiter, ruhig, gelassen, oft verspielt und liebenswürdig gab. Die Belastung durch den Vater ist zu deutlich, als daß man sie verschweigen könnte, und mag der Schlüssel zu manchem sonst Unverständlichen in seinem Leben und in seiner Kunst sein. Wie anders könnte man sich die trostlose Traurigkeit erklären, die mehr als einmal aus den Zügen der von ihm Dargestellten spricht? Und es gibt auch nicht eine einzige heitere oder entspannt wirkende Menschendarstellung in seinem Werk und sehr viel Düsteres in der Wahl seiner Themen[16].

Die getrübte Jugend Schieles, der sein Leben lang unter dem frühen Tod seines Vaters litt, hat ihre Parallele im Leben seines großen Zeitgenossen → *Edvard Munch*[17]. Auch in dessen Jugend gab es schwere seelische Belastungen. Als Dreijähriger verlor er seine Mutter, dann wenige Jahre später seine geliebte Schwester Sophie und erlebte, wie eine andere Schwester an einer Geisteskrankheit zugrunde ging. Darüber hinaus wurde sein Vater — vordem ein lebenslustiger Schiffsarzt — nach dem Tod seiner Frau zum Melancholiker, der sich von allen absonderte und im Lesen der Bibel Trost suchte[18]. Hier findet sich wohl die Erklärung für Angst und Tod, die Munch so oft dargestellt hat.

Die Mutter → *Marie Schiele,* geborene Soukup (1862—1935), heiratete Adolf Schiele im Alter von nur siebzehn Jahren und, wie es scheint, gegen den Willen ihrer Familie[19]. Aus den erhaltenen Notizbüchern, die sie in den ersten Jahren ihrer Ehe führte[20], erkennt man, daß sie offenbar gottergeben und ohne viel nachzugrübeln, den ihr auferlegten Verlust von drei Kindern ertrug. Man gewinnt von ihr eher den Eindruck einer unbedeutenden Persönlichkeit[21]. Nach dem Tode ihres Mannes und dem Verlust des Vermögens auf sich allein gestellt, von einer sehr bescheidenen Pension lebend[22], hatte sie wohl weder die Gabe noch die Kraft, die Geschicke ihrer Kinder zu lenken. Was sie in späteren Jahren an schriftlichen Aufzeichnungen über ihren Sohn hinterließ[23], beweist, daß sie keineswegs in der Lage war, seine geniale Begabung zu begreifen. Das Verhältnis Mutter—Sohn war kein gutes, man kann dies aus beider Briefen unschwer erkennen. Schieles langer Brief [siehe Nr. 483] an seine Mutter ist wohl ein einzigartiges und aufschlußgebendes Dokument. Die Briefe der Mutter sind voller Bitterkeit, voll von Forderungen und Vorwürfen. Mit mütterlichem Instinkt hatte sie erkannt, daß Egon ein „Wunderkind" war. Und man muß es ihr als großes Verdienst anrechnen, daß sie, entgegen dem Wunsch des Mitvormundes Czihaczek, ihrem Sohn das Verlassen der Schule erlaubte und den Besuch der Akademie durchsetzte[24]. Aber gewiß hatte sie dabei zu viele egozentrische Hoffnungen. Sie träumte wohl davon, daß er, zu Ruhm und Geld gekommen, ihr miserables Leben verbessern würde. Dabei vergaß sie aber völlig, daß Egon, nachdem er sich vom wohlhabenden Onkel losgesagt hatte, in den entscheidenden, bitteren Notjahren seiner Jugend völlig auf sich gestellt war, weil sie es nicht vermochte, ihm geistigen Zuspruch, geschweige denn materielle Hilfe zu bieten[25]. Man kann es ihm daher kaum verargen, daß er, als es ihm endlich besser ging, zuallererst an den Aufbau seiner eigenen Existenz dachte. Er hat seine Mutter, wenn auch nicht so regelmäßig, wie sie es gewünscht hätte, unterstützt; auch sie oder die Schwestern gelegentlich in die Ferien mitgenommen; und damit einer selbstverständlichen Sohnespflicht genügt. Zu mehr war er nicht bereit.

Die ältere Schwester *Melanie* war ein auffallend schönes Geschöpf. Zahlreiche Fotografien beweisen, daß sie — so wie später Egon — danach trachtete, sich in immer neu ausgedachten Posen, vor allem aber stets neu gekleidet, darstellen zu lassen. Und so lief sie in Klosterneuburg und dann in

Wien auch von Fotograf zu Fotograf. Sie stand ab ihrem dreiundzwanzigsten Lebensjahr bis zu ihrer Pensionierung, 1933, im Dienste der Eisenbahn. Sie half, auf ihre bescheidene Art, der Mutter die schwierigsten Jahre zu überstehen. Sie nahm, nach dem Tod ihres Mannes, 1933 die schwererkrankte Mutter zu sich auf, die 1935 in ihrer Wohnung starb. Sie war seit 1923 mit dem Oberrevidenten der Bundesbahnen → *Gustav Schuster* (1884 — Wien — 1933) verheiratet. Sie dilettierte als Malerin, von der eine Anzahl hübscher Blätter erhalten ist. Auch war sie modisch begabt und verfertigte, um zusätzlich Geld zu verdienen, Hüte[26] und verschiedene Kleidungsstücke, wie man auf Egons Porträts der Schwester Gerti nachweisen kann[27], ferner alle Arten von Handarbeiten. Das Verhältnis zu Egon scheint ein gutes gewesen zu sein. Warum er sie in seinem Brief vom 31. III. 1913 angegriffen hat, bleibt unaufgeklärt. Vermutlich handelte es sich in diesem Fall bloß um eine vorübergehende Mißstimmung, wie man sie in seiner Korrespondenz in mehreren Fällen verfolgen kann.

Gertrude oder, wie sie genannt wurde, *Gerti* spielt im Leben des Bruders die wichtigere Rolle. Zunächst war sie die getreue Gefährtin seiner Kindheit, die sie, nach ihren Worten, unzertrennlich miteinander verbrachten. Sie erwähnt, wie dominierend Egon war[28]. Die innige Zuneigung, die sie füreinander besaßen, dauerte bis zu seinem Tode. Er war es wohl, der Gerti 1910/11 bei der → „Wiener Werkstätte" unterbrachte, wo sie, nun sechzehn Jahre alt und ein bildhübsches Mädchen, modisch tätig wurde und auch als Mannequin Kleider vorführte. Somit kam durch sie ein Hauch von Luxus und von großer Welt in die ärmlichen Verhältnisse zu Hause. Zeichnete Egon von früher Kindheit an Mutter und Schwestern — es hat sich keine Zeichnung nach dem Vater erhalten —, so wird Gerti um 1909/10 sein bevorzugtes Modell. Daß sie sich ebenso — wie es scheint — wie Melanie dem Bruder für Aktzeichnungen[29] zur Verfügung stellte, zwingt zu einigem Nachdenken. Es war dies ein ungewöhnliches Vorgehen, das gewiß nicht nur mit dem Hinweis darauf, daß er sich keine Berufsmodelle leisten konnte, erklärt werden kann. Der Moralkodex dieser Zeit war streng. Das „gehörte sich ganz einfach nicht" und war, ebenso wie die mit Gerti im Pubertätsalter nach Triest unternommenen Reisen[30], mit Sicherheit nur in einem vaterlosen Haushalt denkbar, selbst wenn wir annehmen, daß das Aktstehen hinter dem Rücken der Mutter geschah. Es sei jedoch hier einmal vorweggenommen, daß Egon Schiele ja überhaupt von unbezähmbarer Neugier nach dem weiblichen Körper besessen war, und zwar mit einer deutlichen Vorliebe für Mädchen in den Entwicklungsjahren. In der Affäre von Neulengbach, 1912, ist er um ein Haar darüber gestolpert.

Egon Schiele war also frühreif. Seit seiner Pubertät war er von einer unlösbaren inneren Unruhe und Spannung erfüllt, die ihn sein ganzes Leben hindurch begleitete und ihn weder im Zusammenleben mit seinem Modell → *Wally Neuzil* noch in der Ehe mit → *Edith Harms* verlassen sollte. Man kann dies unschwer aus seinen Aktzeichnungen ablesen, die manchesmal bis in geradezu klinische Details gehen. Aber — und dies sei einschränkend und besseren Verständnisses wegen gesagt — er lebte mehr vom Verkauf seiner Zeichnungen als von dem seiner Bilder. Und je freier, je gewagter, je eindeutiger sie waren, desto leichter nahmen gewisse Kunden sie ihm ab. Anders → *Gustav Klimt,* der danach trachtete, die glückhaft entspannten Züge der von ihm geliebten Frauen für sich festzuhalten und seine Zeichnungen kaum jemals verkaufte. Schiele dagegen war, man kann sich des Eindrucks nicht erwehren, bei aller explosiven Wildheit nur der nimmermüde, triebhaft neugierige

Betrachtende, der kühl und distanziert aufzeichnete und wohl weit seltener als Klimt tatsächlich auch Liebhaber seiner Modelle war[31].

Seiner Schwester Gerti gegenüber war er in eine merkwürdige Rolle geraten. Zuerst autoritär, dann neugierig, bewundernd, beschützend und eifersüchtig. Man kann das sehr deutlich aus dem erwähnten Brief des Jahres 1913 an die Mutter ablesen, als sich nämlich Gertis Bindung an seinen lebenslangen Freund, den Maler → *Anton Peschka,* abzuzeichnen begann, den sie dann auch 1914 heiratete. Die unerklärlich fratzenhafte Darstellung seiner schönen, jugendlichen Schwester als „Hämische", 1910, könnte als Vorahnung der Eifersucht seitens des sensitiven Bruders gedeutet werden, wiewohl wir uns nicht in pseudopsychoanalytische Betrachtungen einlassen wollen[32]. Vielleicht ist es naheliegender, diese Zeichnung als unter dem deutlichen Einfluß von → Toulouse-Lautrec entstanden zu bezeichnen, dessen Oeuvre Schiele 1909 auf einer umfassenden Ausstellung in der → Galerie Miethke in Wien studieren hatte können.

Die Frage nach der Herkunft einer Begabung ist immer fesselnd. Im Falle Egon Schieles war es so, daß nicht nur die Schwester Melanie zeichnete und aquarellierte, sondern daß sich auch vom Vater Zeichnungen erhalten haben, die allerdings eher mittelmäßig sind.

Der wirklich Begabte war der Großvater väterlicherseits gewesen, der aus Deutschland stammende Architekt und Ingenieur → *Ludwig Schiele* (1817—1862). Er war einer der vielen, die aus beruflichen Gründen nach Österreich-Ungarn eingewandert sind und in diesem Schmelztiegel der Nationen heimisch wurden. Durch ihn blieben übrigens seine Nachkommen nach Prag zuständig, weshalb Egon Schiele 1915 dorthin einrücken mußte. Auch hier haben wir es dem liebevollen Gedenken Leopold Czihaczeks zu verdanken, daß er in einer kleinen Broschüre das interessante Leben dieses Mannes und dessen Verdienste festgehalten hat[33]. Als junger Mensch war Ludwig Schiele aus einigen hundert Bewerbern zum Ingenieur der „Kaiser-Ferdinand-Nordbahn" bestellt worden; er hat viel zum Streckenausbau beigetragen, schwierige Abschnitte selbst betreut und auch selbständig Brücken konstruiert. Man hat ihm dann, als Alleinverantwortlichem, den Bau der „Böhmischen Westbahn", der Linie also, die von Prag an die bayerische Grenze führt, übertragen. Dort hat er — und dieses Verdienst hebt Czihaczek hervor, weil es in der Fachliteratur nicht erwähnt wird — zum erstenmal in der Geschichte des europäischen Eisenbahnbaues Trassen nach geologischen Schichtenlinien verlegt. Dieser Bahnbau, den er glänzend vollendete, stand unter dem Unstern zeitlichen Druckes; und dem Übermaß der Anstrengung ist er, mit nur fünfundvierzig Jahren, zum Opfer gefallen. Im Besitz von Gertrude Peschka-Schiele befindet sich eine Mappe mit Zeichnungen von Ludwig Schiele, die sichere Hand und auch eine kleine künstlerische Begabung erkennen lassen. Merkwürdigerweise hat Egon Schiele von diesem bedeutenden Großvater nichts gewußt, sonst hätte er in seiner kurzen Autobiographie von ihm und nicht von dem gewiß braven, aber unbedeutenden Justizrat Friedrich Karl Schiele gesprochen:

„Skizze zu einem Selbstbildnis

In mir fließt altes deutsches Blut und oft spür' ich der Vorfahren Wesen in mir. Ein Urenkel des Justizrates Friedrich Karl Schiele, ersten Bürgermeisters von Bernburg im Herzogtum Anhalt, wurde ich am 12. Juni 1890 in Tulln an der Donau durch einen Wiener als Vater aus einer Krummauerin als Mutter geboren. Die bildhaft nachwirkenden Eindrücke der Kindheitszeit empfing ich von ebenen Ländern mit Frühlingsalleen und tobenden Stürmen. Es war mir in jenen ersten

Tagen, als hörte und roch ich schon die Wunderblumen, die sprachlosen Gärten, die Vögel, in deren blanken Augen ich mich rosa gespiegelt sah. Oft weinte ich mit halben Augen als es Herbst war. Wenn es Lenz war, träumte ich von der allgemeinen Musik des Lebens, alsdann freute ich mich über den herrlichen Sommer und lachte, als ich in seinem Prangen mir selbst den weißen Winter malte. Bis dahin lebte ich in Freude, in wechselnd heiterer und wehmütiger Freude, dann begannen die Mußzeiten und die leblosen Schulen. Volksschule in Tulln, Realgymnasium in Klosterneuburg. Ich kam in schier endlos und tot scheinende Städte und betrauerte mich. In dieser Zeit erlebte ich das Sterben meines Vaters. Meine rohen Lehrer waren mir stets Feinde. Sie — und andere — verstanden mich nicht. Die höchste Empfindung ist Religion und Kunst. Natur ist Zweck; aber dort ist Gott, und ich empfinde ihn stark, sehr stark, am stärksten. Ich glaube, daß es keine ‚moderne' Kunst gibt; es gibt nur eine Kunst, und die ist immerwährend ..."

[Vermutlich um 1910 geschrieben. Zitiert nach Arthur Roessler, Egon Schiele, Briefe und Prosa, Wien 1921, pp. 18/9 (siehe Nr. 155).]

Während sich der von ihm bewunderte und verehrte → Gustav Klimt als Sohn eines einfachen Graveurs sehr mühsam den Weg aus den unteren Bevölkerungsschichten in die Gesellschaft bahnen mußte, war Egon Schiele ein Bürgerlicher. Es ist zu bewundern, wie er sich der gutgemeinten, für ihn aber bedrückenden Vorherrschaft seines Onkels und Mitvormundes entzog; wie er auf alles verzichtete, was dessen wohlbestalltes Haus ihm freundlich geboten hatte, um kompromißlos, auf sich allein gestellt, von der Hand in den Mund lebend, seinen Weg zu gehen. Wir halten es aber für kennzeichnend, daß er sich 1915 seine Frau just aus dem gleichen beengten Milieu des Bürgertums holte, dem er doch entronnen zu sein wähnte. Nichts ist da aufschlußreicher als ein Vergleich der Wohnungseinrichtungen Czihaczeks mit Familienfotos aus dem Heim der Familie des → *Johann Harms*.

ANMERKUNGEN

Ein Verzeichnis der Abkürzungen findet sich auf p. 44.

1 Von Schieles Hand stammt ein Einschub zu den Daten seines Vaters Adolf:

| *Elvira gest.[orben] 1893* | *Melanie geb.[oren] 1886* | *Egon Schiele 12. VI. 1890 marit.: Edith Anna Harms 4. III. 1893* | *Gertrude geb. 1894 marit.: Anton Peschka"* |

E. S. A. 316

Neuerdings erschien: Heinz Schöny, Die Vorfahren des Malers Egon Schiele, in: Zeitschrift für Genealogie und Heraldik, 1968/1 pp. 1 ff.

Wir benutzten daneben hauptsächlich die nachstehende Quelle. Wir haben lediglich die Reihung anders vorgenommen und das Ganze ein wenig vereinfacht:

„Stammbaum der Familie Schiele. Die ältesten nachweisbaren Angehörigen waren in der Harz-Gegend als Ackersleute ansäßig; deren Nachkommen hatten zunächst fast ausschließlich in der Provinz Sachsen und dem Herzogtum Anhalt ihren Wohnsitz. Die Schreibweise des Namens war Anfang des 17. Jahrhunderts vereinzelt Scheile, sonst immer Schiele.

Ur-Urgroßeltern:

Justus Bernhard Gottfried, Dorf Hadmersleben, 10. VII. 1744—Schönebeck an der Elbe 7. IX. 1814, Oberprediger in Schönebeck, 1770/71 Rektor und zuletzt Prokurator des Klosters unser lieben Frauen zu Magdeburg, 1774 Diakonus, dann Pastor, 1795 Oberprediger, Schulherr und Vorsitzender des Kirchen-Kollegii zu Schönebeck. Verheiratet mit Euphrosine Sophie C l a u s w i t z, Tochter des Daniel Gottfried Clauswitz, Hofprediger an St. Agnes zu Köthen in Anhalt und seiner Gemahlin Euphrosine Sophie Zierenberg.

Kinder:

1 Friderike Sophia, Schönebeck, 10. II. 1781—ebendort 23. III. 1849, verheiratet mit Daniel Friedrich Ernst N o e l d i c h e n, Hauptsalinenrendant, später Rechnungsrat am Königlichen Salinenamt zu Schönebeck.

2 Justus Carl Wilhelm, Schönebeck, Elbe, 24. X. 1782—Gröningen 14. II. 1840, Superintendent zu Gröningen. Verheiratet mit Augusta Katharina Elisabeth O e l z e.
3 Friedrich Carl [siehe unter Urgroßeltern].
4 Caroline Sophie, Nierosen, Westpreußen, 7. II. 1863, verheiratet mit Friedrich Wilhelm P l a e h n 1786—1865, Pastor zu Tempelburg.
5 Ludwig Ferdinand, 27. I. 1794, Alt-Haldensleben, 26. III. 1863, Pfarrer zu Gutenswegen, verheiratet mit Auguste Dorothee Sophie Z e r s c h.

Die Urgroßeltern:

Friedrich Carl, Schönebeck an der Elbe, 18. XII. 1786, Koswig, Anhalt 11. VI. 1862; 1811 Justitiarius zu Hacklingen, Anhalt-Bernburg; um 1816 herzoglich-anhaltinischer Justizamtmann zu Ballenstedt; um 1820 herzoglicher Justizrat ebendort; 1833—1847 Erster Bürgermeister zu Bernburg.
Erste Ehe: Amalie Wilhelmine Albertine v o n B e s s e r, Berlin 20. III. 1792—Bernburg 19. V. 1836; Tochter des Karl Ernst Wilhelm von Besser, Magdeburg 1762—20. IX. 1803; Sekond-Leutnant im Infanterie-Regiment Nr. 23; 1798 Premier-Leutnant; 1803 Stabshauptmann; verheiratet mit Johanne Friederike Justin W o l f f.
Zweite Ehe: Viktorie Auguste Caroline J o h n, Sondershausen 19. XII. 1813—Bernburg 23. III. 1872; Tochter des Wilhelm Friedrich John, Sondershausen 29. III. 1777—Großbodungen 22. XI. 1819; Fürstlicher Hof- und Regierungsrat zu Sondershausen; verheiratet mit Wilhelmine Karoline Luise Marie G o t t s c h a l c k, Sondershausen 16. IV. 1789—Willerode bei Mansfeld 7. VIII. 1866.

Kinder erster Ehe:
1 Hermann Rudolf Alexander, Ballenstedt 19. VII. 1816—Dresden 13. IV. 1849, Tenor an der Königlichen Hofoper, unverheiratet.
2 Karl Ludwig Wilhelm [siehe unter: Großeltern].
3 Otto Julius, Bernburg 10. XI. 1820—Bernburg 10. IX. 1857, Anwalt; unverheiratet.
4 Hugo Friedrich, Ballenstedt 23. II. 1827—Dresden 18. IX. 1848, Student der Technischen Hochschule in Dresden.

Kinder zweiter Ehe:
5 August Friedrich, Bernburg 23. I. 1839, Oberinspektor der k. k. österreichisch-ungarischen Staatsbahnen (Nordbahn) in Wien; verheiratet mit Anna Rosa Dominika W i n t e r.
6 Carl Emil, Bernburg 19. VIII. 1840, Wien 21. X. 1893, Oberinspektor der Versicherungsgesellschaft „Österreichischer Phönix", verheiratet mit Emma Franziska Johanna M a y e r.
7 Bernhard Wilhelm Theodor, Bernburg 17. I. 1842—Leipzig 20. XII. 1896, Kaufmann und Direktor der Berufsgenossenschaft der Musikinstrumenten-Industrie; verheiratet mit Marie Luise F e u r i c h, geboren Leipzig 16. V. 1853.

Die Großeltern:

Karl Ludwig Wilhelm, Ballenstedt in Anhalt, 9. VIII. 1817 bis Prag 30. XI. 1862, Architekt und Ingenieur; verheiratet am 13. VIII. 1844 mit → Aloisia (Luise) Veronika S c h i m a k, Bechin 12. XII. 1825—Wien 27. X. 1890, Tochter des Wenzel Schimak, Fürstlich Paar'scher Burggraf und seiner Gemahlin Aloisia R e b e n t i s c h.

Kinder:
1 Louise, geboren Weißkirchen in Mähren 17. VII. 1845; a) erste Ehe; mit Victor W a c h t e l, geboren 2. XII. 1838, Ingenieur-Assistent an der k. k. privilegierten böhmischen Westbahn; b) zweite Ehe: mit Stanislaus K r c h, Leitomichel, Böhmen 6. I. 1836—Wien 6. XII. 1890, k. k. österreich-ungarischer Oberstleutnant im Infanterie-Regiment Nr. 98.
2 Ludwig Franz Leopold, Weißkirchen, Mähren 2. II. 1847 bis Prag 17. XI. 1849.
3 Gustav Arthur, Prag 8. XII. 1848—Prag 25. II. 1863.
4 Maria Johanna Ida, Prag 8. XII. 1848—Prag 3. I. 1849.
5 A d o l f E u g e n [siehe unter: Eltern].
6 Maria Leopoldina Franziska, Freistadt, Schlesien 26. V. 1853—Wien 8. II. 1937, verheiratet mit → Leopold C z i h a c z e k, Inspektor der k. k. Staatsbahnen (Nordbahn), Kromau, Mähren 31. VIII. 1842—Wien 1929.
7 Ludwig Franz Leopold, Freistadt, Schlesien 18. XI. 1854 bis Wien 15. I. 1878.

Die Eltern:

Adolf Eugen, Wien 8. XI. 1851—Klosterneuburg 1. I. 1905, Oberoffizial der k. k. Staatsbahnen, verheiratet seit 17. VI. 1879 mit → Maria S o u k u p, Krumau 23. III. 1862—Wien 13. III. 1935; Tochter des Johann Franz S o u k u p, Bauunternehmer und Realitätenbesitzer in Wien, Mirkowitz, Böhmen, 28. VI. 1842—Wien 20. IV. 1898; verheiratet mit Aloisia (Louise) P o f e r l, Krumau 8. VII. 1844—Wien 5. I. 1920.

Kinder:
1 Elvira, Wien 28. V. 1883—Tulln 8. IX. 1893.
2 Melanie Louise Maria, Garsten bei Steyr, Oberösterreich 21. II. 1886—Wien 29. X. 1974; verheiratet mit Gustav S c h u s t e r, Beamter der k. k. Staatsbahn, 30. IV. 1884—Wien 24. IX. 1933.
3 E g o n Leo Adolf Ludwig, Tulln 12. VI. 1890—Wien 31. X. 1918; verheiratet mit → E d i t h H a r m s, geboren Wien II. Kronprinz Rudolfstraße [jetzt Lassallestraße] 52, 4. III. 1893—28. X. 1918. Tochter von → Johann H a r m s, Rullstorf Landkreis Lüneburg, Hannover, 23. XII. 1843—Wien 5. I. 1917 und Josefa B ü r z n e r, verwitwete E r d m a n n, Weitersfeld bei Retz 7. II. 1850—Wien 10. II. 1939.
4 Gertrude (Gerti), Tulln 13. VII. 1894; lebt in Wien, verheiratet mit → Anton P e s c h k a, Maler, 21. II. 1885—Wien 9. IX. 1940.

[Nach: Genealogisches Handbuch bürgerlicher Familien, 20. Band, C. A. Starke, Görlitz 1912, pp. 373—386. Besitz: Ing. Norbert Gradisch, Wien].

2 Er ist 1873 in den Dienst der Kronprinz Rudolfbahn getreten, nachdem er vorher bei der Kaiserin Elisabeth Westbahn beschäftigt war. Seine Tochter → Melanie ist 1886 in Garsten bei Steyr geboren. Es ist merkwürdig, daß Marie Schiele in ihrem Tagebuch nichts über Dienststellen ihres Mannes in Wien und Steyr erwähnt [siehe 17. VI. 1879].

3 → Arthur Roessler, Erinnerungen an Egon Schiele, Wien 1948, p. 14.

4 „Versumpern" = zum Sumper werden. Sumper: ein Simpel, Spießbürger, Banause (J. Jakob, Wörterbuch des Wiener Dialektes, Wien 1929).

5 „Der Egon gerät in allen üblen Eigenschaften, vor allem im Hochhinauswollen, dem Nobeltun und Anspruchsvollsein, dem Vater nach." Nach einem Gespräch mit Egon Schiele. Arthur Roessler, Erinnerungen an Egon Schiele, Wien 1948, p. 72.

6 Mündlicher Bericht von → Anton Peschka jun., 1976: „... Egon konnte sich noch an seinen Großvater mütterlicherseits → Johann Franz Soukup erinnern, dessen Frohnatur auf ihn abgefärbt haben muß. Von ihm gibt es viele Schnacken. Frühmorgens, wenn das verträumte Krumau erwachte, passierte es, daß die Ladenschilder der Kaufleute und Handwerker nicht mehr stimmten... er hatte sie vertauscht. Oder die Zugpferde, die über Nacht frei am Platz abgestellt waren, hatten Holzkeile in den Mäulern. Die größte Freude aber hatte Großvater Soukup, wenn er den kleinen Egon aufs Knie nehmen konnte und mit ihm schäkerte und dann auf einmal ein furchtbar schreckliches Gesicht schnitt, so daß Egon laut weinen mußte. Oder, wenn er an einer Schnur Weintrauben oder Schokoladestückerl in den Hof eines seiner [sechs] Währinger Häuser hinabließ und wenn Egon danach griff, sie rasch wieder emporzog... Seine Anzüge ließ er sich beim besten Schneider Wiens machen, auch ein Erbe, das bei Egon Schiele wieder zu finden ist..." [→ Gertrude Peschka-Schiele, Erinnerungen an Egon Schiele, 1976 von ihrem Sohn → Anton Peschka jun. aufgezeichnet.] Johann F. Soukup hatte fünf Töchter: Marie (verheiratete Schiele), Karoline, Louise, Anna, Olga [verheiratete → Angerer], und drei Söhne: Rudolf, Franz und Ernst. [Mitteilung von → Anton Peschka jun., Sommer 1977.]

7 Leopold Czihaczek, Dem Andenken Anton Czihaczeks, Lehrer an der k. k. Brünner deutschen Lehrerbildungsanstalt und Normalhauptschule, Wien 1911 [E. S. A. 839].

8 Siehe Kapitel III, Anmerkung 10, wo ein Zeitungsbericht fast zur Gänze zitiert wird.

9 1912 geschrieben. Enthält nichts über Schiele [E. S. A. 498].

10 Tagebuch der Marie Schiele [siehe Nr. 13], Todestage: 14. VI. 1880 und 7. IV. 1881.

11 Heinrich Benesch, Mein Weg mit Egon Schiele, New York, 1965 p. 34.

12 Das richtige Todesdatum sei der 31. XII. 1904. Über den Rat ihres Anwalts habe Marie Schiele den Tod ihres Mannes um einen Tag verheimlicht, um eine etwas höher dotierte Pension zu erreichen. A. C. p. 15, Anmerkung 18, laut einer Mitteilung von Melanie Schiele, 27. VIII. 1966. Die Parte jedoch gibt das Datum 1. I. 1905 an [G. P. 105].

13 A. C. p. 190, Anmerkung 3, nach Information durch Melanie Schiele am 12. I. 1967.

14 Mündliche Information durch Anton Peschka jun., Frühjahr 1977.

15 A. C. p. 11, anscheinend auf Grund einer Information durch → Melanie Schiele, wiewohl sie für diese Stelle keine Anmerkung gibt.

16 „... Die Kunst der Gothiker entsprang keiner großen Heiterkeit, sondern einem großen Ernst... All' das läßt sich auch von Schiele und seiner Kunst sagen, denn auch ihr ist die Trauer gesellt, die erlauchte Begleiterin der Schönheit, wie einer einmal sagte... Schiele hat Menschenantlitze gesehen und gemalt, die blaß schimmern und kummervoll lächeln und dem Antlitz eines Vampyrs gleichen, dem die grausige Nahrung fehlt; Antlitze von Besessenen, deren Seelen schwären, und die unsägliches Leiden zu maskenhafter Starre gerinnen ließ, Antlitze, die in feiner Art die Synthese eines menschlichen Innenlebens bildhaft geben, mit allen sachtesten Abstufungen in den Äußerungen des Grüblerischen, Bedächtigen, Überlegenden, Verträumten, ja schier Vegetativen, des Leidenschaftlichen, des Bösen, Guten, Innigen oder Kalten. Er hat die fahlen Farben der Verwesung in Menschengesichtern mit edelsteinkalten Augen gesehen, den Tod unter der Haut, und mit unsäglichem Verwundern verklammte, deformierte Hände mit gelbem Horn der Nägel wahrgenommen..."
[Arthur Roessler, Egon Schiele, in: „Bildende Künstler", Wien 1911, pp. 114/6].

17 → Edvard Munch (Oslo 1863—1944), norwegischer Maler und Graphiker.

18 Rolf Stenersen, Edvard Munch. Close-up of a Genius, Oslo 1972, pp. 8/9.

19 A. C., p. 10, ohne die Quelle ihrer Information anzugeben.

20 Siehe Nr. 12 ff.

21 Es ist nicht ganz ersichtlich, weshalb sie A. C., p. 9, als „strong-willed romantic" schildert.

22 Sie erwähnt in einem Brief an → Leopold Czihaczek [siehe Nr. 107], daß ihre Pension monatlich 133,— Kronen betragen habe.

23 Siehe erste Seite ihrer Aufzeichnungen, Wien 8. III. 1927, abgebildet bei K., p. 69.

24 A. C., p. 15, ohne Angabe einer Quelle. „Du magst der Vormund meiner Kinder sein, aber Du bist nicht mein Vormund und ich will mit Egon machen, was mich gut dünkt" [Übersetzung durch den Herausgeber]. Hinzuzusetzen wäre, daß — was bisher übersehen wurde — Marie Schiele Vormünderin ihrer unmündigen Kinder Egon und Gertrude war. L. Czihaczek war lediglich Mitvormund.

25 „... aber weil's die pure Wahrheit ist, will ich's Ihnen doch sagen, daß meine Mutter eine recht sonderbare Frau ist, behaftet mit allerlei wunderlichen Eigenheiten, und daß sie für mich nicht das geringste Verständnis besitzt und leider auch nicht viel Liebe; denn hätte sie nur eines von beiden, so wäre sie opferwilliger. Es müßte das ja gerade nicht mit Geld sein. Aber seitdem ich mich selbständig machte, erhielt ich von meiner Mutter nicht nur keinen Tupf Geld, sondern nicht einmal einen Bissen Brot, überhaupt nichts. So kam es,

daß ich oft hungerte. Nur mein damaliges Modell Ida [über das Modell Ida ist weiter nichts bekannt], das mir aus uneigennütziger Liebe diente, teilte oft mit mir den frugalen Imbiß."
[Arthur Roessler, Erinnerungen an Egon Schiele, Wien 1948, p. 26].

26 A. C., p. 195, Anmerkung 54, nach einem Gespräch mit Melanie Schiele, 6. IX. 1963. Melanie Schiele sei mit jedem neuhergestellten Hut zum Fotografen in Klosterneuburg gelaufen. Dieser habe sie gratis fotografiert und die Fotografien ausgestellt. Es wäre hinzufügen, daß Melanie sich auch später in Wien als junges Mädchen oft und oft von Berufsfotografen aufnehmen ließ. Sie teilte somit Egons allerdings erst 1914/15 zutage getretene Leidenschaft für die Fotografie.

27 Auf dem Bild „Bildnis Gertrude Schiele" I. 1909, trage Gerti Melanies Pelz; auch Hut und „coverlet" (= Schal) stammten aus ihren Händen. A. C., p. 195, Anmerkung 57.

28 „... Zu allem und jedem zog er mich zu und er hatte eine zähe oft tyrannische Art und Weise meine Dienste in Anspruch zu nehmen und an seiner Seite zu bleiben bis das Ziel erreicht war. Mit der Uhr in der Hand kam er zeitlich morgens zu meinem Bett und weckte mich. Ich sollte ihm Modell stehen u. zw. [und zwar] auf Kommando eins, zwei und eins macht drei. — Da mußte ich aufstehen und mit ihm fortgehen in sein Atelier ..." [Gertrude Peschka-Schiele, Erinnerungen an Egon Schiele, 1976 von ihrem Sohn Anton Peschka jun. aufgezeichnet].

29 A. C., p. 192, Anmerkung 14; auf Grund eines Gespräches vom 18. II. 1967:

30 „... Mehrmals fuhr er mit mir nach Triest. Meine Mutter beschwor ihn, ‚Egon du kannst doch nicht mit dem Kind soweit fahren.' Er antwortete, ‚das macht gar nichts, sie muß die Welt kennenlernen.' Ich vertrug das Fahren, überhaupt im Schnellzug, nicht. Er sagte nur, ‚dir ist immer schlecht'. In Triest gingen wir in ein Kino, das ganztäglich zugänglich war. ‚So', sagte er, ‚nun müssen wir uns um ein Quartier umsehen' und er ging in ein Hotel und bestellte ein Zimmer. Ich erschrak und sagte zu ihm ‚Wir können doch nicht ein Zimmer nehmen, da glauben die Leute wir sind verheiratet'."
[→ Gertrude Peschka-Schiele, Erinnerungen an Egon Schiele, 1976 von ihrem Sohn Anton Peschka jun. aufgezeichnet].

31 „... Denn trotz seiner ‚Erotik' war Schiele kein Wüstling. Seine Freunde kannten ihn nicht als ‚tätigen' Erotiker, kaum jemals gleich anderen jungen Männern nur ‚verliebt'. Was ihn zuweilen in die Darstellung erotischer Szenen hineintrieb, war vielleicht, neben dem mit panischer Gewalt bannenden Geheimnis des Geschlechts, die in ihm zeitweilig bis zum Entsetzen gesteigerte Angst vor der Einsamkeit. Das Gefühl der Einsamkeit, einer ihn schier vereisenden Einsamkeit, war in ihm von Kindheit an; trotz der Familie, trotz weichenweiser Heiterkeit im Kreise seiner Kameraden ..."
[Arthur Roessler, Erinnerungen an Egon Schiele, Wien 1948, p. 75].

32 Die dem Herausgeber im Frühjahr 1968 durch Gertrude Peschka-Schiele gegebene Erklärung scheint zu simpel, sei jedoch hier festgehalten: Vor einer aus dem Nachlaß des Malers → Oddone Tomasi (1884—Trient—1929) erworbenen Zeichnung [siehe Ch. M. Nebehay, Katalog 14, Egon Schiele, Frühe Werke und Dokumentation, Nr. 8, „Kopf einer jungen Frau mit großem Hut"] sagte sie: „Ja, sagn's amal, was hab den i damals für an depperten Huat auf'ghabt?" Damit war der bereits vermutete Zusammenhang mit Schieles Zeichnung „Die Hämische" etabliert. Sie erzählte außerdem, daß sie eines Tages die Wohnung aufgewaschen habe. Egon sei über den Besen gestolpert und habe geschimpft. Sie habe eine Grimasse gezogen, und er habe sie gebeten, so zu verharren und habe sie gezeichnet.

33 L. Czihaczek, Dem Andenken Ludwig Schieles, Ingenieur, Generalinspektor der k. k. privilegierten Böhmischen Westbahn. Mit 7 Abbildungen. Wien, 1910 [E. S. A. 840].

3 Johann Franz Soukup, der Vater von Schieles Mutter.   4 Adolf Schiele und Marie Soukup als Verlobte, 1879.

5 Der Großvater: Karl Ludwig Schiele, Architekt und Eisenbahn-Ingenieur, Erbauer der „Böhmischen Westbahn".

6 Die Großmutter: Aloisia Veronika, geborene Schimak.

7 Das Elternpaar Schiele mit Egon, Melanie und Elvira.

8 Egon Schiele: Bildnis seiner Mutter. Bleistift, Aquarell, Deckfarben und Deckweiß auf Papier, 1907 [L. 28].

9 Die Mutter, Marie Schiele, als junges Mädchen. Um 1878.

10 Der Vater, Adolf Schiele, als junger Mann. Um 1878.

11 Marie Schiele, Kohlezeichnung aus dem Jahre 1918.

12 Marie Schiele, schlafend. Bleistift, aquarelliert, 1911. Es gibt einige Zeichnungen mit falsch angebrachter Signatur.

13 Die Schwester Melanie ließ sich oft mit selbstgefertigten Hüten aufnehmen. Um 1908.

14 Melanie Schiele, Bleistiftzeichnung, entstanden um 1908.   15 Melanie Schiele, Kohlezeichnung, datiert: 29. IX. 1906.

16 Melanie und Gertrude Schiele im Garten, wohl um 1911. 17 Gertrude Schiele, Bleistiftzeichnung, datiert 1911.

18 Gertrude Schiele als junges Mädchen, um 1908/09. Man vergleiche die Aufnahme mit „Der Hämischen" [Abb. 57].

19 Gertrude Schiele als Mannequin vor dem großen Stehspiegel von Egon Schieles Atelier. Wohl um 1911/12.

20 Der Bahnhof von Tulln. Im ersten Stock rechts, letztes Zimmer, wurde Egon Schiele am 12. Juni 1890 geboren.

II. Kindheit und frühe Jugend   1890—1905

Die Stadt Tulln liegt inmitten des fruchtbaren Tullnerfeldes, rechts der Donau, an Stelle einer alten Römersiedlung. Tulln ist eine recht unbedeutende Kleinstadt, die keine schöne Umgebung und kaum Sehenswürdigkeiten aufzuweisen hat, sieht man von der Pfarrkirche St. Stephan ab. Das bemerkenswerte Westportal wurde, wohl zu Beginn des 13. Jahrhunderts, mit einer figürlichen Umrahmung umgeben: Es sind das die zwölf Apostel mit heute kaum mehr wahrnehmbaren Attributen in Flechtwerkrahmen. Davor stehen auf Sockeln zwei lebensgroße, beschwingte, barocke Standbilder des heiligen Nepomuk und des heiligen Borromäus. Ein paar Schritte hinter der Kirche steht der aus der Mitte des 13. Jahrhunderts stammende Karner, „das schönste und reichste österreichische Beispiel dieser Art" [Dehio].
Draußen, vor der Stadt, in der Nähe der großen Donaubrücke, liegt der Bahnhof. Ein Gebäude, das auch heute beinahe noch so aussieht wie vor rund hundert Jahren. Ein schmuckloser Zweckbau in eher trostloser Gegend. Im ersten Stock wurde am 12. Juni 1890 Egon Schiele in der Dienstwohnung seines Vaters, der — wie berichtet — dort Stationsvorstand war, geboren. Eine Gedenktafel, am 31. Oktober 1968 [50. Todestag] im Auftrag der niederösterreichischen Landesregierung an der Stirnseite des Bahnhofes angebracht, erinnert daran. Der dort gezeigte Kopf Schieles ist ein Abguß nach Schieles Selbstbildnis [Plastik], den der Bildhauer Heribert Rath gemacht hat.
Wenn er in seiner „Skizze zu einem Selbstbildnis" [pp. 18/19] schwärmerisch von seinen Kindertagen spricht, so handelt es sich dabei wohl um ein eingebildetes Paradies in glückhafter Erinnerung an ungetrübte Jugendtage.
Es verdient vielleicht festgehalten zu werden, daß der von früher Jugend an passioniert zeichnende Knabe, der vier Jahre lang in Tulln die Volksschule besucht hat, die vis-à-vis jener Pfarrkirche und des Karners liegt, nie Eindrücke aus Tulln festzuhalten suchte, wie auch das romantisch schöne Krems ein Jahr darauf ihn nicht fesselte. Für ihn gab es in jenen Jahren nur die Welt der Eisen-

bahn, die ihre Faszination auf ihn ein ganzes Leben lang behalten sollte. Der lebhafte Bahnbetrieb regte ihn an, und er widmete seine Begabung mit viel Phantasie in erster Linie immer wieder der Darstellung von Lokomotiven, Waggons und ganzen Zügen. Es wird erzählt, daß der Vater eines Tages — erzürnt darüber, daß Egon nichts anderes tat als zeichnen — nach seiner Heimkehr die Zeichnungen kurzerhand zornentbrannt in den Ofen gesteckt habe[1].

Über Schieles Volksschulzeit wissen wir so gut wie nichts. Es liegt auf der Hand, daß der Vater ihn wohl für den Ingenieurberuf bestimmt hatte — was angesichts seiner erkennbaren Passion für die Eisenbahn und der vielfachen Verbindung der Familie Schiele zu dieser verständlich ist. Da es in Tulln keine höhere Schule gab, wurde Egon zu Verwandten nach Krems an der Donau geschickt, wo er ein Jahr lang das Realgymnasium besuchte: unglücklich, weil von den Seinen getrennt, und ohne Erfolg, was die Schule anlangte.

Im Gegensatz zu Tulln ist Krems eine Stadt, die sehr reich an Kunstdenkmälern ist. Am linken Donauufer gelegen, verfügt sie über eine große Zahl bedeutender Kirchen und Klöster und über einen herrlichen Bestand an barocken Bürgerhäusern und Stiftshöfen. Seinerzeit ein ungemein wichtiger Umschlagplatz für Güter, die die Donau herunterverschifft und von hier aus per Fuhrwerk weiterverfrachtet wurden, blühte hier der Handel mit Wein, Getreide, Salz und Eisen. Erst seit der Mitte des 19. Jahrhunderts, als die Donau — jahrhundertelang Hauptverkehrsader der Monarchie — durch den Eisenbahnbau ihre Bedeutung verlor, sank die Stadt zu Bedeutungslosigkeit herab, aus der sie erst nach dem Zweiten Weltkrieg industrielle Aktivität heraushebt. Anders als Tulln bietet sie, am Eingang der herrlichen, heute noch unberührten Wachau gelegen, von weinbewachsenen Hängen umrahmt, viele malerische Aspekte, die aber, wie bereits gesagt, den Knaben Schiele nicht anregten. Auch später nicht, als er — vielleicht in Erinnerung an jenes unglücklich verbrachte Jahr — nicht in Krems malte, sondern sich vielmehr die Kirche der unmittelbar anschließenden Stadt Stein mehrmals als Vorbild für seine Bilder nahm.

Von 1902 bis 1906 besuchte Egon in Klosterneuburg das Niederösterreichische Landesrealgymnasium, Buchberggasse 31. Er wohnte zuerst beim Bürgerschuldirektor → Leopold Berger, Albrechtstraße 59, mit dem sein Vater von Tulln her befreundet war; dann beim Schmiedemeister → Johann Gierlinger, der zuerst in der Albrechtsbergergasse 4, später in der Buchberggasse 29 wohnte. Wahrscheinlich im Spätherbst 1904 übersiedelte seine Familie nach Klosterneuburg, vermutlich in die Ortnergasse 28.

Egons Schulbesuch war auch hier unbefriedigend. Er mußte eine Klasse wiederholen. Die Lehrer hatten es sichtlich schwer mit dem vor sich hinträumenden Knaben, der sich ganz einfach nicht dem normalen Schulbetrieb anpassen wollte. Es ist deshalb doppelt erstaunlich, daß er — sieht man von seiner Entwicklung als Maler ab — trotz ungenügender Schulbildung zu einem Dichter wurde, was man bisher viel zu wenig gewürdigt hat.

Klosterneuburg gehört zur eigentlichen Umgebung von Wien. Eingebettet in einen Kranz herrlicher Weingärten, liegt es, gleich Tulln und Krems, an der Donau. Einst an einem Hauptarm dieses Flusses, in dem sich das auf einem Hügel gelegene Stift spiegelte. Heute fließt die Donau weiter nordwärts, und ein Auengebiet trennt das Stift vom Strom. Klosterneuburg ist ein Augustiner-Chorherrenstift, 1133 gegründet, ein Bau von überaus großen Ausmaßen, der nur Torso blieb; in der Barockzeit nämlich sollte es zu einem zweiten Escorial werden, was aber nicht geschah. Hauptschatz des Stiftes ist der Altar des Nicolas von Verdun, 1181 prachtvoll in Goldemail geschaffen, einst Verkleidung der Kanzelbrüstung der Stiftskirche.

Von der Kirche zur Donau hinunter hat sich eine Anzahl mittelalterlicher Gebäude erhalten, darunter ein Haus mit gotischem Erker, das Rudolf von Alt[2] in einem seiner schönen Aquarelle festgehalten hat, wie er ja auch sonst in Klosterneuburg viel künstlerische Anregung fand. Wir werden später sehen, inwieweit Egon Schiele das Klosterneuburger Stadtbild und seine Umgebung für sich entdeckt hat. Eines kann aber vorausgeschickt werden: Schiele hatte weder für das Mittelalterliche noch für das Barock irgend etwas übrig.

In der bereits erwähnten „Skizze zu einem Selbstbildnis", die wohl um 1910 herum verfaßt wurde [pp. 18/19], schreibt er, nach einigen schönen Worten, über das Paradies seiner Kindheit:

„... *dann begannen die Mußzeiten und die leblosen Schulen ... Ich kam in schier endlos und tot scheinende Städte und betrauerte mich ... Meine rohen Lehrer waren mir stets Feinde. Sie — und andere — verstanden mich nicht ...*"

Man wird gut daran tun, diese Worte „cum grano salis" zu nehmen, denn so tot waren die Städte Krems und Klosterneuburg wiederum nicht (falls er sie und nicht die Großstadt Wien gemeint hat). Er hätte vor allem Krems unschwer für sich entdecken können, so wie er ab 1906 Krumau, die Heimatstadt seiner Mutter, für sich entdeckte[3], wo er seine schönsten Landschaftsbilder schuf. Es fällt auch auf, daß er von „rohen" Lehrern spricht. Das sind vermutlich jene, die Fächer unterrichteten, die ihn gar nicht interessierten.

Der tiefe Einschnitt in das Leben der Familie Schiele und eine schwere Belastung für Egon, damals erst knapp vierzehn Jahre alt, war der Tod des Vaters, der — wir erwähnten dies bereits — am 1. I. 1905 in Klosterneuburg im Haus Ortnergasse 28[4] starb. Egon Schiele schreibt am 12. VII. 1913 an seinen Jugendfreund → Anton Peschka:

„... *auch → Gerti weiss nicht ... wieviel und wie schwere seelische Leiden ich ertragen muß. Ich weiß nicht, ob es überhaupt jemanden gibt, welcher mit jener Wehmut an meinen edlen Vater sich erinnert; ich weiß nicht, wer es verstehen kann, warum ich gerade solche Orte aufsuche, wo mein Vater war, wo ich den Schmerz in mir in wehmütigen Stunden absichtlich erleben lasse. — Ich glaube an die Unsterblichkeit aller Wesen, glaube, daß ein Aufputz eine Äußerlichkeit ist, das Andenken, das mehr weniger verwoben ist, trage ich in mir. — Warum male ich Gräber? und viele ähnliche Bilder — weil dies innig in mir fortlebt ...*[5]"

Seither waren die Kinder ohne väterliche Autorität, in der Obhut einer Mutter, die unter der ihr gestellten Aufgabe nicht über sich selbst hinauszuwachsen verstand und auch nicht zur Vertrauten ihres Sohnes wurde. Es herrschten auch bedrängte Verhältnisse, weil die kleine Pension kaum ausreichte, die dringendsten Bedürfnisse zu befriedigen.

Das Jahr 1905 war bedeutungsvoll für Egon Schiele. So bekam er als Zeichenprofessor → *Ludwig Karl Strauch,* der 1905 eine Stelle als Lehrer für Freihandzeichnen im Klosterneuburger Gymnasium angenommen hatte. Der von Schiele auf einer Karte von 1902 [Nr. 42] erwähnte „neue strenge" Zeichenprofessor muß also jemand anderer gewesen sein. Ludwig Karl Strauch hat das große Verdienst, als erster das Talent seines Schülers erkannt zu haben. Er hat es Schiele — man bedenke, wie groß damals noch der Respektabstand zwischen Schüler und Lehrer war — gestattet, neben ihm in seinem Atelier zu arbeiten, und einmal, 1907, arbeiteten die beiden sogar im

Freien nebeneinander[6], allerdings war Schiele damals schon an der Akademie. Strauch hat sein Lehramt also im heutigen, modernen Sinn ausgeübt. Gleich seinem vermutlichen Vorbild Franz Cižek[7], der 1897 eine Jugendkunstschule für Kinder im Alter von drei bis vierzehn Jahren in Wien eröffnet hatte, in der er „die unbeeinflußte künstlerische Entwicklung im Kinde" im Zeichenunterricht propagierte, gab er das schönste Beispiel für die Lenkung eines jungen Talentes mit leichter Hand. Man muß nur daran denken, in welch strengen, durchaus unkünstlerischen Bahnen früher der normale Zeichenunterricht in allen Schulen ablief: Korrektheit der Ausführung, richtige Perspektive, Schattieren, ängstliches Kleben am Herkömmlichen, ein Abmalen oder Abzeichnen nach irgendwelchen durchaus unkünstlerischen Vorlagen. Darauf kam es viel mehr an als auf eigenes Zutun.

Unter den Jugendarbeiten Schieles gibt es ein Blatt, das er 1906 in der 3. Klasse des Realgymnasiums vom Fenster des Zeichensaales — er dient heute noch demselben Zweck — gemalt hat: es ist dies der Blick auf die umliegenden Häuser und auf die Stiftskirche. Schon dieses Thema war vermutlich damals ungewöhnlich. Es war also ein modern denkender Professor, der seine Schüler klug zum Landschaftszeichnen und -malen anregte.

Strauch hat einige hervorragende Blätter seines jungen Schülers sorgsam aufbewahrt. Sie sind aus seinem Nachlaß in das Niederösterreichische Landesmuseum gelangt und kaum bekannt. Wie im übrigen seltsamerweise auch noch nie der Versuch unternommen wurde, eine Ausstellung zu veranstalten, die den ganz jungen Schiele zeigt. Selbst die großartige Klimt-Schiele-Ausstellung der Albertina (April—Juni 1968) begann mit einer Zeichnung aus dem Jahre 1908.

Merkwürdigerweise hat es Schiele unterlassen, in einem — von → Arthur Roessler überlieferten — Gespräch[8] über seine Anfänge seinen ersten Lehrer und Förderer zu würdigen. Die schlichte Namensnennung scheint uns doch etwas zu wenig:

„... *Meine ersten Nothelfer — leider waren es nicht ihrer vierzehn und auch keine Heiligen, aber doch gute Menschen — waren die Klosterneuburger Maler* → *Kahrer, Horst*[9], → *Strauch und Professor Böhm*[10]. *Der Letztgenannte war der ‚großzügigste' unter ihnen: er gab mir nämlich einmal volle dreißig Kronen, einen Betrag von geradezu unwahrscheinlicher Größe im Hinblick auf meine damaligen finanziellen Verhältnisse. Sonst war der brummige Landschafter Max Kahrer, der sich selber in keineswegs ‚rosiger Lage' befand und für eine Familie sorgen mußte, ein wirklich ‚guter Kamerad'. Seine Art zu helfen war ‚nobel', sie vermied alles, was beschämend empfunden werden konnte. Kahrer hat vermutlich an sich selbst erleben müssen, auf welch gedankenlose, oft empörend rohe Weise manchmal Bedürftigen Hilfe geleistet wird. Daran erinnerte er sich wohl, als er, anstatt mir ein Darlehen zu geben, ein dekoratives Bild bestellte und sogleich ‚beangabte'..."*

Der „brummige Landschafter" *Max Kahrer* war vermutlich derjenige, der Schiele mit der Kunst der Sezessionszeit bekannt machte, denn er stand ihr künstlerisch weit näher als Strauch.

Ein anderer, der höchstwahrscheinlich zur gleichen Zeit auf Schiele aufmerksam wurde, war sein damaliger Religionslehrer → *Dr. Wolfgang Pauker,* Augustiner-Chorherr im Stift Klosterneuburg, Kunsthistoriker und Schatzmeister des Stiftes. Er wirkte viele Jahre als Dozent für kirchliche Kunst an der Wiener Kunstgewerbeschule in Wien; ein hochbedeutender Mann, dessen Bekanntenkreis von Hugo von Hofmannsthal[11] bis zu Karl Renner[12] reichte (der 1919 der erste Staatskanzler der jungen Republik Österreich wurde). Vermutlich hat Schiele durch Pauker nach dem Tode seines

Vaters ein Stipendium des Chorherrenstiftes erhalten, von dem er am 4. IX. 1905 [siehe Nr. 59] schreibt.

Es wird daher notwendig sein, die Vorstellung, die wir uns bisher vom Leben Schieles gemacht haben, zu revidieren und festzuhalten, daß er keineswegs, wie das so oft behauptet wird, ein bedauernswerter, alleingelassener Mensch war, sondern beinahe ein Glückskind, dem von frühester Jugend an Freunde ersetzten, was er im Elternhaus vermißte. Strauch, Kahrer und Pauker sind nur die ersten in der Reihe jener, die großen Anteil an ihm nehmen sollten.

Aus dem Jahre 1905 kennen wir das erste Selbstbildnis des damals Fünfzehnjährigen. Es ist ein en face, mit Farbstiften gezeichnetes Brustbild; er trägt einen hohen, für die Zeit typischen Stehkragen, wohl in dem Bestreben, „erwachsener" auszusehen; bezeichnet ist das Bild mit „*Spiegelselbstbildnis* 05 Schiele"[13]. Es sei hier vorausgeschickt, daß Schiele geradezu davon besessen war, alles, was ihm gehörte, seien es Lineale, Bücher oder was immer, ferner alles Gemalte und Gezeichnete mit seinem stets sorgfältig ausgeführten Namenszug und stets mit der Jahreszahl zu versehen (von Vorteil für die Einordnung seines Oeuvres). Oftmals finden sich in seinen Bildern Signatur und Datum mehrfach eingekratzt.

Schiele wurde in der Folge zu einer Narziß-Figur, wie es sie in der Kunst seiner Zeit wohl kaum ein zweites Mal gibt. Er hat sich in der Folge Hunderte Male in Öl, Deckfarben oder mit Bleistift dargestellt. Ab 1914 hat er außerdem für die Kamera posiert. Man sieht ihn da-sich-selbst-fragend, grüblerisch erstaunt, häßlich, in maskenhafter, totenähnlicher Erstarrung. Niemals aber in naiver Fröhlichkeit oder glücklich lächelnd.

Nach außen hin gab er sich ruhig. Augenzeugen bestätigen dies:

„... Der Eindruck, den ich bei unserer ersten Begegnung von Schieles Persönlichkeit empfing, war eigenartig und stark und änderte sich im Verlaufe der vielen Jahre, während welcher die Bekanntschaft zur Freundschaft sich vertiefte, nicht der Art, nur dem Grade nach. Es war der Eindruck, eine dem gesamten Wesen nach ungewöhnliche Persönlichkeit vor sich zu haben, eine Persönlichkeit von so markant ausgeprägter Sonderart, daß sie, schon in ihrer bloßen Gegenwart, vermutlich nicht immer für jedermann angenehm sein mochte, oft genug nicht einmal für sich selber. Empfindsamen Menschen mochte Schiele wie ein Sendling aus unbekannten Fernen anmuten, wie einer, der von den Toten auferstand und nun, voll einer schmerzlichen Verwirrung, eine geheimnisvolle Botschaft mit sich unter die Menschen trägt, ohne die rechte Gelegenheit zu finden, die Botschaft auszurichten. Sogar im Kreise berühmter Männer von bedeutendem Aussehen fiel Schiele als ungewöhnliche Erscheinung auf, wie ich später mehrmals beobachten konnte. Von hoher, schlanker, geschmeidiger Gestalt, mit schmalen Schultern, langen Armen und langgefingerten, knöchernen Händen, einem von langsträhnigem, wildzausigem, dunklem Haar umrahmten bartlosen und sonnverbrannten Antlitz mit breiter, querfaltig gefurchter, kantiger Stirn, einem Antlitz, dessen plastische Gesichtszüge meistens einen ernsten, fast traurigen Ausdruck trugen, wie von Schmerzen, die nach innen weinen, mit großen und dunklen Augen, aus welchen er, angeredet, gleichsam immer erst einen Traum scheuchen mußte, trat er einem frappierend entgegen. Sein gelassenes, nie aus Unerzogenheit heftiges oder in leidenschaftlicher Aufwallung unbeherrschtes Benehmen, die unleugbare Eigenart in der kleinsten, an Ausdrucksbedeutung geringsten seiner langsamen Gesten, seine wortkarge, aphoristische Sprechweise bewirkten, in harmonischer Zusammenstimmung mit seinem Äußeren, den Eindruck von innerlicher Vornehmheit, die um so eindringlicher empfunden wurde, als sie offenbar ganz Natur und keineswegs Absicht war. Egon Schiele war der scheueste Mensch, der mir in einem langen Leben begegnete. Der scheueste, stillste und innerlich einer der vornehmsten. Er war so scheu wie ein Waldwild und hatte ebenso große staunende, von Fragen ganz angefüllte, tiefdunkle Augen, richtige Rehaugen. Seine Scheu war jedoch nicht Ängstlichkeit, denn um sich war ihm nie bange; seine Scheu war vielmehr zarte Sorge um die Bewahrung der leicht verletzlichen Seelen anderer. Gewiß, er war reizbar, aber durch nichts in Zorn zu bringen. Feinfühlend und gütig, von einer überaus behutsam Nachsicht übenden, angeborenen Vornehmheit, die sich von der anerziehbaren Noblesse äußerlicher Art unterschied, mit der sich so manche Menschen Überlegenheitsdünkel spreizend gehaben, hob er sich ebenso merklich wie vorteilhaft von anderen ab. Egon Schiele war und wirkte persönlich ganz und gar deutsch, trug aber dennoch in sich die ganze slawische Trauer über das Leid, worunter die Menschheit seufzt. Ihn selbst hatte das Leben mit vielem Leid gleichsam überladen, indem es ihn, der von einer Dünnhäutigkeit ohnegleichen war, einfach das Dasein erleben ließ: nur die Kunst beschenkte ihn mit Lust durch die Arbeit, die sie ihm verursachte. Darum arbeitete er wohl auch in unersättlicher Gier, in fast beispielloser Unermüdlichkeit..."

[Arthur Roessler, Erinnerungen an Egon Schiele, Wien 1948, pp. 5/7]

„...Ich...fand einen schlanken, jungen Mann von mehr als mittlerer Größe und aufrechter, ungezierter Haltung; blasses, aber nicht krankhaftes, schmales Gesicht, große dunkle Augen und üppiges, halblanges, dunkelbraunes, emporstehendes Haar. Sein Verhalten war ein wenig scheu, ein wenig zaghaft und ein wenig selbstbewußt. Er sprach nicht viel, aber wenn man ihn ansprach, war sein Gesicht immer von dem Schimmer eines leisen Lächelns erhellt... Schiele war nicht nur als Künstler, sondern auch als Mensch ungewöhnlich. Der Grundzug seines Wesens war der Ernst; aber nicht ein düsterer, melancholischer, kopfhängerischer, sondern der ruhige Ernst des von seiner geistigen Aufgabe erfüllten Menschen. Die Dinge des Alltags konnten ihn nicht anfechten; sein Blick war immer über sie hinweg, auf sein hohes Ziel gerichtet. Dabei war er durchaus humoristisch veranlagt und zum Scherzen geneigt; seine Lustigkeit äußerte sich aber niemals geräuschvoll, sie kulminierte in einem kurzen, stoßweisen, nicht sehr lauten Gelächter... Schieles heitere Ruhe war unerschütterlich; er verlor sie nicht in den schwierigsten, widerwärtigsten Lagen seines Lebens. Ich habe ihn in den acht Jahren unserer Bekanntschaft nicht ein einziges Mal zornig oder auch nur ungehalten gesehen oder bei ihm eine verdrossene Miene beobachtet. Er wartete ruhig, bis irgendwoher die Hilfe kam, und sie kam immer, wenn auch in zwölfter Stunde. Er war nicht nur ein bildender Künstler, sondern auch ein Lebenskünstler im vollsten Sinne des Wortes. Wenn ein Wiener Kunstkritiker anläßlich der 25. Wiederkehr von Schieles Todestag schrieb: ‚Sein kurzes Leben ist tragisch umdüstert', so gibt das einen ganz falschen Begriff von Schieles Lebensführung. Tragisch ist nur, was man tragisch nimmt, und Schiele nahm nichts tragisch..."

[Heinrich Benesch, Mein Weg mit Egon Schiele, New York 1965, pp. 10—13]

Schiele war also eine zwiespältige Natur. Die innere, brennende Unruhe kann man aus seinen Selbstbildnissen und seinem übrigen Werk ablesen. Wir fügen zum Schluß einige Aussprüche Schieles über sich selbst an:

„Selbstbildnis

Ein ewiges Träumen voll süßesten Lebensüberschuß — rastlos —, mit bangen Schmerzen innen, in der Seele. — Lodert, brennt, wachst nach Kampf, — Herzenskrampf. Wägen — und wahnwitzig rege mit aufgeregter Lust. — Machtlos ist die Qual des Denkens, sinnlos, um Gedanken zu reichen. — Spreche die Sprache des Schöpfers und gebe. — Dämone! Brecht die Gewalt! — Eure Sprache, — Eure Zeichen, — Eure Macht —"

„Ich bin alles zugleich, aber niemals werd' ich alles zu gleicher Zeit tun."

„Ich bin für mich und die, denen die durstige Trunksucht nach Freisein bei mir alles schenkt, und auch für alle, weil alle — ich auch liebe, — liebe.
Ich bin von Vornehmsten der Vornehmste — und von Rückgeber der Rückgebigste. —
Ich bin Mensch, ich liebe den Tod und liebe das Leben."

[Vermutlich um 1910 geschrieben. Zitiert nach: Arthur Roessler, Egon Schiele, Briefe und Prosa, Wien 1921, p. 19/20; siehe Nr. 158, 156, 157]

ANMERKUNGEN

1 C.A., p. 10;
ferner: „... Sie möchten es wohl kaum glauben, daß mein Bub mit ein und anderthalb Jahren angefangen hat zu zeichnen, wo er konnte hat er sich damals schon Bleistiftstückchen verschafft und eines schönen Tages hat er auf den Rand einer Ansichtskarte Räder und einen Rauchfang mit Rauch gezeichnet ... Als er sieben Jahre alt war, hat er sich einmal auf das Fensterbrett gelegt und von früh bis abends ein dickes Buch mit Zeichnungen anfüllend, alle Geleise, Signalanlagen und so weiter aufs Papier geworfen ... [Marie Schiele, Interview in: „Neues Wiener Journal", 16. XII. 1925(?), E. S. A. 1211]; ferner: ... Auf einem Blechtisch im Kinderzimmer im Tullner Bahnhof hat Egon mit Kreide Geleise gezeichnet, die durch Schlafzimmer, Speisezimmer bis in den Salon führten mit allen dazugehörigen korrekt eingezeichneten Stationen Greifburg, Reidling, Olmütz, Wald und andere, Wechseln [= Weichen] und Semaphoren, die er in halbe Kartoffel hineinsteckte ... Wenn Mama nach Wien fuhr mußte sie Egon immer in einem Spielwarengeschäft in der Nähe des Franz-Josefs-Bahnhofes eine kleine Garnitur eines Bahnzuges mitbringen, so daß er deren schon 30—40 besaß. Papa brachte ihm Holzleisten in die er Schienen einschnitzte. Bahnschranken und Stationsgebäude fertigte er sich selbst an, fein säuberlich mit Zuhilfenahme eines Bausteinkastens. Ich bekam die Station Reidling, im Hauptbahnhof Greifburg aber war er Vorstand ... Im Materialgraben der an der Eingangsseite des Bahnhofes sich bis zum Pumpenhaus, also zirka über 100 Meter erstreckte, wollte er in seiner ganzen Länge eine Riesenanlage bauen, doch dazu kam es nicht mehr, da er nach Krems auf die Mittelschule geschickt wurde ...
... Die unzähligen Zeichnungen, die Egon vom Fenster des Speisezimmers von den ein- und ausfahrenden Zügen und den durchfahrenden Schnellzügen ... anfertigte und die bis ins kleinste Detail auf langen Streifen Papier mit ungemeiner Dynamik angefertigt wurden, wanderten eines Tages durch Mamas Hand in den Ofen, sehr zum Leidwesen des weinenden Knaben ... An den Spitzen der Schuhe mußte er Messingspitzen bekommen, da er alle Schuhe vorne zerriß. Er lief nämlich einen guten Teil des Tages vor dem Stationsgebäude schlurfend, fauchend, schnaubend und pfeifend durch die Gegend ...
Egon läutete mit Vorliebe die Kirchenglocken und ließ sich von den Zugseilen hoch hinauftragen. Beim Schulespielen war er der Lehrer und gab dies durch eine unnachsichtige Strenge zum Ausdruck. Er richtete zwischen einer Zimmertür ein kleines Puppentheater ein, das wir heute noch besitzen und improvisierte langdialogige Texte dazu. Die dazugehörige Kantine mußte durch meine damaligen bescheidenen Kochkünste betreut werden, er sorgte für die Konsumation. Mit einem billigen Photoapparat machte er Aufnahmen und schuf sich eine Dunkelkammer und ich hatte ihn bis zur völligen Fertigstellung der Photos zu assistieren. Kam der Krampus und Nikolaus verschwand Egon unter dem Bett, ich sagte mein kleines Gedicht und Sprüchlein. Es war ein wunderhübscher Nikolaus aus Wachs der dann am Gabentisch zurückblieb mit einem Wunschzettel auf den wir Kinder unsere Weihnachtswünsche vermerken mußten, dieses aber und das

dämmerigrote Licht kamen Egon sehr gelegen. Während wir Kinder emsig mit dem Ausfüllen der Wunschzettel beschäftigt waren tauschte... Egon die besten Leckereien der anderen Teller gegen minderwertigere seines eigenen. Wenn Mama Zwetschkenknödel kochte, machte er es ebenso, er gab mir Gemüse und Fleisch und ich mußte ihm Zwetschkenknödel geben. Er entkernte die Knödel, zerschnitt sie und gab einen ganzen Berg Staubzucker darauf, dann hielt er beide Hände wie zum Schutz über den Teller, den er fest an sich drückte, und aß mit Kundgebungen des Wonnegefühls. Zu Weihnachten wurde ein besonders hoher und vollbehangener herrlicher Christbaum aufgestellt; die besten Stücke hingen ganz oben, doch keine drei Tage dauerte die Pracht; Egon holte sich heimlich eine Leiter und holte sich was gut und teuer war herunter. Radfahren lehrte er sich allein. Er stieg ganz einfach auf das Rad meiner Schwester und fuhr vom Bahnhof bis in die Stadt Tulln. Ganz glücklich kam er zurück derweilen sich unsere Eltern furchtbar um ihn geängstigt hatten. Schwimmen lernte er auf ähnlich einfache Weise, er schnitt sich Schilfhalme zurecht, soviele daß sie ihn trugen, legte sich darauf und machte Tempos...
Kaum aus dem Ei gekrochene Entlein ließ er gleich im Waschbecken schwimmen zum Entsetzen meines Vaters. Im Hühnerstall mußte ich mit Egon sitzen und warten bis die Hennen Eier legten, er nannte sie alle mit Namen: ,Gülb', ,Bläuerl', ,Pramahenderle' und ,Hahnditerle'..."
[Gertrude Peschka-Schiele, Erinnerungen an Egon Schiele, aufgezeichnet 1976 von ihrem Sohn Anton Peschka jun., G. P. 42]

2 Rudolf von Alt (1812—1905). Österreichs großer Aquarellist, der sich 1898 als Sechsundachtzigjähriger den Jungen der „Secession" anschloß und sein großartiges Jugendwerk durch das impressionistische Schaffen der letzten Lebensjahre womöglich noch übertraf.

3 Die früheste uns bisher bekannt gewordene Darstellung von Krumau ist eine Farbkreidezeichnung „Das Budweiser Tor in Krummau, 30. VIII. 1906" [E. S. A. 1108].

4 „... In der Ortnergasse im Hause Luftschitz in einer stürmischen Dezembernacht starb Adolf Schiele. Egon, der tags zuvor in die Au gegangen war um dort zu zeichnen, was er immer tat wenn ihn etwas bedrückte... betrat das Zimmer, in dem Adolf Schiele in Gala-Uniform der höheren Bahnbeamten aufgebahrt lag — sein Degen gehörte dazu — und setzte sich still in eine Ecke. Er hat seinen Vater sehr geliebt und brachte dies auf seine Art zum Ausdruck..." [Gertrude Peschka-Schiele, Erinnerungen an Egon Schiele, 1976 von ihrem Sohn Anton Peschka jun. aufgezeichnet, G. P. 42]

5 A. R., B. & P., p. 102; ferner: Am 25. VIII. 1910 [Nr. 112] erwähnt Schiele in einer Karte an seine Schwester Gertrude, daß er des Nachts eine spiritistische Erscheinung (aller Wahrscheinlichkeit nach sein Vater) gehabt habe. Noch 1912 schreibt er über sein Bild „Die Eremiten": „... Ich habe das Bild nicht von heute auf morgen malen können, sondern durch meine Erlebnisse einiger Jahre, vom Tode meines Vaters an..."
[Brief an Carl Reininghaus, Anfang 1912, Nr. 320]

6 „Vor dem Leopolditag in Klosterneuburg", 1907.

7 Franz Cižek (1865—1946), Maler und Entwurfszeichner für das Kunstgewerbe. Schüler der Wiener Akademie. Eröffnete 1897 seine Jugend-Kunstschule in Wien. War seit 1908 Inspektor für den Zeichenunterricht an den staatlichen gewerblichen Lehranstalten Österreichs. Der Herausgeber erinnert sich mit Respekt und Freude an diesen außergewöhnlichen Mann. Er durfte, 1917, damals acht Jahre alt, an diesem Unterricht teilnehmen. Es war ein harmonisches Beisammensein jüngerer und älterer Buben und Mädchen, die sich zweimal in der Woche in einem großen Saal der Kunstgewerbeschule einfanden. Einmal ließ Professor Cižek einen Mann zur Laute spielen, ein anderes Mal erzählte ein Schriftsteller eine aufregende Geschichte, die wir illustrieren sollten. Es war ungemein beeindruckend, zu sehen, wie jedes Kind sich ein anderes Thema herausgriff. Jeder konnte zeichnen und malen, wie er wollte. Gelegentlich kam der gütige Herr Professor — tatsächlich eher Freund seiner Schüler als deren Vorgesetzter — herein und besprach die an der Wand aufgestellten Arbeiten, jedem ein kleines Lob spendend.

8 Arthur Roessler, Erinnerungen an Egon Schiele, Wien 1948, pp. 26/7.

9 Keine Daten feststellbar.

10 Adolf Böhm (1861—1927), Maler, geboren in Klosterneuburg.

11 Hugo von Hofmannsthal (1874—1929), Hauptvertreter der Wiener Neuromantik klassizistischen Gepräges, hochkultiviert, formsicher und sprachgewandt. Lyriker, Dramatiker, Erzähler und Essayist, Textdichter des Komponisten Richard Strauss.

12 Dr. Karl Renner (1870—1950), österreichischer Staatsmann, seit 1907 Reichstagsabgeordneter, nach 1918 als Sozialdemokrat Abgeordneter in der Nationalversammlung, seit dem 15. III. 1919 Staatskanzler der Republik Österreich, die unter ihm ihre Verfassung erhielt. 1931—1933 Präsident des Nationalrats; 1945 bildete er als Staatskanzler die provisorische österreichische Regierung. Ab 1945 war er österreichischer Bundespräsident.

13 Albertina, Wien; H. M. 1968, Nr. 21.

Zum nachstehenden siehe Vorbemerkung zu den Bildern in Kapitel III.

WOHNADRESSEN:

1890—1900: im Bahnhof Tulln
Egon Schiele wurde am 12. VI. 1890 in der Dienstwohnung des Vaters, im 1. Stock des Bahnhofgebäudes von Tulln in Niederösterreich, geboren (für ganz kurze Zeit scheint die Familie vorübergehend nach Tulln gezogen zu sein: Jasomirgottstraße 4 [siehe → Marie Schiele, 30. VII. 1888]).
1901: bei Verwandten in Krems. Da es in Tulln keine höheren

Schulen gab, wurde Egon nach Krems in das Realgymnasium geschickt.

1902—1904: Klosterneuburg, Albrechtstraße 59

Schlechten Lernerfolgs halber kam Egon (wiederum in die erste Klasse) in das Niederösterreichische Landesrealgymnasium in Klosterneuburg. Er wohnte bei der Familie des Bürgerschuldirektors → Leopold Berger, welcher mit → Adolf Schiele von Tulln her befreundet war. Das Haus, in dessen Parterre damals die Volksschule untergebracht war, ist der linke Trakt des ehemaligen Lesehofes des Stiftes Wilhering [freundliche Mitteilung von Ing. Norbert Gradisch, Frühjahr 1978].

1904—1905: Klosterneuburg, Albrechtsbergergasse 4
　　　　　　　Buchberggasse 29
　　　　　　　Ortnergasse 28

Egon wohnte nun beim „Stifts-Curschmied" → Johann Gierlinger. Der Vater adressierte seine Karte vom 6. III. 1904 an die erste angegebene Adresse, der Schulkatalog gibt die Adresse Buchberggasse 29 für die beiden Schuljahre an [freundliche Mitteilung von Ing. Norbert Gradisch], läßt aber die Tatsache unberücksichtigt, daß der Vater (vom Dienst krankheitshalber suspendiert) nun nach Klosterneuburg übersiedelte und im Hause Ortnergasse 28 am 31. XII. 1904 starb [Totenschein jedoch vom 1. I. 1905 ausgestellt]. Es ist anzunehmen, daß Egon in dieser Zeit bei seinen Eltern wohnte. Auch daß die Familie bis zur Übersiedlung nach Wien hier wohnte. Vorläufig ungeklärt ist die Frage, welcher der drei von Schiele auf dem Schriftstück von 1905 [Nr. 61] angegebenen Anschriften die seine war: Albrechtsstraße 64, Martinstraße 60/III und Martinstraße 111.

AUFENTHALTE:

August 1891	mit der Mutter in Unterach am Attersee
Sommer 1893	mit der Mutter in St. Veit, Kärnten
7. VIII. 1899	mit dem Vater in Tarvis, Kärnten; anscheinend Sommeraufenthalt in Arnoldstein, Kärnten
19. V. 1903	mit der Mutter in Kirchberg am Wechsel
8. IX. 1904	mit der Schwester Gertrude in Krumau
4. IX. 1905	in Kärnten

21 Egon im Steckkissen, links Melanie, rechts Elvira, 1890.

22 Egon, eine Lokomotive haltend, mit Gertrude. Um 1895.

23 Zwei der von Egon im Kindesalter gezeichneten Eisenbahnzüge. Er pflegte von Jugend an alle seine Zeichnungen zu signieren.

24 Als Erstkommunikant. Mit Melanie und Gertrude, 1901.

25 Egon als Firmling mit Uhr und Zigarette. Wohl 1904.

26 Egons Volksschulklasse in Tulln. Er ist der siebente von links in der fünften Reihe von unten. Aufnahme um 1896.

DOKUMENTE UND KORRESPONDENZ

Die nachstehend abgedruckten Briefe und Dokumente sind *chronologisch* geordnet. Briefe, die entweder nur das Monats- oder das Jahresdatum aufweisen, befinden sich — so sie nicht logisch eingeordnet werden konnten — jeweils nach dem letzten abgedruckten Brief des entsprechenden Monats oder aber am Jahresende. Undatiertes ist, nach bestem Wissen und Gewissen, an den bestentsprechenden Stellen eingereiht.
Alle Briefe und Karten Egon Schieles sind *im vollen Wortlaut* mitgeteilt. Auf die Wiedergabe der von ihm öfters verwendeten Schreibweise in Druckbuchstaben wurde — besserer Lesbarkeit halber — ebenso verzichtet wie auf den Versuch, typographisch seine besonders schönen Signaturen nachzuahmen. Zahlreiche Abbildungen geben die oft außerordentliche kalligraphische Schönheit seiner Briefe wieder.
An Schiele gerichtete Briefe und Karten sind entweder gekürzt oder durch kurze Resümees wiedergegeben.
Größter Wert wurde darauf gelegt, dem Leser genau transkribierte Briefe vorzulegen. Alles, was zwischen Anführungszeichen steht, ist dem Original entsprechend wiedergegeben. Geringe Rechtschreibfehler blieben unbeachtet; nur bei schweren Verstößen gegen die Rechtschreibung steht hinter dem betreffenden Wort ein Rufzeichen in eckiger Klammer [!]. Wo im Text runde Klammern ( ) vorkommen, entspricht dies der Schreibweise des Originals. Gelegentliche Hinweise oder Ergänzungen des Herausgebers stehen innerhalb von eckigen Klammern [ ].

Hier verwendete Abkürzungen der Standorte, etc.:

A. C.	= Alessandra Comini, Egon Schiele's Portraits, Berkeley 1974
A. ST.	= Albertina Studien
E. S. A.	= Egon Schiele Archiv der Albertina, Wien
G.	= Ing. Norbert Gradisch, Wien
Gl.	= Franz Glück, Neue Briefe und Karten Schieles an Arthur Roessler in: Wiener Schriften, herausgegeben vom Amt für Kultur und Volksbildung der Stadt Wien, Heft 27, 1969
G. P.	= Gertrude Peschka-Schiele, Wien
H. M. 1968	= Historisches Museum der Stadt Wien. Egon Schiele. Leben und Werk. Ausstellung zur 50. Wiederkehr seines Todestages, Wien 1968
K.	= Otto Kallir, Egon Schiele. Œuvre-Katalog der Gemälde, Wien 1966
KTB	= Kriegstagebuch 1916
L.	= Rudolf Leopold, Egon Schiele, Gemälde, Aquarelle, Zeichnungen. Salzburg 1972
NB.	= Notizbuch Egon Schieles, 1918
Ö. N. B.	= Handschriftenabteilung der Österreichischen Nationalbibliothek
P.	= Privatsammlung
R., B. & P.	= Arthur Roessler, Briefe und Prosa von Egon Schiele, Wien 1921
T. L. M.	= Tiroler Landesmuseum Ferdinandeum, Innsbruck
W. ST. B.	= Handschriftensammlung der Wiener Stadtbibliothek, Wien I., Rathaus

um 1840

→ Ludwig Schiele. — Eine zirka 7 Meter lange Rolle mit von ihm errechneten und eingezeichneten Koten, Tunnels, Brücken, Durchlässen etc. für die Teilstrecke Klepatchow—Greifendorf der Kaiser-Ferdinands-Nordbahn[1].

G. P. 78 [1]

[1] Ludwig Schiele war seit 1844 am Ausbau der Kaiser-Ferdinands-Nordbahn nach Norden zu beschäftigt. Ob er dieses Teilstück anvertraut erhielt, steht nicht fest [siehe L. Czihaczek, Dem Andenken Ludwig Schieles, Wien 1910, pp. 6/7; E. S. A. 840].

um 1840/50

→ Ludwig Schiele. — „Vorerhebungen behufs der bei Sobieslau im Budweiser Kreise anzulegenden Zinkhütte." 2 Blatt Folio, eng mit Berechnungen beschrieben. — „Schnell Griot. Wasserrads Anlage für die Baumwollspinnerei (Pordenone)." 1½ Blatt Folio, eng beschrieben. — „Verzeichnis der für die Grundwerke und Schutzbauten für die Spinnerei in Pordenone erforderlichen Bauhölzer exclusive der Spundwände und Roste." 1 Blatt Folio, eng beschrieben mit Berechnungen.

G. P. 112 a—e [2]

um 1850

→ Ludwig Schiele. — Notizbuch mit Bleistiftzeichnungen etc. Auf dem Vorderdeckel eingeprägt „Notes"[1]. 31 Blatt. Format: 13,2 : 8,5 cm.

Vorsatzblatt innen links: Aufzeichnungen von fremder Hand, möglicherweise von Aloisia, geborene Schimak (1825—1890), aus dem Jahre 1868. Unter dem 14. VIII. 1868 wird die Abreise von „Adolf" [Schieles Vater] von Neuhaus nach Wien eingetragen.

Lose beigelegt. Visitkarte „Louis Schiele" und Photographie von Krumau.

Blatt 1—11 v: „Gedichte von Schiller Ludwig Schiele", [Abschriften: 1. Der Handschuh, 2. Der Taucher]
Blatt 13 v: Baumstudie in Bleistift „Composition"
    14 v: „Der böse Klaus" [Nachzeichnung aus einem Kinderbuch?]
    15 v: Dorf am Walde aus der Vogelperspektive
    16 v: Porträt eines Mannes [Brustbild] verkehrt eingezeichnet
    18 r: „General Schlick"[2] [Brustbild] verkehrt eingezeichnet
    19 v: Kinderkopf
    20 v: Aufzeichnungen über die größten Städte der Welt
    21 v: Bleistiftzeichnung „Die große 1000jährige Linde zu Kamenitz in Böhmen 22 m Umfang"
    23 r: Karikatur [nach einer Illustration?] „Steckelbein"
    24 r: Kopf eines Jünglings
    25 r [lose]: Bauernhof
    26 r: Zeichnung einer Lokomotive „Maschine Flock"
    27 r: undeutliche Zeichnung einer Lokomotive[?]
    28: Eintragung von fremder Hand. Abschrift eines Schulzeugnisses von Ludwig Schiele „aus Freistadt gebürtig"
    28 v: Aufzeichnungen über empfangene und versandte
    29 r: Briefe [von fremder Hand]
    29 v: Aufzeichnungen über Ausgaben in Neuhaus,
    30 r: Böhmen, rechts: „Wäsche den 9. 9. 68 von Louise", darunter Kopf [Karikatur]
    30 v: Karikaturen, Aufzeichnungen über kleine
    31 r: Ausgaben etc. [von fremder Hand]

E. S. A. 507 [3]

[1] Die Frage, ob dieses Büchlein tatsächlich Ludwig Schiele, dem Großvater Egon Schieles, gehört hat und die Eintragungen respektive Zeichnungen von seiner Hand sind, bleibt offen, denn auf pp. 27 v und 28 r wird das Schulzeugnis von Ludwig [Franz Leopold] Schiele aus Freistadt erwähnt, der ein Sohn des Großvaters Schiele war (1854—1878).
[2] Franz Graf von Schlik [auch Schlick] (1790—1862), österreichischer General, betätigte sich 1849 hervorragend an der Unterwerfung Ungarns, führte 1859 die 4. österreichische Armee in Italien.

um 1850

→ Ludwig Schiele. — Eine zirka 8,50 lange Rolle mit von ihm errechneten und eingezeichneten Koten, Tunnels, Brücken und Stationen für den Bau der Eisenbahnstrecke Jelesnia—Hucicko[1], südlich von Auschwitz.

G. P. 79 [4]

[1] Ludwig Schiele war 1855/6 mit dem Ausbau der Bahnstrecke Dziedits—Bielitz und Dziedits—Osiwecim beschäftigt [siehe L. Czihaczek „Dem Andenken Ludwig Schieles", Wien 1910, p. 8, E. S. A.]. Ob er den hier geplanten Bau ausführte, ist nicht bekannt.

17. III. 1862

Louise Schiele. — Eigenhändiges Stammbuchblatt. „Rosen, Tulpen, Nelken / Alle Blumen welken..." Deine Schwester Louise[1].
Prag den 17. III. 1862"

G. P. 92 [5]

[1] Louise Wachtel-Krch, Schwester von Schieles Vater (geboren 1845).

um 1865

→ Adolf Schiele. — Eigenhändiger Stammbuchvers. „Rosen, Tulpen, Nelken / Alle Blumen welken... Dein treuer Freund Adolf Schiele."

G. P. 93 [6]

1868

→ Adolf Schiele. — Skizzenbuch, das er als Schüler der 7. Klasse Oberrealschule begonnen hat. Von den zahlreichen Bleistiftzeichnungen führen wir nachstehend einige Beispiele an. Egon Schiele hat einige der leeren Seiten für sich benützt [siehe unter dem Jahr 1900].

folio 3: „Adolf Schiele VII. [Klasse] Oberrealschule 1868"
  „ 17: Bleistiftzeichnung: Gedenkstein zwischen hohen Bäumen. „Skizze, 25. 7. 70, Prater. A. Schiele".
  „ 21: Porträt eines jungen Mädchens [wohl nach einer Photographie]
  „ 35: Baumskizze. „Skizze Arnoldstein 20. 8. 1879 Schiele"

G. P. 77 [7]

DOKUMENTE UND KORRESPONDENZ 1840—1905

24. VIII. 1873

→ Adolf Schiele, L. a. s., 7 pp. groß Folio. An seine Mutter [Aloisia Veronika Louise, geborene Schimak (1825—1890)].

„Meine theuere herzensgute Maman! Victoria, Victoria, tönt es aus meinem Herzen... Laut Zuschrift der General Direction der Kronprinz Rudolfsbahn wurde ich mit dem heutigen Tage zum Verkehrsbeamten resp. [respektive] Stationsbeamten (quasi Stationschef Stellvertreter) ernannt. Die Station ist mir bis jetzt noch nicht bekannt, doch werde ich selbe morgen, wo ich mich persönlich dem Personalchef vorstelle, erfahren, jedenfalls liegt sie in einer der schönsten Alpengegenden[1].
Meine Bezüge sind folgende:

Gehalt	800 Fl[orins[2] = Gulden]
Quartirgeld[!]	400
Kanzlei Pauschale	24
Summe	1224

In Aussicht habe ich noch je nach meiner besonderen Verwendbarkeit Fl. 100 Functionszulage... Auf Grund des von meiner gewesenen General Direction mir ertheilten Dienstzeugnisses... habe ich es zu verdanken, daß mir von Seiten meiner jetzigen Direction die Anerkennung und Rangstellung zu Theil wurde...
Was meine Ausstattung, liebe Mutter, betrifft, so wirst [Du] damit bald fertig sein. Als Andenken von meinem lieben braven Vater beanspruche ich den Bücherkasten, wovon ich den größten Theil der Bücher zurücklassen werde, und das Pistolen Etui. Ich glaube, Du, liebe Mutter, Du wirst Beides mir überlassen.
Außerdem benötige ich außer dem einen Bett... noch ein zweites, im Falle etwa Jemand[!] von der Direction oder dem Inspectorat bei mir übernachten sollte. Zu diesem Zwecke wäre ein Diwan, wie Mani[3] einen besitzt, sehr angezeigt. Ferner einen eisernen kleinen Waschtisch, und werden die Waschrequisiten, die ich jetzt im Vorzimmer habe, für mich vollkommen genügen. Auch 2 Stühle von dort werde ich mir von dort mitnehmen wenn Du erlaubst. Zur Anschaffung alles Übrigen benötige ich circa Fl. 200, welche ich redlich brauchen werde. Ich muß mir außer einem schwarzen Anzug noch einen für gewöhnlich, dann einen Uniformrock, 1 Uniformmütze (da meine alte schon ganz abgenützt), 1 Paar hohe Aufzugstiefel, 1 Paar Stiefeletten, 1 Hut, 1 Cylinder, 1 Reisekoffer, 1 Handtasche, Plaid, Handschuhe, schwarze Krawatte etc. etc. div.[erse] Kleinigkeiten anschaffen, die ich für die Zukunft brauchen werde. Nebstdem muß ich mir nach den herrschenden Normen der Kronprinz Rudolfsbahn die Übersiedlungskosten selbst bezahlen, was auch keine geringe Auslage sein wird. Bitte also, liebste Maman, darüber sofort Antwort zu schreiben. Von da ab bin ich mein eigener Herr und lebe auf eigene Kosten, mit Nichts will ich Dich mehr belästigen; es ist das Letzte was Du Deinem scheidenden Sohne giebst...
Oft nagten Kummer und Sorge die ich Dir bereitete an Deiner Gesundheit und brachten Dich um viele frohen Stunden... Jetzt kann ich Dir nichts Anderes bieten, als ein ,volles warmes Herz' das Dir aus inniger Brust dankfühlend entgegenschlägt; dieses meine theuerste liebste beste Mutter nimm gütigst an von Deinem treuen dankschuldigen Sohne Adolf.
Wien 24. 8. 1873"
G. P. 121 [8]

[1] Möglicherweise war es die Station Arnoldstein.
[2] Florins oder Gulden, österreichische Währung, galt bis 1892, wurde dann von der Kronenwährung abgelöst, 1 Gulden = 2 Kronen, Wert der Krone vor 1914 ungefähr gleich der Mark und dem Schweizer Franken.
[3] Seine Schwester Marie, genannt Mani (1853—1937), verheiratet mit → Leopold Czihaczek.

? XII. 1877

→ Adolf Schiele zeigt seine Verlobung mit Marie Soukup an. Drucksache, datiert Biala [Stadt im westlichen Galizien, heute Polen] und Aussee, im Dezember 1877.
Ing. Norbert Gradisch, Wien. [9]

1879

→ Marie Schiele. — Notizbuch. [B] 55 Blatt, klein 8°. Im Innendeckel vorn eingeklebte Marke „Bauunternehmen Soukup & Comp."[1]
Blatt 49: „Am 17. Juni war meine Trauung mit meinem vielgeliebten Adolf. 1879."
Sonst belanglose Haushaltsnotizen.
G. 86 [10]

[1] Marie Schieles Vater war der Inhaber des florierenden Baugeschäftes Soukup & Comp.

17. VI. 1879

→ Franz und Aloisia Soukup zeigen die Vermählung ihrer Tochter Marie mit „Herrn → Adolf Schiele, Stationsvorstand der Rudolfsbahn" in der Pfarrkirche zu Währing an. Drucksache.
Ing. Norbert Gradisch, Wien [11]

→ Marie Schiele. — Notizbuch [A] mit Eintragungen über ihre Hochzeitsreise. 44 Blatt, klein 8°.
Auszugsweise: Schilderung meiner Hochzeitsreise.
„Am 17ten Juni 1879 war meine Trauung mit meinem vielgeliebten Adolf. Abends... nahmen wir Abschied von unseren Angehörigen... fort gings zum Südbahnhof... und [wir] fuhren nach W.[iener] Neustadt... im [!] Abels Hotel zum goldenen Hirschen brachten wir die erste Nacht recht angenehm schlafend zu. Nächsten Tag... fuhren wir nach Graz, dort nahmen wir im Hotel Erzherzog Johann Absteigequartier... den 20. gings weiter nach Triest, dort Aufenthalt bis 21ten Juni... retour über Laibach... nach Launsdorf[1]. Hier begab ich mich in meinen jetzt bestimmten Wohnsitz..."
G. 85 [12]

[1] Launsdorf in Kärnten; Adolf Schiele war dort Bahnhofsvorstand.

14. I. 1880 [Datum der ersten Eintragung]

→ Marie Schiele. — Notizbuch [C]. 67 Blatt, klein 8°
Auszugsweise:

DOKUMENTE UND KORRESPONDENZ 1840—1905

> Franz u. Aloise Soukup
>
> beehren sich hiemit anzuzeigen, dass die Vermählung
> ihrer Tochter
>
> **Marie**
>
> MIT HERRN
>
> **Adolf Schiele**
>
> Stationsvorstand der Rudolfsbahn
>
> DIENSTAG DEN 17. JUNI L. J.
>
> 4 Uhr Nachmittag in der Pfarrkirche zu Währing stattfinden wird.
>
> Währing, 14. Juni 1879

[11]

Blatt 1 recto bis 1 verso	„Küße von Adolf" [an allen Tagen vom 12.—31. August]
Blatt 6 recto bis 9 recto	„Die Nacht vom 14. am 15ten Juni wird mir unvergeßlich bleiben... Bis 1/2 2 habe ich entbunden u[nd] kam leider ein todtes Buberl zur Welt"
Blatt 23 recto	„Am 7ten April 1881 ein neun Monate altes todtes Mäderl entbunden. Ich unglückliche Mutter. O Herr Du Allmächtiger verlas'[!] uns nicht, prüfe uns nicht zu hart!"
Blatt 49 verso	„Elvira[1] unser geliebtes Kind ist am 28ten Mai 1883 um 7 Uhr Abends gekommen. Wurde am 30ten getauft!—"
Blatt 55 recto	„Am 21/2 1886 von einem gesunden kräftigen Mäderl[2] entbunden worden. Dies war meine leichteste Entbindung! —"

G. 84 [13]

1 → Elvira starb mit 10 Jahren an Gehirnhautentzündung.
2 → Melanie Schiele.

29. V. 1883

→ Adolf Schiele gibt „hohen Gönnern, Verwandten und Freunden" die Nachricht von der Geburt einer Tochter [Elvira], bekannt. Drucksache, datiert: Wien und Grieskirchen, 29. Mai 1883.

Ing. Norbert Gradisch, Wien [14]

11. I. 1887

→ Marie Schiele. — Notizbuch D. — Notiz: Ein kleiner Taschenkalender bestehend aus 2 Deckblättern und 50 Blatt. Es enthält viel Alltägliches wie: Name und Adresse von Dienstboten, Aufzeichnungen über bezahlte Klavierstunden, Weihnachtsgeschenke für die Kinder etc. Wir zitieren lediglich die interessanteren Stellen: Blatt 3 recto—4 verso:
„Am 11ten Jänner 1887 bin ich mit beiden Kindern[1] nach Tulln übersiedelt. Gott gebe uns hier in diesem neuen Bestimmungsorte Glück Gesundheit u. Zufriedenheit. Am 2ten Jänner traf Adolf[2] auch [in] seiner neuen Station ein. Am 4/10 ist → Elvira an den Masern erkrankt — → Melanie um 14 Tage später. Mit Gottes Hilfe haben es beide gut überstanden."

G. 83 [15]

1 → Elvira und → Melanie.
2 Schieles Vater war demnach seit dem 2. I. 1887 Bahnhofsvorstand in Tulln.

30. VII. 1888

→ Marie Schiele. — Notizbuch A. Blatt 7 verso
„Am 30sten [hinzugefügt in anderer Schrift: Juli 1888] übersiedelten wir vom Bahnhof nach Tulln herein. Jasomirgottgasse Nr. 4."[1]

G. 83 [16]

1 Es war bisher nicht bekannt, daß die Familie Schiele aus der Amtswohnung im Tullner Bahnhof übersiedelt ist. Da Egon Schiele 1890 im Bahnhofsgebäude geboren wurde und einen Großteil seiner Kindheit dort verbrachte, kann es sich nur um einen vorübergehenden Wohnungswechsel gehandelt haben.

21. VIII. 1888

Heimat-Schein[1] der Gemeinde der königlichen Hauptstadt Prag[2] für „Adolf Schiele". Beschäftigung: „Bahnamtsvorstand". Alter: „im Jahre 1850 geboren": Stand: „verheiratet".
Der Bürgermeister
[Unterschrift unleserlich]
Prag den 21. August 1888.

E. S. A. 88 [17]

1 Der Vordruck ist tschechisch-deutsch und auch in beiden Sprachen ausgefüllt.
2 → Ludwig Schiele, der Großvater Egon Schieles, war wegen des ihm anvertrauten Eisenbahnbaues Prag—Eger [Böhmische Westbahn] nach Prag übersiedelt, daher auch die Zuständigkeit der Familie dorthin.

DOKUMENTE UND KORRESPONDENZ 1840—1905

11. IV. 1889

→ Marie Schiele. — Notizbuch A, Blatt 11 recto:
„Am 11/4 1889 Abends sind — Adolf und ich nach Prag gereißt[!], kamen früh an u. besichtigten den 12—13 die Sehenswürdigkeiten Prags u. reißten[!] den 13 Samstag nach Tulln retour. Am 17ten Abend war Adolfs Urlaub beendigt u. fuhren wir Abends retour. Am 17ten April 1889."
G. 83 [18]

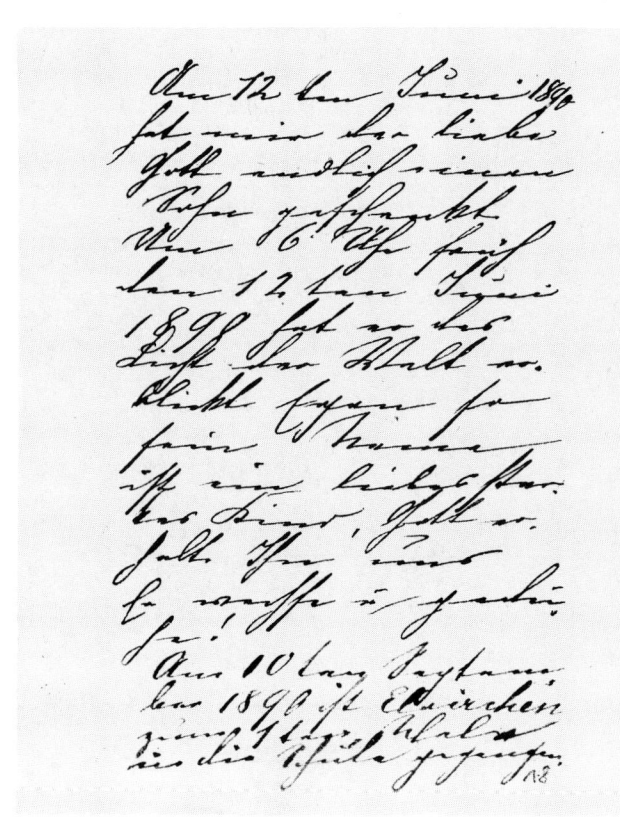

[19]

12. VI. 1890

→ Marie Schiele. — Notizbuch A, Blatt 18 recto:
„Am 12ten Juni 1890 hat mir der liebe Gott endlich einen Sohn geschenkt. Um 6 Uhr früh den 12ten Juni 1890 hat er das Licht der Welt erblickt. Egon so sein Name ist ein liebes starkes Kind, Gott erhalte Ihn[!] uns. Er wachse u. gedeihe! Am 10ten September 1890 ist → Elvirchen zum 1ten Male in die Schule gegangen."
G. 83 [19]

—

Geburts- und Taufschein für Egon Schiele [Duplikat, ausgestellt am 10. Juni 1915 anläßlich seiner Verheiratung] vom Pfarramt Tulln. 1 p. groß quer 8°.
Wohnort: Tulln, Bahnhof, Taufpate: → Leopold Czihaczek[1]
E. S. A. 443 [20]

[1] → Leopold Czihaczek war demnach nicht nur der Mitvormund Egon Schieles, sondern auch sein Taufpate.

12. IV. 1891

→ Adolf Schiele, L. a. s. 2 pp. Klein 8°. An seine Tochter → Elvira
„Tulln am 12. April 1891.
Mein liebes Kind! Ich danke Dir für Deinen lieben Brief, der sehr schön geschrieben ist. Sei nur recht brav und folge der guten Tante Mani[1] und Luise sowie dem Onkel Leo.[2] Mama küßt Dich vielmals — so auch → Melanie und Egon, die gesund sind. Egon hatte heute seinen Geburtstag — ist nun 10 Monate alt. Vergesse nicht am Abend für Deine Eltern und Geschwister — und Deine liebe Großmama — sowie für Deine guten Tanten zu beten. Mama & Deine Geschwister küssen Dich sowie auch Dein Papa   Schiele."
G. P. 131 [21]

[1] → Marie Czihaczek, bei welcher die damals 8jährige Elvira in Wien zu Besuch war.
[2] → Leopold Czihaczek.

19. VIII. 1891

Marie Schiele. — Notizbuch A, Blatt 23 recto:
„Am 19. August 1891 hatte Bubi[1] 11 Kilo 20 Deka.
Am 21. August bin ich sammt[!] den 3 Kindern[2] aus Unterach[3] wider[!] heimgefahren. Wieder ein Stückchen Welt mehr gesehen u. es ist mir recht gut gegangen."
G. 83 [22]

[1] Bubi = Egon Schiele.
[2] → Elvira, → Melanie und Egon.
[3] Unterach am Attersee, Oberösterreich.

14. V. 1892

→ Marie Schiele. — Notizbuch A, Blatt 28 recto:
„Am 14ten Mai 1892 hat → Elvira das Klavierspiel angefangen zu erlernen. Gott gibs[!] das[!] Elvira brav lernt u. rasch vorwärts kommt damit Sie[!] Ihrer Mama bald vorspielen kann etwas!"
G. 83 [23]

24. XII. 1892

Elvira Schiele. — Fotomontage, die drei Schiele-Kinder: Elvira, Egon und Melanie als Engel zeigend; Egon hält einen Christbaum. Darunter: „Glückliche Weihnachten", aufgeklebte Blumen, Edelweiß etc. In einem samtüberzogenen Rahmen, 21 : 16,5 cm. Auf der Rückseite eigenhändiges Gedicht in zierlicher Schrift geschrieben von der Hand Elviras:
„Es sendet Gott die schönste Zeit, die liebe Weihenacht...
Der Christbaum, den das Brüderlein mit reichen Gaben bringt, er soll für Euch ein Zeichen sein der Lieb', die uns durchdringt... Tulln, Weihnachten 1892   Elvira"
Ing. Norbert Gradisch, Wien [24]

23. VII. 1893

→ Marie Schiele. — Notizbuch A, Blatt 38 recto:
„In St. Veit Kärnten waren wir einen Sommer des Jahres 1893 vom 23 Juli bis 6 August. Vom 16 Juli bis 23 Juli machten wir eine Reise nach Innsbruck, Klagenfurt etc"
G. 83 [25]

8. IX. 1893

→ Marie Schiele. — Notizbuch A, Blatt 37 recto—37 verso: „Gerade zu Maria Geburt am 8ten September hat Gott mir eine schwere Prüfung auferlegt da er mir mein ältestes Kind → „Elvira" genommen hat! 10 Jahre so ein großes Kind — es ist schrecklich für eine Mutter — doch was Gott thut ist wolgethan Gott weiß es besser, sein Wille geschehe Amen! — O Herr gib Ihr[!] die ewige Ruhe das ewige Licht leuchte ihr. Herr lasse das gute Kind unser schützender Geist sein! — Unser gutes Kind Elvirchen ist am Freitag zu Maria Geburt den 8 September um 1/2 12 Uhr vormittags selig entschlafen. Samstag den 10ten fand unter zahlreicher Betheiligung das Leichenbegängnis statt! — — —"
G. 83 [26]

12. IX. 1893

→ Leopold Berger, L. a. s., 3 pp. groß 4°. Kondolenzschreiben an das Ehepaar Schiele anläßlich des Todes von Elvira Schiele, der ältesten Tochter, die am 8. IX. 1893 an Gehirnhautentzündung gestorben war.
Ing. Norbert Gradisch, Wien [27]

13. VII. 1894

→ Marie Schiele. — Notizbuch A, Blatt 44 recto: „Gerti → Gertrude geboren am 13/7 1894. Unser Jüngstes[!] Mäderl. Diese Entbindung war die schwerste von meinen Entbindungen. Doch mein Lebensfaden war noch nicht zu Ende — ich überstand diese Gefahr auch glücklich. Die Amme bis 29/9 behalten dann expedirt[!]."
G. 83 [28]

[29]

22. VII. 1898

An → Marie Czihaczek, C. a. s. [Gruß aus Tulln]
„Liebe Tante! Ich bin wieder außer Bett und war schon im Garten. Küsse die Hände Egon¹" [Adresse von fremder Hand: → Marie Czihaczek, Inspektors Gattin Klosterneuburg Skallgasse Nr. 6]²
E. S. A. 844 [29]

1 Bisher das früheste Schriftstück von Egon Schieles Hand.
2 Das Ehepaar Czihaczek pflegte des Sommers ein Landhaus in der näheren Umgebung Wiens zu mieten.

7. VIII. 1899

→ Adolf. Schiele, C. a. s., mitunterschrieben von Egon Schiele [Mannhartgruppe mit Bahnhof Tarvis]. An → Melanie Schiele, derzeit Arnoldstein, Kärnten, [bei] Kaufmann Kamapsch[?]
„7. 8. 99 Vormittag 10^h
Sitzen Restauration Bahnhof Tarvis — Sehr schöne Witterung. Egon trinkt Bier — gehen jetzt Schlitza-Schlucht — kommen zu Mittag nicht — erst Nachmittag um 3^h55 in Arnoldstein an. An Mama viele Küsse — Grüße an Gerti. Von Egon & Papa." Darunter „Egon".
G. 46 [30]

[um 1900]

Egon Schiele. Wahrscheinlich von seiner Hand die Worte: „Fröhliche Ostern!" nebst seiner Unterschrift, auf einer Postkarte seiner Schwester → Melanie. Links Fotografie der damals ungefähr 6jährigen → Gertrude Schiele. An → Marie Czihaczek, Wien II., Cirkusgasse 47, II. Stock
G. P. 127 [31]

[um 1900]

Egon Schiele. — 3 Zeichnungen wahrscheinlich von seiner Hand, in dem Skizzenbuch seines Vaters [siehe Nr. 7]
folio 96: phantasievoller Bleistift-Entwurf: Stadtplan von Wien im Jahre 1999. Mit Wolkenkratzer neben St. Stefan, zwei Gürtelstraßen und einem Zentralbahnhof. Beschriftung von fremder Hand. Beigelegt eine Echtheitserklärung von → Anton Peschka, senior, datiert Wien Juni 1935.
98: Skizze einer Lokomotive, in Bleistift. Links Entwurf für einen auszuschneidenden Eisenbahnwaggon.
101: Lokomotive, darunter zwei Hundeköpfe [diese wahrscheinlich nicht von seiner Hand]
G. P. 77 [32]

[um 1900]

An seine Großmutter. Unvollendete Doppel-Grußkarte [Panorama von Tulln]
„Liebe Großmama! Schon lange will ich Dir schreiben, doch besuche ich fleißig die Schule. Liebe Großmama wenn Du mich so gern hast bitte bitte schicke mir einen Rucksack den ich mir schon so lange wünsche. Recht freuen thut es mich daß Du gute Großmama wohl bist doch am liebsten wünsch[e] ich mir wenn Du bald wieder kommen möchtest wir [abgebrochen]."
E. S. A. 435 [33]

DOKUMENTE UND KORRESPONDENZ 1840—1905

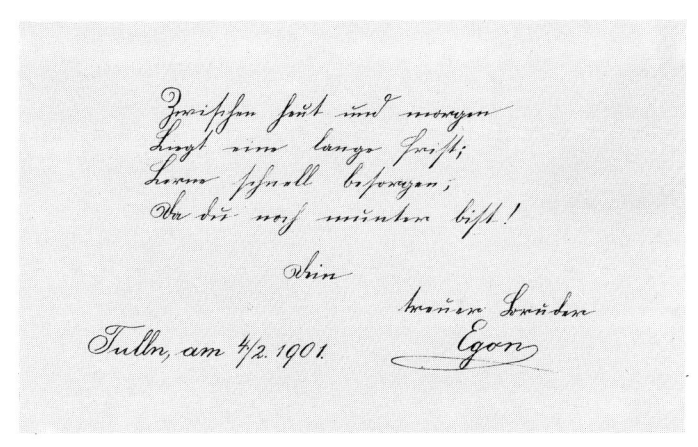

[34]

4. II. 1901

Egon Schiele. — Eintragung in das Stammbuch seiner Schwester → Melanie. Blauer Einband mit eingelegtem Bild: Liebespaar in Rokokotracht. 8°
„Zwischen heut und morgen / Liegt eine lange Frist; / Lerne schnell besorgen / Da du noch munter bist. Dein treuer Bruder Egon
Tulln, am 4./2. 1901."
Im selben Stammbuch auf dem ersten Blatt Namenszug des Vaters unterhalb eines kalligraphierten Stammbuchverses und, auf einem anderen Blatt, eigenhändiger Vers der Mutter, beide „Tulln Januar 1898" datiert.
Ing. Norbert Gradisch, Wien [34]

8. IV. 1901

An → Leopold Czihaczek. C. a. s. [Gruß aus Tulln, mehrere Ansichten] Mit Adresse von fremder Hand: Wien II. Cirkusgasse 47
„Tulln den 5/4. 1901
Lieber Onkel! Sei nicht böse, daß ich erst heute Dir Du guter Onkel recht danke für das Übersendete für mich, und wird morgen Mama nach Wien fahren und bei Esders[1] einen Anzug kaufen. Dir Tante → Mani und Tante Luise[2] die Hand küssend Dein stets dankbarer Neffe Egon."
E. S. A. 306 [35]

1 Die Firma Esders „Zur großen Fabrik" war ein bekanntes Wiener Kleiderhaus, Wien VI., Mariahilferstraße.
2 Louise Wachtel-Krch (geboren 1845), Schwester von Schieles Vater.

14. IV. 1901

Egon Schiele. — Buntdruck mit religiösen Darstellungen. Darunter: „Egon Schiele" hat die erste heilige Communion empfangen in der „Pfarr" Kirche zu „Tulln" den „14. April 1901"
G. P. 44 [36]

11.[?] IX. 1901

Roland Rösch[1], Kartengruß aus Lind in Kärnten. An Egon Schiele, Tulln, Bahnhof.
G. 6 [37]

1 Vermutlich ein Schulfreund Egon Schieles.

[38]

28. X. 1901

Egon Schiele. — Schulheft aus seiner Kremser Zeit, eigenhändig beschriftetes Schildchen: „Vocabelheft Ia Egon Schiele"[1]
Als Beispiel diene eine Seite:
„214 il honore   ehrt
215 le hetre   die Buche
216 les hetres   die Buchen
217 la houteur[!]   die Höhe
218 les hauteurs   die Höhen
                      28. X.
219 la pomme   der Apfel etc."
G. P. 58 [38]

1 Es steht nicht fest, ob Schiele in Klosterneuburg weiterhin Französisch lernte. Das Vokabelheft ist interessant wegen des Gebrauches der von ihm später fast niemals mehr verwendeten Lateinschrift.

17. VII. 1902

Legitimationskarte für active Eisenbahnbedienstete. Nr. 65186/0: → „Adolf Schiele, Ober Official, B. B. Amtsvorstand der K. K. österr.[eichischen] Staatsbahnen" von der K. K. Staatsbahndirektion, Wien. Mit Lichtbildausweis, Leinenumschlag, klein 8°.
G. 82 [39]

DOKUMENTE UND KORRESPONDENZ 1840—1905

5. VIII. 1902

→ Marie Schiele, C. a. s. An „Hochwohlgeboren Frl. Mela Schiele, die grosse Thierfreundin und Malerin z. Z. [zur Zeit] Lind ob Velden, Kärnten".
„... Hoffentlich bist Du recht brav und behilflich im Häuslichen damit ich alles in Ordnung finde, wenn ich nach Hause komme. Befasse Dich weniger mit Deinem Hund ... u. male lieber Ansichtskarten ... Sobald ich nach Villach od. Klagenfurt komme, werde ich Dir einige Karten zum bemalen mitbringen ..." etc.
Ing. Norbert Gradisch, Wien   [40]

10. IX. 1902

J. Schuster [vermutlich ein Schulfreund]. Grußkarte aus Maria Wörth, Kärnten. An Egon Schiele
G. 29   [41]

27 Der „Pinzkerhof" in Krumau, das Elternhaus von Marie Schiele. Merkwürdigerweise wohnte Egon niemals dort.

21. IX. 1902 [Poststempel]

An → Melanie Schiele, derzeit Krumau Pinzkerhof[1], C. a. s. [Wien Franzensring]. Aus Klosterneuburg[2]
„Liebe Mela! Am Freitag den 23. IX. brauche ich zwischen 11 u. 1 das Reißbrett. Schickt es mir bestimmt. Wäsche brauche ich auch was ist denn? Mir geht es gut. Viele Grüße an Dich und → Gertie Küsse an den Papa u. Mama   Egon.
!!Neuer Professor in Zeichnen[3]!!! sehr streng!! Reißbrett schicken!!"
E. S. A. 305   [42]

[42]

1 Der „Pinzkerhof" war das Geburtshaus von → Marie Schiele in Krumau. Es gibt bis jetzt aber keinen Hinweis dafür, daß Egon Schiele jemals im großväterlichen Haus gewohnt hat.
2 Schiele war seit Herbst 1902 Schüler des Realgymnasiums in Klosterneuburg und privat untergebracht. Die Familie übersiedelte erst 1904 dorthin.
3 Es war nicht → Ludwig Karl Strauch, der erst 1905 seinen Posten als Lehrer für Freihandzeichnen in Klosterneuburg annahm.

[1902/3]

Egon Schiele. — Namenszug und verschiedene Eintragungen und Zeichnungen aus seiner Schulzeit in einem kleinen Notizbuch, das ursprünglich seiner Schwester → Elvira gehört hat. Je 2 Deckblätter und 34 Blatt. Klein 8°. Im Nachstehenden halten wir nur das wichtigste fest.

Elvira Schiele
Blatt 1 verso: Aufgabe
    1234
  + 1234
    ─────
    2468
    2468"

Elvira Schiele Alphabet, deutsche Schrift, Großbuchstaben. Darunter Alphabet in gleicher Art mit den Zahlen 1—26.
Blatt 2 recto:

Elvira Schiele Federzeichnung: Puppe mit ausgestreckten Händen, dahinter eine Art „Grüß Gott mein liebes Kind", rechts oben: „1893"
Blatt 3 verso:

Elvira Schiele Federzeichnung. Halbfigur eines Mädchens. Darunter: „Grüß Dich Gott 1893"
Blatt 4 recto:

Egon Schiele? „Cerni?" Lebern [= Lebarn][1]
Blatt 4 verso:

Egon Schiele? „1. Kabittel [= Kapitel] Auf Schloß Kreuzenstein[2] regirte[!] einstends[!] König Cerni"
Blatt 5 recto:

Elvira Schiele „Es giengen[!] [vermutlich zwei Löwen Scherzgedicht] einst zellband [= selbander] in einem Wald Spazoren [= spazieren]. Da hatten sie voll
Blatt 5 verso bis 6 recto:

Wuth entbracht [= entbrannt] einander aufgezoren. Da kamen dags[!] darauf daher zwei leute[!] kün[!] und edel, die fanden von den[!] Kampf nichts mer[!] als[!] beider Löwen Wedel."

Elvira Schiele „Wie der Acker, [vermutlich] so die Rüben. Wie der Vater so die Buben. Wie das Mehl so die Knöteln[!], Wie die..." [nicht fortgesetzt].
Blatt 6 verso:

Elvira Schiele „Deb [= Depp] [vermutlich] O. L. Wien. 1893" [desgleichen Blatt 23 r.: „Luder. O. L." und 28 r: [durchstrichenes Wort] „o. L."]
Blatt 7 recto:

Egon Schiele „I.) Entweder Blechkasten oder Holzpalette.
II.) Deckfarben Lampenschwarz [durchgestrichen]
I.) Perlgrau —
II.) Elfenbeinschwarz
III.) Indischrot. —
IV.) Minium —
V.) Bergblau
VI.) Eisenviolett
Blatt 12 recto —12 verso:

fortgesetzt Blatt 13 recto:	VII.) Gold — VIII.) Silber. IX.) Zinober Nr. 1 Pelikan Farben von Günt[h]er Wagner" zwei kleine gezeichnete Gefäße „Tuschale [= Tuschschale] 1.	Wasserglas 1. 2. Binsel [= Pinsel] keine Doppelpinser[!] einfache No. 10 1. Doppelpinsel 10.8 80 kr [Kreutzer] — 1 fl [= Gulden]"³	Egon Schiele Blatt 19 verso: Egon Schiele Blatt 20 recto: Egon Schiele Blatt 20 verso —21 recto:	Zeichnung einer Monstranze: „Monstranze" Oberteil eines Kreuzes mit „INRI" Zeichnung Altar Bibel mit Ω und A Aufzeichnung einer Fabel „Ein Löwe und ein Bär fingen einst ein junges Hirschkalb ... [endet:] und beschlossen zukünftig klieger [klüger] zu sein	Marie Schiele? 1. I. 1903— 6. II. 1903: Blatt 24 recto —32 verso:	Kalenderartige Aufzeichnungen 1. I. 1903 bis 6. II. 1903 und 1. XI. 1903 bis 6. XII. 1903 Bei einigen Tagen zusätzlich „30 h [= Heller, Taschengeld?] Einmal über einige Tage. „krank", einmal „Schulschluss" z. B. [zum Beispiel] bekannt ist der Ausspruch des Bias einer der sieben Weisen. All das meinige [!] trag[e] ich bei mir"

[43]

Egon Schiele Blatt 14 verso, —15 recto, über beide Seiten:	A „Arithmetische und Geometrische[!] Hausarbeiten Schiele E[durchgestrichen] Egon II. J.[ahr] 1902/3."		„Reliquiengruft sepulckrum[!] Grabmahl[!]" 3 Zeichnungen von Altären	Egon Schiele Blatt 22 recto:	„Ein kleines Büchlein wie das Vokabelheft abgeteilt links lateinisch rechts deutsch
Egon Schiele Blatt 16 verso —17 recto, über beide Seiten:	„1 Opfer Wandlung (Messe) 2 Sakrament. Comunion[!] kl[eine] Vormesse. kleine Messe 1. Offertorium 2. Wandlung 3. Communion (Opferma[h]l) Schlußmesse."	Egon Schiele Blatt 18 verso:	„Cibus, Ciborium Retable Altäre Sakramentshaus Ciborium Altar Retable Zeichnung eines Kelches, rechts: „lupa [cuppa] valus? [statt: nodus] fuß vellum"	Egon Schiele Blatt 33 verso:	„Egon Schulden 20 K[ronen] Übersiedlung 11 K 25 Ebeseder⁴ 4 K 60 Tischler 12 K — 47 K 85 k [irrtümlich statt Heller die alte Bezeichnung Kreuzer] „Schularbeiten in Latein (von September Oktober biß[!]) [wiederholt] ganz ungenügend von Oktober—Weihnachten 1.) Nicht gnügend[!] 2.) ganz ungenügend"
Egon Schiele Blatt 17 verso —18 recto:	„Tabernakel" 3 kleine Zeichnungen	Egon Schiele Blatt 19 recto:	„I. H. S. [innerhalb von Strahlen] J Jesus H hominum S Salvator. X = Ch P = R."	Elvira Schiele	„Elvira Schiele Deckblatt 3 r: 1893" [verkehrt herum geschrieben]

von fremder Hand Blatt 22 verso:

G. 87   [43]

1 = Langenlebarn, Ort in Niederösterreich.
2 Burg Kreuzenstein, von den Schweden zerstört, von Johann Nepomuk Graf von Wilczek in den 90er Jahren des vorigen Jahrhunderts wiederaufgebaut.
3 Die erste erhaltene Aufzeichnung Schieles über Farben. Hier sind es die Farben seines Aquarell-Malkastens.
4 Die heute noch existierende Farben- und Malbedarfshandlung Ebeseder in Wien.

24. II. 1903

An → Melanie Schiele, Tulln, Bahnhof, C. a. s. [Mädchen in Tracht] „Dein Bruder Egon"
G. 5   [44]

III.—V. 1903

Egon Schiele. — Schulheft, 20 Doppelblätter, in der Mitte geheftet. Mit Zeichnungen aus dem geologischen und botanischen Unterricht. Einige Zeichnungen vom Professor vidiert. Blatt 1 [mehrmals]: „Schiele Egon II." [Klasse]. Unten auch „Klosterneuburg". Die Zeichnungen sind entweder nach der Tafel abgezeichnet oder folgen einem Schulbuch. Die Beschriftungen sind in einer Art Druckschrift, die für Schiele ungewöhnlich ist, da er zumeist kurrent schrieb. Lediglich eine Zeichnung, die sich deutlich im Niveau von den anderen abhebt, scheint uns von Schieles Hand zu sein. Oben „SCHWERTLILIE", unten „Schiele". Wir vermuten, daß dieses Heft, traditionsgemäß als Schieles Schulheft bezeichnet, einem Mitschüler gehört hat, daß Schiele es sich auslieh, und — wie dies bei ihm üblich war — alsogleich mit seinem Namen versah und aufhob.
Privatbesitz, USA. Veröffentlicht von Professor Herschel B. Chipp als von Schiele gezeichnetes Schulheft in: Artforum, vol. 2, Nr. 7, Januar 1964 [45]

19. V. 1903

→ Marie Schiele an → Melanie Schiele, Tulln, Bahnhof. C. a. s. [Steiersberger Schweig, Kirchberg am Wechsel]
„Liebe Mela! Senden Dir viele Grüße vom schönen Kirchberg — leider regnet es ununterbrochen daß wir gezwungen sind abzureisen. Bleibe gesund u. sei herzlich geküßt von Deinen Eltern."
Mitunterschrieben von „Egon" und → „Gertie"
G. 50 [46]

[47]

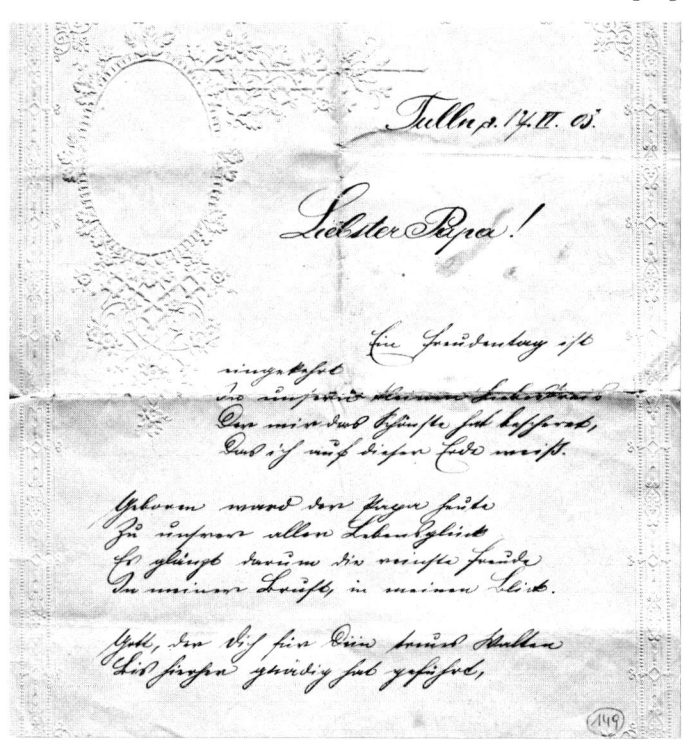

DOKUMENTE UND KORRESPONDENZ 1840—1905

17. VI. 1903

Egon Schiele, P. a. s. [Geburtstagsgedicht] 2pp., 4°
Tulln, d[en] 17. VI. 03.
„Liebster Papa!

Ein Freudentag ist eingekehrt
In unseren kleinen Liebeskreis
Der mir das Schönste hat bescheret
Das ich auf dieser Erde weiß.

Geboren ward der Papa heute
Zu unsrer aller Lebensglück
Es glänzt darum die reinste Freude
In meiner Brust, in meinen(!) Blick.

Gott, der Dich für Dein treues Walten
Bis hierher gnädig hat geführt,
Er wird Dich ferner auch erhalten
Wenn meine Kindesbitt' Ihn rührt.

Er möge Dir Gesundheit schenken,
Glück, Frohsinn und Zufriedenheit,
Wohin Dein Blick sich auch mag lenken,
Erblühe stets die Fröhlichkeit.

Ich will mich immer mehr bestreben
Durch Tugend, Fleiß bescheid'nen Sinn
Dir zu erheitern das Leben
Für jetzt und alle Zukunft hin.

     Dein stets dankbarer Sohn
     Egon"[1]
E. S. A. 149; H. M. 1968, Nr. 11 [47]

[1] Egon Schiele irrte sich. Es war nicht der Geburtstag [8. November], sondern der Hochzeitstag des Vaters. Das Gedicht vermutlich aus einem Briefsteller abgeschrieben.

19. X. 1903

An → Melanie Schiele, Tulln Bahnhof. C. a. s. [Klosterneuburg, Stiftskirche]
„Klosterneuburg 19. X. 03.
Liebe Mela! Es geht mir sehr gut wann kommst Du? Meine Uhr ist beim Uhrmacher. Sage Papa daß ich schon seid [!] 2 Wochen kein Geld bekommen habe u. dasselbe sehr notwendig brauche. Am Samstag war ein sogenanntes Lotto. Ich habe ein feines Glas u. ein Tintenzeug gewonnen. [Mit] 10 kr [Kreuzer] Einsatz!!!! im ganzen. Die Sprechstunden sind schon eingeteilt, ich werde sie heute 4 Uhr abschreiben. Ich muß jetzt in der Schule die Math.[ematik] Hausarbeit durchsehen. Am Samstag werde ich wahrscheinlich[!] kommen Was machen die Hasen und Hühner? lebens[!] noch? Es grüßt euch[!] Egon
Ich werde den Holt als Freund nehmen, einer der besten von der Klasse."
G. P. 45 [48]

DOKUMENTE UND KORRESPONDENZ 1840—1905

25. X. 1903

→ Adolf Schiele an Egon Schiele, Student, Klosterneuburg, Albrechtsbergergasse 4, C. a. s. [Panorama Wien I.] In Bleistift „Grüsse von Mama & Papa"[1]

G. 10 [49]

[1] Adolf Schiele mußte das Wort „Klosterneuburg" zweimal schreiben. Hinweis auf die beginnende geistige Störung?

30. X. 1903 [Poststempel]

Maria Birringer[1], C. a. s. [Ansichtspostkarte: Wien Schönbrunn] Grüße. An Egon Schiele, Tulln, Bahnhof.

G. 7 [50]

[1] Anscheinend eine Jugendfreundin Schieles.

1903

An → Melanie Schiele „Backfisch" in Tulln, Bahnhof. C. a. s. [Allee im Pensionat St. Ursula] „Grüße von Deinem Bruder Egon"

G. 4 [51]

1903

An → Melanie Schiele, Tulln, Bahnhof. C. a. s. [Wien, Am Hof]
„Liebe Mela! Sind hier gut angekommen u. waren noch am Abend um 25 kr. [Kreuzer] in Müller und sein Kind[1], es war ganz schön im Th.[eater] hoch oben. Ich war heute beim W. war nicht zuhause x noch nicht geschrieben. Gehst Du am Samstag zum F. nach Wien ins Teater[!]? Wenn Du noch eine Karte bekommst so schau daß Frl. [Fräulein] Johanna[2] auch eine bekommt denn sie mochte gerne mitfahren. Dein Bruder E."
Am Rand: „Viele Grüße von Herrn und Frau Gierlinger[3] u. von Johanna", darunter Grüße von fremder Hand. Quer über die Karte geschrieben „Egon Schiele".

G. P. 46 [52]

[1] „Der Müller und sein Kind", sentimentales Volksstück von Ernst Raupach (1784—1852).
[2] Johanna Gierlinger.
[3] Schiele wohnte beim Kurschmied → Johann Gierlinger in Klosterneuburg, Albrechtsbergergasse 4, bis seine Eltern von Tulln nach Klosterneuburg übersiedelten.

6. III. 1904

Adolf Schiele an Egon Schiele, Student beim Stifts Curschmied → Gierlinger, Klosterneuburg. C. a. s. [Tulln, Panorama]
„6./3. 04
Wie geht es Dir, liebes Kind? Schone Dich nur und gib Acht[!], bei dieser trügerischen Zeit. Nie ungeknöpft[!] hinausgehen. Schreibe sogleich. Viele Grüße u. Empfehlung Dein Papa."
Links am Rande „Gruß → Gertie"

E. S. A. 845 [53]

[53]

4. VI. 1904

An → Melanie Schiele, Tulln Bahnhof C. s. [Tulbinger Kogel] „Schiele Egon", mitunterschrieben eine Reihe von Personen.

G. 43 [54]

11. VI. 1904

→ Marie Schiele an Egon Schiele, Tulln, Bahnhof, C. a. s. [Neu-Aigen, Jagdschloß]
[gedruckt: Gruß aus Neu-Aigen] „senden Dir Deine Eltern".

G. 9 [55]

8. IX. 1904

An → Adolf Schiele, Krumau, Pinzkerhof[1]. C. s. [Ansicht Schloß Rothenhof, Krumau]
Unterschrieben „Egon", → „Gertie" und andere Personen.

G. 48 [56]

[1] „Pinzkerhof" war das Geburtshaus von → Marie Schiele.

1904

K. K. Akademie der bildenden Künste, Wien. Studienordnung für die Schulen der K. K. Akademie der bildenden Künste in Wien. Gedruckt. 8 pp. gr. 8°

E. S. A. 8 [57]

14. III. 1905

→ Melanie Schiele, C. a. s. [mit ihrer Photographie in oval] An → L. Czihaczek, Wien II., Cirkusgasse 47.
„Klosterneuburg 14/3 05
Lieber Onkel. Kennst Du die Schlimme? Ich denke schon! Handkuß an → Tante Marie und Tante Louise[1]. Dir lieber Onkel küßt die Hände Deine dankbare Mela."

G. 68 [58]

[1] Louise Wachtel-Krch, Schwester von Schieles Vater.

4. IX. 1905

An → Max Karpfen. L. a. s. Aus Kärnten
„4. September 1905.
Lieber Freund! Heute habe ich die Karte von Dir erhalten, danke Dir bestens, denn es ist eine zum malen[1]. Mein Versprechen habe ich gehalten. Gestern schrieb ich eine Karte dem Herrn Direktor[2]. Mir geht es gut, was ich auch von Dir hoffe; unterhalte mich beinahe täglich mit Wienern sehr gut, bin mit ihnen bei der Dampfschiffstation bekannt geworden. Auch hoffe ich, daß diese Woche die Em... aus Graz kommen wird. Gestern und heute ist hier Kirchtag, wir waren in der Restauration und saßen neben dem Tanzboden, es ging sehr lustig zu, ich rauchte 25 Zigaretten, welche ich mir seit neuester Zeit selbst stopfe. Also dieses Leben ist ja ganz schön, z. B. [zum Beispiel] wie gestern gingen wir um 2 Uhr heim. Was machst Du immer? Wir werden also am 14. d. M. [des Monates] von hier wegfahren, so kommen wir am Westbahnhof um 7 Uhr 50 Min. früh am 15. September mit Schnellzug an. Es wird mich sehr freuen, wenn Du mich abholst (entgegenkommst). Ich habe auch schon sehr viel gemalt[3], so ähnliches wie die beiden Vorlagen vom See[4], welche wir im Gymnasium haben, also es bieten sich sehr viel solcher Punkte zu malen; unlängst war ich auf einem unansehnlichen Berg, von wo man die Karawanken, Dobrać und die ganzen Alpen vor sich hat, es war gerade Sonnenuntergang und die Berge sahen aus, wie wenn die Sonne aufgeht (Alpenglühen). Also dort oben werde ich die ganze Rundschau malen. Wundert es Dich nicht, daß ich mir das Schwimmen erlernt habe? Auf zweimal, und zwar auf der Binse. Im See ist's eine Passion zu baden, denn er ist weit hinunter ganz hell und rein; und unser Badehaus ist so imposant und kokett eingerichtet. Ich war sogar im See draußen, „es geht bergtief hinab". Also schreibe mir noch. Grüßt Dich herzlich Dein Freund   Egon.
Habe vom Stift Stipendium[5] erhalten."
nach: R., B. & P., pp. 151—2, Verbleib unbekannt.   [59]

[1] Schiele benützte in seiner Jugend nachweislich Postkarten zum Nachmalen. So für „Kahnfahrt", 1907.
[2] An den Direktor des Realgymnasiums, Klosterneuburg.
[3] Wahrscheinlich Aquarelle. In Öl malte Schiele erst ab 1906.
[4] Typischer Hinweis auf die Methoden des damaligen Zeichenunterrichts in Schulen: Kopieren nach unkünstlerischen Vorlagen.
[5] Möglicherweise über Vorschlag von → Dr. W. Pauker. Schiele war damals bereits Halbwaise.

22. XII. 1905

Eigenhändige Stammbucheintragung, signiert:
„Klug war der Mann, der sich das erste Stammbuch machte / Und darinnen seiner Freunde dachte, / Denn, wenn sie in der Not, wie's oft geschieht, verschwinden / So lassen sie sich doch im Stammbuch wiederfinden. Von Deinem Freund
                                    Egon Schiele
Klosterneuburg, am 22. XII. 05."
G. P. 50   [60]

1905[?]

An → Max Karpfen [Klosterneuburg], L. a. s.
„Klosterneuburg, 1903[1].
Euer Hochwohlgeboren![2] Durch die gefällige Überlieferung Ihres Herrn Bruders Hans[3] teile ich Ihnen in einigen Zeilen mit, wie fleißig ich an den einzelnen Werken für unsere zukünftige „Union-Kunstausstellung"[4] arbeite. Wenn ich längere Zeit zu diesen Zeichnungen und Malereien hätte, würde ich sehr gerne das Dreifache leisten. Ich nahm mir seit unserer gemeinschaftlichen Besprechung vom 28. d. M. [dieses Monates] vor, pro Tag je 5 Werke herzustellen. Ich bitte Sie freundlichst, an unserem Vorschlag festzuhalten, damit unser Zukunftsplan zum Lobe für uns und zum Ruhme f. d. l. [für die liebe] Stadt Klosterneuburg ausfalle. Ferner ersuche ich Sie, wenn es Ihnen möglich ist, in eine Buch- oder Kunsthandlung zu gehen, um Preiskurante oder solche Bücher, wo bessere Bilder sich befinden, vielleicht zu bekommen. Vereint soll bleiben der Dreibund, es muß und wird geschehen. Heil Ihr tr.[euer] Compagnon   Egon Schiele
Unsere Adresse von jetzt an:
E. Schiele & Comp.,
Union-Kunstzeichnen- und Malanstalt,
Klosterneuburg
I. Albrechtstr. 64[5], II. Martinstr. 60, III. Martinstr. 111[6][?]"
nach: R., B. & P., p. 151; Verbleib unbekannt.   [61]

[1] A. Roessler datiert sicherlich falsch mit: 1903.
[2] Der Brief ist scherzeshalber in Höflichkeitsform geschrieben.
[3] Karpfen war vermutlich Bruder von → Fritz Karpfen und ein Mitschüler Schieles im Realgymnasium, Klosterneuburg.
[4] Erster nachweisbarer Hinweis auf Schieles Organisationstalent.
[5] Schieles Wohnadresse[?]
[6] Adresse von Max Karpfen.

28 Egon, wohl im Alter von fünfzehn Jahren, Farbe auf seine Palette drückend.

III. An der Akademie 1906—1907

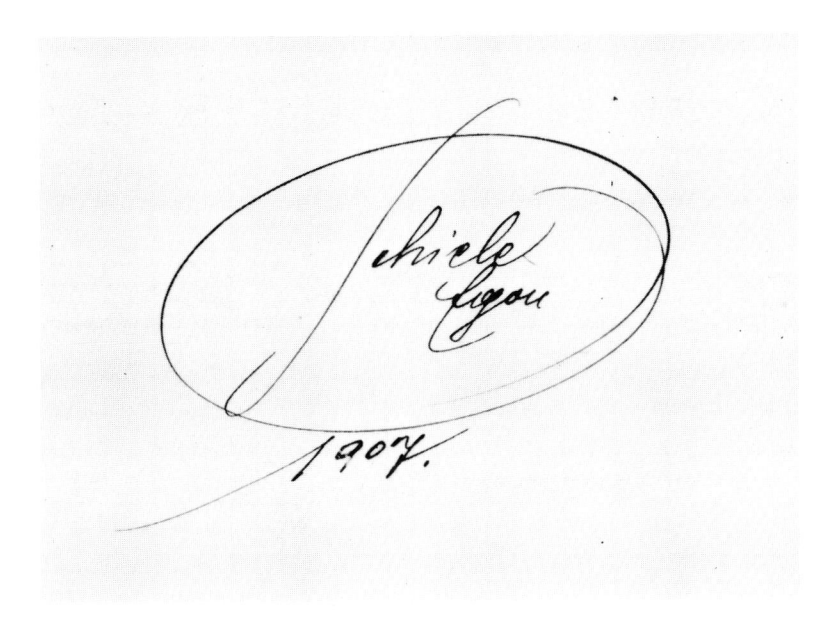

1906, gegen Ende des zweiten Schulhalbjahres, zeichnete sich ein abermaliges Versagen Egons in allen wichtigen Fächern ab. Er hätte das Jahr wiederholen müssen. Das aber verweigerte er mit dem Hinweis darauf, daß er Maler werden wolle und nichts anderes. Die Direktion der Schule erklärte sich, vermutlich um der verwitweten Mutter nicht allzuviel Kummer zu machen, dazu bereit, das Schuljahr positiv abzuschließen, so er die Anstalt verließe. Die Mutter versuchte vergeblich, ihren Sohn als Lehrling im Betriebe ihrer Schwester → Olga Angerer (der damals bereits über die Grenzen des Landes berühmten Klischeeanstalt Angerer & Göschl) unterzubringen[1]. Allein, sie muß sich wohl vorher allzu offenherzig über Schwierigkeiten mit ihm beklagt haben. Man lese dazu den ablehnenden Brief der Schwester nach [Nr. 63]. Egons letzter Schultag war der 9. VII. 1906[2].

Dem Mitvormund → Leopold Czihaczek, der sich für Egons Zukunft und für die gründliche Ausbildung zu einem „vernünftigen" Beruf — was konnte dies anderes sein als der eines Ingenieurs? — verantwortlich fühlte, behagte der Wunsch seines Mündels überhaupt nicht[3]. Mit einigem Recht vermeinte er, daß der Beruf eines Künstlers viel zu geringe materielle Sicherheit böte. Es muß daher zu stürmischen Auseinandersetzungen innerhalb der Familie gekommen sein. Hier der eigensinnige, störrische Knabe, dort der schwerfällige Onkel, dazwischen die Mutter, die ihren Sohn als Wunderkind betrachtete.

Übereinstimmend wird berichtet, sie habe sich für ihren Sohn zunächst um die Aufnahme in die Kunstgewerbeschule bemüht, aus der Künstler wie die drei Brüder Klimt[4], → Oskar Kokoschka, Franz von Matsch[5], → Koloman Moser und viele andere hervorgegangen sind. Ausbildungsmäßig stand die Kunstgewerbeschule der Akademie in nichts nach. Im Gegenteil, sie hatte den Vorteil jüngerer und moderner denkender Lehrkräfte. Es ist nicht auszuschließen, daß → Dr. Wolfgang Pauker, der später an dieser Schule Unterricht gab und wahrscheinlich schon früher gute Beziehungen dorthin unterhielt, die Wege für eine Aufnahme ebnete. Möglicherweise wirkten auch → Ludwig Karl Strauch und → Max Kahrer mit. Es scheint, daß Schieles Zeichnungen — Porträts seiner Familienangehörigen — die Lehrkräfte dort so beeindruckt haben, daß sie unbedingt zu einem Besuch der Akademie rieten[6].

Vor den Stufen der Akademie muß es, kann man den Berichten Glauben schenken[7], zum letztenmal zu einem stürmischen Auftritt zwischen dem besorgten Onkel und der Mutter gekommen sein, die tapfer für ihren Sohn eintrat[8]. Der alte Herr mußte schließlich nachgeben, und Egon fand, nach abgelegter Prüfung, mit sechzehn Jahren Aufnahme[9].

Der in der Literatur vielgeschmähte Onkel Czihaczek hat sich — seine Eitelkeit war durch die erfolgreiche Aufnahme Egons, von der er seiner Frau telegraphisch Mitteilung machte, geschmeichelt — nicht nur mit dem selbstgewählten Beruf seines Neffen abgefunden, sondern ihn auch in einer — wie wir sagen zu können glauben — durchaus angemessenen Art unterstützt. Wir wissen zudem, daß er neben Egon (nach dem Scheitern seiner Bemühungen um ihn) auch noch anderen jungen Leuten geholfen hat[10]. Es ist daher nicht ganz verständlich, weshalb Egon Schiele sich je abfällig über ihn geäußert und behauptet haben soll, daß er zerlumpt herumgelaufen sei und daß das Taschengeld des Onkels nicht einmal für Zigaretten gereicht habe[11]. Wir halten es durchaus für möglich, daß der Onkel, verärgert über manches, was er mit Egon erlebte, sich letztlich kleinlich gezeigt haben mag. Eine derartige offensichtliche Vernachlässigung einer auf sich genommenen Verpflichtung würde aber überhaupt nicht in das Bild dieses Mannes passen, der gewiß alles vermied, was ihn ins Gerede hätte bringen können.

Es muß Egon einigermaßen verwirrt haben, aus dem doch eher abseits gelegenen, ländlich-dörflichen Klosterneuburg abrupt in die elegante Hauptstadt eines großen Reiches versetzt worden zu sein. Die Straßen waren voller Leben; elegante Pferdefuhrwerke, klingende Militärmusik bei der täglichen Wachablöse, Offiziere; der von der Bevölkerung mit Respekt begrüßte alte Kaiser, der im offenen Wagen von Schönbrunn in die Stadt fuhr; Oper, Operette, Theater, Vorstadttheater. Überall Musik und Tanz; schöne Damen; Halbwelt; Dirnen. Der Onkel wohnte in einem besseren Wohnviertel des II. Bezirkes, in der Zirkusgasse 47[12], aber für den Jüngling war es nicht schwer, nur ein paar Schritte weiter, in die düsteren, stickigen Höfe überbelegter Vorstadthäuser zu gelangen und mit dem Anblick des Großstadtproletariats vertraut zu werden, das ihm bis dahin unbekannt gewesen war. Denn draußen, auf dem Land, gab es wohl auch Armut, nicht aber Elend dieser Art. Ein paar Jahre später sollte er sich viele seiner halbwüchsigen Modelle aus jenen Höfen holen. Warum, ist nicht leicht zu verstehen. Wirklich nur, weil sie sich neugierig, lüstern — vermutlich für ein paar Leckerbissen, ein paar Heller und gutes Zureden — gerne auszogen und zeichnen ließen? Oder ist er hier dem Beispiel von → Oskar Kokoschka gefolgt? Dieser ließ ähnlich armselig aussehende Zirkuskinder im Zeichensaal der Kunstgewerbeschule herumspringen, um Schülern das blitzschnelle Erfassen von Körperbewegungen beizubringen[13]. Schieles kleine Modelle allerdings sind sitzend oder stehend dargestellt[14]. Es sei aber auch festgehalten, daß keines dieser Blätter als soziale Anklage beabsichtigt war.

Man wird sich fragen müssen, wie es einem, der da so aus der Provinz kam, überhaupt möglich war, in diesem Wien Kontakte zu finden. Der Onkel konnte ihm dabei kaum behilflich sein. Denn seine Welt war ja mehr die der Musik und nicht die der bildenden Kunst. Die Kammermusikabende in seinem Heim interessierten Egon ebensowenig wie die regelmäßigen Besuche des Burgtheaters, in dem der Onkel (wie bereits andernorts erwähnt) seine eigene Loge unterhielt. Anfangs mochte ihm das wohl Spaß gemacht haben, denn es scheint, daß er es glänzend verstand, Gesten und Sprache von Schauspielern nachzuahmen[15]. Auch → Heinrich Benesch berichtet darüber, daß Schiele seinen Professor → Griepenkerl großartig imitiert habe[16].

Hier müssen wir auf die Rolle hinweisen, die die Wiener Kaffeehäuser damals und dann noch bis in das Jahr 1938 gespielt haben. Abgesehen davon, daß sie dem Gast Kaffee in vielerlei Varianten serviert haben, spielten sie etwa jene Rolle, die den Londoner Clubs zukommt. Jedermann, der in Wien etwas auf sich hielt, besuchte ein bestimmtes Kaffeehaus und hatte dort seinen Stammplatz oder seinen Stammtisch und seinen Kreis. Bürgerliche ebenso wie Kaufleute oder Künstler.

Anders als in Paris, wo die Wände der von Künstlern frequentierten Lokale voll mit deren Bildern behängt sind, eignete den besseren Wiener Kaffeehäusern eine betonte Nüchternheit. Im „Kaffee Museum", unweit des Gebäudes der „Secession", das → Adolf Loos — der Vorkämpfer einer neuen und sachlichen Bauweise, die auf jegliches Ornament verzichtete — 1898 eingerichtet hatte, saßen vor kalten Marmorwänden die jungen Maler, Bildhauer, Architekten und natürlich der engere Freundeskreis von Loos, die „Loosgruppe". Der Kritiker → Arthur Roessler, Schieles Entdecker, verkehrte dort und auch Schiele selbst, so er nicht — wegen der Nähe seines Ateliers — Hietzinger Kaffeehäuser vorzog. Wenige Schritte weiter, im Kaffee „Heinrichshof", vis-à-vis der Oper, residierten → Otto Wagner und sein Kreis; noch ein paar Schritte weiter, gegen den Stadtpark zu, gegenüber dem „Alten Haus" des Hotels „Bristol", lag das Kaffee „Kremser", schwarz-weiß ornamental, gleichfalls unter Verwendung von sehr viel Marmor, von → Josef Hoffmann eingerichtet und von seinem Kreis frequentiert. Womit schon angedeutet ist — und das war in Wien stets so —, daß die Vertreter der modernen Kunst in streng getrennte Lager zerfielen. Wer sich dem einen zugehörig fühlte, hatte am Stammtisch des anderen nichts zu suchen!

Die Literaten besuchten andere Kaffeehäuser. Im Kaffee „Central" in der Herrengasse saßen — im blauen Dunst unzähliger Zigaretten Schach spielend — die politisch Interessierten und die Emigranten; auch Josef Stalin[17] und Lenin[18] etwa waren eine Zeitlang darunter, denn die österreichisch-ungarische Monarchie war im Grunde relativ liberal und bot vielen Verfolgten ein Refugium. Der Dichter-Bohemien Peter Altenberg[19] dagegen, Freund und Bewunderer all jener Weiblichkeit, die dort auftauchte, saß nächtlicherweise in den Pavillons oder in den Bars im Umkreis des Grabens — oft in Gesellschaft des Schriftstellers und Kulturphilosophen Egon Friedell[20].

Man traf sich also, je nach Zugehörigkeit, in einem dieser Kaffeehäuser. Kam zumeist lediglich auf einen kleinen „Schwarzen", den man nach Tisch zu trinken pflegte, und ging dann wiederum seinen Geschäften nach. Andere aber blieben. Für sie war das Kaffeehaus ein richtiges Zuhause. Sie spielten dort Karten oder Billard; holten sich bei der Kassierin Post oder Nachrichten; hatten wochenlang Kredit beim Ober, der jeden genau kannte und immer auf den Heller genau wußte, was einer ihm schuldig war; wie er auch wußte, was jeder zu lesen wünschte. Man las nicht nur in den über hundert verschiedensprachigen in- und ausländischen Zeitungen, sondern auch in den Kunstzeitschriften Europas, die in den von Künstlern besuchten Kaffees selbstverständlich auflagen. Mehr noch als Ausstellungen zeitgenössischer Kunst vermittelten diese reichillustrierten, gutgeschriebenen Zeitschriften den Jungen Information über das, was in der Welt vorging.

Dort also konnte ein junger Mann allmählich Fuß fassen, beachtet werden, ins Gespräch kommen, Freundschaften schließen, Prominenten vorgestellt und vielleicht sogar an deren Stammtisch aufgenommen werden, Diskussionen über zeitgenössische Literatur erleben, etwa über das immer noch bestehende Aufführungsverbot von Arthur Schnitzlers[21] „Reigen", dessen „Liebelei", 1896 geschrieben, ja wohl jeder kannte; er konnte aber auch Berichte hören über die 1905 im Foyer des „Deutschen Volkstheaters" durchgesetzte geschlossene Aufführung oder besser Vorlesung[22] von Frank Wedekinds[23] „Büchse der Pandora", der in seinen Stücken die lebens- und triebfremde Moral seiner Zeit angriff. Diese Vorlesung war Karl Kraus[24] zu verdanken. Gewiß erregte jedes der in unregelmäßiger Folge seit 1899 erscheinenden, von ihm herausgegebenen roten Hefte der „Fackel", in der er schonungslos örtliche Mißstände in Politik und Kultur angriff, Begeisterung oder Ablehnung. In Dingen der Malerei allerdings war sein sonst so unbestechliches Urteil fragwürdig. So hat er sich in seinem Haß gegen die Wiener Literaten — wie Hermann Bahr[25] — zu schweren Fehlurteilen → Gustav Klimt gegenüber verleiten lassen. Möglich, daß man auch die grundlegenden Bücher Sigmund Freuds[26] diskutierte; seine „Traumdeutung" war 1900 erschienen, seine „3 Abhandlungen zur Sexualtheorie" 1905. Oder aber auch das Aufsehen erregende Buch „Geschlecht und Charakter" von Otto Weininger[27] (es erschien 1903). Aber man wird sich hüten müssen, einen unmittelbaren Einfluß der Psychoanalyse auf Schiele anzunehmen. Die Dinge lagen in der Luft. Ein sensibler Künstler brauchte sie nur aufzunehmen.

Natürlich wurde auch politisiert. Irgendwie lastete auf jenen Jahren bereits der Alptraum des Kommenden; Spannungen in der Monarchie, deren Völkergruppen auseinanderstrebten; die Opposition vieler gegen das Überhandnehmen des Militarismus, gestärkt durch die lauten Parolen der Sozialdemokraten, die nach der Wahlreform von 1907 eine größere Anzahl von Sitzen im Reichsrat erhalten hatten. Kurzum, die Kaffeehäuser waren nicht nur Orte der Zusammenkunft, sie waren auch gewissermaßen Stätten der Erziehung — wenn sich diese auch erheblich von dem unterschied, was man in Schulen und Lehrsälen zu hören bekam.

Der Lehrbetrieb an der Akademie folgte einem seit zweihundert Jahren etablierten Schema[28]. Den jungen Schiele verließ dort erstmalig sein guter Stern. Denn statt wie bisher geleitet, verstanden und gefördert zu werden, kam er in die Klasse eines Mannes, der sich kühl distanziert zeigte und gewiß für sein Amt viel zu alt war. Professor → *Christian Griepenkerl*, Historien- und Porträtmaler, hat hervorragende österreichische Künstler durch seine Schule gehen sehen. Als Maler war er völlig unbedeutend, aber er war ein guter Lehrer des Handwerklichen. Gingen doch schließlich auch aus der Klasse von Gustave Moreau[29] in Paris, der nicht zu den bedeutendsten Malern seiner Zeit gehörte, große Talente wie Henri Matisse[30] und Georges Rouault[31] hervor. Daß Griepenkerl durch das unbeirrbare Festhalten an den herkömmlichen Disziplinen letztlich mit der Jugend in Konflikt geraten mußte, ist weiter nicht verwunderlich. Denn man darf nicht vergessen, daß die „Secession", solange die Klimtgruppe dort vertreten war, 1898—1905, in zweiundzwanzig mustergültigen Ausstellungen nicht nur moderne, lebendige Kunst nach Wien gebracht hatte, sondern auch einer ganzen Generation von Malern — die sich an → Gustav Klimts Beispiel schulten und einander in jenen Jahren übertrafen, um später leider wieder in Mittelmäßigkeit zurückzufallen — die Möglichkeit zu Kontakten geboten und die ganze Wiener Kunstszene in Bewegung gebracht hatte.

Als Egon Schiele die Akademie besuchte, war der „Wiener Kunstfrühling" schon vorüber. Kein erntereicher Sommer, kein früchtebringender Herbst folgten ihm. Er sollte 1909 deshalb mit seiner Gruppe „Neukünstler" in ein künstlerisches Vakuum stoßen. Den Jungen waren die Augen geöffnet worden. Sie hatten andere Götter als die Alten, die von vergilbtem Firnis Bedecktes liebten. Mit einem Male wurde die Palette der Maler heller, farbenfreudiger; die Farbe verdrängte immer mehr die Zeichnung, die Formen lösten sich auf. Es wetterleuchtete von Paris her, wo Pablo Picasso[32], von Negerplastiken beeinflußt, zum expressionistischen Stil gefunden und, 1907 gemeinsam mit Georges Braque[33], die ersten kubistischen Bilder gemalt hatte. Wenn auch die Jungen jene Bilder in Wien nicht sehen konnten, diejenigen unter ihnen, die aus Paris zurückkehrten, erzählten den Staunenden daheim, was sich „draußen" tat, und wiesen auf die Illustrationen in den erwähnten Zeitschriften hin. Mag auch der von → Arthur Roessler überlieferte Ausspruch des enervierten Professors Griepenkerl den Forderungen der Jungen gegenüber (an deren Spitze, wie es scheint — Organisator sollte er sein Leben lang bleiben —, Egon Schiele stand) eine liebenswerte Erfindung sein[34], so gab es doch 1909 einen Exodus der Jungen.

Dem Schüler der Akademie wurde in den ersten drei Jahren das solide Handwerk beigebracht: Anatomie, Zeichnen und Malen nach der menschlichen Gestalt; Perspektive; Farbenlehre; Farbenchemie und Stillehre waren die vorgeschriebenen Fächer. Der junge Schiele erarbeitete sich hier jene Sicherheit des Strichs, die man nicht genug bewundern kann. Augenzeugen berichten, daß er unausgesetzt gezeichnet habe, sei es im Atelier, vor der Natur, sei es während einer Bahnfahrt oder in Gesellschaft. Alle bewunderten die phänomenale Sicherheit seines Strichs und berichten gleichlautend, daß er niemals einen Radiergummi verwendet habe. Für die — manchen Lesern sicherlich überraschende — Tatsache, daß er seine Blätter niemals vor dem Modell, sondern stets nach dessen Weggang aus dem Gedächtnis koloriert hat, können wir vier Augenzeugen anführen[35a—d].

Es versteht sich, daß Griepenkerl nicht allein unterrichtete. Es standen ihm für alle Fächer ausgezeichnete Kräfte zur Seite. Man ersieht dies aus den Namen auf Schieles Zeugnissen. Er war auch an der Akademie, kurioserweise, ein durchaus mittelmäßiger Schüler und brachte es bei den Prüfungen fertig, gerade noch so durchzurutschen. Auch darüber geben die Zeugnisse Auskunft.

Eines jedoch wurde, wie uns scheinen will, bisher nicht beachtet:

Der Umstand nämlich, daß Schiele, dem schwerfälligen Programm der Akademie folgend, dort gar nicht zum richtigen Malen gekommen ist. Erst nach jenen drei obligaten Jahren konnten sich die Schüler für Landschafts- oder Porträtmalerei entscheiden und wurden weiter geschult. Unsere Meinung ist, daß er bereits in Klosterneuburg zum Landschafter wurde. Die Akademie kam gar nicht dazu, seinen Stil zu beeinflussen. Anders also als → Klimt, um wieder auf ihn zurückzukommen, der sieben lange Jahre einer nur allzu gründlichen Ausbildung folgte, mit dem Resultat, daß er weitere zehn Jahre brauchte, bis er das Erlernte wieder überwunden und zu seinem eigenen Stil gefunden hatte, blieb Schiele Aufgezwungenes erspart. Wir kommen im nächsten Abschnitt auf den phänomenalen Durchbruch zu einem eigenen Stil zurück. Wir wollen aber hier mit einigem Nachdruck bei seiner „plein air" Malerei verweilen, denn es ist wohl alles damals von ihm Gemalte vor der Natur entstanden. Erst später sollte er sich auch hierin wandeln, denn es entstanden viele willkürlich aus den Bestandteilen eines Vorbildes zusammengesetzte, im Atelier gemalte Landschaften.

29 Egon Schiele, ein Aktmodell und sich selbst im Spiegel zeichnend. Bleistift, 1910.

ANMERKUNGEN

1 Beispielsweise wurden die Klischees in den ersten Jahrgängen der Zeitschrift „The Studio" — 1893 erstmalig in London erschienen — von Angerer & Göschl in Wien hergestellt [siehe Ch. M. Nebehay, Ver Sacrum, 1898—1903, Wien 1975, p. 13].

2 A. C., p. 192, Anmerkung 19

3 Sein angeblicher Ausspruch: „Aus dir wird nichts, ich sehe dich noch Wagerl ziehen" [bedeutet soviel wie: Hausierer werden], berichtet von → Marie Schiele in einem Interview mit dem „Neuen Wiener Journal" (wohl um 1925 [E. S. A. 1211]).

4 Ernst Klimt (1864—1892), Maler, jüngerer Bruder von → Gustav Klimt, mit dem er, gemeinsam mit Franz von Matsch (1861—1942), eine Ateliergemeinschaft hielt, die durch seinen frühzeitigen Tod aufgelöst wurde. Die drei schufen gemeinsam viele dekorative Arbeiten, am bedeutendsten die Malereien in den Stiegenhäusern des Wiener Burgtheaters und des Kunsthistorischen Museums. Der dritte Bruder Klimts, Georg (1867—1931), war Bildhauer. Von ihm stammen die Metallarbeiten an den Türen der „Secession" in Wien. Ferner schuf er — teilweise nach dessen Entwürfen — Metallrahmen für Gustav Klimts Bilder.

5 Siehe unter 4)

6 A. C., p. 15; angeblich hat Egon Schiele zur Bewerbung um Aufnahme in die Kunstgewerbeschule auch die Zeichnung eines Kriegsschiffs mitgebracht, wiewohl er nie eins gesehen hatte (→ Marie Schiele, Interview im „Neuen Wiener Journal", wohl um 1925 [E. S. A. 1211]).

7 A. C., p. 15, berichtet, daß → Czihaczek Mutter und Sohn den Eintritt in das Akademie-Gebäude verwehren wollte. Marie Schiele aber habe gesagt: „Du magst der Vormund meiner Kinder sein, aber du bist nicht mein Vormund und ich mache was ich für richtig halte" [Übersetzung des Herausgebers].

8 Angeblicher Ausspruch des Onkels Czihaczek, als Egons Mutter den Besuch an der Akademie durchsetzte: „Ihr gehörts beide nach Steinhof!" (Landesirrenanstalt von Wien) (Marie Schiele, Interview mit dem „Neuen Wiener Journal", wohl um 1925 [E. S. A. 1211]).

9 „... Zum Eintritte in die allgemeine Malerschule ist erforderlich:

1. Der Nachweis über die mit gutem Erfolge beendeten Studien des Untergymnasiums, der Unterrealschule oder einer mit diesen Anstalten gleichstehenden Schule oder über ein Wissen, das der in diesen Schulen zu erlangenden Bildung gleichkommt.

2. Nachweis einer über die Elemente der bildenden Kunst hinausgehenden Ausbildung: a) durch Vorlage von Zeichnungen nach der Natur und Entwürfen eigener Erfindung; b) durch Ablegung einer Aufnahmsprüfung unter Klausur. Diese besteht in der Ausführung einer Zeichnung nach einem Naturmodelle, sowie einem Kompositionsentwurfe nach gegebenem Thema..."

[Studienordnung der Wiener Akademie, Wien 1904]

10 Siehe L., p. 524, respektive Nr. 31a. → Leopold Czihaczek habe einen Gustav Huber, mit dessen frühverstorbenen Eltern er befreundet gewesen sei, auf seine Kosten studieren lassen. Siehe ferner auch den Auszug aus einem Nachruf von Otto Kunz auf → Marie Czihaczek, der am 21. III. 1937 in der Zeitung „Der Wiener Tag" erschien [E. S. A. 1220].

„Egon Schiele und seine Tante
In Wien ist kürzlich eine alte Dame gestorben, eine Frohnatur noch bis in ihr hohes Alter, Frau Marie Czihaczek... Das Ehepaar Czihaczek lebte in sehr guten Verhältnissen — schöne Wohnung mit großem Musikzimmer und zwei Klavieren in der Zirkusgasse, im Sommer gemietete Villa in der Umgebung Wiens, Burgtheaterloge im Abonnement usw. Es war also naheliegend, daß sich das Ehepaar um Egon Schiele annahm, insbesondere nach dem Tode seines Vaters. Aber es war auch von Anfang an klar, daß sich hier im Laufe der Entwicklung Schieles zwei Welten gegenüberstanden, hie die korrekte bürgerliche Einstellung mit gerafften Seidenvorhängen an den Fenstern, kostbaren Tapeten an den Wänden der Wohnräume, noch etwas Tradition aus der Makart-Zeit, hie die Welt eines Künstlers, der allerdings weder Frondeur noch Revolutionär war, aber intuitiv seine eigenen, etwas versponnenen Wege ging mit seinem eigenen Lebenskodex und einer Einstellung, die höflich, aber dezidiert nicht immer gerade ausschließlich aus diplomatisch-salonmäßigen Rücksichten bestand. Im Hause Czihaczeks waren keine Kinder. Das frohe Lachen ging vom Hausherrn und von der Hausfrau aus, aber es war ein Lachen der Erwachsenen unter sich; und Egon war in diesem Hause weniger ein Bub als ein mit Bewunderung gesehenes und umhergereichtes Wunderobjekt... Durch die Freundschaft meiner Eltern mit dem Ehepaar Czihaczek kam ich als junger Student fast täglich ins Haus, war Partner des Hausherrn beim Spiel auf zwei Klavieren und sah so fast Tag für Tag das Verhältnis Egons zu seinem Vormund bis zur Zeit des unvermeidlich gewordenen dauernden Bruches zwischen Onkel und Neffen.

Egon Schiele besuchte von seinem zehnten Lebensjahr an das Realgymnasium im Stift Klosterneuburg... Jede freie Stunde war er draußen auf den Wiesen am Bachbett oder in den Wäldern und bezeichnete mit Farbstiften Blatt für Blatt seines Zeichenblocks. Des Abends zeigte er still und unaufdringlich, ohne viel Worte zu machen, seine Arbeiten. Es waren brav gemalte Natureindrücke, Bäume im Licht der Sonne... Schieles Wesen war damals sehr still. In seinem schmalen, ernsten Gesicht standen dunkle Augen, die seltsam ruhig vor sich hinblicken konnten. Der schwarze dichte Wald von Haaren war mähnenartig nach rückwärts gekämmt. Egon saß wortkarg bei Tisch, seine langen schönen Finger gern spielerisch ineinandergelegt, offenbar innerlich mit sich stark beschäftigt. Ein gewisses Selbstbewußtsein hat er, im Alter von 14 Jahren, schon besessen, und der gute Onkel lachte herzlich, wenn der halberwachsene Neffe von Künstlern als ‚Esel' und ‚Pimperlmaler' sprach. Allerdings dauerte es nicht lange, daß es mißliebig bemerkt wurde, wenn Egon sich bei Tische solche Freiheiten nahm. Immerhin, im Kreise der Verwandtschaft wurde er allgemein bestaunt und bewundert, und insbesondere rühmte man die kurze Zeit, in der er imstande sei, Zeichnungen zu verfertigen...

... Das Ehepaar Czihaczek nahm Egon Schiele auf die Sommerfrische nach Steinach am Brenner mit. In seinem dunkeln Anzug, auf dem Kopf einen großen Malerhut, ging der Junge still seine eigenen Wege untertags wenig sichtbar, und am Abend, wenn die allgemeine Lustigkeit anging, war er meistens auch nicht dabei. Es war die Zeit, da er in Öl zu malen begann, mit leichter, sehr flüssiger Technik. Er malte Wiesen, Hänge, Bauernhäuser usw., und die Sommergäste kauften die Kartons um 5 bis 10 Schilling* ab. Eines Tages war das Kind des Krämers gestorben. Egon malte es auf der Bahre. Es war eine Sensation. Das ganze Dorf lief zusammen, um das prachtvoll gelungene Werk zu bestaunen, und das Aufsehen war um so größer, als das fahle Aussehen der kleinen Leiche einen gewissen mystischen Zug hatte. Das Thema lag offenbar dem jungen Maler ausgezeichnet. Das war wohl Schieles erster Versuch, über den Realismus hinaus zu greifen...

In Wien aß Egon eine Zeitlang zu Mittag im Hause seines Vormunds. Der Onkel hatte eine offene Geldbörse, er gab das Geld für Farben und Farbstifte und außerdem war es üblich, daß Egon alltäglich nach Tisch einen separaten kleinen Geldbetrag erhielt. Egon war auch — und das war eine große Auszeichnung — ein für allemal in die Burgtheaterloge eingeladen, wo er hinten auf dem Bankerl seinen Sitz hatte. Eines Tages platzte Egon mit der sehr höflich kundgegebenen Frage hinein: ‚Onkel, muß ich denn immer mitgehen?' Das war ein Riß, der nicht mehr zuheilte. Egons eigene Wege entfremdeten ihn langsam dem Hause Czihaczek... So wurde, je mehr er selbst Fuß faßte, Schiele dem herzenswarmen Hause seines Vormunds fremd. Es kam zu Gereiztheiten, Egon erschien nur mehr selten, und der Onkel fühlte sich verletzt. Es fehlte nicht an guten Mahnungen des Onkels. Sie fielen zwar auf keinen äußerlich obstinaten, aber auf einen nicht weniger gefestigten Boden. ‚Ich bin ein Künstler!' war Egons Antwort, und der gutmeinende Onkel mit dem gepflegten weißen Spitzbart und den schönen afrikanischen Windspielen, die auf der Ringstraße täglich Aufsehen erregten, und der sehr bürgerlichen Rechtsordnung nahm notgedrungen seufzend Einblick in eine Künstlerwelt, die befremdlich auf ihn wirkte. Es ist zweifellos, daß Egon nicht immer den richtigen Ton fand. Er hat wohl die Bemutterung als Bevormundung ausgelegt, aber das war sie nicht. Ein erschöpfendes inneres Verständnis für die Art seiner Kunst konnte er schließlich bei seinem Vormund nach dessen ganzer solider traditionserfüllter vornehmer Einstellung nicht erwarten. Soweit dem Ehepaar die Entwicklung Schieles verständlich sein konnte, ging es mit.

... Die Beziehungen Schieles zum Onkel haben sich in späteren Jahren ganz gelöst. Und als der Tag kam, da Schiele starb, da hatte der gute Onkel viel zu tun, um säuberlich alle die Nekrologe zu sammeln, die über seinen Neffen erschienen waren, den er doch immer im Herzen behalten hatte. Und die alte Dame, die ihren Gatten acht Jahre überlebte, beließ alle die Schiele-Bilder an der Wand so wie einst. Das Haus Czihaczek war eine Stufe in der Entwicklung Schieles, und dergestalt ist es unversehens auch ein bißchen in die Kunstgeschichte Wiens eingezogen." [E. S. A. 1220]

* recte: Kronen

11 „... Als ich mich gegen denn Willen meiner Mutter und meines Vormunds selbständig machte, um als freischaffender Künstler zu leben, ging es mir bald hundselend. Ich trug von meinem Vormund abgelegte Kleider, Schuhe und Hüte, die mir allesamt zu groß waren. Das Gewand, dessen Futter zerschlissen und dessen Stoff abgewetzt war, schlotterte um meine mageren Glieder. Die Schuhe waren vertreten, abgehatscht, wie der Wiener sagt, das Oberleder hatte klaffende Risse, die Sohlen große Löcher, so daß ich in den zerlemperten Schinakeln [wienerisch für: kleine Schiffe] nur schlurfend gehen konnte. In den verblichenen, abgegriffenen, stellenweise speckigen Filzhut hatte ich ganze Zeitungen zusammengefaltet einlegen müssen, damit er mir nicht über die Augen rutschte. Ein besonders ‚heikles' Kapitel meiner damaligen ‚Garderobe' bildete die Leibwäsche. Ich weiß nicht, ob die phantastischen Netzen vergleichbaren schleißigen Leinenreste überhaupt noch Wäsche genannt werden können. Die Hemdkrägen waren Erbstücke nach meinem Vater und für meinen dünnen Hals viel zu weit und überdies zu hoch. Deshalb trug ich an Sonntagen und bei ‚besonderen' Anlässen ‚originell' geformte Kragen aus Papier, die ich selbst zurechtgeschnitten hatte; die waren ganz hübsch, zumindest sauber, aber leider nicht haltbar. Zu alldem war ich langhaarig und meist unrasiert, machte demnach durchaus nicht den Eindruck eines ‚netten jungen Mannes aus einer bürgerlich ordentlichen Beamtenfamilie', der ich im Grunde genommen ja doch eigentlich war.

Zu meiner ‚Equipierung' paßte meine ‚Behausung'. Sie bestand aus einem kärglichen Raum, durch dessen schmutzige Fensterscheiben das Licht nur getrübt einfiel [erstes ‚Atelier' Schieles in Wien II., Kurzbauergasse 6]. Von den teilweise schrägen Wänden hingen verblichene Tapeten in Fetzen. Nach und nach riß ich die scheußlich gemusterten Tapetenfetzen gänzlich ab und strich allwöchentlich die Wände um einen Fleck mehr rein weiß an. Von meiner Mutter bekam ich, so oft sie mich sah, Vorwürfe und sonst nichts, von meinem Vormund bekam ich jeden Montag fünf Kronen. Davon kaufte ich vor allem zwanzig Sportzigaretten, mit denen ich begreiflicherweise keine sieben Tage auskam, so daß ich gegen das Wochenende genötigt war, die Stumperln aus dem Mist zu klauben und frisch ‚gewuzelt' zu rauchen..." [Arthur Roessler, Erinnerungen an Egon Schiele, Wien 1948, pp. 25/26].

12 Seitenstraße der Praterstraße, unweit des Stadtzentrums

13 „... Ich ließ dort Kinder einer Zirkusfamilie, die im Winter beschäftigungslos, vom Modellstehen lebten, spielen und herumspringen, soweit der Raum es erlaubte. Ganze Stöße von blitzschnell entstandenen Bewegungsstudien machte ich jeden Tag. Die verschiedenen Regungen und Drehungen des Körpers in der Bewegung im Augenblick richtig zu erfassen und wiederzugeben war für mich das Aufregende im Gegenteil zum langweiligen akademischen Unterricht. Dem Profes-

sor → Carl Otto Czeschka (1878—1960) gefiel dies. Bald wurde mir die Leitung des Abendkurses für die gesamte Schülerschar übertragen..." [Oskar Kokoschka, Mein Leben, München 1971, p. 50].

14 „...Durch Monate war er damit beschäftigt Proletarierkinder zu zeichnen und zu malen. Ihn faszinierten die Verwüstungen der schmutzigen Leiden, denen diese an sich Unschuldigen ausgesetzt sind. Staunend sah er die seltsamen Veränderungen der Haut, in deren schlaffen Gefäßen dünnes, wässeriges Blut und verdorbene Säfte träge rieseln; staunend sah er auch die lichtscheuen, grünen Augen hinter rot-entzündeten Lidern, die verskrofelten Handknochen, die schleimigen Mäuler — und — die Seele in diesen schlechten Gefäßen..." [Arthur Roessler, Egon Schiele in: „Bildende Künste", Wien 1911, Heft 3, p. 114].

15 „...es gab eine Stammloge im Burgtheater... vor allem Josef Kainz (1858—1910), berühmter Hamlet, hatte es Egon angetan. Er imitierte ganze Passagen aus ‚Tantris der Narr' [Drama von Ernst Hardt = E. Stöckhardt, 1858—1910, Erzähler, Intendant in Weimar. Sein Drama ‚Tantris der Narr', ein wilhelminisches Prunkstück, mit allem was gut und teuer ist' (A. Soergel), wurde 1908 uraufgeführt] und verschiedene Klassiker auf eine unerhört talentierte Weise..." [→ Gertrude Peschka-Schiele, Erinnerungen an Egon Schiele, 1976 von ihrem Sohn Anton Peschka jun. aufgezeichnet].

16 „...wenn er zum Beispiel seinen alten Akademielehrer, Professor → Griepenkerl in Stimme und Haltung karikierte, konnte man sich krumm lachen..." [→ Heinrich Benesch, Handschriftliche Erinnerungen, E. S. A. 508].

17 Josef Stalin [eigentlich Dschugaschwili] (1879—1953), sowjetischer revolutionärer Staatsmann und Diktator; hielt sich 1912/13 sechs Wochen bei Lenin in Krakau und in Wien auf, wo er seine mit dem neuen Revolutionsnamen „Stalin" (der Stählerne) gezeichnete Schrift: „Nationalitätenfragen und Sozialdemokratie" gegen das austromarxistische-demokratische Programm entwarf.

18 Wladimir Iljitsch Lenin [eigentlich Uljanow] (1870 bis 1924), russischer revolutionärer Staatsmann, Gründer der Sowjetunion (1922), deren Regierungschef er bis zu seinem Tod blieb.

19 → Peter Altenberg

20 Egon Friedell [eigentlich Friedmann] (1878—1938, Selbstmord), Schriftsteller, Journalist, Schauspieler und Regisseur. Schrieb „Kulturgeschichte der Neuzeit", 1927, „Kulturgeschichte des Altertums", 1936.

21 Arthur Schnitzler (1862—1931), ursprünglich Arzt, Dramatiker, Schriftsteller. Behandelt meist die Dekadenzerscheinungen um 1900 im österreichischen Bürgertum; glänzender Stilist, feinsinniger Psychologe, schrieb Theaterstücke, Romane und Novellen.

22 → Dr. Hans von Flesch-Brunningen war ein Augenzeuge dieser Vorlesung [Mitteilung an den Herausgeber].

23 Frank Wedekind (1864—1918), deutscher Schriftsteller, Mitarbeiter des „Simplizissimus", Dramatiker. Kämpfer gegen bürgerliche Moral und starre Tradition, Vorläufer des Expressionismus, schrieb Theaterstücke, Erzählungen und Lyrik.

24 → Karl Kraus

25 → Hermann Bahr

26 Sigmund Freud (1856—1939), Begründer der Psychoanalyse

27 Otto Weininger (1880—1903, Selbstmord), Philosoph. Im zitierten Buch entwickelte er eine Psychologie und eine Metaphysik der Geschlechter.

28 „...Die Lehrgegenstände in der allgemeinen Malerschule sind: 1. Zeichnen und Malen nach der Antike — 2. Zeichnen und Malen der menschlichen Gestalt — 3. Zeichnen des Aktes am Abende — 4. Studium des Gewandes — und 5. Kompositionsübungen —"

29 Gustave Moreau (1826—1898), französischer Maler. Materiell unabhängig, verkaufte er nie, sondern verschenkte Bilder an seine Freunde. Entlieh seine Stoffe mit Vorliebe der Bibel und der Mythologie.

30 Henri Matisse (1869—1954), französischer Maler, Bildhauer und Graphiker, Hauptkünstler der Gruppe „Fauves"

31 Georges Rouault (1871—1958), französischer Maler und Graphiker, gehörte gleichfalls zur Gruppe der „Fauves"

32 → Pablo Picasso

33 Georges Braque (1882—1963), französischer Maler, Graphiker und Plastiker

34 „...Sie — Sie — Sie hat der Deubel in meine Schule gekackt..." [Arthur Roessler, Erinnerungen an Egon Schiele, Wien 1948, p. 11].
Siehe auch: „...Schiele war Griepenkerls enfant terrible. Eines Tages sagte dieser in der Verzweiflung über den jungen Stürmer, der sich über alle akademischen Kunstregeln hinwegsetzte: ‚Sagen Sie um Gotteswillen niemandem, daß Sie bei mir gelernt haben.'" [Heinrich Benesch, Mein Weg mit Egon Schiele, New York, 1965, p. 13]

35a) „...Ein unermüdlicher Arbeiter, wurde er als Zeichner erstaunlich rasch selbständig, fertig, fast virtuos. Der treffsichere Strich floß ihm aus dem Handgelenk. Was dem Musiker das Skalen- und Etüdenspiel ist, das ist für Schiele unaufhörliches, immenemsiges Zeichnen: Training des Handgelenks. Keine Gelegenheit hiezu läßt er unbenützt; so ist es auch zu verstehen, daß er nicht nur im Atelier, sondern auch vor der Natur, in der Eisenbahn während der Fahrt und in der Gesellschaft während des Gesprächs immerzu den Stift handhabt. Winkelig verschachtelte Gäßchen in Krumau, Felderbreiten in der Marchebene, alte Häuser in Grinzing, Berglandschaften in Tirol und Hafenanlagen an der Adria und die Menschen allda notiert er mit sparsamen, gleichsam stenographischen Strichen und Strichelchen. Keine Winzigkeit gilt ihm gering..." [Arthur Roessler, Egon Schiele in: „Bildende Künstler", Wien 1911].

35b) „...Die Zahl der Blätter, die er zur Vorbereitung eines Bildnisses schuf, war Legion. Ich konnte ihn oft bei der Arbeit beobachten, besonders als er das lebensgroße Doppelporträt von meinem Vater und mir schuf... Schiele zeichnete rasch, der Stift glitt, wie von Geisterhand geführt, wie im Spiel, über die weiße Papierfläche, mit einer Handhaltung, die zuweilen die der Pinselführung ostasiatischer Maler war. Radiergummi wurde nicht verwendet — änderte das Modell die Haltung, so wurden die neuen Linien neben die alten mit gleicher unfehlbarer Sicherheit gesetzt. Unablässig wurde ein Papierblatt nach dem anderen aufgezogen, so eilte die Produktion dahin. Daß hie und da ein Blatt leer lief, war unvermeidlich — im Atelier gab es stets eine Menge Abfall, der mit Füßen getreten wurde. Doch wie bohrte sich Schiele mit seinen dunklen Augen in das Modell! Wie wurde Nerv und Muskel erfaßt! ... Die Farben gab Schiele seinen Blättern nie vor dem Modell, sondern immer nachträglich aus der mit Naturanschauung vollzogenen Erinnerung." [Otto Benesch, in: „Art International", 9/10, 1958, p. 59. Nach A. C., p. 228, Anmerkung 20]

35c) „... Seine Zeichenkunst war phänomenal. Die Sicherheit seiner Hand war fast unfehlbar. Beim Zeichnen saß er meist auf einem niedrigen Schemel, das Reißbrett mit dem Zeichenblatte auf den Knien, die zeichnende rechte Hand auf die Unterlage gestützt. Aber ich sah ihn auch anders zeichnen, vor dem Modelle stehend, den rechten Fuß auf einen niedrigen Schemel aufgesetzt. Das Reißbrett stützte er auf das rechte Knie und hielt es mit der Linken am oberen Rande fest. Nun setzte er den Bleistift mit freistehender Hand senkrecht auf das Blatt und zog, sozusagen aus dem Schultergelenke heraus, seine Linien. Und alles saß richtig und fest. Kam er einmal daneben, was äußerst selten der Fall war, so warf er das Blatt weg; er kannte keinen Radiergummi. Schiele schuf seine Zeichnungen nur vor der Natur. Sie waren im wesentlichen Konturzeichnungen, die erst durch die Farbe höhere Plastik erhielten. Die Kolorierung erfolgte immer ohne Modell aus dem Gedächtnisse..." [Heinrich Benesch, Mein Weg mit Schiele, New York, 1965, pp. 25/6].

35d) „... Er schenkt seinem Vorgesetzten ein Schwarzweißblatt mit dem Porträt der Schauspielerin → Marga Boerner. Eines Tages stellt er → Rosé unvermutet die Frage: „Soll i's farbeln?' Rosé begrüßt natürlich die Aussicht auf Verwandlung der Schwarzweißzeichnung in eine Gouache. Schiele setzt sich in das Vorzimmer des Zentralbüros der → Konsumanstalt und bewerkstelligt in einer halben Stunde die versprochene ‚Farbelung'..." [Wolfgang Fischer, Egon Schiele als Militärzeichner, Albertina-Studien, 1966, Heft 3, p. 76].

VORBEMERKUNG:

Nachstehend geben wir, Jahr für Jahr, Angaben über die von Schiele gemalten Bilder; die von ihm beschickten Ausstellungen; über von ihm verlangte oder erhaltene Preise; und — wie bereits im Kapitel II. — über seine Wohnungsanschriften, seine Reisen und Aufenthalte.

Schieles Bilder sind nach den beiden von Otto Kallir [abgekürzt: K.] und Rudolf Leopold [abgekürzt: L.] verfaßten Oeuvre-Katalogen, geordnet nach: L a n d s c h a f t e n, P o r t r ä t s und S o n s t i g e m zusammengestellt. Es sind stets die Oeuvre-Nummern beider Autoren angegeben, weil die Hinweise auf K. in dem später erschienenen Buch von L. beinahe überall fehlen. Um die bereits von Schiele selbst durch ungenaue, oftmals variierende Bezeichnungen seiner Bilder angerichtete Verwirrung nicht weiterhin zu steigern — es sei am Rande erwähnt, daß die Nomenklatur bei K. und L. ebenfalls voneinander abweicht —, halten wir uns in unseren Zusammenstellungen, wie auch sonst überall im Text, an die von L. gewählten Bezeichnungen. Wir folgen auch seinen Datierungen. Wo immer im nachfolgenden Text von einem Bild Schieles die Rede ist, steht hinter dem Titel bloß das Entstehungsjahr. Es kann dann unschwer in unseren Zusammenstellungen gefunden werden. Siehe dort auch Hinweise auf den derzeitigen Standort.

Die Kenntnis der von Schiele beschickten Ausstellungen verdanken wir entweder den verdienstvollen Zusammenstellungen bei K. oder haben sie anhand der Korrespondenz erarbeitet.

Hinweise auf von Schiele verlangte oder tatsächlich erzielte Preise sind zum allergrößten Teil der Korrespondenz entnommen. Da der Leser mit bloßen Zahlenangaben wenig anzufangen wissen wird, sei mitgeteilt, daß man um 1900 um den Preis von 2 österreichischen Kronen [im Text manchmal mit K abgekürzt] in einem erstklassigen Wiener Restaurant ein üppiges Essen samt Getränk erhielt. Der Wert der europäischen Währungen vor dem Ersten Weltkrieg war ungefähr gleich. Schiele verkaufte viel, wenn auch zu vergleichsweise niedrigen Preisen. Wir wissen erst seit kurzem, daß → Gustav Klimt um 1900 von der Albertina für ein Aquarell 250 Kronen [freundliche Mitteilung von Dr. Alice Strobl, Albertina, Februar 1978] und wenige Jahre später für eines seiner Porträts als Spitzenpreis 35.000 Kronen erhielt.

Die Wohnorte wurden zum Großteil aus der Korrespondenz ermittelt, ebenso die Reisen und Aufenthalte. Da es viel Undatiertes unter Schieles Briefen und Karten gibt, ermöglicht die Kenntnis seiner jeweiligen Adressen die zeitliche Einordnung für alles, was in Zukunft aufgefunden wird.

1905/07

Zusammenfassend sei vorausgeschickt, daß Schiele nicht weniger als 101 Bilder (71 Landschaften, 21 Porträts und 9 Sonstiges) in diesen beiden Jahren malte. Der Grundton aller Bilder ist zumeist grau, zur Farbe kommt er erst später.

Topographisch geordnet, sind die meisten Bilder dieser Jahre in Klosterneuburg und dessen näherer Umgebung gemalt. Man kann ruhig die als „Wienerwald" bezeichneten und alle nicht näher bestimmbaren Landschaften zu dieser Gruppe zählen, die 43 Bilder umfaßt. In Wien selbst entstanden 6 Bilder, an denen man unschwer erkennen kann, daß er Schwierigkeiten hatte, den Reiz des Wiener Stadtbildes einzufangen. Aber auch außerhalb von Klosterneuburg und Wien entstand in jenen Jahren nichts Aufregendes. Am ehesten deuten die vier in Triest entstandenen Hafenbilder auf spätere Meisterschaft hin.

Die Porträts sind gleichfalls herkömmlich und beinahe ausschließlich nach Familienmitgliedern gemalt. Es sind bemerkenswerterweise bereits 5 Selbstporträts darunter.

In der Rubrik „Sonstiges" haben wir 4 von den insgesamt 9 Bildern eigens zusammengefaßt, weil sie bereits ganz deutlich einen Stilwandel Schieles unter sezessionistischem Einfluß erkennen lassen.

1905/06

LANDSCHAFTEN:

„Die Albrechtsstraße in Klosterneuburg", 1906 [fehlt bei K.; L. 3; Stiftsmuseum, Klosterneuburg]

„Hof in Klosterneuburg", 1906 [K. 2; L. 4; Stiftsmuseum, Klosterneuburg]

„Bach im herbstlichen Wald", 1906 [fehlt bei K.; L. 6; Gertrude Peschka, Wien]

In der Literatur nachweisbar:

„Melk an der Donau", 1906/07 [fehlt bei K.; L. I]

„Landschaft mit Donau", 1906/07 [fehlt bei K.; L. II]

„Parkausschnitt", 1906/07 [fehlt bei K.; L. III]

PORTRÄTS:

„Selbstbildnis mit Palette", 1905 [fehlt bei K.; L. 1; Privatbesitz, Wien]

„Selbstbildnis vor rotem Hintergrund", 1906 [fehlt bei K.; L. 2; Gertrude Peschka, Wien]

„Leopold Czihaczek auf rotem Sofa sitzend", 1906 [fehlt bei K.; L. 5]

1907

LANDSCHAFTEN:

„Weg am Kierlinger Bach" [K. 13; L. 11; Dr. Walther Kastner, Wien]

„Wiese mit blühenden Obstbäumen und Hühnern" [K. 18; L. 13; Kunsthandel, New York]

„Haus mit Bäumen im Hintergrund" [fehlt bei K.; L. 14; Kunsthandel, London]

„Häuser in Hütteldorf" [K. 25; L. 15; Kunsthandel, New York]

„Motiv vom Weidlinger Bach" [richtig: Holzbrücke über den Kierlingbach bei Klosterneuburg. Freundliche Mitteilung von Ing. Norbert Gradisch, Frühjahr 1978 mit Motiv-Nachweis] [fehlt bei K.; L. 16; ehemals Melanie Schuster, Wien]

„Klosterneuburg bei Sonnenuntergang" [K. 36; L. 17; ehemals Melanie Schuster, Wien]

„Wald mit besonnter Lichtung dahinter" [fehlt bei K.; L. 18; Serge Sabarsky, New York]

„Waldbäume" [fehlt bei K.; L. 19; ehemals Melanie Schuster, Wien]

„Steinach am Brenner" [K. 30; L. 20; Kunsthandel, New York]

„Blick auf Dächer und die Türme der Stiftskirche von Klosterneuburg" [K. 14; L. 21; Verbleib unbekannt]

„Waldstudie" [fehlt bei K.; L. 22; ehemals Melanie Schuster, Wien]

„Motiv aus dem Wienerwald" [fehlt bei K.; L. 23; ehemals Melanie Schuster, Wien]

„Landschaft mit Fichten und Hecke" [K. 43; L. 29; Privatbesitz, New York]

„Motiv am Donaukanal" [K. 46; L. 36; Verbleib unbekannt]

„Hügelige Landschaft mit Bach" [fehlt bei K.; L. 42; Privatbesitz Wien]

„Teich mit Kastanienbäumen" (Schwarzenbergpark, Wien) [K. 47; L. 37; Verbleib unbekannt]

„Bildstock, Häuser und Bäume" [K. 23; L. 38; Privatbesitz New York]

„Häuser in der Vorstadt" [K. 48; L. 39; Privatbesitz, New York]

„Hügelige Landschaft mit Bach" [fehlt bei K.; L. 42; Privatbesitz, Wien]

„Wiese mit großem Baum" (Krumau) [fehlt bei K.; L. 44; ehemals Melanie Schuster, Wien]

„Blühende Malven vor Hauswand" [K. 17; L. 45; Privatbesitz, Wien]

„Blumengarten" [K. 31; L. 46; Dr. K. J. Winter, Scarsdale, New York]

„Bewegtes Wasser mit sich spiegelnden Bäumen" [K. 20; L. 47; Privatbesitz, New York]

„Gartenmauer in Krumau" [fehlt bei K.; L. 50; ehemals Melanie Schuster, Wien]

„Rathausplatz von Klosterneuburg mit Stiftskuppel" [K. 78; L. 51; im Krieg vernichtet]

„Allee" [K. 28; L. 52; Verbleib unbekannt]

„Kirche mit Häusersilhouette im Hintergrund" (Lanzendorf) [fehlt bei K.; L. 53; Privatbesitz, Wien]

„Bauernhaus an Wehr" [K. 56; L. 54; ehemals Melanie Schuster, Wien]

„Sonniger Hof mit sitzender Figur" [K. 80; L. 55; Verbleib unbekannt]

„Besonnte Straße mit massiver Planke im Vordergrund" [fehlt bei K.; L. 56], Privatbesitz, Schweiz

„Wiese mit Dorf im Hintergrund" [K. 40; L. 58; Privatbesitz, New York]

„Bergige Landschaft mit Häusern" [K. 59 a; L. 59; Privatbesitz, New York]

„Dorf mit Berg dahinter" [K. 27; L. 60; Kunsthandel, Wien]

„Wiesenlandschaft mit Häusern" [K. 26; L. 61; Österreichische Galerie, Wien]

„Herbstlandschaft" (Niederösterreich) [fehlt bei K.; L. 62; Privatbesitz, Wien]

„Fernblick auf hügelige Landschaft" [K. 45; L. 63; Kunsthandel, Wien]

„Hof mit Weinhecken" (Stiftstischlerei) [fehlt bei K.; L. 64; Stiftsmuseum, Klosterneuburg]

„Büsche und Bäume in herbstlicher Verfärbung" [K. 19; L. 65; Dr. Gisela Fleischmann, Great Neck, USA]

„Herbstlandschaft mit hellgrünem Himmel" [K. 29; L. 66; Privatbesitz, Wien]

„Gegen den Abendhimmel" [fehlt bei K.; L. 66 a; Privatbesitz, Wien]

„Landschaft im Herbst" [fehlt bei K.; L. 67; Privatbesitz, Wien]

„Motiv aus der Eichelhofgasse" (Wien XIX., Nußdorf) [K. 49; L. 68; Privatbesitz, New York]

„Vor dem Leopolditag in Klosterneuburg" [K. 16; L. 69; Privatbesitz, Wien]

„Blick vom Strand auf einen Dampfer" [fehlt bei K.; L. 70; Gertrude Peschka, Wien]

„Segelschiff" [K. 39; L. 71; Privatbesitz, New York]

„Fischerboote im Hafen von Triest" [fehlt bei K.; L. 72; Privatbesitz, London]

„Segelschiffe in wellenbewegtem Wasser" (Triest) [K. 21; L. 73; Neue Galerie, Graz]

„Herbstlicher Auwald" [fehlt bei K.; L. 74; Privatbesitz, Wien]

„Kahle Bäume, Häuser und Bildstock" (Klosterneuburg) [K. 41; L. 75; Verbleib unbekannt]

„Weiden im Winter" [K. 42; L. 76; Verbleib unbekannt]

„Kahnfahrt" [K. 22; L. 77; Privatbesitz, New York]

„Verschneiter Weingarten, im Hintergrund Klosterneuburg im Nebel" [K. 12; L. 78; Ing. Norbert Gradisch, Wien]

„Blick auf beschneite Dächer" [K. 15; L. 79; Verbleib unbekannt]

„Häuser im Winter" [K. 75; L. 80; Österreichische Galerie, Wien]

„Sommernacht" [K. 33; L. 81; Privatbesitz, New York]

In der Literatur nachweisbar:

„Blumengarten mit Mädchen" [K. 55; L. IV]

„Purkersdorf" [K. 57; L. V]

„Schmiedehof" [K. 58; L. VI]

„Klosterneuburg" [fehlt bei K.; L. VII]

„Abend" [fehlt bei K.; L. VIII]

„Schnee" [K. 59; L. IX]

„Dämmerung" [fehlt bei K.; L. X]

„Spiegelung" (möglicherweise identisch mit L. 83) [fehlt bei K.; L. XI]

„Ortnergasse, Klosterneuburg" [fehlt bei K.; L. XII]

„Blick auf Häuser in Gärten" [K. 99; L. XIV]

PORTRÄTS:

„Bildnis Leopold Czihaczek" (en face) [fehlt bei K.; L. 7; Privatbesitz, München]

„Bildnis Melanie Schieles mit braunem Pelz" [K. 51; L. 9; Ing. Norbert Gradisch, Wien]

„Bildnis Leopold Czihaczek" (Profilansicht) [K. 52; L. 26; ehemals Melanie Schuster, Wien]

„Bertha von Wiktorin, rauchend" [K. 4; L. 27; Privatbesitz, Los Angeles]

„Bildnis Marie Schiele mit Pelzkragen" [K. 50; L. 28; Ing. Norbert Gradisch, Wien]

„Bildnis Leopold Czihaczek (stehend)" [K. 5; L. 30; Privatbesitz, Wien]

„Leopold Czihaczek am Klavier (Studie)" [K. 7; L. 31; Gertrude Peschka, Wien]

„Leopold Czihaczek am Klavier" [K. I; L. 31 a; Verbleib unbekannt]

„Bildnis Marie Schiele" [K. 9; L. 32; Verbleib unbekannt]

„Kopf eines bärtigen Mannes" [K. 1; L. 33; Niederösterreichisches Landesmuseum, Wien]

„Selbstbildnis mit langem Haar (Studie)" [fehlt bei K.; L. 34; ehemals Melanie Schuster, Wien]

„Leopold Czihaczek (im Halbprofil)" [fehlt bei K.; L. 35; Gertrude Peschka, Wien]

„Selbstbildnis mit Hut" [K. 3; L. 40; Verbleib unbekannt]

„Selbstbildnis mit Halsmasche" [K. 8; L. 41; Kunsthandel, New York]

„Mädchen in weißem Kleid" [fehlt bei K.; L. 43; E. S. A., Wien]

„Bildniskopf Leopold Czihaczek (en face)" [K. 6; L. 48; Privatbesitz, USA]

„Malerin, vor Staffelei sitzend" [K. 32; L. 49; Privatbesitz, New York]

Von L. nicht aufgenommen:

„Frauenkopf" [K. 54]

SONSTIGES:

„Schneeglöckchen in bauchiger Vase" [fehlt bei K.; L. 8; ehemals Melanie Schuster, Wien]

„Gang mit einfallendem Sonnenlicht im Stift Klosterneuburg" [K. 95; L. 10; Gertrude Peschka, Wien]

„Blick in die Wohnung von Leopold und Marie Czihaczek" (Wien II., Zirkusgasse 47) [fehlt bei K.; L. 12; Privatbesitz, Wien]

„Kreuzigung mit verfinsterter Sonne" [K. 24; L. 57; Privatbesitz, Wien]

Die folgenden bereits unter sezessionistischem Einfluß:

„Adam und Eva" [fehlt bei K.; L. 24; Privatbesitz, Wien]

„Wächter" [fehlt bei K.; L. 25; Gertrude Peschka, Wien]

„Die Quelle" [fehlt bei K.; L. 25 a; Kunsthandel, Wien]

„Wassergeister" [fehlt bei K.; L. 82; Privatbesitz, Schweiz]

In der Literatur nachweisbar:

„Draghetto", 1907/08 [fehlt bei K.; L. XI]

AUSSTELLUNGEN:

St. Petersburg [1907?] „Die Kinderwelt" [siehe K., p. 512]

PREISE UND EINNAHMEN:

Man würde annehmen, daß Schieles Jugendarbeiten an sich nicht zu verkaufen waren. Amüsanterweise fanden wir jedoch eine Notiz, daß er während seines 1907 mit dem Onkel Leopold Czihaczek in Steinach am Brenner verbrachten Sommerurlaubs Ölbilder (?), „Wiesen, Hänge und Berghäuser darstellend", um 5—10 Kronen verkaufte. Diese Bilder sind bis auf „Steinach am Brenner", 1907, verlorengegangenen, ebenso wie ein nach dem toten Kind des dortigen Krämers gemaltes Bild [siehe Anmerkung 10].

WOHNADRESSEN:

Es läßt sich aus der Korrespondenz nicht erkennen, wo Schiele nach dem Verlassen der Schule in Klosterneuburg [9. VII. 1906], dem Eintritt in die Akademie [3. X. 1906], und später wohnte. Es wäre möglich, daß er im Heim von L. Czihaczek, II., Zirkusgasse 47, Aufnahme gefunden hat. Genau wissen wir nur, daß er dort einen Mittagstisch hatte, solange er sich mit seinem Onkel vertrug.

AUFENTHALTE:

August 1907
mit dem Onkel L. Czihaczek zunächst in der Villa Wunsam, Neulengbach, dann in Steinach am Brenner. Gruß aus München [27. VIII. 1907].

30 Vogel auf einem Ast. Aquarellierte Zeichnung. Um 1903/04.

31 „Am Strand". Aquarellierte Zeichnung, datiert 1907.

32 Holländische Strandszene. Wohl nach einer Postkarte kopiert. Aquarelliert. Um 1903/04.

33 Blick aus dem Zeichensaal, Klosterneuburg, aquarelliert, 1905/06. Eine Aufgabe des Zeichenprofessors L. K. Strauch.

34 „Sonnenuntergang". Farbstiftzeichnung. Um 1905. Die starke Farbgebung dieser und anderer Arbeiten aus der Jugendzeit widerlegt die Behauptung von L. K. Strauch, daß er es gewesen sei, der seinen Schüler zur Farbe angeregt habe.

35 Kärntner Berglandschaft. Tusche. Um 1905.

36 Kärntner Berglandschaft. Tusche. Um 1905.

37 Aktzeichensaal, Akademie, Wien. Egon steht links neben dem Mann mit Hut im Hintergrund. Um 1907.

38 Kohlezeichnung nach dem Gipsabguß der Voltaire-Büste von Houdon. Datiert: 22. Okt. 06.

39 Brustbild eines alten, bärtigen Mannes im Profil nach rechts. Datiert und signiert. 30. IV. 07.

40 „Verschneiter Weingarten, im Hintergrund Klosterneuburg im Nebel", Öl, 1907 [L. 78]. Nur anfangs malte Schiele Landschaften vor der Natur. In den späteren Jahren sind es meistens Kompositionen aus topographischen Einzelteilen.

41 „Segelschiffe in wellenbewegtem Wasser" (Triest), Öl, 1907 [L. 73]. Auch dieses Bild möge als Beweis dafür gelten, daß Egon Schiele außerhalb der Akademie und unbeeinflußt von seinen Professoren zum hervorragenden Landschafter wurde.

42 Titelblatt des Glückwunsches für seine Tante, Marie Czihaczek, 1907 [Nr. 75]. Ein Beispiel für die Beeinflussung durch den Stil der „Secession". Gustav Klimt zeichnete für die Zeitschrift „Ver Sacrum", März 1898, einen ähnlichen Opferkessel.

43 „Wassergeister", I. Deckfarben, Gold und Silber, auf Papier, 1907 [L. 82]. Vielleicht das „secessionistischste" Bild Egon Schieles. Es ist außerordentlich deutlich von Gustav Klimts „Wasserschlangen", I., 1904 [Dobei Nr. 140], beeinflußt.

44 „Häuser im Winter", Öl auf Karton, 1907/8 [L. 80].

DOKUMENTE UND KORRESPONDENZ 1906—1907

11. II. 1906

K. K. österr.[eichische] Staatsbahnen. — Identitätskarte für „Herrn Egon Schiele, Ober-Officials-Waise". „Wien, 11. Februar 1906." Unterschrift des Inhabers: „Egon Schiele". Auf der Rückseite Brustphoto, en face, mit Stehkragen [vermutlich als 12jähriger]. Klein quer 8°
Besitz Anton Woznak, Wien [62]

9. VI. 1906

Olga Angerer[1], L. a. s. An → Marie Schiele
„... daß ... ein Junge seiner Mutter ... solche Sorgen machen kann; das erscheint meinem Mann als ein sehr schweres Vergehen ... mit dem Schlingel hätte ich auch kein Mitleid, ein Bursch muß lernen und gut thun[!] ... nur brauchbare Menschen bringen's im Leben zu was ..."
nach: L., p. 10 [63]

[1] → Olga Angerer war eine der Schwestern der Mutter von Egon Schiele. Sie war mit einem der Inhaber der bekannten, heute noch existierenden Klischeehersteller Firma C. Angerer und Göschl, Wien XVI., Ottakringerstraße 49, verheiratet. Marie Schiele hatte sich darum bemüht, ihren Sohn dort als Zeichner unterzubringen.

30. VIII. 1906

Egon Schiele. — „Das Budweisertor in Krumau", Farbkreiden, 28,8 . 13,3 cm.
E. S. A. 1108, ausgestellt H. M. 1968/26 [64]

Wahrscheinlich die erste von Schiele — vermutlich nach einer Postkarte — gezeichnete Krumauer Ansicht. Vielleicht war er im Sommer 1906 in Krumau.

3. X. 1906

→ Leopold Czihaczek. — Telegrammformular der österreichischen Post an „Frau Marie Czihaczek Skallgasse 8 Klosterneuburg"[1]
„Egon glänzend durch[2] Leo"
E. S. A. 504 [65]

[1] Das Ehepaar Czihaczek pflegte im Sommer stets in der näheren Umgebung Wiens ein Landhaus zu mieten.
[2] Es handelt sich um die Aufnahme Egon Schieles in die Wiener Akademie.

[nach dem 3. X. 1906]

Egon Schiele. — Gedruckte Visitkarte: „Egon Schiele — Akademie der bildenden Künste Wien."
E. S. A. 935 [66]

EGON SCHIELE   AKADEMIE DER BILDENDEN
                     KÜNSTE IN WIEN.

[66]

25. VI. 1907

Akademie der bildenden Künste, Wien. — Zeugnis für Egon Schiele, Studienjahr 1906/7. 1 p. Folio.
„genügend"[1] in Anatomie [als Gast]. Unterschrieben von „E. Hellmer"[2], Rektor, und „Herm.[ann] Vinz.[enz] Heller"[3], Dozent.
E. S. A. 515 [67]

[1] Man beachte die eher mittelmäßigen Noten auf diesem und allen folgenden Zeugnissen.
[2] Eduard von Hellmer (1850—1935), Bildhauer, schuf unter anderem in Wien das bekannte Goethe-Denkmal, 1900.
[3] Hermann Vinzenz Heller (1866—1949), Bildhauer, später Professor an der Akademie.

28. VI. 1907

Akademie der bildenden Künste, Wien. — Zeugnis für Egon Schiele, Studienjahr 1906/7, 1 p. folio
„genügend" in Stillehre [als Gast]. Unterschrieben von E. Hellmer, Rektor[1]) und G. Niemann[2]), k. k. Professor.
E. S. A. 86 [68]

[1] Siehe oben.
[2] Georg Niemann (1841—1912), Architekt, Archäologe, Zeichner und Radierer. Seit 1873 Lehrer für Perspektive und Stillehre an der Wiener Akademie.

? VIII. 1907

→ Marie Schiele an Egon Schiele, Kunstakademiker, derzeit Neulengbach, Villa Wunsam[1], C. a. s. [Ansicht von Krumau]
„Liebes Kind! Bin glücklich in Krumau angekommen und wie begreiflich geht es mir sehr gut. Wir sind so lieb empfangen worden und haben wir bis jetzt ... schlechtes Wetter. Meine Hand ist aber nicht besser, deßhalb[!] die Schrift. Man wird eben alt. — Leb wohl ich komme Mittwoch den 30/8 Mittags in Wien an. Es grüßt Dich Deine Mama sowie alle hier."
P. 92 [69]

[1] Es ist wahrscheinlich, daß Schiele im Sommer 1907 zuerst in einer von seinem Onkel → L. Czihaczek in Neulengbach gemieteten Sommervilla war und dann mit ihm nach Steinach, Tirol, fuhr.

14. VIII. [1907]

An → Marie Schiele. C. a. s. [Stubaitalbahn. Partie mit Serles-Spitze]. Mitunterschrieben von Selma Stockert und einigen anderen.
„Handkuß an Dich & Herzliche Grüße an → Mela & → Gerta
E. Schiele"
G. 2 [70]

16. VIII. 1907 [Poststempel]

An → Melanie Schiele, Wien XVIII., Michaelerstraße 4, C. a. s. [Steinach am Brenner[1], Tirol]
„Herzliche Grüße sendet Dir Dein Bruder   Egon"
G. 1 [71]

[1] Schiele wurde in die Ferien nach Steinach von seinem Mitvormund → Leopold Czihaczek mitgenommen. Er malte dort „Steinach am Brenner", 1907.

[um den 16. VIII. 1907]

An → Max Kahrer, Klosterneuburg, Burgstrasse 1, C. a. s. [Ansicht des Spullersees. Arlbergbahn]. „Die herzlichsten Grüße von meinem Sommeraufenthalt.   Egon Schiele"
nach Ch. M. Nebehay, Katalog XIV, 10   [72]

27. VIII. 1907 [Poststempel]

An → Melanie Schiele, Wien XVIII., Michaelerstraße 4, C. a. s. [München, Prinzregententheater]. „Grüßt Dich Dein Bruder   Egon"
G. 3   [73]

1 Bisher einziger Nachweis für einen Aufenthalt in München, 1907.

17. X. 1907

Akademie der bildenden Künste, Wien. — Zeugnis für Egon Schiele, 1. und 2. Semester 1906/7
„genügend" in Perspektive [als Gast]. Unterschrieben von → Sigmund l'Allemand, Rektor, und G. Niemann[1].
E. S. A. 512   [74]

1 Georg Niemann (1841—1912), Architekt, Archäologe, Zeichner und Radierer. Seit 1873 Lehrer für Perspektive und Stillehre an der Wiener Akademie.

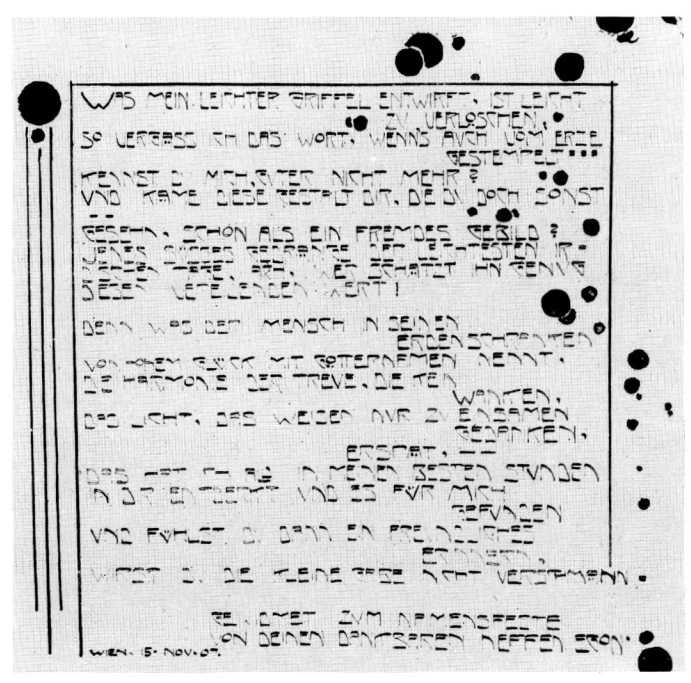

[75]

15. XI. 1907

Gezeichneter und geschriebener Glückwunsch für → Marie Czihaczek, 2 Blatt, von Kordel zusammengehalten, 21,5 : 21 cm
Vorderseite: oben „WIDMUNG"
        Darunter Frauenfigur vor Opferkessel, eine Zeichnung ganz im sezessionistischen Stil gehalten. Unten rechts signiert „ES"[1].

Seite [3]:   „Was mein leichter Griffel entwirft, ist leicht zu verlöschen. So vergäß ich das Wort, wenn's auch vom Erze gestempelt.
Kennst Du mich, Guter nicht mehr?
Und käme diese Gestalt Dir, die Du doch sonst gesehen — schön als ein fremdes Gebild?
Jenes süßes Gedränge der leichtesten irdischen Tage, ach, wer schätzt ihn genug diesen vereilenden Wert!
Denn was der Mensch in seinen Erdenschranken vom hohem Glück mit Götternamen nennt, die Harmonie der Treue, die kein Wanken, das Licht, das Weisen nur zu einsamen Gedanken erspä[h]t, —
Das hat ich all' in meinen besten Stunden in Dir entdeckt und es für mich gefunden und fühlst Du dann ein freundliches Erinnern, wirst Du die kleine Gabe nicht verschmäh[e]n!
15. Nov. 07.
Gewidmet zum Namensfeste
von Deinen[!] dankbaren Neffen

15. Nov. 1907   Egon."
G. P. 3   [75]

1 Siehe die Abbildung der Vorderseite auf Abb. 42. Die Zeichnung ist (wegen ihrer genauen Datierung) ein wichtiges Dokument in Schieles künstlerischer Entwicklung.

1907

Notizheft für den Anatomie-Unterricht. 5 pp. folio
folio 1: links gezeichneter Frauenkopf [Tuschezeichnung], darunter: „Exlibris", rechts: „Fragen und Antworten aus der Anatomie". folio 2—4: engbeschriebene Kolonnen. Links 80 Fragen, rechts die entsprechenden Antworten. Zum Beispiel: „21. Was unterscheiden wir für Gelenke Art und Form — Drehgelenke, Halbdrehgelenke, Windungsgel." Unterschrieben folio 5:   „Schiele Egon 1907"
E. S. A. 667   [76]

[76]

45 Vergrößerung nach dem Foto aus Schieles Schülerausweis der Akademie, Wien, 1908 [Nr. 81].

IV. Die erste Ausstellung; 1908
Heinrich Benesch wird auf Schiele aufmerksam

Da Schiele nur als Anfänger seine Arbeiten mit einem genauen Datum versah, sich jedoch später ausschließlich mit Signatur und Jahreszahl begnügte, fällt es schwer, innerhalb der einzelnen Schaffensjahre eine Einordnung auf Grund verläßlicher Daten vorzunehmen. Wir greifen daher auf eine genau datierte Zeichnung des Herbstes 1907 zurück, weil sich an ihr sein Wandel zum Jugendstil und zu → Gustav Klimt beweisen läßt.

Am 23. November 1907 verfertigte er für seine Tante → Marie Czihaczek, die ihm übrigens später — im Gegensatz zu ihrem verbitterten Mann — gewogen geblieben ist, einen Glückwunsch [Besitz Gertrude Peschka, Nr. 75]. Ob das Gedicht aus seiner Feder stammt, steht nicht fest. Hätte er es gedichtet, so wäre es, soviel wir wissen, der Anfang seiner dichterischen Betätigung, auf die wir 1910 ausführlich zurückkommen werden. Die Vorderseite des Glückwunsches zeigt eine junge Frau neben einem Opferkessel, ähnlich wie ihn G. Klimt 1898 für den Umschlag des Märzheftes der Zeitschrift der Secession „Ver Sacrum" entworfen hatte. Es ist bekannt, daß Schiele „Ver Sacrum"-Hefte besaß[1]. Diese Zeichnung ist eine reine Jugendstilarbeit.

Tastend sucht er seinen Weg zu finden. 1908 gibt es, gleichfalls im Besitz von Gertrude Peschka-Schiele, eine in Bleistift, Aquarell und Deckfarben hergestellte Landschaft (nicht bei K.; L. 117), die man als einen Versuch in Pointillismus werten kann. Farbe, nicht Zeichnung herrscht vor. Aber Schiele beläßt es bei diesem Blatt. Ist eine Zeichnung „Madonna mit Kind", ausgeführt in roter, weißer und schwarzer Kreide, richtig mit 1908 datiert, dann haben wir in diesem bisher viel zu wenig beachteten Blatt des Niederösterreichischen Landesmuseums, Wien, eine Arbeit vor uns, die bereits auf den knapp bevorstehenden Durchbruch zum eigenen Stil hinweist[2]. Noch sind die Gesichter von Mutter und Kind durchaus konventionell dargestellt, über dem Ganzen liegt eine Art mystischer Schimmer, wie Schiele es wohl bei Andachtsbildern in Kirchen beobachtet haben wird. Aber die Hände sprechen eine beredte Sprache und deuten bereits auf den sich abzeichnenden Durchbruch zum eigenen Stil hin. Nie wieder hat er in späteren Jahren ähnlich süßlich gemalt, aber man kann an diesem Blatt nicht vorübergehen, weil es, unserer Meinung nach, eines der Schlüsselblätter in seinem Oeuvre darstellt. Es wird aber gut sein, festzuhalten, daß — anscheinend bereits seit Ende des Jahres 1907 — sezessionistischer Einfluß fühlbar wird, daß 1908 diese Zeichnung bereits Elemente von später für Schiele Typischem enthält, zugleich aber auch noch Konventionelles aufweist.

Im übrigen ist über das Jahr 1908 wenig zu berichten, ja man könnte es beinahe übergehen, oder vielmehr im Zusammenhang mit dem vorgehenden behandeln, gäbe es nicht zwei wichtige Ereignisse:

Das erste ist, daß dem kaum achtzehnjährigen Akademieschüler die Möglichkeit geboten wurde, zum ersten Male seine Bilder in einer öffentlichen Kunstausstellung zeigen zu dürfen, und zwar im Verein mit dort ansässigen, bekannten Malern in Klosterneuburg. Daß diese Ausstellung, als erste jemals dort veranstaltete Ausstellung moderner Kunst, im Kaisersaal des Stiftes stattfand, ist vermutlich einer Initiative des bereits erwähnten → Dr. Wolfgang Pauker zu verdanken. Wir dürfen annehmen, daß Schiele mit den ausstellenden Malern mittlerweile gut bekannt und mit einigen befreundet war. Daß sie ihn, der doch noch ein Anfänger war, als ebenbürtig betrachteten, stellt ihm und ihnen das beste Zeugnis aus. Die von ihm dort gezeigten Bilder gliederten sich mit Sicherheit ohne weiteres in das sonst dort Ausgestellte ein. Daß er für seine Bilder viel zu hohe Summen verlangte — wir teilen sie am Ende dieses Kapitels unter der Rubrik Preise mit —, geschah wohl im jugendlichen Überschwang und war vollkommen irreal. Vermutlich hat er deshalb damals kein Bild verkauft, denn 800 Kronen bekam er auch in späteren Jahren nur gelegentlich für seine besten Bilder.

Zweitens wurde dort ein Mann auf ihn aufmerksam, der nicht nur ein hervorragender Sammler seiner Zeichnungen und einiger Bilder, sondern — wie kein anderer — auch sein gütigster, selbstlosester, stets hilfsbereiter Freund und Förderer werden sollte: → *Heinrich Benesch*. Auch er war, sonderbarerweise, als Zentralinspektor bei der Eisenbahn angestellt und gezwungen, mit dem sehr kleinen Budget auszukommen, das ihm als Staatsbeamten zustand. Er hat ein Buch „Mein Weg mit Egon Schiele" verfaßt, das 1965 nach seinem Tode in New York veröffentlicht wurde. Wir aber folgen im Nachstehenden seinem Originalmanuskript im Erinnerungsbuch an Egon Schiele [E. S. A. 508]: „... Im Jahre 1908 begegnete ich in einer Ausstellung der Klosterneuburger Künstler im Marmorsaale des dortigen Stiftes den Werken eines jüngeren Künstlers, die Aufmerksamkeit erregten. Es waren kleine, hauptsächlich landschaftliche Ölstudien, die flott und sicher gemalt waren (vielfach mit dem Pinselstiele kräftig und zielbewußt in die nasse Farbe hineingearbeitet) und jedenfalls Eigenart verrieten. Das war Egon Schiele. Im folgenden Jahre sah ich in der Ausstellung ‚Kunstschau'... zwei Ölbilder, die ungemein stark an Klimt erinnerten... Mein Urteil war: ‚Eine schwache Nachahmung von Klimt.' Das war abermals Egon Schiele. Im Herbste des Jahres 1910 endlich stand ich wieder im Klosterneuburger Stiftssaale vor einem Ölbilde, das als ‚Dekoratives Panneau' bezeichnet war; etwa 30 cm breit und etwas über ein Meter hoch. Es stellte nichts dar, als eine voll erblühte Sonnenblume[3], aber die war gemalt, daß ich sofort in flammender Begeisterung aufging. Was der Mann für Farben brachte und wie er sie mischte und zu einem einzig schönen Akkorde nebeneinander stellte, das hatte man bisher nicht gesehen. Auch hier lugte noch ein wenig Klimt durch die Maschen der Leinwand, aber die Hauptsache war doch: neue, vielversprechende Eigenart. Und das war nun auch der gleich einem aufsteigenden Gestirne in Erscheinung tretende Egon Schiele..."

In einem Nachtrag hält er fest: „... Ehe ich Egon Schiele kennen lernte, hatte ich schon einige Bilder junger Künstler erworben. Es waren die Maler Hugo Baar[4], Otto Barth[5], Friedrich Beck[6], Adolf Groß[7], Gustav Jahn[8] und Hans Katzler[9]. Sie waren durchwegs tüchtige Impressionisten und mit Ausnahme Katzlers (der nur Autodidakt, dennoch aber ein sehr feiner Künstler ist) Mitglieder der Künstlervereinigung ‚Jungbund', die später im Künstlerbunde → ‚Hagen' aufging. Als Schiele mich das erste Mal besuchte, und meine kleine Galerie betrachtete, fragte ich ihn: ‚Nun, was sagen Sie zu meinen Bildern?' Er erwiderte ruhig und freundlich: ‚Es sind einige darunter, die nicht *ganz* schlecht sind' (der Ton lag auf dem Worte ‚ganz')."[10]

Es läßt sich heute nur schwer abschätzen, was es für den jungen Schiele bedeutet haben muß, bereits in so jungen Jahren einen begeisterten Sammler kennengelernt zu haben. Und ganz kurze Zeit später tritt → *Arthur Roessler* in sein Leben, der ihm publizistisch den Weg ebnete und durch eine ganze Anzahl von Jahren hindurch sein unermüdlich bemühter Propagandist und Förderer sein sollte. Wie es auch als ganz einmalig zu bezeichnen ist, daß eine kleine Gruppe damaliger Sammler wie → Carl Reininghaus, → Dr. Oskar Reichel, → August Lederer, → Franz Hauer, letztlich → Heinrich Böhler, frühzeitig Schieles Bedeutung erkannten und ihn — jeder auf seine Art — durch Ankäufe förderten. Schiele war unzweifelhaft — wir wiesen bereits darauf hin — ein Glückskind unter den Malern neuerer Richtung. Es gibt nicht sehr viele Beispiele in der Geschichte der modernen Kunst für eine ähnliche Unterstützung.

Die Persönlichkeit Heinrich Beneschs wird dem Leser ohne weiteres aus den zahllosen Briefen und Karten an Schiele erkennbar, die wir zumeist im vollen Wortlaut bringen. Wir wollen uns hier darauf beschränken, aus seinem ersten Brief an Schiele vom 16. XI. 1910 zu zitieren, der ein Dokument für die Beziehung eines Sammlers zu einem jungen Künstler darstellt:

„... Um Eines bitte ich Sie noch, lieber Herr Schiele, stecken Sie von Ihren Skizzen, was immer es sein möge, auch von den kleinsten unscheinbarsten Sachen, nichts in den Ofen. Bitte schreiben Sie auf Ihren Ofen mit Kreide folgende Gleichung: ‚Ofen = Benesch'..."

Wir führen im biographischen Teil bei vielen, die zu Lebzeiten Schieles von ihm Bilder erwarben, die Titel der erworbenen Bilder an. Aus diesen Zusammenstellungen kann man zum Beispiel entnehmen, daß Arthur Roessler, der anfänglich einer der wichtigsten Käufer war, nach 1912 nichts mehr erwarb. Die Erklärung dafür scheint uns einfach: Schiele war nun bereits so bekannt, daß er Preise verlangen und auch erhalten konnte, die über Roesslers Verhältnisse gingen. Sein Einkommen war, unserer Meinung nach, so klein nicht, wie man bisher vermeinte; siehe unsere Zusammenstellungen der von ihm verlangten oder erhaltenen Preise am Ende jedes Kapitels (daß er mit dem Gelde nicht umgehen konnte, steht auf einem anderen Blatt).

ANMERKUNGEN

1 A. C., p. 20, p. 194, Anmerkung 36

2 A. C., Tafel 1; sie machte als erste auf das Blatt aufmerksam, erkannte aber seine eigentliche Bedeutung nicht und verliert sich in einen uninteressanten Vergleich dieser Zeichnung mit einem um Jahre später entstandenen ähnlichen, eher süßlich zu nennenden Bild von seinem Lehrer → Ludwig Karl Strauch.

3 Wahrscheinlich: „Sonnenblume" I., 1909/10

4 Hugo Baar (1873—1912), Maler

5 Otto Barth (1876—1916), Maler, Lithograph, Illustrator

6 Friedrich Beck (1873—1921), Maler

7 Keine Daten feststellbar

8 Gustav Jahn (1879—1919), Maler; arbeitete viel für die österreichischen Staatsbahnen (Bahnhöfe, Südbahnhotel Semmering etc.)

9 Keine Daten feststellbar

10 Schieles Urteil war durchaus zutreffend, die Maler sind sämtlich in Vergessenheit geraten.

1908

Auch 1908 war für Schiele ein außerordentlich fruchtbares Jahr. Es entstanden 49 Bilder. Die 30 Landschaften gliedern sich in: Klosterneuburg und Umgebung (15), Triest (8), Krumau (3), Wien (2), Böhmerwald (1), Greifenstein (1).
Unter den 13 Porträts sind die meisten Familienporträts, jedoch weisen zwei davon — nämlich „Stehende rothaarige Frau in schwarzem Mantel" und „Mädchenbildnis mit silberfarbenen Tüchern (Melanie Schiele)" — bereits auf seinen späteren Stil hin.
Sämtliche unter „Sonstiges" angeführten Bilder gehören der Periode sezessionistischer Einflüsse an.

LANDSCHAFTEN:

„Häuser mit Spiegelbild im Fluß" [K. 84; L. 83; Privatbesitz, Wien]

„Kahle Bäume mit Dorf im Hintergrund" [fehlt bei K.; L. 83 a; Privatbesitz, Baden bei Wien]

„Ruine Greifenstein (Niederösterreich)" [K. 70; L. 84; Privatbesitz, USA]

„Landschaft mit Bäumen und Häusern" [fehlt bei K.; L. 85; Kunsthandel, Los Angeles]

„Martinskirche (Klosterneuburg)" [K. 79; L. 86; Verbleib unbekannt]

„Blick auf Dächer und die Türme der Stiftskirche von Klosterneuburg" [K. 68; L. 87; Privatbesitz, New York]

„Häuserstudie (Klosterneuburg)" [K. 37; L. 88; Privatbesitz, Wien]

„Sommerlandschaft bei Hirschbergen (Böhmerwald)" [fehlt bei K.; L. 89; Privatbesitz, London]

„Waldstück" [fehlt bei K.; L. 90; Kunsthandel, New York]

„Segelschiff mit Ruderboot" [K. 73; L. 92; Serge Sabarsky, New York]

„Segelschiff mit Spiegelung im Wasser" [fehlt bei K.; L. 93; Kunsthandel, Los Angeles]

„Segelschiffe im Hafen von Triest" [K. 74; L. 94; Kunsthandel, New York]

„Bunte Hauswände, Fischerboote und Wasserspiegelung" [fehlt bei K.; L. 95; Privatbesitz, London]

„Hauswand mit Spiegelung im Wasser" [K. 85; L. 96; Privatbesitz, Schweiz]

„Segelschiff mit Hauswand im Hintergrund" [K. 72; L. 97; Privatbesitz, New York]

„Schiffe und Boote im Hafen von Triest" [K. 71; L. 98; Niederösterreichisches Landesmuseum, Wien]

„Triestiner Fischerboote" [K. 172; L. 99; Privatbesitz, New York]

„Stift Klosterneuburg" [fehlt bei K.; L. 100; Kunsthandel, Los Angeles]

„Häuser des Klosterneuburger Rathausplatzes" [K. 77; L. 101; Privatbesitz, Philadelphia]

„Wiener Häuserlandschaft, im Hintergrund links die Karlskirche" [K. 94; L. 102; Privatbesitz, Philadelphia]

„Stadttor mit steinerner Brücke" [fehlt bei K.; L. 103; Privatbesitz, Wien]

„Motiv aus Oberdöbling (Wien, XIX.)" [K. 67; L. 104; Niederösterreichisches Landesmuseum, Wien]

„Bauernhaus" [K. 76; L. 105; Privatbesitz, New York]

„Blick auf Krumauer Häuser" [K. 38; L. 106; Österreichischer Kunsthandel]

„Häuser aus Krumau" [fehlt bei K.; L. 107; Privatbesitz, Wien]

„Wiese, Bäume und trocknende Wäsche" [K. 69; L. 114; Verbleib unbekannt]

„Blumenwiese mit Bäumen", Deckfarben auf Papier [fehlt bei K.; L. 117; Gertrude Peschka, Wien]

„Klosterneuburger Stiftskuppel bei Nacht" [fehlt bei K.; L. 118; Privatbesitz, Wien]

„Haus zwischen Bäumen" [K. 35; L. 125; Privatbesitz, München]

„Haus zwischen Bäumen" II. [K. 34; L. 126; Verbleib unbekannt]

PORTRÄTS:

„Junge Frau in schwarzem Kleid" [K. 11; L. 91; Privatbesitz, Wien]

„Alter Mann mit weißem Bart" (Profilansicht) [K. 53; L. 108; Ing. Norbert Gradisch, Wien]

„Frau mit gesenkten Lidern" (Studie) [K. 10; L. 109; Verbleib unbekannt]

„Weiblicher Studienkopf" [fehlt bei K.; L. 110; Privatbesitz, Wien]

„Leopold Czihaczek mit Strohhut" (Halbfigur nach links) [K. 83; L. 111; Privatbesitz, Schweiz]

„Studienkopf eines bärtigen alten Mannes" [fehlt bei K.; L. 113; Privatbesitz, Wien]

„Knabe auf Schaukelbrett sitzend" [K. 60; L. 115; Privatbesitz, New York]

„Gertrude Schiele, stehend in schwarzem Mantel" [K. 62; L. 116; Verbleib unbekannt]

„Stehende rothaarige Frau in schwarzem Mantel" [fehlt bei K.; L. 119; Privatbesitz, Wien]

„Kopf einer Frau in rotem Kleid" [K. 61; L. 122; [Historisches Museum der Stadt Wien]

„Aktselbstbildnis" [fehlt bei K.; L. 123; Privatbesitz, New York]

„Sitzende Frau im Profil" [K. 66; L. 128; Verbleib unbekannt]

„Mädchenbildnis mit silberfarbenen Tüchern (Melanie Schiele)" [K. 64; L. 129; Privatbesitz, New York]

SONSTIGES:

„Sonnenblume (Studie)" [K. 44; L. 112; Niederösterreichisches Landesmuseum, Wien]

„Wassergeister" II [K. 65; L. 120; Privatbesitz, Wien]

„Nackter Knabe, auf gemusterter Decke liegend" [fehlt bei K.; L. 121; Privatbesitz, Basel]

„Rote Blumen" [K. 82; L. 124; Privatbesitz, Graz]

„Stilisierte Blumen vor dekorativem Hintergrund" [K. 81; L. 127; Privatbesitz, Wien]

In der Literatur nachweisbar:

„Jugendströmung", 1908/09 [K. III; L. XV]

AUSSTELLUNGEN:

1. Kunstausstellung des Stiftes Klosterneuburg (im Kaisersaal), 16. V.—30. VI. 1908. Schiele stellte aus:

Nr. 25 Klosterneuburg [1907/08]
    30 Abend [1907/08]
    32 Schnee [1907/08]
    34 Spiegelung [1907/08]
    36 Orthnergasse [1907/08]
    37 Draghetto [1907/08]
    38 Schmiedehof [„andere Ansicht des Hofes Albrechtsbergergasse 4"] [1907/08]
    39 Aus Triest [1908, K. 73; L. 92]

und ein nicht identifiziertes Bild.

PREISE UND EINNAHMEN:

Die von Schiele für ausgestellte Bilder verlangten Preise schwankten zwischen 60 und 150 Kronen; für die Nummer 25 verlangte er gar 800 Kronen, was völlig unrealistisch war.

WOHNADRESSE:

Seit 20. XII. 1908
II. Kurzbauergasse 6, Atelier Tür 23

AUFENTHALT:

Sendet Gruß aus Prag auf einer undatierten Postkarte [siehe Nr. 83]

46 „Madonna mit Kind". Farbkreide, um 1908. Er vermied später das Süßliche. Beachtenswert die Haltung der Hände.

47 „Blumenwiese mit Bäumen", Aquarell mit Deckfarben, 1908 [L. 117]. Später kennt E. Schiele keinen Pointillismus mehr.

48 „Rote Blumen", Öl auf Papier, 1908 [L. 124].

```
┌──────────────────────────────────┐
│                                  │
│                                  │
│         EINLADUNG                │
│    ZUR BESICHTIGUNG DER VOM      │
│    16. MAI BIS ENDE JUNI 1908    │
│    IM KAISERSAALE DES STIFTES    │
│    IN KLOSTERNEUBURG STATT=      │
│    FINDENDEN                     │
│    I. KUNSTAUSSTELLUNG           │
│    VERANSTALTET VON DEN          │
│    HEIMISCHEN KÜNSTLERN          │
│    IN KLOSTERNEUBURG             │
│    UNTER DEM PROTEKTORATE        │
│    DES HOCHW. HERRN STIFTS=      │
│    PRÄLATEN FRIEDRICH PIFFL      │
│    ZU GUNSTEN DER TAGES=         │
│    KINDERHEIMSTÄTTE.             │
│                                  │
│                                  │
│    FÜR DIE VERANSTALTER:         │
│                                  │
│                                  │
│                                  │
└──────────────────────────────────┘
```
[77]

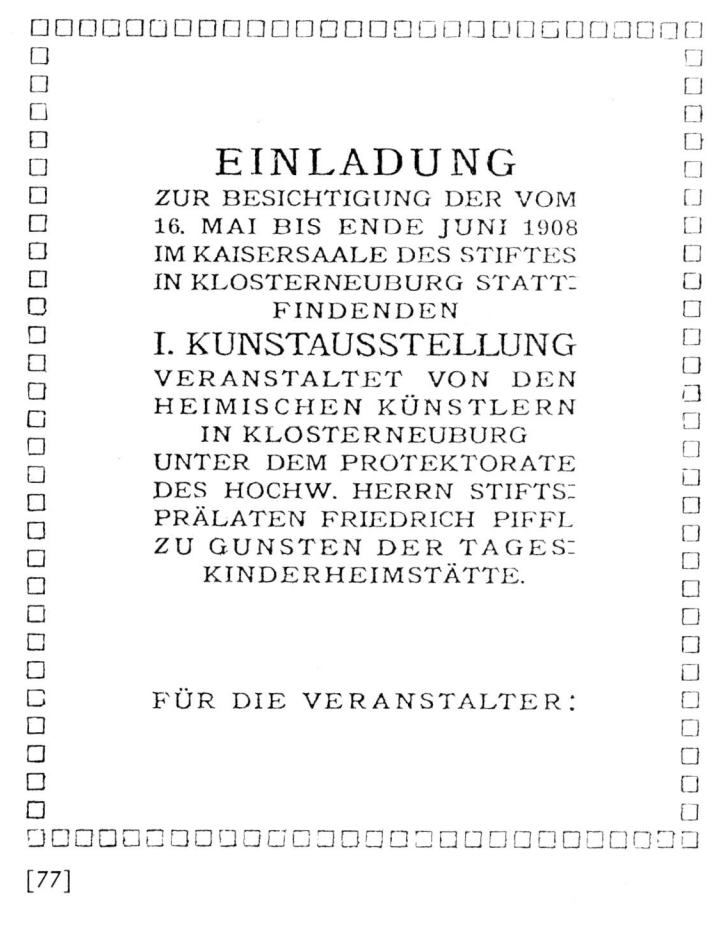

16. V. 1908

Stift Klosterneuburg. — „[gedruckte] Einladung zur Besichtigung der vom 16. Mai bis Ende Juni 1908 im Kaisersaale des Stiftes in Klosterneuburg stattfindenden ersten Kunstausstellung[1]. Veranstaltet von den heimischen Künstlern in Klosterneuburg..." 4 pp. 8°[2]

E. S. A. 668 [77]

[1] Schiele stellte erstmalig auf dieser Ausstellung aus.
[2] Dem E. S. A. gewidmet von → Dr. Wolfgang Pauker, damals Prälat des Stiftes.

1. VII. 1908

Akademie der bildenden Künste, Wien. — Zeugnis für Egon Schiele, Studienjahr 1907/08 1 p. Folio.
„Genügend" in Farbenchemie [als Gast]. Unterschrieben von → Sigmund l'Allemand und Dr. F. Linke[1].
E. S. A. 514 [78]

[1] Friedrich Linke (1854—1914), Chemiker, seit 1883 Dozent für Farbenchemie an der Akademie, ausgezeichneter Fachmann auf dem Gebiete der Emailglasfarben und Glasuren.

3. VII. 1908

Akademie der bildenden Künste, Wien. — Zeugnis für Egon Schiele. Semester 1907/8 1 p. folio.
„,Gut' in Farbenlehre [als Gast]. Unterschrieben von → Sigmund l'Allemand, Rektor, und Dr. E. Haschek"[1]
E. S. A. 513 [79]

[1] Eduard Haschek (1875—1947), Physiker. Veröffentlichte viel über Spektrographie.

9. X. 1908

Akademie der Bildenden Künste, Wien. — Frequentations-Zeugnis für „Egon Schiele", 1 p. folio.
Hat die allgemeine Malerschule 1908/9 besucht. Sein Betragen war den akademischen Gesetzen „vollkommen" entsprechend. Unterschrieben von → Sigmund l'Allemand und → Chr[istian] Griepenkerl
E. S. A. 670 [80]

7. XII. 1908

Akademie der bildenden Künste. — Schülerausweis, mit Fotografie, für Egon Schiele als ordentlicher Schüler seit Oktober 1906; weitere Studienbestätigungen für die Jahre 1907—9. Unterschrieben von → Sigmund l'Allemand, Rektor
E. S. A. 669 [81]

20. XII. 1908

An → Dr. Wolfgang Pauker, Klosterneuburg, L. a. s. 1 p. 8°
„Sehr geehrter Herr Doktor! Bitte auch von mir die herzlichsten Glückwünsche zu den kommenden Feiertagen entgegen nehmen zu wollen. Ihr dankschuldiger Sie hochschätzender Egon Schiele
20. XII. 08.
II. Kurzbauergasse 6."
Archiv des Stiftes Klosterneuburg [82]

1908 [Poststempel unleserlich]

An → Gertrude Schiele, Wien XIX. Pantzergasse 3, C. a. s. [Kaiser Franz Josefs Bahnhof, Prag] „Komme den 4 ½8h abends   Egon Schiele Prag[1] Postgasse 7"
G. P. 38 [83]

[1] Bisher der einzige Nachweis für einen Aufenthalt Schieles in Prag, 1908.

49 „Selbstbildnis mit gespreizten Fingern", Öl, Goldbronzefarben, 1909 [L. 134]. In diesem Jahr — es ist das wichtigste in seinem Schaffen — entstehen nur wenige Gemälde; mit einemmal hat er zu seinem eigenen Stil gefunden.

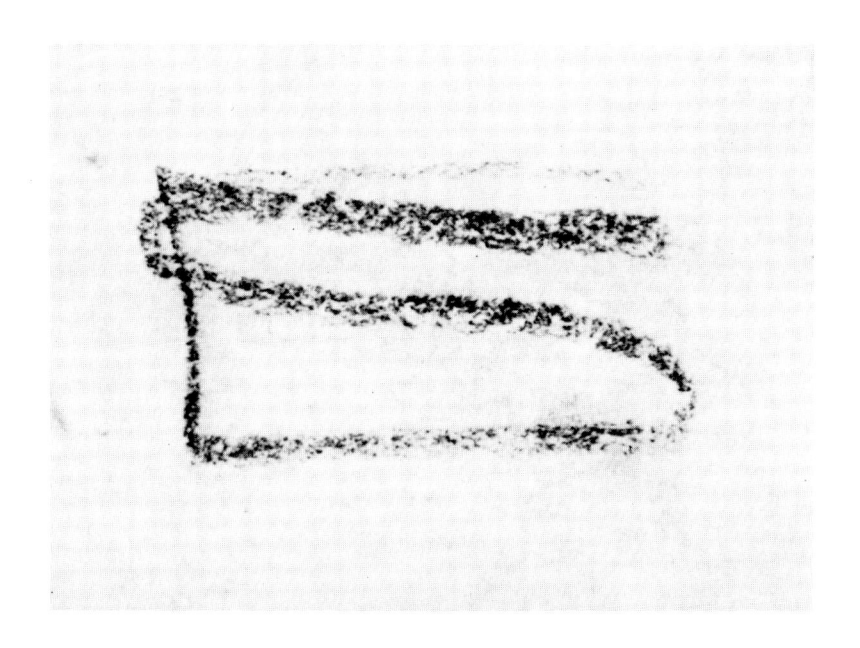

V. Austritt aus der Akademie; Gründung der „Neukunstgruppe" 1909

Voll innerer Unruhe, damals wohl gänzlich auf sich allein gestellt und ohne die Möglichkeit einer freundschaftlichen Aussprache mit einem Wohlwollenden, schreibt Schiele am 5. III. 1909 → Leopold Czihaczek einen reichlich unklaren Brief über seine Lebensanschauungen, sichtlich ein vergeblicher Versuch, ihm Verständnis für seine „Sturm-und-Drang-Periode" abzuringen. Der Brief [siehe Nr. 84] ist ein Beleg für den inneren Wandel, der sich in Schiele vollzieht. Denn mit einem Male steht er als fertiger Maler vor uns. Noch lehnen sich seine Bilder in Format und Konzeption an → Klimt und an den Jugendstil an, gleichzeitig aber enthalten sie bereits alle Charakteristika seiner Bilder der folgenden Jahre.

Vielfach wird berichtet, Schiele habe bereits im April 1909 die Akademie verlassen[1]. Da ihm aber aus Gründen, auf die wir später zurückkommen werden, daran gelegen sein mußte, ein gültiges Abschlußzeugnis für sein dreijähriges Studium zu erhalten, ist dieses Datum falsch. Sein Zeugnis für das Studienjahr 1908/09 hat sich erhalten und ist mit dem 3. VII. 1909 datiert.

Es wird des öfteren über dreizehn Fragen berichtet, die unzufriedene Studenten Professor → Griepenkerl in Form einer Petition vorgelegt haben sollen. Sie sind leider nur feuilletonistisch übermittelt und gipfeln in der Frage, ob es lediglich einem Professor gestattet sei, die Natur für ein Bild wesentlich zu vereinfachen[2].

Die Antwort soll die Ausschlußandrohung gewesen sein. Die renitente Gruppe habe daraufhin korporativ die Akademie verlassen. Das stimmt nur bedingt. Wir haben bisher kein verläßliches Quellenmaterial über den tatsächlichen Verlauf dieses — den Lehrbetrieb sicher sehr störenden — Konfliktes gefunden, sind aber sicher, daß jener Austritt erst zu Ende des Semesters vollzogen wurde. Denn es verdient festgehalten zu werden, daß laut Studienordnung allen Studenten, die ein Triennium erfolgreich abgeschlossen hatten, das Einjährigen-Freiwilligen-Recht zugestanden wurde[3]. Das bedeutete — man muß dies dem heutigen Leser in aller Deutlichkeit klarmachen —, daß jeder von ihnen nunmehr — statt der für den gewöhnlichen Mann vorgeschriebenen drei Jahre militärischer Dienstzeit — nur ein Jahr abzuleisten hatte; daß sie somit Maturanten gleichgestellt waren und Reserveoffiziere werden konnten. Es wäre also unverzeihlicher Leichtsinn gewesen, die Anstalt *vor* diesem Termin zu verlassen. Dieser Massenexodus findet sohin eine überraschende Erklärung, die außerhalb des künstlerischen Konfliktes liegt. Wir wollen keineswegs behaupten, daß nur diese Tatsache ausschlaggebend war, mitbestimmend könnte sie gewesen sein.

Das große aufwühlende Ereignis im Leben des zur Künstlerschaft heranreifenden Schiele war gewiß die „Kunstschau" des Jahres 1909, wo es ihm erstmals vergönnt war, gemeinsam mit den Großen der Malerei seiner Zeit auszustellen. Die „Klimtgruppe" hatte seit ihrem etwas unüberlegten Austritt aus der „Secession" im Jahre 1905 ihr Ausstellungslokal verloren. Dort herrschte seither das Mittelmaß, und weder für Klimt noch für die nachstoßenden Jüngeren gab es nun im Gebäude der „Secession" Ausstellungen[4]. Gustav Klimt hatte 1907 allerdings die Möglichkeit gehabt, seine drei großen, endlich fertiggestellten „Fakultätsbilder" in der → Galerie Miethke auszustellen, wo sie Schiele studieren konnte. Sein 1908 gemaltes „Aktselbstbildnis" ist in deutlicher Anlehnung an Klimts „Medizin" entstanden. Aber erst die „Kunstschau 1908" und jene von 1909 hatten ihm Gelegenheit geboten, große Klimt-Kollektionen zu sehen und zu studieren, da sich ja die meisten Klimtbilder in Privatbesitz befanden und so für ihn kaum zugänglich waren. Die Baugründe neben dem Wiener Eislaufverein, Wien III., Lothringerstraße, dort, wo heute das „Konzerthaus" steht, standen auf zwei Jahre zur Verfügung. → Josef Hoffmann improvisierte auf dem Gelände eine Ausstellung, die 54 Räume, Terrassen, Höfe und Gärten aufwies. Und hier fanden Mai—Juni 1908 und im Sommer 1909 die erste und zweite „Kunstschau" statt, die als eine Einheit anzusehen sind und die letzten beiden spektakulären Manifestationen der „Klimtgruppe" darstellen.

1908 hielt Gustav Klimt, der sonst eher wortkarge Meister, eine bemerkenswerte Eröffnungsrede, deren Text sich erhalten hat[5]. Die Ausstellung 1908 war der österreichischen Kunst gewidmet und zeigte — neben Malerei und Plastik — alle nur denkbaren Sparten, wie Kunstgewerbe, Plakate, kirchliche Kunst, Theaterdekorationen und anderes. Klimt stellte 16 seiner Bilder aus, darunter sein populärstes Bild „Der Kuß", 1907/08 gemalt.

Wir aber wenden unsere Aufmerksamkeit → *Oskar Kokoschka* zu, dem 1908 Gelegenheit gegeben wurde, im sogenannten „Wilden Kabinett", wie es der Chronist des Wiener Kunstfrühlings, Ludwig Hevesi[6], genannt hat, zum ersten Male auszustellen. Er zeigte Entwürfe für Tapisserien, die verlorengegangen sind, Studien, Zeichnungen, Lithographien und eine Plastik „Mädchen". Außerdem entwarf er für die Ausstellung selbst und für das Sommertheater, in dem sein Drama „Hoffnung Mörder der Frauen" aufgeführt wurde, die Plakate [Wingler-Welz 30 und 31].

Man hatte Klimt davor gewarnt, Kokoschka auszustellen. Allein, er mußte — wohl zu seiner großen Verblüffung — erkennen, daß das Publikum, das kurz zuvor gegen viele seiner neu ausgestellten Bilder — ob das nun der „Beethovenfries" von 1902 war oder jedes einzelne seiner großen, für die Aula der Universität Wien geschaffenen „Fakultätsbilder" in den Jahren 1900—1905 — Sturm gelaufen war, nun ganz einfach jenes „Wilde Kabinett" und ein Jahr später ein zweites, in dem Schiele ausstellen durfte, kopfschüttelnd durchschritt und das Ausgestellte überhaupt nicht ernst nahm. „Net amal ignoriern", pflegt man in Wien zu Ähnlichem zu sagen.

Die Verbindung Klimt—Kokoschka ist leicht zu verfolgen. Sie geschah über die → „Wiener Werkstätte", die 1903 gemeinsam von → Josef Hoffmann, → Koloman Moser und → Fritz Wärndorfer gegründet worden war. Klimt stand ihr, durch seine Freundschaft mit Josef Hoffmann, von Anfang an nahe. Kokoschka hatte nach seiner Matura — er wollte ursprünglich Chemie studieren — 1904—1909 die Kunstgewerbeschule besucht, aus der auch Klimt hervorgegangen ist. Seine Lehrer dort waren: Anton R. von Kenner[7], → Carl Otto Czeschka und — seit 1907 — → Berthold Löffler. Noch als Schüler entwarf Kokoschka für die „Wiener Werkstätte" 1906—1908 fünfzehn buntfarbene Postkarten [Wingler-Welz 3—17] und gab in ihrem Verlag 1908 sein erstes Buch „Die träumenden Knaben" heraus, das er „Gustav Klimt in Dankbarkeit" gewidmet hat[8]. Es hätte ursprünglich ein Kinderbuch werden sollen, wurde dann aber eine textlich nicht ganz leicht verständliche Schrift, die nach seinen eigenen Worten Erinnerungen an eine Jugendliebe festhält[9]. Greift man einzelne Figuren seiner Illustrationen heraus, so erkennt man den Einfluß des belgischen Bildhauers → *George Minne*, der durch die 8., 14. und 15. Ausstellung der „Secession" 1900 bis 1902 bekannt geworden war und — neben → *Ferdinand Hodler* — der zweite große europäische Künstler war, dem durch die Wiener „Secession" der Durchbruch zu internationaler Anerkennung gelang. Kokoschka hat übrigens seine Dankesschuld an Minne nicht geleugnet[10]. Dies ist im Zusammenhang mit Schiele wichtig, weil man auch in seinem Oeuvre Einflüsse Minnes nachweisen kann.

Gustav Klimt hat übrigens sehr schöne Worte über den jungen Kokoschka gefunden, die ein bemerkenswertes Zeugnis für seine neidlose Aufgeschlossenheit jungen Talenten gegenüber darstellen[11]. Waren es doch vor allem sein Charakter, seine verläßliche Freundschaft und seine unbeeinflußbare Integrität, die ihn zum Freund und Förderer der Jungen machten. Daß er 1908 Egon Schiele nicht erwähnte, lag daran, daß Schiele in diesem Jahr noch nicht jene künstlerische Reife besaß, die ihm ein Jahr später die Möglichkeit zur Ausstellung verschaffen sollte. Wir können aus den Quellen nicht entnehmen, wer es war, der ihm 1909 den Weg zur „Kunstschau" ermöglicht hat. Es wäre denkbar, daß → *Josef Hoffmann,* der stets auf der Suche nach neuen Talenten war, auf ihn aufmerksam wurde. Hoffmann hat ihn übrigens später, was wir nachweisen können, nach Kräften gefördert. Denn Klimt, der Schweigsame, Zurückhaltende, gewiß auch wegen der derben Angriffe auf seine Kunst Grollende, mied die Öffentlichkeit. Wir glauben daher, daß die entscheidende Begegnung zwischen ihm und Schiele nicht 1907 — wie es immer heißt —, sondern später stattgefunden hat, als Klimt den Jüngeren bereits als Ebenbürtigen anzuerkennen bereit war[12].

Im Sommer 1909 war es soweit. Der neunzehnjährige Schiele bekam neben Kokoschka — der nun neue Arbeiten, darunter sein Porträt des Schauspielers Ernst Reinhold[13] (er hatte 1908 Kokoschkas Drama „Mörder Hoffnung der Frauen" inszeniert und die Hauptrolle darin gespielt) den „weißen Tiertöter"[14], Studien und eine nicht näher bezeichnete Plastik zeigte — ein Kabinett zugewiesen[15], in dem er vier seiner Bilder ausstellen durfte.

Drei dieser Bilder, Porträts, sind bereits Zeugnisse für Schieles Durchbruch zum eigenen Stil, wenn sie auch im quadratischen Klimt-Format gemalt sind und stilistisch noch Anklänge an Klimt und den Jugendstil erkennen lassen.

Die „Kunstschau 1909" brachte eine erlesene Schau von Bildern und Plastiken großer europäischer Künstler nach Wien. Cuno Amiet[16], Ernst Barlach[17], Pierre Bonnard[18], Maurice Denis[19], Ernesto de Fiori[20], Paul Gauguin[21] und → Vincent van Gogh, der mit nicht weniger als elf Bildern vertreten war. Darunter befand sich das „Schlafzimmer von Arles" [van Gogh-Museum, Amsterdam], das in die Sammlung von → Carl Reininghaus überging und Vorbild für das Bild „Schieles Wohnzimmer in Neulengbach", 1912, werden sollte. Auch Henri Matisse[22] und → Edvard Munch, der Skizzen zu Ibsens „Gespenster" zeigte, wurden ausgestellt. Als Munch in früheren Jahren in der „Secession" ausstellte — übrigens ohne Anklang zu finden —, war Schiele noch zu jung, um seine Werke aus eigener Anschauung kennenzulernen; Jan Toorop[23], Felix Vallotton[24], Maurice de Vlaminck[25], Edouard Vuillard[26] und viele andere waren ebenfalls darunter. Hier also konnten Schiele und die anderen jungen österreichischen Maler wichtige Werke — vor allem solche der Franzosen — kennenlernen, wenn auch Picasso und Braque fehlten. Um auf Schiele zurückzukommen: diese Ausstellung verlief für ihn in entmutigender Weise völlig erfolglos. Niemand beachtete ihn, sein Werk ging ganz einfach in der Fülle des Gebotenen unter.

Wir haben mit einiger Absicht auf das Nebeneinander der Bilder Kokoschkas und Schieles hingewiesen, weil sich außer diesem Berührungspunkt, der rein zufällig war, in jenen Jahren auch noch andere ergaben. Es ist nicht von der Hand zu weisen, daß weniger die Bilder als die frühen Zeichnungen Kokoschkas aus jenen Jahren von einigem Einfluß auf den vier Jahre Jüngeren gewesen sind. Ihre Ähnlichkeit ist manches Mal frappierend[27]. Kokoschka geht sicherlich zu weit, wenn er Schiele des Sich-Aneignens seiner im Atelier bei Ausbruch des Krieges von 1914—1918 zurückgelassenen Zeichnungen bezichtigt. Wie es überhaupt bedauerlich ist, daß der auf einsamer Höhe stehende überlebende große Maler für den allzu früh Verstorbenen nur ungute Worte findet[28].

Als Schiele durch den frühen Tod Gustav Klimts im Februar 1918 die Rolle des um die weitere Entwicklung der jungen österreichischen Kunst Bemühten zufiel, versuchte er Kokoschka, der Wien grollte und nach seiner 1915 erlittenen schweren Kriegsverletzung in Dresden allmählich genas — vergeblich —, mit in seine Bemühungen einzubeziehen. Dafür gibt es in seiner Korrespondenz Beweise.

Im Dezember 1909 fand im sieben Räume umfassenden Lokal von → *Gustav Pisko* — das sich übrigens nicht, wie es in der Literatur und auf allen seinen Aussendungen heißt, am Schwarzenbergplatz, sondern ebenerdig, in einem Haus der diesem benachbarten Lothringerstraße (Nummer 14) befand — die erste Ausstellung der „Neukünstler" statt. Wir dürfen annehmen, daß es Schiele war, der diese Bezeichnung geprägt hatte. Es waren im wesentlichen jene jungen Künstler, die mit ihm die Akademie verlassen hatten. Die Gruppe war mit ihrer „secessio" (= Absonderung) dem Beispiel der „Klimtgruppe" gefolgt, die 1898 aus dem Künstlerhaus ausgetreten war. Die „Neukünstler" blieben allerdings weit weniger lang zusammen als jene. Es kam noch zu einer zweiten Ausstellung, dann blieben sie einander zwar gewogen, jedoch nur noch in sehr lockerer Verbindung. Egon Schiele schrieb ein Manifest, das später, leicht verändert, in der Nummer 70 der Zeitschrift „Die Aktion" (Berlin 1914) abgedruckt wurde:

„Wir sind. Und sind nicht alle (der jetzigen Aussteller bei Pisko) in diese Zeit berufen? Wir alle, sind vor Allem Zeitmenschen, d. h. solche die den Weg zumindest in unsere gegenwärtige Zeit gefunden haben. Viele von uns sind Künstler, ich meine unter Künstler nicht den Mensch mit Titel oder Eigenschaft sondern den Berufenen.

Kunst bleibt immer gleich dasselbe: Kunst. Deshalb gibt es keine Neukunst. Es gibt Neukünstler.

Schon die Studie des Neukünstlers ist immer ein Kunstwerk, diese ist ein Stück von ihm selbst, das lebt.

Es gibt stärkere und schwächere Künstlerindividualitäten Berufene.

Wenig Neukünster gibt es aber, ganz wenig. Der Neukünstler ist und muß unbedingt selbst sein er muß Schöpfer sein er muß unvermittelt ohne all das Vergangene und Hergebrachte zu benützen ganz allein den Grund bauen können. Dann ist er Neukünstler.

Sei jeder Einzelne von uns — selbst. Dann könnte eventuell der Name unser[!], Neukünstlergruppe heißen.

Derjenige der so in Betracht kommen mag muß das volle Bewußtsein haben, selbst allein existieren zu können und der Zukunft wenigstens ein Gewisses zu vertrauen zu können. Es gibt gewiß noch manche Neukünstler, die auf sich selbst bauen und allein schaffen können.

Rezept ist ihr Gegensatz.

Alle Neukünstler aber schaffen eigentlich wieder nur ganz allein für sich selbst und bilden alles was sie wollen. Sie bilden, sie porträtieren alles. Die Mitmenschen fühlen ihre Erlebnisse nach, heute in Ausstellungen. Die Ausstellung ist heute unentbehrlich.

Eine Epoche zeigt der Künstler ein Stück seines Lebens Und immer durch ein großes Erlebnis im Sein der Künstlerindividualität beginnt eine neue Epoche die kurz oder länger dauert je nach den[!] zurückgebliebenen Eindruck der mehr oder mehr[!] Gewicht hat. Und nach dem der Künstler sein Erlebnis und vollkommen gebildet hat, dann ist vielleicht eine Ausstellung nötig."

[zitiert nach Schieles Niederschrift, E. S. A. 1030; Arthur Roessler; Egon Schiele, Briefe und Prosa, pp. 17/8 mit einer Überschrift: „Die Kunst — der Neukünstler" und textlichen Verbesserungen]

Wir wissen über Gustav Pisko bedauerlicherweise sehr wenig. Wer die Verbindung der Jungen zu ihm geschaffen hat, ist unbekannt. Arthur Roessler hat mit ihm 1907 ein großes Buch über den Maler Ferdinand Georg Waldmüller[29] veröffentlicht. Wäre er der Initiator jener Verbindung gewesen, dann hätte er sich dessen gewiß gerühmt. Wir müssen den Mut Piskos bewundern, denn es war von vornherein klar, daß diese Ausstellung, außer Anfeindungen, kaum etwas bringen konnte[30]. Pisko sicherte sich der Gruppe gegenüber ab, indem er die Teilnehmer eine „Verpflichtungserklärung" unterschreiben ließ [siehe Nr. 85]. Man muß darauf hinweisen, daß es in Wien damals wohl nur in Ausnahmefällen für junge unbekannte Künstler möglich war, auszustellen. Wien verhielt sich — wir wiesen bereits darauf hin — der modernen bildenden Kunst gegenüber außerordentlich zurückhaltend. Es gab auch keine großzügigen, erfolgreichen Kunsthändler — wie in München oder Berlin —, die dank guter Geschäfte willens waren, den Nachwuchs zu fördern und Verluste in Kauf zu nehmen, immer in der Hoffnung, eine große Entdeckung zu machen.

Zu einem der dort Unterschriebenen hielt Schiele lebenslange Freundschaft: zu seinem zukünftigen Schwager → *Anton Peschka*. Mit einem anderen, dem Komponisten → *Löwenstein*[31], verband ihn Schulfreundschaft noch von Klosterneuburg her — sie hatten dort, wie es scheint, gemeinsam durch ingeniöse Lärmerzeugung erfolgreich den Unterricht gestört[32]. Interessanter war ein Mann, der bereits hier auftaucht, sich als Theatermaler bezeichnete und später auf Schiele weit weniger als Künstler, denn als faszinierende, schillernde Persönlichkeit vorübergehend großen Einfluß nehmen sollte: → *Erwin Osen*. Wir werden auf ihn ausführlich in Kapitel VI zu sprechen kommen.

Vielleicht die wichtigste Begegnung des Jahres 1909 für Egon Schiele war die Bekanntschaft mit

→ *Arthur Roessler*. Dieser war ursprünglich hauptsächlich an der österreichischen Kunst des 19. Jahrhunderts interessiert gewesen, hatte sich aber im Laufe der Jahre dem modernen Kunstschaffen in Österreich zugewandt, wenn er auch — und das verdient festgehalten zu werden — der Kunst der „Klimtgruppe" ferne stand und eine Schwäche für heute längst Vergessene hatte.

Ihm gebührt das Verdienst, Schieles Bedeutung ab 1910 voll erkannt und sich sein Leben lang für ihn eingesetzt zu haben. Nicht nur, daß er unermüdlich Kritiken und Würdigungen schrieb, er war auch bemüht, ihn mit großen Sammlern bekannt zu machen; war eine Zeitlang sogar sein geschäftlicher Vertreter; gab ihm ausgezeichnete praktische Ratschläge und versuchte ihm den deutschen Markt zu öffnen. Er war selbst ein bedeutender Sammler seiner Bilder und Zeichnungen, wenn auch nur bis 1912. Von da an war Schiele seiner Obhut entwachsen. Man kann Roessler als einen wahren und getreuen Freund Schieles bezeichnen. Er hat nach Schieles Tod — allerdings erfolglos — als Verleger versucht, dessen Graphik, deren Entstehen er maßgeblich gefördert hatte, bekanntzumachen.

Seine im nachfolgenden wiedergegebene Kritik dieser Ausstellung ist in mehrfacher Hinsicht interessant. Erstens ist sie vermutlich die einzige Quelle, aus der man erkennen kann, was damals eigentlich alles ausgestellt war, und zweitens wird klar, daß er sich 1909 noch nicht völlig zu Schiele bekennen konnte. Es ist ihm ähnlich gegangen wie Ludwig Hevesi[33], der in seinen ersten Kritiken der „Secessions"-Ausstellungen kaum mehr als Klimts Name erwähnte und erst im Laufe einiger Jahre zu dessen getreuem Chronisten wurde.

„... Aber schon wieder eine ‚Gruppe' mehr, wird mancher sagen, und ich gestehe, daß auch ich anfänglich mit einigem Mißvergnügen die Kunde von der Neugründung vernahm, denn die vielen Sonderbünde haben etwas von der Lächerlichkeit der Kleinstaaterei; diesem neuesten Sonderbund ist aber doch auch Gutes nicht abzusprechen: Intimität und Eigenart. Fremde Einflüsse vermögen auf die Dauer nicht stark wirksam zu werden, denn die Bundesgenossen beeinflussen sich gegenseitig in irgendeinem Sinne, was nicht zum Übel ausarten kann, weil sie doch irgendwie verwandt oder gleichgesinnt sind in vielen Hinsichten. Oft erzeugt diese gegenseitige Einwirkung eine gewisse Ähnlichkeit, gemeinschaftliche Stimmung, ja selbst Gleichart der Technik, aber fast immer verhindert sie das Untersinken einzelner unter das Niveau des Bundes, der Gruppe. Die ‚Neukunstgruppe' entstand nicht aus irgendeiner Erwägung praktischer, kunstpolitischer oder besonders ästhetischer Natur, sie ist keine spekulative Gründung und nicht von dem Verlangen beherrscht, ‚Schule' zu machen, sondern sie kam gewissermaßen ungewollt zusammen, durch einen Akt der Notwehr, den ihr die Akademie aufzwang. Die meisten Mitglieder der Gruppe, darunter ihre führenden Persönlichkeiten, waren bis vor kurzem Schüler der Spezialklasse des Professors Griepenkerl, oder richtiger, sie waren nicht seine Schüler, denn sie hatten andere Anschauungen und andere Ausdrucksweisen als ihr ‚verhinderter' Lehrer, der einer der starrsten Akademiker der Wiener Kunstschule ist. Da sie nicht so wollten wie er, wurde die Kluft zwischen ihm und ihnen bald unüberbrückbar. Es kam zu Zänkereien und Verdrießlichkeiten, der Lehrer wurde grob und höhnisch; da zogen es die ohnedies schon halb hinausgeworfenen Schüler vor, ihrer Wege zu gehen. Wohin sie ihre Wege im Verlauf der Zeit führen werden, läßt sich einstweilen noch nicht voraussagen, eher läßt sich sagen, woher die jungen Leute kommen. Sie kommen aus der Gegend der Kunstschau, von van Gogh, Gauguin, Hodler, Klimt und → Metzner. Namentlich der Einfluß

Klimts ist unverkennbar. Solange ein solcher Einfluß als Befruchtung wirkt, ist gegen ihn nicht viel einzuwenden. Besorgniserregend wird er erst dann, wenn er zur leeren Nachahmung verführt. Wenn ich aber die Wahl zwischen einem Griepenkerl-Nachahmer und einem Klimt-Nachahmer frei habe, erkläre ich mich, ohne zu zaudern, für Klimt, weil ein Klimt-Kerl halt doch ein anderer Kerl ist als ein Griepenkerl...

Und doch hätte unter den obwaltenden Umständen den jungen Leuten Besseres nicht begegnen können, denn um nicht ‚hinausgeworfen' zu werden, verließen sie selbst die Akademie. Ihre Ausstellung ist also gewissermaßen die Rechtfertigung ihres immerhin folgenschweren Entschlusses. Sie stehen nun allen Unbilden der Publikumslaunen, dem Gekeife der immer nörgelnden Kritik, der Mißgunst der ‚courante Marktware' herstellenden ‚Kollegen' völlig schutzlos preisgegeben da auf schwankem Grunde und haben ein sehnsüchtig geschwelltes Herz, ein Hirn voll wirbelnder Gedanken und leere, aber schon sehr leere Taschen. Aber sie sind guten Mutes und ihrer ist die Jugend, die so unglaublich viel zu ertragen vermag. Es werden wohl manche am Wege sterben, einige jedoch halte ich für innerlich und äußerlich stark genug, um ‚durchzukommen'. Zu diesen zähle ich die ungewöhnlich begabten Egon Schiele, → Toni Faistauer, → Franz Wiegele, → Hans Ehrlich, alle vier Maler, den Kunstgewerbler Oswald und die Plastiker Friedrich Pollak und Willersdorfer[34]. In all den Genannten ist das Gefühl für Stil ganz erstaunlich stark ausgeprägt. Man sehe sich daraufhin einmal den steil und starr aufragenden Rückenakt des hageren Jünglings von Schiele, die Taufe Christi von Faistauer, das Bildnis von Ehrlich, das in gleichsam vegetativer Versunkenheit dasitzende Weibsbild von → Wiegele, die metznerisch flächenhaft und strengformig gemalten Masken von Pollak und den alle Kleinlichkeit vermeidenden weichen Leib der sich zum Kusse reckenden Frau von Willersdorfer an. Aber auch sonst noch ist in allen Wänden und in allen Winkeln der Ausstellung Begabung zu finden: ich nenne diesbezüglich in summarischem Verfahren → Kalvach, einen ehemaligen → Czeschka-Schüler, mit famosen Holzschnitten, Vera Brunner mit zartfarbigen Aquarellen, Minka Podhajska und Fanny Zakucka mit geschmackvollen dekorativen Panneaus, Karl Höfner mit Landschaften, → Anton Peschka mit einem hübschen, ‚Forellenwasser' betitelten Bildchen und der ‚Brücke', → Paris Gütersloh, der in seinem ‚bürgerlichen' Beruf Schauspieler ist, mit auffallend dekorativ und drastisch wirkenden Schwarz-Weiß-Szenen, einem Zyklus zu Schönherrs[35] ‚Erde', M. Friedmann, Gustav von Becker, Richard Asir Rziha, → Hans Böhler, Exner und Luise Harowitz[36]. Da es den jungen Leuten von der Neukunstgruppe — es ist wohl keiner mehr als fünfundzwanzig Jahre alt — vorläufig um Kunst, nicht um Geschäfte zu tun ist, wollen sie, meiner Anregung Folge leistend, den unbemittelten Kunstinteressenten in Wien Gelegenheit geben, an einem Sonntag bei freiem Eintritt ihre Ausstellung zu besichtigen[37]. Es wird somit der sich für Kunst lebhaft interessierenden Arbeiterschaft Wiens (deren Interesse ist durch den Besuch der Wandbilderausstellungen bewiesen) schon demnächst möglich sein, die Neukunstausstellung zu sehen."

Die „Arbeiter-Zeitung", deren Kunstkritiker Roessler war[38], gelangte wohl kaum in die Hände derer, die Kunst sammelten, aber er hatte Beziehungen zu diesen und es scheint, daß er es war, der damals bereits Schiele die Bekanntschaft mit zwei der wichtigsten Kunstsammler verschaffte: mit → Carl Reininghaus und mit → Dr. Oskar Reichel.

Damit waren für Egon Schiele die Weichen in die Zukunft gestellt. Er sah sich ernstgenommen von einem wichtigen Kritiker und er hatte das Glück, für die Erzeugnisse seiner Kunst Abnehmer zu finden. Wie wenigen Malern ist dies in ihrer Jugend zuteil geworden! Wir brauchen wohl nicht erst an → Vincent van Gogh zu erinnern, der ein Leben lang nicht ein einziges Bild verkaufte und es der Opferbereitschaft seines Bruders Theo zu verdanken hatte, daß er überhaupt leben konnte.

ANMERKUNGEN

1 Zum Beispiel: H. M. 1968, p. 19; L. p. 11

2 „... 1. Sind Abende und Nächte kein Freilicht? 2. Ist nur das Natur, was der Herr Professor als solche erkennt? 3. Darf sich nur ein Akademieprofessor erlauben, die Natur auf das ihm für ein Bild als wesentlich Erscheinende zu vereinfachen, oder dürfen auch andere Maler das nach ihrem Gutdünken tun? 4. Ist die Akademie, und nach ihr das Künstlerhaus, der alleinige Ort, an dem die ästhetische Qualität eines Kunstwerkes beurteilt werden kann, oder ist es nicht vielmehr so, daß dort veraltete Anschauungen und Maßstäbe in Geltung stehen und es verhindern, ein Kunstwerk von sonst guter Qualität, aber ungewohnter Art, als wertgrädig anzuerkennen? 5. Was stellt sich Professor Griepenkerl ungefähr unter Kolorismus vor? und: darf die Natur unter gar keinen Umständen vom Standpunkt des Koloristen studiert werden? 6. Was versteht Herr Griepenkerl unter „ehrlichem" Naturstudium und „schlichter" Wiedergabe der „wirklichen" Naturerscheinung? 7. Was gestattet Herr Griepenkerl und seine Fraktion dem Maler, aus der überreichen Fülle der Natur zu studieren, zu wählen und bildmäßig zu verwerten? 8. Was soll also der Maler und warum darf es nach Herrn Griepenkerls Meinung nicht erlaubt sein, auch noch anderes zu versuchen und auszubilden als nur das, was Herr Griepenkerl kennt, versteht, erfühlt? 9. Fühlt Herr Griepenkerl — der als Lehrer dazu verpflichtet ist — gar kein Verlangen danach, dieses andere, das ihm fehlt, das ihm fremd blieb, kennenzulernen und, wenn schon nicht sich anzueignen, wenigstens bei anderen zu respektieren, anstatt voll Akademikerdünkels abfällige Urteile darüber zu fällen? 10. Ist es richtig und anständig, das, wofür einem Empfindung und Verständnis fehlen, kurzweg als schlecht zu brandmarken? 11. Sollte es nicht vor allem Aufgabe des gewissenhaften Lehrers sein, die Entwicklungen individueller Eigenarten nach Möglichkeit zu fördern, anstatt sie aus persönlichen oder kunstpolitischen Gründen bereits im Keime so zu schädigen, daß Streben und Arbeiten auf das äußerste erschwert werden, oder ist es eine geheime Verpflichtung des Herrn Griepenkerl und seiner Kollegen, dem Auslande den moralischen und pekuniären Nutzen in höherem Maße zuzuleiten? ..."
[Arthur Roessler, erstmals veröffentlicht am 7. XII. 1910 in der „Arbeiter-Zeitung", Wien, in seiner Kritik der ersten „Neukunst-Ausstellung"; wiederholt in seinem Buch; Anton Faistauer, Wien 1948, pp. 15/6.]

3 „... Das Einjährig-Freiwilligenrecht wird denjenigen Schülern der k. k. Akademie zuerkannt, welches dieselbe drei Jahre (ein Triennium) hindurch, und zwar v o r Eintritt ihrer Stellungspflicht, mit entsprechendem Erfolg besucht haben. Stellungspflichtigen, welche sich am 1. März jenes Jahres, für welches ihre Stellung erfolgt, im dritten Jahre an der Akademie befinden und assentiert werden, wird die Begünstigung des einjährigen Präsenzdienstes nachträglich zuerkannt, wenn sie den Anspruch darauf bei der Hauptstellung angemeldet und spätestens bis 1. Oktober desselben Jahres ihre Studien (ein Triennium) mit Erfolg absolviert haben..."
[Aus: Studienordnung für die Schulen der K. K. Akademie der bildenden Künste in Wien, Wien 1904].

4 Siehe darüber ausführlich bei Ch. M. Nebehay, Klimt-Dokumentation, Wien 1969, Kapitel XXX.

5 „Meine Damen und Herren! Seit vier Jahren haben wir nicht mehr Gelegenheit gehabt, Ihnen die Ergebnisse unserer Arbeit durch eine Ausstellung vorzuführen. Wir betrachten ja bekanntlich die Ausstellung keineswegs als die ideale Form zur Herstellung des Kontaktes zwischen Künstler und Publikum, die Lösung großer öffentlicher Kunstaufgaben z. B. [zum Beispiel] wäre uns für diesen Zweck ungleich erwünschter. Aber solange das öffentliche Leben sich vorwiegend mit wirtschaftlichen und politischen Angelegenheiten befaßt, ist der Weg der Ausstellung der einzige, der uns übrig bleibt, und wir müssen daher allen öffentlichen unnd privaten Faktoren in höchstem Maße dankbar sein, die es uns für diesmal ermöglicht haben, diesen Weg zu gehen und Ihnen zu zeigen, daß wir während dieser ausstellungslosen Jahre nicht müßig waren, sondern — vielleicht gerade, weil wir gänzlich frei von Ausstellungssorgen waren — desto emsiger und inniger an der Entwicklung unserer Ideen gearbeitet haben. Wir sind keine Genossenschaft, keine Vereinigung, kein Bund, sondern haben uns in der zwanglosen Form eigens zum Zweck dieser Ausstellung zusammengefunden, verbunden einzig durch die Überzeugung, daß kein Gebiet menschlichen Lebens zu unbedeutend und gering ist, um künstlerischen Bestrebungen Raum zu bieten, daß, um mit den Worten Morris zu sprechen, auch das unscheinbarste Ding, wenn es vollkommen ausgeführt wird, die Schönheit dieser Erde vermehren hilft und daß einzig in der immer weiter fortschreitenden Durchdringung des ganzen Lebens mit künstlerischen Absichten der Fortschritt der Kultur gegründet ist.
Demgemäß bietet Ihnen diese Ausstellung nicht die abschließenden Endergebnisse künstlerischer Lebensläufe. Sie ist vielmehr eine Kräfterevue österreichischen Kunststrebens, ein getreuer Bericht über den heutigen Stand der Kultur in unserem Reiche.

Und weit wie den Begriff ‚Kunstwerk' fassen wir auch den Begriff ‚Künstler'. Nicht nur die Schaffenden, auch die Genießenden heißen uns so, die fähig sind, Geschaffenes fühlend nachzuerleben und zu würdigen. Für uns heißt ‚Künstlerschaft' die ideale Gemeinschaft aller Schaffenden und Genießenden. Und daß diese Gemeinschaft wirklich besteht und daß dieses Haus gebaut werden konnte, daß jetzt diese Ausstellung eröffnet werden kann.
Und deshalb ist es ganz vergebliches Beginnen unserer Widersacher, diese moderne Kunstbewegung tot zu sagen und zu bekämpfen, denn dieser Kampf geht gegen das Wachsen und Werden — gegen das Leben selbst. Wir, die wir jetzt wochenlang an dieser Ausstellung gemeinsam gearbeitet haben, werden jetzt, wenn sie eröffnet ist, uns trennen und jeder wird seinen eigenen Weg gehen. Aber vielleicht werden wir uns in absehbarer Zeit in ganz anderer Gruppierung zu anderen Zwecken wiederfinden. Jedenfalls verlassen wir uns aufeinander, und danken allen, die diesmal am Werke waren, für ihren Fleiß, ihren freudigen Opfermut, ihre Treue. Ich danke aber auch allen unseren Gönnern und Förderern, die es uns ermöglicht haben, diese Ausstellung durchzuführen und, indem ich Sie, meine verehrten Anwesenden, zu einem Rundgang durch die Ausstellungsräume einlade, erkläre ich die ‚Kunstschau Wien 1908' für eröffnet."
[Nach: Ch. M. Nebehay, Klimt-Dokumentation, Wien 1969, p. 394]

6 Ludwig Hevesi (1842—1910), Schriftsteller und Kunsthistoriker. Schrieb: „Acht Jahre Secession", Wien, 1906, und „Altkunst-Neukunst", Wien, 1909, zwei Bücher, in denen seine Kritiken gesammelt sind; unentbehrliches Quellenwerk für die Geschichte des Wiener Jugendstils. Sein Tod [Selbstmord] verhinderte, daß er sich auch Schieles angenommen hätte.
„... Auch an einem ‚wilden Kabinett' fehlt es [in der Kunstschau] nicht. Der Oberwildling heißt Kokoschka, und man verspricht sich viel von ihm in der Wiener Werkstätte. Diese hat auch ein Märchenbuch von ihm herausgegeben, aber nicht für Philisterkinder. Kokoschka ist ein hübscher junger Mann und begabter Schwerenöter; für seine drei wandgroßen Skizzen zu Gobelins für ein Tanzzimmer wird er in der Luft zerrissen werden, aber das wird ihm und der Luft guttun. Auch eine Plastik hat er da, die nicht für die Moderne Galerie angekauft werden wird..."
[Ludwig Hevesi, Altkunst-Neukunst, Wien 1909, p. 313]
Aus zeitgenössischen Kritiken über Kokoschka:
1910 „... Die Begeisterung für diesen besonderen Kunstfall ist nicht immer snobistischen Ursprungs: Sie bedeutet den Triumph des Grotesken überhaupt..." [„Wiener Fremdenblatt"] — „... Der Fall ist symptomatisch und erfordert energisches Einschreiten der Unterrichtsbehörde..." [„Deutsches Volksblatt", Wien] — 1911 „... Dem Kerl sollte man die Knochen im Leibe zerbrechen!..." [Erzherzog Franz Ferdinand]
[Nach: Hans Maria Wingler, Oskar Kokoschka, ein Lebensbild, Ullsteinbuch 549, Berlin 1966]. Die letzte Äußerung mitgeteilt von Edith Hoffmann in „Kokoschka, Life and Work", London o. J., p. 86. Sie sei angesichts eines Besuches des Thronfolgers im → „Hagenbund", 1911, gefallen, als dort 25 Bilder von Kokoschka zu sehen waren.

7 Anton R. von Kenner (1871—1951), Figurenmaler, Kunstgewerbler, Illustrator

8 Schiele besaß ein Exemplar der „Träumenden Knaben", das sich später im Besitz von → Melanie Schuster-Schiele befand; siehe A. C., III., Anmerkung 14.

9 „... Mein erstes geschlossenes graphisches Werk, ‚Die träumenden Knaben', kam im Verlag der Wiener Werkstätten 1908 heraus. Der Auftrag lautete ursprünglich, ein Kinderbuch zu zeichnen, es sollten farbige Lithographien sein. Aber nur im ersten Blatt hielt ich mich an die Aufgabe. Die anderen Blätter entstanden dann mit meinen Versen als freie Bilddichtungen. Ich nannte das Buch so, weil es eine Art Bericht in Wort und Bild über meinen damaligen Seelenzustand gewesen ist. Die Heldin der Dichtung, das Mädchen Li ‚aus den verlorenen Vogelwäldern des Nordens', war eine junge Schwedin, die Lilith hieß. Sie ging gleichfalls in die Kunstgewerbeschule und trug einen roten, von Bauernhänden gewebten Rock, wie man ihn in Wien nicht gewöhnt war. Rot ist meine Lieblingsfarbe. Ich war in das Mädchen verliebt. Das Buch ist mein erster Liebesbrief gewesen, doch war sie bereits aus meinem Lebenskreis verschwunden, als das Buch erschien... Aus Dankbarkeit aber für Klimt, der es ermöglichte, mein Werk juryfrei der Öffentlichkeit vorzuführen, ließ ich in das soeben fertig gewordene Buch ‚Die träumenden Knaben' eine Widmung einfügen. Ich habe ihn niemals wieder gesehen. Er war als Künstler ein Neuerer mit offenen Augen für die geistigen Strömungen seiner Zeit, einer der Hauptvertreter des dekorativen Jugendstils..."
[Oskar Kokoschka, Mein Leben, München 1971, pp. 52, 55]

10 „... Meine Entwicklung hängt zusammen mit der Begegnung mit den Skulpturen des belgischen Bildhauers George Minne, der in der zweiten Kunstschau 1909 mit einigen Werken vertreten war, wie ja diese Ausstellung überhaupt einen Überblick über die damalige lebende europäische Kunst gegeben hat. 1909 war ich mit neuen Zeichnungen und Porträts, unter anderem mit dem Porträt meines Freundes Reinhold vertreten. So eindrucksvoll die Bilder von van Gogh, Gauguin, den Fauves, die ganze Übersicht über die moderne Kunst, mir bis dahin unbekannt, waren, die Skulpturen Minnes haben mich am meisten beeindruckt. In den spröden Formen, in der Innerlichkeit seiner Skulpturen, glaubte ich eine Abkehr von der Zweidimensionalität des Jugendstils zu sehen. Unter der Oberfläche bewegte sich im Inneren dieser Knabenfiguren etwas wie die Spannung, die in der Gotik den Raum beherrscht, ja, den dreidimensionalen Raum erst schafft..."
[Oskar Kokoschka, Mein Leben, München 1971, pp. 56]

11 „... Wir sind dazu verpflichtet, einem großen Talent die Möglichkeit der Aussprache zu geben, Oskar Kokoschka ist das große Talent der jungen Generation. Und selbst wenn wir Gefahr liefen, daß unsere Kunstschau demoliert würde, nun, dann geht man eben zugrunde. Aber man hat seine Pflicht getan."
[Nach: Ch. M. Nebehay, Klimt-Dokumentation, p. 397]

12 Das oft zitierte Datum der ersten Begegnung stammt aus

dem Kapitel „Klimt und Schiele" aus Roesslers Erinnerungen, Wien 1945, p. 47 ff. Er läßt Schiele erzählen, daß er Klimt 1907 zum ersten Male im Atelier Josefstädterstraße 21 aufgesucht habe. Damals sei Klimt stämmig, herb und braungebrannt gewesen. Als er ihn 1918 in der Totenkammer des Wiener Allgemeinen Krankenhauses dreimal zeichnete, habe er ihn — der glatt rasiert war — kaum wiedererkannt. Roessler läßt Schiele sehr anschaulich über das Hietzinger Atelier Klimts erzählen. Der nachstehend geschilderte Besuch Klimts in Schieles Atelier kann erst nach dem Oktober 1910 stattgefunden haben, als Schiele in Wien XII., Grünberggasse 31, wohnte:

„Als Zeichner der Erbe Klimts, hat Schiele seinem Meister nie die Dankesschuld verleugnet, sich aber bald von dem Einfluß seines Meisters befreit, ja man darf es wohl sagen, sich über seinen Meister erhoben, ihm — was man durch die letzten Bildwerke Klimts bestätigt findet — mit Zinsen rückerstattet, was er einstens von ihm entliehen, und sich in rastlosem Bemühen eine durchaus eigene zeichnerische, formale und farbige Ausdrucksart geschaffen. Schon seit Jahren war Schiele nicht mehr in der künstlerischen Schuld Klimts, aber er liebte den ihm vorangegangenen Künstler, und zwar den Menschen mehr noch als den Meister; und Klimt vergalt ihm die Liebe mit väterlicher Zuneigung, denn es blieb von ihm nicht unbemerkt, daß es bis in die leibliche Erscheinungsform reichende Ähnlichkeiten zwischen ihnen beiden gab, wodurch der ältere Hagestolz, in dem so viel Liebe zu jeglicher Kreatur lebendig war, von sanfter Rührung bewegt wurde.

Die Wertschätzung, die Klimt für Schiele hegte, und zwar schon zu einer Zeit, als der junge Maler noch schwer um Anerkennung ringen mußte, charakterisieren folgende Vorkommnisse: Von der Meierei ‚Tivoli' kommend, wohin Klimt zwanzig Jahre lang täglich zum Frühstück ging, besuchte er einmal Schiele in seinem damaligen Atelier an der Grünbergstraße bei Schönbrunn. Eine lange Weile stand der weltberühmte Künstler vor den großen bemalten Leinwanden seines jungen Kollegen, angespanntestem Anschauen hingegeben, ohne zu sprechen; dem bang des Urteils harrenden jungen Maler schien es eine Ewigkeit. Endlich wandte sich der Meister dem Jüngling zu, drückte dem freudig Erregten die Hand und sagte: ‚Um den Ausdruck in den von Ihnen gemalten Gesichtern, da auf den Bildern, beneide ich Sie!' — Schiele bekam einen rotglühenden Kopf und feuchtglänzende Augen, schluckte, lächelte und schwieg verlegen.

Jahre später, als Schiele in seiner unveränderten Verehrung und noch gesteigerten Liebe den heftigen Wunsch nach dem Besitz einer oder — wenn es möglich wäre — gar mehrerer Zeichnungen von Klimt empfand, brachte er diesem bittend den Vorschlag eines Blättertausches vor, wobei er naiv meinte, daß er gerne einige seiner Zeichnungen für eine von Klimt geben würde. Klimt erwiderte: ‚Wozu wollen Sie denn mit mir Blätter tauschen? Sie zeichnen ja eh besser als ich...', er willigte aber gern in den Tausch und kaufte außerdem noch einige Zeichnungen von Schiele, worüber der ebenso erfreut wie auf den Tausch stolz war..."
[Arthur Roessler, Erinnerungen an Egon Schiele, Wien 1948, pp. 47 ff.; siehe auch unsere Anmerkung zum Brief Schieles an Roessler, 4. I. 1911, Nr. 170. Roessler verwertete einmal Geschriebenes des öfteren]

Die Zeichnungen, die Klimt von Schiele erworben hat, sind im Katalog von G. Nebehay, „Die Zeichnung", Heft 1, April 1919, aufgenommen, ohne daß festgehalten worden wäre, um welche Blätter es sich handelte.

13 „Porträt des Schauspielers Reinhold (Der Trancespieler)", 1908, Musées Royaux des Beaux Arts, Brüssel [Wingler 5]

14 Nicht bei Wingler

15 Siehe C. M. Nebehay, op. cit. p. 419

16 Cuno Amiet (1868—1961), Schweizer Maler und Graphiker

17 Ernst Barlach (1870—1938), deutscher Bildhauer, Graphiker, Dichter

18 Pierre Bonnard (1867—1947), französischer Maler, Graphiker, gehörte dem Kreis der „Nabis" an

19 Maurice Denis (1870—1943), französischer Maler, Lithograph, Kunstgewerbler

20 Ernesto de Fiori (1884—1945), deutsch-italienischer Bildhauer, Maler und Zeichner, von Schiele besonders geschätzt

21 Paul Gauguin (1848—1903), französischer Maler, Bildhauer, Graphiker

22 Henri Matisse (1869—1954), französischer Maler, Bildhauer, Graphiker

23 Jan Toorop (1858—1928), holländischer Maler und Graphiker, von Einfluß auf → Gustav Klimt

24 Felix Vallotton (1865—1925), Schweizer Maler und Graphiker (Holzschneider)

25 Maurice de Vlaminck (1876—1958), französischer Maler, Graphiker, Illustrator, Schriftsteller

26 Edouard Vuillard (1868—1940), französischer Maler, Lithograph, Gründer der Gruppe der „Nabis"

27 So die auf der Kokoschka-Ausstellung in Wien, Oberes Belvedere, 1971 gezeigten frühen Zeichnungen. Es wäre hoch an der Zeit, durch eine Ausstellung von Zeichnungen beider Künstler aus diesen Jahren, die Frage, ob Schiele nämlich direkt von → Minne oder über Kokoschka beeinflußt wurde, zu klären.

28 Siehe A. C. Kapitel V, Anmerkung 27. „Ja, den hab ich immer mit mir herumschleppen müssen, seit er auf der zweiten Kunstschau Zeichnungen neben meinen Zeichnungen ausgestellt hat" (zitiert nach Goldscheider, Oskar Kokoschka, p. 9). Ferner ein Verweis auf andere Äußerungen über Schiele in der Zeitschrift „Der Spiegel", 24. X. 1966, p. 172; ferner L., p. 673.

29 Ferdinand Georg Waldmüller (15. I. 1793 — Wien — 23. VIII. 1865), bedeutender österreichischer Porträt-, Genre- und Landschaftsmaler

30 Der Thronfolger Erzherzog Franz Ferdinand verbot angeblich nach einem Besuch der Ausstellung der „Neukunstgruppe" dem Sekretär, der Presse Mitteilung von seiner Anwesenheit zu machen: „Niemand darf erfahren, daß ich mir diese Schweinerei angesehen habe." [Johannes Fischer, Handschriftliche Erinnerungen an Schiele, E. S. A. 340, p. 7]

31 Arthur Löwenstein, Komponist, keine Daten feststellbar

32 A. C., p. 13

33 Siehe Anmerkung 6

34 Alle heute unbekannt

35 Karl Schönherr (1867—1943), österreichischer Arzt, Schriftsteller, schrieb mundartliche Lyrik, Erzählungen und naturalistische Dramen, z. B. „Erde", 1907, „Der Weibsteufel", 1915

36 Von allen Künstlern lassen sich keine Daten feststellen. Minka Podhajska und Fanny Zakucka lieferten Holzschnitte für den letzten Band von „Ver Sacrum" [siehe C. M. Nebehay, Ver Sacrum, Wien 1975, pp. 276, 284]

37 Die Führungen für Arbeiter durch eine Kunstausstellung, die Roessler vorschlägt, waren keineswegs neu. Schon am 25. IV. 1898 berichtete → Hermann Bahr (1863—1934), Schriftsteller, Kritiker, Theaterdichter, seinem Vater, er werde Arbeitergruppen durch die ersten Ausstellungen der „Secession" führen. Beider Bemühungen sind wohl mangels Interesse gescheitert.
[Siehe Ch. M. Nebehay, op. cit. p. 25]

38 Die Besprechungen in der „Arbeiter-Zeitung", 7. XII. 1909

1909

Aus dem bisher ungemein produktiven Schiele wurde 1909 ein bedächtig Schaffender. Landschaften entstanden in diesem Jahr keine, bloß 6 Porträts, alle großformatig. Außer Familienangehörigen saßen ihm zwei seiner Malerfreunde Modell. Er hat nunmehr bereits zu seinem eigenen Stil gefunden, wenngleich Anklänge an → Klimt und die Kunst der Secessionszeit immer noch spürbar sind.

PORTRÄTS:

„Bildnis des Malers Anton Peschka", [K. 86; L. 131; Privatbesitz, Wien]

„Bildnis des Malers Hans Massmann" [K. 87; L. 132; Privatbesitz, Schweiz]

„Bildnis Gertrude Schiele" [K. 88; L. 133; Georg-Wächter-Gedächtnis-Stiftung, Genf]

„Selbstbildnis mit gespreizten Fingern" [K. 91; L. 134; Viktor Fogarassy, Graz]

„Aktselbstbildnis mit ornamentierter Drapierung" [K. 90; L. 135; Kunsthandel, London]

„Bildnis Gertrude Schiele" [K. 89; L. 136; Viktor Fogarassy, Graz]

SONSTIGES:

„Danae" [K. 92; L. 130; Privatbesitz, Hamburg]

„Mutter und Kind" [K. 93; L. 137; Privatbesitz, Wien]

„Pflaumenbaum mit Fuchsien" [K. 98; L. 138; Hessisches Landesmuseum, Darmstadt]

„Sonnenblume" [K. 97; L. 139; Historisches Museum der Stadt Wien]

„Chrysanthemen" [K. 96; L. 142; Privatbesitz, Wien]

„Blumenfeld" [K. 122; L. 150; Privatbesitz, Wien]

In der Literatur nachweisbar:
„Die drei Mütter" [fehlt bei K.; L. XVI]

AUSSTELLUNGEN:

„Internationale Kunstschau", Sommer 1909, die letzte große Manifestation der Klimt-Gruppe in Wien. Schiele stellt neben → Oskar Kokoschka in einem „Wilden Kabinett" [so von L. Hevesi benannt] aus.

Wichtiger in diesem Jahr die
„Ausstellung der Neukunstgruppe" im Dezember 1909 bei → G. Pisko, nahe dem Schwarzenbergplatz, Wien, da Schiele dort mit → Arthur Roessler bekannt wird, der ihn an Sammler wie → Carl Reininghaus etc. empfiehlt.

WOHNADRESSEN:

Wien II., Kurzbauergasse 6

Wien IX., Alserbachstraße 39 [siehe den Brief an Dr. W. Pauker, 31. X. 1909]

AUFENTHALTE:

keine Reisen feststellbar

50 Porträt des Komponisten Löwenstein, 1909. Schwarze Kreide und Buntstifte.

51 „Liebespaar", schwarze und farbige Kreide, 1909. Noch ist der Einfluß Gustav Klimts stark zu spüren. Sein Hauptwerk „Der Kuß" war 1909 auf der 2. „Kunstschau" ausgestellt, so daß Schiele es dort studieren konnte.

52 „Bildnis Gertrude Schiele", Öl, Silber- und Goldbronzefarben, 1909 [L. 136]. Auf der „Kunstschau" 1909 ausgestellt.

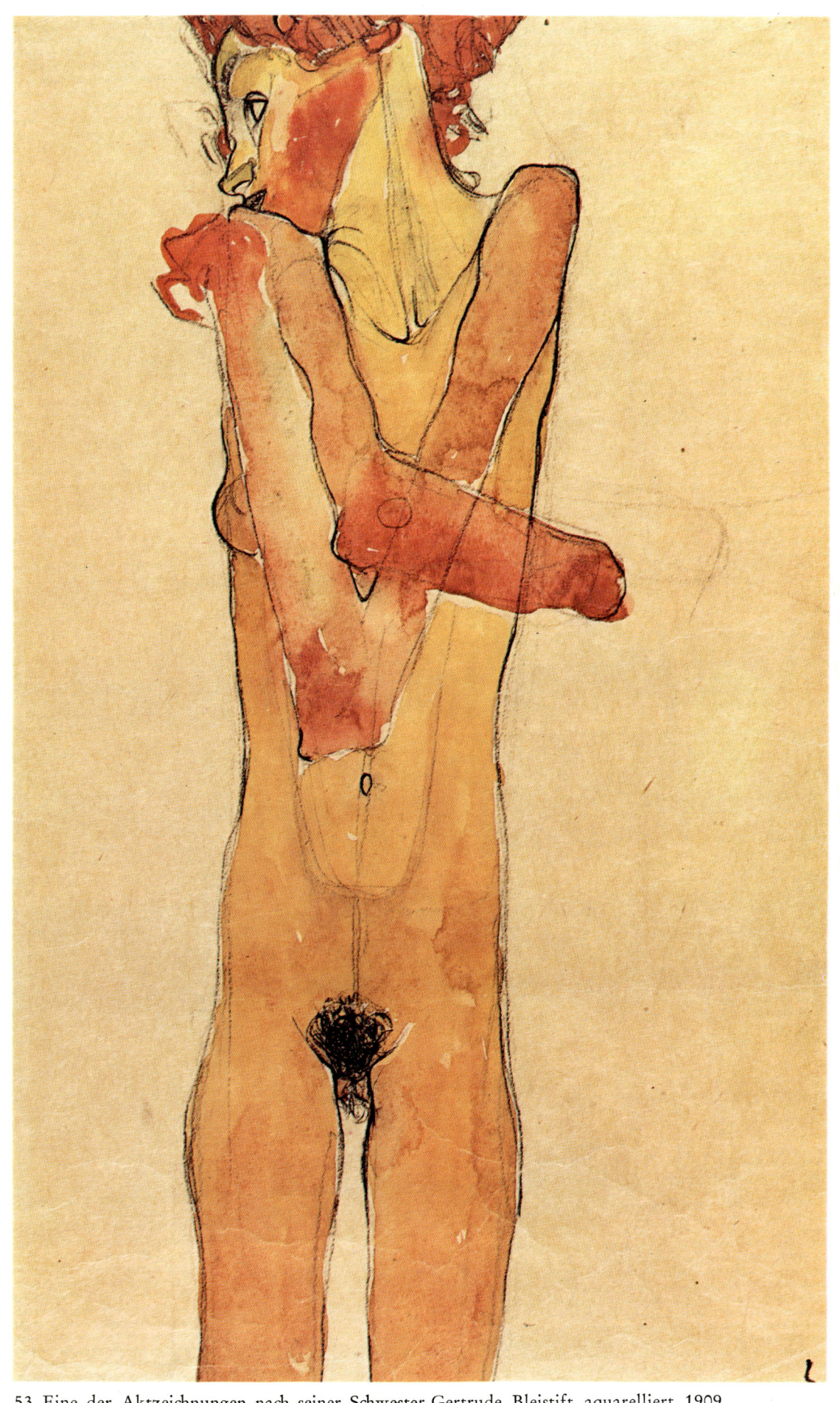

53 Eine der Aktzeichnungen nach seiner Schwester Gertrude, Bleistift, aquarelliert, 1909.

54 „Pflaumenbaum mit Fuchsien" (auch „Herbstbaum"), Öl auf Leinwand, unsigniert, undatiert. Um 1909/10 [L. 138].

55 „Mutter und Kind", I, Öl, 1909/11. Man vergleiche die Stellung der Hände mit unserer Abbildung 46 [L. 137].

DOKUMENTE UND KORRESPONDENZ 1909

5. III. 1909

An → Leopold Czihaczek, Wien II. Cirkusgasse 47, L. a. s., 6 pp. 8°. Mit eigenhändigem Kuvert, Absenderadresse: II. Kurzbauergasse 6

„5. III. 09.
Lieber Onkel! Darf ich Dir folgendes über meine Lebensanschauungen mitteilen. Die Passivität oder zu weit getriebene Geduld führt zu Lächerlichkeiten wie die Ungeduld; die Schafsgeduld, wozu vor allen Dingen Ruhe im Blut gehört. Trübsal bringt Geduld, Geduld Erfahrung, Erfahrung Hoffnung und Hoffnung läßt nicht zu Schanden kommen. Begeisterung für Gerechtigkeit und vernünftige Freiheit macht den edlen Mensch[en] zum Despoten und leidenschaftliche Ungeduld trägt die Schuld, daß sein Talent und guter Wille spurlos vorübergeht. Dulden, um zu dulden, ist ein finsterer Wahnsinn; die gemeine Geduld ist meist Gefühllosigkeit, Trägheit und Feigheit; nur diejenige Geduld, die dem Druck der Umstände klug entgegenwirkt und die Zeit abwartet, wenn Mut und Stärke nicht jetzt zum Ziele führen, ist allein Tugend, die sich selbst belohnt. Durch Ausharren ebnet man Berge, setzt dem Meer Grenzen und macht aus Steinen Mauern und Städte, aber wer sich selbst besiegt, ist tapferer als der, welcher die stärksten Mauern überwältigt.
Indignation oder Ärger über Beleidigungen, die man in sich schlucken muß, ist bei einem heftigen Temperament, zarten Nerven und Tiefgefühl und Denken ein schweres Leiden, das ihm den Schlaf nimmt, abmagern macht, allen Appetit benimmt und zuletzt in Melancholie stürtzt[!]. Furcht spannt die Kräfte des Leibes und des Geistes ab.
Das Selbstvertrauen ist die Grundlage des Mutes, Gefahr hat einen eigenen Reiz für Selbstvertrauen; Menschen von Phantasie werden leicht Abenteurer. Das Verlangen seine Kraft zu versuchen, Schwierigkeiten zu überwinden, macht Mut, wie Mutwillen der Jugend. Mut ist die Fassung des Gemüts, mit Überlegung der Gefahr entgegen zu gehen. Mut ist die erste Idee der Tugend die dem Sohne der Natur einleuchtet.
Unabhängigkeit ist ein großes Glück, doppelt schätzenswert für Leute von Geist, der gerne selbstständig[!] ist; nicht alle haben die nötigen Eigenschaften, sie recht zu genießen. Mutter Natur wacht über die Gattung der Menschheit, wie im Tierreiche.
Das Leben sei ein Kampf gegen die Anstürme der Feinde, durch Fluten von Qualen. Jeder einzelne muß sich selbst durchkämpfen und das auskosten zu dem ihn die Natur geboren. Das unwissende Kind wird gerüstet um über eine weitgespannte Brücke zu gehen, die den größten Stürmen ausgesetzt ist. Kein Geländer schließt den schmalen, weiten Steg ab. Und drüben ist die Insel des irdischen Lebens durchzogen von Leid und Freud. Und nach Jahren ziehen die geprüften Scharen womöglich wieder zurück wo sie begonnen haben, voll und übersatt von Lebensweisheit.
Aber nichts ist schändlicher als abhängig zu sein, nichts ist verderblicher und schädlicher für das starke Gemüt.
So denke ich nicht ich fühle eher so, aber nicht ich habe das geschrieben, nicht ich habe die Schuld. Ein Drang ist hier ein fortwährender immer größer werdender der mich unterstützt zu dem was ich ausgedrückt habe.

Alle Schuld hat die Natur. Dein dankschuldiger Neffe Egon."
G. P. 1   [84]

17. IV. 1909

„Neukunstgruppe". — Handgeschriebenes Dokument. Einleitender Text von unbekannter Hand [vielleicht von → G. Pisko?] geschrieben. 1 p. gr. 8°
„Unterschriebene Maler u.[nd] Bildhauer verpflichten sich die im Dezember 1909 im Salon der[!] Herrn G. Pisko vorgesehenen Ausstellung ausreichend zu beschicken (mit mindestens 6 Bilder); bei der Strafe der Deckung, eines, Herrn Pisko eventuell erwachsenden Schadens im Falle dieselbe nicht zustande kommen kann.
Wien 17. IV. 09

| Schiele Egon | → Erwin Osen[1], | → Anton Peschka |
| → Arthur Löwenstein, Komponist, verpflichtet sich hiemit bei obiggenannter Ausstellung einige seiner Werke vorzutragen | Maler für Theaterkunst
→ Tony Faistauer
Conselari Fritz
→ Franz Wiegele
Adamschik Sepp
→ Hans Ehrlich | Hans Schachinger[2]
Lazar Drljac
R. Willersdorfer
H. Freudlsperger
→ Hans Massmann
→ Karl Zakovsek
Rud[olf] Schmarich[3] |

E. S. A. 441   [85]

[1] Osen war demnach, entgegen den Angaben bei → A. Roessler, schon seit 1909 mit Schiele bekannt.
[2] Hans Schachinger (1888—1952), Bildnis- und Genremaler. Trat am 12. XI. 1909 aus der Gruppe aus.
[3] Hier, wie bei allen folgenden Nummern, sind Verweise lediglich auf Personen gemacht, über die Daten feststellbar waren.

3. VII. 1909

Akademie der bildenden Künste, Wien. — Zeugnis für Egon Schiele, Studienjahr 1908/9, als Besucher der allgemeinen Malerschule.
Malen der menschlichen Gestalt: „genügend" — Kompositionsübungen: „genügend" — Fleiß: „genügend" — Fortschritt: „genügend". Sein Betragen war den akademischen Gesetzen „vollkommen" entsprechend. Unterschrieben von → Sigmund l'Allemand, Rektor, und → Chr.[istian] Griepenkerl, Leiter der allgemeinen Malschule.
E. S. A. 444   [86]

6. VII. 1909

An eine Unbekannte, L. a. s., 2 pp. 8°
„6. VII. 09
Liebes Fräulein! Wie geht es Ihnen? Sind Sie alle wohl und unterhalten Sie sich gut? Genießen Sie die göttliche Natur und lassen Sie die Kühle des Abends auf sich einwirken. Suchen Sie sich mit dem Interessanten von Gosau und Umgebung zu beschäftigen. Denken Sie über die mannigfaltigen Formen der Naturprobleme nach über ihren Ursprung und

[85]

[87]

Zweck. Freuen Sie sich über die Fülle der Farben am Morgen wie am Abend und träumen Sie über das große Sterne[n]meer zur Nacht. Verfolgen Sie die reichen Formen der Wolken durch Linien und empfinden Sie ein Gewitter. Und wenn Sie an einem Bach vorüberkommen an dessen Ufern blühende Wiesen und dunkle Wälder grenzen, dort lassen Sie sich erzählen vom Bach der rauscht und immer rauscht. Und frühzeitig hören Sie die Vögel an, die sich des Lebens freuen, wie Sie sich freuen sollen und werden. Es grüßt Sie bestens Egon Schiele
Handkuß an gnädige Frau und die besten Empfehlungen an Ihre Lieben[1]."

Privatbesitz, Schweiz [87]

1 Der an eine unbekannte Adressatin gerichtete Brief ist wichtig in Hinblick auf die poetische Form, für die er bisher der erste Nachweis ist. Auch ist es der einzige erhaltene Liebesbrief Schieles.

12. VII.[?] 1909 [schwer lesbarer Poststempel]
→ Erwin Osen an Egon Schiele „Präsident der Neu Kunst Gruppe Viena[!] II. Kurzbauergasse 6" C. a. s. mit eigenhändiger Zeichnung: antikes Relief bezeichnet: „Athenes, Reliefs du Theatre Bacchus 400 J.[ahre] vor Christus".
„Lieber H.[err] Schiele! Erlaube mir eine für Sie äußerst schmerzvolle Nachricht zu senden. Werde nämmlich[!] auf einige Wochen nach Wien kommen um meine Ausstellung zu arrangieren fahre aber dann gleich wieder weg. Hier in Athen ist eine Revolution von seitens des Militärs und des Pöbels, es geht höllisch lustig zu. Mir geht es sehr gut hier, bin schon sehr bekannt und wegen meines Humors beliebt spreche auch schon sehr viel griechisch. Ich bitte Sie so lieb zu sein und mir zu erlauben daß ich meinen Koffer zu Ihnen stellen darf. Umschiffe den ganzen Pelopones[!] werde Ihnen Karten senden Montag steche ich in See.
Mit vielen[!] Dank im voraus u. herzlichsten Grüssen an Alle Ihr dankbarer Quälgeist Osen
Handküsse an F.[rau] Mama, Schwesterln Ableidinger, Reich, Idschy"

E. S. A. 69 [88]

DOKUMENTE UND KORRESPONDENZ 1909

18. VII. 1909 [Poststempel schlecht lesbar]

→ Erwin Osen an „Mister Egon Schiele, Präsident der Neukunst Gruppe, Viena[!] II. Kurzbauergasse N. 6, Autriche", Grußkarte aus Corfu [Achilleon, Achille mourant]

E. S. A. 68 [89]

31. X. 1909 [Poststempel schlecht lesbar]

Neukunstgruppe. — Einladung für → Dr. Wolfgang Pauker, auf Briefpapier mit einem liegenden „p" als Briefkopf[1]. Möglicherweise von Schiele geschrieben[2]. 1 p. klein folio. Mit Kuvert: „Sekretariat der Neukunstgruppe, IX., Alserbachstraße 39".

„Hochwohlgeboren Herrn Dr. Wolfgang Pauker. Im Auftrag des Präsidenten Herrn Egon Schiele werden Euer Hochwohlgeboren gebeten der „Neukunstgruppe" das sind die jüngsten Wiener bildenden Künstler, als Unterstützendes Mitglied beizutreten, wo Sie laut Statuten einen jährlichen Beitrag von 20 K[ronen] zu leisten haben, der an das provisorische Sekretariat der Gruppe IX. Alserbachstr.[aße] 39[3] geschickt werden soll. Da die Gruppe alljährlich eine Verlosung ansetzt, können Unterstützende[!] Mitglieder leicht Kunstwerke erwerben. Die 1. Ausstellung wird am 1. Dezember in 7 Räumen des Kunstsalon → Pisko eröffnet und die Kollektion ab Februar ins Ausland gesendet werden[4]. Hochachtungsvoll für die Neukunstgruppe der Sekretär

[unleserliche Unterschrift]."

Archiv des Stiftes Klosterneuburg [90]

[1] Möglicherweise Briefpapier von → G. Pisko.
[2] Der „Sekretär" ist wohl kein anderer als Schiele selbst, der durch verstellte Schrift nicht auf sich aufmerksam machen will, eingedenk seiner Rolle als Präsident.
[3] Wohnadresse Schieles.
[4] Von einer Weiterwanderung der Ausstellung ins Ausland ist nichts bekannt.

12. XI. 1909

Hans Schachinger an Schiele, L. a. s. 3 pp. klein 8°

„Wien, 12. Nov. 1909

Herrn Egon Schiele! Nachdem bei der neuen „Neukunstgruppe" das Bestreben sich zeigt, bei den Ausstellungen weniger der Persönlichkeit des Künstlers Recht zu verschaffen als vielmehr derselben den Stempel zweier neueren Künstler aufzuprägen bemüht ist; ich mich aber solchen Vorgehen nie anschließen werde können, so erklärt sich daraus von selbst das Ausscheiden meiner Person aus dem Verbande. Dies den Mitgliedern der Neukunstgruppe zur Kenntnißnahme[!]. Mit Grüßen Hans Schachinger[1]"

E. S. A. 906 [91]

[1] Hans Schachinger, Bildnis- und Genremaler (1888—1952).

EUER HOCHWOHLGEBOREN WERDEN ZUR ERÖFFNUNG UNSERER I. AUSTELLUNG AM 1. DEZEMBER D. J. UM 11 UHR VORMITTAG HÖFLICHST EINGELADEN DIE NEUKUNSTGRUPPE WIEN, SALON PISKO SCHWARZENBERGPLATZ

[92]

23. XI. 1909

Egon Schiele. — Eigenhändiger Namenszug auf einer gedruckten Einladung des Salons → Pisko. 1 p. Kl. 8. An → Dr. Wolfgang Pauker, Stift Klosterneuburg

„Euer Hochwohlgeboren werden zur Eröffnung unserer 1. Ausstellung am 1. Dezember d. J. [des Jahres] um 11 Uhr vormittag höflichst eingeladen [Signatur: „Schiele Egon"]. Die Neukunstgruppe Wien, Salon Pisko Schwarzenbergplatz."

Archiv des Stiftes Klosterneuburg [92]

[? XII. 1909]

Eigenhändige erste Niederschrift seines programmatischen Aufsatzes „Neukünstler", in Bleistift, 3 pp. groß 8°

„Wir sind. Und sind nicht alle (der jetzigen Aussteller bei → Pisko) in diese Zeit berufen? Wir alle, sind vor Allem Zeitenmenschen d. h. [das heißt] solche die den Weg zumindest in unsere gegenwärtige Zeit gefunden haben. Viele von uns sind Künstler, ich meine unter Künstler nicht den Mensch mit Titel oder Eigenschaft sondern den Berufenen. Kunst bleibt immer gleich dasselbe: Kunst. Deshalb gibt es keine Neukunst. Es gibt Neukünstler. Schon die Studie des Neukünstlers ist immer ein Kunstwerk, diese ist ein Stück von ihm selbst, das lebt.

Es gibt stärkere und schwächere Künstlerindividualitäten Berufene.

Wenig Neukünstler gibt es aber, ganz wenig. Der Neukünstler ist und muß unbedingt selbst sein er muß Schöpfer sein er muß unvermittelt ohne all das Vergangene und Hergebrachte zu benützen ganz allein den Grund bauen können. Dann ist er Neukünstler. Sei jeder Einzelne von uns — selbst. Dann könnte eventuell der Name unser[!], Neukünstlergruppe heißen.

Derjenige der so in Betracht kommen mag muß das volle

Bewußtsein haben, selbst allein existieren zu können und der Zukunft wenigstens ein Gewisses zu vertrauen zu können.

Es gibt gewiß noch manche Neukünstler, die auf sich selbst bauen und allein schaffen können.

Rezept ist ihr Gegensatz.

Alle Neukünstler aber schaffen eigentlich wieder nur ganz allein für sich selbst und bilden alles was sie wollen. Sie bilden, sie porträtieren alles. Die Mitmenschen fühlen ihre Erlebnisse nach, heute in Ausstellungen. Die Ausstellung ist heute unentbehrlich.

Eine Epoche zeigt der Künstler ein Stück seines Lebens. Und immer durch ein großes Erlebnis im Sein der Künstlerindividualität beginnt eine neue Epoche die kurz oder länger dauert je nach den [!] zurückgebliebenen Eindruck der mehr oder mehr[!] Gewicht hat. Und nach dem der Künstler sein Erlebnis voll und vollkommen gebildet hat, dann ist vielleicht eine Ausstellung nötig."

E. S. A. 1030. R., B. & P., pp. 17/8. Der Aufsatz erschien, leicht verändert, in „Die Aktion", Berlin, 1914, Nr. 20

[93]

56 Titelblatt der Zeitschrift „Der Ruf", unter Verwendung eines Selbstbildnisses aus dem Jahre 1910.

VI. Czihaczek legt die Mitvormundschaft zurück; der unheimliche Erwin Osen

1910

Am 12. Mai 1910 war Egon Schiele in Begleitung des Malers → *Erwin Osen*, auf den wir weiter unten zurückkommen werden, nach Krumau in Südböhmen, der Heimatstadt seiner Mutter, gefahren. Kurz vorher schrieb er seinem Freund und späteren Schwager → Anton Peschka:

„Peschka! Ich möchte fort von Wien, ganz bald. Wie häßlich ist's hier. —
Alle Leute sind neidisch zu mir und hinterlistig; ehemalige Kollegen schauen mit falschen Augen auf mich. In Wien ist Schatten, die Stadt ist schwarz, alles heißt Rezept. Ich will allein sein. Nach dem Böhmerwald möcht' ich. Mai, Juni, Juli, August, September, Oktober; neues muß ich sehen und will es forschen, will dunkle Wasser kosten, krachende Bäume, wilde Lüfte sehen, will modrige Gartenzäune staunend ansehen, wie all sie leben, junge Birkenhaine und zitternde Blätter hören, will Licht, Sonne sehen und nasse grünblaue Abendtäler genießen, Goldfische glänzen spüren, weiße Wolken bauen sehen, Blumen möcht' ich sprechen. Gräser, rosa Menschen innig anschaun, alte würdige Kirchen, kleine Dome sagen wissen, will fortlaufen ohne Halt auf runde Felderberge durch weite Ebenen, will küssen die Erde und riechen weiche warme Moosblumen; dann werd' ich formen so schön: farbige Felder..."

[zitiert nach: Arthur Roessler, Egon Schiele, Briefe und Prosa. p. 97]

In Krumau erreichte ihn ein wütender Brief → Leopold Czihaczeks, der ihm den Empfang eines nicht auf uns gekommenen „frechen orthographisch und stilistisch miserablen Schreibens" und — man bedenke — „ohne Anrede und Datum" bestätigte und ankündigte, daß er ihn deshalb zur Rechenschaft ziehen würde.

Was war geschehen? Die Sache entbehrt nicht einer gewissen Komik. Schiele, das wußte der Onkel genau, hatte einen größeren Betrag von seinem Sparbuch abgehoben und war, in einer Begleitung, die dem Onkel sichtlich nicht paßte, weggefahren. Kaum in Krumau angekommen, schickte er ihm ein Telegramm, er sei „in Nöten" und brauche 40 Kronen [siehe Nr. 96]. Da er sich noch dazu in der Hausnummer geirrt und die verspätete Zustellung des Telegramms zur Nachtstunde auch das ganze Haus alarmiert hatte, war der Onkel so böse, daß er am 6. Juni an → Marie Schiele schrieb, er würde die Mitvormundschaft für Egon und → Gertrude, beide waren ja noch minderjährig, niederlegen [siehe Nr. 105]. Formell allerdings sollte es noch ein paar Monate dauern, bis er seine Verantwortung los war.

Der Onkel war so verletzt, daß er auch später zu keiner Versöhnung bereit war. Schiele hat es schriftlich ein paarmal versucht. Der Onkel kritzelte bloß auf die Briefe ganz kurz das Datum, an dem sie ihm in die Hand geraten waren, Pedant war er ja nun einmal. Auf einem Kuvert findet sich von seiner Hand das Wort „Galimathias", was soviel wie „unsinniges Geschwätz" bedeutet. Damit tat er seinem Neffen unrecht. Dem ging es zur Zeit der Absendung des Briefes besser; seine Annäherung hatte menschliche und nicht finanzielle Gründe. Auch ein rührender Versuch des besorgten → Heinrich Benesch, den Alten umzustimmen, scheiterte kläglich[1]. Czihaczek blieb unversöhnlich. Was mochte er in jenen fünf Jahren mit seinem Mündel nicht alles mitgemacht haben? Sicherlich war es immer wieder Egon Schieles leichtsinniger Umgang mit dem Geld. Er konnte es nicht halten und warf es, eines angenehmen Augenblickes wegen — etwa für ein gutes Essen —, ebenso rasch beim Fenster hinaus, wie er es erhalten hatte[2]. Im übrigen wird es der Konflikt der Generationen gewesen sein und die Unmöglichkeit, ein Künstlerdasein in ein beengendes bürgerliches Korsett einspannen zu können.

Egon Schiele war also seit Juni 1910 völlig auf sich allein gestellt und konnte von seiten seines Onkels mit keinem Heller mehr rechnen. Es wäre ihm gewiß ein leichtes gewesen, den alten Mann etwas schonender zu behandeln und sich seine Zuneigung nicht ganz zu verscherzen. Daß er es dennoch riskierte, beweist, daß beider Welten einander zu fremd geworden waren. Wenn er es, bewußt oder unbewußt, auf diesen Bruch ankommen ließ, so deshalb, weil er sich jetzt als fertiger Künstler fühlte und die völlige Unabhängigkeit brauchte, um arbeiten zu können. Er sollte in den kommenden Jahren oft und oft in Geldschwierigkeiten geraten und wäre ohne die tatkräftige Hilfe von Sammlerfreunden wohl gescheitert, hat es aber schlußendlich doch verstanden, allen Widrigkeiten zum Trotz, seinen Weg zu gehen.

Die Aufenthalte in Krumau, in diesem und im nächsten Jahr, stehen unter einem seltsamen Vorzeichen. Schiele hat dort — wann, wissen wir nicht genau — einen Gymnasiasten kennengelernt, der ihm überschwenglich-sklavisch ergeben war und ihm in einer Art von Selbstaufopferung, die weit über seine finanziellen Kräfte ging, die Quartiersorgen abnahm (sonderbarerweise fand Schiele nämlich niemals bei den Verwandten seiner Mutter Aufnahme). Aus einem verzweifelten Liebesbrief, den er am 21. X. 1910 an Schiele schrieb [siehe Nr. 131] und den wir bloß als unüberlegte Emotion eines in der Pubertät stehenden Jünglings abtun wollen, kann man erkennen, wie weit — zumindest von seiner Seite aus — die Dinge gediehen waren: „... ich habe Dich so unendlich lieb — — — Wenn Du bei mir bleibst, dann werde ich stark, doch verläßt Du mich, wird es mein Tod ..."

Viel gewichtiger jedoch ist sicherlich die Beziehung Schieles zu Erwin Osen, den wir bereits 1909 als Mitbegründer der „Neukunstgruppe" kennengelernt haben. Er, der Mai—Juni mit ihm in

Krumau war, ist also nicht plötzlich aus dem Nichts aufgetaucht, wie es Arthur Roessler darstellt[3]. Dieser erzählt, daß Osen es verstanden hätte, Schiele total zu behexen, so daß dieser angefangen habe, von allem Möglichen zu träumen, was seiner eigentlichen Karriere fern lag. Er schildert Osen als reinen Schwindler, der den leichtgläubigen Schiele mit phantastischen Erzählungen aus dem Orient gefesselt habe. Außerdem sei Schiele von Osens Begleiterin, der Tänzerin → *Moa*, die er 1911 auch wiederholt gezeichnet hat, hingerissen gewesen.

„... eine gertenschlanke Tänzerin mit einem zu maskenhafter Ruhe erstarrenden beinweißen Gesicht unter blauschwarzem Scheitel, dem Antlitz einer ägyptischen Prinzessin ... Die gleichsam blicklosen, großen, jettdunklen, unter braunblau beschatteten, langbewimperten und überschweren Lidern schwermütig mattschimmernden Augen, die guttural gurrende, abgedämpfte Stimme und die wie mechanisch in den zarten Gelenken sich bewegende zierliche Gestalt des Mädchens, mit dem an Tahiti erinnernden Vahine-Namen, bezauberte den Künstler in Schiele völlig ..."

[Arthur Roessler, Erinnerungen an Egon Schiele, Wien 1922, p. 42—44]

Schiele war auch sonst vom Exotischen fasziniert. Er verstand es anscheinend, javanische Schattenspielfiguren vollendet zu führen. Arthur Roessler schenkte ihm eine aus seiner Sammlung[4]. Wir ergänzen an dieser Stelle, daß Schiele übrigens auch von einer anderen Tänzerin hingerissen war: → Ruth St. Denis war der Künstlername, unter dem sie 1907 im Etablissement Ronacher auf der Seilerstätte auftrat[5].

Roessler muß, unserer Meinung nach, nicht nur die Tänzerin Moa, sondern auch Osen gut gekannt haben, dem er in seinem Buch den leicht durchschaubaren Namen Mr. Neso gab, was ihn unerwarteterweise 1949 in Schwierigkeiten bringen sollte[6]. Letztlich habe sich — so Roessler — herausgestellt, daß alle Erzählungen Osens erfunden waren. Der angebliche Weltreisende sei in Wirklichkeit bloß einmal Bureaubeamter „auf einem Küstendampfer des ‚Österreichischen Lloyd' gewesen und lediglich bis Konstantinopel gekommen."

„... Hochgewachsen, schlank, hager wie ein Araber, mit dem blassen und bartlosen Gesicht eines ‚gefallenen Engels', in eleganter Kleidung und unaufdringlich, unprotzig, aber doch auffallend geschmückt mit einigen exotischen Fingerringen und ebensolcher Nadel in der hochbauschigen, buntschillernden Halsbinde, trat ihm der Abenteurer entgegen ... Überdies gesellte sich bei dem jungen Mann zu der augenscheinlich virtuosen mimischen Ausdrucksfähigkeit auch noch der nicht minder gewandte Wortausdruck der leicht spielenden Phantasie des geborenen Improvisators im Erfinden seltsamer Reiseerlebnisse."

[Arthur Roessler, Erinnerungen an Egon Schiele, Wien 1948, p. 37]

Es sind zwei Dinge, die uns auf diese merkwürdige Persönlichkeit näher eingehen ließen. Zunächst scheint festzustehen, daß Osen außerordentlich belesen war und besonders die moderne französische Literatur gut kannte. Es könnte sein, daß Schiele durch das Zitieren aus jenem Schrifttum nachhaltig beeinflußt wurde und daß ihm dadurch plötzlich eine bis dahin verborgene Welt aufging. Er könnte über Osen vor allem Arthur Rimbaud[7] entdeckt haben. Es wird berichtet, daß er dessen Gedichte auswendig gelernt und rezitiert habe[8]. In der Tat besaß er ein Exemplar von Karl Ludwig Ammers Rimbaud-Übertragungen (1907 im Inselverlag, Leipzig, herausgekommen)[9]. Es fällt auf, daß ein von ihm (in einem seiner Gedichte) geprägtes Wort „Stubenhockerhäusler" ziemlich mit dem von K. L. Ammer gewählten Titel eines der Rimbaudschen Gedichte „Die Stubenhocker" übereinstimmt.

„... Jetzt seh ich die schwarze Stadt wieder, die immer gleich geblieben ist. In ihr gehen die Stubenhockerhäusler wie immer — die Armen —, so arme..."

[Schiele an Arthur Roessler, 17. X. 1910, siehe Nr. 124]

Es könnte sein, daß Osen, einem Magier gleich, bis dahin verborgene Kräfte in Schiele geweckt hat, so daß dieser zu einem Maler-Dichter wurde. Wir glauben, daß seine Gedichte um 1910—1912 entstanden sind. Aus späteren Jahren sind keine bekannt geworden. Der Verbleib der meisten Originalniederschriften Schieles ist unbekannt.

Denn — wir wiederholen dies — die Schulbildung Schieles war so mangelhaft, daß dort mit Sicherheit nichts in ihm geweckt wurde. Wir haben allerdings einen etwas obskuren Hinweis, daß sich seine deutschen Schulaufsätze durch großen Ideenreichtum ausgezeichnet hätten; sie seien allerdings durch ihre Fülle von Einfällen nicht zu lesen gewesen[10].

„... Ich glaube, daß jeder Künstler Dichter sein muß..."

schrieb Schiele am 23. IV. 1918. Mit seinen Gedichten hat sich — soweit wir dies festzustellen vermochten — mit Ausnahme eines unveröffentlichten Essays von → Johannes Käfer[11] über E. Schiele als Dichter niemand beschäftigt. Dort heißt es unter anderem: „Alles ist neu und ursprünglich, Ausdruck reinsten und urpersönlichsten Empfindens. Daß das Malerische in ihnen vorherrscht, darf nicht verwundern, aber nur, wer über jenes starke Farbenempfinden verfügt, wie es Schiele zu eigen war, wird jenen Zauber ganz zu empfinden wissen..."

Seit 1910 verwendet Schiele übrigens auch poetische Titel für seine Bilder: wie „Tote Stadt", „Gewitterberg", „Rote Erden", „Stadt am blauen Fluß" und andere. Es sei jedoch darauf hingewiesen, daß Osen 1945 eines seiner frühen, wahrscheinlich in Krumau 1912 entstandenen Bilder „Stadt am schwarzen Fluß" betitelte[12].

1910 entstand aber auch — und hier kommen wir vielleicht auf eine andere Spur — eine ganze Anzahl von Aktzeichnungen Egon Schieles nach Osen, der sich nun — man kann es durch Schieles Bezeichnung auf einem seiner Blätter erkennen — „Mime van Osen" nennt. Sie zeigen den hageren Körper dieses Mannes, der wie ein echter Haschischesser aussieht und es vermutlich auch war, in ekstatischer Haltung und mit stets verändertem, expressivem Ausdruck. Osen scheint als Mimiker in Varietés aufgetreten zu sein[13]. Interessant auch, daß er 1913 in der Landesirrenanstalt „Am Steinhof", Wien XIV., Studien über den pathologischen Ausdruck im Porträt trieb [siehe seinen Brief an Schiele vom 15. VIII. 1913]. Von jenen Zeichnungen nach Osen zu Schieles Selbstbildnissen als Akt in ähnlich ekstatischen Stellungen ist es nur noch ein kleiner Schritt.

Wir halten es für denkbar, daß die Ausstrahlung dieses merkwürdigen Mannes auf den leicht beeinflußbaren Schiele sehr tiefgreifend war. Wir möchten keinesfalls eine vorübergehende Homosexualität Schieles annehmen, wiewohl auch das Erlebnis mit jenem Gymnasiasten zu gleicher Zeit in diese Richtung weisen würde. War es dort — wir sagten dies bereits — Verwirrung der Jugend, so kann es hier ein fast hypnotisch drogenhaft wirkender Zauber gewesen sein, dem Schiele erlag. Es gibt außer Roessler noch einen anderen Zeugen für Schieles Beeinflussung durch Osen[14].

Wir haben die Hauptereignisse des Jahres 1910 vorweggenommen und müssen nun auf andere

Vorfälle in diesem Jahr hinweisen. Zunächst auf Schieles Verbindung zur → „*Wiener Werkstätte*". Gleich Kokoschka war auch er dort vorübergehend beschäftigt. Wir haben ja schon darauf hingewiesen, wie sehr es sich → Josef Hoffmann angelegen sein ließ, junge Talente in seine Dienste zu nehmen. 1910 erscheinen drei Schiele-Postkarten der „Wiener Werkstätte" (übrigens auch ein — leider erfolglos gebliebener — Versuch Hoffmanns, diese künstlerisch zu beleben) mit den Nummern 288, 289, 290. Zu anderen haben sich in der Albertina vier Vorzeichnungen erhalten, die nicht zur Ausführung gelangten. Schiele versuchte sich auch im Entwerfen von Herrenkleidung, was insofern fruchtlos bleiben mußte, als die „Wiener Werkstätte" zwar im Palais Esterházy auf der Kärntnerstraße 41 im ersten Stock einen großen Modesalon für Damen unterhielt, nicht aber einen solchen für Herren besaß. Schiele hat sich ja, wie bekannt, ein wenig extravagant, nach eigenen Entwürfen gekleidet.

Wohl über Vermittlung von Josef Hoffmann stellte Schiele auf der „I. Internationalen Jagdausstellung" in Wien [vom 7. Mai bis 16. Oktober 1910] im Kunstpavillon ein „Dekoratives Panneau" aus, das verlorengegangen ist [siehe die näheren Hinweise bei L., Nr. 143 a]. Es war dies ein sitzender weiblicher Akt mit abgespreiztem Arm. Angeblich soll sich Kaiser Franz Joseph I. beim Anblick dieses Aktes mit den Worten: „Das ist ja ganz entsetzlich" abgewandt haben[15].

Hoffmann versuchte Schiele auch einen wichtigen Auftrag zu verschaffen, und zwar einen Entwurf für ein Glasfenster im Palais Stoclet in Brüssel. Schiele schuf hiefür das Bild der „Poldi Lodzinsky", 1910; ein sitzendes Vorstadtmädchen mit merkwürdig langem Kopf, die knochigen Hände auf die Knie gelegt. Eine etwas befremdliche Darstellung, die überhaupt nicht zum Stil des von Josef Hoffmann 1905—1911 erbauten und völlig von ihm eingerichteten Palais gepaßt hätte. Es wurde wohl aus diesem Grund vielleicht generös bezahlt, nicht aber ausgeführt. Schiele hat sich übrigens auch mit Entwürfen für [nicht ausgeführte] Treibarbeiten für das Palais Stoclet beschäftigt [siehe Nr. 104].

Über eine interessante Möglichkeit, die sich für Schiele 1910 abzeichnete, haben wir einen genaueren Bericht von Arthur Roessler[16]. → *Otto Wagner*, der große Architekt und Lehrer, war für ihn gewonnen worden und machte ihm den Vorschlag, führende Persönlichkeiten zu porträtieren. Er selbst machte den Anfang und kam aus diesem Grunde mehrmals in Schieles Atelier, Wien IX., Alserbachstraße 39. Aber die Sitzungen ermüdeten ihn. Das Bild machte auch keine rechten Fortschritte. Möglich, daß Schiele dem großen Mann gegenüber befangen war. Eines Tages jedenfalls blieb Wagner aus, und Schiele zerschnitt das Bild und schenkte den Kopf Arthur Roessler. Sein Verbleib ist unbekannt.

Wir wollen aber festhalten, daß es Schiele nicht gelang, zum Porträtisten auch nur irgendeines Teils der Wiener Gesellschaft zu werden. Er findet seine Auftraggeber bis um das Jahr 1918 nur in dem kleinen Kreis derer, die ihn bewunderten und liebten. Vor allem gelang es ihm nicht — wie Klimt — zum Porträtisten von Damen der Wiener Gesellschaft zu werden. Wir kennen von ihm — außer dem Bildnis von Ida Roessler, 1912 — nur ein einziges wichtiges Porträt nach einer Dame, die nicht seiner Familie angehörte, und zwar ist es das „Bildnis Friederike Beer-Monti", 1914. Wir werden auf dieses Bild später noch zurückkommen.

Im Jahre 1910 entstand eine ganze Anzahl seiner besten Porträts. Bei einem wollen wir etwas länger verweilen, und zwar bei dem „Bildnis Eduard Kosmack". → *Eduard Kosmack* war vor dem

Ersten Weltkrieg Verleger, hatte jedoch in der Nachkriegszeit sein Geld verloren und war als Mitarbeiter in die Kunsthandlung von → Gustav Nebehay eingetreten. Er gehörte dem Kreis um Josef Hoffmann an und war dem Herausgeber ein väterlicher Freund. Das Bild ist ihm durchaus ähnlich, doch verlieh Schiele den Zügen dieses ätherisch-stillen Mannes etwas Dämonisches, was überhaupt nicht seiner Art entsprach. Kosmack war vielmehr ein ausgesprochen überfeinerter Rilke-Typ. Es ist sehr leicht möglich, daß Schiele Kosmacks Fähigkeit, hypnotisieren zu können, intuitiv erraten hat. Daher wohl der befremdende, stechende Blick des Dargestellten, der so gar nicht zu seiner sanften Art passen will. Die seherische Feinfühligkeit Schieles wäre also der → Kokoschkas vergleichbar, der die Familie des berühmten Schweizer Forschers Dr. August Forel 1908 durch sein Porträt derart erschreckte, daß diese die Annahme verweigerte. Zwei Jahre darauf erlitt Dr. Forel einen Schlaganfall. Die Stellung seiner Hand und sein Blick änderten sich so, wie Kokoschka es vorausgeahnt hatte[17].

ANMERKUNGEN

1 „...Im Frühjahr 1913 ging es Schiele sehr schlecht. Er nährte sich ungenügend und ungleichmäßig, was sich bald in seinem Aussehen zeigte... Ich suchte den damals schon pensionierten Onkel Czihaczek... auf. Ich wurde höflich, aber sehr kühl empfangen... Ich will mein Urteil über ihn in wenigen Worten zusammenfassen: kalt, verschlossen, selbstgefällig, pedantisch, hinterhältig, wenig intelligent. Ich brachte meine Sache vor... schilderte seine [Egons] augenblickliche Notlage und bat endlich um Hilfe. Der Onkel hörte mich ruhig, mit hartem, abweisendem Gesichte an und sagte endlich: ‚Das ist ausgeschlossen'... Ich erkannte die Lage als hoffnungslos und empfahl mich mit stummer Verbeugung, die ebenso erwidert wurde. Als ich Schiele hierüber berichtete, meinte er: ‚Was habe ich Ihnen gesagt!' Dann lächelte er mich freundlich an und sagte: ‚Armer Herr B.'"
[Heinrich Benesch, Handschriftliche Erinnerungen, E. S. A. 508]

2 Als Beispiel hiefür diene: „Ich saß mit Schiele und seinem Modell (und Liebling) → Wally Neuzil in Hietzing im Kaffeehaus. Während Schiele Karambol spielte, erzählte mir Wally, daß Egon ganz blank sei und nicht wisse, wie er am nächsten Tage sein Mittagessen bezahlen solle. Ich war damals selber knapp, gab aber Schiele, nachdem er sein Spiel beendet hatte, für den dringendsten Bedarf 10 Kronen. Was tut nun unser Egon? Er fährt, nachdem wir uns getrennt hatten, mit Wally ins Burgtheater, geht nach der Vorstellung mit ihr ins Restaurant und erübrigt von den 10 Kronen gerade noch so viel, um mit der Elektrischen nach Hause fahren zu können..."
[Heinrich Benesch, Handschriftliche Erinnerungen, E. S. A. 508]

3 Arthur Roessler, Erinnerungen an Egon Schiele, Wien 1922, pp. 37—40

4 „...Aus Büffelleder geschnittene und filigranfein durchbrochene, schön bemalte javanische Schattenspielfiguren, die ich durch Zufall erworben hatte, waren es späterhin, was ihn zu häufigen Besuchen bei mir lockte. Stundenlang konnte er mit diesen Figuren spielen, ohne zu ermüden und ohne dabei auch nur ein Wort zu sprechen. Das eigentlich Erstaunliche hiebei war die Geschicklichkeit, mit der Schiele die dünnen Bewegungsstäbchen der Figuren gleich von Anbeginn handhabte. Als ich, ihn zu erfreuen, ihm die Wahl einer solchen javanischen Schattenspielfigur freistellte, wählte er die groteske Gestalt eines teuflischen Dämons mit abenteuerlichem Profil. Ihr hatte er manche Anregung zu danken. Es faszinierten ihn die streng stilisierten, ausdrucksstarken Gebärden, die immer ungewöhnlichen, oft zauberhaft eindringlichen Umrißlinien der Schattenrisse an der Wand, die das Spiel ergab..."
[Arthur Roessler, Erinnerungen an Egon Schiele, Wien 1948, p. 36]

5 „...Ruth Saint-Denis — so heißt die indische Tänzerin, oder indisch tanzende Kanadierin, zu deren Generalprobe gestern nachmittag ‚ganz Wien' in den Saal Ronacher geladen war. Ein sensationelles five o'clock. Ein durchschlagender Erfolg, und zwar bei verwöhntem Publikum... Umschwirrt von allen den jetzigen brennenden Fragen über Nacktheit und Trikot, über Grenzen der Bloßfüßigkeit nach oben und die Kurve der Ausgeschnittenheit nach unten. Ach, bei der schönen Ruth denkt kein Mensch an solche Ästheten- und Polizeiprobleme. Die ist jenseits von alledem. Mit bloßer Blöße könnte sie diese Wirkungen so wenig hervorbringen, als mit bloßem Tanzen. Sie erscheint und aller Scherz schweigt. Sie ist ein scherzstillendes Mittel, das nicht versagt.
Wie schön sie ist, unter ihrer braunen Schminke. Mit ihrem

Stumpfnäschen von reizender Stilwidrigkeit, mit ihrer kurzgeschürzten Oberlippe und dem weißen Blitz ihrer Zähne. Und den schlanken braunen Armen und dem breiten Gürtel von bloßer brauner Haut zwischen dem unteren Rande des oberen und dem oberen Rande des unteren Kleidungsstückes. Ein Dekolleté, das von der siebenten Rippe bis zur Darmbeinschaufel des Hüftknochens reicht... Die Pariser und die Berliner haben recht gehabt, daß sie diesem reizvollen Wesen so herzlich huldigten. Dieser jungen Lebensfülle, die sich so elegant und poetisch formuliert, so edel und malerisch, so vornehm und plastisch, die so gut gebaut ist und so gar nicht architektonisch. Eigentlich könnte sie auf der Bühne tun, was sie will, und es wäre immer wohlgetan. Aber sie weiß auch ganz genau, was sie tut. Und sie ist vortrefflich inszeniert. Und zum Überfluß kann sie sogar tanzen, was nicht alle letztmodernen Tanzgrößen für notwendig halten.
Sie tanzt drei Nummern. Eine Weihrauchzeremonie, eine Schlangenbändigerin und eine dramatisch pointierte Tempelszene. Die erste soll bloß die Bekanntschaft vermitteln mit den Eigenschaften und Hilfsquellen dieser anmutsvollen Sondererscheinung. Von den ungewöhnlichen Fähigkeiten ihrer Handgelenke und dem tiefen Gemüt ihrer Rückenfurche... Diese Nummer hinterließ den Eindruck einer in ihrer Weise vollendeten, vermutlich nur einmal vorhandenen Sache.
Als Schlangenbändigerin... zeigt sie mehr als die Kunst, ein erfreulicher Anblick zu sein. Sie hat Naturbeobachtung und mimischen Stil. In ihrem graulichen, schuppig schillernden, zum Teil trikothaften Gewande schlängelt sie sich umher, als wäre sie selbst ein zartes und zähes, nach der letzten Schlangenmode gemustertes Reptil, mit Giftzähnen von köstlicher Tödlichkeit. Sie spielt Schlange. Mit ihren beiden Armen, die schlangengleich um sie her ranken, sich bäumend, biegend, knotend, arabeskenhaft ausweichend, tendenziös zufahrend. Ihre braunen Fäuste sind die Köpfe der Schlangen, die rotgefärbten Nägel haben eine ewige Unruhe wie von leckermäuligem Züngeln, und an jeder Hand blitzen zwei ungeheure blaugrüne Edelsteine. An der einen Hand smaragdene Saphire aus Masulipatam, an der anderen saphirne Smaragde aus Seringapatam. Das sind die funkelnden Schlangenaugenpaare, die lauern und zwinkern in unheimlicher Unrast... Sie hockt sogar nieder zu ihren Schlangen und folgt mit Spannung dem Spiel der kleinen Unholde am Boden hin... Zuletzt rafft sie deren Häupter auf und preßt sie gepaart vor das eigene Gesicht wie eine festliche Larve, mit Edelsteinen besetzt, die Augen sind, mit dem Augenzauber... Dann wird sie Weib. Indische Göttin, auf dem Altare sitzend, in üppig geschnitzter Glorie, in veilchenblauem Feuer glühend, dann in Gold aufleuchtend. Plötzlich steigt sie herab und tanzt. Tanzt die fünf Sinne und dann den Verzicht auf solchen Genuß. Ihr goldgeschmiedetes Gewand flattert in Schwung und Widerschwung... Ruth Saint-Denis ist der Clou des Tages. Der Buddhismus war in Wien nie einleuchtender, als seitdem sie an ihm vorbeitanzt."
[Ludwig Hevesi, Altkunst-Neukunst, Wien 1909, pp. 282/4, Wiederabdruck seiner Kritik vom 3. I. 1907]
Siehe auch einen Artikel von → Fritz Karpfen in der „Weltpresse" [E. S. A. 863, ohne Datum] „Tanzende Sterne", in dem Schieles Begeisterung für die Tänzerin, die einen Eintänzer geheiratet habe, ausführlich geschildert wird.

6 Osen verklagte Roessler 1949 anläßlich einer Neuauflage seiner „Erinnerungen", also siebenundzwanzig Jahre, nachdem der erste — übrigens unverändert übernommene — Bericht über ihn erschienen war: Das von Roessler gewählte Pseudonym „Neso" sei für jedermann durchschaubar. Roessler wurde vom Presserichter zu einer Geldstrafe von 250 Schilling verurteilt, ein Teil der neuen Ausgabe wurde eingezogen [Zeitungsausschnitt, E. S. A. 330]

7 Jean Arthur Rimbaud (1854—1891), französischer Dichter, der großen Einfluß auf die Entstehung des französischen Symbolismus ausgeübt hat.

8 A. C., p. 47 und 204, Anmerkung 67

9 Im Besitz von Gertrude Peschka-Schiele, A. C., p. 204, Anmerkung 67, meint, daß im Exemplar Unterstreichungen von Schieles Hand zu sehen seien. Sie stammen jedoch von der Hand → Anton Peschkas.

10 Rudolf Pozdena, Egon Schiele im Klosterneuburger Gymnasium. In einer Klosterneuburger Zeitung [um 1925, E. S. A. 243]
Es lassen sich leider keine verläßlichen Angaben darüber machen, was Schiele las oder was er an Büchern besaß. Im Besitz von Ing. Norbert Gradisch, Wien, einige kleine Bändchen von Trivial-Literatur: Band 12, 16 und 30 einer während des Weltkrieges erschienenen billigen Serie „Krieg und Liebe". Autoren, heute völlig unbekannt: H. Carlos-Duchow, J. Schade-Hädicke und Paul Rudloff. Außerdem: Gabriele Reuter, „Ins neue Land", Ullstein, Berlin. Die Büchlein tragen beinahe alle Eintragungen von → Marie Schiele wie „Aus dem Nachlasse meines Egon, mein Eigentum" oder „Aus dem Nachlasse meines einzigen geliebten Sohnes Egon".

11 Johannes Käfer, Beitrag E. S. A. 508, pp. 45 ff. Über ihn keine Daten feststellbar.

12 Ausstellungskatalog seiner Ausstellung in Wien VI., 1947 [E. S. A. 70]
Es könnte sein, daß Schiele den mehrfach von ihm für seine Bilder verwendeten Titel „Tote Stadt", einem Buch von Arthur Roessler: „Vom Dichter der toten Stadt und andere Essays", entnommen hat. Roesslers Buch behandelt wohl die Prosatragödie von Gabriele d'Annunzio: „La Città morta", 1898 in Paris mit Sarah Bernhardt uraufgeführt. Übrigens heißt die 1920 von Erich Wolfgang Korngold uraufgeführte Oper auch „Die tote Stadt".

13 A. C., p. 204, Anmerkung 68

14 „... Da er dort [gemeint ist die Wohnung seiner Mutter in Ober-Hetzendorf] keine Arbeitsmöglichkeit hatte, ging er als Gast in das Atelier eines Maler-Freundes, der sich Mime van Osen nannte, ein genial veranlagter Mann, der seinerzeit als Theatermaler am Deutschen Theater in Prag tätig gewesen war, aber infolge seiner ungezügelten Lebensweise nirgends Fuß fassen konnte. Leider wurde der gutgläubige Schiele von diesem Manne schwer getäuscht und materiell geschädigt..."
[Heinrich Benesch, Handschriftliche Erinnerungen, E. S. A. 508]

Roessler allerdings geht mit seinen Anschuldigungen viel weiter und teilt mit, daß Osen Zeichnungen Schieles aus dem Atelier verkauft, seine Unterschrift gefälscht und ihm durch das Entwenden von Malmaterial usw. großen Schaden zugefügt habe. Er beruft sich darauf, daß Schiele ihm ausführlich über das alles berichtet hätte.

Aber auch Schiele berichtet, wenn auch verklausuliert:

„... Große Enttäuschungen an einem, dem ich vielleicht alles anvertraut habe, ist noch zu überwinden ... mit blinden Augen zu sehen, daß die Anderen das, was ich erkämpft habe, benützen; daß ich geldlos bin ist zu ertragen; zu wissen, daß meine errungene Gegenstände und Werkzeuge in Philisterhänden gefesselt werden, ist bitter ..."

[An Arthur Roessler, 3. VII. 1912]

Es ist fraglich, ob sich Schieles Brief wirklich auf → Osen bezieht, da es zu dieser Zeit (1912, nach der Affäre von Neulengbach) eine Verstimmung über → Anton Peschka gab.

15 Johannes Fischer, Handschriftliche Erinnerungen an Egon Schiele [E. S. A. 340, p. 4]

16 „Von Mitgliedern seiner Stammtischrunde im Café Heinrichshof [befand sich vis-à-vis der Oper, im sogenannten „Heinrichshof" 1861—63 von Theophil Hansen erbaut, 1944 durch Bomben zerstört. Heute verändert wieder aufgebaut. Bemerkung des Herausgebers] war Otto Wagner auf Egon Schiele aufmerksam gemacht und gebeten worden, sich des jungen notleidenden Künstlers hilfreich anzunehmen. Der berühmte Architekt erkundigte sich bei mir, ob ‚an dem Talent wirklich so viel dran sei, wie behauptet wird', und nachdem ich das aus voller Überzeugung nachdrücklichst bestätigte, sagte Professor Wagner: ‚Alsdann gut. Schicken Sie mir halt den jungen Menschen in mein Atelier. Ich will mit ihm reden und schaun, was sich für ihn tun läßt.' Gleich am Abend des Besuchstages kam Schiele zu mir, um zu berichten. ‚Der alte Herr ließ mich sofort nach der Anmeldung bei sich eintreten und war recht freundlich. Er besichtigte meine ihm vorgelegten Arbeiten genau. Dann und wann schüttelte er seinen Kopf ... Erst nach einer bangen Weile fragte er bloß: ‚Was kostet solch ein Blatt?' Darauf sagte ich: ‚Für Sie, was Sie dafür geben wollen.' Nun sah er mich scharf an und meinte dann: ‚Das hab' ich gar nicht gern! Den Preis müssen schon Sie selber nennen, den kann und mag nicht ich bestimmen.' Das war unangenehm ... Weil mich der Herr Professor weiterhin schweigend nur fragend anschaute, sagte ich schließlich, daß andere ... zwanzig Kronen pro Blatt bezahlten. Wagner schüttelte wieder den Kopf, lachte kurz auf und sagte dann: ‚Das is a Red' — soviel zahl' auch ich.' Ich nickte einverstanden. Wagner suchte sich einige Blätter aus und legte sie beiseite. Während er Geldscheine seiner Brieftasche entnahm, sagte er: ‚So eine Greißlerwirtschaft heißt nix; dabei kommen Sie ewig net aus der Schlammastik. Wenn S' weiterkommen wollen, müssen S' das anders machen. Ja, gern, aber wie? — werden Sie jetzt denken. Na, passen S' auf! Ich geb' Ihnen einen guten Rat: Malen Sie eine Serie von Porträts bekannter Wiener Persönlichkeiten, und zwar mindestens ein Dutzend, wenn nicht lieber zwei. Sobald Sie die beisammen haben, stellen Sie die Bildnisse kollektiv aus. Damit werden Sie Aufsehen erregen, können Sie mit einem Schlag bekannt werden und daraufhin auch Aufträge erhalten und Käufer finden für die Gemälde, welche Sie sonst noch schaffen. Die Porträtkollektion schicken wir hernach geschlossen auf Reisen. Das wird sich machen lassen, denn auch auswärts, in München, Dresden, Berlin und Hamburg, in Zürich und Brüssel, auch in Paris, Amsterdam und London wird man dafür Interesse haben, ja vielleicht sogar in Amerika! Ich schlage Ihnen vor: Malen Sie als erstes Porträt der Serie — das meine!

Als zweites Porträt können Sie das von → Klimt malen ... Die weiteren Modelle wären dann → Gustav Mahler, → Anton Hanak, → Josef Hofmann, → Hermann Bahr, → Carl Moll, → Dr. Arthur Schnitzler, → Peter Altenberg, → Karl Schönherr, → Hugo von Hofmannsthal, der Fackel Kraus [= → Karl Kraus], um nur einige zu nennen, die in Betracht kommen ...

Einigemal in der Woche hielt vor dem Hause an der Alserbachstraße, in dem Schiele damals ein Atelier innehatte, der stadtbekannte, von Schimmeln gezogene ‚unnumerierte' Fiaker des Oberbaurats ... und dieser klomm die vielstufige Stiege hinauf ... und saß dann erstaunlich geduldig vor Schieles Staffelei seine Modellstunde ab.

Einen Meter im Quadrat betrug das Maß der Leinwand, auf die Schiele das Porträt zu malen begonnen hatte. Der markante, spitzbärtige Kopf mit den süffisanten Zügen um Mund und Augen des alten vornehmen Herrn war binnen kurzer Zeit in verblüffender Ähnlichkeit auf die Bildfläche gebannt und auch der Ausdruck des inneren Wesens treffsicher zur Darstellung gebracht. Nachdem das geschehen war, erlahmte jedoch das Interesse des vielbeschäftigten Modells am Fortgang der Arbeit. Wagner kam seltener, schließlich blieb er ganz aus ... Ich sprach mit Wagner, leider erfolglos; er zeigte sich unwillig: ‚Die G'schicht dauert mir zu lang ... Man soll's keinem zu leicht machen, besonders einem Talent nicht, sonst wird nichts Rechtes daraus.'

... Schiele nahm die Hiobsbotschaft äußerlich ruhig auf, doch war ihm die Enttäuschung vom erblaßten Antlitz abzulesen. Schweigend hob er das unvollendete Porträt Wagners von der Staffelei und stellte es verkehrt mit der Bildseite an die Wand ... Plötzlich blieb er vor mir stehen, sah mir mit seinen dunklen Augen voll traurigem Ernst ins Gesicht und sagte nach einer Weile leise: ‚Den Kopf schneid' ich heraus. — Wollen Sie ihn haben? — Ich geb' ihn billig her! — Ihn zu übermalen wär' schad', er ist ganz gut geworden — — aber ich mag ihn nimmer sehen.' Und so gelangte das Fragment des Porträts Otto Wagners in meinen Besitz ..."

[Arthur Roessler, Ein mißglücktes Projekt. Aus: Erinnerungen an Egon Schiele, Wien 1948, pp. 19—22]

17 August Forel (1848—1931), Professor der Psychiatrie in Zürich, hervorragender Sozialhygieniker und Insektenforscher

„... Etwa zwei Jahre nach der Entstehung des Bildes erlitt Forel infolge Überanstrengung beim Mikroskopieren einen Hirnschlag. Die Folge war eine Lähmung der rechten Körperhälfte, insbesondere des rechten Auges und der rechten Hand.

Das rechte Auge schien seitdem verschleiert zu sein, genau wie auf dem Bilde. Die rechte Hand richtete sich wie haltlos nach unten, und die linke übernahm bei Gebärden und Verrichtungen jeder Art deren Vertretung, wie das Bild zeigt. Dazu kam, daß der Ausdruck tiefer kreatürlicher Traurigkeit seitdem dem Gesicht sein Gepräge gab ..."
[Hans Maria Wingler, Oskar Kokoschka, ein Lebensbild, Ullsteinbuch 549, Berlin 1966, p. 27]

1910

1910 entstanden 29 Bilder: 8 Krumauer Landschaften, 11 Porträts, 10 Sonstiges

LANDSCHAFTEN:

„Häuser an der Moldau" [fehlt bei K.; L. 155; Otto Schönthal jun., Wien]

„Teilansicht des Krumauer Rathauses" [fehlt bei K.; L. 156; Otto Schönthal jun., Wien]

„Tote Stadt" [K. 117; L. 157; Privatbesitz, New York]

„Felderlandschaft mit Berg im Hintergrund" [K. 119; L. 158; Privatbesitz, New York]

„Felderlandschaft" [fehlt bei K.; L. 159; Graphische Sammlung Albertina, Wien]

„Gewitterberg" [K. 121; L. 162; Dr. Gisela Fleischmann, Great Neck, USA]

„Berg am Fluß" [K. 120; L. 163; Galerie Maercklin, Stuttgart]

„Rote Erden" [K. 118; L. 164; Galerie St. Etienne, New York]

PORTRÄTS:

„Poldi Lodzinsky" [K. 63; L. 143; Dr. Ferdinand Eckhardt, Winnipeg]

„Mädchen mit gefalteten Händen" [K. 100; L. 146; Verbleib unbekannt]

„Bildnis Dr. Erwin von Graff" [K. 101; L. 147; Privatbesitz, New York]

„Bildnis des Malers Karl Zakovsek" [K. 102; L. 148; Doktor Albert Grokoest, New York]

„Bildniskopf des Architekten Otto Wagner" [K. 107; L. 151; Verbleib unbekannt]

„Bildnis Eduard Kosmack" [K. 103; L. 152; Österreichische Galerie, Wien]

„Bildnis Arthur Roessler" [K. 105; L. 153; Historisches Museum der Stadt Wien]

„Bildnis Dr. Oskar Reichel" [K. 104; L. 154; Privatbesitz, Wien]

„Bildnis Herbert Rainer" [K. 106; L. 160; Österreichische Galerie, Wien]

„Selbstseher" (Doppelselbstdarstellung) [K. 113; L. 161; Verbleib unbekannt]

„Weltwehmut" (Selbstdarstellung mit Toter Stadt) [K. 114; L. 165]

SONSTIGES:

„Kniender männlicher Akt" [K. 111; L. 140; Verbleib unbekannt]

„Stehender weiblicher Akt" [K. 110; L. 141; Verbleib unbekannt]

„Sitzender weiblicher Akt mit einem abgespreizten Arm" [fehlt bei K.; L. 143a; Verbleib unbekannt]

„Stehender männlicher Akt" [K. 109; L. 144; Verbleib unbekannt]

„Sitzender männlicher Akt" [K. 112; L. 145; Privatbesitz, Wien]

„Jünglingshalbakt" [fehlt bei K.; L. 149; Privatbesitz, Wien]

„Mutter mit zwei Säuglingen" [K. 116; L. 166; Privatbesitz, Mödling]

„Tote Mutter" [K. 115; L. 167; Privatbesitz, Wien]

„Stürmer" [K. V; L. XVII; Verbleib unbekannt]

„Hypnose" [K. VII; L. XVII; Verbleib unbekannt]

AUSTELLUNGEN:

Galerie Miethke, Wien	„Sonnenblume", 1909/10 — „Bildnis Arthur Roessler", 1910
Klosterneuburg, Stift	„Sonnenblume", 1909/10
Internationale Jagdausstellung, Rotunde, Wien	„Sitzender weiblicher Akt mit einem abgespreizten Arm", 1910; Verbleib unbekannt. Eine Vorzeichnung erhalten [siehe L. 143 a]

PREISE UND EINNAHMEN:

[um den 13. V. 1910]
Schiele bittet → Roessler, ihm Zeichnungen, das Stück um 20 Kronen, zu verkaufen

13. V. 1910	→ Czihaczek notiert, daß Schiele von seinem Sparbuch 180 Kronen abgehoben und kurz vorher 100 Kronen für Zeichnungen erhalten habe
5. VI. 1910	Schiele wartet auf ein Honorar für seinen Entwurf für Metalltreibarbeit für das Palais Stoclet, Brüssel
14. VI. 1910	→ Marie Schiele erwähnt, daß Egon binnen kürzester Zeit 1000 Kronen ausgegeben habe, etc.

18. X. 1910	Schiele schlägt vor, → [Eduard] Kosmack möge für sein Porträt 100 bis 200 Kronen in monatlichen Raten zahlen
? X. 1910	Schiele verlangt von → Oskar Reichel für 5 Zeichnungen 50 Kronen
8. XI. 1910	→ Heinrich Benesch bietet für „das kleine Porträt von Herrn Reininghaus" [Verbleib unbekannt] 60 Kronen
29. XI. 1910	hat von → Osthaus 50 Kronen — wohl für Zeichnungen? — erhalten

WOHNADRESSEN:

bis Ende Oktober 1910 Wien IX., Alserbachstraße 39
seit dem 5. XI. 1910: Wien XII., Grünberggasse 31
[teilte sein Atelier eine Zeitlang mit → Anton Peschka]

REISEN UND AUFENTHALTE:

12. V.—?. VIII. 1910	in Krumau, Fleischgasse 133
15. X.—31. X. 1910?	wieder in Krumau
23. XI. 1910	Grußpostkarte aus Feldkirch
27. XII. 1910	Grußpostkarte aus Triest

57 „Die Hämische", Kreide, Aquarell und Deckfarben, Deckweiß, 1910. Als Modell diente Schiele Gertrude [siehe darüber p. 18 und Anm. 32].

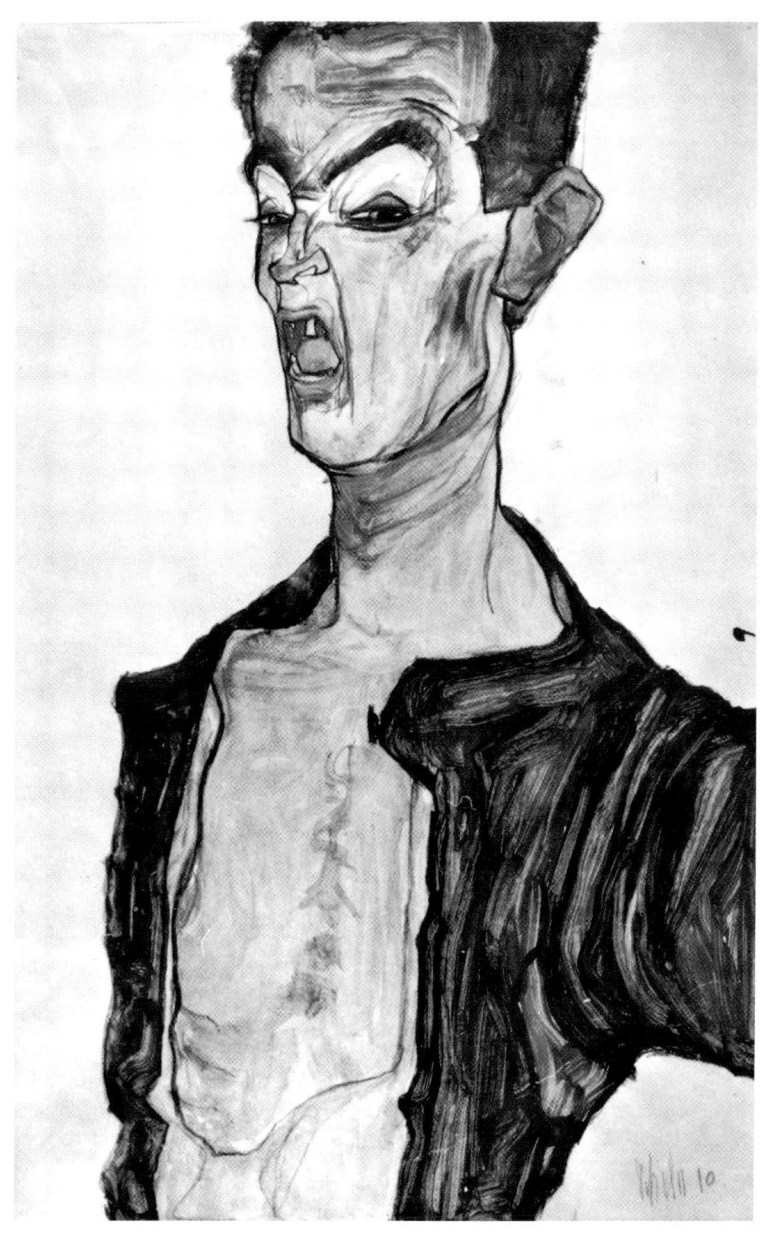

58 „Selbstbildnis", schwarze Kreide, Deckfarben, 1910. Beide Zeichnungen stehen sichtlich unter dem Einfluß von Toulouse-Lautrec.

EGON SCHIELE
ORIGINAL SKIZZE FÜR DAS PANNAUX
IN DER JAGDAUSTELLUNG
WIEN 1910
GEKAUFT IM KAFFEHAUSE DURCH
KOLLEGEN PROFESSOR JOS. HOFFMAN.

60 Kopf der Zeichnung „Sitzende Frau mit linker Hand im Haar", Bleistift, Deckfarben, 1914. Hier in einer ungefähr zweifach vergrößernden Makro-Aufnahme, um an einem Beispiel aufzuzeigen, welcher Farben sich Schiele beim Kolorieren seiner Zeichnungen zu bedienen pflegte. Das Kolorieren geschah stets ohne Modell [siehe pp. 65 und 66, Anm. 35 a—e].

59 Entwurf für das verlorengegangene Panneau der „Jagdausstellung", 1910 [L. 143 a]. Schwarze Kreide, Aquarell, Deckfarben. Einst im Besitz von Otto Wagner; auch einer von denen, die sich des jungen Schiele annahmen.

61 „Bildnis Arthur Roessler", Öl auf Leinwand, 1910 [L. 153]. Der gute Freund und literarische Wegbereiter von E. Schiele.

62 „Felderlandschaft", Bleistift, Aquarell und Deckfarben, 1910 [L. 159]. Nach dieser Studie entstand das Bild „Gewitterberg" (Krumau), 1910 [L. 162]. Es gibt nur wenige ähnlich ausgeführte Landschaftszeichnungen im Oeuvre von Schiele.

DOKUMENTE UND KORRESPONDENZ 1910

17. III. 1910

→ Dr. Erwin von Graff an Schiele, IX. Alserbachstraße 39, C. a. s. [Elsa Wiesenthal, tanzend]

„17. III. 10 Lieber Herr Schiele! Ich könnte mich Samstag gegen 12ʰ Mittag frei machen um Sie zu besuchen. — Bitte Sie mir auf jeden Fall telephonisch sagen zu wollen, ob es Ihnen passt. (Tel. 13918 — Klinik v.[on] Rosthorn[1]). Herzlichen Gruß Dr. Graff[2]."

E. S. A. 351   [94]

1 Alfons von Rosthorn (1857—1909), bedeutender Gynäkologe, seit 1908 Leiter der Frauenklinik, Wien.
2 Schiele malte 1910 sein Porträt.

[vor dem 12. V. 1910]

An → Anton Peschka, vermutlich L. a. s.

„1910. [Wien]

Peschka! Ich möchte fort von Wien, ganz bald. Wie häßlich ist's hier. —

Alle Leute sind neidisch zu mir und hinterlistig; ehemalige Kollegen schauen mit falschen Augen auf mich. In Wien ist Schatten, die Stadt ist schwarz, alles heißt Rezept. Ich will allein sein. Nach dem Böhmerwald möcht' ich. Mai, Juni, Juli, August, September, Oktober; neues muß ich sehen und will es forschen, will dunkle Wasser kosten, krachende Bäume, wilde Lüfte sehen, will modrige Gartenzäune staunend ansehen, wie all sie leben, junge Birkenhaine und zitternde Blätter hören, will Licht, Sonne sehen und nasse grünblaue Abendtäler genießen, Goldfische glänzen spüren, weiße Wolken bauen sehen, Blumen möcht' ich sprechen. Gräser, rosa Menschen innig anschaun, alte würdige Kirchen, kleine Dome sagen wissen, will fortlaufen ohne Halt auf runde Felderberge durch weite Ebenen, will küssen die Erde und riechen weiche warme Moosblumen; dann werd' ich formen so schön: farbige Felder. —

Früh morgens möcht' ich Sonne aufgehen wiedersehen und atmende Erde flimmernd ansehen dürfen.

So schön freudige Felder binden mit rosa riechender Luft. Rauhe blaue Polsterberge benebeln weite Fernen. — Du riechende Erde vor uns, unter mir, reize, reife mich! Du dunkle, braune Stauberde, benetze blumenriechend, ziehend die Düfte. Schwelge an Sonne, die du doch alles uns giebst, Freude! Unschätzbares Licht, leuchte!

Tue, tätiger Mensch! Sei immer ewiger Strom! — Du mir grünes Tal, du schaust, grüne Wasserluft füllt dich, du. Ich weine aus halben Augen rote große Tränen, wenn ich dich sehen kann. Du Schmerzauge, du spürst den nassen Waldwind. Du Riechender, wie toll mußt so du atmen göttlichen Atem.

Freund, weinend lach' ich, Freund, ich denke Deiner, in mir bist du!

Hier leg' ich mich nieder in lebendes, sprechendes Moos, gelbe, helle, lindsame Blumen; atmende Wasser sagen das Leben. —

Und so groß oben die Welt. —

Trunken auch ich so und verlier' die nüchterne Erde. Ich schlafe.

Alle Moose kommen zu mir her und schmiegen kräuselnd ihr Leben an meines. Alle Blumen suchen mich zu sehen und klingen mir meine zitternden Sinne. Oxydgrüne Blüten und kitzliche Giftblumen tragen grad mich hoch. Schweb' ich nur unter, unberührt... die seltene Welt. Dann träume ich von wildwogenden Jagden, roten spitzigen Pilzen, großen schwarzen Würfeln, die klein, ganz klein schwinden in nichts und staunend wieder wachsen zu großen Kolossen, vom höllischen feurigen Brand, vom Kampf, von weiten, nie geschauten Sternen, von ewigen grauen Augen, von Sturztitanen, von tausend Händen, die wie Gesichter sich biegen, von dampfenden Feuerwolken, von Millionen Augen, die gut mich ansehn, und weißer und weiß werden, bis ich höre"[1].

nach R., B. & P., pp. 97—99; Verbleib unbekannt   [95]

1 Der Brief ist sicherlich nicht korrekt wiedergegeben: Fehlen des Datums, der Anschrift, der Unterschrift.

12. V. 1910

Original-Telegramm aus Krumau an → Leopold Czihaczek mit falscher Hausnummer[1]: Wien II. Zirkusgasse 48. Mit eigenhändiger Empfangsnotiz: „Erhalten 11ʰ Nachts am 12/5 10 L. Cz."

„in nöten bitte um 40 Kronen

    Egon, Krumau Fleischgasse 133"

G. P. 4   [96]

1 Die falsche Hausnummer verursachte die Zustellung spätnachts, worüber sich der Onkel nicht beruhigen konnte.

13. V. 1910

→ Leopold Czihaczek, eigenhändiger Briefentwurf überschrieben: Konzept „pro domo". 1 Blatt quer 8°

„Egon am Do[nnerstag] 12/5 10 angeblich früh mit → Osen nach Krumau zum längeren Aufenthalt (bis 1/6) abgereist, hat sich Mi[ttwoch] 11/5 verabschiedet. Um 11ʰ Nachts lief aus Krumau nachst.[ehendes] Telegram[m] ein: „Krumau 125 7ʰ50 am 12/5 10: In Nöten bitte um 40 Kronen Egon Krumau Fleischgasse 133" [: liegt bei :]

Hierauf folgende Antwort erteilt:

Adresse H.[errn] Egon Schiele Krumau in Böhmen Fleischgasse 133

Wien Freitag 13/5 10 7ʰ früh.

Ich habe durchaus keine Ursache Deinem perfiden kaum nach deiner Ankunft in Krumau an mich gerichteten Telegramm vom 12/5 10 (erhalten 11ʰ Nachts) um Geldsendung Folge zu leisten, u. zw. [und zwar] umsoweniger, als ich Dir erst vor wenigen Tagen (5/5) über dein brüskes Ersuchen Dein Sparkassenbuch Nr. 118.431 mit einem höheren Betrage, wenn ich nicht irre per 180 K eingehändigt habe, und du erst laut Mitteilung von vorgestern (11/5) für an R.[1] verkaufte Zeichnungen über 100 K eingenommen hattest. Durch dein perfides Telegramm mit falscher Adresse hast du die nächtliche Ruhe der ganzen Familie u[nd] überdies einer Kranken gestört. Ich verbiete mir für die Zukunft ein derartiges Vorgehen. Wenn man kein Geld hat, so geht man nicht auf Reisen u. überdies mit Gefolge. Ich bin keine Melkkuh, merke dir das Dein Vormund   L. Czihaczek"

Auf demselben Blatt Konzept einer Karte an → Gertrude Schiele:

„Fräulein Gerta Schiele, Wien XIX. Panzergasse 3 (wohnen jetzt ab Mai IX. Sobieskygasse[!] 14/6) Liebe Gerti, ich bitte dich mich bestimmt heute oder morgen Mittags zu besuchen. Mit Gruß Dein Vormund² L. Cz."
G. P. 6 [97]

1 Wohl an → Carl Reininghaus.
2 Czihaczek war sowohl Mitvormund für Egon wie auch für → Gertrude Schiele, was bisher übersehen wurde.

[um den 13. V. 1910]

An → A. Roessler, L. a. s., in Bleistift, 2 pp., Klein 8°
„Lieber Herr Rößler, bitte verkaufen Sie mir Zeichnungen Stück 20 K. ich möchte nicht so frech sein und Sie anquälen, aber es ist unumgänglich notwendig — bitte! Mein Atelier IX. Alserbachstr. 39. ist immer offen, Schlüssel beim Portier dort liegen 33 Stück, beim → Miethke 10 Stück, an [!] der → [Wiener] Werkstätte und beim → Pisko auch. — Bitte sind Sie nicht böse. Beste Grüße Egon Schiele
Adr.[esse] Krummau Südb.[öhmen]
Fleischgasse 133."¹
W. ST. B. 180.631; R., B. & P., p. 45 [98]

1 Bisher die erste schriftliche Mitteilung Schieles an Arthur Roessler.

14. V. 1910

→ Leopold Czihaczek. Eigenhändiger Notizzettel. 1 Blatt quer 8°
„Samstag → Gerti 3ʰ Nachm.[ittag] 14/5 1910
1) bei R.¹ erheben ob Egon das Sparbuch Nr. 118 431 d. I. österr. [Ersten österreichischen] Sparkasse in Wien übergab.
2) Nach Krumau schreiben, welchen Tag (Datum und Stunde) Egon und sein Gefolge in Krumau angeblich Donnerstag am 12/5 angekommen ist und mit wem er wohnt² in der Fleischgasse 133 u. wie er sich dort benimmt.
Antwortschreiben Egon Schiele ohne Datum (14/5) aus Krumau liegt bei³." Am rechten Rande: „So[nntag] 15/5 Korr. K. [Korrespondenz Karte] an Gerti wegen Brief aus Krumau . ? ."
G. P. 5 [99]

1 Es kann sich um → Arthur Roessler oder um → Carl Reininghaus handeln, wiewohl fraglich ist, was sie mit einem Sparbuch zu tun gehabt hätten.
2 Mit Schiele waren zu gleicher Zeit → Erwin Osen und → Anton Peschka in Krumau. Vermutete der Onkel außerdem weibliche Begleitung?
3 Der Brief Schieles hat sich nicht erhalten.

[um den 14. V. 1910]

→ Anton Peschka, C. a. s. [auf der Vorderseite ein von ihm gemaltes Aquarell: Flusslandschaft, vermutlich an der Moldau]. An → Gertrude Schiele, Wien IX., Sobieskigasse 16.
„Wie sind Sie in Wien angekommen. Habe vergebens die Legitimation gesucht! Alles bedauert daß Sie fortgefahren sind. Herzlich grüßt Anton Peschka
Grüße an Mama."
Mitunterschrieben von Egon Schiele „Egon".
G. P. 89 [100]

18. V. 1910 [Poststempel]

An Kamilla Strauch¹, Klosterneuburg, Albrechtstraße 52. Aus Krumau, Fleischgasse. Mit eigenhändigem Kuvert
„Mittwoch.
Sehr geehrte gnädige Frau werde sobald ich in Wien am 31. angekommen bin, alles zu erledigen suchen, verweile gegenwärtig in Krummau. Handküsse Egon Schiele."
Privatbesitz, Wien [101]

1 Gattin von → Ludwig Karl Strauch. Nach freundlicher Mitteilung der Tochter der Adressatin habe Schiele einen geschuldeten Betrag von 50 Kronen niemals zurückgezahlt, sondern eine seiner Aktzeichnungen geschickt, auf der er vermerkt habe: „Dies ist mein Wille, Egon Schiele." Das Blatt ist verschollen.

—

→ Dr. Erwin von Graff, L. a. s., 2 pp. 8°. Auf Briefpapier der K. K. Universitäts-Frauenklinik (Vorstand) (Prof.[essor] A. von Rosthorn)
„(Wien den) 18. Mai 1910.
Lieber Schiele! Herzlichen Dank für Ihren Brief. Gestern kam L. A.¹ an die Klinik und wurde aufgenommen. Sie bewohnt ein Zimmer mit einer 2ten Frau zusammen, und scheint sehr unglücklich über Ihre Untreue zu sein. — Es ist wohl für Sie und sie besser so. — Das gute Wetter begünstigt Ihre Arbeiten gewiss[!], was mich sehr freut. — Bitte grüßen Sie → Osen vielmals von mir, und theilen Sie mir den Tag Ihrer Rückkehr nochmals mit. — Taschner² gefiel mir gut. Stella³ weniger. Ihre Arbeit machte sich im Atelier viel besser. Im Ganzen passt die ganze Ausstellung nicht in den Prater⁴. Die meisten Kunsthändlersachen⁵ hätte man besser in die einzelnen Jagdpavillons und Restaurants aufgehängt. Herzlichen Gruß Ihr Graff."
E. S. A. 169 [102]

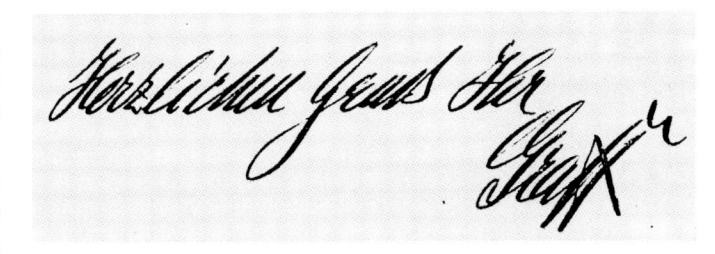

[102]

1 Eine Unbekannte, die Schiele nahegestanden sein muß.
2 Ignatius Taschner (1871—1913), Bildhauer, Kunstgewerbler, Maler.
3 Eduard Stella (geboren 1884), Maler, Bühnenbildner, Graphiker.
4 Gemeint ist die „Jagdausstellung", die 1910 im „Prater", dem Wiener Volksbelustigungspark, stattfand.
5 Vermutlich scherzhaft für Arbeiten von Mitgliedern des „Künstlerhauses", Wien.

DOKUMENTE UND KORRESPONDENZ 1910

20. V. 1910

→ Leopold Czihaczek, eigenhändiges Konzept eines Briefes.
1 p. quer 8°
„Exped.[iert] Wien am 20ten Mai 1910
An Egon Schiele derzeit Krumau in Böhmen Fleischgasse Nr. 133
Für dein bodenlos freches orthographisch und stilistisch miserables Schreiben — ohne Anrede und Datum — erhalten am Pfingstsonntag den 15. l. M. [laufenden Monats] wirst du zur Verantwortung gezogen werden. Das Weitere folgt.
L. Czihaczek."
G. P. 7 [103]

'5. VI. 1910 [Poststempel]

An → Ludwig Karl Strauch, Klosterneuburg, Albrechtstraße Nr. 52, L. a. s., 1 p. 8°. Aus Krumau. Mit eigenhändigem Kuvert.
„Samstag
Habe an → Otto Wagner, → Moser, → Hoffmann, → Wimmer und Schönthal[1] Zeichnungen verkauft und erhielt von der → Wiener Werkstätte den Auftrag für eine Zeichnung Entwurf für Metalltreibarbeit für ein Haus in Brüssel[2] wo Skulpturen von → Minne und Architektur von → J. Hoffmann sind — → Osen[3] ist 50 K[ronen] schuldig die ich, sobald ich den Betrag für den Entwurf krieg[e] bezahlen werde. Schöne Grüße   Egon Schiele."
Privatbesitz, Wien [104]

1 Otto Schönthal (1878 — Wien — 1961), Architekt, Schüler von Otto Wagner.
2 Palais Stoclet in Brüssel, von → Josef Hoffmann 1905—1911 erbaut und eingerichtet. Bisher der einzige Hinweis, daß sich Schiele für dort mit einem Entwurf für Treibarbeiten beschäftigt hat. Man wußte nur, daß sein Bild „Poldi Lodzinsky", 1910, für ein Glasfenster des Palais bestimmt war, aber abgelehnt wurde.
3 Der rüde Ton des Briefes, ohne jede Anrede, fällt auf. Schiele schuldete seinem Lehrer 50 Kronen, die er niemals zurückzahlte [siehe seinen Brief an Frau Strauch 18. V. 1910].

6. VI. 1910

→ Leopold Czihaczek, eingeschriebener L. a. s. An → Marie Schiele, Bahnvorstandswitwe, Wien IX., Sobieskygasse[!] 16. Mit eigenhändigem Kuvert.
„Neulengbach[1] am 6. Juni 1910.
Liebe Marie! Das Benehmen und Verhalten, welches Egon bereits durch längere Zeit an den Tag legt, ist ein allen Begriffen der Moral hohnsprechendes, und meiner Person im höchsten Grade direkt beleidigendes. Nachdem alle meine Bemühungen ihn zur Raison zu bringen erfolglos sind, und nach den vorliegenden Verhältnissen, bei seinem halsstarrigen Wesen eine Besserung nicht zu erwarten ist, so sehe ich mich in weiterer Erwägung des Umstandes, daß ich bei meinem hohen Alter[2] mich großen Aufregungen nicht aussetzen darf, genötigt, die seit mehr als 5 Jahren innehabende Vormundschaft über Egon niederzulegen und die erforderlichen Schritte hiezu ehebaldigst einzuleiten. Indem ich Dich hiemit von diesem meinem Entschlusse verständige, zeichne ich mit bestem Gruß Dein aufrichtiger Schwager
Leop.[old] Czihaczek."

[105]

E. S. A. 505; bei G. P. 34 eigenhändige Kopie [105]

1 Das Ehepaar Czihaczek wohnte den Sommer über in der Villa Wunsam.
2 Czihaczek war damals 68 Jahre alt.

13. VI. 1910

→ Leopold Czihaczek, L. a. s. 1 p. 8°. An → Marie Schiele
„Neulengbach Haag 26 Montag 13/6 1910
Liebe Marie. Ich habe Dir am 6. l. M. [laufenden Monats] meine Ansicht und Absicht bezüglich des Egon zur Kenntnis gebracht, aber bis jetzt keine Antwort erhalten. Bitte mir also ehebaldigst den Erhalt meines obgenannten Briefes bestätigen zu wollen. Mit bestem Gruß   L. Czihaczek."
G. P. 35 [106]

14. VI. 1910

→ Marie Schiele, L. a. s., 5 pp. klein 8°. An → Leopold Czihaczek
„Wien, d.[en] 14/6 10
Lieber Leo! Deine Schreiben vom 6/6 und auch vom 13/6 dati[e]rt habe ich erhalten. Deine Ansicht die Vormundschaft über Egon aufzugeben finde ich nach Allem was mir zu Ohren kam, ganz begreiflich. Was geschieht aber jetzt? Egon muß einen Vormund[1] haben, und zwar einen sehr strengen — den[n] entschuldige, aber Du hast Dich auch etwas zu collegial benommen[!] und Egon immer mit Geld versehen,

und das Geld kann er einmal nicht halten — ein grosses Unglück! Meine Verwandten sind entrüstet über das Benehmen meiner Kinder, — den[n] Sie[!] sehen wie ich mich abplage u. abkränke, – das habe ich nicht verdient! — Ich könnte mir meine Lage so verbessern, meine beiden Schwestern nehmen mich sofort zu sich, doch ich bin wegen den[!] Kindern gezwungen, so ein mühseliges Leben zu führen. Oft frage ich mich selbst: nach wem sind Sie[!]?[!] Nicht nach mir, nicht nach den armen → Adolf. — Seit der Zeit wo Egon von mir auszog², seit dieser Zeit ist er so geworden. Er kam in schlechte Gesellschaft an der es ja in einer Großstadt nicht mangelt — u. doch glaube mir ich gib[!] ihn nicht verloren ich kenne mein Kind. Du kennst eben das Gefühl nicht wenn man Kinder hat, u. hören muß wie die Verwandten nur Schlechtes über sie wißen[!] ich glaube oft mir bricht das Herz! — Wenn ich eine leichtsinnige Mutter wäre ev[entuell] mich um nichts kümmern würde, dann würde es mich nicht wundern, aber so sehen ja Alle wie ich lebe. Seit Dienstag voriger Woche ist Egon bei mir — wo soll er hin — das Geld ist ausgegangen nun ist die Mutter wieder gut. — Brieflich lässt sich eben nicht alles angeben, — aber mich schaudert wenn ich denke das[!] Egon in kurzer Zeit nach meinem Ermessen beinahe 1000 K³ ausgab u. ich muß mit monatlichen 133 K mein Auslangen finden ohne Abzüge! — Schrecklich! Es thut mir leid, daß Du nicht mehr Vormund sein willst, den[n] glaube mir trotzdem Ihr mich meinem Kinde vis-a-vis lächerlich machtet, habe ich das nie gethan, und Egon immer zum Gehorsam ermahnt. Meinen Verwandten kann ich es gar nicht sagen daß Du die Vormundschaft aufgibst — u. warum sollst Du Dich solchen Aufregungen aussetzen ich sehe es ja vollkommen ein, aber was nun? — Ich muß jemand haben der sich meiner energisch annimmt, die Kinder müssen folgen. Ich wollte schon 2mal die Obervormundschaft in Anspruch nehmen immer wieder zögerte ich, was soll ich machen? Rathe mir.
Gleichzeitig theile ich Dir mit, daß ich Deinen Wunsch nicht erfüllen kann betreffs der Unterschriften von Schwiegerpapas Schwester es sind nur Anerkennungsschreiben, Ernennungen, glänzende Hochschulzeugniße etc. noch in meiner Verwahrung. Eine Antwort erwartend bin ich mit bestem Grusse D.[eine] Schwägerin   Marie."
G. P. 32   [107]

1 Marie Schiele war Vormünderin ihrer beiden unmündigen Kinder Egon und → Gertrude. Sie brauchte einen neuen Mitvormund.
2 Es steht nicht fest, wann Egon von seiner Mutter auszog.
3 Die Zahl könnte auch „2000" gelesen werden. Aber auch 1000 Kronen wären, nach damaligen Begriffen, außerordentlich viel Geld. Man vergleiche die kümmerliche Pension der Mutter.

15. VI. 1910
→ Leopold Czihaczek, L. a. s., 4 pp. 8°. An → Marie Schiele, Wien IX. Sobieskigasse 16.
„Neulengbach Mittw[och] 15/6 1910
Liebe Marie, Dein Schreiben vom 14ten l. M. [laufenden Monates] worin Du den Erhalt meiner Briefe vom 6/6 u. 13/6 l. J. [laufenden Jahres] bestätigest, habe ich soeben bekommen. — Ich bedaure sehr die tristen Verhältnisse, unter denen Du zu leiden hast, und woran in erster Linie die Unbotmäßigkeit und Ungezogenheit des Egon schuld trägt — wie Du ganz richtig in Deinem Schreiben bemerkt hast. Ich habe als Mitvormund — denn Vormund bist Du — Alles gethan um Egon am richtigen Pfade zu erhalten, aber leider Alles[!] umsonst. — Weder Güte noch Strenge nützten etwas. — Bodenlos freche lügnerische Briefe und Worte, habe ich für alle meine väterlichen Ermahnungen geerntet. Er führte in letzter Zeit ein Lotterleben. —
An der Akademie hat er, wie er sich brüstete, einen „Wirbel" gemacht; unter seinen Kollegen d[e]tto, und nun glaubte er auch den Vormund derart traktieren zu können. Aber, da hat er die Rechnung ohne den Wirt gemacht. — Bei meinem vorgerückten Alter und meinen labilen Gesundheitsverhältnissen kann ich mir derartiges nicht bieten lassen. — Vederemo! Er wird schon sehen, ob die Bäume in den Himmel wachsen. Möge Deine Hoffnung, bezüglich seiner Besserung in Erfüllung gehen! —
An den fehlenden Fragmenten der Schriften, die Du mir durch → Gerti geschickt hast (rote Rolle), ist mir nicht viel gelegen, da ich selbe nicht unbedingt benötige. Hingegen brauche ich alle Hochschulzeugnisse, Briefe, Anerkennungsschreiben u. sonstige Schriften, welche auf den leider uns, und der Mitwelt, viel zu früh entrissenen → Ludwig Schiele Bezug haben, resp.[ektive] von ihm herrühren, unbedingt, weil ich seine Biographie¹ schreibe, und manche Daten hieraus schöpfen könnte. Ich bitte Dich also, mir Obgenanntes umgehend zur Verfügung stellen zu wollen, damit ich in meiner für das Ministerium bestimmten, der Vollendung entgegensehenden Arbeit, nicht aufgehalten werde.
Ich schließe für Portospesen, Rekomandationsgebühren etc. die beiliegenden 10 K [bei] und bitte nochmals um umgehende Übersendung der in Rede stehenden Behelfe, u. zw. [und zwar] Alles inbegriffen. Mit besten[!] Gruß
L. Czihaczek."
E. S. A. 502; eigenhändige Kopien bei G. P. 36   [108]

1 L. Czihaczeks Biographie von Ludwig Schiele erschien tatsächlich 1910. [E. S. A. 840.]

21. VII. 1910 [Poststempel]
→ Arthur Roessler, C. a. s. [Glowe auf Rügen, Bauerngehöft]. Herrn Kunstmaler Egon Schiele, Krumau an der Moldau
„Ostseebad Glowe auf Rügen (Deutschland) Strand Hotel M. l. [= Mein lieber] E. S. So sieht ein Bauernhof od.[er] eine Fischerhütte auf der Insel Rügen aus. Mir gefällt's hier gut. Arbeiten Sie? Warum sandten Sie keine Zeichnungen? Wo blieb das Blumenbild? — Hierher bitte mir nichts zu schicken. Gruß   R—r.¹"
E. S. A. 531   [109]

1 Bisher die erste schriftliche Mitteilung Roesslers an Schiele.

DOKUMENTE UND KORRESPONDENZ 1910

? VII. 1910

An Professor Otto Prutscher. Abschrift eines L. a. s.
„Donnerstag Juli 1910
Lieber Professor Otto Prutscher[1], wofür die 40 K? Danke!
Ich habe dem Herrn Oberbaurat → Wagner und dem Herrn
→ Werndorfer[!] [geschrieben] warum ich 100 K brauche,
wissen Sie davon? — Ich vermute, daß → Hoffmann nicht in
Wien ist. — Ein böser Sommer, wäre ich lieber allein hier![2]
Unumgänglich brauch[e] ich halt 100 K um nach Wien zu-
rückzukommen, ich will gleich retournieren sobald ich von
Brüssel[3] den ausständigen Betrag erhalte. Ecklig grünes
Geld! — Aber ich hab viel, sehr viel neues gearbeitet und
werde mich freuen, wenn Sie mich in Wien besuchen tun.
Sie sind nicht böse — schreiben Sie mir, ja? Ihr Egon Schiele.
Krumau, Fleischgasse, Böhmen"
E. S. A. 1065/28, Verbleib des Originals ungeklärt [110]

[1] Otto Prutscher (1880—1949), Architekt, Kunstgewerbler.
[2] Schiele hatte anscheinend für → Anton Peschka Ausgaben.
[3] Honorar für seinen Entwurf von Metalltreibarbeiten für das Palais Stoclet?

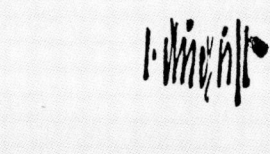

1. VIII. [1910]

An Thomas Amarich[1], Wien XVIII. Ladenburggasse 82,
L. a. s., 1 p. 8°. Aus Krumau. Mit eigenhändigem Kuvert.
„1. August.
Lieber Thom ist noch Zeit bis Ende August mit den Holz-
schnitten für die ‚Originalzeitschrift'[2] die Ihr tut? Beste
Grüße   Egon Schiele
          zz. [zur Zeit] in Krummau Böhmen bis 9. August
Wien IX. Alserbachstraße 39."
W. ST. B. 154.832   [111]

[1] Thomas Amarich, keine Daten feststellbar.
[2] Nicht feststellbar, um welche Zeitschrift es sich handelte. Die Stelle ist der
früheste Hinweis darauf, daß Schiele erwog, sich als Holzschneider zu be-
tätigen. Es gibt in seinem graphischen Œuvre zwei Holzschnitte, die aber erst
im Sommer 1916 entstanden.

[112]

25. VIII. 1910

An → Gertrude Schiele, Wien IX., Sobieskigasse 14—16,
1. Stock, C. a. s. [Krumau, Baderbrücke]
„25. Aug. 1910
Ich habe tatsächlich einen schönen spiritistischen Fall heute
erlebt, ich war wach doch gebannt von dem Geist, der sich
vor meinem wach werden[!] im Traum angemeldet hat, solange er mit mir gesprochen hat, war ich starr und sprachlos.
Egon."
Rückseite [von der Hand → Anton Peschkas]:
„Liebstes Fräulein Gerti! — Egon ist wieder hier und arbeitet sehr viel! — Er zeichnet alle die hübschen...[1] die ich hier
kennen lernte und er unterhält sich gut mit ihnen! — Momentan ist er auf der Suche nach einem größeren Raum da
er gerne groß malen möchte (die Porträts von den...[1]); —
Krummau gefällt mir eigentlich immer besser...[1] hier sind sie
sehr lieb zu uns sodaß wir noch einige Zeit bleiben werden! — Wie geht es ihnen[!] immer was treiben Sie in
Wien? — Sind Sie noch am Leben man hört ja gar nichts
von ihnen[!] — Egon redet in der Nacht immer vorige
Nacht, sagte er, sei sein Papa[2] bei ihm gewesen und es sei

[111]

wirklich gewesen nicht im Traum — er habe viel zu ihm gesprochen!
Abs.[ender] A. Peschka Krummau, Fleischgasse 133."
G. P. 31 [112]

1 Alle so bezeichneten Stellen der Karte haben getilgten Text.
2 Anton Peschka folgend muß man annehmen, daß es Schieles Vater war, der ihm erschienen ist. Ein erster Hinweis auf das Trauma, das der Tod des Vaters bei Schiele auslöste.

30. VIII. 1910

→ Dr. Erwin von Graff, C. a. s. [Ansicht von Lignano]. An Schiele, Krumau, Fleischgasse 133
„30. August 1910.
Lignano. L.[ieber] Sch[iele]! Wir haben wegen der Cholera den Plan nach Venedig zu reisen aufgegeben und sind hier bis ca. [zirka] 20. Sept.[ember] ebenso primitiv wie billig in einem Albergo, das den stolzen Titel „Hotel Central" führt untergebracht. Briefe und Besuche erreichen uns am besten via Latisana, einer Station an der Strecke Triest—Venedig. Das Seebad ist sehr schön und von uns abgesehen fast menschenleer. Kommen Sie! Ihr   Graff."
E. S. A. 25 [113]

14. IX. 1910

An → A. Roessler, C. a. s., Absender: Schiele IX. Alserbachstraße 39.
„Mittwoch
Danke! — Also lieber Herr Rössler[1], wenn es Ihnen morgen recht ist, bitte kommen Sie, ich bin ab ½10^h im Atelier. — Bitte bringen Sie das Japanpapier mit, — ja? Es grüßt Sie Ihr   Egon Schiele."
W. ST. B. 180.628; R., B. & P., p. 43, falsch datiert [114]

1 Wir halten hier für alle nachfolgende Korrespondenz fest, daß Schiele den Namen Arthur Roesslers immer falsch, nämlich zumeist „Rößler", schreibt.

16. IX. 1910 [Poststempel]

An → A. Roessler, C. a. s., Absender: Schiele, IX. Alserbachstraße 39
„Freitag.
Lieber Herr Rößler ich habe vergeblich gestern und heute auf Sie gewartet, ich bin morgen Vormittag auch hier, wenn Sie kommen wollen. — Wenn ich kommen soll so bitte ich wenn Sie mir schnell schreiben wollen. Ihr   Egon Schiele."
W. ST. B. 180.548; Gl. 1 [115]

[vor dem X. 1910]

Grußpostkarte eines C. Minkus aus Torbole, Gardasee. An „Egon Schiele, Maler-Künstler, Wien IX. Alserbachstraße 39".
E. S. A. 997 [116]

6. X. 1910

An → A. Roessler. C. a. s. Absender: Schiele IX. Alserbachstraße 39
„Lieber Herr Rößler, bitte kommen Sie statt morgen Freitag erst am Sonntag vormittags wenn es Ihnen möglich ist, ich ändere das ganze Porträt[1] und muß verschiedenes überdenken. — Heute war → O. Wagner bei mir. Es grüßt Sie bestens Ihr   Egon Schiele."
W. ST. B. 180.629; R., B. & P., p. 43 [117]

1 Es handelt sich um das Bild „Bildnis Arthur Roessler", 1910.

—

An → Arthur Roessler, L. a. s., 1 p. 8°
„Lieber Arthur Rößler, jetzt am Heimweg werde ich zum Tischler gehen und Ihnen den Rahmen bestellen, dann werde ich das rötelich[1] — rote — R.r.[2] Bildnis signieren und fotografieren lassen, alles das, gerne, gerne. — Wenn ich wieder da sein werde schreib ich Ihnen, Donnerstag. Ihr
Egon Schiele."
W. ST. B. 180.630; R., B. & P., pp. 43/4 [118]

1 Roessler liest: „röselich".
2 Handelt es sich um „Bildnis Arthur Roessler", 1910?

—

An → Arthur Roessler, L. a. s., 1 p. 8°
„Lieber R. R.—R. Nicht wahr Sie lassen über Ihre zwei neuen Bilder 20 cm breite, flache Rahmen machen? [Skizze für den Rahmen und Maße] Bestens   Egon Schiele."
W. ST. B. 180.560; Gl. 13 [119]

10. X. 1910

An → A. Roessler, C. a. s. Absender: Schiele, IX. Alserbachstraße 39.
„Lieber, lieber Herr Rößler morgen Dienstag kann ich nicht da sein (daß Sie nicht umsonst herkommen vielleicht) aber wenn Sie können am Mittwoch Vormittag so bitte ich. Ich habe gestern und heute vergeblich gewartet. Die schönsten Grüße sendet Ihr   Egon Schiele."
Bitte bereiten Sie die 10 weibl.[ichen] Aktstudien vor, damit ich sie morgen früh abholen kann ich muß sie dem → K.[oloman] Moser bringen."
W. ST. B. 180.549; Gl. 2 [120]

15. X. 1910 [Poststempel]

An → A. Roessler, Grußpostkarte [Bellaria im Fürstlich Schwarzenbergschen Hofgarten] mit „Ihr E. S." Aus Krumau.
W. ST. B. 180.550; Gl. 3 [121]

[um den 15. X. 1910]

An → Dr. Oskar Reichel[1]. „Herzliche Grüsse Egon Schiele, Krumau" auf einer Ansichtspostkarte [Schloßgraben von Krumau].
W. ST. B. 161.644 [122]

1 Bisher die erste schriftliche Mitteilung Schieles an den Sammler Dr. Oskar Reichel.

[um den 15. X. 1910]

An → Josef Hoffmann, VII. Neustiftgasse 32 [Wiener Werkstätte], L. a. s., 3 pp. 8°. Aus Krumau, Fleischgasse 133.

„Lieber Herr Professor Hoffmann wie geht es Ihnen, ich habe Sie durch zwei Wochen täglich bei mir erwartet. — Ich werde, wenn Sie mir nicht früher schreiben können, einen Entwurf in der richtigen Größe gezeichnet bis längstens Freitag an die Werkstätte[1] schicken. — Ich habe jetzt 6 neue größere Arbeiten gemalt, bei Gelegenheit könnten Sie sich doch diese im Atelier IX. Alserbachstraße ansehn, das Atelier wird offen sein zu jeder Tageszeit, der Schlüssel dafür ist beim Portier, also bitte wen[!] Sie wollen können Sie mitnehmen.
Die Neuen:
„Generation"[2] „Porträt Frl. O. G."[4] „Porträt Maler Z."[6]
„Mutter"[3] „Porträt Frau „Porträt Dr. von Graff"[7]
Dr. M. Horv"[5]
ferner sehen Sie Neue:
„Stilleben"[8]   „Tote Stadt"[9]   „Erntelandvision"[10]
und eine Reihe Zeichnungen. Sie wissen nicht, wie dankbar ich Ihnen bin, weil Sie noch nicht auf mich vergessen haben, eben ein jüngster Beweis. Ich bin frei — wie gut! Wenn etwas Besonderes sein sollte werde ich nach Wien kommen, heute fahr ich wieder nach Krummau. Auf Wiedersehen mit den besten Grüßen Ihr   Egon Schiele"
W. ST. B. 159.463   [123]

1 Wiener Werkstätte. Es handelt sich entweder um „Poldi Lodzinsky" (Glasfensterentwurf für das Palais Stoclet, Brüssel), 1910, oder um die im Brief Nr. 104 erwähnte Metalltreibarbeit.
2 wie auch 4, 5, 8 und 10 nicht nachweisbar.
3 „Mutter mit zwei Säuglingen", 1910.
6 „Bildnis des Malers Karl Zakovsek", 1910.
7 „Bildnis Dr. Erwin von Graff", 1910.
9 „Tote Stadt I", 1910.

[124]

17. X. 1910[1]

An → A. Roessler, L. a. s., 1 p. klein 8°. Mit eigenhändigem Kuvert. Absender: Schiele, Wien IX. Alserbachstraße 39.
„Unter dem weißen Himmel.
Jetzt seh[e] ich die schwarze Stadt wieder, die immer gleich geblieben ist, in ihr gehen die Stubenhockerhäusler[2] wie immer — die Armen —, so arme, das rauschrote Herbstlaub riecht ihnen gleich. — Wie wohl ist aber der Herbst in diesem Windwinterland. Ihr   Egon Schiele
Bitte Freitag so um 12ʰ könnte Ihr Bildnis[3] abgeholt werden, — ja?"
W. ST. B. 180.632; R., B. & P., p. 44   [124]

1 Datum übernommen von Roessler.
2 Schiele fand diesen Ausdruck in dem Gedicht von Arthur Rimbaud: „Die Stubenhocker". Er besaß ein Exemplar der Inselausgabe, Leipzig 1907: „Arthur Rimbaud, Leben und Dichtung", übertragen von K. L. Ammer, eingeleitet von Stefan Zweig. Seine Gedichte sind sichtlich von Rimbaud beeinflußt.
3 „Bildnis Arthur Roessler", 1910.

[125]

17. [?] X. 1910 [Poststempel Krumau]

An → Dr. O. Reichel. Wien XIX. Schimanigasse 11 [statt: Chimanigasse]. L. a. s., 1 p. klein 8°. Mit eigenhändigem Kuvert. Absender: Schiele, Alserbachstraße 39.
„Ich wollte Sie sollten mit mir alle die rauschroten Blätter hören am sonnigen Morgen von wo ich Sie grüße
        Egon Schiele."
Privatbesitz, Schweiz
R., B. & P., p. 143, E. S. A. 1065/31 [Abschrift]   [125]

18. X. 1910

An → A. Roessler, Grußpostkarte [Gruppe ländlicher Personen vor ärmlichen Häusern] „Ihr E. S." Aus Krumau.
W. ST. B. 180.551; Gl. 4   [126]

—

An → A. Roessler, Grußpostkarte [Krumau, Teilansicht des Belvedere] „E. S."
W. ST. B. 180.552; Gl. 5   [127]

—

An → A. Roessler, Grußpostkarte [Gruppe von Kindern vor kleiner Kirche] „Beste Grüsse Ihr Egon Schiele". Aus Krumau.
W. ST. B. 180.553; Gl. 6   [128]

—

An → A. Roessler, C. a. s. [Tanzende in alter Tracht vor einem Podium]
„Die Rosenberger vor 600 Jahren als Krummau zur Stadt erhoben wurde. Ihr   Egon Schiele."
W. ST. B. 180.554; Gl. 7   [129]

18. X. 1910 [laut Notiz auf dem Brief]

An → A. Roessler, L. a. s. 1 p. klein 8°. Aus Krumau
„Dem H.[errn] → Kosmak[!] gebe ich das Porträt[!] um 100 bis 200 K[ronen] er möge wählen und wie wir s.[agten] jede 14 Tage 20 K [zahlen] also soll er doch am 1. Nov. mit 40 K beginnen. Ich denke an meine Übersiedlung und an das alles, darum sag ich's. — O, wären Sie hier im herrlichen Herbst. Beste Grüße Ihr   Egon Schiele."
W. ST. B. 180.633; R., B. & P., p. 44 [mit Veränderungen].
                                                        [130]

21. X. 1910

→ Willy Lidl. L. a. s., 4 pp. klein 8°
„Krumau, den 21./X. 10
Egon! Die ganze Welt bäumt sich auf gegen mich. Und sie wird mich noch erdrücken. In der Schule haben sie mir furchtbare Vorwürfe Deinetwegen gemacht, und ich hab[e] Dich so unendlich lieb, ich lebe nur für Dich. Wenn Du bei mir bleibst, dann werde ich stark, doch verläßt Du mich wird es mein Tod. Egon ich bin müde. Hast Du mich lieb? Gib mir Gewißheit, sonst geschieht ein Unglück. Mir brennt das Gehirn. Sei nicht hart. Ich will mich Dir opfern nur bleib[e] bei mir. Komme bald Du hast mir es ja versprochen.
                                                 Lidl Willy"
[Fortsetzung auf p 3]:
„Die Blumen sind erstorben. Sie hat der Vampyrfrost ausgesogen. Die Blätter wirbeln ins zerzauste Gras. — Ich will hinsinken in den Teppich des Parkleibes, doch der erschauert und stöhnt. Du, grausamer hast mich in meiner Sommerpracht nicht bewältigen können, so tust Du es in meines Absterbens Stunde. Und die Schwäne trauern
                                            dem Erkennenden¹."
E. S. A. 944   [131]

¹ Man wird guttun, diesen Brief als Produkt eines überspannten jungen Menschen anzusehen und nicht als Zeugnis einer homosexuellen Bindung.

? X. 1910

An → Dr. Oskar Reichel, Wien XIX., Schimanigasse [statt Chimanigasse] 11, L. a. s., 1 p. 8°. Auf Briefpapier mit liegender Initiale P [vermutlich Briefpapier der Galerie → G. Pisko]. Mit eigenhändigem Kuvert.
„Lieber Herr Dr. Reichel, ich habe gehört daß Sie Ihre beiden Zeichnungen von mir für neue austauschen wollen, was mir auch sehr angenehm ist. — Ich sende Ihnen einige der

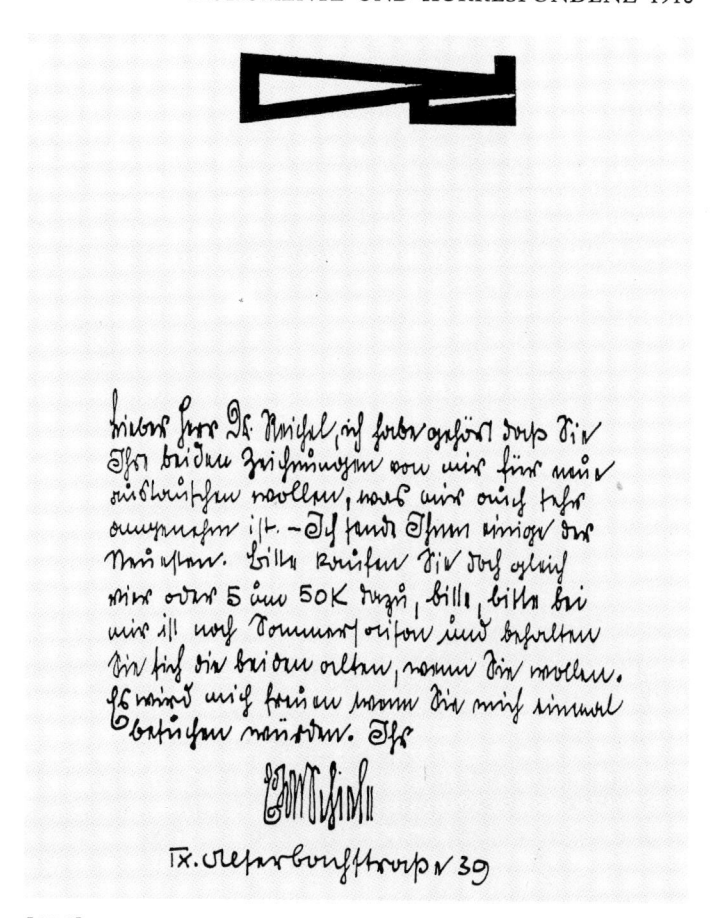

Neuesten. Bitte kaufen Sie doch gleich vier oder 5 um 50 K dazu, bitte, bitte bei mir ist noch Sommersaison und behalten Sie sich die beiden alten, wenn Sie wollen. Es wird mich freuen wenn Sie mich einmal besuchen würden. Ihr
                                        Egon Schiele
                                        IX. Alserbachstraße 39."
W. ST. B. 159.466   [132]

5. XI. 1910

An → A. Roessler, C. a. s. Absender: „Schiele, XII. Grünberggasse 31"
„Lieber Herr R. R.—r. Danke bestens für das „heutige Mittagkipfel"¹ mir ist das ‚Moos'² ausgegangen, vollständig, bitte sind Sie so gut und schicken Sie mir einige Kr.[onen] bitte so, daß ich's Montag früh habe, ja? — Ich will Ihnen gleich wieder, sobald ich für das „Reinerbubenbild"³ K.[ronen] habe die einigen zurückgeben. Was ich sicher erwartet habe ist nicht eingetroffen. — → Klimt hatt[!] schönes erzählt. Bitte. Ihr   E. S."
W. ST. B. 180.635; R., B. & P., pp. 45/6 [mit Verbesserungen]   [133]

¹ Anscheinend half Roessler damals mit Nahrungsmitteln aus [siehe auch die Briefe vom 7. XI. 1910].
² Moos = Geld.
³ „Bildnis Herbert Rainer", 1910.

DOKUMENTE UND KORRESPONDENZ 1910

[nach dem 5. XI. 1910]
An → Dr. Oskar Reichel, L. a. s. [Kartenbrief]
„Lieber, lieber Herr Dr. O. R. mir ist alles Geld ausgegangen ich mußte jetzt bei dreihunderten[!] K.[ronen] bezahlen, bitte, bitte bringen Sie mir morgen Samstag 20 K. bitte, es ist so notwendig — sonst habe ich Nichts zu Mittag. Also sind Sie lieb und bemühen Sie sich zu mir morgen, ja? — Sie können alles haben von mir. Sie steigen Stadtbahn Nußdorferstraße ein und fahren 15—20 Minuten bis Schönbrunn, bitte kommen Sie! Ich warte [auf] Sie bis 12ʰ mittags. Bestens
Egon Schiele
XII. Grünbergstraße 31."
Privatbesitz, Schweiz [134]

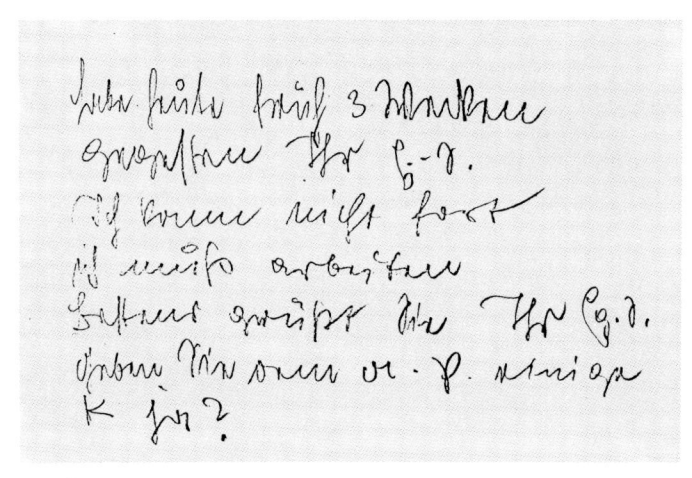

[135]

7. XI. 1910 [laut einer Notiz]
An → Arthur Roessler, L. a. s. in Bleistift, 1 p. 8°. Mit eigenhändigem Kuvert mit liegendem P [Briefpapier von → G. Pisko?]
„Habe heute früh 3 Wecken gegessen. Ihr E. S. Ich kann nicht fort ich muß arbeiten. Bestens grüßt Sie Ihr   Eg. S.
Geben Sie dem A. P. [→ Anton Peschka] einige K. ja?"
W. ST. B. 180.636; R., B. & P., p. 46 [135]

nach dem 7. XI. 1910 [laut Roessler]
An → A. Roessler, L. a. s., 1 p. 8°
„Mein lieber Herr R. R.—r. ich erwarte die gnädige Frau morgen Mittwoch nachmittags zum malen[!]¹ und Sie. Bitte bringen Sie mir ein Heft von ‚Sport und Salon' ja? Vielen Dank für die 5². Wie wohl mir war. Bestens Ihr
Egon Schiele
Suchen Sie sich dafür 1 Zeichnung aus!"
W. ST. B. 180.637; R., B. & P., p. 46 [136]

1 Schiele malte Frau Ida Roessler erst 1912.
2 Schiele schreibt ganz deutlich „5". Roessler hat „50". Gemeint sind Kronen.

8. XI. 1910
→ Heinrich Benesch, L. a. s., 4 pp. 8°. Mit eigenhändigem Kuvert. An „Herrn Egon Schiele, Maler, Wien XII., Grünbergstraße 31"
„Wien, am 8. Nov. 1910
Liebwerter Herr Schiele! Anbei retourniere ich mit bestem Danke das mir freundlichst zur Verfügung gestellte Feuilleton. Ich ersehe daraus, daß sich auch Strzygowski¹ damals noch nicht durchgerungen hatte, wohl aber schon ahnte, was in dieser Gruppe der Jüngsten, vornehmlich Ihnen, steckt.
Mein Kopf ist heute noch etwas wirr von den neuen und gewaltigen Eindrücken, die ich gestern bei Ihnen empfangen habe und insbesondere steht mir noch das kleine fertige Porträt von Herrn → Reininghaus² vor Augen. Wäre es, verehrter Herr Schiele, Ihnen nicht möglich, mir dieses Porträt zu überlassen? Sie haben es zwar beiseite gelegt, vermutlich um es groß auszuführen, aber ich würde ja gerne warten, bis Sie es nicht mehr benötigen. Freilich sind meine Mittel sehr bescheiden (die Herren → Kahrer und Katzler³ werden Ihnen dies gerne bestätigen) so daß ich bei aller Anstrengung hiefür nicht mehr aufzubringen vermöchte als 60 Kronen. Ich bitte Sie, lieber Herr Schiele, erfreuen Sie mich, den aufrichtigen Schätzer Ihrer Kunst durch Ihre Zusage. Sehen Sie ab von der Geringfügigkeit des Betrages und legen Sie meine Liebe zu Ihrer Kunst mit in die Wagschale. Dieser und nicht mir zuliebe bitte ich Sie, mir die Erfüllung dieses Wunsches nicht zu versagen . . . Ihr sehr ergebener   Heinrich Benesch
Wien, X/2, Ghegaplatz 4, 2. St.[ock] T.[ür] 26."⁴
P. 2 [137]

1 Joseph Strzygowski (1862—1939), bedeutender Kunsthistoriker, schrieb unter anderem „Die bildende Kunst der Gegenwart", 1907. Möglich, daß sich H. Beneschs Bemerkung auf eine Stelle dieses Buches bezieht.
2 Es handelt sich wohl um eine im Brief vom 16. XI. 1911 wieder erwähnte Zeichnung. Interessant, weil sich auch → Carl Reininghaus sehr früh für Schiele interessiert hat.
3 Einer der jungen Künstler, die H. Benesch sammelte, bevor er zu einem der hervorragendsten Sammler von Zeichnungen Schieles wurde.
4 Bisher der erste Brief von Heinrich Benesch an Schiele.

16. XI. 1910
→ Heinrich Benesch, L. a. s., 3 pp. gr. 8°
„Wien, am 16. November 1910.
Sehr verehrter Herr Schiele! Bei meinem letzten Besuche war ich durch Ihre Munifizenz so überrascht und befangen, daß ich glaube, mich nicht einmal ordentlich bedankt zu haben. Ich bitte Sie daher, verehrter Künstler, hiemit meinen herzlichsten Dank für Ihre Güte entgegen zu nehmen. Ich habe mich in die Betrachtung Ihrer Arbeiten vertieft und komme immer mehr zur Erkenntnis Ihrer machtvollen künstlerischen Eigenart, die anfänglich abstößt, um später umsomehr gefangenzunehmen.
Das Bild von Herrn → Reininghaus¹ wird — trotz des Widerspruches meiner Frau, den Sie ihr verzeihen werden — eingerahmt und die übrigen Blätter werden in einer Mappe aufbewahrt. Um Eines bitte ich Sie noch, lieber Herr Schiele, stecken Sie von Ihren Skizzen, was immer es sein möge, auch von den kleinsten unscheinbarsten Sachen, nichts in den Ofen. Bitte schreiben Sie auf Ihren Ofen mit Kreide folgende Glei-

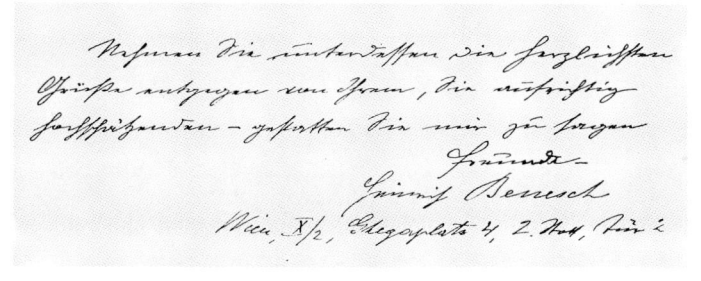

[138]

chung: ‚Ofen = Benesch' und wenn Sie ausmustern und für die ausgemusterten Sachen absolut keine andere Bestimmung haben, als den Ofen, so lesen Sie vor dem Autodafé obige Inschrift und schreiben Sie mir auf einer Karte nichts anderes, als: „Du oder der Ofen" und wenn ich nicht just in China bin, komme ich noch am selben Tage, den Kehraus abzuholen. Dieser Abfall Ihrer Künstlerwerkstatt ist für mich insoferne von grossem Werte, als er mir die Möglichkeit bieten würde, mich in Ruhe in Ihre künstlerische Eigenart, die mich, wie ich Sie ja wohl nicht zu versichern brauche, in hohem Maße interessiert, zu vertiefen und sie ganz verstehen zu lernen; denn, künstlerische Persönlichkeiten, wie die Ihre, begreift man nicht am ersten Tage.

Wenn Sie, liebwerter Herr Schiele, noch eine Nachmittagstunde für mich übrig haben, in der ich den Rest Ihrer Arbeiten, den ich noch nicht kenne, sehen kann, so gestatten Sie mir, nochmals zu kommen und zwar bitte ich den Tag (Wochentag) ganz nach Ihrem Belieben zu wählen. So gerne ich zu Ihnen komme, will ich doch nicht lästig fallen. Was immer ich vorhaben mag, werde ich zurückstellen, wenn Sie mich rufen. Nehmen Sie unterdessen die herzlichsten Grüße entgegen von Ihrem, Sie aufrichtig hochschätzenden — gestatten Sie mir zu sagen Freunde — Heinrich Benesch
Wien, X/2, Ghegaplatz 4, 2. Stock, Tür 26."

E. S. A. 234 [138]

1 Das „Bild" ist vermutlich eine Zeichnung.

23. XI. 1910

An → Arthur Roessler. Grußpostkarte [Feldkirch, Illpartie].
„Bestens Ihr E. S. 10"

W. ST. B. 180.555, Gl. 8 [139]

—

An → Anton Peschka, Wien XII. Grünbergstrasse 31, Atelier Schiele[1]. Grußpostkarte „E. S. 10" [Feldkirch, Vorarlberg].

G. P. 39 [140]

1 Peschka wohnte demnach 1910 in Schieles Atelier.

27. XI. 1910

An → Arthur Roessler, C. a. s. [Korrespondenzkarte]. Absender: „Schiele XII., Grünbergstraße 31"
„Lieber R. R. R. Wenn Sie morgen Montag oder übermorgen Dienstag zu mir kommen, bitte ich Sie mir Ihre Zeichnung[1] von mir die Landschaft mit den grünbraunen Feldern und der schwarzen Kapelle oben mitzunehmen ich glaube Sie leihen mir's gern aus der der ‚Gewitterberg'[2] wird. — → Klimt war bei mir, er will mit mir Zeichnungen tauschen, und wird nächste Woche mir sitzen[3], weil, — weil er den → „O. Wagner"[4] sah. Bestens Ihr S. 10."

W. ST. B. 180.639; R., B. & P., p. 47 [141]

1 Es handelt sich vermutlich um die Zeichnung der Albertina, Inventar Nummer 26.668, Ausstellung Klimt-Schiele, Wien, Albertina, 1968, Nr. 163, die Schiele für ein Bild verwenden wollte. Siehe Abbildung 62.
2 „Gewitterberg", 1910.
3 Es kam zu keinem Porträt Gustav Klimts.
4 „Bildniskopf des Architekten Otto Wagner", 1910. Wahrscheinlich sah Klimt das ganze Bildnis, aus dem Schiele später den Kopf herausschnitt und ihn A. Roessler schenkte.

29. XI. 1910 [Poststempel]

An → Josef Hoffmann, L. a. s., 1 p. 8°. Mit eigenhändigem Kuvert: „Schiele, Grünbergstraße 31"
„Lieber Josef Hoffmann — wird jetzt garnichts verkauft von meinen Zeichnungen? — Ich habe vom → Osthaus 50 K. erhalten, für Zeichnungen? Es steht nichts dabei, ebendies möchte mich interessieren. Hoffendlich[!] kann ich meine Ausstellung im Frühjahr machen, ich arbeite andauernt[!], und werde 20 Bilder haben. Warum kommen Sie nicht am[!] Tivoli[1] früh werden Sie schon Zeit haben Bestens Ihr
Egon Schiele."

W. ST. B. 151.359 [142]

1 Meierei Tivoli nahe dem Schloß Schönbrunn, wo → Gustav Klimt regelmäßig sein Frühstück im Kreise von Freunden einzunehmen pflegte. Schiele wohnte damals unweit davon.

[nach dem 29. XI. 1910]

An → Dr. Oskar Reichel, L. a. s., 1 p. 8°
„Mein lieber Dr. O. R. besten Dank für die 50.—, aber ich meinte ein Bl.[att?] Kronen[1] 100.— ich brauche wirklich von heute auf morgen unumgänglich noch die 50.—. Erfreuen Sie mich noch damit und schicken Sie mir's oder kommen Sie doch einmal um 9h am Tivoli[2]. → Reininghaus schrieb mir, daß er dieser Tage zu mir kommt, ich werde telephonieren an Sie, wenn Sie erlauben, mit ihm zu kommen. Bestens
Egon Schiele."

E. S. A. 1065/34, Abschrift. Verbleib des Originals ungeklärt [143]

1 In der Abschrift steht versehentlich: „Schilling".
2 Siehe Brief vom 29. XI. 1912.

? XI. 1910

An → Arthur Roessler, L. a. s., 1 p. 8°
„Samstag.
R. R. R.[1] wird es Dienstag möglich sein, daß die gnädige Frau kommt?[2] Bitte es wär[e] mir sehr recht.
Warum könnte nicht eine große internationale Kunstschau im Künstlerhaus sein? — Ich habe dies dem → Klimt erzählt. Z.[um] B.[eispiel] jeder Künstler hat seinen eigenen Saal, oder sein eigenes Zimmer. — Rodin[3], → van Gogh, Gauguin[4], → Minne, die letzten zehn Jähr[?] angef.[ertigten?] Klimte[!], Toorop[5], Stuck[6], Liebermann[7], Slevogt[8], Korinth[9], Mestovich[10], u. s. w. [und so weiter] nur bildende Kunst. Welch ein Schrei für Wien! — Katastrophe! Ihr E. S.

DOKUMENTE UND KORRESPONDENZ 1910

Grüßt Sie auf Wiedersehn, Handk.[uß] a. g. Fr. [an gnädige Frau]."
W. ST. B. 180.638; R., B. & P., p. 47 (dort korrigiert) [144]

1 Die von Egon Schiele gewählte Abkürzung von Roesslers Namen als Anrede entspricht zum Großteil der von Roessler gewählten Signatur in der Arbeiter-Zeitung.
2 Schiele malte erst 1912 das „Bildnis Ida Roessler".
3 Auguste Rodin (1840—1917), Bildhauer.
4 Paul Gauguin (1848—1903), Maler.
5 Jan Toorop (1858—1928), belgischer Maler, von Einfluß auf Klimt.
6 Franz von Stuck (1863—1928), Maler. Es lassen sich von ihm gleichfalls Einflüsse auf Klimt nachweisen.
7 Max Liebermann (1847—1935), Maler und Graphiker.
8 Max Slevogt (1868—1932), Buchillustrator und Maler.
9 Lovis Corinth (1858—1925), Maler.
10 Ivan Meštrović (1883—1962), kroatischer Bildhauer.
Schiele beschäftigte sich, wie wir in der Folge sehen werden, viel mit den Möglichkeiten des Organisierens von Ausstellungen. Merkwürdig ist, daß er eine Ausstellung im Künstlerhaus vorschlägt. Er mußte doch wissen, warum die Klimtgruppe 1898 dort ausgetreten war. Beachtenswert die von Schiele vorgeschlagene Auswahl. Interessant, daß Namen wie → Hodler und → Munch fehlen.

? XI. 1910 [nach Roessler]

An → A. Roessler, L. a. s., 1 p. 8°
„Lieber Herr R. r.r. Montag nicht kommen! — Verzeihen Sie! — Es ist noch nichts fertig. Bitte, und ich bitte die gnädige Frau es möge Ihr[!] Mittwoch nachm.[ittag] möglich werden. — Danke herzlich für das kleine gebänderte „Frühstücksbrötchen" und für die Möbel. Bestens grüßt Sie und Handkuß an gnädige Frau   Egon Schiele."
W. ST. B. 180.634; R., B. & P., p. 45 [145]

? XI. 1910[1]

An → A. Roessler, L. a. s., 1 p. Klein 8°
„Lieber Herr R. R—r. morgen Donnerstag kommt schon der kl.[eine] Reiner [!] H.[2] den ich male. Geht's nicht Freitag nachmittags? — Ich freue mich Sie wieder bald zu sehen! Bestens Ihr   Egon Schiele.
An gn.[ädige] Frau Handkuß! Bis Stadtbahnhaltestelle Schönbrunn fahren!"
W. ST. B. 180.559; Gl. 12 [146]

1 Das Datum ergibt sich aus dem Nachsatz, in dem die Stadtbahnhaltestelle Schönbrunn erwähnt wird. Schiele wohnte damals Wien XII., Grünbergstraße 31.
2 Der Name wurde von Glück mit Steiner gelesen. Schiele malte im November 1910 sein „Bildnis eines Knaben", das zumeist als „Rainerbub" bezeichnet wird. Der Sohn Dr. Rainers hieß mit Vornamen Herbert [L., p. 555].

? XI. 1910[1]

An → A. Roessler, L. a. s., 1 p. 8°
„Rößler! — → Reininghaus ist nervös. Er sagte seit den[!] betreffenden Theeabend, wo er bei Ihnen war rührt seine Abstößigkeit her. Also ich weiß nicht was Sie mit Ihm[!] hatten. — → Peschka hat dem → Dr. Reiner[!] sein Forellenwasser um 40 K[ronen] gegeben; Dr. Reiner ist aber ihm noch 40 K. schuldig. — Bitte bei nächster Gelegenheit seien Sie so gut und teilen Sie dem Dr. Reiner mit er möge doch diese 40 K. dem Peschka schicken, ja? Bitte — wenn Sie können kommen Sie am Samstag zu mir. Bestens   E. Schiele."
W. ST. B. 180.562; Gl. 15 [147]

1 Die Datierung versuchsweise, da Schiele um diese Zeit am Bildnis des jungen Rainer malte und hier den Namen Dr. Rainer (immer unrichtig geschrieben) mehrfach erwähnt.

5. XII. 1910 [Poststempel]

An → A. Roessler, C. a. s. Absender: „Schiele, XII. Grünbergstraße 31"
„Krampus[1].
Mein lieber R. R. R. Also morgen Dienstag vor- oder nachmittag, wann Sie wollen, Jah.[!] auf wiederschaun[!].
          E. S. 10."
W. ST. B. 180.556; Gl. 9 [148]

1 Am Vorabend des St.-Nikolaus-Tages (6. XII.) kamen in Wien gabenspendende Nikolos mit kettenklirrenden, rutenschwingenden Teufeln (Krampus) in die Häuser.

11. XII. 1910, Poststempel

An → A. Roessler, C. a. s., Absender: „Schiele, Grünbergstraße 31"
„M. l. R. R. R. [= Mein lieber Roessler]
Ich habe vergessen zu sagen daß ich morgen Sonntag nachm.[ittag] um ½3 bei meinen Angehör.[igen] sein muß. — Wenn Sie aber wollen können Sie zu jederzeit in mein Atelier. Ihr   E. S. 10."
W. ST. B. 180.557; Gl. 10 [149]

27. XII. 1910, Poststempel

An → Arthur Roessler, Grußpostkarte [Triest, S. Giusto]
„Ihr E. S. 10".
W. ST. B. 180.558; Gl. 11 [150]

[151]

[? XII. 1910]

An → Arthur Roessler, L. a. s.
„Lieber R. R. ich will wissen, wer mein Bild die Selbstseher[1] bekommt, vielleicht gib[!] ich's demjenigen gar nicht. — Nicht j e d e r soll von mir was haben.   Egon Schiele."
W. ST. B. 180.640; R., B. & P., p. 48 [dort mit Absenderadresse: Wien XII., Grünbergstraße 31]   [151]

1 Gemeint ist sein Bild „Selbstseher", I. 1910.

[152]

[1910?]
Egon Schiele, eigenhändiger Namenszug [ungewöhnlicher Art] auf einer Visitkarte.
G. P. 20 [152]

[1910?]
Aphorismen [eigenhändig?]
„Schauen kann auch der Maler, S e h e n ist aber doch mehr"
„Der Maler ist noch nicht der Künstler, es ist der Geist, der Kunst geschaffen hat."
nach L. p. 8, ohne Angabe der Quelle [153]

1910[1]
Eigenhändige erste Niederschrift einer Dichtung. In Bleistift, 1 p. groß 8°
„Ich habe die ewigen Frühlingsalleen und den tobenden Sturm vorerst gesehen und mußte Abschied nehmen, — immerwährend Abschied nehmen von allen Orten des Lebens. Die ebenen Länder waren um mir[!] in den ersten Tagen; damals hörte und riechte[!] ich schon die Wunderblumen, die sprachlosen Gärten, die Vögel. Die Vögel? — in dessen[!] Augen ich mich rosa sah mit glänzenden Augen? — Die Vögel sind tot. — Oft weinte ich mit halben Augen als es Herbst war. Alsdann freute ich mich über den herrlichen Sommer und lachte, als ich mir selbst im Sommer den weißen Winter malte. Ich träumte im Lenz von der allgemeinen Musik alles Lebenden. Bis dort war die Freude; dann begannen die Mußezeiten[2] und die leblosen Schulen. Ich kam in endlose tote Städte und betrauerte mich. In der Zeit erlebte ich den sterbenden Vater. Meine rohen Lehrer waren stets mir die größten [dieses Wort gestrichen] Feinde.
Jetzt muß ich mein Leben beleben!
[Und — dieses Wort gestrichen] Endlich kann ich [die scheidenden Sterne und — diese vier Worte gestrichen] die freigiebige Sonne wiedersehn und frei sein."
E. S. A. 20. Teilweise verwendet von R., B. & P., pp. 18—19
[154]

[154]

1 Die Gedichte Schieles sind zumeist undatiert. Laut Roessler sind sie in den Jahren 1909 und 1910 entstanden. Daher bringen wir auch undatierte hier, am Ende des Jahres 1910. Die in der Zeitschrift „Die Aktion" abgedruckten sind unter dem Datum des Erscheinens des betreffenden Heftes eingeordnet. Dem aufmerksamen Leser wird nicht entgehen, daß Roessler als Herausgeber nicht mit der gebotenen Sorgfalt vorgegangen ist, sondern vielmehr willkürlich aus Fragmenten Schieles — zum Teil sicherlich unter Zusetzung eigener Worte — veröffentlicht hat. Siehe die nachstehend abgedruckte „Skizze zu einem Selbstbildnis" im Vergleich zu obigem Gedicht.
2 Schiele meinte wohl: „Mußzeiten", wie es auch richtig in Roesslers Wiedergabe heißt.

„Skizze zu einem Selbstbildnis
In mir fließt altes deutsches Blut und oft spür' ich der Vorfahren Wesen in mir. Ein Urenkel des Justizrates Friedrich Karl Schiele, ersten Bürgermeisters von Bernburg im Herzogtum Anhalt,
wurde ich am 12. Juni 1890 in Tulln an der Donau durch einen Wiener als Vater aus einer Krummauerin als Mutter geboren. Die bildhaft nachwirkenden Eindrücke der Kindheitszeit empfing ich von ebenen Ländern mit Frühlingsalleen und tobenden Stürmen. Es war mir in jenen ersten Tagen, als hörte und roch ich schon die Wunderblumen,
die sprachlosen Gärten,
die Vögel, in deren blanken Augen ich mich rosa gespiegelt sah.
Oft weinte ich mit halben Augen als es Herbst war.
Wenn es Lenz war, träumte ich von der allgemeinen Musik des Lebens,
alsdann freute ich mich über den herrlichen Sommer und

lachte, als ich in seinem Prangen mir selbst den weißen Winter malte.
Bis dahin lebte ich in Freude, in wechselnd heiterer und wehmütiger Freude,
dann begannen die Mußzeiten und die leblosen Schulen
Volksschule in Tulln, Realgymnasium in Klosterneuburg.
Ich kam in schier endlos und tot scheinende Städte und betrauerte mich.
In dieser Zeit erlebte ich das Sterben meines Vaters.
Meine rohen Lehrer waren mir stets Feinde. Sie — und andere — verstanden mich nicht. Die höchste Empfindung ist Religion und Kunst. Natur ist Zweck; aber dort ist Gott, und ich empfinde ihn stark, sehr stark, am stärksten. Ich glaube, daß es keine „moderne" Kunst gibt; es gibt nur eine Kunst, und die ist immerwährend."
Nach R., B. & P., pp. 18/19 unter teilweiser Verwendung der vorangehenden eigenhändigen Niederschrift Schieles und, vermutlich, Interpretationen aus eigener Feder. [155]

Wir verwiesen schon im Text des ersten Kapitels auf den merkwürdigen Umstand, daß Schiele hier einen völlig unbedeutenden Justizrat, nicht aber seinen bedeutenden Großvater erwähnt. Auffällig sind, unserer Meinung nach, die ersten Zeilen bis zum Wort „geboren"; der sichtbare Einschub „Volksschule in Tulln..."; das Fehlen einer Erwähnung des Besuches der ersten Klasse des Realgymnasiums in Krems; die Zeile: „Sie und andere — verstanden mich nicht", samt den hier kaum passenden Satz über die moderne Kunst. Es sei aber darauf verwiesen, daß der erste Abdruck dieser „Skizze zu einem Selbstbildnis" durch Roessler in seinem Aufsatz „Egon Schiele" in der Zeitschrift „Bildende Künste", Wien, März 1911, erschien [siehe Nr. 198]. Soll man also annehmen, daß Roessler seitens Schiele zu ähnlichen „Verbesserungen" seiner Niederschriften ermächtigt war?

Selbstbildnis

Ich bin alles zugleich, aber niemals werd' ich alles zu gleicher Zeit tun.
Nach R., B. & P., p. 19 [156]

Selbstbildnis

Ich bin für mich und die, denen die durstige Trunksucht nach Freisein bei mir alles schenkt, und auch für alle, weil alle — ich auch liebe, — liebe.
Ich bin von Vornehmsten der Vornehmste — und von Rückgebern der Rückgebigste. —
Ich bin Mensch, ich liebe den Tod und liebe das Leben[1].
Nach R., B. & P., p. 19 [157]

[1] Man beachte, daß die letzten beiden Absätze verändert in „Die Aktion" 16. V. 1914 abgedruckt sind. In obiger Wiedergabe möglicherweise eine Manipulation Roesslers.

Selbstbildnis

Ein ewiges Träumen voll süßesten Lebensüberschuß —
rastlos, — mit bangen Schmerzen innen, in der Seele. —
Lodert, brennt, wachst nach Kampf, — Herzenskrampf.
Wägen — und wahnwitzig rege mit aufgeregter Lust. —
Machtlos ist die Qual des Denkens, sinnlos, um Gedanken zu reichen. —
Spreche die Sprache des Schöpfers und gebe. — Dämone!
Brecht die Gewalt! —
Eure Sprache, — Eure Zeichen, — Eure Macht.

Dort oben auf dem weit waldumrandeten Pauschenland geht langsam der lange weiße Mann blaurauchend und riecht und riecht die weißen Waldwinde, er geht durch die kellerriechende Erde. — Und lacht und weint. —
Nach R., B. & P., p. 20 [158]

Roessler hat anscheinend zwei Gedichte Schieles aneinandergefügt. Wir bringen untenstehend eine Wiedergabe nach Schieles Originalhandschrift:

„Ein Selbstbild

Dort oben auf den[!] weit waldumrandeten Rauschenland
geht langsam der lange weiße Mann blaurauchend
und riecht und riecht die weißen Waldwinde.
Er geht durch die kellerriechende Erde
und lacht und weint.
                Egon Schiele 1910"
Nach H. M. 1968, Nr. 52, p. 62. Kleines Archiv, Walther Jary, Wien [159]

Abgedruckt mit der Überschrift „Beobachtung" in „Die Aktion", Berlin 1915, Heft 3/4.

Staatsmann

Zum Zwecke, Stufenmauern auf Mauern, Berge auf Berge, gleichmäßig. — Sterbliches Leben, Tod.
Nach R., B. & P., p. 20 [160]

Anarchist

Wo was Groß anhob, glich ihm die Einwelt:
Gott war ohn' all' ohne. Hin lief ich, ihn spür', ihn riech' ich.
So bist Du —, Ohr, Wind, Mund, so ist Dir die ist: Form.
O! Zische zeternde Zirze, dehne weit deine Beine. Sturm jammert und ruft. Rufe Du, Rufe! Ohn' Alles, ohn' Kampf, streichle so Luft. Baue Berg, bringe bald boshafte Büsche.
Nach R., B. & P., p. 20 [161]

Anarchist — Sonne

Koste Roter! rieche wiegende weiße Winde, schaue an am All: Sonne, gelbglitzernde Sterne schaue, bis dir wohl ist und du mußt schließen die Augen. Hirnwelten funkeln dir um in deinen Höhlen. Laß zittern dir die innigen Finger, taste am Elemente, der du durstig taumelnd dir suchen mußt, springend sitzt, laufend liegst, liegend träumst, träumend wachst. Fieber fressen Hunger und Durst und Unlust, Blut fugt sich durch.
— — — — — — — — — — — —
Schaue an, Vater, mich, der du doch da bist, umstricke mich, gib mir: Nähe, Weite, laufe ab und auf, rasend, Welt. — Strecke jetzt deine edlen Knochen. Reiche mir weiches Ohr, schöne blaßblaue Wasseraugen. — Das, Vater, war da. Vor Dir bin ich.
Nach R., B. & P., p. 21 [162]

Das Porträt des stillbleichen Mädchens

Eine Pollution meiner Liebe, — ja. Alles liebte ich. Das Mädchen kam, ich fand ihr Gesicht, ihr Unbewußtes, ihre Arbeiterhände; alles liebte ich an ihr. Ich mußte sie darstellen, weil sie so schaut und mir so nahe war. — Jetzt ist sie fort. Jetzt begegne ich ihrem Körper.

Nach R., B. & P., pp. 22/3 [163]

Weißer Schwan

Über den moosriechenden, schwarzumrandeten Parksee gleitet im regenbogenfarbenen Schaum der hohe ruhige runde Schwan.

Nach R., B. & P., p. 23 [164]

Ährenfeld

Leuchtendes Hellicht durchschwält runzlige Erde. Sonnen atmen auf und nieder, erwärmen reichlichen Boden. Gelbe Flächen durchkreuzen steil ein sattiges Grün, sie wachsen näher und zeigen uns hier die gelben Atome, die spielen vor Lust an dem Leben.

Nach R., B. & P., p. 24 [165]

Nasser Abend

Ich habe lauschen gewollt des kühl atmenden Abends, der schwarzen Wetterbäume, ich sage: der schwarzen Wetterbäume; dann der Mücken, der klagenden, der groben Bauernschritte, der fernhallenden Glocken, die Regattenbäume hören, die Wettlaufalleen sehn und Mücken singen wie Drähte im Windwinterland. Aber der große schwarze Mann brach ihre Saitenklänge. — Die aufgestellte Stadt war kalt im Wasser vor mir.

Nach R., B. & P., p. 24 [166]

Tannenwald

Ich kehre ein in den rotschwarzen Dom des dichten Tannenwaldes, der ohne Lärmen lebt und mimisch sich anschaut. Die Augenstämme, die dicht sich greifen und die sichtbare nasse Luft ausatmen. Wie wohl! — Alles ist lebend tot.

Nach R., B. & P., p. 25 [167]

[168]

—

Egon Schiele, erste Niederschrift einer Dichtung in Bleistift, 2 pp. groß 8°
„Wer[?] von lebend Primbegabten[?]
wollen[!] nicht schau[e]n
Wunder
und forschen im
eigenen Geiste
der Welten
Geleite?
Das ewige Kommen
Sein,
und Vergehn,
der Zukunft
Träume
und der Jetztzeit[!]
Geduldigkeit.

DOKUMENTE UND KORRESPONDENZ 1910

Wünsche
werden Luft
in diesem All.
Welcher ist es
von den geistig
Begabten
Dem Natur gleich ist
ein Problem der
heiligen Künste?
Würden die meinen
sie ist das Erzeugnis
von menschlicher Hand?
Künstler ist vor allem
der geistig hochbegabte,
Ausdrückende der
Ansichten von
denkbaren Erscheinungen in
der Natur.
Sie seien Forscher, denen
die Natur vorerst
nahe kommt und
sie zeigt um es
mitzuteilen der Mitwelt.
Künstler empfinden leicht
das zitternde große Licht,
die Wärme,
das Atmen der Lebewesen
das Kommen und
Verschwinden.
Sie ahnen
die Ähnlichkeit
der Pflanzen
mit Tieren,
und der Tiere
mit dem Menschen,
und die Ähnlichkeit des Menschen
mit Gott.
Sie sind nicht Gelehrte,
die aus Ehrgeiz
Bücher fressen, —
Sie sind selbst.
Religion ist ihnen
Empfindungsgrad.
Nie werden sie
äußerliche
Geberden[!] tun,
oder in Bethäuser geh[e]n
um zu hören,
nie werden sie hier
Andacht spüren. —
Nein, draußen
im tobenden Herbststurm
oder hoch auf Felsen
wo Edelblumen sind
für sie,
können sie
ahnen,
Gott.

Gram können
sie äußerlich überwinden
doch Innen bohrt dieser
und schmerzt bedenklich.
Sie sind Auserlesene,
Früchte der Mutter Erde
die gütigsten Menschen.
Sie sind leicht erregbar und
sprechen die ihrige Sprache.
— — — — — — —
Doch was ist Genius?
Ihre Sprache ist die der Götter
und sie leben hier im Paradies.
Diese Welt ist ihnen ihr Paradies.
Alles ist Gesang
und Göttergleich.
Leicht ist jede Arbeit für Sie
Die Künste sind die Blumen
in den Garten, die sie brechen,
in den Lüften leben sie, im melodischen Dasein doch
innig sind sie verbunden
mit der Welt.
Sie kennen keine Beschwerden.
Alles was sie sprechen
brauchen sie nicht ergründen,
Sie sagen es,
es muß so sein, — aus Überbegabtheit.
Sie sind Entdecker.
Göttliche, hochbegabte
allseitige, allwissende — —
bescheidene lebende Wesen.
Ihr Gegensatz ist der Prosaist,
der Alltagsmensch.
Schon als Kind
ist er unbekümmert
über die Zukunft.
Sie essen und trinken
und schlafen, dasselbe
Einerlei Tag für Tag.
Sie lernen
und studieren
arbeiten körperlich
und geistig zum
Überdruß.
Sie wissen nicht
die Tage des Lenzes
genießen das Höchste
menschliche, die
Liebe.
Auswendig leiern
sie diese
schon, die ABC Schützen
der Liebe.
Sie sind weit von
der Welt und die
äußerlichsten Wesen.
Zorn, Habsucht und
Ehrgeiz, reich sein

an Geld äußert
sich mit Vorliebe
in abstufenden Geberden[!]
Sie pummeln[!] ihr
Leben lang
im Staat und
suchen nie die
Natur zu ergründen,
pfeifen leicht verständliche
Operetten und lesen
zum Genuße
Romane.
Der Bauer gleitet
rastlos mit seinem Pflug
entlang der Furchen
vom Morgen bis Abends spät,
Trinkt und ißt und ruht
Mittags — eine Stunde.
Dann geht die Arbeit fort
und abends sitzt er
im Wirtshaus um zu verdummen.
So geht es Tag für Tag
und immer senkt die Sonne ihre Strahlen
und vieles Wasser fließt."

G. P. 14a und 14b (Abschrift). 14a trägt den folgenden Vermerk von der Hand Anton Peschkas: „Original Konzept des Malers Egon Schiele (Mai 1919 [sicherlich Schreibfehler für 1909])..." Wir bringen das bisher unbekannte Gedicht, ohne uns an Peschkas Angabe zu halten, hier im Zusammenhang mit den anderen Gedichten. [168]

63 „Selbstbildnis mit schwarzem Tongefäß", Öl auf Holz, 1911 [L. 194].

VII. Schiele und Wally Neuzil; Ausweisung aus Krumau 1911

Wir wissen über Schieles Beziehungen zu Frauen vor dem Jahre 1911 so gut wie nichts. Er selbst erwähnt einmal in einem Gespräch die Opferbereitschaft eines seiner Modelle namens Ida, mit der er vermutlich eine Zeitlang befreundet gewesen ist. Ein anderes Mal schreibt ihm → Dr. Erwin von Graff, Gynäkologe — Schiele malte ihn 1910 —, daß er eine Patientin in die Universitäts-Frauenklinik aufgenommen hätte, von der er lediglich die Initialen L. A. angibt, die „unglücklich über Schieles Untreue sei" [siehe Nr. 102], Sieht man von einer dichterischen — und wie uns scheinen will willkürlichen — Aufschlüsselung dieser Initialen ab, so fand sich auch über diese Bindung kein näherer Hinweis[1].

Das Jahr 1911 brachte eine entscheidende Änderung in Schieles Leben. Er hat — möglicherweise durch wohlmeinende Empfehlung → Gustav Klimts, dessen ehemaliges Modell sie war — Wally Neuzil kennengelernt, die nicht nur bis zu seiner Verheiratung 1915 das von ihm bevorzugte Modell war — es gibt viele Zeichnungen nach ihr und auch einige Bilder, auf denen man sie erkennen kann[2] —, sondern auch vier Jahre lang seine Freundin war und ihm über die weiter unten geschilderte, sicher sehr unangenehme Ausweisung aus Krumau und die Affäre von Neulengbach hinweg die Treue hielt.

Man kann sich von ihr, die vier Jahre jünger als Schiele war, nach den wenigen erhaltenen Amateurfotografien kein rechtes Bild machen. Auch Schriftliches gibt es nicht von ihr, außer Grüßen und einem belanglosen Schreiben in Mietangelegenheiten. In der Literatur kommt sie nur am Rande vor. Arthur Roessler erwähnt, daß Schiele sie „Zwitscherlerche" genannt habe, und schreibt — anscheinend etwas verstimmt oder zumindest erstaunt —, daß Schiele 1913 nicht allein, sondern „in Begleitung seines Modells" als Gast zu ihm nach Altmünster gekommen sei[3]. Und in seinen schriftlich hinterlassenen Erinnerungen schildert er die letzte Aussprache zwischen Egon und Wally in einem Hietzinger Kaffeehaus[4]. Man kann annehmen, daß die vielen erotischen Zeichnungen, von denen in der Affäre von Neulengbach die Rede sein wird, zum Großteil nach Wally entstanden sind.

In der Familie Schieles erzählt man, daß sie beim Abschiednehmen geweint und erklärt habe, nichts im Leben mehr zu bereuen, als Schiele seiner Braut vorgestellt zu haben[5]. Diese Mitteilung bleibt aufklärungsbedürftig, denn wir haben schriftliche Beweise dafür, daß Schiele selbst die Aufmerksamkeit der beiden → Harms-Mädchen, die ihm vis-à-vis wohnten, zu erwecken gesucht hat. Es könnte aber so gewesen sein, daß er Wally, die nach einer nicht zuverlässigen Quelle gleichfalls in Ober St. Veit gewohnt hat[6], dazu veranlaßte, die Vermittlerin zu spielen.

Fest steht jedoch, daß → *Edith Harms* ganz eindeutig auf einer klaren Trennung Egons von Wally bestand [siehe Nr. 772], und daß Wally sich, untröstlich und verzweifelt darüber, deshalb zum Kriegseinsatz als Rote-Kreuz-Schwester gemeldet hat. Sie ist, das haben wir nach schwierigen Nachforschungen erheben können, am 23. Dezember 1917 — also ein dreiviertel Jahr vor dem Tod des Ehepaares Schiele — in einem „K. K. Marodenhaus" in Sinij (bei Split, Dalmatien) an einer Scharlacherkrankung gestorben[7].

Im Mai hatte Schiele durch die Vermittlung des bereits erwähnten Gymnasiasten → Lidl endlich in Krumau gefunden, was er suchte.

„*...Ich war also in Krummau[!] um eine Arbeits- und Wohnstätte zu suchen, und siehe es ist das schönste gefunden; ich will Ihnen erzählen und erzählen von meinen kommenden Tulpengärten, meinem entstehenden Terassenhäuschen, — kommen Sie! ..."*

[an Arthur Roessler, vor dem 11. IV. 1911]

und im Juni schreibt er:

„*...Die Wohnung ist sehr hübsch wo ich im Winter sein werde. Ein Zimmer davon hat 4 Fenster und ist nicht so besonders groß, ich hab mir's weiß streichen lassen, mit zitrongelben Fensterrahmen die werde ich demnächst anstreichen. Sonst ist alles weiß-schwarz..."*

[an Arthur Roessler, 28. VI. 1911]

Etwas früher hat es noch geheißen:

„*...Ich heiße bei den Kindern der Herrgottsmaler weil ich in diesen Malhemd im Garten gehe; ich zeichne an verschiedenen Kindern und alten Frauen, Ledergesichtern, Trotteln..."*

[an Arthur Roessler, 25. V. 1911]

Und damit haben wir schon das Stichwort: die Kinder. Sie liefen anscheinend bei ihm ein und aus. Durch seine „wilde Ehe" mit Wally war er der Bevölkerung bald ein Dorn im Auge. Man betrachtete mißtrauisch sein Tun und nahm Anstoß daran. Was letztlich den Ausschlag gegeben haben mag, wissen wir nicht. Stimmt die von Arthur Roessler gegebene Information, daß die späterhin in Neulengbach beschlagnahmte erotische Zeichnung in Krumau entstanden ist[8], dann könnte man vermuten, daß auch hier schlecht verwahrte erotische Zeichnungen die Bevölkerung skandalisierten, die vielleicht über Kindergeschwätz davon erfuhr. Man muß außerordentlich massiv gegen den Künstler und sein Modell vorgegangen sein, denn plötzlich ist das Idyll von Krumau zu Ende:

„*...Sie wissen wie gern ich in Krummau[!] bin; und jetzt wird es mir unmöglich gemacht: die Leute boykottieren uns einfach weil wir rot sind. Freilich könnte ich mich dagegenstellen, auch gegen alle 7000 aber die Zeit habe ich nicht dazu... Das Übrige kann ich Ihnen erst erzählen. Ich muß bis 6. August ausgezogen sein..."*

[an Arthur Roessler, 31. VII. 1911]

64 Schiele und Wally Neuzil. Vergrößerung der einzigen Amateuraufnahme, die von ihm und seinem Lieblingsmodell existiert.

65 „Wally in der roten Bluse", Bleistift, Aquarell und Deckfarben, 1913. Schiele malte und zeichnete Wally Neuzil oftmals.

Man wird guttun, seine Worte „weil wir rot sind" genau abzuwägen. Als „rot" wurde vor 1914 jeder bezeichnet, der nicht regelmäßig in die Kirche ging. Nach allem, was uns bekannt ist, war Schiele kein politisch Gebundener. Wir glauben vielmehr, sein „Rot" als Gegensatz zum „Schwarz-Gelb" deuten zu sollen. Das waren die Farben der Monarchie, und für manche unter den Jungen, die wie jede Jugend sich in Opposition dazu stellte, waren sie ein Symbol für übertriebenen Patriotismus und Militarismus. Abgesehen von einigen Bemerkungen Schieles über die Kriegslage 1914 bis 1918 und über die Zukunft des Landes nach dem Krieg hat sich in seiner Korrespondenz keine Zeile gefunden, die man politisch deuten könnte. Auch gibt es Gespräche mit Leuten, die ihn kannten und betonen, daß er eher eine naiv-idealistische Natur gewesen sei[9]. Roessler, das sei in diesem Zusammenhang betont, war zwar Kritiker der sozialdemokratischen „Arbeiter-Zeitung", unserer Meinung nach aber eher ein Bürgerlich-Liberaler.

Die Krumauer Bevölkerung also erzwang seinen Weggang. Es war dies die erste ernst zu nehmende Warnung, daß er nicht ungestraft sein Großstadtleben in kleinen Städtchen würde fortsetzen können. Wir wiesen schon darauf hin, daß es auf dem Lande zwar auch Armut und Neugier gab, nicht aber unbeaufsichtigte und verwahrloste Kinder wie in der Stadt. Merkwürdigerweise ist er aber, zwei Jahre später, wieder mit Wally nach Krumau zurückgekehrt — allerdings wohnte er diesmal in einem Gasthof[10].

Nach Wien zurückgekommen, fand Schiele Mitte August im westlich von Wien gelegenen Neulengbach ein neues Heim. Wieder ist er enthusiastisch und vermeint, von der Landschaft auch künstlerisch angeregt zu werden:

„... Vom Buchberg bei Neulengbach übersieht man das herrlichste Felderland das ich kenne, was man vom Krummauer Turm an Häusern sieht, sieht man dort an Feldern..."

[an Anton Peschka, 29. VIII. 1911]

Das Haus, Au 48, das er mietete — es ist übrigens in beinahe unverändertem Zustand erhalten —, liegt inmitten blühender Wiesen. Heute am Rande der Ortschaft, damals mit Sicherheit weitab und vollkommen isoliert. Man hat von dort einen schönen Blick auf die Schmalseite des auf einem bewaldeten Hügel liegenden Schlosses. Diese Aussicht hat er auch gemalt, das Bild ist vor kurzem aufgetaucht. Sonst aber läßt sich auf Grund etwaiger Bemerkungen auf seinen Blättern keines dorthin einordnen. Die Umgebung von Neulengbach ist an sich reizvoll. Schiele — darauf haben wir schon hingewiesen — war aber um diese Zeit nicht mehr jener Landschaftsmaler, der einst die Umgebung von Klosterneuburg zu erfassen versuchte. Neulengbach war ihm ein billiger Aufenthaltsort, viel billiger als irgend etwas, das er in Wien hätte finden können. Noch dazu lag es verkehrsmäßig — das übersehen wir leicht — damals viel günstiger als heute. Denn man konnte mit den zahlreich verkehrenden Lokalzügen direkt von der Station Hauptzollamt [jetzt „Wien-Mitte"] — also von der Stadtmitte aus — bequem in dreißig Minuten dorthin gelangen.

Das Jahr 1911 bringt ihm literarische Anerkennung. Arthur Roessler läßt im Verlag der Brüder Rosenbaum eine (kurzlebige) Zeitschrift: „Bildende Künstler" erscheinen. Heft 3 ist Egon Schiele gewidmet. → Paris Gütersloh, einer der „Neukünstler", schrieb in diesem Jahr sein „Egon Schiele — Versuch einer Vorrede"[11]. Es wurde wiederabgedruckt im Katalog der Ausstellung, die Schiele im Oberlichtsaal der → Galerie Miethke in der Dorotheergasse 11 [heute Kunstabteilung der Wiener Versteigerungsanstalt „Dorotheum"] veranstaltete.

„... Schiele war voll der kühnsten Erwartungen: Seine erste Wiener Ausstellung hatte er im Jahre 1910(!) in der Galerie des Kunsthändlers Miethke in der Dorotheergasse. Ich traf ihn einmal in der Stadt auf dem Wege dorthin. Er wollte sich, wie er sagte, ‚den ersten Tausender holen'. Er brachte aber keinen Tausender heim, ja nicht einmal einen Hunderter..."

[Heinrich Benesch, Mein Weg mit Schiele, New York 1965, p. 35]

Schon im Frühjahr dieses Jahres begann die Verbindung zu → Hans Goltz in München, über die wir im nächsten Abschnitt berichten wollen. Schiele stellte dort im Rahmen der Gruppe „Der blaue Reiter" zum ersten Male in München aus[12].

ANMERKUNGEN

1 Siegfried Freiberg, Ihr werdet sehen... Egon Schiele Roman, Wien 1967, pp. 171, 177, 185, 208. Der Autor nennt ihren Namen: Alma Lorber. Im zitierten Brief jedoch lauten die Initialen: „L. A." Sie sei eine Schülerin in einer der höheren Klassen des Krumauer Gymnasiums gewesen und habe später in Wien studiert. Es ist aber unwahrscheinlich, daß ein wohlbehütetes Mädchen auf eine Empfehlung Schieles in die Universitäts-Frauenklinik eingeliefert worden wäre. Der Autor erwähnt öfters ausführlich auf pp. 182/4 eine vorübergehende Neigung zu einer Akademieschülerin namens Hertha Kessler und bildet nach p. 72 eine Schiele-Zeichnung nach einem jungen Mädchen als „Hertha" ab. Da er sich auf Informationen von seiten der Familie Schiele und anderer beruft, sei auch dies hier mitgeteilt.

2 „Bildnis Wally", 1912; sie ist die Kniende des Bildes „Kardinal und Nonne", 1912; kommt auf dem zerschnittenen Bild „Selbstporträt mit Modell", 1913, vor; ist wahrscheinlich auch auf dem Bild „Trauernde Frau", 1912, dargestellt [siehe A. C., pp. 105 und 224]. Die vermutlich schönste gezeichnete Darstellung ist das bekannte Blatt „Wally in der roten Bluse", 1913, Serge Sabarsky, New York.

3 Arthur Roessler, Erinnerungen an Egon Schiele, Wien 1948, p. 31.

4 „... Nach einem zugleich erregenden und betäubenden Worterguß des einen Mädchens und einem kaum zu stillenden Tränenerguß des anderen, war zwischen beiden das Einverständnis über E. S. [Egon Schiele] zustande gekommen. Wally hatte gegen die, von Edith [Harms, Schieles Gattin] mit virtuoser Beredsamkeit, klug, ja listig vorgebrachten Argumente keine stichhaltigen Gegengründe geltend zu machen vermocht und sich deshalb wohl oder übel dazu entschlossen, ungeachtet ihrer ‚älteren Rechte', ihre Bereitschaft zum Verzicht auf das gemeinsame Leben mit dem Geliebten zu erklären... Und so kam es am nächsten Tag zum letzten Beisammensein von Egon und Wally. Im Café Eichberger, seinem Hietzinger Stammlokal, in dem E. S. fast täglich während der Dämmerstunde eine Partie Karambol [= Billard] zu spielen pflegte, fand das Stelldichein statt, zu dem der Mann mit nicht geringerer Bangnis kam als das Mädchen. Nach der verlegenen Begrüßung schwiegen zunächst beide. Von E. S. war man das gewöhnt, aber nicht von seiner rotblonden ‚Zwitscherlerche', wie er Wally oft kosend genannt hatte. Diesmal sprudelte keine heitere Rede leicht von ihren gern geküßten Lippen... Als dann Wally gar noch das... Schnupftüchlein der Handtasche entnahm... ein untrügliches Anzeichen dafür, daß sie gegen aufquellende Tränen ankämpfte, beeilte sich E. S. aus der Brusttasche seines Rocks einen Briefumschlag hervor zu ziehen und selben Wally mit den gaumig gesprochenen Worten darzubieten: ‚Da steht alles drinn!' — Verwundert und fragend sah das Mädchen den Mann an, der sich angelegentlichst damit beschäftigte, den Zucker in der vor ihm stehenden ‚Theeschale Melange mit Doppelschlag' [1915 hat es wohl sicher keine ‚Teeschale Kaffee mit Schlag(obers)' mehr gegeben und auch kaum dazu servierten Zucker] umzurühren. Sonderbares Tun und Reden von E. S. überraschten Wally zwar längst nicht mehr, aber daß er diesmal, da beide doch zu einer letzten Aussprache zusammengekommen waren, anstatt lebendiger ‚guter Worte' ein Schriftstück gab, mutete sie denn doch befremdend an. ‚Wozu das? Warum schriebst Du? Wir können doch miteinander reden!' meinte sie. — E. S. erwiderte: ‚Lies nur, Du wirst hernach verstehen, warum ich schrieb. Ich will, daß Du etwas Schriftliches von mir in Händen hast, — etwas bindendes.' Und Wally las. — Kurios über die Maßen war, was sie las u. sie wußte nicht, wie ihr dabei zu Mute war, ob sie laut weinen oder lachen sollte, denn das was sie in der zitternden Hand hielt, war kein sentimentaler Abschiedsbrief eines treulosen Geliebten, sondern ein höchst seltsames Dokument, durch dessen Wortlaut sich E. S. gegenüber Wally ernsthaft ‚verpflichtete' mit der Geliebten a. D. [= außer Dienst] ‚alljährlich im Sommer eine mehrwöchige Erholungsreise zu unternehmen!!!' — ‚Aber Egon, wie stellst Du Dir das in Wirklichkeit vor? — Glaubst Du in der Tat, daß Edith das jemals zugeben würde — oder daß ich damit einverstanden sein könnte? Du meinst es sicherlich gut, davon bin ich überzeugt, aber es ist unmöglich, für mich gänzlich unmöglich! — Ich habe verzichtet, ein- für allemal und dabei bleibt es!' — ‚Ja, wenn Du so sprichst, ist eben nichts zu machen; dann müssen wir halt endgültigen Abschied nehmen. Schade! — Denn

unmöglich wäre die Idee nicht gewesen, das darfst Du mir aufs Wort glauben', sagte E. S. resigniert, zündete eine Zigarette an und sah dem aufkräuselnden Rauch träumerisch nach. — Wally dankte dem augenscheinlich Enttäuschten für seine gute Absicht. E. S. wehrte ab, dann dankte er dem Mädchen für all das, was ihre uneigennützige Liebe und Treue, stets hilfsbereite Kameradschaft ihm gegeben. Und dann ging Wally, ohne Tränen, ohne Pathos, ohne Sentimentalität, aber auch ohne Ironie und Skepsis, nur traurig, aber entschlossen das Leben weiter zu lernen. —
Kurz bevor Wally als Krankenschwester an die Front fuhr, verabschiedete sie sich von mir. Dabei erzählte sie mir das vorstehend Berichtete... Arthur Roessler."
Oktober 1943
[im Erinnerungs-Buch an Egon Schiele, E. S. A. 508, pp. 7 bis 11, handschriftlich]; E. S. A. 359 [Abschrift]

5 Mündliche Mitteilung von Gertrude Peschka-Schiele, Frühjahr 1977

6 Siegfried Freiberg, op. cit; p. 283. „Sie wohnt privat in der St. Veitgasse" [Wien, XIII.].

7 Österreichisches Staatsarchiv — Kriegsarchiv, Brief an den Herausgeber, Zahl 27.516/76.

8 Arthur Roessler, Egon Schiele im Gefängnis, Wien, p. 34. Er läßt Schiele wie folgt sprechen: „... aber ein Blatt, das ich in meinem Schlafzimmer mit einem Reißnagel an die Wand hängte — ein in Krumau entstandenes Aquarell — erklärten sie als ‚bedenklich' konfiszieren zu müssen..."

9 A. C., p. 202, nach Gesprächen mit → Professor Dr. Otto Benesch, mit den beiden Schiele-Schwestern und mit der Schwägerin → Adele Harms.

10 siehe 20. V. 1913

11 → Paris von Gütersloh, Egon Schiele. „Versuch einer Vorrede.
Etwas sollten wir endlich fallen lassen: den Begriff Kunst. Das unschädlichere Wort kann bleiben; weil es allein mir genügt, aus den vielen Möglichkeiten öffentlichen Anstoß zu erregen, die der sinnlichen Befriedigung mit dem Gehirn herauszurücken. Man kühle endlich einmal aus vom falschen Rausche vor Kunst. Naht euch doch nicht da mit eurem Denken und mit eurer Logik, wo ihr das Gehirn als Geschlecht funktionieren seht. Habt doch soviel Achtung vor eurem — Geschlecht, um diese Versetzung beleidigend zu finden. Man braucht nicht nach Amerika zu gehen, um Antipode zu sein. Jedes Kunstwerk vermag es billiger und besser, uns diese Clownpose des imaginären Kopfstehens zu verschaffen. Denn zu sagen wissen wir vom Kunstwerke beinahe nichts. Leute, die Gruppen stellen nach berühmten Bildern, sind seiner Urwirkung näher, als die lauten Ekstatiker, weil sie zu ahnen scheinen, daß Bilder nur Gebärden verlangen. Und wenn wir doch sprechen, sind unsere Worte nur die versetzten und zufällig tönenden Gebärden des Körpers, die man in Unkenntniß ihres Willens in der Mundhöhle zusammengedrängt hat. Irgend ein Bild entsteht, wenn die anfänglich erregte Pantomime der Einfälle beginnt in ihrem Lichte und auf dem Orte ihrer Aktion zu erstarren. Ich finde es beinahe unsittlich, da zu reden, wo schon sehr lange geschwiegen wurde. Die Luft ist an die Schwingungen meiner Stimmbänder nicht gewöhnt und reagiert falsch. Also auch das Medium zwischen Bild und mir ist einzurechnen in die Summe der Eindrücke. Ich finde es daher anmaßend die Inszene einer Verführung zu tadeln, wenn das Weib sich hingegeben hat. Ich bin im anderen Theater geladen dabeizusein, wie irgendjemandem, der angeblich im Publikum vorhanden sein soll, ein Drama begreiflich gemacht wird, nicht zu tadeln, was mir fehlt, um den Dichter groß oder klein zu nennen. Alle Kunst geht so an mir vorbei, geht eigentlich nicht mich an, sondern eine dritte, imaginäre Person, die ich nicht kenne, nur ahne. Und alles Interesse, das ich an Kunst habe, stellt sich schließlich als eine mir fremde Funktion heraus, als eine Wirkung des Abglanzes jenes Wesens, das hinter mir steht, und gänzlich im Anschaun des Künstlers, der vor mir steht, versunken ist. Laßt uns sehr leise sein. Und vielleicht in kleinen, beinahe erschrockenen Pausen denken, daß der hinter mir am Ende gar keine Person ist, sondern nur imaginär (was schon nicht mehr vorstellbar ist), und wenn ich mich jetzt so umdrehen könnte, daß dieses Es vorhanden bliebe, vielleicht der Künstler selbst ist, und eigentlich nicht er selbst, sondern er, zurück geführt, komprimiert auf sein Urwesen, reiner Einfall, plastischer Moment der Konzeption, Plazenta... Und er, versunken in das objektivste Anschaun seiner Empfängnis... Ich empfehle die Stille nochmals. Das Drama: Gott hat sich in Maria abgespielt. Den Kritikern zuliebe entstand das Christentum. Weil ein Gesetz der Trägheit den Künstler zwingt die Sekunde seiner Empfängnis in einer ununterbrochenen Kette von immer verschiedeneren Ornamenten, einem sich selbst zeugenden Kinemafilm nicht unähnlich, nach außen zu treiben, je näher er dem physischen Lichte seiner unnotwendigen Geburt kommt, immer mehr mit der Logik der Außendinge zu infizieren bis aus der Hand die letzte, für jenen endgültige Vorstellung des ersten Antriebs in ein zufälliges Material tropft. Ein Stoß wird mitverstanden, indem man ihn weitergibt. So sind mir die meisten Bilder nur Beweise eines schlechten Gedächtnisses, und uns dadurch reizvoll, daß wir nicht wissen, was vergessen wurde. Halb vergessen und ganz entstellt aber wurde der Einfall auf jenem berühmten Malerweg vom inneren Auge zur äußeren Hand. Ihn aus den Trümmern der Vorhandenheiten zu erraten, ihm traumsicher nachzugehen, jede Gerade zu vermeiden, in halluzinativer Überbewußtheit alle Assoziationen, die logisch aufblühen könnten, zu vermeiden, jeden Umweg, jede scheinbar unnütze Kurve als den schnellsten Weg zum Traumziel erkennend, bis ich den schon verblaßten Abdruck des Einfalls in der höchsten Zelle des von ihm tangierten Gehirns wiederfinde: All das bedeutet mir die einzige Möglichkeit dem Künstler irgendwie von Nutzen zu sein. So müßte das abstrakte Denken das nicht absolute Bild verwerfen. Aber meine Sinne, die Farben und Linien hergegeben haben, bitten, meine Wände, die die Wiesen beneiden um Blumen, bitten, meine Geliebte bittet: Bilder! Immer heißer: Bilder!! Ich rechte nicht mit Instinkten. Das Gehirn hat Unrecht, wenn es zu Ende gedacht hat. Ich gebe ihnen die Bilder von Egon Schiele. Ich gehe, meinem neuen Wege gemäß, die Psyche

dieses Malers entlang, und siehe, er kommt mir schon entgegen. Das erschreckt so viele. Sie wußten nicht, daß sie erwartet wurden. Ich fühle, wie mein gieriges Auge die Schleier, die auch noch vor seiner Konzeption wehen, bereits zählen kann; ich begrüße ersehnter eine Landschaft, die ich ausrinnen sehe vom physischen Lichte; ich spüre wie der Atmosphärendruck von den Menschen, die in den Portraits die Stellungen einer ihnen eigentümlichen Willkür einnehmen, hinweggenommen ist, wie ihr Inneres anfängt nach Außen zu steigen, sowie das Blut aus Nase und Ohren tritt auf allerhöchsten Bergen; wie eine neu antretende Flora und Fauna von ungezählten Symbolen das entdeckte Dasein eines so Gemalten begleitet. Jemand tastet über sein Kleid und hinter seinen Fingern entsteht das Schema einer Klaviatur. Die verräterische Spur eines kaum gedachten Tuns. (Portrait des Dichters Thom). Eine Stadt, die er in der Verkürzung von oben herab sieht, nennt er die tote. Weil es jede wird, wenn man sie so ansieht. Der hinterdeutige Sinn der Vogelschau ist unbewußt erraten worden. Der Titel ist als Einfall dem Bilde, das er bezeichnet, gleichwertig. In Bildern, wie die beiden Gedachten, und in der großen Fläche der ‚Delirien' hat Schiele den Weg gefunden, der ihn weit weg von seinen Anfängen führen wird, immer dichter an sich heran, bis er die schrecklichen Gäste, die die Mitternachtsseele des Künstlers plötzlich betreten, so malen wird, wie sie hereinkommen, nicht so, wie sie, verblaßt von der Gewohnheit zu langen Ansehens, fortgehen. Die Erscheinenden, die plötzlich Daseienden, die Panschreie, die schweigend steigende Blase einer fruchthellen Stille, Gott, ehe er Logos wird. Dieser Art sich von der Ebene planvoller Geschehnisse loszureißen ist das ‚Wie' gleichgültig. Die Form erkennt er, als eine der Furchtäußerungen aller Kultur, vom wilden Tier zerrissen zu werden. Klar ist, warum Orpheus nicht zerfleischt wurde. Musik, strengste Form, tönendstes Gesetz. Und gar Technik, ist Atavismus in Gott. Wer hat dazu Zeit? Der Inhalt fällt durch alle Türen, an alle Fenster hallen dumpf die Schläge der Geister, die einen Menschen zitieren. Die Überfülle von Dingen, die der Geburt zuhasten, faßt das Auge allein nicht mehr. Es gilt, sie festzuhalten, zu merken, ehe sie in eine andere Produktivität fallen. Sie müssen bezwungen werden, auf welche Weise immer. Am besten durch irgendeine Art abrupter Mnemotechnik. Am nächsten liegt die Palette. Die also! Da bekommen Farben plötzlich eine Bedeutung: rot ist Funktion, blau, das Absterben einer rotierenden Bewegung, gelb, konjunktivisch, negativ, schließlich der Merkpunkt für Irrsinniges. So hat er sich Farbenstenogramme wahllos zurechtgelegt, und schleudert sie nun über die Fläche, wie einer der brennt Stück für Stück seines Gewandes von sich schleudert. ‚Symbolismus' höre ich sagen. In diesem Worte wurde schon zuviel transpiriert. Man hänge es fort aus der muffigen Atmosphäre des sogenannten Sprachschatzes, und hinein in die reinste Luft. Aber vergesset trotzdem nicht, daß es zwei Fälle Künstler gibt. Solche, die mit ihrem Material, und solche, die trotz ihres Materials etwas erreichen wollen. Erschlaget nicht den Einem mit dem Andern, sondern liebet Beide. Aber der senilen Erotik kritischer Greise sollte man es endlich verbieten, hinter der sinnlichen Form eines Jungen, die auch unkeusch verstanden werden kann, nur das ‚Auch' zu hören; es geht nicht mehr an, einem qualvoll erwachsenden Künstler auch noch die Pubertätsnöte seines Menschen nachzusagen; es sollte ihnen bedeutet werden, daß das Mitleid der Impotenz dem Insinuieren einer Masturbation verdammt ähnlich sieht, und daß irgend ein Künstler das geeignete Objekt ist, seine Kenntnis der pathologischen Nomenklatur daran zu demonstrieren. Denn auch das Morbide, Lasterhafte, Zotige einer Figur, einer Linie, einer Geste hat neben dem Auch-Sinn noch einen Hintersinn ist Chiffre und Stenogramm, ist im Drange des Niederschreibens mit einem willkürlichen Wert belegt worden, und gibt, mit den anderen Worten zusammengelesen, einen Sinn, der weit über dem Vermuteten steht. Wer glaubt, lesen zu können, beginne rechtzeitig dieses neue Buch. Die Künstler beginnen, apokalyptisch zu reden, die Brücke zu den Laien ist morsch geworden, der Strom der Dinge tritt aus seinen Ufern. Wartet nicht bis der letzte Reflex des physischen Lichts, wie ein bronzener Leichnam, hinaustreibt in den Abend einer Psyche."

Verlag Graphische Kunstanstalt Brüder Rosenbaum, Wien [1911]. Mit 6 Abbildungen [Besitz Ing. Norbert Gradisch, Wien]

12 Hans Goltz, L. a. s., an Arthur Roessler siehe Nr. 192.

1911

1911 entstehen 48 Bilder: 16 Landschaften, davon 6 aus Krumau; 12 Porträts, davon 7 Selbstbildnisse und 1 Porträtauftrag [Trude Engel]; 20 Sonstiges

LANDSCHAFTEN:

„Waldlandschaft" [fehlt bei K.; L. 168; Privatbesitz, Wien]

„Haus mit Gartenzaun im Hintergrund" [K. 139; L. 174; Privatbesitz, Wien]

„Krumau bei Nacht" (Tote Stadt) [K. 143; L. 177; Privatbesitz, Wien]

„Rathaus von Krumau" [fehlt bei K.; L. 178; Privatbesitz, Österreich]

„Blick auf Häuser und Dächer von Krumau" [fehlt bei K.; L. 179; Národni Galerie, Prag]

„Stadt am blauen Fluß" [K. 141; L. 180; Privatbesitz, Wien]

„Tote Stadt" (Stadt am blauen Fluß) [K. 140; L. 182; Privatbesitz, Wien]

„Krumauer Rathaus" (mit zwei Mondsicheln) [K. 142; L. 183; durch Bomben vernichtet]

„Herbstbäume" [K. 145; L. 189; Viktor Fogarassy, Graz]
„Landschaft mit smaragdgrünen Baumstützen und rotem Himmel" [K. 171; L. 190; Privatbesitz, Österreich]
„Rabenlandschaft" [K. 146; L. 191; Privatbesitz, Wien]
„Kleiner Baum im Spätherbst" [K. 144; L. 199; Privatbesitz, Wien]

In keinem Oeuvre-Katalog verzeichnet:
„Ansicht des Schlosses Neulengbach"

In der Literatur nachweisbar:
„Ruine" [K. XII; L. XXIV]
„Herbstbäume" [fehlt bei K.; L. XXVIa]
„Bäume" [fehlt bei K.; L. XXVII]

PORTRÄTS:

„Selbstbildnis mit Pfauenweste" [K. 123; L. 169; Privatbesitz, Wien]
„Delirien" (die 5 Köpfe tragen selbstbildnishafte Züge) [K. 138; L. 170; Verbleib unbekannt]
„Propheten" (Doppelselbstbildnis) [K. 130; L. 171; Kunsthandel, New York]
„Lyriker" (Selbstdarstellung) [K. 128; L. 172; Privatbesitz, Wien]
„Selbstseher" (Doppelselbstbildnis) [K. 129; L. 173; Privatbesitz, Wien]
„Vision und Schicksal" (zweifigurige Komposition mit Selbstdarstellung) [K. 131; L. 175; Verbleib unbekannt]
„Mädchen in Schwarz" [K. 125; L. 187; Verbleib unbekannt]
„Bildnis Trude Engel" [K. 126; L. 188; Neue Galerie, Linz]
„Selbstbildnis mit schwarzem Tongefäß" [K. 124; L. 194; Historisches Museum der Stadt Wien]
„Seitwärts gewandtes Gesicht mit geschlossenen Augen" (Fragment) [K. 108; L. 197; Verbleib unbekannt]

In der Literatur nachweisbar:
„Frauenbildnis" [K. XV; L. XXVI]
„Vágó László" [K. XIV; L. XXVIII]

SONSTIGES:

„Die Geburt des Genies" [K. 136; L. 176; von Bomben zerstört]
„Liegende Frau mit hochgereckten Beinen" [K. 127; L. 181; Verbleib unbekannt]
„Zwei stehende Figuren in habitartiger Kleidung" [fehlt bei K.; L. 184; Verbleib unbekannt]
„Prozession" [K. 133; L. 185; Privatbesitz, USA]
„Madonna" [K. 134; L. 186; Viktor Fogarassy, Graz]
„Stilleben mit Zweigen und bunten Tüchern" [K. 147; L. 192; Národni Galerie, Prag]

„Schieles Wohnzimmer in Neulengbach" [K. 149; L. 193; Historisches Museum der Stadt Wien]
„Offenbarung" [K. 132; L. 195; Privatbesitz, Wien]
„Sonnenblumen" [K. 148; L. 196; Österreichische Galerie, Wien]
„Schwangere und Tod" [K. 135; L. 198; Národni Galerie, Prag]

In der Literatur nachweisbar:
„Jesuiten" [K. IX; L. XIX]
„Vision" [K. XVIII; L. XX]
„Eremiten" (klein) [fehlt bei K.; L. XXI]
„Einsamer Mönch" [fehlt bei K.; L. XXII]
„Sommernacht" [K. XIII; L. XXIIa]
„Späte Sonne" [K. XXIII; L. XXIII]
„Heilige" [fehlt bei K.; L. XXV]
„Verklärtes Mädchen" [K. XVI; L. XXIX]

Von L. nicht aufgenommen:
„Zwei betende Eremiten" [K. 137; Privatbesitz, New York]
„Der Entfesselte" [K. VI]

PREISE UND EINNAHMEN:

für „Bildnis Arthur Roessler", 1911, und einige Arbeiten [Brief Arthur Roessler 4. I. 1911] 265 Kronen
für „Bildnis Dr. Oskar Reichel", 1911, und verschiedene Arbeiten [ebendort] 500 Kronen
„Bildnis eines Knaben", 1910 [ebendort], 200 Kronen
„Selbstseher", 1910, von Dr. O. Reichel gekauft [ebendort], 100 Kronen
3 auf Holz gemalte Stadtbilder Krumau [Brief an Roessler 13. VII. 1911] je 100—150 Kronen
Karl Ernst Osthaus erwirbt im Juli 1911 9 Aquarelle für 250 Kronen [L. p. 668]
Bild mit der blauen Moldau [Brief an Benesch 7. VIII. 1911] 80 Kronen
Zeichnungen [Brief Goltz 16. IX. 1911] 20 Mark
„Dame in Schwarz", 1911, 500 Mark; „Die Selbstseher", 1910, 350 Mark; „Vision", 1911, 350 Mark; „Die Eremiten", 1911, 300 Mark; „Tote Stadt", 1911, 160 Mark; „Rathaus in Krumau", 1911, 160 Mark; „Alte Stadt" (unklar) 160 Mark [Brief Roessler an Goltz 30. IX. 1911]
„Farbige Zeichnungen" [Brief Goltz an Roessler 4. X. 1911] je 17 Mark
„Vision", 1911 [Brief Goltz 23. X. 1911 — Roessler verlangte 350 Mark, Goltz wollte das Bild um 550 Mark weitergeben, Verkauf kam nicht zustande] 550 Mark
„farbige Zeichnungen" [Brief Roessler an Goltz 26. X. 1911; es handelt sich um dieselben wie im Brief Goltz an Roessler 4. X. 1911] je 25 Kronen
„Lyriker" (Selbstdarstellung), 1911 [Brief Goltz an Roessler 2. XI. 1911], 300 Mark
Bleistiftzeichnungen [Brief Goltz an Roessler 10. XI. 1911] je 20 Mark

24 Zeichnungen zum Gesamtpreis von 350 Mark [Brief Roessler an Goltz 14. XI. 1911]
1 „Blatt" [Aquarell] von „Wiener Werkstätte" bezahlt 30 Kronen [Brief Schiele an Roessler 13. XII. 1911]

WOHNADRESSEN:

bis 13. V. 1911	Wien XII., Grünbergstraße 31
5. bis 15. [?] VIII. 1911	Wien XI., Sobieskigasse 14/16 [Wohnung der Mutter]
ab Mitte August bis 13. IV. 1912	Neulengbach, Au 48

AUFENTHALTE:

13. V. 1911 bis 4. VIII. 1911	Krumau, Gartenhaus [gemeinsam mit Wally Neuzil]
25. VI. 1911	Ausflug mit Anton Peschka nach Budweis [Karte an Roessler]

66 Das von Schiele in Neulengbach bewohnte Haus, Au 48.

67 „Mädchen", Bleistift, Aquarell, 1911. „Ich zeichne an verschiedenen Kindern..." [siehe Nr. 222].

68 „Sonnenblumen", Bleistift, Aquarell, 1911. Studie zu „Sonnenblumen" [L. 196]. In Neulengbach entstanden.

69 Selbstbildnis, Bleistift, Aquarell, 1911.

70 „Herbstbäume", I, Öl, 1911 [L. 189]. In Schieles Oeuvre: traurige Menschen, Trauer auch in der Natur, im Herbst und Winter.

71 „Weiblicher Akt auf bunter Decke", Bleistift, Aquarell, 1911. Eine bisher unbeachtete Zeichnung.

72 „Schwangere und Tod", Öl, 1911 [L. 198]. „Ich bin Mensch, ich liebe den Tod und liebe das Leben..." [siehe Nr. 157].

4. I. 1911
→ Arthur Roessler, L. a. s., 1 p. gr. 8°
„Lieber Schiele — zwischen uns muss „reiner Tisch" gemacht werden. Verschiedene Vorkommnisse und eine besondere Unart Ihres Verhaltens mir gegenüber (wie Bockigkeit, spionierende Briefschreiberei hinter meinem Rücken an dritte Personen und Tratsch) während der letzten Zeit, lassen es mir als geraten erscheinen Ihnen gegenüber einmal festzustellen:

1) dass ich für die Anfertigung von reproduktionsfähigen Kopien von den mir von Ihnen gegebenen Platten — 22 K.
2) für 18 fotographische Aufnahmen nebst Kopien — 90 K.
3) für Japanpapier — 25 K.
4) für Malbretter, Tischtransport u.[nd] Diverses — 12 K.
5) für mein Porträt[1] u.[nd] einige Arbeiten Ihnen persönlich — 265 K.
insgesamt also 414 Kronen zahlte.

Außerdem bekamen Sie durch meine Vermittlung von → Dr. Rainer[2] 200 K., von → Dr. Reichel für die „Selbstseher"[3] 100 K. Weitere Beträge erhielten Sie auf meine Fürsprache hin von → Kosmack[4], → Rosenbaum, → Schönthal und → Dr. Reichel[5] (der sich nur auf mein dringendes Zureden von Ihnen porträtieren liess und Ihnen für verschiedene Arbeiten cca. [zirka] 500 K. zahlte) so dass nicht viel von 2000 Kronen fehlen wird, die Sie, fast zu einem Viertel von mir allein, seit Oktober v. J. [= vorigen Jahres] durch meine Bemühungen einnahmen.
Sie werden das ganz in der Ordnung finden — ich auch; ich fühlte mich nur gedrängt Ihnen die vorstehend erwähnten Tatsachen ins Gedächtnis zu rufen, weil ich mich nicht der Gefahr übler Nachrede aussetzen will, zu der Sie, wie ich vorgestern erfuhr, bedauerlicherweise neigen. Ich weiss nicht ob und was Sie über mich speziell sprachen — was mir im Grunde auch gleichgültig ist, da ich Besseres zu tun habe als mich um müssiges Gerede zu kümmern — ich weiss aber, dass Sie nicht reinen Mund halten, d. h. dass Sie anderen Leuten in kindischer Renommiersucht weitererzählen, was ich Ihnen im Vertrauen auf Ihre Fähigkeit zum Schweigen sagte. Was ich für Sie tat, tat ich gern, und ich bedaure es auch heute nicht getan zu haben; glaube auch, dass Sie davon überzeugt sein können, dass ich Ihnen gern und uneigennützig half. Für Sie als Künstler interessiere ich mich nach wie vor; ich werde auch fernerhin Ihrer Einladung neue Arbeiten von Ihnen zu besichtigen Folge leisten, auch Arbeiten von Ihnen käuflich erwerben, wenn meine Geldverhältnisse und Ihre Preise mir dies erlauben, muss aber — und das ist ein Gebot der Vorsicht und meines Bedürfnisses nach Ruhe und Reinlichkeit — im übrigen meinen Verkehr mit Ihnen einschränken bis Sie sich daran gewöhnten in Ihrem hoffentlich männlicher werdenden Benehmen ebenso so viel vornehme Gesinnung und Kultiviertheit an den Tag zu legen, wie Künstlerschaft in Ihren Arbeiten. Sie sollten weniger beflissen sein Ihren Verkehr mit → Klimt zu kolportieren, als darauf bedacht, zeitweilig auch → Oberbaurat Wagners Verhalten zu erwägen und wohlmeinende Freundschaft nicht geschmacklos zu brüskieren. Der Bluff allein tuts nicht, das dürfen Sie mir glauben.
Grüssend A. R—r."

4. Januar 1911
W. ST. B. 180.564; Gl. 17 [169]

1 „Bildnis Arthur Roessler", 1910.
2 Für das Bild: „Bildnis eines Knaben" („Rainerbub"), 1910.
3 „Die Selbstseher I.", 1910.
4 „Bildnis Eduard Kosmack", 1910.
5 „Bildnis Dr. Oskar Reichel", 1910.

4. I. 1911, Poststempel
An → Arthur Roessler, C. a. s. Absender: Schiele, XII., Grünbergerstraße 31
„L. R. R.—r. Ich habe zwei schöne → Klimtzeichnungen, ich [war] nachmittags über bei K[limt][1]. Er zeigte mir alles. Ihr
E. S. [19]11."
W. ST. B. 180.563; Gl. 16 [170]

1 „Klimt . . . besuchte einmal Schiele in seinem damaligen Atelier an der Grünbergstraße bei Schönbrunn. Eine lange Weile stand der weltberühmte Künstler vor den großen, bemalten Leinwanden seines jungen Kollegen angespanntestem Anschauen hingegeben, ohne zu sprechen; dem bang des Urteils harrenden jungen Maler schien eine Ewigkeit. Endlich wandte sich der Meister dem Jüngling zu, drückte dem freudig erregten die Hand und sagte: „Um den Ausdruck in den von Ihnen gemalten Gesichtern, da auf den Bildern, beneide ich Sie!" Schiele bekam einen rotglühenden Kopf und feuchtglänzende Augen, schluckte, lächelte und schwieg verlegen. Jahre später, als Schiele in seiner unveränderten Verehrung und noch gesteigerten Liebe den heftigen Wunsch nach dem Besitz einer oder — wenn es möglich wäre — gar mehrerer Zeichnungen von Klimt empfand, brachte er diesem bittend den Vorschlag eines Blättertausches vor, wobei er naiv meinte, daß er gerne einige seiner Zeichnungen für eine von Klimt geben würde. Klimt erwiderte: „Wozu wollen Sie denn mit mir Blätter tauschen? Sie zeichnen ja eh besser als ich . . .", willigte aber gern in den Tausch und kaufte außerdem noch einige Zeichnungen von Schiele, worüber der ebenso erfreut wie auf den Tausch stolz war." (Arthur Roessler, Erinnerungen an Schiele in: Fritz Karpfen, Das Egon Schiele Buch, Wien 1921, pp. 85, 86.)

6. I. 1911
An → Arthur Roessler, L. a. s., in Versalien auf kariertem Papier[1], 3 pp. Kleinfolio
„An R. R.—r. 1911.
Ich ewiges Kind, — ich folgte stets den[!] Gang der brünstigen Leute und wollte nicht in ihnen sein, ich sagte; — redete und redete nicht, ich lauschte und wollte sie stark oder stärker hören und hineinsehen.
Ich ewiges Kind, — ich brachte Opfer anderen, denen, die mich erbarmten, denen, die weitweg waren oder mich Sehenden nicht sahen. Ich brachte Gaben, schickte Augen und flimmernde Zitterluft ihnen entgegen, ich streute ihnen überwindbare Wege vor und, — redete nicht. — Als bald erkannten einige die Mimik des Hineinsehens und sie fragten dann nicht mehr.
Ich ewiges Kind, — verdammte alsbald das Geld und lachte, währind [sic für: während] ich es beweinend nahm, das Hergebrachte, das Massenmuß, das Körpertauschliche, das Zweckgeld. Ich sah Silber wie Nickel, Nickel wie Gold und Silber und Nickel, und alles, wie unbeständige wertlose Zahlen für mich, die mich nichts kümmern, doch werde ich beweinend über das Zweckgeld lachen, — wozu hieß es in mir. Wozu? — Jemand sagt: Geld ist Brot. — Jemand sagt: Geld ist Waare. — Jemand sagt: Geld ist Leben. — Wer aber

sagt: Geld bist du? — Produkt? — Wäre Waare — O —, lebhafte Lebende! — Wo die Lebenden sind? —
Kein Geschäft. Alle Staaten bergen wenig Lebende. — Selbstsein! — Selbstsein! —
Wo die ‚Exlibris' beginnen, beginnt das Lebhafte, — wo die ‚Schüler' beginnen, die lebhaften Toten. — Leben? — Leben heißt Samen sprühn, Leben heißt Samen hinauswerfen, verschwenden, für? — für andere Arme vielleicht, für ewige Schüler. O —, die ewigen Schüler! O —, die ewigen Uniformierten! O —, die ewigen Staaten; Die Klage ist groß über die, die lebende Körper sind, die Klage die des Publikum's, die des Volkes, die der Masse, die der Soldaten, Beamten, Lehrer, Unnotwendigen, Handwerker, Kleriker, Gleichwollenden, Nationalen, Patrioten, Rechner, Niveaumenschen, Zahlenmenschen. —
Die Variation? —
Tuende und nicht Tuende. Bluff, ist schon eine Tat so weit er erfunden ist. Sprechen ist eigendlich keine Tat, höchstens eine tote. — Wohin fliegen Worte? —
Der Ausdrückende ist der Künstler. Der Lebende ist einzig. — Kauft! — Nicht Bilder, nicht Produkte, nicht Arbeit, Bilder? — Aus mir — nicht von mir. — Mich erkaufen — — — — — — —   Fragmente.   E. Schiele. 1911."

W. ST. B. 180.641; R., B. & P., pp. 48/9 [171]

1 In Schweizer Privatbesitz eine eigenhändige Abschrift 2pp. gleiches Papier, in normaler Schrift, die Schiele sich zurückbehielt. Der Fehler: WÄHRIND dort richtig: während. Abgesehen von kleinen Textvarianten steht statt : WER ABER SAGT. GELD BIST DU —: Wer aber sagt Geld ist ich? —

10. I. 1911, Poststempel

An → Arthur Roessler, L. a. s., 2 pp. 8°, und beigelegtes Blatt, 8°. In Bleistift. Absender: Schiele, XII. Grünbergstraße 31

„Lieber R. R.—r. wird es denn fort so weitergehn. Ich habe, ich kann seit Tagen nichts arbeiten. Nicht einmal Packpapier hab ich und immer anhör'n müssen die ewigen Rezepte? Ich habe Kopfschmerzen bin gefesselt will mir niemand helfen? — Wenn ich nur eine Ausstellung machen könnte wäre ich draußen, aber nein ich kann nicht einmal zeichnen, also muß ich schreiben; mir Geld ausleihen, jetzt in den allerbesten Jahren und Tagen wo ich arbeiten will. — Wie gemein sind die Leute. Und Sie wollen mich noch ärgern mit Scherzen. Kann das so fort gehn? — Sie träumen von 2000 K. — ich bring aber immer nur 800 zusammen, ist das was und dafür hab ich Bilder und Zeichnungen ausgegeben wie Salz beim Kaufmann → Rosenbaum hat mir im ganzen 40 K. gegeben ich hab ihn gezeichnet und hab bis heute nichts, ich hab Zeichnungen dem → Schönthal gegeben und weiß nicht wieviel welche, es kommt kein Geld dafür, wo eine einzige hunderte wert ist. Ich hab bis heute noch nichts vom → Kosmack, wo es hieß allmonatlich 20 K.[ronen]. Soll ich mich übrigens darum kümmern? Ich setze doch Intelligenz und Nobles[!] voraus. — Nein, das ist kein entgegenkommen dem Künstler [gegenüber]. — Welche Zeiten! Soll ich Kaufmann sein? oder Verkäufer? — Wenn ich ausstellen könnte, ich begnüge mich ja mit → Pisko, mir ist alles gleich, obwohl meine Wertigkeit anderswo hingeht, ich sollte die Sezession kriegen. Aber nein dort sitzen die eckligsten Modernkitscher[1]. — Wer wird mir helfen? — Ich kann keine Leinwand kaufen, will malen habe keine Farbe. Eine Leinwand mit dazugehörigen Requisiten, Rahmen eines Porträts kam mir selbst auf 40 K. per Stück. — Aber am elendsten sind die Menschen. — Warum kann ich nicht einmal, warum soll ich nicht einmal endlich herauskommen[,] mit 500 K. geht's, da kann ich eine Ausstellung eröffnen, ich brauche doch Rahmen, Einrichtung, Herrichtung, Briefe, Porto, Einladungen u. s. w. Verschiedenes, Verschiedenes; Während dieser Ausstellung kann ich neues malen für München. Es ist doch elend fort an den nächsten Tag zu denken. — Sie mögen schaun was ich leiste, wenn ich getrost arbeiten könnte. Ausstellung! Möchten Sie mit mir, morgen Dienstag womöglich zu → Pisko gehn[!] wegen der Ausstellung, die kann in 8 Tagen sein. Wollen Sie? — Und vorerst zu mir kommen und mir das Geld bringen für die „tote Mutter"[2] — morgen Dienstag Vor oder Nachmittag[,] ich bin krank. Ihr
E. S. [19]11."

Ein beigelegtes Skizzenbuchblatt. Der Text ist über eine flüchtig in Umrissen gezeichnete Figur geschrieben:
„Der Künstler soll sich doch wenigstens nicht darum kümmern sollen [recte: müssen] ob er monatlich das schuld[ige] Geld kriegt? Wer mit dem Künstler umgehn kann der schreibt doch wenigstens. — Warum soll ich zu alle dem still sein? — Wenn der Künstler jemanden einlad [sic für: einlädt] um ihn zu zeichnen, wie ich → Rosenbaum. — Ja warum kommt denn der nicht, wer ist er denn im Grund genommen? Ich bin äußerst empfindlich und alle diese Leute wissen absolut nicht wie sie sich benehmen sollen dem Künstler gegenüber. Um Gotteswillen ich werd[!] doch 500 K[ronen] kriegen. Ich will's ja wieder retournieren. Kommen Sie! Morgen Dienstag."

W. ST. B. 180.642; R., B. & P., pp. 49—51 [172]

1 Schieles Bemerkung über die „Secession" ist auf jene Künstler gemünzt, die nach dem Austritt der Klimt-Gruppe, 1905, dort zurückgeblieben waren.
2 „Tote Mutter", 1943.
Siehe unsere Abbildung 258.

15. I. 1911

→ Heinrich Benesch. An → Arthur Roessler, L. a. s., 3 pp. klein 8°

„Wien, am 15. Jänner 1911.
... Ich möchte unter anderem gerne über Schiele sprechen u. zw. den geschäftlichen Teil und nicht meine Person betreffend. Allerdings wäre mir nicht unlieb, bei diesem Anlasse meine restlichen zwei Zeichnungen mitzunehmen, welche ich noch zu bekommen habe und wovon Schiele ja weiß. Sollten Sie aber in seinem Interesse für gut finden, daß Schiele jetzt Bargeld bekommt, so würde ich gerne die Akquisition dieser beiden Blätter vorläufig zurückstellen und ein neues Blatt kaufen, auch wenn es mehr kostet als bisher; denn, ich nehme an, daß Schiele — und mit Recht — täglich im Preise steigt. Ich halte es eben nicht lange aus ohne neuen Schiele. So lange ich irgend kann, will ich Schiele kaufen und — Sie dürfen mir glauben — nicht aus materiellen Gründen. Ich habe Schiele gestern besucht und ein neues, großes Bild gesehen, welches → Hodler mindestens ebenbürtig ist. In solchen

Augenblicken bedauere ich, ein armer Teufel zu sein... Ihr sehr ergebener Benesch."
W. ST. B. 147.090 [173]

19. I. 1911, Poststempel Wien

An → Ludwig Karl Strauch, L. a. s., 1 p. klein 8°, mit eigenhändigem Kuvert
„Lieber H. K. St.
ich weiß daß ich Ihnen 50 K. schuldig bin, ich glaube Ihnen meine Sch.[uld] wärend meiner Kollektivausstellung[1] die im Februar sein wird zu begleichen. Jetzt hab ich wenig Lebensbedürftiges[2]. Egon Schiele
XII. Grünbergstr. 31"
Privatbesitz, Wien [174]

[1] Schiele hoffte auf seine erste Kollektiv-Ausstellung in der → Galerie Miethke, Wien, April—Mai 1911, der Erfolg war allerdings enttäuschend.
[2] Schiele meinte mit diesem ungewöhnlichen Ausdruck, daß er kein Geld besäße.

25. I. 1911

An → Dr. Oskar Reichel, wohl C. a. s. Absender-Adresse: XII., Grünbergstraße 31
„25. Jänner 1911.
„Nur Tee und was Kalt's dazu", sagte der Meister [→ Klimt].
Am Samstag, 8 bis halb 9 Uhr. Bestens Egon Schiele."
nach: R., B. & P., p. 143, Verbleib unbekannt [175]

31. I. 1911 [Poststempel]

An → Dr. Oskar Reichel, L. a. s. Absender-Adresse: XII., Grünbergstraße 31
„Lieber Dr. O. R. Ich weiß, ohne Ihnen schmeicheln zu wollen, keinen Kunstwissenderen in Wien als Sie. — Darum, ausgesucht, hab' ich Ihnen dies Bild aus der ganz neuen Reihe geschickt. — In gewisser Zeit werden Sie so vollständig überzeugt sein davon, sobald Sie beginnen, nicht darauf zu sehen, sondern hineinzuschauen. Das Bild ist jenes, worüber → G. Klimt geäußert hat, er wäre froh, solche Gesichter zu sehen. — Es ist s i c h e r, gegenwärtig das Höchste, was in Wien gemalt wurde. — Wer darüber lacht, derjenige ist feindlich zu meiner Kunst, neidisch zu meiner Kunst usw. [und so weiter] Warum soll ich immer still sein, wenn es die Wahrheit ist. E. S.
Absender: Schiele, XII., Grünbergstraße 31"
R., B. & P., pp. 143/4, E. S. A. 1065/33, Abschrift; ehemals bei V. A. Heck, Wien. Verbleib des Originals ungeklärt [176]

1. II. 1911

→ Leopold Czihaczek, Konzept „pro domo" einer von ihm verfaßten Eingabe an die Polizeidirektion Wien [Auffertigung eines Sittenzeugnisses für Egon Schiele, Wien IX., Pantzergasse 3, respektive IX., Sobieskigasse 16[1] behufs der Zuerkennung des einjährigen Präsenzdienstes].
G. P. 54 [177]

[1] Beides Adressen der Mutter.

—

→ Leopold Czihaczek, Konzept „pro domo" einer für ihn namens Egon Schieles, Wien XIX. Pantzergasse respektive Wien IX. Sobieskigasse 16[1] verfaßten Eingabe an das Magistratische Bezirksamt Wien IX. Ersuchen um Zuerkennung des einjährigen Präsenzdienstes; Einteilung zum k. und k. Deutschmeister Regiment Nr. 4 [das Wiener Hausregiment] oder in das 2. Regiment der Tiroler Kaiserjäger; Verpflichtung des Onkels seinen Neffen auf die Dauer des Wehrdienstes zu erhalten und Vorlage des Abgangszeugnisses der Akademie.
G. P. 55 a [178]

[1] Leopold Czihaczek stützte sich bei seinen Eingaben auf ihm von anderer Seite zur Verfügung gestellte ähnliche Eingaben [G. P. 55 b—e]. Die Adressen sind wiederum die der Mutter Schieles.

—

→ Leopold Czihaczek, eigenhändiger Entwurf einer Erklärung, laut welcher er als Vormund bereit sei, sein Mündel Egon Schiele während seines Dienstes als Einjährig-Freiwilliger beim Regiment zu erhalten, ihn zu bekleiden, und die für Beistellung der Waffen und der Mannesausrüstung festgesetzten Beträge dem Militär zu zahlen...[1]
G. P. 56 [179]

[1] Czihaczek war bis zu seiner amtlichen Enthebung am 31. III. 1911 Mitvormund vor Egon und → Gertrude Schiele [siehe Schreiben von Dr. Schostal, 4. IV. 1911].

3. II. 1911 [laut einer Notiz]

An → Arthur Roessler, L. a. s. 1 p. 8°
„Lieber R. R—R. werden mir die Rosenbäume[1] ein Plakat drucken und Einladungen? — Bitte schreiben Sie mir, ob ich an Rosenbaum die Entwürfe schicken kann. Und darf ich mir Rahmen bestellen, Sie sagten einmal → Dr. R.[eichel] wird sie zahlen. Ich brauche 50 Stück für Zeichnungen und eine Anzahl für Bilder. Bitte schreiben Sie. — Am 20. d. M. [= des Monats] wird eröffnet. Wenn's gut geht. Ferner übersenden Sie mir jene Zeichnungen die beim Fotografieren waren. Bitte. Ihre Bilder von mir später zum → Pisko. Beste Grüße Egon Schiele."
W. ST. B. 180.643; R., B. & P., pp. 52/2 [180]

[1] Scherzhaft für: → Druckerei Brüder Rosenbaum, Wien.

—

→ Heinrich Benesch, C. a. s. [Wiener Werkstätte, Postkarte Nr. 290: Egon Schiele Mädchen mit großem Hut]. „Herzliche Grüße aus Transleithanien Benesch."
E. S. A. 588 [181]

11. II. 1911

→ Heinrich Benesch. An → Arthur Roessler. L. a. s. 4 pp., klein 8°
„Wien, am 11. Feber 1911
Wie ich in Erfahrung gebracht beabsichtigen Sie in einer der

nächsten Nummern Ihrer ... Kunstzeitschrift „Bildende Künstler"¹ Herrn Maler Schiele im Vereine mit einem zweiten Künstler der Kunstwelt in Wort und Bild vorzuführen ... Wenn es die materielle Seite der Sache halbwegs ermöglicht, so bitte ich Sie, Herrn Schiele eine eigene Nummer Ihrer Zeitschrift zu widmen. Ich halte dies für eine Notwendigkeit, wenn man einer so reichen und vielseitigen künstlerischen Persönlichkeit auch nur halbwegs gerecht werden will. Auch halte ich Herrn Schiele — es ist dies meine vollste unerschütterliche Überzeugung — für den weitaus größten aus der kleinen Schar unserer jungen, tüchtigen Künstler, der es wohl verdienen würde, allein auf den Plan zu treten ... Ich werde der Erste sein, der Ihnen hiefür danken wird ..."

W. ST. B. 151.137 [182]

1 Die von A. Roessler im Verlag → Brüder Rosenbaum, Wien, herausgegebene Zeitschrift erschien, 1911, nur durch ein Jahr.

16. II. 1911 [laut einer Notiz]
An → Arthur Roessler, L. a. s. 1 p. 8°
„Lieber A. RR-R. bitte sind Sie so lieb und gehn Sie zum → Pisko¹ hinein, wenn Sie vorbeikommen! Bitte! Ich habe von ihm noch nicht die schriftliche Bestätigung, daß ich bei ihm am 1. März eröffne. — Schaun Sie wenn Sie beim → Kosmack sind so haben Sie nicht weit.² — Ich kann nicht derartig mit Pisko sprechen → Rosenbaum druckt die Einladungen für den 1. März, also sind Sie so lieb. — Oder telephonieren Sie ihm. Bitte. — Also soll die Ausstellung zumindest vom 1. bis 14. März offen sein. Beste Grüße Ihr
Egon Schiele."
W. ST. B. 180.644; R., B. & P., p. 52 [183]

1 Die Ausstellung bei G. Pisko kam nicht zustande.
2 Eduard Kosmacks Geschäftsadresse war: Wien I., Hegelgasse 19, nur wenige Schritte von G. Pisko entfernt.

[GALERIE MIETHKE AUSSTELLUNG VON WERKEN ALTER UND MODERNER KUNST WIEN DOROTHEERGASSE 11 KUNSTVERLAG]

[184]

20. II. 1911
→ Galerie Miethke, Wien I. Dorotheergasse 11. L. s. An Schiele, XII. Grünbergstraße 31
Geben über Auftrag von → Carl Moll bekannt, dass der Termin vom 18. IV.—2. V. für die Ausstellung zur Verfügung steht, etc.
E. S. A. 211 [184]

20. II.[?] 1911
Egon Schiele. — Signatur und Datum auf einer Postkarte [des Deutschen Schulvereins] gemeinsam mit anderen Personen, an → „Gertrude Schiele, IX. Sobieskygaße[!] 14—16, 1. Stock".
G. P. 9 [185]

2. III. 1911
→ Willy Lidl, L. a. s. 4 pp. klein 8°
„Krummau 2. 3. 11.
Lieber Schiele! Ich habe gleich gestern Nachmittags Erkundigungen eingezogen. Doch habe ich leider nichts gefunden. Ich habe mir alle freien Wohnungen angeschaut aber bei keiner ist auch nur an ein Atelier zu denken. Auch einen Gemeindebeamten habe ich ersucht den Plan von Krummau anzusehen, ob vielleicht doch irgendwo so ein Gartenhaus zu finden wäre. Er versicherte mich, daß so ein Gartenhaus in Krummau überhaupt nicht zu haben sei. Bei Micko¹ war ich nicht, denn in einem photogr. Atelier, wo die Leute aus und ein gehen, könnten sie[!] ja so nicht arbeiten. Ich habe schon daran gedacht auf diesen Wiesenplan bei Micko oben ein Sommer-Atelier zu bauen. Ich denke es würde nicht so teuer kommen und sie könnten dann unbeirrt arbeiten so lange sie wollen [es folgt eine kleine Skizze, Wohnraum und Atelier mit Oberlicht und Bezeichnung: Osten]. Sie könnten das Atelier innen mit Tapeten ausschlagen und weiß streichen lassen. Die Möbeln (weiche) könnten sie bei Schinko kaufen. Bett, Tisch mit Stühlen, eventuell einen Divan und einen Kasten. Der Platz gehört dem Borak, wenn sie darauf reflektieren würden, möchte ich alles in Bewegung setzen, den Platz zu pachten. Das Stück Garten wird er sich natürlich aus dem großen Garten nicht herauskaufen lassen. Was [den] Kostenpunkt anbelangt, denke ich wird alles in allem 200 Kr. nicht übersteigen. Bis jetzt habe ich mich bei Borak, Zimmermann u. s. w. [und so weiter] noch nicht erkundigt, da dies alles nur ein Plan ist. Für ihre Gefolgschaft kann ich die Wohnung natürlich erst jetzt im März aufnehmen. Bitte um baldige Antwort.
Lidl.
Ist das ‚Schiele-Heft'² schon erschienen?"
E. S. A. 945 [186]

1 Offenbar ein fotografisches Atelier in Krumau.
2 Es handelt sich um die Nummer 3 der Zeitschrift → „Bildende Künstler", 1911, Nr. 3, mit einem Aufsatz von → A. Roessler über Schiele, siehe Nr. 198.

[nach dem 2. III. 1911]
→ Willy Lidl, L. a. s., 2 pp. gr. 8°. Aus Krumau
„Lieber Schiele! Da schicke ich Ihnen einige Aphorismen über Kunst und Welt! ... Bitte zeigen sie die zwölf Aphorismen Herrn → Arthur Rössler[!]. Vielleicht kann er sie in den „→ bilden[den] Künsten" unterbringen. Auf Honorar verzichte ich natürlich. Auf eine andere Zeitschrift reflektiere ich gar nicht ... Am Montag wird mit der Arbeit im Gartenhaus¹ begonnen. Der Maler Weiß konnte mir keinen Kostenvoranschlag bis jetzt machen, da er das Haus von unten noch nicht gesehn hat. Monntag[!] kann ich ihn aber haben. Die Fenster lasse ich so machen [kleine Skizze]. Diese Form hat nämlich auch der Holz-Fensterrahmen. In einigen Fensterrahmen sind neue [Glas-]Tafeln einzuschneiden. Für die Fenster lasse ich beim Tischler Rahmen bauen, die genau in den Fensterstock hineinpassen und die überspanne ich mit

weissen Musselin. Wegen der Blumen war ich noch bei keinem Gärtner, denn die Benützung des Bodens haben sie nicht mitgemietet. Der Besitzer baut dort, denke ich, Zwiebel. Soll ich zum Besitzer gehn und mich erkundigen was er für die Benützung zweier Beete verlangt? Die Wohnung im Parkgraben steht noch nicht leer. In 8 oder 10 Tagen wird sie geräumt. Brauchen Sie noch Fotografien? Bitte schreiben sie[!] mir bald. Wann erscheint das Schiele-Heft?² Lidl — Prophet? Von den Aphorismen darf nicht einer weggelassen werden. Sie sind alle notwendig für „Kunst und Welt".
Beigelegt: eigenhändiges Manuskript, 4 pp., groß 8°
„Welt und Kunst.
Der Künstler ein Sohn des Leidens. Die ganze Summe des Leidens der Welt nimmt er auf sich, bejaht sie und besiegt sie durch eine Schöpfung, die um so befreiender und erhebender wirkt, je schwerer die Geburt war...
Dem grossen Künstler Egon Schiele gewidmet   Lidl
Krummau, im März 11."
E. S. A. 946 a, b, 939   [187]

1 Es ist das von Schiele in Krumau bewohnte Gartenhaus.
2 Gemeint ist das Schiele-Heft der Zeitschrift „Bildende Künstler", 1911, Nr. 3, mit einem Aufsatz von Arthur Roessler über Schiele.

[188]

3. III. 1911
→ Heinrich Benesch. An → Arthur Roessler, L. a. s. 1 p. klein 8°
„Wien, am 3. März 1911
Hochverehrter Herr Roessler! Von Ihrer Güte, die ich dankbar anerkenne, Gebrauch machend, werde ich wahrscheinlich die beiden Akte (schwarz und blond) wählen, von welchen Sie sehr richtig bemerkten, daß sie gut zusammen passen. Ich bitte um die Erlaubnis, mir die beiden Zeichnungen Sonntag den 5. um zirka 11 Uhr Vormittags gelegentlich meiner Rückkehr von einer Partie bei Ihnen abholen zu dürfen, da ich sie vorher meiner Frau zeigen möchte. Um die sexuelle Ecke hoffe ich auf irgendeine Art herumzu kommen... Von der mir freundlich zugesagten Intervention bei Herrn → Dr. Reichel wegen des bewußten Aktes (Doppelaktes) bitte ich Abstand zu nehmen. Es erscheint mir nicht gut tunlich, den Herrn Doktor um ein Blatt zu ersuchen, welches er selbst als sein bestes von Schiele bezeichnet hat. Und nun, hochverehrter Herr, erlauben Sie noch eine Anfrage: Ist Ihnen die kleine Landschaft von Schiele (ober dem alten Schranke zwischen 2 älteren Zeichnungen Schiele's) entbehrlich genug, daß Sie sich Ihrer entäußern könnten? Ich würde gerne für dieses Blatt und die beiden Akte mein Guthaben bei Herrn Schiele, welches ziffernmäßig 130 K. beträgt, an Sie abtreten. Wenn Sie hierauf nicht eingehen wollen, bitte ich nur um ein kurzes „Nein" ohne jedwede Begründung. Ich will Ihnen ja mit meiner Anfrage nicht unangenehm werden, sondern nur eine sich möglicherweise bietende Gelegenheit, dieses Bildchen, welches mir lieber ist, als ein großes Ölbild, zu erwerben... Mein Sohn¹ freut sich kolossal daß ihm, dem Grünling, die Ehre Ihrer Bekanntschaft zuteil werden soll. Ihre Bibliothek dürfen wir ihm aber erst dann zeigen, wenn ich die nötige Zahl von Postkarten aufgekauft habe, mit denen er danach unfehlbar die armen Verlagshandlungen bombardieren wird... Ihr allzeit ergebener   Benesch."
W. ST. B. 146.742   [188]

1 → Otto Benesch, damals fünfzehn Jahre alt.

5. III. 1911 [laut einer Notiz]
An → Arthur Roessler, L. a. s. 1½ pp. 8 °
„Lieber A. R. R. wenn es ausgeht möchte ich mit Ihnen diese oder die nächste Woche nach Krummau fahren, um Wohnungen zu suchen. Wir fahren eines Tags um 8ʰ früh fort sind nachmittags um 3ʰ in Krummau und bleiben bis zum nächsten Tag früh dort und sind an denselben[!] Tag um 1.¹⁵ in Wien. Samt Fahrt, Hotel usw. [= und so weiter] kostet alles zusammen bis 50 K. höchstens. Schreiben Sie mir bitte wann Sie könnten, wollten. Ich werde diesen, jenen Gymnasiast¹ verständigen, der uns herumführt. Die Zeit wird keinesfalls eine verlorene sein. Grüße Sie!   E. Schiele."
W. ST. B. 180.645; R., B. & P., pp. 52/3   [189]

1 → Wilhelm Lidl

6. III. 1911

→ Heinrich Benesch an → Arthur Roessler, L. a. s., 4 pp. klein 8°
„Wien, am 6. März 1911
Hochverehrter Herr Roessler. Die beiden Aktzeichnungen Schieles's entsprechen leider nicht. Abgesehen von der Aversion meiner Frau, welche nun einmal für die — wie sie sagt — unweiblichen Akte Schiele's nicht zu haben ist, sind die Blätter, meiner Annahme entgegen, nicht kleinen, sondern großen Formates und ich kann sie in der von mir gedachten „Schiele-Ecke", für welche mir nur ein sehr bescheidener Raum zur Verfügung steht, nicht unterbringen. Ich muß daher auf eine andere Lösung bedacht sein. Hingegen würde ich die Landschaft gerne behalten. Wenn Sie mir diese allein überlassen wollen, bitte ich um gefällige Mitteilung, welchen Betrag ich Ihnen von meinem Guthaben bei Schiele hiefür abtreten darf, worauf ich dann die Aufteilung Herrn Schiele bekanntgeben werde. Die beiden Akte werde ich mir erlauben im Laufe dieser Woche zurückzustellen... Ihr aufrichtig ergebener Heinrich Benesch."
W. ST. B. 151.138 [190]

9. III. 1911

→ Heinrich Benesch an → Arthur Roessler. L. a. s. 6 pp. klein 8°
„Wien, am 9. März 1911.
Hochverehrter Herr Roessler!... Was nun die Schiele-Blätter betrifft, so bitte ich sehr, mir die Landschaft nicht mehr zu entziehen, denn sie ist mir schon sehr lieb geworden. Ich würde Ihnen hiefür von meinem Guthaben bei Schiele gerne 70 K. abtreten. Ich will jedoch... gestehen, daß es mir sehr lieb wäre, diesen Restanspruch von 60 K., der mir bliebe, auf eine neuere Arbeit von Schiele geltend machen zu können, denn alle meine Blätter sind aus dem Jahre 1910 und ich möchte doch gerne auch etwas aus späterer Zeit (vielleicht vom heurigen Sommer) erwerben. Mir sind aber leider so enge Grenzen gezogen, daß ich heuer an keinen Neuankauf mehr denken darf und daher diesen Wunsch nur auf Grund meines Guthabens bei Schiele befriedigen könnte. Ich bin auch vielleicht deshalb so wählerisch, weil es mir einesteils nicht leicht fällt, Einiges für die Kunst aufzubringen und ich andernteils immer im Einvernehmen mit meiner Frau vorgehen will, deren Sparsamkeit mir solche Ausgaben allein ermöglicht. Ich bitte Sie also, mir in dieser Hinsicht gütigst entgegenzukommen. Es wird sich ja irgendeine, Ihnen genehme Form für den beiderseitigen Ausgleich mit Schiele finden lassen. Nichts desto weniger werde ich die Kinderbilder, die mir schon durch den Gegenstand sehr sympathisch sind, gerne bei Ihnen ansehen, wenn Sie so freundlich sein wollen, sie mir zu zeigen... Mit vielen ergebenen Grüßen... bin ich Ihr Heinrich Benesch."
W. ST. B. 151.139 [191]

10. III. 1911

→ Hans Goltz an → Arthur Roessler, L. s., 1 p. groß 8°
„Sehr geehrter Herr Rössler! Wie Sie wissen werden, war die Ausstellung Schieles zusammen mit derjenigen ‚Der blaue Reiter'[1]. Die bekannte Münchner Kunstpolitik hat beide völlig tot geschwiegen. Ich lasse mich dadurch nicht entmutigen, denn gerade aus diesem Umstand ersehe ich, belegt durch Hundert Beispiele aus der Kunstgeschichte, dass wir beide die Werdenden vertreten. Nur die eine üble Kehrseite müssen wir hinnehmen, dass wir wohl noch einige Zeit Opfer bringen müssen, ohne auf materiellen Erfolg rechnen zu können. Wir müssen uns mit der Hoffnung trösten, dass vielleicht später alles einkommt. Mit vorzüglicher Hochachtung! [signiert:] Hans Goltz"
E. S. A. 1028 [192]

[1] „Der blaue Reiter", erst 1912 von Franz Marc (1880—1916) und Wassily Kandinsky (1866—1944) und anderen gegründet, von Goltz anscheinend bereits 1911 als Gruppe unter diesem Namen ausgestellt. Dies ist bisher der erste Brief von Hans Goltz, der sich auf Schiele bezieht. Die Verbindung zu ihm hatte → Arthur Roessler hergestellt.

17. III. 1911 [Poststempel]

An → Arthur Roessler, L. a. s. ½ p. 8° mit eigenhändigem Kuvert
„Lieber R. R-R — ich möchte mir die Zähne noch vor der Ausstellung reparieren lassen. Sie erzählten mir einmal von einen Zahnarzt den ich für die 3 Zähne malen könnte, oder ihm ein Bild geben könnte. — Wollen Sie dem Herrn schreiben? oder vielleicht treffen Sie ihn[1]. Ich bitte! Herr R. R-R wenn Sie Adresse wissen bitte sagen Sie mir diese — für Einladungen. Herzliche Grüße Egon Schiele."
W. ST. B. 180.646; R., B. & P., p. 53 [193]

[1] Wahrscheinlich → Dr. Engel, dessen Tochter Schiele malte: „Bildnis Trude Engel", 1911.

20. III. 1911 [Poststempel]

An → Dr. Oskar Reichel, L. a. s. 1 p. klein 8°. Mit eigenhändigem Kuvert. Absenderadresse: XII. Grünbergstraße 31.
„Lieber Dr. O. R. ich sende Ihnen einige Aufnahmen von meinen Sommerhaus in Krummau. Wann kommen Sie einmal zu mir? Beste Grüße Ihr E. S.
Heute war → Moll bei mir, die Ausstellung bei → Miethke ist sicher."
E. S. A. 940, Abschrift E. S. A. 1065/30 [194]

21. III. 1911

→ Max Oppenheimer an → Arthur Roessler. C. a. s.
„Wien, 21. März 1911.
Lieber Herr Roeßler[!] Wenn Sie einen Augenblick Zeit haben, sehen Sie bitte mein Bild (Simson) bei Schiele an, ich glaube es wird was? Fertig daran ist: der dreieckige Rücken, der graue Stoff, Teile des Simson, der Act der Dalila. Mit dem übrigen könnte ich in ein paar Tagen fertig sein. Gerade jetzt muss ich krank werden. Wenn Ihnen das Bild gefällt könnte man dann im Buche davon sprechen?... Schiele soll es Ihnen an der Wand zeigen, im kleinen Raum wo ich es mir

angeschaut habe. Herzlichen Gruß auch Ihrer Frau von dem kranken Opp."
W. ST. B. 148.521 [195]

23. [III.] 1911
An → Heinrich Benesch, Abschrift eines Briefes
„Mein lieber Herr → Benesch, mir ist momentan Schreckliches passiert, und ich glaube, dass Sie mir gerne einen freundlichen Dienst erweisen wollen. — Die → Neukunstgruppe bestellte im Dezember 1909 beim „Observer" die Zeitungsausschnitte, die aber bis heute nicht bezahlt sind[1]. Nun wurde alles auf mich geworfen, weil ich der Präsident war. So kam es, dass ich heute bei Gericht unterschreiben musste, dass ich bis morgen die Schuld bezahle; ich erhoffte heute einige hundert Kronen die nicht kamen, womit ich die Schuld von K 100,— hätte bezahlen können. Da diese Beträge an unsicheren Tagen kommen, sollte ich also morgen diese Hundert erlegen. Ich glaube, dass Sie gerne bis morgen, mir diese 100 Kronen besorgen werden. Wenn Sie's mir leihen wollten, würde ich Ihnen in 14 Tagen die 100 retournieren. Leider haben Sie mir aufgeschrieben, dass Sie etwas in der Sparkassa haben. Seien Sie so lieb! Ich würde Ihnen also totsicher alle 100 K in 14 Tagen zurückgegeben haben. Heute ist der 23. März, also bis längstens zu meiner Ausstellung[2]. Ich grüsse Sie! Egon Schiele"
E. S. A. 622 [196]

[1] Heute noch existierende Firma, die Zeitungsausschnitte im Abonnement liefert.
[2] Die Ausstellung bei → Galerie Miethke, Ende April bis Anfang Mai 1911.

26. III. 1911
→ Folkwang Museum, L. s., 1 p., 4°, aus Hagen in Westfalen
„Sehr geehrter Herr Schiele!
Es tut mir aufrichtig leid, dass ich Ihnen im Augenblick nicht helfen kann. Ich bin aber durch meine Bautätigkeit in den letzten Jahren so stark beansprucht worden, dass die Sammlungen des Museums in der letzten Zeit nur noch ausnahmsweise bereichert werden konnten — Leider ist es mir auch jetzt noch nicht möglich, Gemälde zu erwerben. Vielleicht, dass ich in einigen Jahren einem Ankauf näher treten kann. Mit ergebensten Grüssen [Unterschrift:] K. E. Osthaus
I. V. [in Vertretung] Meyer-Schönborn[?]"
E. S. A. 135 [197]

[?] III. 1911
→ Arthur Roessler. — „Egon Schiele". Aufsatz in: → „Bildende Künstler. Monatsschrift für Künstler und Kunstfreunde", Wien, → Brüder Rosenbaum, 1911. pp. 104—118. Mit 9 Reproduktionen nach Bildern und Zeichnungen.
[Der Artikel beginnt mit dem Zitat nach Schieles autobiographischer Skizze[1]] „... So lautet der „Entwurf zu einem geschriebenen Selbstbildnis" von Egon Schiele, einem Künstler, der wie jeder, der sich vorerst um die Aneignung der technischen Ausdrucksmittel müht, anfangs unoriginell war. Er lernte ein schwieriges Instrument spielen, es ist daher plausibel, daß er zuerst das zu malen versuchte, was andere vor und neben ihm malten, und zwar so wie sie ... In einigen frühen Bildern ähnelte Schiele äußerlich dem Meister Gustav → Klimt, dann wirkte auch → Hodler auf ihn. Reich an Gaben, von denen jede einzelne genügen würde einen geringeren Künstler für's Leben zu versorgen, entrann er dem schmählichen Zustand, ein lediglich handwerklich geschickter Nachahmer zu werden. Denn er heißt zwar Schiele, schielt aber nicht. Eine dauernde Unterwerfung unter fremde Art erträgt sein kräftig entwickeltes Persönlichkeitsgefühl nicht. Er nahm zu Beginn nur das ihm Wesensgemäße eben dort, wo er es fand, und ihm bislang unbekannt gewesenes Neues griff er begierig auf, wenn es ihm half sich vom bekannten Alten zu lösen, das ihm lästig war als falsch Erkanntes. Ein unermüdlicher Arbeiter, wurde er als Zeichner erstaunlich rasch selbständig, fertig, fast virtuos. Der treffsichere Strich floß ihm aus dem Handgelenk. Was dem Musiker das Skalen- und Etüdenspiel ist, das ist für Schiele unaufhörliches, immenemsiges Zeichnen: Training des Handgelenks. Keine Gelegenheit hiezu läßt er unbenützt; so ist es auch zu verstehen, daß er nicht nur im Atelier, sondern auch vor der Natur, in der Eisenbahn während der Fahrt und in der Gesellschaft während des Gesprächs immerzu den Stift handhabt. Winkelig verschachtelte Gäßchen in Krumau, Felderbreiten in der Marchebene, alte Häuser in Grinzing. Berglandschaften in Tirol und Hafenanlagen an der Adria und die Menschen allda notierte er mit sparsamen, gleichsam stenographischen Strichen und Strichelchen. Keine Winzigkeit gilt ihm gering. Bald genug rang sich Schiele auch zu einer persönlichen Malerei durch. Vom dünnfließenden, verriebenen und vertriebenen Farbenauftrag, der für eine große Form eine durchgehende Farbe bevorzugte, gelangte er, der ein Experimentierer und Boßler ist, zu einer höchst aparten Pinseltechnik. Es begann auf seinen Malereien die vordem salbig verstrichene Farbe zu prickeln, in Tupfen und Drückern, Stricherln und Fleckerln, kantigen und rundlichen, zu glitzern, zu glühen und zu leuchten in einer köstlichen Transparenz. Die ganze Nervosität der eiligen und doch so sicher zielenden und fest aufsetzenden Hand bebt und lebt in Schieles pikantem Pinselstrich nach ...

Schiele ist die Einsamkeit gewohnt, und würde es innerlich ertragen, verkannt, ja, unbekannt zu sein; wenn er nun doch Aufmerksamkeit und Teilnahme für sich und seine Arbeiten fordert, geschieht es, gezwungen von der banalen Notwendigkeit, sich materielle Daseins- und Schaffensmöglichkeit zu erringen. Denn Schiele kann wohl Bilder malen, aber verkaufen kann er sie nur selten. Natürlich ist er — die biederen Bürger mögen geruhsam bleiben — selber daran schuld. Warum malt er das, was ihm gefällt, und nicht das, was den Leuten gefällt, die sich für kunstsinnig halten, und die mitunter sogar Käufer von Kunstdingen sind! Es ist nämlich unläugbar wahr: Schieles Malereien enthalten nicht viel von der beliebten „fein-säuberlichen Ausführung", nicht viel von der gepriesenen Naturwahrheit, keine moralische Tendenz, nichts gegenständlich Anmutiges; sie sind vielmehr sehr unvernünftig und nutzlos. Weder das Bürgertum noch die Aristokratie findet ihr Herz durch Schieles Bildwerke bewegt, ihren Geist natürlich erst recht nicht, kaum die Sinne. Er steht außerhalb der „Gesellschaft", ein Einsamer ...

Das muß man wissen, um zu verstehen, daß Schiele bisher mehr sich als andern zur Lust arbeitete. Er „leistet" sich in „jugendlichem Übermut" diesen „Luxus". Und keine Hoffnung vorerst, daß Schiele „klüger" würde. (Gott sei dank!) Er will nicht, wehrt lächelnd und achselzuckend ab, wenn ihm „wohlwollende Professoren" und gemäßigt temperierte Kunstfreunde onkelhaft „nahe legen" doch ein wenig „entgegenkommender" zu sein, d. h. zu malen. Schiele graut nicht vor den gräßlichsten Erscheinungen, die man erschauen kann, aber voll Abscheu gegen alle Konvention und vom Wesen aus ungeschickt zum Kompromiß, graut ihm vor unkünstlerischen Konzessionen und scheinfrommer Verlockung. Sich den Leuten zu nähern, hält er für verfehlt; er verlangt, daß sie sich ihm nähern. Alle Überredung hält er im Grunde, trotz möglicher Erfolge, nur für vorübergehend wirksam, also für eigentlich durchaus vergeblich. Er versteift sich darauf Künstler zu sein und nur Künstlerisches schaffen zu wollen. Diese harte Eigensinnigkeit — oder wie man es sonst nennen mag — muß er natürlich büßen. Und er büßt unbußfertig, malt nach wie vor Bilder, mit denen er keine anderen Absichten verfolgt, außer solchen, die das Publikum nicht interessieren, weil es künstlerische Absichten sind. Er weiß, daß unter Umständen der Beruf des Künstlers ein großes Opfer heischt — das Leben; er ist bereit dieses Opfer zu bringen, unbeirrt, festwillig den selbstgewählten Weg zu gehen, und klagt darum nie darüber, mißverstanden, verläumdet, verhöhnt zu werden. Fremder Erfolg ward ihm noch nie zur Qual. Er ist sich seines Wertes stolz bewußt und verachtet den Neid...

Schiele ... ist ein Differenzierter. Seine Malereien sind die formvollen Manifestationen gesichtssinnlich nervöser Empfindungen, empfindlicher Impressionen. Sie entstanden und entstehen aus Trieb und Drang, ohne Pose, ohne Verbitterung, völlig hoffnungslos, und gefallen darum nur jenen, denen sinnliches Erleben unscheinbarer und verborgener Lebensaugenblicke und deren künstlerisch vollzogene Übertragung auf die Fläche noch immer als Werte gelten, die sie nicht entbehren möchten.

Der persönliche Umgang mit Schiele gibt keine Behelfe zur Erschließung mancher Rätselhaftigkeit in seiner Malerei. Seine Kunst ist monologisch und in einem gewissen Betracht dämonomanisch. Manche seiner Bilder sind die Materialisationen im verdunkelten Bewußtsein hell gewordener Erscheinungen. Er fühlt hinter dem warmen Blutleben das Schicksal lauern, und gibt diesem Gefühl sinnfälligen Ausdruck in fast frommer Einfalt. Manch' anderer würde sich vor solchen Aussonderungen ängstigen oder schämen, er aber freut sich ihrer, denn er hat die naive Kraft sie in künstlerische Sensationen umzuwandeln, und den seltenen Mut der Grausamkeit gegen sich selbst.

Voll innerer Schleuderkraft, bedarf er der Erholung nicht, denn ihm ist das Schaffen keine Mühe, die Arbeit ermüdet ihn nicht, das Gestalten vollzieht sich bei ihm mit der leichten Selbstverständlichkeit eines gesund-natürlichen Ausscheidungsprozesses. Beschwerden verursacht ihm bloß das Erleben und die innere Umwandlung des geistig Erlebten in ein sinnlich Wahrnehmbares.

Fähig zu träumen ohne zu schlafen, eignet Schiele die besondere Künstlertugend des zeitweiligen Müßiganges, der so überaus reich an Früchten ist. Er kann Stunden verschlendern, gemächlich an einem Waldesrand, an einem Flußufer oder Seegestade, auf dem sonnigen Platz einer alten, dunklen Stadt sitzen, ohne Sorge, dadurch etwas zu versäumen, weil bei ihm nicht die Not, sondern der Überfluß schöpferisch wurde. Anderen ist das Leben zu arm, ihm fast zu reich; kaum vermag er sich der auf ihn eindringenden Fülle zu erwehren. Er trachtet darum nach Klarheit, Auslese, Stil.

Charakteristisch für seine gewissermaßen traumwandlerisch intuitive Art ist es, daß seine aufgestaute Kraft mitunter Bildwerke schafft, die weit über seinem eigenen, verstandesmäßigen Urteil stehen.

Was er schuf und schafft — er ist nämlich Gestalter, Schöpfer, nicht Schilderer, Erzähler — läßt sich in den notgedrungen knappen Zeilen eines Begleittextes nicht sagen, nur andeuten. Schiele hat Menschenantlitze gesehen und gemalt, die blaß schimmern und kummervoll lächeln und dem Antlitz eines Vampyrs gleichen, dem die grausige Nahrung fehlt; Antlitze von Besessenen, deren Seelen schwären, und die unsägliches Leiden zu maskenhafter Starre gerinnen ließ, Antlitze, die in feiner Art die Synthese eines menschlichen Innenlebens bildhaft geben, mit allen sachtesten Abstufungen in den Äußerungen des Grüblerischen, Bedächtigen, Überlegenden, Verträumten, ja schier Vegetativen, des Leidenschaftlichen, des Bösen, Guten, Innigen oder Kalten. Er hat die fahlen Farben der Verwesung in Menschengesichtern mit edelsteinkalten Augen gesehen, den Tod unter der Haut, und mit unsäglichem Verwundern verklammte, deformierte Hände mit gelbem Horn der Nägel wahrgenommen. Durch Monate war er damit beschäftigt Proletarierkinder zu zeichnen und zu malen. Ihn faszinierten die Verwüstungen der schmutzigen Leiden, denen diese an sich Unschuldigen ausgesetzt sind. Staunend sah er die seltsamen Veränderungen der Haut, in deren schlaffen Gefäßen dünnes, wässeriges Blut und verdorbene Säfte träge rieseln; staunend sah er auch die lichtscheuen, grünen Augen hinter rot entzündeten Lidern, die verskrofelten Handknochen, die schleimigen Mäuler — und — — die Seele in diesen schlechten Gefäßen. Als der Neu-Gothiker, der er ist, sah und malte er sie. Die Garstigkeit des menschlichen Leibes ist, wie → Huysmans sagte, von einer seltsamen Traurigkeit, und weil sie diese große Traurigkeit der leiblichen Hässlichkeit verstanden und künstlerisch wiedergaben, haben die alten, deutschen Meister eine hohe Stufe der ästhetischen Hierarchie erreicht. Man betrachte eine von ihnen gezeichnete Frau aus dem Volke: ohne Rasse, erschöpft durch Krankheiten, welk und müde, nackt dastehend, wird man mit ihr die alten Heiden in die Flucht schlagen; der gothische Künstler wird dagegen bewegt sein beim Anblick dieses Bauches, den die Mutterschaft entstellt und runzelig gemacht hat, dieser Brüste, die durch das Säugen entleert, schlaff herunter hängen. Der Schmerz, die große Muse, hat diesen Leib, indem er ihn brach, dramatisiert. Die Kunst der Gothiker entsprang keiner großen Heiterkeit, sondern einem großen Ernst.

All' das läßt sich auch von Schiele und seiner Kunst sagen,

denn auch ihr ist die Trauer gesellt, die erlauchte Begleiterin der Schönheit, wie einer einmal sagte.

Außer den Bildern und Zeichnungen, die ich „gothisch" nenne, hat Egon Schiele auch noch andere geschaffen, die weniger „graulich" sind. Er hat die Leiber gesunder Kinder studiert, deren zartgefärbtes Fleisch noch milchig ist, und den voll prangenden Körper des Weibes, in jungfräulicher Herbheit, in der schlaffen Lässigkeit der Wollust oder Wärme, in allen anderen Stadien auch auf Form und Farbe hin studiert.

Der heuchlerischen Empörung Jener, die über diese Arbeiten Schieles geifersüchtig zetern, möchte ich als „Merks" die Tagebuchnotiz Baudelaires mit auf den Weg geben, die da lautet: „Alle jene Dummköpfe der Bourgeoisie, die unaufhörlich die Worte: „Unmoralisch, Immoralität, Moral in der Kunst" und andere Dummheiten aussprechen, erinnern mich an Louise Villedieu, eine Fünffrankhure, die, als sie mich einmal in den Louvre begleitete, zu erröten begann, indem sie mich jeden Augenblick am Ärmel zog, ihr Gesicht bedeckte und mich vor den unsterblichen Statuen und Gemälden fragte, wie man solche Unanständigkeiten öffentlich ausstellen könne." Wer in Schieles Kunstwerken nur das Nackte sieht, nur das obszöne Nackte und sonst nichts, dem ist nicht zu helfen, denn „jedes Menschen Sensibilität ist sein Genie."

A. R—r.

E. S. A. 945 [198]

1 Siehe Nr. 155.

4. IV. 1911

Dr. Felix Schostal, Hof- und Gerichtsadvokat, Wien I., an → Leopold Czihaczek, L. s., 2 Beilagen, 3 Blatt Folio
Betrifft die Vormundschaft Schiele. — Leopold Czihaczek wird mit Wirkung vom 31. III. 1911 seiner Mitvormundschaft über Egon und Gertrude Schiele enthoben. Sowohl der von → Marie Schiele[1] vorgeschlagene Robert von Stokkert[2] als auch die von Czihaczek vorgeschlagenen Personen lehnen die Mitvormundschaft ab. Die Bemühungen des Advokaten dauerten vom 30. Juni 1910 an. Seine Kosten betrugen 57 Kronen und 8 Heller.

G. P. 30 a—e [199]

1 Marie Schiele war Vormund ihrer minderjährigen Kinder Egon und Gertrude seit dem Tode ihres Mannes. L. Czihaczek war lediglich Mitvormund.
2 Robert Ritter von Stockert, vermutlich ein Sohn des Regierungsrates Franz Ritter von Stockert, der mit einer Schwester [Dora, geborene Schimak] von Schieles Großmutter väterlicherseits verheiratet war. Nachdem er abgelehnt hatte, wurde → Franz Soukup, ein Bruder von Schieles Mutter, zum Mitvormund bestellt [Auskunft → Anton Peschka jun., Juli 1977].

8. IV. 1911

→ Arthur Roessler an Fritz Hegenbart[1]. L. s. 1½ pp. gr. 8°
„Lieber alter Freund Hegenbart
... Mit den → „Bildenden Künstlern" hab' ich mein Kreuz, d. h. [das heißt] mit dem Verleger[2] hab' ich das Kreuz, denn der Mann hat kein feineres Verständnis für Kunst, hat keine eigene Meinung u. ist leicht beeinflussbar. So lässt er sich von allen möglichen u. unmöglichen Leuten dreinreden, sich irritieren, und dann winselt er mir die Ohren voll. Jede neue Nr. kostet neue Rauferei, so dass mir die Sache schon zuwider ist. Man kann hier, sobald man auf andere Leute angewiesen ist, nichts Gescheites anfangen. Ich mach' halt das Blatt, so gut es geht, und da ich es schon nicht so machen kann, wie ich plante, schau ich darauf, dass es wenigstens kein Kitsch wird. Von Schiele z. B. [zum Beispiel], der wirklich ein interessanter Bursche ist, hätte ich viel, viel bessere Arbeiten zeigen können, durfte aber nicht, weil der Verleger, auf den man von allen möglichen Seiten einwirkt, sich nicht traute. Wie wütend ein Teil der Wiener, der künstlerischen Bagage, darüber war, dass ich das erste Heft mit Ihnen eröffnete, davon machen Sie sich keinen Begriff. Aber ich pfeif darauf u. sag' mir: viel Feind, viel Ehr'! Die Jungen übrigens, die schwören auf mich.

Niederträchtig ist, was man im Künstlerhaus von den Malereien sieht, die der Thronfolger[3] für die neue Hofburg machen ließ. Eichhorn[4], Koch[5] heissen die Maler, von denen sich Franz Ferdinand, der auf dem Gebiete der Kunst den deutschen Kaiser zu übertrumpfen sucht, wie es scheint, grässliche Schwarten anfertigen liess. Es ist ein Jammer! Die kleine Schweiz lässt ihre Monumentalgemälde von → Hodler, das grosse Kaiserreich Oesterreich lässt sie von einem Eichkatzl machen! — Aber → Egger-Lienz ekelt man aus dem Lande — und Fritz Hegenbart „tut" man nicht kennen. Der Teufel soll da doch dreinfahren! [handschriftlich:] Herzlichste Grüße Ihnen u. Frau Else von mir u. meiner Frau
Ihr A. R-r."

W. ST. B. 149.492 [200]

1 Fritz Hegenbart (1864—1943), Maler, Graphiker und Bildhauer in München. Heute vergessen; es ist interessant zu sehen, wen Arthur Roessler 1911 noch protegierte.
2 → Brüder Rosenbaum, Wien.
3 Franz Ferdinand, Erzherzog von Österreich-Este (1863—1914, ermordet in Sarajevo). Seine aggressiven Aussprüche über moderne Kunst sind bekannt.
4 Leo Bernhard Eichhorn, Genremaler; ein Triptychon in der Wiener Hofburg.
5 Wohl Ludwig Koch (1866—1934), bekannter Pferdemaler.

10. IV. 1911

→ Galerie Miethke, L. s. 1p. groß 8°. Mitteilung, daß die Ausstellung Koller-Schroeder bis 22. dieses verlängert wird. Zeichnungen und Bilder Schieles mögen bis 20. oder 21. in der Galerie sein.

E. S. A. 920 [201]

[vor dem 11. IV. 1911]

An → Arthur Roessler, L. a. s. ½ p. 8°
„Lieber R. R—r ich war also in Krummau um eine Arbeits- und Wohnstätte zu suchen, und siehe es ist das schönste[!] gefunden; ich will Ihnen erzählen und erzählen von meinen kommenden Tulpengärten, meinem entstehenden Terassenhäuschen, — kommen Sie! Bringen Sie mir die → ‚bildenden Künstler'[1] ich bin schon sehr neugierig. Grüße, Grüße!
E. S. 1911."

W. ST. B. 180.648; R., B. & P., p. 54 [202]

1 „Bildende Künstler", Monatsschrift für Künstler und Kunstfreunde, Brüder Rosenbaum, Wien, 1911. Nr. 3 „Arthur Roessler, Egon Schiele".

DOKUMENTE UND KORRESPONDENZ 1911

73/74 Zwei Ansichten von Schieles Gartenhaus in Krumau.

11. IV. 1911

→ Wilh. Lidl, L. a. s., 2 pp. 8°. Aus Krumau
„Lieber Schiele. Das Gartenhaus ist fertig nur die Türe fehlt und gescheuert ist es noch nicht. Das ganze wird nach dem Kostenvoranschlag 60 Kr. nicht übersteigen. In der Wohnung im Parkgraben konnte der Anstreicher noch nicht beginnen, da die Wohnung noch nicht geräumt ist. Das Mieten des halben unteren Gartens zum Setzen von Blumen kostet 8 Kr. Aber die Möbel. Ich habe privat schon herumgefragt ob Möbel zu haben wären. Bis jetzt fand ich noch nichts. In der Möbelhandlung sagten sie mir auch, daß nichts ausgeliehn wird. Es wurde mir der Kostenvoranschlag für 5 Betten (ohne Matratzen) zwei Tische, acht Stühle, 3 Waschtische (eisern) 3 grosse Kästen, 2 Wäschekästen auf ungefähr 250 Kr. gemacht. Das kommt wahrscheinlich zu hoch. Ich werde heute noch zu dem Herrn der bis jetzt die Wohnung bewohnte gehen und ihn fragen ob es nicht möglich wäre die Möbeln über den Sommer zu vermieten. Das wäre das allergünstigste[!] ... Ich bin vom 12.—17. in Linz. Meine Adresse L. W. Linz a. D. [= an der Donau] Auerspergstr. 23. Soll ich den halben Garten mit Blumen bebauen und mit welchen?   Lidl."
E. S. A. 162   [203]

[vor dem 18. IV. 1911]

An → Arthur Roessler, L. a. s., 1 p. 8°
„Lieber RR—r. Neulich habe ich bei → Dr. Reichel eine Zeichnung verkauft um 10 K. Natürlich hatte ich in zwei Tagen nichts, also hat mir → Klimt eine dazu gekauft zu den zwei getauschten[1]. Es wäre mir lieb wenn Sie jetzt einmal zu mir kommen möchten, denn ich weiß nicht wie groß das Plakat sein kann, was es kostet, das Plakatieren, wie viel, ob ich die Rahmen für die Zeichnungen bestellen kann, wie es um den Katalog ist u. v. m. [= und vieles mehr]. Bestens
                                              Egon Schiele."
W. ST. B. 180.561; Gl. 14: „Hier handelt es sich wohl um die Kollektivausstellung bei → Miethke von 1910."   [204]

[1] Die aus dem Nachlaß Gustav Klimts stammenden Zeichnungen Egon Schieles wurden, gemeinsam mit Zeichnungen aus dem Nachlaß von → Koloman Moser, von der Kunsthandlung → Gustav Nebehay, Wien, im Katalog: „Die Zeichnung", Heft I, April 1919, Egon Schiele, angeboten.

18. IV. [1911]

Galerie → Miethke Wien. Gedruckte Einladung, quer 8°
„Egon Schiele ladet zur Eröffnung seiner Ausstellung im Salon Miethke, I Dorotheergasse 11 am 18. April, 11 Uhr"
E. S. A. 383   [205]

[206]

24. IV. 1911

Galerie → Miethke. — Die gleiche Einladungskarte, das Datum von Schiele eigenhändig ausgebessert auf „24." April, 11 Uhr.
E. S. A. 161   [206]

[? IV. 1911]

An → Carl Reininghaus, L. a. s.
Schreibt über ein Bild, dem er den Titel „Vision und Schicksal"[1] gibt.
[Nach: L., Nr. 175, pp. 559/60]   [207]

[1] „Vision und Schicksal", 1911.

1. V. 1911 [Datum laut Roessler]

An → Arthur Roessler, L. a. s., 1 p. 8°. Mit eigenhändiger Absenderadresse [laut Roessler]: XII. Grünbergstraße 31
„Lieber R. R—R werde ich nach der → Miethkeausstellung beim → Thannhauser oder bei Macht¹ ausstellen können? — Am Samstag wurde das erste Blatt in meiner Ausstellung gekauft; wissen Sie niemanden? — Nach dem 12. will ich nach K.[rumau] fahren, — → Eissler will nichts mehr hergeben für's Dr. R. Porträt². — Herr R. R—R. Sie könnten wirklich so lieb sein und zum Dr. E[issler] geh[e]n damit er doch wenigstens 800 K. dafür gibt, womit die übrigen Bilder angeschrieben sind, oder telephonieren könnten Sie ihm doch, er ist um 2ʰ sicher daheim. — Er weiß freilich nicht aus welchen Umständen er mir hilft. — Ich bitte Sie! — Ich will Ihnen gerne dafür einige Zeichnungen geben. Es ist unbeschreiblich wie ich aufgehalten werde. Viele Grüße
                                        Egon Schiele."
W. ST. B. 180, 647; R., B. & P., pp. 53/4 [unvollständig, mit Korrekturen]   [208]

1 Macht, Kunsthändler in Berlin.
2 „Bildnis Dr. Oskar Reichel", 1910. Der erste Besitzer war Dr. H. Eissler.

6. V. 1911

An → Arthur Roessler, L. a. s. ¾ p. 8°
„Lieber R. R—R Ich will auf jeden Fall in der nächsten Woche entgiltig nach K.[rumau] fahren, will das Atelier kündigen, will meinem Hausherrn Zeichnungen für meine Zinsschulden überlassen, will die übrigen Sch.[ulden?] stehen lassen, will meine Möbel zu → Peschka stellen und fortbleiben. — Es wird doch Einige geben die mir einzelne Blätter abnehmen; und der → Dr. Reichel wird mir doch einen grösseren Teil geben und Sie? Aber die Zähne! die muß ich noch herrichten lassen bevor ich lang wegbleibe. Bitte, schreiben Sie mir oder kommen Sie noch morgen Sonntag vormittags nach 11 zu mir. Beste Grüße   Egon Schiele."
W. ST. B. 180.649; R., B. & P., pp. 54/5   [209]

—

→ W. Lidl, L. a. s., 1 p. 8°. Aus Krumau
„Lieber Schiele. Hier der Plan des Gartenhauses¹. Das Bett wird bis Samstag fertig sein. Kommen Sie nur bestimmt. Ich muß auszieh[e]n, kann aber keine Wohnung finden. — Bloch² hat mich gefragt, wann die Wohnung bezogen wird. Ich hab[e] ihm gesagt Samstag. Bitte vergessen sie[!] nicht auf v.[on] Gütersloh's³ Roman. Das Sopha geht in die Ecke, wie sie am Plan sehn. Nehmen sie mit das Sopha, das dünnbeinige Tischchen, den Lehnstuhl als zweiten Stuhl den Schaukelstuhl. Wenn sie im zweiten Zimmer schlafen wollen müssen sie[!] dort sehr viel richten lassen. Die Decke ist schon sehr schlecht, die Fenster müssen weiter ausgebrochen werden. Sie werden ja sehn. So wie es jetzt ist können sie[!] es nicht bewohnen darum lasse ich das Bett noch in die Wohnung bringen. Hier ist schlechtes Wetter. Lassen sie[!] die Zähne in Wien richten. Hier werden sie ihnen[!] nur verpfuscht.   L."
E. S. A. 163   [210]

[210]

1 Liegt nicht bei.
2 Anscheinend der Hausherr von Schieles Gartenhaus.
3 → Paris von Gütersloh. „Sein Roman ‚Die tanzende Törin', 1910, zählt zu den ersten expressionistischen Romanen überhaupt" [dtv, Kindlers Literaturlexikon, p. 8900].

[um den 8. V. 1911]

An → Anton Peschka. L. a. s., 2 pp. 8°
„Peschka, ich habe vierteljährliche Kündigung; also hat jeder von mir Beauftragte bis 12. August d. J. [dieses Jahres] meine Wohnung zu betreten das Recht. Ich habe mit Architekt Müller¹ besprochen daß ich ihm ein Bild² als Pfand lasse, bis ich den noch schuldigen Zins bezahlt habe. Ich sage Dir ich bin berechtigt zu verlangen daß die Hausmeisterin Dir die Schlüssel übergibt. Pfänden wird er mich nicht lassen weil ich ihm die Schuld ganz sicher zahlen will. Er hat mir gesagt daß er mich nicht pfänden wird. Ich betone nochmals, daß ich die Wohnung noch bis 12. August gemietet habe. Der liebe Herr Müller wird zu seinen[!] Geld kommen. Und die Hausmeisterin ist, wenn sie in meiner Wohnung Wäsche aufhängen will hinauszuwerfen. Die Sache ist nicht so arg. Nur brauch ich ein Geld um nach Wien zu kommen. → Moser wird es tun! Ich werde endgiltig fertig werden mit Wien. — Die Geschichte mit Dr. R.³ ist unrichtig weil er mir geschrieben

173

hat, es wäre dumm von ihm. Grüße Dich! Wenn ich komme so mußt Du sicher mich erwarten auf der Franz Josefsbahn ich werde telegraphieren
　　　　　　　　　　　　　　　Egon Schiele"

Professor Dr. Rupert Feuchtmüller, Wien; gekürzt bei L., XX, p. 607　　　　　　　　　　　　　　　　　　　[211]

1 Architekt Julius Müller war Besitzer des Hauses XII. Grünbergstraße 31, wo Schiele sein Atelier hatte [L., p. 607].
2 „Vision und Schicksal", 1911. Architekt Müller war der erste Besitzer.
3 → Dr. Oskar Reichel.

8. V. 1911 [Wiener Poststempel]

An → Leopold Czihaczek, L. a. s., 1 p. klein 8°, mit eigenhändigem Kuvert

„Lieber O. L. CZ.[1] die „Abendpost" der Wiener Zeitung bringt eine Besprechung meiner Ausstellung bei → Miethke, vom 25. IV. und der „Pester Lloyd"[2] ein Feuilleton, die letzten Kunstausstellungen, vom 1. oder 2. vom 30. IV. ich weiß nicht genau. Diese Woche fahre ich fortab nach Krummau, weil ich die Einsamkeit will. — Schöne Grüße und Erinnerungen allen meinen Nächsten![3]
　　　　　　　Egon Schiele. Krummau i. B. [in Böhmen]."
G. P. 24　　　　　　　　　　　　　　　　　　　　　　　[212]

1 = „Lieber Onkel Leopold Czihaczek".
2 Führende deutschsprachige Zeitung in Budapest.
3 Der Brief ist als Versuch Schieles zu werten, ihn durch Hinweise auf Erfolge zu versöhnen.

[nach dem 8. V. 1911]

An → Anton Peschka, L. a. s., 2 pp. 8°. Auf der Rückseite des Doppelblattes: Zeichnung und Farbangaben in Bleistift. Aus Krumau

„Lieber Anton Peschka, Du weist[!] daß ich um 60 K. zu wenig hatte als ich weggefahren bin, also ist der Anstreicher und der Tischler nicht ganz beglichen. Du hast doch Zeichnungen von mir, oder wenn nicht anders soll sich's der → Dr. R.[eichel] in der Werkstätte[1] mitnehmen. Der Dr. R. wird sicher einige nehmen, wenn er will kann er's im Herbst für neuere umtauschen. — Wenn er nur 40 K hergibt, so behalte die 10 K die anderen schicke mir so bald wie möglich weil ich Dienstag zahlen muß. Meine Hausmeisterin von der Grünbergstr. soll mir unumgänglich die gewaschene Wäsche samt den beiden steifen Hüten per Postpaket schicken und mir die Rechnung beilegen für etwaige Schulden, aber nicht per Nachnahme, doch sehr bald! — Na und wie geht es Dir? — schreib mir wie weit es mit den Unternehmungen doch endlich ausgefallen ist. Du sollst im Ministerium nachsehen was denn eigentlich ist, das geht doch nicht so weiter. → Klimt soll was tun für mich er wird sicher reagieren. — Dem → Dr. Eißler habe ich schon geschrieben. Du brauchst bloß telephonieren wann er zu Dir kommt. Also schau daß der Dr. R. 60 K hergibt so daß ich 50 K krieg. — Du mußt wirklich schaun daß Du die kommende Woche hier bist. — Schreib mir. — Was ist mit den Amerikanern und welches Bild hat der Architekt Müller, der Hausherr ausgesucht. Ich habe 18 Zeichnungen in Salzburg[2] angemeldet die noch vor 1. dort sein müssen, ich glaube daß meine kleinen schwarzen Rahmen[3] für Zeichnungen, Du kennst sie ja, vom → Miethke mitgekommen sind. — Suche bitte in der → W.[iener] Werkstätte passende Blätter aus und schreib mir ob so viel in dem Format da sind. Grüße Dich　　　　　　　　　E. Sch."

Die Bleistiftzeichnungen [auf Seite 4] stellen dar:
Oben: Ein Altartisch mit übergelegtem Tuch, darauf ein Kelch. Bei diesem liest man: „mitisgrün", beim Tuch: „orange", beim Streifen: „Schwarz mit Cadmium weiß Goldprokat[!]"; unten: eine Pflanze, sehr flüchtig. Daneben: „grün van Gogh Stämme[?]".

E. S. A. 270　　　　　　　　　　　　　　　　　　　　　[213]

1 → „Wiener Werkstätte".
2 Über eine Ausstellung in Salzburg bisher nichts bekannt.
3 Zeichnungen von → Klimt und Schiele wurden zu Lebzeiten beider Künstler hauptsächlich in von → Josef Hoffmann entworfene schwarze Rahmen gerahmt.

[um den 8. V. 1911]

An → Anton Peschka. L. a. s., 1 p. 8°. Aus Krumau

„Lieber Maler Anton Peschka es ist hier weitaus besser als ich mir gedacht habe. — Ich sage Dir, schade um jede Stunde die Du länger in Wien bleibst. Ich erinnere Dich auf[!]: Die Amerikaner, Broklmann hat Dir die Adresse gegeben, sage Ihnen[!] daß Du noch da sein mußt, so daß Sie's [!] bemerken herzugeben[!]. Wenn Du willst erzähle ihnen von meinen[!] Bild, ich glaube doch daß sie eines kaufen, sie sollen sich eins aussuchen, aber alles schnell, sage ihnen Du mußt fort. — Dann die Werkstätte[1], → Hoffmann, → Wimmer und Prutscher[2] sollen je ein Blatt nehmen für à 20 K. und mir's sofort schicken: Egon Schiele Krummau a. d. Moldau. — komme beim Bruder Reichel vorbei! — Und → Klimt. Geh auf's Tivoli[3] und frag ihn wegen der Bloch, die sollen ein Bild kaufen von mir, sie sollen sich's anschaun in der Grünbergstraße[4] oder noch bei → Miethke. — Benütze die paar Tage zum Absammeln[?]. — Die → Gerti soll ein Ansuchen für Freikarte mit Freigepäck schreiben. — Von Wien II. nach Krummau, oder gleich nach Salnau über Budweis[5], ich werde noch nachschauen vorerst soll sie mir eine Karte schreiben. Jetzt Grüße, schreib mir Vorkommnisse und Erfolge betreffs[!]　　　　　　　　　　　　　　　Egon Schiele."

Professor Dr. Rupert Feuchtmüller, Wien　　　　　　　[214]

1 → „Wiener Werkstätte".
2 Otto Prutscher (1880—1949), Architekt und Kunstgewerbler, Schüler von → Josef Hoffmann; seit 1909 Lehrer an der Kunstgewerbeschule, Wien.
3 Meierei Tivoli [nahe Schloß Schönbrunn], wo → Klimt sein Frühstück einzunehmen pflegte.
4 Schiele wohnte 1911 in Wien XII., Grünbergstraße 31.
5 Krumau selbst liegt nicht an der Bahnstrecke, daher die Erwähnung dieser Station.

15. V. 1911 [Poststempel schwer lesbar]

An → Arthur Roessler, C. a. s. [Blick auf die Stadt Krumau und den Fluß, oben das Schloß. Ein kleines Stück von Schiele eingerandet, darunter steht: „Das Eingerandete ist der obere Teil der ‚Toten Stadt'"[1]. Grüße Egon Schiele"] „Lieber R—R, der Dr. Ei[2] hat mir bloss 40 K. gegeben — Bitte —!
　　　　　　　　　　　Egon Schiele Krummau a. d. Moldau"
W. ST. B. 180.621; Gl. 74　　　　　　　　　　　　　　[215]

1 „Tote Stadt I", 1910, oder „Tote Stadt III", 1911, siehe L., p. 642.
2 → Dr. Hermann Eissler. Es handelt sich um das „Bildnis Dr. Oskar Reichel", 1910.

DOKUMENTE UND KORRESPONDENZ 1911

[215]

23. V. 1911 [laut einer Notiz]
An → Arthur Roessler, L. a. s. ½ p. 8°. Aus Krumau
„Lieber Arthur R—r. jetzt bin ich schon zehn Tage hier und niemand außer der Architekt → Wimmer hat mir 20 K. geschickt, die ich für die Wohnung hergeben mußte, ich bin in der Zeit mit 15 K. ausgekommen bitte verkaufen Sie mir einige Blätter oder nehmen Sie einige, Sie können's im Herbst für ganz neue austauschen. Ich grüße Sie!   Egon Schiele."
W. ST. B. 180.650; R., B. & P., p. 55   [216]

[nach dem 23. V. 1911]
An → Dr. Oskar Reichel, C. a. s., aus Krumau
„Lieber Dr. R., ich will Ihnen demnächst erzählen von meinem herrlichen Sommerhäuschen und meinem dichten Blumengarten das ich in Krumau gefunden hab. Ich freue mich, ich freue mich! Grüße Sie bestens   E. S."
E. S. A. 1065/29, Abschrift, Verbleib des Originals ungeklärt
R., B. & P., p. 143   [217]

[nach dem 23. V. 1911]
Egon Schiele, ¾ p. groß 8°, eigenhändige erste Niederschrift einer seiner Dichtungen in Bleistift
„Peschka! Die alten Häuser sind so durchwärmt von der Siennaluft, überall gibt es sonnverbrannte Rouleau's[!], weiß rot und dazu spielt zuzelig eine alte Drehorgel; der große schwere Jahresrock des blinden Musikanten ist altgrünbraun, zerschossen und abgeschunden. Ich rufe dich, um dir all das Vergönnte zu zeigen; da lachen große und kleine Kinderaugen herein und sprechen laut über mich. Oben im Garten gibt es alle Grün und menschenähnliche Blumen und Blumen. Draußen in einer [durchstrichen: bunten] Farbenwiese sind farbige Gestalten zerschmolzen, braune buschige Bauern am braunen Weg und gelbe Mädchen in der Maiblumenwiese. Hörst Du? —
Im Blätterbaum ist ein inniger Vogel, der ist dumpffarbig, er rührt sich kaum und singt nicht, tausend Grüne spiegeln sich in seinen Augen.

[218]

[das Nachstehende durchstrichen:]
und draußen leuchtet der Himmel ein mystisches weißgrün durch zertauende Wolken
Während der nächste Baum summt und singt."
E. S. A. 447   [218]

Wir bringen nachstehend den Wortlaut einer Variante:
„Die alten Häuser sind so durchwärmt
von der Siennaluft, überall
gibt es sonnverbrannte
Rouleau's. weiß, — rot
und dazu spielt zuzelig
eine alte Drehorgel, — der große
schwarze Jahresrock des
blinden Musikanten ist
altgrünbraun, zerschossen
und abgeschunden. —
ich rufe dich, um dir all das
Vergönnte zu zeigen, da lachen
große und kleine Kinderaugen
herein und sprechen laut von
mir. Oben im Garten gibt
es alle Grün und menschenähnliche Blumen, und Blumen.
Draußen in einer Farbenwiese
sind farbige Gestalten zerschmolzen, braune buschige
Bauern am braunen Weg
und gelbe Mädchen in der
Maiblumenwiese. Hörst Du?

im Blätterbaum ist ein
inniger Vogel, er ist dumpffarbig, er rührt sich kaum
und singt nicht, — Tausend
Grüne spiegeln sich in seinen
Augen — er weint."
E. S. A. 853; R., B. & P., p. 99 [219]

Dort steht als letzter Absatz zu lesen:
„Es gibt tausend Gelehrte, worunter zehn Hellseher sind und unter tausend Gelehrten ein Genie, einen Erfinder, einen Schöpfer. Und wie viel tausend sind geschult? Es leben ungezählte Herren und Herrlein, aber dennoch ist mir meine Herrlichkeit am liebsten."
L., pp. 248 und 666 behauptet, daß Roessler diesen Absatz hinzugedichtet habe. Wir können den Nachweis dafür erbringen, daß der letzte Satz dem Brief Schieles an → Czihaczek vom 1. IX. 1911 entnommen wurde. Was Roessler hiezu veranlaßt hat, bleibt ungeklärt.

24. V. 1911 [Datum des Poststempels]
An → Dr. Oskar Reichel, C. a. s. [Krumau Ring, Südost-Seite] „Grüße Sie   Egon Schiele."
Privatbesitz, Schweiz [220]

24. V. 1911 [laut einer Notiz]
An → Arthur Roessler, L. a. s., 1 p. 8°, aus Krumau
„Lieber A. R—r. ich habe jetzt Ihr Geld erhalten und gestern habe ich Ihnen noch geschrieben. — Ja es regnet fortwährend, aber das macht nichts ich kann von meinem Gartenhaus den Garten malen[1]; ein großes, ein größeres Bild habe ich auch schon begonnen, wenn ich auch nicht unausgesetzt male, aber arbeiten werde ich lang daran bis es mir vollkommen gerechtfertigt erscheint. — Ich muß meine letzten Arbeiten immer wieder anschauen und prüfen. Lieber R—r ich möchte Sie bitten, wenn Sie die erste ‚Tote Mutter'[2] samt Rahmen fotographieren lassen möchten und schicken Sie mir einen Abzug! — ich weiß jetzt erst daß die „T. M." eines meiner Besten ist. — Was war mit Opp.?[3] — Kommen Sie zu Pfingsten her! Ich grüße Sie!   Egon Schiele."
W. ST. B. 180.651; R., B. & P., pp. 55/6 [221]
1 Es gibt kein Gartenbild Schieles aus dem Jahr 1911.
2 „Tote Mutter I", 1910.
3 → Max Oppenheimer.

25. V. 1911
An → Arthur Roessler, L. a. s. 1½ pp. 8°, aus Krumau
„Lieber R.—R. Das Rainerbubenbild[1] muß in der Grünbergstraße sein, von wo es abgeholt werden kann, die Bilder sind erst einen Tag später nach Schönbrunn[2] gekommen, ich weiß nichts weil ich schon hier war und glaubte daß es schon geholt ist. — Ich heiße bei den Kindern der Herrgottsmaler weil ich in diesen Malhemd im Garten gehe; ich zeichne an verschiedenen Kindern und alten Frauen, Ledergesichter, Trotteln u. s. w. es ist hier wirklich viel besser, am besten, daß ich nichts über mich hören brauche. Wenn ich ganz große Bilder malen will stellt mir die Gemeinde ihren größten Saal zur Verfügung. Der → Kolo Moser wird mir in den nächsten Tagen die Panneau's schicken die bei ihm waren, ich werde sie übermalen. — Herr R—R wenn ich in einiger Zeit etwas, über, weiß ich noch nicht geschrieben habe[3] will ich es nach Wien schicken für's ‚Interieur'[4], geht das. So z. B. über die ‚Tote Stadt'[5] schreiben Sie mir ja! — Ich werde Ihnen noch bessere Briefe schicken jetzt gehe ich in den Blumenpark. Grüße Sie   Egon Schiele."
W. ST. B. 180.652; R., B. & P., pp. 56/7 [222]
1 „Bildnis Herbert Rainer", 1910.
2 Schönbrunn steht hier als geographischer Begriff, die Grünbergstraße befindet sich in seiner Nähe.
3 Erster Hinweis Schieles auf seine literarische Tätigkeit.
4 „Das Interieur", Wiener Monatshefte für Wohnungsausstattung und angewandte Kunst, Wien 1911. Erschien im Verlag von → Eduard Kosmack.
5 „Tote Stadt I", 1910.

[223]

30. V. 1911 [Poststempel]
An → Arthur Roessler, C. a. s. [Krumau, Marktplatz]
„Lieber A. R.—r. rechts ist das alte Rathaus, welches ich jetzt male[1]. Ein Brett[2] ist schon bemalt. Grüße Sie   Egon Schiele"
W. ST. B. 180.565; Gl. 18 und Abbildung der Vorderseite der Karte [223]
1 „Das Krumauer Rathaus mit zwei Mondsicheln", 1911.
2 Über Anraten von Roessler malte Schiele damals kleinformatige, also leichter verkäufliche Bilder auf Holz.

[nach dem 30. V. 1911]
→ Arthur Roessler, C. a. s. [Brustbild von → Otto Wagner]. Nach Krumau
„L.[ieber] E. S. — es freut mich, daß d.[as] ei.[ne] Brett[1] schon bemalt u.[nd] das 2. bereits in Arbeit ist. Recht so! Hoffentlich bedecken sich die übrigen 4 Hölzer ebenso rasch mit schönen u. wunderlichen Kunstblüten. Ich reise am 14. d. abends n. Berlin, halte mich daselbst auf der Hinreise 2, auf d.[er] Rückfahrt 10 Tage auf. Denken Sie auch daran, daß Sie über ein ganzes Lager von prächtigem Japanpapier[2] verfügen. Dr. M. M.[3] schrieb mir, daß er augenblicklich kein Geld habe, weil er sich verleiten ließ in d.[er] Wachau 4 „alte Pastelle" zu kaufen, daß er aber „andere" veranlassen

werde Blätter von Ihnen zu nehmen. Die letzten Stücke versandte ich zur Ansicht. Ich hoffe, nicht alle zurück zu kriegen. Herzl. Gruß   A. R—r."
E. S. A. 546   [224]

1 Siehe Schieles Karte an Roessler vom 30. V. 1911; Roessler stellte ihm die Malbretter zur Verfügung.
2 Auch das Japanpapier von Roessler zur Verfügung gestellt.
3 Ein Mitglied der Familie Mautner Markhof in Wien?

? V. 1911 [vermutlich]

An → Heinrich Benesch, C. s. „Egon Schiele 1911" [„Gruß aus Krummau a. d. Moldau"]
nach: H. M. 1968, 69; Privatbesitz   [225]

7. VI. 1911

→ Willy Lidl, L. a. s., 2 pp. klein 8°
„L. Sch. [Lieber Schiele]. Also wäre ich wirklich so weit, zu zeigen ob ich etwas wert bin. Jetzt, oder nie. Meine Leute haben mich vollkommen fallen lassen. Vom 15. an stehe ich auf eigenen Füßen. Momentan weiß ich wirklich noch nicht was ich anfangen werde. Sicher ist, daß ich am 16. nicht mehr da bin. Nach Hause darf ich und will ich nicht mehr. Ich muß von Oktober an ins Reform-Lyzeum gehn, damit ich wenn schon gar nichts übrig bleibt wenigstens Stunden geben kann. Hoffentlich gelingt mir wenigstens das. Mit gleicher Post geht ‚Egon Schiele'[1] dreimal weg an K. u. K. [Kunst und Künstler?] Int.[eressantes Blatt?] und O. M. [Österreichische Mitteilungen?][2] Wenn es mir doch bei der ‚Tages-Post'[3] gelänge. Wann kommen sie denn, ich möchte so gerne mit ihnen sprechen. Auf der Post war ich noch nicht. Meine Mutter hat ihnen auch geschrieben, es wird wohl ziemlich derb ausgefallen sein. ‚Im Anfang aber war die Tat' steht eingangs Rimbaud[4]. Bitte schreiben sie[!] bald.   Lidl."
E. S. A. 943   [226]

1 Es muß sich um die Aphorismen Willy Lidls über Egon Schiele handeln. Siehe Nr. 187.
2 Es fällt schwer, die nur mit Initialen bezeichneten Zeitungen und Zeitschriften zu identifizieren.
3 „Tages-Post", Linzer Tageszeitung.
4 Die Erwähnung Arthur Rimbauds durch Lidl ist interessant. Es war also auch dieser junge Mann von ihm eingenommen. Nicht nur Schiele und der merkwürdige → Erwin Osen.

20. VI. 1911

An → Dr. Oskar Reichel, L. a. s., 1 p. 8°
„Wien, 20. Juni 1911.
Lieber Dr. O. R. Früher oder später wird ein Glaube zu meinen Bildern, Schreiben, Worten, die ich selten, aber am konzentriertesten spreche, entstehen. Meine bisherigen Bilder sollen vielleicht Vorreden sein, — ich weiss nicht. — Ich bin so unzufrieden von einem zum anderen. — Die haben unrecht, die glauben, dass Malen schon etwas ist. Malen ist ein Können. Ich denke an die wärmsten Farben zu einander, die verfliessen, die zerrinnen, brechen, erhaben sind, hügelig aufgetragen Siena mit grünen oder grauen und daneben einen blaukalten Stern, weiss, weissblau. Ich bin wissend geworden und habe schnell gezählt, habe jede Ziffer beobachtet und zu ersehen versucht. Schauen kann auch der Maler. Sehen ist aber doch mehr. — Einen Kontakt zwischen einem betreffenden Bild haben, ist viel. — Der Wille eines Künstlers?   E. S."
R., B. & P., p. 144; E. S. A. 1065/32, Abschrift, Verbleib des Originals ungeklärt [einmal im Besitz von V. A. Heck, Wien]   [227]

21. VI. 1911? [Poststempel unleserlich]

An → Arthur Roessler, C. a. s. [Krumau, Blick von der Sommerreitschule]
„Bleibe nicht Sommer über hier, nur so lange bis ich das gearbeitet habe was ich brauche. Möchte dann — Juli — am Ossiachersee. Beste Grüße   Egon Schiele."
W. ST. B. 180.622; Gl. 75; „wohl ebenfalls 1911"   [228]

25. VI. 1911 [Poststempel]

An → Arthur Roessler, C. a. s. [Budweis, Kirche und Häuser an der Moldau]
„Noch viele Grüsse. Egon Schiele. Ich konnte nicht mehr kommen, die 14 Zeichnungen sind an [statt: bei] der W. W.[1]" Mit eigenhändigem Gruß von → Anton Peschka.
W. ST. B. 180.566; Gl. 19   [229]

1 → „Wiener Werkstätte".

[nach dem 25. VI. 1911]

→ Arthur Roessler, C. a. s. [Wiener Werkstätte, Nr. 334: Die berühmte Vogelmeute des Herzogs von Gramatneiss (scherzhaft)], nach Krumau
„L. E. S. Ihre Karte aus Budweis[1] erhalten; danke. Hoffentlich vergaßen Sie das Japanpapier u. die 6 Malbretter[2] nicht in Wien od. im Zug. Denken Sie daran, daß die Arbeiten die ich nach Berlin[3] mitnehmen soll, bis spätestens 15. Juli in meinen Händen sein müssen. Sie haben demnach 14 Tage Zeit etwas Schönes entstehen zu lassen. Hoffentl. ist die Zeit fruchtbar u. wird was aus dem Plan. Und denken Sie auch daran, daß Sie etwas über die „tote Stadt" schreiben wollten[4]. Haben Sie schon einige d. „Künstlerköpfe" von Goncourt betrachtet? Namentlich Gavarni ist sehr interessant. Gruß. Ihnen und Ihrem „Schatten"[5].   R—r."
E. S. A. 566   [230]

1 Siehe Karte von Schiele, 25. VI. 1911.
2 Von Roessler beigestellte Malbretter, auf denen 1911 einige von Schieles Krumauer Landschaften entstanden.
3 Man sieht, wie zielstrebig Roessler danach trachtete, Egon Schiele für den deutschen Markt aufzubauen.
4 Bisher keine Dichtung Schieles über die „Tote Stadt" [Titel mehrerer seiner Bilder aus dieser Zeit] bekannt geworden. Siehe Nr. 222.
5 Wohl: → Wally Neuzil.

28. VI. 1911 [laut Notiz von Roessler]

An → Arthur Roessler, L. a. s., 1 p. 8° [aus Krumau]
„Lieber A. R—r. ich hab[e] vom Dr. Kronfeld noch immer nicht die 40 K. bekommen, also bin ich mit 80 K. hergekommen. — Ich habe ein neues Bild begonnen auf Japan, Blumen, das ich Ihnen schicken werde[1]. Und viel anderes. — Die Wohnung ist sehr hübsch wo ich im Winter sein werde. Ein Zimmer davon hat 4 Fenster und ist nicht so besonders groß,

ich hab mir's weiß streichen lassen, mit zitrongelben Fensterrahmen die werde ich demnächst anstreichen. Sonst ist alles weiß-schwarz. In der Wohnung kann ich ganz große Bilder malen 2 m. Wenn Sie wieder was verkauft haben so schicken Sie mir's gleich; einiges habe ich noch zu bezahlen, das Nötigste hab ich auf ein Monat vorbezahlt. Auf Wiedersehn!
Egon Schiele."

W. ST. B. 180.653; R., B. & P., p. 57 [231]

1 Unklar, worum es sich handelt.

[?] VI. 1911

An → Marie Schiele, Wien IX., Sobieskigasse 16/18, C. a. s.
„Schau daß Du bald gesund bist! — Ich habe eure Wohnung schon bezahlt und es ist um jeden Preis besser hier zu sein und in's Grüne gesunde zu schauen als dort in der erstickenden Luft zu bleiben. Ich weiß daß Dein Zustand ein ganz localer ist, freilich werden die Herrn Dr. [Doctores] die zahlenden Patienten länger dort behalten. Du kannst Dir doch ein Bett oder noch Kleineres mitbringen, Du hast doch Freigepäck."
E. S."

P. 105 [232]

4. VII. 1911

→ Heinrich Benesch, an → Arthur Roessler, L. a. s., 4 pp. klein 8°
„Wien, am 4. Juli 1911.
Hochverehrter Herr Roessler! Wenn es Ihre Zeit gestattet, möchte ich Sie vor Ihrer Abreise... heimsuchen... noch einige Worte über Schiele mit Ihnen zu sprechen... Ihr aufrichtig ergebener Heinrich Benesch."

W. ST. B. 146.743 [233]

6. VII. 1911

→ Dr. Hermann Eissler, C. a. s. [Schloß Tarasp]. Grüße an Schiele und → Anton Peschka in Krumau.

E. S. A. 983 [234]

7. VII. 1911

→ Marie Schiele. Wohl an → Gertrude Schiele, L. a. s., 4 pp.
„Wien, d. 7/7 1911
Liebes Kind! Dein Brief war so unvollständig u. gab so wenig Sicheres... Egon werde ich auch die Wäsche waschen wann ich [in] Krumau bin und wann er mit uns essen will was mir lieber ist, soll er's nur thun... Mit Herr[!] → Peschka[1] neuerliche Auseinandersetzung..."
[ohne Unterschrift auf der zur Verfügung gestellten Photokopie]

P. 3 [235]

1 Anton Peschka war der künftige Schwiegersohn.

178

13. VII. 1911

An → Arthur Roessler, L. a. s., 1 p. 8° [Die ersten 11 Zeilen sind halbbrüchig geschrieben, der Text beginnt in der Mitte des Blattes]
„13. Juli 1911.
Lieber A. R—r. ich sende Ihnen heute drei auf Holz gemalte Stadtbilder, die mir weit farbiger und lieber sind als alle sonstigen Landschaften[1]. — Ich will diese aber höchstens um 100 K. per Stück hergeben, höchstens[2]. Sonst um 150 K. und wissen, falls das eine oder andere verkauft ist, an wem, weil ich so eine Reihe ähnlicher nebeneinander hängen will. Vielleicht können Sie eines davon leicht verkaufen und mir recht bald ein Geld schicken, ich muß mir endlich neue Farben bestellen und den Wirten und Kafe[3] bezahlen. — Wenn Sie vom Sommeraufenthalt zurückkehren so kommen Sie auf jeden Fall hierher. Bis dorthin ist Verschiedenes fertig. Also ich bitte Sie schicken Sie mir wieder einmal ein Geld. Grüße Sie Ihr Egon Schiele.
Krummau a. d. Moldau"

W. ST. B. 180.654; R., B. & P., pp. 57/8 [236]

1 Schiele malte 1911 eine ganze Anzahl kleiner Krumauer Bilder auf Holz.
2 Richtig müßte es heißen: mindestens.
3 Gemeint sind Schulden in Gast- und Kaffeehäusern.

MUSEUM FOLKWANG HAGEN i.W.
Drahtziel: Folkwangmuseum Hagenwestfalen / Fernruf: Nr. 1455 / Tagebuch-Nr.   Antwort zum Brief vom
Hagen i.W., den 15. 7.1911.

[237]

15. VII. 1911

→ Karl Ernst Osthaus, L. s., auf Papier des Museums Folkwang, Hagen i. W.[estfalen], 1 p. 4°
„15. 7. 1911
Verehrter Herr Schiele! Empfangen Sie freundlichen Dank für die Zusendung Ihrer Aquarelle. Ich finde sie ganz vorzüglich und bedaure nur, dass Sie unter so grossen Schwierigkeiten schaffen müssen. Leider bin ich so vielfach in Anspruch genommen, dass ich Ihnen nicht so helfen kann, wie ich möchte. Es freut mich aber, Ihnen diesmal Ihren Wunsch erfüllen zu können. Ich will alle Aquarelle behalten und hoffe, dass es Ihnen recht ist, wenn ich Ihnen 250 Kr. dafür übersende. Sie werden Ihnen durch das Bankhaus Ernst Osthaus zugesandt werden. Beachten Sie aber bitte künftig bei Ihrer Adresse, dass ich mit dem Bankhause n i c h t identisch bin. Mit freundlichen Grüssen Ihr ergebener
[signiert:] Karl Ernst Osthaus."

E. S. A. 11 [237]

23. VII. 1911 [Poststempel schwer lesbar]

An → Arthur Roessler, Ostseebad Glowe auf Rügen, Strand Hotel, C. a. s. [Herzogliche Grenadier-Leibgarde... Krumau]
„Wann kommen Sie her? — Bitte verk.[aufen Sie] ein einziges der Bilder, weil ich n.[ichts] habe. Grüsse Sie herzlich
Egon Schiele
Krummau a. d. Moldau, Böhmen."

W. ST. B. 180.567; Gl. 20 [238]

31. VII. 1911

An → Arthur Roessler, L. a. s., 1 p. 8°, aus Krumau
„31. Juli 1911.
Lieber Arthur R—r. Sie wissen wie gern ich in Krummau bin; und jetzt wird es mir unmöglich gemacht: die Leute boykottieren uns einfach weil wir rot[1] sind. Freilich könnte ich mich dagegenstellen, auch gegen alle 7000[2] aber die Zeit habe ich nicht dazu, und wozu [sich] auf die Art ausgeben. Das Übrige kann ich Ihnen erst erzählen. Ich muß bis 6. August ausgezogen sein und will aber schon am 4. fortfahren und zwar nach Neulengbach. Ich bitte Sie senden Sie mir irgendeinen Betrag ich muß außerdem einige Kisten transportieren. Ich bitte senden Sie mir bis 4. August einen Betrag. Grüße. Auf Wiedersehn Egon Schiele."
W. ST. B. 180.655; R., B. & P., p. 58 [239]

1 Man wird guttun, dieses „weil wir rot sind" richtig zu verstehen. Als „rot" galt vor 1914 schon, wer nicht regelmäßig in die Kirche ging. Schiele war nach dem übereinstimmenden Urteil von Zeitgenossen kein politisch gebundener Mensch.
2 Es muß demnach bereits in Krumau Bedenkliches vorgefallen sein, sonst wären die Behörden nicht so massiv gegen Schiele vorgegangen. Hauptanstoß in der kleinen Stadt war sicherlich die „wilde Ehe", in der Schiele mit → Wally Neuzil lebte.

[240]

2. VIII. 1911 [Poststempel schwer lesbar]

→ Arthur Roessler, C. a. s. [Gruss aus Glowe]; ursprünglich nach Krumau geschickt, die Adresse von fremder Hand geändert in Wien IX., Sobieskigasse 14/16 [Wohnung der Mutter]
„[Glowe] auf Rügen Strand Hotel
Lieber E. S. — die 3 Bilder, die Sie mir noch nach Wien sandten, sind schwer verkäuflich u. für 100 K. schon gar nicht. Haben Sie schon die 3 anderen Bretter bemalt? Wenn ja, dann senden Sie mir selbe hierher, gut verpackt, aber nicht wieder zusammengepickt wie d.[ie] ersten drei. Vielleicht kann ich mit den neuen Bildern was machen[1]. Und was ist's mit den Zeichnungen, die ich → Cassirer zeigen sollte? Sind keine entstanden? Schreiben Sie mir bald ausführlicher was Sie denken u. tun. Hier ist's herrlich. Habe heute mein 12. Bad im Meer genommen. Bin braun wie Mahagoni. Freundl. Gruß. R—r."
E. S. A. 530 [240]

1 Roessler wollte sich in Berlin um Schiele bemühen.

5. VIII. 1911

An → Arthur Roessler, L. a. s., 1 ⅓ pp. 8°
„5. August 1911.
Lieber A. R—R. ich danke für die 20 K. wie lange bleiben Sie noch in G[lowe]?[1] — Es sind noch zwei weitere Bretter bemalt aber alles ist in Kisten verpackt und kommt per Fracht nach Neulengbach. Wenn Sie noch 14 Tage in G. bleiben so könnte ich Ihnen höchst wahrscheinlich Einiges schikken. — Ich will nicht an Krummau denken; so lieb habe ich die Stadt, aber die Leute wissen nicht was sie tun. — Gegenwärtig bin ich in Wien, seid[!] zwei Tagen und war schon auf Wohnungssuche in Neulengbach. — Freilich gibt's das alles nicht[2], aber die Erntefelder sind weit besser! — Ich glaube daß ich ein ganz kleines Haus mit drei oder vier Räumen und Garten kriegen werde. Jetzt muß ich wieder hinausfahren. Ich will in nächster Zeit an ganz großen Arbeiten malen beginnen. — Die Leinwanden 180 cm × 180 cm hab ich schon nur sind sie wieder auf der Fahrt. — Und dann hab ich drei größere 6 m lang 2 m hoch Bilder vor[3]; das muß im Herbst fertig sein. — Unzählige Entwürfe darunter sehr farbige hab ich dazu. — Demnächst schreibe ich wieder. Ich grüße Sie! Egon Schiele
z. z. [zur Zeit] Wien IX. Sobieskigasse 14/16"
W. ST. B. 180.656; R., B. & P., p. 59 [mit Veränderungen]
[241]

1 Glowe; Dorf und Seebad auf Rügen.
2 Schiele stellt einen Vergleich Krumau—Neulengbach an.
3 Es kam nicht zur Ausführung dieses großformatigen Vorhabens.

7. VIII. 1911

An → Heinrich Benesch, L. a. s. [Abschrift]
„7. August 1911
Lieber Herr B., ich habe nicht geglaubt, dass Sie das kleine Bild mit der blauen Moldau[1] so gerne haben wollen, darum habe ich nicht geschrieben. Wenn Ihnen so viel wie Sie für die „Tote Mutter"[2] ausgelegt haben zu viel wäre, so können Sie's für 80 Kronen auch haben. Sie wissen ja, dass mir das ziemlich gleich ist und ich weiss, dass Sie das Bild so gern haben werden wie irgend ein anderes massgebendes Lebewesen. Ich bin einige Tage hier in Wien und werde ab 15. ds. [dieses] M.[onats] in Neulengbach sein. Meine Adresse in Wien, IX. Sobieskygasse 14/16[3] wissen Sie wohl? Ich grüsse Sie. Egon Schiele"
E. S. A. 605 [242]

1 Nicht feststellbar.
2 „Die Geburt des Genies" (auch = „Tote Mutter II"), 1911.
3 Wohnung der Mutter.

DOKUMENTE UND KORRESPONDENZ 1911

[um den 7. VIII. 1911]

An → Carl Reininghaus, L. a. s. Absenderadresse Wien IX., Sobieskigasse 14/16
„14. Juni 1911[1].
Lieber Karl Reininghaus ich komm noch immer nicht von Wien fort. Bitte schreibe mir ob Du den Brief von mir hast oder laß mir schreiben. Ich hörte daß Du in Wien bist? Ich grüße Dich   Egon Schiele."
Ch. M. Nebehay, Katalog XIV, 11   [243]

1 Das Datum wohl verlesen.

10. VIII. 1911

An → Arthur Roessler, L. a. s., 3 pp. 8°. Aus Wien IX. Sobieskigasse 14/16, Wohnung der Mutter
„10. August 1911.
Lieber Arthur R—r. also jetzt hab[e] ich zu allen dem wahnsinnige Zahnschmerzen und war heute bei → Dr. Engel wohin Sie mich rekommandiert haben; ich habe von Ihnen gesprochen daß Sie mich schicken; es war bloß der Assistent hier der an mir begonnen hat. Dem Dr. Engel, der im Wildbad Innichen in Tirol ist bitte ich Sie zu schreiben, — wegen meiner, daß er mich behandelt, und daß ich Ihn dafür male oder ein Bild gebe. — Bitte schreiben Sie ihm recht bald, weil ich jetzt die beste Gelegenheit hätte, für meinen Mund. — Es ist kein Mensch in Wien und ich bin überhaupt unterbunden; seit Sie mir 20 K. geschickt haben habe ich nichts. Ich hätte meine Kisten in Neulengbach auszulösen die per Fracht von Krummau schon dort sein werden und hätte dort den Anfangszins zu bezahlen, weiß aber bis heute nicht welche Wohnung ich von den gebotenen nehmen werde, weil ich keine Angabe geben kann; ein kleines Haus wäre dort welches ich mieten will, der Zins wäre bloß 500 K. pr. [pro] Jahr samt Garten. Ich muß mich aber höchst beeilen sonst ist es weg. — Wenn ich 100 K. habe wäre mir gedient. Ich versäume bis jetzt volle vierzehn Tage, das bedeutet was. soll ich Monate versäumen. Und die nächsten die man glaubt die da sind, benehmen sich feig, → „Wimmer", die → [Wiener] Werkstätte. Ich glaube daß Sie Angst vor mir haben, verschiedene Angst. Freilich würde ich niemals so mit doch schon maßgebenden Künstlern verkehren, wie die Leute an der W. W. [= Wiener Werkstätte]. — Es ist aber gefährlich für sie. Wimmer ist unglaublich unaufrichtig, kann das ein Großer sein? — Lieber Rößler wenn Sie zwei farbige Bretter für hundert und einige Kronen verkaufen können bitte ich Sie aufrichtig. Ich will doch wenigstens ab 16. August wieder arbeiten; gegenwärtig bin ich bei meiner Mutter. Bitte schreiben Sie dem Dr. E.[ngel] und verkaufen Sie mir die Bretter. Der Zins wird für's Monat zirka 30—40 K[ronen] sein und den Spiegel muß[1] ich auch noch von Wien bringen lassen. Ich grüße Sie!   Egon Schiele.
→ Peschka geht auch zum Zahnarzt, vielleicht geht's ähnlich oder für weniger."
W. ST. B. 180.657; R., B. & P., pp. 59/60   [244]

1 Es handelt sich um jenen großen Spiegel, den man aus Fotografien von Schieles Atelier in Hietzing her kennt. Er hat ihn aus der elterlichen Wohnung mitbekommen und als wichtiges Requisit in jedem Atelier gehabt.

[nach dem 10. VIII. 1911]

An → Dr. Hermann Engel. Mehrere L. a. s., ehemals im Besitz von → Melanie Schiele-Schuster [siehe A. C., V. Anmerkung 39]

11. VIII. 1911

→ Heinrich Benesch, C. a. s., an E. S., IX., Sobieskigasse 14/16 [St. Gertraud im Lavanttal, Kärnten]. Ist mit Schieles Preis einverstanden; wird Anfang September bezahlen.
E. S. A. 584   [245]

26. VIII. 1911 [Poststempel]

→ Arthur Roessler, C. a. s. [ein von Alfred Messel am Wannsee, Berlin, erbautes Landhaus]. Schiele möge ihm sogleich an eine Berliner Adresse die drei „Bretter" und die besten neuen Zeichnungen zur Vorlage bei → Paul Cassirer schicken.
E. S. A. 553   [246]

[247]

180

28.[?] VIII. 1911

An → Arthur Roessler, L. a. s., 1 p. 8°. Aus Neulengbach
„August 1911.
Lieber R. R—r. ich habe Ihre Karte erst hieher nachgeschickt bekommen. Ich glaube daß das Postpaket noch rechtzeitig anlangen wird, es sind 10 farbige Zeichnungen aus der letzten Zeit, die ich aber nur zum Beseh[e]n schicke, ich will sie aufheben. Und ein Holzbild, weil das zweite → Benesch haben will, und das dritte nicht fertig ist. Das eine Holzbild also, welches ich zurückbehalten habe bis jetzt, glaub ich ist das „Ernstfarbigste" im Falle Sie es gut verkaufen könnten wird mir nichts daran liegen; sonst aber nicht. — Ich bin also schon in Neulengbach und habe hier ein kleineres ebenerdiges Haus samt Garten gemietet. Es kostet 600 K pro Jahr. Wann kommen Sie zurück, bitte schreiben Sie mir und auch das Ergebniß[!] bei → Cassierer[!]. Grüße Sie!
Egon Schiele.
Neulengbach."

W. ST. B. 180.658; R., B. & P., p. 61 [247]

29. VIII. 1911 [Poststempel]

An → Anton Peschka, Wien XII., Breitenfurterstraße 109, L. a. s., 1 p. 8°, aus Neulengbach
„August 1911
Lieber A. P. die Wohnung in Neulengbach ist appetitlich. Ich war vorige Woche bei → O. Wagner der natürlich sehr freundlich mit mir war und mir 20 K. für nichts gab; bei ihm war der Landtag[Abgeordnete] Sturm, Du weißt ein maßgebendes Tier, mit dem ich bekannt wurde und zu dem ich mit Blättern gehen soll. — Ich gehe morgen um 11^h zum Zahnarzt, sollst Du den Brief schon haben bis vorher, so komme sicher um ½12^h zum Zahnarzt, damit wir nach Hetzendorf (vielleicht) fahren. Ist der Brief erst abends dort, so komme ich zu Dir um 5—6^h, Du mußt sicher zu Haus sein. Herzliche Grüße,
Egon Schiele
Ich möchte in's Apollotheater[1] gehen. — habe mit Ida[2] gesprochen. — Vom Buchberg bei Neulengbach übersieht man das herrlichste Felderland das ich kenne, was man vom Krummauer Turm an Häusern sieht, sieht man dort an Feldern. — Ein Tivoli[3] für Neulengbach habe ich entdeckt, ein Kafe[!] mit Namen „Fichtenhof". Sonst viel Neues!"

E. S. A. 150 [248]

[1] Damals ein bekanntes Varieté, Wien VI., Gumpendorferstraße 63, heute Kino.
[2] Das erste nachweisbare Modell Schieles.
[3] In der Meierei „Tivoli", in der Nähe von Schönbrunn, nahm → Gustav Klimt stets im Kreise von Freunden sein Frühstück ein.

30. VIII. 1911

An → Heinrich Benesch, L. a. s. [Abschrift]
„30. August 1911
Lieber Herr B., ich habe in Neulengbach ein recht brauchbares ebenerdiges Haus gemietet mit Garten. Falls Sie mich dort einmal besuchen wollen, so schreiben Sie mir zuvor. Meine Adresse: E. Schiele Neulengbach genügt. Ich grüsse Sie!
Egon Schiele."

E. S. A. 606 [249]

31. VIII. 1911

→ Verein bildender Künstler Münchens. Secession. 2 pp. 8°; auf Briefpapier mit Vignetten. Nach Neulengbach
Da die Räume auf längerer Zeit vergeben sind, wird ihm geraten, seine Bilder der Jury für die Frühjahrsausstellung 1912 einzuschicken, etc.

E. S. A. 489 [250]

1. IX. 1911

An → Leopold Czihaczek, Wien II., Zirkusgasse 47, 2. Stock, L. a. s., 4 pp. 8°, aus Neulengbach
„1. September 1911
Lieber O. [Onkel] C., ich bin nach Neulengb.[ach] gekommen um immer hier zu bleiben, meine Absichten sind große Werke zu vollführen, wozu ich ruhig arbeiten muß. Das war in Wien unmöglich; je mehr man mit der Öffentlichkeit zu tun hat, desto schwieriger wird es. — Alles von meiner Hand, sei es gemalt, gezeichnet oder geschrieben, was ich in den letzten zwei oder drei Jahren herausgabte[!], soll ein Hinweis auf das „Kommende" sein. Ich habe bisher gegeben und jetzt bin ich dadurch so reich daß ich mich fortschenken muß. — Wenn dem Künstler seine Kunst am liebsten ist, so muß er auch den besten Freund lassen können. — Warum ich ausgeblieben bin, bei Euch, es wird unrecht gedeutet, das weiß ich, und Ihr werdet glauben daß ich trotzig war, allerdings, ich trotze gegen alle Arten von Anstürmen des Lebens. — Ich habe die Sucht alles zu erleben, dazu muß ich allein sein, ich darf nicht verweichlicht werden, mein Organismus ist herb, meine Gedankenwelt nur führend. — Einiges hab[e] ich doch schon erreicht, unter anderem sind Bilder von mir im → Museum Folkwang in Haag[!], Westfalen, bei → Cassierer in Berlin u. s. w. was mich aber kühl läßt. — Ich weiß daß ich mich künstlerisch kollosal[!] entwickelt habe, ich habe erlebt und erlebt, gebaut, ununterbrochen gekämpft gegen das ‚Geschäft' mit der Kunst. Ich bin froh, daß ich einen großen Härtegrad erworben habe. — Die Art, wie ich von Euch fort bin, ist vollkommen organisch und war vorbereitet; und jetzt bin ich absolut nicht gekommen um vom neuen zu beginnen; ich will nur daß Ihr mein Ausbleiben seit 1½ Jahren nicht als eitel anseh[e]n sollt. — Jemand wollte in einen[!] Kafehaus eine Karte von mir oder meinen Namen; ich erwiderte daß eine Audienz bei mir 300 K. koste; also erschrak er vor meiner Intelligenz; das war Stolz, reiner Stolz. Soweit ich Psychologie an „Wirklichen" erfahren habe weiß ich, daß: Kleine eitel sind, daß Kleine zu klein sind um stolz sein zu können und daß Große zu groß sind um eitel sein zu können. — Also gibt es Herrchen, Herrlein und Herrn, aber. — meine Herrlichkeit ist mir am wertesten. — Darunter einige Aphorismen von mir:
Solange es Elemente gibt wird auch der vollkommene Tod nicht möglich sein.
Wer nicht durstig ist nach Kunst, der ist seiner Degeneration nahe.
Nur Beschränkte lachen über die Wirkung eines Kunstwerkes. Seht wenn ihr könnt, — in ein Kunstwerk!
Das Kunstwerk ist unbezahlbar, es kann erworben werden.

Es ist sicher daß Große, im Grund genommen gute Menschen waren.
Es freut mich, daß es so Wenige gibt die Kunst wittern. — das deutet immer wieder auf das Göttliche in der Kunst.
Künstler werden immer leben.
Ich glaube immer daß die größten Maler Figuren malten.
Ich weiß daß es keine moderne Kunst gibt, sondern nur eine, — die immerwährend ist.
Wer verlangt, daß ihm ein Kunstwerk erklärt werden soll, dem soll nicht Folge geleistet werden, er ist dazu zu beschränkt.
Ich male das Licht welches aus allen Körpern kommt.
Auch das erotische Kunstwerk hat Heiligkeit!
Ich werde so weit kommen, daß man erschrecken wird, vor der Größe eines jeden meiner „lebendigen" Werke.
Der wirkliche Kunstliebhaber muß die Sucht haben, das älteste und das neueste Kunstwerk besitzen zu können.
Ein einziges „lebendiges" Kunstwerk genügt für die Unsterblichkeit eines Künstlers.
Künstler sind so reich, daß sie sich fortschenken müssen.
Kunst kann nicht angewandt werden.
Meine Bilder müssen in tempelartige Gebäude gestellt werden.
Egon Schiele."
G. P. 2 [251]

Dieser Brief ist ein weiterer vergeblicher Versuch, den zürnenden Onkel umzustimmen.

4. IX. 1911 [Datum von Roesslers Hand]
An → Arthur Roessler, L. a. s., 1 p., klein 8°
„Samstag.
So Sie wollen werde ich Sie bei mir am Mittwoch den 8. erwarten, vielleicht nach 2. Beste Grüße   Egon Schiele."
W. ST. B. 180.568; Gl. 21 [252]

16. IX. 1911
→ Hans Goltz, L. s., 1 p. groß 8°, an → Arthur Roessler
Schlägt vor, eine Kollektivausstellung Schieles — neben den Arbeiten von Emil Zoir (1887—1936), schwedischer Maler und Radierer, den er in Deutschland vertrat — bei sich im Entresol des Luitpoldblocks in der Zeit vom 15. X. bis Ende Dezember zu veranstalten. Erbittet Auswahlsendung neuester Zeichnungen; verpflichtet sich zur Abnahme von 10 Blatt à 20 Mark.
E. S. A. 743 [253]

18. IX. 1911
→ Arthur Roessler, Durchschlag seines Briefes an → Hans Goltz, München
Ist mit der vorgeschlagenen Ausstellung einverstanden. Bedingungen: freier Hin- und Rücktransport, Versicherung, garantierter Verkauf für mindestens 600 Mark, Provision für Goltz: 30%. Schlägt, so die Ausstellung Erfolg habe — die Übernahme der Vertretung Schieles für Deutschland vor, so wie dies die Galerie → Thannhauser erfolgreich für → Max Oppenheimer getan habe, etc.
E. S. A. 745 [254]

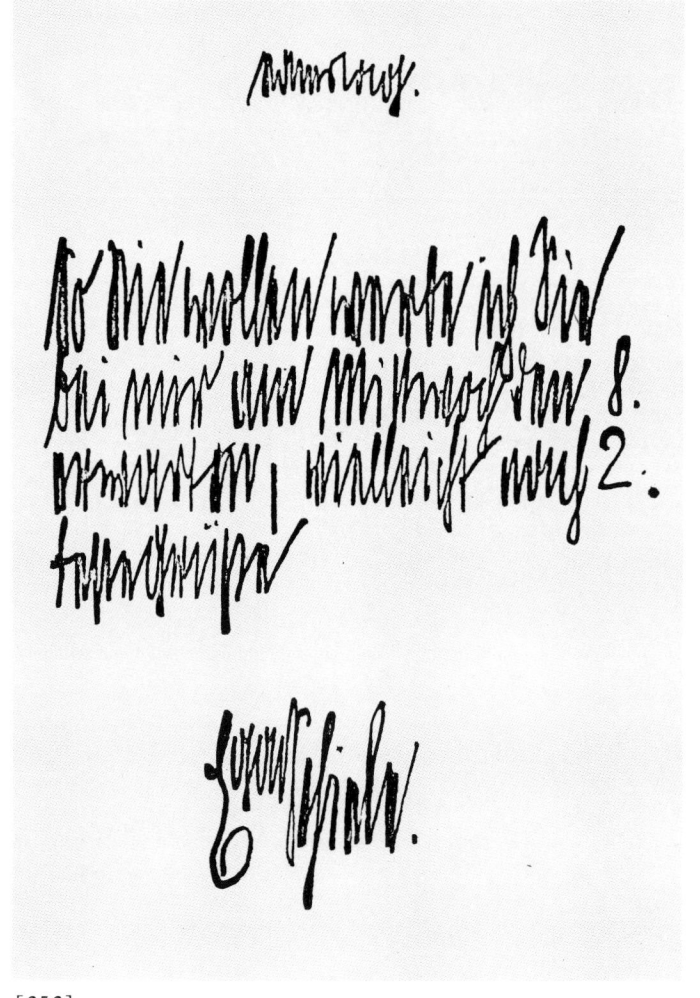

[252]

19. IX. 1911
→ Hans Goltz, L. s., 1 p. groß 8°, an → Arthur Roessler
Einverstanden, will aber lieber Nettopreise statt eines Rabattes. Die näheren Bedingungen einer Übernahme der Vertretung für Deutschland sollen nach Ende der Ausstellung festgesetzt werden, etc.
E. S. A. 744 [255]

20. IX. 1911
An → Arthur Roessler, P. a. s., ½ p. gr. 8°
„Ich bevollmächtige Sie hiermit meine Kollektivausstellung in der Kunsthandlung → Ulrich Putze [= Hans Goltz] in München zu arrangieren und mich in jeder Weise zu vertreten. Die Bestimmung der Verkaufspreise hat durch Sie zu erfolgen, ebenso die Abrechnung mit dem Inhaber der oben genannten Firma.   Egon Schiele.
Neulengbach 20. September 1911."
W. ST. B. 180.659; R., B. & P., pp. 61/2 [256]

[vor dem 21. IX. 1911]

→ Arthur Roessler, C. a. s. [Trieste, Molo St. Carlo], wohl aus Wien abgeschickt. An Schiele, Neulengbach, Au 48
„Lieber E. S. — wenn nicht etwas Ausserordentliches dazwischen kommt, fahre ich Mittwoch schon Vormittag zu Ihnen hinaus in Begleitung meiner Frau. Bleiben Sie also Mittwoch zuhaus. Es gibt G u t e s zu besprechen. Gruß A. R—r."
E. S. A. 555   [257]

21. IX. 1911 [Poststempel]

An → Anton Peschka, Wien XII., Breitenfurterstraße 109, L. a. s., 1 p. 8°. Aus Neulengbach
„September 1911.
Lieber A. P. sei sicher am Sonntag um 4—5ʰ daheim weil ich zu Dir kommen will. — Gestern Mittwoch war → Rößler bei mir, der eben wichtiges mit mir zu sprechen hatte, nämlich wegen einer Ausstellung mit A. Zorn[1] in München: bitte nichts weitersagen. Also, bei → Putze [= Hans Goltz] in München; ich habe ihn bevollmächtigt alles in die Hand zu nehmen, sie wird längstens am 15. Oktober eröffnet. Putze hat sich verpflichtet noch vor der Ausstellung 10 Blätter pro [!] à 20 Mark zu kaufen, damit die Transportspesen gedeckt sind. Grüße Dich Maler A. P.   Egon Schiele."
G. P. 16   [258]

[1] Schiele irrte sich. Es war nicht der bekannte Radierer Anders Leonard Zorn (1860—1920), sondern der schwedische Maler Emil Zoir (1867—1936), den Hans Goltz in München vertrat.

22. IX. 1911

→ Heinrich Benesch. An → Arthur Roessler, L. a. s., 4 pp. klein 8°
„Wien, am 22. September 1911.
Hochverehrter Herr Roessler!... Das Bild, welches ich von Schiele gekauft habe[1], ist ähnlich der Brettchen, welche er für → Cassirer gemalt hat[2]; eine Darstellung eines Stadtteiles von Krummau, allerdings in sehr freier Auffassung. Das Bildchen habe ich schon in Krummau gesehen, doch hat sich der Kauf erst während meines Urlaubsaufenthaltes in St. Gertraud auf schriftlichem Wege vollzogen... Leider habe ich bei meinen Ankäufen immer ein bischen Pech. Das Bildchen ist nämlich größtenteils mit Wasserfarben gemalt, die beim Firnissen, welches Schieles besorgte, etwas zusammengeronnen sind, sodaß Flecken entstanden sind[3]. Sie stören zwar nicht wesentlich, beeinträchtigen aber doch ein wenig die Schönheit des Bildes. Trotz allem stehe ich mehr als je im Banne Schiele's... Ihr, Sie aufrichtig hochschätzender Benesch."
W. ST. B. 146.744   [259]

[1] Es handelt sich um eine nicht identifizierbare „Krumauer Landschaft".
[2] Gemeint sind die über Roesslers Anregung zur Vorlage bei → Paul Cassirer in Berlin bestimmt gewesenen „Bretterbilder" Schieles.
[3] Ein interessanter Hinweis auf Schieles Maltechnik; bisher unbeachtet.

23. IX. 1911

→ Arthur Roessler, Durchschlag seines Briefes an → Hans Goltz, 1 p. 8°
Ist mit Nettopreisen einverstanden. Hat Schiele in Neulengbach besucht und das Material zusammengestellt. Fragt ob die Zeichnungen und Aquarelle gerahmt oder ungerahmt geschickt werden sollen, etc.
E. S. A. 746   [260]

—

→ Hans Goltz, L. s., an → Arthur Roessler, 1 p. groß 8°
Bittet, ihm den Alleinvertrieb Schieles nochmals anzubieten. Beabsichtigt seine Zeichnungen dauernd auszustellen, etc.
E. S. A. 747   [261]

30. IX. 1911

→ Arthur Roessler, Durchschlag seines Briefes an → Hans Goltz, 1 p. gr. 8°
„... Montag den 2. X. sende ich Ihnen durch den Spediteur Scholz die Schiele-Kollektion per Eilgut, und zwar erhalten Sie:

Gemälde auf Leinwand:
1) Dame in Schwarz[1] M[ark]   500
2) Die Selbstseher[2]   350
3) Die Vision[3]   350
4) Die Eremiten[4]   300
Gemälde auf Holz:
1) Tote Stadt[5]   160
2) Das Rathaus in Krummau[6]   160
3) Alte Stadt[7]   160

Im Rahmen unter Glas 34 Aquarelle pro Blatt M. 20—
                                    zusammen M. 680.—
Ungerahmt in Mappe 38 Aquarelle pro Blatt M. 20—
                                    zusammen M. 780.—
Die angegebenen Preise sind die von Ihnen gewünschten Netto-Preise, die ohne Abzug an mich zu zahlen sind..."
E. S. A. 992 a, b   [262]

[1] „Dame in Schwarz" = Mädchen in Schwarz, 1911.
[2] „Die Selbstseher I", 1910.
[3] „Vision", 1911.
[4] „Die Eremiten", 1911.
[5] „Tote Stadt III", auch: „Stadt am blauen Fluß", 1911.
[6] „Rathaus in Krumau", 1911.
[7] Alte Stadt, unklar.

? IX. 1911

An Arthur Roessler, L. a. s., 1 p. 8°. Aus Neulengbach
„September 1911.
Lieber R—r. ich habe keine Karte von München bekommen. Wann [!] Sie kommen wollen, so schreiben Sie mir am besten genau mit welchen [!] Zug, nehmen Sie beschleunigte Züge! Fahren Sie bis Neulengbach Markt. — Meine genaue Adresse wäre Au 48. — Waren Sie schon bei → Dr. O. R.[1] der eines meiner neuesten Bilder hat? — Auf Wiedersehn
Egon Schiele
Neulengbach (Au 48)"
W. ST. B. 180.570; Gl. 23 und Abbildung   [263]

[1] → Dr. Oskar Reichel. Vielleicht, daß es sich um das Bild „Herbstbäume", 1911, handelt, das um diese Zeit entstanden sein könnte.

?. IX. 1911

An → Dr. Oskar Reichel, L. a. s. Aus Neulengbach
„September 1911.   Neulengbach, Au 48.
Lieber Dr. O. R.! Ich bin wissend geworden; Erde atmet, riecht, hört, fühlt in allen den kleinen Teilen; erwirbt, paart sich, zersetzt sich und findet sich, genießt, was ein Leben ist und sucht die logische Philosophie aller, alles in allem; Tage und Jahre, aller Vergänglichkeiten so weit man denken will und kann, so weit der Spiritus der Wesen mit großem Gehalt ist; sie ist durch unsere Luft, unser Licht zu Etwas oder Vielem geworden, selbst zu Schöpfern, die notwendig sind, und ist zum Teil gestorben, verbrannt in sich, wieder — in sich zurück, und beginnt den kleineren oder größeren Kreislauf, alles, was ich göttlich nennen will, keimt von neuem und bringt und erschafft aus der Gewalt, die wenige sehen, ein Geschöpf. — Die Unvergänglichkeit des Materiellen im Sinne eines Daseins ist bestimmt; ein sicheres Werden und Vergehen, Kommen; Leben, worunter man das unaufhörliche Verwittern verstehen soll, das aber durch organische Mittel zum Leben aufgehalten, ja, bis weithin rückgängig werden kann, so daß es mit diesen Mitteln keinen vollständigen Tod geben kann. — Es war, ist und wird der alte oder neue urgewachsene Geist da sein, — der will, der aus etwas, aus Zusammenkünften, aus Mischungen bringen muß, gebären muß; die eigentliche große Mutter von allen, allen ähnlich, doch vereinzelt, die will und so war, ist und wird der Wille immer aus diesen, unseren unendlichen Mitteln, die mannigfaltigsten Menschen, Tiere, Pflanzen, Lebewesen im allgemeinen erschaffen können, sobald diese Physik da ist, sobald der allgemeine Wille der Welt besteht. Ich habe das unmittelbare Mittel bei mir, das, um niederzuschreiben, einzeichnen kann, um erforschen zu wollen, um zu erfinden, um zu entdecken, mit Mitteln aus mir, die schon die starke Kraft haben, selbst zu zünden, selbst zu verbrennen und zu leuchten wie ein Gedanke, vom ewigen Licht, und zu leuchten in die dunkelsten Ewigkeiten unserer kleinen Welt, die nur aus so wenigen Elementen besteht. — Alle Deckmäntel für uns sind sowieso für nichts, weil sie uns verbergen, anstatt die Sucht haben, zu verweben mit anderen Organen. — Wenn ich mich ganz sehe, werde ich mich selbst sehen müssen, selbst auch wissen, was ich will, was nicht nur vorgeht in mir, sondern wie weit ich die Fähigkeit habe, zu schauen, welche Mittel mein sind, aus welchen rätselhaften Substanzen ich zusammengesetzt bin, aus wie viel von dem mehr, was ich erkenne, was ich an mir selbst erkannt habe bis jetzt. — Ich sehe mich verdunsten und immer stärker ausatmen, die Schwingungen meines astralischen Lichtes werden schneller, unvermittelter, einfacher und ähnlich einem großen Erkennen der Welt. So erbringe ich stets mehr, stets Weiteres, endlos Scheinenderes aus mir, so weit mich die Liebe, die alles ist, auf diese Art bemittelt und mich zu dem führt, wohin ich instinktiv gezogen werde, was ich in mich zerren will, um von neuem ein Neues zu bringen, was ich trotz mir erschaut habe. — Mein Wesen, mein — Verwesen, auf bleibende Werte umgesetzt, muß auf andere stark oder stärker ausgebildete Wesen meine Kraft über sie erbringen, früher oder später, wie eine gläubig scheinende Religion. — Die Weitesten werden mich beachten,

Entferntere werden mich anschauen und meine Negativen werden leben von meiner Hypnose! — Ich bin so reich, daß ich mich fortschenken muß.   Egon Schiele."
nach: R., B. & P., pp. 145—6; L., p. 5 [auszugsweise]; Verbleib unbekannt   [264]

? XI. [?] 1911

An → Dr. Oskar Reichel, C. a. s. [Neulengbach], „Schöne Grüsse Egon Schiele".
Wiener Antiquariat, Ingo Nebehay, Liste 26   [265]

? IX. 1911 [Poststempel unleserlich]

An → Arthur Roessler, C. a. s. Aus Neulengbach
„Lieber R. R—R am Sonntag also erwarte ich Sie. → Dr. Engel[1] will mitfahren.   Egon Schiele, 1911."
W. ST. B. 180.571; Gl. 24   [266]

1 → Dr. Hermann Engel, Zahnarzt.

[266]

4. X. 1911

→ Hans Goltz, L. a. s., 1 p. groß 8°. An → Arthur Roessler
Hat von → Dr. Franz Blei 23 farbige Zeichnungen Schieles übernommen, erbittet Faktur, das Blatt mit 17 Mark berechnet.
E. S. A. 750   [267]

7. X. 1911

→ Dr. Oskar Reichel, L. a. s., 4 pp. An → Arthur Roessler
Spendet ihm anläßlich der schweren Erkrankung seiner Schwester in Rom Trost. „...Die Bilder von Schiele sind Dienstag abgeholt worden...Schiele hat natürlich kein Geld und hält sich fleissig an mich, etc."
W. ST. B. 147.032   [268]

[268]

[um den 7. X. 1911]

An → Heinrich Benesch, Abschrift eines Briefes
[Poststempel Neulengbach]
„Lieber Herr B. Da war vor einiger Zeit → Osen bei Dr. R.[1] und der sagte ihm, dem Osen, über mich, jetzt war ja erst Schiele da und er bettelte — Ich habe das natürlich gehört und schrieb an Dr. R. einen ähnlich klingenden Brief: „Dr. R.

wenn Sie mir sagen, dass ich Geld erbettle, so denk ich mir, dass das eine Frechheit ist. Die Sache ist aber anders, wenn man hinter mir über mich derartiges erzählt. Das halte ich für eine unedle Frechheit, denn ich muss natürlich glauben, dass Sie das vielen erzählen. Wie kann man zwischen mir und Osen, so wenig Unterschied machen, usw. so ähnlich. Wenn Sie edelmütig sind, so rechtfertigen Sie sich". Also, welcher Mensch kann mir, schlechter ist es hinter mir zu sagen, dass ich erbettle. Da bin ich verdammt stolz, auf das Niveau des Osen stell ich mich nicht und doch werde ich nichts ihm Schädliches erzählen. Dr. R. „ist für mich nicht zu sprechen". Das sagt man einem Schneider, wenns noch angeht. Was sagen Sie dazu? Bin ich für die Leute da? — bin ich ein Abhängiger oder Ähnliches? Die Sache ist nicht beendet. Ich grüsse Sie! Dienstag bin ich im Alserhof[2], kommen Sie! Eben habe ich die Ausstellungskarte von der → Münchner Sezession bekommen.   Egon Schiele."

E. S. A. 607; Verbleib des Originals unbekannt   [269]

1 Wohl → Dr. Oskar Reichel.
2 Kaffee „Alserhof", Wien VIII.

[um den 7. X. 1911]

→ Arthur Roessler, C. a. s. [Roma, Foro Romano dal Campidoglio]
„Rom, Hotel Germania
L.[ieber] E. S. — m.[eine] Schwester, bei der wir 3 Tage waren, geht es leider wirklich sehr schlecht: sie ist in dem verfluchten Neapel an einem unheilbaren Leiden erkrankt. Sie können sich denken, in welche Stimmung mich das versetzte. Um auf andere Gedanken zu kommen, mich ein wenig aufzupulvern, fuhr ich hierher, wo ich cca. 5 Tage zu bleiben gedenke. Ihre Kollektion ist am Montag nach M.[ünchen] abgegangen, unter Aufsicht von → Dr. O. R. [Oskar Reichel][1]. Beste Grüße auch von m.[einer] Frau. Ihr A. R.—r."
E. S. A. 552   [270]

1 Dr. O. Reichels Tätigkeit ist insoferne interessant, als er in der Literatur im allgemeinen, der schlechten Preise halber, die er Schiele bezahlte, schlecht wegkommt. Es ist die Briefstelle aber wieder ein Hinweis dafür, wie alle Bewunderer und Käufer Schieles sich in den Dienst der Sache stellten.

10. X. 1911

→ Hans Goltz, L. s., 1 p. groß 8°. An → Arthur Roessler
Die Sendung der Bilder Schieles sei eingetroffen, jedoch noch nicht überprüft.
E. S. A. 751   [271]

—

An → Arthur Roessler, L. a. s., 1 p 8°. Aus Neulengbach
„10. X. 1911.
Lieber A. R—r! Das Notwendigste ist das[!] ich meinen Zins begleiche; einen Teil hab ich schon bezahlt, es bleiben noch 45 K. die ich bis am 15. d. M. [= des Monats] zahlen soll; kann ich nicht das Geld bekommen für die 10 Blätter die der → Putze in M.[ünchen] nimmt; abgezogen werden der Transport und einiges anderes nicht? — Vielleicht borgen Sie mir's; ich habe keine Aussicht auf einen größeren Betrag nur immer 10 und 20 K. Das ist eine Verzettelung; während meine Schüler Aufträge und Bilder spielend verkaufen können[1]. Ich hab mir's aber anständig verdienen müssen, während diese mit diesen erreichten Mitteln die ich in Jahren erreicht habe, leicht etwas Scheinendes hervorbringen. Schreiben Sie mir gleich, wenn Sie wieder in Wien sind.
Egon Schiele, 1911."
W. ST. B. 180.660; R., B. & P., p. 62 [mit willkürlichen Verbesserungen]   [272]

1 Diese Stelle bleibt unaufgeklärt, da es bisher nicht bekannt ist, daß Schiele schon 1911 Schüler gehabt hätte. Man weiß, daß er → Carl Reininghaus, später → Heinrich Böhler unterrichtete.

18. X. 1911

→ Hans Goltz, maschingeschriebene Postkarte an → Arthur Roessler. Die Sendung ist — abgesehen einiger zersprungener Scheiben — gut in seine Hände gelangt.
E. S. A. 991   [273]

23. X. 1911

→ Hans Goltz, L. s., 2 pp. groß 8°
„Sehr geehrter Herr Schiele! Ich danke Ihnen für Ihr gefälliges Schreiben vom 20. ds. [dieses]. Ich habe die Brüder Ludwig, die ohnedies meine Kunden sind nochmals persönlich eingeladen. Ich freue mich Ihnen mitteilen zu können, dass ich von Ihren Arbeiten schon 16 Blatt verkauft habe, nachdem ich bereits im Sommer von → Rosenbaum einige 20 abgesetzt hatte[1]. Ich stehe jetzt in Verhandlung mit Herrn → Grafe der sich für Ihr Gemälde „Vision"[2] interessiert. Er meinte aber, dass wenn er sich direkt an Sie wendet, dieses Werk erheblich billiger bekäme. Ich soll an → Rössler dafür K. 350.00 zahlen und habe es mit K. 550.00 ausgezeichnet, da ich im allgemeinen bei den enormen Spesen die meine Ausstellung verlangt, diesen Prozentsatz verdienen muss.
Herr Grafe hat schon eine Reihe Ihrer Blätter erworben und ich bin gerne bereit bei diesem Gemäldeverkauf, etwas weniger zu verdienen. Teilen Sie mir also bitte mit, welchen äußersten Preis Sie mir machen können. Wenn meine Ausstellung im Dezember geschlossen wird, möchte ich gern noch eine Sonderausstellung Ihrer Werke, in einem separaten Raum für ein Monat veranstalten und später, auch den Allein-Vertrieb Ihrer Werke für Deutschland übernehmen...
[signiert:] Hans Goltz."
E. S. A. 748   [274]

1 Es handelt sich vermutlich um Zeichnungen Schieles, die der Drucker → Rosenbaum in Wien an Goltz gesandt hatte.
2 „Vision", 1911. Der Kauf kam nicht zustande.

26. X. 1911

→ Arthur Roessler, Durchschlag seines Briefes an → Hans Goltz, 1 p. gross 8°
Verwahrt sich dagegen, daß Goltz direkt mit Schiele korrespondiert. Vertritt ihn aus ideellen Gründen, möchte aber wegen des Geldes keinen Verdruß haben. Setzt den Preis für die „Vision" auf 300 Mark herab, etc.
E. S. A. 749   [275]

—

→ Arthur Roessler, Durchschlag seines Briefes an → Hans Goltz, 1 p. gross 8°
Die von → Dr. Blei überbrachten Zeichnungen habe nicht Schiele, sondern die „Wiener Werkstätte" diesem mitgegeben, die sie zu 25.— Kronen das Stück vom Künstler zum Verkauf gehabt hätte. Es bliebe bei diesem Preis, außer, es würden mehr auf einmal genommen. → Dr. Osthaus habe ihn über → Josef Hoffmann wissen lassen, daß er eine Schiele-Ausstellung in seinem Museum beabsichtige, Goltz möge sich mit ihm in Verbindung setzen. Schiele beabsichtige die Herausgabe einer Mappe mit 10 erotischen Zeichnungen in einer einmaligen Auflage von 100 Exemplaren[1]. Habe Goltz hiefür Interesse?, etc.
E. S. A. 752   [276]

1 Die Mappe erschien damals nicht.

27. X. 1911
→ Hans Goltz, L. s. an →Arthur Roessler, 2 pp. gross 8°
Er habe noch keine Kollektiv-Ausstellung Schieles unternommen, sondern dessen Bilder in seiner Ausstellung: ‚Buch und Bild' an einer Wand gezeigt. Habe bis jetzt 13 Zeichnungen verkauft und sende[?] 200 Mark acto. Von der erotischen Mappe bittet er ihm 5 Exemplare zu reservieren, etc. Unten eigenhändige Quittung: „30. X. 1911 200 M erhalten Egon Schiele".
E. S. A. 753   [277]

28. X. 1911
An → Arthur Roessler, L. a. s., 1 p. 8°. Aus Neulengbach
„Lieber R—R. ich möchte am Montag zu Ihnen kommen, ich werde vorher anrufen, so um 1—2 h. Dem → Putze [= → Hans Goltz] habe ich geschrieben, daß ich 300 K. bekommen möchte, er solle sich's so aufteilen. Grüße!
Egon Schiele, Neulengbach."
W. ST. B. 180.573; Gl. 26   [278]

—

An → Arthur Roessler, L. a. s., 1 p. 8°. Aus Neulengbach
„28. Oktober 1911.
Lieber R—R. ich bin wie Sie ja wissen, mit der Arbeit großer Bilder beschäftigt; kann daher Ihren[!] Wunsch, weitere Studienblätter für die Münchner Ausstellung[1] zu senden momentan nicht entsprechen; aber es gibt einen Ausweg: ich habe vor einiger Zeit bei → Dr. Reiner[!][2] eine Anzahl Blätter, ich glaube 20 Stück zur Auswahl gelassen, bitte holen Sie diese Blätter und senden sie diese nach München.
Grüße Sie!   Egon Schiele, Neulengbach."
W. ST. B. 180.572; Gl. 25   [279]

1 Es handelt sich vermutlich darum, Goltz in München neue Blätter zu liefern.
2 Dr. Rainer, wohl der Vater des von Schiele 1910 gemalten „Bildnis(ses) Herbert Rainer".

30. X. 1911
→ Hans Goltz, L. s. an → Arthur Roessler. 1 p. groß 8°
Schiele habe selbst an ihn geschrieben, er lasse sich keine Vorschriften machen. Herr → Grafe habe den Kauf des Bildes mit dem Hinweis abgelehnt, daß er direkt von Schiele ein anderes Original bekäme, etc.
E. S. A. 755   [280]

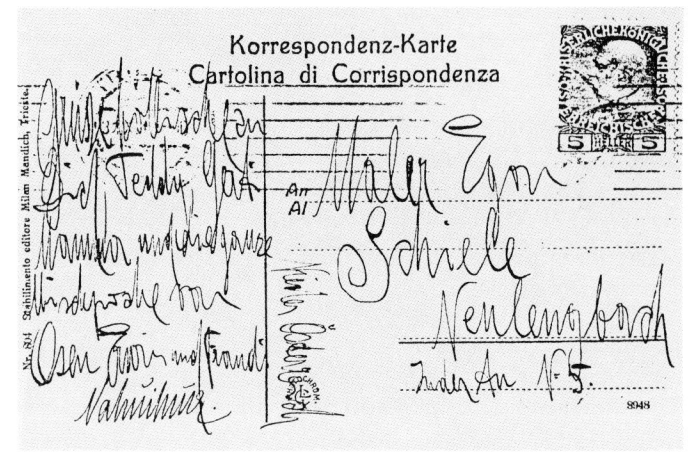

[281]

31. X. 1911
→ Erwin Osen, C. a. s. [Trieste, il Porto]. Nach Neulengbach „Grüße höllische an Dich, Teddy, Gerti[1], Mama[2] und die ganze Mischpoche[3] von Osen Erwin und Fraudi Nahuimur[4]."
E. S. A. 67   [281]

1 → Gertie Schiele.
2 → Marie Schiele.
3 Mischpoche = jiddisch für: Familie.
4 Nahuimur, möglicherweise der Familienname der Tänzerin → Moa, mit der Osen lebte.

—

→ Arthur Roessler, unvollständiger Durchschlag seines Briefes an → Hans Goltz, 1 p. gross 8°
Schiele habe bestätigt, daß er zuerst an Goltz geschrieben habe. Er, Roessler, erbitte alle künftige Korrespondenz an sich. „Es ist zu bedauern, dass sich → Grafe nicht zum Ankauf des Gemäldes „Vision" entschloss, weil er glaubt, vom Künstler direkt ein anderes Bild für einen billigen Preis zu bekommen. Er irrt, denn alle neueren bereits vollendeten wie noch auf der Staffelei befindlichen Arbeiten von E. S. sind bereits in Privatbesitz übergegangen. Sie werden vom Besitzer zu Gunsten von E. S. wohl als verkäufliche Bilder für Ausstellungen abgegeben, aber nur zu einem bestimmten Preis. Der Grund für dieses Vorgehen ist das Bestreben einiger Freunde von E. S. sein Interesse zu wahren, etc."
E. S. A. 754   [282]

2. XI. 1911

→ Hans Goltz, L. s. 1 p. gross 8°. An → Arthur Roessler.
Hat mit → Osthaus für April eine E. S. Ausstellung abgemacht. Erbittet Vorschläge wegen der Alleinvertretung für Deutschland. Den Preis für das Bild „Lyriker"[1] habe er selbst mit 300 Mark festgesetzt, etc.
E. S. A. 756 [283]

[1] „Lyriker" [Selbstdarstellung], 1911.

8. XI. 1911

→ Hans Goltz, an → Arthur Roessler, L. s., 1 p. groß 8°
„München, 8. 11. 1911
„Sehr geehrter Herr Roessler! Ich wäre Ihnen sehr verbunden, wenn Sie mir noch einige Bleistiftzeichnungen von Schiele senden könnten. Die farbigen Blätter sind zwar sehr verblüffend und interessieren auch sehr, verkaufen kann ich aber besser die schwarz weisse Kunst[1]. Mit vorzüglicher Hochachtung [signiert:] Hans Goltz."
E. S. A. 757 [284]

[1] Interessant wegen der damals in Deutschland herrschenden Vorliebe. Heute ist es genau umgekehrt.

10. XI. 1911

→ Arthur Roessler, L. a. s. 1 p. klein 8°
„10. XI. 11.
Lieber E. S. — ich dachte, Sie würden nochmals zu mir kommen, um zu berichten, was Sie bei Dr. O. R.[1] erreichten. Hoffentlich hatten Sie Erfolg. Von → Putze[2] bekam ich gestern einen Brief, in dem er mich um Bleistiftzeichnungen von Ihnen ersucht, da er Aussicht habe solche von Ihnen momentan besser zu verkaufen. Ich sandte ihm die 5 Stück, die Sie letzthin brachten u. 2 von den meinigen heute „eingeschrieben" u. ersuchte ihn um Geld für Sie. Gruß
A. R—r."
E. S. A. 517 [285]

[1] → Dr. Oskar Reichel.
[2] = Hans Goltz.

—

→ Hans Goltz, C. s. An → Roessler. Erbittet Rechnung über die gesandten 7 Bleistiftzeichnungen à 20 Mark.
E. S. A. 758 [286]

11. XI. 1911 [Datierung von Roesslers Hand]

An → Arthur Roessler, L. a. s., 1 p. 8°. Aus Neulengbach
„Lieber R—R—R. habe bei O. R.[1] so viel wie gar nichts erreicht. → Peschka bringt Zeichnungen. Es wird mich freuen vom → Putze[2] etwas zu kriegen. Dienstag oder Mittwoch komme ich zu Ihnen, Grüße Egon Schiele, 1911."
W. ST. B. 180.574; Gl. 27 [287]

[1] → Dr. Oskar Reichel.
[2] = → Hans Goltz.

12. XI. 1911

→ Hans Goltz, L. s. → An Arthur Roessler
Will 100 Mark senden, wenn er sich dafür 7 beliebige Zeichnungen Schieles aussuchen kann, etc.
E. S. A. 759 [288]

14. XI. 1911

→ Arthur Roessler, Durchschlag seines Briefes an → Hans Goltz, 1 p. quer-groß 8°
Schlägt namens Schiele vor, Goltz möge 24 Zeichnungen sofort zum Preis von 350.— Mark übernehmen, 1/2 sofort, Rest im Dezember. Sonst möge er davon wählen und an Schiele 100 Mark senden. Farbige Blätter seien ausgenommen. Für diese bleibt der Preis von 20 Mark pro Stück aufrecht, etc.
E. S. A. 760 [289]

15. XI. 1911

→ Hans Goltz, L. s. an → Arthur Roessler. 1 p. groß 8°
Er könne erst bezahlen, wenn er verkauft habe. Dürfe er kein farbiges Blatt auswählen, dann müsse er verzichten, etc.
E. S. A. 761 [290]

16. XI. 1911

→ Arthur Roessler, Durchschlag seines Briefes an → Hans Goltz, 1 p. quer-groß 8°
„Sehr geehrter Herr Goltz, als ich das Vergnügen hatte Ihren Brief vom 15. ds. [dieses] zu empfangen, weilte eben E. S. bei mir, ich konnte also dem Künstler unverweilt den Inhalt Ihres Schreibens zur Kenntnis bringen. E. S. lachte und sagte, Sie würden sich im Verlaufe der Zeit sicherlich an eine besondere Art des geschäftlichen Verkehrs mit Künstlern gewöhnen, eine Art, die der Ihnen als Geschäftsmann bisher geläufigen nicht gleicht. Schliesslich erklärte sich E. S. damit einverstanden, dass Sie sich für M. 100.— sieben farbige Blätter nehmen. „Freilich: 5 farbige und zwei schwarz-weisse wären mir lieber", meinte E. S. Es steht bei Ihnen, diesen bescheidenen Wunsch des Künstlers zu erfüllen; jedenfalls ersuche ich nunmehr um postwendende Anweisung von M. 100.— ..."
E. S. A. 762 [291]

17. XI. 1911

→ Hans Goltz, an → Arthur Roessler, L. s., 1 p. groß 8°
„Herrn Kunstschriftsteller Artur Roessler,
München, 17. Nov.[ember] 1911
Nein! Ich füge mich den Künstleransprüchen nicht. Dann wäre ich bald ein toter Mann. Ich habe hier zuviel lebendig umherwandelnde Warnungen vor Augen. Mit dem übrigen Inhalt Ihres Schreibens bin ich einverstanden und sende Ihnen Mk. 100,00 ..."
E. S. A. 763 [292]

18. XI. 1911 [Datum des Poststempels]
An → Heinrich Benesch, C. a. s. Aus Neulengbach
Mit einer Skizze Schieles für das Bild „Schieles Wohnzimmer in Neulengbach", 1911.
L., Nr. 193, p. 565 [293]

—

→ Arthur Roessler, C. a. s. [Das Pantheon in Rom]. Aus Wien
„Lieber E. S. — kommen Sie herein, es ist Geld für Sie da, das Sie selbst beheben müssen. Gruß R—r."
E. S. A. 548 [294]

18. XI. 1911 [Poststempel]
An → Heinrich Benesch, C. a. s.
„Lieber Herr B. Am Montag um 6 oder 7 bin ich im ‚Quadratl'[1]. Grüße! Egon Schiele, Neulengbach 1911"
nach: H. M. 1968, 72; Privatbesitz [295]

[1] Möglicherweise das heute nicht mehr existierende von → Josef Hoffmann [„Quadratl-Hoffmann"] eingerichtete „Kaffee Kremser", Wien I., Kärntnerring 8, wo er jahrzehntelang im Kreise seiner Freunde seinen „Schwarzen" trank. Ab 1930 blieb er fern, weil die Besitzerin es gewagt hatte, einen Blumenständer rechts statt links von ihrer Sitzkasse aufzustellen [Erinnerung des Herausgebers].

26. XI. 1911
→ Künstlervereinigung Sema. — L. a. s., 1 p. groß 8°
„Sehr geehrter Herr! Unsere Vereinigung hat mit großer Befriedigung in ihrer letzten Mitgliederversammlung von Ihrem Beitritt Kenntnis genommen und begrüßt sie aufs herzlichste. Unsere Statuten, die eben unter Druck sind, erhalten Sie demnächst..."
26. XI. 1911   Dr. M. K. Rohe, i. A. [im Auftrag] d. Sema, Clemensstr. 105 II, München"
E. S. A. 1020 [296]

27. XI. 1911
→ Heinrich Benesch, L. a. s. an → Arthur Roessler, 3 pp. 8°
Bittet, ihm behilflich zu sein, einige Schiele-Zeichnungen in Deutschland zu verkaufen, weil er andere dafür erwerben möchte, etc.
W. ST. B. 150.815 [297]

? XI. ? 1911
An → Arthur Roessler, L. a. s., 1 p. 8°. Aus Neulengbach
„Lieber Herr Rößler! → Hoffmann ist in Rom, ich konnte die Zeichnungen nicht heraussuchen, → Reininghaus ist in Graz von dem ich täglich Antwort erwarte. Ich werde alles Ende der Woche besorgen. Beste Grüße Schiele Egon."
W. ST. B. 180.569; Gl. 22 [298]

1. XII. 1911
→ Arthur Roessler, C. a. s. [Ausstellung Japan und Ost-Asien, München 1909]. Nach Neulengbach
„Lieber E. S. — es tut mir leid, aber ich kann Sonntag unmöglich zu Ihnen fahren. Habe rasend viel zu tun, u. a. [unter anderem] bis Montag für Darmstadt eine Expreßarbeit zu machen. — Wenn das Selbstbildnis[1] fertig ist, bringen Sie es, sobald Sie wieder hereinkommen, mit. Herzlich grüßend A. R.—r."
E. S. A. 540 [299]

[1] Wahrscheinlich: „Selbstbildnis mit schwarzem Tongefäß", 1911.

13. XII. 1911
An → Arthur Roessler, L. a. s., 3 pp. 8°. Aus Neulengbach
„13. Dezember 1911.
Lieber R.—R. Ich will Sie bloß aufmerksam machen, daß ich für ein Blatt von der W. W. [= → Wiener Werkstätte] 30 K[ronen] kriegte. Ich bitte Sie schicken Sie mir gleich, wenn was von der W. W. da [ist] an mich, sonst muß ich wieder nach Wien fahren. Mein Geld dürfte noch bis Freitag früh ausreichen; ich mußte Auto zahlen, weil ich gestern Bilder von O. R. [Dr. → Oskar Reichel] mit → Faistauer transportierte u. s. w. 4 Blätter hat O. R. genommen, also das eine mit der Hand nicht, das wäre für die W. W. Hat → Benesch nichts bei Ihnen gelassen? — Nicht wahr der Saschek[1] wird zwei meiner Bilder und zwar, die ‚Jesuiten' und die ‚Prozession' so bald als möglich fotografieren kommen zu: Tony Faistauer V. Margarethenstraße 21. damit ich zwei Reproduktionen im Katalog der ‚Budapester'[2] habe, bezahlt wird es in dem Sie mir's wieder so abrechnen wie gewöhnlich. Am Freitag schick ich noch drei Bilder zum T. F. [= Tony Faistauer]. Folgende kommen nach Budapest:
‚Madonna' von O. R.[3]
‚Offenbarung' von mir (neu)[4]
‚Mädchen' von O. R.[5]
‚Jesuiten' von O. R.[6]
‚Prozession' von O. R.[7]
‚Sonnenblume' von mir (neu)[8]
‚Sommernacht' von mir (neu)[9]
und 20 gerahmte Zeichnungen und eine Mappe, möchte ich auch mitschicken. — Ganz notwendig also ist, daß ich am Freitag früh einiges Geld kriegen möchte. Grüße Sie!
Egon Schiele
Der gnädigen Frau danke ich einstweilen, daß Sie mir die beiden verglasten Schablonen bezahlt hat; bitte gleich abrechnen von W. W.!
Noch etwas: Gut wäre wenn → Rosenbaum das Heft von Gütersloh[10] über mich, rechtzeitig, also eine Anzahl zu T. F. [= Tony Faistauer] schicken möchte. Bildende Künstler[11] Nr. 3 sind ja nicht mehr, was!"
W. ST. B. 180.661; R., B. & P., pp. 62/4 [mit einer Korrektur] [300]

[1] Es handelt sich um einen Fotografen. Schiele schreibt deutlich „Saschek", Roessler verbessert den Namen in „Schaschek".
[2] Es handelt sich um die Ausstellung der → „Neukunstgruppe" in Budapest, 1912.
[3] „Madonna", 1911.
[4] „Offenbarung", 1911.
[5] „Mädchen" [= Mädchen in Schwarz], 1911.
[6] „Jesuiten", 1911
[7] „Prozession", 1911.
[8] „Sonnenblume", 1911 [möglicherweise: K. 148; L. 196].
[9] „Sommernacht II", 1911.

10 → Paris von Gütersloh. Sein Aufsatz „Egon Schiele. Versuch einer Vorrede" erschien, mit 9 Abbildungen, bei Brüder Rosenbaum in Wien, 1911. Wurde in späteren Jahren verschiedentlich nachgedruckt.
11 „Bildende Künste", Heft 3, 1911, mit Roesslers Aufsatz über E. S.

14. XII. 1911 [Poststempel, undeutlich]

An → Anton Peschka, Wien XII., Breitenfurterstraße 109, L. a. s., 1 p. 8°. Aus Neulengbach
„Peschka! Die Möbel nicht vergessen, auch innen schwarz beizen, und die Rückwand beim Schreibtisch auch schwarz und so, daß man die Wand nicht an die Mauer stellen braucht, also ansehbar. — Meine Militärpflicht[1]. — Und der Grabstein[2], bitte wenn Du in der Wallgasse beim ‚Wiener Verkaufspalast' vorbeikommst so frage doch was der Guß aus Beton 2 m hoch 1 m breit und 50 cm dick kostet, mit einer 50 cm hohen Nische oben, vorne. Grüße Dich herzlich! Am Dienstag im Josefinum[3] Egon Schiele."
G. P. 12 [301]

1 Schiele wollte sich bei seinem zukünftigen Schwager, der Reserveleutnant war, wohl über seinen Militärdienst erkundigen.
2 Grabstein für den Vater auf dem Tullner Friedhof, Grabnummer I/890. Das Grab wurde erst vor zirka 15 Jahren im Auftrag von → Melanie Schuster-Schiele gestaltet [Mitteilung von Ing. Norbert Gradisch, Wien].
3 „Josefinum", heute noch existierendes Kaffeehaus in Wien IX., Ecke Sensengasse und Währingerstraße.

[nach dem 14. XII. 1911]

An → Anton Peschka, XII. Breitenfurterstraße 109, C. a. s. Aus Neulengbach
„A. P. Ich bin am Montag um 6 im Kafe[!] „Quadratl"[1] kommt hin. Herzliche Grüße Egon Schiele"
Auf der Rückseite Notiz von der Hand Anton Peschkas: „?Tischler alles abholen."
G. P. 13 [302]

1 Wohl das erwähnte „Kaffee Kremser".

15. XII. 1911

→ Josef Hoffmann, maschingeschriebener Brief, mit seiner Stampiglie, 1 p. 8°
„Wien, 15. Dezember 1911.
Sehr geehrter Herr. Es wird sich ergeben, dass wir in den nächsten Tagen eine grössere Anzahl Zeichnungen von Ihnen erwerben könnten. Ich bitte Sie, uns eine grössere Auswahl, aber nur die allerbesten Zeichnungen zu senden und hiebei nicht auf den Preis zu sehen, weil sie etwas mehr kosten können, die Hauptsache ist, dass es Ihre besten Zeichnungen sind. Hochachtungsvoll Stempel: Josef Hoffmann
K. K. Professor"
E. S. A. 209 [303]

30. XII. 1911

→ Heinrich Benesch, C. a. s. [Rubens, Bildnis eines Kindes, Liechtensteingalerie, Wien]. An „Meister Egon Schiele Neulengbach"
„Lieber Herr Schiele! Ich wünsche Ihnen im kommenden Jahr reiche künstlerische und materielle Erfolge und bitte Sie, mir Ihre freundschaftlichen Gesinnungen zu bewahren. Ihr Sie hochschätzender Benesch."
30. XII. 11.
E. S. A. 582 [304]

?. XII. 1911 [Jahreszahl in Bleistift von fremder Hand]
→ Arthur Roessler, C. a. s. [schwedische Bauern im Kostüm vor einem Haus]. Nach Neulengbach
„Lieber E. S. — vielleicht ist es Ihnen möglich mir bis zu Neujahr für eine Galerie 10—15 ausgesucht gute Blätter zu geben; die Hälfte Bleistift, die andere farbig. Möglicherweise ist ein Ankauf durchzuführen. — Besten Gruß A. R—r."
E. S. A. 542 [305]

[1911]
→ Arthur Roessler, C. a. s. [Puvis de Chavannes, Vie pastorale de Sainte Geneviève]
„Mein Lieber — der Herr, der sich von Ihnen eine Porträtzeichnung machen lassen will, heißt Baron Salvotti[1] u.[nd] wohnt III. Obere Bahngasse 22. Wenn Sie wieder hereinfahren u. Zeit haben d.[ie] Zeichnungen zu machen, schreiben Sie ihm vorher eine Karte, damit Sie ihn zu Hause treffen. Besten Gruß R—r."
E. S. A. 560 [306]

1 Vorläufig ist keine nach ihm gemachte Zeichnung Schieles bekannt.

1911
An → Anton Peschka, L. a. s.. 1 p. 8°. Aus Neulengbach
„Lieber A. P. Du warst gestern mit → Reininghaus im → Hagenbund, es ist sehr wichtig daß Du Dich zu mir bemühst, weil Wichtiges zu sagen ist. Komme entweder morgen Freitag abends oder Samstag früh 9^{25} zu mir; auf Sicher! Servus A. P.! Egon Schiele."
G. P. 10 [307]

[308]

1911
→ Anton Peschka, Bleistiftzeichnung: „Cafe Wunderer[1] Wien. Schiele beim Billard, A. Peschka 1911". 10:17 cm.
G. P. 48 [308]

1 Kaffeehaus in Wien XIII., Hadikgasse, von Schiele frequentiert.

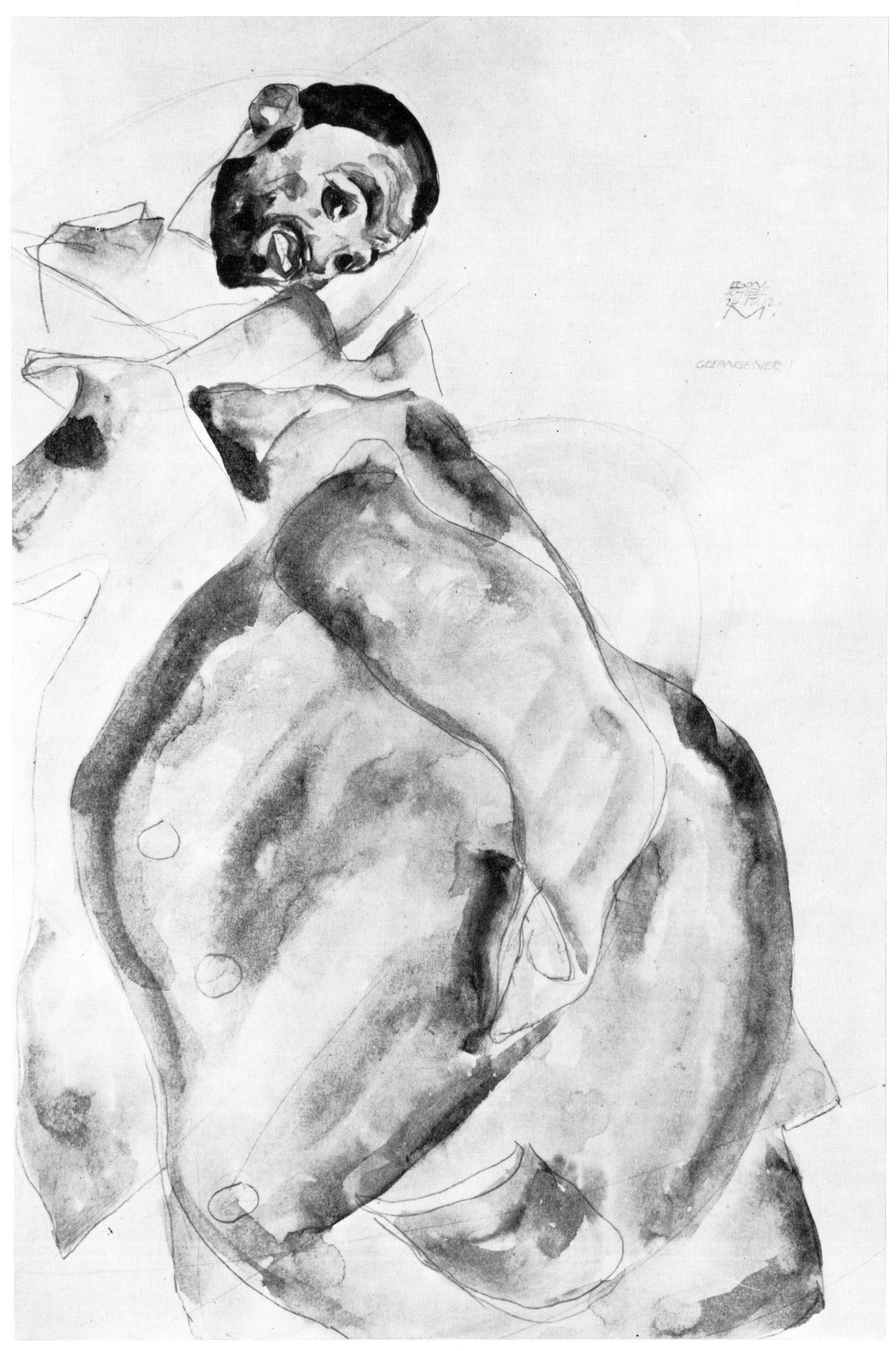

75 „Gefangener, 24. IV. 12. M[ittwoch]." Aquarellierte Zeichnung. Im Gefängnis von Neulengbach entstanden.

VIII. Die Affäre von Neulengbach 1912

Das wichtigste Ereignis dieses Jahres, das Schiele um ein Haar seine bürgerliche Existenz gekostet hätte, war seine Verhaftung in Neulengbach am 13. April.
Arthur Roessler hat 1922 seine Schrift „Egon Schiele im Gefängnis" erscheinen lassen[1]. Sie ist in Ich-Form geschrieben, im Vorwort heißt es: „Die nachstehenden Seiten enthalten den wörtlich... geformten Niederschlag des Erlebnisses dieser 24 Tage..." Merkwürdigerweise wurde seine Schrift nie beanstandet, auch von jenen nicht, die es besser wissen mußten (wir kommen darauf noch zurück). Weder sind irgend jemandem die angeblichen Originaltexte Schieles zu Gesicht gekommen, noch haben sie sich in Roesslers Nachlaß gefunden. Erst in allerjüngster Zeit sind Zweifel an der Echtheit des in seiner Schrift Mitgeteilten geäußert worden[2], allein die Bedeutung eines wichtigen Einspruchs von seiten → Dr. Max Scheffeneggers für den Zweigverein St. Pölten der Richtervereinigung hat bisher noch niemand richtig erkannt. Er erschien 1922 im „Wienerwaldboten"[3]. Hätte sich nicht in der Handschriftenabteilung der Stadtbibliothek Wien ein Zeitungsausschnitt gefunden, der ihn wiedergibt, nie wäre jemand auf die Idee gekommen, in dieser eher obskuren Quelle nachzuforschen. Wir bringen in den Anmerkungen eine Gegenüberstellung von Roesslers Text mit unseren Bemerkungen[4].
Hier wollen wir bloß eine Schlüsselstelle herausgreifen, die das Zitieren weiterer Stellen erübrigt. Arthur Roessler läßt „Schiele" am 17. April sagen: „Am 13. April wurde ich nämlich verhaftet und im Neulengbacher Bezirksgericht hinter Schloß und Riegel gesetzt. Warum? Warum? Warum? Ich weiß es nicht — meiner Frage gab man keine Antwort..." Wir aber können auf Grund jener Berichtigung feststellen, daß er in Wahrheit am Einlieferungstag dem Richter vorgeführt wurde und offenbar das gegen ihn Vorgebrachte nicht zu entkräften vermochte, so daß der Richter „nach einem 1½ stündigen Verhör, in dessen Verlauf er sich zu allen ihm kundgetanen Verdachtsmomenten (es handelte sich um ein schweres Sexualdelikt, das er angeblich an einem unmündigen Kind

verübt hatte) geäußert hatte, ihn verhaftete, weil mit Grund zu fürchten war, daß er das Kind beeinflussen würde..." So lautet jene Quelle in der Gerichtssprache.

Schieles Strafakt[5], der die Hauptquelle wäre, steht uns nicht mehr zur Verfügung. Das Gebäude des Kreisgerichts St. Pölten war von der russischen Besatzungsmacht besetzt. Viele der dort verwahrt gewesenen alten Akten, darunter auch Schieles Strafakt, wurden verbrannt[6]. Warum alle jene, die sich bis 1945 mit Schiele beschäftigt haben, ihn nicht einsahen, solange er existierte, ist uns unbegreiflich. Man kann nicht verstehen, warum man so nachlässig war. Die Vermutung des Herausgebers ist, daß sich insbesondere seine Freunde bemüht haben, die Sache zu verharmlosen, um den Nimbus um Schiele aufrechtzuerhalten. Nun aber wird man Schiele nicht länger als Opfer ungerechter oder unmenschlicher Behandlung seitens der Justiz hinstellen können, was Roessler begonnen hat, und was ungezählte Nachahmer fand[7]. Heute, setzen wir den Fall, würde es trotz wesentlich gelockerter Moralbegriffe und weit milderer Strafbedingungen jedem Künstler ähnlich ergehen.

Aus dem vorangegangenen Kapitel wissen wir, daß Schiele aus Krumau fort mußte. In Neulengbach lagen die Dinge ähnlich. Eine großteils ländliche Bevölkerung, damals noch vorwiegend gläubige Katholiken und sehr sittenstreng, nahm Anstoß am Leben dieses Malers, der mit seinem Modell → Wally in „wilder Ehe" lebte, wenn diese auch nicht ständig bei ihm wohnte. Jedoch wurden beide oft genug zusammen gesehen, so daß jedermann wußte, wie die Dinge lagen. Und gewiß wirkte sich der Hang Schieles, sich mit Kindern abzugeben, sie ungezwungen aus und ein gehen zu lassen, um sie zeichnen zu können — wovor ihn wohlmeinende Freunde oft und oft gewarnt hatten[8] —, hier ebenso fatal aus wie in Krumau. Es konnte den Eltern ganz einfach nicht recht sein, daß ihre Kinder im Haus eines Malers, an dessen Lebensweise sie Anstoß nahmen, verkehrten. Vielleicht, daß auch hier eines von ihnen zu Hause geschwätzt hat. Kurzum, die Gewitterwolken dürften sich bereits zusammengezogen haben, und gewiß waren auch die lokalen Behörden auf Schieles Treiben aufmerksam geworden. Eines Tages war es soweit. Schiele wurde vorgeladen. Er schreibt am 11. IV. an → Carl Reininghaus:

„... Es ist eine Frechheit, was geschehen ist ... 125 Zeichnungen sind mir konfisziert worden, natürlich von einem Gendarm und einem Polizeimann, sehr bezeichnend. Ich habe für Samstag eine Vorladung. Das könnte ich einmal Dir erzählen. — Ich bin natürlich sehr gehindert an meiner Arbeit. —"

Ein Polizist oder Gendarm, der Schieles Haus betrat, mußte Anstoß an einer an der Wand hängenden erotischen Aktzeichnung nehmen. Gegen jede Art von erotischer Kunst — man kann von einem einfachen Mann kaum verlangen, daß er Kunst von Pornographie unterscheidet, sei sie gedruckt oder gezeichnet — ging man damals scharf vor. Es mag so gewesen sein, wie Roessler seinen „Schiele" sprechen läßt. Daß er sich nämlich gegen die Beschlagnahme der einen Zeichnung zur Wehr setzte und von anderen sprach, die auf Ausstellungen zu sehen gewesen seien. Damit ermöglichte er den Beamten erst den Zugriff. Denn die Zustellung einer Vorladung ist noch lange nicht mit einem Haussuchungsbefehl verbunden. Den kann nur ein Untersuchungsrichter ausstellen.

Das Verwirrende an der Affäre von Neulengbach ist, daß augenscheinlich drei Dinge nebeneinander liefen, so daß man einige Mühe hat, zu rekonstruieren:

1) Eine Anzeige wegen der angeblichen Entführung einer Minderjährigen, die die Gendarmerie ins Haus brachte. Das führte nebenher zu:
2) der Beanstandung und Beschlagnahme erst einer und in der Folge von insgesamt 125 erotischen Zeichnungen. Daneben aber lief eine zweite Anzeige, nämlich wegen:
3) des angeblichen Deliktes, begangen an einer Unmündigen. Wobei festgestellt sei, daß es unklar bleibt, ob es sich um ein und dasselbe Mädchen gehandelt hat. Denn die Anwesenheit eines „Polizeimanns" — der wohl ein Kriminalbeamter war — deutet auf eine Anzeige aus Wien hin. Sonst wäre der Gendarm allein gekommen.

Schiele hat sich zwei Jahre später brieflich zu Punkt 1) geäußert:

„...Ich brauchte Wien und zog nach Neulengbach um einsam zu sein und doch dabei Wien in nächster Nähe zu haben. — ich wurde Mensch! und das Schicksal wollte es daß ein Mädchen mich gerne sah und es soweit brachte, daß es selbständig zu mir kam. — ich schickte es fort. — es kam aber am nächsten Abend wieder und ging nicht fort. Niemand war in der Nähe der es holen konnte. — Und hätte ich jemand gerufen, so mußte ich ein Drama befürchten. also ließ ich es bei mir und schrieb an seine Eltern. — Ihr Vater holte es. — Man überzeugte sich daß es unberührt war, — trotzdem kam ich vors Gericht. — Damals wurde ich gemein erniedrigt für meine Güte..."
[Brief an Franz Hauer, 25. I. 1914]

Man hat übrigens in jüngster Zeit in der Literatur den Nachweis dafür erbracht, welche Familie in diese „Entführungsangelegenheit" verwickelt war[9]. Jedoch wurde dieser Punkt der Anklage schon in der Voruntersuchung fallengelassen. Auch darüber haben wir einen Beleg:

„... Schiele ist seit 14 Tagen in Untersuchungshaft. → B.[enesch] war bei ihm, er ist in Neulengbach interniert gewesen, war in schrecklichem Zustand, es sind dort elende Verhältnisse, inzwischen wurde er nach St. Pölten ins Kreisgericht abgeliefert. Die Untersuchung wegen Entführung wurde eingestellt, dagegen ist er jetzt wegen „Schändung" in Anklage, weil das Mädchen noch nicht 14 J[ahre] ist, u. er sie „unzüchtig berührt" haben soll..."
[Oskar Reichel an Arthur Roessler, 2. V. 1912]

Verweilen wir also in der Folge bei der vom Gericht erhobenen Anklage wegen des angeblichen Sexualdeliktes, begangen an einem unmündigen Mädchen. Seine Freunde und Verwandten waren mehr als besorgt. Man überlegte anscheinend, den Verteidiger auf verminderte Zurechnungsfähigkeit plädieren zu lassen [vielleicht in Anspielung auf des Vaters geistige Erkrankung?].

„... Das ist zu triste mit unserem Sch.[iele]. Ich beauftragte gestern Dr. Weiser[10], der darum angefragt, die Vertretung Sch. beizubehalten u. schrieb gestern u. heute in der Angelegenheit, so daß ich hoffe, es wird sich in meiner Abwesenheit eine einflußreiche Persönlichkeit für Sch. bemühen, vielleicht in der Weise wie Sie dies meiner Frau bezügl.[ich] Sch. Geisteszustand mitgeteilt haben; der Betreffende wird vielleicht über mein Ansuchen zum Min.praes. [Ministerpräsident] gehen; doch liegt nach dem jetzt durch Sie an meine Frau Mitgetheilten die Sache ganz anders als früher, ungleich schwieriger als früher. Ich möchte wünschen, daß die Dinge unwahr sind u. vielleicht Beeinflussungen von clerikaler Seite jenen Anschuldigungen zu Grunde liegen..."
[Carl Reininghaus an Anton Peschka, 2. V. 1912]

In der Hauptverhandlung mußte die Anklage in diesem Punkte fallengelassen werden. Im Amtsdeutsch kann man darüber hören:

„... Schiele wurde nicht wegen des angeklagten Verbrechens verurteilt, weil die dafür einzig maßgebliche Person [augenscheinlich das unmündige Mädchen] als Zeuge bei der Hauptverhandlung ihre in der Voruntersuchung abgelegte Aussage in einem entscheidenden Punkte abgeschwächt hatte[11]. Der infolgedessen einigermaßen geringer erscheinenden Schuld [nämlich das Aufhängen einer erotischen Zeichnung in einem Kindern zugänglichen Raum], die das Gesetz noch immer mit 8 Tagen bis zu 6 Monaten strengen Arrests belegt, wurde das Gericht sodann mit der erwähnten dreitägigen Strafe gerecht, die nur deshalb so gelinde ausgefallen ist, weil auf die 21 Tage Untersuchungshaft Rücksicht genommen wurde ... Uns Richter [hat] in erster Linie der Mensch, nicht aber der berühmte Maler zu interessieren, der in seiner Kunst ein Genie gewesen sein mag, der aber sicherlich nicht frei von Fehlern war ... Wir Richter, die wir uns der Schwere unserer Verantwortung bewußt sind und die wir uns das Verständnis für Menschliches bewahrt haben, legen Wert darauf, daß uns nicht Barbarei unterschoben wird und daß uns nicht fälschlich der Vorwurf gemacht werde, als würden wir es als unsere Aufgabe erblicken, die Menschlichkeit im Übeltäter zu ersticken...[12]"

Kann man das besser und verständnisvoller ausdrücken? Wir fügen hinzu, daß wir lediglich aus Gründen historischer Wahrheit bemüht waren, einmal Klarheit in diese Dinge zu bringen. Es liegt uns völlig ferne, Schiele etwa etwas anlasten zu wollen, wofür ihn das Gericht schuldlos sprach. Es ist aber nun einmal so, daß die ganze Affäre von Neulengbach weit ernster war, als man bisher wußte.

→ Heinrich Benesch schreibt: „... → Schieles Mutter, → Vally[!] und ich holten Schiele aus Sankt Pölten ab. Die Frauen warteten auf dem Bahnhofe und ich begab mich allein nach dem Kreisgerichte...[13]"

Schiele selbst schreibt dazu:

„... *Sie wissen wahrscheindlich[!] von dem allen nichts, wie kläglich diese Untersuchung ausgelaufen ist... Ich bin elend, ich sage Ihnen innerlich so elend. 24 Tage war ich in Haft wissen Sie nichts? Habe alles erlebt und werde Ihnen in den nächsten Tagen darüber ausführlich schreiben...*"

[an Arthur Roessler, 9. V. 1912]

Und kurz darauf:

„... *Ich bin noch ganz zerrüttet. — Bei der Verhandlung wurde ein Blatt, dieses welches bei mir aufgehängt war verbrannt. Klimt will irgend etwas tun, er sagte: da möchte heute dem und morgen dem das passieren, da könnten wir ja gar nichts machen was wir wollten u.s.w....*"

[an Arthur Roessler, 18. V. 1912]

Darauf müssen wir noch kurz zurückkommen. Zur Vernichtung dieses Blattes — es war, wenn Roessler „Schiele" richtig berichten läßt, ein in Krumau gezeichnetes[14] — hatte der Richter, nach eingeholten Erkundigungen des Herausgebers, keinerlei Befugnis[15]. Hätte Schiele die Sache verfolgt, hätte es gegen ihn eine Disziplinaruntersuchung gegeben. Es wird berichtet, daß dieser Richter selbst Sammler gewesen sei, was sein Vorgehen in unseren Augen keineswegs entschuldigt[16]. Was aus den 124 übrigen beschlagnahmten Zeichnungen geworden ist, wissen wir nicht genau. Sie scheinen Schiele zurückgegeben worden zu sein, denn er schreibt:

„... *Dann habe ich zur Zeit Neulengbachs eine Anzahl erotischer Zeichnungen gemacht, die Kosmack verlegen sollte. — wo sind sie?...*" [an Arthur Roessler, 11. XII. 1914]

Abschließend wollen wir aber noch kurz auf das sonderbare Verhalten eines Mannes hinweisen, der sich Schiele gegenüber bislang als Käufer außerordentlich großzügig und in der Affäre von Neulengbach als tatkräftig helfender Freund erwiesen hatte: → *Carl Reininghaus*. Was ihn, der doch über den von ihm (wahrscheinlich auf seine Kosten) beigestellten Strafverteidiger Dr. Hans Weiser genauestens über alles, was mit Neulengbach zusammenhing, informiert gewesen sein muß, dazu bewogen hat, Schiele 1913 das Du-Wort zu entziehen und zu eigener Rechtfertigung hierüber eine Art von Gedenkprotokoll zu verfassen [siehe Nr. 453], bleibt zunächst unverständlich. Schiele setzte sich in einem langen Brief gegen die Verdächtigungen seitens eines Dritten zu Wehr. Worauf Reininghaus am selben Tag sehr deutlich wurde[17]. Sein Verhalten ist jedoch noch immer nicht völlig verständlich, war er es doch, der Schiele, wohl im Sommer oder Frühherbst 1912, vorschlug, ihm ein Zimmer mit erotischen Darstellungen auszumalen[18], was der Künstler — wohl gewitzigt durch die Erfahrung von Neulengbach — aber abschlug. Später jedoch haben die beiden wieder zueinandergefunden[19].

Wir wenden uns nun dem Künstler Schiele zu. Während der Haft schuf er 13 aquarellierte Zeichnungen, die sich — mit zwei Ausnahmen [eine Privatbesitz Schweiz, die andere bei Gertrude Peschka] — in der Albertina befinden. Sie gehören, unserer Meinung nach, zum Ausdrucksvollsten, was er je geschaffen hat. Er konnte nicht ahnen, wie die Affäre ausgehen würde, und hat wohl selbst in jenen Tagen das Schlimmste für sich befürchtet. Man kann sich unschwer vorstellen, wie ein feinfühliger Künstler unter dem gelitten haben muß, was er im Gefängnis Tag für Tag erlebte. Er mußte fürchten, für viele Jahre zu einem Dahinvegetieren zwischen Leben und Tod verurteilt zu werden, und war sich unzweifelhaft der Schwere seiner Lage bewußt. Denn laut Strafgesetzbuch stand in Österreich auf das angebliche Delikt schwerer Kerker bis zu fünf, unter Umständen bis zu zwanzig Jahren.

Er stellt sich auf zwei dieser Zeichnungen in schonungsloser Offenheit in der durch die äußeren Umstände bedingten Verwahrlosung dar. Was er auf seinen Blättern als Text notiert, sind Aufschreie „sub specie aeternitatis", als gelte es, von der Welt Abschied zu nehmen. Daher widmete er diese Blätter auch seinen Angehörigen. Wir zitieren seine Legenden:

„*Gefangener!*
Nicht gestraft sondern gereinigt fühle ich mich
Die eine Orange war das einzige Licht
Die Tür in das Offene
Kunst kann nicht modern sein, Kunst ist urewig
Den Künstler hemmen ist ein Verbrechen, es heißt keimendes Leben morden
Ich liebe Gegensätze
Ich werde für meine Kunst und für meine Geliebten gerne ausharren
Mein Wandelweg führt über Abgründe
Physikalisch gleicht sich alles am sichersten aus
Organische Bewegung des Sessels und Kruges
Zwei meiner Taschentücher
Erinnerung von den grünen Strümpfen"

Es gibt im Schaffen moderner Künstler kaum eine ähnlich eindrucksvolle Folge. Schiele prangert hier die Welt des Kerkers an wie Goya in seinen „Desastres de la guerra" die Greuel des Krieges. Was ist über das Jahr 1912 noch zu berichten?

Im Jänner hatte sich Schiele mit einer großen Kollektion — mit 7 Bildern, 25 Zeichnungen und Aquarellen — an einer Ausstellung junger österreichischer Maler im Budapester Künstlerhaus beteiligt. Ihm war ein ganzer Saal zur Verfügung gestellt worden. Im „Pester Lloyd" vom 4. I. 1912 erschien ein Feuilleton über die Ausstellung, in dem auch er gewürdigt wurde. Es schien anfänglich, als habe er ein Bild verkauft, die Sache zerschlug sich jedoch.

Es war den Bemühungen → Arthur Roesslers, der sich eine Zeitlang uneigennützig aller geschäftlicher Dinge Schieles angenommen hatte, gelungen, den Münchner → Hans Goltz, Nachfolger des Buchhändlers Ulrich Putze, der aus der Buchhandlung eine lebendige Galerie gemacht hatte und mit moderner Kunst handelte, als Vertreter Schieles für Deutschland zu gewinnen. Das Egon Schiele Archiv der Albertina besitzt über 100 Briefe von Goltz an Schiele oder Roessler. Diese Korrespondenz, die bisher unbekannt war, erhellt die Situation auf dem deutschen Markt. Um es kurz zu machen: Es gelang Goltz trotz aller Anstrengung nicht, Schiele in Deutschland auch nur bekannt zu machen, geschweige denn ihm zu dem erhofften Durchbruch zu verhelfen. Auch die über seine Initiative im Mai in der „Sonderbund-Ausstellung Köln" und anderswo gezeigten Bilder fanden keinen Anklang. Wir sehen hier eine Parallele zu Gustav Klimts Bemühungen um Deutschland, der zu seinen Lebzeiten nicht weniger als 14 Ausstellungen in deutschen Städten beschickte und — sieht man von je einem Verkauf nach Dresden und München ab — ebenso erfolglos blieb. Schiele gelang selbst nur der Verkauf eines einzigen Bildes an das Folkwang-Museum in Hagen. Goltz, der Schiele ein ganzes Jahr hindurch unter Vertrag genommen hatte, mußte schließlich einsehen, daß es unmöglich war, dessen Bilder in Deutschland zu verkaufen.

„... Aber Herr Schiele, so sehr ich mich stets über Ihre Zeichnungen freue und auch bei den bizarrsten Launen gerne mitgehe, wer soll die Bilder kaufen? Ich habe da sehr sehr wenig Hoffnung. Sie dürfen mir nicht verübeln, wenn ich, der doch gerne allen Künstlern der neuen Richtung gefolgt bin, und dessen Verstehen wohl manchem ein wenig erleichtert habe, Ihnen gegenüber mein Bedenken ausspreche. Was noch vor einem Jahr, ja noch vor einem halben Jahr uns außerordentlich stark und deshalb, aber auch nur deshalb zukunftsreich erschien, das darf nicht in der Form erstarren. Es war ein Weg um aus dem wässerig gewordenen Impressionismus herauszukommen. Dieser Weg ist aber kein Ziel, das schon erreicht ist. Die ‚Ismen', die als Wege und als Zerstörung außerordentlich notwendig waren, müssen sich nun allmählig abklaren zu ruhiger kraftvoller Kunst. Sonst kann der Kunsthändler bei allem persönlichen Verständnis nichts mehr ausrichten und muß mit schwerem Herzen auf weniger starke, aber dafür wenigstens lesbare Künstler zurückgreifen. Ich will mit diesen Worten keinen ermahnenden Papa spielen, ich will Sie nur vorbereiten auf einen gänzlich finanziellen Mißerfolg, den Ihre Bilder auf Ihrer jetzigen Stufe sowohl als auch die der anderen erleiden müssen. Auch der wohlwollende und verständnisvolle Teil des Publikums beginnt ungeduldig zu werden und hungert nach Ruhe und Klarheit..." [1. IV. 1913; E. S. A. 1029]

Ja, selbst mit den farbigen Blättern hatte er Verkaufsschwierigkeiten. Was ging, waren Schwarzweißzeichnungen, die er — allerdings zu sehr geringen Preisen — verkaufen konnte, um damit wenigstens die namhaften Spesen zu decken.

Schiele war bereits 1911 Mitglied der Künstlergruppe → „Sema" in München geworden. Im April dieses Jahres erscheint in der „Sema Mappe" seine erste Graphik — eine Lithographie „Selbstbildnis als stehender Akt" [K.Gr. 1]. Die Blätter der Mappe waren bei Thannhauser in München ausgestellt.

Auf der → „Hagenbund"-Ausstellung in Wien kaufte die → „Wiener Werkstätte" das Bild „Sonne und Herbstbäume", 1912. → Arthur Roessler schrieb am 14. Mai 1912 eine Kritik über die ausgestellten Bilder Schieles, die heute noch voll gültig ist.

„... Um zur Besprechung der einzelnen Erscheinungen zu kommen, die dieser Ausstellung ein besonderes Gepräge verleihen, sei mit Egon Schiele begonnen. Als dieser junge Künstler zum ersten und zweitenmal Arbeiten von sich in Wiener Ausstellungen zeigte, brüllten die Kunstbanausen wutgeifernd auf, weil sie sich durch die ungewöhnlichen Bilder, die ihnen Schiele darbot, überaus gereizt fühlten. Da jedoch die gallgiftige Ablehnung Schiele nicht einzuschüchtern vermochte, trachtete man sich an ihm durch Spott, Hohn, Verleumdung, Ächtung zu rächen, und weil ihn auch das nicht bekehrte, kaum bekümmerte, versuchte man es mit dem sonst probaten Mittel des Totschweigens. Aber auch das versagte, und darauf begann man ihn zu fürchten. Man begann sich für sich und aus Solidaritätsgefühl für Gleichgeartete zu fürchten, und zwar davor, hart mitgenommen, gräßlich enthüllt zu werden, zu leiden. Man hatte nämlich an einigen der von Schiele gemalten Bildnisse erkannt, daß er das Innere der Menschen nach außen zu stülpen vermag, und man graute sich nun vor dem möglichen Anblick des sorgsam Verborgenen, das jauchig und milbig ist und von fressender Zersetzung ergriffen. Egon Schiele hat Menschenantlitze gesehen und gemalt, die blaß schimmern und kummervoll lächeln und den Gesichtern von Vampiren gleichen, denen die grausige Nahrung fehlt; Antlitze von Besessenen, deren Seelen schwären und die unsägliche Leiden zu maskenhafter Starre gerinnen ließen; dann Antlitze, die in feiner Art die Synthese eines menschlichen Innenlebens bildhaft darbieten, mit allen sachtesten Abstufungen in den sichtbaren Äußerungen des Grüblerischen, Bedächtigen, Überlegenden, Verträumten oder des Leidenschaftlichen, des Bösen, Guten, Innigen, Warmen oder Kalten. Er hat die edelsteinkalten Augen in Menschengesichtern gesehen und gemalt, die in den fahlen Farben der Verwesung schimmern, und den Tod unter der Haut. Mit großem Verwundern sah er verklammte, deformierte Hände mit verrunzelter Haut und gelbem Horn der Nägel... Als der Neugotiker, der er ist, sah und malte er das. Aber man mißversteht ihn, wenn man glaubt, daß er aus perverser Vorliebe all das malt. Er verfolgt keine moralische Absicht, will nicht mit Abscheulichem schrecken, billige Effekte erzielen, nur Neues für die Kunst erobern. Er ist sich bewußt — dies sei nicht bestritten — manche Wirkung durch den Gegenstand zu erreichen bei denen, die nicht genügendes Verständnis für die künstlerische Form haben, und er nimmt diese Tatsache, aus der man so gern einen Vorwurf für den Künstler macht, gelassen hin, weil er noch immer die Form dem Gegenstand überlegen weiß. Daß er durch gewisse seiner Arbeiten auf kunstfremde Menschen wie Dynamit wirkt, sie sprengt, zerreißt, ist eine Tatsache, aber eine absichtslose.

Was er außerdem noch malt? Vielerlei noch, denn bei ihm ist nicht die Not, ist der Überfluß schöpferisch geworden. So sehen wir von ihm gemalte Landschaften, Ansichten alter, traumhafter Städte, Stilleben, Materialisationen von im verdunkeltem Bewußtsein hell gewordenen Erscheinungen und eine schier unzählbare Reihe von Aktstudien. Mit alledem entspricht er natürlich nicht dem bleichsüchtigen Moralideal von guten Menschen als Künstler, wirkt er vielmehr unbescheiden, unmäßig, rücksichtslos, Philister schreckend. Seine Arbeiten sind gleichwohl Kunstwerke und Werturteile. Wogegen er — absichtslos — protestiert? Gegen die Halben, Gleichgewichtigen, die Würdeprotzen, die sich gesund, gerecht und allzeit vernünftig Dünkenden, die satten Allzufriedenen, kurz gesagt: gegen die Mittelmäßigen, die sich für das Maß des Menschen halten. Charakteristisch für seine gleichsam traumwandlerisch intuitive Schaffensart ist es, daß seiner aufgestauten Kraft mitunter Bildwerke gelingen, die hoch über seinem eigenen verstandesmäßigen Urteil stehen. Ein solches Werk ist das unter Nr. 238 ausgestellte Bild „Tote Mutter". Ein Vergleich mit dem berühmten Blatt aus Klingers Radierzyklus „Vom Tode", das das gleiche Thema behandelt, wird beweisen, daß man es bei Klinger mit einer Illustration, bei Schiele mit einem die Steigerung tragischer Wirkung erreichenden Kunstgebilde zu tun hat..."

Im Sommer fuhr Schiele in den Westen Österreichs und wohnte eine Zeitlang in Bregenz (Reichsstraße 13)[20], neben dem Leuchtturm der Hafenmole [siehe Nr. 384].

„Mir ekelte vor meiner früher so innig geliebten melancholischen Landschaft in Neulengbach. — es trieb mich als Gegensatz an die Grentze[!]; ich blieb in Bregenz 1912 und sah nichts als den verschieden stürmenden See und ferne weiße sonnige Berge in der Schweiz. — ich wollte ein neues Leben beginnen. — Aber bis jetzt konnte ich's nicht; — nichts gelang mir noch in meinem Leben. — ich sehne mich nach freien Menschen. — So lieb mir Österreich ist; ich beklage es..."

[an Franz Hauer, 25. I. 1914]

Einmal sind wir in der Lage, zwei seiner dort entstandenen Landschaftsblätter zu lokalisieren: „Das Deuringschlößchen" (Sammlung Viktor Fogarassy, Graz) und einen am Ufer des Bodensees stehenden Kastanienbaum, mit Blick auf den Pfänder und die Staufenspitze (Privatbesitz); dieses Blatt steht sehr unter dem Einfluß von → Ferdinand Hodler, den Schiele — nach seinen Aussagen — neben Klimt am meisten liebte[21].

Von hier fuhr er nach München, wohl hauptsächlich in der Absicht, → Hans Goltz kennenzulernen. Er legte für diese Fahrt ein Notizbuch an, in dem er die Namen jener Künstler festhielt, deren Arbeiten ihn interessierten[22]. Auch erwarb er ein Exemplar des von Kandinsky und Marc herausgegebenen „Blauen Reiter"[23].

„...War in München zwei Tage und sah schlechte Bilder in der Sezession... doch bei → Thannhauser Gutes. — Ich möchte mir unbedingt die Ausstellung der Franzosen in Zürich anseh[e]n, wohin von hier 3 Stunden weit ist..."

[an Dr. Oskar Reichel, siehe Nr. 384]

Ob er dann tatsächlich in Zürich war, läßt sich nicht nachweisen.

In finanzieller Hinsicht besserten sich in diesem Jahr seine Verhältnisse wesentlich. Es gelang ihm, Kontakte zu zwei großen neuen Sammlern zu finden. Der erste ist der Gastwirt → *Franz Hauer*, der bis zu seinem frühen Tode, 1914, einer seiner eifrigsten Käufer bleiben sollte. Wir berichten in dessen Biographie ausführlich über diesen außerordentlichen Kunstfreund. Die zweite Begegnung ist die mit der Familie → *August Lederers*. Sie waren die großen Klimt-Mäzene und besaßen ganz außerordentliche Kunstsammlungen. Wir vermuten, daß Klimt ihn an sie empfahl und durch seine warmherzige Tat dem durch die Haft Erschütterten helfen wollte, was ihm auch gelang. Denn ab nun hatte Schiele — der sich in der Folge mit dem jüngeren, frühreifen → Erich Lederer anfreunden sollte, dessen Porträt zu malen er über Weihnachten nach Györ (Raab) in Ungarn, wo sich die großen Spiritusfabriken der Familie Lederer befanden, gefahren war — wirklich bedeutende Käufer. Nicht nur, daß das Porträt sicher nobel honoriert wurde, er konnte auch jederzeit, wenn er sich in Geldnot befand, Zeichnungen an Erich Lederer schicken, die ihm dieser abkaufte. Ab Herbst dieses Jahres wohnte Schiele auch in einer „guten" Gegend, und zwar in der Hietzinger Hauptstraße 101.

ANMERKUNGEN

1 Egon Schiele im Gefängnis, Aufzeichnungen und Zeichnungen. Herausgegeben von Arthur Roessler. Wien und Leipzig, Verlag Carl Konegen, 1922, 40 pp. Mit 9 Reproduktionen 8°
Das von Alessandra Comini 1973 im Verlag der New York Graphic Society herausgegebene Buch „Schiele in prison" enthält — neben einem ausgezeichneten Kommentar — eine wörtliche Übertragung von Roesslers Buch. Der Autorin ist demnach der von uns unter 3 gebrachte Zeitungsausschnitt nicht bekannt geworden. Ihr ist übrigens, was hier ausdrücklich festgehalten werden soll, die Auffindung von Schieles Zelle in Neulengbach zu verdanken [siehe ihren Aufsatz „Egon Schiele in prison", Albertina-Studien, 1964, pp. 123—137].

2 L., p. 666
Wir setzen voran, daß Roessler kinderlos gestorben ist. Was er an Schriften besaß, liegt in der Handschriftabteilung der Bibliothek der Stadt Wien. Er hat buchstäblich jeden Zettel aufgehoben; umso auffälliger das Fehlen jener angeblichen Briefe aus dem Gefängnis. Was er an Bildern und Zeichnungen von Schiele besaß, befindet sich im Historischen Museum der Stadt Wien. Dr. Franz Glück, der ehemalige Direktor dieses Museums, hatte mit dem alternden Roessler einen Leibrentenvertrag namens der Stadt Wien abgeschlossen, der diesem — gegen Übergabe seiner Sammlung von Todeswegen — einen ruhigen Lebensabend verschaffte.

3 W. ST. B. 180.700. Brief eines stud. phil. Johann Zunzer in Ollersbach an der Westbahn an → Arthur Roessler, 28. X. 1922:
„Geehrter Herr! Inliegend aus dem ‚Wienerwald-Boten', dem Neulengbacher Wochenblättchen, eine Erwiderung, die keineswegs durch den Ort des Erscheinens — die Zeitung zählt kaum ein paar hundert Leser —, wohl aber dadurch bemerkenswert ist, daß sich, wahrscheinlich zum ersten Male, das zuständige Gericht zum Fall Schiele äußert. Vierzehn Tage vorher hatte ich, um einen kleinen Beitrag zur Heimatgeschichte zu leisten, einiges aus Ihrem Büchlein erzählt. Die Diskrepanz mit den Gerichtsakten ist sehr wesentlich, und es würde mich freuen, wenn ich meinesteils den Lesern Klarheit bringen könnte. Hochachtungsvoll stud. phil. Johann Zunzer in Ollersbach a.[n] d.[er] Westbahn, N. Ö. [Niederösterreich]."
Es ist nicht bekannt, ob Roessler diesen Brief jemals beantwortet hat.
Als Beilage findet sich dort:
„Aus dem Leserkreis.

An die Schriftleitung des ‚Wienerwald-Bote', Neulengbach. Zu Ihrem Artikel ‚Über Egon Schiele' vom 7. Oktober 1922 bitte ich Sie, im Interesse der Wahrheit und um nicht den Verdacht eines Justizirrtums oder von Mißwirtschaft bei unseren Gerichten aufkommen zu lassen, um loyale Richtigstellung folgender Irrtümer, die ich, lediglich als entscheidende, nur deshalb so kurz fasse, weil uns Richter in erster Linie der Mensch, nicht aber der berühmte Maler zu interessieren hat, der in seiner Kunst ein Genie gewesen sein mag, der aber sicherlich nicht frei von Fehlern war. Aus dem Akt des Kreisgerichtes St. Pölten Vr. VI 201/12 stellte ich fest:
Erstens: Egon Schiele war sich niemals über den Grund seiner Verhaftung im unklaren, denn er wurde erst n a c h einem 1½stündigen richterlichen Verhör, in dessen Verlauf er sich zu allen ihm kundgegebenen Verdachtsmomenten (es handelte sich um ein schweres Sexualdelikt, das er angeblich an einem unmündigen Kinde verübt hatte) geäußert hatte, verhaftet, weil mit Grund zu fürchten war, daß er das Kind beeinflussen werde.
Zweitens: Die Anklage wurde ihm nicht erst nach seiner Überstellung nach St. Pölten, sondern knapp 11 Tage nach seiner Verhaftung noch in Neulengbach ihrem vollen Umfange nach mitgeteilt. Er nahm sie ohne Bemerkung zur Kenntnis bzw. [= beziehungsweise] zog seine Beschwerde zurück.
Drittens: Abgesehen davon, daß er sich in einen viele Seiten umfassenden Protokolle verantwortete, also verteidigt hat, stand ihm auch von allem Anfang an in der Person des Rechtsanwaltes → Dr. Hans Weiser (Wien) ein Verteidiger zur Seite. Ob dieser für ihn etwas von Bedeutung unternommen hat, ist aus dem Akte nicht ersichtlich.
Viertens: Über seine Behandlung hat sich Egon Schiele nie beklagt. Es sind jetzt noch die sog.[enannten] Arrestvisitationsprotokolle vorhanden, aus denen hervorgeht, daß Egon Schiele, wie dies das Gesetz erforderte, wöchentlich, nämlich am 20. 4. und 27. 4. 1912 vom Gerichtsvorsteher besucht worden ist. Niemals äußerte er eine Beschwerde.
Fünftens: Nicht anfangs Mai, sondern am 30. April wurde Egon Schiele nach St. Pölten gebracht. Seine Entlassung aus der Haft erfolgte nicht infolge seiner Unschuld, sondern nach rechtskräftiger Verurteilung zu 3 Tagen strengen Arrests.
Egon Schiele wurde nicht wegen des angeklagten Verbrechens verurteilt, weil die hiefür einzig maßgebende Person als Zeuge bei der Hauptverhandlung ihre in der Voruntersuchung abgelegte Aussage in einem entscheidenden Punkte abgeschwächt hatte. Der infolgedessen einigermaßen geringer

erscheinenden Schuld, die das Gesetz noch immer mit 8 Tagen bis zu 6 Monaten strengen Arrests belegt, wurde das Gericht sodann mit der erwähnten 3tägigen Strafe gerecht, die nur deshalb so gelinde ausgefallen ist, weil auf die 21 Tage Untersuchungshaft Rücksicht genommen wurde.

Die verschiedenen entgegenstehenden Behauptungen Ihres Artikels über Egon Schiele sind dadurch widerlegt. Was daher von den übrigen subjektiven Schilderungen des Büchleins ‚Egon Schiele im Gefängnis' zu halten ist, dürfte einleuchten. Wir für unseren Teil haben nur ein Interesse hervorzuheben, daß der im Jahre 1912 als Gefangenenaufseher in Neulengbach wirkende Ludwig Hochmuth, ein äußerst pflichttreuer Mann war, der durch viele Jahre seinen Dienst in vollkommen klagloser Weise versah und dem daher eine derartige Behandlung eines Häftlings, wie sie Egon Schiele schildert, durchaus nicht zugemutet werden kann. Für diese Annahme spricht ja wohl auch das Arrestvisitationsprotokoll, das keinerlei Beschwerde Egon Schieles enthält. Übrigens versieht heute sowie im Jahre 1912 den Posten des Gerichtsvorstehers in Neulengbach noch immer derselbe Richter, und seiner Versicherung, daß Egon Schiele in keiner Weise schlecht behandelt worden sein kann, dürfte angesichts der übrigen, als phantastisch zu bezeichnenden Behauptungen des offenbar höchst sensitiven Malers, einzig und allein Glauben beigemessen werden können.

Wir Richter, die wir uns der Schwere unserer Verantwortung bewußt sind und die wir uns das Verständnis für Menschliches bewahrt haben, legen Wert darauf, daß uns nicht Barbarei unterschoben wird und daß uns nicht fälschlich der Vorwurf gemacht werde, als würden wir es als unsere Aufgabe erblicken, die Menschlichkeit im Übeltäter zu ersticken. Ich glaube, nicht erst an das Pressegesetz erinnern zu müssen, da ich mich der zuversichtlichen Erwartung hingeben zu können glaube, daß die Schriftleitung unseren Appell an ihre Loyalität nicht überhören wird.

In Hochachtung zeichnet für den Zweigverein St. Pölten der Richtervereinigung → Dr. Max Scheffenegger, Landesgerichtsrat."

4 Zitate nach Arthur Roessler „Egon Schiele im Gefängnis":	Bemerkungen des Herausgebers:
19. April 1912 „Wohl tat mir unsagbar der kleine farbige Fleck."	Auf einer der Zeichnungen Schieles heißt es: „Die eine Orange war das einzige Licht."
20. April 1912 „Nicht gestraft, sondern gereinigt fühle ich mich..."	Wörtliches Zitat nach Schieles Text auf der Zeichnung des Gefängnisganges
21. April 1912 „Habe die organische Bewegung des primitiven Sessels und Wasserkruges gezeichnet..."	Wörtliches Zitat nach dem Text einer der Zeichnungen Schieles: „Organische Bewegung des Sessels und Kruges"
22. April 1912 „Kunst kann nicht modern sein, Kunst ist urewig."	Wörtliches Zitat nach dem Text einer der Zeichnungen Schieles
24. April 1912 „... Ich kann keinem Nachricht geben. K. [Klimt] ist am Attersee..."	→ Klimt war am 11. VII. zur Kur in Badgastein und fuhr erst von dort an den Attersee, wie jedes Jahr [siehe Ch. M. Nebehay, Klimt-Dokumentation, Anhang I.]
25. April 1912 „Ich werde für die Kunst und für meine Geliebten gerne ausharren!"	Wörtliches Zitat nach dem Text einer der Zeichnungen Schieles
28. April 1912 „Von allen Freunden liebt mich A. R. (Arthur Roessler) am reinsten, weil er mich am tiefsten, weil er mich mit dem Herzen versteht..."	Eine wirklich verräterische, beinahe kindisch zu bezeichnende Stelle, auf die bereits L., p. 666, hingewiesen hat
1. Mai 1912 „Sehnsucht, o Sehnsucht! — Zum Trotz mir ein Schiff gemalt..."	Siehe L., p. 666, der auf die Diskrepanz des Datums hinweist, denn Schiele wurde am 30. April nach St. Pölten überstellt. Außerdem spricht alles dagegen, daß diese Zeichnung im Gefängnis entstand.
ohne Datum/p. 30 „Ich bin... wie ich vermute, auf die Verdächtigung durch meinen Vormund (verhaftet)..."	Eine durch nichts bewiesene Unterstellung Roesslers
Wien, 8. Mai 1912 „Bei der Verhandlung wurde ein Blatt von den beschlagnahmten, das, welches in meinem Schlafzimmer aufgehängt war, vom Richter im Talar feierlich an der Kerzenflamme verbrannt..."	Beinahe wörtlich Schieles Brief vom 18. V. 1912 an Roessler entnommen

5 Kreisgericht St. Pölten, Nr. VI, 201/12

6 Mitteilung von Hofrat Dr. Karl Reinberg, Kreisgericht St. Pölten, Frühjahr 1976

7 In seinem Vorwort zu: „Egon Schiele im Gefängnis" heißt es: „Die abgelaufene Zeit und der Tod des Künstlers schufen die Distanz, aus der gesehen, Schieles damalige Haft als das erscheint, was sie in Wirklichkeit immer schon war: bösartiger Mißgriff übereifriger Sittlichkeitsschnüffler und leidvolles Martyrium eines bei Lebzeiten mißverstandenen Künstlers..."

8 „Ich hatte Schiele immer gewarnt, beim Umgang mit seinen Kindermodellen vorsichtig zu sein und nichts ohne Einverständnis der Eltern zu unternehmen. Er gab mir darüber beruhigende Erklärungen..." [Heinrich Benesch, Handschriftliche Erinnerungen, E. S. A. 508, p. 25 v.]

9 L., p. 13

10 Strafverteidiger Schieles, von Carl Reininghaus beigestellt

11 Man kann sich leicht vorstellen, daß die Eltern des unmündigen Mädchens auf ihr Kind entsprechend eingewirkt hatten, um diesem die Bloßstellung im Gerichtssaal und weitere peinliche Befragung zu ersparen.

12 Siehe unter 3)

13 Heinrich Benesch, Handschriftliche Erinnerungen, E. S. A. 508, 27 v.

14 „Im Atelier fanden die beiden Spione nichts Anstößiges, aber ein Blatt, das ich in meinem Schlafzimmer mit einem Reißnagel an die Wand hänge — ein in Krumau entstandenes Aquarell — erklärten sie als ‚bedenklich' konfiszieren zu müssen..." [A. Roessler, Egon Schiele im Gefängnis, Wien 1922, p. 34]

15 Siehe unter 6)

16 A. C., p. 223, Anmerkung 67. Laut einer der Autorin seitens von → Professor Dr. Otto Benesch gemachten Mitteilung war der Richter → Dr. Stovel ein kultivierter Mann und Sammler von Werken des Franz Stecher (1814—1853), eines Künstlers, der Kirchen der Jesuiten in den USA und in Österreich ausmalte.

17 „...Ich hörte als das Resultat gewisser Untersuchung, daß jemand kleinen Kindern auch die obscönen Aktzeichnungen zeigte und daß er sie insbesondere in einen Raum führte, wo ein solcher eingerahmt hing und diesen ihnen zeigte. Die Untersuchung ergab auch, daß er die Kinder zu gewissen Bewegungen mit ihren Rücken aufforderte..." [Carl Reininghaus, siehe Nr. 453]

18 „...Das vorliegende Blatt Porträt von Carl Reininghaus [datiert 1912 H. M., Inventarnummer 102.824] entstand auf einer Almwiese bei einem Berghotel im Semmeringgebiet. Dorthin hatte Reininghaus Schiele kommen lassen, um ihm ein großes Projekt von dekorativen Wandmalereien erotischen Inhalts für seine Ringstraßenwohnung zu unterbreiten. Als Schiele ablehnte, verließ Reininghaus verärgert das Hotel und legte sich auf einer Almwiese schlafen. Dort zeichnete ihn Schiele und schenkte Roessler das Blatt" [nach H. M., 1968, Nr. 102].

19 „Schiele, Sie sind — trotz Allem — ein Gottbegnadeter Künstler. Eben besah ich mir, seit Langem, Ihre Handzeichnungen. Vielleicht lassen Sie mich, trotz meines Letzten, das auch gut gemeint war, noch, ich kann nicht sagen wieder, einen Einfluß auf Sie nehmen. Und wenn sie's brauchen, würd' ich Ihnen wieder ein wenig helfen... [Carl Reininghaus, 3. III. 1913]

20 Siehe den Aufsatz von Peter Weiermair „Egon Schiele in Bregenz" in: „Vorarlberg", Vierteljahreszeitschrift, Heft 2/1971, 9. Jg. Mit Abbildung der beiden erwähnten Blätter. Der Herausgeber dankt Herrn Dr. Karl Josef Steger für den freundlichen Hinweis.

21 Siehe A. C., p. 206, Anmerkung 11. Nach Gesprächen mit → Professor Dr. Otto Benesch, → Melanie Schuster und → Gertrude Peschka in den Jahren 1963—1967. Schiele hatte Gelegenheit, wichtige Bilder Ferdinand Hodlers in der Sammlung von → Carl Reininghaus zu studieren.

22 A. C., p. 107 und p. 225, Anmerkung 79. Das Notizbuch befand sich im Besitz von → Melanie Schiele.

23 A. C., p. 107, mit dem Hinweis, daß man das Exemplar — das später im Besitz von → Melanie Schiele war — in Schieles Vitrine erkennen könne; siehe ihre Abbildung 114: „Schiele neben seiner Vitrine stehend".

1912

Es entstanden 39 Bilder: 22 Landschaften, 11 Porträts und 6 Sonstiges

LANDSCHAFTEN:

„Wiese, Kirche und Häuser" [K. 170; L. 204; Georg-Wächter-Gedächtnisstiftung, Genf]

„Alte Stadt" [K. 167; L. 205; Privatbesitz, USA]

„Blick über Dächer auf Häuserfassaden des Krumauer Rathausplatzes" [K. 168; L. 206; Verbleib unbekannt]

„Kahle Bäumchen auf Hügeln" [K. 164; L. 213; Verbleib unbekannt]

„Kahles Bäumchen hinter einem Zaun" [K. 163; L. 214; Verbleib unbekannt]

„Kalvarienberg" [K. 162; L. 215; Privatbesitz, Wien]

„Winterbäume" [K. 160; L. 216; Privatbesitz, Wien]

„Kahle Bäume" [K. 161; L. 217; Privatbesitz, Schweiz]

„Sonne und Herbstbäume" [K. 165; L. 220; Kunsthandel, New York]

„Herbstbaum in bewegter Luft" [K. 166; L. 221; Privatbesitz, Wien]

„Tote Stadt" [K. 169; L. 222; Kunsthaus Zürich]

„Dämmernde Stadt" [K. 190; L. 226; Privatbesitz, Österreich]

„Die kleine Stadt" [K. 191; L. 227; Viktor Fogarassy, Graz]

In der Literatur nachweisbar:

„Herbstland" [K. XXVII; L. XXXIII]

„Steinland" [fehlt bei K.; L. XXXIV]

„Bootshafen" [K. XXV; L. XXXVI]

„Ruhende Segel" [K. XXVI; L. XXXVII]

„Sturmtag" [fehlt bei K.; L. XXXVIII]

„Herbstabend" [K. XXVIII; L. XXXIX]

„Landhäuser" [K. XXIV; L. XL]
„Die kleine Stadt" [fehlt bei K.; L. XLI]
„Flußstadt" [fehlt bei K.; L. XLII]

PORTRÄTS:

„Bildnis Ida Roessler" [K. 150; L. 200; Historisches Museum der Stadt Wien]
„Trauernde Frau" [K. 154; L. 201; Privatbesitz, Wien]
„Selbstbildnis mit gesenktem Kopf" [fehlt bei K.; L. 202; Privatbesitz, Wien]
„Eremiten" (Egon Schiele und Gustav Klimt) [K. 159; L. 203; Privatbesitz, Wien]
„Kopf" [K. 153; L. 208; von Bomben zerstört]
„Selbstbildnis mit hochgezogener nackter Schulter" [K. 173; L. 209; Privatbesitz, Wien]
„Selbstbildnis mit Lampionfrüchten" [K. 151; L. 211; Privatbesitz, Wien]
„Bildnis Wally" [K. 152; L. 212; Privatbesitz, Wien]
„Porträt Erich Lederer" [K. 174; L. 223; Privatbesitz, Schweiz]

In der Literatur nachweisbar:
„Rückkunft" [K. XXII; L. XXXII]
„Asketen" [K. XIX; L. XXXV]

SONSTIGES:

„Mutter und Kind" [K. 155; L. 207; Privatbesitz, Wien]
„Kardinal und Nonne" [K. 156; L. 210; Privatbesitz, Wien]
„Agonie" [K. 157; L. 218; Neue Pinakothek, München]
„Bekehrung" [K. 158; L. 219; Privatbesitz, Wien]

In der Literatur nachweisbar:
„Erinnerung" [K. XXI; L. XXX]
„Gigant" [K. XX; L. XXXI]

AUSSTELLUNGEN:

München, Sezession:	„Prozession", 1911 — „Jesuiten", 1911
Wien, Hagenbund:	Nr. 226 „Eremiten", 1912 — Nr. 227 „Selbstbildnis mit schwarzem Tongefäß", 1911 — Nr. 228 „Ruine", 1911/12 — Nr. 235 „Herbstbaum in bewegter Luft", 1912 — Nr. 236 „Tote Stadt", 1911 — Nr. 237 „Stadt am blauen Fluß", 1911 — Nr. 238 „Tote Mutter" I, 1910 — ohne Nr. „Mädchen in Schwarz", 1911
Köln, Sonderbund:	„Selbstseher I", 1910 — „Tote Mutter", 1910
Budapest:	„Prozession", 1911 — „Madonna", 1911 — „Mädchen in Schwarz", 1911 — „Offenbarung", 1911 — „Jesuiten", 1911
Wien, Secession:	„Herbstbäume", 1911 — „Kahle Bäume", 1912
Hans Goltz, München:	„Selbstseher", 1910 — „Tote Stadt", 1911 — „Das Krumauer Rathaus", 1911 — „Mädchen in Schwarz", 1911
Thannhauser, München:	Seine Lithographie „Selbstbildnis" [K.Gr. 1] im Rahmen der Ausstellung der „Sema-Gruppe"

PREISE:

9. I. 1912	Architekt Vágó, Budapest, will „Offenbarung", 1911, für 300 Kronen kaufen [Kauf kommt nicht zustande]. Schiele verlangt für jedes in Budapest ausgestellte Bild 800 Kronen, für „Mädchen" 500 Kronen
28. V. 1912	→ Goltz, München, bereit, 7 Zeichnungen nach seiner Wahl für 100 Mark zu kaufen
7. VI. 1912	bekommt Schiele von → Osthaus, Hagen, Westfalen, 200 Mark; Rest 150 Mark
16. VII. 1912	von → Franz Hauer, Wien, für „Herbstland", 1912, „Bekehrung", 1912, und „Agonie", 1912, 900 Kronen
20. VIII. 1912	von Osthaus 50 Mark
24. VIII. 1912	von Goltz für 7 Zeichnungen 100 Mark
29. XI. 1912	→ Goltz teilt mit, daß er an Schiele bisher 800 Mark bezahlt habe
3. XII. 1912	→ Goltz schließt Vertrag für das kommende Jahr: 1500 Mark in 4 Raten: am 20. I., am 3. IV., am 20. VII. und am 20. X. 1913 [der Vertrag wird nicht verlängert]
9. XII. 1912	→ Magda Mautner Markhof erwirbt „Herbstbild in bewegter Luft" für 400 Kronen
Dezember 1912	Schiele erhält möglicherweise, vielleicht durch Vermittlung → Klimts, eine Staatssubvention von 1000 Kronen [siehe seinen Brief an Architekt Moritz Otto Kuntschik vom 6. XI. 1912]

WOHNADRESSEN:

bis 13. IV. 1912	Neulengbach, Au 48
13. IV. 1912	Einlieferung in das Gefängnis von Neulengbach
30. IV. 1912	Einlieferung in das Gefängnis des Kreisgerichts St. Pölten. Nach Abschluß des Verfahrens:
vom 7. V.—18. V. 1912	bei seiner Mutter, Wien XII., Rosenhügelstraße 9
nach dem 3. VII. 1912	Wien IX., Höfergasse 18 [ehemaliges Atelier von → Erwin Osen]
ab 1. X. bis zu seinem Tode, 1918	Wien XIII., Hietzinger Hauptstraße Nr. 101 [da Schiele diese Wohnung neben dem im Juli 1918 in Wien XIII., Wattmanngasse 6, gemieteten Atelier behielt]

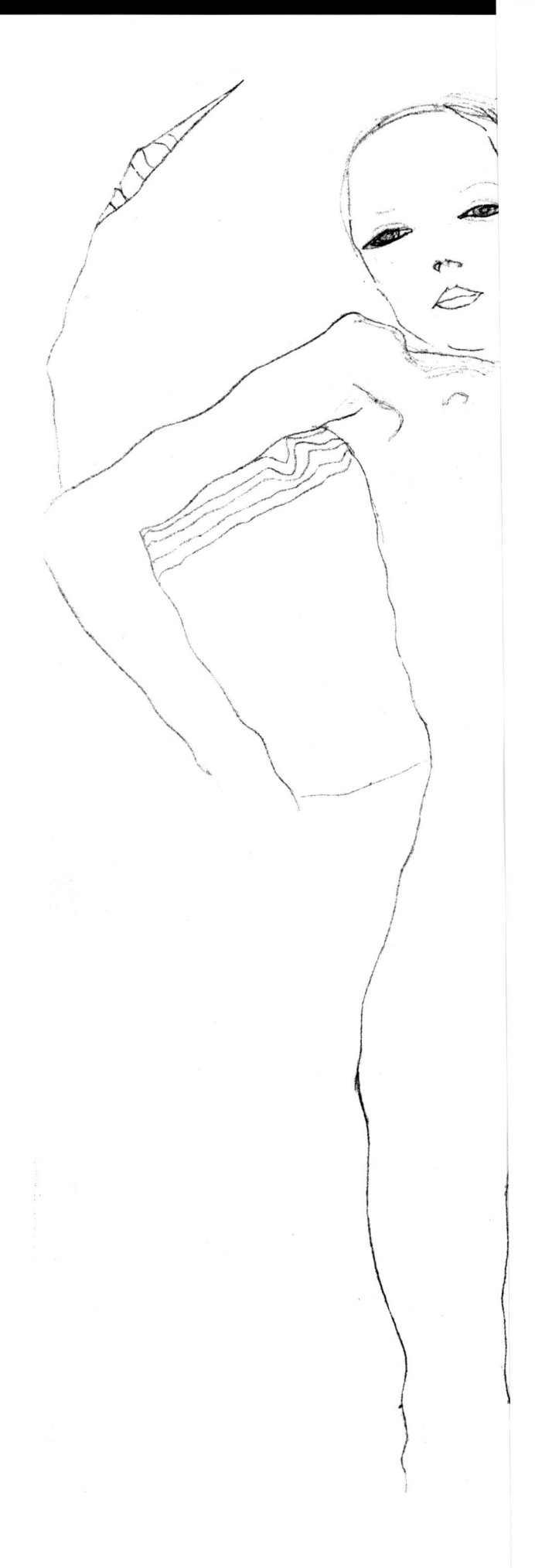

AUFENTHALTE:

28. III. 1912	Ausflug nach Reichenau, Niederösterreich	14. V. 1912	in Triest, anschließend mit → Wally in Kärnten am Wörther See
8. IV. 1912	Ausflug nach Krems, Niederösterreich	16.—24. VIII. 1912 [vielleicht länger]	mit → Wally und Mutter in Bregenz, Reichsstraße 13
10. V. 1912	Karte aus Klagenfurt	vor dem 17. VIII. 1912	zwei Tage in München [fraglich, ob er auch nach Zürich fuhr]

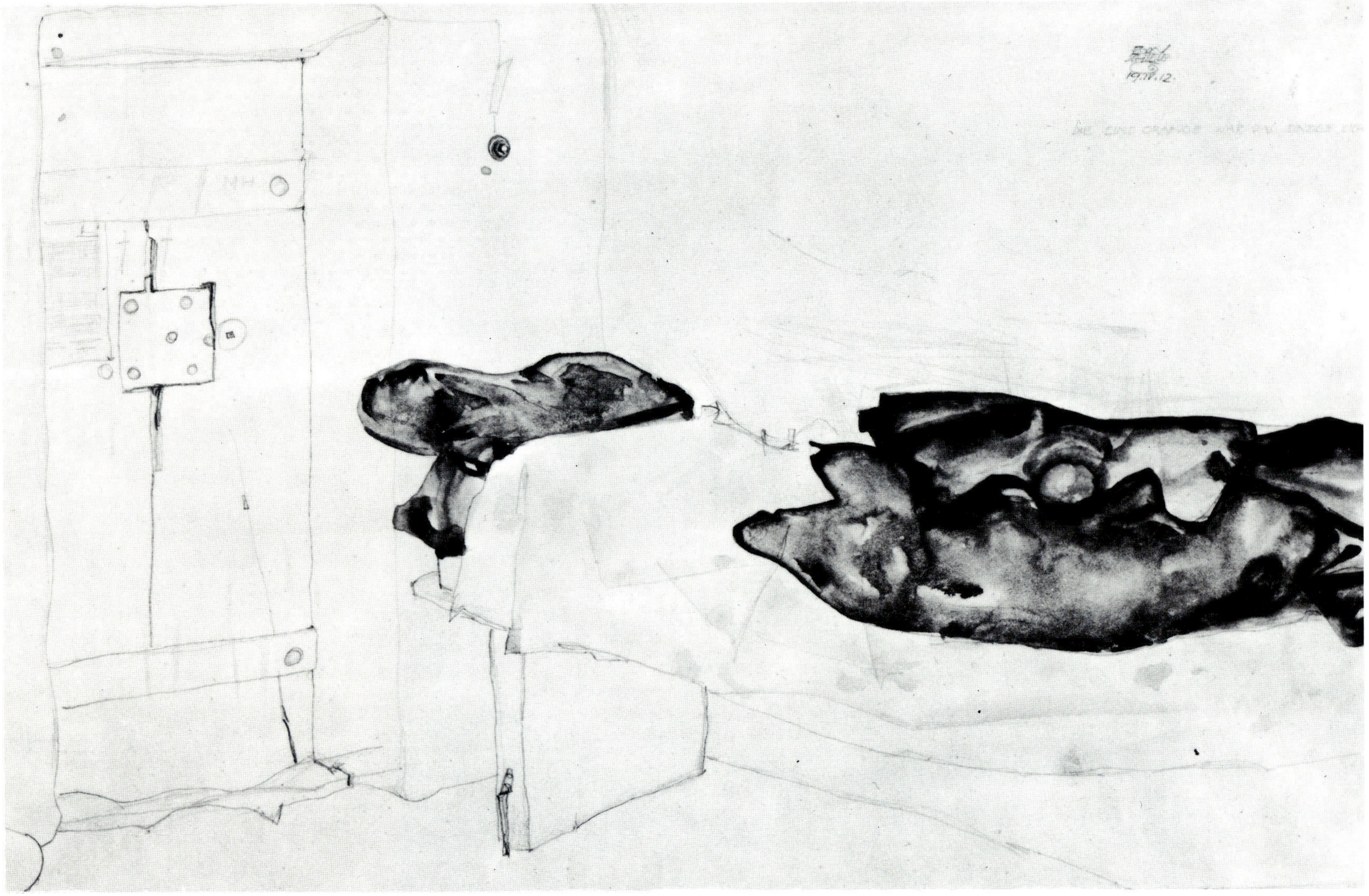

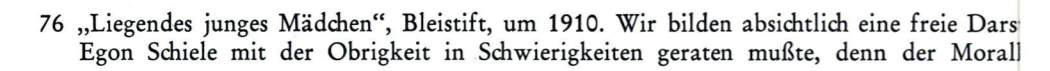

76 „Liegendes junges Mädchen", Bleistift, um 1910. Wir bilden absichtlich eine freie Dars...
   Egon Schiele mit der Obrigkeit in Schwierigkeiten geraten mußte, denn der Moral...

77 „Sitzendes junges Mädchen", Bleistift, 1910. Mädchen im Pubertätsalter übten eine fa...

78 „Stehender Mädchenakt", Bleistift, 1911. „... Ich hatte Schiele immer gewarnt, beim U...
   vorsichtig zu sein und nichts ohne das Einverständnis der Eltern zu unternehmen. Er ga...
   rungen..." Heinrich Benesch. Schriftliche Erinnerungen im Egon Schiele Archiv [siehe d...

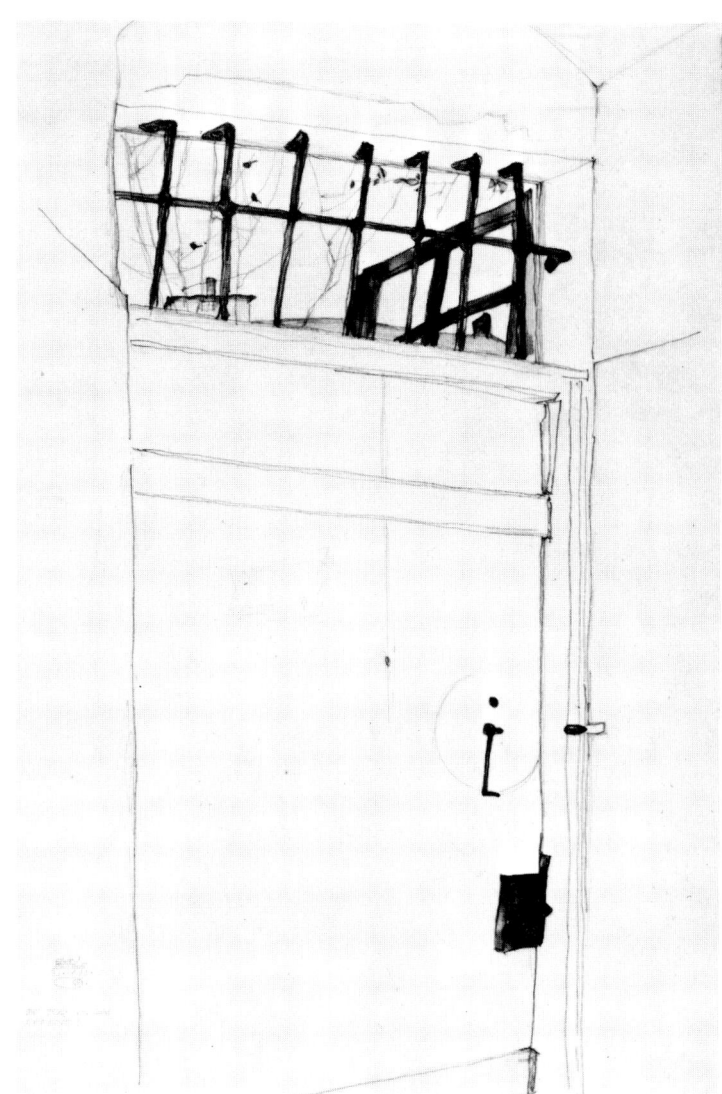

79 „Die eine Orange war das einzige Licht. 19. IV. 12. G[efängnis]."
   Wie alle übrigen Neulengbacher Blätter: Bleistift, aquarelliert.

80 „Kunst kann nicht modern sein, Kunst ist urewig. 22. IV. 12. G."

81 „Organische Bewegung des Sessels und Kruges. 21. IV. 12. G."

82 „Nicht gestraft sondern gereinigt fühle ich mich. 20. IV. 12. G."

83 „Die Tür in das Offene. 21. IV. 12. G." [sie führt in den Garten].

84 „Zwei meiner Taschentücher. 21. IV. 12. G." [Sessel der Zelle].

85 „Mein Wandelweg führt über Abgründe. 27. IV. 12. S[amstag]."
Die Decke seiner Gefängnispritsche, auf ihr 3 leuchtende Orangen.

86 „Erinnerung von den grünen Strümpfen" [über Sessel hängend].

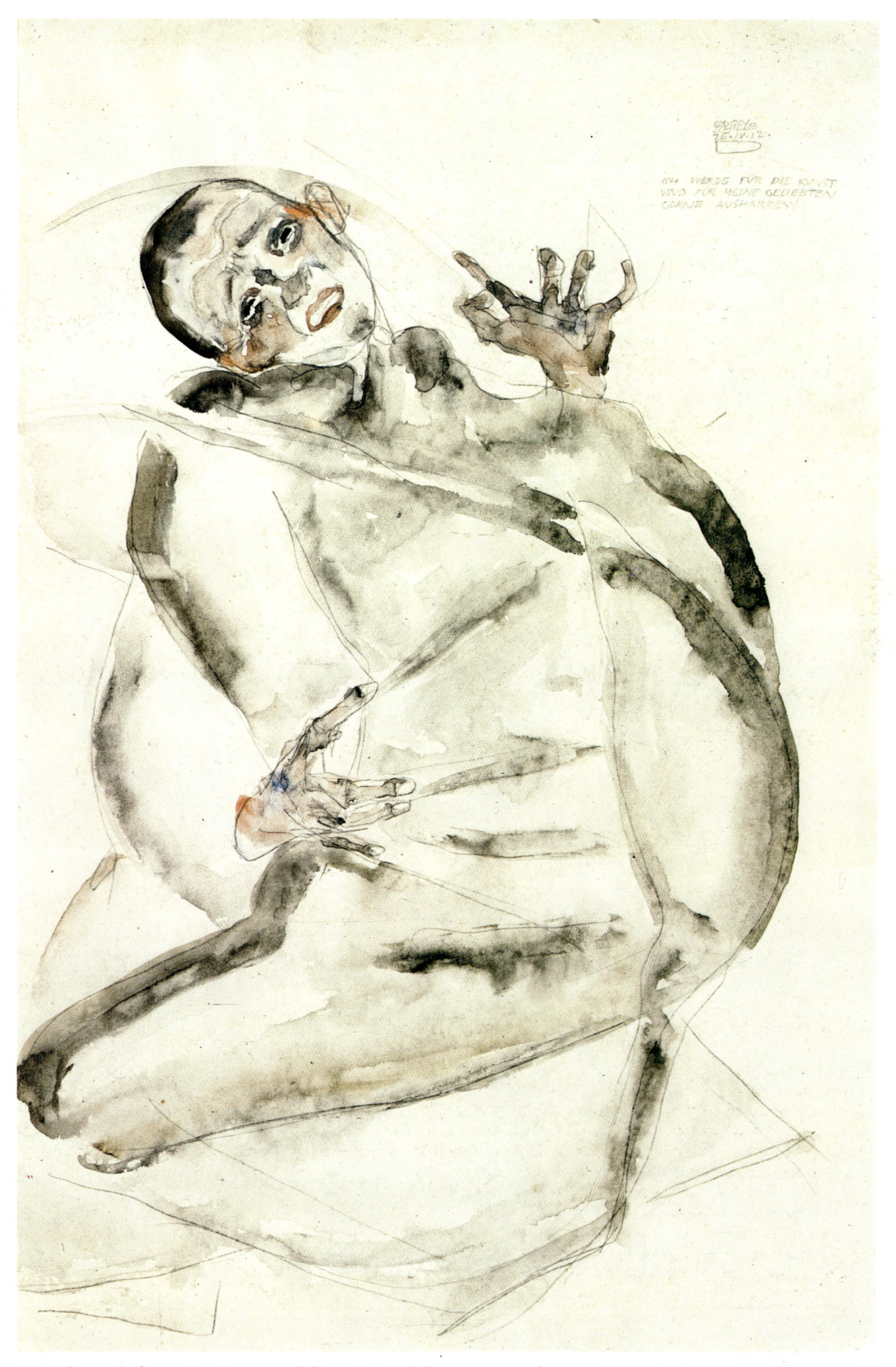

87 „Ich werde für meine Kunst und für meine Geliebten gerne ausharren. 25. IV. 12. D." [= „Donnerstag"].

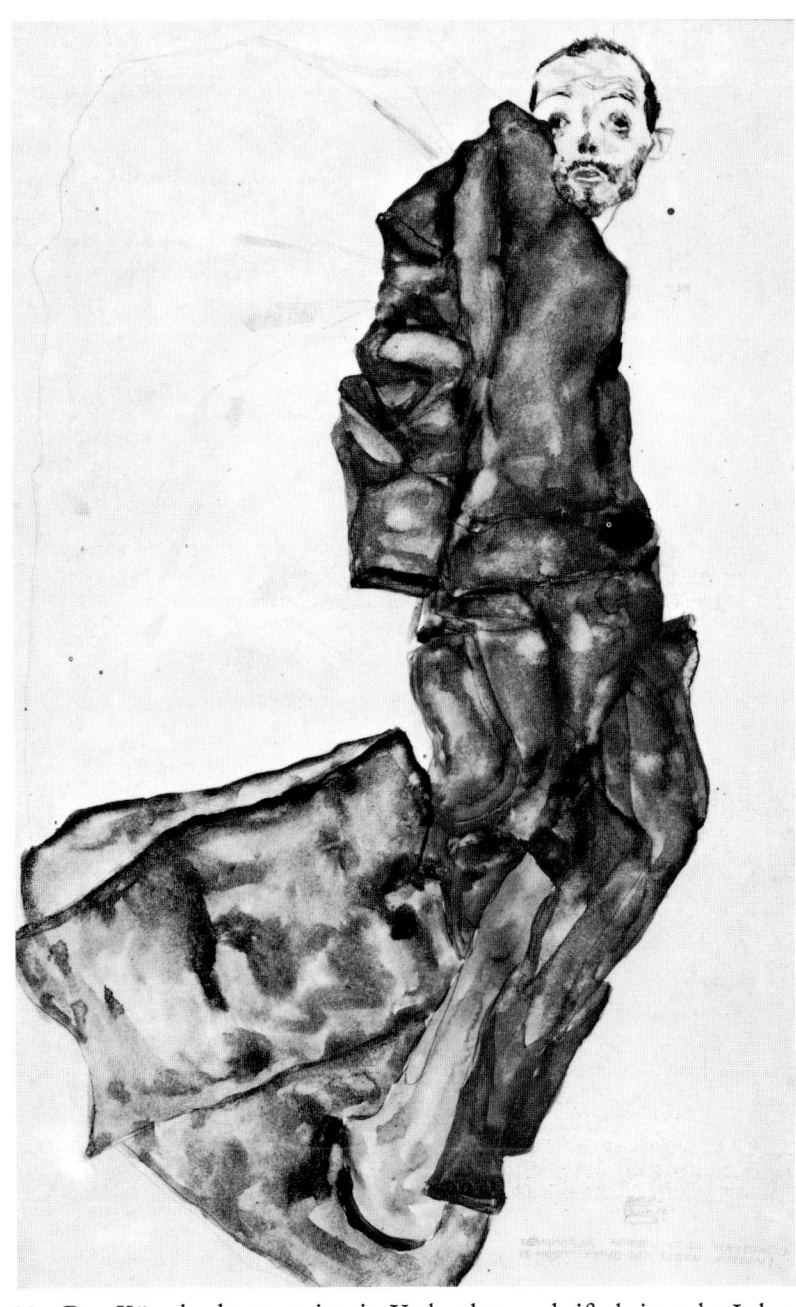

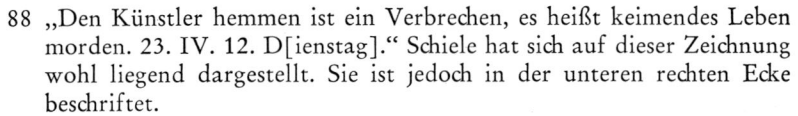

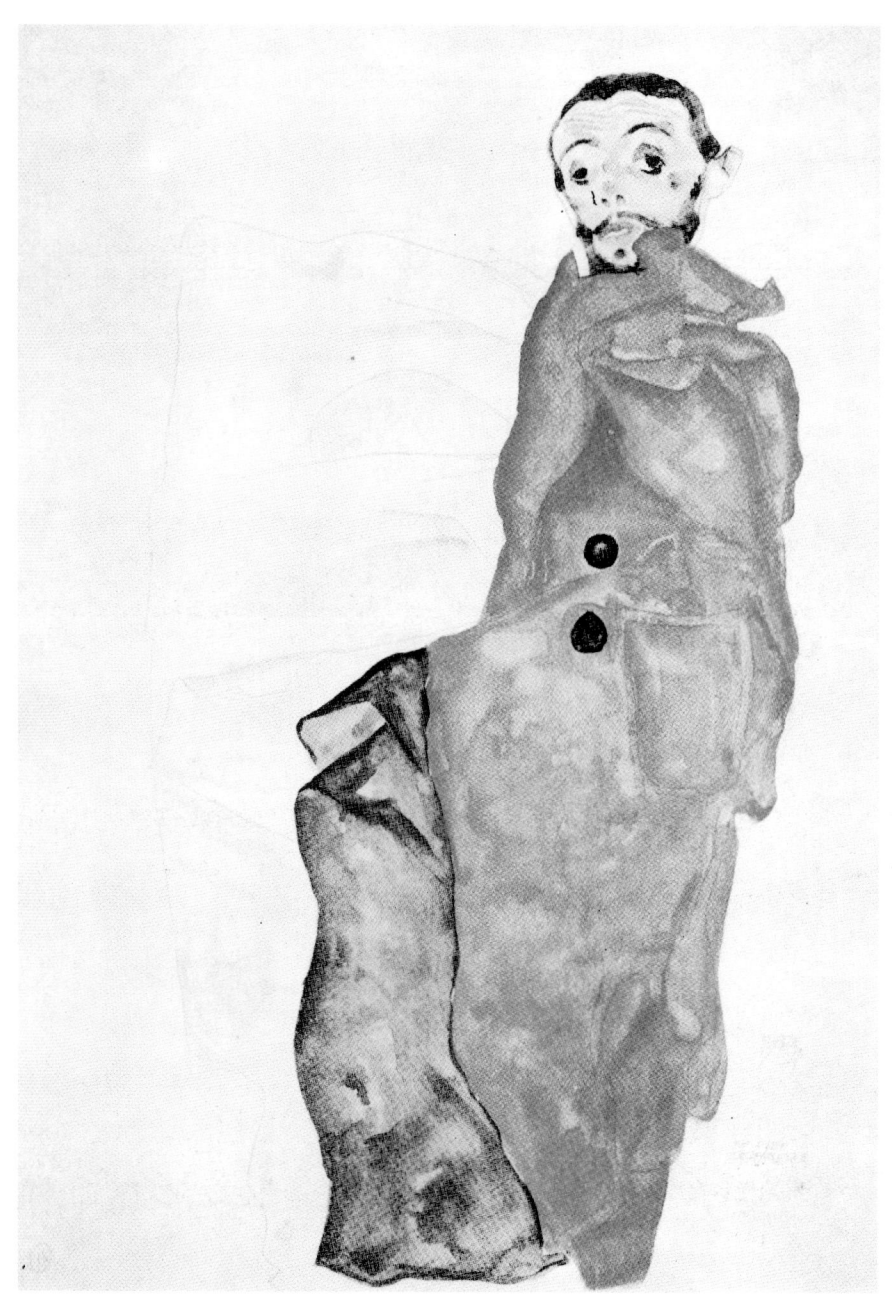

88 „Den Künstler hemmen ist ein Verbrechen, es heißt keimendes Leben morden. 23. IV. 12. D[ienstag]." Schiele hat sich auf dieser Zeichnung wohl liegend dargestellt. Sie ist jedoch in der unteren rechten Ecke beschriftet.

89 „Ich liebe Gegensätze. 24. IV. 12." Bleistift, aquarelliert. Die Selbstporträts, die Egon Schiele im Gefängnis von Neulengbach schuf, gehören ohne jeden Zweifel zu den eindrucksvollsten Blättern seines gezeichneten Oeuvres.

90 „Die kleine Stadt", II (Ansicht von Krumau mit der Moldau), Öl, 1912/13 [L. 227]. Es ist ein aus der Erinnerung komponiertes Bild. Vergleiche hiezu das ausdrucksvolle expressionistische Gedicht „Musik beim Ertrinken" [Nr. 652 e].

91 „Sitzender weiblicher Akt, den Kopf auf die verschränkten Hände gelegt." Bleistift und Aquarell, wohl 1911/12.

9. I. 1912

→ Anton Faistauer, C. a. s. An → Arthur Roessler. Aus Budapest.
„Sehr verehrter Herr Rößler, heute von → Rosenbaum „bildende Künstler"¹ eingetroffen. Ihre Rolle mit → Gütersloh Zeichnungen immer noch nicht da! Sie haben hoffentlich rekomandiert bei diesen Balkan Zuständen sehr leicht ein Verlust möglich. Wir haben bis heute 7 Bilder verkauft. Arch.[itekt] Vágó will Schiele-Bild Offenbarung² um 300 K[ronen] kaufen, eben habe ich Schiele um Bescheid geschrieben. Großer Erfolg! In Presse und Publikum. Ich fahre morgen aber schon weg. Ich werde Ihnen mündlich berichten. Ich grüße Sie sehr schön. Ihnen ergebenster   Tony Faistauer."
W. ST. B. 148.436   [309]

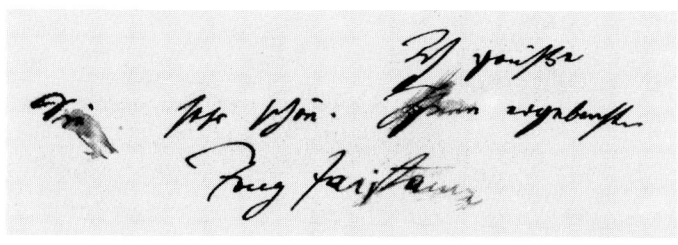

[309]

1 „Bildende Künstler", von A. Roessler bei Brüder Rosenbaum herausgegebene Kunstzeitschrift, die 1911, ein Jahr hindurch, erschien.
2 „Offenbarung" 1911.

11. I. 1912

An → Anton Peschka, Wien XII., Breitenfurterstraße 109, L. a. s., 1 p. 8°. Mit eigenhändigem Kuvert. Aus Neulengbach.
„Lieber A. P. ich bin am Samstag im Josefinum¹: kommet hin!
                                                    Egon Schiele.
In Köln wird eine Ausstellung von jungen Wienern gemacht, in einer Ausstellung, wo → Hodler, → van Gogh u. s. w. vertreten waren; Hilde Exner hat mich eingeladen und will bei mir die Bilder anschaun, es sind auch → Kalvach, → Kokoschka, Koller² u. s. w. dabei; bereite Dich vor!"
G. P. 11   [310]

1 Ein Kaffee „Josefinum" existiert heute noch: Wien IX., Ecke Sensengasse und Währingerstraße.
2 Vermutlich → Broncia Koller.

20. I. 1912

→ Arthur Roessler, Durchschlag eines Briefes, 1 p., groß 8°. An → Hans Goltz, München, Briennerstraße 8
„... wie steht es eigentlich um die von Ihnen für Januar beabsichtigte Schiele-Ausstellung? Ich habe bisher, leider vergeblich, auf die Benachrichtigung gewartet, dass ich Ihnen zur Ergänzung der bei Ihnen befindlichen Arbeiten noch einige Bilder senden soll. Schiele hat mittlerweile von der Münchener Secession die Einladung erhalten, juryfrei drei Bilder zur Frühjahrs-Ausstellung zu schicken. Er möchte begreiflicherweise dieser Einladung gerne Folge leisten, weiss jedoch nicht ob er das tun kann, da er über Ihre Absichten nichts weiss. Eine Gruppe junger Wiener Künstler, die gegenwärtig im Budapester Künstlerhaus („Müvesz-Hèz") ausstellt, räumte Schiele einen ganzen Saal ein. Der „Pester Lloyd" vom 4. I. 1912 veröffentlichte ein 7 Spalten langen Feuilleton über die genannte Ausstellung, in dem Schiele's Bedeutung gewürdigt wird. Wie ernst die Veranstaltung, an der Schiele durch 7 Gemälde und 25 Zeichnungen und Aquarelle beteiligt ist, von offizieller Seite genommen wird, geht aus einer Notiz der „Zeit" hervor, die berichtet, dass in Vertretung des Kultusministers der Staatssekretär Viktor Molnar die Ausstellung der Wiener in Budapest feierlich eröffnete. Am dritten Tage nach der Eröffnung waren bereits 8 Bilder verkauft, darunter eines von Schiele¹. Dieser Umstand ist nun deutschen Kunsthändlern bekannt geworden und hat zwei veranlasst an Schiele mit Anträgen heranzutreten; Schiele hat vorderhand diese Anträge mit Rücksicht auf die zwischen uns gepflogenen pour parlers abgelehnt, möchte aber nunmehr von Ihnen hören, was Sie zunächst im gemeinsamen Interesse mit seinen bei Ihnen befindlichen Arbeiten beginnen wollen. Vor allem interessiert es ihn zu erfahren, ob Sie verkauft haben. Wenn ja, dann sind Sie höflichst gebeten den Kaufschilling nach Abzug Ihrer Provision an meine Adresse zu senden. Für die kleinen auf Holz gemalten Bilder von E. S., die bei Ihnen sind, hat sich hier ein Käufer gemeldet, ich möchte Sie daher ersuchen 3 der Holztafeln in einem Postkistchen mir zu senden, falls Sie sie noch nicht verkauft oder zur Ausstellung gebracht haben..."
E. S. A. 765   [311]

1 Die Nachricht war verfrüht. Das Bild wurde schließlich nicht verkauft. Roessler, damals in der → Galerie Miethke, Wien, tätig, war — selbstlos — Schieles geschäftlicher Berater und Vertreter. Die Verbindung zu → Hans Goltz hatte er angebahnt [siehe den Brief vom 10. III. 1911].

22. I. 1912

→ Hans Goltz, L. s., 1 p. groß 8°. An → Arthur Roessler
„... Die Ausstellung von Schiele wird bei mir vom 15. Februar bis 15. März stattfinden. Dann geht sie ans → Folkwang-Museum in Hagen. Für diese Ausstellung wären mir einige gute Arbeiten und auch einige nicht allzugrosse Gemälde noch willkommen, sowie noch einige sehr gute schwarz weiss Blätter. Nach Beendigung dieser Ausstellung will ich selbstverständlich sehr gern in der Münchner Secession, die Ausstellung einiger Gemälde vermitteln... Ich gehe ohnehin zum Baron Habermann¹ und kann die Angelegenheit dann besprechen. Verkauft habe ich seit meiner letzten Abrechnung nichts weiter..."
E. S. A. 764   [312]

1 Hugo Joseph Anton Freiherr von Habermann (1849—1929), Maler, 1904 erster Vorsitzender der Münchener Sezession. Schiele stellte 1912 zwei Bilder dort aus.

23. I. 1912

Ch. K. Rohe [vermutlich im Delphin-Verlag München tätig], C. a. s., an Egon Schiele, Neulengbach
„München 23. Jänner 1912. Sehr geehrter Herr Schiele! Ich komme erst heute dazu, Ihnen den Empfang der 2 Blätter mitzuteilen. Ich habe, die beiden Arbeiten, die wieder sehr

gut sind an die Herren weitergegeben, die mit der Mappenangelegenheit[1] betraut sind. Herzl.[ichen] Dank für Ihre Sendung! Mit viel. Grüssen Ihr   Ch. K. Rohe"
E. S. A. 344   [313]

[1] Es handelt sich um Vorlagen für die im April 1912 erschienene → „Sema" Mappe.

25. I. 1912

An → Arthur Roessler, L. a. s., 1 p. 8°. Aus Neulengbach
„Lieber R—r! Eben hab' ich von Budapest die Nachricht bekommen, daß der Architekt V.[ágó] nicht das Bild gekauft hat, bitte schreiben Sie ihm. — Im Katalog ist nichts reproduziert von mir, — ich werde mir überlegen wieder mit der Gruppe auszustellen! Grüße!   Egon Schiele."
W. ST. B. 180.662; R., B. & P., p. 64   [314]

26. I. 1912

→ Hans Goltz, L. s., 1 p. groß 8°. An → Arthur Roessler
„Ich bitte Sie höflichst mir alle Besprechungen die bisher über Egon Schiele erschienen sind, zu übersenden..."
Mit eigenhändiger Notiz Roesslers an Egon Schiele:
„Lieber S. — wir können morgen nicht hinausfahren[1], weil meine Frau vormittags beim Zahnarzt sein muß u. ich nachm.[ittags] Verlegerbesuch erwarte. — Lesen Sie obige Zeilen! Suchen Sie alle Kritiken zusammen, die Sie aufstöbern können; wir müssen sie nach München senden, wo sie für den Katalog verwendet werden sollen. Wichtig! — „Pester Lloyd"[2] nicht vergessen. Gruß   R—r."
27. I. 1912
[Auf der Rückseite ein gekritzelter Männerkopf]
E. S. A. 766   [315]

[1] Nämlich nach Neulengbach, wo Schiele damals wohnte.
[2] Die führende deutschsprachige Zeitung Budapests, in der eine Besprechung der Budapester Ausstellung erschienen war.

4. II. 1912

An → Anton Peschka, XII., Breitenfurterstraße 109, C. a. s. Auf Papier mit Trauerrand, 1 p., klein quer 8°. Mit eigenhändigem Kuvert. Aus Neulengbach.
„4. II. 1912
Lieber A. P. ich bin Samstag 5—7^h im Josefinum[1]; komme hin! Gruß   Egon Schiele."
G. P. 19   [316]

[1] „Kaffee Josefinum", Wien IX.

[16. II. 1912]

Eigenhändiger Notizzettel für → Marie Schiele. In Bleistift, 2 pp. 8°
→ Gerti, → Maler Peschka und ich sind für Donnerstag ½3^h bei → Reininghaus eingeladen. Mama, Reininghaus läßt sich Dir empfehlen. Hier sind die 16 K. und die 5 K ausgeborgten einstweilen, also 21 K. ferner: wollte Reiningh. von mir wissen welchen ich für den Kunstverständigsten halte. — Ich antwortete in Wien: Maler A. Peschka. — Sein kleines Bild bei mir gefiel ihm sehr. außer anderen hat er das Porträt des Malers A. P.[1] von mir erworben. Ich komme Donnerstag euch abholen um 2^h. ihr müßt hier bereit sein.   E. S."
G. P. 41   [317]

[1] Es war bisher unbekannt, daß das „Bildnis des Malers Anton Peschka", 1909, von Carl Reininghaus erworben wurde. K. und L. geben beide Josef Siller, Wien, als Erstbesitzer an.

16. II. 1912

An → Anton Peschka, Wien XII., Breitenfurterstraße 109, L. a. s. Auf Papier mit Trauerrand. 1 p., 8° mit eigenhändigem Kuvert. Aus Neulengbach
„16. II. 12.
Lieber A. P. also heute kam → Reininghaus zu mir. Alles Nähere werde ich Dir erzählen. — Ich habe ihm meine erworbenen Kunstgegenstände gezeigt, natürlich Dein Bild das ihm sehr gefiel. — Unter anderen hat er mich gefragt, wen ich für den „Kunstverständigsten" in Wien halte, und ich sagte: Dich. — Du bist und →Gerti zu ihm Donnerstag eingeladen, wir treffen uns in der Fuchstallergasse um 2^h, sei pünktlich dort. — Ich hoffe, daß er auch Dir helfen wird; denn er gestand daß er mich nur lieber gewonnen hat als früher, also was ich ihm sage gilt, — so. Einstweilen grüße ich Dich herzlich!   Egon Schiele."
G. P. 40   [318]

27. II. 1912 [von A. Roessler datiert]

An → Arthur Roessler, L. a. s., 1 p. 8°. Aus Neulengbach
„27.
Lieber A. R.! — Warum lassen Sie nichts hören? — Was ist mit München; kann ich von dort einen Katalog haben? — Gestern war ich, leider beim Akademiker-Kränzchen. — Wenn ich in nächster Zeit „Neues" habe so müssen Sie Sich's[!] anseh'n. — Für den → Hagenbund werde ich einige Holzbilder brauchen, wahrscheinlich[!] die Krummauer Städte. Grüße Sie!"   [Unterschrift fehlt]
W. ST. B. 180.575; Gl. 28   [319]

[nach dem 27. II. 1912]

An → Carl Reininghaus, L. a. s.
„Lieber Carl Reininghaus! ich gebe Dir gerne zu daß Du momentan recht hast; in dem großen Bild[1] sieht man auf's erste nicht genau wie die beiden da steh[e]n, es ist aber gut daß die Blumen nicht herb sind, daß zu viel Blumen sind erkenne ich als unnötig. — Ich will aber einiges über den Gedankengang in dem Bild sagen der viel, vielleicht alles nicht nur für mich sondern auch für den Beschauer rechtfertigt. — Es ist nicht ein grauer Himmel, sondern eine trauernde Welt in der sich die beiden Körper bewegen, sie sind in der allein aufgewachsen, organisch aus dem Boden gekommen; diese ganze Welt soll samt den Figuren das „Hinfällige" alles Wesendlichen[!] darstellen; eine einzige verdorrte Rose die ihre weiße Unschuld ausatmet, zum Gegensatz der Kranzblumen an den beiden Köpfen. — Der linke ist der, welcher sich beugt vor so einer ernsten Welt, seine Blumen sollen kalt wirken, unbarmherzig, ausgelöschte Blumen möchte ich sagen oder vergleichen mit gleich lauten Worten eines Schwerkran-

ken der nur mehr stammelt, hohl und heißer[!]; wie die Blumen hier gemalt sind ist mir ganz recht, es könnten wirklich weniger sein; aber so verblaßt wie ich die gemalt habe ist gewollt, sonst würde der poetische Gedanke und die Vision verloren sein, ebenso wie die Unbestimmtheit der Gestalten, die, als in sich zusammengeknickt gedacht sind, Körper von Lebensüberdrüssigen, Selbstmörder, aber Körper von Empfindungsmenschen. — Sehe die beiden Gestalten gleich einer dieser Erde ähnlichen Staubwolke die sich aufbauen will und kraftlos zusammenbrechen muß. — Bei einen[!] anderen Bild das nicht diese Bedeutung haben soll, wird man wieder die Stellung der Figuren betont sehen, hier soll es aber nicht sein. — Ich habe das Bild nicht von heute auf morgen malen können, sondern durch meine Erlebnisse einiger Jahre, vom Tode meines Vaters an[2]; ich habe mehr eine Vision gemalt als nach Zeichnungen Bilder. — Vielleicht bist Du jetzt dem Ganzen näher, ich weiß es nicht, ich habe das Bild malen müssen, gleich ob es malerisch gut oder schlecht ist, wenn Du aber einiges wüßtest wie mir die Welt vorkommt und wie mir bis jetzt die Menschen gegenüber waren, ich meine wie falsch; so muß ich dorthin kehren und solche Bilder malen, die nur für mich wert haben. Es ist nur aus Innigkeit entstanden. — Ich ersehe daß Du mir ganz aufrichtig willst, ich bin ebenso weil ich nichts an dem Bild ändern würde. Es grüßt Dich herzlich! Egon Schiele."
Nach: L., p. 510/1, wo der Brief auch abgebildet ist. [320]

1 Es handelt sich um die Deutung des Bildes „Eremiten", 1912. Es ist höchst eigentümlich, daß er kein Wort darüber spricht, daß er sich und → Gustav Klimt dargestellt habe. Siehe darüber auch L., p. 212.
2 Auch diese Textstelle verweist auf das durch den Tod des Vaters ausgelöste Trauma.

3. III. 1912 [Datum von Roesslers Hand]

An → Arthur Roessler, L. a. s., 2 pp. 8°
„Lieber R.—R! also in der Münchner Sezession hab ich auch ausgestellt[1]. — Dr. R. [→ Reichel] will mir natürlich nicht das Bild borgen, ich brauche es aber ganz notwendig; er hat es [!] mir einigemale versprochen mir's für eine Wiener Ausstellung zu leihen und ich habe es ihm auch nur unter der Bedingung gegeben, es wäre also eine zweite Frechheit das mein Bild nicht herzugeben; ich bitte Sie, Sie werden doch mit ihm darüber sprechen; ich bin doch auf „meine Arbeit" angewiesen. — Ich weiß nicht was Sie dazu sagen, über den Brief den ich ihm schrieb, wahrscheindlich[!] würden Sie mir nicht Recht geben. — Was würden Sie tun? — wenn jemand Ihnen, d. h. [das heißt] hinter Ihnen [recte: hinter Ihrem Rücken] erzählt daß man Ihnen Geld schenkt; ich werde niemals vergessen können daß ein Mensch der einen van Gogh[2] hat so roh sprechen kann; ich muß ihm das ganze Verständnis, besonders für van Gogh verneinen; Sammler ist jeder Botaniker. — Wirklich bin ich so stolz! — Hätte er mir „erbettelt" gesagt so hätte ich mich gezwungen dies als einen Witz aufzunehmen; Er sagte es aber → Osen und ich muß daran denken, auch vielen anderen. wenn es wirklich wahr wäre, so würde es doch noch besser auss[e]hn. — Ich bin nicht → Oppenheimer, der ist zu spassig wenn's Solches [!] gibt. Grüße Sie! Egon Schiele.
Nicht wahr Sie geben mir die Bilder für den → Hagenbund:

Tote Mutter[3]; Herbsttag: mit den zwei Bäumen und gelben Zaun[4]; Tote Stadt[5] rechts vom Selbstporträt; Selbstporträt[6]; Stadt am blauen Fluß[7] das der → Benesch hatte; Ruine[8], irgend ein Rathaus[9]."
W. ST. B. 180.663; R., B. & P., p. 64 [321]

1 „Prozession", 1911; „Jesuiten", 1911.
2 Dr. Oskar Reichel muß ein Bild van Goghs besessen haben.
3 „Tote Mutter I", 1910.
4 = „Herbstbäume" (klein), 1912.
5 „Tote Stadt". Wahrscheinlich handelt es sich um das 1910 gemalte Bild.
6 „Selbstbildnis mit gespreizten Fingern", 1911.
7 = „Tote Stadt", 1911.
8 „Ruine", 1911.
9 = „Nachtbild" (Rathaus Krumau), 1911.

9. III. 1912

An → Arthur Roessler, L. a. s., 1 p. 8°. Aus Neulengbach
„Freitag.
Lieber R.—r. → Reininghaus war heute bei mir; morgen ist bei ihm ein Gesellschaftsabend, vielleicht kommt auch → Klimt; es möchte ihm [!] sehr freuen wenn Sie abends kommen möchten; kommen Sie! Schöne Grüße! Egon Schiele."
W. ST. B. 180.576; Gl. 29 [322]

[323]

10. III. 1912

Verein bildender Künstler Münchens. Secession. Vordruck auf Papier mit Vignetten, 1 p. groß 8°
Mitteilung, daß Schieles Ölbild „Liebkosung" [„Kardinal und Nonne", 1912] für die Frühjahrsausstellung ausgewählt wurde.
E. S. A. 334 [323]

11. III. 1912

→ Heinrich Benesch, C. a. s. [Südtirol, Bozen, Walterplatz]
An Schiele, Neulengbach, Au 48
„Bozen 11/III 12
Mein lieber E! Herzlichen Gruß aus Bozen. Herr → Karl R.[eininghaus] soll mich doch nicht unglücklich machen. Was könnte ich auch Besseres eintauschen? Otto[1] drängte mich nach dem Besuche in Ihrem Atelier, nichts unversucht zu lassen, um Ihren „Kalvarienberg"[2] zu erwerben. Otti ist davon ganz begeistert. Auf Wiedersehen Dienstag 21/III im Alserhof[3].
Benesch."
E. S. A. 585 [324]

1 → Otto Benesch.
2 „Kalvarienberg", 1912. H. Benesch war Erstbesitzer.
3 Kaffeehaus in Wien IX.

DOKUMENTE UND KORRESPONDENZ 1912

KUENSTLERVEREINIGUNG SEMA

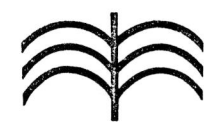

[325]

[vor dem 12. III. 1912]

Künstlervereinigung Sema, München. Vordruck mit geschriebenen Zusätzen. 2 pp. gr. 4°
Formular für die 1. Ausstellung, die in München bei der → Galerie Thannhauser stattfinden und von dort nach verschiedenen Städten Deutschlands geschickt werden sollte. Dauer: 1 Jahr; Anmeldung bis: 1. April; Einlieferung: 1. und 5. April ...

E. S. A. 129 [325]

12. III. 1912

Delphin-Verlag, München, L. s., 1 p. gr. 8°. An Egon Schiele, Neulengbach
„12. 3. 12.
„... Wir empfingen Ihre freundl.[iche] Nachricht und haben deswegen mit den Herrn der Sema¹ Rücksprache genommen. Es erscheint nämlich uns wie diesen unmöglich, Ihr Blatt einfach Zeichnung zu nennen, da ja ein jedes Blatt so heissen könnte und das Inhaltsverzeichnis einen Überblick und eine Vorstellung von dem Inhalt der Mappe oder wenigstens dem gegenständlichen Inhalt der Blätter geben soll. Wir möchten deshalb Ihr Blatt zu mindesten „Akt" nennen und hoffen Sie damit einverstanden ..."

E. S. A. 205 [326]

1 „Sema", Künstlergruppe in München, deren Mitglied Schiele 1911 geworden war. Die beiden eingesandten Blätter Schieles, männliche Akte, waren auf Umdruckpapier gezeichnet. Ein Blatt wurde für die 1912 erschienene Mappe ausgewählt [siehe K. Gr. pp. 13/14] und als Lithographie gedruckt [K. Gr. 1/b 2].

[nach dem 12. III. 1912]

Delphin Verlag, München. — Gedruckter Prospekt, Ankündigung der Sema Mappe¹.

E. S. A. 873 [327]

1 15 Original-Lithographien: Paul Klee, Flußlandschaft; Alfred Kubin, Der Flüchtling; Max Oppenheimer, Anatomie; Egon Schiele, [männlicher] Akt; etc. „... Es werden 200 Drucke eines jeden Blattes hergestellt, außerdem je 15 Drucke auf Japanbütten. Die Drucke wurden von dem Künstler handschriftlich gezeichnet, die Platten nach dem Drucke abgeschliffen. Die Japandrucke wurden in eine Ganzpergamentmappe gelegt und eine Handzeichnung (die meisten sind farbig) von einem der 15 Künstlern beigefügt ..." Vorzugsausgabe: 120,— respektive 150,— Mark; Pappmappe 25,— respektive 35,— Mark.

16. III. 1912 [von Roessler datiert]

An → Arthur Roessler, L. a. s., 1 p. 8°. Aus Neulengbach
„Lieber A. R—r! Wie geht es der gnädigen Frau? — Ich komme am Dienstag zu Ihnen. — Wann bekomme ich die Stursa Plastik?¹ — Wann kommen Sie? — Schöne Grüße!
Egon Schiele."

W. ST. B. 180.578; Gl. 31 [328]

1 Jan Štursa (1880—1925), bedeutender tschechischer Bildhauer. Studierte an der Prager Akademie unter J. V. Myslbek, dessen Assistent er 1908 wurde. Zwei seiner bedeutenden Plastiken in Wien: „Pubertät", 1905, „Der Verwundete", 1917/21. Sein Nachlaß deponiert als Staatsbesitz im Schloß Troja bei Prag.

20. III. 1912

→ Museum Folkwang, Hagen, Westfalen. C. s. Erbittet Schieles Lebensdaten für den Katalog.

E. S. A. 134 [329]

[23. III. 1912]

An → Carl Reininghaus, L. a. s. [Anscheinend geht aus dem Inhalt dieses Briefes hervor, daß Schiele am Abend des 23. III. bei Reininghaus zu Gast war¹.]

Nach L., p. 13 [330]

1 Ohne den genauen Wortlaut dieses Briefes zu kennen, fällt es schwer, die Mitteilung L.'s, Schiele habe jene Nacht nicht mit → Wally Neuzil und einem jungen Mädchen im Hotel übernachtet, sondern sei Gast bei Reininghaus gewesen, zu überprüfen; was im Zusammenhang mit der Entführungs-Affäre von Neulengbach von Interesse wäre.

28. III. 1912

„Die Kunst für Alle". Verlag F. Bruckmann A. G., München. Maschingeschriebener Brief. 1 p. groß 8°. Erbitten Reproduktions-Rechte für „Die Eremiten", 1912, für einen Artikel über die Ausstellung im → „Hagenbund".

E. S. A. 1039 [331]

—

An → Arthur Roessler, Grußpostkarte [Knappenhof, Rax]. „Herzliche Grüße Egon Schiele." Mitunterschrieben von → Anton Peschka.

W. ST. B. 180.577; Gl. 30 [332]

3. IV. 1912

C. Klima [Maler], L. a. s., 1½ pp. 8°
Las im „Tagblatt", daß das Bild „Herbstbäume"¹ im → Hagenbund angekauft worden sei; bittet um Übersendung der „niederschmetternden" Kritik in der „Zeit". Erwähnt ein von ihm gemaltes „Herrenbildnis", etc.

E. S. A. 930 [333]

1 „Sonne und Herbstbäume", 1912.

6. IV. 1912

→ Dr. Oskar Reichel, L. a. s., 2 pp. 8°. An → Arthur Roessler
„Wien 6. IV. 1912
Lieber Herr Rössler, Ihr Schreiben vom 1. d.[ieses] bestätige ich dankend; von Putze- → Goltz habe ich bisher keine Nachricht; dagegen wohl von E. Sch., vorige Woche war sein Fürsprecher Herr → Benesch bei mir mit der Mitteilung, daß die Möbel in Neulengbach vom Schneider gepfändet seien, dem Anstreicher u. Tapezierer sei er überdies noch 400 K. schuldig, ich möge wenigstens 100 K. hergeben, damit die

Pfändung sistiert werde. Dies that ich u. habe jetzt genug! Von Thannhauser¹ bekam ich soeben das Geld u. werde, sowie ich dazu komme, Herrn Schaschek² besuchen. Was die Kora³ betrifft, so werde ich sie selbstverständlich beherbergen, habe aber die Absicht, sie weiter geben, bis ich einen guten Platz für sie gefunden habe..."
W. ST. B. 147.034 [334]

1 → Galerie Thannhauser, München.
2 Fotograf in Wien.
3 Ein Schiele gehöriger Hund?

8. IV. 1912 [Poststempel]

An → Arthur Roessler, C. a. s. [Krems, Wengraf-Hof].
„Schöne Grüße Egon Schiele"
W. ST. B. 180.579; Gl. 32 [335]

10. IV. 1912

→ Hans Goltz, L. s., 1 p. groß 8°. An → Arthur Roessler
Da er den Alleinvertrieb für Schiele in Deutschland habe, verwahrt er sich gegen die Ausstellung von Schiele-Blättern in der „Sema-Ausstellung"¹ bei → Thannhauser. „...Unter Vertretung verstehe ich nämlich nicht, dass ich nur die Mühe und die Kosten habe, während die Erfolge meiner Tätigkeit anderen zu gute kommt..."
E. S. A. 767 [336]

1 Schiele lieferte für die → „Sema" Mappe, die bei Thannhauser präsentiert wurde, sein Blatt „Männlicher Akt", Lithographie, K.Gr. 1. Siehe Nr. 326.

[337]

11. IV. 1912

An → Arthur Roessler, L. a. s., 1 p. 8°. Aus Neulengbach
„Lieber A. R—r. eine Vorladung habe ich heute bekommen¹. — Putze² hat doch ein Blatt verkauft in München, bitte senden Sie mir das Geld. — Wann kommt Hagenb.[und]³ in der Arbeiter Z.[eitung]! Schöner Gruß
Egon Schiele."
W. ST. B. 180.580; Gl. 33 [337]

1 Die Affäre von Neulengbach kündigt sich an.
2 → Hans Goltz.
3 Roesslers Besprechung der Ausstellung im „Hagenbund" erschien am 14. V. 1912.

—

An → Carl Reininghaus, L. a. s., 2 pp. [?]. Aus Neulengbach
„11. April 1912.
Lieber K. R. ich muß Dir nochmals danken, daß Du mir Deinen Advokaten¹ angeraten hast. — Es ist eine Frechheit, was geschehen ist... ich bin neugierig, wie die Geschichte ausgeht. 125 Zeichnungen sind mir konfisziert worden, natürlich von einem Gendarm und einem Polizeimann, sehr bezeichnend². Ich habe für Samstag eine Vorladung. Das könnte ich einmal Dir erzählen. — Ich bin natürlich sehr gehindert an meiner Arbeit. — Ich habe Dir die Österreichische Illustrierte schikken lassen, dort schreibt ein Neuer über den → Hagenbund und mich. Die WW [→ Wiener Werkstätte] hat die Bäume mit der Sonne³ gekauft im → Hagenbund. — Wie geht es Dir denn, wenn Du schon besser bist, so schreibe mir einiges; wenn Du mir jetzt nicht sitzen willst zum malen so möchte ich Karli⁴ anfangen geht das? — Lieb wäre es von Dir, wenn Du mir den Rest für das Brettlbild⁵ anweisen möchtest nämlich 110 K. weil ich sonst immer Vorschüsse vom Hagenbund nehmen muß. Und man erzählt mir immer von meinen [!] Mäzen, die Leute sind ekelhaft. — Was hast Du schon gezeichnet?⁶ Ich bin sehr neugierig! — Schreibe mir, wenn Du willst. Herzliche Grüße   Egon Schiele, Neulengbach."
Nach: Albertina Studien, Wien, 2. Jahrgang, Heft 4, p. 170.
Privatbesitz, Wien [338]

1 → Dr. Hans Weiser aus Wien, beigestellt von Carl Reininghaus. Er verteidigte Schiele in der Hauptverhandlung in St. Pölten.
2 Wir verweisen im Kapitel VIII: „Die Affäre von Neulengbach" eingehender auf diese Stelle.
3 „Sonne und Herbstbäume", 1912. Tatsächlich war der Käufer → Fritz Wärndorfer, der mit → Josef Hoffmann und → Kolo Moser die „Wiener Werkstätte" gegründet hatte.
4 Ein Sohn von Carl Reininghaus?
5 „Brettlbilder" nannte Schiele seine kleinformatigen, auf Anraten von Arthur Roessler gemalten Bilder. Siehe K., p. 79, wo Schiele unter „Bretter" 10 auf Holz gemalte Bilder aus dem Besitz von Heinrich Benesch, Arthur Roessler und Dr. Alfred Spitzer anführt.
6 Schiele gab Reininghaus Mal- und Zeichenunterricht.

12. IV. 1912

→ Arthur Roessler, maschingeschriebener Brief mit Umrandung, ½ p. groß 8°
„12. IV. 1912
Lieber E. S. — lesen Sie den beiliegenden Brief aus München. Was haben Sie da wieder für eine Pantscherei gemacht? Sie wissen doch, dass Putze (→ Goltz)¹ die alleinige Vertretung für Deutschland hat! Wie können Sie da ihn übergehen und ohne ihm etwas zu sagen (und ohne mir etwas zu sagen) anderwärtig ausstellen? Alle Abmachungen, die Deutschland betreffen, müssen durch Putze vollzogen werden. Das ist doch klar wie Stiefelwichs. Sie können doch nicht verlangen, dass sich der Mann für Sie nur Mühe und Kosten macht. Schreiben Sie ihm sogleich entschuldigend und aufklärend und geben Sie ihm Antwort auf seine Fragen. Ich kann in dieser Angelegenheit nichts mehr unternehmen, schrieb dies auch schon Putze, und sagte ihm, dass ich an der Ausstellung bei → Thannhauser² gänzlich ohne Schuld bin. Wir reisen Montag ab. Wahrscheinlich werden wir gleich länger ausbleiben

DOKUMENTE UND KORRESPONDENZ 1912

92 Neulengbach, Gerichtsgebäude, 1967. Es präsentiert sich, beinahe unverändert, wie zu Schieles Zeiten.

93 Schieles Zellentür mit den Initialen MH, wie sie auf seiner Zeichnung vorkommen [siehe Abbildung 79].

als wir anfangs dachten, cca. 8 Wochen. Ich — meine Frau nicht weniger — habs wirklich nötig. Fühle mich sehr kaputt.
Frndl. [Freundlichen] Gruss   [signiert] A. R—r."
E. S. A. 521   [339]

1 → Hans Goltz.
2 Galerie Thannhauser, München, wo die Ausstellung der „Sema" Mappe stattfand.

13. IV. 1912

Zeitungsausschnitt aus der „Neuen Freien Presse": Kunstausstellungen „Hagenbund"
„... Immerhin ist, was wir hier finden, für unsere Bedürfnisse modern genug. Zum Beispiel die grausig-phantastischen Karikaturen von E. S c h i e l e, gespensterhafte Lemuren mit blutigen Spinnenfingern, verstümmelte, halbverweste Leichen, wie in einem Zerrspiegel aufgefangen; auch die Malerei scheint aus tausendjährigen Gräbern hervorgeholt: vom Alter geschwärzte oder verblichene Farben auf halbzerstörten Mauerwänden oder verknittertem und vergilbtem Pergament, dann wieder wie Einlegearbeit aus Bernstein, Lapislazuli, Chrysopras und anderen kostbaren Steinen, urzeitlich anmutend und schon ein wenig aus den Fugen gegangen. In diesen grotesken Darstellungen äußert sich jedoch eine raffinierte, spielerische Virtuosität im Zeichnen, ein ausgesprochen aparter Geschmack für Farbe und ein starkes Gefühl für den Reiz des Vortrages..."   [→ F. Seligmann]
E. S. A. 1025   [340]

2. V. 1912

→ Dr. Oskar Reichel, L. a. s., 4 pp. An → Arthur Roessler
„Wien 2/V 1912
Lieber Herr Rössler! Soeben empfing ich ihre Karte — wußte mir Ihr Stillschweigen nicht mehr zu erklären... Samstag war Benesch[1] bei mir, Schiele ist seit 14 Tagen in Untersuchungshaft. B. war bei ihm, er ist in Neulengbach interniert gewesen, war in schrecklichem Zustand, es sind dort elende Verhältnisse, inzwischen wurde er nach St. Pölten ins Kreisgericht abgeliefert. Die Untersuchung wegen Entführung wurde eingestellt[2], dagegen ist er jetzt wegen „Schändung" in Anklage, weil das Mädchen noch nicht 14 J.[ahre] ist, u. er sie „unzüchtig berührt" haben soll. Inzwischen ist sein Vertreter Dr. Weiser[3] hinaus, vielleicht hat er seine Freilassung bewirkt, denn diese Untersuchungshaft ist doch nicht gerechtfertigt, er geht ihnen doch nicht durch. Briefe von ihm wurden nicht abgelassen u. ihm auch nicht zugestellt. Es soll ihm auch übelgenommen werden, daß er seine Zeichnungen herumhängen hatte u. sie wahrscheinlich den Schulkindern zeigte. B. hatte den Eindruck, daß ihm der Untersuchungsrichter nicht gut gesinnt war. Ich fragte B. ob ich ihm irgendwie dienen kann, was er verneinte, B. hat ihm selbst 50 K. geschickt (als Rest für ein Bild), u. diese wurden ihm nicht ausgefolgt. Kurz eine schreckliche Sache, vielleicht ist er aber jetzt schon draussen. B. fragte mich, ob er in Wien bleiben könne, falls er verurtheilt wird, was ich selbstverständlich bejahte. Das wird ihn ja gesellschaftlich kaum schädigen... Ich höre schon Vorlesungen bei Strygowski[4]. Montag beginnt Dvorak[5]. St. ist nicht so unmodern, wie es heißt. Er sagte z. B. [zum Beispiel], daß wir erst jetzt durch die moderne Kunst aus dem Mittelalter herausgeführt werden, denn die Bewegung die mit der Renais[sance] begann, reiche bis jetzt u. werde erst durch die „Mod.[erne] K.[unst]" in andere Bahnen übergeführt werden... Ihr ergebenster
Dr. Reichel."
W. ST. B. 147.035   [341]

1 → Heinrich Benesch.
2 Bisher der einzige Hinweis, daß die Untersuchung wegen Entführung vorzeitig eingestellt worden ist.
3 Der von Carl Reininghaus Schiele zur Verfügung gestellte Verteidiger → Dr. Hans Weiser.
4 Joseph Strzygowski (1862—1941), bedeutender Kunsthistoriker.
5 Max Dvorak (1874—1921), Kunsthistoriker. Daß Dr. Reichel als Erwachsener noch Kunstgeschichte studierte, war bisher unbekannt.

→ Carl Reininghaus, L. a. s., 7 pp., mit gedruckter Numerierung 16—21, 8°. In Bleistift. An → Anton Peschka, XII., Breitenfurterstraße 109.
„Brioni 2/5 12
Mein lieber junger Freund!
 Das ist zu triste mit unserem Sch.[iele]. Ich beauftragte gestern → Dr. Weiser, der darum angefragt, die Vertretung Sch. beizubehalten u. schrieb gestern u. heute in der Angelegenheit, so daß ich hoffe, es wird sich in meiner Abwesenheit eine einflussreiche Persönlichkeit für Sch. bemühen, vielleicht in der Weise wie Sie dies meiner Frau bezügl.[ich] Sch. Geisteszustand[1] mitgeteilt haben; der Betreffende wird vielleicht über mein Ansuchen zum Min.praes. [Ministerpräsident] gehen, doch liegt nach dem jetzt durch Sie an meine Frau Mitgetheilten die Sache ganz anders als früher, ungleich schwieriger als früher. Ich möchte wünschen daß die Dinge unwahr sind u. vielleicht Beeinflussungen von clerikaler Seite jenen Anschuldigungen zu Grunde liegen.
Gehen Sie gleich zu Dr. Weiser u. sprechen Sie darüber resp.[ektive] sprechen ihm mein.[ne] Gedanken darüber aus. Ich sende Ihnen unter Einem durch d.[ie] Credit-Anstalt Kr. 300,— da Sie jetzt in d.[er] Angelegenheit vielleicht einen Succurs brauchen.
Hätte so gerne d.[ie] ganze Zeit schon e.[in] paar aufmunternde d. h. [das heißt] Muth zusprechende Zeilen an Sch. gesendet; doch glaube ich sie erreichen ihn nicht. Vielleicht können Sie es in meinem Namen thun u. ihm zu wissen geben, daß mehr Leute als er annimmt für ihn thätig sind; hoffentlich mit Erfolg. Nur den Muth darf er nicht verlieren; sonst gehts jedenfalls schief.
An Familie Sch. wollte ich ebenfalls schon lange schreiben; kenne aber d.[ie] Adresse nicht od.[er] nicht mehr. Ich bitte meine aufrichtigste Antheilnahme der Mutter auszusprechen; Frl. [Fräulein] → Gertrude übrigens kennt sie ja. Meine herzlichsten Grüße an sie und Sie. Ihr   Carl Reininghaus..."
G. P. 18 [342]

[1] Die Mitteilungen, die Anton Peschka über die Verhaftung Schieles gemacht hat, müssen alarmierend gewesen sein. Man hatte sichtlich daran gedacht, auf verminderte Zurechnungsfähigkeit zu plädieren. Im übrigen ist dieser Brief ein Schlüsselbrief zu dem Verhältnis Reininghaus-Schiele, der bekanntlich, Monate später, Schiele das „Du-Wort" entzog, weil er angeblich erst zu diesem Zeitpunkt nähere Einzelheiten über Neulengbach erfahren hätte. In Wirklichkeit war er bereits im April 1912 sehr wohl informiert.
Es ist übrigens möglich, daß jene 300 Kronen der Grund für eine vorübergehende Verstimmung zwischen Schiele und Peschka waren. Schiele beklagt sich darüber in seinem Brief vom 7. VI. 1912; vielleicht bezieht sich die Stelle: „Große Enttäuschungen an einem..." im Brief vom 3. VII. 1912 nicht auf → Osen (wie Roessler annahm), sondern auf Peschka.

[nach dem 2. V. 1912]

→ Dr. Oskar Reichel, C. a. s. An → Arthur Roessler, Hotel Gardasee, Torbole
„Lieber Herr Rössler Ihre Karte hat mich gefreut, weil ich ersehe, wie wohl es Ihnen geht... [Berichtet über Bilder von Anton Romako[1], die er gekauft oder gesehen habe]"... E. S. [Egon Schiele] hatte Glück, er kam mit 3 Tagen davon, → Benesch hat es mir freudestrahlend erzählt, ich werde ihn jetzt zum Trost demnächst durch Benesch einladen, zu mir zu kommen... → Kokoschka soll schöne Bilder in Dresden haben, etc.
W. ST. B. 147.036 [343]

[1] Anton Romako (1832—1889), österreichischer Maler. Reichel besaß eine große Sammlung seiner Bilder.

[vor dem 9. V. 1912]

→ Arthur Roessler, C. a. s. [Segantini-Denkmal in Arco]. An Egon Schiele, Neulengbach, Au 48.
„Torbole am Gardasee, Hotel Gardasee
Lieber E. S. — Bitte, teilen Sie mir mit, ob meine Feuilletons über Secession und Hagenbund schon erschienen. Wenn ja, wär's mir lieb, wenn Sie mir die betreffenden No. der A. Z. [Arbeiter Zeitung] senden wollten[1]. Ich kann hier die A. Z. nicht bekommen. Wie steht's um die „Untersuchung"?[2]. Gruß
A. R—r."
E. S. A. 543 [344]

[1] Schiele antwortete am 9. V. 1912, daß er die „Arbeiter-Zeitung" schicken werde.
[2] Schiele hatte Roessler am 11. IV. von der Vorladung in Neulengbach Mitteilung gemacht.

[345]

9. V. 1912

An → Arthur Roessler [in Torbole, Gardasee], L. a. s., 1 p. 8°
„9. Mai 1912
Lieber R. rr. Sie wissen wahrscheinlich[!] von dem allen

nichts, wie kläglich diese Untersuchung ausgelaufen ist. Ich habe jetzt erst Ihre Karten und ich schreibe jetzt nur kurz an Sie, weil ich morgen fortfahre nach Kärnten, wo ich mit meiner Mutter des Sommers über bleiben werde. — Ich bin elend, ich sage Ihnen innerlich so elend. 24 Tage war ich in Haft wissen Sie nichts? Habe alles erlebt und werde Ihnen in den nächsten Tagen darüber ausführlich schreiben. Wenn ich in die Stadt komme so schicke ich an Sie die Arbeiter Zeitung ich weiß noch nichts. Ich grüße Sie einstweilen herzlich
Egon Schiele."
W. ST. B. 180.664; R., B. & P., p. 65 [345]

[nach dem 9. V. 1912]
Arthur Roessler, C. a. s. [Levico-Veduta generale]
„Levico (Valsugana) Südtirol, Hotel Eden.
Lieber E. S. — Es freut mich, daß die „Affaire"[1] für Sie so glimpflich ablief leicht hätte es ärger kommen können. — Hoffentlich war Ihnen mein A. Z. [= Arbeiter-Zeitung]-Artikel ein kleiner Trost. — Wir weilen seit 8 Tagen hier, um die Bade- u. Trinkkur zu nehmen. Gesundheitlich geht es uns wieder gut. Wir bleiben hier bis zum 10. VI. fahren dann nach Venedig, wo wir mit → Kosmack[2], Klaus[3] und Galle zusammentreffen. Ich werde über die österr.[eichische] Abteilung der Ausstell.[un]g in V.[enedig] schreiben. Mitte Juni sehen wir uns wieder. Dr. O. R.[4] schrieb mir, daß er Sie einlud! Waren Sie schon bei ihm? Herzl.[iche] Grüße, auch von m.[einer] Frau, Ihr A. R—r."
E. S. A. 550 [346]

[1] Gemeint ist die Verhaftung in Neulengbach; siehe Schieles Brief vom 9. V. 1912.
[2] → Eduard Kosmack verbrachte auch in späteren Jahren den Sommerurlaub in Venedig [Erinnerung des Herausgebers].
[3] Karl Klaus, Architekt und Kunstgewerbler: Schüler von → Josef Hoffmann (geboren 1889).
[4] → Dr. Oskar Reichel.

10. V. 1912
Mitteilung der Kunsthandlung → Hans Goltz, München, 1 p., groß 8°
Herr Goltz sei bis Ende nächster Woche verreist.
E. S. A. 768 [347]

10. V. 1912, Poststempel [in Klagenfurt aufgegeben]
An → Arthur Roessler, Torbole, Gardasee, C. a. s. [Velden, Wörther See]. „Schöne Grüße Egon Schiele."
W. ST. B. 180.582; Gl. 35 [348]

11. V. 1912
C. Klima [Maler], L. a. s., 3 1/4 pp. 8°
Pathetischer, überschwenglicher Brief über Schieles Verhaftung. „... Ihre Worte brachten einen Lichtstrahl in meine düstere Seele..."
E. S. A. 931 [349]

14. V. 1912
An → Anton Peschka, L. a. s.
„14. Mai 1912. Excelsior Palace-Hotel, Trieste.
Lieber A. P.! Also bin ich wieder in dem besten Café dieses Hotels; hier gibt es nur internationales Publikum, sehr interessant; das Ganze ist großzügig eingerichtet. — Draußen ist das blaue Meer, graue, rosa, violette und grüne staubige Steine, eine Elektrische mit großen wallenden Vorhängen und darinnen sitzen farbige Leute. — Gestern habe ich im Fischerboot-Hafen einige Fischerboote gezeichnet und auch draußen gemalt; es ist eigentümlich, wie man mit dem Gemisch auf der Palette die edelsten Farbtöne hervorbringen kann. — Ja, das Geld von B.[1] hab' ich schon, es lag am Postamt und ich ließ es mir von dort an das Hotel schicken. Es ist gelungen, weil mir B. ein Telegramm schickte. — Der Dampfer Carpatia liegt hier im Hafen. — Ich möchte gerne einige Italiener zeichnen, die kauern, — ich fürchte aber, wenn sie davon wissen, so werden sie eine unechte Haltung nehmen. — Am Freitag, nicht wahr, bin ich fort? — Der Semmering gefällt mir nicht, es schaut dort kitschig aus. Die Berge sind eben klein und rissig und schroff, und die Bahn und Straße ist spielerisch angeklebt an manchen Stellen, kurz die Landschaft sieht aus, wie von einem Papiermodellierbogen ausgeschnitten und aufgepickt. Die Berge sind so, wie man die Meiereien zu kaufen bekommt, größer sind dagegen die Höhen herum, aber der Kern ist kleinlich, außerdem diese vielen romantischkitschig-steilen, neuen Almhütten und modernen Villen und Hotels. Ganz unorganisch. — Wenn man dagegen nach Steiermark kommt, ist es besser. Dort ist es naßgrün nebelig und die großen Dächer von den zerrissenen Steinhäusern passen ausgezeichnet zu den Bergen, die Häuser sind fast so angelegt wie die Berge. — In Klagenfurt war ich um 3 Uhr 5 Min. angekommen, um halb 5 Uhr bin ich bis Krumpendorf gefahren. Ich muß sagen, daß mir der Wörthersee so weit sehr gut gefällt, bis wo die neuen „Paläste" beginnen, das schändet die Einheit. Leider gibt es keine guten Ansichtskarten, ich wollte, es gäbe welche, wo nichts darauf wäre, als der weite, elegante Zug der Karawanken, das ist wie ein Kristall. In Krumpendorf atmete ich balsamische Luft. Es war sehr warm und nur einige Leute. Ich übernachtete im Bahnhof-Hotel und ging dann der Straße entlang beim Fischer Bartel vorbei bis Pörtschach. Reine feinfarbige Vögel, die herzlich gesungen haben, beobachtete ich und sie fürchteten sich nicht vor mir, ich war zwei Schritte weit. — In Pörtschach ist es „hochelegant", erstklassiger Kurort, Etablissements, Hotel, Pension, Villa, Kuranstalt, Bad, Bootshäuser, Dampfschiff, Promenade, Unterhaltung, Park, vergewaltigte Natur. — Denselben Tag noch bis Velden gefahren, sah ich mich um einige Wohnungen um; es gibt dort sehr viele und ich werde an die Leute von Wien aus schreiben, denn ich bemerkte, wie sie mich sahen, daß sie auf meine Erscheinung hin, die Wohnungen um das Doppelte erhöhten. Außerdem hab' ich einen Führer gekauft. Velden wäre mir am liebsten. Denselben Tag, abends, ging ich noch bis Lind, dort ist alles unverfälscht echt, fünfmal größere Portionen, Schweine laufen herum und Hunde beißen sie. Ringsum großzügige Landschaft und 10 bis 15 Kilometer weit der schönste Blick auf die Karawanken. — Ich übernachtete

in Velden, bei Möslacher, Zimmer mit zwei Betten 3 Kronen 60 Heller, in Krumpendorf 6 Kronen. — Tags darauf bin ich nach Klagenfurt zurück. Wally[2] ist eben nach Wien gefahren und ich nach Triest. Ich sah Unglaubliches. Wirst Du kommen? — Wenn an mich, XII., Rosenhügelstraße 9[3], von irgend jemandem ein größerer Geldbetrag geschickt worden ist und Du bestimmt herkommst, so mußt Du mir vorerst telegraphieren an das Hotel Europa und den Betrag, es müssen mindest 100 Kronen sein, hieher senden; nur wenn Du sicher kommst; ich bezahle dann alles, was wir brauchen. Du kannst in acht Tagen hier so viel machen, wie in einem Jahr in Wien. Schöne Grüße Egon Schiele."
Nach R., B. & P., pp. 99—101; Verbleib unbekannt [350]

1 → Heinrich Benesch.
2 → Wally Neuzil.
3 Wohnung der Mutter.

—

Zeitungsausschnitt aus der „Arbeiter-Zeitung", Wien, über die Ausstellung im → Hagenbund.
„... Um zur Besprechung der einzelnen Erscheinungen zu kommen, die dieser Ausstellung ein besonderes Gepräge verleihen, sei mit Egon Schiele begonnen. Als dieser junge Künstler zum ersten- und zweitenmal Arbeiten von sich in Wiener Ausstellungen zeigte, brüllten die Kunstbanausen wutgeifernd auf, weil sie sich durch die ungewöhnlichen Bilder, die ihnen Schiele darbot, überaus gereizt fühlten. Da jedoch die gallgiftige Ablehnung Schiele nicht einzuschüchtern vermochte, trachtete man sich an ihm durch Spott, Hohn, Verleumdung, Ächtung zu rächen, und weil ihn auch das nicht bekehrte, kaum bekümmerte, versuchte man es mit dem sonst probaten Mittel des Totschweigens. Aber auch das versagte, und darauf begann man ihn zu fürchten. Man begann sich für sich und auch aus Solidaritätsgefühl für Gleichgeartete zu fürchten, und zwar davor, hart mitgenommen, gräßlich enthüllt zu werden, zu leiden. Man hatte nämlich an einigen der von Schiele gemalten Bildnisse erkannt, daß er das Innere der Menschen nach außen zu stülpen vermag, und man graute sich nun vor dem möglichen Anblick des sorgsam Verborgenen, das jauchig und milbig ist und von fressender Zersetzung ergriffen.
Egon Schiele hat Menschenantlitze gesehen und gemalt, die blaß schimmern und kummervoll lächeln und den Gesichtern von Vampiren gleichen, denen die grausige Nahrung fehlt; Antlitze von Besessenen, deren Seelen schwären und die unsägliche Leiden zu maskenhafter Starre gerinnen ließen; dann Antlitze, die in feiner Art die Synthese eines menschlichen Innenlebens bildhaft darbieten, mit allen sachtesten Abstufungen in den sichtbaren Äußerungen des Grüblerischen, Bedächtigen, Überlegenden, Verträumten oder des Leidenschaftlichen, des Bösen, Guten, Innigen, Warmen oder Kalten. Er hat die edelsteinkalten Augen in Menschengesichtern gesehen und gemalt, die in den fahlen Farben der Verwesung schimmern, und den Tod unter der Haut. Mit großem Verwundern sah er verklammte, deformierte Hände mit verrunzelter Haut und gelbem Horn der Nägel. Durch Monate war er damit beschäftigt, Proletarierkinder zu zeichnen und zu malen. Ihn faszinierten die Verwüstungen der schmutzigen Leiden, denen diese an sich Unschuldigen ausgesetzt sind. Staunend sah er die seltsamen Veränderungen der Haut, in deren schlaffen Gefäßen dünnes wässeriges Blut und verdorbene Säfte träge rieseln, staunend sah er auch die lichtscheuen grünen Augen hinter rotgeränderten Lidern, die verskrofelten Handknochen und Kinnladen, die trenzenden Mäuler und — die Seele in diesen schlechten, verdorbenen Gefäßen. Als der Neugotiker, der er ist, sah und malte er das. Aber man mißversteht ihn, wenn man glaubt, daß er aus perverser Vorliebe all das malt. Er verfolgt keine moralische Absicht, will nicht mit Abscheulichem schrecken, billige Effekte erzielen, nur Neues für die Kunst erobern. Er ist sich bewußt — dies sei nicht bestritten — manche Wirkung durch den Gegenstand zu erreichen bei denen, die nicht genügendes Verständnis für die künstlerische Form haben, und er nimmt diese Tatsache, aus der man so gern einen Vorwurf für den Künstler macht, gelassen hin, weil er noch immer die Form dem Gegenstand überlegen weiß. Daß er durch gewisse seiner Arbeiten auf kunstfremde Menschen wie Dynamit wirkt, sie sprengt, zerreißt, ist eine Tatsache, aber eine absichtslose.
Was er außerdem noch malt? Vielerlei noch, denn bei ihm ist nicht die Not, ist der Überfluß schöpferisch geworden. So sehen wir von ihm gemalte Landschaften, Ansichten alter, traumhafter Städte, Stilleben, Materialisationen von im verdunkeltem Bewußtsein hell gewordenen Erscheinungen und eine schier unzählbare Reihe von Aktstudien. Mit alledem entspricht er natürlich nicht dem bleichsüchtigen Moralideal vom guten Menschen als Künstler, wirkt er vielmehr unbescheiden, unmäßig, rücksichtslos, Philister schreckend. Seine Arbeiten sind gleichwohl Kunstwerke und Werturteile. Wogegen er — absichtslos — protestiert? Gegen die Halben, Gleichgewichtigen, die Würdeprotzen, die sich gesund, gerecht und allzeit vernünftig Dünkenden, die satten Allzufriedenen, kurz gesagt: gegen die Mittelmäßigen, die sich für das Maß des Menschen halten. Charakteristisch für seine gleichsam traumwandlerisch intuitive Schaffensart ist es, daß seiner aufgestauten Kraft mitunter Bildwerke gelingen, die hoch über seinem eigenen verstandesmäßigen Urteil stehen. Ein solches Werk ist das unter Nr. 238 ausgestellte Bild „Tote Mutter"[1]. Ein Vergleich mit dem berühmten Blatt aus Klingers Radierzyklus „Vom Tode"[2], das das gleiche Thema behandelt, wird beweisen, daß man es bei Klinger mit einer Illustration, bei Schiele mit einem die Steigerung tragischer Wirkung erreichenden Kunstgebilde zu tun hat..."
[→ Arthur Roessler].
Privatbesitz [351]

1 „Tote Mutter", 1911.
2 Max Klinger (1857—1920), Maler, Graphiker, Bildhauer. Sein Zyklus „Vom Tode" I. erschien 1889, 10 Blatt; „Vom Tode" II. 1885 ff., 12 Blatt.

[nach dem 14. V. 1912]

„Der Cicerone", IV. Jahrgang, 9. Heft. Zeitungsausschnitt über die Frühjahrsausstellung im → Hagenbund, Wien
„... Ja, selbst E. Schiele, der sein Talent so oft in fremder Maske mißbraucht hat, zeigt in zwei merkwürdig stilisierten Landschaften nun endlich sein eigenes Gesicht. K. R."
E. S. A. 1139 [352]

DOKUMENTE UND KORRESPONDENZ 1912

18. V. 1912 [Datum laut Roessler. Der Brief selbst undatiert]
An → Arthur Roessler, L. a. s., 2 1/2 pp. 8°
„Lieber R—r. Wann kommen Sie zurück? — Es ist ausgeschlossen, daß ich in N.[eulengbach] wo ich so gerne bleiben wollte weiter wohnen kann. — Jetzt bin ich bei meiner Mutter die jetzt in Hetzendorf[1] wohnt und bleibe bis 1. Juni, wo ich glaube eine richtige Werkstatt gefunden zu haben. — Ich bin noch ganz zerrüttet. — Bei der Verhandlung wurde ein Blatt, dieses welches bei mir aufgehängt war verbrannt[2]. → Klimt will irgend etwas tun, er sagte: da möchte heute dem und morgen dem das passieren, da könnten wir ja gar nichts machen was wir wollten u. s. w. [und so weiter] — In der Schönbrunner Allee 60 verlängerte Grünbergstr. habe ich einen Boden ausfindig gemacht der umgeändert werden soll, wenn alles geschieht bin ich dabei einzuziehn. — Die Arbeiter-Zeitung hab ich bis jetzt nicht bekommen[3]. Ich würde Ihnen vieles über die Zeit vom 13. IV. bis 7. V.[4] erzählen können so viel wie die Summe von Erlebnissen von 10 Jahren. — Es ist aber ekelhaft wenn ich daran denken soll. Ich habe an Putze[5] geschrieben, daß ich nicht dafür kann, daß ich an die → ‚Sema' Zeichnungen geschickt habe, und ich glaubte nicht unrecht zu tun, wenn ich auch an andere Ausstellungen meine Arbeiten sende, weil Sie selbst wußten daß mich die Sezession[6] eingeladen hatte und warum sollte ich da an die Sema nichts schicken die doch ebenfalls so gute Leute hat und lebendiger ist. — Diese Kontraktbrechereien sollen nur bei Operettensängern vorkommen nicht aber mir passieren. — Wenn ich Lust habe so will ich dorthin meine Arbeiten schicken wohin ich will, ich will da kein Gesetz. Ich habe an Putze geschrieben ob er mir 200 oder 300 M. schikken kann hinauf auf die Ausstellung in Hagen[7], wo ich gutes[!] gehört habe, ich glaube daß es doch eigendlich[!] seine Pflicht ist, jetzt wo ich ganz abgebunden bin; ich habe ihm geschrieben daß er Ihnen das mitteilen soll, weil ich damals nicht mehr so viel schreiben wollte. — Ich brauche mindestens 500 K. um in Ordnung zu kommen. — Vielleicht schreiben Sie ihm, ich brauche das alles sofort, weil ich natürlich wie man alles hörte und wußte das[!] ich in Haft bin mich wegen den kleinsten Beträgen klagte u. s. w. Ich habe sogar in der Verwahrungshaft zeichnen dürfen und ich habe auch für Sie ein Blatt aufgehoben, alle Blätter sind für meine Nächsten[8]. Herzliche Grüße
    Egon Schiele z. z. [zur Zeit] Wien XII.
       Rosenhügelstr.[aße] 9."
W. ST. B. 180.665; R., B. & P., p. 66   [353]

1 Siehe seine Adresse am Ende des Briefes.
2 Siehe ausführlicher im Kapitel XII.
3 Roesslers Kritik siehe unter dem 14. V. 1912.
4 Die Haft in Neulengbach und die Verhandlung in St. Pölten.
5 → Hans Goltz.
6 Es handelt sich um die Münchner Sezession.
7 → Osthaus-Museum, Hagen/Westfalen.
8 Schiele zeichnete insgesamt 13 Blätter im Gefängnis. Es ist nicht bekannt, ob er tatsächlich eine seiner Zeichnungen (die mit 2 Ausnahmen alle in der Albertina sind) an Roessler verschenkte.

24. V. 1912
Mitteilung der Kunsthandlung → Hans Goltz, München, ½ p. groß 8°
Herr Goltz käme erst nach den Feiertagen zurück.
E. S. A. 769   [354]

27. V. 1912
C. Klima, Maler, L. a. s., 2½ pp. klein 8°
Über schwere Träume, die er hat. Bedankt sich für Kartengrüße aus Triest und Maria Wörth, Kärnten, etc.
E. S. A. 932   [355]

28. V. 1912
→ Hans Goltz, L. s., 1 p. groß 8°
„Auch die Ausstellung in Hagen[1] ist ohne irgend einen Erfolg geblieben." Ist bereit, wieder 7 Blätter nach seiner Wahl für 100 Mark aufs Lager zu nehmen. Beklagt sich über die Zweigeleisigkeit Roessler—Schiele und bittet um klare Antwort für die Zukunft, etc.
E. S. A. 771   [356]

1 Im → Osthaus-Museum.

29. V. 1912
An → Dr. Oskar Reichel, L. a. s., ½ p 8°. Mit eigenhändigem Kuvert
„Lieber Dr. O. R. ich danke Ihnen daß Sie mir geholfen haben. — Ich weiß was ich Ihnen schuldig bin und wenn ich wieder eine Arbeitsstätte, ohne der[!] ich nicht sein kann habe, so müssen Sie Sich[!] meine Arbeiten anschaun[!] kommen. Schöne Grüße Egon Schiele z. z. [zur Zeit]
     Wien XII. Rosenhügelstr.[aße] 9."
Wiener Antiquariat, Ingo Nebehay, Wien, Liste 4. Heute Privatbesitz, Schweiz   [357]

30. V. 1912 [Poststempel]
Künstlervereinigung → Sema, München. Karte nach XII., Rosenhügelstraße 9, signiert „Fricke" Schriftführer
Die 12 Zeichnungen seien noch nicht eingetroffen. → Goltz habe mitgeteilt, daß er das alleinige Ausstellungsrecht für Deutschland habe, etc.
E. S. A. 129 b   [358]

[V. 1912]
„Der Ruf". Zeitschrift, „herausgegeben vom Akademischen Verband für Literatur und Musik in Wien". Sonderheft: Der Krieg. Verlag Brüder Rosenbaum, Wien VIII. 8°
Auf dem Vorderumschlag der „rote Kopf" [Selbstbildnis von Egon Schiele]. Mitarbeiter dieses Heftes waren unter anderem: → Robert Müller, Georg Trakl[1], F. T. Csokor[2] etc. Unter den Vorankündigungen der Veranstaltungen [Umschlag Innenseite]: → Arnold Schönberg Konzerte, Urauf-

führung seines Monodramas „Erwartung", Aufführung eines Dramas von → Kokoschka etc.
E. S. A. 846 [359]

1 Georg Trakl (1887—1914), österreichischer Dichter.
2 Franz Theodor Csokor (1885—1969), österreichischer Schriftsteller.

4. VI. 1912

→ Hans Goltz, ½ p. groß 8°. An → Arthur Roessler
Herr Goltz sei verreist, ein Heraussuchen von Zeichnungen sei unmöglich, weil ein Großteil auf Ausstellungen in Stuttgart und Köln sei, etc.
E. S. A. 772 [360]

5. VI. 1912

→ Hans Goltz, L. s., 1½ pp. groß 8°. Nach: Wien XII., Rosenhügelstraße 9
Kann Zeichnungen, die laut Roesslers Mitteilung jemandem anderen als Schiele gehörten, nicht zurücksenden, da sie in Köln oder Stuttgart seien. Habe noch keine Reaktion auf die zur Sonderbund-Ausstellung Köln gesandten Bilder"... Roessler schrieb mir, daß er als Ihr Vertreter nicht mehr gelten will. Ich möchte Ihnen aber keine Illusionen machen und bin fest davon überzeugt, daß noch manches Jahr vergehen wird, bis in Deutschland Ihrer Kunst Geltung zu verschaffen ist..." etc.
E. S. A. 773 [361]

7. VI. 1912

An → Arthur Roessler, L. a. s., 4 pp. 8°
„7. Juni 1912.
Lieber A. R—r.! → Goltz schreibt mir daß Sie ihm mitteilten Sie wollen nicht mehr mein Vertreter sein; das ist ganz richtig und ich möchte es auch so machen; aber in Wirklichkeit habe ich keine unrechten Absichten gehabt nur deshalb habe ich an Goltz geschrieben, weil ich seit dem 13. April bis heute nichts gearbeitet habe; außer einiger[!] Zeichnungen; meine Notizbücher sind schon längst überfüllt mit dem was ich neu beginnen will. — Ich werde Ihnen jetzt alles schreiben in welcher Situation ich bin. — Ich werde von nun an bei meiner Mutter wohnen und tagsüber arbeiten; ich habe bis jetzt in allen Winkeln von Wien Ateliers gesucht und alle sind seit drei Jahren so wahnsinnig teuer daß ich die nicht bezahlen möchte; unter 800 K.[ronen] kein anständiges. — Zufällig zieht → Osen aus, der das billigste Atelier hat; er geht über Sommer nach Krummau¹ und wenn er zurückkommt nimmt er irgend ein Zimmer. Sein Atelier besteht aus zwei größeren Räumen IX. Höfergasse 18 und kostet samt Reinigung 40 K. im Monat. Ich könnte dieses sofort übernehmen indem ich ihm für Juni den Zins gebe. — Es haben mich aber 3 Leute in Neulengbach, eben deshalb weil sie fürchteten, wegen 8 K. geklagt und ich habe so wenig Geld daß ich den Zins in Neulengb. rückständig[!] bin und der Hausherr mich nicht ausziehen läßt. Ich müßte mindestens so viel haben daß ich übersiedeln kann das kostet 50 K. und dem Hausherrn 50 K. und dem Maurer etwas, also es dreht sich momentan um

150 K. mehr als dieses nämlich 181 K. habe ich schon meinen[!] Advokaten gegeben. Wenn die ‚Affäre' nicht gewesen wäre, so hätte mich natürlich niemand geklagt. → Reininghaus ist periodisch, er ist jetzt krank und ich kann nichts von ihm haben. Von → Osthaus habe ich 200 M. bekommen, es fehlen noch 150 K im Ganzen. — Das Atelier des Osen wäre also erstaunlich billig und ich fände zur Zeit kein besseres. — → Goltz teilte mit daß der größte Teil meiner Blätter einem Herrn gehören, das[!] Sie ihm schrieben. Es müssen im ganzen 100 Blätter beiläufig sein die ich an Goltz gab. Es wäre demnach dringend notwendig daß ich auch von dem Herrn dem die Blätter gehören ein Geld bekäme. Ich kann es ja wirklich für nichts anderes brauchen. Weil: ich mit → Peschka Schluß gemacht habe, der hat sich höchst unschön benommen u. s. w. Es gibt darüber sehr viel zu sagen. An [!] der Werkstätte¹ hat → Wimmer die neuen Blätter von Triest. — Bitte schreiben Sie mir sofort was man tun soll, es ist jede Stunde höchst günstig [statt: kostbar]. Zukünftig teile ich mit meiner Mutter, und werde das übrige vom Geld nur für Zins Transporte Farben Modelle u. dgl. [= und dergleichen] verwenden können. Im Sommer glaube ich nicht fortzugehn, weil ich das versäumte[!] unbedingt mehrfach nachholen will. — In der jungen Kunstbewegung gibt es vieles unsichtbares Neues. Schreiben Sie! — Wann kommen Sie! Herzliche Grüße
         Egon Schiele.
         XII., Rosenhügelstraße 9."
An gnädige Frau Handkuß.
W. ST. B. 180.666; R., B. & P., p. 67—69 [362]

1 Interessant, daß → Osen den Sommer über wieder nach Krumau ging, um zu malen.
2 Gemeint ist die → „Wiener Werkstätte".

15. VI. 1912

An → Arthur Roessler, L. a. s., in Bleistift, 1 p. 8°
„15. Juni 1912
Lieber A. R—r. ich erwarte von Ihnen, daß Sie mir Nachricht geben, wenn Sie wieder in Wien sind. — Ich nehme → Osens Atelier, es ist das billigste in Wien u. kostet 500 K. jährl.[ich]. Schöne Grüße
         Egon Schiele
         XII. Rosenhügelstr. 9"
W. ST. B. 180.583; Gl. 36 [363]

16. VI. 1912

→ Arthur Roessler, C. a. s. [Postkarte No. 72 der „Wiener Werkstätte": Oskar Kokoschka, Jäger]
„Bin wieder da. Freundlichen Gruß A. R—r."
E. S. A. 534 [364]

19. VI. 1912

Delphin-Verlag, München. Maschinengeschriebener Brief auf Firmenpapier, 1 p. gr. 8°
Übersenden ein Exemplar der → „Sema"-Mappe.
E. S. A. 478 [365]

25. VI. 1912
Akademischer Verband für Literatur und Musik in Wien I., Reichsratstraße 7. — Postkarte mit Abbildung von Schieles „Rotem Kopf". Ankündigung von zwei Konzerten mit Werken lebender österreichischer Musiker.
E. S. A. 966 [366]

[? VI. 1912]
→ Arthur Roessler, C. a. s. [Münster in Westfalen, Rathaus]. Nach: XII., Rosenhügelstraße 9
„Herzliche Grüße aus dieser wunderschönen Wiedertäuferstadt, die wir Montag verlassen, um über Hagen nach Cöln, zu fahren. In Cöln hoffe ich Nachricht von Ihnen vorzufinden. Sie kommen doch? Wir kauften einige schöne Dinge über die Sie staunen werden. In der Berliner Sezession sahen wir Mopps[1] „Operation", ein Bild, das manch Gutes hat. Herzlichst A. u. I.[da] R—r."
E. S. A. 568 [367]

[1] → Max Oppenheimer.

[? VI. 1912]
→ Arthur Roessler, C. a. s. [Postkarte der Sonderbund-Ausstellung, Köln 1912; Vincent van Gogh: Der Irrenwächter] Nach: XII., Rosenhügelstraße 9
„Lieber E. S. — warum fand ich von Ihnen hier keine Nachricht, warum Sie selber nicht? — Ihre Bilder wirken hier sehr gut, sind schön gehängt[1]. Die Gogh-Kollektion grandios. Herzlichst Ihr A. R.—r."
E. S. A. 289 [368]

[1] Schiele stellte 1912 auf der Internationalen Sonderbundausstellung in Köln aus.

[? VI. 1912]
An → Carl Reininghaus, L. a. s., 1 p. klein 8°
„Lieber Karl R. bitte schicke mir einige 100 K.[ronen] ich bin ganz abgeschnitten und kann nichts arbeiten. Herzliche Grüße
Egon Schiele
Wien XII., Rosenhügelstraße 9."
Ch. M. Nebehay, Katalog XIV, 12 [369]

3. VII. 1912
An → Arthur Roessler, L. a. s., 2 pp. 8°
„3. Juli 1912.
Lieber A. R.—r. es ist so traurig für mich, daß ich ganz abgeschnitten bin von aller Arbeit. — Große Enttäuschungen an einem[1], dem ich vielleicht alles anvertraut habe, ist noch zu überwinden; zu übergehen ist alles, was man gegen mich hat; mit blinden Augen zu sehen, daß die Anderen das, was ich erkämpft habe, benützen; daß ich geldlos bin ist zu ertragen; zu wissen daß meine errungenen Gegenstände und Werkzeuge in Philisterhänden gefesselt wird[!], ist bitter; zu denken, daß ich aus großer Liebe zur Natur mich innig verstrickte und grausam herausgerissen werde, ist ein noch hinnehmbares Schicksal, wenn man von sich weiß, daß Du[!] von Neuem beginnen wirst. — Lachen, wo's mir im Innersten tief schmerzt, ist eine Gebärde des Darstellenkönnens; aber zu denken, daß Tage und Monate ungenützt und vergeudet vorüber gehen, nicht tun können, ist das Bitterste, woran[!] ich am meisten kämpfe, in der Hoffnung noch einen Tag. Niemals kommen diese Tage wieder, wo ich ungesehen an den[!] Schmerz, daß ich wie nutzlos in der Welt bin, zehre. Niemand weiß, wie es in meiner Natur liegt zu verlangen, was ich heute Bleibendes getan habe. — Ich will von ganz neu beginnen. Es müssen bleibende Werte zurückbleiben, dann werde ich[!] etwas leichter sein. — Von nun an werde ich täglich für mich 5 K. brauchen; Modelle täglich im Durchschnitt 2 K. bis 4 K., dann kommt monatlich 40 K. Zins und Material. Und meiner Mutter gebe ich 200 K. für den vierteljährl.[ichen] Zins. Das ist alles was sein muß. Im Sommer werde ich noch Vieles arbeiten ganz von Neuem. Schöne Grüße
Egon Schiele.
IX. Höfergasse 18."
W. ST. B. 180.667; R., B. & P., p. 69 [370]

[1] Arthur Roessler bezieht diese Briefstelle, die er wörtlich zitiert, auf → Erwin Osen [siehe: Erinnerungen an Egon Schiele, Wien 1949, p. 39]. Es könnte aber sein, daß es sich um einen vorübergehenden Konflikt mit → Anton Peschka handelt, wie aus dem Brief vom 7. VI. 1912 hervorgeht.

[nach dem 3. VII. 1912]
Arthur Roessler, C. a. s. [Postkarte der großen Kunstausstellung Dresden, 1912, Nr. 9, Egger-Lienz, König Ezels Einzug]. Adresse: IX., Höfergasse 18.
„Lieber E. S. — die Ausstellung enthält wirklich schöne Arbeiten. Egger-Lienz[1] wirkt tatsächlich monumentaler als Hodler[2]; wer's nicht sah, wird es kaum glauben wollen u.[nd] ist doch so. Von Klimt[3] kannte ich noch nicht „Tod und Leben", 2 Landschaften u. 2 Porträts; letztere gefallen mir nicht so gut wie frühere Bildnisse von ihm. Interessant Kokoschka[4] u. Kolig[5] auch Faistauers[6] Bild wirkt gut. Haben Sie sich wegen Köln entschlossen? Herzl.[ichen] Gruß A. R—r."
E. S. A. 539 [371]

[1] → Albin Egger-Lienz (1868—1926), österreichischer Maler.
[2] → Ferdinand Hodler (1853—1918), Schweizer Maler.
[3] → Gustav Klimt.
[4] → Oskar Kokoschka.
[5] → Anton Kolig (1886—1950), österreichischer Maler.
[6] → Anton Faistauer.

12. VII. 1912
An → Franz Hauer, L. a. s., 1 p. 8°. Mit eigenhändigem Kuvert.
„12. Juli 1912
Geehrter Herr Hauer! ich habe gehört daß Sie einer von den Wenigen sind die Bilder von den Jüngsten erwerben, möchten Sie mich nicht besuchen, oder die Ausstellung des → Hagenbundes ansehn wo von mir einige Arbeiten zu sehen sind? Bestens Egon Schiele Wien IX. Höfergasse 18."
E. S. A. 91 a, b [372]

Dieser Brief brachte Schiele mit einem neuen, wichtigen Sammler in Verbindung.

[372]

15. VII. 1912

An → Arthur Roessler, L. a. s. [Rohrpostbrief], 1 p. 8°. Absender-Adresse: IX., Höfergasse 18
„15. Juli [19]12 11,30
Lieber A. R. Als ich gestern zu → Arnot gehn wollte, war gesperrt, es war 11ʰ also hatte ich nicht einen Heller bei mir; ich war bis 5ʰ im Atelier, und bin dann zu Fuß nach Hetzendorf¹ gekommen. — Ich hörte daß → Arnot wieder Blätter kaufen würde und ich möchte mir eine Anzahl von Ihnen mitnehmen, weil ich überhaupt jetzt keine bei mir habe und um 4 oder 5ʰ heute hingehe, wenn Sie ihm zuvor telephonieren würden. Weil ich aber nicht weiß ob Sie um 4ʰ zu Hause sind so erwarte ich von Ihnen daß Sie wenn es geht zu mir kommen oder pneum.[atisch]² schreiben; sollte ich bis 4ʰ keine Nachricht von Ihnen haben, so komme ich zu Ihnen. Ich will nicht unnütz hinlaufen weil ich mit denselben[!] Fahrgeld bis Hetzendorf komme. Ich möchte auch einige Triesterzeichnungen³ mitnehmen. Also bis 4 bin ich Höfergasse dann komme ich zu Ihnen. Schöne Grüße   Egon Schiele."
W. ST. B. 180.668; R., B. & P., pp. 70/71   [373]

1 Die Entfernung Innere Stadt—Hetzendorf, wo Schieles Mutter, Rosenhügelstraße 12, wohnte, beträgt zu Fuß eine Stunde!
2 Wien besaß damals, zu einer Zeit, da die wenigsten einen Telephonanschluß hatten, ein ausgezeichnet funktionierendes Rohrpostnetz, das die Zustellung eines Briefes innerhalb weniger Stunden garantierte.
3 Schiele schrieb am 14. V. 1912, daß er in Triest Fischerboote gezeichnet habe.

[vor dem 16. VII. 1912]

→ An Franz Hauer
„Lieber Herr Hauer! Wenn Sie zu mir kommen sehen Sie einiges Neues. Ende dieses Monats sende ich fort. Wenn Sie kommen wollen, schreiben Sie mir. Vielleicht gefällt Ihnen sogar etwas für Sie. Schöne Grüsse   Egon Schiele, XII. Hauptstrasse 101."
P. 89 [Abschrift]   [374]

16. VII. 1912

Egon Schiele, eigenhändige Quittung [für → Franz Hauer], 1 p. gr. 8°
„Habe 900 K. erhalten.   Egon Schiele"
16. Juli 1912.
drei Bilder: „Herbstland"¹ „Bekehrung"² „Agonie"³.
E. S. A. 118   [375]

1 „Herbstland", 1912.
2 „Bekehrung", 1912.
3 „Agonie", 1912.

24. VII. 1912

An → Franz Hauer, L. a. s., 1 p. 8°, aus Wien IX., Höfergasse 18. Mit eigenhändigem Kuvert
„24. Juli 1912
Lieber Herr Hauer! es wäre mir lieb, wenn Sie in den nächsten Tagen zu mir kommen möchten; es ist alles fertig; ich will sogleich fortfahren, — nach Bregenz. → Rößler hat heute das fertige Bild gesehen und ich möchte Sie bitten mir die drei Bilder bei Fotograph Schaschek III. Reißnerstraße 5. 18×24 cm fotographieren zu lassen für etwaige Reproduktion. Ich erwarte Sie morgen oder Freitag. Schöne Grüße   Egon Schiele."
E. S. A. 119; Abschrift bei P. 7   [376]

? VII. 1912

Egon Schiele, P. a. s., 1 p. klein 8°
„Ich bestätige, daß ich fortab den Zins per 100 K.[ronen] viertel[jährlich] ab 1. August zu zahlen verpflichtet bin¹.
Egon Schiele."

Darunter in Bleistift:
„ 2 K   Hemd
 64 K   Zins
  6 K   Bedienerin
  1 70   Schürze
     4   Nagel
    10   Bäckerei
―――――――
 73 .84"

E. S. A. 349   [377]

1 Vermutlich handelt es sich um eine Mietabsprache für das Atelier Wien IX., Höfergasse 18. Eigentlich hätte das Atelier jährlich 480 K inklusive Reinigung gekostet [siehe Nr. 362]. In Nr. 363 ist von 500 K die Rede.

5. VIII.—28. VIII. 1912

→ Leopold Czihaczek, Notizbuch von 52 Blatt, 8°. Aufzeichnungen über seinen Sommeraufenthalt in Steinach am Brenner, Fahrpläne etc. Mit minuziösen Angaben über die Zeit des Aufstehens, der zurückgelegten Schritte [Schrittzähler], des Wetters, der Menus, aller Ausgaben, aller Kartengrüße und der Bekanntschaften mit höheren Beamten. Er hatte damals, wie es bei vielen Familien üblich war, für den ganzen Sommer in Neulengbach ein Haus gemietet, von dem er wegfuhr und in das er zurückkehrte.
Über Egon Schiele, der bis kurz vorher in Neulengbach gewohnt hatte, finden sich keine Notizen.
E. S. A. 498   [378]

DOKUMENTE UND KORRESPONDENZ 1912

KÜNSTLER BUND HAGEN

WIEN · I · KAISER-WILHELM-RING · ZEDLITZGASSE · 6
[379]

16. VIII. 1912
→ Künstlerbund Hagen, Wien I., Zedlitzgasse 6, L. s., 1 p. 8°
→ Franz Hauer habe das Bild „Eremiten"[1], seiner Größe halber, nicht übernommen. Bitten um Abholung, etc.
E. S. A. 918 [379]

1 „Die Eremiten", 1912.

16. VIII. 1912 [Poststempel]
→ Melanie Schiele, C. a. s. [Ansichtspostkarte aus Krumau, Weichselner Kalkbrennerei]. An → Marie Schiele, Bregenz, Reichsstraße 13
„Sind in lustiger Gesellschaft. Handkuss[!] Mela"[1].
E. S. A. 2027/G 28 [380]

1 Die Karte ist bisher der einzige Nachweis dafür, daß Schieles Mutter ihren Sohn 1912 in Bregenz besuchte.

[vor dem 17. VIII. 1912]
Egon Schiele, C. a. s. [Sammlung Walden, Franz Marc, Die gelbe Kuh]. Aus München. An → Marie Schiele, VI., Gfrornergasse 7
„Herzlichst Egon
ich glaube daß ich Montag nach 11 Uhr nachts zu dir kommen werde."
P. 96 [381]

[vor dem 17. VIII. 1912] und 1916/17
Egon Schiele, Blatt aus einem Notizbuch
oben, durchstrichen vermutlich
Notizen aus dem Jahr
1916/17:
Hptm.[Hauptmann] Strauss, Emil
→ Dr. Rosé
→ Grünwald, Karl
→ Berger
Sonnenschein, Hugo[1]
Kpl.[Korporal?] Basele
Langer
Guntner[?]

Notizen aus München, 1912:
[Künstler, deren Arbeiten er bei → Hans Goltz und in der Galerie Caspari sah]:
→ Goltz: Gonin [durchstrichen. Klee], Jawlensky
K... Kirchner E. L.
Lehmbruck, Marc
Meid, Nadelmann, Pascin, Schmidt-Rottluff, Huber, Dulberg

Rückseite:
Caspari: Klee, Beckmann
Nowak, Hanoldt, Unodl
Erbslöh, Stein, Otto
Max Anold[?]
Pechstein, Max
Paul Klee
Bekmann[!] Max
Dülberg, Ewald
Melzer Komotau, Böhm[en], Eidlitzstr.[aße] 34, von Wien

[Zusammenstellung von Künstlernamen für eine Ausstellung]:
→ Oppenheimer
→ Jungnickel
→ Böhler
→ Pascin
→ Koller
→ Fischer
→ Faistauer
→ Gütersloh
→ Kars   Klemm[2]
→ Harta   → Kalvach
→ Merkl   → Zülow
→ Wagner   → Andersen
→ Peschka   → Nowak
→ Reichel   → Kolig
    Seeland → Wiegele
→ Faist[auer] Kirstein"[3]
P. 90 a, b, c [382]

1 → Hugo Sonnenschein [Pseudonym Sonka] (geboren 1890), expressionistischer Literat der äußersten Linken in Wien.
2 Walther Klemm (1883—1957), Maler, Graphiker.
3 August Kirstein[?] (1856—?), Architekt [Museum in Deutsch-Altenburg etc.].

[vor dem 17. VIII. 1912]
Notizbuch, angelegt anläßlich seiner Reise nach München, mit Angaben über zeitgenössische Maler[1] und Münchener Händler. Ehemals Besitz → Melanie Schuster-Schiele [siehe A. C., p. 107] [383]

1 Erwähnt sind: Félicien Rops (1833—1898), Maler, Radierer, Lithograph; Jules Pascin [eigentlich Julius Pincas] (1885—1930), Maler, Zeichner, Illustrator; Ernst Ludwig Kirchner (1880—1938), Maler, Graphiker, Bildhauer; Franz Marc (1880—1916), Maler, Lithograph, Schriftsteller; Paul Klee (1879 bis 1940), Graphiker und Schriftsteller; Alexej von Jawlensky (1867—1941), Maler, Graphiker; Wassilij Kandinsky (1866—1944), Maler, Graphiker, Dichter. Schiele erwarb bei dieser Gelegenheit ein Exemplar des von Kandinsky und Marc herausgegebenen „Blauen Reiters", das A. C. noch bei Melanie Schuster-Schiele einsah [ibidem].

17. VIII. 1912
An → Dr. Oskar Reichel. L. a. s., 1 p. gr. 8°
„17. August 1912
Lieber Dr. Reichel! ich bitte Sie mir 80 K. zu senden! — ich habe einige interessante [verschrieben] Arbeiten die ich hier erzeugte[1]. War in München zwei Tage und sah schlechte Bilder in der Sezession, schlechte Stuck[2], ganz schlechte, doch bei → Thannhauser Gutes. — Ich möchte mir unbedingt die Ausstellung der Franzosen in Zürich[3] anseh[e]n, wohin von hier

3 Stunden weit ist. Ich bitte Sie! Und grüße Sie!
Egon Schiele, z. z. [zur Zeit] Bregenz a[m] Bodensee, Reichsstraße 13"

R., B. & P., p. 147; Privatbesitz, Schweiz [384]

1 Siehe den Aufsatz von Peter Weiermair „Egon Schiele in Bregenz" in: „Vorarlberg", Heft 2/1971, 9. Jahrgang. Der vorliegende Brief war dem Verfasser unbekannt. Von den dort entstandenen Aquarellen sind heute nachweisbar die Ansicht des Deuringschlößchens [Viktor Fogarassy, Graz] und ein kleiner Kastanienbaum [Privatbesitz].
2 Franz von Stuck (1863—1928), Maler, Graphiker, Bildhauer und Architekt. Mitbegründer der Münchner Sezession. Von Einfluß auf Klimt.
3 Eine Reise Schieles nach Zürich ist bisher nicht nachweisbar.

94 Das Haus Reichsstraße 13 in Bregenz, in dem Schiele im Sommer 1912 wohnte, vor kurzem abgerissen.

17. VIII. 1912 [Poststempel]

An → Heinrich Benesch, C. a. s., aus Bregenz „Schöne Grüße ... Egon Schiele, Bregenz a. Bodensee, Reichsstraße 13". Mitunterschrieben von „→ Wally Neuzil. Viele Grüße von der Klapperschlange".

Privatbesitz, Wien [nach H. M. 1968, nr. 83] [385]

19. VIII. 1912

→ Erwin Osen, C. a. s. [Trieste-Canale]. Nach Bregenz nachgesandt
„I think of you and I send you the best greetings Yours
Osen Erwin, Captain Devil."
E. S. A. 63 [386]

Man könnte aus dieser Karte auf ein ungetrübtes Verhältnis Schiele—Osen, 1912, schließen.

DOKUMENTE UND KORRESPONDENZ 1912

20. VIII. 1912

→ Hans Goltz, L. s., 1 p. groß 8°. Nach Bregenz
Die Ausstellung in Stuttgart habe nur eine Kritik gezeitigt, verkauft sei nichts worden. Schieles Gemälde hätten auf der Sonderbund-Ausstellung, Köln einen sehr guten Platz. Bisher kein Verkauf. Erinnert daran, daß ihm eine Provision bei allen Verkäufen nach Deutschland zu zahlen sei. Eine bei → Alexander Koch, Darmstadt, vorbereitete Monographie Schieles [sie erschien nie] „würde uns ein gutes Stück vorwärts helfen", etc.
E. S. A. 774 [387]

—

→ Karl Ernst Osthaus, C. s. Nach Bregenz
Läßt einstweilen 50,— Mark anweisen, die „Angelegenheit" möge noch in Schwebe bleiben, etc.
E. S. A. 476 [388]

22. VIII. 1912

→ Arthur Roessler, C. a. s. [Bayrische Gewerbeschau 1912 in München]. Nach Wien XII., Rosenhügelstraße 9
„Habe interessante Nachrichten für Sie! Mache zwei Kollektiv-Ausstellungen von Ihnen in Breslau u. Dresden, eine dritte eventl. [eventuell] in Mannheim¹. Die beiden ersten bereits sicher! Gruß A. R—r."
E. S. A. 6 [389]

1 Von den erwähnten Ausstellungen kam lediglich eine in Dresden bei → Emil Richter und in der → Galerie Arnold, Dresden, zustande.

24. VIII. 1912

→ Hans Goltz, L. s., 1 p. gr. 8°. Nach Bregenz
Hat sich mit → Osthaus in Verbindung gesetzt. Übernimmt 7 Blätter nach seiner Wahl für 100 Mark, um ihm einen Gefallen zu tun. Falls Schiele mit → Kokoschka zusammenkäme, möge er ihm mitteilen, daß sich Goltz sehr für dessen Kunst interessiere, etc.
E. S. A. 775 [390]

—

[→ Hans Goltz. An → Museum Folkwang, Hagen, Westfalen?]
Schiele habe ihm mitgeteilt, daß er sein Bild „Tote Stadt"¹ an Osthaus gesandt habe.
Nach: L., 226, p. 575. Karl-Ernst-Osthaus-Archiv, Hagen [391]

1 „Tote Stadt" VI, 1912.

[? VIII. 1912]

→ Otto Benesch, C. a. s. [Krumau Latron (Häuserzeile]. Nach Bregenz
„Lieber Herr S! Kann man sich wohl ein besseres Wetter für Krumau wünschen? Regen fast den ganzen Tag, leiser, feiner Regen, der die grauen Häuser schwarz macht, die farbigen Mauern und Kamine zum kühlen Brennen bringt, wie alte

227

Glasmalereien. Ich habe auf Krumaus Orgeln gespielt — und es so gesehen, wie Sie es gemalt. Herzliche Grüsse Otto B."
E. S. A. 573 [392]

[? VIII. 1912]

→ Otto Benesch, C. a. s. [St. Gertraud, Lavantal, Kärnten]. Nach Bregenz
Karl Scheffler[1] habe seinen Artikel über K. Walser[2] „zu geistreich und literarisch" gehalten und verworfen, etc. Mitunterschrieben von → Heinrich Benesch.
E. S. A. 574 [393]

[1] Karl Scheffler (1869—?), Kunstschriftsteller, Herausgeber der Zeitschrift „Kunst und Künstler", Berlin.
[2] Karl Walser (1877—1943), Schweizer Maler, Graphiker, Buchillustrator, Bruder von Robert Walser.

? VIII. 1912

An → Arthur Roessler, C. a. s. [Lindau-Rathaus]
„Schöne Grüße Egon Schiele."
W. ST. B. 180.581; Gl. 34 [394]

19. IX. 1912

An → Arthur Roessler, L. a. s., 3½ pp. 8°
„19. September 1912
Lieber R. R. ich muß täglich die bösen Gedanken führen daß ich nichts arbeite und immer und immer warte. Seit März habe ich nicht so malen können und vor allem denken können bis jetzt. Kann das so fort geh[e]n. — Entweder gibt es jemanden oder gibt es niemanden der mich wieder möglich macht. — d.[as] heißt ich muß meine Dürftigkeiten ganz so verwirklicht haben damit ich die herzliche Freude daran finde. — Je länger ich zuwarte desto schlechter und schwerer wird es. Was mache ich wenn ich keine Bilder habe? — Und ich glaube doch daß ich verlangen kann auf alle meine Beweise die da sind, daß mir jemand den Zins für 2 Monate gibt, und den Transport meiner Möbel. Ich sage nicht daß ich verzweifle wenn ich meine Gegenstände in Neulengbach verkaufe und spazieren gehe. Aber ich habe das Recht zu verlangen daß mir geholfen wird. Um Gottes Willen so viel ist es nicht und Gott sei Dank mehr bin ich noch wert. Denjenigen der mich fragen würde „was machen Sie morgen?" gibt es nicht. Und ich brauchte ihn auch nicht, so wie im Anfang, aber traurig ist es doch wenn ich jetzt in einer Wohnung arbeiten sollte unter Möbel, Tapeten und Ungezifer[!]; lieber, viel lieber gehe ich da hinaus. — An den ich zuerst denke ist → Dr. Reichel „er wird mir doch 200 K[ronen] vorstrecken können". Wollen Sie mir das durchsetzen? — Bedenken Sie 6 Monate ohne arbeiten zu können. — Das was war mit mir, daß ich vieles Geld unnütz ausgab ist richtig, und ich werde mich nicht ändern denn, wenn ich ganz intensiv nachdenke wieso ich viel Geld ausgebe wird es jedem Sehenden klar: es stimmt überein mit dem Fortgeben meiner Werke, ebensoviel, ebensostark, dennoch habe ich wenig davon. Vielleicht erkennt das jemand oder kann ich es erläutern in dieser Zeit wo man schreiben kann. Alles will ich ja nur des Werkes wegen. Wozu überhaupt die vielen Worte; wäre

mir jemand gleich so fragte er mich und täte das[!] es am schnellsten getan ist. Wenn niemand da ist, so zeige ich nichts mehr von mir. Künstler sollen sammeln oder die welche Herzen haben und ungehindert herausreden. Warum ich Ihnen das schreibe ist selbstverständlich, ich weiß mich doch nicht getäuscht. Ich komme morgen zu Ihnen um [?] zu reden um 2h—3h.   Ihr Egon Schiele."
W. ST. B. 180.669; R., B. & P., p. 71 [395]

20. IX. 1912

→ Hans Goltz, L. s. Auf Briefpapier mit neuem Briefkopf: „Vertretung in Deutschland für: Der Blaue Reiter [Kandinsky / Emil Zoir] Egon Schiele." 1 p. gr. 8° An → Arthur Roessler
Will nach Wien kommen. Würde die verlangten Arbeiten Berliner und Münchner Künstler mitbringen. Könnte Roessler ihm einen Absatz garantieren „wenn ich verspreche, nur gutes und starkes mitzubringen?"[1], etc.
E. S. A. 776 [396]

[1] Roessler, daran sei erinnert, war eine Zeitlang als Leiter der → Galerie Miethke in Wien tätig.

? IX. 1912

An → Dr. Hermann Engel, L. a. s.
„September 1912.
Lieber Dr. E.[ngel] „Die Offenbarung"![1] — Die Offenbarung eines betreffenden Lebewesens. Ein Dichter, ein Künstler, ein Wissender, eine Spiritist kann es sein. — Haben Sie schon gespürt, welchen Eindruck eine große Persönlichkeit auf die Mitwelt ausübt? — Das wäre eine. — Das Bild muß von sich Licht geben, die Körper haben ihr eigenes Licht, das sie beim Leben verbrauchen; sie verbrennen, sie sind unbeleuchtet. — Rückwärts die Figur? — Die eine Hälfte soll also die Vision eines so großen Menschen porträtiert zeigen, daß der, der eben beeinflußt, hingerissen sich niederkniet, sich beugt vor der Größe, die schaut, ohne die Augen zu öffnen, die verwest, der das astralische Licht orange oder andersfarbig ausströmt, in dem Übermaß, daß der Gebeugte hypnotisiert in den Großen fließt. — Rechts ist alles rotorange, rotbraun. — Links ist also das ihm ähnliche Wesen, das andersartig, dem rechten großen gleichsteht. — (Positive und negative Elektrizität vereinigen sich.) So soll bedeutet sein, daß der kniende Kleine in den strahlenden Großen hineinschmilzt. — Das wäre Einiges über mein Bild „Die Offenbarung".   Egon Schiele."
Nach: R., B. & P., p. 157; Verbleib unbekannt [397]

[1] „Offenbarung", 1911. Dr. Engel war der erste Besitzer. Der Brief ist wegen der Deutung eines seiner Bilder bemerkenswert.

? IX. 1912

Westermanns Monatshefte[1]. Sonderabdruck aus dem 57. Jahrgang (September 1912—August 1913), pp. 263 ff.: Arthur Roessler. Die bildenden Künste. Das Wiener Kunstjahr 1911/12.
p. 274: „Die Sehnsucht gelangte in der → Hagenbund-Ausstellung[2] am deutlichsten in den Malereien von Egon Schiele

zum Ausdruck. Daß Schiele durch gewisse Arbeiten auf kunstfremde Menschen wie Dynamit wirkt, sie sprengt, zerreißt, ist eine Tatsache, aber eine von ihm nicht beabsichtigte, denn nichts liegt diesem verträumten Neu-Gotiker ferner als das Verlangen nach Bluff. Bei ihm ist nicht die Not, ist der innere Überfluß schöpferisch geworden. Charakteristisch für seine gleichsam traumwandlerische intuitive Schaffensart ist es, daß seiner aufgestauten Kraft mitunter Bildwerke gelingen, die hoch über seinem eignen verstandesmäßigen Urteil stehen. Was Schiele malt? Vielerlei. Landschaften, feldüberteppichte Hügelweiten, Lenzbäume im Föhn, Ansichten alter traumhafter Städte an dunkelblau rinnenden Flüssen, Stilleben, Porträte, in denen das Innere der Menschen nach außen gestülpt erscheint, so daß sorgsam verborgen gehaltene Seelenzustände sichtbar werden ..."

E. S. A. 1062 [398]

1 „Westermanns Monatshefte" erscheinen seit 1856 in dem von Georg Westermann (1810—1879) in Braunschweig gegründeten Verlag.
2 Die Ausstellung im → „Hagenbund", Wien, fand im März 1912 statt.

? IX. 1912
Egon Schiele, P. a. s., 1 p. klein 8°
„bis am 8. September 1912
57 K[ronen] 70 h [Heller]
10   „   10. September
67 K 70 h

vor 1. November 1912[1]
zahle ich 150 K.
Egon Schiele."

E. S. A. 348 [399]

1 Vermutlich Miete für das Atelier XIII., Hietzinger Hauptstraße 101.

1. X. 1912
An Dr. Sch.[eu?], L. a. s., 1 p. 8°
„1. Oktober 1912
Geehrter Herr Dr. Sch. wenn Sie jetzt einmal mich besuchen, so sehen Sie, also in den nächsten Tagen, einige neue Bilder[1], ausserdem befindet sich jetzt mein ständiges Atelier XIII, Hietzinger-Hauptstraße 101[2], wo ich auch wohnen werde.
Mit schönen Grüßen   Egon Schiele."

Neue Galerie der Stadt Linz [400]

1 Es ist auffällig, daß er hier von neuen Bildern spricht, während im Brief vom 19. IX. davon die Rede ist, er habe 6 Monate lang nicht arbeiten können.
2 Es könnte sein, daß Schiele — in der Hoffnung durch Vermittlung → Klimts eine Staatssubvention von 1000 Kronen zu erhalten — voreilig das neue Wohn-Atelier in guter Gegend, nämlich im Wiener Nobelbezirk Hietzing, gemietet hat [siehe seine Andeutung an den Hausherrn, Architekt M. O. Kuntschik vom 6. XI. 1912]. Oder aber es hat ihm damals irgend jemand eine größere Summe Geldes zur Verfügung gestellt.

[nach dem 1. X. 1912]
→ Arthur Roessler, C. a. s. [Lyonel Feininger, Stadt am Ende der Welt]. An Schiele, XIII., Hietzinger Hauptstraße 101
„Lieber E. S. — morgen (Montag) Nachmittag trifft sich eine fidele Gesellschaft (Maler, Architekten, Kunstgewerblerinnen

95 Das Haus Wien XIII., Hietzinger Hauptstraße 101. Im 4. Stock Schieles Atelierwohnung (seit dem Herbst 1912).

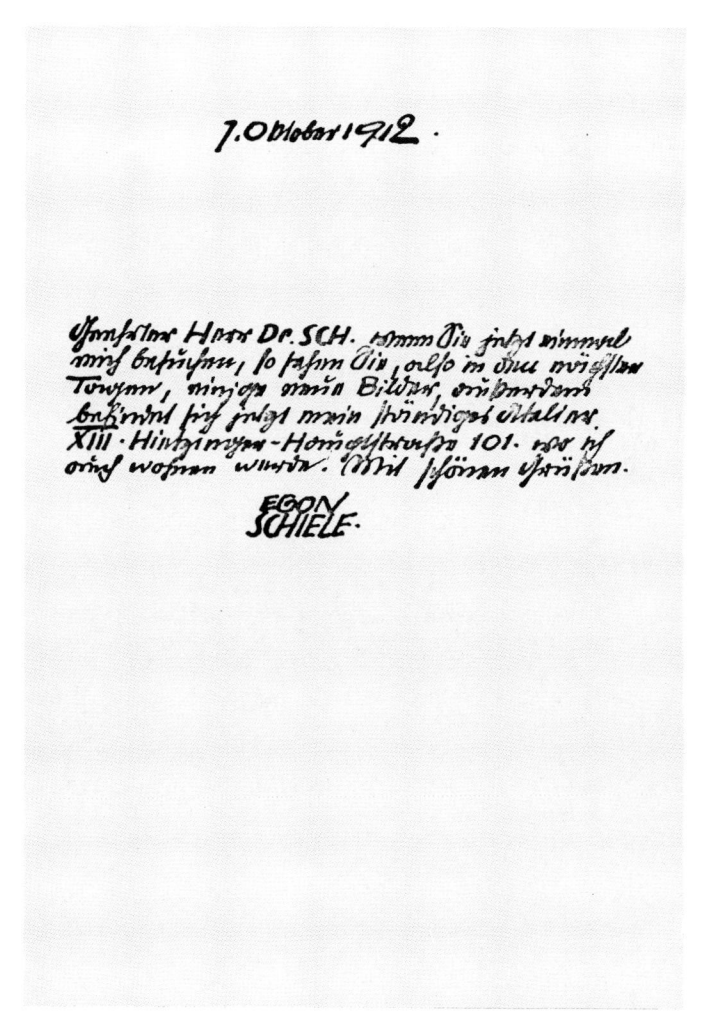

[400]

DOKUMENTE UND KORRESPONDENZ 1912

etc.) in Thallern¹. Abfahrt vom Südbahnhof od.[er] Bahnhof Meidling cca. 5ʰ. Kommen Sie doch auch! — Grüße R—r."
E. S. A. 547 [401]

1 Thallern, Ausflugsort südlich von Wien in der Nähe von Gumpoldskirchen.

[Nach dem 1. X. 1912. Jahreszahl von fremder Hand]

→ Arthur Roessler, C. a. s. [Erster deutscher Herbstsalon, Berlin, Potsdamerstraße 75. Paul Klee, Zeichnung]
„Lieber E. S. — ich bin seit gestern wieder zurück. Wenn Sie mich nächstens mal nachmittags besuchen wollen, können Sie allerlei Interessantes bei mir sehen. Stursa¹ läßt Sie grüßen, ebenso → Pfemfert u. → Mopp u. → Goltz. Addio. A. R—r."
E. S. A. 535 [402]

1 Jan Štursa (1880—1925), tschechischer Bildhauer.

2. X. 1912

→ Hans Goltz, L. s., 1 p. groß 8°. An → Arthur Roessler
Die Bilder Schieles in seiner Verwahrung, sowie jene von der Sonderbundausstellung in Köln, gingen auf dem schnellsten Wege zur Kunsthandlung → Arnold, Dresden, etc.
E. S. A. 777 [403]

7. X. 1912

→ Hans Goltz, L. s., 1 p. groß 8°. An → Arthur Roessler
„... Sollten Sie → Kokoschka sehen, wäre ich Ihnen sehr dankbar, wenn Sie dafür sorgen wollten, dass ich auf mein Schreiben eine Antwort erhalte..."
E. S. A. 778 [404]

8. X. 1912

Lieferschein der Spedition Guido Hartmann, Wien XIX., Billrothstraße 4, über 1 Bild und eine Staffelei, an „Schiele[!] 13. Hietzinger Hauptstr[aße] 101" im Auftrag [eines Beauftragten von → Dr. Oskar Reichel], Wien XIX., Chimanistraße 11.
W. ST. B. 180.627; Gl. 80 [405]

9. X. 1912

An → Arthur Roessler, C. a. s. [Rohrpostkarte]. In Bleistift
„Lieber A. R—r. Sie werden wohl nicht bös sein, wollte gestern noch vor 7ʰ kommen wegen dem Spediteur, hatte nämlich mit m.[einer] Mutter eine verzwickte Sache d.[ie] 10 K kostete und → Dr. Sp[itzer] sagte mir fast sicher zu wegen Einigem. Er selbst bekam aber das nicht erst in 2 Tagen. Ich komme morgen zu Ihnen und bringe m[eine] Sch.[uld] v.[on] 50   Ihr E. S."
W. ST. B. 180.584; Gl. 37 [406]

—

→ Museum Folkwang, Hagen in Westfalen, L. s.
Herr → Osthaus sei verreist, Brief vom 6. X. sei nachgeschickt worden, etc.
E. S. A. 477 [407]

5. XI. 1912

→ Hans Goltz, L. s., 1 p. groß 8°
Teilt mit, daß sich eine Nachahmung seines Geschäftes unter dem Namen „Der neue Kunstsalon" in Schwabing aufgetan habe, der Blätter von Schiele anzeige, von ihm jedoch nichts gekauft habe. Erbittet Mitteilung, ob → Osthaus sich definitiv entschieden habe, etc.
E. S. A. 779 [408]

6. XI. 1912

An → Architekt [Moritz Otto] Kuntschik, VI., Hirschengasse 25 [Abschrift]
„Wien 6. November 1912
Geehrter Herr O. K. Sie werdens mir nicht verübeln, wenn ich dieses Viertel noch monatlich den Zins bezahle; nicht deswegen weil ich unfähig bin 225 K. [auf] einmal niederzulegen, sondern weil ich mit dem Geld welches ich momentan besitze eine Zeit lang auskommen will, damit ich nicht angewiesen bin jetzt meine neuesten Bilder noch bevor sie ausgestellt waren zu verkaufen. Ich rechnete nämlich damit dass ich circa 800 MK vom → Museum Folkwang erhalte leider aber ist der Besitzer dieses¹ schon sehr lange in Frankreich und ich weiss nicht wann er kommt; gleichzeitig sende ich Ihnen die Bestätigung. Auch von anderen Seiten erhoffe ich schon seit Monatsfrist grössere Beträge wenn ich aber diese nicht in der Tat habe will ich mich nicht bloßgestellt sehen und hoffe dass Sie, wie Sie von sich selbst wissen werden mir recht geben werden. Auch soll ich im November oder Dezember eine Staatssubvention durch → Gustav Klimt, Dörnhöffer² von vielleicht 1000 K erhalten und meine Absicht dass ich dann den Zins für das Atelier für längere Zeit vorausbezahle, so weit ich glaube es mir möglich zu sein. Jetzt sende ich 75 K für ein Monat. Ausserdem muss ich auch für meine Mutter sorgen, die jetzt auch übersiedelt und ich ihr helfen muss. — Im Notfalle habe ich bei meinem Advokaten → Dr. Hans Weiser, Wien VII., Zieglergasse 11 einen Betrag deponiert, den ich aber nicht benötigen will. — Jetzt habe ich Ihnen alles gestanden. — Sollte ich aber heute oder morgen einen von den Beträgen bekommen so zahle ich wenn möglich bis Mai 1913 voraus. — Mit dem Vormund³ habe ich Einleitung getroffen. Die Fenster beim Atelier sind nicht gut verkittet, ich muss sie ausbessern lassen. — Wann kommen Sie wieder ins Kafe[!] Alserhof?⁴ Mit schönen Grüssen Egon Schiele."
E. S. A. 641. Nach dem Original in der Sammlung Walter Krieg, Wien [409]

1 → Karl Ernst Osthaus
2 Friedrich Dörnhöffer (1865—1934), Kunsthistoriker, seit 1909 Leiter der neugegründeten österreichischen Staatsgalerie [heute Österreichische Galerie], 1912 Generaldirektor der bayerischen Staatsgemäldesammlung in München.
3 Schiele war 1912 bereits volljährig, der Sinn des Satzes ist unverständlich.
4 Kaffeehaus im IX. Bezirk.

9. XI. 1912

→ Hans Goltz, L. s., 1 p. groß 8°. An → Arthur Roessler
Fragt an, ob eine Auswahlsendung von Bildern von Ernst Kirchner (1880—1938), Alexej von Jawlensky (1867—1941),

Gabriele Münter (geboren 1877), etc. erwünscht wäre und ob er mit einer Absatzgarantie rechnen könne, etc.

E. S. A. 780 [410]

Es sei daran erinnert, daß Roessler eine Zeitlang Mitarbeiter der → Galerie Miethke in Wien war. Für diese ist das Anbot bestimmt.

—

[→ Fritz Gurlitt, Berlin] L. a. s. seines Mitarbeiters W. Waldecker. Auf Briefpapier des Hotels „Goldene Ente", Wien I., Riemergasse 4
Fragt an, ob Schiele nicht Sonntag morgen in die Stadt kommen könne, etc.

E. S. A. 442 [411]

11. XI. 1912

Feuilleton: „Wiener Kunstausstellungen. Secession-Hagenbund". Von Friedrich Stern. Erschienen im „Neuen Wiener Tagblatt"
Nach der Besprechung der Secessionsausstellung enthält das Feuilleton zunächst Mitteilungen über die Gründung des → „Hagenbundes". „... von Schiele hatten wir wiederholt zu sprechen Gelegenheit; zuerst als von einem höchst unzureichenden Nachahmer Klimts, dann, einigermaßen erstaunt, als einem bemerkenswerten Zeichner; heute müssen wir konstatieren, daß da ein wirkliches Talent am Hunger nach dem Absonderlichen und Abstrusen zugrunde zu gehen droht. Heute imitiert Schiele mit hingebendem Fleiß die allerjüngsten Jungen in allen ihren Scheußlichkeiten, in denen die Elite der Snobs zu schwelgen vermag, sogar von den Methoden der Kubisten hat er sich seine eigene Vorstellung gemacht, die er in einem Gemälde, „Die Eremiten"[1], vorführt. Auch ein „Selbstporträt"[2] hat er hier, daß nur darum schwer zu erkennen ist, weil die Verwesung zu weit vorgeschritten ist, von der ergriffen er sein junges Antlitz darstellen zu müssen glaubte. Das ist doch traurig. ... Einer, der vor kurzem noch Schieles Wege gewandelt hat, → Faistauer, scheint sich nun darauf zu besinnen, daß er einmal etwas Ordentliches gelernt hat..."

E. S. A. 283 [412]

1 „Die Eremiten", 1912.
2 „Selbstbildnis mit schwarzem Tongefäß", 1911.

16. XI. 1912

An → Arthur Roessler, L. a. s., 1½ pp. 8°
„16. November 1912.
Lieber R—R. ich habe an → Dr. Reichel einen Brief geschrieben, worinnen ich ihn ersuche mein neuestes Bild einstweilen von mir zu kaufen und bitte Sie wenn Sie vielleicht mit ihm telephonisch sprechen möchten oder mit mir am Montag nachmittag zu ihm gehn. Ich weiß nämlich nichts woher ich ausreichend bis Dezember Geld bekäme, und 10 u. 20 K. verzetteln sich. ich habe alles gezahlt jetzt und habe mit den [!] primitivsten Material und wenigsten Utensilien einige Bilder fast fertig gebracht. Leider brauche ich jetzt wieder Material, Farben, Pinsel, Terpentin, Papier und Modell um neues zu studieren. — ich glaube daß Dr. Reichel nichts riskiert und nichts verliert, weil ich hoffe daß → Gurlitt in Berlin ohnehin seine Bilder von mir für das dreifache verkaufen wird. Für Klaus[1] soll ich drei Bilder bis Mittwoch machen; brauche Japanpapier usw. [und so weiter] Bitte telephonieren Sie ihm oder geh[e]n Sie mit mir am Montag nachmittag um 3ʰ zu ihm. Wie ich in der Grünbergstraße war, gleich am Anfang, kaufte Dr. R. mehrere Bilder, außerdem malte ich auch Porträts wo ich größere Beträge bekam und damit so Verschiedenes erreichen konnte. Grüße Sie!   Egon Schiele."

W. ST. B. 180.670; R., B. & P., p. 73 [413]

1 Karl Klaus (geboren 1889), Architekt und Kunstgewerbler, Schüler von → Josef Hoffmann.

18. XI. 1912

→ Hans Goltz, L. s., 1 p. groß 8°
Die Dresdner Ausstellung[1] wahrscheinlich noch nicht eröffnet. Will wegen Schiele mit Baron Habermann[2], Sezession München, reden. „Ich habe jetzt gar kein Bild von Ihnen für meinen Salon. Ist es Ihnen nicht möglich mir etwas neues und starkes zu senden..." etc.

E. S. A. 781 [414]

1 Bei → Galerie Arnold.
2 Hugo Joseph Anton Freiherr von Habermann (1849—1929), Maler, 1904 erster Vorsitzender der Münchner Sezession.

19. XI. 1912

Verein bildender Künstler München. Sezession. L. s., 2 pp. groß 8°
Ein eigener Raum für die Frühjahrsausstellung könne nicht zur Verfügung gestellt werden, da der Andrang zu groß sei, etc.

E. S. A. 133 [415]

21. XI. 1912

Vereinigung bildender Künstler Österreichs, Secession Wien. 1 p. gr. 8°
Übersenden Anmeldeformulare, der Einsendetermin laufe am 1. XII. ab, etc.

E. S. A. 913 [416]

[418]

DOKUMENTE UND KORRESPONDENZ 1912

24. XI. 1912

An Secession, Wien, L. a. s., 1 p. 8°
„24. November 1912
Euer Wohlgeboren! bitte mir noch schnell mitzuteilen wann die Ausstellung die geplant ist, spätestens geschlossen wird, weil ich mich draußen verpflichtete diese Bilder die ich an Sie senden will auszustellen.   Ergebenst Egon Schiele
Wien XIII. Hietzinger Hauptstraße 101."
Wiener Antiquariat Ingo Nebehay, Lager 1976   [417]

26. XI. 1912

Vereinigung bildender Künstler Österreichs, Secession Wien. L. s., 1 p. gr. 8°
Teilt mit, daß die Ausstellung spätestens am 15. März geschlossen wird.
E. S. A. 912   [418]

KUNSTSCHRIFTSTELLER ARTHUR ROESSLER, WIEN

[419]

27. XI. 1912

→ Arthur Roessler, L. a. s., 1 p. groß 8°. An → Hans Goltz
„Sehr geehrter Herr Goltz — Ende September schrieben Sie zu wiederholten Male dass Sie in „Kürze auf 2—3 Tage nach Wien kommen" wollten, was uns 100 Briefe ersparen würde, aber bis heute kamen Sie nicht, so dass ich doch wieder zu der altbewährten Turn- & Taxischen Einrichtung der Briefpost Zuflucht nehmen muss. ... Dass Sie mit den „stärkeren der Wiener Künstler in engere Fühlung" treten wollen, ist ein gewiss kluger Entschluss, der jedoch nur dann Wert hat, wenn er bald in die Tat umgesetzt wird. Sie werden sich jedenfalls bald dazu aufraffen müssen ihn zu verwirklichen, weil Ihnen sonst andere reichsdeutsche Kunsthändler zuvorkommen. So war z. B. [zum Beispiel] Herr Waldecker von der Fa.[irma] Gurlitt[1] in Berlin bereits hier um „engere Fühlung" zu nehmen. Er hat Schiele unter den denkbar günstigsten Bedingungen eine grosse Kollektivausstellung in seinen Berliner Sälen angetragen und sich auch sonst sehr um Sch. bemüht, ausserdem auch noch nach anderen jungen Wienern Umschau gehalten. Sch. hat die Ausstellung mit Gurlitt abgemacht. Ich kam vor den fertigen Pakt zu stehen. Bei den anderen Malern, → Faistauer u. → Gütersloh[2] z. B. konnte ich anderweitige Abmachungen vorläufig noch hintanhalten, weil ich stets darauf verwies, dass Sie „jeden Tag" hier eintreffen können. Wenn Sie die Angelegenheit aber auch fürderhin so „energisch" wie bisher betreiben, kann ich Ihnen nur in Aussicht stellen, dass Sie nicht nur keinen der wichtigen Jungwiener bekommen, sondern auch noch Schiele verlieren werden, der ausser sich ist über die nachlässige Weise, in der Sie seine Interessen vertreten. So sandten Sie z. B. an → Arnold in Dresden die Bilder Schieles ohne Aviso und ungerahmt. Schiele findet, dass man dies doch keine „Vertretung" nennen kann, zumal ihm Gurlitt davon ganz andere Begriffe beibrachte. Seit 14 Monaten haben Sie von Schieles Arbeiten nicht ein Stück verkauft! Nicht einmal irgend ein kleines Blatt — oder ihm doch wenigstens keinen Verkauf mitgeteilt oder verrechnet. Schiele sieht sich daher genötigt, einen Vertrag zu begehren, der ihm einen gewissen perzentuellen Verkauf zusichert oder seine Arbeiten zurück zu ziehen, was er, um allen eventl. [eventuellen] Streit zu entgehen, durch die österr.[eichisch]-ungar.[ische] Gesandtschaft in München tun würde. Bei ruhiger Überlegung werden Sie Schieles Forderung nicht unbillig finden können. Sie müssen sich vielmehr selber sagen, dass er mehr Verkaufschancen hätte, wenn er über seine Arbeiten frei verfügen könnte. Sie binden ihn ohne ihm irgend welchen Gegenwert dafür zu bieten, da Sie sich nicht einmal zu perzentuell verhältnismässigem Verkauf verpflichten. Von mir jedoch verlangen Sie eine „Garantie" über einen „Absatz von einer gewissen Höhe", wenn Sie Neukunst hierherbringen oder schicken. Wie reimt sich das? ... Bitte, geben Sie bald Bescheid, Ihrem hochachtungsvoll grüssenden
[signiert:] Arthur Roessler."
E. S. A. 782   [419]

[1] → Fritz Gurlitt.
[2] → Paris von Gütersloh; keiner der beiden hatte damals in Deutschland Erfolg. Auch kam es zu keiner Ausstellung bei Gurlitt in Berlin.

29. XI. 1912

→ Hans Goltz, L. s., 4 pp. An → Arthur Roessler
Ist verwundert, daß Roessler plötzlich wieder als Anwalt Schieles auftritt... „Das tolle aber ist, Ihre Behauptung, ich hätte seit 14 Monaten nichts abgesetzt. Ich habe bis jetzt an 800 Mark für Sch. Blätter bezahlt... Ausserdem hat → Osthaus doch nur durch meine Ausstellungen ein Bild gekauft... Ich führe einen in Deutschland gänzlich unbekannten jungen Mann unter erheblichen Kosten und Opfern hier ein und mache seinen Namen bekannt. Nachdem dies geschehen, ... wird unter den fadenscheinigsten in diesem Falle sogar erdichteten Gründen, der Vorteil woanders gesucht ... etc."
E. S. A. 785   [420]

—

→ Hans Goltz, L. s., 2 pp. groß 8°
„... Sagen Sie einmal lieber Herr Schiele, wenn Sie glauben zu Klagen berechtigt zu sein, warum brauchen Sie dazu einen Vermittler? Sie wissen doch ganz genau ... daß der einzige der sich über unseren Vertrag hinweggesetzt hat, immer nur Sie gewesen sind ... etc."
E. S. A. 783/4   [421]

3. XII. 1912

→ Hans Goltz, L. s., 2 pp. groß 8°
Neuer Vertragsentwurf. „... [Sie] bieten jedes neue Werk der Malerei mir zunächst zum Kaufe an, in der Form dass Sie mir die Leinwand auf 5 Tage mit Postpaket zur Ansicht schicken. Ich verpflichte mich zu einem festen Ankauf von 1500 Mark nach eigener Wahl und zahle Ihnen diese in 4 Raten, 20. I.; 20. April, 20. Juli und 20. Oktober. Jeden Mehrumsatz bezahle ich sofort nach Eingang des Geldes. Ich

erhalte von allen Bildern, die von Ihnen direkt nach Deutschland verkauft werden, 10%, von allen übrigen Verkäufen, welche durch meine Ausstellungen oder durch meine Bemühungen erzielt werden, 30% des erzielten Preises", etc.
E. S. A. 786 [422]

6. XII. 1912
→ Hans Goltz, L. s., 1 p. groß 8°, An Egon Schiele
„... Leider ist mit → Osthaus nichts zu machen. Er schreibt mir heute daß Sie ihm den Preis hätten früher mitteilen müssen und daß er Ihnen das Bild gegen Rückzahlung von M. 250.00 wieder zur Verfügung stellt. Sie ersehen daraus am besten wie weit Sie kommen, wenn Sie direkt ohne Hilfe Ihres geschäftskundigen Vertreters verkaufen..." etc.
E. S. A. 787 [423]

9. XII. 1912
→ Magda Mautner Markhof, Wien III., Hauptstraße 138, L. a. s., 4 pp. 8°
„... Ich hätte gerne im → Hagenbund eine Ihrer 2 Landschaften[1] erworben... Ich sende Ihnen jetzt 100 K. und anfangs November 200 K. dann 100 Kronen im Dezember... Mir sind nämlich die beiden Landschaften viel lieber wie Ihre figuralen Arbeiten die mir oft recht fremd sind. Auch bei Ihren Zeichnungen empfinde ich daß Sie eine ganz andere Anschauungs- und Empfindungsweise haben wie ich... Trotzdem möchte ich gerne eine Arbeit von Ihnen in meiner Sammlung haben weil ich die junge Wiener Kunst vollständig vertreten haben möchte... mit der Zeit", etc.
E. S. A. 171 [424]

[1] „Herbstbaum mit bewegter Luft", 1912.

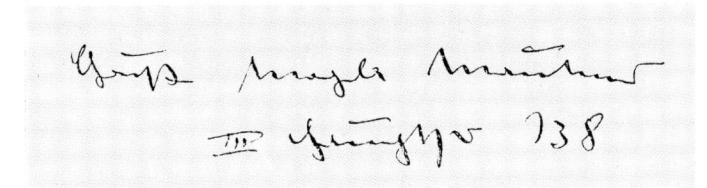

[424]

[nach dem 9. XII. 1912]
An → Heinrich Benesch [Abschrift]
„Lieber Herr B. Wenn der Herr M.[1] wieder 120 Kr dafür zahlt, so bitte ich Sie von diesem Betrag nichts dem → Doktor Weiser auszufolgen, weil ich damit die Übersiedlung zu zahlen gedenke und das Nötigste was drum und dran ist. Mit dem Mauthnergeld[2] bezahle ich den Zins. → Osthaus, ist noch auf der Reise wie man mir geschrieben hat. Von dem werde ich dann einen grösseren Betrag erhalten und will davon auch einiges dem Dr. W.[3] abliefern. Auch muss ich an meinen Farben und Requisitenhändler einiges Geld senden. Wenn Sie bei M. waren, so schreiben Sie mir vorher wann Sie zu mir kommen. Herzliche Grüsse   Egon Schiele"
E. S. A. 608 [425]

[1] Bei K. kommt im Jahre 1912 ein Heinrich Mayer als Besitzer von „Selbstbildnis mit Lampionfrüchten", 1912, vor.
[2] Die Bezahlung des Bildes: „Herbstbaum in bewegter Luft" von Magda Mautner Markhof an der → Hagenbundausstellung erworben.
[3] Dr. Hans Weiser, Schieles Strafverteidiger. Es geht vermutlich um das Honorar für die Verteidigung in Neulengbach und in St. Pölten.

20. XII. 1912
An → Carl Reininghaus, L. a. s.
Berichtet, mit Bezug auf ein kleines, auf Holz gemaltes Stadtbild, daß er jetzt einige größere Stadtbilder gemalt habe.
Nach: L. 225, p. 575 [426]

22. XII. 1912
An → Marie Schiele, L. a. s. Aus Györ [= Raab, Ungarn]
„22. Dezember 1912. Hotel Meixner, Royal-szálloda, Györ. Liebe Mutter! Mir geht es einfach ausgezeichnet, ich kam gestern um viertel 12 Uhr hier an und wurde gleich mit dem Herrschaftswagen abgeholt. Die Spiritusfabrik Györ[1] ist eine ganz große samt drei Schleppbahnen und eigenen Waggons und Lokomotiven, kurz sehr groß. — Das Wohnhaus dementsprechend und völlig von der → Wiener Werkstätte eingerichtet. Die Leute sind äußerst elegant, und höchst liebenswürdig zu mir, vielleicht male ich alle mit der Zeit. Wir waren im Theater und verschiedenes. Die Stadt ist fast so groß wie Linz. — Immer wartet die Equipage. Diener, grau mit Silberknöpfen. Schöne Grüße   Egon."
Nach: R., B. & P., p. 28; Verbleib unbekannt [427]

[1] Gehörte → August Lederer.

—

An → Arthur Roessler, L. a. s. Auf Briefpapier „Hotel Meixner, Györ" [= Raab, Ungarn], 2½ pp. 4°
„Sonntag 22. Dezember 1912
Lieber R—R. mir geht es sehr gut; ich wurde gestern vom Bahnhof mit Wagen abgeholt und wurde äußerst liebenswürdig von L.[1] empfangen. — Die Spiritusfabrik ist eine ganz große und das Wohnhaus durchwegs neu von der W. W.[2] eingerichtet. Die Leute sind sehr lieb zu mir und ich zeichnete auch schon 5 Blätter, wovon jedes → Lederer's gefällt, und diese erstaunt sind wie sicher ich arbeite wenn sie zusehn. Vielleicht werde ich in einiger Zeit alle Familienangehörigen gemalt haben wie sie sagen. Frau L.[3] ist durch einige Zeit eine Klimtschülerin gewesen und der Knabe den ich male[4] ist 15 Jahre alt, langes vornehmes Gesicht und malt natürlich und zeichnet auch wie Beardsley[5]; nur hat er nie noch die Natur beobachtet und das ist sein Schaden. Staffelei Farben alles habe ich nur ist die Leinwand von Landsberger [Wien] I. Operngasse 4[6] noch nicht hier und ich möchte Sie bitten beim Vorbeikommen zu Landsberger zu gehn damit dieser umgehend die röm.[ische] Kreide Leinwand 110×50 cm durch einen Mann hierherbringt. Spiritusfabrik Györ (Lederer). — Wir waren abends noch im Theater, welches das erste, älteste Ungarns sein soll; ich verstand nichts aber die Darsteller haben ganz eigenartige rassige Bewegungen; von der komischen Loge aus wo wir saßen sah man prachtvolle Szenen auf der niederen Galerie; Zigeuner schwarz, russig, halb beleuchtet, die sich weit vorbeugen oder weiße Zähne, farbige Tücher und zerfranzte Fetzen. Im Kafe[!] Zigeunermusik und

Karambol[7]. — Wahrscheinlich schreibe ich Ihnen noch. Zur Sicherheit bitte ich Sie mir 20 K. in einen [sic] Brief an E. Schiele obiges Hotel Nr. 20 schnellstens zu senden; es kann nämlich möglich sein daß ich mir das zu bekommende Geld in Wien holen muß. In Wien ließ ich mir Elektrisches [Licht] einleiten damit ich auch nach 4^h arbeiten kann, das war sehr notwendig[8] und die Fahrt kostet bisher(?) 9,40. Dem Diener werde ich müssen ein Trinkgeld geben bitte Sie, schreiben Sie an mich einen Expreßbrief und was ich dem Diener geben soll. Herzlichste Grüße   Egon Schiele

                              Hotel Meixner Royal Nr. 20

                                  Győr (Raab)."

Privatbesitz, Schweiz   [428]

1 → August Lederer.
2 → „Wiener Werkstätte".
3 → Serena Lederer.
4 → Erich Lederer, von Schiele 1912 gemalt und des öfteren gezeichnet. Lebt heute in Genf.
5 Aubrey Beardsley (1872—1898), englischer Zeichner, der starken Einfluß auf die Buchillustration gewann. Erich Lederer besitzt eine vollständige Sammlung der von ihm illustrierten Bücher in Luxusausgaben.
6 Bekanntes Malutensiliengeschäft, heute an derselben Stelle.
7 Karambol = Billard.
8 Bezeichnend für damalige Verhältnisse. Es gab vorwiegend Gaslicht.

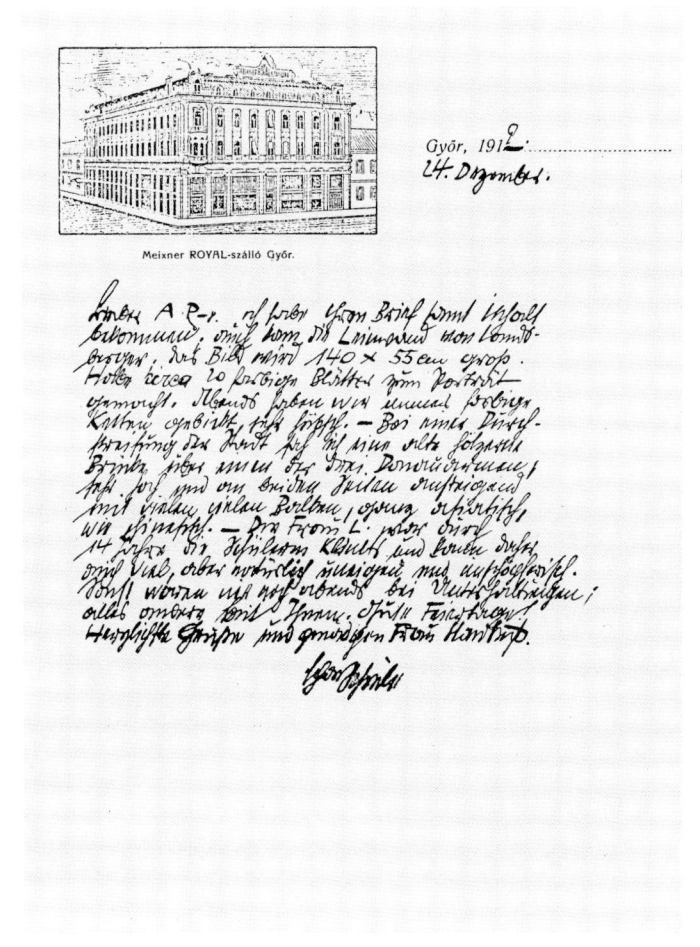

[429]

24. XII. 1912

An → Arthur Roessler, L. a. s. Auf Briefpapier: „Meixner Royal-szálló Győr"

„24. Dezember.

Lieber A. R.—r. ich habe Ihren Brief samt Inhalt[1] bekommen; auch kam die Leinwand von Landsberger[2]; das Bild wird 140×55 cm groß[3]. Habe circa 20 farbige Blätter zum Porträt gemacht[4]. Abends haben wir immer farbige Ketten gebickt[!], sehr hübsch[5]. — Bei einer Durchstreifung der Stadt sah ich eine alte hölzerne Brücke[6] über einen der drei Donauarmen[!], sehr hoch und an beiden Seiten ansteigend mit vielen, vielen Balken, ganz asiatisch, wie chinesisch[7]. — Die Frau L.[8] war durch 14 Jahre die Schülerin → Klimts und kann daher auch viel, aber natürlich uneigen und unschöpferisch. Sonst waren wir noch abends bei Unterhaltungen; alles andere [mündlich] mit Ihnen. Gute Feiertage! Herzlichste Grüße und gnädigen Frau Handkuß   Egon Schiele."

W. ST. B. 180.671; R., B. & P., p. 75   [429]

1 Es handelt sich um Geld und Ratschläge.
2 Geschäft für Malereibedarf in Wien.
3 Die Maße von „Bildnis von Erich Lederer", 1912.
4 Interessanter Hinweis auf Schieles rasches Arbeiten. Einige dieser Blätter in Schweizer Privatbesitz.
5 Gemeint ist geklebter Christbaumschmuck aus Buntpapier.
6 Schiele malte die Brücke nach flüchtigen Bleistiftskizzen 1913 daheim.
7 Bei Gertrude Peschka ein Exemplar von Münsterbergs „Chinesischer Kunstgeschichte", die Schiele anscheinend gründlich studiert hat.
8 → Serena Lederer.

1912

Liste seiner Bilder mit Angaben der Besitzer, des augenblicklichen Aufenthaltsortes und, unten, der zu bestellenden Rahmen. 1 p. groß 8°, rechts oben: „78"

„80 × 70   „Bekehrung"   1912. → F.[ranz] Hauer
 80 × 70   „Agonie"   1912. F.[ranz] Hauer
 80 × 80   „Madonna"   1911. → Dr. [Oskar] Reichel
                                                     Köln
 90 × 90   „Offenbarung"   1911. in München
100 × 100 „Heilige"   1911. in München
180 × 180 „Eremiten"   1912. Spediteur in Wien
100 × 100 „Schwarzes   1911. Dr. [Oskar] R.[eichel]
                   Mädchen"   Köln
 80 × 70   „Asketen"   1912. neu
 80 × 80   „Herbstbäume"   1911. Dr. [Oskar] R.[eichel]
 80 × 80   „Steinland"   1912.   „   „
 80 × 80   „Tote Stadt"   1912. → Osthaus [Hagen,
                                                   Westfalen]
 80 × 80   „Herbstland"   1912. [Franz] Hauer
 80 × 70   „Boothafen"   1912. neu
 80 × 70   „Ruhende Segel" 1912. neu

darunter [Rahmengröße]:
    1 Stück   80 × 70   ganz neu
    5 Stück   80 × 70
    5 Stück   80 × 80
    1 Stück   90 × 90
    2 Stück 100 × 100
    1 Stück 180 × 180"

W. ST. B. 180.625; Gl. 78   [430]

DOKUMENTE UND KORRESPONDENZ 1912

1912[?]
Egon Schiele, Photographie nach einem eigenhändigen Zettel, 1 Blatt 8°
„Temperafarben:

Kremserweiß	Kobaltgrün
Kadmium dunkel	Chromoxydgrün echt. feur.[ig]?
Kadmium orange	Paul Veronesergrün[!]
Krapplack dunkel	Goldocker
Zinnoberrot	Terra Pozzuli[!]
Ultramarin dkl. [dunkel]	Permanentgrün hell
Ultramarin hell	„ dkl.
Kobaltblau hell	Rebenschwarz."

G. P. 29 [431]

1912 [laut Bleistiftnotiz]
→ Arthur Roessler, C. a. s. [Postkarte der „Aktion": Franz Blei, gezeichnet von Max Oppenheimer]. An Egon Schiele.
„Lieber E. S. — Empfing heute das „Rocen di Mare"-Bild[1]. Freue mich dessen sehr. — Sie haben manches wieder gutgemacht! — Im Laufe der Woche suche ich Sie auf. Wenn Sie das Atelier verlassen, heften Sie einen Zettel an die Tür mit der Angabe, wo ich Sie finden kann. Besten Gruß A. R—r."
E. S. A. 290 [432]

1 Roesslers Bildbezeichnung ist nicht ganz verständlich.

[1912]
Egon Schiele, Skizzenbuch A (Juli bis September 1912).
Ehemals Besitz Melanie Schuster-Schiele laut A. C., IV., Anmerkung 1. [433]

[430]

96 „Kämpfer", Bleistift, Deckfarben. 1913 entstanden einige Selbstbildnisse mit ähnlichen Aufschriften.

IX. Besuch bei Arthur Roessler in Altmünster 1913

Der Aufenthalt bei Lederers in Györ war nicht nur in finanzieller, sondern mehr noch in menschlicher Hinsicht für Schiele bedeutend gewesen. Er sah sich, nach Jahren der Entbehrung, in einen großen, vornehmen Haushalt aufgenommen, geschätzt und liebevoll betreut. Nach einer dort gefertigten Skizze malt er seine „Brücke", 1913. Da er Münsterbergs „Chinesische Kunstgeschichte" besaß[1], ist ihm die Ähnlichkeit dieser Brücke mit anderen auf chinesischen Darstellungen aufgefallen und hat ihn wohl zu diesem Bild inspiriert.

Er ist nun dreiundzwanzig Jahre alt. Neulengbach scheint weit zurückzuliegen, er hat das Leben vor sich. Er fängt an, an sich und seine Sendung zu glauben. Wie könnte man sonst verstehen, was er nun an seine Mutter, mit der es immer wieder Konflikte gibt, schreibt:

„... Du bist in dem Alter wo ich glaube, der Mensch die Sucht hat die Welt mit reiner Seele ungehalten und ungehindert sehen will und Freude über die vollbrachten dargelegten Früchte sehen will, ihren Eigenwillen, der angeboren ist und selbstständige Wurzeln trägt. — Das ist die große Absonderung. Ohne Zweifel werde ich die größte, schönste, kostspieligste, reinste und wertvollste Frucht sein, — in mir haben sich durch meinen selbständigen Willen alle schönen und edlen Wirkungen vereinigt; — schon auch des Mannes wegen. — Ich werde die Frucht sein die nach ihrer Verwesung noch ewige Lebewesen zurücklassen wird; also, wie groß muß Deine Freude darob sein — mich gebracht zu haben? — —" [31. III. 1913]

Und kurz darauf schreibt er ihr:

„... Wer aber an meinen Empfindungen zweifelt, das Andenken an Verstorbene, der sticht mir ins Herz! Ich weine nicht mit Tränen und erinnere auch nicht mit Geld. — Wer weiß und kennt mich?! darum zweifle ich an Dir. Blos[!] Banalität! Leben und Sterben ist schön! ich freu' mich auf beides! So lange Elemente sind, werden sich auch die Körper begegnen! Wenn ich Geld momentan hätte, würde ich sofort schicken, was ich habe; ich muß aber warten! und glaube, daß ich mir als Erstes

vorgenommen habe, sofort Geld zu senden, um das Grab endlich zu richten; ich sitze aber nicht auf Geld, habe nicht einen Heller gespart..." [15. VII. 1913 aus Altmünster]

Es ist der leidige Konflikt um die Gestaltung des väterlichen Grabes, das auf dem Tullner Friedhof liegt. Die Mutter hörte von den Erfolgen des Sohnes und wollte nicht begreifen, daß von dem verdienten Geld nicht genug übrig bleiben sollte, um ihren Wunsch zu erfüllen. Schiele war, als er den zweiten Brief schrieb, Gast Arthur Roesslers im Haus Gaigg in Altmünster am Traunsee, und dessen Feder verdanken wir die vielleicht ungetrübteste Darstellung des ewigen Kindes in Schiele. Ungetrübt deshalb, weil wir uns einmal, so glauben wir, voll und ganz auf das uns Mitgeteilte verlassen können.

Schiele hatte an ihn aus Villach geschrieben und ihm drei verschiedene Ankunftszeiten mitgeteilt. Daß er, wir erwähnten dies bereits, ohne ein Wort davon zu sagen, seine Freundin → Wally Neuzil mitbrachte, war für den vornehm zurückhaltenden Gastgeber gewiß eine unerwartete Überraschung. Aber er sollte noch andere — wenn auch durchaus liebenswerte — erleben.

„... Entweder — oder! Entweder — oder! Das bedeutete, daß ich den halbstündigen Weg von meinem Wohnhaus am See bis zum Bahnhof so oft machen mußte, bis es meinem lieben Gast gefällig sein würde, einem der angegebenen Züge zu entsteigen... kehrte aber auch von dem letzten mir angegebenen Zug allein zurück. Durchkältet... saß ich... bei heißem Tee mit viel Rum... als aus dem nächtlichen Dunkel und dem Rauschen des sintflutartigen Regens ein Pfeifen, gleich dem flötentonigen Ruf eines unbekannten Vogels, und darauf die Stimme Schieles erscholl. Er war also doch, wenngleich aus einer ganz anderen Richtung... gekommen! Aber nicht allein, er hatte sein Modell mitgebracht. Die gegenseitige Begrüßung war dennoch herzlich. Bald begab sich der Künstler zur Ruhe; er glich an dem Abend einem müden Schuljungen und hatte nur mehr für das Bett Interesse. Am folgenden Morgen, der... einen schönen Tag verhieß, bat mich Schiele, sein ‚großes' Gepäck vom Bahnhof holen zu lassen. Gepäck! Großes Gepäck? Ja, er habe außer einigen kleinen Stücken auch einen großen Reisekorb mit... was er denn alles mitschleppe? O, nur die notwendigsten Dinge... Dieser ‚Deklaration' traute ich keineswegs, und wirklich hatte ich recht, denn aus dem ominösen Reisekorb kamen im kunterbunten Durcheinander zum Vorschein: Wäsche, Kleider und Toilettegegenstände, dann aber einige gesprungene und schartige Tonkrüge, einige farbig glasierte Bauernschüsseln, einige grellfarbige ‚Kopftüchel', eine große Anzahl wuchtiger Quartanten und Folianten, Kunstpublikationen und Mappenwerke, eine große verschnürte Holzschachtel mit unbekanntem Inhalt, drei, vier primitive Holzpuppen, sogenannte ‚Docken', einige absonderlich gewachsene, verkrüppelte Baumstrünke, zahlreiche Mal- und Zeichengeräte, ein Kruzifixus, Weihbrunnbecken aus Steingut und das dreibeinige ‚trojanische' Pferd, ein plumpes Kinderspielzeug, das zu bewundern ich von Schiele moralisch gezwungen wurde[2]. Notwendigste Dinge, wahrlich! — Da Schiele all den genannten Kram, mit dem er sich sogleich die Gaststube ‚wohnlich' einrichtete, als notwendig für sich empfand, war nichts anderes zu tun, als ihm dies gelten zu lassen...

Eines Morgens... bot sich mir, als ich Schieles Stube betrat, ein wunderlicher Anblick dar: inmitten des Raumes saß Schiele auf dem blanken Estrich und ließ um sich eine durch Stahlfederkraft betriebene, überaus nett gearbeitete, kleine Spielzeug-Eisenbahn im Kreise fahren. Er stellte die Gleiswechsel, ließ das ‚Zügle' rangieren, kuppelte an und ab und tat sonst noch alles, was man mit solch einem Ding tun kann, alle Verrichtungen mit den Lautimitationen der Geräusche begleitend, die eine fahrende ‚wirkliche' Eisenbahn hervorbringt. So verblüffend der Anblick des mit dem Kinderspielzeug ernsthaft beschäftigten jungen Mannes auch war, verblüffte noch viel mehr die geradezu unheimliche Virtuosität, mit welcher der todernste Spieler all die vielfältigen Töne des Dampfgezisches, des Signalpfeifens, des Räderrollens, der Schienenstöße, des Achsenkreischens und Federnquietschens, der Auspuffknalle beim Anfahren und des schleifenden Stahlschreies beim Bremsen hervorbrachte. ‚Jetzt fährt der Nord-Süd-Express durch eine Station — jetzt fährt er durch einen Tunnel — jetzt fährt er über eine eiserne Brücke — jetzt über eine steinerne — jetzt fährt er in eine große Bahnhofshalle ein, in so eine wie Dresden[3] hat. Und so pumpernd fährt ein Lastzug — so keucht er bergan — so talab!' Es war erstaunlich, was Schiele da exekutierte. Er hätte damit auf jeder Varietébühne ‚auftreten' können...

Schieles Aufenthalt in Altmünster war von Wetterglück begnadet, wenngleich ihm, den es nach südlicher Sonne verlangte, das Wetter noch immer nicht gut genug war... Wir ruderten oft auf dem See, schlenderten nach Gmunden, das Schiele außerordentlich gefiel, und besuchten einige Male das Inselschloß Orth, für das Schiele eine ganz besondere Vorliebe hegte, so zwar, daß er sagte: ‚Da möcht' ich schon wohnen. Können Sie das nicht machen?' Er schien, und nicht nur bei dieser Gelegenheit, zu der Annahme geneigt, daß ich alles, aber wirklich schlechterdings alles irgendwie ‚machen' könne, wohl deshalb, weil ich tatsächlich so manches für ihn ‚gerichtet' hatte... Wir stiegen auf die Waldhöhen hinter dem Dorf, wanderten am Seeufer entlang in all die traulichen Orte und Weiler, die aus dem Busch- und Baumgrün weiß auf den blauen See hinausblinken... Sichtbare künstlerische Arbeit vollbrachte Schiele in Altmünster gar nicht, er gab sich vielmehr ganz dem Behagen eines einfachen, schier vegetativen Daseins hin. Es war dies ein ganz seltener Zustand bei ihm..."

[Arthur Roessler, Erinnerungen an Egon Schiele, Kapitel: Besuch auf dem Lande, Wien, 1948, pp. 31 ff.]

Roessler hatte sich sichtlich erhofft, daß Schiele Gefallen an der herrlichen Salzkammergutlandschaft finden und dort vielleicht — es wäre wohl auch ein geeignetes Gastgeschenk gewesen — malen würde. Schon vorher hatte er ihm — der merkwürdigerweise doch wieder, diesmal aber wohl allein, nach Krumau gefahren war — eine Postkarte geschickt, mit der er auf die „Hübsche gotische (alte) Kirche u(nd) ganz nahe das für Sie wundervolle Traunkirchen" hinwies [siehe Nr 534]. Aber Schiele dachte gar nicht daran zu malen, ebensowenig wie auch während seines daran anschließenden Urlaubs in Sattendorf am Ossiacher See nichts entstehen sollte. Er wohnte dort in einem alleinstehenden Bauernhaus, dem Tommelebauern, und zahlte für den ganzen Monat für sich, die Mutter und die Schwester Gertrude 150 Kronen für das Quartier. Zwar heißt es:

„... *Hier ist's ganz hübsch; habe fabelhaft schöne Bauernhäuser gesehen und habe daher die feste Absicht, sehr viel zu arbeiten, alles ist sonnig-farbig...*"   [an Roessler, 9. VIII. 1913]

Aber, es bleibt beim guten Vorsatz. Wenig später schreibt er:

„... *Vorderhand denke ich hauptsächlich über Bilder nach die ich machen möchte; Studien mache ich auch, aber ich finde und weiß, daß das Abzeichnen nach der Natur für mich bedeutungslos ist, weil ich besser Bilder nach Erinnerungen male, als Vision von der Landschaft — Hauptsächlich beobachte ich jetzt die körperliche Bewegung von Bergen, Wasser Bäumen und Blumen. Überall erinnert man sich an ähnliche Bewegungen im menschlichen Körper, an ähnliche Regungen von Freuden und Leiden in den Pflanzen. Die Malerei allein genügt mir nicht; ich weiß daß man mit Farben Qualitäten schaffen kann. — Innigst und mit dem Wesen und Herz empfindet man einen herbstlichen Baum im Sommer; diese Wehmut möchte ich malen..."*

[an Franz Hauer, 25. VIII. 1913]

Ein paar Zeilen später, im selben Brief, erbittet er von seinem guten Kunden 150 Kronen, „zum Retourfahren". Man sieht: Er lebt vergnügt in den Tag hinein, einen ganzen Sommer lang. Solange sein Geld reicht, hängt er die Kunst an den Nagel und freut sich seines Lebens. Irgendwie würde es schon weitergehen.

Im Oktober versucht er ein letztes Mal, seinen Onkel → Czihaczek zu versöhnen. Er würde sich freuen, wollten Onkel und Tante ihn aufsuchen:

„... wo ich mich doch heute mit allen Aufwand von Stärke aus allen Trübseligkeiten von Zeit zu Zeit heraus arbeitete. — ich bin froh alles das und noch mehr zu erleben, denn gerade diese Erlebnisse die traurig sind, klären den schaffenden Menschen..." [aus Wien, 13. X. 1913]

Der Onkel bleibt ungerührt. Auf dem Kuvert des erhaltenen Briefes notiert er (wir erwähnten dies schon) das Datum des Brieferhalts und nur ein Wort: „Galimathias".

ANMERKUNGEN

1 Im Besitz von → Gertrude Peschka-Schiele
2 Es ist wohl das Pferd, das auf dem Bild „Schieles Schreibtisch" (im Atelier Hietzinger Hauptstraße Nr. 101), 1914, ganz oben zu sehen ist.
3 Bisher der einzige Hinweis auf einen Besuch Dresdens

1913

In diesem Jahr entstehen vier Wachauer Landschaften. Es ist die Kirche von Stein, das der Stadt Krems benachbart liegt; heute bilden Krems-Stein ein geschlossenes Siedlungsgebiet. Die Kirche hat einen hochaufragenden Turm, der sich — da sie nahe dem nördlichen Donau-Ufer liegt — im Wasser des Stromes spiegelt. Man kann aus diesen vier Bildern sehr gut Schieles neue Malweise erkennen. Wie er nämlich nach einer Studie nach der Natur Ausschnitte aus der Stadtlandschaft zusammensetzt und diese — ohne jede Rücksicht auf die tatsächliche geographische Lage — zu einem Bild formt. Diese Landschaften wurden wohl alle, wie auch schon die im selben Jahr gemalte „Brücke", im Atelier gemalt. [Siehe hierüber Rupert Feuchtmüller: Egon Schieles Städtebilder von Stein an der Donau in „Alte und Moderne Kunst", Wien, 1969, Heft 103, pp. 29 ff.]

Unter den Porträts nimmt das große „Doppelporträt" (Heinrich Benesch und seinen begabten Sohn Otto darstellend) einen hervorragenden Rang ein.

Es entstanden 27 Bilder: 17 Landschaften, 3 Porträts und 7 Sonstiges

LANDSCHAFTEN:

„Die Brücke" [K. 181; L. 229; Kunsthandel, New York]
„Vorfrühlingslandschaft" [K. 182; L. 230; Privatbesitz, Schweiz]
„Landschaft mit zwei Bäumen" [K. 184; L. 231; Privatbesitz USA]
„Stein an der Donau mit Weinbergterrassen (kleine Fassung)" [K. 188; L. 232; Privatbesitz, Scarsdale, N.Y.]
„Frauenbergkirche in Stein mit jenseitigem Donauufer (kleine Fassung)" [K. 189; L. 233; Privatbesitz, Scarsdale, N.Y.]
„Versinkende Sonne" [K. 183; L. 235; Privatbesitz, Wien]
„Stadt Stein I." [K. 187; L. 239; Privatbesitz, USA]
„Stadt Stein II." [K. 186; L. 240; Privatbesitz, Wien]
„Bauerngehöft in Landschaft" [fehlt bei K.; L. 241; Viktor Fogarassy, Graz]
„Sägewerk" [K. 185; L. 242; Privatbesitz, New York]
„Krumau an der Moldau" [K. 196; L. 244; Privatbesitz, Wien]

In der Literatur nachweisbar:
"Seegestade" [K. XXXV; L. XLIII]
"Seeufer ohne Sonne" [K. XXXIV; L. XLIV]
"Mondnacht" [K. XXXII; L. XLV]
"Sonnenlose Landschaft" [K. XXXIII; L. XLVI]
"Felsenstadt" [fehlt bei K.; L. XLVII]

Von L. nicht aufgenommen:
"Arbeiterhaus" [K. XXXI]

PORTRÄTS:
"Selbstdarstellung als Mönch, zusammen mit Wally N.[euzil]" [K. 180; L. 228; Privatbesitz, New York]
"Doppelporträt" (Heinrich Benesch und sein Sohn Otto) [K. 175; L. 234; Neue Galerie der Stadt Linz]
"Begegnung" (Selbstdarstellung mit der Figur eines Heiligen) [K. 177; L. 243; Verbleib unbekannt]

SONSTIGES:
"Heilige Familie" [K. XXIX; L. 224, Privatbesitz, Schweiz]
"Die Blinden" [fehlt bei K.; L. 225; Privatbesitz, Schweiz]
"Auferstehung" [K. 176; L. 236; Verbleib unbekannt]
"Rückenansicht eines weiblichen Halbaktes mit Tuch" [K. 178; L. 237; Privatbesitz, New York]
"Rückenansicht eines weiblichen Aktes mit links gewandtem Kopf" [K. 179; L. 238; Privatbesitz, New York]

In der Literatur nachweisbar:
"Mutter und Tochter" [K. XVII; L. XLVIII]
"Bekehrung" [K. XXX; L. XLIX]

AUSSTELLUNGEN:

Budapest	Bund österreichischer Künstler; Schiele stellte aus: Nr. 192 "Auferstehung", Kronen 400,—; Nr. 193 "Sonnenuntergang", K. 800,—; Nr. 194 "Die kleine Stadt", K. 800,—; Nr. 195—204 Zeichnungen [freundliche Mitteilung von Ing. N. Gradisch, Wien, Frühjahr 1978]
München	Sezession
München	Hans Goltz. Im Katalog Einführung von Arthur Roessler
Düsseldorf	Große Deutsche Kunstausstellung
Hagen	Folkwang-Museum
Dresden	Zeichnungen bei Emil Richter
ferner:	in verschiedenen deutschen Kunsthandlungen: Stuttgart, Berlin (Galerie Macht), Breslau und Hamburg [nach K., p. 512]

PREISE UND EINNAHMEN:

2. I. 1913	Roessler verlangt von → Hans Goltz für "Mädchen in Schwarz", 1911; "Selbstseher" I, 1910; "Vision", 1911, und "Madonna", 1911, 1500 respektive 1200 Mark
8. III. 1913	→ Reininghaus zahlt für 3 farbige Zeichnungen 60 Kronen und legt 40 Kronen dazu
24. III. 1913	Schiele verlangt von → Reininghaus 200 Kronen für eine der Steiner Landschaften, 1913
26. III. 1913	Reininghaus erwähnt, daß Schiele angeblich Zeichnungen nach Neugeborenen um 1 Gulden das Stück [= 2 Kronen] verkauft habe
1. IV. 1913	Für "Dämmerung in der Stadt", 1913, läge aus Budapest ein Gebot von 400 Kronen vor, das Schiele nicht akzeptiert
9. V. 1913	Schiele schlägt → Roessler für die "Landschaft mit dem roten Felsen" [möglicherweise "Versinkende Sonne", 1913] 300 Kronen vor. Er verlangt für 3 Zeichnungen 20 Kronen
31. V. 1913	→ Reininghaus hält fest, daß er im Vorjahr an Schiele 1800 oder 1860 Kronen bezahlt, aber nur "das eine Porträt eines jungen Künstlers auf weißem Grund" [Bildnis des Malers Hans Massmann, 1909?] erhalten habe, für welches Schiele 400 oder 500 Kronen gefordert habe
4. VI. 1913	→ Reininghaus ist bereit, das Bild "Bekehrung", 1913, um 2000 Kronen zu erwerben; hievon seien 1175 Kronen durch Guthaben bezahlt
10. VI. 1913	→ Franz Hauer ersucht, ihm für 400 bezahlte Kronen "irgendeine hübsche Landschaft" zu übergeben
10. VI. 1913	→ Franz Hauer bietet für beide Steiner Landschaften 700 Kronen und 500 Kronen für "das große Bild" ["Auferstehung", 1913?]
11. VI. 1913	Schiele erwähnt, daß er von → Reininghaus leicht 500 Kronen für eine der beiden Steiner Landschaften bekommen hätte; → Wärndorfer habe für "Herbstbaum", 1912, 600 Kronen bezahlt; Frau → Magda Mautner-Markhof für "Winterbaum" 600 Kronen; → Reininghaus für ein Porträt von 1910, das Schiele übermalen wollte, 400 Kronen; für ein anderes "Figur auf weißem Grund" [Bildnis Maler Massmann, 1909?] 1200 Kronen. Einem Architekten [→ Dr. Hubert Jung] habe er eine Landschaft für 350 Kronen überlassen, etc. Das kleine Steiner Bild koste 300 Kronen
?. VI. 1913	Schiele sendet an → Professor Josef Hoffmann 10 neue Zeichnungen à 20 Kronen
28. VI. 1913	→ Reininghaus akzeptiert den Preis von 600 Kronen für das "Doppelporträt", 1913
23. VII. 1913	→ Franz Hauer sendet 100 Kronen
6. VIII. 1913	Franz Hauer bezahlte für "Auferstehung", 1913, 800 Kronen und für Kirche in Stein, 1913, 300 Kronen. Mit einer Restzahlung von 200 Kronen sei die Sache nun ausgeglichen
11. VIII. 1913	Schiele nicht ganz mit Hauer-Abrechnung einverstanden
25. VIII. 1913	Schiele quittiert Zahlung von → Franz Hauer für "Felsenstadt", 1913, 900 Kronen

25. VIII. 1913	Schiele erbittet von Franz Hauer Geld zum Retourfahren, etc.
12. X. 1913	Architekt → Dr. Hubert Jung fragt an, ob er ein Gegenstück zu „Dämmernder Stadt", 1912/13, für 400 Kronen erwerben könne
26. XI. 1913	Goltz fragt an, ob er das Bild „Die Eremiten", 1913, für 1000 Mark abgeben könne
3. XII. 1913	Professor Albert von Keller, München, erwirbt Schieles Zeichnung „Freundschaft", deren Ausstellung in München von der Jury verweigert worden war, für 50 Mark
WOHNADRESSE:	Wien XIII., Hietzinger Hauptstraße Nr. 101
AUFENTHALTE:	
18. IV. 1913	Ansichtskarte aus Triest
2. V. 1913	Ansichtskarte von Maria Laach am Jauerling
20. V. 1913	Krumau, Hotel Goldener Engel
24. VI.—3. VII. 1913	Krumau, Hotel Goldener Engel [mit Wally Neuzil]
7. VII. 1913	Postkarte aus Salzburg
10. VII. 1913	Postkarte aus München
11. VII. 1913	in Villach Hotel Goldenes Lamm
vor dem 15. VII. 1913	Ansichtskarte vom Weißenfelser See, Kärnten
nach dem 15. VII. bis 25. VII. 1913	bei Arthur Roessler, Villa Gaigg, Altmünster [mit Wally Neuzil]
ab 6. VIII. 1913 [oder früher] bis 4. IX. 1913	Sattendorf, Tommelebauerhaus, am Ossiacher See mit Mutter und Schwester
5. IX. 1913	Karte aus Klagenfurt; ab 7. IX. wieder in Wien

97 „Bauerngehöft in Landschaft", Bleistift, Aquarell, Deckfarben, 1913 [L. 251], während des Urlaubs in Kärnten gemalt.

DOKUMENTE UND KORRESPONDENZ 1913

2. I. 1913

An Architekt → M. O. Kuntschik, L. a. s., 1 p. 8°. Aus Györ [Raab in Ungarn]
„... Sie sind ja nicht böse wenn ich am 8. oder 9. d. M. [dieses Monats] meinen Januarzins zahle... ich male in Györ 2 Porträts[1] und komme erst dann. Ab Februar zahle ich vierteljährig..."
J. A. Stargardt, Marburg 1977, Aktionskatalog 612, nr. 1018 [434]

1 Schiele malte in Györ das „Bildnis Erich Lederer", 1912/13, er zeichnete auch mehrmals Elisabeth Lederer, die Tochter des Hauses.

—

→ Arthur Roessler, Durchschlag eines maschingeschriebenen Briefes. 1 p. groß 8°. An → Hans Goltz
2. Januar 1913.
„... ich war mit Arbeit derart überlastet, dass ich erst heute dazu komme Ihren rabiaten Brief vom 29. XI. v. J. [vorigen Jahres] zu beantworten.
... Ad 5) Damit wir ganz ins Reine kommen: von den bei Ihnen befindlichen Gemälden Schieles, gehören einige Herrn → Dr. Oskar Reichel, und zwar „Dame in Schwarz"[1], „Die Selbstseher"[2], „Vision"[3] und „Madonna" (Mutter mit Kind)[4]. Der Gesamtpreis für diese Bilder ist Ihnen mit 1500 M.[ark] angegeben worden. Dr. Reichel, der s. Z. [seinerzeit] die Bilder auf Schieles Bitte hin als verkäuflich für die Ausstellung bei Ihnen darlih, will nun endlich die Bilder oder das Geld für selbe haben. Der Besitzer, der in der Zwischenzeit einige neue Arbeiten von Sch. erwarb, erklärte sich bereit Ihnen die genannten 4 Stück zum Preis von 1200 M. zu überlassen. Falls Sie jedoch nicht darauf reflektieren, ersucht er um sofortige Zusendung an seine oben angegebene Adresse..."
E. S. A. 788 [435]

1 „Dame in Schwarz" = „Mädchen in Schwarz", 1911.
2 „Selbstseher", I., 1910.
3 „Vision", 1911.
4 „Madonna", 1911.

5. 1. 1913 [Poststempel]

An → Arthur Roessler, C. a. s. [„Üdvözlet Györböl Révfalu és Dunapart"]. Aus Györ
Rückseite:
„Herzliche Grüße! Sehr lustig hier. Bitte für → Goltz mir die Antwort zu schreiben!   Egon Schiele 1913."
W. ST. B. 180.585; Gl. 38 [436]

15. I. 1913

→ Vereinigung bildender Künstler Österreichs. Secession Wien. L. s., 1 p. gr. 8°
Bitte um Kenntnisnahme, daß Schiele jederzeit als Aussteller in die gegenwärtige Ausstellung eintreten kann.
E. S. A. 911 [437]

—

→ Vereinigung bildender Künstler Österreichs. Secession Wien. L. s., 1 p. gr. 8°. Vordruck mit der Mitteilung, daß die Jury Werke zur Ausstellung angenommen hat.
E. S. A. 210 [438]

18. I. 1913

An → Arthur Roessler, L. a. s., 1 p. 8°
„18. I. 1913.
Lieber A. R—r. Vorgestern bekam ich von der → Sezession die Nachricht, daß die „Herbstbäume"[1] und „die kahlen Bäume"[2] und 4 Zeichnungen von der Jury für die Ausstellung aufgenommen wurden. — Es möchte mich interessieren warum die „Jesuiten"[3] und „Prozession"[4] die in der Frühjahrsausstellung der → Münchner Sez.[ession] waren hier nicht ausgestellt werden? — Was gibt es neues? — Am Montag werde ich wahrscheinlich zu Ihnen kommen, abends. Herzliche Grüße
Egon Schiele."
W. ST. B. 180.672; R., B. & P., p. 76 [439]

1 „Herbstbäume", 1911.
2 „Kahle Bäume", 1912.
3 „Jesuiten", 1911.
4 „Prozession", 1911.

—

→ Vereinigung Bildender Künstler Österreichs, Secession Wien. L. s., 1 p. gr. 8°. Einladung zur Eröffnung als Aussteller, 21. I., 1/2 11^h.
E. S. A. 910 [440]

[441]

19. I. 1913

Bund österreichischer Künstler, Wien III., Ungargasse 2
Mitteilung über die Aufnahme Egon Schieles als Mitglied des Bundes. 1 p. groß 8°
Beilage: Mitgliedskarte für 1913. Signiert von → Gustav Klimt.
E. S. A. 122 a, b [441]

24. I. 1913

Mitteilung der Galerie → Hans Goltz, München, an Egon Schiele. Das Bild „Der Selbstseher"¹ sei über Wunsch → Arthur Roesslers an → Dr. [Oskar] Reichel [in Wien] zurückgesandt worden.

E. S. A. 789 [442]

1 „Selbstseher", I., 1910.

28. I. 1913

Arthur Roessler — „Secessions-Ausstellung der jungen Künstlerschaft Österreichs". Zeitungsausschnitt aus der „Arbeiter-Zeitung"

„... Neben den Bildnissen des Polen hängen zwei Landschaften des Wieners Egon Schiele, der ganz eingesponnen in Träume dahinlebt und auf den man in Wien so lange Steine werfen wird, bis daraus ein Denkmal für ihn errichtet werden kann. Seine beiden ausgestellten Landschaften sind schön, aber man hätte Besseres von ihm zeigen können. Daß die Jury gerade die beiden Figurenbilder zurückwies, die Schiele in der Münchener Sezession einen starken Erfolg, namentlich bei den Malern, gewannen, ist für die ihn beurteilenden Wiener Kollegen beschämend, um so beschämender, als es nur das Gegenständliche der beiden Bilder gewesen sein kann, was den Juroren daran mißfiel. Es wird nämlich allenthalben zugegeben, daß Schiele „sehr talentiert" ist, nur finden ihn manche „pervers", nach dem vom kuriosen Kunstkritiker der „Neuen Freien Presse" ausgegebenen Schlagwort. Schiele befindet sich bei der ihm aufgedrungenen Einschachtelung allerdings in guter Gesellschaft, denn dieselben Leute, die ihn für pervers halten, finden unter anderen auch Greco, Goya, van Gogh „pervers" und „verrückt". Ich halte ihn für ebenso wenig pervers oder verrückt wie jeden der genannten Maler, würde ihn aber auch dann, wenn er im medizinischen Sinne verrückt wäre, noch immer für eine künstlerisch ungewöhnlich starke Begabung halten. Ist es doch, wie Endel¹ einmal richtig sagte, gar nicht so einfach, von der kranken Seele auf die kranke Leistung zu schließen. Wir wissen ja kaum, inwieweit die sogenannten geistigen Erkrankungen wirkliche Krankheiten der Seele sind, und es gibt gar viele schwere Seelenkrankheiten, die nie ins Irrenhaus führen. Und wie Gesundheit die Leistung bedingt, davon wissen wir vollends nichts. Es gibt genug kraftstrotzende Menschen, die widerliche, süßliche kleinliche Arbeiten hervorbringen. Beethoven muß zum Beispiel jedem Spießer als „unbedingt verrückt" vorgekommen sein, und Mozart, der immer Kränkliche, gab frischeste, lebendigste Kunst, „gesunde" Heiterkeit und Anmut. Daß man doch darüber immer wieder reden muß! Es ist zum Verzagen..."

G. P. 28/6 [443]

1 Ernst Moritz August Endell (1871—1925), Architekt und Kunstgewerbler.

29. I. 1913.

An → Arthur Roessler, L. a. s., 1 p. 8°

„29. Jänner 1913.

Lieber A. R—R. ich kann wieder nichts arbeiten, ich warte schon seit dem 20. auf die Rate von → Goltz, alles, alles wird dadurch aufgehalten und man mißkreditiert mich nur. Wenn ich irgendwohin gehen will kann ich nicht und jetzt gebe ich schon Stunden bei → Lederer¹, morgen um 5ʰ soll ich dort sein und wenn mich Frau Lederer einladet irgendwohin einladet, in's Kino oder sonstwohin zu gehen muß ich eine Ausrede finden und das ist Lüge das tut mir so leid. Vielleicht haben Sie ein Blatt verkauft ich besuche Sie entschieden morgen Donnerstag nach 2ʰ. Sie können mir sagen ob oder ob nicht; ich aber bringe kein Wort desbetreffs vom Mund. Lederers kann ich doch nicht wieder sagen daß Sie mir die Stunden voraus bezahlen wo ich so gut bei ihnen angeschrieben bin.
Ihr   Egon Schiele."

W. ST. B. 180.673; R., B. & P., pp. 76/7 [444]

1 Schiele gab → Erich Lederer Zeichenunterricht.

—

An → Anton Peschka, L. a. s., 1 p. 8°

„29. Jänner 1913

Leset die Arbeiterzeitung von gestern Dienstag den 28.
                                            Egon Schiele 1913
Die beiden Bilder „Jesuiten"¹ und „Prozession"² welche in der Sezession München in der Sonderbundausstellung Köln 1912... [so im Original!] (in der alle Jüngsten aller Länder vertreten waren, die nach van Gogh, Cezanne und Gauguin kommen); gleichzeitig waren 127 van Gogh zu sehen und war die hervorragendste und ausgesuchteste Ausstellung der Jetztzeit, veranstaltet von deutschen Galeriedirektoren. Obige Bilder waren in der Monumentalausstellung Dresden, außerdem noch in Stuttgart und Karlsruhe, und werden im Februar bei → Miethke zu[!] Schau gebracht werden als Privatbesitz → Dr. Reichels in Wien zusammen mit Bildern von Romako³, → Kokoschka, → Gütersloh, → Faistauer, van Gogh, → Munch⁴, Toulouse Lautrec⁵, → Oppenheimer und einigen anderen der maßgebenden jungen Künstlerschaft."

G. P. 28 [445]

1 „Jesuiten", 1911.
2 „Prozession", 1911.
3 Anton Romako (1834—1889), Maler.
4 Edvard Munch (1863—1944), Maler, Graphiker.
5 Henri de Toulouse-Lautrec (1864—1901), Maler, Graphiker.

29. I. 1913

→ Hans Goltz, L. s., 1 p. groß 8°

„Übersendet Scheck über 375 Mark [erste Rate laut Vertrag vom Dezember 1912]. Gehören die noch bei ihm lagernden Bilder Schiele oder Roessler?" etc.

E. S. A. 790 [446]

[? I. 1913]

An → Marie Schiele, L. a. s., 1 p. 8°

„L. M. [= Liebe Mutter] ich habe es nicht gerne so lange Briefe zu schreiben, das nächste mal, schreibe: [„]wenn Du mir 20 K. geben kannst so gib sie mir; Tante Olga¹ schrieb mir höchst unlieb, komme. Deine Mutter["]. — Vorherige Einleitungen sind ganz unnütz auch Anfragen wie es mir geht

und was ich treibe. — Ich erwarte von München täglich den Betrag 375 MK. dann komme ich und bringe Dir abends 20 K. — Es könnte doch einmal jemand nachsehn bei mir wenn man so bekümmert ist, ich bin ja in Hietzing und das sind 30 Minuten von Währing. Alles Gute von mir
Egon Schiele 1913
Geht in die → Sezession. Habe ausgestellt."
E. S. A. 196 [447]

1 → Olga Angerer, eine Schwester von Schieles Mutter.

[wohl I. 1913]
An → Marie Schiele, L. a. s. in Bleistift, 1 p. 8°
„Was ich tue ist meine Sache, ich bin Herr für mich allein genug und ich verbitte mir eine Einwendung woher sie immer kommt. — Daß ich das Geld nicht sandte ist meine Schuld, und ich glaube, daß Deine Situation wahrlich nicht so unsicher war, wie meine oft war; im schlimmsten Fall ist doch → Peschka da, den ich doch als denjenigen kenne, der sich durch seine Intelligenz zu helfen weiß. Also ist und kann nie die Rede sein von eine[!] Hungerdasein sein. — Ich komme heute abends. Egon Schiele."
Mit eigenhändigem Kuvert, gleichfalls in Bleistift:
„Briefe zwecklos, da es mir selber viel schlechter geht. Egon."
E. S. A. 197 [448]

1. II. 1913
→ M. O. Kuntschik, P. a. s., ½ p. gr. 8°. Auf Briefpapier: „M. O. Kuntschik, akademischer Architekt Z. V., Wien VI., Hirschengasse 25." Quittung über den Erlag von 375 Mark für Miete.
E. S. A. 996 [449]

6. II. 1913
Bund österreichischer Künstler, Wien III., Ungargasse 2, L. s. von → Dr. Rudolf Junk und → Josef Hoffmann.
Schiele möge für eine Ausstellung in Budapest, März 1913, Bilder der Jury vorlegen, die aus den Herren Andri[1], → Anton Hanak, → Josef Hoffmann und Rudolf Junk besteht, etc. Es seien auch einige Zeichnungen erwünscht.
E. S. A. 1027 [450]

1 Ferdinand Andri (1871—1956), Maler, Graphiker.

7. II. 1913
→ Wally Neuzil, P. a. s., 1 p. quer 8°
„Herrn Architekten → M. Otto Kuntschik
Mit diesem zeige ich Ihnen den Eingang eines Betrages von K. 215.52 schreibe Kronen Zweihundertfünfzigzwei 52/100 an[1]. Die Differenz dieses Betrages auf den Betrag von K. [durchgestrichen] 375 Mark wollen Sie als Miete Febr[uar] bis Mai [1]913 für Herrn Egon Schiele verwenden.
Wien, 7. II. 1913 Wally Neuzil[2]."
Ö. N. B., Handschriftensammlung Nr. 310/65—6 [451]

[451]

1 Irrtum, sollte richtig heißen „zweihundertfünfzehn". Der Wortlaut ist mißverständlich. Es handelt sich darum, wie die von Schiele am 1. II. 1913 geleistete Zahlung von 375 Mark behandelt werden soll.
2 Der einzige bisher aufgefundene Brief von der Hand Wally Neuzils.

9. II. 1913
An → Arthur Roessler, L. a. s., ½ p. 8°
„9. Februar 1913
Lieber Arthur Rößler. Wenn es Ihnen ausgeht, so kommen Sie morgen Montag oder Dienstag zu mir, ich habe ein Bild in der Größe der Eremiten[1] fast vollendet, welches ich Dienstag abends für die Ausstellung in Budapest absenden muß. Vielleicht kommt → Dr. Reichel auch mit. Herzliche Grüße!
Egon Schiele."
W. ST. B. 180.586; Gl. 39 [452]

1 Das Bild „Die Eremiten", 1912, mißt 181×181 cm. Keines der 1913 gemalten Bilder entspricht diesen Maßangaben. Am ehesten noch „Auferstehung", 200×220 cm und „Begegnung", 199×199 cm.

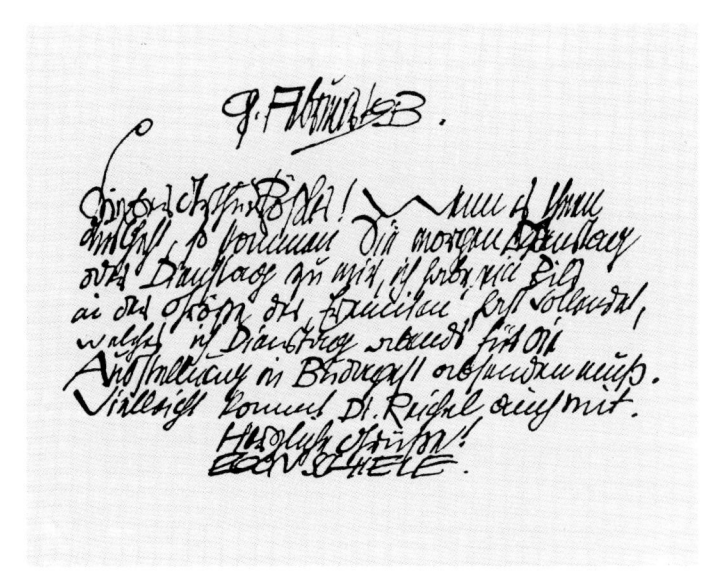

[452]

→ Carl Reininghaus, P. a. s., 5 pp. 8°
„Wien, Stubenring 6, 9/2 1913
„Ich sah Arbeiten eines jungen Künstlers, die mich interessirten; ich lernte ihn kennen. Er schien sich ganz seiner Kunst zu widmen, resp.[ektive] in ihr aufzugehen. Er gewann mich, ich trug ihm, dem um so viel Jüngeren, das Du an.
Wir verkehrten miteinander, ich zeigte ihm ein warmes Interesse für Alles, was er schuf. Ich gab ihm einzelne Rathschläge, ich drückte ihm meine Wohlmeinung in Dingen, die mir nicht sympathisch waren, aus. Speziell mußte ich tadeln seine Neigung, Dinge künstlerisch wiederzugeben, die man sonst aus Verborgenheit nicht herauszieht. Er versprach, meine Auffassung zu respektiren, weil er sie billigte. Er hielt aber nicht zu, was er versprach; es mußte mich dies verstimmen. Ich möchte in dem Künstler auch den Menschen lieben, ihm trug ich in solcher Empfindung das Du an; der Mensch aber begann meine Empfindung nicht mehr zu rechtfertigen. Er kam endlich in Schwierigkeiten mit den Behörden; ich glaubte im Wesentlichen noch an ihn und bot ihn meine Unterstützung zu seiner Vertheidigung an; er acceptirte[!] auch. Er kam sehr glimpflich bei der Sache heraus. Die mir damals gewordene Information über das Resultat jener Untersuchung war nicht schwer belastend für ihn. Vor einigen Tagen schrieb mir jemand, der ihm persönlich absolut ferne steht, Gegenteiliges. Ich informierte mich nun maßgebend — und ich kann jenem jungen Künstler nicht mehr das persönliche Empfinden entgegenbringen, wie vordem. Es wäre eine Unwahrheit von mir, wenn ich nicht auch äußerlich die Consequenzen zöge — er selbst wird dies nur wünschen können — wenn ich ihm das herzliche „Du" noch gäbe. Was die Zukunft etwa bringt, das bleibt eine offene Frage.
Carl Reininghaus[1]."
P. 10; abgedruckt nach einer Zweitschrift in Wiener Privatbesitz in: Albertina Studien, 2. Jahrgang, Heft 4, pp. 170 bis 171   [453]

[1] Der Brief ist eine Art Memorandum „pro domo". War man bisher verwundert darüber, daß er, der doch über den von ihm beigestellten Strafverteidiger über die Affäre von Neulengbach bestens informiert gewesen sein muß, Schiele plötzlich das „Du"-Wort entzog, so lese man seinen Brief an Schiele vom 13. II. 1913 [Nr. 457] genau durch. Das ihm von Ungenannt Mitgeteilte muß gravierend gewesen sein.

11. II. 1913

An → Arthur Roessler, L. a. s., ½ p. 8°
„11. Februar 1913.
Lieber Arthur Rößler — bitte die Zeichnung ein Selbstporträt, für Herrn → Benesch aufzuheben. Herzliche Grüße
Egon Schiele."
W. ST. B. 180.587; Gl. 40   [454]

13. II. 1913

→ Heinrich Benesch, C. a. s. [Budapest, St.-Stephan-Denkmal]. Grüße von einer Dienstreise
E. S. A. 580   [455]

An → Carl Reininghaus, L. a. s., ? pp.
„13. Februar 1913.
Lieber Herr Karl R.! ich bin nicht erstaunt über Ihren Brief, weil Ihnen jemand vor einigen Tagen schrieb und Sie Sich[!] über mich informirten. — Das muß ein böser, lügenhafter Mensch[1] sein, der die Welt ansieht mit blinden Augen. — Jemand schrieb in der Wiener Zeit[2] so Ähnliches, wie derjenige über mich gesagt haben könnte, — wie lieblos! — Im Dezember 1909 mußte ich ihm alles sichtbar machen, von dem er nichts sah; ich hoffte einen Lebenden gefunden zu haben, aber er erwies sich jetzt im Februar als einer der vegetirt in einem Bau von Büchern. — Herr Karl Reininghaus ich glaubte nicht von Ihnen, daß Sie auf Aussagen anderer und selbst wenn es bedeutende Männer wären, eine andere Meinung bekommen würden. Der bedeutende Mann und der große Künstler gelten für mich nicht so viel, wie der reine, erhabene, veredelte Mensch. (Christus). — ich bin durch Liebe hereingekommen, ich lebe mit Liebe für alle Stufen meiner Mitlebenden und ich will aus Liebe von hier gehen. — Ich weiß, daß unter tausend einer ist, welcher mit Liebe zu den Menschen, Tieren, Pflanzen & Dingen lebt, daß unter tausend einer ist, der den Organismus von allen Dingen erkennt, der in dem Seelenleben von Pflanzen und in deren Antlitz den lebendigen Hauch ihres Gesichtes sieht. — Anfangs begnügte ich mich mit der erreichten monumentalen Linie, und mit dem entstandenen Körperornament. — Daß Sie mir so schreiben halte ich unbedingt für unbegründet; ich bin heute 22 Jahre alt, das was ich arbeiten will, habe ich bis jetzt nicht können, nur manchmal konnte ich mich von Erlebnissen erholen. — Niemand von allen Menschen hat mir noch Freude bereitet, jeder hat gegen mich etwas wenn nicht viel; ich verfolge bei denen die ich schätze den Grund und finde aber nichts von Bedeutung. — Daß Sie mir gegenüber so weit stehen kränkt mich wahrlich und daß Sie noch nicht in mir den Menschen gefunden haben ist begreiflich, weil Sie so lange nicht mit mir verkehrt haben, ich wurde mißtrauisch, warum? Daß ich wahr bin besage ich nur deshalb, weil ich mich deshalb opfere und ein märtyrerähnliches Leben führen muß. — Ich werde auf jeden Fall wahr bleiben und wenn es selbst die teuersten Schätze wären die dahingehen; ich hasse darum die Geschäftsleute; immerwährend stoße ich an diese Lügner! — Wer aber über mich schlecht spricht, das ist entweder ein neidiger Maler, oder ein Kritiker der Kunstgeschichte lebenslang studiert, oder ein Uniformierter. — Ich erlebte unsagbar bittere Tage, ich lernte alle hoch- und tiefstehenden Menschen kennen, ihre Leidenschaften, ihre Schwächen und Neigungen, ihren Lebenswandel, edle und rohe Taten, empfundene und unbemerkte. — Es sind einige die mit mir gehen, die fest entschlossen [sind] alles Neue zu verfolgen, unbemerkt der Einsprachen anderer, — sie glauben! — Bitte mir aber doch nicht den Menschen abzusprechen, versuchen Sie doch ihren[!] Willen, — zu glauben! Ich werde Sie immer sehr schätzen, Ihren edlen Menschen! — Lassen Sie sich doch nicht beeinflussen. — Wenn Sie Ihr Herz fragen, ob Sie mir recht getan haben, so glaube ich daß Sie anders über mich denken müssen. Welcher Doktor, Professor, oder Rat es immer gewesen ist,

soll aber ausgeschaltet bleiben; ich möchte denjenigen durchschauen können, was von ihm zurückbleibt? — Die Titel des Staates? — Überzeugen Sie sich selbst, ich bitte Sie, sagen Sie mir die Wahrheit! Kommen Sie zu mir oder wenn Sie wollen ich zu Ihnen. Von Herzen grüße ich Sie!   Egon Schiele
Wien XIII., Hietzinger Hauptstr.[aße] 101."
Nach: Albertina-Studien, 2. Jahrgang, Heft 4, p. 171   [456]

1 Vorläufig nicht feststellbar, wer Schiele angegriffen hat.
2 Wiener „Zeit", Wiener Tageszeitung.

—

→ Carl Reininghaus, L. a. s. in Bleistift, 4 pp.
„Wien 13/2 13
Ich erhielt den Brief von heute, u. danke jedenfalls für den Ausdruck der Wertschätzung. Ich muß deutlicher werden, — Sie haben darauf ein Anrecht — wenngleich ich nicht verstehe, daß Sie mich nicht verstehen.
Ich hörte als das Resultat gewisser Untersuchung, daß jemand kleinen Kindern auch die obscönen Aktzeichnungen zeigte und daß er sie insbesondere in einen Raum führte, wo ein solcher eingerahmt hing und diesen ihnen zeigte. Die Untersuchung ergab auch, daß er die Kinder zu gewissen Bewegungen mit ihren Rücken aufforderte. Dies hörte ich von einer Seite, die als maßgebend für die Richtigkeit der Mittheilungen angesehen werden muß. — So weit ein Mensch einer „Beeinflussung" unzugänglich sein kann, bin ich es wohl — ein Causalnexus besteht natürlich überall —, hier aber kann umsoweniger v. [einer] Beeinflussung die Rede sein, als ich eben nur auf den „Erhebungen" basire[!], und die dabei gefundenen Thatsachen leider vollkommen genügen, um...[1]
Vor einigen Tagen noch bin ich für Sie in e.[inem] längeren Schr.[eiben] eingetreten; ich konnte dies aber nicht aufrechthalten. Schließlich mußte man Ihnen verargen daß Sie nach jener Sache ohneweiters wieder in die Öffentlichkeit getreten sind, statt sich eine Zeit ganz zurückzuziehen.
recom.[andiert].   Carl Reininghaus[2]"
P. 4   [457]

1 So im Original!
2 Dieser Brief enthält bisher unbekannte und für die Affäre von Neulengbach (1912) aufschlußreiche Hinweise.

18. II. 1913

→ Arthur Roessler, L. s., 1 p. 8°
„18. Februar 1913.
Lieber E. S. nächsten Sonntag Nachmittag, so gegen 4 Uhr, möchten meine Frau u.[nd] ich, Frau Wolf u. Tochter, Arch.[itekt] Gallé u. vielleicht noch ein Herr aus Schottland zu Ihnen ins Atelier auf eine Tasse Thee kommen. Passt Ihnen das? — Das Theegebäck, Kuchen, Torten ect. würden wir mitbringen, so dass Sie nur für den Thee selber zu sorgen hätten. Geben Sie mir Bescheid, ob wir kommen können, weil ich die übrigen rechtzeitig verständigen muss. 6—7 Tassen oder Häferl werden Sie ja haben?. Sonst müssen eben zwei und zwei aus je einer trinken. Meine Frau sagte mir, dass Sie gern eine Gitarre haben möchten. Ich bin nicht abgeneigt, die meine für ein Bild zu vertauschen. Überlegen Sie den „Handel". Besten Gruss   [signiert] A. R.—r."
E. S. A. 516   [458]

```
GALERIE MIETHKE
WIEN I. DOROTHEERGASSE 11


PRIVATSAMMLUNG
Dr. OSKAR REICHEL
WIEN



21. FEBRUAR 1913
```
[459]

[vor dem 20. II. 1913]
→ Galerie Miethke, Wien I., Dorotheergasse 11. — [Katalog der] Privatsammlung → Dr. Oskar Reichel, Wien, Februar 1913, 6 Blatt, gr. 8°
„Über meine Bilder. Von → Dr. Oskar Reichel.
Das, was ich heute zeige, ist keine Sammlung — es ist vielmehr ein Protest gegen eine solche, gegen den vielfach verbreiteten Gebrauch der Zusammenstellung sogenannter Kunstwerke, ein Protest gegen die Mehrzahl der Künstler, gegen die offiziellen Ausstellungen und gegen die wahllos kaufende Menge... Als visionär Schöpferischen sah ich zum ersten Male vor 14 Jahren → Anton Romako. „Der verrückte Mensch mit den verrückten Bildern" wurde er in Wien genannt... Der Weg von Romako führt zu → Kokoschka, dem Visionär unter den jungen Wiener Künstlern. Er besitzt starkes, farbiges Fühlen und eine Stilempfindung, die an die primitiven Meister denken läßt. Vertreter des rein Malerischen ist der Expressionist → Max Oppenheimer. Große Kraft im Ausdruck und Mühelosigkeit des Schaffens charakterisieren für mich seine Werke. Es gährt unter den jungen Wienern. Schiele und seine zeichnerische Kunst, der schwermütig empfindende → Faistauer und der geistreiche, anmutig leichte → Gütersloh sind Erscheinungen, die, wie ich glaube, unser höchstes Interesse wachhalten müssen.
Was sich bei mir vereint hat, ist keine Sammlung. Niemand wollte diese Bilder, trotzdem nahm ich sie zu mir."
Ausgestellt waren insgesamt 77 Bilder und Graphiken. Das meiste von Anton Romako, ferner:

→ Anton Faistauer Nr. 8	→ Edvard Munch, Mädchen
Paul Gauguin[1], Graphik 65	am Fenster 25
→ Paris von Gütersloh	→ Max Oppenheimer
52, 56 77	5, 6, 7, 49, 56, 67, 69
Fernand Khnopff[2], Meduse	August von Pettenkofen[4] 12
10	Auguste Renoir[5], Richard
→ Oskar Kokoschka:	Wagner 54
Knabenbildnis 1	Egon Schiele, „Asketen",
Stilleben 3	1912, farbige Zeich-
Liegender Akt 46	nungen 44, 48
Mädchenakt 51	weibliche Akte 50, 57
Männlicher Akt 53	„Madonna mit Kind",
Weiblicher Akt 55	1911 68
Mädchenakt 58	→ H. de Toulouse-Lautrec,
Eduard Manet[3], Tusch-	Frauenkopf 19
zeichnung 66	→ Vincent van Gogh,
	Selbstporträt 15

H. M.-Bibliothek, Inventar-Nr. 7976 A; HM. 1968, Nr. 85
[459]

1 Paul Gauguin (1848—1903).
2 Fernand Khnopff (1858—1921).
3 Edouard Manet (1832—1883).
4 August von Pettenkofen (1822—1889).
5 Auguste Renoir (1841—1919).

20. II. 1913

An → Leopold Czihaczek, II., Zirkusgasse 47, C. a. s.
„→ Galerie Miethke Sammlung Dr. Reichels. Der „Morgen"[1] vom 17. Februar 13 und heute „Deutsches Volksblatt" 20. Februar 1913, belustigend Egon Schiele 1913[2]."
G. P. 37 a [460]

1 Siehe den nachfolgenden Zeitungsausschnitt.
2 Es ist bemerkenswert, wie Schiele des öfteren versuchte, sich dem grollenden Onkel in Erinnerung zu bringen.

—

„Deutsches Volksblatt". Zeitungsausschnitt
„Galerie Miethke. Auf die Ausstellung „Neukunst" ist nun eine andere Bilderschau gefolgt, die mit Ausnahme einiger Altkunst von Romako wieder das Hochmoderne aus dem Kreise der Kokoschkalaner bietet. Dr. → Oskar Reichel erscheint als Aussteller, er ist Besitzer dieser Gemälde...
... Romakos „Madonna" hat trotz des karikaturistischen Beigeschmackes Qualitäten, an denen man nicht achtlos vorübergehen darf, was ist aber dagegen das anscheinend undefinierbare Geklexe des Egon Schiele, der es wagt, einige Farbenflecke mit zwei fürchterlichen Fratzengesichtern „Madonna mit Kind" zu nennen? Das ist wohl das Allerärgste, was bisher in der so vielfältig schwer leidenden Neukunst geboten wurde. Arme Madonna, was mit dir heutzutage doch alles getrieben werden darf!... — Es ist erfreulich zu erfahren, daß mit Ausnahme des Dr. Reichel in Wien das kunstwerkkaufende Publikum sich seinen gesunden Geschmack bewahrt hat. Sieben „Werke" → Kokoschkas wurden aus der Ausstellung entfernt[1]. Jedenfalls waren sie unmöglich. Wie der Katalog besagt, waren es weibliche Akte. Sch—r."
G. P. 37 [461]

1 Interessant der Hinweis auf die [von wem?] erzwungene Entfernung der Bilder Kokoschkas.

21. II. 1913

→ Hans Goltz, L. s., 1 p. groß 8°
Hat die Rahmen zu den Bildern und 20 gerahmte Zeichnungen an die Münchner Sezession geschickt. Möchte am liebsten im Juni 1913 eine Ausstellung → Kokoschka-Schiele veranstalten, etc.
E. S. A. 791 [462]

22. II. 1913

→ Vereinigung bildender Künstler Österreichs, Secession Wien. L. s., 1 p. gr. 8°
Aufforderung, die ausgestellten Bilder [„Herbstbäume", 1911; „Kahle Bäume", 1912] am 27. Februar abholen zu lassen, da vor der kommenden Frühjahrsausstellung die Depoträume geräumt werden müßten.
E. S. A. 908 [463]

GEMÄLDE GRAPHIK PLASTIK KLEIN-KUNST	**NEUE · KUNST** MÜNCHEN · ODEONSPLATZ 1 HANS GOLTZ THE NEW ART / L'ÉVOLUTION NOUVELLE	VERTRETUNG IN DEUTSCHLAND FÜR: E. DE FIORI KANDINSKY BERNHARD HOETGER EGON SCHIELE EMIL ZOIR

Telegramm-Adresse: NEUKUNST / Bank-Konto: E. & I. SCHWEISHEIMER, Theatinerstraße 8

[464]

23. II. 1913

→ Hans Goltz, L. s., 1 p. groß 8°. 20 gerahmte Schielezeichnungen seien gestern der Sezession eingesandt worden. In Zukunft möge er nicht im letzten Moment schicken, etc.
E. S. A. 792 [464]

25. II. 1913.

→ Arthur Roessler, C. a. s. [Postkarte der „Aktion": Rudolf Grossmann, Pascin bei der Arbeit]
„Lieber E. S. — Architekt O. S.[1] telefonierte mir gestern, daß er Ihnen die gewünschten „Vierzig" per Postanweisung sandte. Also! — Wie ist's mit dem Hanak-Porträt?[2] Gruß a. r—r."
E. S. A. 538 [465]

1 → Otto Schönthal.
2 Schiele sollte anscheinend → Anton Hanak porträtieren. Es kam jedoch nicht dazu.

26. II. 1913

→ Hans Goltz, L. s., 1 p. groß 8°
Erbittet endlich genaue Mitteilung darüber, wieviele Bilder Schieles auf deutschen Ausstellungen seien. Wird versuchen, Hoetger[1], der jedoch anläßlich eines Besuches für Schieles Kunst nicht sehr eingenommen gewesen sei, zu einem Tausch zuzureden, etc.
E. S. A. 793 [466]

1 Bernhard Hoetger, Bildhauer und Graphiker (1874—1949). Goltz hatte neben de Fiori, Kandinsky, Schiele und Zoir auch dessen Vertretung für Deutschland.

DOKUMENTE UND KORRESPONDENZ 1913

3. III. 1913

→ Carl Reininghaus, L. a. s., in Bleistift, 2 pp., 8°
„Wien 3/3 13
Schiele, Sie sind — trotz Allem — ein Gottbegnadeter Künstler. Eben besah ich mir, seit Langem, Ihre Handzeichnungen. Vielleicht lassen Sie mich, trotz meines Letzten, das auch gut gemeint war, noch, ich kann nicht sagen wieder, einen Einfluß auf Sie nehmen. Und wenn Sie's brauchen, würd' ich Ihnen wieder ein wenig helfen[1].   Carl Reininghaus."
P. 11   [467]

[1] Mit diesem Brief lenkte Reininghaus wieder ein [siehe Nr. 457].

—

An → Anton Peschka [C. a. s. oder L. a. s.]
„3. März 1913.
Lieber A. P. Komme vielleicht morgen Dienstag abend zu mir, aber morgen weil ich übermorgen nach Budapest[1] fahre. Ich bin entweder zu Hause oder im Kafehaus[!] oder im Gasthaus. 5—9 Uhr. Herzliche Grüße   Egon Schiele, 1913. Schöne Grüße allseits."
Nach: Albertina Studien, 2. Jahrgang 1964, Heft 2, p. 174   [468]

[1] Es gibt vorläufig keinen Nachweis über eine Reise Schieles nach Budapest.

—

An → Arthur Roessler, L. a. s., 1 p. 8°
„Lieber A. R.! wahrscheindlich[!] kann ich mit fahren; ich komme heute nach der Stunde zu Ihnen. Herzliche Grüße
                                                                     Egon Schiele, 1913."
W. ST. B. 180.588; Gl. 41   [469]

[nach dem 3. III. 1913]

→ Gertrude Schiele, C. a. s. [Budapest. Erzsébethid. — Elisabethbrücke]. „Haben hier in Deiner Ausstellung Modeschau[1] in einem großen Saal. Sah schon alle Bilder. Wurde schon vielseitig begratuliert als die Schwester des Künstlers.
                                                                          Gerti Schiele."
E. S. A. 2   [470]

[1] Gertie Schiele war eine Zeitlang Mannequin in der → „Wiener Werkstätte".

[nach dem 3. III. 1913]

An → Anton Peschka, Wien XII., Jägerhausstraße 13, L. a. s., 1 p. klein 8°
„Bekam Brief retour! Fahrt nach Budapest weg[en] Streik auf eine Woche verschoben. Komme morgen den 6. d. M. [des Monats] oder den 7. zwischen 5 und 9 zu mir. Herzliche Grüße   E. Schiele."
Ch. M. Nebehay, Katalog XIV, Nr. 22; A. ST. 1964, 2. Heft, p. 175   [471]

8. III. 1913

[→ Carl Reininghaus] Brief des Sekretariats, 1 p. 8°
„... Ordnungshalber bringe ich hier zu Papier, daß ich Ihnen gestern drei Ihrer farbigen Handzeichnungen im Preise von zusammen K 60.— abgenommen und Ihnen dafür K 100.— ausgefolgt habe in der Meinung, daß Sie den kleinen Überschuß von K 40.— auch noch verwenden können", etc.
E. S. A. 339   [472]

12. III. 1913

→ Carl Reininghaus, L. s., 1 p. 8°
„Wien den 12. März 1913.
Geehrter Herr Schiele! Ich erhielt Ihr mir frdl. [freundlicherweise] zur Ansicht gesandtes Bild, eine Brücke[1]. Es hat mich interessiert dasselbe zu sehen; acquirieren möchte ich es jedoch nicht, und wenn Sie wollen, können wir gelegentlich einige Worte über dasselbe resp.[ektive] über meinen Eindruck dieser Ihrer neueren Arbeit sprechen. — Grüssend
                                                                     Carl Reininghaus."
E. S. A. 201; L., p. 576 [gekürzt]   [473]

[1] „Die Brücke", 1913, nach Skizzen in Raab [Györ, Ungarn] im Atelier in Wien gemalt.

13. III. 1913

→ Gertrude Schiele, C. a. s. [Berlin, Brandenburger Tor]
„Gruß von Berlin, Gerta."
E. S. A. 285   [474]

18. III. 1913

→ Heinrich Benesch, L. a. s., 3 pp. 8°
Hat 15 Kronen für eine Zeichnung angewiesen, bittet das Blatt aber gelegentlich umtauschen zu können.[1] „... Sie haben mir zwar schon zweimal versprochen, mich zu zeichnen, aber Ihr Versprechen bisher ... nicht eingelöst. Allen Ihren Kunstfreunden haben Sie diesen Liebesdienst erwiesen, nur mir nicht. Womit habe ich es verdient, daß Sie gerade mich ausschließen? Bin ich Ihnen diese Aufmerksamkeit nicht wert? Es ist mir dabei doch nur darum zu tun, ein sichtbares Zeichen Ihrer Sympathie zu besitzen und nicht etwa darum, ein Portrait von mir zu haben. Freilich haben Sie mir die Freude daran zum Teile schon dadurch verdorben, daß ich Sie an Ihr Versprechen erinnern muß. Es ist bitter, von einem Freunde als quantité négligeable behandelt zu werden..."
E. S. A. 347   [475]

[1] Schiele malte 1913 das „Doppelbild Heinrich Benesch und Sohn Otto". Es gibt auch mehrere Zeichnungen nach ihm.

19. III. 1913

An → Heinrich Benesch, Abschrift
„19. März 1913
Lieber Herr Benesch, ich weiss nicht den Grund warum Sie mir gerade so schreiben. Sie wissen doch, dass ich sicher mit Ihnen von allen meinen andern Kunstfreunden am wahrsten rede. Was ich versprochen habe, wird gewiss meine Absicht sein, es zu erfüllen. Wenn ich nicht immer über andere Dinge zu denken hätte. Sie wissen nicht wie wenig Ruhestunden mir

bleiben können. Bitte, besuchen Sie mich wenn möglich morgen zwischen 3—4ʰ. Herzliche Grüsse   Egon Schiele."
E. S. A. 611; Verbleib des Originals ungeklärt   [476]

20. III. 1913

→ Heinrich Benesch, L. a. s., 2 pp. 8°
„Wien, am 20. März 1913.
Lieber Herr Schiele! Verzeihen Sie, wenn ich in meinem Unmute ein wenig zu weit gegangen bin ... Ich wollte Ihnen gewiß nicht wehe tun. Heute kann ich leider nicht kommen, weil ich mit Meyer[1] eine Verabredung habe. Ich werde jedoch ... Freitag oder Samstag Nachmittag kommen ... treffe ich Sie nicht zu zuhause, so komme ich nach Ostern. Mit herzlichen Grüssen an Sie und Vally[2] Ihr   Benesch."
E. S. A. 590   [477]

[1] Wohl: Fritz Meyer, Hersteller im Kunstverlag Anton Schroll [Erinnerung des Herausgebers].
[2] → Wally Neuzil.

21. III. 1913

→ Künstlerbund Hagen, L. s., gezeichnet „→ Rudolf Junk", 1 p. gr. 8°
Möchte zwei Arbeiten mittleren Formates auf die Düsseldorfer Ausstellung[1] mitnehmen und eventuell nach Dresden zwei Zeichnungen, etc.
E. S. A. 916   [478]

[1] Schiele stellte dort auf der „Großen Deutschen Kunstausstellung" aus.

24. III. 1913

An → Carl Reininghaus, L. a. s.
„... Die kleinen Bilder, die ich Ihnen hiermit übersende wurden heute fertig; das eine ist die Stadt Stein a. d. D. [an der Donau] gegen einen Terrassenweinberg[1]; das andere dieselbe Stadt von dem Terrassenweinberg aus, gegen die Donau gesehen mit dem jenseitigen Ufer (blaugrün) oben, eine Draufsicht[2]. — Eines kostet 200 K; Ihrem Wunsche gemäß habe ich die Bilder gemalt und schließe es nicht aus, daß diese zusammengehörigen Ihnen gefallen ... Jetzt werde ich diese Stadt erst größer malen auf Leinwand[3], natürlich werden Örtlichkeiten nicht mehr berücksichtigt, sondern nach meiner Erinnerung, — (nach den Studien die ich mitbrachte), — noch vieles anders komponiert. — Wenn ich die Studien nicht mehr benötige die ich dortselbst gezeichnet habe, so sende ich Ihnen diese ..."
Nach: L., Nr. 232, p. 576, und Nr. 240, p. 579   [479]

[1] „Stein an der Donau mit Weinbergterrassen", 1913.
[2] „Frauenbergkirche in Stein mit jenseitigem Donauufer", 1913.
[3] „Stadt Stein", 1913. Der Brief ist von Bedeutung, weil man aus ihm Schieles Arbeitsweise bei Landschaften genau verfolgen kann.

25. III. 1913

→ Carl Reininghaus, maschingeschriebener Brief, unsigniert, 2 pp. groß 8°
Fragt nach dem Preis der beiden Städtebilder an, wiewohl Schiele diesen in seinem Brief vom 24. III. erwähnte. Längere Auseinandersetzung über den derzeitigen Stand der Verrechnungen. „... Ohne ein solches Entgegenkommen Ihrerseits hätte ich bis auf Weiteres nicht auf gelegentliche Wiederabnahme Ihrer Handzeichnungen reflektiert, hätte mich auch sonst wieder ein wenig retiriert ...", etc.
E. S. A. 170   [480]

—

An → Arthur Roessler, L. a. s., 1 p. 8°
„Dienstag 25. März 1913.
Lieber Herr A. R—R! Herr → Dr. R. Junk hat mich ersucht, ihm zwei Bilder, mittlerer Größe an ihn zu senden, für eine Ausstellung in Düsseldorf. — Ich habe die „Brücke"[1] und eine andere gleichgroße Landschaft, ihm geschickt, weil diese beiden am entsprechensten sind. — Wenn die „Brücke" in Düsseld.[orf] nicht verkauft wird, so kommt diese direkt an Sie. ist es Ihnen so recht? — → Goltz muß ich natürlich davon schreiben. Herzliche Grüße   Egon Schiele, Wien XIII.
ich wurde von einem jungen Fabrikantensohn[!] aus Prag[2] eingeladen, zu ihm auf Sommeraufenthalt nach Böhmen zu kommen; vielleicht fahre ich."
W. ST. B. 180.591; Gl. 44   [481]

[1] „Die Brücke", 1913.
[2] Bisher nicht feststellbar, um wen es sich handelte. Der Aufenthalt kam nicht zustande. Siehe auch Schieles Brief an Roessler, 2. VII. 1913.

26. III. 1913

→ Carl Reininghaus, L. s., 1 p. 8°
„Wien I. Stubenring 6 den 26. III. 1913
Geehrter Herr Schiele! Antwortlich Ihrer mir heute zugestellten Zeilen vom gestrigen Tage war ich auch ohne Ihre gefl. [gefällige] Information, zu welchem Preise Sie sonst Ihre Sachen hergeben, vollkommen mit der letzthin gemachten Notierung für Ihre Handzeichnungen einverstanden. — Ich habe deswegen ohne Weiteres, wie ich es auch Ihrer Botin dem Fräulein N.[1] sofort sagte, auf dieser Basis weitere Handzeichnungen behalten. — Mitteilen will ich Ihnen nun, wer mir davon gesprochen hat, daß Sie insbesondere Ihre farbigen Zeichnungen der Neugeborenen billiger hergegeben haben[2]. — Es war jene junge Frau, die ich bei Ihnen im Atelier kennen gelernt habe, die damals in Erwartung war und einmal nach Erledigung dieser Angelegenheit mich aufgesucht hat. Sie sagte in einer, wie es mir schien, für Sie freundschaftlichen Weise, dass Sie leider Ihre guten Handzeichnungen u. zw. [und zwar] insbesondere Obgenannte zu 1 Gulden per Stück[3] weggegeben haben, da Sie eben an Ueberfluss von Geldmangel litten. Malen Sie jetzt immer so leger, dass stellenweise Composition und Fleck ganz auf Kosten des Erkennens der Form gehen? Glauben Sie nicht, dass dies besser zu vermeiden wäre? Sobald ich steigfähig bin, will ich Sie gerne in Ihrem Atelier aufsuchen. Freundliche Grüße
[signiert:] Carl Reininghaus."
P. 12   [482]

[1] → Wally Neuzil.
[2] Schiele zeichnete 1910 viel in der Universitäts-Frauenklinik. Er war mit Dr. → Erwin von Graff befreundet, dessen Porträt er damals malte.
[3] Der Preis von einem Gulden [= 2 Kronen] pro Zeichnung ist wohl ein Irrtum.

31. III. 1913

An → Marie Schiele, Wien IX., Schlagerstraße 5, L. a. s., 4 pp. gr. 8°. Mit eigenhändigem Kuvert
„31. März 1913.
Meine liebe Mutter! Der Umstand daß meine Anforderungen an Dich betreffs eines geregelten Lebens, unberücksichtigt blieben und meine gutwollende Vorsätze, um Dir ein neues wahres Leben ohne moralische Tentenzen[!] erfassen zu lassen, ungesehen zu finden hat mich nicht nur sehr interniert [wahrscheinlich statt: konsterniert], sondern auch mich daran denken lassen, meine guten Absichten, die männlich, führend und lebensfähig sind, anderswo, d. h. für andere empfängliche Personen, Dinge oder Unternehmen zu verwenden. — Daß ich mich im Kreise lebensblinder und unfähiger Personen nicht bewegen kann wird jeder der mit ausgeprägten Sinnen da ist, und mit feinen Empfindungen in der Welt geht, ersehen müssen und mir nicht nur abraten wollen, sondern mir seelische Beziehungen in der Art verbieten wollen. — Die hauptsächlichsten Menschen, die zur Zeit auch sehr von Bedeutung sind, haben nicht den von Gericht bestimmten Vormund um meine Nächsten gefragt, sondern mich, der der eigentliche, von denen geglaubte Leiter ist. — Es ist nicht Einbildung noch Wahn von mir, darauf bestehen zu müssen, auf meine Anleitungen Folge zu leisten oder die Gefahr wahr werden lassen, wenn ich mich zurückziehe. — Ich möchte die von mir beanspruchten Absichten erfüllt sehen, jeden einzelnen Punkt überdacht, überprüft und befolgt. — Daß die von mir aufgestellten für mich ohne Gewinn sind, weil ich doch damit nicht mittue, wird doch begreiflich sein und meine Voraussetzung will dem Nachgeben Deinerseits rechtgeben. —
Du bist in dem Alter wo ich glaube, der Mensch die Sucht hat die Welt mit reiner Seele ungehalten und ungehindert sehen will und Freude über die vollbrachten dargelegten Früchte sehen will, ihren Eigenwillen der angeboren ist und selbstständige Wurzeln trägt. — Das ist die große Absonderung. Ohne Zweifel werde ich die größte, schönste, kostspieligste, reinste und wertvollste Frucht sein, — in mir haben sich durch meinen selbständigen Willen alle schönen und edlen Wirkungen vereinigt; — schon auch des Mannes wegen. — ich werde die Frucht sein die nach ihrer Verwesung noch ewige Lebewesen zurücklassen wird; also wie groß muß Deine Freude darob sein? — mich gebracht zu haben? —
In einem edlen Körper ist ein edler Geist! gilt für → Gerti! sie ist die reifende Frucht mit eigenen[!] Willen ohne Sonne. Ringsum sind verwelkte Blumen. — Sie ist viel viel selbständiger als Du selbst, braucht keine Stütze nur freudige und sonnige Tage. Das kann ich seit dem Sommer 1912 von ihr sagen. Was sie mir tat ist alles verziehen, das waren die verpesteten Triebe die von selbst abgefallen sind, vielleicht kommt hie und da noch einer, denn sie ist noch unvollendet und deswegen ist es Deine heiligste Pflicht auf sie zu achten, und mit ihr sehr lieb zu sein. Du wärest eine ganz gemeine, (angesteckte) Verbrecherin, wenn Du Gerti von Dir stießest. — Gerti soll regelmäßig Speise und Trank bekommen, sie soll so wie Du ohne Streit und Ärger mit Dir leben. — Sie soll mit → Peschka auf edle Art zusammen sein, denn so ich weiß liebt sie ihn und das ist nicht zu verargen. Sie und Peschka können Ausflüge machen wohin sie Lust führt. ich halte so viel von Peschka voraus daß er weiß welch' ein Bube er sein möchte wenn er die Pflanze vor der Reife knicken wollte, und Gerti würde die gemeine Person in meinen Augen sein, so sie diese Berührung erdulden würde. — Alles das, glaube ich fest zu meinen, kann nicht kommen, weil ich die Menschen mehr gesehen und erkannt habe. — Freilich gibt es Untaten. — Darum also hatte ich nicht Furcht als wir in Krummau waren, sondern damals war es mein Wille, den entstehenden Menschen in meiner Schwester zu begutachten und die eigentümliche Neigung zu A. Peschka mit dem ich doch damals befreundet war, also war schon eine ähnliche seelische Neigung zu bestimmten Menschen zu konstatieren und leitete mich von dort ab weiter. — Was dort und da die Leute darüber gesagt haben, soll ich eigentlich gar nicht daher bringen. — Gerti muß, das ist ihre Pflicht bis zu ihrem 22. Jahr warten um zu heiraten, sie wüßte jetzt nicht, in ihrer Unreife was sie getan hätte; kann sein daß sich Einiges ändert. — Jedenfalls ist es die Pflicht Peschkas, bis dorthin so viel errungen zu haben und für die Erschließung Gerti's so weit materiell gekommen zu sein, um ihr ein sonniges, sorgenloses und reiches Leben verkünden zu können. — Was → Melanie anbelangt? — Das ist die Mispel am Baum. — Sie ist aus der Art. Leider! sie ist vollendet, und erweist sich als so Unheil bringend und so Ärger und Kummer bereitend, wie ihre Lebensgefährtin; das weiß jeder. — Nicht Verhältnisse sind daran Schuld[!]; — der bedeutende Mensch ringt sich überall durch. Das ist ihre unedle Natur. — Wer mit einem Menschen nahe verkehren kann, der derart degeneriert ist wie St.[1] dem mangelt es schon an körperlichen[!] Formgefühl, was erst an Geist und Seele, so weit diese da sind. — Ich führe das alles einer unreinen Entstehung zurück. — Gottlob wurde noch in meinen ersten Jahren mein Haupt davon gereinigt. — Derjenige der aber daran Schuld[!] ist braucht deswegen nichts verübelt werden. — Warum also einen faulen Apfel neben einen reifenden vegetieren sehen können, warum nicht so tätig sein können um den reifenden von[!] faulenden zu befreien, der sich martert und der sich martert. — Im Sommer glaubte ich noch einmal an eine Rückkehr Melanie's zum Edelmut, leider ist aber fast nichts da; nie wird sie die Welt ersehn, nie die Sonne, Sterne und Erde; ich glaube ihre Lebensgefährtin hat sie auf ganz gemeine Art zu Grunde gerichtet; sie ist glaube ich am Wege nach dem Untergang. Mit den Herzlichsten [Grüßen]   Egon Schiele.
Peschka hat eine unsaubere Tat, schon wieder vollbracht. Bitte ihm[!] und Gerti den Brief lesen zu lassen!"
E. S. A. 216; R., B. & P., pp. 29—31 [ohne die Nachschrift]

[1] Schiele erwähnt den Namen Sturm im Brief vom 21. VII. 1913.

[483]

[483]

1. IV. 1913
→ Hans Goltz, L. s., 2 pp. groß 8°
„Lieber Herr Schiele, Ich bestätige Ihnen 2 neue Bilder und 20 Zeichnungen erhalten zu haben. Aber Herr Schiele, so sehr ich mich stets über Ihre Zeichnungen freue und auch bei den bizarrsten Launen gerne mitgehe, wer soll die Bilder kaufen? Ich habe da sehr sehr wenig Hoffnung. Sie dürfen mir nicht verübeln, wenn ich, der ich doch gerne allen Künstlern der neuen Richtung gefolgt bin, und dessen Verstehen wohl manchem ein wenig erleichtert habe, Ihnen gegenüber mein Bedenken ausspreche. Was noch vor einem Jahr, ja noch vor einem halben Jahr uns ausserordentlich stark und deshalb, aber auch nur deshalb zukunftsreich erschien, das darf nicht in der Form erstarren. Es war ein Weg um aus dem wässerig gewordenen Impressionismus herauszukommen. Dieser Weg ist aber kein Ziel, das schon erreicht ist. Die „Ismen", die als Wege und als Zerstörung ausserordentlich notwendig waren, müssen sich nun allmählich abklaren zu ruhiger kraftvoller Kunst. Sonst kann der Kunsthändler bei allem persönlichen Verständnis nichts mehr ausrichten und muss nun mit schwerem Herzen auf weniger starke, aber dafür wenigstens lesbare Künstler zurückgreifen. Ich will mit diesen Worten keinen ermahnenden Papa spielen, ich will Sie nur vorbereiten auf einen gänzlich finanziellen Misserfolg, den Ihre Bilder auf Ihrer jetzigen Stufe sowohl als auch die der anderen erleiden müssen. Auch der wohlwollende und verständnisvolle Teil des Publikums beginnt ungeduldig zu werden und hungert nach Ruhe und Klarheit. Die Ausstellung kann im Juni bestimmt stattfinden. Näheren Termin muss ich Ihnen noch angeben. Mit frdl. [freundlichem] Gruss Ihr ergebener

[signiert:] Hans Goltz."

E. S. A. 1029 [484]

—

→ Künstlerbund Hagen, L. s., vom Sekretär Josef Krzizek, 1 p. groß 8°
Aus Budapest läge ein Gebot auf „Dämmerung in der Stadt"[1] von 400 Kronen vor. Hat das Bild „Die Eremiten"[2] durch den Spediteur an Schiele zurückschicken lassen, da kein Platz im Vorraum sei, etc.

E. S. A. 915 [485]

1 „Dämmerung in der Stadt", 1912/13. Schiele akzeptierte anscheinend das Angebot nicht. Als erster Besitzer scheint bei K. → Karl Grünwald, Wien, auf.
2 „Die Eremiten", 1912.

2. IV. 1913
An → Gertrud Schiele, L. a. s., 1 p. 8°
„2. April 1913
Liebes Schwesterl Gerti! Die Karte, die eine Verlobung[1] anzeigt, erhielt ich eben; warum wurde mir von einer Feier oder Vorbereitung aber gar nichts gesagt? — Das wäre Deine dringendste Pflicht gewesen! Mit herzlichen Grüssen
Egon Schiele."

E. S. A. 1065/52, Abschrift. Verbleib des Originals ungeklärt
[486]

1 Verlobte sich mit → Anton Peschka.

—

An → Anton Peschka, L. a. s., 1 p. kl. 8°, per Adresse Frau Marie Schiele, Wien IX., Schlagerstraße 5[1]
„2. April 1913.
Lieber A. P. Die Karte die ich heute bekam ist wohl ein Aprilscherz?[2] weil das Format und die Art wie die Karte „ausgestattet" ist nicht der Wahrheit entspricht! Notzüchtige Dich also, denn nicht als Scherz wird man diese aufnehmen, sondern als Plamage[!]. Mit herzlichen Grüßen
Egon Schiele."

E. S. A. 272 ab; R., B. & P., p. 102 [487]

1 Peschka wohnte anscheinend vorübergehend bei seiner künftigen Schwiegermutter.
2 Die Nachricht von seiner Verlobung mit → Gertrude Schiele.

8. IV. 1913
→ Emil Richter, Kunsthandlung, Dresden, Pragerstraße 13, L. s. Auf Briefpapier, das am linken Rande alle Künstler aufzählt, die das Haus vertrat, darunter auch Egon Schiele. 1 p. groß 8°. Bittet, eine neuerliche Ansichtssendung von Zeichnungen ungerahmt zugehen zu lassen, etc.

E. S. A. 496 [488]

VERLAG der GRAPHISCHEN ARBEITEN von A. Bär - J. v. Divéky - G. Erler - Otto Fischer - Gg. Gelbke - B. Hellingrath A. Henne - Käthe Kollwitz - O. Lange R. Müller - M. E. Philipp - W. Rehn Ferd. Steiniger - A. Trepte - W. Zeißig

Außerdem Arbeiten von
Am Ende - Babberger - Baertsoen - Bauer - Baum Baumberger - Beaufrere - Dechler - Behmer - Bejot Bernd - Berton - Besnard - Beurdeley - Beyer - Biese Bischoff - Culm — Böhle — Bone — Bracquemond Bonnard - Brangwyn - Brüning - Bruycker - Bryden Buchwald - Zinnwald - Burck - Burridge - Cameron Carrière - Chahine - Charlton - Clauß - Conz - Corinth Corot — Cottet — Crawford - Daubigny — Daumier Degner — Delacroix - Delâtre — Denis — Derain Dickies - Dodd - Dupont - East - Eitner - Ensor Fantin-Latour - Faure - Fitton - Poerster - Porain Freilaut → Fürst - Gallén - Gallhof - Gampert Gascoyne — Gaul - Geiger, W. — Geyger, E. M. Gobo — Goff — Goya — Graf — Greiner - Grethe Großmann - de Groux - Haden, S. - Hardie - Halm Hänny - Hegenbart, F. - Hegenbarth, Jos. - Helleu Herkomer - Héroux - Herrman (Heran) - Herstein Hildenbrand - Hodler - v. Hofmann - Holroyd - Howarth - Huber - Hübner - Jahn - Jettmar - Jilies - Jonas Jungnickel - Junck - Israels - Kalckreuth - Kallmorgen Kampmann - Kandinsky - Kasimir - Kaul - Kayser Khnopf - Kirchner - Klemm - Klinger - Kolb - Köpping Kruger - Laage - Lang, Fritz - Lange, Olaf - Laurencin Lautrec - Larsson - Latenay - Lee - Lederer - Legrand Legros — Leheutre — Lehmbruck - Leibl - Léandre Leitikow — Lemeilleur - Lepere — Liebermann, E. Liebermann, M. - Lunois - Luce - Lührig - Lumsden MacLaughlan - Manet - Meißer - Menpes - Meid Meidner - Menzel - Mersburg - Meryon - Meseck Meunier, H. - Meyer-Basel - Michalek - Michl - Millet Munch - Nauen - Nadler - Neumann - Nolde - Nieuwenkamp - Olde - Oppenheimer - Oppler - Orlik - Otto, H. Overbeck - Paehcke - Paulsen - Pechstein - Pellens Pennel - Petrascheck - Lange, Helene - Picasso - Pieuchmann - Pottner - Preßleider - Raffaëlli - Rassenfosse Reifferscheid - Rhead - Renoir - Robertson - Rodin Rops — Rösler — Rösner - Roux - Rysselberghe Schaefer - Schaeffer - Scharff - Schelfhout - Schiele Schinnerer - Schmoll v. Eisenwerth - Schmutzer Schocken - Scholz - Seaby - Seewald - Shannon Short — Signac — Simon — Slevogt - Slocombe Stauffer-Bern - Steinhausen - Steinlen - Sterl - Strang Struck - Stuck - Spabinsky - Taßner - Thiemann Thoma — Thomann - Thöny - Toorop - v. Trapp Übbelohde - Uhl - Unger - Vallet - Vallotton Veber - Vergéafrat - Verpilleux - Veth - Villon Vierge - Vogeler - Volkmann - Vrieslander - Vuillard Waentig — Walker — Watson — Weinzheimer - Weiß Welti — Werenskiöld - Westphal - Willette - Wüm Wolf - Wolfsfeld - Whistler — Wright - Zdrasila Zülken - Zille - Zoir - Zorn - Zuloaga - u. a.

[488]

DOKUMENTE UND KORRESPONDENZ 1913

11. IV. 1913 [Poststempel]

An → Arthur Roessler, C. a. s.

„L.[ieber] A. R—r. Budapester Angelegenheit rückgängig geworden, „wegen den Prozenten"!! Vielleicht ist jemand der 400 K. für dieses [Bild]¹ mir bezahlt. Herzliche Grüße
Egon Schiele."

W. ST. B. 180.589; Gl. 42 [489]

1 „Dämmerung in der Stadt", 1912/13. Am 1. IV. 1913 teilte der „Hagenbund" ein Gebot von 400 Kronen mit.

15. IV. 1913

Willy [Familienname unbekannt]¹, L. a. s., 4 pp. 8°. An → Edith Harms

„Herzensliebste Edith! Um alles in der Welt Du kündest mir ewige Feindschaft an. Ja Kind Gottes sag mal ist Dir beim Umzug² etwa ein Stiefelknecht auf den Kopf gefallen, daß Du so etwas zusammenfaselst... Weißt Du schon am [!] August heirate ich. „Endlich" wirst Du sagen... Wann werde ich endlich von Deiner Verlobung etwas hören. Sei doch kein Frosch (so kalt nämlich) und flieg jemanden „glücksverklärt" um den Hals... Sei innigst gegrüßt und geküßt von Deiner „ewigen Feindschaft" Willy."

E. S. A. 182 [490]

1 Ein unbekannter Verehrer von Edith Harms, bevor sie Schiele traf. Der Name scheint auch nach Ediths Heirat in ihren Briefen an Schiele des öfteren auf.
2 Anscheinend ist die Familie Harms erst 1913 in die Wohnung vis-à-vis von Schiele eingezogen.

18. IV. 1913 [Poststempel]

An → Arthur Roessler, C. a. s. [Triest. — Nolo San Carlo].
„Herzliche Grüße Egon Schiele, 1913."

W. ST. B. 180.590; Gl. 43 [491]

2. V. 1913, Poststempel Emmersdorf

An → Arthur Roessler, C. a. s. [Hochaltar der Kirche Maria-Laach am Jauerling]

„Konnte gestern am 1. Mai nicht kommen; vielleicht geht's in der nächsten Woche. Herzliche Grüße Egon Schiele, 1913."

W. ST. B. 180.592; Gl. 45 [492]

9. V. 1913

An → Arthur Roessler, L. a. s., 1 p. groß 4°
„9. Mai 1913.
Lieber A. R.—R. Ich habe Ihren Brief, betreffend die Landschaft mit dem roten Felsen¹, sowie Ihre beiden Karten erhalten und teile Ihnen deshalb folgendes mit: ich bin Ihnen bei Erwerbung meiner Bilder und Blätter immer sehr entgegengekommen, weil ich Ihnen Dank dafür schuldig bin, daß Sie sich wiederholt meiner angenommen haben und meine künstlerischen Absichten unterstützt haben. Ich will es auch heute gerne tun, wenn auch in anderer, als der von Ihnen vorgeschlagenen Form. Meine materiellen Verhältnisse erlauben es mir nicht, auf einen Tausch mit den von Ihnen erwähnten Gegenständen einzugehen, denn sie sind mir zum Leben nicht notwendig und ich muß doch trachten, Geld zu verdienen. Es wäre von mir Verschwendung, wenn ich jetzt Geld für unnotwendige Dinge ausgeben würde, denn ob ich mein Bild verkaufe und mir diese Gegenstände dafür anschaffe oder ob ich das Bild für die Gegenstände eintausche, kommt auf eins heraus. — ich mache Ihnen nachstehenden Vorschlag: ich würde Ihnen dieses Bild, auf dessen vorteilhaften Verkauf ich ziemlich sicher rechnen könnte, für den gewiß sehr mäßigen Betrag von 300 K. und die 3 Zeichnungen, welche die gnädige Frau letzthin mitnahm, für 20 K. überlassen, so daß mein Guthaben 320 K. betragen würde. Von diesen 320 K. bitte ich den Betrag für die mir von der gnädigen Frau gegebenen japanischen Decke abzuziehen; den verbleibenden Rest könnten Sie natürlich auch in Teilzahlungen begleichen. Den in Ihren Brief (d. h. [= das heißt] Karte) erwähnten großen Speer und kleine Pfeile glaube ich schon als mein Eigentum ansehn zu können, weil ich seinerzeit das Brettbild, die Ruine², dafür gab. Hoffentlich erkennen Sie jeden Punkt [an] und bitte Sie mir deshalb zu antworten. — Herzliche Grüße Egon Schiele."

W. ST. B. 180.593; Gl. 46 [493]

1 Vielleicht „Versinkende Sonne", 1913, das sich in Roesslers Besitz befand [siehe die Fußnote bei Gl. 46].
2 „Ruine", 1912. Befand sich vielleicht zuerst in Roesslers Besitz; später scheint es in die Sammlung von → Dr. Oskar Reichel, Wien, gekommen zu sein.

[10. V. 1913]

→ Arthur Roessler, L. s., 1½ pp. groß 8°
„Samstag vor Pfingsten 1913. ½5 nachm.[ittag].
Lieber E. S. — eben wollte ich die beiliegende Karte an Sie absenden, da wurde mir Ihr von heute datierter Brief gebracht. Dieser Brief ist unecht, d. h. [das heißt] er ist der Form und dem Inhalt nach nicht Ihr persönlicher Ausdruck. Er ist so wenig „schieliesch", dass man die Stimme des Soufleurs[!], der ihn einflüsterte, aus den Worten erkennen zu können glaubt. Es wundert mich einigermassen, dass Sie, nach dem wie wir bisher zueinander standen, so plötzlich eine Stellung einnehmen, die mich befremden muss. — Ob Sie mir bei der Erwerbung von Bildern und Blättern Ihrer Hand mehr „entgegengekommen" sind als anderen, will ich unerörtert lassen, zumal Sie ja selbst betonen, dass Sie mir „Dank schuldig" sind; bemerken will ich nur, dass ich an „geschenkten" Blättern von Ihnen nur drei besitze, Bild gar keines, und dass ich für die übrigen Blätter und Bilder nicht weniger bezahlte als irgend ein Ihnen ferne stehender fremder Mensch. Das[!] ich mir im groben Sinn des Wortes von Ihnen nichts schenken liess, werden Sie selbst zugeben und sich erinnern, dass ich stets eine Form der Revanche fand. Was ich für Sie tat (Verkaufs- und Ausstellungs-Vermittlungen, die Abmachung mit → Goltz etc.), tat ich gern und aus rein ideellem Interesse an Ihnen als Künstler, ohne Hintergedanken kaufmännischer Art. Niemals versuchte ich es, von Ihnen ein Bild unter Hinweis auf das von mir für Sie Getane besonders „billig" zu erwerben, stets nannten Sie den Betrag und ich bezahlte ihn, wenn ich dazu in der Lage war oder ich verzichtete. Auch auf bereits rechtlich erworbene Bilder

verzichtete ich zu Ihren Gunsten, wenn es sich ergab, dass ein anderer mehr dafür zu bezahlen bereit und in der Lage war. Ich erinnere Sie da nur an → Dr. Reichel und → Frau Mauthner. Die Tausch-Idee hatten Sie selber gefasst. Sie wollten mit Stursa[1] tauschen. Ich erkannte Ihr Verlangen als begründet und vermittelte. Sie wollten auch die chinesische Decke eintauschen. Ich sprach meiner Frau zu und sie willigte ein. Sie hätte Ihnen die Decke, die einen ganz respektablen Wert representiert, sicherlich gern geschenkt, wenn unsere Verhältnisse dies erlauben würden, da dies nun leider nicht der Fall sein kann, verabredete sie mit Ihnen den Tausch gegen ein Bild. Sie erklärten damals noch Ihre besondere Freude und den Willen uns für den Verzicht auf die Landschaft, die im Hagenbund war und die jetzt bei → Mauthner ist, entschädigen zu wollen, da uns dieses Bild besonders lieb war[2]. Wir waren damit zufrieden und warteten geduldig. Seither haben Sie wiederholt von Bildern gesprochen, die Sie uns für die Decke geben wollten, aber immer benötigten Sie die betreffenden Bilder wieder zum Verkauf oder für Ausstellungen und jedesmal traten wir mit unserer Forderung bescheiden zurück in Ihrem Interesse. Nun hatten Sie neuerdings ein Bild vollendet, das uns gefällt, das wir gerne besitzen würden, ich nannte es Ihnen, erklärte mich erbötig eine Menge niedlicher und interessanter Dinge, von denen ich weiss, dass sie Ihnen ästhetisches Vergnügen bereiten, noch draufzugeben, und jetzt rücken Sie unvermutet mit einem „Vorschlag" heraus, der unsere Abmachung negiert und so krämerhaft geldsüchtig ist, dass ich den Zustand nur beklagen kann, aus dem er hervorging. Es tut mir, der von allen Ihren Freunden immer am meisten darauf bestand, dass Sie nicht verschwenden, dass Sie Ordnung in Ihren materiellen Verhältnissen halten, ganz ungemein leid, Sie so weit von Ihrem eigentlichen Selbst und so unfreundschaftlich beeinflusst zu sehen. Ich hatte nicht erwartet, dass Sie als Mensch — und noch dazu bei mir, der es ja auch bei Ihnen nie tat und tut, spekulativ werden und Vorteile suchen würden. Es widerstrebt mir noch weiter über diesen Gegenstand zu schreiben, doch möchte ich die „schwebende Angelegenheit" zwischen uns ins Reine bringen, und zwar sogleich. Ich ersuche Sie daher, da ich nur mit Ihnen allein, nicht aber auch mit unterirdischen Ratgebern, die aus wer weiß für welchen Beweggründen hinter den Coulissen stehend, Stichworte raunen, zu tun haben will, mich am Dienstag nächster Woche zu besuchen. Ich hoffe, dass Sie sich in Erinnerung an unser bisher ungetrübt freundschaftliches Verhältnis, nicht scheuen werden, meiner Einladung Folge zu leisten. Wir werden die Angelegenheit der Decke einerseits, der 3 Blätter, die meine Frau unlängst mitnahm anderseits in aller Form und mit Anstand erledigen. Wenn Sie bis zu unserem Wiedersehen zu sich selbst zurückgefunden haben sollten, würde dies aufrichtig freuen Ihren, Sie bestens grüssenden   [signiert:] A. R.—r."
E. S. A. 522   [494]

1 Jan Štursa (1880—1925), bedeutender tschechischer Bildhauer.
2 „Herbstbäume in bewegter Luft", 1912, von Magda Mautner Markhof erworben.

[495]

11. V. 1913

An → Arthur Roessler, L. a. s., ½ p. gr. 8°
„Pfingstsonntag 1913
Lieber A. R.—r. — ich hätte es nicht verschwiegen, daß mein voriger Brief nicht von mir ist und glaubte gar nichts davon erwähnen zu müssen um den Souffleur heraus zu hören. — ich will voraus schicken daß ich dem Nächsten die Geschichte erzählte um von ihm die Antwort fast, im Sinne ähnlich fassen zu lassen. — ich bin nicht erzogen worden zu dem Brief, sondern ich und noch einer, wir beide allein, wissen und haben geantwortet, — sonst bin ich, wie hier derselbe, ich bin nicht geldsüchtig und krämerhaft nicht spekulativ und suche auch nicht Vorteile, — sondern will bloß einen Ausgleich, weil ich so wie so immer noch, lange nicht auf diese Kosten an Ausgaben von Zeit, Material, seelischer und physischer Zustände gekommen bin. — Am Dienstag um 4h komme ich zu Ihnen. Beste Grüße   Egon Schiele."
W. ST. B. 180.674; R., B. & P., p. 77   [495]

11. V. 1913 [Datum vom Empfänger vermerkt]

An Professor → M. O. Kuntschik, L. a. s., 1 p. groß 8°
„Pfingstsonntag 1913.
Lieber Herr O. K. Sie können mir glauben, daß es mir höchst peinlich ist daß ich noch nicht den ganzen Zins bezahlt habe; wenn nicht Feiertage wären, wäre ich in die → Wiener Werkstätte gegangen, ich kenne → Josef Hoffmann sehr gut und bin befreundet mit ihm und die[!] anderen dort, ich hätte von ihnen, wie schon so oft für ein paar Blätter das fehlende Geld bekommen, so muss ich warten, ich bitte Sie entschuldigen Sie dieses. Mit den besten Grüßen   Egon Schiele."
Ö. N. B. 310/65—8   [496]

DOKUMENTE UND KORRESPONDENZ 1913

[?. VI. 1913]
An → Josef Hoffmann, p. a. s., 1 p. quer 8°
„Pfingstmontag 1913
Lieber Professor Hoffmann! Ich erlaube mir an Sie hiermit 10 neue Blätter vielleicht à 20 K. zu senden. Je schneller desto besser, ich ersuche Sie darum. Mit herzlichen Grüssen!
Egon Schiele
Wien XIII., Hauptstraße 101.
Anbei sende ich das ungarische Interieur und danke dafür."
F 2 [497]

15. V. 1913
→ Erwin Osen, C. a. s. [Propyläen, München]. „The best greetings to tell [!] my friends Yours Osen Erwin, München, Künstler Theater, 1913."
E. S. A. 62 [498]

—

→ Arthur Roessler, L. s., ½ p. gr. 8°
„15. V. 13.
Lieber E. S. — soeben, ½1 Uhr, telephonierte Herr Sekretär B.[1] — Er ersuchte mich um eine Unterredung zwecks Aufklärung über seine Mitwirkung in der Brief-Angelegenheit. Ich lehnte ab. Darauf rief mir Herr B. durchs Telefon zu, dass Sie einen noch viel ärgeren Brief aufgesetzt hätten und dass er nur um dessen Absendung an mich zu verhindern, sich dazu hergab Ihnen den ominösen Brief an mich zu diktieren. Der ursprünglich von Ihnen selbst verfasste Brief sei derart gewesen, dass er (Sekretär B.) unmöglich dessen Absendung an mich zugeben konnte; aber auch der von ihm in Form gebrachte Brief bringe nur zum Ausdruck was Sie selbst gesagt hätten. Also Unaufrichtigkeit! Mir ekelt! Nach alledem verzichte ich auf das Bild „Felsen im Meer". Der Ausgleich (die drei Zeichnungen für die chinesische Decke) zwischen uns, so wie ich ihn gelegentlich Ihres Besuches bei mir letzthin vorschlug, wird wohl Ihre Anerkennung finden, — und ich damit Ruhe. Gruss. [signiert:] Arthur Roessler."
E. S. A. 523 [499]

1 Vorläufig ist nicht eruierbar, wer jener Sekretär B. war.

16. V. 1913
An → Arthur Roessler, L. a. s., ½ p. 4°
„16. Mai 1913.
Herrn Arthur Rößler! Möglich ist, daß der von mir verfaßte Brief ärger erschienen wäre. Niemand, auch Herr B. nicht könnte mich aber wenn's darauf ankommt von einen Vorhaben abhalten. — Ich wollte in der Sache Klärung, — erzählte dies Herrn B. — er war bereit mir nach meinen Angaben einen Brief aufzusetzen. — ich hielt ihn nicht für krämerhaft, sondern schrieb ihn, weil ich erfahren wollte ob Sie Liebe zu dem Bild erkennen! — Sie glaubten aber daß sich's um Geld handle! deswegen also schreckten Sie zurück; Sie waren willenlos! Man opfert wenn man liebt! Weil ich nach Ihrer Auffassung unaufrichtig bin und Sie Sich[!] ekeln,

halte ich es für das beste[!] wenn wir uns vorderhand nicht treffen. Egon Schiele."
W. ST. B. 180.594; Gl. 47 [500]

20. V. 1913 [Poststempel]
→ Arthur Roessler, C. a. s. [B. Hoetger „Frauentorso"]. Nach Krumau, Hotel goldener Engel
„Meine Adresse lautet von nächsten Dienstag an bis September: Altmünster am Traunsee, Haus Gaigg, Oberösterreich. Wollte Sie einladen 8 Tage bei mir am See zu verleben. Hätte über diese Zeit (eine Woche) separiertes Zimmer für Sie. Wie lange bleiben Sie in K.? Sommer über? Gratuliere zu den Verkäufen an Herrn F. H.[1] Besten Gruß Roessler."[2]
E. S. A. 567 [501]

1 → Franz Hauer.
2 Demnach war die Mißstimmung nach dem Briefwechsel vom 9. V. 1913 beseitigt, und Roessler wollte durch diese freundliche Geste einen Schlußpunkt setzen.

21. V. 1913
Egon Schiele. — Reproduktion nach einem Selbstporträt (Tuschzeichnung, Kopf leicht rechts geneigt) in → „Die Aktion", III. Jahr, Nr. 21
E. S. A. 510 [502]

DIE AKTION / WOCHENSCHRIFT FÜR POLITIK, LITERATUR, KUNST
HERAUSGEGEBEN VON FRANZ PFEMFERT / BERLIN-WILMERSDORF
FERNSPRECHER: AMT PFALZBURG 6242 / NASSAUISCHE STRASSE 17
[503]

31. V. 1913
→ Franz Pfemfert, L. a. s. Auf Briefpapier der Zeitschrift → „Die Aktion", 1 p. 8°. An Arthur Roessler
„31 Mai 1913
Sehr Geehrter, ich bin von → Gütersloh begeistert; sehr danke ich Ihnen diesen Ganzen[!]. Er muß (und wird) in Berlin balde[!] die „Mode" bilden, und nicht nur in Berlin. Ich weiß nicht, wie Herr v.[on] Gütersloh darüber denkt, aber eine Gütersloh-Nummer der AKTION mit diesem Portrait, das Egon Schiele zeichnen müßte, wäre mir äusserst sympathisch... eine schwere Zeit der Sorgen hielt mich vom Schreibtisch fern... literarische Kampforgane können leicht verbluten, und ich habe fast alles hergegeben gehabt... Ich bin Ihnen ergeben Franz Pfemfert."
W. ST. B. 148.227 [503]

—

An → Dr. Oskar Reichel, L. a. s., 1 p. groß 8°
„31. Mai 1913.
Lieber Herr Dr. Reichel! Ihr Bild die ‚Selbstseher'[1] waren beim Scholz[2] und sind augenblicklich bei mir. Ich bitte Sie senden Sie mir Ihre beiden Bilder Jesuiten[3] und Prozession[4] eventuell die eine Landschaft die in der hiesigen Sezession war. die drei, bitte, ich brauche diese notwendig und Ihr Einverständnis diese eventuell in München wieder verkaufen zu können. Zugleich geben Sie die alten Bilder mit und der

Überbringer nimmt von mir dann die Selbstseher mit. — Schreiben Sie mir aber nicht daß ich genug Bilder habe und diese nicht brauche, denn es ist zu lange um hier erklären zu können warum ich die drei Bilder brauche. Mit besten Grüßen   Egon Schiele, Wien XIII., Hietzinger Hauptstr. 101.
→ K.[arl] Reininghaus schreibt den Preis von 3000 K aus[5]; er lud mich ein; ich bin wenig einverstanden; näheres in der Presse[6] von heute 31. Mai 1913. —"
W. ST. B. 159.470; R., B. & P., p. 147   [504]

[1] „Die Selbstseher", 1910.
[2] Scholz, Wiener Spediteur.
[3] „Jesuiten", 1911.
[4] „Prozession", 1911.
[5] Gemeint ist der Carl-Reininghaus-Wettbewerb.
[6] „Neue Freie Presse", Wien, die damals führende Tageszeitung.

—

→ Carl Reininghaus, L. s., 3 pp. 8°
Längere Aufstellung von geleisteten Zahlungen. Er habe im Vorjahr an Schiele 1800 oder 1860 Kronen bezahlt, aber nur „das eine Porträt eines jungen Künstlers auf weissem Grunde"[1] von Schiele erhalten, das dieser mit 400 oder 500 Kronen bewertet hätte. Vielleicht, daß gelieferte Zeichnungen unberücksichtigt geblieben seien, etc.
E. S. A. 336   [505]

[1] Es handelt sich vermutlich um das „Bildnis des Malers Hans Massmann", 1909, da das zweite in Frage kommende Bild desselben Jahres → Anton Peschka darstellt, den Reininghaus kannte.

[?. V. 1913]
→ Dr. Rudolf Junk, XIII., Penzingerstraße 82, L. a.
Teilt mit, daß nach Dresden 3 Zeichnungen, nach Düsseldorf [Große Deutsche Kunstausstellung] 2 Landschaften mitgehen würden. Sie paßten besser als die „Eremiten" [von 1912] und wären eventuell leichter verkäuflich, etc.
E. S. A. 90   [506]

[? V. 1913]
→ Arthur Roessler, C. a. s. [dalmatinische Stadt, Fotografie von Bruno Reiffenstein[1]]
„Lieber E. S. — wie ging die Sache mit R—g—s [→ Reininghaus] u.[nd] den beiden „Steiner" Bildern[2] aus? — Mir hat der kranke Mann bisher nicht geschrieben. — Welche Bilder haben Sie nun nach Düsseldorf geschickt? — Meine Frau wird ungeduldig. — Bitte, bringen Sie, wenn Sie wieder zu uns kommen, mit, was Sie in letzter Zeit schrieben. Benesch jun.[3] erzählte mir gestern etwas von „gotischen Briefen" — oder Skizzen, die Sie geschrieben hätten. Was ist das? Warum sagen Sie mir davon nichts?[4] — Die Gitarre wartet! — Herzlichst grüßend   A. R—r."
E. S. A. 565   [507]

[1] Bruno Reiffenstein, bekannter Wiener Kunstfotograf. Er machte die Aufnahmen für Roesslers Buch: Dalmatien, 1912.
[2] Die beiden Ansichten der Kirche von Stein.
[3] → Otto Benesch.
[4] Handelte es sich um neue, Roessler bis dahin unbekannt gebliebene Dichtungen Schieles?

1. VI. 1913
An → Carl Reininghaus, L. a. s.
„... Sie erinnern Sich[!] gewiß an das neue Bild mit den Schreitenden und Propheten, die ‚Bekehrung'[1]; es ist 200 cm mal 300 cm groß und ich erinnere mich, daß Ihnen dieses Bild am besten gefallen hat; freilich ist es lange noch nicht fertig und ich möchte anbei vorausschicken, wenn Sie die Absicht hätten dieses für Ihr Guthaben und eine Aufzahlung erwerben zu wollen, mir die Fertigstellung bis längstens Herbst frei zu lassen und die Ausstellung zu erlauben; natürlich ist es nicht ausgeschlossen, daß ich dieses in einem Monat schon vollendet habe. — Ich halte dieses für eines der besten die ich bisher überhaupt machte und außerdem würde es mich freuen, wenn Sie eine reife bezeichnende Arbeit, wo ich weiß daß sie gut ist, und mit den innigsten Empfindungen gearbeitet ist, in Ihrer Galerie zu sehen ... und glaube nicht unrecht zu tun, wenn ich dafür 2000 K begehre ..."
Nach: L., p. 612   [508]

[1] „Die Bekehrung", I., 1913. Ein 200 : 300 cm großes Ölbild, auf dem eine Gruppe von 12 Gestalten beinahe lebensgroß zu sehen war; einige wiesen Ähnlichkeit mit → Klimt, → Heinrich und → Otto Benesch auf [Otto Benesch, Erinnerungen an Bilder von Egon Schiele, die nicht mehr existieren, in K., pp. 37—38]. Das Bild, an dem interessanterweise auch Carl Reininghaus mitgemalt hatte, wurde nicht fertiggestellt und später zerschnitten [siehe die ausführlichen Angaben bei L., p. 613; ferner die folgenden Briefe].

4. VI. 1913
→ Carl Reininghaus, L. s., 3 pp. 8°
Ist bereit, Schieles Bild „Die Bekehrung" zum Preis von 2000 Kronen zu erwerben. 1175 Kronen sind durch Guthaben bezahlt, den Rest zahlt er in zwei Hälften zu je 412,50, etc. „Bemerken möchte ich das schon gestern Gesagte, dass als Masstab meiner Erwerbung wohl nicht meine Zahlung von 1910 für ein oder das andere Ihrer Bilder angesehen werden kann; denn damals war wohl wesentlich mit die Absicht verknüpft, Sie vielleicht über den Wert der Bilder durch Erwerbung anzuregen ...", etc.
E. S. A. 337   [509]

—

→ Arthur Roessler, C. a. s. [Picasso Le Compotier, 1912]. Aus München
„Lieber E. S. — traf gestern hier Štursa![1] Er reiste noch gestern abend nach Prag u. wird Ihnen jetzt von dort sofort noch einmal die s. Z. [seinerzeit] nach Neulengbach geschickten Plastiken senden. — Sie sehen, daß ich Ihrer stets freundschaftlich gedenke! — In Stuttgart wird einmal die Kollek.[tiv]-Ausst.[ellung] von Ihnen gemacht. Gruß
   A. R—r."
E. S. A. 532   [510]

[1] Jan Štursa (1880—1925), tschechischer Bildhauer.

6. VI. 1913

An → Carl Reininghaus
„... ich arbeite die letzten Tage nur an der Bekehrung[1] und wenn Sie am Dienstag oder Mittwoch Zeit haben so besuchen

Sie mich; ich glaube Ende der nächsten Woche dieses Bild vollenden zu können..."
Nach: L., p. 612 [511]

1 „Die Bekehrung", I., 1913.

8. VI. 1913

An → Marie Schiele, Wien IX., Liechtensteinstraße 132, L. a. s., 1 p. gr. 8°. Mit eigenhändigem Kuvert
„Sonntag 8. Juni 1913.
Liebe Mutter! Ende dieser Woche komme ich mit Geld; jetzt habe ich Geld kann aber nicht eine Stunde fort. Wenn Du brauchtest müßte jemand kommen. — Zwischen dem 16. und 20. dieses Monats gedenke ich nach Krummau zu fahren. Alles Schöne von mir und Allseits Grüße von mir. Egon Schiele."
E. S. A. 451 [512]

[512]

—

An → Carl Reininghaus, L. a. s.
„...ich malte viel an der Bekehrung[1] die Figur rechts mit dem Osengesicht[2] ist weggestrichen, dagegen kam eine neue links im Bilde hinzu, die die Gebärde einer Hellsehenden welche eine Religionsempfindung erschaut und erkannt hat, offenbart. — Der predigende göttliche Mensch in der Mitte des Bildes dominiert jetzt..."
Nach: L., p. 612 [513]

1 „Die Bekehrung", I., 1913.
2 Eine der Figuren muß demnach ursprünglich die Züge → Erwin Osens aufgewiesen haben.

10. VI. 1913

→ Franz Hauer, Wien XIX., Silbergasse 40, L. a. s.
„10/VI/13
Sehr geehrter lieber Herr Schiele! Nachdem das große Bild[1] noch nicht fertig ist, war es doch unsinnig, mir es zu senden. Es ist doch schade um Zeit und Geld. Morgen Samstag, längstens Montag schicke ich Ihnen das Bild wieder zu. Das Steiner-Bild[2] gefällt mir recht gut, offen gestanden ist mir aber doch das frühere lieber. Das große Bild lieber Herr Schiele befriedigt mich nicht ganz, es paßt so nicht in die Sammlung es wäre denn, daß Sie noch tüchtig darüber geh[e]n. Wenn das Bild wird fertig, abgeschlossen sein bitte mich davon verständigen zu wollen. Im Falle das Bild mich auch dan[n] noch unbefriedigt läßt, mache ich allenfalls von Ihrer seinerzeitigen liebenswürdigen Zusage Gebrauch, eventuell, bitte ich mir für die Ihnen bereits ausgehändigten 400 Kronen irgend eine hübsche Landschaft zu geben. Ich glaube davon überzeugt sein zu können, daß wir einen gegenseitig befriedigenden Ausweg finden werden und grüße Sie freundlichst als Ihr Franz Hauer."
P. 13 [514]

1 „Auferstehung", 1912.
2 Eine der 1913 gemalten Ansichten der Stadt Stein.

—

→ Franz Hauer, L. a. s., 1 p. 8°
„Sehr geehrter lieber Herr Schiele! Es wird mir, daß[!] sehe ich schon heute, schwer fallen Morgen[!] abkommen zu können ich muß Ihnen daher auf diesem Wege mein Mißgeschick klagen. Es reichen mir gegenwärtig die Mittel nicht um beide Bilder erwerben zu können. Leider werde ich mich auf das Steinerbild[1] welches mir als Gegenstück zum anderen werthvoll ist, beschränken müssen[!]; es wäre denn Sie könnten beide Bilder zusammen mit siebenhundert Kronen mir überlassen was kaum anzunehmen ist, wenn ich auch die Landschaft nur mit 200 Kronen berechnen würde, so fast 500 für das Große bleiben. Allenfalls werde ich mit 250 Kronen die Steiner Landschaft mit Vergnügen übernehmen, und dieselbe wenn es Ihnen gefällt in den nächsten Tagen abholen[!] lassen. Wie es immer sein mag bitte ich daß Sie mir ja nicht böse sein wollen. Vielleicht künftig hin daß es wieder einmahl[!] besser sein wird, gegenwärtig bin ich fast ausgepumpt, und alles ist fast wieder — wie gewöhnlich in die Taschen der Jungen geflossen. Es soll aber mit Vergnügen geschehen, wenn nur der Zweck damit erreicht ist den Erfolg des Einen oder Anderen einmahl[!] noch miterleben zu können, würde mich glücklich machen und für alles entschädigen. Wollen Sie mir gütigst Nachricht zukommen lassen. Indeß meine herzl.[ichen] Grüße Hochachtungsvoll Fz. Hauer."
E. S. A. 94 [515]

1 Gemeint sind die beiden Ansichten von Stein an der Donau, die Hauer erwarb.

11. VI. 1913

An → Franz Hauer, L. a s., 4 pp. 4°

„11. Juni 1913.
Lieber Herr Hauer! Ich will Ihnen heute einen Vorschlag machen worinnen ich Ihnen bis an die letzte Grenze wahr und recht entgegen kommen will. — Gestern glaubte ich weil Sie nicht gekommen sind daß Sie auf das große Bild[1] verzichtet haben; das hätte mich allgemein enttäuscht. Gestern hatte ich auch einen kleinen Kampf zu bestehen, weil Herr → Reininghaus das II. Steinerbild[2] das er bei mir fertig sah unbedingt haben wollte; ich erzählte aber daß ich es Ihnen schon versprochen habe und da Sie zuerst sich darum beworben Ihnen das Recht zu dem zusteht; endlich, nach 2 Stunden brachte ich Herrn R. soweit daß er einsah. — Hinzufügen will ich, daß ich von Herrn R. wenigstens für dieses 500 K[ronen] bekommen hätte. daraus müssen Sie ersehn wie wenig ich habsüchtig bin. — Mit dem großen geht's ebenso, das schrieb ich Ihnen schon, auch gestern mehr. — Auf unsere Angelegenheit zurückzukommen bitte ich Sie folgende Preise von Bildern, ich nenne ganz wenige, zu berücksichtigen: „Herbstbaum"[3] 1912 80 × 80 cm zahlte Herr → Waerndorfer 600 K. war im → Hagenbund, auch das nächste „Winterbaum"[4] selbe Größe, → Mauthner-Markhof 600 K. — Ein Porträt vom Jahre 1910 das ich übermalen wollte[5] Herr → Reininghaus 400 K; ebenso unsympathisch ein Bild 150 cm × 150 cm eine Figur auf weißen[!] Grund[6] 1200 K; in München und Wien noch andere um den Preis.

→ Dr. Reichel gab bis 1912 Sommer für alle Bilder bis höchstens 80 cm × 80 cm groß je 200 K aus dem Grund weil ich momentan geldlos war; stellt mir aber jedes von diesen für Ausstellungen und zum besseren Verkauf jederzeit zur Verfügung.

einem Architekten[7] der an der → Wiener-Werkstätte tätig ist, ließ ich eben ein solches auch um 350 K weil er wirklich nicht mehr hatte, d.[as] heißt wie ich von → Klimt erfahren hatte dieses Geld gewonnen hat.

Im Vorjahre zahlten Sie mir für weit kleinere und lange nicht so gute Bilder wie die von heute 3 Stück 900 K. — Unmöglich ist also Ihr Anbieten, beim besten Willen erfüllen zu können... Mir währe[!] es seelisch peinlich zu wissen daß im meine Bilder zu deren Erreichung ich Jahre arbeitete und kämpfte wegwerfen würde. Bitte Herr Hauer, ich schreibe gleich so damit ich diese Empfindung los werde. Verzeihen Sie! —

Vielleicht also gefällt Ihnen mein Vorschlag: Das große Bild, das ich eigentlich gar nicht zu verkaufen gedachte, sondern weil ich das Gefühl haben könnte daß dieses Bild gewürdigt in der Galerie eines stark Kunstspürenden Menschen aufgestellt ist, kostet für Sie also ganz ausgenommen 1000 K. und wenn Ihnen dies als recht vorkommen würde, so bleibt es mir gleichgiltig ob Sie mir diesen Betrag jetzt oder in zwei oder drei Teilen senden, was mir noch lieber ist. Das kleine Steinerbild[8] 300 K.

Zusammen wären dies 1300 K. und ich glaube es wäre am besten, wenn Sie mir jetzt 700 K senden würden die Sie leicht entbehren können und die übrigen 600 K. im Juli, August und September. Sie wissen ja es machen's andere auch so, auch → Mauthner v. Markhof.

Wenn Sie also Herr Hauer mit meinen[!] Vorschlag einverstanden wären, so würde dies mich aufrichtig freuen, zu wissen daß Sie vielleicht um zu erwerben einiges opfern. — Ich ersuche Sie dringend mir sofort darüber zu schreiben, jedenfalls aber lassen Sie morgen Donnerstag das Steinerbild holen 10—4ʰ; ich kann nicht garantieren.

Ich lege Ihnen an's Herz das Bild besitzen müssen; ich habe das Gefühl daß es ein ganz bedeutendes ist und ich niemals wieder ein so ähnliches malen würde darum hätte ich die doppelte Freude wenn es in Wien bei Ihnen bliebe. Sie werden erst darauf kommen, weil Sie sich hineinleben müßten wenn Sie es oft sehen — man opfert wenn man liebt. Soll es so kommen so hielte ich es für notwendig wenn ich bei der Ausstellung dieses mitsprechen möchte. Mit herzlichsten Grüßen   Egon Schiele."

E. S. A. 117   [516]

1 „Auferstehung", 1912.
2 Eine der Ansichten der Kirche in Stein, 1913.
3 „Sonne und Herbstbäume", 1912.
4 „Herbstbaum in bewegter Luft", 1912.
5 Unklar, um welches Porträt es sich handelt.
6 Dies ist wahrscheinlich das im Brief vom 31. V. 1913 durch Reininghaus erwähnte „Porträt eines Künstlers auf weißem Grund" [„Bildnis des Malers Hans Massmann", 1909], wiewohl die Maße nicht stimmen.
7 → Dr. Hubert Jung, Architekt.
8 Eine der Ansichten der Kirche in Stein.

[517]

[12. VI. 1913] Poststempel

An → Franz Hauer, L. a. s., 1 p. 8°

„Lieber Herr Hauer! Das große Bild[1] ist bitte noch unvollendet; vielleicht lassen Sie das Bild einige Zeit bei Ihnen; es muß aber dann noch mir gebracht werden um dieses fertig zu machen. Darüber werden wir noch sprechen. 700 K habe ich erhalten. Herzlichste Grüße   Egon Schiele."

Franz Hauer notierte sich verschiedene Zahlungen an Schiele:
„durch Herrn Machacek   700
am 3. VII. 13   100
                                            ___
                                            800

DOKUMENTE UND KORRESPONDENZ 1913

Anzahlung am 23. VII. 13 nach Altmünster 100
durch ? beim Bildabholen 900.—
5. VIII. 200
beglichen 1100"
E. S. A. 115 [517]

1 „Auferstehung", 1913.

12. VI. 1913

→ Franz Hauer, L. a. s. [Kartenbrief], 1 p. 8°
„Sehr geehrter lieber Herr Schiele! Ihr werthes Schreiben ausführlich zu beantworten, und um mein Verhalten zu begründen, dazu fehlt es mir momentan an Zeit. Wir werden ja mündlich darüber noch sprechen. In Eile möchte ich Ihnen nur mittheilen daß ich morgen Freitag, längstens Samstag das Steiner-Bild[1] abholen lasse. Der von Ihnen verlangte Betrag von 300 Kr. folgt mit. Wegen des großen Bildes[2] muß ich bitten daß Sie mir dasselbe ausnahmsweise mit 800 Kronen geben wollen. Jedenfalls gebe ich eine Angabe von 400 Kronen meinem Diener mit, wenn es Ihnen möglich ist mir das Bild zu geben, soll es mich sehr freuen und ich würde Ihnen gewiß sehr dankbar dafür sein. Im Sommer wo jetzt das Geschäft viel schlechter geht, kommt es mich wirklich hart an größere Beträge auszugeben. Es grüßt Sie bestens mit vorzüglicher Hochachtung Fz. Hauer"
E. S. A. 95 [518]

1 Eine der beiden Ansichten der Kirche von Stein an der Donau.
2 Wohl „Auferstehung", 1913, von der hier und später die Rede ist.

—

An → Franz Hauer, L. a. s., 1 p. groß 8°. Mit eigenhändigem Kuvert
„12. Juni 1913
Lieber Herr Hauer! Ihren pneumatischen Brief erhalten. — ich bin vollkommen einverstanden mit Ihren[!] Vorschlag! Sie herzlichst grüßend! Egon Schiele"
E. S. A. 116 [519]

[nach dem 12. VI. 1913]

→ Arthur Roessler, C. a. s. [Van Gogh, Kartoffeln. Verlag Neue Kunst, Hans Goltz, München]
„Bin wieder zurück, fahre aber bald für längere Zeit zum Sommeraufenthalt an den Traunsee. Wenn Sie vorher noch mit mir sprechen wollen, müssen Sie noch diese Woche kommen. Freute mich zu hören, daß H.[err] → Hauer ein Bild von Ihnen kaufte. Besten Gruß A. R—r."
E. S. A. 533 [520]

16. VI. 1913

→ Hans Goltz. L. s. Auf Briefpapier: Neue Kunst. München, Odeonsplatz 1, Hans Goltz. The New Art l'Évolution Nouvelle[1], 1. p., gr. 8°
„16. Juni 13.
... Ich eröffne Ihre Ausstellung am 23. Juni und bitte Sie, frd. [freundlichst] Sorge zu tragen, dass die Bilder bestimmt kommenden Samstag hier sind. Die mir zugesandten beiden

260

[521]

grossen Bilder habe ich in gutem Zustand erhalten, ebenso das Bild „Liebkosung"[2] aus der Secession. Als Plakat für Ihre Ausstellung habe ich die kleine Zeichnung „Der Kuss"[3] gewählt und hoffe Sie damit einverstanden. Es würde mich freuen, wenn Sie zur Eröffnung der Ausstellung nach München kommen wollten. Herr Dr. Hildebrandt[4] ist auch hier, er wird, wenn Herr → Dr. Rössler ablehnt, das Vorwort zu Ihrem Katalog schreiben..."
E. S. A. 222 [521]

1 Man sieht, daß 1913 der Begriff „Art Nouveau" noch keineswegs eingebürgert war.
2 „Kardinal und Nonne", auch „Liebkosung", 1912. Bei Goltz unter der Nr. 6 ausgestellt.
3 Abgebildet bei K.Gr., Tafel 12.
4 Vorläufig nicht feststellbar, um wen es sich handelt. Roessler schrieb das Vorwort zum Katalog [siehe 25. VI. 1913].

21. VI. 1913

An → Carl Reininghaus, L. a. s. [wahrscheinlich ist es der gleiche Brief wie Nr. 522 b, c].
Berichtet von „begonnenen Steinbildern"[1]
Nach: L., Nr. 240, p. 579 [522a]

1 Es handelt sich wohl um die beiden großen Landschaften „Stadt Stein", I. & II., 1913.

An → Carl Reininghaus, L. a. s.
„... glaube, daß es Ihnen recht sein wird, wenn ich für Sie, für das Doppelporträt[1] 600 K. begehre. — ..."
Nach: L., Nr. 234, p. 577 [522b]

[1] „Doppelporträt Heinrich Benesch und sein Sohn Otto", 1913.

—

An → Carl Reininghaus, L. a. s.
„... Ich glaube daß wir uns in Wien treffen? im Atelier, um an dem großen Bild der „Bekehrung"[1] zu arbeiten? ..."
Nach: L., Nr. XLIX, 612/3 [522c]

[1] „Die Bekehrung", I., 1913.

—

An → Dr. Oskar Reichel, L. a. s., ²/₃ p. 8°. Mit eigenhändigem Kuvert.
„21. Juni 1913.
Lieber Herr Dr. Reichel! ich danke Ihnen dafür, weil[!] Sie mir die gewünschten Bilder zum ausstellen[!] borgen. — Mit herzlichsten Grüßen Egon Schiele."
W. ST. B. 159.471 [523]

24. VI. 1913

→ Heinrich Benesch, C. a. s. [Christus am Kreuz, Deutsche Schule XV., Liechtensteingalerie, Wien]. Nach Krumau, Hotel goldener Engel[1]
„24/VI 13
Heil, Meister Egon! Ich habe sehr viel zu tun und fühle mich trotzdem sehr verwaist. Sie haben es halt jetzt gut und ich muß mich schinden. Wissen Sie vielleicht, kleiner Schäker, wohin ich die 50 K. steckte, die Sie mir zum Aufheben gaben? Ich kann sie partout nicht finden. Herzliche Grüsse an Sie und V.[ally][2] Ihr Benesch."
E. S. A. 586 [524]

[1] Die Karte liefert den Beweis, daß Schiele trotz seiner „Ausweisung" aus Krumau [siehe seinen Brief vom 31. VII. 1911] 1913 wieder mit → Wally Neuzil dorthin zurückgekehrt ist, was bisher nicht bekannt war. Er wohnte, vielleicht allein, bereits am 20. V. 1913 im selben Hotel.
[2] → Wally Neuzil.

[nach dem 24. VI. 1913]

→ Heinrich Benesch, C. a. s. [Hugo van der Goes, Anbetung. Liechtenstein Galerie, Wien]. Nach Krumau, Hotel Goldener Engel. Erwidert Grüße an alle, die eine an ihn gerichtete Karte mitunterschrieben haben.
E. S. A. 587 [525]

—

→ Hans Goltz, L. s., 1¹/₃ pp. groß 8°
Bestätigt den Erhalt von 10 Gemälden Schieles. Die Ausstellung würde morgen eröffnet werden. Für den Verkauf an

[527]

→ Osthaus habe er Schiele mit 40 Mark belastet und erbittet hiefür 3 Zeichnungen nach seiner Wahl, etc.
E. S. A. 794 [526]

—

→ Hans Goltz. — Katalog IX. Kollektiv-Ausstellung Egon Schiele/Wien [München, Odeonsplatz Nr. 1]. Vom 25. Juni bis 12. Juli 1913. 24 pp. 8°. Mit 7 Abbildungen: „Liebkosung" = „Kardinal und Nonne", 1912, auf dem Vorderumschlag, der Rest Zeichnungen
pp. 1—7, Egon Schiele, Vorwort von → Arthur Roessler:
„... Denn Schiele kann wohl Bilder malen, aber verkaufen kann er sie nur selten. Natürlich ist er — die biederen Bürger mögen geruhsam bleiben — selber daran schuld. Warum malt er das, was ihm gefällt, und nicht das, was den Leuten gefällt, die sich für kunstsinnig halten, und die mitunter sogar Käufer von Kunstdingen sind! Es ist nämlich unleugbar wahr: Schieles Malereien enthalten nicht viel von der beliebten „feinsäuberlichen Ausführung", nicht viel von der gepriesenen Naturwahrheit, keine moralische Tendenz, nichts gegenständlich Anmutiges; sie sind vielmehr sehr unvernünftig und nutzlos. Weder das Bürgertum noch die Aristokratie findet ihr Herz durch Schieles Bildwerke bewegt, ihren Geist natürlich erst recht nicht, kaum die Sinne. Er steht ausserhalb der „Ge-

sellschaft", ein Einsamer. Darum wenden sich Jene, die kultivierte Dummheit und gehegte Vorurteile in irgendwelcher Gestalt in seinen Arbeiten suchen, enttäuscht ab, da sie derlei darin nicht finden. Der „Inhalt" seiner Werke ist nicht neu, ist Urewiges, neu sind nur seine Ausdrucksmittel. Eigentlich auch nicht, denn sie bestehen aus Linien und Farben. Also ist es die Form. Ganz recht: die Form, denn es gibt nichts Neues ausser der Form...
Der persönliche Umgang mit Schiele gibt keine Behelfe zur Erschließung mancher Rätselhaftigkeit in seiner Malerei. Seine Kunst ist monologisch und in einem gewissen Betracht dämonomanisch. Manche seiner Bilder sind die Materialisationen im verdunkelten Bewusstsein hell gewordener Erscheinungen. Er fühlt hinter dem warmen Blutleben das Schicksal lauern, und gibt diesem Gefühl sinnfälligen Ausdruck in fast frommer Einfalt. Manch anderer würde sich vor solchen Aussonderungen ängstigen oder schämen, er aber freut sich ihrer, denn er hat die naive Kraft sie in künstlerische Sensationen umzuwandeln und den seltenen Mut der Grausamkeit gegen sich selbst.
Fähig zu träumen ohne zu schlafen, eignet Schiele die besondere Künstlertugend des zeitweiligen Müssigganges, der so überaus reich an Früchten ist. Er kann Stunden verschlendern, gemächlich an einem Waldesrand, an einem Flussufer oder Seegestade, auf dem sonnigen Platz einer alten dunklen Stadt sitzen, ohne Sorge, dadurch etwas zu versäumen, weil bei ihm nicht die Not, sondern der Überfluss schöpferisch wurde. Anderen ist das Leben zu arm, ihm fast zu reich; kaum vermag er sich der auf ihn eindringenden Fülle zu erwehren. Er trachtet darum nach Klarheit, Auslese, Stil.
Charakteristisch für seine gewissermassen traumwandlerisch intuitive Art ist es, dass seine aufgestaute Kraft mitunter Bildwerke schafft, die weit über seinem eigenen verstandesmässigem Urteil stehen..."

E. S. A. 872 [527]

—

An → Marie Schiele, C. a. s. [Linz, Pöstlingberg] „Ausflug in Linz. Herzliche Grüße Egon Schiele. Freitag in Wien."

P. 16 [528]

28. VI. [1913].
→ Carl Reininghaus, L. a. s. in Bleistift, 2 pp. 8°. Auf seinem Wiener Briefpapier. Aus Paris
„z. Zt. [zur Zeit] Paris den 28. Juni.
... Ich erhielt Ihre beiden Briefe hierher; Paris hat mich ganz; daneben liege ich seit einigen Tagen leider zu Bett infolge eines kleinen Accidents. Ich muß also eilen, um Ihnen kurz zu antworten. Ich acceptiere den Preis von Kr. 600,— für das Doppel-Portrait „Benesch u.[nd] Sohn"[1]. Es würde mich gewiss sehr freuen, wenn Sie mit der Vollendung der begonnenen Steinerbilder[2] warten bis ich komme. Das dürfte um den 10. Juli herum sein. Doppelt aber würde ich mich freuen, wenn wir an der „Bekehrung"[3] zusammen weiter arbeiten. Ihr zweites Schreiben ist augenblicklich nicht zur Hand, wenn darin noch Wichtiges enthalten werde ich es, sobald ich morgen oder übermorgen dazu komme, beantworten. Freundliche Grüße Carl Reininghaus."

E. S. A. 168; L. p. 613 [gekürzt und ohne Quellenangabe] [529]

1 „Doppelporträt Heinrich Benesch und sein Sohn Otto", 1913.
2 Es ist nicht leicht festzustellen, um welche der vier Bilder der Kirche von Stein, 1913, es sich handelt, da Schiele bereits am 10. VI. 1913 mit → Franz Hauer wegen eines Verkaufs verhandelte.
3 „Die Bekehrung", 1913; siehe den Brief Schieles 1. VI. 1913 und Hinweise.

—

An → Franz Hauer, L. a. s., 2 pp. groß 8°
„28. Juni 1913.
Lieber Herr Hauer! Seit gestern bin ich hier in Wien und malte an Ihrem Steinerbild[1]. dieses ist jetzt schon abzuholen, ich bleibe jedenfalls bis Montag hier, sollte ich aber nicht in der Werkstätte sein so übergibt die Hausmeisterin das Bild dem Holer. — Der Turm fällt nicht mehr um und das jenseitige Donauufer ist gedämpft. — An dem großen Bild[2] muß ich vieles noch arbeiten, darum bitte ich Sie Sich[!] bis September zu gedulden, außerdem beschäftige ich mich mit neuen Landschaften aus Krumau die Sie doch im September gerne ansehen werden. Herr Rößler lud mich nach Altmünster am Traunsee ein; gerne möchte ich dorthin wegen der spiegelnden Berge, auch nach Kärnten soll ich. ich habe Sehnsucht nach Gebirgsketten; hoffe dortselbst einige Landschaften zu malen. Bitte Herr Hauer wenn Sie in der Lage sind so senden Sie mir 100—150 K ich warte auf Ihre Antwort, weil ich anders nicht von Wien fortkönnte, also wenn Sie so lieb sind so senden Sie mir's auf die schnellste Art. — Dieses habe ich erst um einen Tag später geschrieben. Herzlichste Grüße
Egon Schiele
Wien XIII., Hietzinger Hauptstraße 101."

E. S. A. 113 [530]

1 Es handelt sich um eines der beiden Bilder: „Kirche in Stein", Hauer besaß beide.
2 „Auferstehung", 1913.

29. VI. 1913
An → Carl Reininghaus, L. a. s.
Berichtet „ein neues Steinerbild"[1] gemalt zu haben, „die Stadt vertieft in die späte Abendsonne".

Nach: L., Nr. 240, p. 579 [531]

1 Es handelt sich um eines der vier Bilder der Stadt Stein.

[vor dem 2. VII. 1913]
→ Arthur Roessler, C. a. s. [Der Traunsee aus der Vogelschau]. Nach Krumau, Hotel goldener Engel. Schiele möge es sich einrichten, daß er vor oder nach München in Altmünster Station mache. Roessler würde ihm nach Attnang-Puchheim entgegenfahren, etc.

E. S. A. 3 [532]

2. VII. 1913

→ Franz Hauer, C. a. s. [Badgastein... von der Schillerhöhe], von fremder Hand nach Krumau, Hotel goldener Engel, umadressiert
„Lieber Herr Schiele! Meine Frau hatt[!] mir Ihr werthes Schreiben hieher, wo ich gegenwärtig zur Kur weile, nachgeschickt. Ich habe meinen Geschäftsleiter in Wien beauftragt Ihnen sofort Gewünschtes zu senden. Möglicherweise sind Sie ja schon im Besitze. Ich freue mich, daß Sie mir das Vorbesichtigungsrecht auf Ihre bis zum Herbste entstandenen Bilder einräumen. Ich bin sehr neugierig was da kommen wird. Jedenfalls viel Glück zur Arbeit. Das große Bild[1] bitte ich höflichst bis September fertig zu stellen da ich dan[!] endlich meine Galerie in Ordnung bringen will. Es grüßt Sie bestens Ihr hochachtungsvoll Ergebener[!]
2. VII. 13   Fz. [Franz] Hauer"
E. S. A. 114   [533]

[1] „Auferstehung", 1913.

— [laut Roesslers Notiz aus Krumau]

An → Arthur Roessler, L. a. s., ½ p. gr. 8°
„2. Juli 1913.
Lieber Herr Rößler[!] Ich werde Ihnen noch Mitte dieses Monates schreiben wann ich nach Altmünster kommen möchte; ich will am 8—10. d. M. [= des Monates] nach München fahren. im Juli und August möchte ich in der Umgebung von Villach bleiben, die ich schon gut kenne und nach Neuötting in Böhmen wohin mich der junge Fabrikant aus Prag eingeladen hat, wovon ich Ihnen seinerzeit[1] erzählte. Herzliche Grüße   Egon Schiele."
W. ST. B. 180.675; R., B. & P., p. 78   [534]

[1] Siehe den Brief vom 25. III. 1913. Vorläufig ist nicht zu eruieren, wer jener junge Fabrikant war. Es ist auch fraglich, ob Schiele zu ihm fuhr.

[um den 3. VII. 1913]

→ Arthur Roessler, C. a. s. [Altmünster mit dem Traunstein]. Nach Krumau, Hotel goldener Engel
„Altmünster am Traunsee, Haus Gaigg, Salzkammergut.
Lieber E. S. — wenn Sie als mein Gast (kann Ihnen ein separiertes Zimmer zur Verfügung stellen) für 8—10 Tage hierher kommen wollen, sind Sie aufs freundlichste eingeladen. Sie haben nur die Kosten der Bahnfahrt. — Hübsche gotische (alte) Kirche hier u.[nd] ganz nahe das für Sie wundervolle Traunkirchen, das einige prächtige Bilder gibt[1]. Schreiben Sie, ob u. wann Sie kommen wollen, da ich noch andere Gäste kriege. — Bestens, auch von m.[einer] Frau, grüßend. Ihr   A. R—r."
E. S. A. 292   [535]

[1] Roessler hoffte sichtlich, aber vergebens, daß am Traunsee Landschaften von Schiele entstehen würden.

7. VII. 1913.

An → Anton Peschka, Wien IX., Liechtensteinstraße 132, C. a. s. [Portal der Nonnberg-Kirche, Salzburg] aus Salzburg
„7. Juli 1913. Fahre morgen nach München, schreibe, wenn, an die Wiener Adresse dann wird alles nachgesandt. Herzliche Grüße   Egon Schiele."
Ch. M. Nebehay, Katalog XIV, 14   [536]

8. VII. 1913

→ Marie Schiele, L. a. s.
„... Das verwahrloseste ärmste Grab birgt die Gebeine deines Vaters der für dich Blut geschwitzt hätte ... Wie viel Geld wirfst Du unnütz von Dir ... Für Alle und Alles hast Du Zeit ... nur für deine arme Mama nicht! — Gott verzeih es Dir, ich kann es nicht ... Wer ändert so deine Gesinnungen ... und Fluch demjenigen, und Mutter Fluch bleibt haften ..."
Nach: L., p. 13   [537]

Die Frage der Gestaltung des Grabes Adolf Schieles auf dem Tullner Friedhof bildete einen ständigen Konfliktstoff zwischen Mutter und Sohn [siehe den Brief Schieles an die Mutter, Nr. 551].

10. VII. 1913

An → Anton Peschka, Wien IX., Liechtensteinstr. 132
„Heute Salzburg zurück, morgen nach Villach hoffe gutes[!] zu finden. 10. Juli 1913."
                                                        [538]

[nach dem 10. VII. 1913]

An → Heinrich Benesch, Abschrift eines L. a. s.
„Villach, Mittwoch 1913
Lieber Herr Benesch! München stand dafür, ich sah vieles wovon ich nichts ahnte, besonders das Nationalmuseum. Dies kostete viel und ich bin wie ich Ihnen schon schrieb in Villach, Fischers Hotel goldenes Lamm, und bitte Sie natürlich, mir zu meiner Beruhigung 40 Kr leihen zu wollen und diese sofort an mich so zu senden, dass ich sie in längstens zwei Tagen habe. Sie wissen ich bekam von Herrn → Hauer nur eine Anzahlung und diese reichte bis jetzt. Herr → Reininghaus schrieb mir schon aus Paris, dass er mit den Preis von 600 Kr. für Ihr Porträt[1] einverstanden ist. Diesen Brief bekam ich knapp bevor ich von Krumau wegfuhr so, dass die Sendung jedenfalls in Wien liegt, wohin ich meine Post einstweilen dirigierte. Jetzt schrieb ich auch an Reininghaus. Bitte Sie also, denn sonst lebe ich immer in Angst und ich sage Ihnen, dass ich Ihnen sofort den Betrag samt 50 Kr. zum Aufbewahren schicken werde. Nächstens Besseres! Herzliche Grüsse   Egon Schiele."
E. S. A. 612; Verbleib des Originals ungeklärt   [539]

[1] „Doppelporträt Heinrich Benesch und sein Sohn Otto", 1913; Reininghaus war der erste Besitzer.

11. VII. 1913 [Poststempel]

An → Marie Schiele, C. a. s. [Villach mit den Karawanken]
„Zeige diese Karten dem → Peschka, wegen der Gebirgskette. In den nächsten Tagen sende ich was ich schuldig bin. Herzlichste Grüße   Egon Schiele
                                z. Z. [zur Zeit] Villach
                        Hotel goldenes Lamm des F. Fischer
                                bis 6 Tage diese Adresse."
E. S. A. 194   [540]

DOKUMENTE UND KORRESPONDENZ 1913

—
→ Heinrich Benesch, L. a. s., 4 pp. 8°. Nach Villach, Hotel goldenes Lamm
„Wien, am 11. Juli 1913.
Lieber Egon! Sie konnten doch wissen, wie schwer es mir wurde, Ihnen in letzterer Zeit kleine Beträge zu leihen und doch haben Sie sich auf mich verlassen... Wenn ich Geld hatte, habe ich Ihnen immer gerne welches gegeben, denn ich kenne, heute wir früher, keine grössere Freude, als ein Blatt von Ihnen zu kaufen. Selbst wenn Sie in einer noch schlimmeren Lage wären, könnte ich Ihnen jetzt nichts senden, weil ich selber nichts habe. Ich bin derzeit auf mein monatliches Deputat von 20 K. angewiesen von welchen ich noch 11 habe. Von meinem Bruder kann ich jetzt nichts leihen, weil er selbst infolge der Auslagen für seinen Grundkauf in Purgstall nichts verfügbar hat. Ich verdiene wohl derzeit etwas durch Überstunden (per Stunde K. 1,20 möchten Sie wohl dafür schuften?) aber dieses Geld wird erst im August flüssig und dann brauche ich doch auch ein paar Gulden für den Sommeraufenthalt in St. Gertraud. Schreiben Sie also schleunigst einem Ihrer reichen Freunde, ich kann Ihnen nicht helfen. In dem ich hoffe, bald besseres von Ihnen zu hören, grüße ich Sie herzlich und verbleibe nach wie vor Ihr ergebener
Benesch."
E. S. A. 595 [541]

[542]

11. VII. 1913 [Poststempel]
An → Arthur Roessler, Altmünster, Villa Gaigg, C. a. s. [Villach mit dem Mittagskogel (2144 m)]
„Lieber Herr R.r. ich sah in München sehr viel und sehr interessantes, besonders im Nationalmuseum[1]. Ich werde Ihnen schon schreiben wann ich kommen möchte. Herzliche Grüße
Egon Schiele
z. z. [zur Zeit] Villach
F. Fischers Hotel goldenes Lamm
(bis zu 6 Tage)

Wenn in Altm. eine Sommerwohn.[ung] mit 2 Betten oder nur Zimmer wäre, möchte ich ein Monat hingehn."

W. ST. B. 180.595; Gl. 48; Abschrift E. S. A. 1065/49 [542]

[1] Bayerisches Nationalmuseum, München, Prinzregentenstraße 3. Sammlungen von Kunst und Kunsthandwerk Europas. Schiele war besonders an Folkloristischem interessiert und besaß eine Vitrine voller volkstümlicher Kleinigkeiten.

[wohl 12. VII. 1913]
Arthur Roessler, C. a. s. [Gmunden, Landungsplatz]. Nach Villach, Hotel goldenes Lamm. Teilt mit, daß Schiele in Altmünster das gewünschte Quartier bekommen könnte, etc.
E. S. A. 551 [543]

12. VII. 1913
An → Anton Peschka, L. a. s. [Aus Villach]
„12. Juli 1913.
Lieber A. Peschka! Es schmerzt mich, daß ich Vorwürfe in diesem Maße, ohne meine trüben Erlebnisse zu kennen, bekomme. — Darum schreibe ich Dir; auch → Gerti weiß nicht, wenn man auch glaubt, daß mein Dasein das freudigste ist, wie viel und wie schwere seelische Leiden ich ertragen muß. Ich weiß nicht, ob es überhaupt jemanden gibt, welcher mit jener Wehmut an meinen edlen Vater sich erinnert; ich weiß nicht, wer es verstehen kann, warum ich gerade solche Orte aufsuche, wo mein Vater war, wo ich den Schmerz in mir in wehmütigen Stunden absichtlich erleben lasse[1]. — Ich glaube an die Unsterblichkeit aller Wesen, glaube, daß ein Aufputz eine Äußerlichkeit ist, das Andenken, das mehr oder weniger verwoben ist, trage ich in mir. — Warum malte ich Gräber? und viele ähnliche Bilder? — weil dies innig in mir fortlebt.
Blumen! Pflanzt Astern! ganz dicht. —
Das Geld ist der Teufel! Was ich zu bekommen habe, krieg ich nicht, nur eine Anzahlung, und was habe ich damit getan, nur was ich nötig brauchte. Ich war in Krummau, weil es dort billiger kommt als in Wien, ich war in München, weil ich nichts mehr hatte und bekam dort 100 Mark von → Goltz, damit wollte ich mich erfreuen. Nun kam dieses. — Wenn ich habe, werde ich tun was ich kann; ich warte darauf. Jedenfalls ist mir alles so bitter gemacht, daß es mich nicht freut, hier zu bleiben, obwohl der Aufenthalt für mich doch, nur um doch eben wieder Geld zu bekommen, höchst nützlich gewesen wäre. Herzliche Grüße
Egon."

Nach: R., P. & P., pp. 102—3; Verbleib des Originals ungeklärt [544]

[1] Auch dieser Brief ein Hinweis auf das bei Schiele durch seines Vaters Tod verursachte langnachwirkende Trauma.

—
An → Heinrich Benesch, Abschrift eines L. a. s.
„12. Juli 1913
Lieber Herr B., bitte Sie, wenn irgend möglich Herr B., mir 40 Kr. zu senden, so aber, dass diese Montag früh hier sind, eventuell telegraphisch. Erhielt von daheim so unangenehme Nachrichten, dass mir vorläufig die Freude vergangen ist und

ich Montag nach Wien fahren will. Vielleicht bekommen Sie 40 Kr. bei meinen Bekannten.
W. W.¹ bitte! ich rechne sicher darauf. Auf Wiedersehn
Egon Schiele
z. Z. [zur Zeit] Villach
Hotel goldenes Lamm, F. Fischer."
E. S. A. 613; Verbleib des Originals ungeklärt [545]
1 → „Wiener Werkstätte".

13. VII. 1913

An → Heinrich Benesch, Abschrift eines L. a. s. Aus Villach
„Sonntag, 13. Juli 1913
Armer, lieber Herr B. Entschuldigen Sie, ich schreibe gleichzeitig an Professor → Josef Hoffmann. Wenn Sie die Güte hätten und in die W. W.¹ gingen, vielleicht sammeln die Herrn 40 Kr. und senden Sie mir's telegraphisch. Oder → Dr. Hermann Eissler, I. Auerspergstrasse 2 (3—5ʰ) leiht mir gewiss, wenn Sie ihm erzählen wollten. Das zweite geht nicht, das kann ich nicht verlangen. Herzliche Grüsse
Egon Schiele
Bitte Sie gleich um irgend eine Nachricht."
E. S. A. 614; Verbleib des Originals ungeklärt [546]
1 → „Wiener Werkstätte".

14. VII. 1913

→ Heinrich Benesch, L. a. s., 4 pp. 8°, ursprünglich nach Villach adressiert; von fremder Hand neu adressiert: „Altmünster, Villa Gaig"
„Wien, am 14. VII. 1913
Lieber Egon! In was für eine peinliche Lage haben Sie wieder sich und mich durch Ihre Unüberlegtheit gebracht. Sie schreiben Sonntag Früh, ich erhalte Montag Früh Ihren Brief und um diese Zeit wollen Sie, daß das Geld schon in Villach ist. Ich sagte Ihnen doch, daß ich Ihnen nichts schicken kann und woher soll ich es denn so schnell beschaffen? Ich weiß nicht, wo mir der Kopf steht vor Arbeit und soll nun zu den Leuten fechten gehen. Ich war heute vor 6 Uhr Abends bei Professor → Hoffmann und habe mein Bestes gegeben um ihm die Absendung des Betrages zu veranlassen. Er hat zwar nicht „Nein" gesagt, hat sich aber so reserviert verhalten, daß ich Ihnen von der Seite keinen sicheren Erfolg versprechen kann. Er bestätigte übrigens, daß er von Ihnen in der Angelegenheit schon einen Brief und, glaube ich, auch ein Telegramm erhalten hat. Zu Herrn → Eißler[!] kann ich mit besten Willen nicht gehen. Ich würde es zwar gerne tun, aber ich soll zwischen 2 und 5 Uhr bei ihm sein und ich kann doch frühestens erst um 5 Uhr aus dem Bureau fortgehen ... Also lieber Egon, tun Sie, was Sie können, ich bin mit meinem Latein zu Ende. Schreiben Sie aber den Leuten etwas höflicher und weniger kathegorisch ... Kriechen Sie in Gottes Namen zu Kreuz; unter den gegebenen Verhältnissen geht's ohnehin nicht mehr mit dem Künstlerstolz ... Ihr sehr bekümmerter
Benesch."
P. 1 [547]

[vor dem 15. VII. 1913, vermutlich später aufgegeben]

An → Anton Peschka, C. a. s. [Weissenfelser See], aus Tarvis
„Bin in der Schlitzaschlucht¹ 180 m hochgeklettert; fast senkrecht; mit gewöhnlichen Schuhen. Grüße Egon Schiele vom 16. d. M. [des Monats] an Altmünster am Traunsee. Per Adresse A. Rößler. Haus Geigg²."
E. S. A. 269 [548]

1 Schiele kannte die Schlitza-Schlucht bei Tarvis von einem Besuch mit seinem Vater [siehe Karte des Vaters 7. VIII. 1899]. Am 12. VII. 1913 schrieb er: „Ich weiß nicht, wer es verstehen kann, warum ich gerade solche Orte aufsuche, wo mein Vater war."
2 Richtig: Haus Gaigg.

[vor dem 15. VII. 1913, vermutlich am 16. VII. in Tarvis aufgegeben]

An → Arthur Roessler in Altmünster, C. a. s. [Weissenfelser See]. „Herzlichste Grüße Egon Schiele."
W. ST. B. 180.596; Gl. 49 [549]

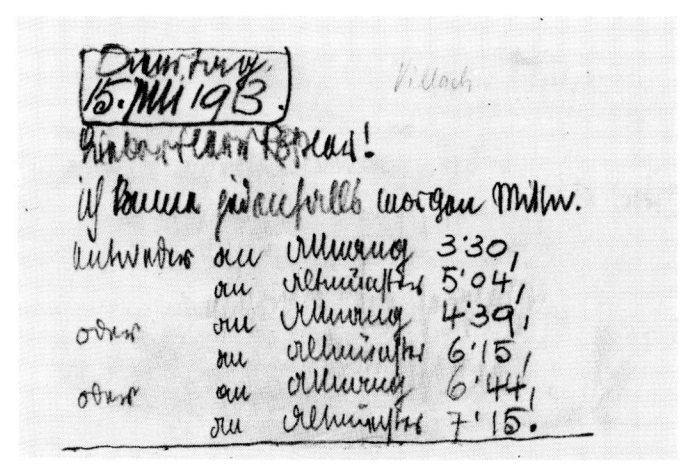

[550]

15. VII. 1913 [laut Roesslers Notiz aus Villach]

An → Arthur Roessler, L. a. s. in Bleistift, 1½ pp. gr. 8°
„Dienstag 15. Juli 1913
Lieber Herr Rößler! ich komme jedenfalls morgen Mittw.[och]
    entweder   an Attnang   3.30,
                    an Altmünster 5.04,
    oder   an Attnang   4.39,
                    an Altmünster 6.15,
    oder   an Attnang   6.44,
                    an Altmünster 7.15.
ich warte noch die morgige Post ab, weil ich von Reingh. [→ Reininghaus] 600 K. für das Beneschporträt¹ zu bekommen habe. — Schon am 28. Juni schrieb mir Reingh. daß er den Preis von 600 K. annimmt; bis jetzt aber wartete ich vergeblich, weil R. in Paris erkrankt ist. Ich bekam erst Anzahlungen von → Hauer und R. die reichten bis jetzt. — Vielleicht bekomme ich in einen[!] Gasthof ein Zimmer mit zwei Betten² und iß [statt: esse] dort. Möchte deswegen 20 K. anzahlen, damit der Wirt bis zu acht Tage aufschreibt; diese

20 bitte ich Sie wenn Sie können mir einstweilen zu leihen. Ich lasse meine Post einstweilen auf[!] Ihre Adresse senden, weil ich nicht weiß wo ich wohnen werde; hoffentlich iritiert[!] Sie dies nicht. Ich grüße Sie herzlichst Egon Schiele."
W. ST. B. 180.676; R., B. & P., pp. 78/9 [mit geringfügigen Änderungen] [550]

1 „Doppelporträt Heinrich Benesch und Sohn Otto", 1913.
2 Schiele deutet ganz klar an, daß er nicht allein käme. Man vergleiche hiezu A. Roesslers Darstellung: „Er war es also doch ... Aber nicht allein, er hatte sein Modell mitgebracht ..." [Erinnerungen, Wien 1948, p. 31].

[nach dem 15. VII. 1913, von Roessler falsch datiert]
An → Marie Schiele, L. a. s. aus Altmünster
„15. Juli 1913. Dienstag. Altmünster am Traunsee. Liebe Mutter![1] Ich sehe alles ein, möchte gerne, glaub' mir, Du tust mir aber unrecht. — Ich fahre meines Berufes wegen, dies kostet auch weniger als Wien; ich will meine Freude an der Welt genießen, darum kann ich schaffen, wehe dem aber, der sie mir nimmt. — Von nichts, und niemand half mir, ich habe meine Existenz mir zu verdanken. Leicht ist's, wenn man einen Gehalt hat. — Ich habe kein Geld liegen, lebe von heute auf morgen, das ist meine Freude. Wenn ich liegen hätte, schenkte ich's fort, ich brauche keinen Deckmantel. Du tust mir aber unrecht, fortwährend, weil Du nicht begreifst, daß ich alles das, um dies schaffen zu können, unumgänglich notwendig brauche. — Warum hilfst Du mir nicht? — Ich habe mehr durchmachen müssen wie Du, im Verhältnis bis jetzt, warum vergönnt man mir nicht meine Freiheit, natürlich die ist das größte Gut und kostete und kostet unendlichen Kampf. — Schade und bedauerlich — der, welcher nicht kämpft. — Geduld haben! — Suche im Primitiven die Wohltat! Du wirst sie erreichen! und glücklich sein. Nicht das Zimmer! Hinaus! Wer aber an meinen Empfindungen zweifelt, das Andenken an Verstorbene, der sticht mir ins Herz[2]! Ich weine nicht mit Tränen und erinnere auch nicht mit Geld. — Wer weiß und kennt mich?! darum zweifle ich an Dir. Blos [!] Banalität! Leben und Sterben ist schön! ich freu' mich auf beides! So lange Elemente sind, werden sich auch die Körper begegnen! Wenn ich Geld momentan hätte, würde ich sofort schicken, was ich habe; ich muß aber warten! und glaube, daß ich mir als Erstes vorgenommen habe, sofort Geld zu senden, um das Grab[3] endlich zu richten; ich sitze aber nicht auf Geld, habe nicht einen Heller gespart. — Ersuche → Peschka, er möchte unbedingt bei Hauser[4], bei Hauser, nicht bei einem Kleinen, fragen, was ein dicker Sokkel, sagen wir 100×80 cm, aus Kunststein! das ist Beton, der als Sockel eben für eine Keramik, die ich mache, kosten würde. — Ich glaube, höchstens 150 Kronen. Peschka soll sofort an mich schreiben: Egon Schiele, per Adresse: Kunstschriftsteller → Arthur Roessler, Altmünster am Traunsee, Haus Gaigg. Herzlichst Egon."
Nach: R., B. & P., pp. 32—33, Verbleib unbekannt [551]

1 Schieles Antwort auf den vorwurfsvollen Brief der Mutter vom 8. VII. 1913.
2 Schiele hat den Tod seines Vaters nie verwunden. Wir wiesen öfters darauf hin.
3 Es handelt sich um die Gestaltung des Grabes des Vaters auf dem Friedhof in Tulln.
4 Bekannte, heute noch existierende Wiener Steinmetz-Firma.

98 Schiele und Roessler vor Schloß Orth am Traunsee.

18. VII. 1913
→ Anton Peschka, C. a. s. [Postkarte No. 529 der Wiener Werkstätte; Wiener Café: „Carambol"]. Nach Altmünster. „Beste Grüße Dein Ant. Peschka."
E. S. A. 286 [552]

—

An → Franz Hauer, L. a. s., 1 p. 4°, aus Altmünster
„Freitag 18. Juli 1913
Lieber Herr Hauer! ich war auch in München und glaube Ihnen von dort geschrieben zu haben Sie sollen Sich[!] dort die Ausstellungen ansehn. — Es stünde dafür, wirklich, vielleicht würden Sie ein oder mehrere Bilder von dort mitnehmen. — Jetzt bin ich in Altmünster am Traunsee, wo auch Rößler ist. — Wenn Sie den Willen haben so senden Sie mir wieder soviel wie das letztemal; es ist eckelhaft[!] daß immer das Geld ausgeht. Alle acht Tage muß ich hier zahlen, Mittwoch. — Wenn Sie in Badgastein sind, wielange bleiben Sie noch dort? ich will mir's nämlich so einteilen daß Sie in Wien sind wenn ich die Gräber[1] weitermale? Auf Wiedersehen herzlichst
Egon Schiele.
z. z. [zur Zeit] Altmünster am Traunsee
pr. [per] Adresse Arthur Rößler, Haus Gaigg."
E. S. A. 111 [553]

1 „Gräber", auch „Auferstehung", 1913.

—

An → Carl Reininghaus, L. a. s., 1 p.
„Lieber Herr Reininghaus! Es würde mich freuen von Ihnen zu hören daß Sie schon gesund sind. Vorläufig weiß ich gar nichts. — Ich telegraphierte von Villach an Sie, erhielt aber keine Antwort, obwohl ich Sie gebeten habe. Wann sind Sie in Wien? — Und wann malen wir an der „Bekehrung"?¹ Ich bitte Sie mich zu verständigen, wann Sie mit mir malen wollen, und ob Sie meine Nachrichten bekommen. Mit herzlichsten Grüßen bin ich Ihr
Egon Schiele
z. z. [zur Zeit] Altmünster am Traunsee
per Adresse Arthur Rößler, Haus Gaigg."
Wiener Antiquariat, Ingo Nebehay; L., p. 613 [gekürzt]
[554]

1 „Die Bekehrung", II., 1913. Siehe Schieles Brief vom 1. VI. 1913 und Hinweise.

19. VII. 1913

An → Anton Peschka, C. a. s., IX., Liechtensteinstraße 139, bei → Marie Schiele [Altmünster mit dem Traunstein]
„19. Juli 1913. Heute habe ich Deinen Brief erhalten: dies der Ort und der See; heute abends schreibe ich einen Brief der alles beantworten wird. Herzlichste Grüße
Egon Schiele, 1913."
E. S. A. 296
[555]

21. VII. 1913

An → Anton Peschka, L. a. s.
„21. Juli 1913. Altmünster am Traunsee, Haus Gaigg.
Lieber Peschka! Das Wetter ist bis jetzt ganz schlecht gewesen; der See hier wäre sehr schön, am schönsten ist der Traunstein. — Die Seen in Kärnten jedoch und die ganze Gegend dort ist weit großzügiger und mächtiger. Außerdem ist es hier sehr teuer, 4 Kronen per Tag das Zimmer bei Bauern. C. R—s¹ ist mir 600 Kronen schuldig, auf diese warte ich, dann werde ich hoffentlich die gesamte Summe für den Grabstein² zahlen können. Bitte, folgende Maße:
ein Block von Beton 200 cm hoch
　　　　　　　　　　150 „ breit
　　　　　　　　　　120 „ dick nach rückwärts —
vorne eine Umrahmung über die Größe des Grabes, 20 cm hoch über dem Boden, 10 cm dick die Wand, die entsteht. — Wie viel Platz man benutzen kann, muß man wissen; darum sende ich morgen oder übermorgen ein paar Kronen, damit Du am Sonntag in Tulln Dich darum erkundigst; diese Maße mußt Du mir dann schreiben. → Roessler sagte mir folgendes: die Keramische Werkstätte, die Forstner³ inne hat, die den Stocklet-Fries⁴ gemacht hat, wird gerne auch von mir ein Bild für diesen Zweck machen, wenn ich dem Forstner diesen Entwurf gebe; also dieses macht Roessler für mich. — Vorerst mußt Du nach Tulln fahren und erfahren, wieviel Platz man für sich verwenden darf. — Sturm kann ich nicht recht schreiben, weil ich einmal mit ihm was hatte. — Dagegen geh' gleich zu → Hauer XIX., Silbergasse 40, und frage vorerst dort an, ob er schon hier ist, sonst nichts, dies teile mir gleichzeitig mit und ich kann ihm dann darüber schreiben.

Auch schreibe mir, wie meine Mutter mir gegenüber steht. Ich glaube, in den nächsten Tagen nach Neuötting⁵ zu fahren, weil es mich dort gar nichts kostet. — Vielleicht können wir im August noch irgendwo bei Triest oder an der istrianischen Küste bleiben; in den Alpen ist's zu schlecht. Schreibe mir. Herzliche Grüße
Egon Schiele.
Altmünster a. Traunsee
per Adr.: Arthur Roessler, Haus Gaigg, bis 25. Juli?"
R., B. & P., pp. 103—4; Verbleib unbekannt
[556]

1 → Carl Reininghaus.
2 Ausgestaltung des Grabes des Vaters auf dem Tullner Friedhof.
3 Leopold Forstner, Kunstgewerbler (1878—?), Schüler der Kunstgewerbeschule, errichtete 1908 die „Wiener Mosaikwerkstätte", in der auch → Klimts Stocletfrieses ausgeführt wurde.
4 Richtig: Stoclet Fries [im Palais Stoclet, Brüssel].
5 Siehe den Brief Nr. 534.

22. VII. 1913

→ Anton Peschka, L. a. s., 4 pp. 8°
„Lieber Egon! — Du glücklicher freier Mensch. Besten Dank für die liebe Sendung. → Hauer ist in Wien! — Ich läutete! — Ein Mann goß den Garten — eben pumpte er — dann gieng[!] er zu einem rosen[!] Beet! — Ein Mädchen erschien und hieß mich eintreten. Eine dicke Frau suchte nervös nach dem Mann. Der Gärtner ist es und kommt herein! — Ich sagte meinen Namen und Zweck meines Kommens. Er führte mich in die Galerie und öffnete ganz durch bis in den letzten Atelierähnlichen[!] Raum. — Viel Bekanntes traf ich hier an! — Ganz oben an der Wand hingebikt [= hingepickt] hängt Stein a. d. [an der] Donau¹ von Dir. Weiter unten klebt ein anderes Nest!² — Auch → Faistauer, Schütt³, Andersen⁴ und → Kokoschka ist da! Kokoschka bildet sich im Französischen aus gemischt mit „stramm Berlinerisch futuristisch." „2 Akte". Der Herr Hauer gieng[!] etwas essen während ich drei Räume verzehrte! — Ich verabschiedete mich dankend von ihm und er versprach sobald ich ihm davon schreibe, in die → Sezession zu gehen die Bilder anzusehen! Vielleicht gefällt ihm eins von den Sez. Bildern! — Jedenfalls schreibe ihm einige Worte über mich daß er den Namen behält und mich kennen wird! — Vielleicht erreiche ich mit Deiner Hilfe etwas! — Ich will wieder fest zum malen[!] schauen. — Viel mehr würde ich arbeiten, wenn ich mit → Gerta schon verheiratet wäre! — So bin ich durch das ewige her und hin an allem gehindert! — Deine Mutter ist Dir gegenüber insofern vielleicht anders weil sie glaubt durch energische Vorwürfe endlich ihren Willen erfüllt zu sehen bezügl[ich] des Grabes!⁵ — Sie hat jetzt sehr wenig zum Leben und zürnt Dir darum etwas! — Auf → W.[ally] ist sie nach wie vor schlecht zu sprechen und sieht in ihr den Ableitungspol von der Mutter. Mit → Melanie hält sie dicke Freundschaft und G. leidet darunter oft! — Sie spricht fortwärend[!], daß ich die Möbel (Betten, Kasten u. s. w.) doch übersiedeln lassen möge und ich werde es auch tun. — Diese giebt[!] sie G.[ertie] mit! — Ich werde das Kabinett auflassen und in dem Hause Stachegasse in Hetzendorf⁶, daß[!] uns gehört eine Wohnung beziehen! — Daselbst werde ich

wohnen bis ich G. heirate! — Gott gebe es daß es bald sei. Recht herzliche Grüße von Deinem Ant. Peschka. Wien am 22 Juli 1913."
E. S. A. 174 [557]

1 Hauer besaß beide Bilder der Kirche von Stein, 1913.
2 Unklar, was Peschka meint, vielleicht eine andere Ortsansicht.
3 Gustav Schütt (geboren 1890), Landschaftsmaler und Lithograph.
4 → Robin Christian Andersen.
5 Das Grab des Vaters auf dem Tullner Friedhof.
6 XII. Wiener Gemeindebezirk.

23. VII. 1913

→ Franz Hauer, L. a. s., 2 pp. 8°
„23 July[!] 13
... Auch ich war in München, und zwar zur selben Zeit als Sie dort waren. Schade daß wir uns nicht getroffen haben. Manch werthvolles habe ich dort gesehen, mit Freuden hätte ich danach gegriffen, leider aber woher das Geld nehmen... Also lieber Herr Schiele Sie glauben ehestens an den[!] Bilde „Gräber"[1] weiter zu malen. Mit neuen Eindrücken und frischer Kraft wenn Sie darüber gehen, dürfte recht tüchtiges herauskommen, hoffen wirs; — das[!] ich das Bild eventuell auch umtauschen kann, glaube ich mir damals schon ausbedungen zu haben, allenfalls erbitte ich mir dieses Recht jetzt. Wenngleich mir selbst gegenwärtig jede Krone werthvoll ist, soll doch Ihrem Wunsch entsprochen werden und mit morgigen gehen 100 Kronen an Ihre werthe Adresse ab..."
P. 19 [558]

1 „Auferstehung", auch „Gräber", 1913.

25. VII. 1913

An → Anton Peschka, L. a. s., 1 p. gr. 8°. Aus Altmünster am Traunsee
„25. Juli 1913. Freitag.
Lieber A. P. ich möchte morgen um 1ʰ hier wegfahren damit ich um 5,50 in Wien bin damit wir Sonntag nach Tulln können. Komme mit → G[ertie] bestimmt um 7ʰ–8ʰ nach Hietzing oder dort in's Kafehaus[!] Herzlichste Grüße
Egon Schiele, Altmünster."
Nach: Albertina Studien, 2. Jahrgang, 1964, Heft 2, p. 174, L., p. 511 und Abbildung [559]

[Wahrscheinlich 28. VII. 1913, Poststempel nur teilweise lesbar]

→ Arthur Roessler, C. a. s. [Hallstatt, Hochaltar in der Pfarrkirche]
„Lieber E. S. — es ist sehr schade, daß Sie nicht hierher fuhren, denn der Schnitzaltar ist herrlich, der Karner, Friedhof, das Museum, der ganze Ort sehr interessant und malerisch. — Hier hätten Sie auch famose Holzschnitzereien bekommen. Freund.[liche] Grüße A. u. I.[da] R—r."
E. S. A. 570 [560]

5. VIII. 1913

Quittung für → Franz Hauer, P. a. s. „5. August 1913. 200 K heute empfangen! Herzlichste Grüße Egon Schiele"
E. S. A. 110 a [561]

6. VIII. 1913

→ Franz Hauer, L. a. s., 1 p. 8°. Nach Sattendorf, Tommelebauerhaus, nachgeschickt
Habe für das große Bild [„Auferstehung"] 800 Kronen und für das Steiner Bild [„Kirche in Stein", beides 1913] 300 Kronen geboten. Mit der gestrigen Restzahlung von 200 Kronen sei die Sache nun ausgeglichen, etc.
E. S. A. 96 [562]

—

→ Franz Pfemfert, L. s. Auf Briefpapier „Die Aktion", 1½ pp. Folio. An → Arthur Roessler
Über Literarisches. „... Zu den neuen Plänen, die ich mit der Aktions-Redaktion habe, gehören Sondernummern für → Mopp, Schiele, → Melzer[1] und Nadelmann[2], jeder soll eine Nummer gewidmet erhalten. Aber... wer ahnt, was das an Vorarbeit erfordert. Da ist z. B. [zum Beispiel] nicht einmal der Brief abgesandt, der Schiele anfragt..." Es fehlten noch immer Abonnenten auf Büttendrucke, etc.
W. ST. B. 148.229 [563]

1 Mori[t]z Melzer (Albendorf bei Trautenau 22. XII. 1877 — Todesjahr unbekannt), Maler und Graphiker, seit 1921 in Berlin tätig.
2 Eli Nadelmann (Warschau 1882 — New York[?] 1946), polnisch-amerikanischer Bildhauer und Graphiker.

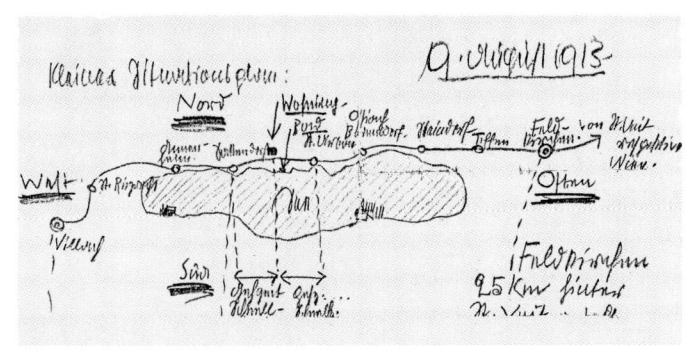

[564]

9. VIII. 1913

Gezeichneter Situationsplan mit genauer Einzeichnung des Hauses, das Schiele in Sattendorf, Kärnten, bewohnte. Vermutlich für → Franz Hauer gezeichnet.
„Kleiner Situationsplan Nord 9. August 1913
West Villach St. Ruprecht Annenheim Sattendorf St. Urban Ossiach Bodendorf Steindorf Tiffen
Feldkirchen von St. Veit respektive Wien
Süd
Gehzeit Schnellzugstempo 18/22 Minuten Feldkirchen
Osten

Feldkirchen 25 km hinter St. Veit a. d. Glan; der See beginnt 7 km nach Feldkirchen und 16 km sind von Feldkirchen bis zu dem Haus wo wir[1] wohnen! rechts ober der Bahn in der Richtung der Fahrt — es sieht beiläufig so aus wie hier links Zeichnung mit Gebäuden und Angaben wie Felsen, Scheune, Baum, etc."
Auch auf der Rückseite ähnliche detaillierte Angaben.
E. A. S. 98 [564]

[1] Schiele verbrachte den Sommer gemeinsam mit seiner Mutter und seiner Schwester Gertrude [siehe den nachfolgenden Brief an Arthur Roessler].

—

An → Arthur Roessler, L. a. s.
„9. August 1913. Sattendorf am Ossiachersee.
Lieber Herr A. Roessler! Wie geht es Ihnen in Altmünster? Entschuldigen Sie, ich habe sonst kein Papier bei mir als dieses, weil man hier ganz abgeschlossen ist, — bin nämlich für einen Monat in Sattendorf am Ossiachersee, Tommelebauernhaus. — Wir wohnen in einem alleinstehenden Bauernhaus, ein Zimmer, eine Küche, eine große Glasveranda, dann ein eigenes Bad mit Bootshaus samt Boot, und kostet monatlich für meine Mutter, Schwester und mich 150 Kronen und hätte 200 Kronen für den ganzen Sommer gekostet. — Regnet es noch? — — Hier ist's ganz hübsch; habe fabelhaft schöne Bauernhäuser gesehen und habe daher die feste Absicht, sehr viel zu arbeiten; alles ist sonnig-farbig. Wie sind die Photos ausgefallen? Bin schon sehr neugierig! Sehr leid tut mir nur, daß ich nach Hallstatt nicht kam. Mit herzlichsten Grüßen einstweilen und Handküssen an die gnädige Frau
Egon Schiele."

Nach: R., B. & P., p. 79; Verbleib unbekannt [565]

11. VIII. 1913

An → Franz Hauer, L. a. s., 2 pp. groß 8°
„1. August 1913
Lieber Herr Hauer! Sind Sie nicht böse ich will Sie bloß erinnern daß Sie mir zuerst 700 Kronen als Anzahlung für das Bild mit den Gräbern[1] und das zweite Steinerbild[2] sandten, dann bekam ich, weil Sie so lieb waren zweimal 100 Kronen, und bei Abholung des Gräberbildes noch 200 Kronen also zusammen für das Gräber- und Steinerbild im ganzen 1100 K. Unsere Vereinbarung im Juni geht aber für beide Bilder auf 1300 K. Nun lieber Herr Hauer Sie wissen, daß ich selbst nicht rechnen kann, was mir immer von allen Seiten verargt wird, ich aber doch auf die fehlenden 200 K rechne, weil ich meine Mutter und Schwester mithabe und darum glaube ich daß Sie gerne mir dies jetzt oder wenn Sie können jetzt 100 K und Ende des Monats 100 K senden würden. Wenn es durchaus Ihr Wunsch ist mit 700 K beide Bilder bezahlt zu haben, so bin ich eventuell auch einverstanden und wenn Sie mir 200 K senden so müßte dies als Anzahlung für ein nächstes Bild angesehen werden. Bedenken Sie lieber Herr Hauer daß ich aber sonst anderen Leuten kleine Bilder (Landschaften) um 600 K verkauft habe, also, ich weiß wie sympathisch mir der Mensch ist der die Gräber besitzt. — Einiges habe ich hier schon gearbeitet[3]; endlich ist schönes Wetter nicht so wie vor einem Monat. Ich glaube dann in Wien einige neue Landschaften zu malen. — Wohin stellen Sie die Gräber — „Auferstehung"? Bin schon neugierig auf Leistungen von Ihrem Sohn[4]. Einstweilen obwohl ich Ihnen noch vieles schreiben möchte was ich hier erlebe grüße ich Sie herzlichst.
Egon Schiele
zz. [zur Zeit] Sattendorf am Ossiachersee Kärnten Tommelebauer."

E. S. A. 109 [566]

[1] „Auferstehung", 1913.
[2] Gemeint ist eines der beiden Bilder der Kirche von Stein, 1913; beide im Besitz von Franz Hauer.
[3] Trotz Schieles Hinweis läßt sich bisher kein Bild als in Kärnten entstanden identifizieren.
[4] Der Sohn Franz Hauers ist der bekannte Maler Leopold Hauer (geboren 1896).

12. VIII. 1913

→ Hans Goltz, L. s. der Sekretärin, 1 p. groß 8°
Habe vom verreisten Hans Goltz Bescheid bekommen, daß er leider außertourlich nichts zahlen könne. Sendet einen Katalog der derzeitigen Sommerschau. Hat sich mit Herrn Haustein[1] in Verbindung gesetzt wegen einer Ausstellung, etc.
E. S. A. 796 [567]

[1] Vielleicht: Wilhelm Hausenstein (1882—1957), Kunsthistoriker, Diplomat. Schrieb über 80 Bücher, darunter: „Der nackte Mensch in der Kunst", München 1912.

NEUE KUNST

KATALOG DER
II. GESAMTAUSSTELLUNG

NEUE KUNST
HANS GOLTZ
MÜNCHEN / ODEONSPLATZ Nr. 1

AUGUST–SEPTEMBER 1913
ILLUSTRIERTE AUSGABE
DIESES KATALOGES MIT 50 ABBILDUNGEN M. 2.—

[568]

DOKUMENTE UND KORRESPONDENZ 1913

[nach dem 12. VIII. 1913]

→ Hans Goltz, München, Odeonsplatz 1. — Neue Kunst. Katalog der II. Gesamtausstellung August—September 1913. Illustrierte Ausgabe
Angeführt sind die Namen der Ausstellenden. pp. 19—21: Geleitwort von Wilhelm Hausenstein: Die Neue Kunst. Zur Naturgeschichte der Kritik, pp. 23—26. Préface von Andre Salmon.
Schiele stellte aus: Nr. 135 „Dämmernde Stadt", 1912/13, im Katalog abgebildet.

E. S. A. 1066 [568]

Siehe den vorhergehenden Brief.

13. VIII. 1913

An → Franz Hauer, L. a. s., 2 pp. groß 8°, aus Sattendorf, Tommelebauer
„Lieber Herr Hauer! Verzeihen Sie, ich hätte bald unrecht getan; ich entsinne mich wie Sie mir geschrieben haben. Die Briefe zwischen uns habe ich eben nicht gelesen. Ein Zeichen wie unachtsam ich in der Beziehung bin, meistens aber tritt das Gegenteil ein. — Hoffe aber trotz der zwei 13 im Datum daß Sie in irgendeiner Weise meinen Wunsch so erfüllen wie ich vorschlug. Eben fällt mir ein, daß, ich weiß nicht bestimmt, glaube aber von Ihnen nach Bregenz auch was bekommen habe wofür Sie nichts haben; ich werde trachten dies zu schlichten. — Wenn Sie Kärnten nicht kennen so möchte ich Ihnen raten hierher zu kommen; es sind viele Seen, Hochwälder, dabei aber nicht so drückend eng wie in Tirol oder der Schweiz[1]. Schöne Gebirgsketten sieht man, eben weil dorthin eine weitere Distanz ist. Wohnen kann man gut und billig. Der See hat immer 18—22° also höchst angenehm. Wo ich mit meiner Mutter und Schwester bin, ist ein Bauernhaus von wo man über den ganzen See sieht. Gestern entdeckte ich reizende Blockbauernhäuser und Mühlen die ich malen werde[2]. Auch sieht man viel primitive Kunst wenn man sucht. Die Ausflüge nach dem Faakersee am Fuße der Karawanken und nach Tarvis 810 m über dem Meer. Die Farben in den Häusern sind glühend, weißlich, die Sonne ist so stark. Blau neben rot. Bleiben Sie schon in Wien? — Kommen Sie auf ein paar Tage her. Der Schnellzug kostet III. [Klasse] von Wien Südbahnhof 7,35 Früh an Villach 4,00 nachm. 18 K 60 h man ißt im Speisewagen. Die Zimmer in den Gasthöfen sind ganz gewöhnlich mit den Preisen. Kommen Sie! Auf Wiedersehen Herzlichste Grüße
Egon Schiele."

E. S. A. 108 [569]

[1] Ein Schweizer Aufenthalt Schieles ist bisher nicht nachweisbar.
[2] Soviel bekannt ist, malte Schiele in Kärnten 1913 kein Bild.

15. VIII. 1913

→ Erwin Osen, L. s., 1 p. 4°
Hat Schwierigkeiten mit seinem Atelier in der Grünbergstraße, das er, seiner Berufung nach München halber, vorzeitig aufgeben mußte. „Ich bin überhaupt jetzt entsetzlich wild, das Theater hatt[!] meine Nerven ganz ruiniert, ich kann gar nirgends[!] hingehen, in den Restaurants fliegt nur alles wo ich hin komme, damit ich nur keinen Krawall mache... Dann muss ich in Wien noch ein Porträt fertig machen und einige Zeichnungen auf dem Steinhof[1] für den Naturforschertag, wo Dr. Kronfeld[2] spricht, über den pathologieschen[!] Ausdruck im Porträt..." Möchte im Auto seines Onkels nach Kärnten kommen. Bittet, Schiele möge ihm im September für ein paar Tage Quartier gewähren, etc. „Osen Erwin, 1913[3] München, August 15, Künstler Theater, Theresienhöhe."

E. S. A. 139 [570]

[1] Landesirrenanstalt, auf den westlichen Anhöhen Wiens, die Kirche wurde von → Otto Wagner erbaut.
[2] Wir erwähnten bereits, wie außerordentlich stark der Einfluß Osens auf Schiele gewesen ist [ekstatische Haltung, Anregung Schieles zur Dichtung]. Hier wird etwas bisher Unbeachtetes aufgezeigt, daß nämlich Osen in Steinhof im Auftrag Dr. Kronfelds Zeichnungen nach Geisteskranken machte. Es wäre an der Zeit, sich einmal ausführlich mit dieser interessanten Künstlerpersönlichkeit zu beschäftigen.
[3] Man beachte, daß Osen hier Schieles Art zu signieren imitiert! Auch diesem Umstand ist Aufmerksamkeit zu schenken, da Roessler davon spricht, daß er sowohl Schieles Zeichnungen gefälscht als auch echte Zeichnungen veruntreut habe [Erinnerungen, Wien, 1948, p. 40].

[um den 15. VIII. 1913]

An → Franz Hauer, L. a. s, 1 p. 8°. Auf dem eigenhändigen Kuvert „Tommelebauer" als Absenderadresse
„Lieber Herr Hauer! Wenn Sie zu mir kommen sehen Sie einiges neues[1]. Ende dieses Monats sende ich es fort; wenn Sie kommen wollen schreiben Sie mir. Vielleicht gefällt Ihnen sogar etwas für Sie. Schöne Grüße   Egon Schiele
XIII. Hauptstr. 101."

E. S. A. 112 [571]

[1] Dieser Brief wäre ein Hinweis darauf, daß Schiele in Kärnten 1913 doch gemalt hat; nur läßt sich keines seiner Bilder als dort gemalt identifizieren, außer einem Aquarell.

25. VIII. 1913 [laut einer Notiz von Franz Hauer auf Schieles Brief vom 12. VI. 1913]

Eigenhändige Quittung für → Franz Hauer, 1 p. klein 8°:
„900 K für das Bild „Felsenstadt"[1] erhalten. Herzliche Grüße Egon Schiele."

E. S. A. 110 b; P. 88 [572]

[1] „Felsenstadt", 1913.

—

An → Franz Hauer, L. a. s., 2 pp. 4°, aus Sattendorf
„Lieber Herr Hauer! Für die Karte von München meinen besten Dank. Waren Sie auch bei → Goltz am Odeonsplatz? — Vorderhand denke ich hauptsächlich über Bilder nach die ich machen möchte; Studien mache ich auch, aber ich finde und weiß, daß das Abzeichnen nach der Natur für mich bedeutungslos ist, weil ich besser Bilder nach Erinnerungen male, als Vision von der Landschaft — Hauptsächlich beobachte ich jetzt die körperliche Bewegung von Bergen, Wasser Bäumen und Blumen. Überall erinnert man sich an ähnliche Bewegungen im menschlichen Körper, an ähnliche Regungen von Freuden und Leiden in den Pflanzen. Die Malerei allein genügt mir nicht; ich weiß daß man mit Farben Qualitäten schaffen kann. — Innigst und mit dem Wesen und Herz

empfindet man einen herbstlichen Baum im Sommer; diese Wehmut möchte ich malen. — Ich habe aus Mitleid wirklich nur deshalb meine Mutter und Schwestern mitgenommen. → Peschka will ich „lebendig" machen, aber ich sehe daß ich nicht kann, obwohl ich für mich das wenigste brauche. Ich bitte Sie lieber Herr Hauer wenn Sie halbwegs können so senden Sie mir jetzt zum Retourfahren 150 K, ich könnte sonst vielleicht nicht zurück und wüßte momentan nicht woher ich mir das verschaffen sollte. Zur Ordnung will ich Ihnen folgendes aufschreiben. Sie sandten mir soviel ich mich erinnere

1912 100 K nach Bregenz
       100 K gaben Sie mir danach in Wien
1913 100 K sandten Sie hierher
       150 K vielleicht [von der Hand Hauers berichtigt: „thatsächlich 100 geschickt"]

und erlaube mir Ihnen den Vorschlag zu machen für die gesandten 300 K sich irgendeine Landschaft zu wählen bis Ende 1913, und wenn Sie die Güte haben mit dem jetzt gewünschten so bliebe das für eine Anzahlung auf irgend ein anderes Bild. Herzlichst grüße ich Sie. Auf baldiges Wiedersehen.
       Egon Schiele, z. Z. Sattendorf
       am Ossiachersee Kärnten
       Tommele Bauer."

E. S. A. 107   [573]

28. VIII. 1913

→ Hans Goltz, L. s., 1 p. groß 8°. Bestätigt Erhalt einer Karte, hat „Versinkende Sonne"[1] und „Doppelbildnis"[2] an Schieles Wiener Adresse abgesandt, bittet um Empfangsbestätigung.
E. S. A. 797   [574]

[1] „Versinkende Sonne", 1913.
[2] „Doppelporträt Heinrich Benesch und sein Sohn Otto", 1913.

[575]

1. IX. 1913

An → Anton Peschka, Wien I., K. K. Hofoper „bei Brioski"[!][1], L. a. s., 1 p. klein 8°. Aus Sattendorf, Kärnten
„1. September 1913
ich danke von nun an für Ihre reelen[!] Handlungen und Ihre Freundschaft[2].   Egon Schiele, Sattendorf."
E. S. A. 271 ab   [575]

[1] Anton Brioschi (1855—1920), Wiener Hoftheatermaler, der seit 1885, als Nachfolger seines Vaters, die gesamte Ausstattung der Wiener Hoftheater über hatte.
[2] Der Brief ist ironisch gemeint, die beiden waren normalerweise per „Du".

2. IX. 1913

→ Hans Goltz, L. s., 1 p. groß 8°, nach Sattendorf. Vermag keine außertourlichen Zahlungen zu leisten „... da es so ziemlich unmöglich ist, in Deutschland jetzt Gemälde von Ihnen zu verkaufen, ich muss also, um das bereits bezahlte zu verwerten, schon jetzt mindestens noch 100 Zeichnungen verkaufen..." Wird den Vertrag kündigen. Ist bereit, einen Gipsabguß nach der Plastik „Das Mädchen" von Ernesto de Fiori (1884—1945)[1] gegen eine kleine Krumauer Landschaft [„Die kleine Stadt" III., 1913/4] Schieles zu tauschen, etc.
E. S. A. 798   [576]

[1] Schiele muß die Plastik anläßlich eines Besuches in München bei Goltz gesehen haben. Abgesehen von dem in Goltz' Brief Mitgeteilten, wirft auch dieser Vorschlag ein bezeichnendes Licht auf die damalige Bewertung von Schieles Kunst in Deutschland. Was konnte denn schon ein Gipsabguß nach einer Plastik wert sein?

5. IX. 1913

→ Marie Schiele, C. a. s. [Klagenfurt, Gesamtansicht]. Nach Wien XIII., Hietzinger Hauptstraße 101
Kommt Sonntag früh an, etc.
E. S. A. 406   [577]

7. IX. 1913

An → Arthur Roessler, L. a. s., 2 pp. 8°
„7. September 1913.
Lieber A. RR. ich bin wieder in Wien; wann kommen Sie? — → Goltz schrieb mir, daß es seine Pflicht ist mir jetzt schon zu sagen daß er den Vertrag kaum wiederholen wird; — was ist mit Dietzl?[1] — Das Bild mit der versinkenden Sonne im Meer[2] aus Triest ist am Weg XIX. Billrothstraße 6[3]. in Kärnten sah ich vieles und beginne jetzt an alle dem; überhaupt will ich so klar als möglich beginnen, in der Malerei und allen[!] anderen. Meine Leute benahmen sich unschön. Alles tat ich aus Freude um Freude anderen zu bereiten, sie sind aber Blind[!] einen kleinen schön geschnitzten Holzchristus kaufte ich um 1 Krone; sah in Tarvis wunderbare primitive Holzplastiken, fast romanisch. Dies wollte ich meiner jüngeren Schwester zeigen. ich zweifle an ihrer Keuschheit[4] — → Peschka? — Schicken Sie mir, weil ich alles verschenkte und brauchte, wenn Sie können 20 K. ich gebe Ihnen dieses wieder zurück, weil ich von → Hauer noch bestimmtes[!] erwarten kann, weil er mir schrieb daß er die Kollektion von

DOKUMENTE UND KORRESPONDENZ 1913

mir vervollständigen muß. Einstweilen meine herzlichsten
Grüße an [statt: und] Handkuß an gn.[ädige] Frau
                                                Schiele."
W. ST. B. 180.677; R., B. & P., p. 80 [mit einer Auslassung
und Korrekturen]. Teilzitat: L., 235, p. 577   [578]

1 Dietzl [oder Rietzl?], Kunsthändler in München?
2 „Versinkende Sonne", 1913.
3 Roesslers Adresse in Wien, der dieses Bild auch besaß.
4 → Gertie Schiele. Schieles Eifersucht auf seine Schwester läßt sich auch in anderen Briefen nachweisen.

12. IX. 1913

An → Marie Schiele, Wien IX., Liechtensteinstraße 132,
L. a. s., 2 pp. 8°
„Freitag. 12. Sept. 13.
Liebe M.[utter] bitte den Korb dem Überbringer zu übergeben. — Ich zahle bis 15. Oktober 80 K. an Dich, und werde höchstwahrscheinlich[!] die ersten 20 am Mittwoch zahlen die zweiten am 24. Sept. die dritten am 1. Okt. die vierten am 15. Okt. dies zur Sicherheit zur Kenntniß[!] zu nehmen. und glaube, daß → Melanie Dir doch einstweilen so viel bieten wird, denn sie hat einiges in der Sparkasse u. ich nicht. Momentan kann ich beim besten Willen nichts geben, weil ich nicht fort kann, denn ich erwarte die Leute die die Bilder kaufen. Bitte nicht an mich schreiben.   Egon."
E. S. A. 195   [579]

16. IX. 1913

An → Franz Hauer, L. a. s.
„... Sende Ihnen die Studie von dem Sägewerk¹, weil sie
für mich jetzt nutzlos ist..."
Nach: L., Nr. 242, p. 580   [580]

1 „Sägewerk", 1913, von Franz Hauer erworben.

17. IX. 1913 [Poststempel]

→ Erwin Osen, C. a. s., mit Absenderadresse: Königliches
Deutsches Theater, Prag. Hofft bald in Wien zu sein, etc.
P. 24   [581]

[nach dem 17. IX. 1913]

→ Erwin Osen, L. a. s., 1 p. 4°, aus Prag
„Lieber Egon Schiele! In ausgelassenster Stimmung schrieb ich
einen Brief. Habt Ihr ihn erhalten, warum antwortet man
nicht? Gekränkt ist — Pest und Gift und
                                    Osen Erwin, van, 1913."
E. S. A. 141   [582]

26. IX. 1913

Leopold Hauer, Sohn von → Franz Hauer, C. a. s. Aus Graz.
Würde sich freuen, von Schiele einmal eine Karte zu erhalten, etc.
E. S. A. 402   [583]

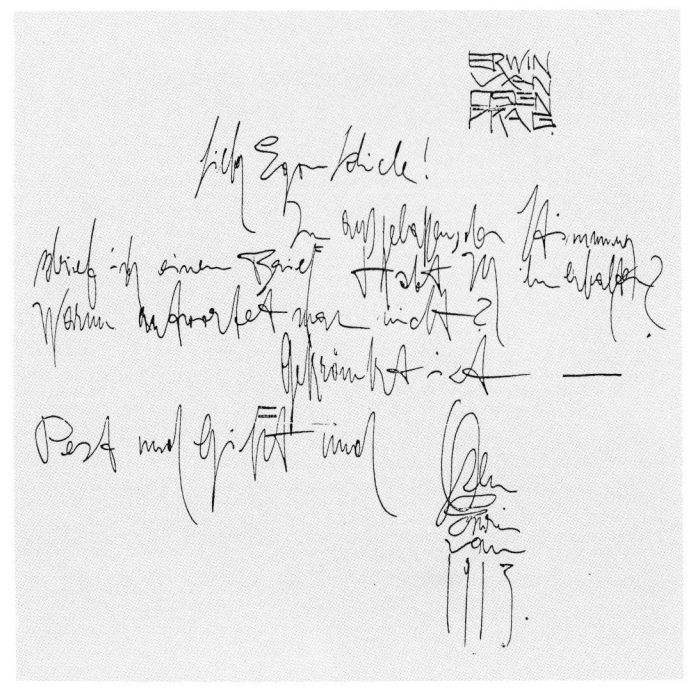

[582]

3. X. 1913

→ Erich Lederer, C. a. s. [Bird's eye view of St. Paul's Cathedral, London]
„Lieber Schiele! Besten Dank nur etwas verspätet für Ihre liebe Karte. Wir waren im Sommer in Frankreich und sind jetzt in London. Ich bin in beiläufig 14 Tagen in Wien, werde Sie dann aufsuchen, da im Herbst wieder in Raab¹ bin — leider! Auf Wiedersehen in Wien und vorläufig die allerlustigsten Grüße aus London Ihr   Erich."
E. S. A. 980   [584]

1 Raab = Györ in Ungarn, wo sich die große Spiritusfabrik der Familie Lederer befand.

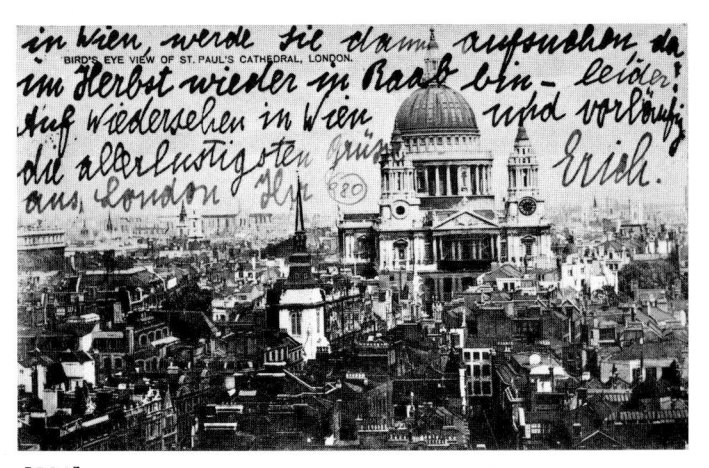

[584]

272

7. X. 1913

→ Hans Goltz, L. s., 1 p. groß 8°. Sendet 15 schwarz-weiße Zeichnungen und 7 farbige zum Umtausch zurück, etc.
E. S. A. 799 [585]

[586]

[nach dem 7. X. 1913]

→ Seréna Lederer, L. a. s., 1 p. 8°
„Lieber Schiele, Erich[1] ist noch nicht in Wien. — Sobald er kommt wird er Sie verständigen. Auch ich würde Sie gerne sprechen, vielleicht telefonieren Sie mir. Am besten zwischen 2—3, oder nach 8 Uhr Abend. — Beste Grüße
Seréna Lederer."
E. S. A. 33 [586]

[1] → Erich Lederer.

12. X. 1913

→ Hubert Jung, L. a. s., ½ p. 8°
„Wien. 12. Okt. 13
Sehr geehrter Herr Schiele! Ich möchte gerne das Gegenstück zur „dämmernden Stadt"[1], das ich besitze, haben. Wären Sie geneigt, mir dasselbe gegen 400,— Kr. zu überlassen? Ich könnte Ihnen das Geld gleich schicken. In Erwartung Ihrer Antwort bin ich mit bestem Gruß! Ihr   Hubert Jung[2]
VII Schottenfeldg.[asse] 85 III."

[587]
E. S. A. 220 [587]

[1] „Dämmernde Stadt", 1912/13. Welches Bild Schieles als Gegenstück angesehen wurde, ist unklar.
[2] Mehrere Briefe Jungs an Schiele in Schweizer Privatbesitz [L., p. 574/5].

13. X. 1913

An → L. Czihaczek und Frau, L. a. s.
„18. Oktober 1913
Lieber Onkel und Tante C. weil es blödsinnig ist, wenn man [sich] feindlich gegenübersteht, noch dazu aus ganz banalen Gründen, so wäre es mir lieb wenn Ihr mich einmal hier in Hietzing Hauptstraße 101 aufsuchen würdet, wo ich mich doch heute mit allen Aufwand von Stärke aus allen Trübseligkeiten von Zeit zu Zeit heraus arbeitete. — ich bin froh alles das und noch mehr zu erleben, denn gerade diese Erlebnisse die traurig sind, klären den schaffenden Menschen. Lieb wäre mir vorher zu wissen wann Ihr kommt, oder ob Ihr mich einmal sehen wollt. Alles was war wird vergessen sein. Ergebenster Handkuß und herzlichste Grüße   Egon Schiele."
Auf dem eigenhändigen Kuvert liest man von der Hand des Onkels: „Galimathias"[1]

[1] Galimathias [französisch — unverständliches, verwirrtes Geschwätz]. Dieser Brief stellt Schiele, der noch ein Mal — wenn auch vielleicht nicht mit den vom Onkel erwarteten Worten — versöhnlich wirken wollte, ein weit besseres Zeugnis aus als dem unerbittlich verstimmten L. Czihaczek, der ganz einfach nicht über seinen Schatten springen konnte.
G. P. 23 [588]

—

→ Hans Goltz, L. s., 1 p. groß 8°. Über das Nichtankommen zweier Bilder. Wegen dem Tausch des Gipsabgusses nach der de-Fiori-Plastik [siehe den Brief vom 2. IX. 1913] will er warten, bis er ein entsprechendes Bild Schieles erhalten habe, etc.
E. S. A. 800 [589]

16. X. 1913

An → Josef Hoffmann, L. a. s.
„16. Oktober 1913.
Sehr geehrter lieber Professor Hoffmann! Ich danke Ihnen vor allem, daß Sie schuld sind, daß Herr H. J.[1] das zweite Stadtbild[2] kaufen will; das reißt mich sehr heraus, nur aber habe ich noch nichts und darum bitte ich Sie, wenn Sie schon einmal so lieb waren, mir durch die Überbringerin einen Betrag zu senden, wenn Sie in der Lage sind. Sie nehmen sich dafür entweder zwei beliebige Zeichnungen, von denen, die Sie haben, oder werde ich Ihnen das Geborgte retournieren, wenn ich das Geld für das Bild bekommen habe. Die Zeichnungen, die überbleiben, bitte ich mitzusenden, natürlich; wenn Sie glauben, die eine oder andere wäre verwendbar, so bitte, die Auswahl zu treffen. Ich brauche nämlich viele Blätter für Wien und München. Wenn ich in der nächsten Zeit mit größeren Bildern fertig bin, so werde ich Ihnen schreiben und glaube, daß Sie mich auch dann besuchen werden. Verzeihen Sie die Bleistiftschrift. Sie herzlichst grüßend
Egon Schiele."
Nach: R., B. & P., p. 133; teilweise bei L. Anmerkung zu Nr. 226
Privatbesitz, Schweiz [590]

[1] → Hubert Jung [siehe Brief vom 12. X. 1913].
[2] Gewünscht wurde ein Gegenstück zur „Dämmernden Stadt", 1912.

DOKUMENTE UND KORRESPONDENZ 1913

[nach dem 16. X. 1913]

An → Josef Hoffmann, L. a. s.
„Lieber Professor Hoffmann! Bitte Sie sehr, wenn Sie Lust haben, für mich etwas zu tun, ein Bild jemandem zu verkaufen. Sende gleichzeitig den Katalog, wo die Stadt reproduziert ist, die zu haben wäre. Außer dieser habe ich noch fünf andere Landschaften, die aber in München und Düsseldorf sind, die ebenso groß sind. Gut wäre es, wenn jemand 500 [Kronen] bez.[ahlen] möchte, ließe es aber auch um weniger. Nebenbei erlaube ich mir acht Blätter an Sie zu senden, vielleicht läßt sich was machen. Ich komme wirklich zu gar nichts, obwohl ich alles daran setze und arbeiten möchte. Ich bitte Sie, und verzeihen Sie den Bleistiftbrief. Herzlichste Grüße
Egon Schiele.
Besuchen Sie mich, wenn Sie nach Hietzing kommen!"
Nach: R., B. & P., pp. 133—4; Verbleib unbekannt [591]

[nach dem 16. X. 1913]

An → Josef Hoffmann, L. a. s., 1 p. 8°
„Lieber Herr Professor ich werde morgen Mittwoch nachmittags mit meinen einstweilen 3 Tafelbildern in der Ausstellung eintreffen. Schöne Grüße Egon Schiele.
Es hat mich riesig geärgert, daß ich gestern Montag, als Sie mich besuchen wollten nicht daheim war. Wiedersehen. Dienstag."
F. 3; R., B. & P., p. 134 [592]

17. X. 1913

→ Hans Goltz, L. s., 1 p. groß 8°
„...Die Stuttgarter Ausstellung, welche schon angenommen war, hat sich zerschlagen, weil die freie Künstlergenossenschaft in Konkurs gegangen ist. Alle Bemühungen, Ihre Bilder in irgend einer anderen deutschen Stadt unterzubringen, waren vergeblich, und ich bin daher nach reiflicher Überlegung zu dem Entschluss gekommen, den ich Ihnen schon einmal andeutete. Ich spreche jetzt rein als Kunsthändler. Ihre Zeichnungen werden alle Zeit für den Kenner sowohl als auch für einen Teil von Nichtkennern interessant bleiben und werden auch für die Zukunft verkäuflich sein. Ihre Gemälde dagegen sind in Deutschland in der Entwicklung, in der sich Ihre Kunst jetzt befindet, nicht verkäuflich. Sie haben mir auch entgegen den Bestimmungen unseres Vertrages niemals Ihre neuesten Sachen zuerst vorgelegt. Es ist für mich daher sehr schwer für das Ihnen gezahlte Geld etwas zu finden. Mit dem Verkauf von Zeichnungen allein ist eine solche Summe nicht zu verdienen. Ich möchte daher die Vertretung für Ihre Bilder vom 1. Januar nach Ablauf unseres Vertrages aufgeben, bin aber bereit, die Vertretung für Ihre Zeichnungen zu behalten. Wenn Sie damit einverstanden sind, wollen wir die näheren Bedingungen für das nächste Jahr vereinbaren. Unter allen Umständen müssen Sie sich aber verpflichten, mir alle neuen Blätter herzuschicken..."
E. S. A. 801 [593]

[594]

18. X. 1913

An → Marie Schiele, Wien IX., Liechtensteinstraße 132 oder 136, „vorletztes Haus rechts", L. a. s., 1 p. 8°
„18. Oktober 1913.
Liebe Mutter Schiele, wozu immer solche Briefe, die ohnehin in den Ofen kommen. Wenn Du etwas brauchst, nächstens so komme zu mir, ich komme nie mehr wieder. Herzlichst
Egon."
E. S. A. 192 [594]

—

An → Arthur Roessler, L. a. s., ½ p. gr. 8°
„18. Oktober 1913.
Lieber Herr Rößler übersende Ihnen hiermit das gewünschte Bild[1] erst jetzt, weil gestern erst das Bild ankam. Herzliche Grüße Egon Schiele."
W. ST. B. 180.597; Gl. 50 [595]

[1] Unklar, um welches Bild es sich handelt.

23. X. 1913

Akademie der bildenden Künste, Wien. — Frequentations-Zeugnis für Egon Schiele über die 3 Studienjahre 1906—9. Neuausgestelltes Duplikat, nicht für Militärzwecke
E. S. A. 85 [596]

—

An → Franz Hauer, L. a. s., 1 p. groß 8°
„23. Oktober 1913
Lieber Herr Hauer! Wenn Sie Lust haben ein Stilleben und eine Stadt und ein großes Bild zu sehen, so erwarte ich Ihren Besuch morgen Freitag oder übermorgen Samstag zwischen 2—4^h. Außerdem sind viele neue Zeichnungen, die jetzt hier und in der Sezession München ausgestellt werden. Mit herzlichsten Grüßen Egon Schiele."
E. S. A. 106 [597]

28. X. 1913

An → Marie Schiele, L. a. s., ½ p. gr. 8°
„28. Oktober 1913.
Liebe Mutter Schiele! Komme am Freitag den 31. d. M. [des Monats] zwischen 10—11ʰ bestimmt zu mir. Herzlichste Grüße
Egon."
E. S. A. 191 [598]

—

→ Hans Goltz, L. a. s., 1 p. groß 4°
„... Seien Sie nicht böse über die Verzögerung. Ich bin selbst mit meinen enormen Außenständen von aller Welt im Stich gelassen. Sie bekommen das Geld am 1. Nov. Freundlichen Gruß
Hans Goltz."
Ö. N. B. 310/65—15 [599]

29. X. 1913

→ Hans Goltz, L. s., 1 p. groß 8°. Möchte erst neue Zeichnungen sehen, bevor er zum Abschluß eines neuen Vertrages bereit sei. Das Bild „Dämmernde Stadt" [1912/3] sei nun erst am Wege nach Wien, etc.
E. S. A. 802 [600]

? X. 1913

Die Besessenen. Ein Blatt der Leidenschaft [herausgegeben von Edgar Rehm und Ernst Mayerhofer]. 1. Heft. Oktober 1913. Mit Hilfe von Wachsmatrizen vervielfältigt. Auf der äußeren Umschlagseite ein Selbstporträt von Egon Schiele. Auf Blatt [1] Widmung der beiden Herausgeber.
E. S. A. 1050 [601]

6. XI. 1913

→ Hans Goltz, L. s., 1 p. groß 8°. Ließ 275 Mark überweisen, sandte 16 Rahmen in Kiste, etc.
E. S. A. 803 [602]

11. XI. 1913

→ Max Oppenheimer, C. a. s., aus Berlin. Hat sich darüber gefreut, daß Schiele seine Bilder gefallen hätten. Habe keine Zeit gehabt, ihn aufzusuchen. Bereite im Jänner in Dresden eine Expressionistenausstellung vor. Fragt, ob Schiele sich mit 2 Bildern beteiligen möchte, etc.
E. S. A. 350 [603]

—

→ Max Oppenheimer, an → Arthur Roessler, L. a. s., 2 pp. 8°, aus Berlin, Berlin W. 15, Joachimstalerstraße 10
„11. November 1913.
... Ich habe → Cassirer von der Miniature aus dem 13. Jahrhundert erzählt. Schicken Sie das Bildchen sogleich und verständigen Sie mich wegen des Preises. Es bestehen große Möglichkeiten die Sache zu verkaufen... Von blöden Kritiken über meine Ausstellung habe ich gehört, doch keine

[601]

gelesen, wenn Sie dergleichen aufgehoben haben schicken Sie es mir. Ihre Besprechung ist wohl noch nicht erschienen. — Schiele hat mir geschrieben das[!] er meine Ausstellung für die stärkste hält die er in Wien bisher gesehen hatte. Dies freut mich sehr, wenn ich auch glaube daß er ein wenig übertreibt...
Mopp."
W. ST. B. 148.517 [604]

13. XI. 1913

Verein bildender Künstler Münchens, Secession. L. s. Können keine feste Zusage geben, daß 10 bis 12 Zeichnungen von Schiele ausgestellt würden, etc.
E. S. A. 488 [605]

DOKUMENTE UND KORRESPONDENZ 1913

24. XI. 1913

Egon Schiele, P. a. s., das ganze Blatt umrahmt, klein 8°. An Ehepaar → Peschka
„24. November 1913
Herzlichen Glückwunsch zu meiner kleinen Nichte[1].
                             Egon Schiele."
Nach: Albertina Studien, 2. Jahrgang 1964, Heft 2 p. 174; Privatbesitz, London   [606]

[1] Laut mündlicher Mitteilung seitens Anton Peschka jun. konnte Anton Peschka sen. Gertrude Schiele erst am 24. XI. 1914 mit Erreichung ihrer Volljährigkeit ehelichen. Schiele habe bei Ihrem Mitvormund Soukup, Kirchberg am Wechsel, Bedenken geltend gemacht, daß der damals in der Bühnenbilderwerkstatt Anton Brioschi, Hofoper Wien, beschäftigte Peschka nicht genug Geld verdiene, um seine Schwester erhalten zu können. Wir wiesen schon mehrmals darauf hin, daß er seiner jüngeren Schwester gegenüber nicht frei von Eifersucht war.

26. XI. 1913

→ Hans Goltz, L. s., 1 p. groß 8°. Habe möglicherweise einen Interessenten für das Bild „Eremiten"[1]. Könne er es um 1000 Mark abgeben? etc.
E. S. A. 804   [607]

[1] „Die Eremiten", 1911.

27. XI. 1913 [Poststempel]

→ Arthur Roessler, C. a. s. [Hildesheim, Pfaffenstieg]. „Beste Grüße A. R—r"
E. S. A. 529   [608]

3. XII. 1913

Verein bildender Künstler Münchens. Secession, L. s., 2 pp. groß 8°
Teilen mit, daß die Jury zwei der Zeichnungen Schieles aus Sittlichkeitsgründen beanstandet und nicht plaziert habe. Der Präsident Professor Albert von Keller (1844—1920) hat eine dieser beiden Zeichnungen „Freundschaft"[1] für sich für 50 Mark erworben, etc.
E. S. A. 331   [609]

[1] Die Zeichnung ist im Katalog der Internationalen Schwarz-Weiß-Ausstellung, Wien, 1913, abgebildet.

9. XII. 1913

An → Franz Hauer, C. a. s., 1 p.
„Lieber Herr Hauer! Ich habe eine neue Landschaft, sehr farbig wenn Sie's interessiert zu sehen so erwarte ich Sie morgen d. 10. Mittwoch ab — 1/2 2^h Herzliche Grüsse
                             Egon Schiele."
E. S. A. 105   [610]

13. XII. 1913

→ Sezession. Verein bildender Künstler Münchens. Vordruck [Zahlung von 50 Mark minus 10% für die Zeichnung „Freundschaft", siehe 3. XII. 1913]
E. S. A. 153   [611]

15. XII. 1913

Grete Wolf[1], C. a. s. [Mariazell mit dem Ötscher]
„Fahre morgen von hier weg wenn Sie an[!] mir arbeiten wollen schreiben Sie mir eine Karte. Herzlichst Grete Wolf.
15. Dezember 1913"
E. S. A. 979   [612]

[1] → Grete Wolf, Malerin, Gattin des Malers Leopold Krakauer (geboren 1890), jüdischer Maler in Palästina.

17. XII. 1913

→ Hans Goltz, L. s., 1 p. groß 8°. Der Verkauf des Bildes „Eremiten" [1911] sei nicht zustande gekommen. Die → Galerie Arnold in Dresden würde gerne die Entstehungsjahre der von Goltz dorthin gesandten Bilder „Mutter und Tochter" [1913] und „sonnenlose Landschaft" [1913] erfahren nebst anderen Daten für den Katalog, etc.
E. S. A. 805   [613]

26. XII. 1913

An → Franz Hauer, C. a. (Visitkarte, klein 8°)
„Lieber Herr Herr[!] Hauer! Ich wäre Ihnen dankbar wenn Sie mir 100 K senden möchten, denn ich muß wirklich notwendiges bezahlen und die Leute gehen so nicht vom Hals; und bei dem nächsten Kauf abziehen. Wenn nicht so geben Sie keine Antwort dies das Zeichen. Herzlichste Grüße."
E. S. A. 104   [614]

[31. XII. 1913]

Franz Hauer, C. a. s. [Neujahrskarte der Wiener Werkstätte, von Mela Köhler entworfen „und die besten Grüsse von Ihrem Hauer"]
E. S. A. 861   [615]

[Ende Dezember 1913]

→ Erwin Osen, L. a. s., 3 pp. aus Prag. Humoristischer wohl in Anlehnung an den Prager jüdischen Dialekt geschriebener Brief: „Verehrliches Gesindel! Hochlöbliche Tafelplatte von Caffe[!] und Spelunke Eichberger[1]. Sehr geehrter Herr und Frau[2] Egon Schiele! . . . ich hab wahnsinnig viel zu tun, so eine Parsifal Ausstattung[3] ist eine Hurnarbeit[!] . . ." etc.
E. S. A. 61   [616]

[1] Kaffeehaus in Hietzing, in dem Schiele verkehrte.
[2] Mit „Frau Schiele" meint Osen die Freundin Schieles → Wally Neuzil, da Schiele erst 1915 heiratete.
[3] Osen schuf die Ausstattung der ersten österreichischen Aufführung von Wagners „Parsifal" am 1. I. 1914 im Neuen Deutschen Theater [siehe E. S. A. 72, Katalog seiner Bilder und Zeichnungen, Ausstellung in Wien, 1947].

INTERNATIONALE SCHWARZ-WEISS-AUSSTELLUNG WIEN 1913

[617]

1913

Internationale Schwarz-Weiß-Ausstellung, Opernring 19. Wien 1913. Katalog. Veranstaltet vom Akademischen Verband für Literatur und Musik in Wien. Von Schiele abgebildet die farbige Zeichnung „Freundschaft", 1913 [Kniendes Paar, Akte][1].

E. S. A. 1064   [617]

[1] Die Zeichnung konnte in der Münchner Sezession 1913 aus Sittlichkeitsgründen nicht gezeigt werden, sie wurde von Professor Albert von Keller erworben [siehe Nr. 609 und 611].

1913

Egon Schiele. — Eigenhändige Liste seiner Gemälde, 3 pp. 8°

Bretter.

„Tote Stadt"	Dr. Spitzer	1911.
„Tote Stadt"	Benesch	1912.
„Mein Zimmer"	Rößler	1912.
„Stilleben"	Dr. Reichel	1912.
„Tote Stadt"	Rößler	1911.
„Stadt a.[m] blauen Fluß"	Rößler	1911.
„Ruine"		1912.
„Erinnerung"	Benesch	1912.
„Bäume"	Rößler	1912.
„Gigant"	Rößler	1912.

Figurenb.[ilder] & Porträts

„Bekehrung"	F. Hauer	1912.
„Agonie"	F. Hauer	1912.
„Madonna"	Dr. Reichel	1911.
„Jesuiten"	Dr. Reichel	1911.
„Prozession"	Dr. Reichel	1911.
„Selbstseher"	Dr. Reichel	1910.
„Offenbarung"		1911.
„Heilige"		1912.
„Eremiten"		1912.
„Schwarzes Mädchen"	Dr. Reichel	1911.
„Lyriker"		1911.
„Vision"	Dr. Reichel	
„Propheten"		1911.
„Asketen"		
[durchstrichen]		1912.
„Rückkunft"		1912.

Landschaften

„Herbstbäume"	Dr. Reichel	1911.
„Kahle Bäume"	Dr. Reichel	1912.
„Tote Stadt"	Osthaus	1912.
„Herbstland"	F. Hauer	1912.
„Winterbäume"	Magda Mauthner v. M.	1912.
„Herbstsonne"	Waerndorfer	1912.
„Kalvarienberg"	Benesch	1912.
„Boothafen" [durchstrichen]		1912.
„Ruhende Segel" [durchstrichen]		1912.
„Herbstabend"		1912.
„Landhäuser"		1912.
„Die kleine Stadt"		1912.
„Stadt am Flusstadt" [durchstrichen]		1912.
„Dämmernde Stadt"		1913.
„Die kleine Stadt"		1913.
„Seegestade"		1913.
„Die Brücke"		1913.
„Seeufer ohne Sonne"		1913.
„Mondnacht" [durchstrichen]		1913.

Nach: K., p. 79   [618]

Der vielen angeführten Titel halber wurde darauf verzichtet, die heute gebräuchlichen Bezeichnungen dort einzusetzen, wo es Abweichungen gibt.

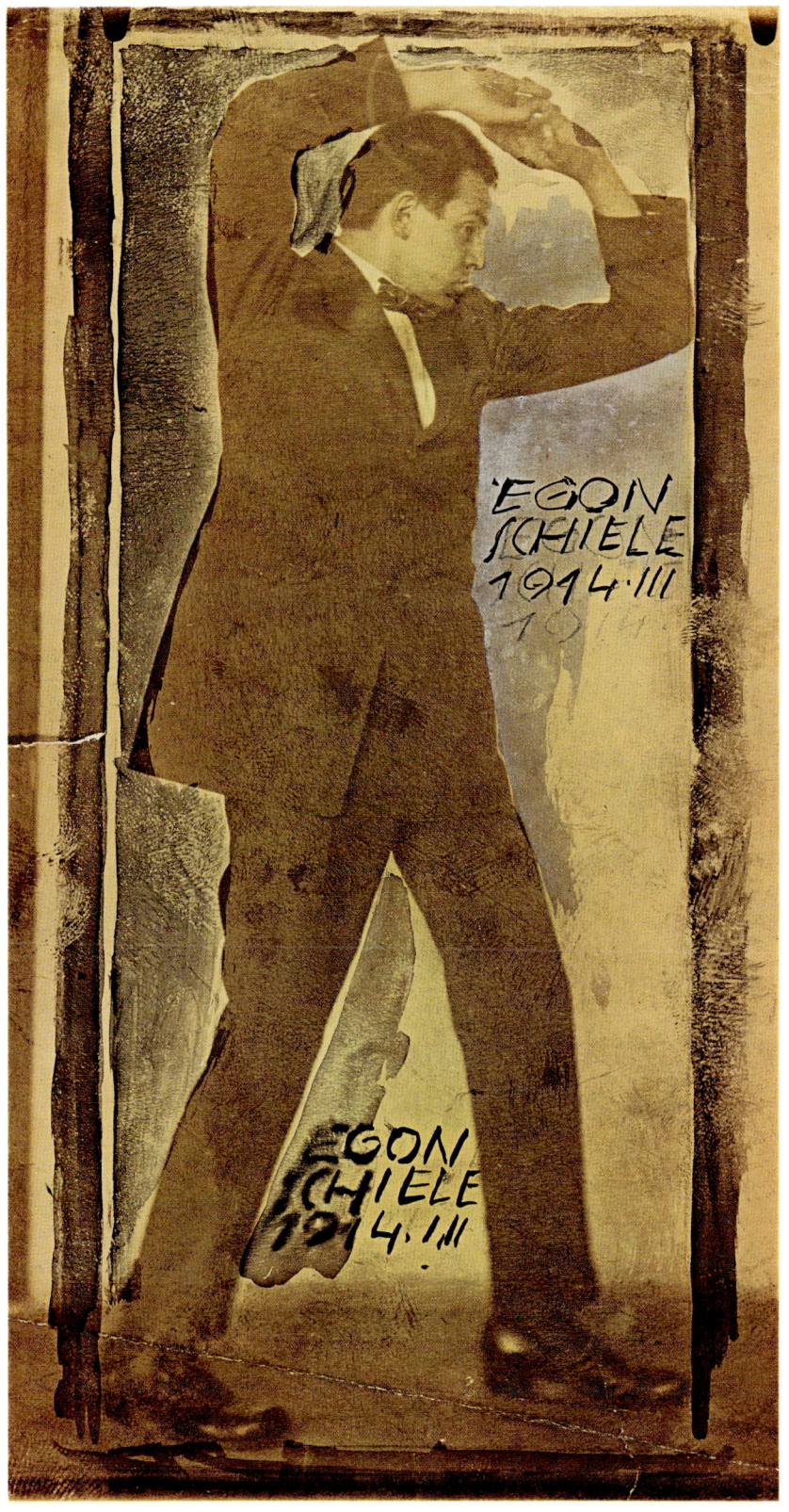

99 Eine von Schiele selbst bemalte und zweifach signierte Fotografie, 1914.

X. Der Reininghaus-Wettbewerb; Schiele als Radierer; „Die Aktion"

1914

Im Jänner/Februar 1914 fand in den Räumen des Kunstsalons von → Gustav Pisko nahe dem Schwarzenbergplatz ein ungewöhnliches Ereignis statt. Das Publikum war eingeladen, sich die Bilder jener modernen Maler anzusehen, die sich an dem im April 1913 ausgeschriebenen „*Carl-Reininghaus-Preis*" beteiligt hatten. Es war das kein nationaler, sondern ein internationaler Wettbewerb. Die ausgesetzten Preise waren beachtlich: 3000 Kronen für den ersten Preis, 1000 Kronen für den zweiten Preis. Der Wert einer [Gold-]Krone entsprach ungefähr der Einheit aller übrigen europäischen Währungen, so daß man eine Krone gleich einer Mark, einem Französischen oder einem Schweizer Franken setzen kann. Gemessen an der Kaufkraft des Geldes war der Bewerb also nobel dotiert. Und dies hatte zur Folge, daß sich insgesamt 25 Maler beteiligten, darunter eine ganze Gruppe von Franzosen — Marie Laurencin[1] und Raoul Dufy[2] waren darunter. Reininghaus war ja oft in Paris und auch dort als Käufer von Rang bekannt. Quasi als Maßstab für die angestrebte Qualität der Konkurrenz hatte der Sammler aus seinem Besitz Bilder der französischen Schule dazugehängt, und zwar: Auguste Renoir (Nr. 51): „La Confiance"; (Nr. 52): „Stilleben"; (Nr. 53): „Stilleben"; Vincent van Gogh (Nr. 54): „Das Bett" [mit Sicherheit sein „Schlafzimmer in Arles", heute Art Institute, Chicago, das Schiele zum Vorbild seines Bildes „Schlafzimmer in Neulengbach" 1912 nahm]; Gustave Courbet (Nr. 55): „La femme aux cochons" und Paul·Cézanne (Nr. 56): „Männliches Porträt".

Anscheinend gegen den Rat seiner Freunde hatte Schiele sich mit einem von ihm selbst als unvollendet bezeichneten Bild beteiligt[3]. Im Katalog heißt es darüber: „Begegnung (Versuch für ein Wandgemälde). Dasselbe ist um 5—6 m. nach rechts verlängert gedacht, worauf eine Reihe von Blinden zu stehen kämen." Da das Bild selbst verlorengegangen ist, müssen wir uns mit einer Fotografie begnügen, die Schiele in tänzerischer Pose vor seinem zweifigurigen Bild zeigt. Die eine Figur ist ein Selbstporträt, die dahinterstehende stellt einen Heiligen dar. Soviel man nach der Fotografie

erkennen kann, war es eine wohlausgewogene Komposition, die vermutlich für sich allein wirkte, sehr groß, zirka 2×2 Meter [siehe Abb. 107].
Es war, unserer Meinung nach, Schieles Hinweis, daß er selbst nämlich das Bild nur als Teilstück ansah, der die Jury — ihr gehörten → Josef Hoffmann, → Rudolf Junk, → Gustav Klimt und → Carl Reininghaus an — vor Probleme stellte. Wie sollte man ein Bild prämiieren, das zu zwei Dritteln lediglich in der Vorstellung des Künstlers existierte? Es scheint auch einige Unstimmigkeit innerhalb der Jury gegeben zu haben, da anscheinend der Versuch unternommen wurde, Einfluß zugunsten Schieles geltend zu machen[4]. Ihr Verdikt scheint übrigens schon festgestanden zu haben, als die Ausstellung eröffnet wurde. Der erste Preis fiel also nicht — wie man allgemein erwartet hatte — an Schiele, sondern an → Anton Faistauer, der ihn für einen weiblichen Akt erhielt. Der zweite Preisträger war → Paris von Gütersloh mit seinem Gemälde „Madonna". Für den ewig in Geldnöten schwebenden Schiele muß diese Entscheidung hart gewesen sein. Ein Trost war es wohl, daß → Carl Reininghaus das Bild ankaufte. Es ist nicht ganz zu verstehen, weshalb die Reininghaus-Konkurrenz von der zeitgenössischen Presse als mißglücktes Unternehmen betrachtet wurde[5]. Daß sie nicht besser beschickt wurde, kann man dem Initiator gewiß nicht ankreiden.
Am 13. Februar 1914 schrieb Schiele an → Arthur Roessler, er möge ihm doch das zum Radieren notwendige Werkzeug zur Verfügung stellen. Dem war offenbar im Sommer 1913 ein Gespräch in Altmünster vorausgegangen, in welchem Roessler ihn zu dem Versuch ermuntert hatte, sich doch durch das Herstellen von Graphiken eine größere Absatzmöglichkeit zu sichern. Schiele ist wohl nicht ohne inneren Widerstand an diese neue Beschäftigung herangegangen. Roessler läßt ihn, wie folgt, sprechen:

„... No ja, damit werden Sie schon recht haben. Ich weiß ja von Kollegen, daß graphische Arbeiten leichter Abnehmer finden als Bilder, besonders wenn letztere über das beliebte ‚Zimmerschmuckformat' dimensioniert sind — es möcht' mich auch reizen, graphisch zu arbeiten, und zwar nicht nur des leichteren Verkaufes halber —, aber ich kann weder radieren noch in Holz schneiden, und diese Techniken erst zu lernen, bin ich nicht geduldig genug. Denn in der Zeit, die ich zum Radieren einer Platte brauche, zeichne ich gut und mühelos fünfzig bis sechzig, ja mehr, gewißlich an die hundert Blätter. Und dann drängt es mich immer mehr und mehr zur Farbe..."

[Arthur Roessler, Erinnerungen an Egon Schiele, Wien 1948, p. 67]
Nun, viele Monate später, war er endlich soweit. Er hätte an sich aus Erfahrung wissen können, daß ihm Roessler, der ihn nun schon viele Jahre hindurch betreute, nur gute Ratschläge gab. Schon damals, als er ihm dazu riet, der leichten Verkäuflichkeit halber statt auf großformatige Leinwand kleine Bilder auf Holzgrund zu malen. Was seine Zeichnungen anlangte, so wußte er auch von → Goltz in München, daß dieser in Deutschland Schwarzweiß-Zeichnungen besser verkaufte als Farbiges. Ein Grund mehr also, es einmal ernsthaft mit Graphik zu versuchen. Die beiden Lithographien, 1912 für die → „Sema Mappe" entstanden [K.Gr. 1, 2], waren durch Zeichnungen auf Umdruckpapier entstanden. Wir wissen weder, weshalb dieses Verfahren Schiele künstlerisch nicht befriedigte, noch wie sich die „Sema Mappe" verkauft hat. Es ist durchaus möglich, daß dies nicht den Erwartungen entsprechend geschah. Zudem dürfen wir nicht außer acht lassen, daß damals der Graphik lebender Künstler auch nicht annähernd jener Erfolg beschieden war, den sie heute hat. Wenn wir nur ein einziges Beispiel zitieren, nämlich → Henri de Toulouse-Lautrecs Serie

„Elles", dann deshalb, weil wir genau wissen, daß von den insgesamt im Beisein des Künstlers von Gustave Pellet sorgfältig gedruckten und handnumerierten 100 Exemplaren zu seinen Lebzeiten genau 15 verkauft wurden! Und die ganze Serie kostete bei ihrem Erscheinen (1896) 300 Francs!

Roessler stellte Schiele also das Werkzeug, später wohl auch die Kupferplatten zur Verfügung. Ein erfahrener Graphiker, → *Robert Philippi*, unterwies ihn kameradschaftlich in der Kunst des Radierens, und innerhalb ganz kurzer Zeit, zwischen Mai und August 1914, entstanden acht Radierungen, von denen die beiden ersten lediglich tastende Versuche, die übrigen ganz außerordentlich bedeutende Blätter darstellen, die aus der Geschichte der expressionistischen Graphik nicht wegzudenken sind. Es sind dies die Radierungen: „Männliches Bildnis" [K.Gr. 4]; „Selbstbildnis" [K.Gr. 2 u. 3]; „Bildnis → Franz Hauer" [K.Gr. 5]; „Kauernde" [K.Gr. 6]; „Kümmernis" [K.Gr. 7]; „Bildnis → Arthur Roessler" [K.Gr. 8].

Eine Hoffnung Schieles erfüllte sich jedoch nicht. Im zitierten Brief an Roessler erwähnte er, daß → Gurlitt in Berlin Interesse habe, seine Radierplatten zu erwerben[6]. Dazu ist es nicht gekommen. Weshalb, wissen wir nicht. Von allen Radierungen sind zu seinen Lebzeiten nur kleine Auflagen gedruckt worden. Die Platten gelangten nach seinem Tod an den Avalun Verlag, Wien, dessen künstlerische Leitung Arthur Roessler 1919 übernommen hatte. Er ließ damals die Platten der beiden Radierungen „Kauernde" und „Kümmernis" verstählen und von den 1918 entstandenen Lithographien Schieles: „Bildnis → Paris von Gütersloh" [K.Gr. 16] und „Mädchenakt" [K.Gr. 17] vor dem Abschleifen der Steine je 200 Abzüge machen. Aber der Verkauf ging auch jetzt schleppend. Schließlich gingen Platten und unverkaufte Drucke an den Verlag der Neuen Galerie (Otto Nirenstein) über[7]. Wenn man den Worten Roesslers Glauben schenken darf, so hat sich Schiele im Herbst 1914 folgendermaßen geäußert: „Er kenne nunmehr die Kaltnadeltechnik, die die einzige ‚ehrliche und künstlerische Radiertechnik' sei, sie berge keine Lockung mehr für ihn, sie sei zu langwierig und langweilig, er zeichne lieber wieder, habe auch schon das ganze Handwerkzeug verschenkt[8]."

Am 4. VIII. 1914 hatte der Erste Weltkrieg begonnen, der — entgegen anfänglicher optimistischer Erwartungen — vier lange, schreckliche Jahre dauern und die beteiligten europäischen Länder zum Ausbluten und zu totaler Erschöpfung bringen sollte. Von der allgemeinen Mobilmachung blieb Schiele, der wegen schwächlicher Konstitution (wir erwähnten dies bereits) von der Ableistung des Militärdienstes in Friedenszeiten befreit war, verschont. Erst im Juni des darauffolgenden Jahres, da die enormen Verluste Österreich-Ungarns zu härteren Maßnahmen zwangen, mußte auch er einrücken.

Hatte er, feinfühliger Künstler, der er war, die Unruhe, die vor Ausbruch des Krieges bereits fühlbar über Europa lastete, gespürt — betrachten wir uns die Titel einiger Bilder: „Weltwehmut", 1910, „Trauernde Frau", 1912, „Auferstehung" (auch „Gräber"), 1913 —, so macht es den Anschein, als habe er sich nun in seine eigene Welt zurückgezogen, um nichts von dem registrieren zu müssen, was an den Fronten an Schrecklichem vor sich ging. Es gibt in den vier Jahren, die ihm noch blieben, keinen Versuch, in dem er sich künstlerisch mit den Begebenheiten des Krieges auseinandersetzte. Er stellte sein Bild „Auferstehung" (1913), das er aus dem Nachlaß des verstorbenen Sammlers Franz Hauer zurückerworben hatte, auf der „Kriegsausstellung" im Wiener Prater,

1917, unter dem neuen Titel „Heldengräber — Auferstehung. Fragment für ein Mausoleum"[9] aus; wie er an seinen Schwager Anton Peschka schrieb:

„... mußten die Bilder irgend einen, wenn auch entfernten Zusammenhang mit dem Krieg haben ..."   [30. V. 1917]

Dies mag mit einem gewissen Druck seitens der Kunstverwaltung zu erklären sein, die von den im Hinterland militärisch beschäftigten Künstlern patriotische Beiträge erwartete. Schiele hat sich um diese Zeit mit dem Gedanken an die künstlerische Ausstattung eines Mausoleums beschäftigt. In einem seiner Notizbücher hält er fest [siehe K. Abbildung auf p. 85]:

„*Mausoleum/Octogon. Rundum Säulenhalle weiß[er] Marmor (nüchtern).*
I. Rundgänge (Irdisches Dasein) Religion, Weltbegriff, Lebensmühen.
II. Der Tod.
III. Auferstehung und ewiges Leben.
IV. Sarkophag Gold u. Elfenbein. Der Leichnahm[!] sichtbar (Mumie)."

Ob man allerdings so weit gehen soll, wie dies → Leopold Liegler in seinen handschriftlichen Erinnerungen an Schiele getan hat [E. S. A. 508], das ganze bisherige Schaffen Schieles unter diesen Gedanken zu stellen, ist wohl fraglich.

Schiele steht übrigens mit seiner Zurückhaltung unter den führenden österreichischen Künstlern keineswegs allein da. Nur ein einziger von ihnen, nämlich → Albin Egger-Lienz[10], schuf in einigen großartigen Würfen eine Anzahl von bedeutenden Kriegsbildern.

Merkwürdigerweise ist es gerade dieses turbulente, aufwühlende Jahr 1914, das Schiele ein vollkommen neues Gebiet entdecken ließ: die Fotografie. Er ließ von dem malerisch begabten Fotografen → *Anton Josef Trčka,* später von seinem Malerfreund und Ateliernachbarn → *Johannes Fischer* Porträtaufnahmen herstellen, die an künstlerischer Wirkung seinen gezeichneten Selbstporträts gleichzusetzen und gewiß alle nach langer gemeinsamer Besprechung entstanden sind. Wie er Jahre vorher und auch später immer wieder in den Spiegel blickte, um seinen Zügen Neues abzugewinnen, so posiert er nun in ähnlicher Weise vor der fotografischen Linse. Soweit es Aufnahmen seines Kopfes sind, eignen ihnen die zerfurchte Stirn und der fragende Ausdruck. Bei den ganzfigürlichen Aufnahmen jedoch blickt uns mit einem Male ein elegant, ja zuweilen extravagant gekleideter junger Mann entgegen, der sich selbstbewußt und selbstsicher gibt. Etwa als Kunstbetrachter, sein von einigen seiner Bilder her bekanntes dreibeiniges Pferd in der Hand haltend, oder neben der in den Glasvitrinen seines Ateliers verwahrten folkloristischen Sammlung. Einmal versuchte er, einem Abzug durch Kolorierung eine besondere Note zu geben. Diese Fotografien sind also wichtige Dokumente von künstlerischer Bedeutung. Etwas später hat er selbst mit dem Fotografieren experimentiert und in einer ganzen Anzahl von Aufnahmen seine junge Frau → Edith und deren Schwester → Adele Harms festgehalten.

Unter den Bildern, die 1914 entstehen, verdient eines unser besonderes Interesse. Es handelt sich um das „Bildnis Friederike Beer-Monti". Es ist bekannt, daß → *Friederike Beer-Monti*, eine außergewöhnlich reizvolle Frau — sie war die Freundin des Malers → Hans Böhler —, es fertigbrachte, von den beiden großen österreichischen Malern ihrer Zeit — von Schiele und Klimt also — porträtiert zu werden. Beinahe wäre es ihr gelungen, auch → Oskar Kokoschka für ein Bild zu gewinnen, denn er hatte schon zugesagt, sie zu malen. Allein ihr Besuch bei ihm im Notspital Palais Palffy

(Wien I., Josefsplatz) habe sie zu sehr deprimiert. Sie sei elegant gekleidet gewesen, und der Anblick der dort liegenden Schwerverwundeten hätte sie unglücklich gemacht. Kokoschka, dem man damals dort ein Infanteriegeschoß aus dem Schädel operierte [Anmerkung des Herausgebers], habe ihre Erregung verstanden und ihr einen späteren Termin vorgeschlagen, zu dem es aber nie gekommen sei[11].

Es ist bereits Schieles Jugendfreund, dem Maler → Anton Faistauer, aufgefallen[12], um wieviel besser Klimt wiederzugeben verstand, was diese junge Frau ausstrahlte. Betrachtet man Schieles Bild genau, so merkt man, daß er ganz einfach mit ihr nichts anzufangen wußte. Denn es war keine glückliche Idee, sie auf dem Boden liegend, das Kleid mit kleinen bolivianischen Wollfiguren bestreut, von oben gesehen zu malen. Ihre Haltung wirkt verkrampft. Wer sie jung und strahlend erlebt hat — wie der Herausgeber als Kind —, kann ermessen, daß Schiele hier gescheitert ist. Und er blieb auch in der Folge — sieht man von den beiden Porträts seiner jungen Frau ab — der Porträtist von Männern.

Erwähnen müssen wir, daß Schiele in diesem Jahr in → *Heinrich Böhler* einen neuen großen Käufer kennenlernte. → *Josef Hoffmann* hatte die beiden zusammengebracht. Böhler — ein Vetter von → Hans Böhler — nahm in der Folge Malunterricht bei Schiele und unterstützte ihn, als er einrücken mußte, durch monatliche Zahlungen.

Nicht unerwähnt darf ferner bleiben, daß 1914 zum ersten Male Schieles Gedichte, denen wir in unserem Buch besondere Aufmerksamkeit widmen wollen, veröffentlicht wurden. Sie scheinen von → Arthur Roessler an die von → Franz Pfemfert in Berlin herausgegebene Zeitschrift → „Die Aktion" vermittelt worden zu sein. Es sind dies:

„Aus einem Skizzenbuch": „Dame im Park" — „Zwei Kleriker" — „Landstraße" — „Gewitteranzug" — „Musik beim Ertrinken" — „Visionen" — „Sonne" — „Die Kunst" — „Der Neukünstler" [abgeänderte Fassung des Manifestes von 1909 mit einem neuen Zusatz] — „Beobachtung und Empfindung" — „Ährenfeld" — und „Abendland" [erschienen in den Heften 11, 15, 20; Jahrgang 1915, 3/4, 31/2; Jahrgang 1916, 35/6]. Die Gedichte Schieles sind übrigens später niemals nachgedruckt worden — sieht man von Roesslers Herausgabe der Briefe und Prosa ab — und werden merkwürdigerweise in keiner der bisher erschienenen Anthologien expressionistischer Dichtung auch nur erwähnt[13]. 1916 erschienen übrigens dort auch die beiden Holzschnitte Schieles „Drei badende Männer" [K.Gr. 13] und „Männlicher Kopf" [K.Gr. 14].

Somit ist diese kämpferisch-politisch ausgerichtete Zeitschrift, „Sprachrohr der expressionistischen Kunst", eine wichtige Quelle für Schiele als Dichter und Graphiker. → *Franz Pfemfert,* der sehr weit links stand und sich nach 1918 kommunistisch betätigte, gehörte vor 1914 zu denjenigen, die in bewundernswerter Eindringlichkeit mutig warnten. Nach dem Ausbruch des Ersten Weltkrieges vermied er jede Äußerung zur Lage. Er benügte sich, „die Zeit auszuschneiden", indem er — ähnlich wie → Karl Kraus in Wien — törichte Entgleisungen des Journalismus anprangerte[14]. Er hat sein Unternehmen durch die schwierigen Kriegsjahre mit viel Geschick dadurch am Leben erhalten, daß er das Hauptgewicht auf expressionistische Literatur und auf die Abbildung von Graphik zeitgenössischer Künstler lenkte. Er bestellte bei Schiele Porträtzeichnungen vom Dichter → Charles Péguy (der in der Marneschlacht 1914 gefallen war) und vom Schriftsteller → Hans Flesch von Brunningen. Beiden widmete er Sondernummern der „Aktion", wobei es gewiß gewagt war, zu dieser Zeit Péguys zu gedenken. Im „Schiele Heft", 1916, brachte er Reproduktionen nach Zeichnungen von Schiele, die er im übrigen auch in seinen Berliner Schauräumen zum Verkauf ausstellte.

Bereits im März dieses Jahres hatte Schiele begonnen, sich für die beiden jungen hübschen Damen zu interessieren, die im Haus gegenüber wohnten. Im Jahr darauf heiratete er eine von ihnen, → Edith Harms. Seine schriftlichen Annäherungsversuche zählen zu den köstlichsten Dokumenten, die wir von ihm besitzen.

ANMERKUNGEN

1 Marie Laurencin (1885—1956), französische Malerin, Illustratorin

2 Raoul Dufy (1877—1953), französischer Maler, Illustrator

3 Heinrich Benesch, Mein Weg mit Schiele, New York 1965, p. 36. Er habe Schiele geraten, lieber sein Bild „Auferstehung", 1913, auszustellen.

4 L., p. 667. Frau → Serena Lederer habe → Josef Hoffmann gegenüber kategorisch erklärt, Schiele müsse den Preis bekommen.

5 „Eine mißglückte künstlerische Preisausschreibung. Der Mißgriff eines Mäzens." Gezeichnet mit B. C. im „Neuen Wiener Journal" [E. S. A. 284]. Eine unseriöse Auseinandersetzung mit der Entscheidung der Jury [siehe Nr. 626].

6 Die Galerie → Fritz Gurlitt, Berlin, hatte am 3. I. 1914 bei Schiele wegen seiner Graphik nachgefragt [E. S. A. 152]

7 K.Gr., pp. 22/3. Siehe auch:
„Deutsche Kunst und Dekoration". Anzeigen-Beilage XXII, Heft 11, 1919. Anzeige der Avalun Drucke, Wien IX., Peregringasse 1: „Soeben erschienen. Vier original-graphische Blätter von Egon Schiele + 2 Radierungen: ‚Kümmernis' und ‚Kauernde'. Einmalige Auflage von 200 Exemplaren... 50 Abzüge auf Japan à M[ark] 150,—; 50 Abzüge auf französischem Bütten à M. 100,—; 100 Abzüge auf Massimilianicobütten à M. 60,—. Sämtliche Abzüge tragen den Signaturstempel. — 2 Lithographien: ‚Bildnis Paris Gütersloh' und ‚Mädchenakt'. Einmalige Auflage von 125 Exemplaren... 25 Abzüge auf schwerem Kupferdruckbütten à M. 80,—; 100 Abzüge auf reinem Lithographiehadernstoff à M. 50,—. Diese Blätter sind auf der Handpresse gedruckt und mit Signaturstempel versehen. Platten und Steine wurden abgeschliffen..."

8 Arthur Roessler, Erinnerungen an Egon Schiele, Wien 1948, pp. 67/9. „Wie Schiele zur Radierung kam — und warum er sie wieder aufgab" [dieses Kapitel fehlt in der ersten Ausgabe]

9 Katalog der Kriegsausstellung 1917, Nr. 123 [E. S. A. 309]

10 → Albin Egger-Lienz (1868—1925), österreichischer Maler

11 A. C., p. 233. Anmerkung 51 nach einem Gespräch mit → F. Beer-Monti in New York, August 1968, und in Honolulu, 3. August 1970

Als Kuriosum sei festgehalten, daß das aus → Kokoschkas Schädel herausoperierte Infanteriegeschoß sich seit kurzem als Spende von Marielen Schlumberger (Gattin des ehemaligen österreichischen Botschafters in Italien) im Kokoschka-Museum, Pöchlarn, befindet. Ihre Mutter war als Rote-Kreuz-Schwester bei der Operation im Palais Palffy anwesend gewesen und hatte es sich als Andenken aufgehoben.

Wir sind übrigens genau darüber orientiert, was die beiden Porträts gekostet haben. Schieles Bild konnte Frau Beer-Monti selbst bezahlen; sein Honorar sei mäßig gewesen und habe lediglich 600 Kronen betragen [L., p. 586]. Klimt hingegen hat für sein Bild 20.000 Kronen bekommen. → Hans Böhler hatte sie vor die Wahl gestellt, entweder ein Perlenkollier oder ein Porträt von Klimt als Geschenk zu erhalten. Sie habe sich ohne zu zögern für das Bild entschieden [siehe ausführlicher bei: Ch. M. Nebehay, Klimt Dokumentation, pp. 433 ff]. Sie selbst hat sich im hohen Alter über die Entstehung des Schiele-Bildes geäußert:

„Ich zeigte Egon mehrere WW [Wiener Werkstätte] Kleider und dachte, ein schwarz-weiß-grün in Zacken gestreiftes würde ihm gefallen. Er wählte es auch und ich lag am Boden auf einer Matratze in jener Stellung und er malte den Stoff im Dessin bloß in einer anderen Farbzusammensetzung... die Pupperln hat er, als ich sie ihm einmal zum Anschauen brachte, auf mich gestreut, sie waren nicht im Muster — es waren bolivianische Indianerfigurln aus Wolle gestrickt oder gehäkelt, ich hatte sie 1912—1913 aus Bolivien gebracht." [L., p. 586]

Frau Beer-Monti hat übrigens vor rund zwanzig Jahren beide Bilder gut verkauft und sich mit dem Erlös in ein komfortables Altersheim auf Hawaii eingekauft.

12 „... Ebenso stimme ich nicht mit jenen überein, die Schiele als den Stärkeren bezeichnen, nur weil er eine brutalere, tragendere Farbe hat. Zum Vergleich fordert ein Porträt ein und derselben Person, von beiden gemalt, heraus: Porträt Fräulein Beer. Ich sah beide nebeneinander hängen. Da war eine Entscheidung für Klimt ganz selbstverständlich. Schieles Bild war

aus mittlerer Zeit, das Klimts allerdings schon ein letzteres. Da war die Kraft in der Zartheit schnell überzeugend gegen die barbarische Buntheit und rohe Gliederung des Schieleschen Bildes. Selbst das Physiognomische des Klimtschen Porträts steigerte sich zu einer hohen Wirklichkeit im Gegensatz zur leeren Maske des andern. Das Fleisch bekam Puls und die Kleider heimliches Leben. Eine Zurückstellung Klimts, wo beide mit dekorativen Mitteln arbeiten, ist völlig ungerecht..." [Anton Faistauer, Neue Malerei in Österreich, Wien 1923, p. 19]

13 Brief von Dr. Paul Raabe, Leiter der Bibliothek in Wolfenbüttel, an den Herausgeber, Herbst 1977

14 Siehe: „Ich schneide die Zeit aus". Expressionismus und Politik. Franz Pfemferts „Aktion", 1911—1918. Herausgegeben von Paul Raabe, dtv, Dokumente der Zeit, München 1964

1914

1914 entstanden 16 Bilder: 7 Landschaften; 1 Porträt; 8 Sonstige

LANDSCHAFTEN:

„Häuser am Fluß" [K. 197; L. 245; Guggenheim Museum, New York]

„Die Häuser am Meer" [K. 198; L. 248; Privatbesitz, Wien]

„Vorstadt" [K. 199; L. 249; Staatsgalerie Stuttgart]

„Häuser und bunte Wäsche" [K. 204; L. 251; Privatbesitz, Wien]

„Fenster" [K. 201; L. 252; Österreichische Galerie, Wien]

„Gelbe Stadt" [K. 200; L. 255; Privatbesitz, New York]

In der Literatur nachweisbar:

„Haus mit Glasveranda" [fehlt bei K.; L. LII]

PORTRÄTS:

„Bildnis Friederike Beer-Monti" [K. 192; L. 256; Kunsthandel, London]

SONSTIGES:

„Sonnenblumen" [K. 202; L. 246; Verbleib unbekannt]

„Blinde Mutter" [K. 193; L. 247; Privatbesitz, Wien]

„Junge Mutter" [K. 194; L. 250; Gertrude Peschka, Wien]

„Schieles Schreibtisch" (im Atelier Hietzinger Hauptstraße 101) [K. 218; L. 253; Privatbesitz, Wien]

„Mann und Frau" [K. 203; L. 254; Verbleib unbekannt]

„Mutter mit zwei Kindern I" [K. 195; L. 257; durch Bomben vernichtet]

In der Literatur nachweisbar:

„Freundinnen" [K. XXXVIII; L. L]

„Gotteshaus" [fehlt bei K.; L. LI]

AUSSTELLUNGEN:

3. I. 1914	Der → „Bund österreichischer Künstler" ersucht Schiele, 4 farbige Zeichnungen für eine Ausstellung in der Sezession, Rom, zur Verfügung zu stellen
11. I. 1914	→ Reininghaus-Wettbewerb, Kunstsalon Pisko, I., Lothringerstraße 14, „Begegnung", 1913
1. III.—20. IV.	Sezession, München dort unter anderen „Herbstsonne", 1912
V.—Ende X.	Sezession, München, „Blinde Mutter" und zwei farbige Zeichnungen
9. VII. 1914	Zeichnungen im Hamburger Kunstverein [ohne Erfolg ausgestellt]
vor dem 23. VII. 1914	Kunsthandlung Feldmann, Berlin, „Kardinal und Nonne", 1914 Hamburger Kunstverein [Zeichnungen]

PREISE UND EINNAHMEN:

8. I. 1914	Schiele verlangt von → Franz Hauer vor der Ausstellung des Bildes „Die Begegnung", 1913, beim Reininghaus-Wettbewerb 1200 Kronen netto
20. I. 1914	→ Goltz schlägt für farbige Blätter 50,—, für schwarz-weiße 40,— Mark als Verkaufspreis vor
22. I. 1914	→ G. Pisko hat Gebot von 40 Kronen für ein Aquarell
5. II. 1914	Schiele verlangt von → Franz Hauer für das „Stadtbild" [Kirche von Stein?] 500 Kronen
21. II. 1914	→ Emil Richter, Kunsthandlung Dresden, setzt Preise für Zeichnungen mit 50,— respektive 30 Mark fest, abzüglich 33 ⅓ Prozent
8. III. 1914	→ Franz Hauer bezahlt für ein Bild 350 Kronen
11. III. 1914	Schiele verlangt von → Guido Arnot, Wien, 20 respektive 25 Kronen für schwarze oder farbige Zeichnungen
15. IV. 1914	→ Emil Richter, Dresden, übernimmt neuerlich Zeichnungen zum selben Preis wie oben
?. VI. 1914	→ Heinrich Böhler kaufte ein Bild [wahrscheinlich „Häuser und bunte Wäsche", 1914] um 500 Kronen

20. VII. 1914	Schiele will ein zu malendes Bild an → Michael Powolny für 400 Kronen verkaufen
24. VII. 1914	→ Hans Goltz überweist 100 Mark für 10 Zeichnungen
7. VIII. 1914	→ Arthur Roessler schuldet 70 Kronen für die Porträtradierung
4. IX. 1914	Schiele erwähnt seinem Hausherrn gegenüber, daß er in Brüssel ein Bild [wahrscheinlich „Sonnenblumen" II., 1914] um 3000 Franken verkauft, das Geld aber nicht erhalten habe. Der genannte Preis ist mit Sicherheit eine Übertreibung
4. XII. 1914	→ Hofrat Alexander Koch sendet Schiele aus einer von seiner Zeitschrift veranstalteten Sammlung für Künstler 100 Mark [Schiele revanchiert sich durch Übersendung von 3 seiner Zeichnungen [siehe Brief Kochs, 31. XII. 1914]
11. XII. 1914	Schiele erwähnt, daß → Eduard Kosmack für sein Porträt anscheinend noch immer die ausgemachten 200 Kronen nicht bezahlt habe

„Bildnis Friederike Beer-Monti", 600 Kronen, [L., p. 586]

WOHNADRESSE: Wien XIII., Hietzinger Hauptstraße Nr. 101

AUFENTHALTE:

13.—24. VII. 1914 [vielleicht länger]	Villach, Hotel Goldenes Lamm
10. XI. 1914	Mit → Hans und → Heinrich Böhler und → L. H. Jungnickel in Krumau

100 Alle nicht signierten Fotos dieser Jahre stammen vermutlich von Egon Schieles Malerfreund Johannes Fischer, der damals ganz in seiner Nähe sein Atelier hatte.

101 Schiele mit dem dreibeinigen Pferd seiner Sammlung, das auf dem Bild „Schieles Schreibtisch", Öl, 1914 [L. 253], zu sehen ist. Fotografie von Anton Josef Trčka, 1914.

102 „Selbstbildnis", Bleistift, Aquarell, Deckfarben, 1912.

103 Schiele vor dem Spiegel, eine Zigarette in der Hand haltend. Trickaufnahme, wohl von Fischer.

104 Die Aufnahme stammt wohl auch von Anton Josef Trčka.

105 Von A. Roessler(?) am Traunsee aufgenommen, 1913.

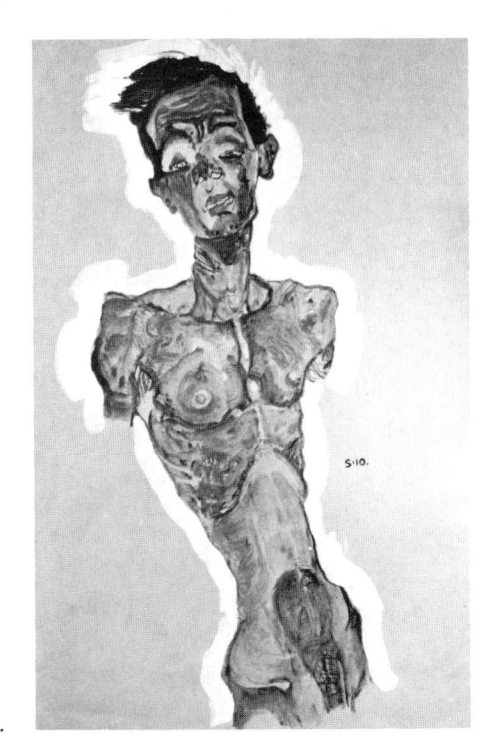

106 „Selbstbildnis", Bleistift, Wasser- und Deckfarben, 1910.

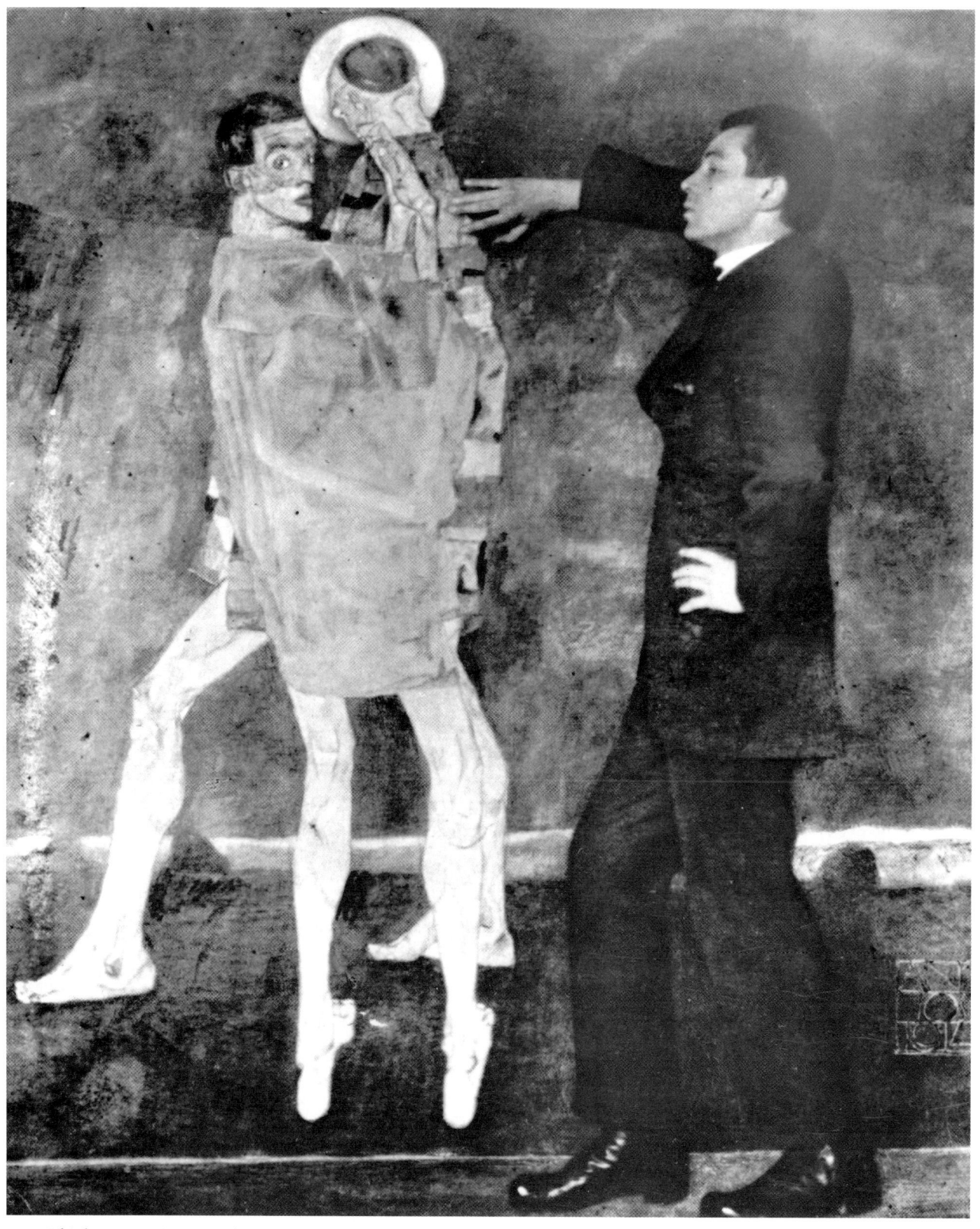

107 Schiele vor seinem nicht erhaltenen Ölbild „Begegnung", 1913 [L. 243]. Aufnahme von A. J. Trčka, 1914.

108 Auch diese Aufnahme stammt von Anton Josef Trčka.

109 Egon Schiele im Profil nach links, mit gestärktem Hemd.

110 „Selbstbildnis", Bleistift, Aquarell, Deckfarben, 1910.

111 Schiele beschäftigte sich um 1910 mit dem Entwerfen von Herrenmode und kleidete sich in späteren Jahren extravagant. Vielleicht entwarf er auch diese Mütze.

112 Schiele vor dem Bild „Waldandacht", 1915 [Abb. 127].

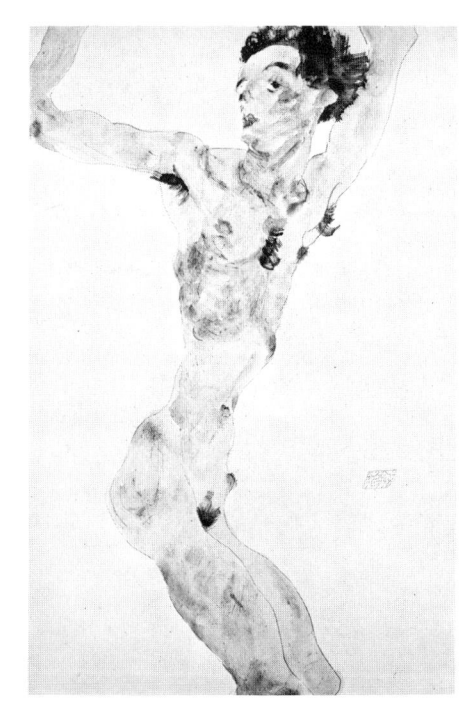

113 „Selbstbildnis", Bleistift, Aquarell, Deckfarben, 1910.

114 Schiele vor seiner Sammlung folkloristischer Kleinigkeiten. Oben links sein Exemplar des „Blauen Reiters".

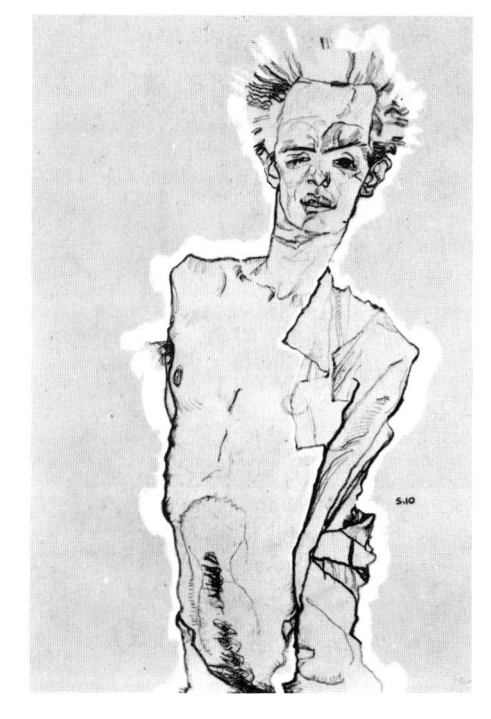

115 Schiele im Sessel seines Ateliers, der erhalten ist [siehe Abbildung 132 „Bildnis Johann Harms", 1916]. Die auf dem Schreibtisch stehende Figur gehört zu seinem Kunstbesitz. Da es ihm besser ging, begann er zu sammeln.

116 „Selbstbildnis", Bleistift, Deck- und Wasserfarben, 1910.

117 Die wahrscheinlich künstlerisch vollendetste Aufnahme, die Anton Josef Trčka 1914 von Egon Schiele machte.

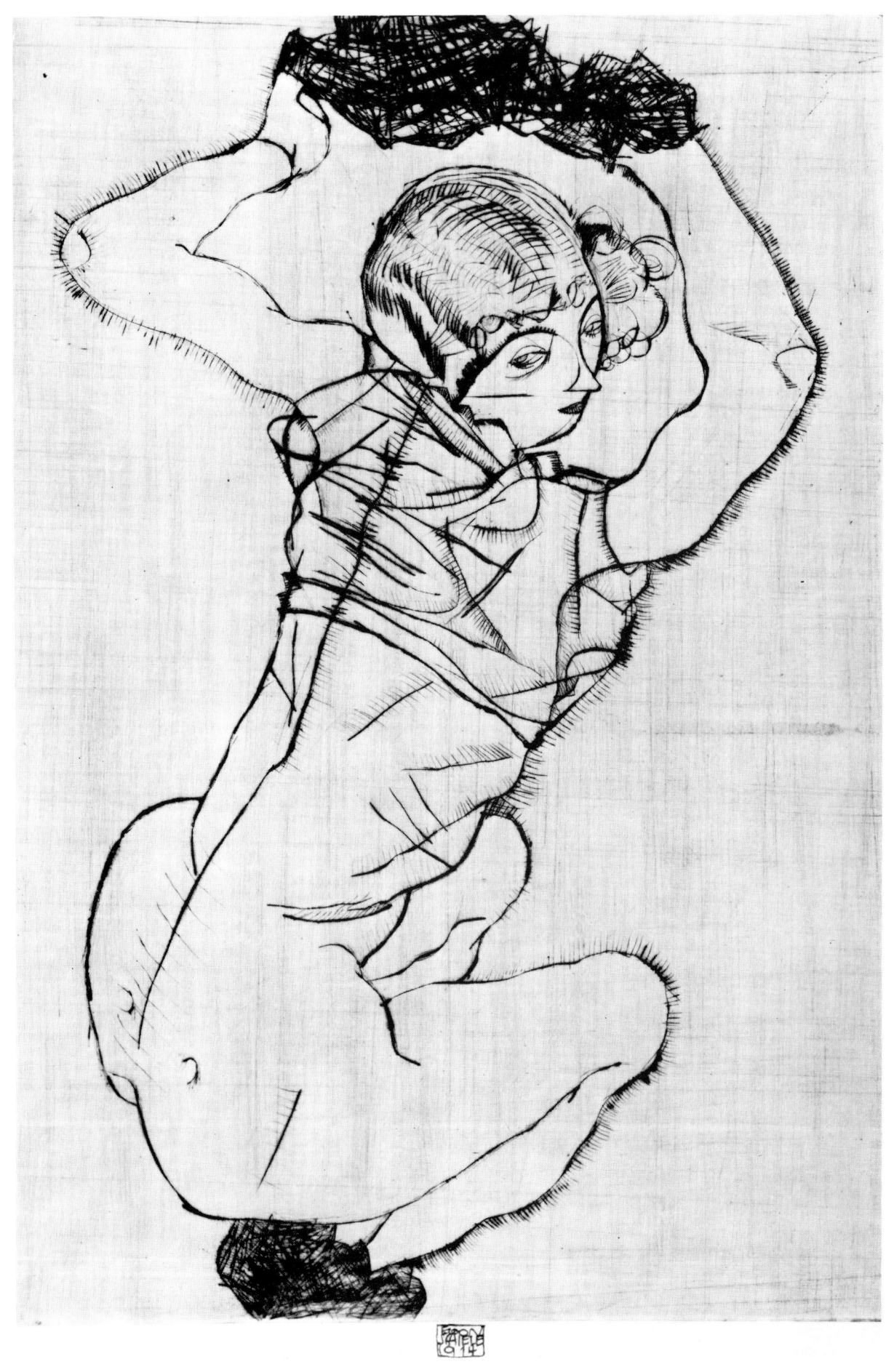

118 „Kauernde", Kaltnadelradierung, Plattengröße 48,3 : 32,2 cm. Vor dem 16. VI. 1914 entstanden [K.Gr. 6].

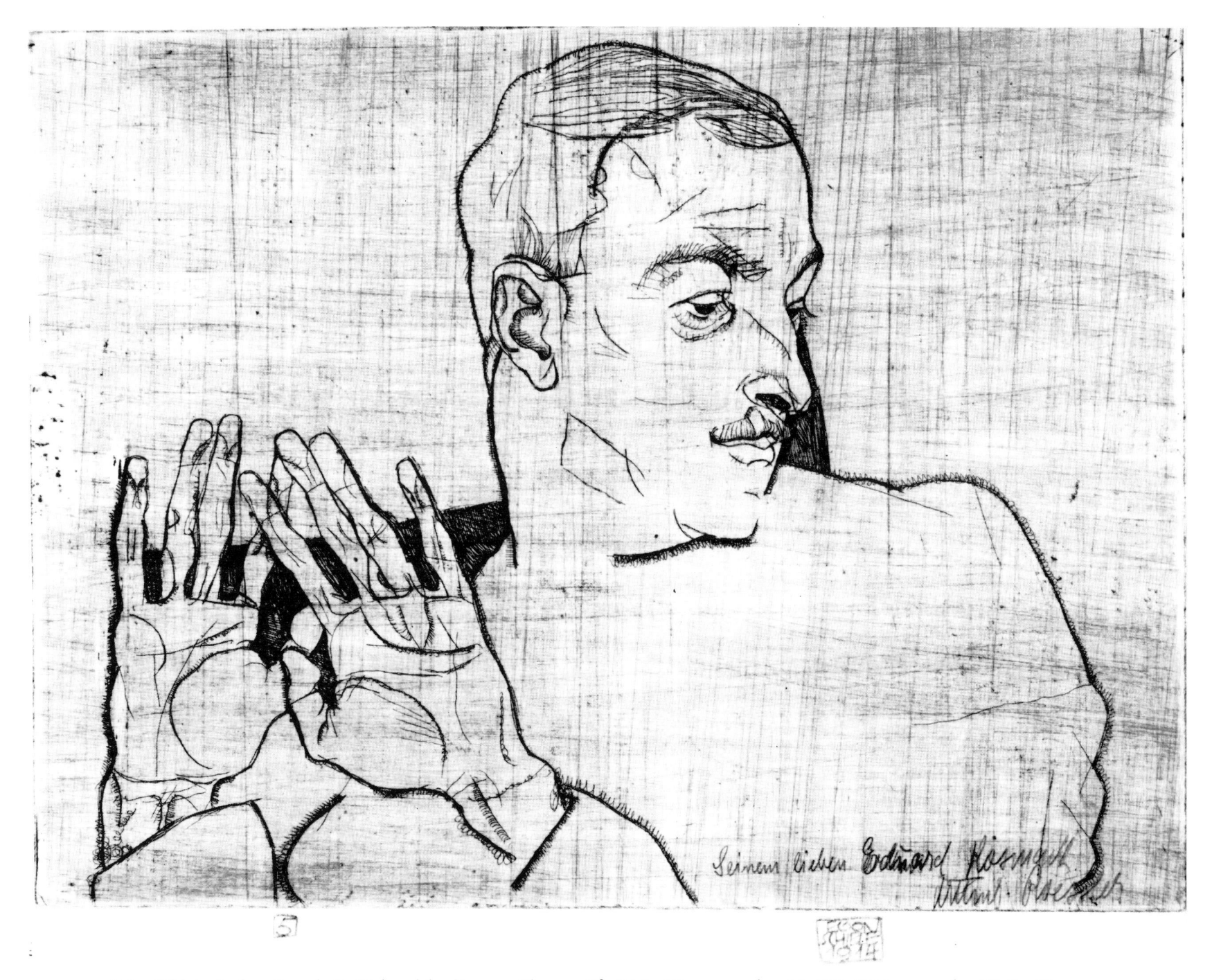

119 „Bildnis Arthur Roessler", Kaltnadelradierung, Plattengröße 24,2 : 32 cm, vor dem 11. VII. 1914 entstanden [K.Gr. 8].

DOKUMENTE UND KORRESPONDENZ 1914

3. I. 1914

→ Bund österreichischer Künstler, Wien III., Ungargasse 2, L. s., 1 p. groß 8°

Der Bund ist von der römischen Secession, die auf Grund des „kolossalen Erfolges der Österreichischen Kunst auf der Internationalen in Rom 1911" gegründet worden sei, um die Füllung eines Saales mit auserlesenen Bildern ersucht worden. Der Gestalter der Ausstellung sei Dagobert Peche[1]. Schiele wird gebeten, vier neuere farbige Zeichnungen zur Verfügung zu stellen. Abgaben: 15% vom Verkaufspreis. 50% Fahrpreisermäßigung von der Grenze bis Rom, etc.

signiert: „→ Dr. Rudolf Junk"

E. S. A. 215 [619]

[1] Dagobert Peche (1887—1923), hervorragender Architekt und Kunstgewerbler, in der → „Wiener Werkstätte" führend tätig.

FRITZ GURLITT
HOFKUNSTHANDLUNG und KUNSTVERLAG

BERLIN W. 35,
POTSDAMER STRASSE 113, VILLA II
nahe Lützow-Strasse.

Telephon Amt Lützow, No. 1613.

[620]

—

→ Fritz Gurlitt, Hofkunsthandlung und Kunstverlag, Berlin W 35, Potsdamerstraße 113, L. s., 1 p. 8°
Anfrage nach Graphik, Radierungen oder Lithographien, etc.

E. S. A. 152 [620]

6. oder 8. I. 1914

An → Franz Hauer, C. a. s.

„Lieber Herr Hauer! 6. Jänner 1914
Wenn Sie in der Lage sind, so bitte ich Sie mir noch 40 K. zu senden, damit ich Ihnen 100 K. schuldig bin, denn die „Geschäfte" geh'n nicht. Herzlichst grüsst Sie Egon Schiele."

E. S. A. 103; Abschrift P. 28 [mit Datum 8. I. 1914] [621]

8. I. 1914

An → Franz Hauer, L. a. s., 2 pp. 8°
„8. Jänner 1914.
Lieber Herr Hauer! Vorerst meinen besten Dank für die Sendung. — ich will Sie aufmerksam machen, daß Sie wenn Sie vielleicht die Absicht hätten das große Bild[1] zu erwerben, noch dies vor der Eröffnung der Ausstellung bei → Pisko[2] zu tun, also vor dem 11. d. M. [des Monats] weil Ihnen erstens Herr → C. Reininghaus so viel ich vermute vorkommen wird. zweitens überließ ich das Bild Ihnen vor der Eröffnung um 1200 K. während ich das Bild in der Ausstellung um 2000 angab; ich aber im schlimmsten Falle reine 1200 K. haben möchte, d. h. [das heißt] mit Abzug meiner Schulden, so aber Sie mindestens die 15% aufzahlen müßten. — Was meinen Sie? Herzlichste Grüße Egon Schiele."

E. S. A. 102 [622]

[1] „Die Begegnung", unvollendet, 1913.
[2] Reininghaus-Wettbewerb-Ausstellung.

11. I. 1914

Kunstsalon → G. Pisko, Wien, Schwarzenbergplatz/Lothringerstraße 14. — Katalog der Ausstellung Preis-Konkurrenz C. R. [Carl Reininghaus], Werke der Malerei. Januar—Februar 1914 [nach dem Exemplar des Historischen Museums, Wien, Inventarnummer 6894 A]. [623]

KONKURRENZ C. R.
WERKE DER MALEREI
1914
KUNSTSALON PISKO

[623]

Schiele stellte unter der Katalognummer 4 sein Bild „Begegnung" (Selbstdarstellung mit der Figur eines Heiligen, unvollendet), 1913, aus. Er nannte es: „Versuch für ein Wandgemälde. Dasselbe ist um 5—6 Meter nach rechts verlängert gedacht, worauf eine Reihe von Blinden zu stehen kämen."
„... Schiele tat mit. Obwohl wir ihm rieten, sein grosses, vom Kunstsammler → Franz Hauer erworbenes Bild „Die Auferstehung" [1912], das in Wien noch nicht ausgestellt war, ... einzureichen, malte er ein neues Bild, das aber im Grunde nur ein Torso blieb, weil er mit der Komposition nicht zu Rande kam und nur die beiden Hauptfiguren malte. Er fiel durch, obwohl er der genialste unter den ausstellenden Künstlern war... Das Urteil, das nur auf Grund der eingereichten Bilder gefällt werden konnte, war durchaus gerecht ..." [Heinrich Benesch, Mein Weg mit Egon Schiele, New York, 1965, p. 36]
L., p. 667 erwähnt, daß → Serena Lederer versucht habe, → Josef Hoffmann zu Gunsten von Schiele zu beeinflussen, und daß dieser, darüber verstimmt, die Jury zu einem anderen Urteil bewogen habe. Den ersten Preis erhielt → Anton Faistauer, den zweiten → Paris von Gütersloh. Reininghaus erwarb Schieles Bild nach der Ausstellung. Untenstehend zitieren wir nach dem Wortlaut des Kataloges und bringen einen Überblick über das Ausgestellte, um erkennen zu lassen, wie international dieses Preisausschreiben beschickt war. Es gab in Wien niemals mehr eine ähnliche private Initiative zur Förderung lebender Malerei.
Blatt 2: „Nachstehende Ausschreibung erfolgte im April 1913 ... Herr Carl Reininghaus bringt zur Kenntnis, daß er für die bildenden Künstler einen Preis von Kronen dreitausend für irgend ein Werk der Malerei widmet. Dieser Preis soll jenem Künstler, der nach Erkenntnis der Jury die beste Arbeit gesandt hat, zuerkannt werden und gelangt unter allen Umständen ungeteilt zur Vergebung. Die Zuerkenntnis erfolgt durch die Jury, die aus den Herren Maler → Gustav Klimt, Maler → Dr. Rudolf Junk, Regierungsrat → Prof. Josef Hoffmann und Carl Reininghaus besteht. Unter gleichen Bedingungen wurde anonym ein zweiter Preis von Kronen tausend für das nach der Erkenntnis der Jury zweitbeste Bild gewidmet... Die zur Konkurrenz eingelangten Werke haben eine Vorjury zu passieren, in welcher die Auswahl für die Ausstellung getroffen wird... Zur Ausstellung werden unverkäufliche und verkäufliche Werke genommen. Der Urheber dieser Veranstaltung beabsichtigt durch Vergebung der Preise da fördernd einzugreifen, wo sonst der Künstler und sein Werk allzusehr dem Zufall überlassen bleiben. Die Ausstellung wird selbst will im gegebenen Rahmen das Bild der ringenden Kräfte zeigen — damit ist gesagt, daß vieles ausgeschlossen werden musste, was von anderen Gesichtspunkten betrachtet Anerkennung finden würde. Die mitausgestellten Werke von Courbet, Cézanne, Renoir und Van Gogh verweisen auf die Entwicklung der jetzigen Bestrebungen.

Blatt 4: Alphabetisches Namens Verzeichnis der ausstellenden Künstler:

→ Andersen, R. C., Wien	19, 37	Lewitzka, Zofia[11], Paris	50
Ascher, Ernst[1], Paris	49	Marchand, Jean[12], Paris	54
Bailly, Louis[2], Paris	30, 31, 32	Melzer, Moritz[13], Paris, Florenz	
Bonanoni, Cesare[3], Paris	46		2, 6, 47
Claus, Wilhelm[4], Chemnitz	41	→ Merkel, Georg, Paris	24
Dufy, Raoul[5], Paris		Schröder, Heinrich[14], München	38
„Auf dem Lande", unverkäuflich	36	Thöny, Wilhelm[15], Graz—München	
Eckert, Robert[6], Paris	21, 27, 29, 39, 43		28, 44, 45
→ Faistauer, Anton, Wien		Waske, Erich[16], Berlin	1, 3, 17, 18
	10, 11, 12, 13	Zawadowski, W.[17], Paris	35
→ Fischer, Johannes, Wien	7	Aus Wiener Privatbesitz [Sammlung Carl Reininghaus] war zu sehen:	
Großmann, Janka[7], Wien	9		
→ Gütersloh, Paris von, Wien		Auguste Renoir, „La confiance"	51
	14, 15, 16	Stilleben	52
→ Kars, Georg, Paris 8, 22, 23, 25, 26		Stilleben	53
Kisling, M.[8], Paris	5, 20	Vincent van Gogh, Das Bett[18]	54
→ Kurzweil, Max, Wien	40, 42	Gustave Courbet, „La femme aux cochons"	55
Laurencin, Marie[9], Paris			
„Oasis", verkäuflich	33	Paul Cézanne, Männliches Porträt	56
Levy, Rudolf[10], Paris	48		

1 Ernst Ascher (geboren 1880, Prag), Maler.
2 Louis Bailly, keine Daten feststellbar.
3 Cesare Bonanoni (geboren Piacenza, keine Daten bekannt), Maler, ansässig in Paris.
4 Wilhelm Claus (Breslau 1882—1914, Paris), Landschafts- und Porträtmaler, Lithograph.
5 Raoul Dufy (1877—1953), Maler, Graphiker.
6 Robert Eckert (geboren Höchst am Main 1893), Landschaftsmaler.
7 Janka Großmann, keine Daten feststellbar.
8 Moise Kisling (1891—1953); Maler und Graphiker.
9 Marie Laurencin (1885—1956), Malerin, Radiererin, Lithographin.
10 Rudolf Levy (Stettin 1875—1943, Tod im KZ), Maler.
11 Zofia Lewitzka, keine Daten feststellbar.
12 Jean Marchand (Paris, 1883—1940), Maler, Radierer, Lithograph.
13 Moritz Melzer (geboren 1877), Maler und Graphiker in Berlin, durch seine farbigen Linolschnitte bekannt.
14 Heinrich Schröder (1889—1943), deutscher Maler und Graphiker.
15 Wilhelm Thöny (1888—1949), Maler, Graphiker, Illustrator.
16 Erich Waske (geboren Berlin 1889), Maler, Graphiker.
17 Waclaw Zawadowski (geboren Gorochow 1891), Maler in Paris.
18 Es handelt sich um van Goghs Gemälde „Schlafzimmer in Arles" [1888, Art Institute, Chicago], das von Einfluß auf das Bild „Schieles Wohnzimmer in Neulengbach" 1911 war. Schiele muß van Goghs Bild oft bei Reininghaus gesehen haben. Es gibt übrigens eine 2. Fassung des Bildes im van Gogh Museum, Amsterdam.

[nach dem 11. I. 1914]

→ Neue Freie Presse, Wien, → A. F. Seligmann: Kunstausstellungen (Die Aquarellisten — Die Konkurrenz Reininghaus), Zeitungsausschnitt

„... Auch dem, der nicht weiß, daß der Spender dieses 3000 Kronen betragenden Preises seit einigen Jahren „moderne" Kunstwerke sammelt, genügt ein Blick auf die Jury, die hier die Entscheidung fällen soll, um sich über die Art des Gebotenen und über die Künstlergruppe, die sich an dieser Konkurrenz beteiligt, klar zu sein. Die Preisrichter sind → Klimt, das künstlerische Oberhaupt der ehemaligen Kunstschaugruppe, Dr. → Junk. Dem reinen Toren wird es vielleicht sonderbar vorkommen, daß als Juroren für Gemälde zwei Kunstgewerbler und nur ein Maler ... aufgestellt werden. Wer aber die Wiener Kunstverhältnisse kennt, weiß, daß die Genannten zu den einflußreichsten und in ihren Kreisen angesehensten Vertretern einer bestimmten ultraradikalen Gruppe zählen. Jedem einigermaßen Eingeweihten ist also klar, daß um einen Preis, der von diesen Richtern verliehen wird, weder Angeli[1] noch Rumpler[2], weder Schmutzer[3] noch Darnaut[4] konkurrieren werden, und er kann sich im vorhinein von dem Charakter dieser Ausstellung ein ganz deutliches Bild machen. Diese Voraussicht wird nicht getäuscht. Der erste Blick auf die Wände läßt vermuten, daß wir uns in einer jener lustigen Gschnasausstellungen[5] befinden, mit denen das Künstlerhaus früher so viel Erfolg gehabt hat. ... Eine Klasse für sich repräsentiert allerdings E. Schiele, von dem man ja in der letzten Zeit ziemlich häufig Arbeiten gesehen hat. Schiele ist nicht nur ein starkes Talent, sondern verfügt auch über ein bedeutendes Können und sehr viel Geschmack. Eigentlich originell kann man ihn nicht nennen — freilich, wen überhaupt? — er schließt sich eng an die in der letzten Zeit bei uns modern gewordene Richtung an, die orientalischen Miniaturen, byzantinischem Mosaik, frühgriechischen Basen und modern-englischer Dekorationsmanier Elemente entlehnt und zu einem Ganzen vereinigt, das nun freilich mehr kunstgewerblichen als künstlerischen Charakter hat. Schiele erinnert daher an Klimt; doch ist er kräftiger, und seine Bilder haben nichts von dem süßlichen und etwas kitschigen Beigeschmack aller Klimtschen Arbeiten. Leider verwendet er seine ungewöhnlichen Fähigkeiten ausschließlich zur Herstellung entsetzlich manierierter perverser Karikaturen und zur Wiedergabe von gräßlichen Halluzinationen, die in ihrer maßlosen Übertriebenheit komisch wirken, wo sie Schauder erregen sollen. In bezug auf die rein zeichnerische und malerische Qualität stehen aber diese Arbeiten ganz unvergleichlich höher als alles, was wir sonst auf dieser Ausstellung sehen, und lassen sich darin gewiß den besten Leistungen an die Seite stellen, die man jetzt im Künstlerhaus sieht ...

... All die Genannten — mit Ausnahme von Schiele und → Faistauer — sind aber eigentlich nicht „modern" im letzten Sinne, sind weder Impressionisten noch Synthetiker oder gar Kubisten und dergleichen. Was von dieser Gattung vertreten ist, kann samt und sonders als belanglos übergangen werden. Es ist möglich, daß der eine oder der andere Talent hat. Aber was will das besagen? Talent ist wie Geld. An sich bedeutet es eigentlich nichts; alles kommt darauf an, wie es verwendet wird. Jeden Morgen eine Handvoll Dukaten in den Kanal werfen — das ist ein Scherz, den sich freilich nur ein reicher Mann gestatten kann. Allein auch ein Armer kann es ihm nachtun, wenn er statt der Goldmünzen messingene Hosenknöpfe nimmt; das Resultat ist in beiden Fällen das gleiche. Unter den glitzernden Stücken, die hier vor unseren Augen mit pathetischen Gebärden in den Kanal geworfen werden, mag sich vielleicht noch ein oder das andere echte befinden; in der Mehrzahl sind vermutlich die Hosenknöpfe. Bei dieser Art Manipulation ist es nicht zu unterscheiden und tut auch nichts zur Sache.   A. F. S."

E. S. A. 1142   [624]

1 Heinrich von Angeli (1840—1925), Bildnismaler.
2 Franz Rumpler (1848—1922), Genre- und Landschaftsmaler.
3 Ferdinand Schmutzer (1870—1928), Maler, Radierer.
4 Hugo Darnaut (1850—1937), Maler.
5 Gschnas = wienerisch für: wertlose Kunstgegenstände aller Art [H. Hauenstein, Wiener Dialektlexikon, 1974].

DOKUMENTE UND KORRESPONDENZ 1914

[nach dem 11. I. 1914]

Ausschnitt aus einer Zeitschrift: „Anmerkungen Neue Kunst in Wien: Die Konkurrenz C. R.[eininghaus]"
„... Endlich unser dritter Wiener: Egon Schiele. Man muß ihn zwiefach beurteilen. Dem Inhalte nach, über den sich wohl streiten ließe, und der Form nach, für die wir ganz einstehen wollen. Denn Schiele ist wie kein zweiter ein dekoratives, ein Zeichentalent. Mit einem groß entworfenen, und noch größer gedachten Gemälde ist er hier vertreten. Zwei Figuren in leuchtendem Rot, die wie ein Band den goldenen Grund in ungleiche Hälften teilen — das ist alles. Die Malweise durchaus flächig, die Formen stilisiert, das Ganze aber von prächtiger Wirkung. Daß ihn die Jury überging, lag einzig an dem Handwerklichen seiner Malerei, das er zu wenig in sich gebildet hatte..."

E. S. A. 1024 [625]

16. I. 1914

→ „Neues Wiener Journal", Zeitungsausschnitt: „Eine mißglückte künstlerische Preisausschreibung. Von B. C."
„Es geht doch manchmal recht merkwürdig zu auf der Welt. Es findet sich einmal ein Mäzen... Dieser Mäzen ist Herr → Karl Reiningshaus[!] in Wien. Er erläßt eine Ausschreibung zu einem künstlerischen Wettbewerb und setzt einen Preis von dreitausend Kronen aus... ganz ohne Eigennutz und persönliches Interesse. Geld und Ruhm und Bild sollen ungeschmälertes Eigentum des siegreichen Künstlers bleiben... Es findet sich noch ein zweiter — ungenannt bleiben wollender — Mäzen der weitere tausend Kronen für das zweitbeste Bild aussetzt... Untergebracht ist die Ausstellung in den Räumen der → Pisko'schen Kunsthandlung in der Lothringerstraße. Im Ganzen haben sich 25 Künstler mit 50 Werken beteiligt, davon 7 sage und schreibe sieben Wiener Künstler mit 12 Werken, 12 Pariser mit 28 Werken... Die Jury hat ... schon vor Eröffnung der Ausstellung ihr Urteil gefällt, verkündet soll es aber erst nach 8 Tagen werden [folgt Polemik gegen die Jury, Anmerkung des Herausgebers] ... Wir nehmen nicht Anstand, auch unsere Klassifizierung mitzuteilen ... In Betracht zu kommen hätten zunächst Janka Großmann ... das Bildnis einer Dame in blauer Samttaille von Anton Faistauer ... An dritter Stelle wäre des Berliner Erich Waske [geb. 1889] „Pariser Brasserie" zu nennen..."

E. S. A. 284 [626]

20. I. 1914

→ Hans Goltz, L. s., 2 pp. groß 8°. Bittet um Übersendung von 20—30 Zeichnungen, um sich ein ausführlicheres Bild machen zu können. Schlägt vor, für farbige Blätter 50,— und für schwarz-weiße 40 Mark anzusetzen. Versucht seit längerer Zeit einen wohlhabenden Herrn dafür zu interessieren, Schiele einen längeren Aufenthalt in Paris zu ermöglichen[1]. Wegen eines neuen Vertrages bitte er noch um Geduld. Eine Ausstellung in Berlin während des Sommers halte er für verkehrt, etc.

E. S. A. 806 [627]

1 Es ist nicht bekannt, an wen Goltz herangetreten ist. Jedenfalls ist hier die Quelle für Schieles Äußerungen, nach Paris gehen zu wollen.

22. I. 1914

→ G. Pisko, C. a. Für eine Zeichnung (Figur mit verschlungenen Händen) seien ihm 40 Kronen geboten worden. Darf er annehmen?, etc.

E. S. A. 923 [628]

[629]

—

An → Adda [statt: Adele] Harms, Wien XIII., Hietzinger Hauptstraße 101[1], L. a. s., 2 pp. 8°
„22. Jänner 1914.
Sehr geehrtes gnädiges Fräulein! ich weiß nicht ob das Frl. [Fräulein] mit den blonden Haaren oder mit den dunklen Haaren Adda heißt. beide sind schlimm, wie ich! — Vielleicht werden wir nicht mehr lange uns vis-à-vis sein, denn ich habe die Absicht nach Paris zu gehn, weil mir die Anträge dazu gemacht wurden. — Warum besuchen Sie mich nicht? — ich weiß daß man allgemein glaubt es würde nicht gut aussehn; — ich werde Ihnen aber genau so wenig tun wie ihr geliebtes Windspiel. — Schreiben Sie mir bitte einmal. jetzt grüße ich Sie und Ihr Fräulein Schwester Herzlichst. küß die Hand und
Egon Schiele."

E. S. A. 445 ab [629]

1 Schiele adressierte irrtümlich seine Hausnummer. Die Familie Harms wohnte vis-à-vis auf Nr. 104. Dies ist der erste erhaltene Brief an eine der beiden hübschen jungen Damen, mit denen er zu flirten begonnen hatte. Er heiratete 1915 → Edith Harms.

—

→ Erwin Osen, C. a. s. [München, Karlstor] „Aktien gestiegen 10% Grüße Osen [Erwin van] 1914 [untereinandergestellt] und Frau Moa¹"
E. S. A. 64 [630]

1 Die von Schiele 1912 gezeichnete exotische Tänzerin → Moa, mit der Osen einige Jahre zusammen lebte.

24. I. 1914

→ Erwin Osen, C. a. s. [Frankfurt, Römer etc.] „Habe Geschäft gemacht und sende herzliche Grüße Osen [Erwin] van 1914" [untereinandergestellt] und „Moa"
E. S. A. 66 [631]

25. I. 1914

An → Dr. Alfred Spitzer, L. a. s.
„Sonntag, 25. Jänner 1914.
Sehr geehrter Herr Dr. Spitzer! Die Rate für Herrn N. N. kann ich unmöglich zahlen; ich habe heute insgesamt 2500 Kronen Schulden, wovon ich augenblicklich 1500 Kronen abzuzahlen hätte. Woher, weiß ich nicht. — Von München wurde mir mitgeteilt, daß ein wohlhabender Herr mir einen Aufenthalt von ein oder mehreren Jahren in Paris ermöglichen möchte, — geht dies, so wäre das ein Ausweg; — wenn nicht, so will ich alles daran setzen, um nach München oder Paris zu kommen. — Malen! will ich dort nicht lernen, sondern unter freien Menschen herumgehen und „bildende Kunstwerke" machen. — Vielleicht gelingt Ihnen etwas, um mir meinen festen Plan zu erleichtern. Vor allem hoffe ich, nach wie vor an den bedeutenden Menschen! Besuchen Sie mich! Herzlichste Grüße   Egon Schiele."
Nach: R., B. & P., p. 161, der den Namen des Gläubigers durch „N. N." ersetzte, Verbleib unbekannt. [632]

—

An → Franz Hauer, L. a. s., 6 pp., groß 8°
„Sonntag 25. Jänner 1914
Sehr geehrter Herr Hauer! ich erwarte von Ihnen daß Sie mich am Dienstag oder Mittwoch 2—4ʰ nachmittags besuchen werden um eines oder beide Städte zu kaufen; — Kommen Sie nicht wenn Sie Sich[!] irgendwie mißtrauisch zu mir oder meinem Vorschlag verhalten. ich wünsche das darum von Ihnen, weil ich um die Wahrheit zu gestehen, seit Sommer 1913 — 2500 K Schulden habe — ganz erklärlich, weil ich in der langen Zeit von August bis jetzt ein ganzes Bild für 350 K verkauft habe. — Woher und auf welche Art soll ich mich also fortbringen? — Mit dem 19ten Jahre wurde ich selbständig. ich hatte unzählige Hindernisse zu passieren, wie keiner vielleicht, — das schwächt. — Diese Hemmungen kommen in Bildern zum Ausdruck. — Von den Kollegen waren alle Feinde; ich begann Wien zu hassen, wollte in Krumau einsam bleiben, — konnte aber nicht weil ich kein Geld zur Verfügung hatte. — ich brauchte Wien und zog nach Neulengbach um einsam zu sein und doch dabei Wien

in nächster Nähe zu haben. — ich wurde Mensch! und das Schicksal wollte es daß ein Mädchen mich gerne sah und es soweit brachte, daß es selbständig zu mir kam. — ich schickte es fort. — es kam aber am nächsten Abend wieder und ging nicht fort. Niemand war in der Nähe der es holen konnte. — Und hätte ich jemanden gerufen, so mußte ich ein Drama befürchten. also ließ ich es bei mir und schrieb an seine Eltern. — Ihr Vater holte es. — Man überzeugte sich daß es unberührt war, — trotzdem kam es vors Gericht¹. — Damals wurde ich gemein erniedrigt für meine Güte. — ich verlor jeglichen Glauben an sonst glaubhafte Menschen, — ich erlebte schwere, schwarze Stunden, — lernte allen Morast von Menschen kennen und viele unverstandene wahre Menschen. — Von meinen Nächstbekannten rührte sich niemand außer → Wally die ich damals kurz kannte und die sich so edel benahm daß mich dies fesselte; und Herrn → Benesch — begann schwer zu denken — ich empfand Menschen mit offener Seele und ihr heiliges Herz, und dachte über Lügner und böse Menschen nach. So kam ich auf den Gedanken, daß der reine wahre Mensch ewig leben muß. Mir ekelte vor meiner früher so innig geliebten melancholischen Landschaft in Neulengbach. — es trieb mich als Gegensatz an die Grentze[!]; ich blieb in Bregenz 1912 und sah nichts als den verschieden stürmenden See und ferne weiße sonnige Berge in der Schweiz. — ich wollte ein neues Leben beginnen. — Aber bis jetzt konnte ich's nicht; — nichts gelang mir noch in meinem Leben. — ich sehne mich nach freien Menschen. — So lieb mir Österreich ist; ich beklage es. — ich verstehe immer mehr die Aufsätze von → Egger-Lienz; — nur daß er ohrfeigt. — das werde ich nie tun. —
→ Goltz in München schrieb mir daß ein wohlhabender Herr mir einen längeren Aufenthalt in Paris ermöglichen möchte; vielleicht wird dies demnächst wahr. — wenn nicht so werde ich alles tun um nach Paris, Berlin oder München zu kommen, — je früher desto besser. — Auf die Dauer geht dies nicht so. — Ich glaube an bedeutende Menschen, die mich erkennen werden, die mir abgesehen von dem Maler, — dem Künstler das Werkzeug geben werden, damit er bilden kann. — ich wünsche Herr Hauer von Ihnen den erhabenen Eindruck zu behalten; darum erweisen Sie Sich[!] Herzliche Grüße   Egon Schiele."
E. S. A. 101 [633]

1 Dies ist der einzige bisher bekannt gewordene Hinweis Schieles auf die Affäre von Neulengbach, oder zumindest einem Teil davon. Man wird guttun, das im verbindenden Text des Jahres 1912 Mitgeteilte damit zu vergleichen.

28. I. 1914

→ Carl Reininghaus, L. s., 2 pp. 8°
„... Geehrter Herr Schiele! Ich erhalte durch Fräulein → N.[euzil] in Ihrem Namen eine Anfrage, ob ich Ihnen zu einer Übersiedlung nach Paris materiell helfen wollte¹. Ich bedaure lebhaft Ihnen nicht bejahend antworten zu können, zumal ich glaube, Ihnen schon durch meine Erwerbungen nicht unwesentlich an die Hand gegangen zu sein. Ich würde über Paris und auch über anderes Sie Betreffendes ein Mehreres zu sagen haben, wenn ich nicht durch andere Angelegenheit jetzt zu sehr absorbiert wäre. Ich ersuche Sie übrigens mir eine

DOKUMENTE UND KORRESPONDENZ 1914

Aufstellung unserer Abrechnung zu geben, wonach Sie mir ja noch ein großes Bild u. zw. [und zwar] das seinerzeit bei Ihnen in unfertigem Zustande gesehene „Die Bekehrung"[2] zu liefern haben. Wie steht es mit demselben? Bestens grüßend hochachtungsvoll Carl Reininghaus."
E. S. A. 167; L., p. 613 [gekürzt und ohne Quellenangabe]
[634]

[1] Carl Reininghaus war oft in Paris, daher schien er Schiele die geeignete Person zu sein, um ihm bei seinen Plänen zu helfen.
[2] „Die Bekehrung", I., 1913.

1. II. 1914 [Poststempel]

→ Arthur Roessler, C. a. s. [Berlin, Hochbahnhof Bülowstraße]. Sei seit 8 Tagen hier, fahre dann nach München, würde dort mit Rietzel[1] über Schiele reden. Brächte Arbeiten von → Štursa, Pechstein[2], → Melzer[3] und Guys[4] mit. → Faistauer und → Gütersloh seien auch in Berlin gewesen, etc.
E. S. A. 563
[635]

[1] Ein anderes Mal heißt der Name: Dietzl. Kunsthändler in München?
[2] Max Pechstein (1881—1955), Maler, Bildhauer, Graphiker, 1933 aus seinem Lehramt an der Berliner Akademie entfernt.
[3] Moritz Melzer (geboren 1877), Maler und Graphiker in Berlin, durch seine farbigen Holzschnitte bekannt.
[4] Constantin Guys (1805—1892), französischer Zeichner.

3. II. 1914

An Fritz Hora in Wien, L. a. s. Ersucht ihn: „... jetzt den Rest für die „Kleine Stadt"[1] zu senden..."
Nach: L., Nr. 244, p. 580
[636]

[1] „Krumau an der Moldau (Die kleine Stadt, III?)". 1913/14, Fritz Hora war der Erstbesitzer.

5. II. 1914

An → Franz Hauer, L. a. s., 2 pp., groß 8°
„5. Februar 1914
Lieber Herr Hauer, ich möchte gerne heute auf zwei Tage nach Eggenburg[1] fahren um dort einige Studien für neue Bilder zu machen. — Wenn Sie allenfalls das Stadtbild im Atelier sehen wollen, so wird Ihnen die Hausbesorgerin öffnen und Sie können ungestört dieses ansehen, wenn Sie fort gehen brauchen Sie bloß die Eingangstüre zuschlagen. — Sollte Ihnen das Stadtbild lieb sein so möchte ich Sie sehr bitten mir für dieses, schon weil es dopelt größer ist als die Sägemühle[2] 500 K zu geben. D[as] heißt es kommen 140 K in Abrechnung. — Nur eines der drei Bilder die im Atelier stehen muß ich nach München an die Sezession schicken, die Ausstellung dauert von 1. März—20. April. — ich glaube daß Sie mir falls Ihnen das Bild gehören sollte dieses bis dorthin leihen würden weil ich sonst nichts auszustellen hätte. Wenn ich von Eggenburg zurückkomme werde ich neue 4 Bilder sofort beginnen. — Bitte schreiben Sie mir oder besuchen Sie mich am Samstag nachmittags. Herzlichste Grüße Egon Schiele."
E. S. A. 100
[637]

[1] Stadt nordwestlich von Wien mit bemerkenswerter, fast vollkommen erhaltener Stadtmauer. Arbeiten Schieles aus dieser Gegend sind bisher nicht bekannt geworden.
[2] „Sägewerk", 1913.

8. II. 1914

Eigenhändiger Namenszug im Gästebuch des Krahuletz-Museums in Eggenburg, Niederösterreich. Mitunterschrieben ist → Hans Ehrlich
Krahuletz-Museum, Eggenburg[1]
[638]

[1] Der Herausgeber dankt Herrn Dr. med. Heinrich Reinhart, Eggenburg, für den freundlichen Hinweis.

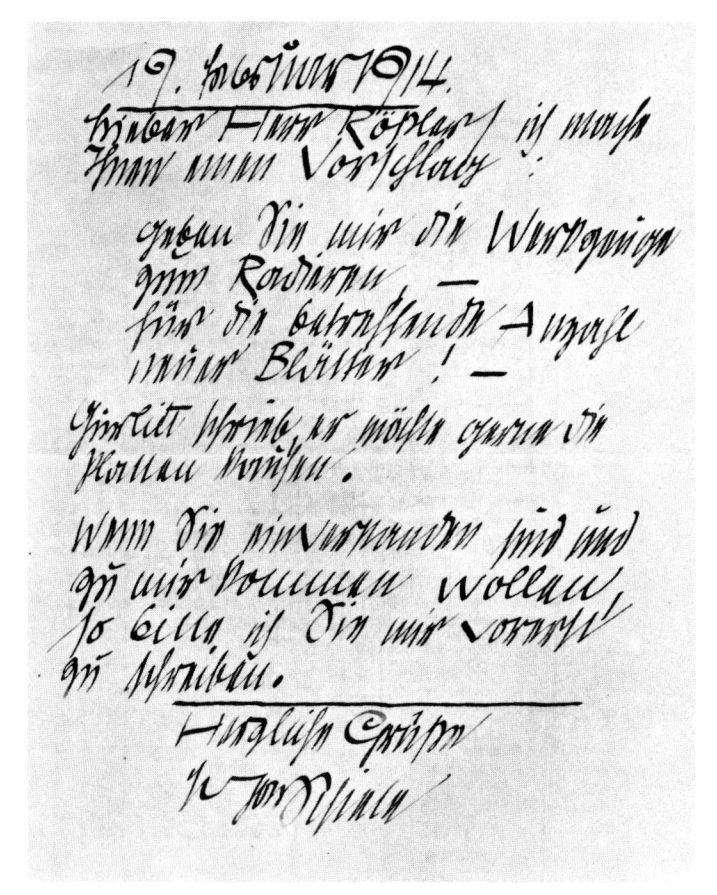

[639]

19. II. 1914

An → Arthur Roessler, L. a. s., 1 p. 8°
„19. Februar 1914.
Lieber Herr Rößler, ich mache Ihnen einen Vorschlag: geben Sie mir die Werkzeuge zum Radieren, — für die betreffende Anzahl neuer Blätter! → Gurlitt schrieb, er möchte gerne die Platten kaufen. Wenn Sie einverstanden sind und zu mir kommen wollen, so bitte ich Sie mir vorerst zu schreiben. Herzliche Grüße Egon Schiele."
W. ST. B. 180.678; R., B. & P., pp. 80/1
[639]

21. II. 1914

→ Hans Goltz, L. s., 1 p. groß 8°. Kündigt zwei Kisten mit zurückgesandten Bildern[1] an. Hat jedoch „Madonna"[2],

„Selbstseher"³ und „Liebkosung"⁴ vorläufig zurück behalten.
E. S. A. 808   [640]

1 Die zurückgesandten Bilder sind auf der Beilage angeführt. Es waren: „Eremiten", 1912; „Auferstehung", 1913; „Mondnacht", 1913; „Asketen", 1912; „Sonnenlose Landschaft", 1913; „Die Eremiten" (klein); „Vágó László", 1911/1912; „Frauenbildnis", 1911/12; „Der Lyriker", 1911; „Späte Sonne", 1911; „Die Landhäuser", 1912.
2 „Madonna", 1911.
3 „Selbstseher", 1910.
4 „Liebkosung (Kardinal und Nonne)", 1912.

—

→ Emil Richter, Kunsthandlung, Dresden. L. s., 1 p. groß 8°. Hat in der Winterausstellung der Münchner Sezession graphische Arbeiten Schieles gesehen, bittet um kommissionsweise Überlassung einer kleinen Auswahl zur Vorlage an seine Kunden, etc.
E. S. A. 492   [641]

28. II. 1914

→ Emil Richter, Kunsthandlung, Dresden. L. s., 1 p. 4°. Bestätigt Empfang von je 6 schwarzen und farbigen Zeichnungen zum Preise von 30 bzw. 50 Mark abzüglich seiner Provision von 33 ⅓ Prozent; hat Ausstellung in seinem neuen graphischen Cabinet für April vorgemerkt.
E. S. A.   [642]

8. III. 1914

An → Franz Hauer, L. a. s., 2 pp., groß 8°
„Wien 8. März 1914
Lieber Herr Hauer! Ich ersuche Sie, mir das letzterworbene Bild noch 2—3 Wochen zu lassen, damit ich es genau überprüfen kann. — Dann bitte ich Sie mir doch für dieses Bild, abgesehen wie gut und wie groß es ist, 350 K zu geben, von dem Preis ich Ihnen sagte daß ich diesen Preis als letzte Anbietung Herrn → Dr. Spitzer mitteilte. — das ist ohnehin sehr wenig, und „für Kunst muß man opfern". — Den Anschein daß ich meine Bilder verwerfe, wie mir von vielen Seiten oft genug vorgeworfen wird, will ich nicht sehen lassen. — Sie gaben mir doch sogar für die drei ersten Bilder die weit nicht das sind à 300 K. außerdem tauschten Sie die Landschaft für das Sägewerk und zahlten 50 K. drauf. — ich glaube daß Sie soviel Respekt vor diesem Bild haben werden. 60 K schickten Sie mir Ende der vorigen Woche, also bleiben noch 90 K. Bitte wenn Sie kommen so schreiben Sie eine Karte oder Telephon H 35 täglich 9—½ 10ʰ vormittags. Herzlichste Grüße   Egon Schiele."
E. S. A. 97   [643]

10. III. 1914

Dr. → Oskar Reichel, L. a. s., Wien, 10. März 1914, 2 pp. 8°
„Wien, 10. März 14
Lieber Meister Schiele! Ihre Ideen wären ja nicht übel, doch kann ich in erster Linie Ihre großen Bilder nicht unterbringen, in zweiter Linie habe ich auch nicht das dringende Bedürfnis, meine Tasche zu erleichtern, im übrigen bekomme ich 3 (nicht 2) Bilder u. z. [und zwar] haben Sie an[!] die „Madonna"¹ vergessen. Im übrigen kann man in Wien ebenso radiren[!] wie in Dalmatien u. hat mich Herr → Philippi schon gefragt, warum Sie nicht zu ihm kommen. Beste Grüsse[!]   Dr. Reichel."
E. S. A. 303   [644]

1 „Madonna", 1911. Dr. Reichel war der erste Käufer.

—

Deutsche Kunst und Dekoration. Schriftleitung. Herausgeber → Hofrat Alexander Koch, Darmstadt. L. s. Haben für den Bericht über die Frühjahrsausstellung der Münchner Sezession eine Reproduktion vom Bild „Herbstsonne"¹ vorgesehen. Bitten um Erlaubnis, das Bild photographieren zu dürfen, etc.
E. S. A. 206   [645]

1 „Herbstsonne (auch Sonne und Herbstbäume)", 1912. Weder K. noch L. erwähnen die Tatsache, daß das Bild 1914 in München ausgestellt war. Ist die Reproduktion tatsächlich erschienen, dann wäre es wahrscheinlich das früheste in einer deutschen Zeitschrift reproduzierte Bild Schieles. Siehe auch Nr. 664.

11. III. 1914

An → Heinrich Benesch, Abschrift
„Mittwoch, 11. März 1914
Lieber Herr B. — Was ist mit Ihnen, warum kommen Sie nicht? Ich werde Ihnen vorschlagen mich von nun an, an einem Tag der Woche in der Werkstätte und einen Tag im Kaffee Eichberger¹ zu besuchen u. zwar jeden Montag ½ 3ʰ im Atelier und jeden Freitag 5ʰ im Eichberger, wenn Sie damit einverstanden sind. „Benotto"² möchte mich entweder Montag den 16. III. oder den 17. III. um ½ 3ʰ besuchen.
Herzlichst   Egon Schiele."
E. S. A. 615   [646]

1 Kaffee „Eichberger" in Hietzing.
2 Benotto = → Dr. Otto Benesch.

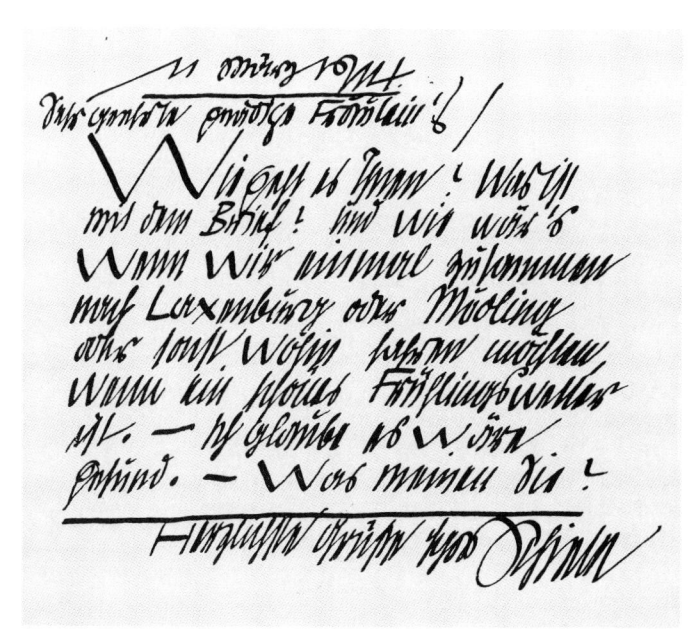

[647]

DOKUMENTE UND KORRESPONDENZ 1914

—

An die Schwestern → Harms, L. a. s., auf gelblichem Briefpapier, 1 p. quer 8°
„11. März 1914.
Sehr geehrte gnädige Fräulein's! Wie geht es Ihnen? Was ist mit dem Brief? und wie wär's wenn wir einmal zusammen nach Laxenburg oder Mödling oder sonst wohin fahren möchten, wenn ein schönes Frühlingswetter ist. — ich glaube es wäre gesund. — Was meinen Sie? Herzlichste Grüße
Egon Schiele."
E. S. A. 446   [647]

—

An → Guido Arnot. L. a, s., 1 p. quer 8°
„11. März 1914.
Sehr geehrter Herr Arnot! ich erlaube mir an Sie 10 Zeichnungen und 5 farbige zu senden und frage an ob Sie einige brauchen könnten. Die Zeichnungen schwarz à 20 K., farbig à 25 K. Bitte übergeben Sie die Antwort in einen[!] Brief der Überbringerin[1]. Bestens   Egon Schiele."
TLM   [648]

[1] Vermutlich → Wally Neuzil.

—

An Herrn Stibbe[1], L. a. s., 2 pp. klein 8°
„11. III. 1914.
Sehr geehrter Herr Stibbe ich will Sie aufmerksam machen daß gerade jetzt meine Bilder von Deutschen[!] Ausstellungen zurückgekommen sind, und ich auch außerdem 3 neue Bilder in Arbeit habe, und zwar Landschaften und eine Mutter. — Von den retourgekommenen sind zwei dabei die die besten dem → Dr. O. Reichel[2] gehörige[n] sind; — die aber Dr. O. R. nicht absolut behalten will, weil wir seinerzeit als ich diese ihn verkaufte ausmachten, die Bilder nur momentan zu bezahlen. — Wenn Sie also die Arbeiten interessieren, so müssen Sie innerhalb der nächsten 8 Tage zu mir kommen, weil ich die Bilder wieder fortschicke. — ich ersuche Sie aber mich vorerst zu verständigen wann Sie kommen, weil ich fast täglich Besuch habe. Bestens   Egon Schiele."
TLM   [649]

[1] Der Name ist schwer zu lesen. Möglicherweise handelt es sich um den aus einer wohlhabenden Kölner Familie stammenden Maler Eugen Stibbe, der 1894/1904 an der Academie Julian in Paris studiert hatte und zuerst in München, später in Wien lebte. Er gab nach dem Ersten Weltkrieg die Malerei auf und wurde ein angesehener Antiquitätenhändler in Wien I., Spiegelgasse 3.
[2] Ein weiterer Hinweis darauf, daß Dr. Reichel Bilder Schieles temporär kaufte und jederzeit wieder zur Verfügung stellte.

12. III. 1914

An → Franz Hauer, L. a. s.
„Lieber Herr Hauer! Das Bild steht bereit, um abgeholt zu werden. Herzliche Grüße" [vermutlich signiert].
E. S. A. 1199. Nach A. Roessler in „Wiener Neuesten Nachrichten", 7. XI. 1928: Aus Schieles Briefen an den „Griechenbeislwirt Franz Hauer". Verbleib des Originals unbekannt.
     [650]

13. III. 1914

→ Emil Richter, Kunsthandlung, Dresden. — L. s., 1 p. groß 8°. Bittet um Übersendung weiterer 20 Arbeiten, um insgesamt 50 Blätter ausstellen zu können. Ölbilder kann er derzeit nicht ausstellen, da der Oberlichtsaal auf längere Zeit besetzt sei, etc.
E. S. A. 493   [651]

14. III. 1914

Egon Schiele. Gedichte. Erstmalig veröffentlicht in: „Die Aktion", herausgegeben von → Franz Pfemfert, Berlin, 4. Jahrgang, 14. III. 1914
„AUS EINEM SKIZZENBUCH
     Ein Maler gibt diese Skizzen.

Dame im Park[1]
... so schritt ich den sonnenweißen Weg weiter —
ich, der ich rot war.
Ich habe die blaue Dame gesehen im Grünen —
im grünen Garten.
Sie blieb stille stehen —
sie schaute mit runden dunklen Augen auf mich.
Sie war fast weiß im Gesicht.

Zwei Kleriker[2]
Der orangegraugrüne Grasacker
deckt
den rollrund-schwarzglänzenden Atlasklotz
mit dem karminbraunen dicken Kopf,
den Kopf, worauf die glitzergleißenden Gläser glänzen.
Die weiße Kreuzkette baumelt.

In großen Gratschen neben diesem
schreitet
der lange ixgraugrantige, bleiche Brillengucker
und spricht brummig im losen Land.

Landstraße[3]
Die hohen Bäume gingen alle die Straße entlang.
In ihnen zirpten zittrige Vögel.
Mit großen Schritten und roten Bösaugen
durchlief ich die nassen Straßen.

Gewitteranzug[4]
Schwarze Trauerwetterwolken rollten allüberall
     hoch —
warnende Wasserwälder.
Raunige Hütten und Brummbäume —
ich ging gegen den schwarzen Bach —
Vögel, gleich wie fahle Blätter im Wind.

Musik beim Ertrinken[5]
In Momenten jochte der schwarze Fluß meine
    ganzen Kräfte.
Ich sah die kleinen Wasser groß
und die sanften Ufer steil und hoch.
Drehend rang ich
und hörte die Wasser in mir,
die guten, schönen Schwarzwasser — —
Dann atmete ich wieder goldene Kraft.
Der Strom strömte starr[6] und stärker.

Visionen[7]
Alles war mir lieb —
ich wollte die zornigen Menschen lieb ansehen,
damit ihre Augen gegentun müssen;
und die Neidigen wollt' ich beschenken und ihnen
    sagen,
daß ich wertlos bin.

. . . ich hörte weiche Wulstwinde durch Linien
    von Lüften streichen.
Und das Mädchen,
das mit klagender Stimme vorlas,
und die Kinder,
die mich groß anschauten und meinem Gegenblick
    durch Kosen entgegneten,
und die fernen Wolken,
sie schauten mit guten Faltenaugen auf mich.
Die weißen, bleichen Mädchen zeigten mir ihre
    schwarzen Beine und die roten Strumpfbänder
und sprachen mit schwarzen Fingern.
Ich aber dachte an die weiten Welten,
an Fingerblumen —
ob ich selbst da bin,
hatt' ich kaum gewußt.

Ich sah den Park: gelbgrün, blaugrün, rotgrün,
    violettgrün, sonniggrün und zittergrün —
und horcht' der blühenden Orangeblumen.
Dann band ich mich an die ovale Parkmauer und
    horchte der dünnfüßigen Kinder,
die, blau getupft und grau gestreiften mit den
    Rosamaschen.
Die Säulenbäume führten just Linien dorthin, als
    sie sich sinnlich langrund
niedersetzten.
Ich dachte an meine farbigen Porträtvisionen,
und es kam mir vor,
als ob ich einmal nur
mit jenen allen gesprochen hätte.

                                    Egon Schiele"
E. S. A. 326   [652 a—f]

1 R., B. P. p. 22 mit Veränderungen.
2 Ibidem p. 21 mit Veränderungen.
3 Ibidem p. 24.
4 Ibidem p. 22.
5 Ibidem p. 22.
6 Sicher Druckfehler für: stark.
7 R., ibidem pp. 22/3 mit starken Veränderungen.

DOKUMENTE UND KORRESPONDENZ 1914

23. III. 1914

Germanisches Nationalmuseum, Nürnberg. 1 p. 8°. Eingangsbestätigung über 10 Zeichnungen, unterzeichnet vom Direktor → G. Bezold.
E. S. A. 479   [653]

29. III. 1914

→ Josefine Harms, Visitkarte mit eigenhändigen Zeilen, nicht unterschrieben
„Werther Herr Schiele! Gestern haben mir meine Mädchen mitgetheilt Sie beabsichtigen die beiden Osterfeiertage einen zweitägigen Landausflug zu machen, was aber nicht angeht. Ich setze in Ihre Ehrenhaftigkeit keinen Zweifel auch mangelt es mir nicht an der nötigen Autorität um gegebenenfalls ein Veto einzulegen, es handelt sich lediglich um langwierigen Auseinandersetzungen oder gar Verstimmungen auszuweichen. Also unter Diskretion! Sie machen den Mädchen plausibl[!] daß nur eine eintägige Partie gemacht wird. Freundlichst ./.
29/3/14"
E. S. A. 304   [654]

1. IV. 1914

An → Professor O. Kuntschik, L. a. s., 2 pp. 8°
„1. April 1914.
Sehr geehrter Herr Kuntschik! ich glaube daß Sie nicht recht tun wenn Sie so schnell mit mir abschließen wollen; ich zahlte doch bisher immer, und wenn ich bis heute den Rest nicht sandte, so ist es wirklich nicht meine Schuld sondern die meiner Bilderkäufer; und Sie dürfen mir glauben daß schwer ich schon gekämpft habe um mittellos aus Nichts so weit zu sein. — Und jeder in der Kunstwelt der mich kennen lernte respektierte dies und kam mir fördernt[!] entgegen. — Mir schulden verschiedene Leute mehr als 3000 K und leider bin ich nicht der Geschäftsmann, der die Hereinbringung dieses Geldes zustande bringen könnte. — Sie müssen eine Ausnahme machen, das [sic für: was] ich von Ihnen, weil Sie doch selbst bildender Künstler sind, voraussetze. — Ich komme bestimmt morgen 2. IV. [1—3ʰ] und werde den Rest von 125 K bringen und ersuche Sie sehr die Kündigung zurückzunehmen. Mit vorzüglicher Hochachtung Egon Schiele."
Ö. N. B. 310/65—24   [655]

305

[vor dem 10. IV. 1914]

→ Arthur Roessler, C. a. s. [Max Oppenheimer, Erik Ernst Schwabach]

„... Die „Aktion" möchte wieder 1 Zeichn.[ung] von Ihnen reproduzieren. Haben Sie 1 Blatt in Feder- od. Pinsel-Tusch? Wenn ja, dann bringen Sie es mir. Auch einen Textbeitrag möchte die „Aktion" von Ihnen..."

E. S. A. 558 [656]

10. IV. 1914

An → Arthur Roessler, L. a. s., 2 pp. 8°

„10. April 1914.
Lieber Herr Rößler
Direkt möchte ich nicht für → die Aktion zeichnen, das wird nichts. Ich glaube es geht auch eine gewöhnliche Zeichnung wie ich sie mache über das ganze Blatt zu drucken. — ich werde vielleicht morgen Samstag abends zu Ihnen kommen und was bringen, wenn nicht so Mittwoch oder Donnerstag. — Sie hätten mich aber fragen sollen ob man ,aus einen[!] Skizzenbuch' in Nr. 11[1] bringen hätte sollen, das hat mir keineswegs Freude gemacht denn diese Aufzeichnungen sollten doch nicht veröffentlicht werden. Ich glaube etwas anderes dafür zu finden. Beste Grüße   Egon Schiele."

W. ST. B. 180.598; Gl. 51 [657]

[1] Siehe unter dem 14. III. 1914, wo alle Dichtungen Schieles, die im Heft 11 der Aktion erschienen, abgedruckt sind. Interessant, daß Roessler das Material bei sich hatte, und Schiele nicht erfreut über die Veröffentlichung war.

15. IV. 1914

→ Emil Richter, Kunsthandlung, Dresden, L. a. s., 1 p. groß 8°. Bestätigt Empfang von je 10 schwarzen und farbigen Zeichnungen. Verkaufspreise von Mark 30.—, respektive 50.— abzüglich 33 1/3 % notiert, etc.

E. S. A. 494 [658]

16. IV. 1914

An → Josef Hoffmann, L. a. s., 1 p. 8°

„16. April 1914
Lieber Herr Professor Josef Hoffmann, ich frage an, ob Sie so lieb wären und mir das Bild mit der Häuserreihe[1] für die Ausstellung der Münchner Sezession leihen möchten; die Ausstellung dauert von Mitte Mai bis Ende Oktober und das Bild müßte am 25. d. M. [dieses Monats] fortgeschickt werden; ich könnte Ihnen einstweilen ein anderes zur Verfügung stellen wenn Sie wollen. Herzliche Grüße   Egon Schiele."

F 4; R., B. & P., p. 134; siehe auch L., Nr. 248, p. 582 [gekürzt] [659]

[1] „Die Häuser am Meer", 1914. Josef Hoffmann war der Erstbesitzer.

24. IV. 1914

Germanisches Nationalmuseum, Nürnberg. L. s. vom I. Direktor → G. Bezold, 1 p. 8°. Die Zeichnungsausstellung sei inzwischen geschlossen, 2 Blatt hätten sie, als Stiftung Schieles, dem Kupferstichkabinett einverleibt, wofür gedankt wird, etc.

E. S. A. 154 [660]

[661]

? IV.[?] 1914

→ Franz Wiegele, L. a. s., 2 pp. 8°. Aus Paris. Es ginge ihm schlecht, könnte Schiele ihm jetzt jene 75 Kronen schicken, die er seit dem Verkauf eines Bildes von Wiegele an → Carl Reininghaus einbehalten habe? „... Aber, da ichs auch Dir zu verdanken habe, dass ich damals bei → Pisko ausgestellt habe[1] ... so wäre ich Dir eigentlich schuldig über meinen weiteren Lebenslauf zu berichten... In der Rue Lafitte hab ich einmal eine Zeichnung von Dir in der Auslage gesehn[2]. Das ist aber auch alles, was ich seit langem von Dir weiß...
                                                                        Franz Wiegele
                                                                        12, rue du Moulin de Beurre."

E. S. A. 994 [661]

[1] Gemeint ist die erste Ausstellung der „Neukünstler" bei G. Pisko, 1909.
[2] Wohl in der Pariser Filiale der Kunsthandlung → Guido Arnots, 1 & 3, Rue Laffitte [siehe den Briefkopf Arnots, 27. II. 1915]. Es war bisher so gut wie unbekannt, daß 1914 Schiele-Zeichnungen in Paris zu sehen waren! Der einzige Hinweis, den wir in der Literatur fanden, ist bei K., p. 512: „Paris 1914, Kollektivausstellung (Rue Lafite[!])." Dies ist vermutlich ein Irrtum, denn es waren nur Zeichnungen ausgestellt [siehe biographischer Teil unter Stichwort: Picasso].

1. V. 1914

Akademie der bildenden Künste, Wien. Bestätigt wohl für Militärzwecke, das „mit entsprechendem Erfolg" absolvierte Triennium Schieles 1906/9, etc. Signiert: Eduard von Hellmer, 1 p. groß 8°.

E. S. A. 84 [662]

—

William Ritter, L. a. s. [in französischer Sprache]. Aus Paris. Hat in der Pariser Zeitschrift „L'Art et les Artistes" über Schieles Bilder „Sonnenblumen" und „Die kleine Stadt" geschrieben, die in der Secession ausgestellt waren. Würde in der italienischen Zeitschrift „Emporium" unter Umständen einen größeren Artikel über Schiele schreiben, etc.

E. S. A. 44 [663]

3. V. 1914

An → Dr. Hugo Jung
Ersucht, ihm 60 Kronen zu senden: „wenn Sie können und der Verkauf mit dem Bild die Sonnenblume[1] so ziemlich sicher ist... Das Bild ist aber nach Brüssel abgeschickt! Reproduziert ist es in der → Deutschen Kunst & Dekoration..."[2]

Nach: L., 246, p. 581; Privatbesitz, Schweiz [664]

[1] „Sonnenblumen", II., 1914.
[2] Siehe „Deutsche Kunst & Dekoration", XXXIV, p. 90 [nach L., p. 581]. Demnach wären die „Sonnenblumen" und nicht „Herbstsonne" das früheste in einer deutschen Zeitschrift veröffentlichte Bild Schieles [siehe auch Nr. 645].

4. V. 1914

→ Ludwig H. Jungnickel, C. a. s. [Gruß aus Suszawa]. Sendet Grüße vom rumänischen Osten.

E. S. A. 989 [665]

—

Atelier Professor → Josef Hoffmann, L. s., von → Dr. [Hugo] Jung. Es sei höchste Zeit, die Bilder für Brüssel[1] an die Firma Schenker zu senden. Professor Hoffmann möchte eine ganze Wand mit Schieles Zeichnungen behängen, etc.

E. S. A. 59 [666]

[1] „Algemeene Tentoonstelling der schoone Kunsten" (Driejaarlijks Salon), Brüssel, 1914.

5. V. 1914

→ Heinrich Benesch, C. a. s. [Dresden, Neumarkt mit Frauenkirche]. Grüße an Schiele und an → Wally Neuzil.

E. S. A. 583 [667]

8. V. 1914

An → Robert Philippi, III., Weißgärberstraße 63, L. a. s., 1 p. 8°
„8. V. 1914
Lieber Herr Philippi! Ich habe zwei Stück radiert[1], sende Ihnen hiermit Japanpapier zum Einfeuchten und kommen Sie morgen vormittags bestimmt. 9—10 bin ich im Kafehaus[!] dann in der Werkstätte. Beste Grüße. Egon Schiele."

Nach: K.Gr. Anmerkung 4, p. 29; Privatbesitz, New York [668]

[1] Radierungen, „Selbstbildnis" [K.Gr. 4] und „Bildnis Franz Hauer" [K.Gr. 5] [siehe K.Gr., p. 29, Anmerkung 4].

9. V. 1914

→ Emil Richter, Kunsthandlung, Dresden, L. s., 2 pp. 4°. Hat den Großteil seiner Arbeiten zur Ausstellung und Ansicht an Kunden verschickt, ohne bisher etwas verkaufen zu können. Wäre interessiert, Näheres über einen in Arbeit befindlichen Zyklus zu hören, etc.

E. S. A. 126 [669]

12. V. 1914

An → Arthur Roessler, L. a. s., 1 p. 8°
„12. Mai 1914.
Lieber Herr Rößler l'Art et les Artistes[1] wollen eine Publikation bringen wenn ich Fotos schicken würde, ich bekam von der Wiesingerstr.[aße] 3[2] keine Antwort, können nicht Sie etwas machen? — Vielleicht besuchen Sie mich am Donnerstag oder Freitag vormittags ich möchte Ihnen die ersten zwei Radierungen[3] zeigen. Nebenbei sehen Sie die 3 Bilder die nach Brüssel gehen[4]. Herzliche Grüße Egon Schiele.
Vielleicht haben Sie noch einige Fotos von früher?"

W. ST. B. 180.679; R., B. & P., p. 81 [670]

[1] In Paris erscheinende Kunstzeitschrift [siehe Nr. 663].
[2] Wohl Adresse eines Fotografen.
[3] Siehe K.Gr. Anmerkung 4, jene beiden Radierungen [K.Gr. 4 & 5] seien schon am 8. Mai 1914 fertig gewesen, da Schiele an diesem Tag an den Kupferdrucker → Philippi schrieb.
[4] Die drei von Schiele nach Brüssel versandten Bilder waren: „Blinde Mutter", 1914; „Vorstadt", 1914; „Sonnenblumen", 1914.

16. V. 1914

→ Die Aktion, Zeitschrift. Herausgegeben von → Franz Pfemfert. Berlin, IV. Jahr, Nr. 20, pag. 428, von Egon Schiele: „Die Kunst — der Neukünstler

Es gibt keine „moderne" Kunst. Es gibt nur eine Kunst; die ist immerwährend. Kunst bleibt immer gleich dasselbe: Kunst. Deshalb gibt es keine „Neukunst". Aber — es gibt Neukünstler. Schon die Studie eines Neukünstlers allein ist immer ein Kunstwerk; denn sie ist ein Stück von ihm selbst, das lebt. Es gibt nur wenig, ganz wenig Neukünstler. Erkorene. Der Neukünstler muß unbedingt er selbst sein; er muß Schöpfer sein; er muß unvermittelt, ohne all das Vergangene und Hergebrachte zu benützen, ganz allein den Grund in sich haben, auf dem er baut. Nur dann ist er Neukünstler.
Es sei jeder einzelne von uns er selbst, ein Selbst. Wer in Betracht kommen will, muß das Bewußtsein haben, allein, für sich selbst existieren zu können. Und er muß seiner Zukunft wenigstens im Geiste vertrauen können.
Alle echten Neukünstler schaffen eigentlich nur allein für sich. Sie bilden, was sie wollen. Sie bilden, sie porträtieren alles. Die Mitmenschen fühlen ihre Erlebnisse nach.
Des Neukünstlers Gegensatz ist das Rezept. Eine Epoche zeigt der Künstler, ein Stück seines Lebens. Und immer durch ein großes Erlebnis im Sein. Die Künstlerindividualität beginnt eine neue Epoche, die kurz oder lang dauert, je nachdem zurückgebliebenen Eindruck, der mehr oder minder viel Gewicht hat, und nach dem der Künstler sein Erlebnis voll und vollkommen gebildet hat.
Der Künstler muß sein: von Vornehmsten der Vornehmste;

von Rückgebern der Rückgebigste. Er muß Mensch sein, mehr als jeder andere, und er muß den Tod lieben und das Leben. Die höchste Empfindung ist Religion und Kunst. Natur ist Zweck. Aber dort ist Gott. Und der Künstler muß ihn empfinden, stark, am stärksten. Egon Schiele[1]."

E. S. A. 1056 [671]

[1] Leicht veränderter Abdruck seines Manifestes anläßlich der Eröffnung der Ausstellung der Neukünstler bei → G. Pisko in Wien, 1909.

GRAPHISCHES KABINETT J. B. NEUMANN; BERLIN W. 15

[672]

18. V. 1914

Graphisches Kabinett J. B. Neumann, Berlin, L. s., 1 p. groß 4°. Hat erfahren, daß Schiele für den Herbst eine große Kollektivausstellung in Berlin plane. Falls er Radierungen senden wolle, dann möge er gute Abzüge aussuchen, etc.

E. S. A. 131 [672]

20. V. 1914

→ Verein bildender Künstler Münchens. Sezession. Vordruck, 1 p. groß 8°. Mitteilung, daß „Blinde Mutter", 1914, und zwei farbige Zeichnungen für die Sommerausstellung ausgewählt worden seien, etc.

E. S. A. 333 [673]

—

→ Hans Goltz, L. s., 1 p. groß 8°. Sendet 27 farbige und 13 schwarze Zeichnungen zurück. Wäre interessiert an Schieles Radierung[1], würde eventuell die Platte erwerben. „... Wir sind uns darüber einig, daß Sie keinen neuen Vertrag abschliessen, ehe Sie mit mir in Verbindung getreten sind. Sie können sicher sein, so bald ich nur eine geringe Änderung der schlechten Zeiten spüre, daß ich sofort wieder mit Ihnen in Verbindung trete...", etc.

E. S. A. 809 [674]

[1] K.Gr. 3 (Männliches Bildnis); K.Gr. 4 (Selbstbildnis); K.Gr. 5 (Bildnis Franz Hauer). Um eines der drei Blätter muß es sich handeln, da die nächste Radierung vor dem 16. Juni 1914 entstand: K.Gr. 6 (Kauernde).

27. V. 1914

An → Heinrich Benesch, L. s., Abschrift
„27. Mai 1914
Lieber Herr Benesch! Sind Sie mit der Auseinandersetzung nicht so langsam, ich glaube Sie haben mir schon vor langer Zeit etwas gesagt und ich bin nicht so empfindlich, um dies zu hören. Sie können 2 farbige Zeichnungen haben die Sie sich auswählen. Am 27. April schrieben Sie mir einen Brief worin es heisst:
„... ich bin dienstlich verhindert heute zu Ihnen zu kommen, ich kann Ihnen aber auch nicht helfen. Ich war gestern vormittags bei Katzler[1] und habe ihm — ich gebe Ihnen mein Ehrenwort darauf — 20 Kr. gegeben, das Letzte, was ich verfügbar hatte, ich half dort wo ich es am nötigsten glaubte. Ich bedaure unendlich, dass es so weit kommen musste, denn ich glaube, es wäre zu vermeiden gewesen. Auch ich, der so lange treu zu Ihnen hielt, bin nun erlahmt. Nur Sie selbst, niemand anderer, kann diese traurigen Verhältnisse ändern. Mit herzlichen Grüssen Ihr B."
Damals schrieb ich an Sie, dass ich Sie bestimmt erwarte, es handelte sich um die Pfändung und ich war krank und lag im Bett. — Sie wussten nicht was ich wollte und redeten sich aus, dass Sie dienstlich verhindert waren. Sie schrieben, dass Sie mir nicht helfen können, dass Sie mir das Ehrenwort gegeben, damit ich glaube, von 20 Kr. und Katzler, ist 1. überflüssig 2. unnötig zu nennen ob es 20 oder 2000 waren, und 3. den Herrn Katzler brauchen Sie doch nicht zu nennen. Wenn ich jemanden schon sehr nahe stehe, nicht so wie bestimmte andere Herrn und weil ich den edlen Menschen nahe stehen will, — so darf derjenige nicht solche Briefe schreiben, denn gerade als es mir so schlecht ging, als ich anscheinend mich erniedrigte und Sie ersuchte, gerade da schrieben Sie mir so bezeichnend. Je vollkommener man ist, desto nobler und ruhiger und angstloser wird man handeln. Schade, dass mir für solche Sachen, d.[as] h.[eißt] um Handlungen zu überdenken, durch mein Schicksal so wenig Zeit bleibt! Ich werde aber so ehern arbeiten bis ich endlich unabhängig sein werde, dann werde ich beginnen mit alldem was ich als 18jähriger tun wollte, doch aber bis jetzt mittellos bin.[!] Bestens, Egon Schiele."

E. S. A. 616; Verbleib des Originals ungeklärt [675]

[1] Ein Maler, den H. Benesch sammelte; keine Daten feststellbar.

28. V. 1914

→ Heinrich Benesch, L. a. s., 2 pp. 8°. An → M. O. Kuntschik. Teilt mit, daß laut Mitteilung des Ateliers Professor → Josef Hoffmanns Ende der Woche 110 Kronen an den Adressaten [Schieles Hausherr] abgehen würden, etc.

Ö. N. B., Handschriftensammlung 310/65—27 [676]

8. VI. 1914

An → Arthur Roessler, L. a. s., 1 p. gr. 8°
„8. Juni 1914.
Lieber Herr Rößler, Bitte Sie Herrn → Pfemfert mitzuteilen, daß ich gerne Zeichnungen für die → Aktion mache und zum Reproduzieren herborge, diese aber nach Gebrauch zurückkriegen muß. Einige haben Sie, das Orig.[inal] von → Flesch v.[on] Brunningen möchte ich und das von dem Herrn mit dem Sie Sonntag bei mir waren — ich weiß nicht wie er heißt; übrigens bitte ich diesen [!] Herrn zu sagen daß er mich noch einmal um 11h an einen [!] Tag dieser Woche besuchen möchte, weil ich gerne von ihm Zeichnungen machen will. — Wenn es geht möchte ich gerne Zeichnungen Porträts-Figuren um [statt: und] Landschaften für eine Sondernummer der Aktion machen mit einigen Worten. — Nur wenn eine Sondernummer erscheinen könnte. Herzliche Grüße Egon Schiele."

W. ST. B. 180.680; R., B. & P., pp. 81/2 [677]

16. VI. 1914

→ Melanie Schiele, C. a. s. [Venedig, Seufzerbrücke]. „Hier ist es herrlich. Viele Grüße Deine Schwester Mela."
E. S. A. 456 [678]

—

An → Robert Philippi, C. a. s.
„16. Juni 1914.
Lieber Philippi! Bitte Sie, bringen Sie mir die beiden großen Platten[1] und die Hauer[s][2], weil ich diese verwenden kann und einen billigen Drucker habe. — Sie müssen aber morgen oder übermorgen vormittags zu mir kommen damit [durchstrichen], — wenn Sie dann wollen gehen wir zusammen zu Rößler. Herzliche Grüße   Schiele."
Nach: K.Gr. Tafel 6 [679]

1 Radierung „Kauernde" [K.Gr. 6] und „Kümmernis" [K.Gr. 7].
2 „Bildnis Franz Hauer" [K.Gr.].

[vor dem 17. VI. 1914]

→ Arthur Roessler, C. a. s. [Postkarte der „Aktion": G. Tappert, Stilleben]
„Lieber E. S. — wenn möglich, dann ja, Sonntag. Leichter fiele es mir aber am Werktag nachmittags. Kann ich Sonntag nicht, dann schreibe ich an welchem Nachmittag. Bringe Radg. [Radierungen] zum Signieren mit. Gruß   A. R—r."
E. S. A. 556 [680]

17. VI. 1914

→ Arthur Roessler, C. a. s. [Lothar Homeyer: Krieg. Für die Rosa-Luxemburg-Nummer der Aktion gezeichnet]. Seine Adresse laute bis ungefähr 15. Juli: London, Glenroy Residential Hotel, etc.
E. S. A. 571 [681]

[nach dem 17. VI. 1914]

→ Arthur Roessler, C. a. s. [Zeichnung von Heinrich Kley, Simplizissimus, Serie X, Nr. 9], wohl aus München. Erinnert daran, daß der Verlag F. Bruckmann A. G. in München auf Material (Zeichnungen, Radierungen, Fotos) warte, etc.
E. S. A 536 [682]

24. VI. 1914

→ Hans Goltz, L. s. [Sekretärin], 1 p. groß 8°. Er veranstalte diesen Sommer wieder eine größere Gemäldeausstellung und erbäte ein oder zwei Bilder, etc.
E. S. A. 810 [683]

26. VI. 1914

→ Arthur Roessler, C. a. s. [Bruxelles. Maisons du Grand Duc Charles de Lorraine, etc.]
„Sah in der Ausstell[un]g hier Ihre Arbeiten; es hängen 3 Bilder[1] u. 4 Zeichnungen, die sehr gut aussehen. Die „Sonnenblumen"[2] hängen allein an einer Wand, das Figuren-[3] u. Häuserbild[4] hängen zusammen an ei.[ner] anderen Wand. Sonst sind im gleichen Raum keine andere Gemälde. Morgen bin ich zu Herrn Stoclet[5] eingeladen. Näheres folgt. — Freundl.[ich] grüßend Ihr   A. R—r."
E. S. A. 293 [684]

1 „Algemeene Tentoonstelling der schoone Kunsten", Brüssel 1914.
2 „Sonnenblumen", II., 1914.
3 „Blinde Mutter", 1914.
4 „Vorstadt", 1914.
5 Baron Alphonse Stoclet, der sich von → Josef Hoffmann ein Palais in der Avenue Tervueren erbauen und einrichten ließ.

30. VI. 1914

→ Emil Richter, Dresden, L. s. Mitteilung, daß Schieles Zeichnungen zur Zeit verschickt seien. Es wäre gut, sie noch dort zu belassen, etc.
E. S. A. 124 [685]

? VI.[?] 1914

Atelier Professor → Josef Hoffmann, L. a. s. [von → Hugo Jung]. Teilt mit, daß → Heinrich Böhler das Bild, das momentan bei ihnen sei, um 500 Kronen gekauft habe[1]. „Jetzt sollte Herr Stoclet[2] noch ein Bild kaufen...", etc.
E. S. A. 184 [686]

1 Wahrscheinlich „Häuser und bunte Wäsche", 1914.
2 Schiele hatte bekanntlich für das Palais Stoclet in Brüssel einen Glasfensterentwurf eingereicht, der aber abgelehnt wurde. Interessant, daß Baron Alphonse Stoclet 1914 Interesse an Schieles Bildern zeigte, wiewohl er kein Sammler moderner Kunst war.

7. VII. 1914

An → Dr. Hugo Jung, L. a. s.
„... Wegen Brüssel habe ich nicht vergessen. Rößler, welcher in der Ausstellung in Brüssel war, schrieb mir, daß die Sonnenblume[1] allein an einer Wand hängt — vielleicht geht es darum, daß ich das Bild welches ich jetzt male[2], es ist eben etwas größer 120×140 cm als Ersatz hinschicke..."
Nach: L., Nr. 246 und 254, pp 581, 585 [687]

1 „Sonnenblumen", II., 1914.
2 Wahrscheinlich „Mann und Frau", I., 1914.

9. VII. 1914

→ Hans Goltz, L. s., 1 p. groß 8°. Das Bild „Der Kuß"[1] sei an Feldmann, Berlin[2], zu dessen Sommerausstellung geschickt worden. Zeichnungen könne er nur dann behalten, wenn er sie gegen sein Guthaben verrechnen könne, etc.
E. S. A. 811 [688]

1 Wahrscheinlich „Kardinal und Nonne", 1912.
2 Kunsthändler in Berlin?

11. VII. 1914

An → Arthur Roessler, L. a. s., 1 p. groß 8°. Nach London geschickt[?]
„11. Juli 1914.
Lieber Herr Rößler es wär nett, wenn Sie mir in einen[!] rekomandierten Brief 40 K. für die Radierung[1] senden möchten, weil ich fortfahren will. → Heinrich Böhler kaufte das

letzte Bild mit der Wäsche² — die Sonnenblume³ eine Dame in der Schweiz — letzteres wird gegen ein anderes neues — mein letztes⁴ ausgetauscht in Brüssel — was gibts sonst. Herzliche Grüße
Egon Schiele."
W. ST. B. 180.681; B., B. & P., p. 82; L., p. 584 (auszugsweise) [689]

1 Handelt es sich um das Honorar für die Radierung „Bildnis Arthur Roessler" [K.Gr. 8]?
2 „Häuser und bunte Wäsche", 1914.
3 Um das Bild „Sonnenblume" 1914 gab es später Differenzen, weil Schiele das Bild gutgläubig zweimal verkauft hatte.
4 Wahrscheinlich „Mann und Frau", I., 1914.

13. VII. 1914

An Professor → Josef Hoffmann, C. a. s .[Ruine Landskron, Kärnten]. „Herzlichste Grüsse. Egon Schiele, Hotel gold. [enes] Lamm Villach."
Wiener Antiquariat Ingo Nebehay, Liste 26 [690]

[vor dem 15. VII. 1914]

→ Arthur Roessler, C. a. s. [Scherzpostkarte: „I had a very giddy time in London", eine verzerrte Straßenansicht zeigend]
„M. l. [Mein lieber] E. S. — Was sagen Sie zu einer Stadt, deren Strassenbilder so aussehen, als wenn sie von → Harta gemalt worden wären? Drehen Sie die Karte um, u. sehen Sie sich das Gewackel an. Wo bleiben da die Futuristen, Expressionisten, Dämonisten, Orphisten, Morphinisten, Alkoholisten u. sonstiges Isten u. Jank?¹ Herzlichst grüßt R—r."
E. S. A. 545 [691]

1 Vermutlich Angelo Jank (1868—1940), Maler und Illustrator, Illustrator der „Jugend".

[vor dem 15. VII. 1914]

→ Arthur Roessler, C. a. s. [British Museum: Mask representing the God Quetzalcoatl]. Aus London
„Hier gibt es so viel zu schauen, daß man fast teppert davon wird. Die modernen engl.[ischen] Bilder sind allerdings nicht viel wert, dafür umsomehr die Werke alter Meister. Sie würde besonders die Samlg. [Sammlung] primitiver Kunst interessieren, die das British Museum besitzt. Fabelhafte Negerplastiken u.[nd] erstaunliche Stücke der Aztekenkunst aus Mexiko. Umstehend finden Sie die Reproduktion einer ganz mit Türkis-Mosaik besetzten mexikan.[ischen] Maske. — Es ist gräßlich heiß u. in der ganzen Stadt kein kühler Trank zu kriegen. Wir gehen gegen Ende der nächsten Woche ans Meer. Herzlichst A. R—r."
E. S. A. 562 [692]

[vor dem 15. VII. 1914]

→ Arthur Roessler, C. a. s. [Submarine B 2 aground in fog. Sandown, Isle of Wight]
„L.[ieber] E. S. — haben Sie schon ein Unterseeboot gesehen? Hier gibt's viele. Was, das wär ein nettes Spielzeug für Sie? — Fast jeden Tag legen sich hier andere Kriegsschiffe vor Anker; auch heute liegt wieder so ein Koloß da, von dem aus nach Scheiben scharf geschossen wird. Einmal zählten wir über 50 große Kriegsschiffe u.[nd] 14 Torbedoboote. Das wär[e] was für Sie. Herzlich A. R—r."¹
E. S. A. 544 [693]

1 Angesichts des unmittelbar bevorstehenden Ausbruchs des Ersten Weltkriegs sind sowohl das Sujet der Karte als auch die darin gemachten Mitteilungen verwunderlich.

20. VII. 1914

An Michael Powolny¹, Wien I., Stubenring 2²
„20. Juli 1914.
Sehr geehrter Herr Powolny! Sie wollten vor einiger Zeit ein kleines Bild von mir haben und Herr → Philippi erwähnte mir unlängst nochmals davon; ich will Ihnen gerne entgegenkommen und mache Ihnen folgenden Vorschlag: kleinere Bilder als 100×120 cm will ich nicht mehr malen, in dieser Größe aber ließe ich Ihnen nach dem Sommer die Auswahl und ich würde Sie verständigen wenn ich einige habe. Der Kaufpreis wäre 400 K. von dem ich Sie, jetzt ersuche auch mir behilflich zu sein, weil ich sonst meinen Sommeraufenthalt abbrechen müßte und bis Mittwoch 100 K. als Anzahlung auf ein Bild zu senden jedenfalls aber ersuche ich Sie mir bis diesen Mittwoch bestimmt zu schreiben was Sie zu meinen[!] Vorschlag meinen und auf[!] welche Zahlungen Sie Sich[!] weiter halten könnten, vielleicht würden Sie monatlich mir immer ein Teil senden. — Nun aber bitte ich Sie mir am Mittwoch behilflich zu sein. Bestens
Egon Schiele
z. z. [zur Zeit] Villach
Hotel gold.[enes] Lamm."

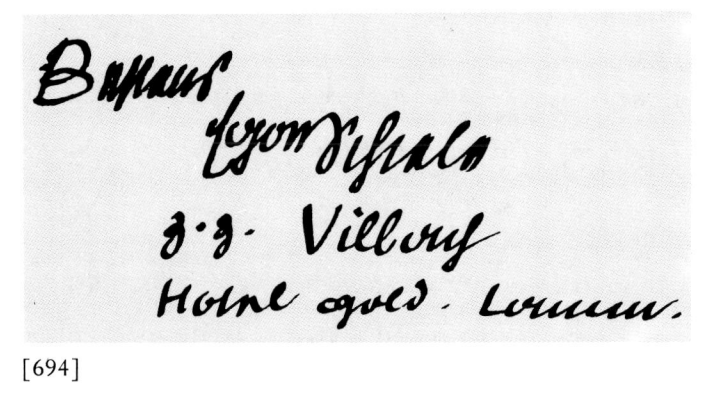

[694]

W. ST. B. 159.469 [694]

1 Michael Powolny (1871—1954), Bildhauer und Keramiker, Professor an der Kunstgewerbeschule in Wien. Gründete 1906 mit Berthold Löffler die Werkstätte „Wiener Keramik", die auch für die „Wiener Werkstätte" arbeitete.
2 Schiele richtete den Brief an die Kunstgewerbeschule.

23. VII. 1914

→ Emil Richter, Kunsthandlung, Dresden, L. s., 1 p. 4°
Schieles Zeichnungen seien im Hamburger Kunstverein¹ ausgestellt gewesen, leider ohne Resultat, etc.
E. S. A. 128 [695]

1 Über die Ausstellung Schielescher Zeichnung im Hamburger Kunstverein war bisher nichts bekannt.

24. VII. 1914

→ Hans Goltz, L. s., 1 p. groß 8°. Überweist 100 Mark, wofür er sich 10 Zeichnungen aus der letzten Sendung ausgesucht habe. Erbittet Näheres über ein „neues großes Bild", das er gerne ausstellen möchte, etc.

E. S. A. 812 [696]

[697]

—

An → Adele Harms, C. a. s. [Villach mit Mangart]. „Herzliche Grüße Egon Schiele."

E. S. A. 83 [697]

? VII. 1914

An → Dr. Hubert Jung, L. a. s. Aus Kärnten
„... Im Herbst muß ich unbedingt etwas beginnen um nicht ewig mit diesen Miseren zu tun zu haben und zwar denke ich daran an irgendeine Kunstschule als Lehrer zu kommen ... oder wenn dies nicht geht vielleicht fänden sich einige 4 bis 5 Privatschüler die täglich eine Zeit mit mir zusammen arbeiten — Vielleicht könnte da → Professor Hoffmann für mich jemanden wissen — denn ich weiß daß ich immer mehr und mehr in den Ruf eines Fechters[1] komme[2]..."

Nach: L., p. 665; Schweizer Privatbesitz [698]

[1] Fechter = Bettler.
[2] Tatsächlich vermittelte → Hoffmann kurze Zeit später → Heinrich Böhler als Schüler.

3. VIII. 1914 [Poststempel]

→ Hans Flesch von Brunningen, C. a. s. [Seebad Grado]
„Sehr geehrter Herr, ich sende Ihnen nächstens ein Exemplar der Nummer der → „Aktion", für die Sie mich gezeichnet haben. Hier ist man momentan von jedem Verkehr abgesperrt und so konnte ich es bis jetzt nicht tun. Herzliche Grüsse   Hans v.[on] Flesch."

E. S. A. 1000 [699]

4. VIII. 1914

→ Emil Richter, Kunsthandlung, Dresden, L. s., 1 p. 4°. Haben 10 Zeichnungen wieder an → Goltz zurückgesandt, behalten 8 weiterhin in Kommission, etc.

E. S. A. 27 [700]

7. VIII. 1914

An → Arthur Roessler, L. a. s., 2 pp. 8°
„7. August 1914.
Lieber Herr Rößler ich glaube daß Sie in einer schlimmen Situation sind — Sie sind mir aber — wenn ich wenig rechne 70 K für die Radierung schuldig — ich war bereit diese ihrem Wunsche nach sofort zu machen[1] und Sie versprachen mir im Sommer in Teilen dies zu zahlen. Da Sie aber bestimmt in einer besseren Lage sind als ich, denn ich habe nichts zu essen, — so müssen Sie aus moralischen Gründen mir irgendwie behilflich sein. — ich wäre zufrieden wenn Sie mir jetzt 10 K geben möchten und wieder in einigen Tagen ein paar Kronen. — Eben suche ich mir eine Stelle, — vielleicht können Sie mir da behilflich sein — wo Karten gezeichnet werden[2] u. s. w. [und so weiter] ich glaube ich würde alles tun. Die Antwort werde ich auf die Art von Ihnen bekommen indem ich an Sie telephoniere, da ich nicht so weit gehen kann. Herzliche Grüße   Egon Schiele."

W. ST. B. 180.599; Gl. 52 [701]

[1] „Bildnis Arthur Roessler", Radierung, K.Gr. 8, 1914.
[2] Schiele dachte wohl an eine Anstellung als Zeichner in einem Kartographischen Institut.

4. IX. 1914

An Frau Kuntschik[1], L. a. s., 2 pp. 8°
„4. September 1914.
Sehr geehrte gnädige Frau,
Verzeihen Sie gnädige Frau daß ich bis zur Stunde noch nicht meinen für September fälligen Zins bezahlt habe; ich bin leider ohne jeden Verdienst durch die gekommenen Übelstände[2]. Außerdem hatte ich was das Böseste ist vor dem Krieg im Juni in Brüssel ein Bild[3] das dort von mir ausgestellt ist um 3000 Fr. [Franken] verkauft, bekam aber natürlich bis jetzt nicht einen Heller dafür und muß damit rechnen daß das Bild überhaupt nicht mehr existiert. — ich erlaube mir gleichzeitig einen kleinen Zeitungsausschnitt[4] zu übersenden und bitte Sie gnädige Frau mir zu meiner Beruhigung einige Zeilen schreiben zu wollen betreffs meiner Schuld, wie Sie Sich[!] dazu stellen. — Jedenfalls bitte ich Sie mir einen Postsparkassenscheck[5] senden zu wollen — ich werde nachdem mir etwas gelingt meine Zinsschuld einsenden. — Kündigen werden Sie mir nicht, — nicht wahr? — ich wäre völlig hoffnungslos. Mit ergebenen Grüßen   Egon Schiele
                                                                      akademischer Maler[6]
Wien XIII., Hietzinger Hauptstraße 101."

Ö. N. B. 210/65—28 [702]

[1] Gattin seines Hausherrn Professor M. O. Kuntschik.
[2] Der Ausbruch des Ersten Weltkrieges am 28. VII. 1914.
[3] „Sonnenblumen", II., 1914, von Schiele im guten Glauben zweimal verkauft.
[4] Der beiliegende Ausschnitt befaßt sich mit Erleichterungen, die Eingerückten hinsichtlich der Miete gewährt wurden.
[5] Schiele meinte natürlich einen Posterlagschein.
[6] Schiele unterschrieb sich so gut wie nie als „akademischer Maler".

16. Sept. 1914.

Sehr geehrter Herr Schiele!

[703]

16. IX. 1914
→ Heinrich Böhler, L. a. s. Briefkopf mit Holzschnitt von Willi Geiger; sitzender Adler und Spruchband: Heinrich Böhler. 4 pp. groß 4°
„16. Sept. 1914
Sehr geehrter Herr Schiele. Vielen Dank für Ihren lieben Brief. Es war sehr lieb von Prof.[essor] → Hofmann[!], dass er Ihnen sagte, dass ich gerne bei Ihnen malen lernen möchte. Wollen Sie sich wirklich dieser grauenvollen Bemühung unterziehen? ... ich [erlaube] mir, Ihnen kurz und sachlich meine Propositionen bekanntzugeben: 1. Variante. Dass Herr Prof.[essor] Schiele 2 mal wöchentlich meine Arbeiten besichtigt und korrigiert.[!] Angabe des Honorares pro Monat, welches in[!] Vorhinein bezalt[!] wird. 2. Variante. Dass Herr Prof. Schiele in Monat ein- oder zweimal oder mehr (ganz nach Ihrem Ermessen) für je eine Woche mit mir im[!] meinen[!] Atelier mitmalt. Farbe, Leinwand, Modell gratis. Angabe des Honorares pro Monat? Ihre bei mir gemalten Bildern[!] sind natürlich Ihr Eigentum und Sie können malen was Sie wollen ... Ich bin leider nur ein Anfänger, aber habe eine riesige Begeisterung für Malerei → Hans Böhler, Maler, mein Cousin, der sagt wol[!] dass ich ein gewisses Talent habe, aber ich glaube es ihm nicht. Ich male nun täglich von 10—12 Uhr Vormittag in mein[!] Atelier IV. Belvederg.[asse] 30 Parterre, im Hof rechts. Kommen Sie bitte einmal zu mir und sehen Sie sich die Sache an ... Also bitte kommen Sie recht bald & auf baldiges Wiedersehen! Ihr ergebener H. Böhler."
E. S. A. 207 [703]

18. IX. 1914
An → Dr. Oskar Reichel, L. a. s., 1 p. 8°
„Sonntag 28 Sept. 1914
Lieber Herr Dr. O. R. wenn Sie vielleicht zufällig jemanden nach Hietzing schicken, so vergessen Sie nicht daß derjenige Ihr Bild die „Jesuiten"[1] abholt. Herzliche Grüße
Egon Schiele."
P. 33 [704]

1 „Jesuiten", 1911.

23. IX. 1914
An → Arthur Roessler, L. a. s., 1 p. 8°
„23. September 1914.
Lieber Herr Rößler! ich konnte mir bis jetzt nicht das Material, um die Kriegsflugblätter[1] zu zeichnen, anschaffen. Hugo Heller[2] schickte mir auch eine Einladung von „St. Georg" ich glaube daß ich bald was machen werde. ich bin fast täglich bei H.[einrich] Böhler, vormittags[3]. Bitte richten Sie mir die → F. Hauer-Zeichnung, → Hartazeichnung und die eines Italieners[4] zurecht, die ich einmal bei Ihnen ließ. Herzlichste Grüße
Egon Schiele."
W. ST. B. 180.682; R., B. & P., pp. 82/3 [705]

1 Es ist nicht bekannt, daß Schiele tatsächlich für patriotische Kriegsflugblätter arbeitete.
2 → Hugo Heller, prominenter Wiener Buchhändler und Verleger, der sein Geschäft in Wien I. am Bauernmarkt hatte.
3 Heinrich Böhler, s. Brief vom 16. IX. 1914.
4 Der nicht genannte Italiener könnte Oddone Tomasi (1886—1929), Kirchenmaler und Bildniszeichner, sein, der mit Schiele an der Wiener Akademie studiert hatte. Er dürfte mit ihm Zeichnungen getauscht haben. Schieles Zeichnungen wurden vom Herausgeber 1968 von dessen Familie in Trient erworben [siehe Ch. M. Nebehay, Katalog XIV, Egon Schiele].

2. X. 1914
An → Marie Schiele. L. a. s., 3 pp., groß 8°
„2. Oktober 1914
Liebe Mutter! ich bin tatsächlich jetzt so beansprucht daß ich in der letzten Zeit überhaupt nicht daran denken konnte in die Liechtensteinstraße zu kommen. Ich habe die feste Absicht so weit als möglich allen Einladungen Folge zu leisten und sehe daraus daß es mir auch Nutzen bringt, — darum wurde in den letzten Tagen eine Kette daraus die sich immer weiter zu verzweigen scheint. Vorige Woche war ich täglich vormittags bei → Dr. Heinrich Böhler, der nahm mich zum Kegelabend zu Hartmann am Kärntnerring[1] mit, — ich lernte unter anderen auch einen Engländer kennen. Beim Kegeln gewann ich 16 Kronen. als es 2[h] nachts war nahm uns der Mann → Klimt, Prutscher[2], ich im Auto nach Haus. — Dann war ich an einem der letzten Tage beim fünf Uhr Tee bei → Lederers eingeladen — auch dort waren natürlich viele Leute.
→ Hans Böhler der Maler, Cousin von Dr. Heinrich B. kam eines Tages um zu sehen was sein Cousin arbeitet und kaufte die ersten zwei Zeichnungen die ich dort gemacht habe; wir gingen zusammen zu Hans B. ins Atelier, ich sah außerordentlich schöne Bilder die er von Australien und Südamerika mitbrachte. Durch ihn bekam ich jetzt auch einen Porträtauftrag, eine Dame[3], — war heute dort und sie zeigte mir eine Auswahl von Wiener Werkstättenkleidern. — ich suchte vier aus, die sie mir schickt und in denen ich sie morgen und in der kommenden Zeit malen werde. — Auch den Hans Böhler werde ich porträtieren[4], denn Heinrich Böhler fragte mich schon was bei mir ein Porträt in Essig und Öl kostet. — Höchstwahrschwinlich wird mich mein Schüler Heinrich B. überall mitnehmen. — Nach Indien will er mit mir, sagte er. — Vorgestern war auch → Carl Reininghaus bei mir und zwar um 5 hatte er sich angesagt und kam in der Tat um ½ 10 abends. Nur Geduld haben was Geld anbelangt ich habe die Empfindung daß ich endlich aus der unsicheren Existenz heraus bin. — ich will mir einiges ersparen. — In den nächsten Tagen am Abend komme ich zu Euch, hoffentlich vergiß[!] ich nicht den Atlas. — Eben sind mir zwei Zeichnungen von → Harta geschenkt worden und eine von

312

→ O. Kokoschka[5]. — Vormittags bekam ich prähistorische Scherben. Herzlichst allseits Egon."

E. S. A. 78 [706]

1 Damals bekanntes Wiener Restaurant, Wien I., Kärntnerring 10. Heute Lokal der B.E.A.
2 Otto Prutscher (1880—1949) oder Hans Prutscher (1873—1959), beide bekannte Wiener Architekten, dem → Hoffmannkreis nahestehend.
3 „Bildnis Friederike Beer-Monti", 1914. Sie war die Freundin von Hans Böhler, bezahlte aber für das Schiele-Porträt selbst. Das Klimt-Porträt von 1916 machte ihr Hans Boehler zum Geschenk.
4 Es existiert kein Ölbild Schieles von → Hans Böhler.
5 Soll man annehmen, daß → Kokoschka selbst der Spender war? Dies wäre ein Hinweis auf ein damals bestehendes freundliches Verhältnis zwischen den beiden.

**EGON SCHIELE:
DER DICHTER HANS FLESCH VON BRUNNINGEN
Für die Brunningen-Nummer der AKTION gezeichnet**

[707]

4. X. 1914

→ Franz Pfemfert, C. a. s. [Der Dichter → Hans Flesch von Brunningen von Egon Schiele für → die „Aktion" gezeichnet]. Aus Berlin
„Lieber Herr Egon Schiele, können Sie nach der beiliegenden Photographie ein Bild des großen Dichters → Charles Péguy zeichnen? Er ist soeben gefallen. Wenn Sie mir die Zeichnung recht schnell senden könnten, wäre ich Ihnen sehr dankbar. Uebrigens: haben Sie nie Holzschnitte gemacht? Ich würde so gern eine Egon Schiele-Nummer herausbringen. Ihr
4. 10. 1914. Franz Pfemfert."

E. S. A. 294 [707]

20. X. 1914

An → Josef Hoffmann, L. a. s.
„20. Oktober 1914.
Lieber Herr Professor Hoffmann! Ich weiß, daß ich Ihnen hätte schon längst danken sollen, da Sie mir so schön geholfen haben; ich tue dies jetzt doppelt, — weil ich sehe, daß mir anscheinend dauernd geholfen sein wird. Herr B.[1] nimmt die Sache sehr ernst, was ich mir anfangs nicht dachte, und das mich jetzt innig freut, und ich glaube auch, daß Sie mit der Zeit einen anderen Eindruck von mir bekommen werden als zuvor, denn jetzt habe ich das, was für jedes Wesen die Wirbelsäule ist. Herzlichste Grüße Egon Schiele."

Nach: R., B. & P., p. 135; L. p. 665. Privatbesitz Schweiz
[708]

1 → Heinrich Böhler [siehe Nr. 703].

30. X. 1914

Atelier Professor → Josef Hoffmann, Wien I., Stubenring 3. L. s. [vom Sekretär], 1 p. groß 8°
Ein für die Ausstellung in Brüssel [die wegen der Kriegsereignisse vorzeitig geschlossen werden mußte] bestimmt gewesenes Bild[1] sei aus Herbesthal eingetroffen; man bittet um Abholung, etc.

E. S. A. 52 [709]

1 Nicht feststellbar, um welches der 3 Schiele-Bilder es sich gehandelt hat.

31. X. 1914

An → Josef Hoffmann, L. a. s., 1 p. 8°
„31. Oktober 1914.
Lieber Herr Professor Hoffmann! ich werde in den nächsten Tagen das zurückgekommene Bild holen lassen und auch die Rechnung Schenker & Co.[1] ordnen. Besten Dank. Herzlichste Grüße Egon Schiele."

F. 5; R., B. & P., p. 135 [710]

1 Bekannte, heute noch existierende Spedition.

10. XI. 1914

→ Hans Böhler und andere. C. a. s. [Ansicht der städtischen Musikschule, Krumau]. An → Josef Hoffmann. Scherzhafter Inhalt. Mitunterschrieben von → Ludwig H. Jungnickel und Egon Schiele

Ch. M. Nebehay, Katalog XIV, 22 [711]

[10. XI. 1914]

An → Marie Schiele, Wien IX., Liechtensteinstraße 132. C. a. s. [Krumau, Redoutensaal im Schloß]. Mitunterschrieben von → Hans Böhler, → Heinrich Böhler und → L. H. Jungnickel

E. S. A. 193 [712]

313

23. XI. 1914

An → Anton Peschka, L. a. s. [Glückwunsch zu seiner Vermählung mit → Gertrude Schiele]
„23. November 1914.
                     Wien XIII., Hietzinger Hauptstraße 101
Lieber Anton Peschka! Wir kennen uns lange — das Leben war für Dich traurig — Du wurdest dadurch erzogen, weil Du viel erlebtest — die Zeit muß anders werden. Du hast einen großen Fehler an Dir, ohne den Du wachsen müßtest. — Du sollst Herr sein und dirigieren. Wer mit Überlegung lebt, wird schneller fortkommen. Wir dürfen nicht Bauern sein oder bodenständige Leute, schon das soll uns unterscheiden, — die Vergangenheit dürfen wir nie wieder wünschen, — das wäre Rückkehr. Darum möchte ich mit Euch nicht hierbleiben, — sondern nach dem Krieg nach Berlin und den Mut haben, — von Neuem zu leben beginnen, — dazu wünsche ich Euch und mir Erkenntnis, Klarheit und Glück.
Herzlichste Grüße   Egon Schiele."
Nach: R., B. & P., pp. 104/5; Verbleib unbekannt   [713]

—

An → Gertrude Schiele, L. a. s.
„23. November 1914.
                     Wien XIII., Hietzinger Hauptstraße 101.
Liebe Gerti! Wir leben in der gewaltigsten Zeit, die die Welt je gesehen hat. — Wir haben uns an alle Entbehrungen gewöhnt — hunderttausende von Menschen gehen kläglich zugrunde — jeder muß sein Schicksal lebend oder sterbend ertragen — wir sind hart geworden und angstlos. — Was vor 1914 war, gehört zu einer andern Welt, — wir werden also immer in die Zukunft schauen, — wer hoffnungslos ist, gehört zu den Sterbenden, — wir müssen bereit sein, alles, was das Leben bringt, zu ertragen.
Und wie nach dem Unwetter die Sonne scheint, so werden auch wir die Sonne erleben. Dies Glück wünsche ich Dir als Dein Bruder   Egon Schiele."
Nach: R., B. & P., p. 39; Verbleib unbekannt   [714]

—

An → Marie Schiele, L. a. s.
„23. November 1914.
                     Wien XIII., Hietzinger Hauptstraße 101.
Liebe Mutter! Alles, was ich an → Gerti und → Peschka schrieb, sollst Du verstehen und will ich Dir wünschen. Nur noch etwas: Du mußt erkennen, daß Du als Mutter bis morgen den 24. November 1914 Deine Pflicht, so weit es möglich war, getan hast, — nun wendet sich das Leben wie die Zeit und Du mußt der Jugend den Weg räumen und alle ihre Ansichten und Taten erfassen und befolgen; das ist der Kreislauf des Daseins, das „Neue" zu fördern und zu achten — die Vergangenheit ist ohne Leben, nie daran denken, wie Deine Nächsten sich einstmals verbündeten, dies ist fort und diese Zeit kommt nie wieder, — nie ihre Sitten und Gebräuche. — Gib Gerti manchmal Anleitungen, — wünsche ihr das Beste und erinnere sie nicht an Unangenehmes. Mit mütterlicher Liebe als Selbstzweck, stehe ihr bei, helfe ihr und sie wird Dir dankbar sein und Dich lieb haben. Herzlichst
                                Egon Schiele.
Ich komme vielleicht um 5 Uhr."
Nach: R., B. & P., pp. 33—34; Verbleib unbekannt   [715]

2. XII. 1914

An → Guido Arnot, L. a. s., 1 p. 8°
„2. Dezember 1914.
Lieber Herr Direktor! ich möchte auf Ihre öftere[!] Einladung hin, schon eine Ausstellung bei Ihnen machen, — wie Sie sagten im Jänner und zwar wenigstens 30 Tage lang[1]. Ein Katalog mit einigen Reproduktionen muß auch sein; diesbezüglich würde ich die betreffenden Bilder fotografieren lassen. Ein Plakat müßte gemacht werden. ich würde hauptsächlich meine Bilder und Zeichnungen die bis Kriegsausbruch entstanden sind ausstellen — es sind über 20 größere Bilder die ich auswählen werde und wenigstens 150 Zeichnungen. — Fast alles aber ist in Privatbesitzen[!] Hochachtungsvoll
                                Egon Schiele."
T. L. M.   [716]

[1] Die Ausstellung wurde am 31. XII. 1914 eröffnet.

4. XII. 1914

Hofrat → Alexander Koch, L. s. Aus Darmstadt. Hat von befreundeter Seite [A. Roessler[1]] erfahren, daß Schiele in Bedrängnis sei und läßt ihm 100 Mark aus einer von seiner Zeitschrift „Deutsche Kunst und Dekoration" veranstalteten Sammlung zugehen. Es täte ihm leid, daß es nicht mehr sei, aber aus Österreich sei keine einzige Spende erfolgt, etc.
E. S. A. 12   [717]

[1] Auch → Adolf Hölzel, Stuttgart, hatte sich für ihn verwendet [siehe die nachfolgende Nr.].

Alexander Koch [signature]
[717]

7. XII. 1914

→ Arthur Roessler, Abschrift eines L. a. s. Es sei ihm nicht gelungen, einen Käufer für Schieles Radierungen zu finden, aber über → Adolf Hölzel in Stuttgart sei eine Intervention bei → Alexander Koch erfolgt, man habe Schiele 100 Mark angewiesen. Er möge sich bei beiden bedanken. „... Ich finde es nicht nett von Ihnen, daß Sie sich um Ihre alten Freunde so wenig bekümmern. Oder finden Sie den Weg zu mir, nur wenn Sie bedrängt sind? ...", etc.
E. S. A. 1044   [718]

10. XII. 1914

An die Schwestern → Adda und → Edith Harms, L. a. s., 1 p. groß 8°. Mit farbigen Unterstreichungen
„Donnerstag 10. Dezember 1914.

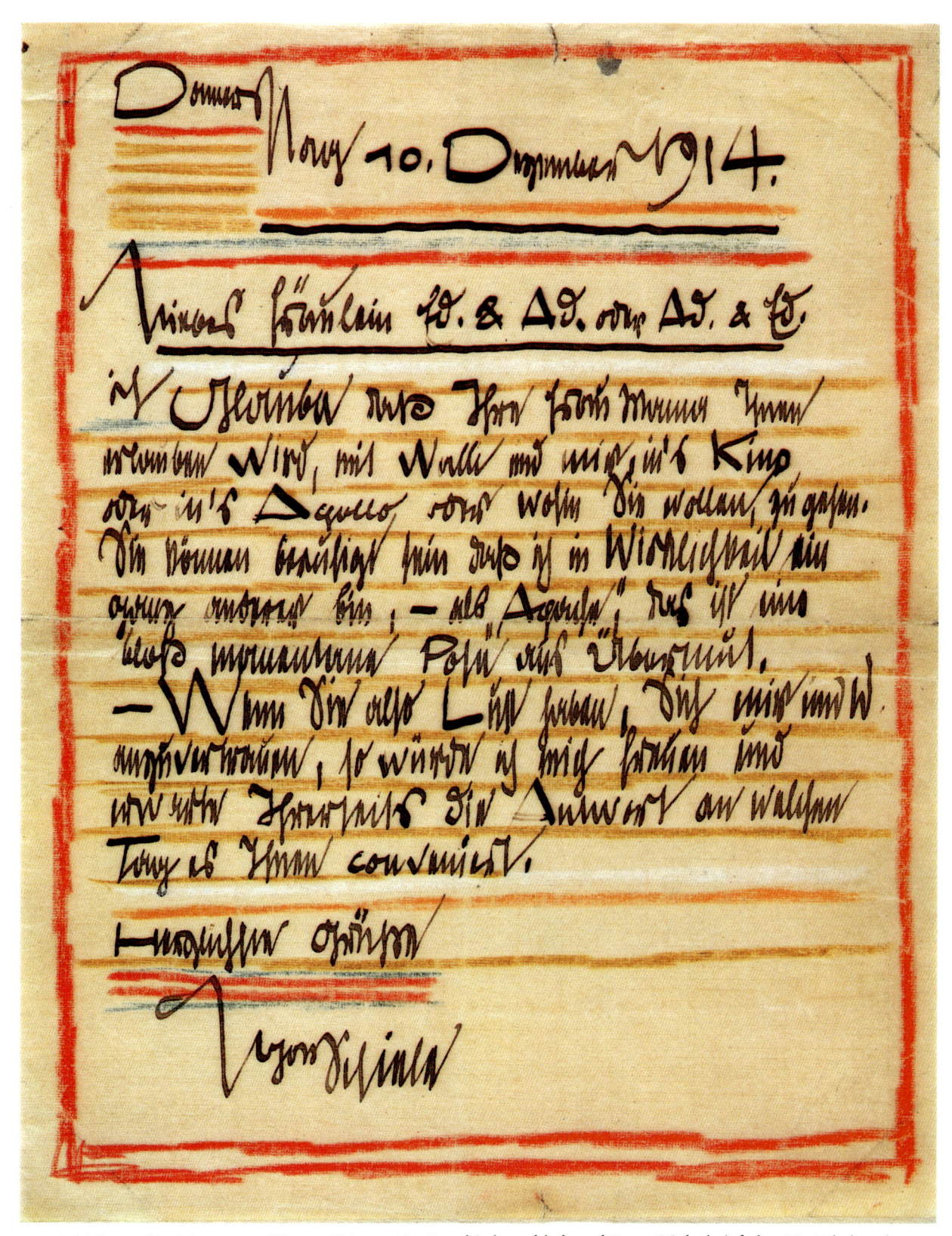

120 Schiele an die Schwestern Harms [Nr. 719]. Graphisch wohl der schönste Malerbrief des 20. Jahrhunderts.

DOKUMENTE UND KORRESPONDENZ 1914

Liebes Fräulein Ed. & Ad. oder Ad. & Ed.[1] ich glaube daß Ihre Frau Mama Ihnen erlauben wird, mit Walli[2] und mir in's Kino oder in's Apollo[3], oder wohin Sie wollen, zu gehen. Sie können beruhigt sein daß ich in Wirklichkeit ein ganz anderer bin, — als „Apache", das ist eine bloß momentane Pose aus Übermut[4]. — Wenn Sie also Lust haben, Sich[!] mir und W. anzuvertrauen, so würde ich mich freuen und erwarte Ihrerseits die Antwort an welchen[!] Tag es Ihnen conveniert.
Herzlichste Grüße   Egon Schiele."
E. S. A. 666   [719]

[1] Schiele war sich sichtlich noch immer nicht klar, welcher der beiden Harms-Töchter seine Sympathie galt.
[2] → Wally Neuzil.
[3] Apollo, damals bekanntes Varieté-Theater in Wien VI.
[4] Es muß sich um ein exaltiertes Verhalten Schieles anläßlich einer zufälligen Begegnung handeln.

11. XII. 1914

An → Arthur Roessler, L. a. s., 2 pp. gr. 8°
„Freitag 11. Dezember 1914.
Lieber A. R. Das Christkindl das Sie mir bereiteten hat mich sehr gefreut. — Herrn → Hofrat Koch sende ich 3 Blätter, und sandte einen Brief[1] → Professor Hölzel möchte ich ein Blatt senden, wenn ich seine Adresse finde — ich erinnere mich eben daß Sie mir diese ja im Brief schrieben. — Herr Rößler ich will Sie auf[!] einiges erinnern was ich anscheinend vergessen habe, um zu wissen, und nicht mißtrauisch zu sein. — Schon lange, als ich → Kosmack malte, gab ich ihm das Bild, wo Sie mir sagten, daß er 200 K. bezahlen wird. — Ich bekam aber bis heute nichts, ich weiß nicht was Herr Kosmack meinte; wenn er mir heute dankt — so war es ein Präsent, wo ich nichts verlangen würde. — Dann habe ich zur Zeit Neulengbachs eine Anzahl erotischer Zeichnungen gemacht die Kosmack verlegen sollte[2] — wo sind die? → Hauer → Harta einen Italiener und Sonstiges an Zeichnungen haben Sie?[3] Sie erwähnen von der Reproduktion von Blättern in der → Deutsch[en] K.[unst] & D.[ekoration] — ich werde dies und die Ausstellung die ich im Jänner bei → Arnot mache mit Ihnen besprechen und zwar Montag 6—7 wenn ich Sie treffe. Herzliche Grüße   Egon Schiele."
W. ST. B. 180.683; R., B. & P., pp. 83/4 [mit Veränderungen]
                                                                   [720]

[1] Schiele hatte, über Fürsprache von → Adolf Hölzel, Stuttgart, von → Alexander Koch, Darmstadt, eine Zuwendung der Künstlerspende erhalten und revanchiert sich nun [siehe Nr. 718].
[2] Es sind dies die in der Affäre von Neulengbach beschlagnahmt gewesenen erotischen Zeichnungen. Daß → Kosmack je daran gedacht haben könnte, sie zu publizieren, scheint uns zweifelhaft.
[3] Siehe den Brief vom 23. IX. 1914, in dem dieselben Zeichnungen erwähnt werden.

12. XII. 1914 [Poststempel]

An → Arthur Roessler, C. a. s. In Bleistift
„Lieber A. R—r. Bin Montag verhindert, daher Dienstag oder Mittwoch 6—7ʰ Grüße   Egon Schiele."
W. ST. B. 180.600; Gl. 53   [721]

13./14. XII. 1914

→ Karl Otten, L. a. s. [in merkwürdiger Orthographie geschrieben]. Aus Tübingen [möglicherweise aus der Haft geschrieben]
„... man frißt sich selbst mit haut und haar und speit sich wieder hin und ein Ekel ohne Grenzen. „Denken Sie an die armen Soldaten" bekommt man zu hören. Ich leide ja nur unter mir selber — weil ich die Verbindung zwischen meinen früheren und jetz. Zustand nicht finde... Seit einigen Tagen habe ich eine Fahrradlaterne, sodaß ich des Abends etwas arbeiten kann — ich zeichne, dichte, — schneide Linoleum — schnitze Götzen und Weibsbilder — bunt durcheinander — ein Tohuwabohu von Kraft und Einfalt. Schreiben Sie mal Antwort, wenn Sie Zeit haben — ich lechze nach Leben..."
E. S. A. 146   [722]

22. XII. 1914

An → Arthur Roessler, L. a. s., 1 p. 8°
„Dienstag 22. XII. 14
Lieber Herr Rößler, Ist das die ‚Kunst für Alle'[1] — die ‚Kunst' ohne ‚Alle' — ist mir viel lieber, — kann das sein? dann müßte ich wissen wieviel Blätter. Meine Ausstellung[2] geht 31. d. M. [des Monats] los. Frohe Weihnachten! Herzliche Grüße   Egon Schiele."
W. ST. B. 180.684; R., B. & P., p. 83 [falsches Datum]
                                                                   [723]

[1] „Kunst für Alle", Zeitschrift, herausgegeben von F. Bruckmann A.G., München.
[2] Gemeint ist die Ausstellung bei → Guido Arnot, Wien, 31. XII. 1914 bis 31. I. 1915.

23. XII. 1914 [Poststempel]

An → Anton Peschka, C. a. s.
„Komme morgen Mittwoch 2ʰ zu mir. Beste Grüße Egon Schiele [und Adresse]."
Ch. M. Nebehay, Katalog XIV, 18   [724]

[vor dem 31. XII. 1914]

An → Guido Arnot. Visitkarte mit eigenhändigen Zeilen
„Lieber Herr Arnot, meine Mama hat die Einladung nicht bei sich — bitte den Eintritt auch so zu erlauben. Herzliche Grüße."
T. L. M.   [725]

[vor dem 31. XII. 1914]

An → Dr. F. M. Haberditzl, Direktor der Staatsgalerie, Wien III., Rennweg. — Gedruckte Einladungskarte der → Galerie Arnot, Wien I., Kärntnerring 15, I. Stock. Schiele

hat die Öffnungszeiten und seine Signatur eigenhändig hinzugeschrieben.
Privatbesitz, Wien [726]

31. XII. 1914
Egon Schiele, Datum und Unterschrift auf einer gedruckten Einladungskarte der Galerie → Arnot. Eröffnungstag: „31. XII. 14", Schluß: „Ende Januar". „Egon Schiele"
E. S. A. 150 [727]

—

Galerie → Arnot, Wien I., Kärntnerring 15, I. St.[ock]. — Katalog der „Kollektiv-Ausstellung Egon Schiele Wien. 31. Dez.[ember] bis 31. Jänner 1915. An Wochentagen von 9—5 Uhr", 14 pp. Mit einer Abbildung „Mutter", 8°
pp. 4—10: „Egon Schiele". Vorwort des damals 18jährigen → Otto Benesch.

„... Schiele ist solch einer, dem man die Liebe und Gerechtigkeit vorenthielt, als sein Antlitz gleichsam unwirklich aus einer nie erlebten Welt auftauchte. Nicht immer war es so. Die → Wiener Werkstätte hatte allmählich in breitere Schichten Eingang gefunden. So schenkte man in der Kunstschau[1] den Bildern des blutjungen Künstlers Minuten wohlwollender Betrachtung und wähnte, damit den subtilen, gewählten Farben und Formen eines tüchtigen Klimt-Epigonen genug getan zu haben. Nicht einmal das Verständnis Muthers[2] drang damals tiefer und unbegreiflich mußte der Wandlungsprozeß wirken, der sich an den sinnlich erfreuenden Farben vollzog, da sie zu unsinnlicher Fahlheit erstarben, während grünliches, bläuliches, rost- und brandrotes Geäder die gewölbten Schädel von Siechen und steilen Asketen umspannte. Es mußte unbegreiflich wirken, — denn mit den süßen Voraussetzungen der W. W.[3] ging es da nicht weiter. Diese Farben waren durch etwas ganz anderes als die Anpassung an einen schwarzweißen Innenraum mit spiegeligen Vitrinen bedingt: durch eine aus Hüllen brechende Geistigkeit, die auch die Linie zu dem machte, daß „steil" und „gewölbt" ihre Namen wurden. Ja, die Linie! Sie beansprucht das Recht der Erstgeburt für sich, und denke ich mir die Bilder jener Zeit, die „Generation", die herben, roten Akte, die Porträts und vieles andere des fruchtbaren Künstlers vor Augen entstehend, so tritt sie als das Primäre aus der freskengroßen Weiße des Grundes hervor. Der Umschwung hatte sich vollzogen. Die an der Kultur des beginnenden Schiele Freude gefunden, standen an einem Scheideweg und nicht viele waren es, die ihm in ehrlicher Bewunderung folgten. — Wenn das junge Genie dem Tasten des Anfangs entwächst, werden die Freunde gesiebt und nur die wirklich Überzeugten, Erkennenden sind im Stande, seinen weiteren Schöpfungen gerecht zu werden. — Dem Gewaltigen ist jedes Ausdrucksmittel zugänglich und kein Weg liegt ihm so abseits, daß er nicht einige Schritte auf ihm täte. Den Zug aber kann man in den meisten Fällen verfolgen: das Hinneigen zu einer Ausdrucksform, so klar geprägt, daß die schöpferische Individualität nach ihr benannt wird. Grünewald bedeutet den „Maler", Dürer „den Graphiker". Irgend etwas der Wesenheit, der vielleicht rein menschlicher Veranlagung entsprungenen Eigenart veranlaßt zu so knapper, das ganz Große in seiner rätselhaften Vielheit allerdings nicht erschöpfender Bedeutung. Das mag auch der Grund gewesen sein, daß man dem Schiele der „Mime van Osen"-Blätter[4] den Vorwurf machte, er wäre ein Illuminator, der sich in der Technik des Füllens von gezeichnetem Gerüst mit Farbe nicht auf das raumkleine Papierblatt beschränkt, sie vielmehr auch auf umfangreiche Leinwanden überträgt. Auch ein Symptom der Ansichtssphäre, die Farbe zum differenzierten Kunstgewerbe rechnet. Ihr leuchtete es nicht ein, wie die Farbe durch das Leben und die Einheit des Graphischen gegeben war. Wie sie bald als schemenhafter Nebelfleck zwischen die Unversöhnlichkeit schwarzer Vertikalen sich einschob, in rötlicher Verheißung konzentrische Brauenbogen umspielte, in blumigen Drei- und Vierecken zur Gewandfigur sich türmte, und umspielen, sich einschieben, türmen mußte, weil es der Gedanke, der aus dunkler Latenz dem Licht endgültiger Fassung zustrebt, so wollte und seinen Willen über die gezeichnete Linie der Farbe mitteilte. Bis ins Detail organisch gegliedert, ein Netz engverwebter Zellen, das nicht zerreißen darf, ohne daß das ganze in wunde Fetzen zerfällt, ist sie auf den Ölbildern von 1910. Fern von künstlerischer Einfalt, bannt sie doch die Furcht vor dem

121 Gezeichnetes Plakat für die Arnot-Ausstellung.

Überwuchern der Architektonik in mönchische Untertänigkeit.

Ein Riese braucht nicht umfänglichen Raum zur Entfaltung seines Riesentums. Im Studienblatt, das erste Aufblitzen einer Idee fesselt, in der Zeichnung, die alle aufbauenden Gewalten und Widerstreite komprimiert enthält, spricht sich der Titane nicht minder aus. Schiele, der sein Vermögen bis zum Tafelbild in Kirchendimensionen steigerte, — vielleicht hatte er am unbeschriebenen weißen Japanblatt einen ersten Löser vom Dominieren der Überlieferung. Er war da mehr mit sich, es störten ihn nicht die Augen, die sich gern an imposante Leinwanden hängen, er durchtränkte den schmalen Raum ganz mit Ich in kühner, befreiter Handschrift und brauchte niemandem Rechenschaft zu geben. So sah das Mittel aus, fieberhafte Augenblicksvisionen festzuhalten und der langsam reifenden Reflexion zu bewahren, auf daß sie in epochalen Erzeugnissen, die die Summe vielen Einzelgeschehens ziehen, ihre Auferstehung feiern. Kaum aber gewinnt die „Zeichnung" die Bedeutung wie bei Schiele, wenn nicht zur genialen Konzeption ein fabelhaftes Handhaben des Stiftes tritt, das jedes in wahnsinniger Hast Geschaute weißglühend in Kontur umsetzt. Dabei ist Schiele gegeben, was ein anderer durch mühsames Studium nicht erreicht. Empfinden für anatomische Korrektheit bis in die unscheinbarsten Naben und Buckel eines Gliedes. Was für den Laien übertrieben, ist höchste Richtigkeit und Wahrheit, durch die Erwählung zum Behälter psychischer Tatsachen geadelte Geometrie. Es gehört schon zum Genie, daß höchste technische Vollendung unwillkürlich mitgeht, wo man den Eindruck bloßen Ringens mit Geistigem hat. Sobald ihm das Erlebnis des Gedankens Bewußtsein wird, ist auch schon die Richtung der materiellen Formung (Farbe, Graphik, Plastik) angedeutet und für solche Formung kommt nur vom Ursprung aus geklärte Materie in Betracht. Sieht der Laie in der Materie eines Kunstwerks Fehler, so lege er sie der Unvollkommenheit des eigenen Sehapparates zur Last und nicht dem Künstler.

Im Kunstwerk, das auf zeitlose, nie aufhörende Wertung Anspruch erhebt, herrscht gebändigter Kampf, in Rahmen gebrachter Dualismus. Die Architektur ließ sich auf dem Höhepunkt ihres Daseins, in Gotik und Barock, von diesem Gedanken leiten, er durchzieht als roter Faden die Kette aller großen Problematiker, er macht heute in Schieles Bildern einen wesentlichen Bestandteil aus. Da wir uns das Abgegrenzte, Einheitliche in seinem höchsten Ausmaß nicht erdenken können, weil jedes Ende die Vorstellung eines Anfangs zu neuer Steigerung erweckt, vermittelt uns das Unvollendete, besser Endlose am stärksten die Unermeßlichkeit des Raums: verstümmelte Pfeiler mit gewaltigen Basen, schwarze Dächer von unsinniger, nutzloser Steilheit, pathetisch ausschweifende Voluten, die in winzige Dachreiter münden. Derlei Motive, unendlich variiert, in immer neue, wunderbare Gruppen gefaßt, häufen sich zu Schieles „Alten Städten". Diese Städte stehen so rein, so unberührt von den häßlichen Zufallswucherungen eines kunstlosen Alltags da, wie sie nur in der Vorstellung eines Ungewöhnlichen existieren oder, in Wirklichkeit existierten, hätte die Menschheit in ihrer Evolution sich und ihrer Hände Arbeit immer lauter gehalten, das pflanzenhafte Wachstum von Gerät und Haus nicht durch Selbstbetrug vergiftet. Weit muß man zurückgreifen, um jenes Dunkle, Unwirkliche, und doch sehr Reale, Eindringliche der stummen, schlafenden Städte wiederzufinden, bis auf die Vlämen des XV. Jahrhunderts, da die Kirchtürme niedriger, die Stundenbücher zierlicher wurden und stiller Frühdämmer in grauer Klarheit die Dinge der Kunst umrieselte, vor dem Nahen der Renaissance. Schiele machte sich nicht als Eklektiker die naiven Umrisse biblischer Maler zu eigen. So entquoll es seinem Fühlen, so hat er es hingesetzt. Das verwitterte „Stein"[5] bot ihm Anregung, die er selbständig verarbeitete. Die fremde wirkliche wurde zu seiner, zur unwirklichen Stadt. Mögen gar viele Reste der Vergangenheit noch in unseren Tagen dauern, so glockentiefe Farben wie Schieles Giebelwände tragen keine. Furchtsamen Kindern gleich drücken sie sich aneinander, die Firste verschwimmen zu schützendem, nächtlichem Mantel, runde Lucken fahlweißer, an den Rändern brandschwarzer Barockkirchen äugen hohl drüber hinweg. Ihre düstere Lyrik wechselt mit der Keuschheit frühlinghafter Rasenflecken, die in klösterliche Mauern und Höhe gebettet liegen, als Hügel kleine kahle Bäume zum Fluß hinabgeleiten, damit sein fleckigwogendes Band ihr zartgeädertes Astwerk hervorhebe...

Altes Glas, unterglüht von sinkender Sonne. Langgezogene Prismen, hagere Rhomben in hohem Gelb, ein schmutziges Purpur, ein Blau, das nach außen schier seine Kraft verloren und nur mehr schlaff in sich hineinleuchtet, ein anderes, das sich aufschließt und seine Jungfräulichkeit dem Licht preisgibt. Darüber gebreitet opakes Gitterwerk, eine segnende Hand, einen Mönchsschädel umschmiegend, weite Flächenkomplexe einfangend, in zartere Parallele ausschwingend, wie Bleiruten. „Agonie"[6]. Leicht erhellt aus ihr Schieles geistige Verwandtschaft mit vermoderten Jahrhunderten. Aber rein geistige Verwandtschaft, denn Archaismus wäre nicht solcher Wirkung fähig. Man betrachte diese Bilder ruhig neben alten Meistern. Hingen sie in Kirchen, wäre ihre Umgebung eine würdige. Damit geht Schiele über das hinaus, was die um → Klimt zu Wege gebracht. Größere Kongenialität mit Altmeistertum, denn mit dem kultivierten Wien, das vor Sturm und Drang seine Kindheit gewesen, bekundet er in der „Auferstehung." Wenn die Gegenwart, die einen → Kokoschka zu den ihren zählt, an Wucht des Ausdrucks alter Kunst gleichkommt, darf man ihr erlaubterweise Affektation vorwerfen, weil sie die die Klimtperiode überholte? Alle, die sich durch ihre Produkte befremdet fühlen, mögen hingehen zu den Zeiten, mit denen sich heute nur mehr die verrufene Kunstgeschichte ernsthaft befaßt, und ehrlichen Blicks das entgegennehmen, was sich ihnen dort bietet, ohne Sophisterei; dann muß ihnen die Berechtigung dieser Kunst aufdämmern, ihr tiefes Wurzeln im Acker der Jahrtausende. Vielleicht öffnen sich dann Augen hinter vorgehaltenen Händen, Augen, die so lange nicht sehen wollten, und es wird eine zweite „Auferstehung"[7] sein: Die Auferstehung zur Erkenntnis des allzeit Großen und Schönen. Otto Benesch."

E. S. A. 842 [728]

1 Gemeint ist die „Kunstschau" von 1909, auf der Schiele ein eigenes Kabinett eingeräumt worden war.

2 Richard Muther (1860—1909), Kunstgelehrter, veröffentlichte eine Geschichte der Malerei im 19. Jahrhundert, in der er für die Bestrebungen des modernen Naturalismus eintrat. Er stand der Kunst → Gustav Klimts ziemlich verständnislos gegenüber.
3 Abkürzung für → „Wiener Werkstätte".
4 Zeichnungen nach → Erwin Osen, 1910/12.
5 Gemeint sind die vier Bilder, die Schiele 1913 nach der Kirche von Stein in der Wachau malte.
6 „Agonie", 1912.
7 „Auferstehung", 1913.

—

→ Alexander Koch, Darmstadt. L. s. Dankt für die 3 Zeichnungen, die Schiele ihm anläßlich der erhaltenen 100-Mark-Spende übersandte.
E. S. A. 481   [729]

—

→ Adele und → Edith Harms, C. a. s. [Salon 1906. Mme. Real Del Sarte — „Le Docteur Faust"], darauf eigenhändig: „Prosit Neujahr!"
„Besten Dank für Ihre Einladungskarte. Es ist uns leider nicht möglich gewesen am Eröffnungstage die Ausstellung[1] zu besuchen. Wenn Sie aber Lust haben, uns am Sonntag d.[en] 17. Jänner bei der Ausstellung zu erwarten so würde es uns freuen. Mit besten Grüßen   Dela & Edith."
17. Jänner zwischen [unleserlich]
E. S. A. 4   [730]

1 Bei → Guido Arnot.

[1914?]

Egon Schiele, eigenhändige Zeilen auf der Rückseite seiner Visitkarte: „Egon Schiele" [in fetten Versalien].
„XIII. Hietzinger Hauptstr.[aße] 101 Stadtbahn Ober St. Veit"
G. P. 49   [731]

[25. ? 1914]

→ Arthur Roessler, C. a. s. [Museum kral. hlav. mesta. Prahy]. „Servus A. R—r." Mitunterschrieben von Ida Roessler, → Štursa und Dr. Pick.
E. S. A. 559   [732]

1914

Egon Schiele. — Handgeschriebene Liste seiner Gemälde, 8 pp. 8°
Nach K., pp. 80/81. Die mit * bezeichneten Eintragungen von der Hand → Anton Peschkas. Der vielen Bildernamen halber wurde darauf verzichtet, richtigstellende oder erläuternde Angaben zu machen.   [733]

Bilder — Besitzer:

Bild	Besitzer
„Herbstbaum", 1909, 90x90	C. Reininghaus, Wien
„Selbstporträt", 1909, 110x40	E. G. Wimmer, Architekt, Leiter der Modeabteilung der Wien.[er] Werkstätte
„Sonnenblume", 1909, 150x30	Maler Kahrer, Klosterneuburg [*Nebehay]
„Porträt Gerta Schiele", 1909, 140x140	Marie Schiele [durchstrichen *Maler Peschka], Wien
„Stürmer", 1910, 150x150	C. Reininghaus, Wien
„Porträt Dr. Reichel", 1910, 100x100	Dr. Herm.[ann] Eißler, Wien
„Porträt Hofrat Otto Wagner", 1910, 50x40	A. Rößler, Wien
„Porträt eines Malers", 1910, 100x90	C. Reininghaus, Wien
„Porträt Dr. v.[on] Graff", 1910, 100x90	Dr. v. Graff, Wien
„Porträt A. Rößler", 1910, 100x100	A. Rößler, Wien
„Schwarzes Mädchen", 1911, 100x100	Dr. Reichel, Wien
„Madonna", 1911, 80x80	Dr. Reichel, Wien
„Selbstporträt", 1911, 50x40	H. Benesch, Wien
„Tote Stadt", 1911, 45x35 Holz	H. Benesch, Wien
„Stadtbild", 1911, 45x35 Holz	A. Rößler, Wien
„Stadtbild", 1911, 45x35 Holz	A. Rößler, Wien
„Tote Mutter", 1911, 45x35 Holz	A. Rößler, Wien
„Mein Wohnzimmer", 1911, 45x35 Holz	A. Rößler, Wien
„Selbstporträt", 1911, 45x35 Holz	A. Rößler, Wien
„Ruine", 1911, 45x35 Holz	Dr. Reichel, Wien
„Herbstbäume", 1911, 45x35 Holz	Dr. Reichel, Wien
„Porträt Frau Rößler", 1912, 45x35 Holz	A. Rößler, Wien
„Kalvarienberg", 1912, 80x80	H. Benesch, Wien
„Herbstbaum", 1912, 80x80	Magda Mauthner v.[on] Markhof, Wien
„Sonne und Herbstbäume", 1912, 80x80	Waerndorfer, Wien — (Amerika)
„Kahle Bäume", 1912, 80x80	Dr. Reichel, Wien
„Vision", 1912, 90x80	*Nachlaß, Wien?
„Herbstbäume", 1912, 80x80	Sykora, Wien
„Winterbäume", 1912, 80x80	F. A. Harta, Wien
„Mädchen", verklärtes, 1912, 80x70	F. A. Harta, Wien
„Jesuiten", 1912, 100x100	Dr. Reichel, Wien
„Prozession", 1912, 100x100	Dr. Reichel, Wien
„Kleine Stadt", 1912, 80x80	Museum Folkwang, Hagen i.[n] Westfal.[en]
„Bekehrung", 1913, 80x70	Galerie Hauer, Wien
„Agonie", 1913, 80x70	Galerie Hauer, Wien
„Eremiten", 1913, 180x180	*Nachlaß, Wien
„Stadt Stein", 1913, 90x90	Galerie Hauer, Wien
„Stadt Stein", 1913, 90x90	Galerie Hauer, Wien
„Heilige Familie", 1913, 50x40 Pergament	Lederer, Wien
„Auferstehung", 1913, 220x200	Galerie Hauer, Wien [durchstrichen], „*Nachlaß, Steiner, derzeit in Dresden". Ferner: „Steiner"
„Landschaft", 1913, 90x80	H. Benesch, Wien
„Die Brücke", 1913, 90x90	Dr. Reichel, Wien
„Sonnenlose Landschaft", 1913, 90x90	Dr. Spitzer, Wien
„Versinkende Sonne", 1913, 90x90	A. Rößler, Wien
„Sägewerk", 1913, 80x70	Galerie Hauer, Wien
„Kleine Stadt", 1913, 90x90	Dr. M. Jung, Architekt, Wien
„Kleine Stadt", 1913, 90x90	Marx Lackfabrik, Gaaden b.[ei] Wien
„Doppelporträt", 1913, 140x120	C. Reininghaus, Wien
„Liebkosung", 1913, 80x70	*?Nachlaß, Wien?
„Seegestade", 1913, 90x90	Dr. Engel, Wien
„Liebespaar", 1914, 120x150	*?Nachlaß, Wien?
„Stadt", 1914, 100x110	Galerie Hauer, Wien
„Vorstadt", 1914, 100x110	Dr. H. Boehler, Wien
„Vorstadt", 1914, 100x110	Galerie Hauer, Wien, z. z. [zur Zeit] in Brüssel
„Junge Mutter", 1914, 100x110 *?Identisch Blinde Mutter Brüssel	derzeit in Brüssel; darübergeschrieben „*Maler Peschka"
„Welke Sonnenblumen", 1914, 100x110	Frau N. N., Solothurn, z. z. in Brüssel
„Die Häuser am Meer", 1914, 100x110	Regierungsrat Hoffmann, Wien
„Porträt Frl. Beer", 1914, 180x60	Frl. Beer, Wien
„Mann & Frau", 1914, 140x120	?
„Blinde Mutter", 1914, 120x100 *Mit zwei Kindern andere Fassung	*Neufeld, Wien
„Heilige", 1914, 200x170	*Nachlaß, Wien, Steiner
„Stadt", 1914, 180x100	Dr. Hora, Wien
„Waldandacht", 1914, 110x100	*Dr. Engel?
„Häuser und Meer", 1914, 110x100	*Hoffmann, Wien
„Gelbe Stadt", 1914, 140x110	*Boehler, Wien
„Freundinnen", 1914, 160x150 [das Ganze durchstrichen]	
„Stilleben", 1914, 60x80	[Galerie] Würthle, Wien

vergessen:
„Hypnose" — „Porträt Frl. Engel" — „Porträt Kosmack[!]" — „Lyriker" — „Tod und Mann" — „Porträt kl.[einer] Dr. Rainer"

2 Stadtbilder Holz und 5—10 andere Holzbilder
Selbstseher

122 Schiele vor dem großen Atelierspiegel. Links das Bild „Tod und Mädchen", 1915 [siehe Abb. 124].

XI. Ausstellung in der Galerie Arnot; Heirat; Einberufung; Militärdienst

1915

Vom 31. Dezember 1914 bis Ende Jänner 1915 dauerte eine große Schiele-Ausstellung, die in der Galerie → *Guido Arnot* am Kärntnerring 15, 1. Stock, in Wien veranstaltet wurde. Schiele entwarf für die Ausstellung ein Plakat, dessen Entwurf sich erhalten hat [Historisches Museum der Stadt Wien]. Er stellte sich darauf als Sankt Sebastian dar, von Pfeilen durchbohrt. Über den pekuniären Erfolg der Ausstellung sind wir nicht informiert. Für den Katalog schrieb der damals neunzehnjährige → *Otto Benesch* einleitende Worte, die er Schiele vorlegen wollte; als er diesen jedoch zur vereinbarten Stunde nicht antraf, ließ er seinen Text abdrucken wie er war. Es gab darüber, Schiele war offenbar darin von → Heinrich Böhler beeinflußt (der die Einleitung als „Kunst-Quatsch" abtat), einen Briefwechsel. Otto Benesch schrieb am 10. I. 1915 an Schiele:

„... Sie, Herr Schiele, waren doch einmal einer von ‚denen um Klimt'. Die Wandlung, die Sie in andere Bahnen lenkte, kann nur ein Abstieg oder Aufstieg gewesen sein. Wohl war es ein Aufstieg..." Der lange, bisher nur in Bruchstücken bekannte Brief[1] gehört zu den interessantesten Dokumenten, die wir mitteilen können [siehe Nr. 738].

Wir schrieben schon im letzten Absatz des Jahres 1914, daß sich Schiele für die beiden hübschen jungen Damen, die ihm gegenüber wohnten, zu interessieren begonnen hatte. Anscheinend zunächst längere Zeit hindurch, ohne sich darüber klarzuwerden, wem seine Sympathien wirklich galten. Es gab die Verständigung durch die Zeichensprache von Fenster zu Fenster, kleine Billetts oder Briefe:

„Donnerstag 10. Dezember 1914. Liebes Fräulein Ed. [Edith] & Ad. [Adele] oder Ad. & Ed. ich glaube daß Ihre Frau Mama Ihnen erlauben wird, mit → *Walli und mir in's Kino oder in's Apollo [damals bekanntes Varieté, Wien VI., Gumpendorferstraße 63] oder wohin Sie wollen, zu*

gehen. Sie können beruhigt sein, daß ich in Wirklichkeit ein ganz anderer bin, — als „Apache", das ist eine bloß momentane Pose aus Übermut. — Wenn Sie also Lust haben, Sich[!] mir und W. anzuvertrauen, so würde ich mich freuen und erwarte Ihrerseits die Antwort an welchen[!] Tag es Ihnen conveniert. Herzlichste Grüße Egon Schiele."

Es scheint, daß das Wort „Apache" auf sein sonderbares Benehmen zurückzuführen ist, in dem er sich gefiel, als er die beiden zufällig eines Tages in einem Park traf[2]. Eine Aufforderung zu einem längeren Ausflug scheiterte am energischen Einspruch der Mutter [siehe Nr. 654]. Aber bereits kurz darauf hatte er sich entschieden. Und am 16. II. 1915 schrieb er an Arthur Roessler:

„. . . Habe vor zu heiraten . . . günstigst, nicht → Wal[ly] . . ."

Das Wort „günstigst" läßt aufhorchen. Er kann damit wohl nichts anderes gemeint haben, als daß er standesgemäß, also eine junge Frau aus besseren Kreisen, zu heiraten beabsichtigte. Wir wiesen schon eingangs darauf hin, daß man sich bloß eines der in der Wohnung von → Johann Harms, seinem künftigen Schwiegervater, aufgenommenen Familienfotos ansehen muß, um zu erkennen, daß es gutbürgerliche Verhältnisse waren, aus denen er, der Sohn aus bürgerlichem Haus, sich seine Frau wählte. Damit schließt sich der Kreis. Aus dem beengenden Milieu seines Onkels geflüchtet, war er nun arriviert. Ein junger Mann, der etwas auf sich hielt und ohne weiteres dazu bereit war, in jene Kreise zurückzukehren, denen er auf immer Lebewohl gesagt zu haben geglaubt hatte.

Wir wissen von *Johann Harms* beinahe nichts, außer daß er aus dem Hannoveranischen stammte, in der Floridsdorfer Lokomotivfabrik als Schlosser gearbeitet hatte, jedoch seit 1914 bereits in Pension lebte. Es ist unrichtig, ihn als Hausbesitzer zu bezeichnen, denn das Haus in der Hietzinger Hauptstraße 114 gehörte seiner Frau[3]. In der Literatur wird behauptet, ein wohlhabender Verwandter habe Geld zur Erziehung der beiden Töchter beigesteuert[4]. Von Schiele selbst haben wir die lakonische Mitteilung, daß er seinen Schwiegervater, den er 1916 auch gemalt hat, geschätzt habe. Dessen Frau, geborene Josefine Bürzner, hatte ihn — nach dem Tod ihres ersten Mannes Erdmann — in zweiter Ehe 1884 geheiratet. Sie stammte aus Weitersfeld bei Retz in Niederösterreich. Von ihr haben sich einige wenige Briefe erhalten, deren Inhalt sich in nichts von den Briefen anderer Mütter jener Tage unterscheidet. Sie klingen liebevoll, besorgt, ein wenig umständlich.

→ *Edith Harms* war drei Jahre jünger als Schiele. Sie hatte, ebenso wie ihre um drei Jahre ältere Schwester → Adele, eine sorgfältige Erziehung im Kloster genossen, beherrschte Französisch und — anscheinend über ausdrücklichen Wunsch ihres Vaters — auch die englische Sprache, was damals ungewöhnlich war[5]. Über Ediths Aussehen wissen wir gut Bescheid. Schiele hat sie zweimal in Öl gemalt, 1915 und 1917, und oft nach ihr gezeichnet. Auf den Fotografien, die er von ihr machte, gibt sie sich manches Mal spielerisch „mondän", was gar nicht zu ihr passen will. Es scheint, als habe er ihre etwas herben Gesichtszüge in seinen Darstellungen schmeichelhafter dargestellt. Aus einer Anzahl von Briefen, die sich erhalten haben, erkennt man, daß sie sich außerordentlich bemühte, ihrem Mann eine gute, tüchtige Frau zu sein. Als er eingerückt war, begleitete sie ihn nach Prag, nach Neuhaus in Böhmen, später nach Mühling. Ab nun oblag es ihr allein, die Verbindungen zu Galerien, zu seinen Kunden und Freunden aufrechtzuerhalten. Die Freunde, dies sei vorweggenommen, waren durchaus begeistert von ihr[6]. Arthur Roessler widmete ihr in seinen „Erinnerungen" sogar das Kapitel „Liebe und Ehe".

Es muß für das junge Mädchen gar nicht leicht gewesen sein, behütet, wie sie war, aus engen häuslichen Verhältnissen kommend, sich plötzlich in einem völlig neuen Milieu zurechtzufinden. An der Seite eines Mannes, den sie zwar liebte und bewunderte, der aber, Künstler, der er war, sehr viel Nachsicht von ihr verlangte. Wohl mag es ihr anfangs geschmeichelt haben, daß sie nun sein Modell war; jedoch: Modell für Schiele zu sein, hieß letzte Geheimnisse preisgeben. Es scheint, daß er, wenn er Aktzeichnungen nach ihr machte, dem Gesicht andere Züge gab. Aber schon sehr bald sollte sie das „Sich-nicht-beruhigen-Können" ihres Mannes vor Probleme stellen, und sie mußte ihm gestatten, daß es neben ihr wieder Berufsmodelle gab. Wir können sie durch sein Notizbuch des Jahres 1918, Tag für Tag — zumeist mit vollen Namen und Adressen — nachweisen (ohne daß es allerdings gelungen wäre, sie nach den Zeichnungen zu identifizieren). Nach diesen Modellen entstanden nun — wie in den Jahren zuvor — viele erotische Zeichnungen. Es wurden daher an Ediths Toleranz ganz beachtliche Anforderungen gestellt. Denn was sie zu akzeptieren hatte, ging weit über das hinaus, was im allgemeinen der Frau eines Künstlers zumutbar war. Daß sie es trotzdem verstand, ruhig zu bleiben — vielleicht, daß sie resignierte, sich aber nichts anmerken ließ, denn der Ton ihrer Briefe bleibt unverändert liebevoll —, spricht für sie. Wir haben keinerlei Beweis dafür, daß es in dieser Ehe von ihrer Seite aus Schwierigkeiten gegeben hätte. Von seiner Seite aus lagen die Dinge vielleicht anders[7]. Ein von ihr während ihrer Ehe geführtes Tagebuch blieb uns unzugänglich, scheint aber nicht sehr aufschlußreich zu sein[8]. Aus Briefen, die sich von ihr erhalten haben, sprechen Liebe, Zuneigung und Sehnsucht. Merkwürdigerweise hat sich kein einziger Liebesbrief Schieles an sie erhalten; auch findet sich in seinen Briefen und Karten an sie oder in seinen Tagebuchaufzeichnungen (Kriegstagebuch 1916, Tageskalender 1918) kein einziges wirklich warmes Wort für sie.

In einem Punkt jedoch war Edith Harms unnachgiebig. Bevor sie sich an Schiele binden sollte, bestand sie auf eine klare Trennung von → Wally Neuzil. Wir haben darüber und über das sonderbare letzte Gespräch zwischen Schiele und dieser bereits im Kapitel VII ausführlich berichtet.

Ende Mai 1915 mußte sich Schiele wieder einmal einer Musterungskommission stellen und wurde, unerwarteterweise, als militärtauglich befunden. Am 31. V. schreibt er an seine Mutter eine seiner lakonischen Karten:

„‚geeignet'. Einrücken am 21. Juni nach Prag! Herzlichst Egon Schiele."

Ein paar Tage zuvor, am 17. Juni, fand die Kriegstrauung mit Edith (erleichterte Formalitäten, kein Aufgebot) — bemerkenswerterweise in Abwesenheit von Schieles Mutter — in der evangelisch-lutherischen Stadtkirche in Wien I., Dorotheergasse, statt. Schiele selbst war katholisch, fügte sich aber offenbar den Wünschen der Familie seiner Braut. Der Entschluß zur Hochzeit muß recht plötzlich gefaßt worden sein. Wahrscheinlich hatte das Paar große Widerstände seitens der Familie Harms zu überwinden. Es müssen deren Bedenken nicht unbedingt seiner Person oder seinem Beruf gegolten haben, sondern es waren wohl ganz einfach Überlegungen der Eltern, daß ihre Tochter sich in diesen unsicheren Zeiten besser nicht binden möge. Daß er nach Prag einrücken mußte, hatte (wie bereits einmal angedeutet) seine Ursache in der Tatsache, daß die Familie, vom Großvater her, nach dorthin zuständig geblieben war. Seine junge Frau begleitete ihn und wohnte im Hotel „Paris", wohin Schiele auch seine Post dirigierte. Die Tage in einer Ausstellungshalle in Prag, in der er mit 10.000 Einberufenen notdürftig untergebracht war, sowie die erste Ausbildungszeit in Neuhaus in

Böhmen zählten — wie konnte dies anders sein — zu den schwierigsten und trostlosesten seines Lebens.

Die Stationen von Schieles militärischer Tätigkeit in diesem Jahre waren: Einberufung nach Prag; am 5. Juli kam er nach Neuhaus in Böhmen zu seinem Stammregiment zur Grundausbildung; ab August war er in Wien zu Schanzarbeiten wegen des drohenden Durchbruchs der Russen auf dem Exelberg und im Lainzer Tiergarten eingesetzt. Anfang November meldete er sich freiwillig zum Eskortieren russischer Kriegsgefangener von Wien nach dem nordöstlich in einiger Entfernung gelegenen Gänserndorf und zurück.

Zusammenfassend kann man über Schieles Militärdienst berichten, daß auch hier sein guter Stern ihn nicht verließ. Es dauerte zwar bis zum Frühjahr 1918, bis er es endlich durchsetzen konnte, in das Heeresmuseum versetzt zu werden, wo der Dienst wirklich nur mehr „pro forma" gewesen sein muß. Aber schon vorher gehörte er zu den wenigen Glücklichen, die daheim schlafen konnten. Wo immer er war, sein Dienst war mehr als leicht. In Mühling gestattete man ihm die Einrichtung eines Behelfsateliers; andere Dienststellen — so die später oft zitierte „Konsumanstalt" — brachten abwechslungsreiche Dienstreisen und Zubußen an Nahrungsmitteln. Kurz, es hätte unschwer alles ganz anders sein können! Allerdings vermag man an der außerordentlich beschränkten Produktion der Zeit seines Militärdienstes abzulesen, daß das lange Herumsitzenmüssen in den Schreibstuben, das Aufstehen in den grauen Stunden des Morgens, die langen Fahrten zu den Dienststellen ihren Tribut forderten.

ANMERKUNGEN

1 A. C., pp. 122/3 und Anmerkung 26, pp. 229/30

2 A. C., p. 136

3 Grundbuch für den XIII. Bezirk, Ober St. Veit, E. Z. 1457, Katastralnummer 518. Josefa (Josefine) Harms scheint vom 10. III. 1913 bis zum 18. V. 1918 als Eigentümerin auf. Es wurde somit einige Monate vor dem Tod des Ehepaars Schiele verkauft.

4 Sigmund Freiberg, Ihr werdet sehen... Schiele-Roman, Wien, 1967, p. 306

5 A. C., p. 136 und p. 147. Johann Harms sei überzeugt gewesen, daß Englisch nach dem Kriegsende die Weltsprache sein würde. In Wien herrschte bis 1914/1918 Französisch als Fremdsprache vor.

6 „...Die Ehe ließ sich gut an, nur war Frau Schiele, eine mondäne, mittelgroße, sehr bewegliche Blondine, sehr eifersüchtig, was aber an Schieles heiterem Gleichmute wirkungslos abprallte. So durfte er anfangs nur nach ihr Akt zeichnen. Als sie anfing, etwas fülliger zu werden [sie erwartete im Frühjahr 1918 ihr erstes Kind; Anmerkung des Herausgebers], Schiele hingegen schlanke Figuren künstlerisch bevorzugte, mußte sie schließlich auch andere Modelle dulden..." [Heinrich Benesch, Mein Weg mit Egon Schiele, New York 1965, p. 33]

Die Mutter allerdings äußerte sich in einem — wohl um das Jahr 1925 dem „Neuen Wiener Journal" gegebenen — Interview „Schiele und die Frauen" weniger freundlich:
„... Oh, es ist sehr um ihn zugegangen. Er hat schöne Augen gehabt und hat sie alle behext. Dabei war er durchaus nicht liebenswürdig mit ihnen, eher schroff... Die Tochter eines ersten Wiener Großindustriellen war ihm zugedacht. Er aber meinte: Ich heirate nie ein reiches Mädel. Daß ich abhängig werde!... Er nahm wenige Jahre darauf ein Mädchen aus kleinen bürgerlichen Kreisen, dem Zuge seines Herzens folgend. Leider war sie ein wenig eifersüchtig. Besonders auf die schönen Modelle meines Sohnes hatte sie's abgesehen... Solche Künstlernaturen sollten nicht heiraten!..." [E. S. A. 1211]

7 Ein merkwürdiger, möglicherweise überspannter Brief deutet auf ein Liebesverhältnis mit einer Komponistin während der Ehe hin [siehe Nr. 1790]. Auch in Schieles Notizbuch von 1918 kommt ihr Name — Emmy Obransky — öfters vor. Wobei festgehalten sei, daß die Verfasserin jenes Briefes die einzige außerhalb der eigentlichen Familie und des Freundeskreises war, die Blumen zu Schieles Begräbnis brachte [siehe Nr. 1784].
Siehe auch A. C., p. 238, und Anmerkung 36, die ein Liebesverhältnis zu seiner Schwägerin → Adele Harms durchblicken

läßt. Sie erwähnt auch den merkwürdigen Umstand, daß Schiele eine ganze Anzahl von Aktfotos nach ihr gemacht hätte, deren Platten sie bei → Melanie Schuster gesehen hätte.

8 Das Tagebuch befindet sich — ebenso wie andere Schriften Schieles — im Nachlaß von Dr. Otto Kallir, New York, der sich weigerte, Fotokopien zur Verfügung zu stellen.

A. C., p. 149, teilt — nach Einsichtnahme in das Tagebuch — mit, daß es in der Hauptsache Anmerkungen über das eheliche Zusammensein enthalte. Wie solche übrigens auch in Schieles Kriegstagebuch des Jahres 1916 zu finden sind. Wir haben die von ihm verwendeten Symbole in unserer Wiedergabe jedoch unbeachtet gelassen.

1915

1915 entstanden nur 11 Bilder; davon 6 Landschaften; 1 Porträt; 4 Sonstiges

LANDSCHAFTEN:

„Krumauer Stadtviertel", auch „Häuserbogen" [K. 209; L. 258; Bezalel National Museum, Jerusalem]
„Einzelne Häuser" [K. 208; L. 259; Viktor Fogarassy, Graz]
„Der Häuserbogen" [K. 212; L. 260; Privatbesitz, Wien]
„Haus mit Schindeldach" [K. XLVII; L. 262; Privatbesitz, Wien]
„Hauswand am Fluß mit Anbauten" [K. XLVII oder XLVIII; L. 263; Privatbesitz, Wien]
„Waldandacht" [K. 210; L. 264; Privatbesitz, Schweiz]

PORTRÄTS:

„Bildnis Edith Schieles in gestreiftem Rock" [K. 205; L. 267; Gemeente-Museum, Den Haag]

SONSTIGES:

„Entschwebung" [K. 206; L. 265; Privatbesitz, Wien]
„Tod und Mädchen" [K. 207; L. 266; Österreichische Galerie, Wien]
„Mutter mit zwei Kindern II" [K. 211; L. 261; Privatbesitz, Wien]
„Mutter mit zwei Kindern III" [K. 223; L. 273; Österreichische Galerie, Wien]

AUSSTELLUNGEN:

Dezember 1914 bis Jänner 1915	Kollektivausstellung bei Guido Arnot, I., Kärntnerring 15
	Kunsthaus Zürich [Aquarelle und Zeichnungen]

PREISE UND EINNAHMEN:

um den 5. I. 1915	Schiele ersucht → F. A. Harta um Zahlung von 20 Kronen für 2 Zeichnungen
7. IV. 1915	→ Hofrat Alexander Koch übersendet nochmals 150 Mark aus seinem Hilfsfonds
26. IV. 1915	→ Heinrich Benesch will eine Zeichnung für 30 Kronen kaufen
um den 28. V. 1915	Schiele hat über → Hofrat Leisching 200 Kronen aus einem österreichischen Hilfsfonds erhalten
31. V. 1915	→ Heinrich Böhler zahlt für „Der Häuserbogen", 1915, 500 Kronen und verpflichtet sich zu monatlicher Unterstützung von 200 Kronen
12. VII. 1915	Schiele verlangt von → Guido Arnot je 50 Kronen für 2 farbige Blätter oder Angabe auf ein Bild
vor dem 14. VII. 1915	„Hauswand am Fluß mit Anbauten", 1915, von → Heinrich Böhler um 500 Kronen gekauft
19. VII. 1915	→ Heinrich Benesch verwahre ein Bild, das 600 Kronen koste, „Liebespaar", 1914, koste 800 Kronen, ein anderes 2000 Kronen
9. VIII. 1915	Schiele verlangt von → Arnot 3000 Kronen für „Entschwebung", 1915; für „Tod und Mädchen", 1915, 2000 Kronen; für „Eremiten", 1912, 1500 Kronen. Für Zeichnungen schwarzweiß je 30 Kronen
15. VIII. 1915	→ Arnot gegenüber einverstanden mit 60 Kronen für 1 Schwarzweiß- und 1 farbige Zeichnung
3. IX. 1915	→ Hofrat Koch spendet zum letzten Mal 100 Mark
8. XI. 1915	→ Benesch fragt an, ob er eine farbige Kinderzeichnung für 40 Kronen haben könnte
4. XII. 1915	→ Benesch bereit, für farbige Porträtzeichnung nach → Edith Schiele 40 Kronen zu bezahlen
16. XII. 1915	Preise für die in Berlin ausgestellten Bilder: „Die Entschwebung", 1915, 10.000 Mark; „Tod und Mädchen", 1915, 6000 Mark; „Mutter mit zwei Kindern", 1915/17, 6000 Mark; für farbige Zeichnungen je 200 Mark. Diese Preise, anscheinend von → Carl Moll festgesetzt, sind bereits Inflationspreise. Verkauft wurde nichts.

WOHNADRESSE: Wien XIII., Hietzinger Hauptstraße Nr. 101

AUFENTHALTE:

19. VI. 1915	Zur Assentierung in Prag. Edith wohnt im Hotel „Paris"
um den 1. VII. 1915	in Neuhaus, Böhmen, als Einjährig-Freiwilliger, zugeteilt dem Regiment 75, Bewachungsabteilung. Edith wohnt im Hotel „Central"
ab 1. VIII. 1915	als Soldat in Wien. Zuerst Schanzarbeiten im Lainzer Tiergarten, dann in einer Schule und am Exelberg
ab dem 7. XII. 1915	in Gänserndorf nördlich von Wien beim Eskortieren russischer Kriegsgefangener von und nach Wien

Schiele hatte in Wien als Soldat die Erlaubnis, daheim zu schlafen

123 „Einzelne Häuser", Öl, 1915 [L. 259].

124 „Tod und Mädchen", Öl, 1915 [L. 266].

125 „Mutter mit zwei Kindern", III, Öl, 1915/17 [L. 273].

126 „Zwei Freundinnen", Bleistift, Aquarell und Deckfarben, 1915.

127 „Waldandacht", Öl, 1915 [L. 264].

3. I. 1915 [Poststempel]
An → Guido Arnot, C. a. s., in Bleistift
„Lieber Herr A. — ich bin täglich 10—4ʰ zu Hause falls der Herr der in Budapest ist mit Ihnen kommt. Grüße   Schiele."
T. L. M.   [734]

[um den 5. I. 1915]
An → F. A. Harta, Visitkarte mit eigenhändigen Zeilen
„Lieber Harta! Bitte senden Sie mir durch → Walli die mir für die beiden Zeichn.[ungen] schuldigen 20 K.[ronen] weil eine Stockung eintrat. Herzliche Grüße."
E. S. A. 862   [735]

5. I. 1915
An → Heinrich Benesch, Abschrift eines Briefes
„5. Jänner 1915
Lieber Herr B. Herr Böhler[1] ist krank, morgen ist nichts. Die Einleitung Ottos[2] behagt ihm gar nicht, er schrieb mir: „Schiele, Schiele, haben Sie denn so einen Kunst-Kwatsch nötig? Ihre Bilder sprechen doch genug. Firlefanz-Grössenwahn!" Der Ansicht bin ich aber nicht ganz. Denn geschrieben ist das Ganze anscheinend gut, natürlich hatte ich noch vorher gesagt, höchst wenig und schlicht schreiben. Es ist aber eine Erläuterung oder Kritik für eine Zeitung, allerdings hätte von → Klimt oder → Kokoschka nicht geschrieben werden sollen, wenn man einiges sagen will um nicht völlig dumm davor zu stehen. Gerade so aber wie → Roessler mir die Einleitung für den → Goltzkatalog nicht zeigte, tat es Otto, das war ein Fehler, nichts weniger ist es sehr gut gemeint und gedacht. Ich erinnere mich an unsere Ausstellung, die erste bei → Pisko (Neukunst 1909) das war am Richtigsten. Es hiess etwas von der Sonne usw. geht hinein und lasst die Bilder auf euch wirken. Donnerstag Wiedersehn.
Egon Schiele."
E. S. A. 621   [736]
1 → Heinrich Böhler
2 → Otto Benesch, der die Einleitung zum Katalog der Ausstellung bei Guido Arnot Dezember 1914/Januar 1915 schrieb [siehe Nr. 728].

8. I. 1915
→ „Neue Freie Presse", Wien, Zeitungsausschnitt
„(Kunstausstellungen). Der Kunstsalon → Arnot Kärntnerring 15 — ja nicht zu verwechseln mit dem gleichnamigen Bildergeschäft im erweiterten Teile der Kärntnerstraße[1] — bringt nun schon die zweite Ausstellung moderner Kunst, ohne sich durch das Lodern und Prasseln des Weltbrandes stören zu lassen. „Cum fractus illabatur orbis, impavidum ferient ruinae!" — Diesmal ist es Egon Schiele, über den wir schon öfter zu sprechen Gelegenheit hatten und der durch eine grosse Kollektion von zum Teil in ansehnlichen Dimensionen gehaltenen Malereien und Zeichnungen das Urteil bestätigt, das wir früher über ihn abgegeben haben. Er ist unter den extrem Modernen weitaus das stärkste Talent und der stärkste Könner; als Zeichner oft geradezu meisterhaft, in der Koloristik von einem höchst aparten Geschmack, desgleichen in der technischen Behandlung, dem Traktament der Oberfläche, dem Auftrag der Farbe. Er ist auch eine ausgesprochene Individualität — leider eine allzu ausgesprochene. Seine Subjektivität führt zur Manier im bösen Sinne; Charakteristik wird zur Grimasse, und das ganze hat einen so starken pathologischen Einschlag, dass es für den Psychoanalytiker fast wertvoller wird als für den Kunstfreund — wenn nicht der Kunstfreund gleichzeitig Psychoanalytiker ist, wie denn das wohl zu Zeiten kommen mag, namentlich zu den jetzigen Zeiten. Man wird also diese „Bekenntnisse" mit zwiespältigen Gefühlen betrachten; in die Bewunderung über die ganz seltenen künstlerischen Qualitäten mischt sich ein Grauen vor diesem aus den dunkelsten und geheimsten Gründen einer fiebernden Seele hervorgewühlten Schlamm...[2] Unzucht und Verwesung rein abdestilliert, ohne jeden störenden Beigeschmack sind vielleicht noch nie mit so echten künstlerischen Mitteln, man könnte sagen, so klassisch gemalt worden.
→ A. F. S.[eligmann]."
E. S. A. 225   [737]
1 Das Bildergeschäft → Arnot befand sich im Gebäude des neuen Hotels „Bristol" nahe der sogenannten „Sirkecke", die nach einem Ledergeschäft so benannt wurde. Es war ein eleganter schmaler Laden, in dessen Fenster stets ein dem Geschmack breiter Käuferschichten entsprechendes modernes Bild ausgestellt war. Eine Treppe und — wenn den Herausgeber sein Gedächtnis nicht trügt — auch ein Lift führten in den oberen Raum. Das Geschäft muß unter diesem Namen bis zum Jahre 1938 bestanden haben.
2 Die Punkte stehen so im Text und sind nicht etwa Kürzungen seitens des Herausgebers.

10. I. 1915
→ Otto Benesch, L. a. s., 8½ pp. 8°
„Wien, den 10. I. 1915
Sehr geehrter Herr Schiele!, Ich war etwas überrascht, zu hören, daß meine Einleitung[1] einigen Staub aufwirbelte. Staub sammelt sich immer an, auch in den gesündesten Zeiten; ist eine gar leicht bewegliche Substanz und kommt auch dort ins Wirbeln, wo gar kein Anlaß dazu vorhanden. Ich weiß zwar gut, daß man nicht leicht in die Öffentlichkeit treten kann, ohne es irgendwem nicht ganz recht zu machen, aber das ist schon einmal so und kein ehrlicher Mensch, der in sich die Überzeugung spürt, den anderen solide, überdachte Wahrheiten bieten zu können, wird sich durch diesen Umstand zu einer Untreue wider sich selbst verleiten lassen. Im Urteilen über Kunst habe ich noch nie geheuchelt, und als ich Ihnen den Antrag stellte, ein Vorwort zu schreiben, ein Antrag, den Sie annahmen, war es weder meine Absicht, eine große Lobhudelei anzustimmen, noch, gegen jemanden Ausfälle kleinlicher Gehässigkeit zu unternehmen. Einzig und allein das Verlangen, an einer allen zugänglichen Stelle in klaren, objektiven Worten, jenseits von allzubetontem Gut und Böse, über Ihre Kunst, die ich bewundere, zu berichten, ließ mich diese Gelegenheit ergreifen, da sie am nächsten lag. Dabei hatte ich keinesfalls im Sinn, einer Gruppe von Künstlern nahezutreten, und hielt mich auch während der Arbeit geflissentlich von einer allzu subjektiven Färbung des Ganzen zurück.
Aus Ihrem Brief konnte ich nicht deutlich ersehen, ob die darin ausgesprochene Ansicht nur von Herrn Böhler[2] stammt oder ob sich noch andere, die sich etwa getroffen fühlen, ihr anschliessen. Sie selbst wissen nur zu gut, daß ich niemals

unserem Wiener Kunstgewerbe, wie es sich in der Werkstätte³ verkörpert, die gebührende Anerkennung versagte. Es weiß die Seele des Gerätes so rein und adelig in Formen zu kleiden, wie heute vielleicht keine andere Richtung des Kunstgewerbes. Für die feinen Interieurs der Werkstätte wurden nun auch Bilder gemalt, und zwar von den Vertretern jener Gruppe, die sich um → Klimt sammelte (ich spreche von der Klimtgruppe, nicht von Klimt!), Bilder, die sich auf vornehme, dezente Weise diesem Milieu einfügten. So hoch ich auch dieses adelige Kunsthandwerk schätze, kann ich nicht umhin, es zeitlich beschränkt zu nennen, bedingt durch unsere Lebenskultur, die in hundert Jahren wieder ein anderes Gesicht zeigen wird. Und ich kann auch nicht umhin, den zeitlosen Werken früherer Jahrhunderte, den Werken eines Mantegna, Signorelli (der auf Sie einen großen Eindruck macht), Grünewald einen höheren Wert beizumessen, da dieser Wert ethischer Natur ist und die Bilder im vollsten Sinne des Wortes zeitlos macht. Diese Bilder werden immer groß sein, auch in der jämmerlichsten Umgebung, denn sie stehen über dem Rahmen des zeitlichen Kulturausdrucks, während ich das Werk eines → Mosers z. B. [zum Beispiel] nicht von Wien und seiner Werkstätte trennen kann. Auch Klimt ist ein Zeitloser; seine Bilder werden immer lebendig sein, aber nicht die „derer um Klimt". Als Beleg dafür einige Worte anderer Kunstschriftsteller. Franz Servaes⁴: „Die Gruppe derer um Klimt selbst ist die gefährlichste; weil das verführerische Beispiel des unnachahmlichen, das heisst also zur Nachahmung nicht geeigneten Meisters auf ihr lastet." Richard Muther⁵ (in der „Geschichte der Malerei"): „Man darf kaum sagen daß → Karl[!] Moll, → Max Kurzweil, Wilhelm List⁶ und Emil Orlik⁷, sub specie aeternitatis betrachtet, viel bedeuten. Aber wie vor hundert Jahren ist Wien auch heute die Stadt, wo die Einzelkünste, durch die Bedürfnisse eines kultivierten Lebens zusammengehalten, sich am feinsten zum Stil verweben. Die Bilder wirken ganz entzückend als Schmuck der wundervollen Wohnräume, wie sie heute → Hoffmann und Moser schaffen." Sie, Herr Schiele, waren auch einmal einer von „denen um Klimt". Die Wandlung, die Sie in andere Bahnen lenkte, kann nur ein Abstieg oder Aufstieg gewesen sein. Wohl war es ein Aufstieg; das zeigt schon der Ruf, den Ihre Kunst bei wahren Kennern genießt. Wenn ich daher sage: „Hingen Schieles Bilder in Kirchen, so wäre ihre Umgebung eine würdige", so ist das nicht eine romantische Flause, „Firlefanz und Grössenwahn", sondern simple Tatsache. Mosers Bilder würden in keine Kirche passen, wohl aber die Mantegnas oder Schieles. Das Übertragen ins religiös Zeitlose ist eben eine Feuerprobe, die Großes von Mindergroßem scheidet. — Aus solchen Tatsachen setzt sich meine Einleitung zusammen. Dann ist sie wohl nicht unsachlich?

Die größte Freude und Genugtuung an der Arbeit bot mir die verständnisvolle Aufnahme, die sie anfangs bei Ihnen fand, und wie gut Sie ihre Objektivität, ihre Sachlichkeit, mit einem Wort alles, was ich sagen wollte, erkannten. Für Herrn Böhler allerdings ist es nur „Kunstquatsch, Größenwahn, Firlefanz." Es muß mich befremden daß Sie nun „nicht ganz" dieser Ansicht sind; dann sind Sie es wohl teilweise? Ich beabsichtigte nicht, eine Warenhausanpreisung zu schreiben, bei der das lesende Publikum sich nicht geistig strapazieren darf; denn man darf für jedes Gesagte von Inhalt ein wenig geistiges Mitarbeiten des Lesers verlangen. Der Zweck der Einleitung ist es, den Besuchern von Ihrer Kunst zu „sagen", zu vermitteln und zu helfen, wo der Beschauer allein nicht weiterkommt. Wenn die Sache nur „anscheinend gut geschrieben", nur „gut gemeint und gedacht" wäre, so hätte ich das Manuskript gleich in den Ofen gesteckt, denn die gute Meinung allein machts nicht aus; es muß auch das, was man meinte, restlos zu verständlichem Ausdruck gelangen. Wenn meine Meinung über Ihre Bilder auch Herrn Böhler nicht behagt, so hätte er doch die logische Durcharbeitung dieser Meinung in dem Artikel bemerken müssen, da das Ganze „Kopf und Fuß" hat und jeder einmal entwickelte Gedanke auch zu Ende geführt wurde. Doch ein Logiker, einer, der klar zu denken versteht, scheint Herr Böhler nicht zu sein; wahrscheinlich ist ihm das zu viel Anstrengung. Eine Zeitungskritik ist mein Artikel nicht. Hätte ich gewußt, daß ich Ihnen durch die Veröffentlichung im Katalog Ungelegenheiten bereiten würde, hätte ich auf jede Veröffentlichung verzichtet. Übrigens wollte ich Ihnen das Manuskript persönlich überreichen, vereinbarte mit Ihnen einen Tag, wo Sie bei → Arnot zu treffen wären, kam pünktlich mit der Arbeit, — Sie aber waren nicht anwesend. — Wenn man für eine Ausstellung schreibt, nur um zu sagen: „Geht hinein und laßt die Bilder auf euch wirken!", brauchte man gar nichts zu schreiben, denn diese Aufforderung ist schon im Begriff der öffentlichen Ausstellung enthalten. — Über Klimt selbst habe ich nicht gesprochen. Und → Kokoschka ist nicht so „schlecht", daß es sündhaft wäre, seinen Namen in den Mund zu nehmen oder ihn neben dem Ihren zu nennen. —
Ist die Ansicht, gegen die ich in diesem Brief zu Felde zog, nur die des Herrn Böhler, so richte ich diese Antwort an ihn, ist sie die vieler oder aller, an die vielen oder an alle. Ihr hochachtungsvoll ergebener Otto Benesch."
P. 34, teilweise abgedruckt bei A. C., pp. 122/3, und Anmerkung 26, p. 229 [738]

1 Die von Otto Benesch verfaßte Einleitung im Katalog der Schiele-Ausstellung in der Galerie Guido Arnot, Dezember 1914 [siehe Nr. 728].
2 → Heinrich Böhler.
3 → „Wiener Werkstätte".
4 Franz Servaes (1862—1947), Theater- und Kunstkritiker, Erzähler, Feuilletonist.
5 Richard Muther (1860—1909), Kunsthistoriker, „Geschichte der Malerei im 19. Jahrhundert".
6 Wilhelm List (1864—1918), Maler und Graphiker, Mitbegründer der Wiener Secession.
7 Emil Orlik (1870—1932), Maler, Erneuerer des modernen Original-Farbenholzschnitts.

[vor dem 14. I. 1915]

An eine der beiden Schwestern → Harms, P. a. s.
„Liebes Fräulein EDADEDAD heute sind wir → Walli und ich vor 8ʰ bei der Kassa Park-Kino¹, wenn noch zu früh gehen wir gegen Hietzinger-Hauptstraße, — Karten habe ich. — Kommen Sie. Herzlichste Grüsse Egon Schiele."
Auf der Rückseite: „Fräulein EDADEDAD"
E. S. A. 76 [739]

1 Kino in Hietzing, noch heute bestehend.

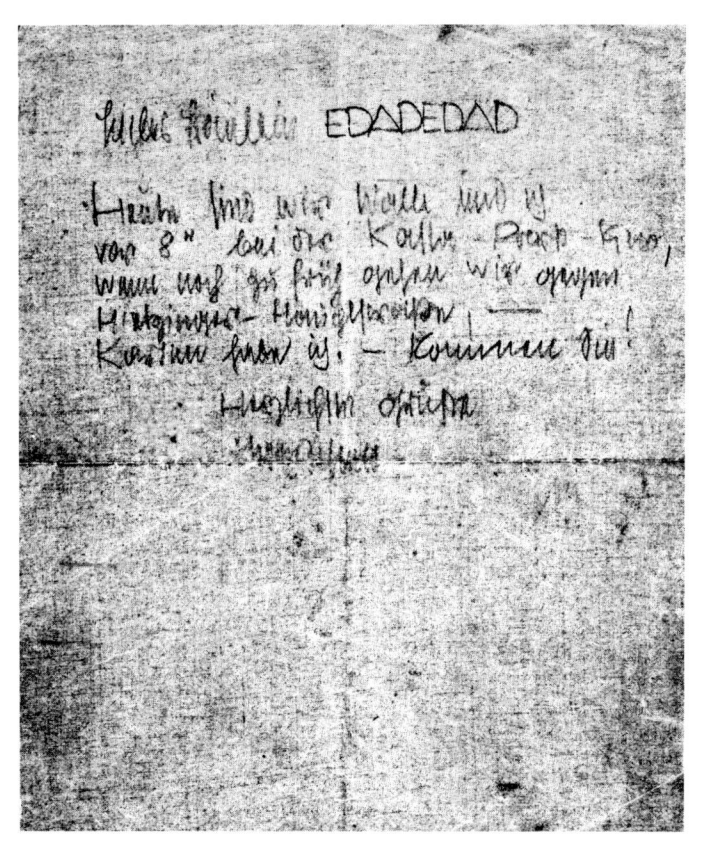

[739]

[vor dem 14. I. 1915]

→ Adele Harms, C. a. s. [österreichischer Frachter vor Küste]
„Mit Kino sind wir einverstanden und zwar Montag den 14. im Park-Kino zu Ewers[1] „Launen einer Weltdame". Natürlich mit → Walli. Wer besorgt die Karten?"
(Zusätzlich in Bleistift, wohl von der Hand → Edith Harms:) „Meine Mama darf davon nichts wissen" und „Herzlichst A. & E."
E. S. A. 291 [740]

[1] Hans Heinz Ewers (1871—1943), deutscher Schriftsteller. Als Erzähler unter dem Einfluß Edgar Allan Poes, gelangte er zu einer eigenartigen Darstellung des Grausigen und Exotischen.

14. I. 1915

„Arbeiter-Zeitung", Kritik von → Arthur Roessler
„Kollektivausstellung Egon Schiele.
In zwei Sälen und drei Kabinetten der Galerie → Arnot am Kärntnerring Nr. 15 (nicht zu verwechseln mit dem seit kurzer Zeit in der Kärntnerstraße eröffneten Bildergeschäft gleichen Namens, das kaufmännisch Bilderware feilhält) sind gegenwärtig sechzehn Gemälde und etwa sechzig Zeichnungen und Aquarelle zu sehen, die Egon Schiele zum Urheber haben. Wer „Aktuelles", die bildhafte Abspiegelung zu sehen erwartet, zu denen sich ein bildender Künstler durch die Ereignisse des Krieges bewogen fühlen mag, wird enttäuscht sein, denn nichts derartiges ist zur Schau gestellt, sondern Körperstudien, Bildnisse, Landschaften und figurale Kompositionen. Themen von ewiger Giltigkeit sind behandelt: das Sterben, Mann und Weib, die Mutter, die Landschaft. Goethe hat sich den aufregenden Zeitereignissen gegenüber ähnlich verhalten; in dem 1813 überschriebenen Abschnitt seiner „Tages und Jahreshefte" schrieb er: „Hier muß ich noch einer Eigentümlichkeit meiner Handlungsweise gedenken. Wie sich in der politischen Welt irgend ein ungeheures Bedrohliches hervortat, so warf ich mich eigensinnig auf das Entfernteste. Dahin ist denn zu rechnen, daß ich, von meiner Rückkehr aus Karlsbad an, mich mit ernstlichstem Studium dem chinesischen Reiche widmete und dazwischen... den Epilog zu Essex schrieb, gerade an dem Tage der Schlacht von Leipzig." Was Goethe bewußt tat, tut Schiele rein triebmäßig, gleichsam aus Notwehr. Nur ist seine Welt, in die er sich mit zäher Beharrlichkeit zurückzieht, enger umgrenzt als die des großen Dichters und Weisen. Was aus ihr von ihm hervorgeholt wird, gibt daher den Menschen auch weniger; ihren Wert macht nicht das Was, sondern das Wie, nicht das Gestaltete, das oft wie das brünstig gewordene Asketentum gotischer Mönche anmutet, sondern die Gestaltung, die fast immer meisterlich ist, wenigstens im Hinblick auf die Zeichnung, die Form. Gegenwärtig gibt es in Wien kaum einen Künstler, der besser zu zeichnen vermöchte, als Schiele. Wie ihm die Linie fließt, das zu sehen ist ein Genuß von Stärke und Seltenheit. Als Kolorist bewährt Schiele einen überaus verfeinerten, eigenartigen Geschmack, dessen Reiz bestrickend wirkt und das mitunter gegenständlich Peinliche der Darstellung ganz vergessen macht; aber nur da, wo er unabsichtlich schuf, wo er, hingegeben an einen starken Natureindruck, diesen sozusagen elementar als fertiges Kunstgebilde aus sich herausstößt, ist ihm das Erleben der Farbe zum Ereignis geworden, das auch den Beschauer beglückend ergreift. Landschaften wie die „Versinkende Sonne" betitelte und einzelne seiner Bilder „alter Städte" sind so keusch und innig empfunden, wirken so melodisch, daß man ihnen im allgemeinen gern den Vorzug vor den ekstatischen Figurenbildern geben wird, die aus quälenden Schauern einer leidenden Seele in wütenden Krämpfen geboren zu sein scheinen. Unterbundene oder ausgeartete Geschlechtlichkeit, ein Zustand, der überwunden werden muß, stellt den Urgrund dar, aus dem Schiele die meisten seiner Arbeiten erwachsen. Er wird älter werden und damit reifer und dann schlackenlose Gebilde hoher Kunst hervorbringen. Das darf man zuversichtlich erwarten, zumal da ihm bereits einzelnes gelang, was hoher Wertung würdig ist. Unter den jungen Wiener Künstlern ist Schiele zweifellos der an eingeborner Begabung zum Kunstschaffen weitaus reichste. Seinen Reichtum zur Stärke bewußt zu wandeln ist seine nächste Aufgabe. A. R—r."

Nach einer Photokopie, zur Verfügung gestellt von Jane Wiegenstein, USA [741]

15. I. 1915 [Poststempel]

An → Arthur Roessler, C. a. s., in Bleistift [Ansichtspostkarte aus Krumau. Blick auf das Schloß, die Moldau und Häusergruppe[1]]

„Lieber Herr R. wenn Sie am Sonntag um 10 oder 11ʰ zu mir kommen so sehen Sie einige neue Bilder von denen ich 3 für die Weltausstellung in S. F. [= San Francisco]² hergerichtet habe. Darunter auch so eine Stadt. Herzliche Grüße
Schiele."

W. ST. B. 180.601; Gl. 54 [742]

1 Auf der Karte hat Schiele einen Ausschnitt mit Bleistift und Rotstift umrandet, der seinem Bild →„Krumauer Stadtviertel", 1915, entspricht.
2 Amerika trat erst am 6. IV. 1917 in den Ersten Weltkrieg ein. 1915 fand tatsächlich eine Weltausstellung in San Francisco statt. Es scheint aber mehr als fraglich, ob Schiele die Möglichkeit gehabt hätte, Bilder dorthin zu schikken.

[um den 15. I. 1915]

An die Schwestern → Harms [Wiener-Werkstätte-Karte No. 653; stehende Asiatenkinder vor einer Schrifttafel]
„Ed. & Ad" [oben] und unten: „teschperat"¹.
E. S. A. 81 [743]

1 Spaßhaft für: desperat. Man muß diese Karte mit der folgenden zusammen lesen. Es handelt sich vermutlich um ein verunglücktes Rendezvous mit den beiden Harms-Mädchen.

[um den 15. I. 1915]

An die Schwestern → Harms [W.-W.-Karte No. 81: Varieténummer 6, Zoltan Toerek, Das Wunderkind (Embryo, Geige spielend)]
„Ed. & Ad. Resultat"
E. S. A. 82 [744]

25. I. 1915

→ Heinrich Böhler, C. a. s. [Düsseldorf, Rheinbrücke]. Hat Brief erhalten, wird denselben aus Berlin beantworten, etc.
E. S. A. 860 [745]

[vor dem 31. I. 1915]

→ Edith Harms, L. a., 1 p. gr. 8°. An Egon Schiele
„L. E. [Lieber Egon] Leider müssen wir den heutigen Besuch der Ausstellung¹ auf morgen verschieben. Warum, — ersiehst Du aus beiliegenden[!] Brief meiner Freundin². Das „verduften" ist nicht ernst zu nehmen, unsere Abwesenheit würde sie kränken. Wir werden wahrscheinlich mit Willi ins Kino gehen, wenn Du Lust hast erwarte uns am Ende der 6ʰ Vorstellung Schönbrunn Kino, wir könnten dann zusammen nach Hause geh[e]n. Viele Grüße — — —"
E. S. A. 452 [746]

1 Bei → Guido Arnot.
2 Der Brief liegt nicht bei.

[vor dem 31. I. 1915]

An → Edith und → Adele Harms, L. a s., 2 pp. in Bleistift auf unregelmäßigem Papier 8°
„Seit[!] ihr eingesperrt? — wie wär's, wenn wir um ½6ʰ ein bisserl spazieren gehen möchten? — um ½4ʰ kommt → Arnot zu mir, wo jetzt die Ausstellung ist. Soll oder kann ich eine Zeichnung senden an meine geliebte Edith? — sagt es dem Buben¹, nein ich gib sie gleich mit. — wann wir spazieren gehen könnten so deutet mir² — um ½6ʰ. Herzlichste Bussi
Egon"
E. S. A. 180 [747]

1 Den Brief überbrachte wohl ein Knabe aus der Nachbarschaft.
2 Die Wohnungen lagen vis-à-vis, so daß die beiden einander durch Zeichen verständigen konnten.

[um den 31. I. 1915]

→ Edith Harms, L. a. s., 1 p. 8°
„Lieber Egon, Leider ist es mir heute nicht möglich mit Dir zusammen zu sein. ich hab eine solch dicke Wange d.[aß] ich mich unmöglich unter Leute zeigen kann. Hoffentlich ist das alles bis morgen weg. Soll ich morgen mit Willi¹ zu Dir kommen? Gib mir Antwort, aber so, d. e. [daß es] niemand sieht, nämlich meine Mama. Ich hab Dich ja so unendlich lieb!
Edith."
E. S. A. 468 [748]

1 Willi war ein Bekannter von Edith Harms [siehe Nr. 881].

DOKUMENTE UND KORRESPONDENZ 1915

[um den 31. I. 1915]

→ Edith Harms, B. a. s., 1 p. klein quer 8°

„Zwischen ¼ und ½3ʰ gehe ich vom Hause weg, bleibe bis ½5 od.[er] 5ʰ bei Willi. Kommst Du zu Willi mich holen, oder erwartest Du mich im Kafe[!]? oder gehst Du gleich, nämlich um ⅓3 mit mir? Zeig mir beim Fenster was Du vor hast.   Edith."

E. S. A. 460   [749]

3. II. 1915

An → F. A. Harta, Wien XIII., Spohrgasse 49, C. a. s.

„3. Februar 1915. Lieber Harta es sollen die Gesamtausstellungen bei → Arnot fortlaufen — könnte man nicht → Gütersloh's bringen? oder hat → Fischer genügend Gutes um einen Saal zu füllen? — Wissen Sie andere Maler noch? Vielleicht besuchen Sie mich einmal um 10ʰ vormitt.[ags]. Beste Grüße   Egon Schiele."

E. S. A. 850   [750]

5. II. 1915

→ Heinrich Böhler, C. a. s. [Frederiksborg, Schloss]. „Herzliche Grüsse aus Kopenhagen[1]."

E. S. A. 981   [751]

[1] Heinrich Böhler konnte als Schweizer Staatsbürger im Kriege in das Ausland fahren.

13. II. 1915 [Poststempel]

→ Franz Pfemfert, C. a. s. [Postkarte der Zeitschrift „Die Aktion"]. An → Arthur Roessler

„Lieber A.—R. erstens ist → Harta eben gedruckt worden; zweitens enthält die nächste Aktion von Arthur Roessler einen Aufsatz über Schiele, → Kokoschka, Harta; drittens ist Schiele als Versist erschienen; viertens ist → P.[aris] von Gütersloh in der übernächsten Nummer. So. Nach Widerlegung des Vorwurfs mein Vorwurf: Schiele hat mir seit Ewigkeiten das Material für eine Schiele-Nummer senden sollen. Nichts. Dann sind die Wiener Dichter überhaupt (von F. von Brunningen[1] abgesehen) mit Manuskripten nicht in Berlin. Der Fischer[2] Holzschnitt sollte kommen aber er ist zu groß! Nun wirken Sie! Ihr   F. P."

W. ST. B. 151.166   [752]

[1] → Hans Flesch von Brunningen.
[2] → Johannes Fischer.

—

→ Arthur Roessler: „Drei Jungwiener Maler", Zeitungsausschnitt, → „Die Aktion", V. Jahrgang, Heft 7/8

„Bemerkenswert ist es, daß sich → Klimts Einfluß mehr auf die Wiener Plastik und das Kunstgewerbe erstreckt als auf die Malerei. Die jungen Maler in Wien verehren Klimt als den größten lebenden Meister ihrer Kunst in Österreich, aber sie ahmen ihn nicht nach, gehen andere Wege als er ging und geht. Sie wollen weg vom Kunstgewerbe, dem sich Klimt gern und oft genähert hat, manchmal sogar auf Kosten der psychischen Leistung eines ästhetischen Gebildes. Für Sie sind jene Werke echte Werke der Neukunst, die Akkumulatoren psychischer Kräfte sind.

EGON SCHIELE

Seine Kunst ist monologisch und in einem gewissen Sinne dämonomanisch. Viele seiner Gemälde sind die Materialisation von Erscheinungen, die im verdunkelten Bewußtsein hell wurden. Er fühlt hinter dem warmen Blutleben das Schicksal lauern und gibt diesem Gefühl faszinierend sinnfälligen Ausdruck in fast frommer Einfalt. Seine Empfindlichkeit und Empfänglichkeit gegenüber den sachtesten Ausstrahlungen kosmischer Kräfte ist erstaunlich. Für seine gleichsam traumwandlerisch intuitive Art ist es charakteristisch, daß seine aufgestaute Kraft mitunter Bildwerke schafft, die hoch über seinem eigenen verstandesmäßigen Urteil stehen. Kosmische Trauer ist die Muse seiner Kunst, und ihr Rhythmus ist berückend. Darum findet weder das Bürgertum noch die Aristokratie ihr Herz durch Schieles Bildwerke bewegt, ihren Geist natürlich erst recht nicht, kaum die Sinne. Er steht außerhalb der „Gesellschaft", ein Einsamer. Er spinnt Wunderliches aus eigenem Seim, wie eine Spinne, und versteift sich darauf, Künstler zu sein und nur Künstlerisches schaffen zu wollen. Darum wenden sich jene, die kultivierte Dummheit und gehegte Vorurteile in irgendwelcher Gestalt in seinen Arbeiten suchen, enttäuscht ab, denn sie finden derlei nicht darin. Wie bei den alten Gotikern entspringt auch bei Schiele die Kunst keiner großen Heiterkeit, sondern einem großen Ernste.

E. S. A. 1143   [753]

16. II. 1915 [Poststempel]

An → Arthur Roessler, C. a. s., in Bleistift

„Lieber A. Rößler — Sie ließen lange nichts hören — ich schrieb Ihnen einmal daß Sie mich besuchen, um die Bilder anzusehen die ich nach Amerika[1] schicken wollte, — weiß nicht was damit wird, weil man nicht versichern will und dies doch unbedingt nötig ist. — Wenn Sie etwas in der → Deutschen Kunst & Dekoration bringen wollten, so kämen 10 Bilder und wenn möglich auch soviel Zeichnungen in Betracht. Unter dieser Anzahl möchte ich lieber verzichten. — Diese Bilder sind dann die neuesten und ich will alle 12×18 cm groß fotografieren lassen, — wenn Sie mir die Adresse eines guten Fotografen mitteilen würden. — Kommen Sie vormitt.[ag] einmal zu mir, ab 10ʰ aber bitte vorerst schreiben! — Zeichnungen allein zu bringen halte ich für nicht gut. — Wenn in einer anderen Zeitschrift; — vielleicht. — Die alten schon einmal reproduzierten sollen nicht mehr kommen. War bei der Musterung und wurde entgiltig heim geschickt[2]. — Habe vor zu heiraten, — günstigst, nicht Wal[ly][3] vielleicht. — Böhler[4] schrieb mir sehr gut von Berlin — vielleicht gehe ich schon im Mai oder sicher Herbst auf immer hin. Herzlichst   Schiele."

W. ST. B. 180.685; R., B. & P., pp. 84/5 [mit Verbesserungen]
                                                                [754]

[754]

1 Die Weltausstellung in San Francisco [siehe Nr. 742].
2 Schiele war zu optimistisch: er wurde am 31. V. nochmals gemustert und einberufen.
3 Eine der wenigen persönlichen Mitteilungen in Schieles Korrespondenz, noch dazu auf einer offenen Karte! Er wird → Edith Harms, nicht seine Freundin → Wally heiraten.
4 → Heinrich Böhler.

26. II. 1915

An → Arthur Roessler, L. a. s., 1 p. 8°
„26. Februar 1915.
Lieber A. R—R. ich gebe jetzt nach so viel Seiten Zeichnungen ab, so daß ich von nun an mir alle bestätigen lassen muß — vielleicht sind Sie so lieb und schreiben auf eine Karte, daß Sie „10 Stück schwarze Blätter zur Reproduktion in der Brücken Kunst"¹ von mir auswählten. 13 nahmen Sie im Ganzen mit, drei davon überlasse ich Ihnen frei nach Ihrer Wahl, — nicht aber die Häuser die darunter sind, — die habe ich schon versprochen. Herzliche Grüße
Egon Schiele.
Kann ich sehn was Sie über mich schreiben werden?"
W. ST. B. 180.602; Gl. 55   [755]

1 Es ist nicht ganz verständlich, was Schiele meint, da die Vereinigung deutscher expressionistischer Künstler „Die Brücke", 1906 in Dresden gegründet, bereits 1913 aufgelöst wurde.

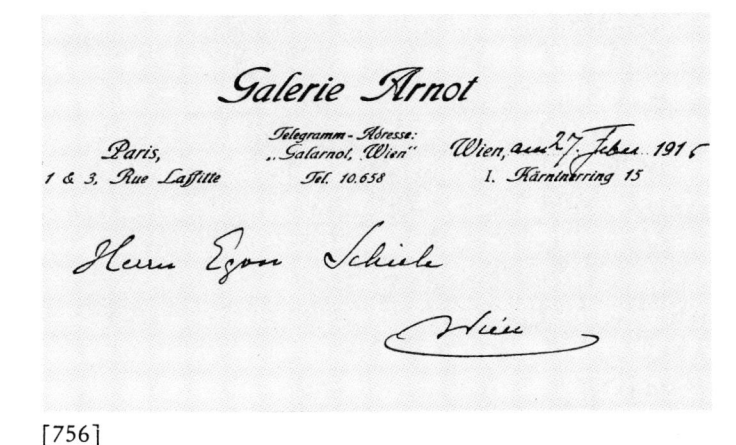

[756]

27. II. 1915

→ Guido Arnot, L. a. s., 2 pp. Auf Briefpapier mit seiner Wiener und seiner Pariser Adresse: 1 & 3 Rue Laffitte¹. Habe von → Serena Lederer erhaltene 60 Kronen an Schiele überwiesen. Er möge in Zukunft „die Tragweite seiner Worte genauestens erwägen…", etc.
E. S. A. 880   [756]

1 Es sei an den Brief von → Franz Wiegele von 1914 erinnert, in dem er schreibt, er habe 1914 in der Rue Laffitte eine Schielezeichnung gesehen. Es kann sich nur um Guido Arnots Pariser Filiale gehandelt haben [siehe Nr. 661].

[vermutlich Ende Februar 1915]

An → Marie Schiele, Wien VI., Gfrornergasse 7¹, L. a. s., 1 p. quer 8°
„Liebe Mutter, — wenn Du etwas brauchst, so schreibe kurz" ich brauche so und soviel" nichts weiter, — wenn es mir möglich sein wird, werde ich gerne das Meinige tun. Anbei übersende ich K 200— von denen Du mir die Hälfte wieder zurückgeben müßtest. Herzlichst   Egon."
E. S. A. 185 a, b   [757]

1 Die Mutter wohnte 1914—1923 bei der angegebenen Adresse.

1. III. 1915

→ Emil Richter, Kunstausstellung, Dresden. L. s., 1 p. gr. 8°.
Alle Zeichnungen, teils an → Goltz, teils an Schiele zurückgesandt, etc.
E. S. A. 495   [758]

3. III. 1915

→ Arthur Roessler, L. s., 1 p. qu. 8°
„Die Zeiten ändern sich, die Verhältnisse und mit ihnen die Menschen. Nach und nach lernt man seine Leute kennen. Es ist das meistens nicht erfreulich, aber immer nützlich. Da ich nur „bestätigen" kann, einen ebenso albernen wie ungerechtfertigt und daher beleidigend misstrauischen Brief erhalten zu haben, von Einem, der auf „hohem Ross" zu sitzen wähnt, das freilich nur ein Schaukelpferd ist, sende ich mit gleicher Post „eingeschrieben" die zur Reproduktion ausgewählten 13 Zeichnungen zurück und erkläre sowohl auf die Weihnachts-Gegengabe wie auf die Ehre, über Sie schreiben „zu dürfen", zu verzichten. Hochachtend"¹ [ohne Unterschrift]
W. ST. B. 180.603; Gl. 56   [759]

1 Roesslers Antwort auf Nr. 755.

4. III. 1915

An → Robert Philippi, Wien III., Untere Weißgärberstraße Nr. 65, C. a. s. [Postkarte der „Aktion", Egon Schiele, Porträt von Hans Flesch von Brunningen]. In Bleistift.
„4. III. 1915
Lieber Philippi. Schon oft hab' ich mir vorgenommen Sie zu besuchen und immer kam was dazwischen — Vielleicht in den nächsten Tagen. Herz.[liche] Grüße   Egon Schiele."
Privatbesitz, Schweiz   [760]

DOKUMENTE UND KORRESPONDENZ 1915

5. III. 1915

→ Guido Arnot, L. a. s., 2 pp. 8°. Die Zürcher Kunstgesellschaft fragt an, ob es möglich sei, im Sommer eine Schiele-Ausstellung zu veranstalten, etc.

E. S. A. 881 [761]

7. III. 1915

An → Anton Peschka, Wien XII., Breitenfurterstraße 109, C. a. [Postkarte der „Aktion": Der Dichter Hans Flesch von Brunningen, nach einer Zeichnung von Schiele]
„7. III. 1915
Lieber A. P. Neues gibt es nicht viel und das eine weißt Du ja. Wie geht's beim Milit.[är] Hans Ehrlich[1] ist an der Front. Es würde mich freuen wenn du mich mit → Gerti besuchen tätest. — ich erwarte Euch Sonntag nachmittags. — Bis 6h werde ich zu Hause sein. Herzliche Grüße"
G. P. 47 [762]

[1] Über Hans Ehrlich [Maler?] keine Daten feststellbar. Wohl ein Jugendfreund Schieles.

9. III. 1915

An → Arthur Roessler, L. a. s., 1 p 8°
„9. März 1915.
Lieber Herr A. R. ich hatte absolut nicht die Absicht Sie zu beleidigen — ich wollte durch eine Karte erinnert sein, wieviel und wo ich Blätter habe — ich bin gegen Sie nicht mißtrauisch, sondern — ich schätze Sie heute, wie ehedem. Nach Ihrer Auseinandersetzung ist es natürlich geworden, — nicht über mich zu schreiben. Besten Gruß   Egon Schiele[1]."
W. ST. B. 180.686; R., B. & P., p. 85 [763]

[1] Schieles Antwort auf Nr. 759.

10. III. 1915

An → Guido Arnot, L. s. a., 2 pp. 8°. In Bleistift. Auf bräunlichem Papier
„10. März 1915.
Lieber A. sind Sie mit Folgendem einverstanden?: ich gebe Ihnen nach Ihrer Wahl eine von den farbigen Zeichnungen (außer die von 1915.) und bitte Sie, senden Sie mir durch Ihren Diener die beiden Bilder und die Rahmen und die übrig gebliebenen Blätter — er soll mit der Stadtbahn bis [Station] Ober-St. Veit fahren! — Es sind unter den Zeichnungen noch zwei Beer-Porträtzeichnungen[1] mit WW Kleid[2] bitte geben Sie die beiden gleich dem Frl. → Wally mit — auch könnte sie die übrigen Blätter wenn Sie diese ausrahmen lassen gleich mitnehmen. Und sagen Sie Frl. Wally wann Sie mir die Bilder & Rahmen schicken lassen, wenn Sie auf obiges einge[e]n. Beste Grüße   Schiele."
Beigelegt ein Zettel in 8° auf rosa Papier. Es ist fraglich, ob er dazugehörig ist. „Hier 10 Fotos leider lauter alte Bilder — werde in der nächsten Zeit alles Neue auch fotographiert haben. — Wenn Sie für die Ausstellung noch keine Zeichnungen abgeschickt haben so warten Sie ich möchte einige suchen. — Auch stellte ich eine Liste von Bildern zusammen die für Zürich[3] in Betracht kämen — und glaube über 20 Stück zu-

sammen zu bringen. Heute noch werde ich an die Besitzer eine Rundfrage richten."
T. L. M. [764]

[1] Studien für „Bildnis Friederike Beer-Monti", 1914.
[2] Wiener-Werkstätten-Kleid.
[3] Ausstellung von Aquarellen und Zeichnungen, Kunsthaus Zürich, 1915.

[vor dem 21. III. 1915]

→ Heinrich Böhler, L. a. s., 4 pp. Auf Papier mit Trauerrand
„. . . Für Ihren lieben Brief vielen Dank. Die schönen Zeichnungen erhielt ich ebenfalls und werde dieselben in eine Mappe legen. Bezüglich der Städte[-]Bilder warten Sie meine Ankunft in Wien im Mai ab. Ich werde dann in Ihr Atelier kommen und die Bilder beaugapfeln! Ihre Bilder, die Sie in der Belvederegasse[1] gemalt haben sind noch dort, bis auf die Inseln[2], die Sie ja selbst wegnehmen ließen. Im Mai können Sie das „patriotische" Bild[3] weitermalen oder von dort wegnehmen.
Freue mich schon Ihre Braut[4] kennen zu lernen und ich freue mich sehr für Sie, daß Sie so ein liebes Geschöpf als Lebensgefährtin gefunden haben. — Wenn man das richtige Weib gefunden hat, so ist die Ehe eine herrliche Institution. Wenigstens bin ich mit derselben sehr zufrieden, nach meinen bisherigen Erfahrungen. Sie werden sehen, was für eine solide Basis man durch die Ehe erhält und notabene weiß man erst, für was man lebt und arbeitet. Montag den 21/3 fahre ich nach Kopenhagen, von da dann nach Kissingen. Ich werde von Kissingen schreiben. In Eile! — Ihr   HB."
E. S. A. 156 [765]

[1] Schiele hat während des Krieges im Atelier Heinrich Böhlers diesem Unterricht gegeben und gemalt.
[2] „Der Häuserbogen" (auch Inselstadt), 1915. Später von Heinrich Böhler erworben.
[3] Es ließ sich nicht feststellen, um welches „patriotische" Bild Schieles es sich gehandelt haben könnte.
[4] Schiele betrachtete sich demnach seit März 1915 als verlobt [siehe auch Nr. 754].

21. III. 1915

→ Max Oppenheimer, C. a. s. [Karte der Aktion. Der Dichter Alfred Lichtenstein, gefallen 15. IX. 1914, nach einer Zeichnung von → Mopp]. Warum er von Schiele nichts höre. „Hier machen's die Leute so wie es zu erwarten war nach jahrzehntelangem Vorbereiten . . .", etc.
E. S. A. 1008 [766]

? III. 1915

Egon Schiele — zwei Gedichte erstmalig veröffentlicht in: → „Die Aktion", herausgegeben von → Franz Pfemfert, 1915, Heft 3/4, Spalten 37/8:

„ZWEI GEDICHTE:

Beobachtung[1]
Dort oben auf dem weit waldumrandeten Rauschenland[2]
geht langsam der lange weiße Mann blaurauchend
und riecht und riecht die weißen Waldwinde.
Er geht durch die kellerriechende Erde
und lacht und weint.

338

          Empfindung[3]
Hohe Großwinde machten kalt mein Rückgrat
und da schielte ich.
Auf einer krätzigen Mauer sah ich
die ganze Welt
mit allen Tälern und Bergen und Seen,
mit all den Tieren, die da umliefen —
Die Schatten der Bäume und die Sonnenflecken
      erinnerten mich an die Wolken.
Auf dieser Erde schritt ich
und spürte meine Glieder nicht,
so leicht war mir.   *Egon Schiele*"

E. S. A. 385 [Ausschnitt]   [767 a, b]

1 Siehe Nr. 158. Woher der Titel „Beobachtung" kommt, ist unklar, wahrscheinlich, wie auch der folgende, von Arthur Roessler.
2 Rauschenland. Roessler hat „Pauschenland", was vermutlich ein Druckfehler ist.
3 R., B, & P., p. 23, als letzter Absatz des Gedichtes „Visionen".

7. IV. 1915

→ Hofrat Alexander Koch, Darmstadt. L. s. Glaubt kaum, daß er einen Käufer für Schieles Bild finden könnte. Hat ihm nochmals Mark 150,— aus dem Hilfsfonds seiner Zeitschrift anweisen lassen, etc.

E. S. A. 155   [768]

26. IV. 1915

→ Heinrich Benesch, L. a. s., 3 pp. 8°. Erwähnt → Wally; möchte eine Zeichnung des Jahres 1915 um 30 K erwerben; will versuchen, einen Dr. Neuburg, Fabrikant, für ein Bild Schieles zu interessieren, etc.

E. S. A. 600   [769]

29. IV. 1915

→ Heinrich Böhler, C. a. s. aus München. „Herzliche Grüße".
P. 35   [770]

[? IV.[?] 1915]

→ Anton Peschka, C. a. s. Aus Gablonz[1]
„Lieber Egon! Hast Du ein Blatt übrig für mich so schick es mir durch → Gertie. Es würde mir nützen. — Wenn Du kannst. — Dank — Gruss Dein Schwager   Anton Peschka."
P. 102   [771]

1 Peschkas erste militärische Station nach seiner Einberufung.

[April 1915?]

→ Edith Harms, 7 Zettel mit Aufdruck: Präzisionsuhren Herz[1], in Bleistift. 8°. Sehr undeutlich geschrieben.
„Lieber Egon! Mein fester Wille ist zu Dir zu halten, mag kommen was will. In der kurzen Zeit in der ich Dich kenne habe ich Dich als Charakter kennen gelernt. Laß sie doch alle reden (ich meine, meine Leute), meine Ansichten sind nicht die ihren, folgedessen kann ich mich in Deine Ideen und Ansichten vollkommen hinein leben.
Drum, was später geschehen mag ist mir jetzt gleich und will ich die Ehe von anfang[!] an rein beginnen. Ich will und werde Dir keinerlei Vorschriften machen, Du kannst nun aber die Geschichte mit Deiner Freundin[2] begreifen, ich verlange von meinen[!] Standpunkt aus nichts unmögliches[!].
Ich hab Dich lieb, doch glaube nicht daß ich blind verliebt bin und meine Eifersucht den Schritt mit W. verlangt. Nein, nur will ich wie schon gesagt — Reinheit. Ich weiß nicht ob Du das richtige[!] darunter verstehst. Ich habe den Glauben an Dich! Du bist mir mehr — als meine Familie, schätze das nicht gering ein den[!] ich liebe meine Leute sehr. Du bist für mich das Höchste, und ich will auf Dich horchen will tun und lassen was Du willst, weil ich weiß daß Du mir unmögliches[!] nicht zumutest ich meine was unter meiner Weibwürde wäre.
Ich will sehen wie sich die Dinge von jetzt an entwickeln — wir wollen bis zu unserer festgesetzten Frist das unangenehme[!] an unserer Affäre weglassen und uns nur lieb haben wie bis her[!].
Du mußt mir es nicht übel nehmen die Art und Weise wie ich Dir schreibe, aber dieses Bekenntnis, worin ich mich zu Dir gehörig betrachte soll mein und Dein Geheimnis sein, bis zu den[!] Zeitpunkt bis es alle Welt erfahren darf d.[aß] wir zu einander[!] gehören. Ich schreibe fast in der Finsternis am Cl[oset]. Sei mir deshalb auch nicht gram. Glaub Du so an mich wie ich an Dich, dann werden wir die glücklichsten Menschen auf Gottes Erdboden. Nun leb wohl, es hat Dich über alles in der Welt lieb Deine   Edith."
Mit eigenhändigem Kuvert:
„geschrieben Mittwoch 10h abends"
E. S. A. 301 a   [772]

1 Bekanntes Uhrmachergeschäft, ehemals Wien I., Kärntnerstraße.
2 → Wally Neuzil.

[April 1915?]

→ Anton Peschka, C. a. s. [Burgruine Schreckenstein bei Außig]. „Servus! Beste Grüße Dir und Deiner Braut[1]! In der Baumblüte solltest du hier sein! Dein   Ant. Peschka."
E. S. A. 287   [773]

1 → Edith Harms.

1. V. 1915 [Poststempel]

An → Anton Peschka, Einjährig-Freiwillige-Abteilung Infanterie-Regiment 42, Offiziersschule Gablonz. C. a. s.
„Danke Dir herzlichst für Deine nette Karte, Du tust mir unendlich leid — sehr schade daß ich nicht kommen konnte — ich hatte die feste Absicht — die Aussichten sind aber nicht schlecht — es heißt nur ausharren! — einstweilen Herzlichste Grüße Dein   Egon Schiele."
Ch. M. Nebehay, Katalog XIV, nr. 20; A. St., 2. Jahrgang 1964, Heft 2; E. S. A. 420 [Abschrift]   [774]

DOKUMENTE UND KORRESPONDENZ 1915

—

An → Anton Peschka, C. s. [Abschrift]
„1. Mai 1915
A. P. Erinnerung von der Palette! — die Luft im Atelier — Farbengeruch — Vergänglichkeit — wie die Leute am Bild — so die Kraft des Bleistiftes! Dein E. S."
E. S. A. 421 [775]

1. V. 1915 [Poststempel]

An → Anton Peschka, C. a. s. [Weißenkirchen, Wachau]
„Erinnerung — der Friede des Sommers — von Dächern in der Wachau — wie ferne Musik wo wir zusammen waren."
R., B. & P., p. 105; I. A. Stargardt, Marburg 1975, Auktion 606, Nr. 998 [776]

9. V. 1915

An → Anton Peschka, C. a. s.[?]
„9. Mai 1915.   Wien XIII., Hietzinger Hauptstraße 101.
Jetzt komme ich auch dran![1] — bin neugierig wohin. Herzlichste Grüße Dein   Egon Schiele.
→ Roessler rückt am 15. d. M. ein."
Nach: R., B. & P., p. 105; Verbleib unbekannt [777]

1 Vermutlich hat Schiele an diesem Tag die Vorladung zu erneuter Musterung für den 31. V. 1915 erhalten.

20. V. 1915

An → Anton Peschka, C. a. s.
„20. Mai 1915.   Wien XIII.
Herzlichste Grüße senden Dir Egon und → Edith — wir sitzen gerade im Café Wunderer[1] und warten auf die Entscheidung von Italien[2]. Diese... — eine Hauptschuld fällt auf Marinetti[3] und die übrigen Futuristen!"
Nach: R., B. & P., p. 106; Verbleib unbekannt [778]

1 Heute noch existierendes Kaffeehaus, Wien XIV., Hadikgasse 62.
2 Italien hatte am 4. Mai 1915 den Dreibundvertrag gekündigt und am 23. Mai an Österreich-Ungarn den Krieg erklärt.
3 Filippo Tommaso Marinetti (1878—1944), italienischer Dichter und Schriftsteller, Erfinder des Futurismus in der Literatur.

21. V. 1915 [Poststempel]

An → Guido Arnot. C. a. s.
„Lieber Herr A. Die eine Zeichnung die getauscht würde gebe ich gerne zurück — nur haben Sie noch einige Blätter die ich zu diesem Zweck bei Ihnen ließ. — Von → Klimt können wir erst nach 15. Juni Näheres betreffs Zürichs[!][1] wissen. → Fischer wird Ihnen das Übrige mitteilen.
Herzl.[iche] Grüße   Egon Schiele."
T. L. M. [779]

1 Ausstellung von Aquarellen und Zeichnungen, Kunsthaus Zürich, 1915.

22. V. 1915

Lotte Mendelssohn-Bartholdy, L. a. s., 2 pp. 8. Aus Berlin, Wilhelmstraße 67 A. Habe Schieles Arbeiten für die „Aktion" gesehen. Fragt an, ob er nicht für die Zeitschrift „Wieland", deren Redaktion sie angehöre, zeichnen wolle. Auch Professor Paul[1] bäte darum, etc.
E. S. A. 24 [780]

1 Bruno Paul (1874—1968), Architekt, Kunstgewerbler.

25. V. 1915

→ Hans Goltz, L. s., 1 p. groß 8°. Übersendet — aus Zensurgründen, da verschlossene Briefe die Grenze nicht passieren dürfen — geöffnet den Brief von Lotte Mendelssohn-Bartholdy vom 22. V. 1915, etc.
E. S. A. 813 [781]

27. V. 1915

An → Anton Peschka, L. a. s.
„27. Mai 1915.   Wien XIII., Hietzinger Hauptstraße 101.
Lieber A. P.! Zwei schwarze Zeichnungen liegen zum Abholen bereit, bis → Gerti kommt. Wie geht es Dir denn, alter Schwager? Los auf Italien![1] Vielleicht kommst Du in die Schlitzaschlucht[2] ein Wiedersehen. Den Apparat werde ich Dir nach dem 1. Juni schicken, er kostet 9 Kronen. — Niederträchtig, diese Zeiten! Ohne Ende, jetzt, wo ich heraußen wäre. Bekomme von H. B.[3] alles. Er hat vier Bilder gekauft — alle Monat zahlt er eins, damit ich immer was habe, außer meinem Gehalt. Sonst brauche ich jetzt nichts verkaufen. Werde in München, Sezession, Sommer bis Oktober ausstellen und im August im Kunsthaus, Zürich. — Wir haben einen neuen Bund[4] gegründet, darüber schreib' ich gelegentlich. Alles hätte ich jetzt — Montag werde ich gemustert! Vielleicht komme ich auch dorthin?[5] Einstweilen herzlichst
    Dein Egon.
Schreibe immer! bitte, immer letzte Adresse."
Nach: R., B. & P., p. 106; Verbleib unbekannt [782]

1 Einer der seltenen patriotischen Aussprüche Schieles.
2 Die Schlitzaschlucht liegt bei Tarvis. Schiele hatte sie am 7. VIII. 1899 mit seinem Vater besucht und war seither dorthin zurückgekehrt.
3 → Heinrich Böhler.
4 „Der Bund österreichischer Künstler".
5 Peschka wurde in Gablonz zum Reserve-Offizier ausgebildet. Schiele hatte anfänglich die Vorstellung, sein Militärdienst wäre in der Nähe seines Schwagers leichter erträglich.

[nach dem 27. V. 1915]

→ Anton Peschka, C. a. s. [Gablonz, altkatholische Kirche]. Er hoffe, daß ein über Schiele von → Böhler erbetener Revolver weiter südlich als die Schlitza-Schlucht knallen werde.
„... Bitte schau Dich um meine arme Frau öfters um — Ein Hurrah für den neuen Bund[1]... Lasse Dich zum I. R. [Infanterieregiment] 42 transferieren, dann kommst Du hierher", etc.
P. 103 [783]

1 Siehe Schieles Mitteilung vom 27. V. 1913.

28. V. 1915[?]

An → Anton Peschka, L. a. s.
„28. Mai 1915.   Wien XIII., Hietzinger Hauptstraße 101.
Lieber A. P.! Deinen Brief erhielt ich eben — ich werde mich

so schnell als möglich kümmern — schreibe mir gleich, ob Du diesen Brief hast und schreibe mir immer wo Du bist — schreibe mir auch gleich, was Hofrat Leisching¹ antwortete, beziehungsweise sandte. — Gestern holte → Gerti zwei schwarze Zeichnungen für Dich — farbige hab' ich nicht — wenn Du aber wieder oder noch eine farbige brauchst, so schreibe darum. — Unter anderem war ich so frech, der Schwester meiner Frau² Dein Bild, das Du bei mir stehen hattest (mit gelbem Himmel, in der Mitte ein violetter Berg, links und rechts Berge und in der Mitte vorne ein Geäst) zu schenken, weil es ihr so gut gefiel. Wenn wir uns nach dem Krieg wieder sehen werden, so bekommst Du von mir 150 Kronen dafür. Daß ich jetzt gemustert werde, weißt Du bereits. — Ich wünsche Dir Glück, wenn Du fortkommen solltest. — Du wirst doch öfters an mich denken, wie ich an Dich, und mir vom Feld schreiben? — Ich sende Dir meine Aussicht, wie's jetzt hier aussieht. Herzlichste Grüße! Hurrah! Egon Schiele."

Nach: R., B. & P., p. 107; Verbleib unbekannt [784]

1 Hofrat Dr. Eduard Leisching (1858—1938), Kunsthistoriker, 1905—1925 Direktor des Museums für angewandte Kunst, Wien. Damals mit der Fürsorge für eingerückte Künstler betraut.
2 → Adele Harms. Schiele heiratete erst am 15. VI. 1915. Möglicherweise gibt Roessler ein falsches Datum für den Brief an.

[um den 28. V. 1915]
An → Josef Hoffmann, L. a. s.
„Samstag.
Lieber Herr Professor Hoffmann! Ich schicke gleichzeitig mit diesem Brief auch einen an Hofrat Leisching¹ betreffs der Künstlerfürsorge. — Es geht so elend schlecht, alles und alles ist so teuer. Bitte, befürworten Sie mein Ersuchen. — Ich bekam schon einmal 200 Kronen, vielleicht ginge es, daß ich allmonatlich auf einen Betrag rechnen könnte, — auch würde ich Bilder dafür geben. Am Montag oder Dienstag werde ich Sie besuchen. Herzlichst grüßt Sie Egon Schiele."
Nach: R., B. & P., p. 135—6, datummäßig falsch eingeordnet; Verbleib unbekannt [785]

1 Siehe den vorangehenden Brief.

31. V. 1915
Heinrich Böhler, L. a. s. in Bleistift, 2 pp. groß 8°. Aus Baden bei Wien. Teilt mit, daß er je 100 Kronen an → Peschka und → Fischer als Unterstützung geschickt habe. An Schiele zahlt er für das Bild „Der Häuserbogen" (auch „Inselstadt"), 1915, 500 Kronen und in der Folge monatlich 200 Kronen als Unterstützung. Mit einem Revolver könne er Peschka leider nicht dienen, seine Firma¹ stelle keine Waffen her, etc.
E. S. A. 962 [786]

1 Die Böhler-Stahlwerke; weder → Hans Böhler, Maler, noch sein Vetter → Heinrich Böhler waren im bedeutenden Familienkonzern aktiv tätig.

—

An → Anton Peschka [wahrscheinlich C. a. s.]
„31. Mai 1915.   Wien XIII., Hietzinger Hauptstraße 101.
„Geeignet!"¹ am 21. Juni nach Prag einrücken! Herzliche Grüße Egon Schiele."
Nach: R., B. & P., p. 107; Verbleib unbekannt [787]

1 Schiele, der — schwächlicher Konstitution halber — keinen Militärdienst zu leisten hatte, war bei neuerlicher Nachmusterung unerwartet für „tauglich" befunden worden und mußte nach Prag einrücken, wohin die Familie, von seinem Großvater → Ludwig Schiele her, zuständig war.

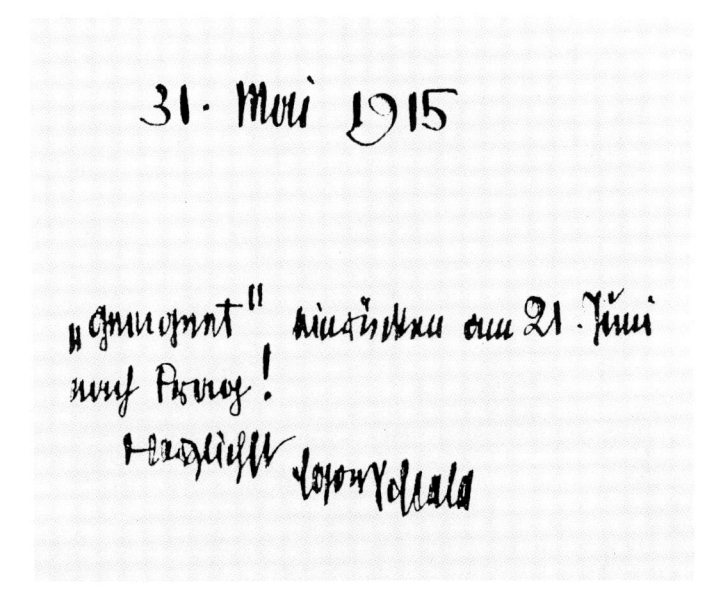

[788]

—

An → Marie Schiele, XIII., Linzer Straße 403, II. Stock, Tür 14, C. a. s.
„31. Mai 1915
„geeignet" einrücken am 21. Juni nach Prag! Herzlichst Egon Schiele."
E. S. A. 492 [788]

? V. 1915
→ Anton Peschka, C. a. s. [Photographie eines Militärbiwaks in Benedek]. An seine Eltern XII., Breitenfurterstraße 109.
„...ich zeichne eben eine Lagerszene...", etc.
G. P. 91 [789]

1. VI. 1915
An → Gertrude Peschka, L. a. s. [Abschrift]
„1. Juni 1915.   Wien XIII., Hietzinger Hauptstraße 101.
Liebe Gerti — wegen einem Browning schrieb mir → Peschka — ich teilte dies Böhler¹ weiter [statt: mit] und warte auf Antwort. — Wenn sich's um noch etwas anderes handelt, so schreibe mir — ich weiß nicht, ob ich in den nächsten Tagen fort komm. Herzlichst Egon Schiele."
E. S. A. 422 [790]

1 → Heinrich Böhler.

2. VI. 1915

→ Leopold Liegler, L. a. s., 3 pp. 8°. Übersendet das versprochene Manuskript[1], hat ein zweites Exemplar an Doktor → Weixlgärtner gesandt. „... Jedenfalls danke ich Ihnen aufs Herzlichste, daß Sie meine Arbeit so freundlich unterstützt haben ... die Zeit die auf uns wartet und die andere eine Zeit des Friedens nennen werden, wird die Zeit eines erbitterten Kampfes sein: des Kampfes zwischen allem Tiefen und Echten und dem Verlogenen und Feigen. Sie in diesem viel heiligeren Krieg auf meiner Seite zu wissen ... das macht mich glücklich ... Soeben erhalte ich von Herrn Broch[2] ... die Nachricht, daß er kommenden Donnerstag ... 10. Juni ... zu Ihnen hinauskommen will ... [er] kommt aus Teesdorf bei Baden...", etc.

P. 36 [791]

[1] Ein Aufsatz über Schiele, der viel später in den „Graphischen Künsten" erschien.
[2] Hermann Broch (1886—1951), Schriftsteller, ursprünglich im Betrieb seines Vaters [Textilfabrik in Teesdorf bei Baden] tätig.

4. VI. 1915

An → Anton Peschka, vermutlich C. a. s. [Abschrift]
„2. Juni 1915.
Lieber A. P. „Bravo Przemysl"[1]. Habe für Dich bei B.[2] Geld für Browning bekommen und bringe dies → Gertie, sie wird ihn kaufen und schicken. Böhler[3] machen keine Handfeuerwaffen. Herzlichst   Egon Schiele."
E. S. A. 1065/26; Verbleib des Originals ungeklärt [792]

[1] Die Festung Przemysl, am San gelegen, war im Ersten Weltkrieg hart umkämpft und wechselte mehrmals den Besitzer. Bei dem latenten Desinteresse Schieles am Weltkrieg I verwundert dieser patriotische Ausruf ein wenig.
[2] → Heinrich Böhler.
[3] Die Böhler-Stahlwerke in Kapfenberg.

5. VI. 1915 [Poststempel]

An → Gertrud Peschka, C. a. s. [Korrespondenzkarte]
„Liebe G.[ertie] ich blieb heute extra Deinetwegen von ½3 bis ¼5^h zu Hause — komme mit Deinen[!] Kleinen[1] am Dienstag um 2^h sicher zu mir — pünktlich! Herzlichste Grüße   Egon
Egon Schiele Wien XIII. Hietzinger Hauptstraße 101."
G. P. 22 [793]

[1] Anton Peschka jun.

9. VI. 1915

An → Anton Peschka, L. a. s.
„9. Juni 1915.   Wien XIII., Hietzinger Hauptstraße 101. Lieber A. P.! Danke für die beiden Karten. Ich weiß noch nicht, was ich beim Militär zu tun haben werde. — B.[1] tut mit H.[2] Schritte, damit ich als „Kriegs- und Schlachtenmaler" ins Kriegspressequartier komme, — wenn dies geht, so könnte ich das bedeutendste Werk über unseren Krieg machen[3]. Bei der Musterung am 31. habe ich nicht vorgezeigt, daß ich das Einj.[ährig]-Freiw.[illigen]-Recht[4] habe — schreibe mir, ob ich Schwierigkeiten haben werde, oder ob ich bei der Präsentierung dies auch tun kann. Einstweilen warte ich auf militärische Winke von Dir.[5] Herzlichste Grüße   Egon Schiele. Schreibe mir auch: wenn ich nach Prag komme, will ich für mich wohnen, wird dies gestattet? Wie lange hat man frei oder Dienst, und muß man anfangs in der Kaserne schlafen?"
Nach: R., B. & P., p. 108; Verbleib unbekannt [794]

[1] → Heinrich Böhler?
[2] → Josef Hoffmann.
[3] Schiele schuf 1914—1918 nicht ein Bild, das Bezug auf den Krieg gehabt hätte.
[4] Einjährig-Freiwillige waren Maturanten oder Absolventen von Hochschulen und Akademien. Ihr Präsenzdienst in Friedenszeiten betrug ein Jahr, statt der normalen drei Jahre. Außerdem waren sie Offiziers-Aspiranten.
[5] Peschka war — wir wiesen bereits darauf hin — in militärischen Dingen der Erfahrenere.

[nach dem 9. VI. 1915]

→ Anton Peschka, L. a. s., 4 pp. 8°. Gibt Schiele ausführlich Ratschläge in militärischen Dingen, vor allem über die Möglichkeit, sich an die Front zu melden, um rascher befördert zu werden, etc.
E. S. A. 173 [795]

17. VI. 1915

Pfarramt der evangelischen Gemeinde A. B. in Wien I. — Trauungsschein 1 p. klein folio für: → Edith Anna Harms, evangelisch A. B., wohnhaft Wien XIII., Hietzinger Hauptstraße 114, und Egon Schiele, römisch-katholisch. Professor Dr. von Zimmermann nahm die Trauung vor. Trauzeugen waren: der Vater der Braut, → Johann Harms und Heinrich Kleinfeld, I., Dorotheergasse 18[1].
E. S. A. 87 [796]

[1] Es handelt sich um eine unformelle Kriegstrauung ohne vorheriges Aufgebot. Der zweite Trauzeuge war vermutlich ein Angestellter der evangelischen Gemeinde.

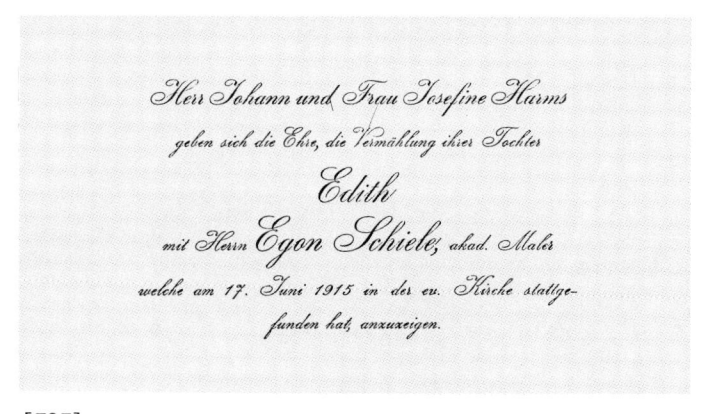

Herr Johann und Frau Josefine Harms geben sich die Ehre, die Vermählung ihrer Tochter Edith mit Herrn Egon Schiele, akad. Maler welche am 17. Juni 1915 in der ev. Kirche stattgefunden hat, anzuzeigen.

[797]

—

[Egon Schiele] — gedruckte Vermählungsanzeige
„Herr → Johann und Frau → Josefine Harms geben sich die Ehre, die Vermählung ihrer Tochter Edith mit Herrn Egon Schiele, akad.[emischer] Maler welche am 17. Juni 1915 in der ev.[angelischen] Kirche stattgefunden hat, anzuzeigen."
E. S. A. 436 [797]

[nach dem 17. VI. 1915]
Egon Schiele. — P. a. für → Edith Schiele
„Liebe Did, in dieses Buch sollst du mit dem Bleistift oder mit farbigen Stiften die geheimen Wunder der Natur in primitiver Wiedergabe festhalten, damit dies später zum Andenken an die geschauten Erlebnisse bleibend wird. — Alles soll Versuch sein — denn was ist vollendet? — Wer maßt sich an, von Anfang an alles zu können? — Demgemäß ist jeder der Erste, welcher versucht, und reich ist er, wenn er ein Ziel erreicht. — Sowie ich froh war, als ich zur Natur zurückfand, so sollst du erfahren, — worinnen wir leben, — wenn du den Willen hast!"
Nach: R., B. & P., p. 203; Verbleib unbekannt. Es ist vermutlich das später von Edith Schiele als Tagebuch verwendete Buch in New Yorker Besitz; uns nicht zugänglich gemacht.
[798]

19. VI. 1915
An → Marie Schiele, Wien XIII., Linzer Straße 403, C. a. s. [Prager Ansicht]
„19. Juni 1915. Herzliche Grüße senden Euch Egon [hinzugefügt von → Edith Schiele:] Edith. Grüße an → Frau Peschka."
P. 37 [799]

—

An → F. A. Harta, Wien XIII., Spohrgasse 7, C. a. s. [Prag, Veitsdom]
„Herzlichste Grüße Egon Schiele. Haben Sie meinen Brief betreffs der Kiste die bei Tischler Hägele steht u. die nach München sofort geschickt werden muß? Bitte zu meiner Beruhigung um Nachricht. Hotel Paris, Prag."
E. S. A. 854 [800]

[21. VI. 1915]
An → Edith Schiele, Hotel Paris, Zimmer No. 92, C. a. s. [Ausstellungshalle, Prag]
„I. (11^h)
Liebe Ediderle — ich bin von der Eierspeiskaserne[1] hierher geschickt worden u. bin gegegenwärtig in diesem Gebäude. Es ist die Ausstellungshalle, wo wir neulich waren links daneben ist die moderne Galerie. — Eben erfahre ich daß ich bis Samstag eingesperrt bleibe. Paß auf: wann Du so lieb bist so komme zur Ausstellung u. zwar mußt Du rund herum gehn gerade auf der rückwärtigen Seite des ganzen Ausstellungsparkes führt eine Allee, der Park selbst ist mit einen[!] Eisengitter umzäunt. Nach folgenden Plan wirst Du Dich [Planskizze mit den Worten Allee—Eisenzaun—Mitte x — wie auf Bild Eingang] orientieren. Also außerhalb herumgehen und dort rückwärts werde ich irgendwo warten. setzte Dich auf eine Bank (von Ziegeln!). Wann kann ich nicht sagen, sobald ich kann werde ich immer dort sein, fahre mit Wagen No. 3 der Elektrischen. Präsentierung war noch nicht — morgen? Bussi! Brav sein! Dein E."
E. S. A. 439 [801]
1 Die Fassade der Kaserne war vermutlich in „Schönbrunngelb" gestrichen.

—

An → Edith Schiele, Hotel Paris, Prag, C. a. s. [Ausstellungshalle, Prag]
„½ 1^h II. Liebes Diderle. Mittags hätte ich eine Menageschale gebraucht muß einen Soldaten schicken. Nur wenn Böhler[1] bis Dienst.[ag] vormittags günstige Nachricht gibt behalte das Zimmer vielleicht bekommst Du eines mit einem Bett. — Wenn Böhl. ab.[er] nicht dann mußt Du den richtigen Ausweg finden, ich bin gefesselt. Wenn wir uns morgen vormittags nicht sehen so glaube ich zwischen 12—2^h da ist Mittagessen und ich werde bestimmt beim Gitter sein. Also wenn Du Dir die Karte ansiehst, — genau hinter der Mitte auf der drüberen Seite mußt Du sein. Hoffe sicher daß wir uns morgen Dienstag ab 12^h sehen. — ich würde sehr dringend eine Decke brauchen da wir auf Stroh liegen, — auch Eßzeug und Requisiten Seife u. s. w. [und so weiter] aber nicht unbedingt nötig um seelig zu werden. Schreibe an Böhler einen Brief wie die ganze Sache jetzt aussieht. Ob ich in Prag bleiben kann weiß ich nicht wohin? Keine Ahnung. — Es ist so ein schöner Tag, ich sitze auf einer Heuwiese. Armes Mädchen mußt allein bleiben. Wir müssen's übertauchen. Herzlichste Bussi Egon
nach 7 Tagen soll Präsentierung sein und wir kommen dann in die Kaserne nach (Vršchowitz, Prag) dann kann ich heraus kommen. Wo werden wir uns finden wenn Du nicht mehr im Hotel Paris bist? — Gehe zwischen 5 und ½ 7^h in's Kafe[!] Arco wo wir nachmittags waren — endlich werden wir uns dort sehn. Nimm ein Zimmer in der Nähe der Vršchowitzer Kaserne, geschrieben wird es anders aber so wird es gesprochen dort werde ich auch zugeteilt sein!"
E. S. A. 253 [802]
1 → Heinrich Böhler, der für Schiele intervenieren sollte.

—

An → Edith Schiele, Hotel Paris, Prag, C. a. s. [Ausstellungshalle in Prag]
„III. Karte. Montag 21. Juni ¾ 5^h. Mein liebes Diderle. es ist hier ganz stumpfsinnig — nichts als herumlungern tut man — ich hoffe daß Du meine Karten bekommen wirst, wie würde ich mich freuen wenn ich Dich morgen sehen könnte — solltest Du meine zwei ersten Karten nicht bekommen haben so komme morgen zu irgendeiner Zeit hieher. ich bin in dem umliegend abgebildeten Ausstellungsgebäude einquartiert auf St[r]oh — ekelhafte Leute lauter Czechen. Fahre um 14^h mit einem 3 Wagen der Elektrischen bis zur Ausstellung genau dort, wo wir neulich in der modernen Galerie waren, der ganze Komplex gehört zusammen — Du mußt rund herum gehen — ich bin auf der drüberen Seite des abgebildeten Gebäudes. — Wenn Du die Karte noch vormittags bekommst, so komme gleich — nach 12^h bin ich aber sicher

128 Schiele (rechts) und Unbekannter, in Uniform, 1915.

dort auch nachmittags — Wenn ich das gewußt hätte so hätten wir uns die Situation früher angeschaut. — Also bis Samstag."
E. S. A. 843 [803]

—

An → Edith Schiele, Hotel Paris, Prag, C. a. s. [Ausstellungshalle, Prag]
„IV. 21. Juni ¾ 7ʰ, Nach Erfahrungen weiß ich daß die ersten Tage u. Stunden eines Beginnens am längsten dauern. Der heutige Tag wurde mir zu einer Woche — ich habe ihn nun überstanden. — Wieder sitze ich bei den[!] kleinen Baum, alles ist etwas älter geworden — wir waren so ferne von einander. — ich habe mich und Dich zu sehr verwöhnt, daher ergreifen uns solche Ereignisse mit harten[!] Schlag. — ich sehe wir sind zu confortable[!] in unseren Anschauungen. — wir müssen hart werden und primitiv. — In diesen tatlosen Tagen würde mir Papier wohl bekommen. Tausende und tausende[!] kommen fortwährend an, ich glaube daß wir heute abends in je einen[!] Seitenteil des Ausstellungsgebäudes, 4—5000 sein werden. Dabei sind lauter kräftige Leute und ich begreife nicht daß ich daher fähig bin[1] um 6ʰ mußte ich mir eine Eßschale ausborgen und bekam Kaffee (schwarzer mit Satz), sehr gut geschmeckt. Wenn es später geht werde ich mich in das Regiment wo → Peschka ist transferieren lassen damit ich nicht gar so allein bin. Wenn ich nur Schreibpapier hätte — ich möchte meine[?] Eindrücke schildern. es weiß niemand wie lange wir da bleiben — einer glaubte drei Tage, ein Soldat sagte 7 Tage und daß wir dann in Kaserne Vrschowitz Prag kommen und erst dort zur Präsentierung kommen — mache Dich auf letzteres gefaßt, jedenfalls aber mußt Du wenn Du mich nicht hier beim Gitter besuchst im Kaffee Arco sein 5—½ 7ʰ wenn ich so auf einmal da käme? Diderle brav sein und nichts tun! ich glaube an Dich u. das beruhigt mich. ich muß wissen daß Du in meiner Nähe bist. Schlafe wohl.
Du kannst mich nur sprechen wenn Du um den ganzen Ausstellungspark herum gehst — genau hinter diesem Gebäude bin ich immer — es stehen immer Leute dort. wenn ich nicht gleich dort bin, so bin ich höchstens 10 Minuten fort. Busserlen   Egon.
Habe schlecht geschlafen weil fort Lärm war und kalt."
E. S. A. 254 [804]

1 Schiele meint: tauglich.

22. VI. 1915

→ Josefine Harms, L. a. s., 4 pp. 8°. An → Edith Schiele
„Wien, den 22/6 15
Meine liebe, liebe Edith! Heute endlich haben wir mehr von Dir erfahren und ich bin gern bereit Dir gleich zu antworten und will Dir ehrlich gestehen wie sehr wir Dich vermissen; gleich nach Eurer Abreise habe ich mich im Schlafzimmer auf groß Aufräumen gestürzt[!] um auf andere Gedanken zu kommen den[!] mir war zu Mute wie in meinem Leben noch nie, und ich war wirklich nicht immer auf Rosen gebettet. Der Vormittag war endlos... Wen[!] mein Brief ankommt ist Deine Strohwitwenschaft schon vorüber und Egon Dir wieder zurückgegeben, daß[!] wäre sicher Dein schönstes und liebstes Hochzeitsgeschenk; sollte es aber anders sein, dan[!] nimm es nicht zu tragisch und sei eine tapfere Soldatenfrau wie es so viele sein müssen... Dela[1] ist sicher eine gute Schwester dass[!] beweist sie jetzt, unser Stundenlanges[!] Thema bist Du und Egon sie ist ihm sehr wohlgesinnt und wünscht nur daß er loskommt... Mit was hast Du Dir die drei Tage Deines Alleinseins verkürzt wahrscheinlich Briefe geschrieben... Behalte diesen Brief bloß für Dich. Ich bin nicht in der Stimmung auf die Schrift zu achten und möchte gerne Post fertig machen auch bin ich durch das Großreinemachen furchtbar müde... beim erwachen[!] fällt mein erster Blick auf Dein Bett und das Bacherl geht schon über... Gebe Gott daß Du uns bald gute Nachricht gibst und sei unzähligemal geküßt von Deiner   Mutter."
E. S. A. 411 [805]

1 Adele Harms.

—
→ Adele Harms, L. a. s., auf grünem Papier. 2 pp. gr. 8°. An
→ Edith und Egon Schiele in Prag
„Wien. 22. VI. 1915
Mein liebes Schwesterlein u. Schwägerlein! Soeben sind die Anzeigen[1] gekommen und wir haben sie gleich abgeschickt und zwar an sämtliche Wohnparteien, Familie Schiele... und an alle näheren Bekannten. Es ist nicht unsere Schuld dass[!] sie so spät kommen sondern die der Druckerei. Das Allerneueste! Lemberg ist seit heute officiel[!] eingenommen[2]. Es war schon 4 Tage vorher öffentliches Geheimnis. — Aus Sarajewo flüchten die Leute es soll dort nicht geheuer sein... Wien besitzt seit gestern weibliche Strassenbahnkondukteure... Dein Brief hat uns heute sehr gerührt... hätten wir Zeit u. G. [und Geld] wie schnell wären wir bei Dir und wenns nur auf ein paar Stunden wär... Nun wundert mich nicht, dass es ein Hotel Paris[3] gibt nachdem Du schreibst wie unpatriotisch Prag ist... Morgen geh ich mit Mutterle ins Kino zu einem Bassermannfilm[4]... Ich hoffe das[!] Egon [beim Militär] nicht behalten wird, dann geb's ja ein baldiges Wiedersehn... Ich spiele jetzt mehr Klavier wie sonst... Gruss[!] u. Hubicko[5] an Euch beide. — / Der das Delale! —"
E. S. A. 467 [806]

1 Die Vermählungsanzeige Edith und Egon Schieles.
2 Lemberg ging im Ersten Weltkrieg an die Russen verloren und wurde am 18.—22. Juni 1916 gemeinsam von der deutschen und österreichischen Armee zurückerobert.
3 Edith Schiele wohnte dort in Prag. Aus patriotischen Gründen wurden im Ersten Weltkrieg in Deutschland und in Teilen der österreichisch-ungarischen Monarchie ausländische Firmen- und Hotelnamen geändert.
4 Albert Bassermann (1876—1952), berühmter deutscher Schauspieler.
5 Tschechisch für: Kuß.

23. VI. 1915
→ Josefine Harms, eigenhändige Zeilen auf der Rückseite ihrer Visitkarte. An → Marie Schiele.
„23/6/15.
Werthe Frau Schiele! Ich erlaube mir Ihnen die Vermählungsanzeigen unserer Kinder zuzustellen. Gott gebe daß sie zusammen glücklich werden! Ich bedaure, Sie persönlich noch nicht zu kennen[1] und würde mich sehr freuen wenn Sie uns bald mit Ihrem Besuch beehren würden. Die besten Grüße v.[on] Haus z.[u] Haus."
E. S. A. 400 [807]

1 Daß Egon Schiele in Abwesenheit seiner Mutter heiratete und sie nicht mit der Familie seiner Braut bekannt gemacht hatte, wirft ein bezeichnendes Licht auf ihr Verhältnis.

[26. VI. 1915]
An → Edith Schiele in Prag. C. a. s. [Feldpostkorrespondenzkarte]. Aus Prag
„V.
Daß wir Reg.[iment] 75 „zur Bewachung" nach — Neuhaus kommen habe ich bei der Präsentierungskommission erfahren — es wird aber verschieden gesprochen und da dies die letzte Karte sein wird die ich hier schreibe so bleibe: zur Sicherheit so lange in Prag bis ich an Ort und Stelle bin wo ich Dir augenblicklich schreiben werde — ich werde die Fahrtroute genau angeben wann möglich den Fahrplan — dann mußt Du aber sofort kommen. — Dies schreibe ich um ¾ 7h abends. Bussi E.
letzte Karte!"
E. S. A. 189 [808]

[26. VI. 1915]
An → Marie Schiele, C. a. s. [Feldpostkarte]. Aus Prag
„Liebe M.[utter] Seit Montag 8h früh sind wir ca. 10.000 Mann in einer großen Ausstellungshalle einquartiert — heute ist Freitag und heute oder morgen Samstag sollen wir von hier zu unseren Regimentern kommen. Nur die Tschechen selbst sind daran schuld daß wir in der ganzen Zeit von der Außenwelt fast gar nichts wissen und niemand hinaus kann. Nur bei einen[!] Zaun kann ich mit → Edith sprechen. Hoffentlich sind wir bald erlöst. — Aber solche verrohte Leute wie da dicht nebeneinander auf Stroh schlafen, sah ich noch nirgends wir schlafen alle zusammen natürlich. Bei der Präsentierung wurde ich: „zur Bewachung" Reg.[iment] 75 Neuhaus in Böhm.[en] genommen. Gelegentlich alles Übrige. Vorderhand bleibt meine Adresse Hotel Paris, Prag. Weil Edith allein dort bleibt bis ich in Neuhaus bin. Froh bin ich daß es so ging. Herzlichst Egon."
Nachschrift von der Hand seiner Frau:
„Auch ich sende die herzlichsten Grüße u. Handkuß Edith."
E. S. A. 188; R., B. & P., p. 34, falsch mit „1916" datiert; Nachsatz fehlt [809]

[um den 26. Juni 1915]
An → Johannes Fischer, Wien XIII., Martensgasse 16, C. a. s. [Prag, Hradschin]
„Danke für die lieben Wünsche — hier gäbe es sicher viel zu arbeiten — schade. Herzlichst Egon Schiele, Hotel Paris, Prag."
E. S. A. 79 [810]

DOKUMENTE UND KORRESPONDENZ 1915

[um 26. VI. 1915]
An → F. A. Harta, C. a. s. [Feldpostkorrespondenzkarte]. Aus Prag
„Lieber Harta, ich wurde „zur Bewachung" Reg.[iment] 75. in Neuhaus i. Böh.[men] behalten — ob ich dort bleibe ist ganz ungewiß. Alles Übrige wird Ihnen → Fischer sagen. wenn Sie an mich schreiben wollen, so bleibt bis auf Weiteres die Adresse: — Egon Schiele, Hotel Paris, 91, Prag, aufrecht. Herzliche Grüße   Egon Schiele."
E. S. A. 849   [811]

[um den 26. VI. 1915]
→ Adele Harms[?], C. a. s., „Herrn & Frau E. Schiele, Neuhaus, Böhmen, Hotel Central [Wien, Nymphenbrunnen, Schönbrunn]. „Hurra!! Hurra!! Hurra! Es gibt ein Wiedersehn..."
E. S. A. 982   [812]

[um den 1. VII. 1915]
An → Heinrich Benesch, L. a. s., aus Neuhaus Böhmen
                                                „Neuhaus in Böhmen.
Lieber Herr Benesch! Ich danke Ihnen herzlichst für die Karte, — ich konnte Ihnen bis heute nicht schreiben, weil ich vielleicht die schwersten 14 Tage meines Lebens übertaucht habe. Am 21. Juni, 8 Uhr, mußte ich einrücken, und zwar in ein großes Ausstellungsgebäude in Prag, — so wie bei uns die Rotunde, — dort wurde einige Tage gewartet, bis alle Einberufenen, zirka 10—12.000 Mann beisammen waren. Wir haben auf Stroh geschlafen und wurden, weil diese Leute die berüchtigten 28er-Nachfolger waren, sehr strenge von Soldaten bewacht. — Niemand durfte in die Stadt, — ich konnte mit → Edith zufällig durch ein Gitter sprechen. Es kamen Herzschlag und verschiedene Ohnmachtsanfälle vor — ich sah, wie ein Soldat einen Mann gestoßen hatte und dieser vorneüber tot zusammenstürzte — ich sah, wie die Tschechen kurzerhand übers Gitter sprangen — sie wurden einfach niedergeschossen. So war ich dort bis Sonntag den 27., an diesem Tag sind wir mit einem Lastzug hier angekommen und schlafen nun nicht in der Kaserne, sondern auf Stroh in Scheunen. In einer ganz gemeinen Einj.[ährig]-Freiw.[illigen]-Abteilung bin ich — die Leute sind furchtbar blöd und russophil. In einer Nacht pißte einer beim Dach hinunter und zufällig auf den Kopf eines Oberleutnants, das gab einen Krach — keiner von den Gaunern meldete sich und so blieben wir alle im Kasernarrest. Unser Leutnant ist ein Wiener (Deutschmeister)¹, auch gestern Sonntag sollten wir eingesperrt bleiben, ich bat ihn, daß er uns Ausgang gäbe, weil meine Frau da ist, und da ich auch Wiener bin und richtig sagen kann, daß ich der Beste von der Sippe bin, so erlaubte er mir sofort. — Es wäre sehr, sehr schön in Neuhaus, ähnlich mit Krummau; auch ein Teich ist da. — Um 4 Uhr wird geweckt, um halb 5 Uhr ist schwarzer Kaffee, um 5 Uhr „fertig sein" und Abmarsch, um 11 Uhr sind wir vom Üben zurück, 12 Uhr ist Mittagsmenage, um 2 Uhr Abmarsch bis 6 Uhr — dann, an Wochentagen bis 8 Uhr, an Sonntagen von 2 bis 9 Uhr Ausgang. — Ach Gott! wie stumpfsinnig das ist! Edith wohnt im Hotel Central, Neuhaus in Böhmen, auch meine Post senden Sie, bitte, dorthin. Als ich frei hatte, war ich den ganzen Nachmittag zu Hause und war froh, meine Kleider tragen zu können — hinaus ging ich nicht, es ekelte mir von den Uniformen. Vielleicht können Sie mich einmal besuchen. Sie fahren über Wien K. F. J. B. [Kaiser Franz Josef Bahn] — Wesely-M.² — Erschrecken Sie aber nicht über meinen Affenanzug. — Ich möchte mir eine Extrauniform machen lassen — es ist ja lächerlich, mit diesen blauen Blusen und Waschhosen herumzugehen, auch sind meine Schuhe bereits durchmarschiert, würde also unbedingt ein Paar neue brauchen. Wie es so tagelang regnete, da mußte ich immer die ganz durchnäßten Schuhe anhaben und wir exerzierten im strömenden Regen im Wasser. — Schon bevor ich nach Prag gefahren war, ersuchte ich H. B.³ mir für die ausgesuchten und noch nicht bezahlten Bilder nur einen Teil, nämlich 400 Kronen, und in den drei nächstfolgenden Monaten je 200 Kronen zu schicken, — doch den Herren geht es zu gut, sie wissen von nichts und haben alles — während ich hingegen mich nicht rühren kann; — schäbig immerhin, wenn man mir in der Lage nicht einmal antwortet, wo ich alles opfern muß. Bitte, Herr B., besuchen Sie H. B., es wäre ja sehr dringend, und schreiben Sie mir gleich, was los ist. Einstweilen herzlichste Grüße   Egon Schiele⁴."
Nach: R., B. & P., pp. 165/6; Verbleib unbekannt   [813]

1 „Hoch- und Deutschmeister", das Wiener Hausregiment.
2 Neuhaus liegt östlich der Bahnlinie, Mezimosti-Weselij ist die nächste Bahnstation.
3 Heinrich Böhler.
4 Schiele war, wie stets, ungeduldig, wenn versprochenes Geld nicht augenblicklich eintraf.

5. VII. 1915
→ Carl Reininghaus, L. s., 2 pp. groß 8°. Sarkastische Bemerkung, daß sich Schiele unter den 10.000 Miteinberufenen in Prag wohl fühle. Mitteilung über den Stand des Verkaufes des Beethovenfrieses¹ von → Gustav Klimt, etc.
P. 40   [814]

1 Klimts Beethovenfries ging im Juli 1915 in den Besitz von → August Lederer über [nicht 1913, wie bisher angenommen wurde].

—

An Familie → Harms, Ansichtspostkarte aus Neuhaus, Böhmen [Jindrichuv Hradec Zamek]. In Bleistift
„Nach langen schweren 14 Tagen scheint wieder die Sonne und ich habe doch ein paar Stunden für meine Freiheit um mit → Ediderle sein zu können, Ergebenste Handküsse und Herzlichste[!] Grüße allseits   Egon."
E. S. A. 251   [815]

[um den 5. VII. 1915]
An → Marie Schiele, C. a. s. [Ansichtspostkarte]
„Liebe Mutter — ich bin: einj. Freiwilliger d. Inf. [Reg.] 75. Bewachungsabteilung, Neuhaus in Böhmen. Wenn Du aber Post an mich schickst so schreibe an E. Sch. Hotel Central, Neuhaus i. Böhm. Herzlichst   E."
Privatbesitz   [816]

[um den 5. VII. 1915]

An → F. A. Harta, C. a. s. [Jindrichuv Hradec = Neuhaus]
„Lieber Harta! Besten Dank für die Karte und Nachricht. — ich bin: einj.[ährig] Freiw.[illiger] Reg. 75 Bewachungsabteilung Neuhaus in Böhm. Schreiben Sie mir aber an E. Sch. Hotel Central Neuhaus i. B. meine Frau ist dort ich noch nicht. Herzlichst!"
E. S. A. 851 [817]

7. VII. 1915

An → Josef Hoffmann, L. a. s., 3 pp. 8°
„7. Juli 1915.
Lieber Herr Professor Hoffmann! Sie haben mir, wenn ich in schwierigen Lagen war immer auf irgend eine Art geholfen — ich bin nun Soldat und habe die 14 schwersten Tage meines Lebens hinter mir — ich bin unter Tschechen. — ich bitte Sie, Sie sind mit → Heinrich Böhler meinen Schüler gut Freund möchten Sie ihn[!] nicht sagen daß er mir doch sofort die von ihm, mir versprochenen 200 K auch weiters sendet — ich bin verheiratet und bin gefesselt, von hier weg zu kommen und habe auch viel zu wenig Zeit um an Verkäufe zu denken — ich bin von 4—11ʰ exerzieren und von 1—6ʰ dann ist man hin. Also bitte sagen Sie oder schreiben Sie es Böhler — er hat es mir nämlich versprochen und darum habe ich verschiedenes riskiert. ich brauche notwendig Schuhe und Uniform für das Militär ich muß an Ausgängen mit der „ärarischen Montur" herumlaufen. Noch etwas bitte ich Sie, Herr Professor → Löffler bekam doch, weil er irgendwo etwas ausmalte Urlaub — wäre dies bei mir ausgeschlossen — ich würde doch dem Staat so viel mehr nützen. — Böhler versprach mir auch daß er seinem Generaldirektor[1] sagen würde wegen dem daß ich in's Kriegspressequartier käme. Bitte haben Sie die Güte und geben Sie mir so bald als möglich eine günstige Antwort. Mit herzlichsten Grüßen u. bestem Dank. Egon Schiele.
Bitte an Egon Schiele z. z. [zur Zeit] Neuhaus i.[n] Böhmen Hotel Central die Nachricht absenden zu lassen!"
W. ST. B. 159.467; R., B. & P., pp. 136/7 [mit Auslassungen; die Namen aller nur durch Initialen wiedergegeben; falsch datiert] [818]

1 Generaldirektor der Böhler-Stahlwerke.

8. VII. 1915

An → Johannes Fischer, L. a. s., 2 pp. groß 8°
„Donnerst.[ag] 8. Juli 1915
Lieber Fischer — wenn ich in der Lage war Ihnen irgendwie helfen zu können so tät ich dies und werde es immer tun. — Da ich meine ekelhaftesten Tage meines Lebens jetzt habe und ich mich von hier nicht wegrühren darf und auch zuwenig Zeit habe so stelle ich an Sie einige Bitten. — Denken Sie Böhler[1] der mir mündlich und schriftlich versprochen hat den Gehalt von monatl.[ich] 200 K. auch wenn ich beim Militär bin, zu schicken, hat mich bis jetzt aufsitzen lassen — ich weiß nicht ob es wirklich so ist. — Daß ich hier mit meiner Frau Geld brauche ist natürlich und darum erfragen Sie bitte wo und was mit Böhler ist. — Sie gehen bitte am besten zu → Hoffmann. — ich habe gerade einen Brief an Hoffmann und → Löffler geschickt mit dem Ersuchen, — ob ich nicht irgendwie durch diese einen Auftrag bekommen könnte, so daß ich Urlaub bekäme. — ich glaube dem Staat mehr zu helfen als durch das blöde stumpfsinnige marschieren. — bitte tun Sie was Sie können — wenn Hoffmann will, kann er es durchsetzen siehe den kleinen Zeitungsabschnitt — zeigen Sie dies Hoffmann oder Löffler. Löffler bekam auch Urlaub weil er in einer (Baracke) Arbeit hatte. — Wenn Sie diesen Brief in der Hand haben so schreiben Sie mir augenblicklich eine Karte was und wann Sie dies tun werden.
An die Adresse: E. Schiele z. z. [zur Zeit] Neuhaus i. Böhm. [in Böhmen] Hotel Central. Herzlichst grüßt Sie und auf Wiedersehn Egon Schiele."
E. S. A. 144 [819]

1 → Heinrich Böhler.

10. VII. 1915 [Poststempel]

An → Marie Schiele, L. a. s., 2 pp. 8°. In Bleistift
„Samstag.
Liebe Mutter, — ich bin nun 14 Tage Soldat — mir geht es herzlich schlecht, das kannst Du Dir denken. → Edith wohnt im Hotel Central Neuhaus, wenn Du mir schreibst, so schicke die Briefe an Hotel Central Neuhaus i. Böhm.[en]. ich schlafe zwar nicht dort, bin aber täglich von 11—1ʰ und 6—9ʰ dort, und wir gehen überhaupt nicht auf die Straße — ich habe noch nicht einen Spaziergang in Neuhaus gemacht denn die Uniformen eckeln[!] mich an. Was macht Ihr? — wie lange wird noch dieser elende Krieg dauern — es ist ja die schlechteste Lebenszeit die je Menschen durchgemacht haben — wozu ist man denn eigentlich auf der Welt? — wir haben aber die Hoffnung noch nicht aufgegeben, das ist das Einzige was uns hält. Meine Kameraden bekommen fortwährend Kuchen und Torten und Post von zu Hause ich bekam noch von nirgendswo was. einstweilen Herzl.[iche] Grüße Egon Schiele"
E. S. A. 190; R., B. & P., p. 35; falsche Jahreszahl und leichte Veränderungen [820]

12. VII. 1915

An → Guido Arnot, L. a. s., 1 p. gr. 8°
„12. Juli 1915.
Lieber Herr Arnot, ich bin seit 21. Juni Soldat und bin in Neuhaus i. Böhm. ich sende gleichzeitig 2 farb.[ige] Zeichnungen rekommandiert an Sie und ersuche Sie mir diese beiden abzunehmen weil ich dringend Geld brauche ein Blatt 50 K. unser alter Preis oder senden Sie mir eine Angabe auf ein Bild. — Meine Bilder können Sie sehen durch Herrn → Benesch X. Ghegaplatz 4. II. [Stock] T.[ür] 26. wenn Sie mir helfen wollen so schicken Sie mir aber telegraphisch das Geld — ich bitte sehr. meine Adresse ist: Egon Schiele Neuhaus i.[n] Böhm.[en] Hotel Central. Herzliche Grüße Egon Schiele."
T. L. M. [821]

347

DOKUMENTE UND KORRESPONDENZ 1915

[vor dem 14. VII. 1915]

An → Heinrich Benesch, L. a. s. [Abschrift]
„Samstag (1915)
Lieber Herr B., ich glaube, dass es Ihnen gleichgiltig ist, ob ich mit Tinte oder Bleistift schreibe. Ich bitte Sie Herr B. weil ich niemanden Näheren habe, dass Sie am Montag nachmittags ab 3ʰ in das Atelier des Professors → Hoffmann, Stubenring 3 gehen, da natürlich mein Geldvorrat zu Ende ist obwohl ich ausgerechnet um mehr als die Hälfte weniger als in Wien, hier zum Leben brauche. Sie wissen, voriges Jahr hatte ich einen → Goltz, einen → Reininghaus und einen → Hauer, wogegen ich heuer nur jetzt anfangs des Monats Juli das letzte Bild mit der Wäsche[1], an → Dr. Heinrich Böhler um 500 Kr.[onen] verkauft habe und wovon ich meine allerdringendsten Abzahlungen von 300 Kr machte. Das Übrige brauchte ich noch in Wien, und rund 120 Kr nahm ich mit. In der Zeit was ich hier bin, erhielt ich noch 40 Kr. von Prof. Hoffmann, nun sind diese fast vollkommen aus d[as] h[eißt] ich kam eine volle Woche damit aus. Nun ich sandte an das Atelier Hoffmann unlängst drei neue Figurenzeichnungen und fünf neue Landschaftszeichnungen mit denen ich vorhatte, 2 davon Hoffmann als Dankbeweis für seine Anteilnahme zu präsentieren. Ich schrieb an die Herrn Dr. Jung[2], ob von den neuen Blättern 3 verkauft werden könnten, telegraphierte auch und da ich bis jetzt keine Antwort erhielt, glaube ich, dass weder Hoffmann noch Jung in Wien sind, doch muss sicherlich jemand im Atelier sein. Ich schrieb auch, dass ich mich mit dem Gedanken befasse, als Leiter für dekorative Malerei an eine Kunstschule zu kommen oder 4—6 Schüler zu nehmen da es mich moralisch kränkt absolut nicht halbwegs zu dem gelangen zu können wohin es mich drängt, weil ich immer und immer meine neuesten Arbeiten, Studien die eigentlich nur für mich bestimmt sind um Werke entstehen zu lassen, undurchgeistigt, kurz im Entstehungszustand weggeben muss um leben zu können. Ich habe ganz entschieden die Absicht, wenn sich hier nicht was Besonders für mich bietet, im Winter dauernd nach Deutschland zu gehen, wo doch mehr Kunstanstalten sind und überhaupt mehr Gelegenheit wäre um sich entwickeln zu können. Das letzte Jahr gab mir Beweis genug, wie man sich im allgemeinen zu mir verhält, und da ich es für dringlich finde mir entgegen zu kommen dh. sich um den Künstler zu kümmern, was natürlich der „veredelte" Mensch tun wird und da ich nicht ewig rufen kann „erhaltet, fördert" mich, will ich Vorbereitungen treffen um vorerst auf irgend eine Art das primitivste Leben zu beginnen und sei es, dass ich mich irgendwo verbergen soll. Wenn Sie Herr B. am Montag für 4 Zeichnungen 80 Kr — so viel ich benötige von Hoffmann oder Jung erhalten, so haben . . ." (Schluß fehlt.)
E. S. A. 618; Verbleib des Originals ungeklärt [822]

1 „Hauswand am Fluß mit Anbauten", 1915.
2 Architekt → Hugo Jung und → Hubert Jung.

14. VII. 1915

→ Josef Hoffmann, L. s., 2 pp. Glaubt, daß → Heinrich Böhler ohne weiteres die versprochenen 200 Kronen weiterhin schicken werde. „. . . Leider habe ich aber die Empfindung, daß er sich von Ihnen etwas ausgebeutet fühlt. Sie wissen sich zu erinnern, daß ich Sie gleich im Anfang gebeten habe, das ja nicht zu tun und sich nicht voreilig eine so verlässliche Freundschaft zu verscherzen. Nach Andeutungen . . . haben Sie während der ganzen Zeit ziemlich große Summen von allen möglichen Seiten erhalten und ich wundere mich wirklich, daß Sie . . . jetzt in Verlegenheit geraten sind. Zu der Kriegsverwaltung habe ich leider nicht den geringsten Anschluss . . .", etc.
P. 42 [823]

16. VII. 1915

→ Carl Reininghaus, L. s., 1 p. 8°. Bedauert, daß es Schiele noch nicht gelungen sei, in das Pressequartier zu kommen. Falls → Josef Hoffmann und → Gustav Klimt nichts erreicht hätten, möge er doch bei → Dr. Franz Martin Haberditzl versuchen. „. . . → Lederers haben bisher . . . den [Beethoven-]Fries [Klimts][1] noch nicht erworben." Es könnte wohl sein, daß sie zu spät kämen, etc.
P. 43 [824]

1 A. Lederer erwarb schließlich den Fries, Schiele bekam für seine Vermittlung eine entsprechende Provision.

17. VII. 1915

→ Guido Arnot, L. a. s., 4 pp. 8°. Will die beiden übersandten Zeichnungen nicht kaufen. Das in der Verwahrung von → Heinrich Benesch befindliche Bild möge ihm zur Ansicht übersandt werden. Einige der seinerzeit von Schiele erworbenen Zeichnungen seien nach Zürich geschickt worden. „. . . Es wäre in Ihrem Interesse gewesen, diese Ausstellung [Kunstverein, Zürich] mit Ihren Arbeiten zu beschicken und sich nicht von einigen Ihrer mißgünstigen Collegen aufhetzen zu lassen . . .", etc.
E. S. A. 882 [825]

—

→ Edith Schiele an → M. O. Kuntschik, L. a. s., 1 p. groß 8°. Da Egon Schiele nach Wien versetzt worden sei, hätten sie die Absicht, das Atelier zu kündigen, aufgegeben. Der Zins würde innerhalb der nächsten Monate beglichen, etc.
Ö. N. B. 310/65—36 [826]

18. VII. 1915

→ Berthold Löffler, L. a. s., nach Neuhaus, Böhmen. 1 p. 8°. Er könne Schiele leider nicht helfen, sei selbst wieder einberufen worden. Die von Schiele erwähnte Arbeit habe er während seines Krankenurlaubes rasch vollenden müssen. Schiele möge seine Angelegenheit nicht so tragisch nehmen, etc.
W. ST. B. 160.134 [827]

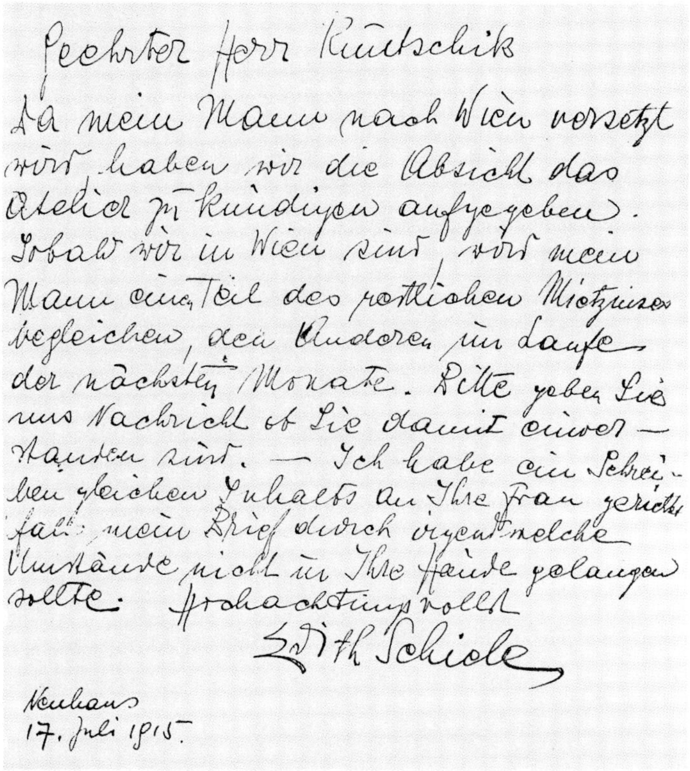
Geehrter Herr Kutschik
Da mein Mann nach Wien versetzt wird haben wir die Absicht das Atelier zu kündigen aufgegeben. Sobald wir in Wien sind, wird mein Mann einen Teil des restlichen Mietzinses begleichen, den Anderen im Laufe der nächsten Monate. Bitte geben Sie uns Nachricht ob Sie damit einverstanden sind. — Ich habe ein Schreiben gleichen Inhalts an Ihre Frau gerichtet, falls mein Brief durch irgendwelche Umstände nicht in Ihre Hände gelangen sollte. Hochachtungsvoll
Edith Schiele
Neuhaus
17. Juli 1915.

[826]

19. VII. 1915

An → Guido Arnot, L. a. s., 1½ pp. 8°. Aus Neuhaus in Böhmen
„19. Juli 1915.
Lieber Herr Arnot. — Das Bild welches Herr → Benesch[1] zur Aufbewahrung hat ist so groß wie das welches Sie schon haben und kostet 600 K. — Die andern beiden die in Betracht kommen sind „Mann & Frau"[2] welches bei Ihnen in der Ausstellung war und ein zweites 180×150 cm großes auch ein Mann & eine Frau[3], erstes[!] kostet 800 K. — letztes[!] 2000 K. Die beiden Zeichnungen übergeben Sie bitte Herrn Benesch. — Wegen der Ausstellung in Zürich tut es mir leid — doch will ich nach dem Krieg mit großen Kollektionen dort und in Deutschland ausstellen wo[!] Sie mir doch behilflich sein werden. Beste Grüße
Egon Schiele z. z. Neuhaus i. Böhm. Hotel Central."

T. L. M. [828]

1 Unklar, um welches Bild es sich handelt.
2 „Liebespaar" (Mann und Frau), 1914, 1914/15 bei Arnot unter der Nummer 15 ausgestellt.
3 Nicht identifizierbar.

2. VIII. 1915

An → Marie Schiele, L. a. s., 2 pp. 4°
„2. August 1915
Liebe Mutter — wir sind Gott sei Dank wieder in Wien, ich kann's gar nicht glauben — hatte aber wirklich viel zu wenig Zeit zu Euch zu kommen — denn ich bin bei den Schanzen im K. K. Tiergarten[1] — also jeder wird glauben in meiner nächsten Nähe vom Atelier — Ich gehe täglich um ¾7[h] früh vis-a-vis vom Bahnhof Hütteldorf-Bad in den Tiergarten — gerade dort ist ein Tor — von dort habe ich aber fünf viertel Stunden hinauf und hinein zu gehen weil dort oben auf den Bergen ein Fort ist, alles nähere möchte ich erzählen wenn Ihr mich [durchgestrichen] uns um 7[h] abends besuchen würdet — anders wird es kaum gehen — Herzlichst
Egon."

Zusatz von → Edith Schiele:
„Liebe Mama
Ich bin mit dem Einrichten unserer kleinen Behausung schon so ziemlich fertig, sei so lieb, — und komme so bald Du kannst, — es würde uns sehr freuen. — Ich wäre gerne schon einmal auf einen kleinen Plausch zu Dir gekommen, — doch es hat so viel Arbeit gegeben, — doch glaube ich, es wird Dir bei uns jetzt sehr gut gefallen. Also auf Wiedersehen, Grüße an Deine beiden Töchter[2] Deine Edith."

E. S. A. 142 [829]

1 Wegen der Möglichkeit eines Durchbruches der Russen setzte man 1915 die nähere Umgebung Wiens in Verteidigungszustand.
2 → Melanie und → Gertie Schiele.

4. VIII. 1915

→ Erich Lederer an Egon Schiele, L. a. s. Erwähnt, daß Klimt bei einem Theaterbesuch in Györ [Raab, Ungarn] kein Interesse für die anwesenden Schönen gezeigt habe.

[Nach A. C. V., p. 115, und Anmerkung 9, ehemals Besitz → Melanie Schuster, Wien. Es hätten sich im selben Besitz mehrere Briefe des Schreibers ähnlichen Inhalts befunden.]

[830]

9. VIII. 1915

An → Guido Arnot, L. a. s., 1⅓ pp. 4°
„9. August 1915.
Lieber Herr Arnot, der Transporteur bringt Ihnen folgende Bilder und Zeichnungen, die gerahmt oder verglast sind: „Entschwebung"[1] 200×170 cm, 3000 K, noch nie ausgestellt; „Mann und Mädchen"[2] 180×150 cm, 2000 K., noch nie ausgestellt; „Haus"[3] 140×110 cm, Privatbesitz, noch nie ausgestellt; „Eremiten"[4] 180×180 cm. 1500 K. war schon in Wien, Hagenbund und in einigen Städten Deutschlands ausgestellt — ich will dieses Bild vielleicht zu dieser Ausstellung nicht mehr geben weil es 1912 gemalt ist — vielleicht findet sich aber einmal ein Käufer dafür wenn Sie dieses bei Sich[!] lassen. — Näheres werden wir besprechen.
10 [durchgestrichen, darüber „12"] farbige Zeichnungen aus neuester Zeit à 60 K
5 [durchgestrichen, darüber „6"] schwarze Zeichnungen à 30 K. und 5 Rahmen für Zeichnungen mit Glas. Bitte schreiben Sie mir sofort an welchen[!] Tag ich Sie zwischen 7 und 8[h] abends treffen könnte weil es mir anders unmöglich ist. Beste Grüße
Egon Schiele."

T. L. M. [831]

1 „Entschwebung", 1915.
2 „Tod und Mädchen" [Mann und Mädchen], 1915.
3 Nicht feststellbar.
4 „Die Eremiten" [Schiele und Klimt], 1912.

13. VIII. 1915

An → Anton Peschka, L. a. s. [Abschrift]
„13. August 1915
Wien, XIII., Hietzinger Hauptstraße 101
Lieber A. P., seit 14 Tagen sind wir bei der Brückenkopfbewachung Wien XIII. Tiergarten Lainz — ich bin seit 2 Tagen an Blinddarmentzündung erkrankt und bleibe einige Tage zuhause — was dann ist, weiß ich nicht. Danke für Deinen Brief. Peperl Ehrlich soll in Wladiwostock gefangen sein, Hansl[1] war im Winter an Typhus erkrankt und seit der Zeit weiß niemand von ihm. Fritz ist in Brünn. Herzliche Grüße
Egon."
E. S. A. 423 [832]

[1] Vorläufig nicht feststellbar, um welche gemeinsame Bekannte es sich handelt: „Peperl" — Josef Ehrlich, „Hansl" — vermutlich Hans Ehrlich, wohl ein Schulfreund Schieles, den er öfters erwähnt.

15. VIII. 1915

An → Guido Arnot, L. a. s., 1 p. quer gr. 8°
„15. August 1915.
Lieber Herr Arnot, meine Ausstellung haben Sie ja noch nicht eröffnet und dürfen auch nicht bevor ich nicht bei Ihnen war. — Es handelt sich hauptsächlich um die schon im Privatbesitz befindlichen 2 Bilder — wo[!] ich auf Nachricht warte ob die beiden ausgestellt werden oder nicht. — Betreffs Ihres Vorschlages mit[!] der einen schwarzen oder einen farbigen Zeichnung die Sie zusammen um 60 K.[ronen] kaufen wollen wäre ich einverstanden, (natürlich ziehen Sie keinerlei Verkaufsprovision mehr ab,) — wenn Sie bei Verkäufen nicht 20 sondern 10% als Verkaufsprovision nehmen wie ehedem und in diesen Zeiten. — Dann, bei eventuellen Anfragen wegen eines der ausgestellten Bilder und Blätter wäre ich einverstanden wenn der Preis des einen oder anderen Bildes noch zu hoch wäre, wenn der betreffende Kauflustige ein eigenes Angebot machen würde und Sie mir dies mitteilen möchten, — worauf ich mich entschließen würde. Beste Grüße
Egon Schiele."
T. L. M. [833]

17. VIII. 1915

An → Anton Peschka, L. a. s.
„17. August 1915.
Wien XIII., Hietzinger Hauptstraße 101.
Lieber A. P.! Ich bekam gestern Deine Karte und Brief — besten Dank! — Du siehst jetzt sehr gut aus. Wenn Du ins Feld gehst, so bitte ich Dich, mir immer zu schreiben, und wünsche Dir aufrichtigst viel Glück, wenn Du hinaus — kommst. — Hoffentlich ist der Krieg vor Winter aus — allem Anschein nach sieht es so aus in Rußland und dort wird sich ja der ganze Weltkrieg entscheiden. — Wenn wir aber mit den Russen vor November nicht entscheidend fertig sind, so ist die Sache allerdings gefährlich — denn der Winter könnte uns in Rußland den Hals brechen. Deinen Willen[1] werde ich natürlich stets und auf die beste Art ausführen — darüber kannst Du am beruhigsten sein. Herzlichste Grüße! Auf Wiedersehen!
Egon."
Nach: R., B. & P., pp. 108—9; Verbleib unbekannt [834]

[1] Es handelt sich wohl um Bestimmungen für den Fall des Todes.

—

An → Guido Arnot, L. a. s., 4 pp. klein 4°
„17. August 1915.
Lieber Herr Arnot — ich bin krank und es ist mir daher unmöglich daß ich betreffs der Ausstellung zu Ihnen kommen kann — ich weiß aber daß Sie auch ohne mir[!] die Bilder gut ausstellen können. — Das eine Bild die große Hausfront mit der Wäsche in der Mitte u. den zwei kl.[einen] Bogenfenstern[1] bitte ich sofort auf meine Kosten an die Hausbesorgerin bei Herrn Böhler[2] IV. Belvederegasse 30 schaffen zu lassen — es kommt also nicht zur Ausstellung — hingegen das andere Haus wird verkäuflich (für Sie 600 K.) sonst mehr, je nach Anfragen wie ich Ihnen schon schrieb. — Vielleicht können Sie am Samstag oder Montag die Ausstellung bis auf Weiteres[!] eröffnen — lassen Sie bitte die Ausstellung sehr sehr lange offen. — Sie werden ja das eine Zimmer nicht unbedingt brauchen. Für Ihre Fenster unten an der Straße möchte ich zwei große Plakate machen die so groß als möglich sein können. — nur müßte ich wissen wie groß die Fenster sind. — Wegen dem Hängen der Bilder folgt eine Aufstellung von mir auf nächster Seite:
[Transkription der Bezeichnungen Schieles auf seiner Skizze:]
Mann & Mädchen
3 Zeichn.[ungen]   3 Zeichn.[ungen]
1 Zeichnung   4 Zeichnungen so gehängt:
Ihr Bild, die Stadt Entschwebung[3] so gestellt
1 Zeichn.[ung]   wie das große Bild meiner
1 Zeichn.[ung]   letzten Ausstellung,
Haus   4 Zeichnungen wie oben,
1 Zeichn.[ung]
Die „Eremiten"[4] das ältere Bild bitte nicht dazu hängen
Die Reihenfolge ist also beim Eingang links:

1 „Zeichnung" }   4 „Zeichnungen" }
„Die Stadt"   } eine Wand.   „Entschwebung" } Hauptwand
1 „Zeichnung" }   4 „Zeichnungen" }

3 „Zeichnungen" }
„Mann & Mädchen" } zweite Wand.
3 „Zeichnungen" }

1 „Zeichnung" }
„Haus"   } rechte Halbwand
1 „Zeichnung" } (von der Tür).

4 Bilder   } werden ausgestellt, wovon Sie 18 Rahmen
18 Zeichnungen } für die Zeichnungen bereits haben u.[nd]
               } 15 Zeichnungen dafür.

Sie bekommen noch ein Blatt von mir, — und die beiden Blätter die ich von Neuhaus[5] an Sie sandte dazu, — letztere haben Sie noch. Das Geld für die beiden von Ihnen gekauften Zeichnungen senden Sie bitte jetzt. Betreffs meines Vorschlages wegen der 10% anstatt 20% und der Preise die ein Käu-

fer eventuell selbst anbietet erwarte ich noch Ihre Meinung.
Herzliche Grüße   Egon Schiele.
Bitte Senden Sie an alle Zeitungen und Zeitschriften sicher Einladungen und auch an alle anderen Leute die immer geladen wurden, — mir können Sie auch einen Stoß Karten zur Verfügung geben."
T. L. M.   [835]

1 „Häuser mit Wäsche", 1915.
2 → Dr. Heinrich Böhler.
3 „Die Entschwebung", 1915.
4 „Die Eremiten", 1912.
5 Neuhaus in Böhmen, Schieles 2. Etappe als Soldat.

[836]

[um den 17. VIII. 1915]

Anton Peschka. — Zwei Skizzenblätter. „Prinzips[!] Gefängniß[!] in Teresienstadt[!]¹ A. Peschka", — „Prinzip[!] wie ich ihn als Einjähriger in Theresienstadt bewachen mußte. A. Peschka. Aufheben. Zeitdokument" und die Köpfe zweier anderer Häftlinge. Bleistift, auf kariertem Papier. 17 : 8,5 cm.
G. P. 94/5   [836]

1 Gavrilo Princip (1894—1918) ermordete am 28. VI. 1914 in Sarajewo den österreichisch-ungarischen Thronfolger Erzherzog Franz Ferdinand und dessen Gemahlin. Zu 20 Jahren Zuchthaus verurteilt, starb er in Theresienstadt an Tuberkulose.

19. VIII. 1915

→ Hans Goltz, L. s., 1 p. groß 8°. Die Zeitschrift „Wieland" habe Schieles Zeichnungen nicht angenommen, etc.
E. S. A. 814   [837]

22. VIII. 1915

An → Guido Arnot. C. a. s. [Postkarte: Egon Schiele Selbstporträt. Für die „Aktion" gezeichnet]
„22. August 1915.
Lieber Herr Arnot, — wenn das eine Bild was ich erwähnte noch nicht zu Böhler¹ gesandt wäre — so bitte ich Sie — dies sofort zu veranlassen — weil ich vorher, als erst bei Lieferung kein Geld bekäme und dies nötig ist. — ich bin an Blinddarmreizungen erkrankt und soll in den nächsten Tagen operiert werden. Beste Grüße   Egon Schiele."
T. L. M.   [838]

1 → Heinrich Böhler.

26. VIII. 1915

Egon Schiele, eigenhändige Tagebucheintragung, Bleistift, in einem karierten Notizblock
„Es ist der 26. August 1915. Ich bin im Kriegsreservespital Nr. 16 auf der Hütteldorferstraße 188, und sitze auf den Bänken und Lehnstühlen im Offiziersgarten vor der Kaserne. Um mich ist der große Sommer und der wolkenlose Himmel über mir, vor mir sind Blumenbeete — wo Rosen im Verblühen sind. — Im Kasernengebäude hört man die Schreibmaschine[!] und draußen, über den bretterverschalten Eisenzaun ist die offene freie freie Straße. — Was soll ich tun — es wurde mir geraten daß ich mich operieren lassen soll — die Blinddarmreizungen kommen wieder, das weiß ich, — aber hier ganz allein bleiben, — wo mich die große Sehnsucht in die Freiheit treibt — was nütze ich dem Staat? — mein Kollege Fürth¹ war auch hier, er ist sicher ein Simulant und ein überflüssiger Mensch — ihm tut dies faule herumsitzen und liegen gut — er will immer essen und denkt an nichts weiter. — Wenn ich hinauf gehe in's Spital so sehe ich vom zweiten Stockwerk aus auf die Hietzinger Straße, dorthin wo meine Werkstatt und meine → Edith ist. — Gestern bekam ich Ausgang von 2 bis 7 Uhr — wie schnell war die Zeit vergangen und wie stumpfsinnig muß man hier bleiben und diese langen Stunden vergehn nicht. — Wie geduldig ich bin. — Seit 21. Juni muß ich das tun, was Soldaten wollen, die Uni-

form. — Ich verlebte die unvergeßlichen gequälten Tage von Prag wo wir Einberufenen wie die Schwerverbrecher eingesperrt waren. — Die Tschechen werde ich nicht vergessen² — Prag war schön vom 18. bis 21. Juni 8 Uhr früh. Am 17. Juni heirateten wir jedoch erst. Welche Qualen der Krieg der Freiheit und den fühlenden Menschen bringt ist vielleicht am erbärmlichsten, — es ist aber bestimmt und ich habe die Hoffnung nie aufgegeben, — haben doch auch die Tage von Prag ihr Ende gehabt, wo ich mit Diderle³ beim Gitter reden konnte und nach 8 Tagen, es war ein Sonntag in einem Lastzug verschickt wurde wohin ich nicht wußte. — Wir mußten auf alles vorbereitet sein und daher verabredeten wir, daß ich von dem Orte wo wir bleiben sofort telegraphieren werde. — Diderle wohnte zuerst im Hotel Paris und dann im Hotel Wien in Prag. Sie unterhielt sich vielleicht in der Zeit wo ich nicht fortkonnte zeitweise, doch damals waren wir noch nicht so nahe wie es heute ist, (denn sonst hätte sie nicht Einladungen angenommen,) — das kränkte mich damals obwohl ich ihr gerne Zerstreuung vergönnt hätte. — Aber die Stunden wo ich sie nicht sehen konnte waren mir lange — Das ist der Schmerz der Welt. — In Neuhaus⁴ waren wir in den Scheunen, es bleibt unvergeßlich. Sofort telegraphierte ich dem Diderle und sie kam nach einem Tag in Neuhaus an — wie groß war die Freude, als wir zusammen waren und wie groß die Freude als ich dann täglich bei ihr war. Nach langem hin und her kamen wir Gott lob nach Wien, es kam mir ganz unwirklich vor Wien wiederzusehen. Ende Juli kamen wir am Franz-Josef Bahnhof an. In Neuhaus war Diderle um 11 Uhr vormittags am Bahnhof — sie blieb dort und wir wußten wieder nicht wie lange wir uns nicht sehen würden. — Sie kam Freitag d. 30. Juli? ich war in C.⁵ am Bahnhof und wir gingen vis à vis Abend essen — ich erzählte wo unsere Abteilung ist und wir mußten mit dem Bißchen Besserung glücklich sein — denn wir waren doch wieder beisammen und in Wien und ich konnte endlich zu Hause schlafen. Nun bin ich seit 11. August 4 Uhr nachmittags krank — vorerst war ich zu Hause von 11. August bis 23. August 10 Uhr vormittags. Wir verlebten schöne Stunden zu Hause und ich konnte ein Bild nämlich das Porträt von Diderle lebensgroß fast fertig machen⁶. Seit der Zeit sitze und liege ich in diesem Spital unter den Schwerverletzten — was soll geschehen mit mir — wie lange werde ich noch hier bleiben?"
[Nach: A. St., 1964, II., Heft 4, pp. 172/3; damals Privatbesitz, London; siehe auch L., p. 591]   [839]

1 Fürth, Maler[?], Daten nicht feststellbar.
2 Es handelt sich um Fluchtversuche tschechischer Soldaten.
3 Kosename für → Edith Schiele.
4 Neuhaus in Böhmen, zweite Station Schieles als Soldat.
5 In Zivil.
6 „Bildnis der Frau des Künstlers, stehend", 1915.

[? VIII. 1915]

→ Heinrich Böhler, C. a. s. [Briefkarte]. Erwartet Schiele Sonntag in seinem Atelier, IV., Belvederegasse 30¹. Sandte 500 Kronen für das „Krumauer Bild"², das noch im Atelier gewesen sei, etc.
P. 48   [840]

1 Böhlers Atelier, in dem er Malunterricht von Schiele bekam.
2 Entweder „Haus mit Schindeldach", 1915, oder „Hauswand am Fluß mit Anbauten", 1915.

? VIII. 1915

→ Heinrich Böhler, L. a. s. An Egon Schiele
Fordert ihn auf, das Bild¹ in seine Wohnung zu schicken.
„... Das andere Bild, einzelnes Haus² möchte ich nicht haben..."
Nach: L., 263, p. 589   [841]

1 „Hauswand am Fluß mit Anbauten", 1915.
2 „Haus mit Schindeldach", 1915; Böhler erwarb es doch [siehe seinen Brief 10. IX. 1915].

6. IX. 1915

An → Guido Arnot, C. a. s. [Kartenbrief]
„6. September 1915.
Lieber Herr Arnot, — es ist ein Irrtum, Ihr Bote nahm das Bild nicht mit weil es regnete — Ich selbst habe niemanden zum schicken — Das Bild ist 180×110 cm groß. Kann jederzeit geholt werden! Beste Grüße   Egon Schiele."
T. L. M.   [842]

9. IX. 1915

→ Alexander Koch, L. s., 1 p. groß 8°. Überweist nochmals 100 Mark; darüber hinaus vermöge er jedoch nicht zu gehen, zumal aus Österreich keine Spenden eingetroffen seien und er bisher 1000 Mark dorthin habe fließen lassen, etc.
E. S. A ...   [843]

10. IX. 1915

→ Heinrich Böhler, L. a. s.
„... Ihre Ausstellung bei Arnot gesehen ... wundervoll! ... Das Bild mit dem Haus und den Schindeln¹ gefiel mir wieder sehr gut ... Ich werde Ihnen das Bild abkaufen, wenn es nicht vergeben ist ..."
Nach: L., 263, p. 589   [844]

1 „Haus mit Schindeldach", 1915.

12. IX. 1915

An → Guido Arnot, L. a. s., 1 p. 8°
„12. September 1915.
Lieber Herr Arnot — ich war gerade zufällig nicht zu Hause als der Bote das Bild holen wollte — er sagte doch daß er in der Früh um 8ʰ kommen würde. — Bitte Sie also schicken Sie doch zum letzten mal den Boten, der ein Porträt 180 cm × 110 cm drei Zeichnungen (farbig) und 2 farbige schöne Plakate¹ à 96×57 cm mitzunehmen hätte. Beste Grüße
            Egon Schiele.
wenn niemand zu Hause ist so soll er beim Portier Auskunft holen!"
T. L. M.   [845]

1 Die beiden von Schiele für die Auslage von Arnot gezeichneten Plakate haben sich nicht erhalten.

20. IX. 1915

→ Leopold Liegler, L. a. s., 3 pp. 8°. Aus Lilienfeld, wohin er nach dem Tode seiner Mutter gefahren sei. Schiele möge seine Bemühungen, an eine ruhigere Dienststelle versetzt zu werden, nicht aufgeben. Vielleicht, daß → Dr. Arpad Weixlgärtner helfen könne. Dieser werde dafür sorgen, daß Lieglers Aufsatz in der Zeitschrift „Graphische Künste" entsprechend illustriert werde. Es stünden Blätter der Sammlung → Heinrich Benesch zur Verfügung. Den Artikel habe er nach Vorschlägen von → Dr. Weixlgärtner umgearbeitet, etc.

E. S. A. 346 [846]

23. IX. 1915 [Poststempel]

→ Edith Schiele, C. a. s. [Kärntner Ansicht¹]. An → Josefine Harms. Jetzt hätten sie wieder schönes Wetter, den Rückweg müßten sie zu Fuß machen, da kein Zug ginge, etc. „Herzlichsten Gruß von Egon" [eigenhändig].

P. 9 [847]

¹ Anscheinend hatte Schiele einen kurzen Militärurlaub, den er mit Edith irgendwo in Kärnten verbrachte.

28. IX. 1915

→ Alexander Koch. — Brief der Schriftleitung von „Deutsche Kunst und Dekoration", Darmstadt, 1 p. 8°. Im Prinzip sei er bereit, Fotos nach Gemälden Schieles zu bringen, jedoch müßten „in dieser Zeit Rücksichten genommen werden", daher müsse er sie vorerst sehen, etc.

P. 46 [848]

17. X. 1915

An → Anton Peschka, L. a. s.
„Sonntag, 17. Oktober 1915.
    Wien XIII., Hietzinger Hauptstraße 101.
Lieber A. P.! Danke für Deine Karten, welche mich sehr freuen — leider bin ich selbst sehr angehängt, so daß ich nicht früher zum Schreiben komme — ich will Dir nur kurz sagen, daß ich vom Tiergarten¹ in eine Schule kam, von dort am Exelberg², wo wir seit 1. Oktober sind. Einige Abteilungen von uns sind schon zum Russeneskortieren³ verwendet — nun heißt es, daß wir am Nordbahnhof kommen — was dort zu tun ist, weiß ich nicht — jedenfalls ähnliches. Wenn ich nicht Dienst habe, so komme ich abends immer nach Hause, selbst wenn es 7 Uhr ist. Der Weg ist weit von dort, denn unsere Baracken liegen an der Straße zwischen Rohrerhütte und Sophienalpe⁴. Schreibe mir recht oft und trachte Kunstgegenstände zu „erbeuten"⁵. Ich würde gerne solches kaufen, wenn es ausgezeichnet ist. — Ja, — Dein Extramantel wird von mir getragen, er paßt gut, nur die Aufschläge wurden in grün umgewandelt. Viel Glück und ein frohes Wiedersehen! Wir hoffen es. Dein   Egon Schiele."
Nach: R., B. & P., pp. 109—10; Verbleib unbekannt [849]

¹ „Lainzer Tiergarten", ehemals kaiserliches Jagdrevier am westlichen Stadtrand Wiens, wo Schiele 1915 zunächst bei Schanzarbeiten [drohender Durchbruch der Russen] Verwendung gefunden hatte.

² Hügel, westlich des XVII. Wiener Bezirks.
³ Die militärische Begleitung kriegsgefangener Russen.
⁴ Beides bekannte, heute noch existierende Ausflugslokale im westlichen Wienerwald.
⁵ Anton Peschka tat zu dieser Zeit Dienst im Osten.

17. X. 1915 [Poststempel]

→ Arthur Roessler, C. a. s. [Volkserzieherkarte mit Hakenkreuzsymbolen, etc.]. Sei als Korporal nach Wien versetzt worden und würde sich freuen, Erlebnisse mit Schiele auszutauschen, etc.

E. S. A. 549 [850]

18. X. 1915

An → Arthur Roessler, L. a. s., 1 p. gr. 8°
„18. Oktober 1915.
Lieber A. R. — Danke für Ihre Karte, — ich bin bei der Wachkompanie am Exlberg und komme, wenn ich nicht Dienst habe täglich herunter, — wenn wir nicht abkommandiert werden, (denn wir müssen demnächst Russen eskortieren, heißt es) oder ich anderswo beschäftigt wäre, — so bin ich Sonntag vormittags 11ʰ im Atelier wo ich Ihren Besuch erwarte — ist etwas dazwischen gekommen so ist meine Frau daheim die Ihnen alles Nähere erzählen kann. Besten Gruß
           Egon Schiele."
W. ST. B. 180.687; R., B. & P., pp. 85/6 [mit Veränderungen] [851]

[nach dem 18. X. 1915]

An → Guido Arnot, L. a. s., 1 p. klein 4°
„Sonntag.
Lieber Herr Arnot — erst heute bin ich imstande Ihnen Antwort auf Ihre Karte zu geben, weil ich gegenwärtig am Exelberg¹ verbannt bin und die ganze Zeit nicht in die Stadt herunter kann. — Mein Hausbesorger kann nicht die Bilder abholen, weil er nicht solche[!] Fahrgelegenheit hat — ich habe die Absicht die Bilder nach Zürich oder nach München zu senden — wenn mir der Transport nichts kosten würde, — gäbe vielleicht einige Bilder mehr mit für eine Kollektivausstellung die wandert. Wenn dies möglich wäre so geben Sie mir Nachricht und wohin dies ist. Sonst bitte ich Sie mir die Bilder und Zeichnungen durch Ihren Spediteur zugehen zu lassen. Ein Blatt ist noch nicht bezahlt worauf[!] ich Sie noch erinnern möchte. Überdies will ich Sie erinnern daß Sie einmal erwähnten ständig einen Raum mit Arbeiten von mir voll zu haben, — ein Zimmer mit Zeichnungen ginge? Beste Grüße   Egon Schiele."
T. L. M. [852]

¹ Exelberg, im XVII. Wiener Gemeindebezirk in der Nähe der „Rohrerhütte" gelegen.

30. X. 1915

An → Arthur Roessler, C. a. s. [Korrespondenzkarte]
„Lieber A. Rößler — ich schrieb schon vor einer Woche an Sie, daß Sie uns am vorigen Sonntag besuchen sollen — haben Sie meine Karte bekommen? — ich weiß nicht. — Wenn Sie

morgen Sonntag vormittags Zeit haben so besuchen Sie uns — es wird mich sehr freuen. Beste Grüße   Egon Schiele
Samstag 30. Okt. 15   XIII. Hauptstr.[aße] 101."
W. ST. B. 180.604; Gl. 57   [853]

1. XI. 1915

An → Dr. Oskar Reichel, L. a. s., 1 p. 4°
„1. November 1915
Lieber Herr Dr. O. Reichel — es wird eine große Kollektivausstellung meiner Bilder zusammengestellt, wo möglichst alles ausgestellt werden soll was ich seit 1910 gemalt habe ich brauche Ihre Bilder: „Jesuiten"[1], „Prozession"[2], „Kahle Bäume"[3] und „Madonna"[4] und glaube daß Sie mir diese gerne zur Verfügung stellen werden — sollte ein Bild beschädigt werden so bin ich bereit Ihnen ein neues einzutauschen. Dann bitte ich um das Bäumebild welches Herr Sykora[5] hat, — sind Sie daher so freundlich und schreiben Sie ihm daß er das Bild mir borgt — da ich seine Adresse nicht weiß und äußerst wenig Zeit habe. Wann die Bilder abgeholt werden können bitte ich mir umgehend mitzuteilen. Herzliche Grüße
Egon Schiele
XIII. Hietzinger Hauptstraße 101."
F. 7   [854]

1 „Jesuiten", 1911.
2 „Prozession", 1911.
3 „Kahle Bäume", 1912.
4 „Madonna", 1911.
5 Professor Bruno Sykora.

6. XI. 1915

An → Guido Arnot, Wien, L. a. s., 1 p. 8°
„6. November 1915
Lieber Herr Arnot — die eine Zeichnung (welche Frau → Lederer?) gekauft hat, ist noch nicht bezahlt und da ich das Geld brauche so möchte ich Sie bitten mir das Geld für das Blatt bestimmt, eventuell bei Ihrem Fräulein, zu hinterlegen weil ich Montag oder Dienstg mir dieses abholen möchte — und da Sie wissen, dass ich wenig Zeit habe, und auch nicht zweimal deswegen in die Stadt fahren kann so rechne ich bestimmt darauf — anderenfalls ich mir die Blätter mitnehmen müßte. Beste Grüße   Egon Schiele.
→ Prof.[essor] Hoffmann hat mich eingeladen mit auszustellen in der Sezession in Berlin — vielleicht wäre es besser vorerst dort die Bilder zu bringen bis ich das volle Material für Zürich beisammen habe — Näheres werde ich mitteilen. —"
T. L. M.   [855]

—

An → Josef Hoffmann, L. a. s., 1 p. 8°
„6. November 1915
Lieber Herr Professor Hoffmann. — bitte teilen Sie mir mit bis zu welchem[!] Tag die Bilder für die Sezession-Berlin bereit sein müssen damit ich schon jetzt Vorbereitungen treffen kann. — Wenn ich ausstelle so möchte ich wenigsten 4 bis 5 größere Bilder und 20 Zeichnungen ausstellen — weil ich in Berlin noch nie ausgestellt hatte[1]. Herzliche Grüße
Egon Schiele."
F. 6   [856]

1 Schiele übersah sein 1914 bei Feldmann in Berlin ausgestelltes Bild [siehe Nr. 688].

8. XI. 1915

→ Heinrich Benesch, L. a. s., 1 p. 8°. Ob es möglich wäre, um den Betrag von 40 Kronen eines der farbigen Kinderblätter zu bekommen, etc.
E. S. A. 601   [857]

11. XI. 1915

→ Marie Schiele, C. a. s., an → Edith Schiele. Habe keine Zuteilung von Äpfeln erhalten, käme erst später in ihre neue Wohnung. → Gerti habe ihre Möbel schon in der Vorwoche spedieren lassen, etc.
E. S. A. 455   [858]

13. XI. 1915

→ Ludwig H. Jungnickel, C. a. s., aus Passau. Habe sich München als Ausbildungsort gewählt, etc.
P. 49   [859]

16. XI. 1915

Karl von Felner[1], L. a. s., 2 pp. Aus Berlin. Hofft, Schiele anläßlich der Ausstellung der Wiener Secession sehen zu können, habe von Arthur Roessler keine Nachricht, etc.
E. S. A. 47 b   [860]

1 Karl von Felner (1874—1938). Dramatiker, vorwiegend Märchen- und Legendenspieldichter.

—

→ Hans Goltz, L. s., 1 p. groß 8°. Die Grenze sei gesperrt, er werde sich bemühen „Liebkosung"[1] sobald als möglich zu senden. Die Terrakotto von Fiori[2] sei nicht mehr in seinem Besitz. Die Bücher „Cézanne und Hodler" und „das neue Bild" werde er senden, etc.
E. S. A. 815   [861]

1 „Liebkosung" = „Kardinal und Nonne", 1912.
2 Schiele wollte im Tausch einen Gipsabguß der Terrakotta „Das Mädchen" von E. de Fiori erhalten [siehe Brief von Goltz an Schiele, 2. IX. 1913].

19. XI. 1915

An → Guido Arnot, Wien, L. a. s., 1 p. gr. 8°
„19. November 1915.
Lieber Herr Arnot — ich brauche sofort meine Zeichnungen die ich für Berlin brauche und die 19 Rahmen samt Gläsern dazu. — Bitte senden Sie mir diese ehestens. Beste Grüße
Egon Schiele."
T. L. M.   [862]

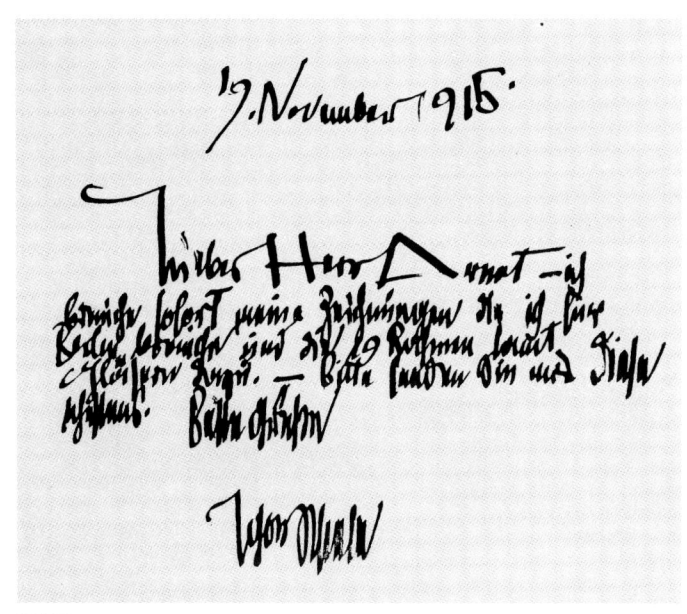

[862]

4. XII. 1915

→ Heinrich Benesch, L. a. s., 5 pp. An → Edith Schiele. Er hätte gerne zu den in seinem Besitz befindlichen Schiele-Selbstbildnissen eine farbige Zeichnung nach ihr „... die in seinem Leben und in seiner Kunst eine hervorragende und, wie ich nach dem bisherigen Wahrnehmungen überzeugt bin, segensreiche Rolle spielen werde... Wenn es ein Brustbild wird, hätte ich... den Wunsch, daß Sie... einen kleinen Gegenstand aus Egons Sammlung in der erhobenen Hand hielten... Egon möge darin seine ganze Liebe zu seiner schönen und eleganten jungen Frau legen..." Als Honorar bittet er 40 Kronen vorschlagen zu dürfen, etc.

E. S. A. 602 [863]

5. XII. 1915

An → Felix A. Harta, L. a. s.
Mitteilung, daß sein Bild[1] im Katalog der „Wiener Kunstschau" in der „Berliner Sezession" als unvollendet angegeben werden müsse.

Nach: L., Nr. 273, p. 594 [864]

1 „Mutter mit zwei Kindern", III., 1915/17.

7. XII. 1915

→ Heinrich Benesch, L. a. s., 2 pp. 8°. An → Edith Schiele. Dankt für ihre Zusage wegen einer Porträtzeichnung. Würde sich freuen, ihr einmal — so sie von Gänserndorf[1] zurück sei — seine Sammlung zeigen zu dürfen. „... Bitte ... sagen Sie Egon, eine farbige Russenzeichnung[2] muss ich haben und wenn ich darüber Bankrott machen sollte", etc.

E. S. A. 604 [865]

1 Gänserndorf, nordöstlich von Wien über der Donau gelegen. Schiele eskortierte dort als Soldat gegen Ende des Jahres russische Gefangene.
2 Schiele zeichnete des öfteren nach russischen Kriegsgefangenen.

14. XII. 1915

→ Hans Goltz, L. s., 1 p. groß 8°. Das Buch „Cezanne und Hodler" sei vergriffen, das andere Buch ginge ab. Die übersandte Zeichnung sei zu unbedeutend, als daß er sie im Tausch gegen das Buch „Das neue Bild" brauchen könne, da er Barauslagen gehabt habe, etc.

E. S. A. 816 [866]

16. XII. 1915

An → Anton Peschka, L. a. s. Aus Gänserndorf
„16. Dezember 1915.   Gänserndorf, N.[ieder]-Ö.[sterreich]
Lieber A. P.! Ich habe mir schon so oft vorgenommen an Dich zu schreiben und immer wieder kam etwas dazwischen oder war die Zeit zu kurz, um Dir längeres mitteilen zu können. Danke für Deine Karte, wo Weihnachtsgrüße darauf sind, die ich herzlichst erwiedere[!] und gleichzeitig ein Prosit Neujahr wünsche und den Schluß des Krieges im nächsten Jahr. — Daß ich im Tiergarten Lainz war, weißt Du ja — von dort kamen wir Mitte September in eine Schule in Hernals und von dort auf den Exelberg, XVII. Bezirk, oberhalb der Rohrerhütte, wohin ich täglich, bis vor zehn Tagen, wandern mußte. Unsere Beschäftigung ist dort, Drahtverhaue abzuwickeln. — Anfangs November wurden wir alle gemustert und ich daselbst zur Konstatierung geschickt, bei dieser als C-tauglich, das ist für Kanzleidienste geeignet, klassifiziert, wartete ich auf einen Posten in einer Kanzlei; da dies, wie alles, sehr lang dauerte, meldete ich mich zur Aushilfe zur Russeneskorte nach Gänserndorf[1]. Hier sind 2 bis 300 Russen, die täglich 5 Uhr 20 Min. von Gänserndorf nach Wien, Nordbahnhof, und 7 Uhr 20 Min. abends zurückgeführt werden müssen. — Eben bin ich krank und liege im Bett. Nach Weihnachten sollen wir als Etappenkompagnie nach Belgrad kommen, ob ich als C-Tauglicher auch mit muß, weiß ich nicht. Vielleicht kennst Du Dich besser aus und schreibst mir gelegentlich. Zu Deiner Auszeichnung gratuliere ich Dir herzlich; wieso geschah dies? — Du hörtest von → Kokoschka[2]. — Er ging als Kadett (?) ins Feld, bei einem Sturm gegen die Russen wurde er einigemale leicht verwundet und geriet als Verletzter in die Hände der Russen — im Feldlazarett bestach er die Wärter, hatte nämlich 200 Kronen versteckt bei sich, und diese flohen mit ihm in eine Scheune, — tags darauf kamen unsere Truppen — er winkte ihnen zu und mit ihm ergaben sich noch 23 Russen, worauf er die „große Silberne"[3] bekam. — Jetzt ist er bei Loos[4] in Wien. Die Zeitungsnachrichten über ihn waren natürlich Reklame von... ausgehend über ihn. — Jetzt soll er malen. — Von unseren Kollegen sind außer den Erwähnten — → Gütersloh in einer Kanzlei in Wien, auch → Roessler, der schon in eine „Marsch"[5] eingeteilt war. → Faistauer, → Harta, → Fischer sind Zivil, → Kolig Militär, → Wiegele in Algier gefangen. → Erich Lederer hatte von April an bis jetzt 27. Dezember Urlaub — was sagt man! — Nun aber „aus" mit dem Militärischen.
Die Sezession Berlin hat uns zur Ausstellung dort eingeladen — einen Saal und zwei weitere Räume zur Verfügung

DOKUMENTE UND KORRESPONDENZ 1915

gestellt. → Moll! war bei mir und erbat sich: „Entschwebung"⁶, 200×170 cm, M.[ark] 10.000, „Tod und Mädchen"⁷ 180×150 cm, M. 6000, „Mutter"⁸, 160×150 cm, M. 6000 (der kleine Toni⁹ zweimal verwertet), und 20 farbige Zeichnungen à M. 200, darunter Russen, die ich hier gezeichnet habe. Mit mir stellen aus: → Klimt, vier Bilder, unter diesen befindet sich das „Tod und Leben"¹⁰, welches ganz umgemalt ist, dieses, sein größtes Bild wird meiner „Entschwebung" gegenüber hängen. Kokoschka, Gütersloh, Faistauer, Harta, Fischer, Lang¹¹, → Moser, → Löffler, → Moll, List¹² und noch einige, die nicht mehr dazu gehören. Kaiser Wilhelm¹³ soll die Ausstellung eröffnen! Vielleicht bekomme ich Urlaub und bin dort. — Was sagst Du zu meinen Preisen?¹⁴ — → Gerti war einigemale bei uns. Lieber A. P., wenn Du schöne Kostüme, Figuren oder dergleichen findest, so möchte ich sie kaufen. Vielleicht schreibst Du mir darüber. Sei herzlichst gegrüßt auf Wiedersehen! Egon."

Nach: R., B. & P., pp. 110—112; Verbleib unbekannt   [867]

1 Gänserndorf, nordöstlich von Wien.
2 Die aufregende Schilderung seiner Verwundung erzählt Kokoschka in „Mein Leben", München, 1971. Das ihm aus dem Kopf im Palais Palffy, Wien [damals Militärspital], herausoperierte Geschoß befindet sich seit kurzem im Kokoschka-Museum, Pöchlarn.
3 Silberne Tapferkeitsmedaille. Es gab auch eine „goldene".
4 Diese Nachricht stimmt kaum. Der schwerverletzte Kokoschka kam zuerst nach Dresden, dann, 1917, wegen Gleichgewichtsstörungen zu Professor Barany nach Stockholm.
5 Gemeint ist eine „Marschkompanie".
6 „Die Entschwebung", 1915.
7 „Tod und Mädchen", 1915.
8 „Mutter mit zwei Kindern", III, 1915/17.
9 Gemeint ist der 1914 geborene Anton Peschka jun., den Schiele porträtierte und auch auf seinem Bild „Mutter mit zwei Kindern", II, 1915, darstellte.
10 Es handelt sich um Klimts Bild „Tod und Leben", 1911, umgearbeitet 1916 [Dobai 183, Privatbesitz, Wien].
11 → Erwin Lang.
12 → Wilhelm List (1864—1918), Maler.
13 Kaiser Wilhelm II. (1859—1941).
14 Es sind, der fortschreitenden Geldentwertung entsprechend, Inflationspreise!

[vor dem 26. XII. 1915]
→ Anton Peschka, C. a. s. [mit zwei Fotos von der Ostfront]. Bittet Schiele, die Karte an seine Frau weiterzugeben, etc.
G. P. 51   [868]

26. XII. 1915
→ Anton Peschka, L. a. s., 1 Blatt folio. Staunt über Schieles Preise, berichtet über die Umstände, die zur Verleihung der silbernen Tapferkeitsmedaille führten. „... Das Feld hat für mich alles Furchtbare verloren...", etc.
P. 44   [869]

28. XII. 1915
→ Heinrich Benesch, L. a. s., 2 pp. 8°. Seine Frau wolle einen „Christus" [vermutlich eine Skulptur, die Schiele im Tausch erwerben wollte] nicht hergeben, jedoch wäre sein Sohn → Otto einverstanden, eine sitzende Madonna gegen drei gute Zeichnungen zu tauschen, etc.
E. S. A. 603   [870]

[1915]
→ Edith Schiele, L. a. s., 4 pp. gr. 8°
„Montag 1/2ʰ nachmittag
Mein Egerle. Ich werde die Sache kurz machen, damit der Brief rasch auf die Post kommt. — Also: Heute vormittag konnte ich H.[errn] Ober Leutn.[ant] nicht sprechen, weil er nicht zu hause war, mußte folgedessen nachmittags nocheinmal fahren... H. O. L. hat mich angenommen. Ein feiner zuvorkommender Herr, der sich in Deine Lage gut hinein denken kann. Durch mein vieles Reden war er endlich weich geworden, und wollte mir versprechen Dir nächsten Sonntag wieder frei zu geben. Doch das war mir zu wenig. Ich habe ihm gesagt wenn er Dir die Strafe¹ nicht ganz schenken kann so soll er sie Dir wenigstens verkürzen. Er hat mir versprochen sein möglichstes zu tun. Im übrigen gilt Dein Arrest schon vom 1sten hat er gesagt, folgedessen sind ja schon 4 Tage überstanden... Zu Deiner Beruhigung sage ich Dir noch d.[aß] ich sehr brav sein werde, immer immer an Dich denke und Dich unendlich lieb habe. Deine   Edith..."
E. S. A. 1032   [871]

1 Über einen Arrest Egon Schieles während seiner Militärzeit war bisher nichts bekannt. Vermutlich handelte es sich um ein geringfügiges Disziplinarvergehen.

[871]

[Ende 1915]

→ Willy Lidl, L. a. s. „Mein lieber Herr Schiele." Übersendet ein nicht erhaltenes Schriftstück: „Ich habe das einmal geschrieben, ganz zufällig. Es ist wahrscheinlich das letzte. Ich versteh' es selber schon nicht mehr..." Grüßt Schiele und seine Frau, etc.

E. S. A. 947 [872]

1915

Egon Schiele. — Eigenhändige Liste von Bildern für eine nicht zustande gekommene Ausstellung in Zürich. Auf Briefpapier mit liegendem „P" [Briefpapier des Salons → G. Pisko?], 2 pp. groß 8°

Nach: K., pp. 82/83. Der vielen Bildernamen halber wurde darauf verzichtet, richtigstellende oder erläuternde Angaben zu machen. [873]

„Zürich.
„Porträt Dr. v. Graff" 1910.
„Porträt Arthur Rößler" 1910.
„Porträt Ed. Kosmack" 1910.
„Porträt Maler Zakovsek" 1910.
„Jesuiten" Steiner 1911.
„Prozession" 1911.
„Offenbarung" 1911.
„Schwarzes Mädchen" Steiner 1911.
„Eremiten" 1912.
„Herbsbäume" 1912.
„Herbstsonne" 1912.
„Kahle Bäume" 1912.
„Bekehrung" ? 1912.
„Agonie" ? 1912.
„Liebkosung" 1913.
„Die Brücke" 1913.
„Stadt Stein" ? 1913.
„Stadt Stein" ? 1913.
„Doppelporträt" 1913.
„Auferstehung" Steiner? 1913.

1914
„Die kleine Stadt" 1914.
„Vorstadt" 1914.?
„Die Häuser am Meer" 1914.
„Die Mutter" 1914.
„Mann und Frau" 1914.
„Sonnenblume" 1914.

1915
„Entschwebung" Steiner 1915.
„Tod und Mädchen" 1915.
„Häuser mit Bergen" 1915.
„Inselstadt" 1915.
„Altes Haus" 1915.
„Haus" 1915.

Jesuit.[en]	— Prozession	11 — 11
Erem.[iten]	— Mann & Frau	12 — 14
Doppelp.[orträt]	— Tod & Mädchen	13 — 15
Entschw.[ebung]	— Auferstehung	13 — 15
Mutter	— Liebkosung	13 — 14
Agonie	— Bekehrung	12 — 12
Offenb.[arung]	— Schw.[arzes] Mädchen	11 — 11
v. Graff	— Zak.[ovsek]	10 — 10
Rößl.[er]	— Kosm.[ak]	10 — 10
Stein	— Stein	13 — 13
Herbstb.[äume]	— Kahle Bäum.[e]	12 — 12
Herbsts.[onne]	— Brücke	12 — 13
Sonnenbl.[ume]	— Vorstadt	14 — 14
Häus.[er] a.[m] M.[eer]	— kleine Stadt	14 — 14
Häuser m.[it] B.[ergen]	— Inselstadt	15 — 15
Altes Haus	— Haus	15 — 15

129 Egon Schiele (in der Mitte) mit Kameraden aus dem Lager für kriegsgefangene russische Offiziere, 1916.

XII. Im Lager für kriegsgefangene russische Offiziere in Mühling 1916

Den besten Überblick über das Leben Schieles in diesem Jahr ermöglicht sein vom 8. III. bis zum 30. IX. mit Sorgfalt geführtes Kriegstagebuch, das bisher nur auszugsweise veröffentlicht wurde[1]. Bis zum Frühjahr war er als Bewachungssoldat südlich von Wien in Atzgersdorf bei Liesing eingeteilt. Die Vorgesetzten waren nachsichtig und ermöglichten es ihm — wir wiesen bereits darauf hin —, oft daheim zu schlafen. Nun kam ihm die Lage seiner Atelierwohnung in der Hietzinger Hauptstraße sehr zustatten, denn er konnte — am „Roten Berg" vorbei — zu Fuß nach Lainz gelangen und sich somit umständliches mehrfaches Umsteigen auf kriegsbedingt überfüllten und nur sehr unregelmäßig verkehrenden Straßenbahnen ersparen.

Im Frühjahr wurde er überraschend nach Mühling bei Wieselburg (in Niederösterreich) als Schreiber in ein Lager für kriegsgefangene russische Offiziere versetzt. An und für sich war diese Versetzung ein Glücksfall, denn so kam er aus der Großstadt mit ihren Ernährungsschwierigkeiten in eine landschaftlich bemerkenswert schöne Gegend. Ein Tal im Ötschergebiet, so abgelegen, daß dort die Zeit stehen geblieben schien. Man gelangte mit der Westbahn in ungefähr dreistündiger Fahrt dorthin, nicht weil es so weit gewesen wäre, sondern weil das Umsteigen und Wartenmüssen viel Zeit in Anspruch nahm. Schiele traf am 3. Mai 1915 dort ein. In der Schreibstube fand er, seiner schönen Schrift halber, sofort wohlwollende Aufnahme. Nach und nach wurden seine Vorgesetzten darauf aufmerksam, wen sie da zugewiesen bekommen hatten, und förderten ihn nach Kräften. Dazu gehörte, daß man ihm im Lager selbst einen Raum zur Verfügung stellte, in dem er malen konnte. Nicht nur für sich — denn dort schuf er eine seiner schönsten Landschaften überhaupt, „Die verfallene Mühle" —, sondern für seine Dienststelle, für die triviale Schilder entstanden. Eines hat sich erhalten und legt Zeugnis ab für seine kriegsbedingte Tätigkeit als Schildermaler[2]. Er zeichnete übrigens vorher und im Lager des öfteren nach russischen Kriegsgefangenen. Waren es in

Gänserndorf gemeine Soldaten, so sind es hier russische Offiziere, mit denen er — manche sprachen deutsch — auch Gespräche führte, die er unerschrocken im Kriegstagebuch festhielt.

Er erwies sich für die ihm erwiesenen Diensterleichterungen dankbar, indem er viele seiner Vorgesetzten zeichnete. Für den wichtigsten unter ihnen, seinen Vorgesetzten Oberleutnant → *Gustav Herrmann*, malte er übrigens „Die Vision des heiligen Hubertus"[3], ein Bild, das sich völlig dem Geschmack des Auftraggebers anzupassen hatte und wie eine Illustration der damals beliebten Familienzeitschrift „Die Gartenlaube" anmutet. Wichtig für Schiele war, daß die Gegend nicht — wie es gut hätte sein können — zum militärischen Sperrgebiet erklärt wurde, so daß er seine Frau nachkommen lassen konnte, die längere Zeit hindurch sein Privatquartier mit ihm teilte.

Aber er ist voll innerer Unruhe. Das Landleben mit vielen Vorteilen ersetzt ihm nicht, was er immer mehr vermißte: die Großstadt, die Freunde, Modelle. In keinem Jahr seines Schaffens entstehen weniger Bilder. Da es keinen Überblick über seine Zeichnungen gibt, können wir nur annehmen, daß in diesem Jahr ihre Zahl vergleichsweise auch außerordentlich gering ist. Die Frage der von ihm angestrebten Versetzung nach Wien, die er mit allen ihm verfügbaren Mitteln betreibt, scheitert lange Zeit hindurch an einem lächerlichen Umstand: seine Schrift ist so schön, daß seine Vorgesetzten ihn ganz einfach nicht ziehen lassen wollen, bis vollgültiger Ersatz für ihn gefunden ist. Und das sollte bis Jänner 1917 dauern!

Durch die unvermutete Auffindung seiner umfangreichen Korrespondenz mit dem Kunsthändler → Guido Arnot in Wien, bei dem er im November 1916 eine große Ausstellung veranstalten wollte, sind wir in der Lage, ein Material zu veröffentlichen, das ebenso interessant ist wie die bisher gleichfalls unpublizierte Korrespondenz mit seinem deutschen Vertreter → Hans Goltz. Nach vielem Hin und Her zerschlug sich die Sache mit Arnot, weil Schiele dessen Bedingungen nicht akzeptieren wollte.

ANMERKUNGEN

1 Spärlich bei R., B. & P.: etwas ausführlicher bei A. C.: Schieles Kriegstagebuch 1916. In: Albertina Studien, 1966, Heft 2, pp. 94—102.

2 Erstmalig abgebildet im selben Heft der Albertina Studien, p. 78

3 Siehe die Abbildung bei K., Nr. 214

1916

1916 entstehen nur 8 Bilder: 4 Landschaften [unter ihnen nimmt die „Zerfallende Mühle" einen hervorragenden Platz ein]; 2 Porträts [→ Johann Harms, Schieles Schwiegervater, und ein verlorengegangenes Doppelporträt, Egon und Edith Schiele]; 2 Sonstige [die „Vision des heiligen Hubertus", populäre Malerei, auf Wunsch seines Vorgesetzten].

LANDSCHAFTEN:

„Stadt und Fluß" [K. 216; L. 268; Neue Galerie der Stadt Linz]

„Mödling" [K. 215; L. 269; im Krieg verbrannt]

„Zerfallende Mühle" [K. 217; L. 271; Niederösterreichisches Landesmuseum, Wien]

In der Literatur nachweisbar:

„Ruine Weitenegg" (Niederösterreich) [fehlt bei K.; L. LV]

PORTRÄTS:

„Bildnis Johann Harms" [K. 213; L. 270; Guggenheim Museum, New York]

In der Literatur nachweisbar:

„Doppelporträt Egon und Edith Schiele" [K. XLIX; L. LIV]

SONSTIGES:

„Die Vision des heiligen Hubertus" [K. 214; L. 272; Verbleib unbekannt]

In der Literatur nachweisbar:

„Drei Frauen" [K. L; L. LIII]

AUSSTELLUNGEN:

Berlin, Sezession, Kurfürstendamm Eröffnung: 8. I. 1916	Bund österreichischer Künstler. „Entschwebung", 1915; „Tod und Mädchen", 1915
Wien, Wiener Kunstschau 8. I.—28. II. 1916	„Mutter mit zwei Kindern", 1915
München, Sezession, Sommerausstellung	8 Zeichnungen
München, Hans Goltz	
Wien, Invalidenfonds	„Bildnis Dr. Oskar Reichel", 1910
Dresden bei ? in der Lennéstraße	Zeichnungen [nach K., p. 513]

PREISE UND EINNAHMEN:

17. III. 1916	Schiele verlangt von → Guido Arnot je 50 und je 80 Kronen für Schwarzweiß- oder farbige Zeichnungen
5. VII. 1916	Schiele bedankt sich bei → Josef Hoffmann für den Betrag von 300 Kronen für zwei seiner Zeichnungen
22. XI. 1916	Das „Stadtbild" [wahrscheinlich: „Mödling", 1916], Besitz A. Lederer [verbrannt], koste 2000 Kronen
[vor d. 29. XI. 1916]	Schiele erbittet von → Arnot Überweisung, der Preis pro Blatt sei 50 Kronen

WOHNADRESSE: Wien XIII., Hietzinger Hauptstraße Nr. 101

AUFENTHALTE:

8. III. 1916	Versetzung nach Liesing [südlich von Wien] zur Bewachung von Kriegsgefangenen.
20. III. 1916	Ausflug mit Edith Schiele nach Neulengbach und St. Pölten
1. V. 1916	Abkommandierung in die k. und k. Offiziersstation für Kriegsgefangene [russische Offiziere] in Mühling bei Wieselburg, Niederösterreich, wo Schiele bis Jahresanfang 1917 als Schreiber beschäftigt ist. Von dort zahlreiche Ausflüge in die nähere und weitere Umgebung. Er behält jedoch die Wiener Wohnung, in der er alle Wien-Urlaube verbringt.

130 „Zerfallende Mühle" (auch „Bergmühle"), Öl, 1916 [L. 271]. In Mühling gemalt.

131 „Stadt und Fluß", Öl, 1916 [L. 268; nach einer Zeichnung von 1913 gemalt].

132 „Bildnis Johann Harms" (der Schwiegervater Schieles), Öl, 1916 [L. 270].

KATALOG DER WIENER KUNSTSCHAU

IN DER

BERLINER SECESSION
KURFÜRSTENDAMM 232

[874]

8. I. 1916

Eröffnung der „Wiener Kunstschau" in der Berliner Secession, Kurfürstendamm[1]; Katalog.

E. S. A. 1063 [874]

[1] Mitaussteller waren unter anderen: → Robin C. Andersen; → Hans Böhler; → Anton Faistauer; → Felix Harta; → Ludwig H. Jungnickel; Gustav Klimt [Nr. 43 Der Tod und das Leben, Nr. 44 Bildnis der Frau A.[dele] B.[loch-Bauer], Nr. 45/6 Landschaften]; → Oskar Kokoschka; → Broncia Koller; → Carl Moll, etc. Bei der bekannten Abneigung Kokoschkas gegen Wien nimmt seine Teilnahme an der Ausstellung wunder.

10. I. 1916

An Frau H. Robczok, Frau des Oberkellners im Kaffee Eichberger, Hietzing

„Bitte schicken Sie am Freitag jemanden um 10^h zu mir, ich habe jetzt nicht so viel bei mir, — gebe 3 K mit und Freitag 7 K — wenn ich mehr entbehren kann um 10 K mehr. Bestens   Egon Schiele[1]."
Auf demselben Zettel, sehr unorthographisch, von der Hand der Frau H. Robczok, die Bitte um Geld, da ihr Mann krank sei.

E. S. A. 1012 [875]

[1] Die Ober [= Zahlkellner] der Wiener Restaurants und Kaffeehäuser waren daran gewohnt, daß Stammgäste die Zeche schuldig blieben, und liehen selbst gelegentlich Geld aus, das sie meist mit gutem Trinkgeld zurückbekamen.

25. I. 1916

→ Folkwang-Museum, Hagen, Westfalen. L. s. Sie hätten einen Interessenten für ein Aquarell. Bitten um Übersendung von 3 Blatt zur Auswahl, etc. Schiele notiert auf dem Brief „Frau Fanny Renner Ladung Post Bruch Böhmen".

E. S. A. 475 [876]

—

→ Dr. Heinrich Rieger, Zahnarzt, VI. Mariahilferstraße 124. L. a. s. Er sei bereit, Edith Schiele zu behandeln, bekäme er dafür „einen schönen Schiele". Er ordiniere von 5 bis 7 Uhr, da eingerückt, etc.

E. S. A. 974 [877]

27. I. 1916

Graphisches Kabinett J. Neumann, Berlin, im Haus der Berliner Sezession. L. s., 1 p. 4°. Bedauern, daß in der Berliner Sezession keine Nachfrage nach seinen Zeichnungen sei. Läge es an der Auswahl?, etc.

E. S. A. 130 [878]

7. II. 1916

An → Anton Peschka, L. a. s.

„7. Februar 1916. Wien XIII., Hietzinger Hauptstraße 101. Lieber A. P.! Habe Deine Post erhalten — auch das alte Buch von → Gerti, ohne Einbanddeckel — sehr schön, und freute mich sehr. — Ich war bei einigen üblichen Musterungen und Konstatierung und unlängst bei der Superarbitrierung: „Zu Landsturmdiensten ohne Waffe, in seinem Beruf zu verwenden". Wir wurden Etappenkompanie und sollen in absehbarer Zeit ins Etappengebiet abgehen. Ob ich mitkomme, weiß ich natürlich nicht. War neulich Sonntag bei → Lederer und erzählte von Dir. Du könntest gute Geschäfte machen, wenn Du eine alte russische Holzmadonna für L. auftreiben könntest, aber nur das allerbeste an Qualität, auch andere Kunstgegenstände, wie Bücher, alte Bilder, Gewänder, kurz, was schön ist. — Du brauchtest es nur nach Lemberg senden, und zwar an die Adresse: Herrn Direktor G. — Wenn Du ihnen direkt schreiben würdest, wie so etwas, das in Betracht käme, aussieht und wieviel Geld Du zu diesem Erwerb brauchtest, so würdest Du jeden Betrag erhalten — vielleicht könntest Du eine photographische Aufnahme an sie schicken von so einer Figur oder wenn es was Bedeutendes ist. Wie geht es Dir sonst? Hörte, daß Du auf Urlaub nach Wien kommen sollst, das wäre nett, so ein Wiedersehn, nicht? — Wo Du in dem Kloster warst, weiß ich, wo dies ist, ganz genau, — durch Zufall. Ein Transport von uns war vor drei Wochen in nächster Nähe. — Schreibe mir bald und besonders ausführlich über die Kunstangelegenheit, welche von großer Wichtigkeit ist. Herzlichst grüßt Dich auf baldiges Wiedersehen   Egon Schiele."

Nach: R., B. & P., pp. 112—3; Verbleib unbekannt [879]

9. II. 1916

Paul Aaremann, Hagen, Westfalen, Eppenhäuserstraße 47, L. a. s., 2 pp. 8°. Habe im → Folkwang-Museum die vier gesandten Aquarelle Schieles gesehen, könne nichts davon gebrauchen. „Ich benötige ein Bild für mein Musikzimmer. Dieses Bild müsste stark farbig und dekorativ sein", etc.

E. S. A. 32 [880]

DOKUMENTE UND KORRESPONDENZ 1916

[4. III. 1916?, Ediths Geburtstag]

An → Edith Schiele, eigenhändige Zeilen auf einer Visitkarte
„Liebes Diderle. Was ich Dir präsentieren will habe ich bereits veraten[!], nur kann ich es nicht rechtzeitig senden, — überdies hat es auch nicht viel Sinn wenn ich es sende — oder willst Du? — Schau daß Du bald gesund bist armes Mädi — auch das wünsche ich — wann kommst Du morgen mit Willy[1]? Um 5^h? Schlecht zu schreiben da drauf! [in Bleistift:] Druck noch naß!"

E. S. A. 77 [881]

1 Ein Bekannter Edith Schieles, der öfter erwähnt wird.

8. III. 1916

Kriegstagebuch [künftig KTB abgekürzt][1]. Wir lassen das von Schiele geschriebene Datum fort. Blatt 2 recto [auf Blatt 1 recto: „8. März 1916", verso leer].
„Der heutige Tag brachte das Ende vom Exelberg[2]. Vormittags kamen Offiziere, es hieß, alle die nicht in die Etappen mitgeh[e]n kommen nach Liesing[3]. — Um 3^h wurden wir abgeholt, mit allen[!] Gepäck fuhren wir mit der Elektrischen von Neuwaldegg[4] über Gürtel[5] bis zum Bahnhof Meidling, — von da per Bahn bis Liesing und kamen 8^h in der neuen Schule mit grünen[!] Turm in der Schloßstraße an. Einige. E. F. Korp.[= Einjährig-Freiwillige Korporale] gaben uns nähere Winke wies[!] hier zu geht. — Wir nahmen unser Abendessen im Gasthaus Brückl auf der gegenüberliegenden Seite der Bahn — dort nächtigten wir, → Alfred Pietras und ich in einen[!] kleinen Bett in einen[!] Kutscherzimmer. —"

E. S. A. 321; A. St. 1966, 2 p. 94 [882]

1 Bisher nur auszugsweise veröffentlicht: a) von Arthur Roessler [bruchstückhaft, Verweis: R., B. & P.]; b) auszugsweise von Alessandra Comini in: Albertina Studien 1966, Heft 2 [unser Verweis: A. St. 1966, 2]; von L. [einige Hinweise im Oeuvre-Verzeichnis].
2 Exelberg, Hügel im Wienerwald, nahe von Neuwaldegg.
3 Liesing, südlich von Wien gelegen, heute zum XXIII. Bezirk gehörig.
4 Neuwaldegg, Teil des XVII. Wiener Gemeindebezirks, in welchem der Exelberg liegt.
5 Gürtel, breite Straße Wiens. Umgibt die Stadt halbkreisförmig.

9. III. 1916

KTB, Blatt 2 verso—3 recto
„Um ¾ 7 waren wir in der Schule, um ½ 8^h gingen wir mit der Mannschaft nach Atzgersdorf[1] in eine Fabrik baden. → Pietras und ich benutzten das Bad aber nicht. — Um 10^h waren wir wieder zurück. — Um 11^h speisten wir in der Unteroffiziersmesse in einen[!] der Häuser welche zur Fabrik des Hoftischlers Bernhard Ludwig[2] gehören. Es ist im zweiten Stockwerk eine Wohnung gemietet, in den[!] großen 3 Fenstrigen Zimmer stehen zwei Tische, wir waren sehr zufrieden. — um 12^h gingen wir in's Kaffeehaus im Rathausgebäude von Liesing — wir spielten eine Karambolpartie[3]. nachmittags suchten wir nach einer Wohnung, — es gab einige, — wir nahmen die in einer Villa an der — Sauberskirchengasse. Ein helles Zimmer mit guten modernen Bett unter dem Dach, ein netter Balkon und nebenan ein Badezimmer um monatl.[ich] 40 K. — Die Aussicht auf den Höhenrücken gegen Mauer[4] — dort stehen einige neuere Villen — eine davon dürfte von Witzmann[5] sein, einstöckig,

366

[882, 823]

weiß, mit dreieckigen[!] Dach. Links fährt die Dampftramway[6], links ist Rodaun[7] und auch die Haltestelle Kalksburg. Wir holten von der Schule unser Gepäck und blieben noch bis ¾ 5^h in unserer Militärwohnung; nach Befehl[8] um ½ 6^h fuhr ich von der Endstation der Elektrischen (Mauer) bis Lainz[9], um ¼ 7^h war ich bei Diterle[10]. Sie war nicht wenig überrascht als sie von all dem hörte. Mit Diterle waren wir noch im Nebenhaus nachtmahlen[11], — dann blieben wir daheim[12]."

E. S. A. 321; A. St. 1966, 2, p. 94 [gekürzt] [883]

1 Atzgersdorf, Ortschaft südlich von Wien, heute zum XXIII. Bezirk gehörig.
2 Bernhard Ludwig, damals bekannte Großtischlerei.
3 Karambolpartie = Billardpartie.
4 Mauer gehört zum XXIII. Wiener Bezirk.
5 Carl Witzmann (1883—1952), namhafter Architekt, Bühnenbildner.
6 Der Betrieb der nach Süden führenden Straßenbahn Mauer—Mödling geschah bis in die zwanziger Jahre durch Dampf.

7 Rodaun, Ortschaft südlich von Wien. Hugo von Hofmannsthal wohnte hier bis zu seinem Tode (1929).
8 Die abendliche Befehlsausgabe.
9 Schiele zog es vor, die Straßenbahn in Lainz zu verlassen und, am „Roten Berg" vorbei, in zirka 15 bis 20 Minuten nach seiner Wohnung zu gehen. Bei dem kriegsbedingt eingeschränkten Straßenbahnverkehr war er somit schneller daheim, als wenn er über Hietzing gefahren wäre.
10 Diterle, Kosename für → Edith Schiele.
11 Im Nebenhaus von Schieles Wohnung befand sich damals ein Gasthaus.
12 Hier und an anderen Stellen des Tagebuchs finden sich des öfteren Zeichen wie: o oder: x, die sich vermutlich auf eheliches Zusammensein beziehen. Wir lassen sie unbeachtet.

10. III. 1916
KTB. Blatt 3 recto und verso
„Um 6ʰ früh ging ich vom Haus über Lainz, — bis Hermesstraße wo ich in die Elektrische stieg und bis Mauer fuhr, — um ¾ 7ʰ war ich wieder in der Schule Liesing. vormittags wurde neben dem Schulgebäude die Erde umgestochen und gedüngt. — Von 11ʰ bis ½ 12ʰ war ich mit → Pietras essen — dann gingen wir in's Kaffee Rathaus wo schon Diterle wartete. — Dann zeigten wir Diterle das neue Zimmer. Sie ging dann als wir zum Wachabteilen mußten über den Berg nach Mauer und Hietzing zurück. — Um 2ʰ nach dem Wachabteilen marschierten wir ab. — ich war Posten auf der Wache 27. in der Fabrik, nächst dem Bahnhof Atzgersdorf-Mauer. Mein Standort war beim Tor der Fabrik Popp & Reutter. es verging die schöne Sternennacht."
E. S. A. 321, R., B. & P., p. 191 [auszugsweise]; A. St. 1966, 2, p. 94 (gekürzt) [884]

11. III. 1916
KTB., Blatt 3 verso
„Um 3ʰ kamen wir von der Wache. ich traf mit → Pietras um ½ 4ʰ beim Mittagessen zusammen. wir beide gingen bis Mauer und fuhren zusammen mit dem 60ziger¹ bis Lainz. um ½ 6ʰ war ich wieder bei Diterle. — → Erich Lederer telegraphierte mir daß meine Abkommandierung in's Kriegsarchiv² am Wege ist. Diterle und ich blieben daheim. Vor 10ʰ kam → Pietras und schlief am Sofa bei uns."
E. S. A. 321; A. St. 1966, 2, p. 94 [885]

1 Die Straßenbahnlinie 60 verbindet die südlichen Teile Lainz—Mauer von Hietzing.
2 Schiele wurde ein Jahr später in das Heeresmuseum versetzt und nicht ins Heeresarchiv, wo → Arthur Roessler eine Zeitlang diente.

12. III. 1916
KTB., Blatt 3 verso—4 recto
„ich ging mit → Pietras um 8ʰ vom Hause, — Diterle blieb noch warm im Bett. — in Lainz am Platz waren wir im Kaffee Lainzerhof rasch frühstücken und um 9ʰ waren wir wieder in der Schule in Liesing. — Dann gingen wir in unsere Militärwohnung und blieben bis ½ 11ʰ nach dem Essen waren wir um ¼ 12ʰ schon wieder in der Schule weil Sonntags das Wachabteilen um 12ʰ geschieht. — ich bezog auf der Wache 28. in einer untätigen Fabrik wo Russen einquartiert sind den Posten in einen[!] verfallenen Park. Es war ein ganz schöner Tag. Einige von den Russen konnten deutsch sprechen und erzählten mir wo sie gefangen wurden und daß sie seit 10 Monaten bereits hier als Riemer u. s. w. zur Arbeit verwendet werden. Ihre Sehnsucht nach den[!] ewigen Frieden war so groß wie bei mir und die Idee eines aus vereinigten Staaten bestehenden Europas, gefiel ihnen¹. — Nachts stand ich Posten, — nach der Ablösung schlief ich ein, und träumte von Diterle."
E. S. A. 321; R., B. & P., p. 181 [auszugsweise]; A. St. 1966, 2, p. 94 [886]

1 Siehe auch Nr. 919, eine ähnlich pazifistische Notiz Schieles.

13. III. 1916
KTB., Blatt 4 verso—5 recto
„Es war einer von den ersten Lenztagen. Schon frühmorgens gingen die Leute zu den Fabriken dann kamen die Kinder zur Schule. — ich holte in Atzgersdorf eine Sonn u. Montagszeitung. — Die Zeit vormittags dauerte lange und ich blieb am Spazierweg der neben der Fabrik am Ufer der Liesing führt. — um ½ 3ʰ wurde unsere Wache abgelöst — als ich in Liesing um 4ʰ gegessen hatte ging ich sofort zur Elektrischen No. 60, um ¾ 5ʰ war ich in Hietzing bei Diterle. — Vorerst kleidete ich mich civil um dann nahm ich Kaffee, rasierte und badete mich. — einstweilen richtete sich Diterle zum Fortgehn. — wir fuhren mit der Stadtbahn von Unter-St. Veit bis Karlsplatz und waren nach 7ʰ im neuen Geschäftslokal der Wiener Werkstätte in der Kärntnerstraße¹. Dort holten wir Dalerle² und gingen über den Stephansplatz in's Kaffee Stadtpark. — Wir erreichten um 9ʰ einen Stadtbahnzug in [Station] Hauptzollamt und stiegen [in] Ober-St. Veit aus. Diterle wollte noch essen — wir waren in unsern[!] Nachbargasthaus. — Dann gingen wir heim und verlebten einige schöne Stunden."
E. S. A. 321; R., B. & P., p. 191 [auszugsweise]; A. St. 1966, 2. p. 94 [gekürzt] [887]

1 Die → „Wiener Werkstätte" bezog 1916 Räume im Palais Esterházy, Wien I., Kärntnerstraße 41. Rechts vom Hauseingang befand sich der Eingang. Im Gassenlokal wurden Lederartikel, Keramiken, Silber, Stoffe und Kunstgewerbe verkauft. Über eine Treppe gelangte man in die oberen Räume, wo sich die Modeabteilung befand, die — trotz des Krieges — außerordentlich erfolgreich war. Das Lokal wurde erst 1935, anläßlich der Liquidierung der Firma, aufgegeben.
2 Dalerle, Kosename für → Adele Harms, Schieles Schwägerin. Sie war anscheinend 1916 in der „Wiener Werkstätte" als Mannequin oder Modistin beschäftigt.

14. III. 1916
KTB., Blatt 5 recto—6 verso
„Um 6ʰ ging ich vom Haus weg über Lainz zur Elektrischen 60. Um ¾ 7 war ich in der Schule Liesing. — in der Kantine traf ich mit → Pietras zusammen. Dann wurden Doppelreihen und Meldungen geübt. um 10ʰ gingen wir mit einen[!] unserer neuen Kollegen nach Rodaun — es war wieder ein ganz schöner Tag, es war warm und sonnig. In Rodaun waren wir auf einen Wein in einen[!] kleinen Gasthaus dann gingen wir zusammen Essen. Nachher blieben wir bis 1ʰ in unserer Soldatenwohnung am Balkon. Um 2ʰ nach dem Wachabteilen marschierten wir wieder ab. — ich war Aufführer der Wache 27. in der Lunerschen Klavierfabrik in Atzgersdorf."
E. S. A. 321 [888]

DOKUMENTE UND KORRESPONDENZ 1916

15. III. 1916
KTB., Blatt 5 verso
„ich kam um ¼4ʰ vom Dienst, — wieder essen dann zur Elektrischen [in] Mauer, — um ¾ 5ʰ war ich daheim bei Diderle. — Wir gingen zusammen spazieren — es war ein reizender[?] Abend."
E. S. A. 321 [889]

[890]

16. III. 1916
KTB., Blatt 5 verso—7 recto. Auf dem sonst leeren Blatt 6 recto eine Bleistift-Skizze [Kastanienblätter]
„frümorgens bin ich nach Liesing gefahren — traf → Pietras noch nicht in der Schule worauf ich in die Soldatenwohnung ging. er schlief noch, — daher machte ich einen kleinen Ausflug über Rodaun nach Kalksburg beim Stelzer[1] vorüber. um ¼ 10ʰ waren wir in der Schule, — es hieß daß geimpft werde — es kam aber nicht dazu. — nach einiger Zeit kamen wir zum Mittagmahl vor 12 war ich schon fertig und ging bis um 1ʰ auf den Bergrücken zwischen Liesing und Perchtholdsdorf. man geht auf einen[!] weiten buckeligen Felderland gegen Westen sieht man zackige Baumberge mit vielen sonnigen Landhäusern aufwärts gelegen. Links ist die alte Kirche von Perchtholdsdorf, rechts Liesing und die Wasserleitung. — ich saß an der Sonne in Weingärten und schaute in die Ferne, mittags kam ich als Aufführer der Wache 28. in Atzgersdorf in Dienst. — langsam verging der Abend."
E. S. A. 321; R., B. & P., p. 192 [fehlerhaft, eigenwillig gekürzt] [890]

1 Stelzer, damals ein bekanntes, großes Ausflugsrestaurant in Rodaun, das heute nicht mehr existiert.

17. III. 1916
KTB., Blatt 7 recto—7 verso
„ein nebeliger Tag, die Sonne hat zu wenig Kraft um hervorzubrechen. ich eskortierte Russen in die Schuhfabrik nahe dem Bahnhof Atzgersdorf [—] Mauer. Dann kamen wir aus dem Dienst zurück nach Liesing. → Pietras kam mir entgegen und teilte mir seine Enthebung bis 31. Mai mit, dann kamen wir zum Essen. — um ¾ 5 war ich wieder bei Diderle. — Pietras besuchte mich in einer Stunde. ich telephonierte an → Lederers und ich fuhr mit Diderle hin. Am Wege stiegen wir [in der Station] Stadtbahn Kettenbrücke[ngasse] aus und blieben ½ Stunde im Kaffee Dobner. Nach der Besprechung mit Lederers kamen wir um 10ʰ heim."
E. S. A. 231 [891]

—

An → Guido Arnot, Wien. L. a. s., 1 p. 8°
„Wien, 17. März, 1916.
Sehr geehrter Herr Arnot — ich kann erst jetzt Ihre Karte beantworten, — Zeichnungen habe ich leider keine neuen — einige von 1915 farbig und schwarz sind hier, — falls Sie darauf irgendwie reflektieren so müßten Sie schon selbst bis nach Hietzing kommen und der Preis wäre für Sie per schwarzer Zeichnung 50 per farbiger 80 [Kronen] anders will ich meine Blätter nicht mehr abgeben. Mit besten Grüßen
Egon Schiele.
bitte senden Sie mir die bei Ihnen stehenden 18 Rahmen für Zeichnungen, mit Gläsern!"
T. L. M. [892]

18. III. 1916
KTB., Blatt 7 verso und 9 recto [Blatt 8 recto Bleistiftskizze: Baum, verso leer]
„ich kam um ¾ 7ʰ nach Liesing, vormittags spielte ich mit → Pietras in Rodaun Karambol und um 10ʰ meldete ich mich beim Rapport wegen dienstfrei für Montag und Dienstag. Dann ging ich am Berg zwischen Liesing und Perchtholdsorf spazieren — es war der schönste und wärmste Tag bisher. — ich sah weiße Häuser von dem stärksten Sonnenlicht beschient[!] — der Himmel war gegen den Horizont tief dunkel violett — ähnlich einer Gewitterwolke. Die Bergrücken nächst Kalksburg und Rodaun waren in den reinsten Oxydfarben und scharf gegen den Himmel gezeichnet. Nach dem Mittagessen war ich noch mit Pietras im Rathaus Kaffeehaus — dann kam ich Dienst übernehmen und vor 3ʰ verabschiedete ich mich von Pietras. — So verging wieder ein sonniger Tag an dem ich, wenn es Freiheit geben möchte, einiges hätte arbeiten können. Nachts war ich einigemale vor dem Tor und bewunderte den Mond wie ich ihn als 10jähriger bewunderte."
E. S. A. 321; R., B. & P., p. 192 [ungenau, mit Kürzungen]; A. St. 1966, 2, p. 96 [gekürzt] [893]

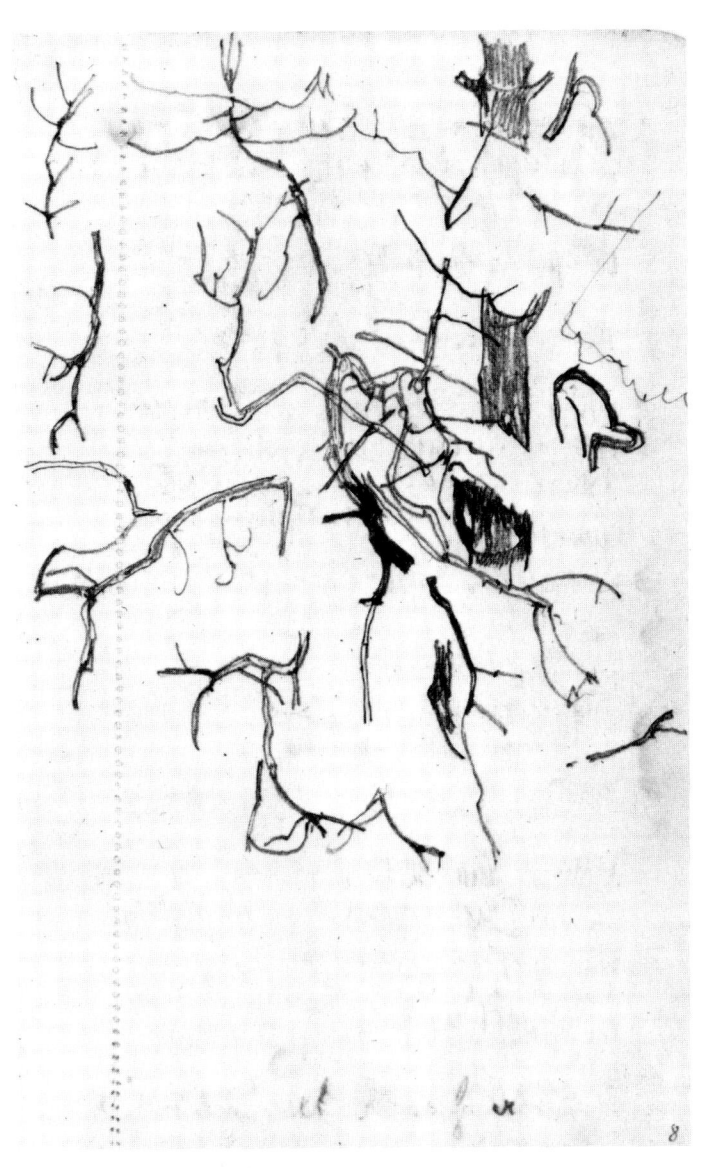

[893]

19. III. 1916

KTB., Blatt 9 recto—9 verso
„19. März, 1916. Sonntag.
es war halb 6ʰ früh als von den Wachen die Frührapporte gebracht wurden, einer von denen lautete:

    Landst.[urm] Wachbaon [= Wachbataillon] II/39.
        übernomen 5 Stroseke...
    visitiert durch: Herrn... 2 Paterolen...
        Pfeiferl... ordnungs-gähmes...
        das Wachzimmer ist gereinikt...
        Gfrt. [Gefreiter] Moritz Benesch[1]
um 1ʰ mittags war ich bei Diderle. — wir blieben daheim — abends kam Mutter."

E. S. A. 321   [894]

[895]

[1] Der Rapport ist in fehlerhaftem Deutsch geschrieben. „Stroseke" = Strohsäcke; „Paterolen" = Patrouillen; „ordnungs-gähmes" = ordnungsgemäß; „gereinikt" = gereinigt.

20. III. 1916

KTB., Blatt 9 verso [Blatt 10 recto: 2 Porträtskizzen (sitzender Mann, darunter sein Kopf), verso leer] bis 11 recto
„um ½9ʰ standen wir auf — ich hatte wieder einmal nach langer Zeit gut und ohne Störung geschlafen. vormittags malte ich das Bild Stadt Mödling[1] fertig, Diderle musterte den schwarzen Kasten[2] den ganzen Vormittag über. Um 2³³ erreichten wir den Personenzug der nach Neulengbach fuhr, — erst wollten wir in Neulgb[3] bleiben aber momentan überlegten wir und stiegen gleich in den 2 Minuten darauffolgen-

den Fernzug ein und kamen um 5ʰ nach St. Pölten. natürlich gingen wir ins vis à vis gelegene Kaffeehaus, dann um und in die Stadt — in der Kremserstrasse ist ein neues Haus⁴ gebaut, am Eingang sind Blechbeschläge von → Berth.[old] Löffler. — Um 7⁰¹ sollte der Schnellzug von St. Pölten nach Wien abgehn — es wurde aber ³/₄8ʰ der Zug war dicht besetzt, um ³/₄9ʰ stiegen wir in Hütteldorf⁵ aus und gingen heim —"

E. S. A. 321; R., B. & P., pp. 192/3 [mit eigenwilligen Zusätzen und Kürzungen]; A. St. 1966, 2, p. 97 [gekürzt]; L.; Nr. 269, p. 592   [895]

1 „Mödling", 1916.
2 Schieles schwarz gestrichene Vitrine hat sich erhalten. Besitz → Gertrude Peschka-Schiele.
3 Es berührt eigenartig, daß Schiele mit seiner jungen Frau ausgerechnet nach Neulengbach fuhr, das er doch nicht in guter Erinnerung haben konnte.
4 Haus Dr. Hermann Stöhr, 1899 von Joseph Maria Olbrich erbaut, Kremsergasse 41.
5 Von der Station Hütteldorf-Hacking hatte Schiele 15 Minuten nach Hause zu gehen.

—

→ Guido Arnot, L. a. s., 2 pp. 8°. Hätte einen Interessenten für Zeichnungen, der prinzipiell nicht direkt bei Künstlern kaufe. Dieser kenne Schieles bisherige Preise und würde wohl für die Preiserhöhung „nicht zugänglich sein", etc.

E. S. A. 883   [896]

—

Amelie Marie Stutz, L. a. s., 1 p. 8°. Dankt „dem grossen Meister" für seinen Brief. „... Grosser gefangener König — Sie sind dennoch der Freieste von allen ...", etc.

E. S. A. 22   [897]

—

→ Alexander Koch, Darmstadt. L. s. der Schriftleitung von „Deutsche Kunst und Dekoration". 1 p. groß 8°. Falls die Zeichnung „Tänzerin", in Berlin ausgestellt, noch verfügbar sei, wäre dieses Blatt das geeignete Geschenk für Hofrat Koch, etc.

E. S. A. 482   [898]

21. III. 1916

KTB., Blatt 11 recto
„Wir hatten gut geschlafen — vormittags dachte ich über neue Bilder nach — ich sah mir genau „die Mutter"¹ dann „die Entschwebung"² und die beiden „Verschlungenen Menschen"³ an — letztere sind vollkommen vollendet. während an „der Mutter" das meiste zu arbeiten ist. — nachmittags um ½ 4ʰ fuhren wir in die Stadt und kamen um ½ 7ʰ wieder. dann blieben wir zuhause."

E. S. A. 321; R., B. & P., p. 193 [gekürzt]; A. St. 1966, 2, p. 97 [gekürzt]   [899]

1 Wohl: „Die Mutter" — „Blinde Mutter I", 1914. Das Bild „Blinde Mutter II" schenkte Schiele seinem Schwager → Peschka. Es ist daher fraglich, ob es sich 1916 noch bei ihm im Atelier befunden hat.
2 „Die Entschwebung", 1915.
3 „Verschlungene Menschen" = „Tod und Mädchen", 1915.

—

An → Guido Arnot, Wien, L. a. s., 1 p 8°
„Lieber Herr Arnot, — erhielt heute Ihren Brief — vielleicht teilen Sir mir mit zu welchen Preisen die schwarzen und zu welchen Preisen die farbigen [Zeichnungen] von den[!] betreffenden Herrn gekauft werden möchten. — Das eine aber ist doch erklärlich daß ich nicht immer dieselben Preise haben werde und ich heute nicht in der Lage bin um[!] meine Arbeit um den Anschaffungspreis abzugeben. — Nebenbei frage ich an ob [durchstrichen] was mit einer großen Ausstellung in[!] Züricher-Kunsthaus wäre? Beste Grüße   Egon Schiele. Können Sie mir das eine Stadtbild¹ welches Sie noch haben werden und das Porträt meiner Frau² für die Münchner Sommer-Sezession leihen?"

T. L. M.   [900]

1 Wohl eine der zahlreichen Krumauer Landschaften Schieles.
2 „Bildnis der Frau des Künstlers, stehend", 1915.

22. III. 1916

KTB., Blatt 11 verso
„Diderle begleitete mich bis zur Elektrischen 60 nach Lainz, es war ein trüber Tag und es regnete auch leicht als ich um ¼ 10ʰ wieder in Liesing in der Schule war. ich ging in mein Soldatenzimmer. — ich hatte Bereitschaft."

E. S. A. 321   [901]

23. III. 1916. Dienstag

KTB., Blatt 11 verso
„Ab 1ʰ war ich zuhause."

E. S. A. 321   [902]

24. III. 1916

KTB., Blatt 11 verso
„ich ging auf Wache 12 in einer Schuhfabrik nächst dem Bahnhof Atzgersdorf [—] Mauer."

E. S. A. 321   [903]

25. III. 1916

KTB., Blatt 11 verso
„ich kam um ½ 5ʰ nach Wien. — ließ mich für Sonntag zum Rapport aufschreiben wegen dienstfrei am Montag."

E. S. A. 321   [904]

26. III. 1916

KTB., Blatt 13 recto [auf Blatt 12 recto Skizze für ein Bild: Kniender Mann, verso leer]
„um 8ʰ war Rapport — gleich darauf bin ich nach Wien gefahren."

E. S. A. 321   [905]

[905]

27. III. 1916
KTB., Blatt 13 recto
„wir waren nachmittags in Preßbaum¹, dann gingen wir, Diderle und ich, über den Berg wo das Kreuz ist oberhalb des Wienerwaldsee's ein herrlicher Tag. Diderle pflückte Himmelschlüßelblumen. auf der Höhe saßen wir im Gras und ließen uns Käse u. dgl. [dergleichen] schmecken. Wir gingen auch an unseren Platz den wir seit anfangs Juni 1915 nicht gesehen hatten. Mit einem Westbahnzug kamen wir in Baumgarten² an."
E. S. A. 321 [906]

1 Preßbaum, Ortschaft westlich von Wien.
2 Station der Westbahn für Lokalzüge, in der Nähe von Schieles Wohnung.

—

→ Guido Arnot, L. s. der Sekretärin. Teilt mit, daß die dem Kunden bekannten Preise 50 K für farbige, 30 K für schwarze Blätter seien. Bilder für eine Ausstellung in München könnten sie nicht zur Verfügung stellen. Eine Ausstellung in Zürich käme im Augenblick nicht in Frage, etc.
E. S. A. 884 [907]

—

Zürcher Kunstgesellschaft. C. s. des Sekretärs Dr. Wartmann. Man könnte derzeit nicht daran denken, die in Berlin ausgestellt gewesenen Bilder Schieles in Zürich zu zeigen, etc.
E. S. A. 299 [908]

28. III. 1916
KTB., Blatt 13 recto
„ich war nicht in den Dienst eingeteilt, ging daher auf den Berg zwischen Liesing und Perchtholdsdorf. nachmittags um 1ʰ war ich schon wieder in Wien."
E. S. A. 321 [909]

29. III. 1916, Mittwoch
KTB., Blatt 13 verso
„29. März, 1916. Mittwoch.
ich hatte wieder keinen Dienst, ging mit den[!] Sohn des Zugsführers Gschmeidler zeichnen. — nachmittags um 2ʰ war ich in Wien, Diderle ging mit mir zum Konditor. abends grundierte ich neue Leinwanden."
E. S. A. 321; A. St. 1966, 2, p. 97 [leicht gekürzt] [910]

30. III. 1916
KTB., Blatt 13 verso
„Vormittags war ich am Berg mittags bekam ich Inspektion."
E. S. A. 321 [911]

31. III. 1916
KTB., Blatt 13 verso
„ich hatte mich zum Rapport aufschreiben lassen wegen Dienstfrei von Samstag Mittags bis Montag 11 vormittags — am Nachmittag war ich bei Diderle."
E. S. A. 321 [912]

1. IV. 1916
KTB., Blatt 13 verso und 14 recto
„vormittags gab es Löhnung und zu Mittag war ich schon in Wien. — ich begann ein neues Bild mit drei Frauen¹."
E. S. A. 321; R., B. & P., p. 193 [gekürzt]; A. St. 1966, 2, p. 97 [913]

1 Das Bild hat sich nicht erhalten. Siehe auch L. Nr. LIII, p. 614, der alle drei Tagebucheintragungen über dieses Bild bringt.

2. IV. 1916
KTB., Blatt 14 recto
„ich malte die oberste liegende Figur¹ — mit Did[erle] ging ich spazieren — es war warm und sehr sonnig. ich schrieb an Rößler wegen dem [Kriegs-]Archiv."
E. S. A. 321; R., B. & P., p. 193 [gekürzt]; A. St. 1966, 2, p. 97 [914]

1 Eine Figur auf dem nicht erhaltenen Bild [siehe 1. IV. 1916].

—

An → Arthur Roessler, L. a. s., 1 p. gr. 8°
„2. April, 1916.
Lieber Herr Rößler — als ich Ende 1915 einmal auf eine Weile Sie besuchte, — sprachen Sie davon, daß es ginge, daß ich als Maler, als Militär untergebracht werden könnte, — wenn man die Sache richtig anpackt. — Ich war Ende Jänner

bei der Superarbitrierung und mein Befund lautet: zu Landsturmdiensten „ohne Waffe" geeignet, mein Beruf rot unterstrichen, — was bedeuten soll, daß ich in meinem Beruf verwendet werden soll. — ich glaube daß Sie im Kriegsarchiv sind — und falls Sie sich meiner annehmen wollen so möchte ich Sie in den nächsten Tagen besuchen. Sie müssen mir zwei Tage angeben und dies mir schreiben oder an das Telephon No 82.834 welches dem Portier im Nebenhaus gehört, sagen daß jemand, meine Frau oder ich an's Telephon geholt werde. — Gegenwärtig bin ich beim Landst.[urm] Wachbataon [Bataillon II] 39. V. Komp.[anie] in Liesing eingeteilt — ich schlafe wenn ich nicht Dienst habe daheim, — ich habe 40 Minuten bis nach Liesing und fahre [von] da mit dem 60. bis Mauer Endstation[1]. Was gibt es in der Kunst Neues. — → Hofrat Koch[2] wartet auf Fotos für meine Publikation. — Trotz[!] daß ich Soldat bin habe ich mehr in Arbeit als vorher und auch 2 neue Landschaften fertig wovon eine gekauft wurde. Herzliche Grüße   Egon Schiele."
W. ST. B. 180.688; R., B. & P., pp. 86/7 [mit Verbesserungen]   [915]

1 Wiener Straßenbahnlinie.
2 Sollte tatsächlich ein Buch über Schiele in Darmstadt herausgegeben werden?

[um den 2. IV. 1916?]

→ Arthur Roessler, C. a. s. [Sammlung alter Musikinstrumente, Prag], → Alexander Koch, Darmstadt, erbäte Fotos neuerer Arbeiten. Schiele möge zu einer Mrs. Hamilton[1] gehen, die ihm Bilder fotografieren wollte, etc.
E. S. A. 554   [916]

1 Es war bisher nicht möglich, Näheres über diese anscheinend damals in Wien lebende englische Fotografin zu ermitteln.

[nach dem 2. IV. 1916?]

An → Arthur Roessler, eigenhändige Zeilen auf einer Visitkarte: Egon Schiele [fett gedruckt], 2 pp.
„Lieber Herr Rößler[!] ich komme heute abends um $\frac{1}{2}7^h$ zu Ihnen. 3 Holzschnitte[1] gaben Sie mir; ich habe aber den Karton worauf diese kleben knapp abgeschnitten, weil ich sie rahmen wollte; einer von ihnen war größer, der ist etwas abgeschnitten. — Geben Sie dem Überbringer die Figur mit! Beste Grüße!"
W. ST. B. 180.624   [917]

1 Wahrscheinlich handelte es sich um japanische Holzschnitte, die Schiele mit Roessler tauschte.

3. IV. 1916, Montag

KTB., Blatt 14 recto

„vormittags morgen waren Did und ich bis $\frac{1}{4} 11^h$ am Dach in der Sonne, dann fuhr ich nach Liesing wo ich um $\frac{1}{4}12^h$ war. ich war nicht im Dienst eingeteilt ich ging am Berg. — nachmittags um 2^h war ich wieder bei Did. ich malte an der obersten Figur des drei Frauenbildes[1]. — abends wollte ich um $\frac{1}{2} 8^h$ Rößler besuchen, ich war mit Did. dort — traf ihn aber nicht. wir verlebten einen schönen Abend."
E. S. A. 321; R., B. & P., p. 193 [eigenwillige Zusätze, gekürzt]; A. St. 1966, 2, p. 97 [leicht gekürzt]   [918]

1 Siehe 1. IV. 1916.

4. IV. 1916

KTB., Blatt 14 recto—15 recto

„um 7^h war ich in Liesing — vormittags wurde über Wachdienst Schule gehalten. — mittags zwischen 11 und $\frac{1}{2} 1^h$ war ich am Berg, — es war ein herrlicher sonniger Tag — bloß windig. — aber herrlich sah ich junge Bäume mit jungen hellgrünen Knospen. — Zu mittags nach 1^h ging ich als Aufführer auf die Wache 13 in der Sarg'schen Kerzenfabrik. Das Wachzimmer ist ein grüner Raum wo verschiedene Heizrohre durchlaufen, nebenan ist eine Kantine wo gegen Marken gutes Bier ausgeschenkt wird. — einen[!] von den Posten muß im Bezirksgericht Liesing als Kassaposten aufgeführt werden. — abends wurde über den Krieg depatiert[!] — wie unlustig alle Soldaten sind mit denen ich bisher zusammen kam ist ganz eigentümlich — ein jeder wünscht ein Ende des Krieges gleichgiltig auf welche Art. — speziell mir ist es egal wo ich lebe, d. h. [das heißt] welcher Nation ich angehöre, besser unter welcher Nation ich lebe. — Jedenfalls aber neige ich weit mehr auf die drübere Seite, also unsern Feinden — ihre Länder sind viel interessanter als unsere — dort gibt es wirklich Freiheit — und Denkende mehr als bei uns. Was soll man aber heute über den Krieg sagen, — schade um jede Stunde der Fortdauer[1]."
E. S. A. 321; R., B. & P., pp. 193/4 [gekürzt], A. St. 1966, 2, p. 97 [gekürzt]   [919]

1 Diese — für einen unter Waffen Stehenden — sehr freimütigen Gedanken lassen vermuten, daß Schiele sein Tagebuch zu Hause schrieb und verwahrte; siehe auch Nr. 886.

5. IV. 1916

KTB., Blatt 15 recto

„es war wieder ein herrlicher Tag — ich, — ich sah von morgens bis mittags an einen Kastanienbaum wie er immer mehr grünte[1]. nachmittags war ich um $\frac{1}{2} 4^h$ bei Did. und abends waren wir beide bei Rößler — wir besprachen die Kommandierung in's Kriegsarchiv."
E. S. A. 321; R., B. & P., p. 194 [gekürzt]; A. St. 1966, 2, p. 97   [920]

1 Siehe die Skizze auf Blatt 6 recto dieses Tagebuchs; Nr. 890.

6. IV. 1916

KTB., Blatt 15 recto und verso

„ich kam nach Liesing, hatte Bereitschaft (Aufführer) abends vor 9^h fuhr ich trotz des Dienstes zu Did. — es übernahm der Tagskorporal meine Stelle. Did. war überrascht als ich schon im Bett lag und sie vom Konzert kam."
E. S. A. 321; A. St. 1966, 2, p. 97   [921]

7. IV. 1916

KTB., Blatt 15 verso

„nach 5ʰ stand ich auf und war nach 6ʰ in Liesing und machte weiter Dienst. um 8ʰ war ich beim Rapport wegen Sonntag. — nachmittags war ich schon um 4ʰ bei Did. ich malte auch gingen wir spazieren."

E. S. A. 321 [922]

8. IV. 1916

KTB., Blatt 15 verso und 16 recto

„um 7ʰ war ich in Liesing, es wurden Strohsäcke geklopft. — ich las über Görz, Dalmatien und Friaul. kam auf den Gedanken nach den[!] Krieg sofort dorthin zu fahren — es muß dort unglaublich viel an Altertümern geben, — hauptsächlich in Aquileja! nach 11ʰ ging ich am[!] Berg und holte mir nach 12ʰ den Erlaubnisschein nach Wien. — ich war 1ʰ bei Did. — malte etwas auch schrieb ich das Gesuch an Gen.M. v. [= Generalmajor von] Hoen¹. — wir fuhren mit der Elektrischen 58 bis zum Kaffee Museum und waren nach 5ʰ bei → Arnot, ich brachte ihm 3 farbige und 5 schwarze Blätter. — ich sah dort eine Ausstellung von guten Zeichnungen vom Feld [= Kriegsschauplatz] von Stadler². — Dann wollten wir noch in den → Hagenbund gehen, doch ward[!] schon geschlossen. Dann brachte ich Rößler das Gesuch — er war nicht daheim, — wir trafen Frau Rößler auf der Straße. Gleich nachher fuhren wir mit der Stadtbahn bis [Station] Unter-St. Veit — dann blieben wir daheim."

E. S. A. 321; R., B. & P., p. 194 [gekürzt]; A. St. 1966, 2, pp. 97/8 [923]

1 Arthur Roessler war damals als Korporal dem Kriegsarchiv dienstlich zugeteilt. Der genannte hohe Offizier war Maximilian von Hoen (Fulda 1867 — Wien 1940), langjähriger Direktor des Kriegsarchivs, siehe auch Nr. 951 und 1136.
2 Toni [Anton] Stadler (1850—1917), Landschaftsmaler und Lithograph?

9. IV. 1916

KTB., Blatt 16 recto—verso

„ich malte von 9ʰ an, bis mittags an den Frauen¹ u. zwar an der untersten links. Die Mischung von Terra di Sienna[!] gebrannt und Krapplack rosa gibt ein saftiges Fleisch. nachmittags waren wir am roten Berg² an 2ʰ malte ich an unseren Doppelporträt³ und zwar an Did. den Kopf, abends blieben wir daheim."

E. S. A. 321; R., B. & P., p. 195 [gekürzt, ungenau]; A. St. 1966, 2, p. 98; L., p. 614 [924]

1 Siehe 1. IV. 1916.
2 Hügel in Ober-St. Veit, nicht weit von Schieles Wohnung.
3 Das Doppelporträt ist nicht erhalten [K. XLIX; L. LIV].

10. IV. 1916

KTB., Blatt 16 verso

„ich hatte bis 11ʰ Erlaubnis. Frühmorgens war es grau und um ½ 10ʰ regnete es kräftig. — in einfacher Bluse kam ich um 11ʰ nach Liesing. ich ging als Aufführer auf Wache 28. — ließ mir die Zeichnungsmappe bringen. — zu Mittag gehen die Russen in eine Schuhfabrik."

E. S. A. 321; R., B. & P., p. 195 [hat lediglich: „Wache 28"] [925]

11. IV. 1916

KTB., Blatt 16 verso

„Ich zeichnete zwei Russen. nachmittags war ich bei Did."

E. S. A. 321; R., B. & P., p. 195 [gekürzt] [926]

—

An → F. A. Harta, C. a. s.

„11. April 1916

Lieber Harta — ich möchte Bilder fotografieren lassen — Sie hatten doch einen Fotograph? — welcher per Aufnahme eines Bildes 5 K verlangt? — er müßte zu einigen Bilderbesitzern kommen. Bitte teilen Sie mir mit — die Adresse und das Übrige. Beste Grüße Egon Schiele."

E. S. A. 848 [927]

12. IV. 1916

KTB., Blatt 16 verso

„ich hatte Dienst auf der P. W. II [Posten-Wache?] in Mauer — es gehen und kommen eigene und fremde Patrouillen zu zwei Mann. sie müssen die Verschanzungen¹ durchqueren. — es war frisch."

E. S. T. 321; A. St. 1966, 2, p. 98 [928]

1 Da im Frühjahr 1915 ein Durchbruch der Russen in den Karpaten möglich schien, wurden in aller Eile rings um Wien Befestigungsgräben ausgeworfen und Verschanzungen errichtet. Die Befestigungen wurden, obwohl 1916 die Macht der Russen bereits gebrochen war, instand gehalten.

13. IV. 1916

KTB., Blatt 17 recto

„frühmorgens um 6ʰ kam der E. F. [= Einjährig-Freiwillige] Zugführer Dr. Kohn — und holte mich zum fotografieren — die Offiziere und die Einjährigen wurden aufgenommen. nachmittags bei Did."

E. S. A. 321; A. St. 1966, 2, p. 98 [fehlerhaft] [929]

—

An → Arthur Roessler, Wien, L. a. s., 1 p. 8°

„13. April 1916.

Lieber Herr Rössler — bitte sind Sie so lieb und schreiben Sie mir kurz auf einer Karte ob die Kommandierung ins Archiv¹ möglich ist und wenn, wann dies in Liesing eintreffen dürfte, d. h. [= das heißt] wann ich von einem Feldwebel wie Sie erwähnten abgeholt werden würde. — Sollte dies gelingen — so glaube ich werden Sie mit dem Bild „Mann u.[nd] Frau"² welches 140×120 cm groß ist einverstanden sein? Herzliche Grüße Egon Schiele."

W. ST. B. 180.605; Gl. 58 [930]

1 Versetzung Schieles in das Kriegsarchiv, Wien.
2 Wohl: „Liebespaar" („Mann und Frau I"), 1914.

14. IV. 1916
KTB., Blatt 17 recto
„ich bat beim Rapport um dienstfrei für Samstag und Sonntag. als ich heim kam war Did im Bett, sie hatte Fieber — ich arbeitete nachmittags im Atelier — abends hatte Did. starkes Fieber — sie hatte einen Rachenkatarrh."
E. S. A. 321; R., B. & P., p. 195 [Bruchstück]; A. St. 1966, 2, p. 98 [unvollständig] [931]

15. IV. 1916
KTB., Blatt 17 recto
„Did war etwas besser — ich war den ganzen Tag bei ihr — Klima[1] kam und Dr. Watschy[?]"[2]
E. S. A. 321; R., B. & P., p. 195 [gekürzt]; A St. 1966, 2, p. 98 [gekürzt] [932]

[1] Maler, der mit Schiele befreundet war.
[2] Es ist der Arzt Josef Wetchy in Hietzing, der anscheinend Hausarzt der Familie Harms war [siehe Nr. 1802 a, b].

16. IV. 1916
KTB., Blatt 17 recto
„Did war wieder besser und hatte auch geschlafen. —"
E. S. A. 321 [933]

17. IV. 1916
KTB., Blatt 17 verso
„ich kam um 11^h nach Liesing, — Wachabteilen war schon um ½ 12^h ich hatte keinen Dienst. — nachmittags war ich bei Did. — das Wetter war etwas besser. — ich zeichnete klein und gross auf Leinwand meinen Schwiegervater[1]."
E. S. A. 321; R., B. & P., p. 195 [gekürzt]; A. St. 1966, 2, p. 98 [934]

[1] „Bildnis Johann Harms", 1916. Siehe auch L., Nr. 270, p. 593, der alle 3 auf dieses Porträt bezüglichen Tagebucheintragungen mitteilt.

18. IV. 1916
KTB., Blatt 17 verso
„18. April, 1916. Diensttag[1]
ich hatte Dienst Wache 28. in Atzgersdorf. — ich zeichnete einen Russen."
E. S. A. 321; R., B. & P., p. 195 [gekürzt], A. St. 1966, 2, p. 98 [935]

[1] Kein Schreibfehler, vermutlich scherzhaft auf seinen Dienst bezogen.

19. IV. 1916
KTB., Blatt 17 verso
„nachmittags war ich bei Did."
E. S. A. 321 [936]

20. IV. 1916
KTB., Blatt 17 verso
„ich hatte Dienst. P. W. [= Posten-Wache?] II. in Mauer. ich schrieb u. a. [= unter anderem] Briefe. —"
E. S. A. 321 [937]

21. IV. 1916
KTB., Blatt 17 verso, Blatt 18 recto
„ich kam vom Dienst und ließ mich zum Rapport aufschreiben. — von 2^{30} [an] war ich bei Did. Wir gingen in die Konditorei. Dann am roten Berg. abends blieben wir daheim."
E. S. A. 321 [938]

22. IV. 1916
KTB., Blatt 18 recto
„ich bekam für Ostersonntag dienstfrei. um ½ 10^h war ich bei Did. — ich malte an dem Porträt meines Schwiegervaters. —"
E. S. A. 321; R., B. & P. 196 [gekürzt]; A. St. 1966, 2, p. 98 [939]

23. IV. 1916
KTB., Blatt 18 recto
„mit Amerika steht es schlecht[1]. ich malte an unseren[!] Doppelporträt den quadrierten Rock[2]. es regnete auch die ganze Nacht."
E. S. A. 321; R., B. & P., p. 196 [gekürzt]; A. St. 1966, 2, 98; L., Nr. LIV, p. 614 [940]

[1] Amerika trat allerdings erst am 6. IV. 1917 in den Ersten Weltkrieg ein.
[2] Das Doppelporträt [K. Nr. XLIX; L. Nr. LIV] ist verschollen. Schieles Notiz ist zu entnehmen, daß Edith auf dem Doppelporträt denselben Rock getragen haben muß, der ursprünglich auf ihrem 1917 gemalten Porträt zu sehen war und über Veranlassung von → Dr. F. M. Haberditzl von Schiele bei Ankauf des Bildes übermalt werden mußte.

24. IV. 1916
KTB., Blatt 18 recto
„ich fuhr nach Liesing bei einen[!] elenden Regenwetter. — ich hatte keinen Dienst, folglich war ich schnellstens wieder bei Did — ich malte an den[!] Porträt meines Schwiegervaters den dunklen Grund[1]."
E. S. A. 321; R., B. & P., p. 196 [Kürzungen, Verbesserungen]; A. St. 1966, 2, p. 98 [941]

[1] Die genauen Eintragungen Schieles [17. & 22. IV.] erlauben es, für eines seiner Bilder den Verlauf seiner Arbeit zu verfolgen.

25. IV. 1916
KTB., Blatt 18 verso
„der Vormittag wurde mit fortwährenden[!] warten und stehen vollbracht [= verbracht], Schade um jede heilige Stunde. nachmittags bekam ich Bereitschaft. — Vor Mittag war ich in Perchtholdsdorf bis beim Sanatorium. nachts schlief ich im Unter-Offizierszimmer."
E. S. A. 321 [942]

26. IV. 1916
KTB., Blatt 18 verso
„ich kam um 3^h nach Wien. — ich ging mit Did. in die Konditorei und dann spazieren. abends kam → Jungnickel und erzählte traurige Zustände von Deutschlands Militär."
E. S. A. 321; A. St. 1966, 2, p. 98 [943]

27. IV. 1916
KTB., Blatt 18 verso
„ich kam nach Liesing und wurde zur P. W. [= Posten-Wache?] II. eingeteilt. — es war schlechtes Wetter."
E. S. A. 321 [944]

28. IV. 1916
KTB., Blatt 19 recto
„ich kam vom Dienst und war um 3ʰ bei Did."
E. S. A. 321 [945]

29. IV. 1916
KTB., Blatt 19 recto
„um 8ʰ war ich bittlich beim Rapport um Dienstfrei für Sonntag."
E. S. A. 321 [946]

30. IV. 1916
KTB., Blatt 19 recto
„ich arbeitete auch waren wir spazieren."
E. S. A. 321 [947]

? IV. 1916[?]
An → Arthur Roessler, Visitkarte
„Herzliche Grüße! werde versuchen Sie übermorgen Mittwoch um ½ 8ʰ abds. [= abends] zu treffen!"
W. ST. B. 180.606; Gl. 59 [948]

1. V. 1916
KTB., Blatt 19 recto und verso
„1. Mai, 1916. Montag.
ich kam nach Liesing und hörte zu meinem Erstaunen daß ich nach Mühling abkommandiert bin. — ich wußte nicht wo das eigentlich ist. — man sagte mir im Mühlkreisviertel bei Linz. — mittags war ich zum letztenmal in der Unteroffiziersmesse. Gleich drauf fuhr ich nach Wien. Did paßte dies natürlich nicht, sie versuchte mit dem Rittmeister in Liesing zu sprechen, — erreichte aber nichts. — ich war bei → Arnot — er kaufte 2 farbige Zeichnungen u. zw. [und zwar] das stehende rosarote Kind und den Wienerwaldsee¹. — nachher wollte ich → Hans Boehler besuchen — ich traf ihn nicht. — dann war ich bei → Lederer, — sprach mit Frau und Liese² und Fritz³. und dann besuchte ich → Rößler. ich erzählte ihm alles betreffs der Kommandierung — er machte mir die besten Aussichten um ins Kriegsarchiv zu kommen. abends verbrachte[n] wir noch schöne Stunden."
E. S. A. 321; R., B. & P., p. 196 [bruchstückhaft]; A. St. 1966, Heft 2, p. 98 [949]

1 Ungewöhnlich, daß Schiele zwei seiner Zeichnungen so beschreibt, daß man sie identifizieren könnte.
2 Liese [= Elisabeth] Lederer, verheiratete von Bachofen-Echt. Schiele zeichnete sie, als er Weihnachten 1912 in Raab auf Besuch bei der Familie Lederer war. → Klimt malte um 1914 ihr Porträt [Dobai 188].
3 Fritz Lederer, der zweite Sohn der Familie.

[950]

An → Arthur Roessler, L. a. s., 1 p. 8°
„1. Mai 1916.
Lieber Rößler — ich warte vergeblich auf meinen Abtransport, möchten Sie nicht wieder einmal nachsehn? — ich glaube das Gesuch¹ dürften Sie um den 10. v. M. [= vorigen Monats] überreicht haben. — Vielleicht schreiben Sie mir auf einer Karte was los ist. Herzliche Grüße   Egon Schiele."
W. ST. B. 180.607; Gl. 60 [950]

1 Gesuch zur Versetzung ins Kriegsarchiv [siehe den Brief vom 13. IV. 1916].

[nach dem 1. V. 1916]
→ Arthur Roessler, C. a. s. [Adolf von Menzel, Adlertrotz].
Das Gesuch sei dem Generalmajor übergeben worden...
„Werde öfters stupfen...", etc.
E. S. A. 537 [951]

2. V. 1916
KTB., Blatt 19 verso
„ich mußte um 7ʰ in Liesing sein — Did war mitgefahren weil wir das Mühling nirgends fanden, außer Mühlen in Tirol, oder eines in Steiermark — also engeres und weiteres Kriegsgebiet, also ein Hinkommen fast unmöglich oder schwierig für Did. — Endlich auf der Post fanden wir Mühling bei Wieselburg, zu fahren über Pöchlarn. — wir kamen, Did und ich wieder in's Atelier, so um 10ʰ vormitt[a]gs und waren einigemale spazieren, — ich beschloß mit meiner Marschroute den ersten Frühzug 5²⁰ von Wien W. B. [Westbahnhof] zu benutzen. — wir nahmen Abschied schon abends. — auch besuchte uns meine Mutter und Schwester. —"
E. S. A. 321; A. St. 1966, 2, p. 98 [952]

3. V. 1916
KTB., Blatt 20 recto und verso
„ich fuhr um 5³⁴ von Hütteldorf[-Hacking]¹ weg und war bei herrlichen[!] Maiwetter um 8ʰ in Pöchlarn — dort mußte ich warten. Der Zug fuhr um 9⁴⁰ von Pöchlarn — es ist eine Lokalstrecke mit vielen Windungen und man hat fortwährend den Ötscher² vor Augen — dann fährt man bei Wieselburg mit den[!] ungeheuren Barackenlager vorbei und die nächste Haltestelle ist Mühling — abseits vom Verkehr — zwar aber in reizender Gegend sonnig gelegen. — Das Offiziersgefangenenlager³ besteht aus 6 sehr gut gebauten Baracken inmitten

des Lagers ist die Offiziersmesse dann gibts dort Spielzimmer und Billiards kurz alles wie in einen[!] modernen Badeort. — abends ging ich nach Wieselburg spazieren weil ich am Wege eine Wohnung zu finden glaubte. ich schlief im Lager."
E. S. A. 321; R., B. & P., p. 196 [Bruchstück; willkürlich veränderter Text]; A. St. 1966, Heft 2, p. 99   [953]

1 Hütteldorf-Hacking, Station der Westbahn, in der ausfahrende Personenzüge und alle einfahrenden Züge hielten; unweit Schieles Wohnung.
2 Ötscher, Berg in den niederösterreichischen Kalkalpen, 1894 m hoch.
3 Das Lager in Mühling war ein Offizierslager. Man erkennt heute noch seine Anlage; eines der damals gebauten Gebäude steht noch und dient heute Wohnzwecken. Das große Gefangenenlager, das Schiele erwähnt, muß eines für gemeine Soldaten gewesen sein.

[nach dem 3. V. 1916]

An → Guido Arnot, maschingeschriebene Karte[1]
„Meine Adresse ist Einj. Freiw. Egon Schiele, Mühling, bei Wieselburg a. d. Erlauf, k. u. k. Offiziersstation für Kriegsgefangene. Herzlichen Gruß   Egon Schiele."
T. L. M.   [954]

1 Schiele schrieb aus Mühling öfters mit der Schreibmaschine.

—

Zettel, maschingeschrieben, 1 p. quer klein 8°
„Einj. Freiw. Inftr.[Infantrist] Egon Schiele", darunter Stempel: K. u. k. Offiziers-Station für Kriegsgefangene in Mühling.
W. ST. B. 180.626; Gl. 79   [955]

4. V. 1916

KTB., Blatt 20 verso
„um 5ʰ ist Wecken. dann ging ich mit einen[!] ehemaligen Kollegen aus dem Real-Gymnasium Klosterneuburg frühmorgens spazieren. — vormittags wurde ich allen Offizieren und dem Chefarzt vorgestellt und lernte auch den Erbauer des Lagers den Architekten Fritz[1] kennen welcher ein Wagnerschüler ist und der zu seinem Erstaunen mich hier kennen lernte. — Er arbeitete an den[!] Relief des Baracklagers welches für die Kriegsausstellung fertig sein soll. — nachmittags nahm ich ein Sonnenbad. abends ging ich nach Purgstall welches zirca[!] eine Stunde vom Lager entfernt ist."
E. S. A. 321; A. St. 1966, Heft 2, p. 99 [unvollständig]   [956]

1 Hans Fritz, Tiroler Architekt (1883—1952), Schüler von → Otto Wagner und von → Adolf Loos. Erhielt 1913 den österreichischen Staatspreis für Architektur; entwickelte 1919 an den Innsbrucker Kammerspielen das System der Würfelbühne, das von verschiedenen Bühnen Deutschlands übernommen wurde [Vollmer, Künstlerlexikon, II., 167].

5. V. 1916

KTB., Blatt 21 recto und verso
„vormittags wie gewöhnlich — mittags wollte ich Did von der Haltestelle abholen — sah aber niemanden, sie hatte sich verfahren und [war] um eine Haltestelle weiter gefahren, weil sie meinte daß der Zug als er in Mühling stehen blieb, auf der Strecke halte. nachmittags brachte mir ein Fuhrmann einen Zettel, daß Did im nächsten Gasthaus auf mich warte. — ich hatte frei, ging hin und traf sie, — wir suchten ein Zimmer und fanden auch eines welches aber schon vermietet war und nur für diesen Tag u. dann von den nächsten zwei darauffolgenden ab zu haben war — wir schliefen gut."
E. S. A. 321; A. St. 1966, Heft 2, p. 99   [957]

6. V. 1916

KTB., Blatt 21 verso
„der Tag verging wie gewöhnlich. wir waren an der Sonne und schliefen abends in einen[!] kleinen Bauerngasthaus in Wieselburg."
E. S. A. 321   [958]

—

→ Edith Schiele, L. a. s., 4 pp., m. Bleistift, gr. 8°. An → Marie und → Melanie Schiele
„Mühling, 6. Mai 1916.
Liebe Mama u. Mela. Endlich einmal wohin verschickt wo es Egon gefällt; es ist aber auch wahrhaftig hier alles tadellos. Bis jetzt! Hoffentlich ändert es sich nicht. Egon ist im Büro im Gefangenen Lager der russ.[ischen] Officiere. Der Dienst leicht, die Behandlung der Officiere, nämlich der österreichischen, ihm gegenüber, sehr nett und zuvorkommend nicht so wie in Neuhaus[1] und am Exelberg[2] wo der Einjährige schlechter behandelt wurde wie der gemeine Soldat. Die Kost erhält er vom Gefangenenlager, die sehr gut ist, ich esse sie nämlich auch. Da weit und breit kein Kaufmann ist bin ich angewiesen darauf. Die Gegend ist herrlich von unserem Zimmerl, d.[as] wir bei sehr netten Leuten gefunden haben, sieht man den schneebedeckten Ötscher. Bei unserem Haus fließt die Erlauf vorbei, ich freue mich schon bis es etwas wärmer wird, aufs baden. Das Gefangenenlager ist mit allem Komfort ausgestattet, und doch versuchen immer wieder welche auszubrechen. Doch mit wenig Glück, man erwischt jeden. Das Leben ist hier doch viel billiger als in Wien. Eier und Butter haben viel, viel niedrigere Preise als in Wien. Ihr habt doch die Fahrt umsonst[3] kommt uns doch einmal besuchen! Egon läßt Euch herzlichst grüßen schreibt uns gleich mit vielen Grüßen und Küssen   Eure Edith."
E. S. A. 417   [959]

1 Neuhaus in Böhmen, Schieles erste militärische Station, 1915.
2 Exelberg, Hügel im Wienerwald bei Neuwaldegg, wo Schiele 1915 vorübergehend diente.
3 Schieles Mutter hatte als Witwe eines Stationsvorstandes freie Bahnfahrt; Melanie Schiele als Bahnangestellte ebenfalls.

7. V. 1916

KTB., Blatt 21 verso bis 22 recto
„der Vormittag verlief wie ein Wochentag — mit den[!] Mittagszug fuhren wir und der E. F. Korp. [= Einjährig-Freiwilliger Korporal] König[1] und der Zugführer Naube nach Scheibbs, — dort waren wir in einer alten gemütlichen Konditorei, dann in einen[!] Kaffeehaus — dann gingen wir an [statt: auf] eine Anhöhe nächst Scheibbs, von wo aus ich einige Häuser zeichnete. — Leider mußten wir schon um 6ʰ von dort mit den[!] letzten Zug zurückfahren. Die Haltestelle zwischen Scheibbs und Purgstall ist reizend d. h. [= das heißt] es gibt dort eine schöne Mühle[2] und in der Erlauf

[979—983]

22. V. 1916

KTB., Blatt 24 recto
„es kam meine Mutter und Schwester → M.[elanie] um 10¹³ an. — abends waren wir zusammen in Unternberg."
E. S. A. 321 [980]

23. V. 1916

KTB., Blatt 24 recto
„gewöhnlich. abends waren wir am jenseitigen Ufer der Erlauf spazieren. —"
E. S. A. 321 [981]

DOKUMENTE UND KORRESPONDENZ 1916

24. V. 1916

KTB., Blatt 24 recto
„meine Mutter fuhr nach Wien zurück. abends waren wir kegeln."
E. S. A. 321 [982]

25. V. 1916

KTB., Blatt 24 recto
„abends war Gewitter."
E. S. A. 321 [983]

26. V. 1916

KTB., Blatt 24 verso
„gewöhnlicher Tag — abends Kegeln."
E. S. A. 321 [984]

27. V. 1916

KTB., Blatt 24 verso
„um 2⁰¹ mittags fuhren wir nach Wien — in Pöchlarn größerer Aufenthalt. — Der Zug bis Hütteldorf beschleunigt — fährt wie ein Schnellzug — wir hatten II. Kl.[asse] u. waren in der ersten. — Bei meinen Schwiegereltern[1] Kuchenempfang."
E. S. A. 321; R. B. & P., p. 197 [lediglich: „Fahrt nach Wien"]; A. St. 1966, Heft 2, p. 99 [stark gekürzt] [985]
1 → Johann Harms.

28. V. 1916

KTB., Blatt 24 verso
„vormittags im Atelier → Erich Lederer besuchte mich. — nachmittags waren wir → Klimt und → Harta besuchen. — bei letzterem trafen wir mit → Fischer und → Gütersloh mit Frau zusammen, beim Tee. Dann spielte ich mit Harta im Eichberger[1] Karambol. abends wurde eingepackt."
E. S. A. 321; R., B. & P., p. 197 [ungenau; gekürzt]; A. St. 1966, 2, p. 100 [986]
1 Kaffeehaus in der Nähe von Schieles Wohnung.

29. V. 1916

KTB., Blatt 25 recto
„Wir fuhren um 10¹⁵ von Hütteldorf mit II. Kl. Karte ganz allein in einen[!] großen Coupee I. Klasse mittags in Pöchlarn und um 2 Uhr wieder in der Milit.[är] Kanzlei, abends Kegelpartie da König abgeht."
E. S. A. 321; R., B. & P., p. 197 [gekürzt, verändert] [987]

30. V. 1916

KTB., Blatt 25 recto
„gewöhnlicher Tag."
E. S. A. 321 [988]

31. V. 1916
KTB., Blatt 25 recto
„gewöhnlicher Tag — kommandiert zum Arzt."
E. S. A. 321; R., B. & P., p. 197 [gekürzt]; A. St. 1966, 2, p. 100 [989]

1. VI. 1916
KTB., Blatt 25 recto
„ich arbeitete vormittags beim Arzt. nachmittags begann ich die Bergmühle. abends bis 11ʰ Gasth.[aus] Schoßmann."
E. S. A. 321; R., B. & P., p. 197 [gekürzt]; A. St. 1966, 2, p. 100; L., p. 593, mit Verweisen auf spätere Erwähnungen des Bildes [990]

2. VI. 1916
KTB., Blatt 25 recto
„gewöhnlicher Tag, abends malte ich an der Mühle, dann waren wir in Unternberg."
E. S. A. 321; R., B. & P., p. 197 [gekürzt]; A. St. 1966, 2, p. 100 [991]

3. VI. 1916
KTB., Blatt 25 verso
„gewöhnlicher Tag."
E. S. A. 321 [992]

—

→ Hans Goltz, L. s., neue Adresse: Briennerstraße 8/I., 1 p. groß 8°. Die von der [Berliner] Zeitschrift „Wieland" zurückgesandten Zeichnungen seien nach Wien geschickt worden, „Liebkosung" [= Kardinal und Nonne, 1912] stünde zur Verfügung, etc.
E. S. A. 817 [993]

4. VI. 1916
KTB., Blatt 25 verso
„es regnete — nachmittags blieben wir daheim."
E. S. A. 321 [994]

5. VI. 1916
KTB., Blatt 25 verso
„vormittags dasselbe. — nachmittags waren wir in Scheibbs — holten 2 Wachsfiguren — und abds. [= abends] gingen wir noch spazieren in Mühling."
E. S. A. 321; R., B. & P., p. 198 [gekürzt]; A. St. 1966, 2, p. 100 [gekürzt] [995]

6. VI. 1916
KTB., Blatt 25 verso
„dasselbe — abds [= abends] malte ich an der Bergmühle."
E. S. A. 321; R., B. & P., p. 198 [gekürzt]; A. St. 1966, 2, p. 100 [996]

—

→ Adele Harms, eigenhändige Zeilen auf dem Abschnitt einer Postanweisung über 50 Kronen. Dreißig Kronen dieses Betrages seien für eine Verbesserung des Essens gedacht: → [Heinrich] Benesch schicke Grüße; sie sei im Theater gewesen, etc.
E. S. A. 394 [997]

7. VI. 1916
KTB., Blatt 25 verso und 26 recto
„dasselbe — abds. [= abends] malte ich an der Bergmühle und [wir] gingen noch nach Unternberg — es war ein herrlicher Abend — am Rückweg zweigten wir von den[!] gewöhnlich benützten Weg ab und kamen über einen anderen Steg und durch einen schönen Wald an die Straße. Der Steg welcher über die Erlauf führt ist hoch, auf gewaltigen wilden Steinblöcken."
E. S. A. 321; R., B. & P., p. 198 [stark gekürzt]; A. St. 1966, 2, p. 100 [998]

8. VI. 1916
KTB., Blatt 26 recto
„Das Gewöhnliche — abends war Kegeln."
E. S. A. 321 [999]

9. VI. 1916
KTB., Blatt 26 recto
„Das Gewöhnliche — abends malte ich an der Mühle — es gingen nachmittags u.[nd] abends starke Gewitter nieder mit gelbroten blauen Wolken und Hagel."
E. S. A. 321; R., B. & P., p. 198 [gekürzt]; A. St. 1966, 2, p. 100 [1000]

10. VI. 1916
KTB., Blatt 26 recto
„Der gewöhnliche Tag — nachmittags großer Sturm, der Bäume niederwarf u.[nd] Dächer abhebte [= abhob] ... wir waren in Wieselburg nachtmahlen."
E. S. A. 321; R., B. & P., p. 198 [gekürzt] [1001]

[nach dem 10. VI. 1916]
→ Edith Schiele, L. a. s. An → Marie Schiele
„... Egon ist künstlerisch die letzte Zeit sehr fleißig — er hat hier viel Lust zu arbeiten — worüber ich sehr glücklich bin ..."
Nach: L., p. 15 [1002]

—

→ Marie Schiele an das Ehepaar Schiele, L. a. s., 4 pp. 8°. Schickt ein paar Süßigkeiten, sendet Segenswünsche zum ersten Hochzeitstag. „... Edith ist eine Schwiegertochter, wie ich sie mir wünschte damit ist alles gesagt..."; → Peschka käme auf drei Monate als Instruktor nach Theresienstadt;

freue sich, daß ein Spiegel [Andenken an ihren Mann] sich gefunden habe, etc. Mit Nachschrift von → Melanie Schiele: „Meine herzlichsten Glückwünsche dem Herrn Wamberl¹ zu seinem Wiegenfeste..."

E. S. A. 186 [1003]

1 „Wamberl" war wohl Egon Schieles Kosenamen aus den Tagen seiner Kindheit.

11. VI. 1916

KTB., Blatt 26 recto und verso
„Das Wetter war tagsüber nicht gut — wir blieben daheim und entwarfen unsere Eßzimmermöbel. — Abends kam die Sonne und wir gingen über die hohe Brücke nach Unternberg abendessen."

E. S. A. 321; A. St. 1966, 2, p. 100 [1004]

12. VI. 1916

KTB., Blatt 26 verso
„vormittags das Gewöhnliche — nachmittags waren wir bei der Mühle und dann in Unternberg."

E. S. A. 321 [1005]

—

→ Heinrich Benesch, C. a. s. [„Wiener Werkstätte" Postkarte Nr. 80: Entwurf Oskar Kokoschka]. Wird die ihm bekanntgegebenen Preise → Frau Hauer mitteilen. Könnte Schiele nur an einem Sonntag besuchen, etc.

E. S. A. 575 [1006]

12. VI. 1916 [Poststempel schwer lesbar]

→ Adele Harms, C. a. s. [Postkarte der → „Aktion", Richter, Berlin, russisches Ballett]. Habe leider nur eine Schachtel Tabak bekommen. Werde die zweite Staffelei reklamieren. Beim Schuhgeschäft Delka seien Scheiben eingeworfen worden¹, etc.

E. S. A. 462 [1007]

1 Es gab damals Demonstrationen, hauptsächlich aus Gründen der mangelnden Ernährung.

13. VI. 1916

KTB., Blatt 26 verso
„vormittags gewöhnlich. — abends waren wir bei der Bergmühle, wo ich Kinder zeichnete und dabei einen ung.[arischen] Oberleutnant mit Frau die dort wohnt kennen lernte — die ich ersuchte deren kl.[eine] Tochter lebensgross zu malen¹."

E. S. A. 321; A. St. 1966, 2, p. 100 [1008]

1 Das Bild wurde nicht gemalt.

14. VI. 1916

KTB., Blatt 26 verso und 27 recto
„gewöhnlicher Tag — abends war ich in Wieselburg — als ich heim kam sahen wir einen und später eine Reihe von Regenbogen. Der Ötscher war unsichtbar, die vorlagernden Berge vorerst rot beleuchtet — der Himmel dahinter grünblau finster — in entgegengesetzter Seite — der Himmel hell sonnig — transparentgrün — Der Himmel über uns gelb zerwühlt von fliegenden Wolken. — Auf einmal sah man vom Berg aus einen krapprosa, fast unbegrenzten Schein — der immer höher zu steigen begann. — In einigen Minuten war der [Regen]Bogen sichtbar und darauf tauchten die anderen Bogen auf."

E. S. A. 321; R., B. & P., p. 198 [leicht verändert]; A. St. 1966, 2, p. 100 [1009]

15. VI. 1916

KTB., Blatt 27 recto
„gewöhnlicher Tag — es regnete alle zehn Minuten. —"

E. S. A. 321 [1010]

16. VI. 1916

KTB., Blatt 27 recto
„gewöhnlicher Tag — das Wetter war wie am Vortag — abends wurde es schön."

E. S. A. 321 [1011]

17. VI. 1916

KTB., Blatt 27 recto und verso
„wir fuhren nachmittags nach Wien und kamen vor 6ʰ heim — abends waren wir bei → Harta."

E. S. A. 321 [1012]

18. VI. 1916

KTB., Blatt 27 verso
„vormittags besuchten uns → Harta mit Frau. — nachmittags sahen wir das alleinstehende Haus am Fuß des roten Bergs¹, — es ist sehr gut im Inner[e]n — leider konnten wir nicht alle Räume sehen. — abends waren wir zum Tee bei Harta."

E. S. A. 321; A. St. 1966, 2, p. 100 [1013]

1 „Roter Berg", ein Hügel zwischen Unter- und Ober-St. Veit, Hietzing. Hartas Schwiegermutter war auch die Hausbesitzerin von → Klimts Atelier, XIII., Feldmühlgasse 11. Das Haus, für das sich Schiele interessierte, gehörte vermutlich auch ihr.

19. VI. 1916

KTB., Blatt 27 verso und 28 recto
„um ½11ʰ war ich bei → Arnot, — er kaufte 4 Zeichnungen. — Dann war ich im österr.[eichischen] Museum¹ in der Strnad-Schule² wo ich → Erich Lederer abholen wollte — er war nicht dort. — ich ging durch die Stadt in die Bartensteingasse zu → Lederer Lise³ war daheim auch Fritz⁴ — später kam → Erich, Frau u.[nd] Herr L. — sie wollten daß ich mittags bleibe — ich hatte aber nicht mehr Zeit. — Als ich unterbrochen von einigen Einkäufen auf der Mariahilferstraße und Hietzinger Hauptstr. nach Hietzing kam mußte ich mich eiligst umziehen und nach Hütteldorf zum Zug gehen denn es war höchste Zeit. — Im Zug trafen wir mit

meiner Mutter u. Schwester M.[elanie] zusammen und kamen zugleich, sie in Wieselburg, wir in Mühling an, es regnete."
E. S. A. 321; A. St. 1966, Heft 2, p. 100   [1014]

1 Österreichisches Museum, heute Museum für angewandte Kunst, I., Stubenring.
2 Wahrscheinlich war dort eine Ausstellung von Arbeiten aus der Schule von Professor Oskar Strnad (1879—1935), Architekt und Bühnenbildner, arbeitete vor allem für Max Reinhardt.
3 Elisabeth [Liese] Lederer.
4 Fritz Lederer, der Bruder von → Erich Lederer, der zweite Sohn der Familie.

20. VI. 1916
KTB., Blatt 28 recto
„gewöhnlicher Tag — abends waren wir bei Schoßmann Kegeln."
E. S. A. 321   [1015]

21. VI. 1916
KTB., Blatt 28 recto
„gewöhnlicher Tag — abends waren wir in Unternberg."
E. S. A. 321   [1016]

An → Arthur Roessler, C. a. s. [Briefkarte]. Aus Mühling
„21. Juni 1916.
Lieber A. Rößler — seit wir uns zuletzt in Wien am 2. Mai sahen — war ich inzwischen 2mal in Wien — kam aber nicht dazu Ihnen zu schreiben oder Sie beim Vorüberkommen zu besuchen. — So viel ich hörte sind Sie noch im K. A. [Kriegsarchiv] und ich glaube auch daß Sie dort bleiben werden. — Wie Sie wissen werden, bin ich hier in der Provianturkanzlei — und habe von 8—12 und 2—6 Kanzleistunden — es geht mir gerade nicht schlecht — und wenn es abends halbwegs geht, und das Wetter günstig ist, so male ich draußen. — Vorige Woche schrieb mir → Pfemfert daß er endlich ein → Aktionheft von mir machen will und ich ihm dazu Material senden soll — haben Sie nicht auch Lust einiges dazu zu geben? — → Harta hat mich gezeichnet und → Gütersloh hat es versprochen als ich am Sonntag in Wien war, — es war aber so schlechtes Wetter, so daß er nicht kam[1]. — In drei Wochen soll alles fertig sein und ich werde versuchen Holzschnitte zu machen[2]. — → Dr. Reichel möchte seine von mir gemalten Bilder, welche ich erwähnte photographieren lassen — ich habe zu wenig Zeit um an alles dies zu denken und es auszuführen. — Das Bild welches Dr. Reichel an → Sykora gab, — die „Herbstbäume"[3] wollte → Dr. Haberditzl erwerben — warum gab es Dr. R. einstens her? — Wie Sie wissen hätte ich einige Bilder für die Staatsgalerie[4] zur Auswahl und Verfügung — Dr. Haberditzl sollte sich auch an mich gewandt haben. — ich glaube daß heute wenigstens ein Bild doch in der St.-G. [Staatsgalerie] hängen könnte. — Was machen Sie sonst und wie geht es Ihnen? — wenn Sie einmal wieder eine größere alte Holzfigur für mich übrig hätten oder irgendetwas anderes — (auch ein altes Möbel) hätte ich gerne — so wäre ich mit einen[!] entsprechenden Tausche, bei vorherigem gegenseitigen Einverständnis vorbereitet. — Wenn wir heil den Krieg übertauchen sollten — so habe ich ein nettes kleines Haus — allein stehend, samt Garten für Wohnung und Atelier in Aussicht, — in Hietzing. — Freundliche Grüße und Handkuß Ihrer Frau   Egon Schiele, 1916."
W. ST. B. 180.691; R., B. & P., pp. 88/9 [mit geringfügigen Änderungen]   [1017]

1 Keine Zeichnung von Paris von Gütersloh nach Egon Schiele bekannt.
2 Schiele versuchte sich in Mühling im Gummi- und Holzschneiden: K.Gr. 11 bis 14.
3 „Herbstbäume", 1911.
4 Staatsgalerie heute: „Österreichische Galerie" in Wien.

22. VI. 1916
KTB., Blatt 28 recto bis 29 recto
„ich kam in die Kanzlei und ging um ½10^h wieder fort — vorerst wollte ich Did verständigen daß wir gleich mit dem Zug um 10^{13} fahren. — ich erreichte sie noch auf der Straße — dann wollte ich meine Mutter u. Schwester verständigen — die waren aber nicht im Gasthof. — ich ließ eine Karte zurück und ging nach Mühling zurück. — Did war bereits fertig. — Wir erreichten den Zug und fuhren bis Kienberg-Gaming — von dort mit dem Postwagen bis zum Gasthof Höllrigl in Gaming — Dort waren wir auch mittagessen. — Nach einem Rundgang durch den Ort kamen wir längst der Hauptstraße zu einen[!] herrlichen Wildpark und zu dem Karthäuserkloster — es ist eine alte gotische, spitze Kirche, — daneben und rundherum Häuser mit spitzen Dächern u. dazwischen die üppigsten Bauerngärten. — Um 3^h fuhren wir mit dem Zug der Ybbstalbahn weiter nach Lunz. — Die Bahn steigt stark an und in einem großen Bogen zu dem man eine halbe Stunde Bahnfahrt braucht erreicht man Lunz. — Der Ort selbst ist nicht am See — es gibt in nächster Nähe steile Berge und eine kernige Luft. — In Lunz am Bahnhof trafen wir mit meiner Mutter u. Schwester zusammen — wir alle ließen uns Butterbrote und Soda Himbeer und Wein schmecken. — Dann gingen wir am See — dort bekam man Salami u. Käse[1]. — Gleich neben dem Strandrestaurant ist das Bootshaus. — Did, → Melanie und ich fuhren eine Stunde lang im See herum. — wir waren bis am anderen Ende. — Es war ein sehr schöner sonniger Tag und die Berge blau und scharf gezeichnet gegen den Himmel. — Dann kamen wir zurück in das erste Restaurant wo wir zu[m] Abendessen blieben und dann in der Mansarde ein nettes großes, helles Zimmer mieteten — Schade daß ich um 4^h früh schon auf mußte und um 5^h wieder wegfahren mußte."
E. S. A. 321; A. St. 1966, Heft 2, p. 101 [leicht gekürzt]   [1018]

1 Kriegsbedingt seltene kulinarische Kostbarkeiten.

23. VI. 1916
KTB., Blatt 29 recto und verso
„ich fuhr um 5^h früh von Lunz fort — der Zug war dicht besetzt von alten u. jungen Bauern die zur Musterung nach Scheibbs mußten. — Did und meine Mutter u. Schwester[1] blieben noch. — ich hatte das schönste Wetter und kam um ½8^h-7^{20} Min. in Mühling a[n]. — Dann wieder dasselbe Eintönige. — mittags um 2^h kamen Did und Mutter u.

Schwe.[ster] auch zurück. — abends waren wir zusammen in Unternberg."

E. S. A. 321 [1019]

1 Melanie Schiele.

24. VI. 1916

KTB., Blatt 29 verso

„Vormittags dasselbe. — Did fuhr um 2ʰ nach Wien, — abends regnete es — ich blieb vorerst daheim und dann ging ich eine halbe Stunde mit Lord¹ spazieren."

E. S. A. 321; A. St. 1966, 2, p. 101 [1020]

1 → Lord, Name des großen Hundes von Egon Schiele.

[nach dem 24. VI. 1916]

→ Edith Schiele, L. a., 2 pp. groß 8°
„Sonntag früh.
Du Lieber. Mama hat die 20 Kr. nicht abgeschickt sondern Tabak und Hülsen dafür gekauft. Du hast so entsetzlich viel bestellt d. d. [daß das] nicht mehr und nicht weniger als 19 Kr. ausmacht. Mama hat mir 10 Kr. geborgt, die lege ich bei. Heut früh hab ich Erich¹ angerufen er hat gesagt der Auftrag wurde Samstag gegeben. Montag früh wirds abgehen. Gell Du schickst es gleich dann an mich damit ich nicht zu lange hier sein muß, denn ich bin geheilt vom Wienfahren, ohne Dir gefällt es mir nämlich hier gar nicht. Vermißt Du mich auch so wie ich Dich! Samstag abends konnte ich vor Herzweh gar nicht einschlafen. Was wirst Du heute nachmittag machen? Ich gehe jetzt zur Post damit Du baldigst das Geld kriegst. Sei hübsch brav! Ich denke unausgesetzt an Dich. Soll ich Dela² mitnehmen? Samstag war ein schreckliches Fahren. wir sind überall stehen geblieben und erst um 7ʰ in Hütteldorf angekommen. Unendlich viel Bussi schick ich Dir, Du Lieber."

E. S. A. 454 [1021]

1 → Erich Lederer.
2 Dela → Adele Harms.

25. VI. 1916

KTB., Blatt 29 verso und 30 recto

„vormittags dasselbe — nachmittags hatte ich Dienst — von 2—4 Uhr zeichnete ich in der Nähe der Haltestelle Mühling eine Landschaft. — Dann ging ich, — weil ich eigentlich im Dienste war in die Kanzlei und schrieb dieses nieder.— Um 6ʰ ging ich neben dem Bahndamm und dann durch den Wald bis nach Purgstall und zurück nach Unternberg. — dort war Zigeunermusik. — Trotzdem entfernte ich mich schleunigst — denn es waren zu viel Militärs dort. — ich stieg den Berg hinan und wanderte über Wiesen und Felder vor einzelnen Bauerngehöften vorüber — dem Abend entgegen. — Auf der Höhe sah ich die blauen spitzen Steirerberge — und unten im Tal ein gestreiftes Felderland. — Durch Wälder und über Abhänge kam ich in Mühling heraus."

E. S. A. 321; R., B. & P., p. 198 [leicht verändert]; A. St. 1966, 2, p. 101 [leicht gekürzt] [1022]

26. VI. 1916

KTB., Blatt 30 recto

„ich ging um 6ʰ vom Haus über Berge und zurück."

E. S. A. 321 [1023]

27. VI. 1916

KTB., Blatt 30 verso

„Der gewöhnliche Tag. — ich bekam Nachricht von [nicht fortgesetzt]."

E. S. A. 321 [1024]

[vor dem 28. VI. 1916]

→ Edith Schiele, eigenhändiger Zettel, in Bleistift. An Egon Schiele in Mühling
„Montag 11ʰ vormittags.
Liebster. Denk Dir dieses Glück — gestern kam von Hofmann¹ beiliegender Brief², heute das Geld. Du brauchst mir keines mehr zu senden. Da ich nicht weiß wann das Geld von Lederer³ an Dich gelangt schicke ich Dir express 40 Kr.[onen]. Das andere bringe ich mit. Ich bringe die Dela⁴ mit. Wir kommen Mittwoch mit dem ½2ʰ Zug an."

E. S. A. 453 [1025]

1 → Josef Hoffmann.
2 Liegt nicht bei.
3 → August Lederer.
4 Dela = → Adele Harms.

28. VI 1916

KTB., Blatt 30 verso

„Der gewöhnliche Tag. — Abends 7ʰ kam Did und Dalerle."

E. S. A. 321 [1026]

29. VI. 1916

KTB., Blatt 30 verso

„Wir waren nachmittags in Scheibbs und kamen bis nach St. Anton, welcher Ort in einem frischen Tal gelegen ist — überall gibt es Bauerngärten mit weißen, blauen und violetten Glockenblumen, — Rosen und Mohn. um ½10ʰ kamen wir nach Scheibbs zurück und übernachteten im Hotel des H.[errn] Reinöhl — ein Zimmer mit 2 Betten u.[nd] Sofa, groß und sauber 5 K[ronen]."

E. S. A. 321 [1027]

—

→ Hans Goltz, L. s., 2 pp. groß 8°. Das Bild [„Kardinal und Nonne"] ginge morgen ab. Eine Kollektivausstellung während des Krieges lohne sich nicht. Bittet um Intervention bei → Oskar Kokoschka, von dem er Arbeiten haben möchte, etc.

E. S. A. 818 [1028]

30. VI. 1916

KTB., Blatt 30 verso bis 31 recto

„Früh um 6⁵⁴ fuhren wir zurück — Did u. Dalerle bis Wieselburg — ich mit Lord¹ bis Mühling. — Dann das Gewöhnliche. — nachmittags kam meine Beförderung zum Korpo-

ral. — Did u. Dalerle erwarteten mich in Unternberg — wir gingen nach Purgstall — dort nachtmahlten wir beim Stöckler[2] im Garten. nach 10^h kamen wir zu Fuß von dort zurück."
E. S. A. 321; R., B. & P., p. 199 [lediglich ein Satz!]; A. St. 1966, 2, p. 101 [gekürzt] [1029]

1 → Lord, Schieles Hund.
2 Gasthaus in Purgstall.

30. VI. 1916
→ Emil Richter, Kunsthandlung, Dresden. L. s., 1 p. groß 8°. Es seien keine Zeichnungen mehr bei ihnen, alle seien nach München zurückgesandt worden, etc.
E. S. A. 497 [1030]

[nach dem 30. VI. 1916]
→ Adele Harms, L. a. in Bleistift, schlecht leserlich, 4 pp. 8°.
An → Edith und Egon Schiele in Mühling
„Hauptstrasse 101[1] am Dach- Sonne- u.[nd] Sturm. Liebe Did u. lieber Egg., heute komme ich erst dazu zu schreiben, weil ich seit ich hier bin furchtbar müd und zerstreut bin. Gefahren bin ich sehr angenehm 1. Kl.[asse] bezahlt aber nur II. Kl. Was sagt Du dazu Did? K.[ronen] 6,10.— Stimmt das — Mama war am Perron, trotz ihrer Lorgnon hätte sie mich beinahe nicht erkannt, weil ich so braun war. Gott sei Dank tut die Geschichte heute nicht mehr brennen u.[nd] mein Rücken fängt sich an zu schälen. Heute tut es mir leid dass[!] ich nicht geblieben bin. Hier ist es furchtbar langweilig — Ottilie[2] und Anhang war gestern hier, Fritzi[3] ist schon im Land sie selbst und die andern fahren in 14 Tagen — Die Fahrt geht bis Payerbach dann 2 Stunden mit dem Postwagen und ausserdem 3 Stunden laufen. — Ein schöner Spass[!] — Heute ist das Holz von Ebeseder[4] gekommen. Vormittag habe ich Frau Harta[5] begegnet sie ist sehr zufrieden mit dem Hut nur beklagt sie dass er zu billig ist. — Schade dass[!] ich das nicht früher gewusst habe. — Wenn ich dann das Geschäft habe werde ich es schon einbringen. Zwar lasse ich sie bei dem Glauben dass[!] ich ihr einen Ausnahmepreis gemacht habe wegen Recomandation. — Sie erwartet uns Sonntag. Ausserdem sagte sie dass[!] das der erste Hut wäre der ihr gefällt u. steht aber ich hätte zu wenig gerechnet sie bezieht die 15.— [Kronen] nur auf die Auslagen u. wollte von mir darüber Aufklärung. Gestern war ich in Mariahilf — Hosen gibts keine mehr nur um 10 cm grössere. Deine Nummer kommt erst in 14 Tagen — Die Stempel sind auch erst Ende nächster Woche fertig[6]. — Nur die Klingen waren fertig. — Telefoniert habe ich auch zwar ohne Erfolg weil nur das Stubenmädchen da war die es ausrichten wird. — Tabak ist bestellt. Also bin ich nicht brav? — In der Genossenschaft habe ich erfahren dass ich K. 50.— bringen u. es dann am Bezirksamt anmelden muss[7]. Das ist alles. Dass[!] Egon Korporal ist hab[e] ich noch niemanden erzählt. Was sagt Ihr zu meiner neuen Tugend. Discretion-Grüsse[!] und Küsse von Mama u. mir. — Auf Wiedersehn Samstag zur selben Zeit, zu einer grossen Marillenknödel Fresserei! — —"
E. S. A. 469 [1031]

1 Adele Harms benützte anscheinend tagsüber die Wohnung der Schieles.
2 Freunde der Familie Harms, wie auch 3.
4 Richtig: Ebeseder, die heute noch existierende Mal-Utensilienhandlung Alois Ebeseder, früher am Burgring, jetzt Wien I., Babenbergerstraße 3.
5 Die Frau von → F. A. Harta
6 Diese Stelle könnte man so auslegen, daß Schiele die Gummischnitte für seine Graphiken [K.Gr. 9—12] in Wien nach seinen Zeichnungen herstellen ließ.
7 Es handelt sich um die Anmeldung des Putzmachergeschäfts, das Adele Harms eröffnen wollte.

1. VII. 1916
KTB., Blatt 31
„das Gewöhnliche."
E. S. A. 321 [1032]

2. VII. 1916
KTB., Blatt 31 recto
„das Gewöhnliche — nachmittags fuhren wir nach Melk und von dort gingen wir nach Weitenegg — ich zeichnete die Ruine[1]. abends in Melk und nachts vis à vis des Bahnhofs Pöchlarn übernachtet."
E. S. A. 321; R., B. & P., p. 199 [leicht gekürzt]; A. St. 1966, 2, p. 101; L., p. 614 [auszugsweise] [1033]

1 Nach seiner Zeichnung malte Schiele in Mühling das verschollene Bild „Ruine Weitenegg", 1916 [siehe auch KTB., 14. VII. 1916].

3. VII. 1916
KTB., Blatt 31 recto
„ich ging schon um 5^20 von Pöchlarn fort, — weil nach Mühling kein Zug fährt[1] — frühstückte in Wieselburg. — um 8^h war ich im Lager. — dann das Gewöhnliche — Did u.[nd] Dalerle kamen um ½11^h auch zurück — Dal. fuhr nachmittags nach Wien zurück. — wir waren Kegeln. —"
E. S. A. 321 [1034]

1 Die Entfernung Pöchlarn—Mühling beträgt zirka 15 km.

4. VII. 1916
KTB., Blatt 31 verso
„das Gewöhnliche abends Unternberg."
E. S. A. 321 [1035]

—

An → Carl Reininghaus, C. a. s., in Bleistift, jede Linie unterstrichen. Aus Mühling
„4. Juli 1916. — Lieber Herr Reininghaus — ich möchte gerne einmal wieder mit Ihnen zusammentreffen und etwas Kunst genießen — Wie geht es Ihnen? — ich bin seit 3. Mai hieher kommandiert und sitze in der Provianturkanzlei der k. u. k. Offz.-Station für Kriegsgefangene in Mühling bei Wieselburg N.Ö. — landschaftlich ist es hier sehr schön — unweit sind Berge und Wälder und der Ötscher — auch meine Frau ist hier — wie wäre es wenn Sie auf einige Tage hierher in die Natur kommen würden ?— ich möchte Ihnen Scheibbs sehr anempfehlen. — Mit freundlichen Grüßen
Egon Schiele, 1916."
Viktor Fogarassy, Graz [1036]

5. VII. 1916
KTB., Blatt 31 verso
„das Gewöhnliche abends Unternberg."
E. S. A. 321 [1037]

—

An → Josef Hoffmann, L. a. s., maschingeschrieben, 1 p. 8°
„Mühling am 5. Juli 1916.
Lieber Herr Professor Josef Hoffmann! — die Zusendung von 300 Kr. für 2 meiner Blätter durch Sie, erfreute mich sehr, trotz dass die Zeichnungen vor nicht allzulanger Zeit durch meine Frau an Sie gebracht wurden. — Was ist mit der Ausstellung? u. s. w. — Was mit dem → Bund österreichischer Künstler? — Wann werde ich die Bilder von Brüssel[1] bekommen? D. h. [= das heißt] 1 Bild und 6 Zeichnungen, — das Bild gehört nämlich nicht mir. Mit freundlichen Grüssen! Egon Schiele, 1916."
F. 7; R., B. & P., p. 136 [1038]

[1] Der Verbleib der 1914 zur Ausstellung nach Brüssel geschickten „Sonnenblumen", 1914, war lange Zeit hindurch ungewiß.

6. VII. 1916
KTB., Blatt 31 verso
„das Gewöhnliche abends Unternb.[erg]."
E. S. A. 321 [1039]

—

An → Marie Schiele, C. s. [maschingeschriebene Korrespondenzkarte]
„Mühling am 6. Juli 1916
Liebe M.[utter]! — wir sind am Sonntag den 9. d. M. [= des Monats] in Wien wenn Ihr uns besuchen wollt, so wäre es am besten Samstag abends 8 Uhr. Herzliche Grüsse!
Egon Schiele, 1916."
E. S. A. 187 [1040]

7. VII. 1916
KTB., Blatt 31 verso
„Das Gewöhnliche abds Unternberg."
E. S. A. 321 [1041]

8. VII. 1916
KTB., Blatt 31 verso
„nachmittags fuhren wir nach Wien — wurden erwartet. wir(?) waren beim Conditor. — abends kam meine Mutter."
E. S. A. 321 [1042]

—

→ Hans Goltz, L. s., 1 p. groß 8°. Anfrage, ob er mit einem Bild Schieles für seine Sommerausstellung rechnen könne, etc.
E. S. A. 819 [1043]

9. VII. 1916
KTB., Blatt 31 verso
„wir waren vormittags bei → Dr. Reichel — sahen zwei neue → Kokoschka. nachmittags waren wir bei → Harta."
E. S. A. 321; A. St. 1966, 2, p. 101 [1044]

10. VII. 1916
KTB., Blatt 31 verso und 32 recto
„ich besorgte noch auf der Mariahilferstraße ein Fischzeug — Wir fuhren um 10^{15} von Hütteldorf nach Mühling. — abends waren wir in Unternberg."
E. S. A. 321; A. St. 1966, 2, p. 101 [1045]

11. VII. 1916
KTB., Blatt 32 recto
„es regnete fast den ganzen Tag am Abend waren wir in Wieselburg."
E. S. A. 321 [1046]

—

→ Heinrich Benesch, C. a. s. [Wiener Werkstätte Postkarte, Entwurf Oskar Kokoschka]. Hat Schieles Einladung zu spät erhalten; sehne sich nach „Atelierluft", etc.
E. S. A. 576 [1047]

12. VII. 1916
KTB., Blatt 32 recto und verso
„um 7^{21} fuhr Did nach Grünau — es regnete fast ununterbrochen. dasselbe — abends fuhr ich mit Lord[1] bis Markenstetten, von dort ging ich zuerst bis Purgstall u.[nd] nachtmahlte bei Stöckler[2]. — dann ging ich den Waldweg entlang bis Mühling — als ich in die Nähe des Lagers kam hörte ich einen Schuß — ich dachte sofort an einen Fluchtversuch — ich blieb stehen und hörte schreien — es fiel ein zweiter Schuß, — dann hörte ich die Stimme des Oblt. [= Oberleutnant] Herrmann — als ich zum Lager kam, wurden gerade 2 russ.[ische] Offiziere eingebracht, die über das Drahtnetz zu flüchten versuchten. —"
E. S. A. 321; A. St. 1966, 2, p. 101 [1048]

[1] → Lord, Schieles Hund.
[2] Gasthof in Purgstall.

—

→ Edith Schiele, C. a. s. [Groß Pöchlarn an der Donau]. Grüße von der Umsteigstation.
E. S. A. 461 [1049]

13. VII. 1916
KTB., Blatt 32 verso
„Dasselbe — ab[en]ds kegeln bei Wurzer in Brunning."
E. S. A. 321 [1050]

→ Edith Schiele, C. a. s. [Grünau, Villa Baron Herring]. Sendet Grüße, wird morgen schreiben.
E. S. A. 463 [1051]

[vor dem 14. VII. 1916]
→ Edith Schiele, C. a. s. [Almtal, Grünau]. „Viele viele Bussili Deine Did." [gefolgt von weiteren Unterschriften].
E. S. A. 464 [1052]

14. VII. 1916
KTB., Blatt 32 verso
„der nämliche Tag — ab[en]ds begann ein Regenguß u.[nd] hörte nicht mehr auf — ich malte an der Landschaft mit der Ruine[1]. —"
E. S. A. 321; A. St. 1966, 2, p. 101; L., p. 614 [auszugsweise] [1053]

[1] „Landschaft mit der Ruine", 1916.

—
→ Edith Schiele, C. a. s. [Almtal, Partie in der Hetzau]. Käme erst Montag ½2ʰ in Mühling an, man ließe sie nicht fort, etc.
E. S. A. 457 [1054]

15. VII. 1916
KTB., Blatt 32 verso
„es regnete abends ging ich nach Wieselburg über den Promenadeweg."
E. S. A. 321 [1055]

—
→ Hans Goltz, L. s., 1 p. groß 8°. Das Geschäft liegt seit der großen Offensive[1] wieder vollständig darnieder; Eröffnung der Ausstellung sei verschoben, etc.
E. S. A. 820 [1056]

[1] Der englisch-französische Generalangriff vom 24. VI. 1916.

16. VII. 1916
KTB., Blatt 32 verso
„vormittags das Nämliche. — nachmittag zeichnete ich Leutn.[ant] Fekete und → Oblt. [= Oberleutnant] Herrmann — abds um 7ʰ fuhr ich noch bis Scheibbs (Neustift) übernachtete in Scheibbs."
E. S. A. 321; A. St. 1966, 2, p. 101 [1057]

17. VII. 1916
KTB., Blatt 33 recto
„nachmittags ½2ʰ kam Did von Grünau zurück. abds fuhren wird nach Scheibbs und blieben über Nacht dort."
E. S. A. 321 [1058]

—
→ Heinrich[?] Böhler, C. a. s. [„Der kleine Kipili" = kleiner Neger]. Aus Salzburg. Habe im hiesigen Afrikamuseum herrliche Negerplastiken... gesehen, etc.
E. S. A. 928 [1059]

[nach dem 17. VII. 1916]
→ Edith Schiele, C. a. s. [„Die Aktion", Egon Schiele, der Dichter Carl Otten]. An → Marie Schiele. Sei Montag aus Grünau zurückgekehrt, etc.
P. 106 [1060]

18. VII. 1916
KTB., Blatt 33 recto
„Das nämliche."
E. S. A. 321 [1061]

19. VII. 1916
KTB., Blatt 33 recto
„vormittags dasselbe ab[en]ds Kegelscheiben."
E. S. A, 321 [1062]

20. VII. 1916
KTB., Blatt 33 recto
„dasselbe — → Oblt. [Oberleutnant] Herrmann stellte mir ein Atelier im Lager zur Verfügung — wo ich ganz gut arbeiten kann."
E. S. A. 321; A. St. 1966, 2, p. 101 [1063]

21. VII. 1916
KTB., Blatt 33 recto
„Der gewöhnliche Tag."
E. S. A. 321; R., B. & P., p. 199 [falsch: „Donnerstag 21.— Dienstag 26. Juni Urlaub in Wien"]
E. S. A. 321 [1064]

22. VII. 1916
KTB., Blatt 33 recto
„Dasselbe. — nachmittags war ich in Wieselburg und ließ mir die Leinenunif.[orm] machen."
E. S. A. 321 [1065]

23. VII. 1916
KTB., Blatt 33 verso
„vormittags dasselbe — nachmittags fuhren wir nach Wieselburg und gingen von dort bis Ybbs a. d. Donau — es ist eine nette Krummau ähnliche Stadt mit schiefen Häusern und Gassen an der Donau — Interessent war die Irrenanstalt, wovor wir saßen und verschiedenartige Leute die blödsinnig sind heraus kamen. — Auch waren wir im Kaffeehaus am Stadtplatz — sehr nett mit alten Türen und Fenstern. — Dann fuhren wir bis Bahnhof Kemmelbach mit der Elektrischen Bahn — und von dort in einen[!] Halbkoupée II. Klasse bis Amstetten — vorerst nachtmahlten wir und dann

gingen wir auf die Höhe nächst der Stadt, wo Anlagen sind — neben dem Eisenbahndamm der Westbahn kamen wir zurück und übernachteten im Hotel am Stadtplatz vis à vis dem eisernen Wehrmann (6 K.)¹."
E. S. A. 321; A. St. 1966, 2, p. 102   [1066]

1 „Eiserner Wehrmann", eine der zahlreichen allerorts aufgestellten Holzfiguren, die von der Bevölkerung gegen eine Spende benagelt wurden.

24. VII. 1916
KTB., Blatt 34 recto
„frühmorgens 5¹⁶ m.[inuten] mußten wir von Amstetten fortfahren bis Kemmelbach — von dort gingen wir nach Mühling in ein-einhalb Stunden. — abends malte ich."
E. S. A. 321   [1067]

25. VII. 1916
KTB., Blatt 34 recto
„Derselbe Tag"
E. S. A. 321   [1068]

—
→ Hans Goltz, L. s., 1 p. groß 8°. Die Ausstellung würde nun doch am 7. VIII. eröffnet, erbittet Übersendung eines Fotos, etc.
E. S. A. 821   [1069]

—
An → F. A. Harta, C. s., XIII., Feldmühlgasse 10
„Mühling, am 25. Juli 1916.
Lieber Harta! — ich schrieb mit gleicher Post auch an → Gütersloh einen Brief, dass ich am Sonntag d. 30. d. M. in Wien sein werde und wir am Sonntag nachmittags in meinem Atelier uns gegenseitig zeichnen resp. malen könnten; wenn Sie Lust haben so kommen Sie und übersenden Sie den Brief an Gütersloh rechtzeitig weiter. Mit freundlichen Grüssen!
                           Egon Schiele, 1916."
Handgeschriebener Nachsatz: „Was macht das Militär?"
E. S. A. 926   [1070]

26.—28. VII. 1916
KTB., Blatt 34 recto
„Derselbe Tag." [dreimal wiederholt]
E. S. A. 321   [1071]

26. VII. 1916
An → Arthur Roessler, C. s. Aus Mühling
„Mühling, am 26. Juli 1916.
Lieber A. R. ich bin am Sonntag d. 30. d. M. in Wien wenn Sie Zeit und Lust haben, so besuchen Sie mich nachmittags. — Vielleicht nehmen Sie gleichzeitig die Russenzeichnung mit. Freundliche Grüsse!   Egon Schiele 1916."
W. ST. B. 180.608; Gl. 61   [1072]

29. VII. 1916
KTB., Blatt 34 recto und verso
„mittags fuhren wir nach Wien und kamen 5²⁰ in Hütteldorf an. ab[en]ds kam meine Mutter."
E. S. A. 321   [1073]

30. VII. 1916
KTB., Blatt 34 verso
„vormittags besuchte mich → Benesch mit → Jungnickel — nachmittags → Harta und → Rößler — wir gingen zu Harta und dann ins Kaffe[!] Eichberger."
E. S. A. 321   [1074]

31. VII. 1916
KTB., Blatt 34 verso
„um 10¹⁵ fuhren wir wieder von Hütteldorf weg. — mittags an in Mühling — ab[en]ds waren wir in Purgstall."
E. S. A. 321   [1075]

1. VIII. 1916
KTB., Blatt 34 verso
„wir waren in Wieselburg und gingen von dort über Bodensdorf Marbach zurück nach Mühling."
E. S. A. 321   [1076]

2. VIII. 1916
KTB., Blatt 34 verso
„Dasselbe — ab[en]ds Kegeln."
E. S. A. 321   [1077]

3.—5. VIII. 1916
KTB., Blatt 35 recto; an allen 3 Tagen:
„dasselbe"
E. S. A. 321   [1078]

3. VIII. 1916
→ Hans Goltz, L. s., 1 1/3 pp. groß 8°. Das zurückgesandte Bild „Kardinal und Nonne", 1912, läge in Wien noch immer auf der Bahn; das für seine Ausstellung erbetene Bild müsse zurückgehen, da Einfuhrverbot für Kunstgegenstände bestünde, etc.
E. S. A. 822   [1079]

5. VIII. 1916
→ Hans Goltz, L. s., 1 p. groß 8°. Habe noch schnell in seinem Katalog vier Zeichnungen Schieles aufgenommen „damit Sie wenigstens vertreten sind"; über Kokoschka-Bilder in einer nicht bezeichneten Galerie, die ihn interessieren würden, etc.
E. S. A. 823   [1080]

6. VIII. 1916
Egon Schiele, KTB., Blatt 35 recto
„Generalinspizierung."
E. S. A. 321 [1081]

7. VIII.—16. VIII. 1916
KTB., Blatt 35 recto, an allen Tagen zumeist: „dasselbe" außer zusätzlich:
„9. August 1916 Scheibbs zu Fuß, 11. & 13. August 1916 ab[en]ds Purgstall."
E. S. A. 321 [1082]

[vor dem 8. VIII. 1916]
→ Arthur Roessler, C. a. s. [Postkarte der „Aktion". Erik-Ernst Schwabach, von Max Oppenheimer gezeichnet].
„... Warum kamen Sie nicht an einem dieser Abende? — ... → Die Aktion möchte wieder 1 Zeichnung von Ihnen reproduzieren... Auch einen Textbeitrag möchte die A. von Ihnen", etc.
E. S. A. 558 [1083]

8. VIII. 1916
An → Anton Peschka, L. a. s. Aus Mühling
„8. August 1916.		Mühling bei Wieselburg, N.-Ö.
Lieber Anton Peschka! Du sandtest für mich ein altes Buch. → Edith wollte es holen. — → Gerti zeigte einige von Dir gesandte Bücher und dergleichen — darunter auch das für mich bestimmte Buch. — Anstatt daß Gerti das Buch gab, verräumte sie alles. — Mehr weiß ich nicht. Ein andermal kam Edith, — Gerti zeigte den Rücken — mehr weiß ich nicht. — Auch ich kam öfters mit Edith, — doch Gerti war im Nebenzimmer ohne zu uns zu kommen, — mehr weiß ich nicht. — Gerti sprach böse hinter mir und Edith, — warum weiß ich nicht. — Unter den zivilisierten Völkern sagt man, daß solche Leute nicht erzogen sind und daher kein Taktgefühl kennen; — demnach scheint es so. Wenn man aber hinter jemandem schlecht spricht, so steht man im Fortschritt dort, wo meine Großmutter stand. Gerti ist unreif, mehr will ich nicht sagen. Wenn sie zur Einsicht kommen wird, wird sie fortschreiten, — sie soll einsehen, wie sie irrt, — sie soll sich bei Edith entschuldigen, — dies kann man auch, ohne daß man sich erniedrigt, — sie ginge sonst an ihrem Hochmut zugrunde. — Geschieht dies nicht, so wird uns Gerti nicht abgehen. Gegen Dich habe ich nach wie vor nichts, außer daß Du mich in Wien nicht besuchtest als Du den ersten Urlaub hattest. Wenn Du Dich rechtfertigen kannst, so wollen wir Freunde sein wie einstens; findest Du es aber für belanglos, so würde ich es für nicht notwendig halten, weitere Annäherungsversuche anzustreben, um in einiger Zeit wieder in Auseinandersetzungen zu verfallen. — In der Hoffnung auf ein Entweder—Oder! Beste Grüße		Egon Schiele."
Nach: R., B. & P., pp. 113—114; Verbleib unbekannt
[1084]

—
An → Arthur Roessler, maschingeschriebene Karte. Aus Mühling
„Mühling am 8. August 1916.
Lieber Arthur Rössler! — → Die „Aktion" → Pfemfert will ein Schieleheft erscheinen lassen, — wenn Sie Lust haben einige Zeilen dafür zu senden so möchte ich Sie ersuchen, dies mir zuerst hierher u. zw. [= und zwar] umgehend zu senden, da ich das Material hiefür bereits abgesendet habe. Mit freundlichen Grüssen		[signiert:] Egon Schiele 1916."
W. ST. B. 180.692; R., B. & P., p. 90 [1085]

15. VIII. 1916
→ Dr. Hermann Engel, I., Rotenturmstraße 19, L. a. s., 3 pp. 8°. Nach Mühling. Habe endlich, nach fünf Jahren, ein Bild Schieles, das ihm gefalle. Schiele sei im Irrtum, wenn er glaube, daß damit seine Schuld[1] von 900 Kronen getilgt sei. „... Sie wissen sehr gut, daß meine Tochter im J[ahr] 1912 sich in Folge Ihres Benehmens ihr gegenüber von Ihnen nicht hat malen lassen[2], und die untermalte Leinwand aus gerechtem Zorn zerstört hat; Sie haben ja auch wegen des Ihnen zum Vorwurf gemachten Benehmens bis heute mein Haus nicht betreten..." Fordert energisch Bereinigung der Verpflichtung, ihm drei Bilder zu überlassen, etc.
E. S. A. 49 [1086]

[1] Über Vermittlung Roesslers hat Dr. Engel Schiele die Zähne repariert [siehe Schieles Brief an Roessler, 10. VIII. 1911].
[2] Es ist nicht verständlich, wieso sich das „Bildnis Trude Engel", 1911, doch erhalten hat. Gab es zwei verschiedene Porträts?

17. VIII. 1916
KTB., Blatt 35 recto
„Did ist früh 7²⁰ nach Wien gefahren."
E. S. A. 321 [1087]

18. VIII. 1916
KTB., Blatt 35 verso
„Kaisersgeburtstag. wir waren bei der Mil.[itär] Messe. — nachmittags war ich mit Lord[1] in Scheibbs."
E. S. A. 321 [1088]

[1] → Lord, Schieles Hund.

19. VIII. 1916
KTB., Blatt 35 verso
„ich fuhr nach Wien."
E. S. A. 321 [1089]

20. VIII. 1916
KTB., Blatt 35 verso
„im Atelier besuchte mich → Jungnickel und → Liegler."
E. S. A. 321 [1090]

21. VIII. 1916

KTB., Blatt 35 verso
„Did u.[nd] ich kamen um ½2ʰ nach Mühling. ab[en]ds in Purgstall."
E. S. A. 321 [1091]

22. VIII. 1916

KTB., Blatt 35 verso
„ab[en]ds waren wir bei Regenwetter in Wieselburg."
E. S. A. 321 [1092]

23.—30. IX. 1916

KTB., Blatt 35 recto und 36 verso: nur Eintragung von Datum und Wochentag
E. S. A. 321 [1093]

23. VIII. 1916

An → Arthur Roessler, maschingeschriebener Brief, L. s., 1 p. gr. 8°
„Mühling am 23. August 1916.
Lieber Herr Rössler! — → Dr. Engel meint einige meiner Bilder für die Schuld von 900 Kr. —, die ich erst jetzt erfahren habe, zu bekommen. Da es nicht meine Absicht ist, meine Bilder bei jedermann und unter diesen Umständen vorzufinden und da Dr. E. glaubt lang und breit aussuchen zu können, so habe ich an Dr. E. den beigegebenen Brief abgeschickt. Mit freundlichen[!] Gruss! [signiert:] Egon Schiele
Geehrter Herr Dr. Engel! — Sie sind stark im Irrtum über den Wert meiner Bilder, — ich kam daher zu dem Entschluss meine Schuld zu bezahlen und verfügte gleichzeitig dass sofort als Anzahlung 100 Kr. an Sie gesendet werden, — den Rest werde ich in Teilzahlungen tunlichst bald begleichen, — bis dort hin werden meine Bilder¹ bei Ihnen bleiben, worauf ich, nach Begleichung der Rechnung sämtliche Bilder werde abholen lassen. Um die Zusendung einer, wenn möglich det.[aillierten] Rechnung möchte ich ersuchen. Hochachtungsvoll!
[signiert:] Egon Schiele"
W. ST. B. 180.693; R., B. & P., pp. 90/1 (alle Namen durch Initialen wiedergegeben oder fortgelassen) [1094]

1 Es läßt sich heute nicht feststellen, welche Bilder Schiele Dr. Engel als Sicherheit übergeben hatte.

24. VIII. 1916

An → Guido Arnot, maschingeschriebener Brief
„Mühling, am 24. August 1916.
Lieber Herr Arnot! — ich werde anfangs September Urlaub bekommen und möchte in der Zeit nach dem Salzkammergut fahren. — Möchten Sie mir ein Bild oder 8—10 Zeichnungen [ab]kaufen, damit mein Plan erleichtert wird, weil ich in der Zeit arbeiten will. Ausserdem frage ich Sie ob Sie eine Ausstellung von Zeichnungen von mir machen möchten? Was ist mit Ihrem Militärdienst, — nicht genommen, was? Freundliche Grüsse?[!]   [signiert:] Egon Schiele 1916"
T. L. M. [1095]

[1095]

25. VIII. 1916

→ Galerie Arnot, L. s. der Sekretärin, 1 p. groß 8°. Arnot sei bis Anfang September verreist.
E. S. A. 885 [1096]

28. VIII. 1916

KTB., Blatt 36 recto
„Wir übersiedelten nach Purgstall¹."
E. S. A. 321 [1097]

1 Purgstall liegt 6 km von Mühling entfernt.

29. VIII.—8. IX. 1916

KTB., Blatt 36 recto: nur Eintragung von Datum und Wochentag
E. S. A. 321 [1098]

30. VIII. 1916

→ Franz Pfemfert, L. s. Auf Briefpapier der „Aktion", Berlin. 1 p. 8°. Plane eine Schwarzweiß-Ausstellung für Oktober. Was würde Schieles Zeichnung „Mutter und Kind"¹ wie er sie getauft habe, kosten? Möchte sie im Arbeitszimmer neben Arbeiten von → Max Oppenheimer, → Kars, Schmitt-Rottluff², Richter, Berlin³, Schieles Selbstporträt etc. aufhängen, etc.
E. S. A. 14 [1099]

1 Es handelt sich um die in „Der Aktion" abgebildete Schiele-Zeichnung; siehe Nr. 1103.
2 Karl Schmidt-Rottluff (geboren 1884), Maler, Mitbegründer der „Brücke".
3 Hans Richter (geboren 1888, Berlin), deutsch-amerikanischer Maler, unter dem Einfluß von „Sturm" und des Kubismus'.

[Ende VIII. 1916 ?]

→ Adele Harms, C. a. s. [Postkarte der „Aktion", Berlin: Egon Schiele, Selbstporträt]. Die Möbel der Aussteuer seien immer noch fertig. Sie habe schon 9 Hüte hergestellt. Die Perlen seien beim Fassen, es koste 410 Kronen, etc.
E. S. A. 302 [1100]

2. IX. 1916 [Publikationsdatum]

→ Leopold Liegler, maschingeschriebenes Manuskript mit Korrekturen eines Aufsatzes, der unter dem Pseudonym „Ulrik Brendel" in der Zeitschrift → „Die Aktion", VI. 1916, Nr. 35/6, erschien. 2 pp. Folio

„Egon Schiele

Aus dem langsamen Zersetzungsprozeß unserer Kulturideale ist ein Kunstwille herausgewachsen, der noch einmal die letzte Kraft zusammenraffen möchte, um den ewig unlösbaren Fragen eine Antwort zu finden. Es liegt etwas Gewaltsames, etwas von zusammengebissenen Zähnen in dieser Kunst. Sie weicht der naturverklärenden Renaissancegesinnung in weitem Bogen aus und fühlt sich der Gothik blutsverwandt, die für ihre innersten Erlebnisse in der Außenwelt, in der Formensprache der Kunst und in ihren Ausdrucksmitteln ein mystisches Gleichnis suchte. So sind diese Modernen weltflüchtig, nach innen gewandt, exterritorial und blicken in starker Draufsicht auf die Schaubühne unserer Menschlichkeiten. Die äußere Form ist ihnen das Symbol eines inneren Seins und die Relation der Dinge im künstlerischen Raum ein Abbild metaphysischer Bedingtheiten.

Einer der interessantesten unter diesen jungen Künstlern ist Egon Schiele, der als Maler wie als Graphiker Bedeutsames geleistet hat. Seine Veranlagung ist deswegen eine besondere, weil die malerische wie die lineare Art zu schauen ihm auf gleiche Weise gegeben ist. Das läßt sich besonders gut an seinem graphischen Werk nachweisen, das neben dem scharf charakterisierenden Strich des Schwarz-weiß-Blattes auch Arbeiten enthält, die die Grenzen zwischen Malerei und Zeichnung durchbrechen und in der Einzigartigkeit von farbiger Wirkung — mit den Mitteln des linearen Zeichnungsstiles hervorgebracht — einen ganz neuen Typus darstellen.

Aber nicht nur das Technische, nicht nur die Besonderheit seines Farbenempfindens, der Linienführung und die fast beispiellose Sicherheit seiner Raumgliederung — auch der geistige Bekenntniswert seines Werkes ist von größtem Interesse. Unter den Modernen sind nur wenige, welche die Größe, aber auch das Beängstigende und Vampyrhafte des Geschlechtes so eindrucksvoll zu gestalten gewußt haben. Das Weib ist ihm das in seinen ästhetischen Werten in naivem Gleichgewicht ruhende, nahezu verwurzelte Wesen, während der Mann sein Triebleben unter dem Einfluß der Vernunft sowohl gebändigt als auch raffiniert hat. Schieles Männergestalten haben etwas Unheimliches an sich, sie sind Anachoreten und Vampyre zugleich, Gehirn- und Sinnenmenschen. Ihm ist also die Gothik kein äußerliches Formelement, sondern der in allen Tiefen durchmessene Erlebniskomplex eines zwischen den beiden äußersten Polen der irdischen Natur hin und her geworfenen Geistesmenschen. Dieses Stück Mittelalter, mit seinen Schrecken, seinen heimlichen Genüssen; mit seiner Reue und himmlischen Verklärung: seinem Arbeitsernst und dem mystischen Gefühl, bei allem Irren und Fehlen doch nicht in die Irre zu gehen: ist die Form jener Künstlerschaft, die unserer Zeit allein noch gemäß ist. Die unermüdlich schaffen muß, um sich selbst immer wiederum aus der Qual des Erlebens zur Klarheit künstlerischer Anschauung zu führen, gleichgültig, ob nun Haß und Mißverständnisse dieser halb dem Irdischen entflohenen Produktion folgen oder ob aus der geistesabgewandten Lebensstimmung unserer Zeit doch noch einige Anerkennung und Aufmunterung dem einsam seinem Werk Dienenden entgegengebracht werden mag. Er stellt sein Schaffen wortlos in den Bereich seiner Umwelt, und je wahnwitziger sie ist, desto vernehmlicher klingt der Protest der Idee denen in die Ohren, die noch Menschen im Sinne einer Kultur sind, die im Begriffe ist, uns bis auf die letzten Spuren abhanden zu kommen.

Ulrik Brendel"

E. S. A. 987 [1101]

[2. IX. 1916, Erscheinungsdatum des Aufsatzes]

Heinrich Nowak, L. a. s., 1 p. groß 8°, und maschinengeschriebener Aufsatz „Egon Schiele" für „Die Aktion". Entschuldigt sich für verspätete Zusendung.

„Egon Schiele.

Aus dem Trieb einer elementaren, chaotischen Erotik erwachsen Visionen. Die Sprache der Bilder Schieles hat die biblische Kraft des „Hohen Liedes" und die zerstörende Flamme der Ur-Instinkte. Die Farben sind Keulenschläge der schöpferischen Kraft, notwendig, leuchtend und drohend. Die Bilder sind vielleicht Tragödien im griechischen Sinne: Furcht und Mitleid erweckend.

*

Aus den tiefsten Heimlichkeiten des Weibes bildet Schiele ornamentale Muscheln; Arme und Beine wachsen mit suggestiver Kraft aus den leuchtenden Tapeten der Kleider.

*

Wirr und erschreckend sind die Bilder des Weibes; in tiefster Klarheit und stärkster Kunst die reinen Züge des Mannes.

*

Die Umgrenzung: Oskar Kokoschka ist lyrischer und zärtlicher, Paris von Gütersloh, in mannigfachen Ideen verwirrt. — Egon Schiele ist männlich, brutal, sinnlich und übersinnlich, grausam und voll tragischen Erlebens.

*

In glühender Sonne blüht Blut. Das Weib schreit nach dem Manne und der Schrei ruft: Mord! Die Städte Europas verbrennen. Aus tiefen Abgründen locken tötliche Gewalten. Der Mond verlischt. Wild schreit ein Mann: „Was ist nach mir?"

Heinrich Nowak[1]"

E. S. A. 986 [1102]

[1] Über Heinrich Nowak bisher Näheres nicht feststellbar. Er veröffentlichte seinen Aufsatz in „Die Aktion", Berlin, 6. Jahrgang, p. 500. Schiele erwähnt seinen Namen des öfteren im NB von 1918.

2. IX. 1916

→ „Die Aktion". Wochenschrift für Politik, Literatur, Kunst. VI. Jahr. Herausgegeben von → Franz Pfemfert. Nr. 35/36
In diesem Heft sind 6 Zeichnungen Schieles abgebildet. Titelblatt: „Selbstbildnis", 1915 [im Besitz von Franz Pfemfert]; Spalte 480: „Studie" [Sitzende junge Frau]; Sp. 487: „Zeichnung" [Baby im Steckkissen]; Sp. 490: „Mutter und Kind"; Sp. 494: „Studie" [Sitzender junger Mann]; Sp. 498: „Porträt des Malers → Harta".
Sp. 493: Abdruck des nachstehendes Gedichtes [= R., B. & P., pp. 24/5, textlich verändert]:

ABENDLAND

Ich habe Schaukelfelder durch winzige Zacken
   zerschneiden gesehen
von Tausenden verlierenden Punkten auf Gelb,
Spiegelteiche und weiche Wolken.
Neigend bogen sich die Berge und hüllten Lüfte
                      aus Schleiern ein.
Ich roch die Sonne.
Jetzt war der blaue Abend da,
sang und zeigte mir erst die Felder.
Einen blauen Berg umfloß noch roter Schein.
Ich war von all dem Vielduftigen umträumt.
                                   Egon Schiele

Spalte 482: → F. A. Harta „Porträt des Egon Schiele". Zeichnung.
rückwärtige Umschlagseite:
Egon Schiele, „Original Holzschnitt" [Drei badende Männer, K.Gr. 13]
Vom Heft dieser Zeitschrift erschienen, laut Angabe auf dem Titel, 100 Exemplare, die auf Bütten gedruckt und numeriert waren. Dem Exemplar Nr. 74 [E.S.A. 511] fehlt der Original-Holzschnitt.   [1103]

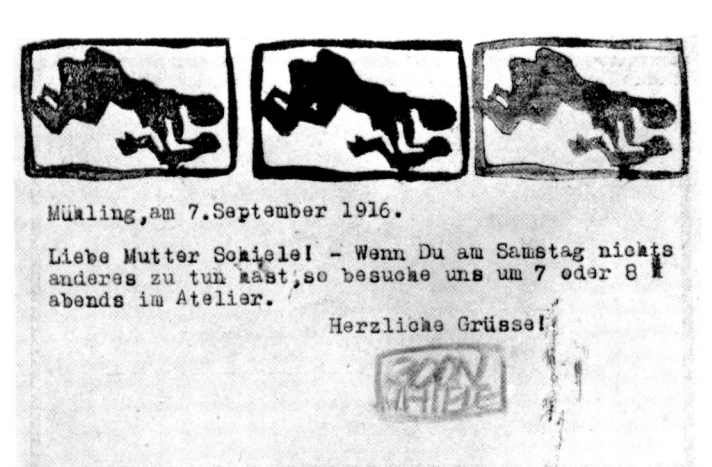

[1104]

7. IX. 1916

An → Marie Schiele, C. s., oben in violett dreimaliger Abdruck seines Gummischnittes: „Mutter und Kind" [K.Gr. 10]
„Mühling, am 7. September 1916.
Liebe Mutter Schiele! — Wenn Du am Samstag nichts anderes zu tun hast, so besuche uns um 7 oder 8ʰ abends im Atelier. Herzliche Grüsse!   [signiert:] Egon Schiele" [in rot]
E.S.A. 440; K.Gr., p. 141 [Abbildung dieser Karte] und 142   [1104]

—

An → Guido Arnot, L. s., mit der Schreibmaschine geschrieben. Oben viermaliger Abdruck des Gummistempels Mutter ihr Kind hochhaltend [K.Gr. 10], auch hier quer- statt hochgestellt abgedruckt[1], 1 p. 8°.
„Mühling, am 7. September 1916.
Lieber Herr Arnot! — ich habe schon vor einiger Zeit an Sie geschrieben als Sie verreist waren. Wenn es möglich ist, so möchte ich an Sie ein Bild verkaufen, — vielleicht können Sie dann auch einige Zeichnungen brauchen. Ich habe einige neue Bilder zur Auswahl, eines davon, meine wahrscheinlich beste Landschaft, würde ich aber nicht anders als um 1500 Kr. abgeben können, weil mir schon von zwei Seiten für nicht so gute Bilder 2000 Kr. bezahlt wurden, — wer diese gekauft hat können Sie ja wissen wenn Sie's interressiert[!]. Wenn es Ihnen möglich ist so kommen Sie am Sonntag zu mir in's Atelier, XIII. Hietz. Hauptstr. 101, und zwar nachmittags — weil ich Montag früh schon wieder hieher fahren muss, so ist es mir unmöglich zu Ihnen kommen zu können. Vielleicht richten Sie an mich ein Schreiben an die Adresse: E. Sch. per Adresse Fam.(ilie) → Harms XIII. Hietz. Hauptstr. 114 — (weil der Briefträger meine an das Atelier gerichteten Briefe sonst hieher nach Mühling schicken würde und ich zu spät Nachricht bekäme), wann Sie am Sonntag nchm. [= nachmittag] zu mir kommen können oder wo ich Sie noch am Samstag in Wien nach 7 Uhr telph. [telephonisch] erreichen könnte. — Eventuell könnte ich Sonntag nach 1 Uhr in Ihre Galerie kommen. Mit freundlichen Grüssen!   Egon Schiele"
T. L. M.   [1105]

[1] Anscheinend das zweite bisher unbekannt gebliebene Schriftstück mit Abdrucken von Schieles Gummischnitt.

9. IX. 1916

KTB., Blatt 36 recto
„wir fuhren nach Wien."
E. S. A. 321   [1106]

10. IX. 1916

KTB., Blatt 36 recto
„in Wien."
E. S. A. 321   [1107]

11. IX. 1916

KTB., Blatt 36 recto
„wir kamen in Purgstall an."
E. S. A. 321   [1108]

12.—30. IX. 1916   „21.—26. IX. 1916 Urlaub hier."

KTB., Schluß. Die letzten Eintragungen auf Blatt 36 recto und verso, zumeist nur Datum und Wochentag.
Die nachfolgenden Blätter 37—52 sind leer.
Blatt 52 verso: 6 kleine Landschaftsskizzen in Bleistift, möglicherweise verwendet für den Gebirgszug im Hintergrund von „Vier Bäume", 1917, siehe L., p. 595. Blatt auf Innen-

[1109]

deckel: „Lampen A. Antonovich, Wien I., Stock im Eisenpl.[atz] 2.
E. S. A. 321 [1109]
21.—26. IX. 1916 Urlaub hier

19. IX. 1916

Zürcher Kunstgesellschaft. — C. s. des Sekretärs Dr. Wartmann. Bitten um Geduld, erst am 29. sei eine Sitzung; dann Bescheid wegen Ausstellung, etc.
E. S. A. 298 [1110]

27. IX. 1916

An → Leopold Liegler, L. a. s., in Bleistift, 2 pp. groß 8°. Aus Mühling.
„27. September 1916.

Lieber Herr Liegler — ich konnte Sie nicht mehr anrufen, sind Sie nicht böse. Ich war bei kaiserl.[icher] Rat → Rosenbaum VI. Gumpendorferstraße 87 (Wiener Mode) wegen dem Kriegsfürsorgeamt. — R. kennt mich seit 1910 — ich arbeitete damals für ihn — das Plakat der rote Kopf[1] in meinem Vorzimmer in Wien ist bei ihm gemacht, — er selbst war Kunstgewerbeschüler, seinen Neffen?[2] malte ich 1910 — auch erschien bei ihm 1910 das schwarze Heft EGON SCHIELE von → Paris von Gütersloh. — Was er im Kriegsfürsorgeamt ist weiß ich nicht — daß er dort ist weiß ich und auch ins Ministerium des Innern kommt. — R. sagte mir folgendes: ich soll ihm einen Brief schreiben, worinnen ich mein Nationale, wo ich milit.[ärisch] bin u. s. w. angebe, worinnen ich um Fürsprache bitte, (anbei sollen Entwürfe für Verschlußmarken[3] u. s. w. beiliegen), daß ich ständig für das Kriegsfürsorgeamt von hier dorthin kommandiert werde und besonders meine Mindertauglichkeit hervortreten lasse. — Kaiserl. R. Rosenb. zeigt dann Brief und Entwürfe seiner Durchlaucht dem Fürsten Liechtenstein[4] und schlägt mich vor; — der sagt dann ja oder nein. — Nun möchte ich Sie noch rechtzeitig bitten, daß noch womöglich vor Ankunft meiner Sendung für R., Sie oder Herr → Dr. Weixlgärtner mit Rosenb. über mich spricht und ihm nochmals nahe legt, daß ich dort entschieden nützlicher und angebrachter sein werde als hier, wo ich leicht ersetzlich bin, — die Entwürfe will ich ja umsonst machen, außerdem fällt mir verschiedenes ein was ich für den Zweck machen könnte Kalender (Kriegs) Briefpapiere (patriotisch) u. s. w. — Vielleicht haben Sie nun die Güte und schreiben mir, wenn noch möglich sofort hierher nach Mühling was Sie darüber meinen und tun wollen und geschehen soll und wird. — Das Zweite ist die Kriegsausstellung[5] — der Erbauer Prof.[essor] Witzmann[6] (einer von unsere Leut') ist Oberleutnant und war, als ich gestern von Wien weggefahren bin, noch immer milit.[ärisch] abberufen. Er hat sein Atelier in XIII. St. Veitgasse, — Teleph. No. 82.340 — dorthin müßten Sie, nachdem Sie vorher teleph.[onisch] wissen ob er schon hier ist gehen und mit ihm sprechen — ich kenne ihm[!] persönlich von Kegelabende[n] bei Hartmann[7] — Wenn die Ausstellung heuer und nächstes Jahr eröffnet ist, so wird verschiedenes zu tun sein — man schreibt daß die Räume leer sind, — es fehlen also Panneau's — die ich machen könnte, Sonnenblumen oder andere Blumen, eventuell zahme Figuren, Randleisten u. s. w. die ich machen könnte wenn mir, wenn möglich das Material zur Herstellung beigestellt wird, — wenn nicht so nicht. — ich lege am besten mein Schreiben welches ich an Prof. Witzmann richte diesem Brief bei — und Sie gehen mit dem zu ihm. — Was Sie tun werden und wollen und wann Sie hingehen u. s. w. alles möchte ich wissen — und bitte Sie daher, mich diesbezügl.[ich] entweder nach hierher zu verständigen oder werden wir am Sonntag nachmittags wenn Sie zu mir kommen alles besprechen können. — ich glaube zumindest hoffen zu können um

so mehr wenn Sie selbst mit den Leuten reden werden. Auf Wiedersehn Sonntag Egon Schiele 1916.
ich schrieb dies schnell in der Kanzlei, daher mit Bleistift.
wenn Sie den Brief für Witzmann gelesen haben so kleben Sie das Couvert zu bevor er ihn hat."
E. S. A. 960 [1111]

1 Das Plakat „Shaw oder die Ironie...", 1910 [K.Gr. Abb. Tafel 12 a]
2 Dies vermutlich eine Verwechslung. Es dürfte sich um das „Bildnis Eduard Kosmack", 1910, handeln, der ein Neffe des Verlegers Hölzl war.
3 Ein Projekt Schieles, für das bisher keine Entwürfe bekannt wurden.
4 Johann II. (1840—1929), regierender Fürst von und zu Liechtenstein, Kunstsammler, Mäzen.
5 Kriegsausstellung „Industrie — Gewerbe — Kunst" im Kaisergarten des Wiener Praters, 1917.
6 Carl Witzmann (1883—1952), Architekt, Bühnenbildner; baute 1923/24 für Max Reinhardt das Theater in der Josefstadt um. War jüdischer Abstammung, worauf sich Schieles Bemerkung bezieht.
7 Das Restaurant Hartmann, I., Kärntnerring 10. Da im Kriege sehr viele Offiziere dort verkehrten, gelang es auch nichtmilitärischen Stammgästen an „fleischlosen Tagen" Fleisch zu erhalten. Die Kegelabende, an denen der Künstlerkreis um die → Wiener Werkstätte teilnahm — auch → Gustav Klimt war darunter — waren bekannt [Erinnerung des Herausgebers].

30. IX. 1916
→ „Die Aktion", Berlin, VI. Jahrgang, Nr. 39/40. Enthält einen Original-Holzschnitt Schieles [K.Gr. Nr. 14: männlicher Kopf].
E. S. A. [1112]

[? IX.? 1916]
→ Arthur Roessler, C. a. s. [Trento artistico, Serie II, Nr. 6]. Sei nicht mehr im Kriegsarchiv, werde aber vermutlich dorthin zurückkehren, etc.
E. S. A. 541 [1113]

3. X. 1916
An → Anton Peschka, L. a. s.
„3. Oktober 1916. Wien XIII., Hietzinger Hauptstraße 101. Lieber A. P.! Danke für Deine Karte vom 23. November. Ich dachte, daß Du noch in Böhmen seist. — Am 14. November wurde ich wieder gemustert und blieb wieder dasselbe. — Habe alle Hebel in Bewegung gesetzt, da ich die besten Aussichten habe, als Maler verwendet zu werden. — Glaube, daß etwas ausgeht und hoffe, Dir schon das nächstemal davon schreiben zu können. — Wie geht es Dir? — Die Schweiz hat mich, als ich in Wien auf Urlaub war, persönlich eingeladen, im Kunsthaus in Zürich auszustellen und es steht mir frei, andere Künstler nach meinem Gutachten einzuladen. Ich denke an eine Neukunstausstellung der Wiener in Zürich, und es sagten auf meine Einladung → Klimt, → Kokoschka, → Gütersloh, → Harta, → Faistauer, Böhler[1], → Fischer, → Jungnickel zu — ich weiß noch nicht, was daraus wird. — Einstweilen herzliche Grüße Egon Schiele."
Nach: R., B. & P., pp. 114—5; Verbleib unbekannt [1114]
1 → Hans Böhler.

9. X. 1916
→ Ludwig H. Jungnickel, C. a. s. [Salzburg, Steintorbrücke]. Habe Schieles Brief erhalten, als er sich zum neuerlichen Einrücken fertig gemacht habe, etc.
E. S. A. 988 [1115]

16. X. 1916
[Egon Schiele. —] Dienstzettel seiner vorgesetzten militärischen Behörde in Mühling. 1 p. maschingeschrieben, 8°
„Vormerkblatt
Charge und Name: Landsturm Infanterie Einjährig Freiwilliger Schiele Egon. Geburtsjahr: 1890; Heimatberechtigt: Prag. Profession: Akademischer Maler. Religion: röm. kathol. Assentierungsjahr und Blatt Nr. 1915: k. und k. Infanterie Regiment 75 Neuhaus.
Veränderungen:
Präsentiert am 21. VI. 1915 — übernommen am 1. VIII. 1915 Abteilung 13/V. — 12. IX. transferiert zur 1/93 Landsturm Kompanie — I. X. transferiert zur k. k. III/93 Wach Kompanie — 10. III. transferiert zum k. k. Landsturm Etappen Bataillon 64 — 10. III. transferiert zum k. k. Landsturm Wachbattaillon II/39 Liesing — 1. V. 1916 abgegeben an die Offizier Station für Kriegsgefangene in Mühling. ad. Erlass des k. u. k. Kriegsministeriums und Verordnung Nr. 14027/ 8707 L. G. v. 1916 der Sichtung unterzogen und „tauglich für Bewachungsdienste und dergleichen gewidmet."
E. S. A. 164 [1116]

19. X. 1916
→ Alexander Koch, L. s. des Verlages, 1 p. groß 8°. Abonnementbestätigung für die Zeitschrift „Deutsche Kunst und Dekoration"; Bezugsgebühr soll durch Zeichnungen Schiele's abgegolten werden, etc.
E. S. A. 231 [1117]

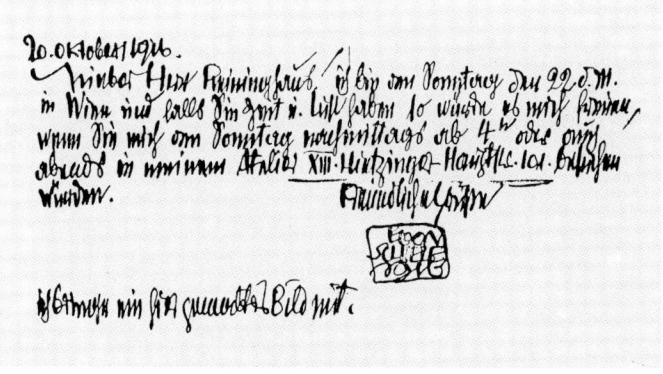

[1118]

20. X. 1916
An → Carl Reininghaus, C. a. s. Aus Mühling
„20. Oktober 1916.
Lieber Herr Reininghaus! ich bin am Sonntag den 22. d. M. [= des Monats] in Wien und falls Sie Zeit u. Lust haben

so würde es mich freuen, wenn Sie mich am Sonntag nachmittags ab 4ʰ oder auch abends in meinem Atelier XIII. Hietzinger-Hauptstr. 101 besuchen würden. Freundliche Grüße Egon Schiele 1916
ich bringe ein hier gemaltes Bild¹ mit."
Viktor Fogarassy, Graz [1118]

1. Wohl „Die Mühle" [„Zerfallende Mühle", „Bergmühle"], 1916.

—

An → Guido Arnot, maschingeschriebener Brief mit Unterschrift, 1 p. 8°
„20. Oktober 1916.
Lieber Herr Arnot! — ich bin am Sonntag den 22. d. M. [= des Monats] in Wien. — Ihre Galerie wird gesperrt sein, — wenn ich noch Montag vormittags zu Ihnen komme, so glaube ich nicht umsonst zu kommen, — denn ich möchte Ihnen 2—3 Zeichnungen verkaufen. Freundliche Grüsse
Egon Schiele 1916."
T. L. M. [1119]

26. X. 1916
→ Anton Peschka, L. a. s., 2 pp. 8°. Sei noch immer in H. Käme er nach Wien, würde er manches mitbringen. Will auch danach radieren. Bittet um Übersendung von Lektüre. Fragt nach „Herbstsonne", 1912, und nach „Junge Mutter", 1914. Hätte gerne noch ein Bild Schieles außer dem „Bildnis Gertrude Schiele", 1909, etc.
E. S. A. 176 [1120]

28. X. 1916
→ Guido Arnot, L. a. s., 2 pp. 8°. Glaubt, ein Bild verkaufen zu können, braucht aber Photographien der letzten Arbeiten. Sein Interessent sei im Ausland, etc.
E. S. A. 886 [1121]

31. X. 1916
An → Anton Peschka, L. a. s.
„31. Oktober 1916. Purgstall, N.-Ö.¹
Lieber A. P.! Ich hoffe, daß Du meine Karte von gestern erhalten hast. — Bezüglich Deines Schreibens versichere ich Dir, daß ich bei dem Versprechen (Euch ein Bild, „Mutter"², zu geben) verbleibe. — Nur befindet sich das Bild noch immer in Brüssel und ich weiß auch nicht ganz sicher, ob ich es zurück bekomme. Sicher ist aber, daß sich gelegentlich, wenn die Zeiten anders werden, ein entsprechendes anderes Bild mein Versprechen erfüllen wird. — Ich wäre neugierig, was Du gezeichnet hast, — schicke mir etwas. — In nächster Zeit werde ich in Wien sein und hoffe, Dir im nächsten Brief davon schreiben zu können. — Unsere Züricher Ausstellung wird energisch vorbereitet. — Mir wäre es recht, wenn sie erst im Frühjahr oder Sommer 1917 eröffnet werden möchte. Sei herzlich gegrüßt! Auf Wiedersehen! Egon Schiele.

Abonniere Dich auf die → „Aktion", Verlag → F. Pfemfert, Berlin—Wilmersdorf. Bestelle aber so, daß auch das Schieleheft dabei ist. Jahrgang nachbestellen! — es sind die wildesten Kerle drin. Das Heft kostet 50 Pfennig und erscheint, glaube ich, — allwöchentlich. — Verlange auch Ansichtskarten von Oppenheimer — (→ Peter Altenberg, Mann³, → Blei usw.), → Harta — (→ Gütersloh, Schiele, → Roessler usw.), Schiele — (sämtliche) und von anderen deutschen Künstlern. Ich glaube, daß 100 Stück, sage und schreibe: 1 Mark 50 Pfennig kosten und auf ihre horrende Billigkeit sehr gut sind! Wenn ich nach Wien komme, sende ich auch was zum Lesen, hier habe ich nichts."
Nach: R., B. & P., pp. 115—6 [1122]

1 In Purgstall bei Mühling geschrieben.
2 „Junge Mutter", 1914; heute im Besitz von Gertrude Peschka-Schiele.
3 Heinrich oder Thomas Mann.

[1123]

? X. 1916 [Poststempel Wieselburg bei Mühling]
An → Guido Arnot. Korrespondenzkarte in Bleistift
„Lieber Herr Arnot — bitte schreiben Sie mir, ob → Dr. Reichel die → O. Koko[Kokoschka] hergeben wird. — zugesagt mit einigen Bildern haben → Klimt, → Gütersloh, → Fischer, → Jungnickel, → Harta, → Faistauer. Freundl. Gruß
Egon Schiele 1916."
T. L. M. [1123]

[vor dem 5. XI. 1916]
„Die Graphischen Künste", Heft 3, 1916. Aufsatz von → Leopold Liegler. Egon Schiele:
„Aus zahlreichen Beobachtungen ist ein Zurückweichen des

Impressionismus in der modernen Kunst zu bemerken, während eine starke Gegenströmung, die sich in recht bezeichnender Weise Expressionismus nennt, als neue Phase des künstlerischen Schaffens einsetzt... das Neue, Abrupte und Trennende (wird) bei den Modernen immer ungebührlich stark betont und damit zu schweren Mißverständnissen über die Voraussetzungen ihrer Ziele Anlaß gegeben wird.

Das hat auch Egon Schiele oft genug erfahren müssen... Aber es machte ihn nicht irre und er fand an allen gefährlichen Stellen glücklich vorbei. Die Programmphrase „Los von der Natur" hat nie so viel über ihn vermocht, daß er je das gesamte Kunstschaffen hätte ad absurdum führen müssen wie etwa die Futuristen; und die Forderung: „Zurück zum Gefühl!" hat ihn nicht in musikalische Analogien verstrickt, worin die Malerei Kandinskys rettungslos verloren ging. Aber er hatte noch eine schwere Klippe zu überwinden, nämlich die Gefahren des Kunstgewerblichen und des Dekorativen.

Überblickt man aber nun die Schieleschen Motive ihrer Zahl nach, so wird man ihres sonderbaren Mißverhältnisses zu der unerschöpflichen Fülle der Lebenserscheinungen gewahr. Das ist aber ein Vorwurf, der nicht ausschließlich den Künstler trifft, vielmehr das Schicksal unserer Zeit ausmacht, die, von nur wenigen Lebensäußerungen fasziniert, in ihrem Bannkreis unaufhörlich sich drehend, fast monomanisch schafft. Ich meine damit das erotische Moment, das nicht nur in der bildenden Kunst, sondern auch in der Literatur stark betont wird. Man hat die künstlerische Produktion der Gegenwart mit dem Stigma der Dekadenz erledigen wollen, aber es ging nicht recht, oder wenigstens nur für Menschen, die auf Schlagworte leicht reagieren. Unsere Zeit ist nicht in dem Sinne krank, daß ihr die Regenerationsfähigkeit und die Kraft des Schaffens mangelte, nein, wir sind deswegen scheinbar auf den toten Punkt gelangt, weil der christliche Mythos uns ebenso erschüttert wurde wie der Glaube an die unbedingte Verbindlichkeit der antiken Kunstform... Nur allzugern verließ er die Akademie und zog sich auf sich selbst zurück. Arbeit über Arbeit, Zeichnungen und Bilder entstanden damals: immer sieht man ihn mitten unter den Gespenstern einer ruhlosen, ewig wandelbaren Phantasie, im Reich eines geistig Vereinsamten, um den sich drohend die Visionen eines weltabgewandten, nach innen gerichteten Schauens zusammendrängen. Und in seiner Einsamkeit schuf er sich das Weib. Das Weib in der stolzen Pracht seiner Glieder, mit dem Sturm seiner Leidenschaft, mit den unvergeßlichen Zwischenspielen zartester Träumerei und des süßen Versinkenlassens in ein erdenfernes Hindämmern aller Gefühle. Der Mann dagegen wird ihm immer mehr zum Gehirnmenschen; seine Stirn wölbt sich immer höher und steiler, die Augen werden immer größer und fragender. Und es glüht etwas in ihnen wie von zurückgestauten Leidenschaften, und um den Mund spielt bald der Schmerz, bald das Geständnis der allgemeinen Welt-Vanitas, bald ein fast böses, jedenfalls bedrohliches Verlangen, alles, alles, was dieser riesenhafte Gehirnkasten je gedacht und ersonnen hat, hinfahren zu lassen für ein Paar Weiberarme, für das goldrotleuchtende Haarfell einer Pandora. Aber so wie Schiele Gestalten schuf, die den Abstand von der Anachoretenhöhle bis zum Irrenhaus durchmessen, so gelangen ihm nicht minder auch Köpfe von einer Zartheit des Ausdrucks und von einer feinen Lyrik der Empfindung, wie sie nur wenigen glücken, aber immer drängte es ihn wieder hin zu den Verhärmten und Ausgemergelten, zu den Verstoßenen und Hypersensibeln. Er liebt dabei die herbe und knospenhafte Schönheit der ersten Reife, aber er geht entschlossen bis zur letzten Konsequenz und schreckt bei der Schärfe seiner oft fabelhaften Charakterisierungsfähigkeit nie vor dem Häßlichen zurück, wenn es ihm notwendig erscheint. Er weiß sich hierin mit vollem Bewußtsein auf demselben Wege, den Gotik und Renaissance ihm vorausgegangen sind. So macht er es also wahrhaftig niemanden leicht, bis in den Kern seines Wesens vorzudringen...

... Schiele hat fast alle Zeichnungen aus seiner früheren akademischen Zeit vernichtet[1]; die wenigen, die zurückgeblieben sind, verraten zwar eine sehr geschickte und sichere Hand, aber in der Auffassung sind sie doch noch farblos. Erst die Begeisterung für → Gustav Klimt gibt ihm etwas wie eine persönliche Haltung, wenn es auch noch nicht die eigene ist. Der zarte empfindsame schummerige und malerische Strich Klimts ist ihm das erste zeichnerische Mittel mit starker Ausdrucksfähigkeit. Aber auch sonst, in der Wahl der Typen und in der Art des Sehens ist Schiele zu jener Zeit kaum über den Bannkreis jenes Künstlers hinaus gekommen. Das war 1908. Doch schon ein Jahr später arbeitete er ganz anders: die Kontur wird mit einer unvergleichlichen Freude auf das Papier hingesetzt, der Strich ist saftig und modelliert mit den allergeringsten Mitteln einen ganzen Körper durch. Es ist das die Zeit, wo er die vielen, vielen Proletarierkinder zeichnete, Kinder, aus deren Antlitz das Elend und die Vernachlässigung spricht und zugleich das naive Unbewußtsein des Fluches, der Armut und Krankheit. Damals hat er zum erstenmal die deformierten Schädel, die spitzen Gelenke und die stumpfsinnigen Hände gezeichnet. Aber auch diese Phase war nicht von allzulanger Dauer. Die folgenden Jahre 1910 und 1911 werden durch die Farbe charakterisiert. Schon früher tritt sie gelegentlich auf, aber sie hat da noch realistische Funktion; nun aber verändert sie ganz ihren Charakter. Wohl von kunstgewerblichen Prinzipien sich ableitend, illuminiert sie jetzt die Zeichnung, aber nicht etwa in diskreten Tönen, sondern sie brüllt in stärksten und ungebrochenen Dissonanzen auf. Das, was die Natur in verschiedenen Farbtönen am nackten Körper darbietet — die mannigfachen Nuancen des Inkarnats an Brust, Bauch und Extremitäten —, davon geht Schiele aus, aber er steigert alle Farbqualitäten zu einer extremen Koloristik, die trotzdem ihre große Wirkung tut. Auch Porträts dieser Art sind vorhanden und charakterisieren die Dargestellten außerordentlich gut, unbeschadet der ganz unrealistischen Mittel. Später ebbt dieser Farbenrausch wieder ab und um 1913 herum (der Höhepunkt wird durch die Wiener Schwarzweiß-Ausstellung bezeichnet) zeigt sich eine neue Konstellation. Die Kontur in all ihrer Sicherheit und Bestimmtheit hat wieder die Herrschaft angetreten, die Farbe begleitet und interpretiert sie nur, wiewohl die bläulichen und rosa Valeurs der Haut, das Durchschimmern des Blutes unter der Epidermis gerade in jener Zeit mit der zartesten Sensibilität festgehalten wurden. Die gebrochenen, oft krankhaft immateriell wirkenden Töne der Skala Gelb-Rot-Blau-Grün bilden die raffinierte Folie einer Gestaltenwelt, welche an der Grenze zwischen Wirklichkeit und Traum hinlebt. Gestalten, die ein hellseherischer, manchmal ironischer Menschenkenner den scheinbar gleichgültigen und banalen Urbildern zu so typischer Schönheit abgewann, daß man nie den Eindruck hat, als handle es sich um bloße Modellstudien, sondern vielmehr um die Darstellung eines ganzen, lebensarmen Menschen mitsamt seiner mehr oder minder erschlossenen Seele. Und nun an der Wende von 1914 und 1915 tut er noch einen weiteren Schritt zur Annäherung an das Bildmäßige in der Graphik durch die Verwendung farbig getönten Papiers, dessen koloristische Wertigkeit mit allen Finessen eines starken Farbengefühls mit in die Komposition hineinkalkuliert wird. Abermals tritt die Kontur, die so oft in ihrem überschäumenden Temperament, ihrer fabelhaften Leichtigkeit und Sicherheit den künstlerischen Reiz so mancher Blätter ausgemacht hat, zugunsten der Farbe zurück. Aber damit hat Schiele nichts von seiner strengen und unerbittlichen Charakterisierungskraft aufgegeben, sie bedient sich nur jetzt der farbigen Polyphonie als eines anderen und stärkeren Instruments im Dienste derselben künstlerischen Absichten.

Dieses höchst fruchtbare Gegeneinanderspiel von Linie und Farbe im graphischen Werk Egon Schieles ist außerordentlich interessant und wird dem Künstler noch wesentlich neue und tiefe Anregungen schenken. Man hat bei ihm nie das Gefühl, daß er sich irgendwo erschöpfen könne, denn der strenge Ernst seiner Selbstkritik und der eiserne Fleiß seines Schaffens bieten die Gewähr, daß diesem Menschen, der wie traumwandelnd unaufhörlich um letzte menschliche Dinge kreist, noch eine reiche und schöne Vollendung beschieden sein dürfte.

Schiele hat sich auch vorübergehend an der Kupferplatte versucht, und es sei hier auf eine Porträtradierung des Sammlers Franz Hauer erinnert, die als erster Versuch technisch wohl uninteressant ist, in der Auffassung jedoch einen ganz merkwürdig altmeisterlichen Eindruck macht. Diese Radierung ist ein Dokument der Dankbarkeit, die Schiele und mit ihm manche andere junge Wiener Talente diesem leider zu früh verstorbenen, außerordentlichen Kunstfreund und Freund der Künstler stets entgegengebracht haben. Der so einfach vornehme und von edelster Liebe für die junge Kunst begeisterte Mensch straft die Verdächtigungen mancher übelgesinnter Kritiker Lügen, welche die ganze moderne Kunstbewegung auf die Sensationslust talentierter Mittelmäßigkeiten und den spekulativen Geschäftsgeist etlicher Kunsthändler zurückführen möchten. Es ist nicht unangebracht, hier ausdrücklich zu bemerken, daß gerade die am meisten charakteristischen Arbeiten Schieles nicht im Besitz von Kunsthändlern sind, sondern das treu behütete Eigentum bürgerlichen Sammelgeistes darstellen, der durch die lange Tradition erbgesessener patrizischer Kultur gegangen ist und stets sich der einen Aufgabe bewußt blieb, die eigene Zeit zu verstehen und eine feine Witterung zu haben für jene hoffnungsvollen Kräfte, die sich erst noch durchringen müssen. Und nicht ein wurzelloser Snobismus, nicht eine notdürftig verdeckte Terminspekulation mit künstlerischen Werten ist es, was Sammler und Werk miteinander verbindet, sondern die lebendigste und persönlichste Anteilnahme am Schaffen des Künstlers und das edelste Interesse an seinem Schicksal und seiner Entwicklung. Was alle Schaffenden des Wiener Vormärz (und noch später bis zur merkantilen Invasion) so freudig empfunden haben: das tiefe Verständnis im Kreise von Gleichgesinnten, das ist auch heute noch nicht vollständig erstorben. Mancher müßte elend verderben, müßte in grauenhafter Einsamkeit an sich und seiner Mission irre werden, wenn ihm nicht ab und zu das verständnisvolle Echo seiner in die Welt gerufenen Worte voll Dankbarkeit zurückkäme. Daß die Kunst unserer Tage bei tiefen und mit der Zeit eng verbundenen Menschen so innige Anteilnahme auslösen kann, ist eine Bürgschaft für die Zukunft, ist der lebendige Tatsachenbeweis dafür, daß eine Brücke vorhanden ist zwischen dem modernen Kunstwerk und den Genießenden. Und jeder wird sie gerne beschreiten, der seine Zeit bei all ihrer Problematik und ideellen Unausgeglichenheit liebt und sie und ihre künstlerischen Zeugen vorstehen will."

E. S. A. 1013 [1124]

1 Stimmt nicht, denn es gibt eine ganze Anzahl von Schieles Zeichnungen aus der Akademiezeit.

—

„Neuigkeits Weltblatt", Wien. — Zeitungsausschnitt. Besprechung „Moderne Graphik", die Tätigkeit der → „Gesellschaft für vervielfältigende Kunst" in Wien betreffend, von R. und Enderer.
... So ist denn auch das jüngste Heft der gesellschaftlichen Vierteljahresschrift „Die graphischen Künste" pünktlich zur Ausgabe gelangt ... Abhandlungen ... von → Leopold Liegler über Egon Schiele folgen ... An Schiele ist die Mitwelt längst irre geworden. Daß er etwas konnte, wenn er wollte, beweist auch diesmal eine Bildniszeichnung; alles übrige ist zu grotesk, um ernst genommen werden zu können ..."

E. S. A. 224 [1125]

—

→ Guido Arnot, L. a. s., 4 pp. 8°. Schieles Bedingungen seien nicht akzeptabel, er könne so seine Spesen nicht decken und müsse 600 Kronen Miete für den vorderen Ausstellungsraum verlangen. Er fürchte, von eventuellen Käufern umgangen zu werden, etc.

E. S. A. 887 [1126]

—

Künstlervereinigung Dresden. L. s., 1 p. 8°. Übersenden Eintrittskarte zur graphischen Herbstausstellung 1916, etc.

E. S. A. 473 [1127]

8. XI. 1916

Künstlervereinigung Dresden. L. s., 1 p. 8°. Hätten, wegen Überfülle, nur 5 von seinen 6 Blättern ausstellen können, etc.
E. S. A. 136 [1128]

—

An → Guido Arnot, C. a. s. [Postkarte der Zeitschrift: „Die Aktion" mit Zeichnung Schieles]. Aus Mühling
„8. November 1916
Lieber Arnot — ich erhielt heute Ihren Brief, offen!¹ — — ich hoffe, daß ich in ein paar Tagen Urlaub bekomme und werde Sie, wenn dies der Fall ist, am kommenden Montag um 11ʰ vormittags aufsuchen um das Übrige zu besprechen. Beste Grüße   Egon Schiele 1916."
T. L. M. [1129]

1 Auch die Inlandpost wurde während des Erstens Weltkriegs gelegentlich von der Zensur geöffnet und kontrolliert.

14. XI. 1916

An → Edith Schiele, L. a. s. Aus Mühling
„14. November 1916.
Liebe Did, — ich bin bis Kemmelbach-Ybbs¹ in demselben neuen Waggon gefahren, in dem wir letzthin fuhren. In Kemmelbach übernachtete ich. Heut vormittags sprach ich mit Dr. Fromowitsch², ich glaube der Dienstzettel wird geschickt, — aber wann? Wenn ichs weiß, schreib ich. Mittags holte ich mir das Rad. Frau Aigner³ und die Czernowitzerin erwarteten Dich und warten noch. Ich erzählte, dass Du dich auf der Fahrt nach Wien, in Pöchlarn erkältet hast und einen Kehlkopfkatarrh hast. — Du dürftest aber morgen oder in den nächsten Tagen kommen. Schreibe sofort an Frau Aigner, dass Du krank bist. Gleichzeitig schrieb ich an → Arnot ob er die Ausstellung nicht um eine Woche später eröffnen würde. Bitte, erkundige Dich diesbezüglich, telefon.[ich] bei ihm damit man weiß. — Dir geht es jetzt gut, — das brauch ich nicht erst fragen, was macht der gute Hund der Lord?⁴ Gib auf der Strasse acht auf Wally⁵, nichts ist unmöglich. Herzlichst   Egon."
E. S. A. 1065/20; Abschrift. Verbleib des Originals ungeklärt [1130]

1 Umsteigestation für die Weiterfahrt nach Wieselburg.
2 Dr. Fromowitsch (Fromowicz), vermutlich einer von Schieles Vorgesetzten im Kriegsgefangenenlager Mühling.
3 Zimmerfrau Schieles in der Mühlinger Zeit.
4 → Lord, Schieles Hund.
5 Möglicherweise befürchtete Schiele einen Eifersuchtsausbruch → Wally Neuzils seiner jungen Frau gegenüber.

—

→ Edith Schiele, L. a. s., 4 pp. klein 8°
„Wien 14. November 1916.
Mein lieber Egon. Ich konnte nachts garnicht schlafen ich hab[e] solche Angst gehabt, — wegen Dir, — da Du doch nachts von Kemmelbach¹ nach Wieselburg bist, — ist Dir nichts passiert? Heute in aller früh war ich beim Tischler, — er verspricht mir sein möglichstes, nur dumm das[!] Mittwoch Feiertag ist, ich habe ihm ersucht er möchte jedoch arbeiten, ich zahle ihm Feiertagsarbeit. → Fischer habe ich ersucht mir die Leinwand zu spannen, den Rahmen (den goldigen [statt: goldenen]) hab' ich bereits rot gestrichen heute abends mache ich ihm[!] dann goldig, nachmittags fahre ich zu Scholz², und besorge alles was zu besorgen ist. Telephonieren werde ich jetzt gleich gehen, — ich hoffe alles zu Deiner größten Zufriedenheit zu erledigen. Wie steht es mit Deiner Sache, bitte Egon schreib' mir sofort darüber. — Ich werde Oberleutnant → Grünwald ersuchen, er soll Samstag zur Eröffnung mit mir zu → Arnot gehen, oder soll ich Fritz³ ersuchen, bitte schreib mir darüber, wie Du Dir es denkst, es würde nämlich besser aussehen wenn ich in Herrenbegleitung käme, als so allein. Ich habe so rasend viel zu tun, daß ich nicht weiß wo mir der Kopf steht. — Unwohl bin ich noch nicht es wird doch nicht — —!? Ich würde lachen! — oder ist es besser zu weinen?⁴ → Dela hat heute Geburtstag... ich werde Dich erwarten. Ich sehne mich rasend nach Dir, küß Dich tausendmal, erwarte Dich schon mit Ungeduld, viel viel Küsse Deine
         Edith."
E. S. A. 1041 [1131]

1 Anscheinend mußte Schiele schlechter Bahnverbindungen halber die zirka 10 km zwischen der Station Kemmelbach und Wieselburg zu Fuß zurücklegen.
2 Spediteur in Wien.
3 Fritz Erdmann, Edith Schieles Halbbruder.
4 Edith Schiele erwartete erst 1918 ein Kind. Sie starb im 6. Monat ihrer ersten Schwangerschaft.

An → Guido Arnot. L. a. s., 1 p 8° und 1 p. Beilage. Aus Mühling
„Dienstag 14. XI. 1916.
Lieber Arnot — es wäre mir sehr recht wenn die Ausstellung¹ am Sonntag den 26. d. M. [= dieses Monats] eröffnet werden möchte, so daß die Vorbesichtigung am Samstag wäre, — kurz um eine Woche später, — denn wie die Dinge stehen hoffe ich schon in den nächsten Tagen nach Wien zu kommen und wie ich sah müßte ich doch noch ein Bild weitermalen welches noch zu unvollkommen aussieht; — dann kämen auch neue Zeichnungen dazu und nebenbei müßte ich die Rahmen noch anpassen und anstreichen. — Dann möchte ich beim Aufhängen doch dabei sein. — ich erwarte auch Blätter die in der Sommersezession München waren. — Eines möchte ich Sie noch ersuchen u. zw. [und zwar] wäre es angezeigt die Reihenfolge der ausgestellten Bilder und Zeichnungen mit eventuellen Angaben auf Karten (Visitenkartenpapier) in umstehender Größe und Entwurf [siehe Beilage] anzuführen. — Es käme ein Holzschnitt von mir drauf, vielleicht könnte man denselben auch auf die Einladungskarten geben². Für die Schaufenster unten möchte ich zwei Plakatkartons machen, vielleicht nur meinen Namen. — Ich glaube daß die Karten guten Eindruck machen werden und auch nicht teuer sein werden — ich bin bereit Ihnen die Kosten mit einer Zeichnung zu decken. Bitte Sie also, mir sofort hieher nach Mühling schreiben zu wollen ob Sie einverstanden sind. — Die Ausstellung bliebe dann bis event.[uell] Ende des Jahres 1916 geöffnet. — Und man könnte ja bei einen[!] Verkauf das

DOKUMENTE UND KORRESPONDENZ 1916

eine oder andere Bild entlehnen wenn es für Weihnachten gehört. Freundliche Grüße   Egon Schiele 1916."
T. L. M.   [1132]

1 Die 2. Ausstellung bei Arnot fand nicht statt [siehe Karten an Dr. Haberditzl, 4. XII. 1916].
2 Es handelt sich wohl um K.Gr. 10 „Mutter ihr Kind in die Höhe hebend", allerdings ist es kein Holzschnitt, sondern von einem Hartgummiblock gedruckt.

16. XI. 1916 [Poststempel]
→ Edith Schiele, L. a. s., ½ p. 8°. Holt ihn Montag vom Bahnhof ab, etc.
E. S. A. 459   [1133]

17. XI. 1916
→ Guido Arnot, L. a. s., 2 pp. 8°. Hat bereits veranlaßt, daß ein Spediteur Schieles Bilder abholt. Ist dagegen, die Ausstellung in die Weihnachtszeit zu verlegen, etc.
E. S. A. 888   [1134]

—

→ Edith Schiele, L. a. s., 2 pp. 8°. Hat mit → Arnot wegen der Eröffnung der Ausstellung gesprochen. Mitteilung über ein von Frau Hellmann zu entleihendes Bild [„Krumauer Landschaft", 1916]. Werde abends ein brühheißes Bad nehmen „... damit ich unwohl werde"[1], etc.
E. S. A. 181 ab   [1135]

1 Siehe Nr. 1131.

—

An → Guido Arnot, L. a. s., 2 pp. 8°. Aus Mühling
„17. November 1916.
Lieber Arnot — wenn Sie die Ausstellung tatsächlich am Samstag resp.[ektive] Montag eröffnen wollen so bitte ich Sie mir sofort ca. 50 Stück Einladungskarten zu schicken. — Nochmals aber bitte ich die Ausstellung erst am 26. d. M. [dieses Monats] zu eröffnen. — Der Dienstzettel, damit ich von hier raschest fortkomme ist mir natürlich nicht geschrieben worden, — es ist ganz unglaublich an welchen Verordnungen und Befehle[!] beim Militär festgehalten wird. — glücklich derjenige, welcher nichts davon weiß. — Anstatt also meine Bilder fertigzustellen mußte ich z. B. [zum Beispiel] heute in einer Liste 12824 Punkte einsetzen, — diese geistreiche Arbeit kostete bloß einen halben Tag an Arbeit. — Es wäre mein Wunsch, wenn es Ihnen möglich ist bei der Vorbesichtigung den Herrn Journalisten welche klar denken, — dies, und verschiedene solche Umstände zu erzählen. — Vielleicht schreibt einer der Herrn, ob nicht ich doch beim Militär für was anderes verwendet werden sollte, als zum Menagebuch schreiben — in einer angebrachten[!] Zeitung würde das wirken. — Bedenke man daß ich ein-einhalb Jahre zum Nichtstun gezwungen werde. — Einladungen müssen Sie auch an General Major von Hoen[1] u. s. w. [und so weiter] senden. — Hoffentlich werde ich doch bald erlöst und kann das übrige mit Ihnen besprechen. Freundliche Grüße
                                                                                              Egon Schiele 1916."
T. L. M.; R., B. & P., p. (177)   [1136]

1 General Maximilian von Hoen, Historiker (Fulda 1867—Wien 1940). Wirkte 1903—11 in der kriegsgeschichtlichen Abteilung des Kriegsarchivs, Wien; leitete 1914—17 das Kriegspressequartier; war von 1916—25 Direktor des Kriegsarchivs, das er nach 1918 als internationale Forschungsstätte erhalten hat [Österreichisches biographisches Lexikon 1815—1950, II., pp. 360/1]. Schiele strebte an, in das Kriegsarchiv versetzt zu werden, daher der Hinweis, den Direktor einzuladen.

[nach dem 17. XI. 1916]
Edith Schiele, L. a. s., 4 pp. Über viele Arbeit, die sie mit der Vorbereitung der Ausstellung bei → Arnot hatte [Streichen von Rahmen, Ausleihen von Bildern, etc.]. „... Roessler ist in Bruck an der Leitha, macht die Frontausbildung dort mit, geht sehr bald ins Feld ab... Lord[1] sucht Dich überall..."
etc.
E. S. A. 1042   [1137]

1 Schieles Hund.

18. XI. 1916
An → Edith Schiele, L. a. s., 1 p. klein 4°
„18. November 1916.
Liebe Did — im ganzen habe ich 3 Briefe erhalten, ich denke an Dich wie Du jetzt im Kaffee Wunderer[1] sitzen wirst, denn es ist ½2^h mittags. — → Arnot schreibt mir ebenfalls. — ich werde alles daransetzen morgen Sonntag 2^h von hier weg zu fahren und komme morgen Sonntag mit dem gewöhnlichen Zug wie wir immer fahren in Hütteldorf an. — Schön wärs wenn dies das letztemal wäre. — ich will aber am Montag früh unbedingt zu Arnot, um alles zu übersehen und entgiltig zu besprechen. — Bis dorthin[!] Herzlichst   Egon."
Privatbesitz   [1138]

1 Kaffeehaus, Wien XIV., Hadikgasse 62.

—

Künstlervereinigung Dresden, L. s., 1 p. groß 8°. Übersenden Katalog der Ausstellung, etc.
E. S. A. 472   [1139]

—

An → Guido Arnot, L. a. s., 1½ pp. 8°. Aus Mühling.
„18. November 1916.
1^h mittags.
Lieber Arnot. — Sie werden jetzt haben: „Die Mutter"[1] „Porträt" alter Mann[2] „Die Mühle"[3] „Landschaft"[4] „Akt"[5] alle sind verkäuflich. — Es müssen noch dazu kommen: 5 Stück wenigstens. Bitte warten Sie die jedenfalls ab. Sonst ist [es] schade die Ausstellung zu eröffnen. Und mir leid um die Arbeit welche ich für die Bilder in „erbeuteten" halben Stunden aufgewendet habe. — ich hoffe morgen Sonntag nach Wien fahren zu können und am Montag vormittags zu Ihnen zu kommen, — allerdings könnte ich nur um ½9^h—9^h weil ich dann wieder zurückfahren muß. Bis dorthin[!] freundl.[iche] Grüße   Egon Schiele 1916."
T. L. M.   [1140]

1 „Mutter mit zwei Kindern", 1915.
2 „Bildnis eines alten Mannes [Johann Harms]", 1916.
3 „Die Mühle", 1916.
4 Vielleicht „Stadt und Fluß", 1916.
5 Vielleicht „Mädchenakt [Die Jungfrau]", 1917.

20. XI. 1916

→ Guido Arnot, L. a. s., 3 pp. 8°. Differenzen über die Ausstellungsbedingungen

E. S. A. 889 [1141]

22. XI. 1916

An → Guido Arnot, L. a. s., 1 p. 8°
„22. November 1916
Lieber Arnot — anbei übersende ich Ihnen noch eine genaue Liste der zur Ausstellung gelangenden Arbeiten, — ich bitte Sie, mir sogleich mitzuteilen ob Sie schon alle Bilder haben und ob die Rahmen schon angestrichen worden sind. Von den Zeichnungen sind außer Ihren beiden noch der männliche Akt (schwarze Zeichnung) dann die Zeichnung Dr. Fromowicz[1] und das Selbstporträt unverkäuflich. Von den Bildern sind das von → Hans Böhler[2] und das von Frau D. Hellmann[3] unverkäuflich. — Das Stadtbild von → Frau Lederer[4] ist, wenn eventuell angefragt werden sollte leider um den Preis von 2000 K zu haben. Die übrigen Preise dürften mit denen, die ich Ihnen schon einmal geschrieben habe übereinstimmen. Bei eventuellen Verkäufen bekomme ich die Summe welche ich begehre, während es mir gleich bleibt um wieviel mehr Sie verlangen und erreichen. Auch sende ich Ihnen die kleinen Täfelchen, welche Sie unter die betreffenden Arbeiten stecken wollen, — siehe Rückseite. Freundliche Grüße
Egon Schiele 1916."
T. L. M. [1142]

[1] Dr. Fromowitsch (Fromowicz), wohl einer der Vorgesetzten Schieles in Mühling.
[2] Vielleicht „Fensterwand", 1914.
[3] Daisy Hellmann, Gattin von Willy Hellmann, Wien I., Rathausstraße 17. Sie besaßen: „Krumauer Landschaft", 1916.
[4] Vielleicht handelt es sich um „Mödling", 1916.

26. XI. 1916

→ Leopold Liegler, L. a. s., 1 p. groß 8°. An → Edith Schiele. Sie möge Geduld[1] haben. Übersendet Bücher von Otto Stoessl[2] und von Huysmans[3] zum Lesen, etc.

E. S. A. 949 [1143]

[1] Liegler stellte die Verbindung zu → Karl Grünwald her, über den Schiele nach Wien versetzt wurde.
[2] Otto Stoessl (1875—1936), Wiener Erzähler, Dramatiker, Essayist. Seinem Werk wird neuerdings wieder Beachtung geschenkt.
[3] Joris Karl Huysmans (1848—1907), französischer Schriftsteller.

27. XI. 1916 [Poststempel]

→ Leopold Liegler, C. a. s. [Dreifaltigkeitskapelle, Wien]. Ginge nachmittags zu → Arnot. Schiele möge Geduld haben, etc.

E. S. A. 955 [1144]

[vor dem 29. XI. 1916]

An → Guido Arnot, C. a. s. [Visitkarte: Egon Schiele]. Aus Mühling
„Lieber Herr Arnot! in Eile teile ich Ihnen mit, daß ich in einigen Tagen, auf einige Tage auf Urlaub kommen werde und werde ich Ihnen dann eine größere Anzahl von Zeichnungen zur Auswahl selbst bringen — einstweilen haben Sie die Güte u. kaufen Sie diese beiden Blätter, welche Sie, wenn ich komme eventuell austauschen können. Der[!] Preis 50 K pro Blatt bitte mir nach Mühling gleich zu senden, damit keine Verzögerungen eintreten. Wegen Zürich[1] besten Dank alles andere mündlich. Beste Grüße Schiele."
T. L. M. [1145]

[1] Die in Zürich geplante Ausstellung moderner österreichischer Kunst.

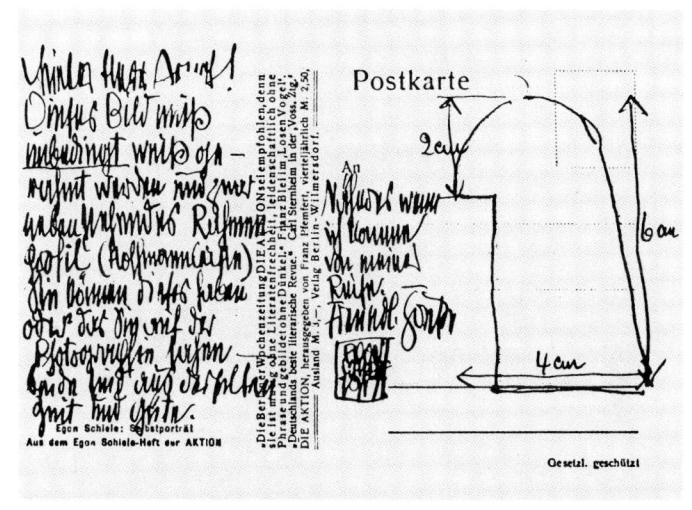

[1146]

[vor dem 29. XI. 1916]

An → Guido Arnot, C. a. s. [Postkarte der Zeitschrift „Die Aktion", Egon Schiele, Selbstporträt]. Aus Mühling
„Lieber Herr Arnot! Dieses Bild muß unbedingt weiß gerahmt werden und zwar nebenstehendes Rahmenprofil (Hofmannleiste[1]). Sie können dieses [Bild] haben oder das [welches] Sie auf der Photographie sahen — beide sind aus derselben Zeit und Güte. Näheres wenn ich komme von meiner Reise. — Freundl.[iche] Grüße Egon Schiele 1917."
T. L. M. [1146]

[1] → Josef Hoffmann. Er entwarf eine ganze Reihe von Rahmenprofilen, die heute noch von der Rahmenfabrik Max Welz, Wien VII., Schottenfeldgasse 45, hergestellt werden. Klimt- und Schielezeichnungen waren damals in schwarz gestrichenen Hoffmannleisten gerahmt, wie man dies auf zeitgenössischen Fotos von Ausstellungen sehen kann. Heute werden sie zumeist vergoldet.

29. XI. 1916

→ Guido Arnot, L. a. s., 4 pp. 8°
„29. Nov. 1916
Lieber Herr Schiele! Ihr Standpunkt mag wohl in Ihren Augen richtig sein, mit den geringsten Opfern die größten Vorteile aus der Ausstellung herauszuschlagen, nachdem aber auch ich meine Interessen zu vertreten habe, so werden wir zu keiner Einigung kommen, insolange Sie meine Bedingungen nicht vollinhaltlich annehmen. Von der bloßen Ehre, die ein Herr Egon Schiele der Galerie Arnot gewährt, indem er seine Werke daselbst ausstellt, kann dieselbe nicht existie-

ren ... Daß Sie die Einladungskarten bereits ausgeschickt haben, war voreilig und werden auch nur Sie die Folgen zu tragen haben. Ich erwarte Ihre umgehende Antwort, ob Sie meine Bedingungen vorbehaltlos annehmen, da die Bilder sonst wieder von Ihnen abgeholt werden müssen. Mit Gruß
Guido Arnot."
E. S. A. 203 [1147]

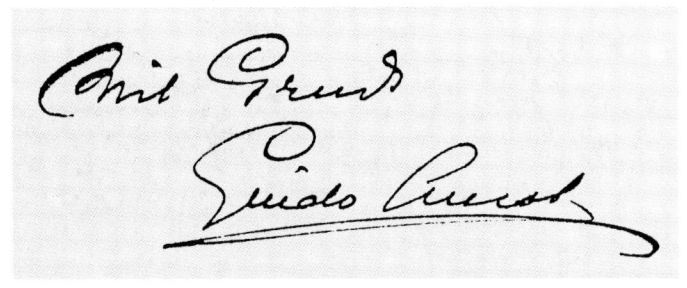

[signatures: Mit Gruß / Guido Arnot]

[1147]

4. XII. 1916
An → Josef Hoffmann, C. a. s.
„4. Dez. 1916.
Meine Ausstellung konnte wegen zu hohen Anforderungen von Seiten des Kunsthändlers nicht eröffnet werden, so daß ich beschloß, meine neuesten Bilder zurückzuhalten. Freundl.[iche] Grüße Egon Schiele 1916."
F. 8; R., B. & P., p. 137 [1148]

—

An → Dr. Franz Martin Haberditzl, C. a. s. [Korrespondenzkarte]. Aus Mühling
„4. Dez.[ember] 1916.
Sehr geehrter Herr Direktor — meine Ausstellung mußte wegen zu großen Ansprüchen von Seiten des Kunsthändlers uneröffnet bleiben und ich beschloß meine Bilder für später zurückzuhalten. Beste Grüße Egon Schiele 1916."
Privatbesitz, Wien [1149]

5. XII. 1916
→ Leopold Liegler, C. a. s. An → Edith Schiele. Sei mit → Karl Grünwald zusammengewesen, der beruhigende Nachrichten [wegen der Versetzung Schieles nach Wien] habe, etc.
E. S. A. 951 [1150]

6. XII. 1916
Dr. W. Gromosin [Vorgesetzter Schieles?], L. a. s., 1 p. 4°. Aus Mühling. An → Edith Schiele. Empfiehlt das Eintreffen einer Militärkommando-Nachricht abzuwarten, etc.
E. S. A. 43 [1151]

18. XII. 1916
An → Josef Hoffmann, L. a. s., 1 p. 8°. Aus Mühling
„18. Dezember 1916.
Sehr geehrter Herr Prof. Hoffmann! — Heute am 18. Dez. 16 bekomme ich erst die Einladung zur Beteiligung an der Nürnberger Ausstellung hieher nach. — ich erlaube mir Sie dringend zu fragen ob die eventuelle Nachsendung noch möglich ist oder wenn die ganze Sendung noch hier ist, ob 3—4 meiner Bilder und ein paar Zeichnungen mitgehen könnten. — ich komme am 23. d. M. [= des Monats] abds. [= abends] nach Wien und bleibe 3 Tage in W., woselbst ich das Nötige veranlassen könnte. — Vielleicht haben Sie die Güte und veranlassen daß mir per Karte die zuversichtliche Antwort an meine Adresse hieher ... und Wien XIII. Hietzinger Hauptstr. 101 geschickt wird. — Im Falle der Möglichkeit möchte ich aber auch wenigstens 2 meiner Arbeiten im Katalog reproduziert haben. Herzlichste Grüße
Egon Schiele 1916."
F. 9; R., B. & P., p. 138 [1152]

20. XII. 1916
→ Edith Schiele, L. a. s., 4 pp. 8°. Nach Mühling. Habe lange gebraucht, um von → Josef Hoffmann die Nachricht zu bekommen, daß die Bilder für Nürnberg schon abgegangen seien. Auch → Carl Moll vermöge nichts zu tun. Sekretär Krzizek [des Bundes österreichischer Künstler] habe sie zweimal vergeblich angerufen, etc.
E. S. A. 183 [1153]

[nach dem 20. XII. 1916]
→ Edith Schiele, L. a. s., 2 pp. 8°. Sie habe an → Karl Grünwald sofort geschrieben. Frau Aigner [Schieles Zimmerfrau in Purgstall bei Mühling] möge ihm einheizen, er möge nicht den Mut verlieren, etc.
E. S. A. 458 [1154]

[vor dem 21. XII. 1916]
→ Leopold Liegler, C. a. s. [Griechengasse, Wien]. Nach Mühling. Dankt für vertrauensvollen Brief, der jedoch zu pessimistisch gewesen sei, wie sein Telegramm [wohl Nachricht von der Versetzung nach Wien] bewiesen habe, etc.
E. S. A. 954 [1155]

21. XII. 1916
An → Edith Schiele, L. a. s. Aus Mühling
„21. Dezember 1916. 2ʰ.
Liebe Did — mittags erhielt ich Deinen Brief. — Unterlasse jeden weiteren Schritt betreffs der Ausstellung, — wenn auch → Moll dasselbe sagt. Ich lasse mich bei allen Freunden bedanken. — Wenn ich nicht mehr schreiben sollte, so komme mit Lord[1] nach Hütteldorf — am Samstag / 6ʰ. Vielleicht ist es doch möglich, daß die Bilder von → Arnot gebracht werden. Herzl.[iche] Bussi Egon."
E. S. A. 1065/19, Abschrift. Verbleib des Originals ungeklärt [1156]

---

1 → Lord, Schieles Hund.

22. XII. 1916

Bund österreichischer Künstler. L. s. des Sekretärs Josef Krzizek, 1 p. groß 8°. Bedauert, in der Nürnberger Ausstellungsangelegenheit nicht dienlich sein zu können.

E. S. A. 967 [1157]

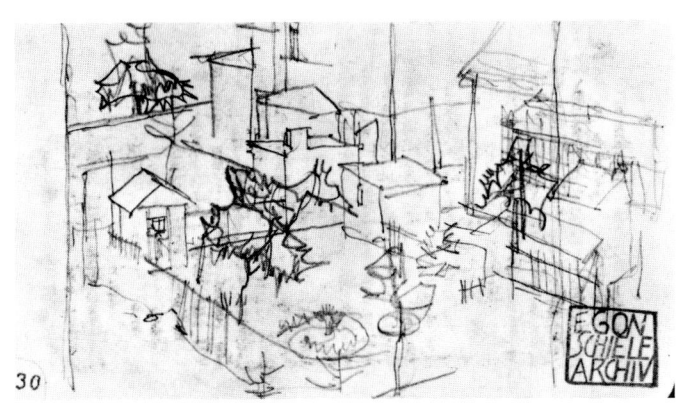

[1158]

[1916?]

Egon Schiele. — Blatt aus einem Skizzenbuch. Blick von der Höhe eines Stockwerkes auf umfriedete Gärten mit kleinen Häuschen. Bleistift. 9,4×16,5 cm. Rechts der Stempel des Egon Schiele Archivs.

E. S. A. 630 [1158]

1916

Egon Schiele. — Blatt aus einem Notizbuch
Vorderseite: Kobaltblau hell
„Temperafarben: Kobaltgrün
Kremserweiß Chromoxydgrün echtfeur.[ig]
Kadmium dunkel Paul Veronesergrün
Kadmium orange Goldocker
Krapplack dunkel Terra Pozzuli[!]
Zinoberrot Permanentgrün hell
Ultramarin dkl. [dunkel] dkl.
Ultramarin hell Rebenschwarz"
Rückseite:
zwei gezeichnete Pinsel darunter zweimal die Nummer „2" und „Flasche Oxengalle".

P. 98 [1159]

[1916]

Egon Schiele — Seine Visitkarte

E. S. A. 633 [1160]

133 „Selbstbildnis im karierten Hemd", Kohle und Deckfarben, 1917.

XIII. In der K. K. Konsumanstalt, Wien; 1917
Vermittlung von Klimts „Beethovenfries"

Seit Beginn des Jahres 1917 stand Schiele, endlich nach Wien zurückversetzt, in Verwendung in einer militärischen Dienststelle, die die Bezeichnung „Kaiserlich-Königliche Konsumanstalt für die Gagisten der Armee im Felde" führte und ihr Hauptbüro in Wien VII., in der Mariahilferstraße hatte. Diese Bezeichnung klingt, als sei sie von Fritz von Herzmanovsky-Orlando[1] erfunden, und in der Tat mußte sich Schiele — mitten im Krieg — in ein unwirkliches Zauberreich versetzt fühlen, in dem es lang entbehrte Dinge in Hülle und Fülle eingelagert gab. Weniger im Zentralbüro selbst als in den großen Magazinen in Wien und anderswo.

„... Hier ... bekomme ich Zigaretten, Fett, Zucker, Kaffee u. s. w., auch trink ich fleißig Probeschnäpse..." [an F. Kofron, 13. II. 1917]

Schiele hatte seine neue Tätigkeit dem dort beschäftigten Oberleutnant → *Karl Grünwald* zu danken, der von Beruf Antiquitätenhändler war, anscheinend über → Leopold Liegler auf ihn aufmerksam geworden war und seine Versetzung bewirkte. Von diesem Zeitpunkt an — man kann es aus seinem Schaffen ablesen — hatte es Schiele endlich leichter. Vor allem war er nun in der Großstadt, ohne die er nicht recht leben und malen konnte. Abgesehen von dem besonders herzlichen Verhältnis zu seinen beiden neuen unmittelbaren Vorgesetzten, Oberleutnant → *Dr. Hans von Rosé* und dem genannten Karl Grünwald, gab es dadurch, daß er quasi an der Quelle saß, die Annehmlichkeit, die kargen Zuteilungen gelegentlich aufzufrischen. Oberleutnant Grünwald hatte die Absicht, eine Festschrift herauszugeben, für die Schiele die Dienststellen und die Lager in und außerhalb Wiens zeichnen sollte. Er reiste deshalb ziemlich viel herum und kam bis nach Südtirol. Es entstanden schöne Zeichnungen, die sich erhalten haben[2]. Zur beabsichtigten Publikation ist es allerdings nie gekommen.

Für Schiele bedeutete der Aufenthalt in Wien einen großen Auftrieb, besonders in künstlerischer Hinsicht, denn in den letzten beiden Jahren seines Lebens entstanden sehr schöne und sehr wichtige Bilder. Immer mehr beschäftigte er sich mit Zukunftsplänen! Daß der Krieg verloren sei, fühlte er. Was ihn bewegte, war, die künstlerischen Kräfte Österreichs um sich zu sammeln, um für den neuen Anfang, der ihm vorschwebte, gerüstet zu sein. Wie viele glaubte er fest daran, daß alles wieder gut sein würde, wäre nur endlich dieser Krieg vorbei. Es war vielleicht ein gnädiges Schicksal, daß ihm die Enttäuschung, die Nachkriegszeit erleben zu müssen, die in ihrer Hoffnungs- und Aussichtslosigkeit sogar die harten Kriegszeiten bei weitem übertreffen sollte, erspart blieb. Er wollte eine Arbeitsgemeinschaft „Kunsthalle" gründen[3] und berichtet darüber:

„... *Wir sind von neuem zusammengetreten. — „Kunsthalle" — in den größten Dimensionen läuft alles mit Riesenschritten. — Es lag in der Luft. — Bildende Kunst, — Literatur und Musik. Die ganze österreichische Künstlerwelt ist auf. — Die Gründer sind Künstler und Kunstfreunde. Unter anderen sind → Arnold Schönberg, → Gustav Klimt, → Jos. Hoffmann, → A. Hanak, → Peter Altenberg und viele andere mit, [dabei],— die besten Kunsthistoriker ... es ist kein Verein, es gibt nur Arbeitsgruppen ..."* In einem anschließenden Aufruf ist davon die Rede: „...*daß Kunst mehr ist, als eine Angelegenheit des bürgerlichen Luxus..."* [an Anton Peschka, 2. III. 1917]

Es sei vorausgeschickt, daß dieses Projekt nicht verwirklicht werden konnte, ebensowenig wie der im nächsten Jahr gegründete „Sonderbund". Schiele war immer schon ein Organisator. Nun, in der Abgeschlossenheit gereift, wollte er etwas für die Kunst tun, denn er sah sich (mit einigem Recht) als Führer der Jungen.

Außerordentlich wichtig für ihn war, daß → *Dr. Franz Martin Haberditzl*, Direktor der „Modernen Galerie", Interesse an ihm fand und ihm im Frühjahr 1917 eine Anzahl Zeichnungen für sein Museum abkaufte. Sie sind seither, da das nun „Österreichische Galerie" genannte Museum nur Ölbilder zeigt, in den Besitz der Albertina übergegangen. Es ergab sich, daß sich Dr. Haberditzl im Herbst dieses Jahres von Schiele malen ließ und 1918 das Porträt von → Edith (sitzend) erwarb. Damit war zum ersten Mal ein Schiele-Bild in ein österreichisches Museum gelangt. Über die Entstehung des Porträts von Dr. F. M. Haberditzl sind wir durch eine beinahe lückenlos erhaltene Korrespondenz gut unterrichtet.

Im Mai 1917 beteiligte sich Schiele an der österreichischen „Kriegsausstellung", die im Prater stattfand. Er war beauftragt worden, unter seinen Malerfreunden geeignetes Material zu sammeln, was gar nicht so einfach war, weil die meisten sich nicht für den Krieg als Thema interessierten. Schiele selbst hatte sich die Sache verhältnismäßig einfach gemacht:

„... *Ich habe meine „Auferstehung" von der Galerie Hauer[4] zurückgekauft und unter der Bezeichnung „Heldengräber — Auferstehung, Fragment für ein Mausoleum" ... ausgestellt..."*

[an Anton Peschka, 30. V. 1917]

Das Bild war bereits 1913 gemalt worden. Es war — wir wiesen schon darauf hin — aus leicht verständlichen Gründen nötig, daß Schiele seine Kunst in den Dienst der patriotischen Sache stellte.

Im Juli des Jahres gab der Buchhändler → *Richard Lányi*, der in der „verlängerten" Kärntnerstraße, also jenseits des Ringes, einen schmalen, engen, mit Büchern vollgestopften Laden besaß und daraus eine der interessantesten und lebendigsten Buchhandlungen Wiens zu machen verstan-

den hatte, zum ersten Male eine Mappe mit Reproduktionen in Lichtdruck nach Schieles Zeichnungen und Aquarellen heraus. Lányi war eigentlich Antiquar. Seine Spezialität bestand darin, bei Verlagen Restbestände aufzukaufen und sie zu billigsten Preisen an den Mann zu bringen. Aber er hatte auch ein Herz für die Kunst. Man sah an den Wänden seines zum oberen Geschoß führenden Stiegenhauses und seiner kleinen Auslage immer Zeichnungen, Aquarelle und Gouachen lebender Künstler. In späteren Jahren mit Vorliebe Arbeiten von Oskar Laske[5]. Auch war er Freund und Vertreter des weltbekannten Marionettenspielers Richard Teschner[6]. Man konnte bei ihm die Karten für dessen zauberhafte Vorstellungen in seinem Gersthofer Atelier erstehen.
Mit der Herausgabe von Künstler-Mappen oder von Künstlern illustrierten Büchern begann man in Österreich wie in Deutschland gegen die Mitte des Ersten Weltkriegs. In der Nachkriegszeit wurde dann der Markt durch ein Übermaß an hektisch Hergestelltem überschwemmt. Die Ursache dafür ist nicht schwer zu erraten. Kriegsbedingt gab es beinahe nichts mehr zu kaufen. Alles, was lebensnotwendig war, war rationiert. Die ausgegebenen Karten waren insofern eine Illusion, als die wenigen Abschnitte, die es auf ihnen gab, mangels Ware niemals Gültigkeit bekamen. Papier aber konnte man noch auftreiben, und mit einigen älteren Angestellten konnte eine der damals weltberühmten Wiener Lichtdruckanstalten — → Max Jaffé, die den Druck für die Lányi-Mappe besorgte — ihren Betrieb durch den Krieg steuern. Wir haben keinerlei Nachricht darüber, ob die Herausgabe für den Verleger und für den Künstler lukrativ gewesen ist. Es besteht aber aller Grund zur Annahme, daß sie sich leicht verkaufen ließ und vermutlich bald vergriffen war. Sie hat gewiß dazu beigetragen, Egon Schiele als Zeichner weiteren Kreisen bekannt zu machen.
Er war um diese Zeit bereits als einer der führenden Maler Österreichs anerkannt. Seine Bilder gingen nach Skandinavien, wo Österreich-Ungarn Ausstellungen in Stockholm und in Kopenhagen veranstaltete. Man hatte mittlerweile erkannt, wie wichtig es war, in einer Zeit des Krieges und der gegenseitigen Vernichtung durch Kunstausstellungen im neutralen Ausland darauf hinzuweisen, daß man doch nicht so barbarisch war, wie es die gegnerische Presse hinzustellen beliebte. Schiele konnte sich nicht entschließen mitzufahren. Er wollte alles vermeiden, was — „les absents ont tort" — seine militärische Stellung gefährden könnte. Andere, wie → Josef Hoffmann, der diese Ausstellungen künstlerisch betreute, und der Vater des Herausgebers, → Gustav Nebehay, einer ihrer Organisatoren, sind um die Weihnachtszeit 1917 von dort, beladen mit langentbehrten Köstlichkeiten wie Schokolade, Orangen, Tee und Kaffee, nach Wien zurückgekehrt.
→ Hans Goltz in München sah gegen Ende des Jahres Schieles Bilder im Münchner Glaspalast. War er bislang durch die vielen gescheiterten Versuche, Schiele als Maler in Deutschland bekannt zu machen, pessimistisch gewesen, so muß er nun die malerischen Qualitäten seines ehemaligen Schützlings erkannt haben... „Sie gehören wirklich nicht mehr in den Glaspalast..." schrieb er am 8. IX. 1917 an ihn und wollte wohl mit dieser Bemerkung eine Brücke für seine zukünftige Tätigkeit für Egon Schiele in Deutschland schaffen. Augenblicklich verbot die Kriegslage alle Transporte.
Im Herbst 1917 gelangte über Schieles Vermittlung ein Hauptwerk des österreichischen Jugendstils, Klimts „Beethovenfries", in den Besitz der Familie → Lederer. Klimt hatte ihn 1902 auf drei Wände des linken Ausstellungsraumes der „Secession" gemalt, zu Ehren von Max Klingers[7] „Beethoven", der von April bis Juni dort ausgestellt war — in der Hoffnung, die Plastik für

Wien zu erwerben. Leider kam Klingers Heimatstadt Leipzig den zögernden Wienern zuvor. Über den großartigen Empfang, den die „Secession" einem Hauptwerk der Plastik jener Tage entgegenbrachte, ist andernorts ausführlich berichtet worden[8].

Nach der Beendigung der Ausstellung war es der Initiative eines Mannes, den wir bereits als Schiele-Sammler kennengelernt haben — → Carl Reininghaus —, zu danken, daß der Fries sorgfältig abgenommen wurde und somit erhalten blieb. Niemand konnte allerdings voraussehen, daß der Beethovenfries sechsundsiebzig Jahre lang in einem Depot verbleiben müßte, da es ja für jeden Besitzer das Problem der endgültigen Aufstellung geben würde. Denn rund 28 Meter Länge sind nicht leicht unterzubringen. Wir vermuten daher, daß Reininghaus deshalb einen Käufer suchte. Schieles Beziehungen zu August Lederer waren seit Weihnachten 1912 sehr herzlich geworden, so daß es ihm nicht schwergefallen sein dürfte, ihm — der bekanntlich Klimts größter Mäzen war — zum Ankauf zuzureden. Sicher hat Reininghaus seinerzeit einen hohen Preis dafür bezahlt, denn eine Quittung Klimts über den Erhalt eines Restbetrages von 5000 Kronen hat sich erhalten[9]. Um welchen Preis er 1917 den Besitzer wechselte, ist unbekannt, aber in einem Brief teilt Reininghaus Schiele am 6. II. 1918 mit, daß er sich zur nochmaligen Zahlung entschlossen habe und ihm am selben Tag — es ist der Sterbetag Klimts — für seine Bemühungen weitere 1000 Kronen anweisen würde.

Es wird erzählt, daß Klimt sich damals bei Schiele erkundigt hätte, wie denn der Fries aussähe. Dieser habe geantwortet:

„Mir scheint, die Poesie [eine der Figuren des Frieses, auf der dritten Wand] *hat einen Riß!"*
Worauf Klimt geantwortet haben soll: „Ja, die Poesie. Die ist die erste, die in Fransen geht!"[10]
Jedenfalls sei festgehalten, daß Schiele durch seine Vermittlung einen nicht gering einzuschätzenden Beitrag dafür geleistet hat, daß der Fries erhalten blieb und nun, vom österreichischen Staat erworben, in den Restaurierwerkstätten des Bundesdenkmalamtes seiner Wiederherstellung entgegensieht.

ANMERKUNGEN

1 Fritz von Herzmanovsky-Orlando (1877—1954), Schriftsteller und Graphiker, schrieb skurrile, phantastische Romane, Komödien, Grotesken und Erzählungen

2 Albertina Studien 1966, Heft 4: Besitz Dr. Hans von Rosé, London

3 Es wäre denkbar, daß Karl Grünwald hier initiativ geworden ist. Siehe den Hinweis bei Siegmund Freiberg, Ihr werdet sehen..., Schiele-Roman, Wien 1967, p. 327

4 Franz Hauer war am 5. VI. 1914 gestorben

5 Oskar Laske (1874—1951), österreichischer Künstler, ursprünglich Architekt, phantasiebegabter Maler und Illustrator. Schuf auch Bühnenbilder für Max Reinhardt.

6 Richard Teschner (1879—1948), österreichischer Maler, Illustrator, Schöpfer eines bekannten künstlerischen Marionettentheaters; sein „Figurenspiegel" und alle Puppen befinden sich heute in der Theatersammlung der österreichischen Nationalbibliothek.

7 Max Klinger (1857—1920), deutscher Maler, Radierer und Bildhauer, bemühte sich, die farbige Plastik der Antike zu erneuern [Beethoven].

8 Christian M. Nebehay, Klimt-Dokumentation, Wien 1969, Kapitel XXII; siehe hierüber auch: Marian Bisanz-Brakken, Der Beethovenfries Gustav Klimts, Salzburg 1977, und den interessanten Aufsatz von Peter Vergo: ‚Gustav Klimts „Philosophie" und das Programm der Universitätsgemälde.' In: Klimt-Studien. Mitteilungen der Österreichischen Galerie, Jahrgang 22/3, Nummer 66/67, 1978/79.
Erst in allerjüngster Zeit scheint sich herauszukristallisieren, daß Klimt — möglicherweise über → Gustav Mahler —

Kenntnis von Richard Wagners Schrift „Erklärungen der Musik der IX. Symphonie Beethovens" bekam und dem dort Aufgezeigten in seinen Darstellungen folgte. Wie es überhaupt — gleichfalls in allerjüngster Zeit — Hinweise dafür gibt, daß Wagners Regieanweisungen für Teile des „Ringes" [ihm — wie wir vermuten möchten — über → Alfred Roller, der unter der Direktion von → Gustav Mahler Ausstattungschef der Wiener Hofoper war, bekannt gemacht] bereits für Klimts Fakultätsbilder von Bedeutung gewesen sein könnten.

9 Handschriftensammlung der Bibliothek der Stadt Wien, Inv.-Nr. 159.214

10 Siehe Ch. M. Nebehay, op. cit. p. 300, Anmerkung 8 b. Nach einer Mitteilung von Erich Lederer, Genf

1917

1917 entstanden 13 Bilder: 7 Landschaften, 3 Porträts, 3 Sonstiges

LANDSCHAFTEN:

„Vier Bäume" [K. 225; L. 274; Österreichische Galerie, Wien]

„Vorstadthaus mit Wäsche" [K. 229; L. 275; Privatbesitz, Wien]

„Stadt im Grünen" [K. 227; L. 280; Privatbesitz, Scarsdale, USA]

„Sommerlandschaft" [K. 226; L. 281; Privatbesitz, USA]

„Häuser in hügeliger Landschaft" [K. 230; L. 283; Verbleib unbekannt]

„Altes Gemäuer" [K. 228; von L. nicht aufgenommen]

In der Literatur nachweisbar:
„Stadt am Ende" [K. LI; L. LVI]

PORTRÄTS:

„Bildnis Karl Grünwald" [K. 219; L. 279; Verbleib unbekannt]

„Bildnis Dr. Franz Martin Haberditzl" [K. 220; L. 282; Privatbesitz, Wien]

„Bildnis Edith Schiele (mit grauem Rock)" [K. 232; L. 285; Österreichische Galerie, Wien]

SONSTIGES:

„Umarmung" [K. 224; L. 276; Österreichische Galerie, Wien]
„Mädchen" [K. 221; L. 277; Privatbesitz, Wien]
„Liegende Frau" [K. 222; L. 278; Privatbesitz, Wien]

AUSSTELLUNGEN:

Wien, Kriegsausstellung, Prater, Mai 1917	Nr. 23 „Auferstehung", 1913
München, Glaspalast	Zeichnungen
München, Sezession	„Tod und Mädchen", 1915; „Mödling", 1916; „Bildnis Johann Harms", 1916; „Zerfallende Mühle", 1916; „Mutter mit zwei Kindern", 1915/16; „Vorstadthaus mit Wäsche", 1917; „Bildnis Karl Grünwald", 1917; „Sommerlandschaft", 1917
Amsterdam, Oktober 1917	Nr. 306 „Die Eremiten", 1913
Stockholm, Herbst 1917	„Sonne und Herbstbäume", 1912; „Auferstehung", 1913; „Stadt Stein", I., 1913; „Stadt Stein", II., 1913; „Die Häuser am Meer", 1914; „Vorstadt", 1914; „Fenster", 1914; „Einzelne Häuser", 1915; „Entstehung", 1915; „Zerfallende Mühle", 1916; „Umarmung" 1917; „Mädchen", 1917; „Stadt im Grünen", 1917
Kopenhagen, Winter 1917	„Agonie", 1912; „Bekehrung", 1912; „Auferstehung", 1913; „Stadt Stein", I., 1913; „Stadt Stein", II., 1913; „Die Häuser am Meer", 1914; „Einzelne Häuser", 1915; „Entschwebung", 1915; „Stadt im Grünen", 1917
Linz, Oberösterreichischer Kunstverein, Frühjahrsausstellung Sitzungssaal des Museums Francisco-Carolinum	Zeichnungen, die unter „Egon Schiele, München" ausgestellt waren [freundlicher Hinweis von Ing. Norbert Gradisch, Wien]

PREISE UND EINNAHMEN:

2. I. 1917	Schiele erhält vom Künstlerfürsorgekomitee 30 Kronen monatliche Unterstützung; seine Frau [wohl vom Staat] 40 Kronen. Vom Militär erhält er 23,40 Kronen samt Menagegeld für je 10 Tage. Er meint, daß er seit seinem Militärdienst im Monat durchschnittlich um 1000 Kronen weniger verdiene als früher. Dies erlaubt, Rückschlüsse auf sein Verdienen in den Jahren vorher zu ziehen. Hier lautet der Unterstützungsbetrag 50 Kronen monatlich. Von → Heinrich Böhler erhält er monatlich 200 Kronen
[nach dem 2. I. 1917?]	

10. II. 1917	Verlangt von → Richard Lányi für die „Eremiten", 1911, 700 Kronen, für „Die Mühle" 1200 Kronen [Freundschaftspreise]. Falls Lányi ihm monatlich wenigstens 4 Zeichnungen abnehme, sei er bereit, pro Stück 50 Kronen zu verlangen	WOHNADRESSE:	Wien XIII., Hietzinger Hauptstraße Nr. 101
		AUFENTHALTE:	
		Anfang Januar 1917	Versetzung von Mühling nach Wien in die K. K. Konsumanstalt für die Gagisten der Armee im Felde, Wien VI., Mariahilferstraße 134
2. III. 1917	Die bei Lányi verlegte Mappe von Reproduktionen nach seinen Zeichnungen werde 60 Kronen pro Stück kosten [400 Exemplare]		Im Auftrag seiner militärischen Vorgesetzten → Dr. Hans von Rosé und → Karl Grünwald unternimmt er eine Anzahl Fahrten, um die Magazinräume der „Konsumanstalt" für eine Publikation [die nie erschien] zu zeichnen.
5. V. 1917	Schiele kauft von der Verlassenschaft nach → Franz Hauer sein Bild „Auferstehung", 1913, für 1200 Kronen zurück		
		1. VI. 1917	In Innsbruck, am Lansersee bei Igls, in Neustift im Stubaital
12. V. 1917	→ Heinrich Benesch übersendet 20 Kronen [wohl für eine Zeichnung]	10. VI. 1917	in Innsbruck
		16. VI. 1917	in Zirl
19. VII. 1917	Kriegsausstellung Wien 1917 überweist für eine verkaufte Zeichnung 150 Kronen, minus 10 Prozent	17. VI. 1917	in Frohneben, Fulpmes, Stubaital auf der Fahrt nach Bozen und Trient
		17. VI. 1917	Karte aus Neustift, Stubaital
4. X. 1917	Schiele setzt für Tauschgeschäft mit → Roessler den Preis für Landschaften mit 2000 Kronen, für Porträts mit 3000 Kronen fest, würde sich aber jeweils mit der Hälfte begnügen	18. VI. 1917	in Innsbruck
		18. VI. 1917	in Rattenberg am Inn. Zwei dort entstandene Landschaftszeichnungen haben sich bisher nicht gefunden.
		20. VI. 1917	Innsbruck
	Schiele entwirft Zeichnungen für das Buch von Erwin Hanslick „Menschheit". Honorar? Seine Zeichnungen erscheinen nicht und sind verschollen.	21. VI. 1917	in Bozen
		22. VI. 1917	in Rattenberg, tags darauf in Klausen [falls die erwähnten Karten nicht früher von ihm erstanden wurden]
22. XI. 1917	Münchner Künstler-Genossenschaft rechnet verkauftes Bild „Tod und Mädchen", 1915, ab. 2000 Mark, netto 1698,50 Mark	17.—26. VIII. 1917	mit → Edith auf Urlaub in Fulpmes
		4. IX. 1917	hätte die Möglichkeit, nach Stockholm zu fahren; glaubt aber, daß es klüger wäre, seinen Dienstposten nicht durch Abwesenheit zu gefährden
	Schiele stiftet 50 Mark für die Nationalstiftung nach München		
1917	Weitere Preise in diesem Jahr: siehe Schieles eigenhändige Aufzeichnungen [Nr. 1320]	29. IX. 1917	Postkarte aus München
		25. X. 1917	glaubt, die Möglichkeit zu haben, nach Zürich fahren zu können

134 „Vier Bäume", Öl, 1917 [L. 274]. Deutlich von Ferdinand Hodler beeinflußt.

135 Alte Giebelhäuser in Krumau, 1917. Kein Aufenthalt Schieles in Krumau in diesem Jahr nachweisbar.

136 „Umarmung", Öl, 1917 [L. 276].

137 „Bildnis Edith Schiele (mit grauem Rock)", Öl, 1917/18 [L. 285].

2. I. 1917

An → Leopold Liegler, L. a. s., 2 pp. 8°. Aus Mühling
„2. Jänner 1917
— Lieber Herr Liegler! — Nun ist der 2. Jänner 1917 gekommen und ich sitze genau noch so da wie im Mai 1916. — Sie glauben nicht wie überdrüssig ich von diesem Leben bin. — Draußen stürmt und regnet es zugleich unaufhörlich, — alle Felder sind weit überschwemmt und in der Straße bleibt man fast stecken. — ich gehe täglich von 7—8^h Purgstall—Mühling, das sind 6 km — mittags 12—1^h Mühling-Purgstall — dann ¼ Stunde mittags essen, im kalten Zimmer, weil man um vieles Geld nicht eine Kohle oder ein Bündel Holz auftreiben kann. — Um ½2 gehe ich wieder denselben Weg bis Mühling und abends von 6—7^h wieder, — 24 km. — Mit dem Rad kann man jetzt unmöglich fahren. — Meine Frau war krank und ist es noch. — Dabei muß man gratulieren gehen und schauspielern. — Meine Schuhe und alle meine „Gewandung" ist durchnäßt. — Abgesehen von allen diesen körperl.[ichen] Übeln muß man die wertvollste Zeit mit Nichtstun und warten verbringen — 18 volle Monate sind es schon, unsagbar! — wenn ich in Wien bin, in meiner Umgebung, so mache ich ein anderes Gesicht, glauben Sie, es ist wie ein Rausch. — Unter all diesen Umständen soll ich noch verdienen, denn ich und meine Frau sind nicht allein. — Bis jetzt habe ich von meiner Produktion gelebt und habe trotzdem verkaufen müssen und verkauft — wie, fragen Sie nicht! — Daß es ein Maler schon dereinst nicht gut hatte wissen wir alle. — So werden mir jede Mittel, um nur wieder etwas Neues zu erarbeiten, entwunden. — Das Künstlerfürsorgekomitee schickt mir zwar allmonatlich „30 K." obwohl ich schon öfters Hofrat → Leisching und → Prof. Hoffmann die bei den Sitzungen sind, ersuchte daß mir doch mehr bewilligt werde, — es scheint aber daß diese Herren nichts wissen wollen — und sich einfach nicht kümmern und nichts antworten. — Meine Frau bekommt „40 K" monatlich, ich meine Gebühren beim Militär d.[as] sind samt Menagegeld 23,40 K per 10 Tage. — Davon soll ich und meine Frau wenigstens leben, soll [ich] mein[en] Atelier Zins 75 K monatlich u. s. w. bezahlen —! — Und nachsehen muß ich wie verschiedene Käufer sich wieder abwenden, weil ich ihnen zusagte, doch es mir nicht gelang, seit Sommer zu irgend einer Arbeit zu kommen. — Wenn ich nur nach Wien kommen könnte. — Herr → Grünwald läßt nichts hören von sich — ich vermute deshalb, daß es schlecht steht. — Hier sagt man mir immer, no was ist denn mit ihrer Sache, rührt sich denn gar nichts? — Wenn ich wüßte das alles umsonst ist, so würden wir uns anders einmieten — denn in der Meinung, daß es immer hieß noch ein paar Tage und noch ein paar Tage haben wir uns die nötigsten Gebrauchsgegenstände bereits nach Wien geschafft. — Wir würden uns etwas mitnehmen und anschaffen. — Glauben Sie mir Herr Liegler daß ich seit meinem Einrücken monatlich 1000 K im Durchschnitt weniger verdiene als früher — als ich in Wien war und schon Militär war, veringerte[!] sich die Summe doch auf 500—600 K so daß uns noch immer 800 K blieben, — und glauben Sie daß dieses Geld wie fast nichts war — überhaupt glaubt man nicht was man als Maler braucht — denn das nimmt ganz unglaubliche Dimensionen an. — Kisten Transporte, Material, Gegenstände u. s. w. — gönnen muß man sich auch was, — sonst erlebt man nur immer das was der Akademiker oder der Anfänger erlebt. — Entschuldigen Sie Herr Liegler, wenn ich Ihnen das schreibe. — wie kommen Sie aber auch dazu? — — Es ist aber meine Absicht Ihnen die Wahrheit mitzuteilen, weil ich Ihnen als Freund der Sie sind mit klaren Augen ins Gesicht schauen will. — ich hoffe noch immer — und hoffe daß Deutschland doch zurückziehen wird, denn der über die Note (gestern) der Entente lacht[1] ist ein Idiot. — ich hoffe noch immer daß heute oder morgen die Tür aufgehn wird und mein Ersatz kommt und hoffe daß wir noch freudige Tage, trotz meiner traurigsten Tage erleben werden. — ich fand neulich in Wien ein Atelier mit Wohnung in der Wattmanngasse[2] und verhandle mit dem Besitzer. — Es wäre am besten und sehr sehr schön. — Gelingt es mit Wien so werde ich per Mai mieten. Freundlich grüße ich Sie Ihr
Egon Schiele."
E. S. A. 93 [1161]

[1] Es handelt sich um die Antwort der Entente auf das von Kaiser Wilhelm II. am 12. XII. 1916 gestellte Friedensangebot, das durch unklare Friedensvorschläge, noch mehr aber durch die Proklamierung des Königreiches Polen [auf Kosten Rußlands] sowie den uneingeschränkten U-Boot-Krieg zum Scheitern verurteilt war. Am 3. II. 1917 erfolgte der Abbruch der diplomatischen Beziehungen und am 6. IV. die Kriegserklärung der USA.
[2] Schiele bezog dieses Atelier tatsächlich.

[nach dem 2. I. 1917?]

An → Heinrich Benesch, Abschrift eines L. a. s., 3 pp. groß 8°
„Sonntag.
Lieber Herr B., ich war gestern bei Hofrat → Leisching, betreffs des Künstlerfürsorgevereins, letzterer bewilligte mir monatlich 50 K.[ronen][1]. Nun hörte ich von Malern deren Namen ich nicht nennen will, daß die österr. Kreditbank, Künstlern Geld für Bilder gibt, bzw. [beziehungsweise] daß die Bank Geld borgt und man als Pfand Bilder gibt. Ich bitte Sie darum, an einem der nächsten Tage zu → Prof.[essor] Hoffmann zu gehen um näheres zu erfahren und vielleicht bringen Sie mir schon am Donnerstag Nachricht. — Folgendes: im Fürsorgeverein weiß man, daß ich von Böhler 200 K monatlich bekomme, Hoffmann selbst brachte dies vor. Wie ich jetzt lebe, ich meine im Gegensatz zu früher, wissen Sie zur Genüge. Sie wissen, daß ich mir jetzt tatsächlich nur das Wichtigste leiste. Der Hauptgrund, daß gerade Sie mit Hoffmann darüber sprechen sollen ist der, daß Sie ihm klarlegen, daß die 200 K von Böhler mein einziges bestimmtes Einkommen gegenwärtig sind und dieses Geld lediglich auf Essen und Trinken aufgeht. Von einer Bezahlung anderer wichtigen Sachen ist dabei nicht zu denken, ich meine Zins, Bekleidung, Wäsche, Farben und Requisitten, Modell u. v. A. [und vieles andere] ist ausgeschlossen. Von alledem abgesehen, muß ich in allererster Linie meine Schulden wenigstens dämpfen, ich werde für meine Schwester[2] sorgen müssen. Die 50 K. die ich aber vom Fürsorgeverein auf unangenehme Art bekam, sind soviel, daß ich mir den 4ten Teil des allernotwendigsten Malmaterial besorgen konnte. Man muß wissen, daß Farben das Doppelte kosten! — Ich wandte mich darum an den Fürsorgeverein, damit ich meine wichtigsten Schulden hätte

413

DOKUMENTE UND KORRESPONDENZ 1917

bezahlen können. Denn das ist der Krebsschaden, das weiß ich am besten, und daß immer nur Pfändungen herausschauen, das weiß ich auch. Gleichzeitig schreibe ich Ihnen die wichtigsten der in Betracht kommenden Schulden auf, weil dies so notwendig wie Wasser ist. Ich selbst will, wenn es durch die Kreditbank möglich werden würde, das Geld gar nicht in die Hand bekommen. Vielleicht haben Sie die Güte, beim Gelingen, an die verschiedenen Leute in meinem Namen zu bezahlen. Wer aber heute noch glaubt, daß ich mein Geld verschmeiße, der irrt gewaltig und weiß von mir so viel, wie wir von den Sternen. Es folgt also eine Liste woraus Sie ersehen worum es sich dreht. Am Donnerstag 3^h im Atelier auf Wiedersehn!   Egon Schiele"

Beigelegt eine Zusammenstellung seiner Verpflichtungen, 1 Blatt 8°
„Das Allernötigste!
Frau Nurscher seit vor dem Krieg schuldig K 170,— jetzt entstanden 80,—; Zins: September—April [je] K 60,—; Schneider K 50,—; Tischler: für Rahmen, Kiste, Verpack[ung] K 45,—; Einkommensteuer und Militärtaxe: K 48,—; Wäsche, Licht, Kohlen: K 35,—
hier nicht Dringende:
Farbenhändler Landsberger und Ebeseder K 300,—; Tischler in Ob[er] St. Veit 200,—; Buchhandlung → Heller 40,—; Schneider Holub³ 95,—; Installateur 130,—"
E. S. A. 623   [1162]

1 Im vorhergehenden Brief ist noch von 30 Kronen die Rede.
2 → Gertrude Peschka, deren Mann eingerückt war.
3 Schneidermeister Holub, dessen Rechnung später eingetrieben wurde.

3. I. 1917

Edith Schiele, L. a. s., 1½ pp. 8°. Freut sich, daß Schiele endlich nach Wien versetzt sei. Ob Oberleutnant → Herrmann mit dem Ersatz zufrieden sei? Ginge morgen in die Wattmanngasse [wegen des neuen Ateliers]¹, sei den ganzen Tag auf Lebensmitteljagd, etc.
E. S. A. 159   [1163]

1 Die Verhandlungen um das neue Atelier Wien XIII., Wattmanngasse 6, begannen demnach bereits im Januar 1917. Bezogen wurde das Atelier jedoch erst im Juni 1918 [siehe Nr. 1636].

5. I. 1917

„→ Johann Heinrich Harms, Hausbesitzer", Parte. Er ist 73-jährig verstorben; das evangelische Begräbnis findet am 8. Januar auf dem Ober St. Veiter Friedhof statt.
E. S. A. 415   [1164]

Oberleutnant → Dr. Hans von Rosé, als k. k. Anstaltskommandant, L. s., Eingabe an das k. und k. Reichskriegsministerium, um Egon Schiele in Mühlau abzulösen. Es wird um Stellung eines Ersatzes mit schöner Handschrift ersucht, etc.
Nach: Leopold Auer, Egon Schiele und das Heeresmuseum in: Mitteilungen des österreichischen Staatsarchivs, 26, 1973.
[1165]

8. I. 1917

Künstler-Vereinigung Dresden, L. s., 1 p. 4°. Mitteilung über eingeschriebene Rücksendung von 6 Arbeiten und dazugehörigen 6 Rahmen, etc.
E. S. A. 137   [1166]

9. I. 1917

→ Anton Peschka, C. a. s. [Postkarte der „Aktion"]. Habe der „Aktion" kleine Zeichnungen von sich eingesandt. Erinnert Schiele an das versprochene Bild, etc.
P. 51   [1167]

12. I. 1917

→ Galerie Arnot, L. a. s., 1 p. 8°. Erbitten um Abholung aller Bilder und Zeichnungen, etc.
E. S. A. 891   [1168]

12. I. 1917

An → Edith Schiele, L. a. s., 1 p. groß 8°. Aus Mühling
„12. Jänner 1917.
Liebe Did. — mein Ersatz war bereits hier und ich glaube daß ich am Dienstag kommen werde. — ich schreibe noch genau. — Nur vergesse[!] nicht am Sonntag zwischen ¾4 und ¼5^h in der Wattmanngasse¹ zu sein und Herrn Baruch alles zu sagen. — Mauern verputzen, — weiß streichen, alle Räume. Dann sage ihm ob er einverstanden wäre, wenn ich vielleicht die Türen schwarz streichen lasse. Wegen der Verschallung und Ausbruch eines Dachfensters sage ihm nur dann, wenn Du glaubst daß er eingeht. Es käne eine dünne Wand aus Holz mit Rohr beschlagen und verputzt mit Fenstern oder Verglasung gegen die Atelierfenster in Betracht. Dann vergesse[!] nicht, Kegelbahnbenutzung und Gartenbenutzung. Freue Dich und frolocke[!]!   Buß Egon."
Friedrich Letz, Wien   [1169]

1 Siehe Nr. 1163.

13. I. 1917

An → Anton Peschka, L. a. s.
„13. Jänner 1917.
Lieber A. P.! Besten Dank für Deinen Brief. — Es freut mich, daß Du Abonnent der → „Aktion" geworden bist. — Wenn Du diesen Brief haben wirst, so werde ich bereits für immer in Wien bleiben. — Am 5. Jänner starb mein Schwiegervater¹ an Altersschwäche, ich hatte ihn sehr gerne, er war groß und mager, 76 Jahre alt. Im Frühjahr 1915, als ich in Liesing war, zeichnete und malte ich ihn. — Das Porträt ist 140:110 cm groß — er sitzt². — Und als ich zu der Leichenfeier in Wien war, nahm ich ihm die Totenmaske ab, sie wurde sehr gut und interessant. — In denselben Tagen hörte ich, daß meine Zeichnungen aus der „Aktion" Du für → „Griepenkerl's" Ideen hieltst — ich gebe zu, daß gerade diese Blätter zahm sind — nicht aber alle aus dieser Zeit. — In Wien werde ich täglich Zeit haben, zu arbeiten. — Ich habe vor, ein

großes Figurenbild[3] zu malen, mit allen meinen Nächstbekannten, lebensgroß, bei einer Tafel sitzend. — Ich verhandle bereits mit einem Hausherrn in Wien, XIII., Wattmanngasse (Althietzing), wegen einem neuen Atelier mit Wohnung im Garten, welches wir ab Mai beziehen wollen. Das Atelierhaus ist alleinstehend rückwärts in einem schönen Rosengarten Althietzings und besteht aus einem kleinen Atelier in der Größe von 4,60:5,30 m und einem großen Atelier von 12 m Breite und 10,80 m Länge, außerdem sehr hoch und an drei Seiten ringsum eine 2,20 m breite Galerie, — dann ein schönes Wohnzimmer und Diele (Stiegenhaus), angebaut eine Kegelbahn. — Alles wird in nächster Zeit hergerichtet werden. — Dort will ich von Neuem beginnen. Es kommt mir so vor, als ob ich mir bis jetzt nur die Werkzeuge vorbereitet hätte. — Hoffentlich wird der Krieg doch in diesem Jahr ein Ende nehmen, so daß wir öfters zusammentreffen. — Ich hörte — will daher, weil ich's nicht selbst sah, kein Urteil abgeben, — daß Eure Wohnung in Hetzendorf feucht sei und die Nachbarn unleidlich sind. — Lieber A. P.! Wenn dem so ist, so möchte ich Euch doch raten, eine komfortablere Wohnung zu nehmen, von denen es zum Beispiel in Hietzing genügend gibt. — Abgesehen, daß jetzt auch → Fischer, → Faistauer, → Gütersloh usw. in Hietzing ansässig sind, — es ist aber doch klüger, um sein Geld elektr. Licht und Wasser zu haben und trockene Räume zu bewohnen. — Gleich mit diesem kann ich Dir mitteilen, daß meine Bilder, welche in Brüssel waren, von der deutschen Verwaltung an mich geschickt wurden, — ich habe die Bilder und auch Deines[4] — welches jederzeit abgeholt werden kann. — Bitte, bringe mir auch was mit, — bunte Kleider oder Holzfiguren usw. — Schreibe mir, wann Du wieder auf Urlaub kommst und Ihr uns diesmal besuchen werdet. — Der fortwährende Streit ist unschön und wir Menschen sollen einander lieb haben. — → Roessler ist nicht mehr im Kriegsarchiv, er dürfte mit der nächsten Marschformation der 84er ins Feld gehen. → Faistauer ist bei der Paßrevision in Salzburg am Bahnhof. → Gütersloh ist noch beim Roten Kreuz in Wien, → Harta ist beim Train in Mostar, → Jungnickel in Bayern eingerückt und hat fast immer Urlaub und ist in Wien, → Kolig ist im Kriegspressequartier, → Wiegele in Algier in Gefangenschaft, → Lang in Moskau, nur → Fischer ist noch Zivil. — So sind wir alle zerstreut. → Kokoschka wurde durch Fürst Lichnowsky[5] von Berlin aus enthoben. — Er ist mit seinen Nerven ganz kaputt. — In Deutschland fiel eine Reihe der jüngsten und zukunftsreichsten Künstler. → Oppenheimer ist in Zürich (Zivil). → Böhler in Wien, er ist Schweizer. Schreibe mir also, wann Du auf Urlaub kommst und treffen wir uns alle zusammen in Wien. Auf frohes Wiedersehen! Prosit Neujahr! Egon Schiele."

Nach: R., B. & P., pp. 116/8; Verbleib unbekannt [1170]

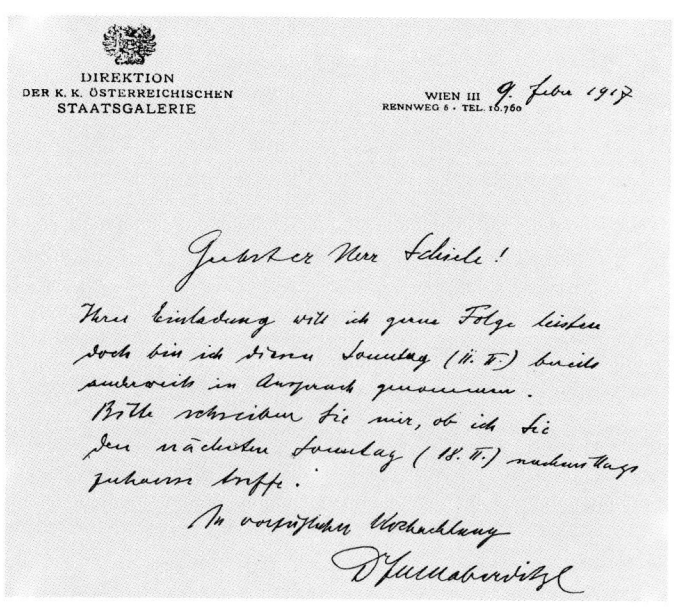

1 Johann Harms.
2 „Bildnis Johann Harms", 1916.
3 Möglicherweise der erste Hinweis auf das Bild „Die Tafelrunde" oder „Die Freunde", 1917/18 [siehe L. 288].
4 Ein von Peschka auf die Brüsseler Ausstellung, 1914, gesandtes Bild.
5 Fürst Karl Max Lichnowsky (1860—1928), deutscher Botschafter in London, 1912/14.

[1171]

9. II. 1917
→ Dr. Franz M. Haberditzl, L. a. s., auf Briefpapier: „Direktion der K. K. österreichischen Staatsgalerie", 1 p. groß 8°. Sei diesen Sonntag anderweitig in Anspruch genommen, ginge es nächsten?, etc.

E. S. A. 905 [1171]

10. II. 1917
An → Richard Lányi, L. a. s.
„10. Februar 1917.
 Wien XIII., Hietzinger Hauptstraße 101.
Lieber Herr Lányi! Nach endgültiger Überlegung habe ich mich entschlossen, Ihnen mitzuteilen, — daß für Sie die „Eremiten"[1] 700 Kronen kosten würden, — anders ist es mir unmöglich. — — Die neuen Bilder, wie zum Beispiel „Die Mühle"[2], kann ich nur an meine Freunde um 1200 Kronen abgeben. — Bei meinen Verkäufen muß ich vorerst auf einen Vertrag sehen, — den ich einging[3]. — Wenn Sie monatlich wenigstens vier Zeichnungen kaufen, so bin ich bereit, diese Blätter auch fortab um 50 Kronen pro Stück abzugeben, — erwarte darüber von Ihrer Seite die Verständigung. — Auch möchte ich im Tausche gegen Bücher gerne Zeichnungen um den Ausgleichspreis geben. Wüßten Sie niemanden, der Mappen[4] von meinen Zeichnungen, zum Beispiel à 12 Stück, gut reproduziert, herausgeben möchte? — Abnehmer und Abonnenten wüßte ich selbst genug. — Ich denke mir, von Zeit zu Zeit eine Mappe mit den letzten Blättern. — Was meinen Sie? Freundliche Grüße Egon Schiele."

Nach: R., B. & P., p. 171; Verbleib unbekannt [1172]

1 „Die Eremiten", 1911.
2 „Zerfallende Mühle", 1916.
3 Dieser Hinweis ist wohl eher eine Ausrede. Der Vertrag mit → Goltz, München, war längst ausgelaufen.
4 Eine Mappe mit Reproduktionen von Schiele-Zeichnungen erschien tatsächlich bei Lányi, 1917.

DOKUMENTE UND KORRESPONDENZ 1917

12. II. 1917
An → Dr. F. M. Haberditzl, L. a. s., 1 p. 8°
„12. II. 1917.
Lieber Herr Dr. Haberditzl! Besten Dank für Ihr Schreiben — ich erwarte Sie am kommenden Sonntag 18. II. 17. nachmittags 2—6ʰ. Mit vorzüglicher Hochachtung
Egon Schiele, 1917."
Privatbesitz, Wien. Abgebildet Katalog Egon Schiele, Oberes Belvedere, Wien, 1968, nach Nr. 58   [1173]

13. II. 1917
An Ferdinand Kofron [Rechnungsfeldwebel, Mühling], L. a. s., 1 p. gr. 8°
„13. Februar 1917.
Lieber Herr Kofron. — in einigen Tagen bin ich ein[en] Monat in Wien. Wie geht es Ihnen und wird Ihre Enthebung gelingen? — ich wünsche es Ihnen. — Was macht Filetz[1] ich lasse ihn bestens grüßen, — auch die übrigen in Mühling verbannten[!]. Ich habe an Wochentagen von 8—3 respekt.[ive] 4ʰ [Dienst] dann Schluß — Sonn u. Feiertage frei. — es geht mir wirklich sehr gut. — ich arbeite für mich täglich und bekomme lauter neue Käufer. — Es wird mit Hochdruck gearbeitet. — Die Zeichnung von Höllrigl[2] hängt bereits im Grazer Museum. — Hier in der Konsum-Anstalt[3] bekomme ich Zigaretten, Fett, Zucker, Kaffee u. s. w. auch trink ich fleißig Probeschnäpse. — ich sitze mit einem netten Fräulein allein in einen[!] Zimmer, — Auweh! sonst geht es hier ganz zivilistisch zu. — Das böseste[!] wird jetzt die Straßenbahn werden, — kein Verkehrsmittel für Wien ist bedenklich. — Wenn Sie nach Wien kommen besuchen Sie mich einmal, — schreiben Sie aber bitte vorerst damit ich daheim bin. — Wie der Krieg aus ist, fahren wir nach Zürich. Einstweilen freundliche Grüße und Empfehlungen an Ihre Frau. Auf Wiederseh[e]n
Egon Schiele, 1917."
W. ST. B. 109.244   [1174]

1 Wohl — wie auch die später genannten Filetz und Höllrigl — Kriegskameraden Schieles in Mühling.
2 Die Zeichnung befindet sich nicht in der Neuen Galerie, Graz.
3 Schieles neue Dienststelle, die K. K. Konsumanstalt für die Gagisten der Armee, Wien VI., Mariahilferstraße, wohin er durch → Karl Grünwalds Vermittlung kam.

19. II. 1917
An → Dr. F. M. Haberditzl, L. a. s., 1 p. gr. 8°
„19. II. 1917
Sehr geehrter Herr Direktor! → Herr Grünwald, dem die Zeichnung die sitzende Dame gehört — welche Sie haben wollten, ist als Besitzer zurückgetreten, wenn das Blatt auch wirklich in der Staatsgalerie[1] ausgestellt wird und mir nützen kann. Gleichzeitig möchte ich Sie Herr Direktor fragen, ob Sie mir zu einem Porträt, welches ich sehr gerne von Ihnen für mich malen will, sitzen möchten. — Vielleicht hätten Sie an Sonntagen nachmittags Zeit dazu? Vorerst erwarte ich Sie zwischen dem 25. II. und 2. III. ab ½6ʰ abends. Mit vorzüglicher Hochachtung
Egon Schiele, 1917."
Privatbesitz, Wien   [1175]

1 Die „Österreichische Staatsgalerie", heute „Österreichische Galerie", erwarb damals auch Zeichnungen lebender Künstler, die sich seither in der Albertina, Wien, befinden.

An Oberleutnant → Gustav Herrmann in Mühling, L. a. s., 1 p. 8°
„19. II. 1917.
Sehr geehrter Herr Oberleutnant! Dadurch daß Sie [mir] zur meiner jetzigen Lage verholfen haben, bin ich Ihnen von ganzen Herzen dankbar und bin bemittelt [sic statt: im Stande] neuen Plänen näher zu kommen und neue Arbeiten zu beginnen.
Es handelte sich um Kunst und die Zukunft.
Kulturmenschen können die Staaten wieder aufbauen. Ich weiß daß es sich um einige Gewalten, — um den Willen einiger Männer drehen wird.
Ob jung oder alt, — draufgängerisch und seherisch werden sie sein müssen.
Wir wollen Ihnen die Mittel verschaffen, —
wir dürfen sie nicht verkommen lassen, —
wir müssen ihnen Zeit und Freiheit geben.
Vielleicht in der allernächsten Zeit schon werden Sie erfahren was bei uns vor sich geht, — bis dorthin wird unser erster Schritt getan sein. Mit dem Ausdrucke vorzüglichster Hochachtung
Egon Schiele, 1917."
Viktor Fogarassy, Graz; Abschrift E. S. A. 635   [1176]

20. II. 1917
→ Dr. Franz Martin Haberditzl, L. a. s., 1 p. groß 8°. Schiele möge die vier Zeichnungen und zwei weiblichen Aktfiguren dazu zur Vorlage an einen Herrn Skutezky[1] aus Raigern senden, etc.
E. S. A. 904   [1177]

1 Arnold Skutezky, Brünner Industrieller, der eine bedeutende Bildersammlung besaß [freundliche Mitteilung von Eva Heine-Geldern, Wien].

21. II. 1917
→ Heinrich Benesch, L. a. s., 6 pp. 8°. Ist grundsätzlich bereit, 6 Zeichnungen seiner über 70 Blätter Schieles umfassenden Sammlung zur Reproduktion zur Verfügung zu stellen, will sie jedoch selbst in die Reproduktionsanstalt bringen, denn es blättere bei einigen seiner Blätter bereits die Farbe ab[1], etc.
E. S. A. 589   [1178]

1 In der Literatur bisher der einzige Hinweis auf nachlässiges Kolorieren Schieles, der bekanntlich alle seine Blätter vor dem Modell zeichnete, aber nachträglich, ohne Modell, kolorierte.

23. II. 1917
An → Josef Hoffmann, L. a. s., 1 p. gr. 8°
„23. Februar 1917.
Lieber Herr Professor Hoffmann! ich habe mit großer Freude gehört, mit welchen[!] Interesse Sie und Herr → Hanak

unserer Idee¹ gegenüber stehen. Gottlob daß ich in Wien sein kann, um jede Minute zu verwenden. ich wußte daß es gleichdenkende Männer geben wird. ich glaube an die große freie Kunst — an Menschen die zur Erkenntnis kommen werden. Wenn unsere Ausstellungen im Konzept zusammengestellt sein werden wollen wir Sie zu einer kurzen Besprechung einladen. Bis dorthin freundlichste Grüße   Egon Schiele, 1917."
W. ST. B. 159.464; R., B. & P., pp. 138/9   [1179]

1 Es handelt sich um die beabsichtige Gründung einer neuen Künstlervereinigung „Kunsthalle" [siehe Nr. 1182].

24. II. 1917

An → Richard Lányi
„24. II. 1917
Lieber Herr Lanyi — Sonntag bin ich bis 1ʰ im Atelier, dann bin ich eingeladen in der Stadt und komme um 5ʰ wieder. — Wenn Sie vormittags 9—1 Uhr nicht kommen, so kommen Sie nachmittags 5 Uhr zu mir."
E. S. A. 1065, Abschrift; Verbleib des Originals ungeklärt
[1180]

1. III. 1917

An → Richard Lányi, L. a. s.
„1. März 1917, 9 Uhr morgens.
   Wien XIII., Hietzinger Hauptstraße 101.
Lieber Herr Lányi! Ich habe nicht die Absicht, mit Ihnen auf feindlichem Wege zu verkehren. — Sie werden vielleicht was Unrichtiges vermuten, wenn ich Ihnen mitteilte, daß ich das Blatt für mich behalten will. — Sie müssen aber bedenken, daß meine Zeichnungen lediglich keinen anderen Zweck haben, als Vorbereitungen für zu malende Bilder zu sein, — daß sie nur für mich bestimmt sind und für mich von ungeheurem Wert sind, — weil ich die „nächste" Vorstellung für ein Werk vor mir habe. — Leider wurden mir nur zu oft meine für mich wertvollsten Blätter weggenommen und so kam es, daß schon viele große Bilder in ihrem ersten Keim stecken blieben und man schließlich getäuscht wird und glaubt, — daß meine Blätter schon Bilder sind. — Weil ich Ihnen aber das Blatt schon versprochen habe — so sehe ich ein, daß ich unrecht habe, weil ich voreilig war; — Sie können das Blatt haben, in der Voraussetzung, es nicht weiter zu verkaufen und mir das Blatt zu Ausstellungen, und wenn ich das Bild male, zu leihen. — Trachten Sie, daß dieses Blatt und das „Kind" farbig wird¹, — allseits wird mir gesagt, daß die Reproduktion wertlos ist, wenn man die Farben nicht sieht. —
   Egon Schiele."
Nach: R., B. & P., pp. 171—2; Verbleib unbekannt   [1181]

1 Es handelt sich um Blätter Schieles, die in der Lányi-Mappe von 1917 reproduziert werden sollten.

2. III. 1917

An → Anton Peschka, L. a. s.
„Lieber A. P.! Es freut mich, daß Du um den 20. d. M. nach Wien kommst — ich bin täglich ab 4 Uhr frei und im Atelier zwischen halb 6—8 Uhr sicher zu treffen. — Sonntag den ganzen Tag. — Nun höre: Wir sind von neuem zusammen-

getreten. — → „Kunsthalle" — in den größten Dimensionen läuft alles mit Riesenschritten. — Es lag in der Luft. — Bildende Kunst, — Literatur und Musik. Die ganze österreichische Künstlerwelt ist auf. — Die Gründer sind Künstler und Kunstfreunde. Unter anderen sind → Arnold Schönberg, → Gustav Klimt, → Jos. Hoffmann, → A. Hanak, → Peter Altenberg und viele andere mit, — die besten Kunsthistoriker usw., es ist kein Verein, es gibt nur Arbeitsgruppen. — Folgend unser Aufruf:

„Seit das blutige Grauen des Weltkrieges über uns hereinbrach, sind wohl manche schon innegeworden, daß die Kunst mehr ist, als eine Angelegenheit des bürgerlichen Luxus. Wir wissen, daß die Zeit des kommenden politischen Friedens die große Auseinandersetzung bringen wird zwischen den materialistischen Tendenzen unserer Zivilisation und jenen Resten edler Kultur, die uns das merkantile Zeitalter noch gelassen hat. Angesichts solcher Tatsachen hat jeder geistige Mensch die Pflicht, das österreichische Kulturgut vor dem Untergang zu bewahren und die Pläne einer Jugend verwirklichen zu helfen, welche einen neuen Aufbau beginnen und mit den Schäden der Vergangenheit unbedingt brechen will. Es muß der Krieg für jene bereitet werden, die demnächst aus dem Kriege wieder heimkehren werden, sie müssen die Möglichkeit finden, in Reinheit zu schaffen und zum allgemeinen geistigen Wohle zu wirken. Daher tut es not, die aufstrebende Generation vor der Isolierung zu schützen und sie vor der Trennung von dem lebendigen Leben zu bewahren. Zu diesem Zwecke haben sich junge unabhängige Menschen in der Absicht zusammengetan, einen geistigen Sammelpunkt zu schaffen und haben einen Ausstellungs- beziehungsweise Vortragsraum gemietet, um daselbst Malern, Bildhauern, Architekten, Musikern und Dichtern die Möglichkeit zu bieten, mit einem Publikum in Verbindung zu treten, das sich gleich ihnen gegen die immer mehr fortschreitende kulturelle Zersetzung zu wehren bereit ist. Diese junge Schar von Unabhängigen wagt den Versuch, ob sie nicht doch gegen den Zeitgeist ankämpfen könne, der alles in materiellen Interessen erstickt und die unbequemen Künstler zum Schweigen verurteilt. Dieser Versuch muß gemacht werden, denn es naht die Zeit, wo die Geister sich scheiden müssen vom Ungeist: aus Selbsterhaltung, aus dem Gefühl unüberwindlichen Ekels und aus Liebe zu jenem Menschheitsideal, das in uns noch immer lebt und das in seiner kulturellen Wirksamkeit zu schützen die höchste Aufgabe jeder Jugend bleibt.

Was wir da unternehmen ist nicht das Ergebnis einer vorübergehenden Laune, es ist eine sittliche und patriotische Tat zugleich. Wer hier abseits steht, der würde dem österreichischen Geistesleben einen nicht mehr gutzumachenden Schaden zufügen. Denn wir wollen heraus aus der Stagnation und die Kräfte freudig wirken sehen, die unserem Boden entsprungen sind, wir wollen, daß die Landflucht der Talente aufhöre und daß alle jene zu Österreichs Ehre schaffen dürfen, die Österreich hervorgebracht hat. Wir stehen an einem Wendepunkt der Geschichte und im Bewußtsein der Einmaligkeit dieses Augenblicks halten wir es für unsere menschliche Pflicht, zu beweisen, daß wir nicht teilnahmslos blieben, als es das Edelste auf dieser Welt, — den ererbten Kulturbesitz

von Jahrhunderten — zu schützen und zu retten galt, für den Geist Zeugnis abzulegen und Opfer zu bringen.
Wir sind uns bei dem großen Umfang unserer Bestrebungen über die Schwierigkeit ihrer Durchführung vollständig im Klaren, aber wir tun das scheinbar Unmögliche mit Freude und Begeisterung, weil wir jung sind und weil es für unser Vaterland geschieht. Mögen alle diejenigen, welche die Macht und die Möglichkeit haben, in unserem Werke das Allgemeine zu fördern, nicht abseits stehen, und mögen sie wissen, daß das unbefleckte Andenken an gefallene Freunde und Kameraden uns die heiligste aller Pflichten auferlegt. Diesen unvergeßlichen Edlen im Geiste und in der Wahrheit treu zu bleiben."

Dies wird demnächst gedruckt[1]:

„Information.
Es haben sich junge unabhängige Menschen in der Absicht zusammengetan, die durch den Krieg zersprengten Kräfte aller Kunstgebiete zu sammeln. Sie haben einen Ausstellungs- beziehungsweise Vortragsraum gemietet, um daselbst bildenden Künstlern, Dichtern und Musikern die Möglichkeit zu geben, mit einem Publikum in Verbindung zu treten, das sich, gleich ihnen, gegen die immer mehr fortschreitende kulturelle Zersetzung zu wehren bereit ist. Die „Kunsthalle" dient nicht einer besonderen Kunstrichtung, sie veranstaltet keine Massenausstellung, sondern stellt dem zu Worte kommenden bildenden Künstler den Raum für seine Kollektivausstellung zur Verfügung. Der Künstler, an den der Saal kostenlos vergeben wird, ist unbeschränkter Herr dieses Raumes. Die Gründer bilden lediglich einen Veranstaltungsausschuß, keinen Verein. Es gibt keine Mitglieder. Der einzelne Künstler tritt in Beziehungen zur „K" entweder über deren Einladung oder über seine Anmeldung. Ein eventueller Reingewinn wird zur Gründung eines Fonds zur Unterstützung notleidender österreichischer Künstler verwendet. Die Künstler werden unterstützt nicht durch Geldspenden, sondern:
a) durch Ankäufe von Werken bildender Kunst und Manuskripten,
b) durch Wettbewerbe,
c) durch Übersetzung fremdsprachiger Dichtungen,
d) durch eine zu schaffende Privat-Galerie der „Kunsthalle". Aus dem Fonds der „K" werden Werke der bildenden Kunst angekauft und so ein Museum neuer Kunst gegründet. Die Ankäufe der „K" bleiben ihr Eigentum, so lange diese nicht weiter verkauft werden. Der Mehrerlös wird dem Unterstützungsfonds zugewiesen. Dadurch kehrt das verausgabte Geld der „K" aus dem Unterstützungsfonds mit einem Plus in denselben zurück. Die Geldkraft der „K" wird dadurch nicht geschwächt.
e) Die „K" ist ihr eigener Kunsthändler und Verleger."
Dies ist das Wichtigste. Weil die „K" ständig bleiben wird, — so werden wir nach Friedensschluß auf einem bestimmten Grund in der nächsten Nähe des Stadtparkes unser Haus bauen. Für das erste halbe Jahr sind uns bereits 30—40.000 K gesichert.

Gründer sind:
Berger[2], Architekt
→ Grünwald, Kaufmann

Mitgründer:
→ Altenberg, Schriftsteller
→ Hanak, Bildhauer
Kiesler[3], Maler
Lampl[4], Schriftsteller
→ Liegler, Schriftsteller
→ Merkl, Maler
Rittner[5], Schriftsteller
Schiele, Maler
→ Schönberg, Komponist
→ Hoffmann, Architekt
→ Klimt, Maler

Jetzt kommen eine Anzahl von Protektoren, Stifter, Unterstützer, Förderer; — alles das wird gedruckt. Wir geben ein Jahrbuch heraus, außerdem wollen wir Mappenwerke und vielleicht eine Monats-Kunstzeitschrift herausgeben. Im Eigenverlag[6]. Vorderhand herzlichste Grüße   Egon Schiele.

→ Franz Pfemfert (→ „Die Aktion") versteht unter tonigen Zeichnungen solche, wo ein Klischee gemacht werden muß. Holzschnitte sind am einfachsten zu reproduzieren, — jedes Exemplar ist original. Die Staatsgalerie und das Museum in Graz erwarben von uns Blätter und verhandeln wegen dem Ankauf eines Gemäldes. In Wien kommt in 2—3 Monaten eine Mappe von zwölf meiner Blätter in Originalgröße heraus[7]. Es werden 400 Exemplare numeriert und von mir signiert herauskommen. Die Mappe wird K 60.— kosten. — → Gerti hat bereits das Bild[8]. Bringe mir Altertümer mit, alte Figuren, je größer desto besser, alte Bücher, farbige Tücher, Gewänder — ich will alles gut bezahlen."

Nach: R., B. & P., pp. 118—123; Verbleib unbekannt

[1182]

1 Kein gedrucktes Exemplar bisher aufgetaucht.
2 Franz Berger (1841—1919), Architekt, Leiter des Stadtbauamtes.
3 Kiesler, Maler, keine Daten feststellbar.
4 Fritz Lampel (1892—1919), Schriftsteller, gab gemeinsam mit Franz Werfel die expressionistische Zeitschrift „Der neue Dämon" heraus.
5 Thaddäus Rittner (1873—1921), Erzähler und Dramatiker.
6 Keines der angeführten Projekte hat sich verwirklicht.
7 „Egon Schiele, Handzeichnungen", bei → Lányi, 1917.
8 „Junge Mutter", 1914.

8. III. 1917

→ Hans Goltz, L. s., 1 p. groß 8°. Hat noch ein Guthaben von 270,10 Mark, erbittet Auswahlsendung von 50 Zeichnungen, ältere Blätter schickt er zurück, etc.

E. S. A. 824   [1183]

10. III. 1917

An → Ludwig H. Jungnickel, XII., Grünbergstraße 31, C. a. s.

„10. März 1917 9ʰ früh! Lieber Jungnickel — wir kommen heute abds [abends] ¾9ʰ im Kaffee Stadtpark, — Ecke Ring—Wollzeile zusammen. Komme sicher hin. Freundl.[ichen] Gruß   Egon Schiele, 1917."

W. ST. B. 159.468   [1184]

12. III. 1917

→ Hans Goltz. L. s., 1 p. groß 8°. Läßt ihm das „Kunstblatt" zugehen; hat ihn an Paul Westheim [Kunsthistoriker] empfohlen. Will die → Lányi-Mappe gerne vertreiben; teilt die Adresse des Malers → Willy Nowak mit. → Max Oppenhei-

mer sei in der Schweiz, → Melzers Adresse im Augenblick unbekannt, etc.
E. S. A. 825 [1185]

14. III. 1917
An → Dr. Oskar Reichel, L. a. s., 1 p. 8°
„Lieber Herr Dr. Reichel — von Ihren Blättern wird eines reproduziert, — schwarzes liegendes Mädchen¹. — Mir ist es unmöglich an den kommenden Sonntagen zu Ihnen zu kommen — ich sende Ihnen daher die restlichen Blätter rekommandiert zu. Beste Grüße   Egon Schiele, 1917."
Neue Galerie, Linz. [Freundlicher Hinweis von Prof. Walter Kasten] [1186]

1 In der Schiele-Mappe, → Lányi, 1917.

[nach dem 14. III. 1917]
→ Richard Lányi. — Prospekt der Mappe mit Reproduktionen nach Schiele-Zeichnungen. 1 Blatt groß 8°. „Zeichnungen Egon Schiele 1917. Soeben erschienen. Preis der Mappe 12 Blatt K[ronen] 45.—."
E. S. A. 1145 [1187]

16. III. 1917
An → Richard Lányi, L. a. s.
„Lieber Herr Lányi! Ich bin den ganzen Sonntag schon beschäftigt, — wenn Sie aber um 9 Uhr früh können, so kommen Sie. — Wenn möglich bringen Sie mir von den zu reproduzierenden Blättern die beiden, die im Besitz der Staatsgalerie angegeben sind. (Russe und meine Frau sitzend.) Sie können die Blätter schon Montag wieder haben und ich brauche sie sehr notwendig. Beste Grüße   Egon Schiele."
Nach: R., B. & P., pp. 172—3; Verbleib unbekannt [1188]

Hugo Heller & Cie.
BUCHHÄNDLER KUNSTHÄNDLER
WIEN, I. BEZIRK BAUERNMARKT 3
TELEPHON NR. 21.695
PERMANENTE AUSSTELLUNG MODERNER GRAPHIK

[1189]

19. III. 1917
→ Buchhandlung Hugo Heller & Cie, Wien I., Bauernmarkt 3, L. s. „Übersenden Kontoauszug mit einem Saldo zu Ihren Gunsten von 270,10 Kronen¹. Sie konnten nicht länger kreditieren", etc.
E. S. A. 21 [1189]

1 Schiele verkaufte bei Hugo Heller, damals eine der führenden Wiener Buchhandlungen, in Gegenrechnung seine Zeichnungen und bezog Bücher.

—

→ Dr. Franz Haberditzl, L. a. s., 1 p. gr. 8°
„19. März 1917
Sehr geehrter Herr Schiele! In der Absicht, Sie nur mit Ihren allerbesten Werken in der Staatsgalerie vertreten zu haben, bin ich heute bei Durchsicht der vorliegenden Zeichnungen zu dem Schlusse gelangt, die beiden farbigen Zeichnungen welche Herr → Lányi reproduzieren wird, und einen weiblichen Akt zu behalten und zwar die beiden erstgenannten Zeichnungen unbedingt, die Aktzeichnung mit dem Vorbehalt, sie gelegentlich bei Ihnen gegen eine womöglich noch geeignetere Aktzeichnung vertauschen zu können…", etc.
E. S. A. 902 [1190]

[nach dem 19. III. 1917]
Visitkarte. „Bitte meiner Schwägerin [Adele Harms] ein Buch auf mein Konto auswählen zu lassen.   Egon Schiele, 1917."
E. S. A. 247 b [1191]

27. III. [1917]
Marga Boerner¹, eigenhändige Zeilen auf der Rückseite einer Visitkarte von Egon Schiele
„27. III.
Habe mir heute K 200— ausgeborgt von Egon Schiele
Marga Boerner."
E. S. A. 392 [1192]

1 → Marga Boerner, Schauspielerin, nach der Schiele 1917 zeichnete. Zeichnung im Besitz von Dr. Rosé, London, abgebildet A. St. 1966, 2, p. 81.

—

An → Dr. F. M. Haberditzl, L. a. s., 1 p. gr. 8°
„27. März 1917.
Lieber Herr Dr. H. — Ihr Diener brachte mir die restlichen 3 Blätter und eine Quittung über K[ronen] 300— welche ich aber nicht empfangen habe. Das eine Blatt können Sie jederzeit für ein besseres eintauschen. — ich habe die Absicht Sie morgen Mittwoch ½5—5ʰ in der Galerie aufzusuchen und hoffe Sie anzutreffen. Mit den besten Grüßen
Egon Schiele, 1917."
Katalog Schiele-Ausstellung, Oberes Belvedere, Wien 1968, nach Nr. 58 abgebildet [1193]

[? III. 1917]
→ Friedrich von Radler, Blumen- und Tiermaler (1876—1942), L. a. s., 2 pp. 8°. Es handelt sich um Schieles Militärakt, mit dem der Schreiber irgendwie zu tun hatte.
W. ST. B. 161.893. Abgebildet in: Remigius Geyling, Künstler und Literaten, gezeichnet in Wien um 1900. Wiener Bibliophilen Gesellschaft 1974, pp. 64/67 [1194]

6. IV. 1917

An den Maler Kiesler, Wien VIII., Daungasse 1
„6. IV. 1917
Lieber Herr Kiesler — an Wochentagen können Sie mich immer um ½8ʰ früh Kaffee Eichberger anrufen. — Vielleicht kommen Sie morgen Sonntag oder Montag abds. [abends] zu mir, — es rührt sich nichts. Beste Grüße Egon Schiele, 1917."
J. A. Stargardt, Marburg, 1975, Katalog 606, Nr. 999
[1195]

18. IV. 1917

An → Dr. Franz M. Haberditzl, L. a. s., 1 p. 8°
„Lieber Herr Direktor Dr. H. — Wenn Sie demnächst einmal Zeit und Lust haben, — zum Porträt zu sitzen, so bitte ich Sie, mich vorher verständigen zu lassen, — es ginge auch an Wochentagen ab 5ʰ. Beste Grüße   Egon Schiele, 1917."
Privatbesitz, Wien   [1196]

25. IV. 1917

→ Dr. Franz M. Haberditzl, C. a. s. [Aschach an der Donau]. Bestätigt den Erhalt eines Briefes, meldet sich nach Rückkehr von Prag, etc.
E. S. A. 897   [1197]

—

→ Hans Goltz, L. s., 1 p. groß 8°. Über erhaltene und zurückgesandte Zeichnungen. Bilder könnten auf Kriegsdauer nicht von Österreich eingeführt werden. Nach Friedensschluß sei er gerne bereit, für Schiele wieder tätig zu sein, etc.
E. S. A. 826   [1198]

—

An Ferdinand Kofron, L. a. s., 1½ pp. gr. 8°
„25. IV. 1917.
Lieber Herr Kofron. — ich bin eingeladen worden in der Kriegsausstellung 1917 die in absehbarer Zeit eröffnet werden soll, auszustellen — und da die zur Ausstellung gelangenden Bilder irgendwie mit dem Krieg in Zusammenhang sein sollen — so möchte ich die in Mühling entstandenen Porträtzeichnungen bringen. — Möchten Sie die Güte haben und Herrn Oberstleutnant und Herrn Oblt. [Oberleutnant] → Hermann, Herrn Oblt. Bodor und Herrn Dr. Fromowitsch ersuchen, daß sie mir diese Blätter auf Dauer der Ausstellung borgen. — Es wäre günstig wenn die Herrn alle Blätter schicken würden, — weil die Wahl erst dann enger getroffen wird. — Sämtliche Blätter werden natürlich im Katalog als „unverkäuflich" eingetragen und nach Schluß der Ausstellung an die Besitzer geschickt. — Noch bitte die Herrn zu fragen ob im Katalog der volle Name oder die Anfangsbuchstaben des Besitzers geführt werden dürfen. Weil nun die Bilder bis Sonntag zusammengestellt werden sollen so bitte ich Sie, die Blätter jemandem mitzugeben der am Samstag nach Wien fährt. Vorderhand die herzlichsten Grüße!
Egon Schiele, 1917.

Gleichzeitig schreibe ich auch an Oblt. Herrmann, in der Annahme daß Sie nicht in Mühling wären."
W. ST. B. 109.245   [1199]

→ Heinrich Benesch, L. a. s., 2 pp. 8°. ist leicht verstimmt über eine schroffe Abweisung einer Bitte seitens Schieles. Bezöge sich dies nur auf die Landschaft oder auf den Umtausch des Porträts von → Karl Grünwald, etc.
E. S. A. 598   [1200]

5. V. 1917

Anna Hauer (Tochter[?] von → Franz Hauer) bestätigt, für das Bild „Auferstehung", auch „Gräber", 1913, das Schiele zurückkaufte, 1200 Kronen erhalten zu haben.
E. S. A. 99   [1201]

8. V. 1917

→ Heinrich Benesch, L. a. s., 4 pp. 8°. Dankt für die maßvoll gehaltene Antwort Schieles und für die Möglichkeit des Umtausches der Zeichnung nach → Karl Grünwald. Reflektiert auf eine buntfarbige, von → Goltz zurückgekommene Zeichnung, etc.
E. S. A. 597   [1202]

10. V. 1917

→ Dr. Franz M. Haberditzl, L. s., 1 p. groß 8°. → Lányi sei nicht berechtigt gewesen, zwei Blätter der Staatsgalerie an Schiele direkt zurückzustellen. Sei einverstanden, daß die Zeichnung nach dem kriegsgefangenen Russen in der Kriegsausstellung ausgestellt werde, etc.
E. S. A. 893   [1203]

12. V. 1917

→ Heinrisch Benesch, L. a. s., 1 p. 8°. Übersendet 20 Kronen, habe [Frau] Hauer[1] verständigt, daß das Bild [„Auferstehung"] abgeholt werde, etc.
                                                [1204]

1 Siehe Nr. 1201.

21. V. 1917

Egon Schiele, P. a. [Packliste seiner für eine Ausstellung im Münchner Glaspalast bestimmten Bilder, darunter das Bildnis von → Karl Grünwald, 1917]
Ehemals Besitz Melanie Schuster-Schiele, laut A. C., VII, Anmerkung 4   [1205]

30. V. 1917 [laut Vermerk des Adressaten]

An → Guido Arnot, L. a. s., 1 p. 8°
„30. Mai
Lieber Herr Arnot! — ich möchte gerne hören wie Sie über die Informationen denken, welche Sie gelesen haben[1]. — Ich denke mir, daß Sie in wenigstens einen[!] Ihrer Räume laufende Kollektivausstellungen von „neuer Kunst" ausstellen

könnten. — Das Programm müßten Sie aber dem Arbeitsausschuß überlassen. — Es soll ein Anfang sein. Beste Grüße
Egon Schiele, 1917."
T. L. M. [1206]

¹ Schiele meint wohl seine Pläne um die „Kunsthalle" [siehe seinen Brief an A. Peschka, 2. III. 1917].

ANORDNUNG DER WERKE IM RAUME I:

Maler Gemeinderat A. D. GOLTZ.

AUSWAHL DER WERKE IN DEN RAUMEN II, III, UND IV:

Maler Professor JOSEF BEYER

Room III: Maler Egon Schiele und Porträt von Gütersloh.
~~Maler ANTON FAISTAUER~~

Maler ADOLF KARPELLUS

Maler FERDINAND KRUIS

Bildhauer A. RITTER V. LEWANDOWSKI

[1207]

—

Kriegsausstellung Wien 1917, Kaisergarten im K. K. Prater. — Katalog der Abteilung Kunst. Mit unbedeutenden handschriftlichen Anmerkungen Schieles.

E. S. A. 309 [1207]

—

An → Anton Peschka, L. a. s.
„30. Mai 1917. Wien XIII., Hietzinger Hauptstraße 101.
Lieber A. P.! Entschuldige, daß ich Dir so lange nicht geschrieben habe; — ich hatte sehr viel Arbeit, denn es wurde mir die Zusammenstellung und Juryrung für den „Bund österreichischer Künstler"¹ anvertraut und ich mußte, weil wir einen Saal in der Kriegsausstellung² zugewiesen bekamen, fast täglich in der Kriegsausstellung sein. — Außerdem die Schwierigkeit, mit welcher ich Bilder von → Gütersloh, → Faistauer, → Harta, → Kolig, Eder³, → Jungnickel und Rudolph⁴ zusammenbrachte, alle sind doch keine Kriegsmaler und die Bilder mußten irgend einen, wenn auch entfernten Zusammenhang mit dem Krieg haben. — Ich habe meine „Auferstehung"⁵ von der Galerie Hauer⁶ zurückgekauft und unter der Bezeichnung „Heldengräber-Auferstehung — Fragment für ein Mausoleum" und 20 Zeichnungen ausgestellt. — In den nächsten Tagen schicke ich acht große Bilder und zehn Zeichnungen in die Sezession München, heuer im Glaspalast, auch da habe ich sehr viel Arbeit und bin leider noch nicht fertig. — Ich vermute, daß es Dir, abgesehen von der Eintönigkeit gut geht. Ich glaube nicht, daß der Krieg noch heuer aus sein wird. — Hast Du den Prozeß Adler⁷ genau verfolgt? — Das Interessanteste seit Kriegsbeginn! —
Sollte noch im Herbst durch eine glückliche Wendung ein Friede kommen, so habe ich vor, so bald als möglich nach Ragusa zu fahren und sechs Monate dort zu bleiben und mich zu erholen und zu arbeiten. — Es wäre der Winter übertaucht. — Dir mache ich den Vorschlag, vorerst die Idee, Lehrer zu werden, aus dem Kopf zu schlagen. — Jeder verkommt. — Es wird schwieriger sein, rein Künstler zu sein, aber entschieden. — Spare, wenn Dir halbwegs möglich, bis Kriegsschluß 1200 bis 1500 Kronen und fahre mit mir dann nach Ragusa, — dort arbeite, — wie Du im ersten Jahr Krummau begonnen hast und dann stelle eine Kollektion aus, das übrige werde ich besorgen, — Kunsthändler, Käufer usw. In Ragusa soll es billig zu leben sein und dann braucht man am Land nicht das wie in der Stadt. Einige Bekannte wollen auch nach Ragusa fahren. — Wir werden nicht allein sein. —
Zeichne im Schützengraben; wenn Du 50 Blätter hättest, könnte ich Dir bei → Arnot eine Ausstellung machen und ich bin überzeugt, daß das Heeresmuseum kauft wie von Stadler⁸. — Schreibe bald.
Zeichne auf gleich großem Papier. — Soll ich Dir Material schicken? — Wenn jemand nach Wien auf Urlaub kommt, könnt' er's mitnehmen. Freundlichste Grüße Egon Schiele."
Nach: R., B. & P., pp. 123/4; auszugsweise zitiert bei L., p. 578; Privatbesitz, Wien [1208]

¹ Der „Bund österreichischer Künstler", Wien III., Ungargasse 2.
² Kriegsausstellung, Wien 1917, Kaisergarten im Prater.
³ Hans Eder (geboren 1883), Porträtmaler, lebt in München.
⁴ Keine Daten feststellbar.
⁵ „Auferstehung", 1913.
⁶ → Franz Hauer war am 5. VI. 1914 gestorben [L., p. 668].
⁷ Friedrich Adler, Sohn des sozialdemokratischen Politikers Viktor Adler (1852 bis 1918), war der Mörder des österreichischen Ministerpräsidenten Grafen Stürgkh. Er wurde am 19. Mai 1917 zum Tode verurteilt, dann zu zehn Jahren schweren Kerkers begnadigt und am 1. November 1918 enthaftet.
⁸ → Anton von Stadler.

31. V. 1917

„Arbeiter-Zeitung"! → Arthur Roessler, „Die Kunst in der Kriegsausstellung", Zeitungsausschnitt
„... Schließlich findet man sich aber doch genötigt für manchen sehr ungebärdigen Maler einzutreten, weil in der Kunst eben auch nicht das „Wer", nur das „Wie" gilt. Ich sagte dies meinem Freund unter Hinweis auf Egon Schiele, von dem zwanzig Bildniszeichnungen und ein großes Ölgemälde „Heldengräber-Auferstehung", bezeichnet als „Fragment für ein Mausoleum", im dritten Raume ausgestellt sind. Er entgegnete: „Ich weiß, daß Sie von Schiele als Künstler eine gute Meinung haben und sich von seinem ersten öffentlichen Auftreten an als einziger Kritiker in Wien für ihn einsetzten. Ich bestreite auch gar nicht, daß er ein großes, ein wirklich ungewöhnliches Talent ist; aber ich wollte, er wäre aufrichtiger, als er zu sein scheint. Daß er seine Modelle karikiert, das ist

sein Künstlerrecht; aber er karikiert nicht das jeweilige Modell, sondern einen ganz anderen, der offenbar einen Don Quichotte-Charakter hat. Hier ist beispielsweise die Bildniszeichnung eines Menschen, den ich persönlich kenne; er hat sich in der Zeichnung in einen Galeerensträfling gewandelt, obwohl er in Wirklichkeit durchaus harmlos ist. Wär' er ein Gigerl, könnte das „witzig" wirken; es ist banal, einen Geizhals raubvogelartig darzustellen — also travestiert man ihn als sanftes Täubchen. Ihn etwa als Haushahn oder Ente zu schildern, wirkt jedoch abgeschmackt, weil jede Beziehung fehlt. Was sollen und wollen die grauslichen Krallen an den Händen, die Schiele mit der Hartnäckigkeit eines Besessenen unterschiedslos all seinen Figuren gibt? Das ist bewußte Fälschung der Tatsachen. — Ich sehe, wie es um Ihren Mund zuckt, lieber Freund, und ich weiß, daß es für Sie ein leichtes ist, besagte Pratzen kritisch reinzuwaschen. Sie können etwa sagen: sie wollen nicht als Körperteil, sondern als „Form" gewertet sein, als Form wirken sie gefällig, haben sie genau die richtige Länge und Größe, um die Kontrastwirkung zu einer entgegengesetzten Gegenstandsform auszulösen, sie sind also im „höheren" künstlerischen Sinne „richtig", mögen in Wirklichkeit die Proportionen immerhin anders sein und so fort. Ja, mein Lieber, nach diesem Evangelium absolvieren sich alle Sünden wider die Natur von selbst." Nun liegt, wie ich zugeben will, der Fall Schiele etwas anders: es gibt keine Halbmeterhände, aber es gibt Galeerensträflinge; man denke sich bei dieser und jener Zeichnung den Namen des Dargestellten weg, sehe vom Persönlichen ab, und es stimmt dann so ziemlich. Ich habe auch nur von einem Charakterfehler gesprochen und gesagt, daß ich mir diesen ungewöhnlich reich begabten Künstler „aufrichtiger" wünsche, weil ich glaube, daß es in der Malerei ohne innigeren Zusammenhang mit der Natur nicht geht, mag man sie zu verbessern suchen oder durch geniale Übertreibung verhöhnen..."

E. S. A. 1144 [1209]

—

→ Max Kahrer, C. a. s., Klosterneuburg, Burgstraße 1. An → Arthur Roessler
„Lieber Herr Rössler[!] Habe bis jetzt die Kriegsausstellung zwar noch nicht gesehen, doch was Sie Ihren Begleiter über Schiele sagen lassen[1], finde ich sehr zutreffend, man darf auch von so stark ausgeprägten Naturen, wie Schiele einer ist, nicht alles immer als vollwertig nehmen, wenigstens nicht auf die Dauer, wenn es sich zeigt, daß die künstlerische Gesinnung in eine Manier unterzugehen droht. Daß Sie in Ihren Artikel Gelegenheit gefunden, Bahrs[2] Verhalten anzunageln, befriedigt mich..."

W. ST. B. 148.689 [1210]

[1] Siehe Roessler-Kritik vom 31. V. 1917, in Form eines Gesprächs verfaßt.
[2] Hermann Bahr (1863—1934), Dichter, Schriftsteller, Kunstkritiker, stand der Secession nahe.

[1210]

422

[? V. 1917]

Egon Schiele. — Blatt aus einem Notizbuch, kariertes Papier. 2 pp. klein 8°
„Mausoleum
octogon — Rund um Säulenhalle weiß Marmor (nüchtern) — I. Rundgänge (Irdisches Dasein), Religion, Weltbegriff, Lebensmühen — II. Der Tod — III. Auferstehung und ewiges Leben — IV. Sargophag[!] Gold u. Elfenbein. Der Leichnahm[!] sichtbar (Mumie)"
Auf der Rückseite des Blattes:
Skizze: Grundriß eines Mausoleums mit den Worten „Irdisches Dasein — Religion — Leidenschaften — Weltbegriff."
In der Mitte: „Der Tod — Auferstehung — Das ewige Leben" und Bezeichnung der Weltrichtungen. Darunter „Mausoleum" und „Sargophag[!] aus Gold und Elfenbein", über dem Aufriß.
Nach K. p. 85; ohne Quellenangabe. Das Blatt entstand vermutlich anläßlich der Kriegsausstellung 1917 [1211]

1. VI. 1917 [Poststempel]

An → Edith Schiele, C. a. s. [Neustift im Stubaital, Tirol]
„Gestern Samstag vormittag war ich am Berg Isel, mittags Bahnhof Restaurant Innsbruck und nachmittags mit → Grünwald am Lansersee bei Igels[!][1]. — Abends auf der Hungerburg[2]. — Herr D.[3] bringt Lebensmittel im Überfluß. — Hoffe Reiß[!] mitzubringen — er versprachs. — Bis jetzt Samstag mittags wurde noch nicht gearbeitet. — Buß[!] Egon. Jetzt geh ich Bauernhäuser zeichnen."

E. S. A. 258 [1212]

[1] Im Besitz von Ing. Norbert Gradisch, Wien, eine Fotokopie nach einer Zeichnung Schieles, ein Bauernhaus bei Igls darstellend. Einstmals im Besitz von → Melanie Schiele.
[2] Bergstation bei Innsbruck.
[3] Wahrscheinlich Herr Diamant, ein Zivilbeamter der militärischen Dienststelle Schieles.

—

→ Guido Arnot, L. a. s., 2 pp. 8°. Hat Vorbehalte hinsichtlich Schieles Programm der → „Kunsthalle", die er auch → Dr. Haberditzl mitgeteilt habe, mit dem sich Schiele auseinandersetzen möge, etc.

E. S. A. 204 [1213]

2. VI. 1917

→ Anton Peschka, L. a. s., 4 pp. 8°. Beklagt sich über Zustände beim Militär; hofft die Kriegsausstellung im Prater besichtigen zu können; auf Befehl Kaiser Karls I. seien beinahe alle im Kriegspressequartier Beschäftigten an die Front geschickt worden. Macht sich über einen der abgestellten Künstler im Hauptmannsrang lustig. Hofft auf eine Ausstellung bei → Arnot. Ragusa wäre schön, aber es gäbe doch Krieg. „... Die Amerikaner beginnen erst...", etc.
Mit Anmerkung Schieles: „Bitte sicher morgen Rest senden. Herrn Goltz München Odeonsplatz 1."

P. 53 [1214]

2. VI. 1917 [Poststempel]

An → Arthur Roessler, C. a. s. [Korrespondenzkarte]
„2. Juni,
Lieber Herr Rößler! es war mir bis jetzt nicht möglich Sie in der Zeit 9—3ʰ im K.[riegs] Archiv aufsuchen zu können. — Vielleicht besuchen Sie mich einmal wenn Sie wieder nach Hietzing kommen, ich bin fast täglich ab 6ʰ zuhause. Beste Grüße   Egon Schiele, 1917."
W. ST. B. 180.609; Gl. 62   [1215]

3. VI. 1917

Oberleutnant A. Neufeld, Feldpost 397, L. a. s., 4 pp. Hat von der Lányi-Mappe gehört, kann sie aber nicht ins Feld bekommen. „... Wer weiss, ob nicht der vor dem Krieg auf der Menschheit lastende Alpdruck das Entstehen der neuen Kunst — ich denke in erster Linie an den Expressionismus — fördere? ...", etc.
P. 54   [1216]

4. VI. 1917 [Poststempel]

An → Dr. Franz M. Haberditzl, L. a. s., 1 p. 8°
„4. Juni
Sehr geehrter Herr Direktor! — es tut mir sehr leid, daß Sie umsonst nach Hietzing gekommen sind, — ich war fest der Meinung Sie würden um 5½ (halb sechs) zu mir kommen — auch notierte ich so. — Um ¼5ʰ könnte ich ja noch gar nicht in meiner Werkstatt sein, weil erst um 4ʰ Schluß ist — Vielleicht können Sie morgen Dienstag oder Mittwoch um ¼6ʰ — jedenfalls werde ich Sie erwarten. Donnerstag bis Sonntag werde ich wahrscheinlich nicht in Wien sein, weil ich draußen neues arbeiten will. Mit vorzüglicher Hochachtung und besten Grüßen!   Egon Schiele, 1917."
Privatbesitz, Wien   [1217]

5. VI. 1917

→ Dr. Franz M. Haberditzl, L. a. s. Ist morgen und übermorgen vergeben. Hofft sich nächste Woche für einen Atelierbesuch freimachen zu können. Werde das nächstemal nach ½6ʰ kommen, etc.
E. S. A. 901   [1218]

10. VI. 1917

An → Edith Schiele, C. a. s. [Ansichtspostkarte, Innsbruck, Hofkirche]
„10. VI. 1917.
Vorderhand sind wir in Innsbruck. — Das beste Wetter. — Freue mich zu arbeiten und mit G.¹ in's Stubaital zu fahren. — Auf der Herfahrt ging's mir recht gut II. Kl.[asse] allein Gansl etc. — Auf Wiederseh[e]n Kuß   Egon Schiele."
E. S. A. 255   [1219]

¹ → Karl Grünwald.

[1220]

11. VI. 1917

→ Leopold Liegler, L. a. s., 1 p. 8°. Geburtstagsbrief zum 12. VI. „... Dass die Wenigen, die rein geblieben sind, sich enger aneinander schließen, ist ein schwacher Trost, aber man muß sich über ihn freuen, denn er ist der einzige ...", etc.
E. S. A. 15   [1220]

16. VI. [1917]

An → Carl Reininghaus, C. a. s. [Ansicht von Zirl, Inntal]. „Freundliche Grüsse Egon Schiele." Mitunterschrieben von → Karl Grünwald und Diamant¹.
Christian M. Nebehay, Katalog XIV./21   [1221]

¹ Siehe Nr. 1212.

—

An → Edith Schiele, C. a. s. [Innsbruck von der Brennerstraße]. Grüße. Mitunterschrieben von → Karl Grünwald und Diamant¹.
E. S. A. 256   [1222]

¹ Siehe Nr. 1212.

17. VI. 1917

An → Dr. Franz M. Haberditzl, C. a. s. [Frohneben, Fulpmes, Stubai, Tirol]
„17. VI. Sonntag. Lieber Herr Direktor! ich bin auf der Fahrt nach Bozen—Trient und dürfte vor Sonntag nicht nach Wien kommen. Freundl.[iche] Grüße   Egon Schiele, 1917."
Privatbesitz, Wien   [1223]

—

An → Edith Schiele, C. a. s. [Wilder Freiger, Stubaiergletscher, etc.]
„17. VI. Sonntag abds. [abends] 8ʰ. Herzlichst Bussi Egon. Milch, Eier alles gibt's. wenn Du nicht Brot bekommt telephoniere an die Konsum-Anstalt — die Ordonnanz bringts."
E. S. A. 265   [1224]

—

An → Edith Schiele, C. a. s. [Neustift im Stubai. Gasthof zum Salzburger]
„17. VI. Sonntag. 1ʰ30. Liebe Did! — Schade daß Du nicht daher kannst¹; schade! — ich habe mich von der Schlemmergesellschaft → Grünw.[ald] u.[nd] Diam.[ant]² losgetrennt und bin selbstständig schon frühmorgens von Innsbruck weggefahren. — ich sitze eben in diesem Gasthof wo ich ganz außerordentlich gegessen habe, — wie im vollen Frieden. Man fährt hierher mit der Elektrischen (Stubaitalbahn) 1 Stunde von Innsbruck, bis Fulpmes und von da zu Fuß 1 Stunde Gehweg, — ringsum Gletscherberge... vormittag lag ich in der Höhensonne in einer Wildbachrinne, die ich übrigens malte. 2. Karte."
E. S. A. 264 [1225]

1 Vermutlich reichte das militärische Sperrgebiet bis ins Stubaital. Zivilisten durften nicht einreisen.
2 Siehe Nr. 1212.

18. VI. 1917 [Poststempel]

An → Edith Schiele, C. a. s. Aus Innsbruck
„28. VI.
Liebe Did. — ich habe ganz vergessen auf die Blätter die an die Münchner Sezession gehen. — Bitte schicke sofort rekommandiert das Peschka Tonerl¹ — es ist in einer der Laden und von Jaffé² der die Zeichnungen sofort bringen lassen soll weitere 4 farbige und 5 schwarze Zeichnungen damit im Ganzen 5 farbige u. 5 schwarze sind. Jaffé soll auch die Rechnung von den photographierten Bildern schicken, weil ich sie für → Hoffmann brauche. — Wir werden höchstwahrscheinlich am Samstag abds. [abends] nach Wien kommen. — morgen gehts nach Trient. Herzlichst[en] Gruß Egon
Die Adresse der Münchner Sezession ist in den Anmeldezuschriften oder: M. Sez. Königsplatz 1. Sekretariat."
E. S. A. 74 [1226]

1 Wohl eine Zeichnung nach Anton Peschkas Sohn.
2 → Max Jaffé, noch heute existierende bedeutende Lichtdruckanstalt, Wien XVII.

—

An → Edith Schiele, C. a. s. [Rattenberg am Inn. Vogelschau]
„18. VI. Montag. ¾1ʰ
Liebe Did. Wende die Karte: o hier sitze ich mittags und x von da bring ich 2 Zeichnungen — Kubistische Stadt — sehr nett¹. G.² ist ein Vieh! — Näheres auf der Korrespondenzkarte. Buß[!] Egon."
E. S. A. 438 [1227]

1 Bisher sind keine Zeichnungen aus Rattenberg am Inn bekanntgeworden.
2 → Karl Grünwald.

20. VI. 1917

→ Dr. Franz M. Haberditzl, L. a. s., 1 p. 8°. Dankt für Karte aus Tirol, werde selbst dorthin fahren und Anfang Juli zurückkommen, etc.
E. S. A. 900 [1228]

—

An → Edith Schiele, C. a. s. [Innsbruck, Hofkirche. Gruppe IV. links]
„20. VI. 1917
Liebe Did! — wir werden am Samstag abds. [abends] mit dem Innsbrucker Schnellzug am Westbahnhof ankommen; — sollte sich was ändern so schreibe resp.[ektive] telegraphiere ich von Innsbruck. — ich sitze in Bozen es ist 10ʰ abds. Bussi Egon."
E. S. A. 266 [1229]

21. VI. 1917

An → Edith Schiele, C. s. [Südtirol, Bozen, Laubengasse vor dem Merkantilgebäude]. „Bussi, Egon."
E. S. A. 259 [1230]

—

An →Edith Schiele, C. a. s. [Bozen, Batzenhäusl]
„21. VI. Liebe Did. Hier ist es sehr nett habe das zu spät entdeckt. Bussi Egon."
E. S. A. 260 [1231]

22. VI. 1917

An → Edith Schiele, C. a. s. [Rattenberg]
„22. VI. Morgen komme ich Buß. Egon."
E. S. A. 261 [1232]

—

An → Edith Schiele, C. a. s. [Klausen, Hof der Mühle]. „Buß Egon."
E. S. A. 257 [1233]

27. VI. 1917

An Oberleutnant → G. Herrmann, Mühling, L. a. s., 1 p. 8°
„27. Juni
Sehr geehrter Herr Oberleutnant! — ich erlaube mir anzufragen ob Sie meine hier vor 3 Wochen abgeschickte Mappe¹ erhalten haben. Hochachtungsvoll Egon Schiele, 1917."
W. ST. B. 159.465 [1234]

1 Wahrscheinlich die → Lányi-Mappe.

6. VII. 1917

Zeitungsausschnitt aus einer Wiener Tageszeitung mit einer Kritik der Kriegsausstellung „Kunst"
„In dem der Kunst zugewiesenen Teil der Kriegsausstellung befindet sich ein Raum, der höchste Beachtung verdient. Man wird aus der langweiligen, einschläfernden Gleichgültigkeit der letzten Wiener Kunstausstellung heftig aufgerüttelt, wenn man diese Arbeiten junger Wiener Künstler, ich nenne nur Schiele, → Harta und → Faistauer, betrachtet. Ihre Art ist mit irgend einem der — ismen, deren die neue Kunst nur leider allzuviele verursachte, keineswegs totzuschlagen, hier scheinen im Gegenteil ursprüngliche Kräfte sich ganz persönlich und

zielbewußt auszuwirken und dazu entwickeln. Gemeinsam ist ihnen der Bruch mit einer inhaltsleeren, infolge ewigen Abnützens ohne Regeneration schal fortwuchernden Form- und Stillosigkeit, das Streben nach Verinnerlichung und Konzentration, das Ringen um neue Formen, die stärker und eindringlicher dem aus neuem Gegenwartsgesicht geborenen Ausdrucksverlangen dienen sollen, als die alten, bedeutungslos gewordenen es vermöchten. Die Zukunftsreichsten unter diesen jungen Künstlern scheinen neben → Kokoschka, der hier nicht vertreten ist, Schiele und Harta zu sein. Wer Schiele nicht kennt, suche sich den Weg zu ihm zunächst über seine Bildnisstudien. Welch eigenes durchdringendes Sehen! Aus nervös erregten Linien von feinster Sensibilität und starker zeichnerischer Kraft baut er seine Köpfe auf und legt mit ebensolchen Linien zugleich förmlich das ganze System von Nerven und die Seele seines Modells bloß. Es gibt kaum Porträts, die an Eindringlichkeit der künstlerischen Sprache und an innerer Lebendigkeit diese überträfen. Schieles große „Auferstehung aus dem Massengrab" ist ein Werk von eigenartigen starken Qualitäten, die zu erläutern uns hier an Raum mangelt..."

E. S. A. 1149 [1235]

8. VII. 1917

Dr. F. V. Spitzer, XIX., Steinfeldgasse 4, L. a. s., 1 p. An → Edith Schiele. Wegen eines Stoffes, etc.

E. S. A. 471 [1236]

9. VII. 1917

An → Josef Hoffmann [Durchschlag], 1 p. gr. 8°
„Wien, am 9. Juli 1917
Lieber Herr Professor Hoffmann! Ich brachte Ihnen vor zirka 14 Tagen 8 Photos meiner letzten Bilder; — eine Anzahl von Zeichnungen sind noch beim Photographieren. Gleichzeitig berufe ich mich auf Ihren diesbezüglichen Brief wo mir eventuell die Kosten der Herstellung der Photographien vergütet werden sollen und gestatte mir anbei die Rechnung der photographischen Kunstanstalt mit der Bitte zu übersenden, wenigstens einen Teil davon zahlen zu wollen und das Geld vorerst an meine Adresse zu senden. Die Rechnung der photographischen Kunstanstalt erbitte ich zurück. In dieser Angelegenheit möchte ich gerne noch mit Ihnen sprechen und werde Sie in den nächsten Tagen anrufen, wo ich glaube, dass Sie dann schon zu treffen sein werden. Herzlichste Grüsse."
Handschriftlich beigefügt: „1 Beilage".

E. S. A. 1009 [1237]

11. VII. 1917

→ Heinrich Benesch, L. a. s., 3 pp. 8°. Wird in Maria Rast bei Marburg den Maler Katzler[1] besuchen, der in einer Militärkantine als Kellner arbeitet. Kann erst nach dem 27. zu einer Porträtsitzung erscheinen[2]. Fragt an, ob er eine schwarz-weiße Zeichnung aus Krumau, vom Kaffeehaus aus gezeichnet[3], erwerben könne, etc.

E. S. A. 591 [1238]

[1] Der Maler Katzler, den Benesch sammelte, bevor er Schiele kennenlernte.
[2] „Porträt Heinrich Benesch", Zeichnung, 1917, Klimt-Schiele-Ausstellung, Albertina, Wien, 1968, Nr. 262.
[3] Wohl „Alte Giebelhäuser in Krumau", 1917, dieselbe Ausstellung, Nr. 264.

12. VII. 1917

→ Hans Goltz, L. s., 1 p. groß 8°. Es hätte keinen Sinn, wegen Bildern zu korrespondieren, da diese nicht eingeführt werden können, etc.

E. S. A. 828 [1239]

13. VII. 1917

Bestätigung, 1 p. klein quer 8°
„Bestätige, dass ich 214 K 39 H schuldig bin, und diese nach Tunlichkeit ehebaldigst zurückzuzahlen gedenke[1]
　　　　　　　　　　　　　　　　　　Egon Schiele."
Saldiert von „J. Nurscher".

E. S. A. 964 [1240]

[1] Vermutlich Schuld bei seiner Bedienerin[?]; siehe Nr. 1162.

14. VII. 1917

Velhagen & Klasings Monatshefte[1], Schriftleitung, Berlin. 1 p. groß 8°. Über die Reproduktion eines in München ausgestellten Bildes Schieles, etc.

E. S. A. 948 [1241]

[1] Weitverbreitete deutsche Familienzeitschrift.

19. VII. 1917

Kriegsausstellung Wien 1917, 1 p. groß 8°. Überweisen für eine verkaufte Zeichnung 150 Kronen minus 10%, etc.

E. S. A. 975 [1242]

21. VII. 1917

Rolf Henkl, damals Soldat an der italienischen Front, eigenhändiges Gedicht „Die Egon Schiele Mappe", 1 p. 8°
　　„In Wien ist noch die letzte der Kulturen
　　　Die sich lebendig, weiterfähig nennt,
　　　Und sich als Typ in Diesem hier erkennt,
　　　Dem Zeichner Junger, Geistiger und Huren..."
Centovalle 21. VII. 1917　　　　　　　Rolf Henkl."

P. 56 [1243]

24. VII. 1917

Irene Beran [möglicherweise die Frau des Malers Bruno Beran (geboren 1888), Brünn, München]. Meldet ihren Besuch im Atelier an, etc.

P. 57 [1244]

DOKUMENTE UND KORRESPONDENZ 1917

25. VII. 1917

An Ingenieur → Alfred Pietras, L. a. s., 1 p. gr. 8°
„25. Juli
Lieber Pietras! Von Innsbruck und Trient zurückgekehrt fand ich leider zu spät Deine beiden Briefe, welche mich sehr freuten. Empfange meine herzlichsten Geburtstagswünsche und eine Zeichnung von mir, die mit gleicher Post rekommandiert an Dich abgeht. Ich hoffe daß sie Dir Freude bereiten wird. Ich fahre jetzt öfters auf „Dienstreisen" um zu zeichnen und zu malen, — in Trient traf ich zufällig Kudera, der Dich herzlichst grüßen läßt. Nächste Woche fahre ich nach München, dann auf Urlaub, — vielleicht kommst Du einmal in nächster Zeit nach Wien? — Meine Frau läßt Dich bestens grüßen, sie gibt Deine Zeichnung auf und — wünscht sich von Dir, — Zucker[1]. Freundliche Grüße. Auf Wiederseh[e]n!
          Egon Schiele, 1917."
Ö. N. B., Handschriftensammlung 544/21—1   [1245]

[1] Verständlich, da Pietras als Chemiker in einer Zuckerfabrik arbeitete.

27. VII. 1917

An die Bildersammelstelle des K. und K. Kriegspressequartiers, Wien I., Schillerplatz 3 [Akademie der bildenden Künste], 1 p. 4° [Abschrift]
„Wien, am 27. Juli 1917.
Sehr geehrter Herr! In Beantwortung Ihrer an mich ergangenen Einladung teile ich Ihnen mit, dass ich für die zuerst in Rotterdam projektierte Ausstellung 4 größere Bilder 220:200 cm, 170:100 cm, 140:110 cm, 140:110 cm und 10 Stück Zeichnungen zur Verfügung hätte. Da die Bilder gegenwärtig reproduziert werden und die Reproduktion erst Ende der nächsten Woche fertig gestellt sein wird, so könnten die Bilder vor Samstag d.[en] 4. VIII. nicht in Ihrer Sammelstelle sein. Gleichzeitig möchte ich Sie bitten mir zuzusichern, dass bei einen[!] eventuellen Ankauf, sei es in Rotterdam, Amsterdam, Haag oder Stockholm, sich der Erwerber einverstanden erklären müsste, dass die vollzählige Anzahl der Bilder vorerst in den genannten Städten und in einer grossen Gesamtausstellung in Zürich, die gleich darauf folgen dürfte, ausgestellt werden. Den definitiven Anmeldebogen sende ich im Laufe der kommenden Woche an Sie. Ferner ist es mein Wunsch dass einige meiner Bilder im Katalog reproduziert werden und ersuche Sie auch hier um Ihre Zusage. Für die darauffolgenden Ausstellungen in Amsterdam, Haag und Stockholm werde ich zum Septembertermin neue Bilder dazureihen können.   Mit vorzüglicher Hochachtung!"
E. S. A. 51   [1246]

29. VII. 1917

Frau Dr. Helene Heine, Breslau I, Garvestraße 5, L. a. s., 3 pp. Möchte einen Vortrag über Schiele halten, da begeistert von der → Lányi-Mappe, etc.
E. S. A. 46   [1247]

[1248]

31. VII. 1917

Kunstanstalt → Max Jaffé, XVII., Leopold-Ernst-Gasse 36. Aufklärung über die mit der Reproduktion [Farblichtdrucke] nach Schieles Zeichnungen verbundenen Retuschierkosten. Schiele schuldet 313 Kronen 60 Heller, etc.[1]
E. S. A. 26   [1248]

[1] Steht wahrscheinlich in Zusammenhang mit der → Lányi-Mappe, wiewohl anzunehmen wäre, daß der Verleger hiefür aufzukommen gehabt hätte.

—

An → Heinrich Benesch, [Abschrift]
„31. Juli 1917
Lieber Herr B.[enesch]! — ich habe Ihnen den Vorschlag gemacht, 2 Jahre lang nichts von mir zu erwerben, bis sich die Zweifel gelegt haben. Ich habe auch gar nicht die Absicht, an Zweifelnde zu verkaufen. Das erwähnte Blatt werde ich für Sie bei mir hinterlegen lassen, auch wenn Ihnen fernerhin das eine oder andere zusagt, und nach 2 Jahren können Sie's haben. Ich will damit nicht unsere Freundschaft zerstören, sondern festigen. Freundliche Grüsse   Egon Schiele."
E. S. A. 626   [1249]

? VII. 1917

Ida Foges, maschingeschriebener Brief. Mit Briefkopf: „Redaktion des Neuen Wiener Journal, Biberstrasse 5, Wien I.", 1 p. 8°. Anfrage, ob ein Interview möglich wäre.
P. 55   [1250]

1. VIII. 1917

Feldwochenschrift „Front", herausgegeben vom Kommando der Heeresfront Generaloberst Erzherzog Josef, 1 p. groß 8°. Reklamieren versprochene Fotografien nach Zeichnungen, etc.
E. S. A. 858   [1251]

—

→ Gesellschaft für vervielfältigende Kunst, VI., Luftbadgasse Nr. 17, L. s., von → Dr. Arpad Weixlgärtner. Möchten einen Aufsatz „Krieg und Kunst" mit Schiele-Zeichnungen illustrieren, etc.
E. S. A. 958   [1252]

2. VIII. 1917

P. a. s. [Bestätigung für → Dr. Oskar Reichel], 1 p. 8°
„2. August 1917'
Habe heute von Herrn Dr. Reichel, 7 farbige Zeichnungen von mir und 2 schwarze von Paris von → Gütersloh für die Ausstellung in Stockholm übernommen und wird das Österreichische Museum dieselben noch extra bestätigen.
Egon Schiele."
E. S. A. 1065/36, Abschrift; Verbleib des Originals ungeklärt
[1253]

3. VIII. 1917

→ Heinrich Benesch, L. a. s., 4 pp. 8°. Übersendet ein Selbstbildnis Schieles [Zeichnung] und bittet, eine Widmung hinzuzusetzen. Hofft auf eine Kürzung der von Schiele vorgeschlagenen Wartezeit für die Krumauer Zeichnung. „... bis zum Mai 1918 ist es für einen Sehnenden (nicht Zweifelnden) eine recht lange Zeit ...", etc.
E. S. A. 9 [1254]

9. VIII. 1917

→ Josef Hoffmann, L. s. seines Ateliers, I., Stubenring 3. Bittet um die Übersendung der Schiele von → Dr. Oskar Reichel für die Stockholmer Ausstellung übergebenen 9 Blätter, etc.
E. S. A. 1010 [1255]

10. VIII. 1917

Atelier → Professor Hoffmann, L. s., 1 p. 4°. Die Bilder für Stockholm würden am 14. August abgeholt, etc.
E. S. A. 53 [1256]

17. VIII. 1917

An → Marie Schiele, VI., Gfrornergasse 7, C. a. s. [aus dem Stubaital]. „Herzlichste Grüße Egon." Darunter: „Wir sind schon braungebrannt wie Neger. Beste Grüße u. Kuß Edith."
P. 104 [1257]

19. VIII. 1917

An → Anton Peschka, L. a. s., 1 p. 8°. Aus Fulpmes, Tirol
„Fulpmes, 19. August 1917.
Lieber A. P. Ich begrüsse Euch herzlichst — was ist mit Deinen weiteren Zeichnungen, von denen ich Dir in einen[!] Brief vor cirka 3 Wochen schrieb? Es sollen Figuren sein. Kommt Ihr bald nach Wien, wenn Du zum Kader kommst? Sonntag den 26. d. M. sind wir wieder in Wien. — Von der Stockholmer Ausstellung österr. Kunst weisst Du noch nichts, sie wird am 1. September dort eröffnet. Herzliche Grüsse
Egon Schiele."
E. S. A. 1065/27, Abschrift; Verbleib des Originals ungeklärt
[1258]

31. VIII. 1917

Max Karpfen [Bruder von → Fritz Karpfen?], Klosterneuburg, Martinstraße 111, L. a. s., 2 pp. 8°. Bedankt sich nochmals für einen Atelierbesuch, zu dem er ein Fräulein → Mizzi Kriwanek — eine Jugendfreundin Schieles — mitgenommen hatte, etc.
E. S. A. 16 [1259]

3. IX. 1917

An → Dr. F. M. Haberditzl, L. a. s., 1 p. 8°
„3. Sept.[ember]
Lieber Herr Dr. Haberditzl! wenn Sie Lust haben könnten wir jetzt mit dem Porträt beginnen, — es wäre mir recht wenn Sie den Tag und die Stunde selbst bestimmen würden[1]. An Wochentagen bin ich ab 5^h, an Sonntagen ab 10^h vormittags zuhause. Gleichzeitig teile ich Ihnen mit daß die eine Zeichnung, der Russe, noch beim Reproduzieren ist und ich das Blatt in den nächsten Tagen an Sie schicken werde. Mit freundlichen Grüßen! Egon Schiele, 1917."
Privatbesitz, Wien [1260]

[1] Arbeitsbeginn an dem Bild: „Bildnis Dr. F. M. Haberditzl", 1917.

4. IX. 1917

An → Anton Peschka, L. a. s., 2 pp. fleckig, groß 8°
„4. Sept.
Lieber A. P. ich schrieb gestern eine Karte an Erich[1] und hoffe daß ihr diese und diesen Brief bekommt. Nochmals teile ich Dir mit daß ich Deine Zeichnungen erhalten habe, es sind 50 Stück. Halm & Goldmann[2] würde eine Ausstellung machen, hat aber vorderhand seine Räumlichkeiten bis Mai 1918 vergeben, er schrieb mir dies und daß er mich verständigen werde wenn eine von den Ausstellungen ausfällt. Du brauchst aber auch Rahmen dazu u. zw. [und zwar] glaube ich wenigstens 30 Stück. Vielleicht kann Dir dort jemand diese anfertigen; lasse sie größer machen als die Blattgröße Deiner geschickten Zeichnungen vielleicht 46×30 cm mit Halbrundstab wie umstehendes Profil und weißen oder gelblichen Karton damit man gleich die lichte Unterlage hat wenn ein Blatt zu klein ist. Schade daß Du nicht in Wien warst als die Bilder für die Stockholmer Ausstellung zusammengestellt wurden, Du hättest sicher ein gutes [Bild] gehabt. Das macht aber weiter nichts, es ist auch eine Ausstellung repräsentativer österr.[eichischer] Kunst in Christiania[3] und Kopenhagen geplant die im November eröffnet werden dürfte. Hoffentlich warst Du bis dorthin rechtzeitig in Wien, so daß Du bei mir zu dem Zweck Bilder hinterläßt. — Ich hätte können jetzt nach Stockholm fahren, wollte aber wegen meiner milit.[ärischen] Lage nicht, — denn ich wäre erstens um meinen Urlaub gekommen und zweitens hätte man vielleicht einen Ersatz für mich angesprochen, wenn ich so lange ausgeblieben wäre. — Nach Kopenhagen aber fahre ich trotzdem und glaube daß sich durch die jetzige Stockholmer Ausstellung meine Lage stark verbessert. Es hat sich nämlich jemand gefunden der sich stark für mich einsetzt[4]. Die Ausstellung Stockholm wurde am 1. September eröffnet. Es ist eine retrospektive und neue Ausstellung von österr. Kunst, — nicht nur eine Richtung. Einzelne Säle sind von → Hanak, → Kokoschka, → Klimt, Schiele, → Egger-Lienz, Altwien und allgemeine Malerei. Alles übrige erfahre ich später. Wie geht's Euch? gut? — Trachte daß Du nach Wien kommst. Arbeite

nach Figuren und womöglich nichts „Kriegerisches" man liebt das nicht. Herzlichste Grüße Euch allen. Gleichzeitig sende ich 2 Karten von mir.
Egon."
G. P. 21 [1261]

1 Wohl → Erich Lederer.
2 Halm & Goldmann, heute unter dem Namen „Galerie am Opernring" [17] existierende Kunsthandlung.
3 Christiania = alter Name für Oslo.
4 Möglicherweise meint Schiele damit → Gustav Nebehay.

5. IX. 1917

→ Paul Wengraf, Kunsthändler, I., Maysedergasse 5/II, L. a. s., 2 pp. 8°. Sendet das Gedicht von Rolf Henkl [siehe unter dem 21. VII. 1917]. Fragt an, ob Schiele einen Bekannten zu gleichen Bedingungen porträtieren würde; ist begeistert von der bei → Lányi ausgestellten Zeichnung, Oberleutnant → Grünwald darstellend, etc.
P. 58 [1262]

—

An → Arthur Roessler, L. a. s., 1 p. 8°
„5. IX. 1917.
Lieber Herr Rößler. Es wird Ihnen erinnerlich sein, daß Sie schon im Jahre 1910 für eine Publikation meiner Arbeiten in der → Deutschen Kunst und Dekoration arbeiteten. Da → Hofrat Koch auf die Zusammenstellung der Photos wartet und mir schon widerholt[!] darum geschrieben hat, frage ich an ob Sie in der nächsten Zeit bereit wären den Text hierfür zu schreiben. Auch in den Wiener Bildenden Künsten (Schroll)[1] könnte man dasselbe machen? — Ich möchte daß cca. 14—16 Bilder und einige Zeichnungen gebracht werden. Brauchen Sie die Photos für Ihr Buch noch? Herzliche Grüße
Egon Schiele."
W. ST. B. 180.610; Gl. 63 [1263]

1 Bekannter, heute noch existierender Kunstverlag: Anton Schroll & Co., Wien V., Spengergasse 39.

6. IX. 1917

→ Dr. Franz M. Haberditzl, L. a. s., 1 p. 8°. Meldet sich für Samstag, den 8. September (Feiertag) nachmittags an, etc.
E. S. A. 899 [1264]

—

→ Gesellschaft für vervielfältigende Kunst, L. s. [Sekretär A. Gradmann], 1 p. klein 8°. Übersenden Klischeeabzug zur Begutachtung und Zeichnung „russischer Kriegsgefangener", etc.
E. S. A. 957 [1265]

7. IX. 1917

→ Arthur Roessler, L. s., 1½ pp. 8°. Ist bereit, einen Begleittext für die Zeitschrift → „Kunst und Dekoration", Darmstadt, zu schreiben. Für die „Bildende Kunst" in Wien müsse Schiele Material bereitstellen, das nicht in Darmstadt erscheine, etc.
E. S. A. 525 [1266]

8. IX. 1917

→ Hans Goltz, L. s., 1 p. groß 8° [unvollständig]. „... Ihre Bilder im Glaspalast sind die einzigen, die aus diesem ungeheuren Wust von Kitsch und Scheusslichkeit herausleuchten. Ich würde diese gern nach Schluss der Ausstellung übernehmen. Sie gehören aber wirklich nicht mehr in den Glaspalast, Herr Schiele..." Die Schiele-Postkarten [in Wien von Lányi verlegt] lagen bei ihm auf und wurden gut verkauft, etc.
E. S. A. 817 [1267]

13. IX. 1917

→ Gesellschaft für vervielfältigende Kunst, L. s. [A. Gradmann], 1 p. 8°. Erbitten Abzug des Klischees sowie die Vorlage [russischer Kriegsgefangener] zur Korrektur zurück, etc.
E. S. A. 956 [1268]

Adresse: H. Erwin Rieger, VI Linke Wienzeile 4.

[1269]

18. IX. 1917

→ Dr. Erwin Rieger, VI., Linke Wienzeile 4, L. a. s., 1 p. groß 8°. Beigelegt Gedicht (Schreibmaschinen-Abschrift). Sendet zum Dank für eine Zeichnung sein Gedicht.
„KUNST UND KÜNSTLER
Für Herrn Egon Schiele
Kunst sei die Kraft, die Hände so zu regen,
dass sie, ergriffen nur und nur im Zwange,
verführt von unsres Geistes wildem Drange
und doch bewusst, der höchsten Arbeit pflegen..."
E. S. A. 89 a, b [1269]

19. IX. 1917

An → Guido Arnot, L. a. s., 2 pp. 8°
„19. IX.
Lieber Herr Arnot! Der Überbringer dieses bringt ein Bild welches sofort an die Sezession nach Berlin geschickt werden soll. Da ich wirklich tagsüber gar nicht Zeit habe so ersuche ich dieses Bild noch in Wien rahmen zu lassen laut Muster: Hoffmannleiste
weiß wie
bei Ihrem Städtebild!
und in Kiste verpackt ehestens, da das Bild zwischen 20. u. 25. d. M. [= des Monats] in Berlin sein soll dorthin gelangen zu lassen. Eine Kiste 200 cm × 160 cm müssen Sie noch haben es ist die für das Figurenbild welches seinerzeit für meine Ausstellung in Ihrer Galerie von München kam. Die Firma Spediteur in B.[erlin] anbei[;] ebenso der Zettel welcher an das Bild kommt. Wenn der Rahmen nicht rechtzeitig fertig

werden kann, so soll das Bild ungerahmt nach B. abgehen und müßte das Sekretariat der Sezession verständigt werden daß ein Rahmen nach obigen Angaben auf meine Rechnung von Weichholz anzufertigen ist. ihre diesbezüglichen Auslagen möchte ich gegen Zeichnungen ausgleichen und glaube Sie einverstanden. Mit den besten Grüßen   Egon Schiele, 1917."
T. L. M.   [1270]

—

→ Galerie Arnot, L. s., 2 pp. groß 8°. Können nichts für den Transport von Schieles Bildern nach Berlin tun. Ein Spediteur sei hiefür zuständig, etc.
E. S. A. 890   [1271]

24. IX. 1917
Bildersammelstelle des k. und k. Kriegspressequartiers, Wien I., Schillerplatz 3, Akademie der bildenden Künste. — Formular. Das Bild „Eremiten" [1911]" sei von der Jury für die Ausstellung in Amsterdam ausgewählt worden. Stünde der Reproduktion etwas entgegen?, etc.
E. S. A. 50   [1272]

26. IX. 1917
An Max Karpfen [Bruder von → Fritz Karpfen?], L. a. s.
„26. September 1917.
Lieber Max Karpfen! Ich versprach einem bekannten Artisten, dem ich behilflich sein will, von einer Anzahl, zwar ganz schlechten dilettantischen Zeichnungen, für eine artistische Nummer Verkleinerungen zu machen. Weil ich morgen unbedingt nach München fahren muß und dieser Herr diese Verkleinerungen schon Samstag früh abholt, so ersuche ich Dich, da Du doch ein guter Zeichner bist, diese beigeschlossenen Blätter in doppelter Ansichtskartengröße zu verkleinern und beim Rechnungsunteroffizier Heger, k. u. k. Konsum-Anstalt für die Gagisten der Armee im Felde, XV., Mariahilferstraße 134, bis Freitag 8—¼4 abgeben zu wollen. Im Voraus meinen besten Dank, freundliche Grüße
Egon Schiele."
Nach: R., B. & P., p. 153; Verbleib unbekannt   [1273]

29. IX. 1917 [Poststempel]
An → Edith Schiele, C. s. [Marc Chagall, IV. Paris durch das Fenster]. Aus München. „Herzlichst   Egon."
E. S. A. 262   [1274]

30. IX. 1917
An → Edith Schiele, C. a. s. [Sammlung Walden Nr. 24: Negerplastik]. Aus München.
„Herzlichste Grüße komme wahrscheinlich doch Montag nachts   Egon Schiele 1917."
E. S. A. 263   [1275]

—
An Oberleutnant → Dr. Hans Rosé, k. u. k. Konsum-Anstalt..., Mariahilferstraße 134. C. a. s. [Sammlung Walden, Nr. 10. Rudolf Bauer Presto I.]. Nur Signatur.
Nach: A. St. 1966, 2, p. 84 [Abbildung]   [1276]

—

An → Arthur Roessler, C. a. s. [Sammlung Walden, Nr. 24. Negerplastik]. Aus München
„Freundliche Grüße" und Signatur
W. ST. B. 180.611; Gl. 64   [1277]

3. X. 1917
→ Leopold Liegler, C. a. s. An → Edith Schiele. Ob sie Dostojewskis „Brüder Karamasow" durch → Grünwald oder [Fritz] Lampel [(1892—1919), Schriftsteller, Mitarbeiter von Franz Werfel] zurücksenden könnte, er benötige das Buch für ein Zitat, etc.
E. S. A. 950   [1278]

4. X. 1917
An → Dr. F. M. Haberditzl, L. a. s., 1 p. 8°
„4. Oktober
Lieber Herr Dr. Haberditzl! Verzeihen Sie daß ich an unseren[!] verabredeten Tag noch nicht in Wien war. — ich hatte nämlich eine Anzahl von Zigarren und Zigaretten von München bei mir und als ich nach Salzburg kam wurde mir leider alles weggenommen und ich versäumte dabei den Wiener Anschlußzug. Ich wollte Sie von Salzburg am Dienstag anrufen mußte aber so lange warten und sandte Ihnen daher ein Telegramm. — Jedenfalls werde ich am Mittwoch den 10. Oktober ab 5ʰ zu Hause sein und ebenfalls am Sonntag den 14. d. M. [= des Monats] ab 3ʰ Sie erwarten. Also bitte entschuldigen Sie mich. Mit den besten Grüßen
Egon Schiele 1917."
Privatbesitz, Wien   [1279]

—

An → Arthur Roessler, L. a. s., 1 p. gr. 8°
„4. Oktober
Lieber A. R. ich habe Ihren Brief vom 28. v. M. [= vorigen Monats] erhalten, ebenso die 4 Fotos, das Bild und die primitive Plastik bis jetzt noch nicht hingegen die Uhr welche in Reparatur ist habe ich. Den singenden Engel möchte ich sehr gerne haben, Sie erwähnten K. 600— für mich, wenn Sie 12 farbige Zeichnungen wollen? Sehr gerne möchte ich eine schöne, alte, eingelegte Kredenz, — ich sah vor [ein] paar Tagen in München sehr sehr schöne Stücke. Dafür wäre ich gerne bereit ein größeres oder mehrere neue Bilder mit Ihnen zu tauschen und würde Ihnen, genau so wie bei den Zeichnungen die Hälfte dafür rechnen, u. zw. [= und zwar] habe ich die Landschaften mit K. 2000—, die Porträts mit K. 3000— und die anderen größeren Bilder mit mehr angeschrieben und es würde dann die Hälfte sein. — Allerdings

geht dies nicht von heute auf morgen und ich meine nur gelegentlich, und ein ausgezeichnetes Stück. Vorderhand erwarte ich betreffs des Engels Ihre Antwort. Freundliche Grüße   Egon Schiele 1917."
W. ST. B. 180.612; Gl. 65   [1280]

6. X. 1917
Legitimation für Frauen und Kinder von Eisenbahnbediensteten. Identitätskarte für „Frau → Marie Schiele, Ob.[er] Offizialswitwe" von den k. k. österreich.[ischen] Staatsbahnen. Geprägter Leinenumschlag, klein 8°
E. S. A. 2089, Gr. 90   [1281]

11. X. 1917
→ Ernst Wagner, L. a. s., 1 p. groß 8°. Will wegen einer möglichen Versetzung Schieles in das Heeresmuseum zu → [Oberingenieur Dr. Wilhelm] John gehen; Schiele möge Daten einsenden, etc.
E. S. A. 1005   [1282]

12. X. 1917
Paul Stallmann, Möbelfabrikant und Raum-Ausstatter, Hagen, Westfalen. L. a. s., 1 p. groß 8°. Hat unter den eingesandten Zeichnungen nichts Passendes gefunden, etc.
E. S. A. 483   [1283]

16. X. 1917
→ Leopold Liegler, C. a. s. An → Edith Schiele. Sie möge sich wegen eines Tintenfleckes in dem einen zurückgesandten Buch keine Sorgen machen, etc.
E. S. A. 952   [1284]

[nach dem 16. X. 1917]
→ Leopold Liegler, C. a. s. [Alter Wartturm und Schloß Alt-Wartenburg bei Vöcklabruck]. An → Edith Schiele. Aus Vöcklabruck, Gmundner Straße 30. Will den Winter auf dem Lande verbringen. „... Sie sind also nicht nach Berlin gefahren? ...", etc.
E. S. A. 953   [1285]

19. X. 1917
→ Paul Wengraf, I., Maysedergasse 5/II, L. a. s., 2 pp. 8°. Wünscht, daß seine nach Stockholm gesandte Porträtzeichnung zurück wäre: „... Nach langer Zeit wieder einmal die Stimme des ‚ewig jammernden Juden' ... Soweit ich [das Blatt] in Erinnerung habe, ist es die denkbar beste Darstellung meines Inneren und Äußeren; die Hände an die Stirn gelegt, der Beschauer kann mutmaßen, daß ich mir in peinlicher Verlegenheit an den Kopf griff und nicht wußte, wo noch ein noch aus — und aus der Verlegenheit dieses zum Schicksal gewordenen Ungeschickes der Rede nach irgend-

wohin ausschaute — So werde ich — wenn je — der Nachwelt erhalten bleiben ...[1]", etc.
E. S. A. 38   [1286]

[1] Bis jetzt die einzige Äußerung eines von Schiele Porträtierten zu seinem Bildnis. Schiele hat blitzartig eine charakteristische Stellung Wengrafs festgehalten.

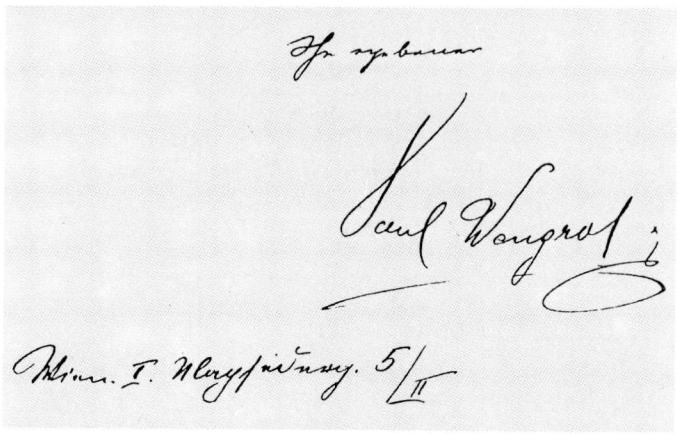

[1286]

22. X. 1917
→ Arthur Roessler, L. a. s., 1 p. groß 8°. Hofft, daß Schiele das alte Bild und die kleine Holzplastik erhalten habe. Der „Singende Engel" koste bar 600 Kronen. Tabernakelschränke weit über 2000 Kronen. Am 1. November erscheine sein Aufsatz über die → [Lányi-]Mappe im „Donauland". „... Haben Sie einige — unerotische — schöne Blätter als Gegengabe für die Biedermeieruhr vorbereitet? ...", etc.
E. S. A. 143   [1287]

[nach dem 22. X. 1917]
An → Arthur Roessler, C. a. [Visitkarte: EGON SCHIELE] „Lieber Herr Rößler! ich komme heute abends um ½7ʰ zu Ihnen. 3 Holzschnitte[1] gaben Sie mir. ich habe aber den Karton worauf diese kleben knapp abgeschnitten, weil ich sie rahmen wollte, einer von ihnen war größer, der ist etwas abgeschnitten. — Geben Sie dem Überbringer die Figur[2] mit! Beste Grüße."
W. ST. B. 180.624; Gl. 77   [1288]

[1] Vermutlich japanische Holzschnitte.
[2] Ist es die „Kleine Holzplastik" oder der „Singende Engel"?

24. X. 1917
→ Hans Goltz. — Rechnung über Mark 10,— [Zustellung von Gemälden und Rahmen]
E. S. A. 829   [1289]

25. X. 1917
An → Dr. F. M. Haberditzl, L. a. s., 1 p. 8°
„25. Oktober.
Lieber Herr Dr. Haberditzl! Oberleutnant → Grünwald meinte daß, wenn mich das Unterrichts Ministerium anfordert, die Kommandierung am schnellsten und am sichersten

erfolgen könnte. Denn es ist möglich daß der Austausch von hier in das Heeresmuseum[1] vom Milit.[är] Kommando verworfen werden kann. mit[!] herzlichsten Grüßen
Egon Schiele, 1917."
Privatbesitz, Wien [1290]

1 Schiele war erst ab 29. IV. 1918 in das Heeresmuseum, Wien, kommandiert.

—

An → Anton Peschka, L. a. s., 2 pp. 8°
„25. Oktober
Lieber A. P. danke für Deine Karte vom 20. d. M. [dieses Monats]. Wir konnten uns schon lange nicht schreiben. Ich hoffe daß Du gesund bist und bald zum Kader via Wien kommst. — Unsere Ausstellung österr.[eichischer] Kunst in Stockholm ist bereits geschlossen. Unter anderen wichtigen politischen Persönlichkeiten waren auch der englische und französische Botschafter in der Ausstellung[1]. Der Leiter des Institutes für Kulturforschung in Wien → Professor Dr. Hanslik hielt einige Vorträge von unerhörter Weltwichtigkeit. Er (Dr. Hanslik) spendete mir seine letzt verlegten Bücher deren Inhalt bedeutend ist. Schade daß Du unsere südlichen Länder in diesem Zustand kennen lernen mußt; wie oft wollten wir vor dem Krieg dorthin fahren. — Gegenwärtig bereiten wir eine Ausstellung Neuer Kunst für Zürich vor und wünschten daß auch Du mit Ölbildern vertreten bist. Wir werden wohl das Extremste was an österr.[eichischer] neuer Kunst geschaffen wird ausstellen. Es sollen bestimmte Werke ausgesucht und zur Ausstellung erbeten werden und einigen Künstlern extra Säle angewiesen werden. Ich glaube daß ich zu diesem Zweck nach Zürich fahren werde[2]. Augenblicklich habe ich im Amsterdam ausgestellt und im November in Kopenhagen. Die Wiener Sezession will mich, gleich der Münchner, zum Mitglied machen. — Da möchte ich aber gehörig umgestalten. — In den nächsten Tagen will das Präsidium der Sezession mich besuchen. — Was sagst Du zu der Lobmayr[!][3] Auktion, die 3,300.000.— K. trug? — R. von Alt[4] wurden für 40.000 K und → Klimt für 6200 K erworben[5]. Das sind natürlich lauter Kriegsgewinner die ihr Geld los werden wollen, — eckelerregend[!]. Bitte schreibe mir recht bald und komme! Herzlichst grüßt Dich! Egon."
E. S. A. 268 [1291]

1 Kaum glaubhaft, daß Botschafter der Feindmächte diese Ausstellung besuchten, zumindest nicht offiziell.
2 Die Reise kam nicht zustande.
3 Ludwig Lobmeyr (1829—1917), Wiener Glasfabrikant von internationalem Rang. Da er kinderlos verstarb, wurde seine ausgewählte Sammlung österreichischer Zeichnungen und Aquarelle zu sensationell scheinenden, in Wirklichkeit aber durch die sich abzeichnende Inflation aufgeblähten Preisen verkauft.
4 Rudolf von Alt (1812—1905) war mit hervorragenden Aquarellen in obiger Sammlung vertreten.
5 Die beiden Aquarelle Klimts: „Am Morgen", 1892, und „Mädchen mit Papagei", 1889, sind verschollen.

—

An → Arthur Roessler, L. a. s., 1 p. 8°
„25. Oktober 1917
Lieber Herr Rößler! Besten Dank für das alte Bild und die Figur. Wieviel Blätter wollen Sie für die Uhr? — Besuchen Sie mich dann deswegen wobei wir auch einen Weg betreffs des singenden Engel finden werden. Freundliche Grüße
Egon Schiele, 1917."
W. ST. B. 180.613; Gl. 66 [1292]

—

Richard Harlfinger[1], Maler, L. a. s., 1 p. groß 8°. Auf Papier der „Secession", Wien. Möchte mit dem Vizepräsidenten Grom-Rottmayer[2] Schiele wegen einer Kollektivausstellung besuchen, etc.
E. S. A. 208 [1293]

1 Richard Harlfinger (1873—1948), Maler, seit 1917 Professor an der Wiener Frauenakademie. 1906—1939 und wieder ab 1945 Mitglied der Wiener Secession.
2 Hermann Grom-Rottmayer (1877—1953), Maler. Studierte an der Akademie in Wien und in München bei Herterich (1908); 1910—1939 Mitglied der Wiener Secession.

26. X. 1917

→ Dr. Franz M. Haberditzl, L. a. s., 2 pp. 8°. Über die Versetzung Schieles an das Heeresmuseum. [Dr. Alfred] Mell (1880—1949), der spätere Direktor des Museums, habe bei → Dr. John erfolgreich interveniert. Schiele möge ein Gesuch an das Unterrichtsministerium zu Handen von Hofrat [Rudolf] Förster[-Streffleur (1864—1946, Sektionschef dort)] richten, etc.
E. S. A. 202 [1294]

30. X. 1917

An → Dr. F. M. Haberditzl, P. a. s. [großformatige Visitkarte: EGON SCHIELE], 1 p. quer 8°
„30. Okt.
Lieber Herr Doktor Haberditzl[!]! ich erlaube mir durch meine Frau das Gesuch an das Unterrichtsministerium an Sie zu senden um zu erfahren ob die Art zweckentsprechend ist. Sollte etwas zu ändern sein so bitte ich Sie mir gütigst dies anzustreichen. Wenn Sie vom Heeresmuseum etwas erfahren so bitte ich Sie mich am besten bis 1 oder 2 Uhr anzurufen. Mit den besten Grüßen Egon Schiele."
Privatbesitz, Wien [1295]

1. XI. 1917

An → Arthur Roessler, C. a. s. [Korrespondenzkarte]
„1. November 1917.
Lieber Herr Rößler. wir machen morgen Freitag einen kleinen lustigen Abend zu dem ich Sie und Ihre Frau, vorausgesetzt daß Sie nichts besseres vorhaben, einlade und zwischen 7 und 8^h erwarte. Freundliche Grüße Egon Schiele."
W. ST. B. 180.614; Gl. 67 [1296]

2. XI. 1917

„Österreichische Volkszeitung", Zeitungsausschnitt, Besprechung der → „Lányi-Mappe"
„Egon Schiele. Die Welt Schieles ist Tiefseeregion, wo Oberflächenwesen den auf dunklen Abgründen lastenden Druck nicht ertragen könnten, und die sie daher aus Sicherheits-

instinkt meiden. Dem Publikum, das auf eine ihm geläufige Weise interessiert zu werden liebt, und konservativen Schöngeistern, denen die Kunst noch immer nur ein Mittel zur Erregung billiger Lustgefühle ist, hat er darum schon viel Unbehagen verursacht, ja sogar manchen Schreck eingejagt. Die ganze Wucht des menschlichen Erbes mit seinen Süchten und Ängsten scheint auf ihm zu lasten, mit dem trüben Brodem von Ahnungen und Revolten seine Jugend vergiftet, ihre dumpfe Leidenschaftlichkeit mit Skorpionen gezüchtigt zu haben. Als Ausdruck für die ihn bedrängenden Vorstellungen und Gespenster hat er in seinen Gemälden einen herben, kantigen, eigenwilligen Stil der Zeichnung und Flächengliederung gefunden und eine Farbe, deren schweres Düster aus der Unterwelt irgendeines Fegefeuers heraufglost. Vor einfallendes Licht gehalten, sehen seine Ölbilder erglühenden gotischen Kirchenfenstern ähnlich, und er macht auch den Eindruck, als hätte mittelalterlich mystischer Hang zu Selbstpeinigung in ihm einen späten Nachkommen gezeugt. Die Atmosphäre, aus der seine Bilder gestaltet sind, ist eine andere als die der gewohnten Wirklichkeit, sie ist die der Visionen, aber auch die der ausschweifenden Phantasie und fieberhaften Alpdruckvorstellungen. Zu Schieles Zeichnungen schlägt die Wirklichkeit ihres Gegenstandes eine leichter gangbare Brücke. Auch auf diesen Studien tragen Mann und Weib in der Auffassung Schieles das Brandmal einer grimmig schuldbeladenen, leidenschaftsschwülen Tragik. Nur in zwei Damenbildnissen, wo aus dem Ungewitter seiner Zeichnung eine zärtliche Anmut aufgegangen ist, erscheint das sonst wilde, mänadenhafte Wesen seiner Weiber zu schwermütiger Verträumtheit gemildert. Solche Bildnisstudien, wie auch der durchgeistigte Kopf eines bebrillten jungen Soldaten und ein mit eindringlichster Sachlichkeit beobachteter russischer Gefangenentypus, inmitten der übrigen Gesellschaft verkrampfter Leiber, in versteinter Verdammnis vor sich hinstierender Seelen, in brünstigen Ekstasen brechender Augen, scheinen anzudeuten, daß bei diesem von Grund aus eigenartigen Künstler aus Stürmen und Schlacken eine innerliche Läuterung sich zu vollziehen beginnt.

[W. Kapral]ik"

E. S. A. 1023; auszugsweise HM. 1968, Nr. 154   [1297]

4. XI. 1917

Vera D'Aniel, L. a. s., 1 p. 4°. Entschuldigt sich wegen ihres abschiedslosen, taktlosen Weggehens, dankt aber für den reizenden Abend[!], etc.

E. S. A. 37   [1298]

—

→ Erwin Hanslik. — Brief seiner Sekretärin. Auf Briefpapier: „Erwin Hanslik, Leiter des Institutes für Kulturforschung, Wien I., Mölkerbastei 10", 3 pp. 8°

„4. September 1917.

Prof.[essor] Hanslik ... läßt ... bitten, mir bei der Beschaffung des Materials für die Kulturausstellung in Stockholm an die Hand zu gehen, weil die Zeit ... bis 1. November (beabsichtigter Zeitpunkt des Beginnes der Tätigkeit des Instituts in Stockholm) allein nicht reichen würde ... Noch eine weitere Bitte. Es handelt sich darum, daß Ihre Zeichnungen der Schädelbildung in das Buch „Menschheit"[1], das in Druck ist und rechtzeitig, noch im September erscheinen soll, kommen. Aus diesem wichtigen sachlichen Grund wäre es notwendig, daß Sie selbst die Art der Durchführung der Veröffentlichung bestimmen und mir die Zeichnungen zur Anfertigung von Klischees mit Ihren Wünschen und Ratschlägen übergeben. Prof. Hanslik legt großen Wert darauf, daß Ihre Zeichnungen im Buch „Menschheit" sind ..."

P. 59   [1299]

[1] Schiele hat laut seinem Notizbuch 1918 Professor Hanslik des öfteren besucht und — wie diesem Brief zu entnehmen ist — bereits 1917 Illustrationen für dessen Bücher gezeichnet, die jedoch nicht erschienen sind, ebensowenig haben sich Schieles Zeichnungen gefunden; siehe auch Nr. 1291.

10. XI. 1917

Atelier Professor → Josef Hoffmann, L. s. Hätten 4 Bilder Schieles von Stockholm nach Kopenhagen gesandt und erbäten dessen Zustimmung, etc.

E. S. A. 54   [1300]

Ver!

Auf daß der moderne Geist in Allem und Jedem zum Ausdruck komme

Herausgegeben von

Wien   Karl F. Kocmata   15. November 1917

Egon Schiele und Ich / von Herbert Waniek

[1301]

15. XI. 1917

Herbert Waniek[1], Aufsatz: „Egon Schiele und Ich" in der von Karl F. Kocmata herausgegebenen Zeitschrift „Ver", 15. XI. 1917

„... Schieles Zeichnung: ein weiblicher Akt, hat mich verwirrt. Mich verwirrte nicht die schwüle, dumpfe Wärme der Achsel, nicht die Häufung der Falten über dem Venusberg, mich erschreckte nicht die Grimasse der niedergebundenen Geschlechtlichkeit, der gebändigten Wollust, mich entsetzte die absolute Seelenlosigkeit dieses Körpers. Mich entsetzte die Erkenntnis des Künstlers, die aus diesen Linien sprach: er sah nicht nur den Körper, weil er nur den Körper sehen wollte, sondern er sah und gab uns nur den Körper, weil nur der Körper war: Dieses Weib, von jeder Täuschung und falschen Hoffnung befreit, animalisch sexuell, amoralisch, ist seelenlos: ist der Körper an sich. Nicht der Künstler raubte ihm seine Seele, diesem Wesen versagte sie Gott. Der Künstler war nicht grausamer als der Schöpfer. Kunst ist Philosophie. Mir graut vor dem Philosophen Schiele, ich will mich retten vor seinen Bildern ... Holte Schiele diese lüsternen Frauen, die zu Orgien des Fleisches noch stark genug, doch keine Absynthräusche mehr durchtaumeln können, aus der Hölle oder sind es die morbiden, verführerischen Kokotten von gestern, aus dem Caféconcert, die sich auf dunkelvioletten Samtbänken in ihrem ungestillten Verlangen unserer Gier darboten? Dekadenz und Verwesung können nicht verschleiern den kraftvollen Willen eines schöpferischen Geistes. Der Dampf eines schlecht gelüfteten Badezimmers verzieht sich, die Bilder der Kupplerinnen, die zermürbte Mädchenkörper verschachern, versinken. In diesen Formen höchster Angst, letzter Rettung: in diesen qualvoll verzerrten Gesichtern, in diesen unsagbar tierisch-traurigen Blicken rätselhafter Art, in diesen Körpern bald bereit loszuschnellen gleich gespannten Stahlfedern, bald zu müde zur Sünde, in diesen Körpern, die durch die raffiniertesten Lüste gegangen sind, in allen diesen Formen befreit sich der Künstler von der Sklaverei des inneren Erlebnisses. Er mußte durch alle diese Lüste, aber auch durch alle geißelnden Qualen gehen, bis er erkannte und schaffen mußte. Lust und Qual der Hölle zog er dem Tode vor, denn er war zu sittlich, sich selbst zu töten ..."

E. S. A. 1086   [1301]

1 → Herbert Waniek (1897—Wien—1949), langjähriger Regisseur des Burgtheaters in Wien.

19. XI. 1917

„Der Anbruch", Flugblätter aus der Zeit, L. s. des Schriftleiters Heinrich Nowak, Wien I., Franzensring 18, L. s., 1 p. 8°. Bitte um kostenlose Überlassung von Beiträgen. „... Alles was in diesen Blättern erscheint, muß Ausdruck sein, Ausdruck und Signal auf allen Gebieten...", etc.

P. 60   [1302]

22. XI. 1917

Münchener Künstler Genossenschaft, München, Glaspalast, Sophienstraße 7. — Vordruck mit handschriftlicher Eintragung über das dort verkaufte Bild „Mann mit Mädchen"¹ brutto 2000, netto 1698,50 Mark. Auf der Rückseite Bleistiftnotizen Schieles über seine Antwort: „Sehr geehrter Herr! Bisher bekam ich 2 Sendungen zu je Mk 500.—. Für die Nationalstiftung bitte ich den Verhältnissen entsprechend M 50— abrechnen zu wollen, sodaß ich von Ihnen insgesamt noch 647,50 M erwarte..." [es folgen einige Rechnungen Schieles].

E. S. A. 166 a   [1303]

1 „Tod und Mädchen", 1915.

25. XI. 1917

An Unbekannt, 1 p. quer 8°
„Wien, den 25. November 1917.
Euer Hochwohlgeboren! Besten Dank für Ihre Einladung, ich habe aber leider keine guten graphischen Arbeiten. Die drei Blätter welche ich in den nächsten Tagen an die Galerie Commeter¹ absende sind Versuche von Radierungen. Mit vorzüglichster Hochachtung   Egon Schiele."

E. S. A. 637 [Abschrift]   [1304]

1 Galerie Commeter, Hamburg.

26. XI. 1917

Paul Stallmann, Möbelfabrik, Raum-Ausstattung, Hagen, Westfalen, L. a. s., 1 p. groß 8°. Hofft, daß rückgesandte Aquarelle angekommen seien, erbäte neue, etc.

E. S. A. 484   [1305]

27. XI. 1917

→ Anton Peschka, C. a. s. [Postkarte der „Aktion". Porträt Ludwig Rubiners von W. Lehmbruck]. Ist von der Piavelandschaft sehr enttäuscht. Der Artilleriekampf sei schrecklich, zweimal hätte es ihn beinahe erwischt, etc.

E. S. A. 288   [1306]

29. XI. 1917

An → Arthur Roessler, C. a. s. [Korrespondenzkarte]
„29. XI.
Lieber Herr Rößler! Sie haben seinerzeit noch vor dem Krieg, die Kupferplatten von den 2 Akten und Ihrem Porträt¹ übernommen, könnte ich nicht die Platten in den nächsten Tagen haben? Freundliche Grüße   Egon Schiele, 1917."

W. ST. B. 180.615; Gl. 68   [1307]

1 Es handelt sich um die Platten für K.Gr. 6: „Kauernde"; 7: „Kümmernis"; 8: „Bildnis Arthur Roessler", alle 1914 entstanden.

30. XI. 1917

Felix Aschner, L. s., 1 p. 8°. Nachfrage nach seinem, der Kriegsausstellung 1917 im Wiener Prater geliehenen Bild von Arthur Rudolph „Soldaten mit Mädchen".

P. 61   [1308]

—

Münchener Künstler-Genossenschaft. Bestätigung für Egon Schiele über einbezahlte Mark 50,— für die Nationalstiftung, 1 p. quer gr. 8°.

E. S. A. 480   [1309]

3. XII. 1917

An → Dr. Wilhelm John, L. a. s.
„3. Dezember [1917]
Sehr geehrter Herr Ober-Ingenieur Dr. John! Ich erlaube mir, an Sie die höfliche Frage zu stellen, ob ich noch Aussicht habe, an das Heeresmuseum kommandiert zu werden. Als Sie mir den Brief an meinen Kommandanten mitgaben und dieser zwar einwilligte mich für einen guten Schreiber abgeben zu können, doch er selbst an das Kriegsministerium die Eingabe nicht machen konnte, weil ich seinerzeit von unserer Anstalt speziell angefordert wurde, sandte er durch mich einen Brief an Sie, dessen Inhalt ich weiß, den Brief aber selbst nicht übergeben konnte. Mein jetziger Kommandant ist mir aufs Beste gesinnt und schätzt mich sehr als Maler und sieht mein unangebrachtes Dasein vollkommen ein. Inzwischen reichte ich, mit dem Einverständnis → Dr. Haberditzls und meines jetzigen Kommandos ein Gesuch, mit der Bitte um Kommandierung in das Heeresmuseum direkt beim Unter-

richtsministerium ein. Vorigen Dienstag habe ich die einwandfreie Befürwortung des Unterrichtsministeriums dort selbst erfahren und — hoffe nun. Mit vorzüglichster Hochachtung Egon Schiele, 1917. Wien XIII., Hietzinger Hauptstraße 101."

Nach: Leopold Auer, Egon Schiele und das Heeresmuseum. Mitteilungen des Österreichischen Staatsarchivs, 26, 1973

[1310]

12. XII. 1917

→ Arthur Roessler, L. a. s., 1 p. 8°. Habe Einladung um einen Tag verspätet erhalten. Ärger mit der Zeitschrift → „Kunst und Dekoration", Darmstadt, die im letzten Moment mittels Telegramm mahne, etc.

E. S. A. 526 [1311]

23. XII. 1917

An → Anton Peschka, L. a. s
„23. Dezember 1917.
              Wien XIII., Hietzinger Hauptstraße 101.
Lieber A. P.! Ich erwarte, daß Du am Mittwoch, womöglich noch vor 3 Uhr, zuversichtlich zu mir kommst, weil ich gerne das Resultat, welches ich mit der Sezession zustande brachte, mitteilen will und Dir nochmals ans Herz lege, daß Du jetzt, solange Du noch hier in Wien bist, malst, um in unserer Ausstellung, die die bedeutendste von neuer Kunst in Wien sein wird, beteiligt zu sein, was Dir ein Fundament für die Zukunft sichern könnte. Nebstbei will ich mit Dir über die Zukunft sprechen, die mir nahe geht. Vielleicht kann Willy[1] doch erst um 5 oder 6 Uhr ins Café Eichberger kommen. Sei Du, → Gerti und Tonerl[2] herzlichst gegrüßt Egon."

Nach: R., B. & P., p. 125; Verbleib unbekannt [1312]

[1] Ein Bekannter der Familie Harms, dessen Name öfters vorkommt.
[2] Anton Peschka jun.

23. XII. 1917? [schwer lesbarer Poststempel]

An → Anton Peschka, C. a. s. [Korrespondenzkarte]
„Komme morgen Mittwoch 2ʰ zu mir. Beste Grüße
                                      Egon Schiele."

Wiener Antiquariat, Ingo Nebehay, 1976 [1313]

[1313]

[vor dem 24. XII. 1917]

→ Leopold Liegler, C. a. s. [Rund um die Stephanskirche. Fegefeuer]. Weihnachtswünsche

P. 95 [1314]

24. XII. 1917

→ Franz M. Haberditzl, L. a. s., 1 p. 8°. War in Prag, konnte wegen des schlechten Wetters und seines Rheumatismus nicht kommen. Das Bild [Bildnis Dr. F. M. Haberditzl, 1917] sei übersendet worden, der Rahmen hätte vor Weihnachten nicht mehr geliefert werden können[1]. Bezahlt à cto 300 Kronen; Weihnachtswünsche, etc.

Privatbesitz, Wien [1315]

[1] Das „Bildnis Dr. F. M. Haberditzl" wurde demnach zwischen dem 3. IX. und dem 24. XII. 1917 in Schieles kärglich bemessener Freizeit gemalt.

26. XII. 1917

→ Anton Faistauer, IV., Floragasse 7, L. a. s., 1 p. 4°. Bittet zu versuchen, daß der Termin der Secessionsausstellung, wegen der Schweizer Ausstellung, möglichst Februar 1918 sei, etc.

E. S. A. 57 [1316]

[nach dem 26. XII. 1917?]

Eigenhändige Adreßliste für die beabsichtigte Ausstellung in der Secession, 1918[?]. → Böhler, Hans, VI. Linke Wienzeile 52 — → Faistauer, IV. Technikerstrasse 9 — → Fischer, Hans, II. Venedigerau 4 — → Gütersloh, Paris, IV. Technikerstrasse 9 — → Harta F. A., XIII. Spohrgasse 49 — Jungnickel, L. H., XIII. Grünbergstr. 31 — Klemm, Walter, Dachau 6 München Bahnhofstrasse 2[1] — → Kokoschka, Oskar, XIX. Hardtgasse 5 — Kolig[2] — Lang[3], Erwin, IV. Alleegasse 2 — Lendeke[4] — → Merkl, Georg — Peche[5] — Reichel[6] — Strnad[7] — Štursa[8] — → Wiegele — → Zülow.

E. S. A. 145 [1317]

[1] Walter Klemm (Karlsbad 1883—1957), Graphiker, Maler.
[2] → Anton Kolig (1886—1950), Kärntner Maler.
[3] Erwin Lang (1886—1962), Graphiker, Holzschneider.
[4] Otto Lendecke (1886—1918), Maler, Illustrator.
[5] Dagobert Peche (1887—1923), Kunstgewerbler an der „Wiener Werkstätte".
[6] Karl Anton Reichel (1874—1944), Radierer.
[7] Oskar Strnad (1879—1935), Bühnenarchitekt.
[8] Jan Štursa (1880—1925), tschechischer Bildhauer.

27. XII. [1917]

An Anton und Gertrude Peschka, L. s., 1 p. 8°
„Lieber A. P. und Gerti. Kommt wenn Ihr nichts anderes vorhabt am Sonntag erst um 7 Uhr, ebenso auch Tonerl[1]. Herzlichste Grüße. Egon"

G. P. 8 [1318]

[1] Anton Peschka jun., geboren 1914.

31. XII. 1917

Kunstanstalt → Max Jaffé, Wien XVII./3, Leopold-Ernst-Gasse 36. — Faktura im Betrag von 268 Kronen für Aufnahme von 4 Gemälden, darunter das Bildnis von → Franz Martin Haberditzl. 1 p. gr. 8°.

P. 63 [1319]

1917

Eigenhändige Aufstellungen über von Schiele beschickte Ausstellungen. 2 pp. 8°

p. 1:
„Ausstellung Sezession München, Glaspalast 1917, 1. VII.—1. X. 1917

1. „Mann u. Mädchen"   Koch?[1] Mk 4000—
2. „Mutter"   Koch   Mk 4000—
3. „Porträt Herr J. H." Koch   Mk 3000—
   [Johann Harms]
4. „Porträt Herr K. G." Koch   Privatbesitz
   [Karl Grünwald]
5. „Haus"   Koch   Mk 2000—
6. „Stadt"   Koch   Privatbesitz
7. „Sommerlandschaft" Koch   Mk 2000—
8. „Mühle"   Koch   Privatbesitz

Ausstellung Sezession Berlin W. Kurfürstendamm 132 Anfang Oktober 1917

1. „Liebespaar"   Mk 4000—   10 Zeichnungen, davon
   [die untere Eintragung durchkreuzt] die Schwarzen[!]   Mk 100—
                                        die Farbigen[!]   Mk 200—"

p. 2:
„Ausstellung österr.[eichischer] Kunst", Stockholm 1917, 9. IX. 1917.

1. „Entschwebung"   österr. K 7000—   9. „Fenster"   Privatbesitz
2. „Auferstehung"   Koch   K 8000—   10. „Herbstsonne"   K 2000—
3. „Liegende Frau"   Koch   K 5000—   11. „Häuserreihe"   Privatbesitz
4. „Mann u. Frau"   K 4000—   12. „Stadt Stein"   Privatbesitz
5. „Mädchen"   Koch   K 4000—   13. „Stadt Stein"   Privatbesitz
6. „Stadt"   Koch   K 3000—   14. „Agonie"   Privatbesitz
7. „Landschaft"   Koch   K 3000—   15. „Bekehrung"   Privatbesitz
8. „Einzelne Häuser"   K 2000—

24 Zeichnungen, davon die Schwarzen[!] à K 100—, die Farbigen[!] à K 200—

„Ausstellung österr.[eichischer] Kunst, Stockholm 1917 — 9. IX. 1917
1. „Eremiten"   österr. K 5000—   20 Zeichnungen davon
                                    Schwarze[!]   à K 100—
                                    Farbige[!]   à K 200—
                                    (12 Zeichnungen sind ausgestellt)."

DOKUMENTE UND KORRESPONDENZ 1917

Nach K., p. 85. Der vielen Bildertitel halber wurde darauf verzichtet, zusätzliche Bemerkungen zu machen. [1320]

1 „Koch" bedeutet wohl, daß an → Alexander Koch, Darmstadt, Fotografien gesandt wurden.

[1917]

An → Josef Hoffmann. Visitkarte mit 7 eigenhändigen Zeilen, ohne Unterschrift

„Lieber Herr Professor Hoffmann. Bitte die seinerzeit für die Stockholmer Ausstellung[1] als Plakat gedachte Handzeichnung beim Portier der Schule[2] zu deponieren. → Erich Lederer wird sie mir bringen. Freundliche Grüsse."

Wiener Antiquariat, Ingo Nebehay, Liste 26 [1321]

1 Die Ausstellung moderner österreichischer Kunst fand im Winter 1917 in Stockholm statt.
2 Kunstgewerbe-Schule, Wien.

[1917?]

[Vermutlich an → Marie Schiele] Visitkarte mit eigenhändigen Zeilen in Bleistift

„ich komme Samstag vormittags wieder, wenn Du nicht hier bist gebe[!] Schlüssel hinunter.   Egon."

E. S. A. 245 [1322]

[1917?]

Egon Schiele — Visitkarte mit eigenhändigen Zeilen in Bleistift

„Komme sofort her!" [verso:] „Liebe Edith wir fahren heute ½12ʰ nach."

E. S. A. 249 [1323]

[1917?]

Egon Schiele — Visitkarte mit Adresse: XIII., Hauptstraße Nr. 101; mit eigenhändigen Zeilen auf der Rückseite

„Wir erwarten Euch Samstag d.[en] 17. d. M. [des Monats] um 8ʰ im Atelier. Herzlichst..."

E. S. A. 247 a [1324]

138 Die letzte[?] Aufnahme, 1918. Seine Züge sind durch die Entbehrungen des Krieges gezeichnet.

XIV. Klimts Tod; die 49. Ausstellung der „Secession";   1918
Umzug in ein neues Atelier; Tod

Der am 6. Februar morgens um 6 Uhr eingetretene Tod von → Gustav Klimt — er starb nach einem am 11. Januar in seiner Wohnung erlittenen Schlaganfall an den Folgen einer grippösen Lungenentzündung — bedeutete, daß nun Schiele als Maler ohne Zweifel der erste Mann in Wien war, sieht man von → Oskar Kokoschka ab, der sich stets vom Wiener Kunstleben distanziert zeigte. Wir haben in den einleitenden Worten zum Jahr 1909 darauf hingewiesen, wieviel Schiele dem toten Meister, den er sein Leben lang verehrte, künstlerisch und menschlich zu verdanken hatte. Nun nahm er in der damals neu erschienenen Zeitschrift „Der Anbruch" in der Nummer vom 15. II. 1918[1] Abschied von ihm mit den Worten:

„Gustav Klimt
Ein Künstler von unglaublicher Vollendung
Ein Mensch von seltener Tiefe
Sein Werk ein Heiligtum"

Er zeichnete den toten Klimt in der Totenkammer des Allgemeinen Krankenhauses und hielt dessen ihm ungewohnt erscheinendes Antlitz — man hatte ihm, da er im Wasserbett liegen mußte, den Bart abgenommen — in drei ergreifenden Zeichnungen fest. Schieles — Arthur Roessler gegenüber gemachter — Vorschlag, Klimts Atelier für die Nachwelt zu erhalten, wurde nicht aufgegriffen. Die Zeiten waren zu ernst, als daß man sich mit Ähnlichem beschäftigen wollte. Es gelang ihm auch nicht, was er über seinen Malerfreund → Harta anstrebte (dessen Schwiegermutter Besitzerin des Hauses war), das Atelier für sich zu mieten. Hartas Schwiegermutter hatte sich nämlich dazu verpflichtet, es den Erben noch auf ein Jahr zu überlassen. Der frühest mögliche Termin zum Einzug wäre daher der Februar 1919 gewesen.

Im März eröffnete die „Secession" ihre 49. Ausstellung. Schiele zeigte dort neunzehn Bilder und an die dreißig Zeichnungen. Der Erfolg war durchschlagend. Die erhaltene Abrechnung der „Secession [siehe Nr. 1483] läßt erkennen, was alles (und zu ungewöhnlich hohen Preisen) verkauft worden war. Allerdings ließ man bisher außer acht, daß sich im vierten Kriegsjahr die Geldentwertung deutlich abzeichnete. (Das sollte in der unmittelbaren Nachkriegszeit noch schlimmer werden, bis schließlich, am 30. VI. 1925, die Schillingwährung eingeführt wurde und 10.000 Kronen gleich einem Schilling galten.) Schon während des Krieges konnte man an den Kursen der alten Kronenwährung an der Zürcher Börse Tag für Tag das Schwinden der Werte verfolgen. Daher ist es auch geboten, den augenscheinlichen großen Erfolg Schieles unter diesem Vorzeichen zu sehen. Wir sagten schon im verbindenden Text zum Jahr 1917, daß das Publikum, verängstigt durch den Stand der Dinge und vor die Unmöglichkeit gestellt, mit dem Geld Dinge des täglichen Bedarfs zu kaufen, auf Erwerbbares auswich. Da Gold, Silber und Kupfer abzuliefern waren, erwarb man andere Werte. Und so kam in jenen Jahren der alten und modernen Kunst plötzlich eine neue Rolle zu, die sie bis in unsere Tage beibehalten hat. Wir wollen den großen Erfolg Schieles auf dieser Ausstellung nicht mindern, sondern ihn vielmehr nur erklären. Es bedeutete für ihn, der jahrelang von der Hand in den Mund zu leben gezwungen gewesen war, jedenfalls viel, zum ersten Male eine so große Summe Geldes zu besitzen, wenngleich die Scheine, die ihm ins Haus flatterten — wie oben gesagt — bereits sehr verminderten Wert hatten.

Seit dem 29. April war Schiele an das „Heeresmuseum" (heute „Heeresgeschichtliches Museum") in Wien III., Arsenal, versetzt worden[2]. Der damalige Direktor, Oberingenieur → *Dr. Wilhelm John*, hatte das Kriegspressequartier gegründet, dem eine ganze Anzahl österreichischer Künstler zugeteilt war. Nun befand sich Schiele endlich an dem Ort, an den er sich seit seiner Einberufung hingesehnt hatte. Der Dienst — wir wissen nicht Bescheid darüber, womit er eigentlich beschäftigt war — muß sehr leicht gewesen sein und ließ ihm, der darauf brannte, Versäumtes nachzuholen, in den letzten zwölf Monaten seines Lebens genügend freie Zeit zum Schaffen. Dr. John, der ein gelernter Historiker war und dem „Heeresmuseum" durch beinahe dreißig Jahre vorstand, hat dadurch, daß er Kunstschaffende Österreichs in sein Kriegspressequartier berufen konnte, vielen das Leben gerettet, wenngleich die großen Verluste 1917 rigorosere Maßnahmen erfordert zu haben scheinen und viele Künstler Truppenteilen an der Front zugewiesen wurden[3].

Die → *„Gesellschaft für vervielfältigende Kunst"*, ein durchaus traditionsgebundenes Unternehmen, trat nun wegen einer Lithographie für die nächste Jahresmappe an Schiele heran. Die Korrespondenz mit dem Herausgeber → *Dr. Arpad Weixlgärtner*, einem bekannten Museumsmann und Kunsthistoriker, der die Geschäfte führte, hat sich beinahe zur Gänze erhalten. Sie läßt erkennen, daß sich die Herren des Vorstandes nur zögernd zu moderner Kunst bekennen konnten. Schiele reichte seine Lithographien „Bildnis Paris von Gütersloh" [K.Gr. 16] und „Mädchen" [K.Gr. 17] ein. Allein, sie wurden am Ende nicht akzeptiert und erschienen erst nach seinem Tod in der von Roessler herausgegebenen Mappe seiner graphischen Arbeiten[4].

Die Geschäftsstelle des von Schiele 1917 neugegründeten → „Sonderbundes" befand sich in der Kunsthandlung des Vaters des Herausgebers, → *Gustav Nebehay*, im alten „Hotel Bristol" am Kärntnerring. Seit früher Jugend ein Freund und Förderer der Künstler, war er, zwei Jahre zuvor, aus Leipzig nach Wien gekommen und hatte sich hier etabliert. Wie Schiele war er, schwacher

Konstitution halber, von der Ableistung der Militärdienstzeit befreit gewesen. Da er gleichfalls nicht „kriegsverwendungsfähig" war, leistete er Kanzleidienst in Wien und führte sein Geschäft in den kargen Stunden der Freizeit. Durch seine Freundschaft mit Josef Hoffmann und dem Kreis um die „Wiener Werkstätte" war er 1917/18 sowohl mit Klimt als auch mit Schiele bekannt geworden. Da er beruflich mit der Organisation von Ausstellungen vertraut war, hatte man sich seiner guten Dienste bereits für die großen Ausstellungen in Skandinavien versichert [wir schrieben im Kapitel XIII. darüber]. Er schien Schiele sichtlich der geeignete Mann, den „Sonderbund" zu betreuen. Die guten Verbindungen, die er zu beiden Künstlern geknüpft hatte, brachten es übrigens später mit sich, daß er von beiden Familien mit der Verwertung des Nachlasses betraut wurde.

Schiele hatte seit dem 5. Juli 1918 neue, große Atelierräume im Herz des XIII. Bezirks, in der Wattmanngasse 6, gefunden. Seine Wohnung in der Hietzinger Hauptstraße behielt er außerdem. Es sollte sich bald herausstellen, daß die neu gemieteten Räume zwar geeignetere Ausmaße hatten als sein bisheriges Mansardenatelier, dafür aber feucht und vermutlich — wie viele andere auch — durch den seit Kriegsbeginn verfügten Mietenstop, der den Hausherren kein Geld für Reparaturen ließ, in schlechtem Erhaltungszustand waren.

Ende Oktober erkrankte Edith Schiele an der damals grassierenden Spanischen Grippe und starb am 28. Oktober, nicht ohne vorher auf einem Blatt Papier in bereits unkontrollierter Handschrift ihrem Mann ihre große Liebe versichert zu haben. Schiele zeichnete seine Frau am letzten Tage ihres Lebens. Diese Zeichnung sollte seine letzte sein, denn er erkrankte nun selbst an dieser Krankheit und fiel ihr — vom Halbbruder seiner Frau noch vorsorglich in die Wohnung der Schwiegereltern Harms gebracht — am 31. Oktober um 1 Uhr nachts zum Opfer.

Wir glauben, daß ihm und seiner Frau, entgegen Angaben der Literatur, nicht → Dr. Erwin von Graff beigestanden hat (dieser war nämlich Gynäkologe), sondern der in Hietzing wohnende → *Doktor Franz Haldenwang*, ein hervorragender Diagnostiker und vorbildlicher Hausarzt von großer Menschlichkeit, Freund seiner zahllosen Patienten.

Schieles Mutter erzählte in einem Interview im „Neuen Wiener Journal" einen angeblichen Ausspruch ihres Sohnes:

„In Österreich hat man für Kunst kein Verständnis. Wenn der Krieg zu Ende ist, verkaufen wir alles und fahren mit unseren fünfhundert Bildern zuerst in die Schweiz und dann nach Amerika...[5]" Zu seinem Schwager → Anton Peschka habe er sich, noch vor Erkrankung seiner Frau, geäußert[6]:

„Mir steht etwas Großes bevor, ich weiß nur nicht, was es ist." Über seine letzten Worte gibt es divergierende Angaben. Arthur Roessler teilt mit: „„Auf Erden werden die Menschen jetzt — vielleicht — frei; — ich aber muß sie verlassen. Traurig ist das und schwer das Sterben. Doch nicht schwerer als das Leben war, mein Leben, an dem so viele Leute sich stießen. Nach meinem Tode, früher oder später, werden die Leute mich gewiß lobpreisen und meine Kunst bewundern. Ob sie das auch so maßlos tun werden, wie sie mich und mein Werk geschmäht, verhöhnt, verleumdet, verpönt und — verkannt hatten? Möglich. Mißverständnisse wird es immer geben zwischen mir und anderen. Gleichgültig ist nun das Eine wie das Andere! — Das sprach, nach Ohrenzeugenbericht, am 31. Oktober 1918 auf seinem Sterbelager Egon Schiele. Nichts ist diesen letzten

Worten, dem klagenden Abgesang eines verscheidenden Genies, heute, an seinem 25. Todestag anzufügen[7]."

Es gibt aber eine schriftliche Aufzeichnung von → Adele Harms, die seine letzten Worte wie folgt festhält:

"Der Krieg ist aus — und ich muß geh'n. — Meine Gemälde sollen in allen Museen der Welt gezeigt werden! — Meine Zeichnungen sollen zwischen Euch — u. meinen Leuten geteilt werden! und nach 10 Jahren verkauft werden[8]."

Vermutlich ist dieser Ausspruch authentischer.

Schiele wurde zunächst am 3. November im Grab der Eltern seiner Frau auf dem Ober St. Veiter Friedhof beigesetzt, wo Tage zuvor Edith ihre letzte Ruhestätte gefunden hatte[9]. Jahre später wurden beide in ein von der Gemeinde Wien gewidmetes Ehrengrab auf demselben Friedhof umgebettet. 1929 wurde ein durch private Spenden von dem damals in Wien lebenden ungarischen Bildhauer → Benjamin Ferenczy geschaffener Grabstein aufgestellt, der beider Figuren zeigt, leider aber künstlerisch heutigen Anforderungen nicht entspricht. Im selben Grab wurde — offenbar ohne daß man vorher die Familie Peschka-Schiele befragt hätte und ohne daß eine Inschrift darauf hinweise, die 1968 mittellos verstorbene Adele Harms beigesetzt[10]. Die Gemeinde Wien, die es für richtig befunden hatte, eine kleine unscheinbare Gasse des XIII. Bezirks nach Gustav Klimt zu benennen[11], tat das nämliche für Schiele[12]. Somit wurde diesen beiden großen Söhnen der Stadt die gleiche mindere Ehrung zuteil.

Klimt und Schiele, Weggenossen über eine nur allzu kurze Zeit, erlitten — nun im Tod vereint — dasselbe Schicksal, nämlich das, fast vergessen zu werden. Für ihre Werke, die vor kurzem noch im Brennpunkt heftiger Auseinandersetzungen gestanden hatten, fehlte nun alles Interesse.

Österreich-Ungarn ging im November 1918 zugrunde, wurde zerstückelt, aufgeteilt. Ein kleiner Rest, der sich, seiner Schwäche bewußt, zunächst „Deutschösterreich" nannte, hatte ein schweres Erbe anzutreten. Seiner hauptsächlichsten Rohstoffvorkommen beraubt, die nun in Gebieten jenseits der Grenzen lagen, von einer Inflation geschüttelt, die — wie im benachbarten Deutschland — das Bürgertum ruinierte, ging es seinen Weg und überlebte.

Stellte man in den Jahren der deutschen Besetzung, 1938—1945, zumindest Klimt noch einmal groß in der „Secession" aus, so gehörten Schieles Bilder in Deutschland bereits vor dem „Anschluß" Österreichs zur „entarteten Kunst". So wurde Schieles Bild „Tote Stadt", 1912, im Osthaus-Museum, Hagen in Westfalen, konfisziert und in der Schweiz versteigert. Es befindet sich heute im Kunsthaus, Zürich. Es war das Verdienst von → Dr. Bruno Grimschitz, dem damaligen Direktor der „Galerie des 19. Jahrhunderts", daß er 1938 kurzerhand alle ihm gefährdet scheinenden Bilder seines Museums abhängte und sie somit vor möglicher Beschlagnahme und Vernichtung rettete.

Schieles früher Tod ist umso tragischer, weil er just in dem Moment eintrat, als er durch die „Secession"-Ausstellung im Zenit seines Ruhmes angelangt war. Er hatte in diesem Jahr einige seiner wichtigsten Porträts gemalt. Andere Aufträge zeichneten sich ab. Außerdem war der Erste Weltkrieg praktisch zu Ende. Er selbst — hatten wir doch recht, ihn als Glückskind zu bezeichnen — war ungefährdet durch diese letzten vier Jahre gekommen. Und nun mußte ihn das Schicksal ereilen! Mit ihm wurde eine der größten künstlerischen Hoffnungen unseres Landes zu Grabe getragen. Ein begnadeter Künstler, der voller Pläne für die Zukunft war, die er mitgestalten wollte. Zu seinen Lebzeiten von einigen wenigen geliebt, gefördert und verstanden, gehört er heute der Welt. Es ist wohl müßig, Betrachtungen darüber anstellen zu wollen, wie er sich künstlerisch weiter entwickelt hätte. Er hat in den wenigen Jahren, die zu schaffen ihm erlaubt waren, Großes und Gültiges geleistet. Wir stehen voll Bewunderung vor seinem Werk. Was könnte die Wertschätzung, die man ihm heute zuteil werden läßt, besser illustrieren als der Umstand, daß es unter den Schätzen der Albertina nur die Mappen mit Zeichnungen von Dürer und Schiele sind, die ausschließlich mit Genehmigung der Direktion vorgelegt werden dürfen.

ANMERKUNGEN

1 A. C., Anmerkung 95, p. 250

2 „... Der erste Kontakt zwischen Schiele und dem Heeresmuseum ergab sich vermutlich durch den gleichfalls dorthin abkommandierten Dr. Friedrich König, den Schiele von Mühling kannte [siehe Kriegstagebuch 7. V. 1916]; im folgenden Jahr beteiligte er sich an der vom Heeresmuseum organisierten Kriegsausstellung im Kaisergarten. Die unmittelbare Verbindung zu → John dürfte dann der Maler und Bildhauer → Ernst Wagner hergestellt haben, der Schiele versprach, sich für ihn einzusetzen. In einem Brief vom 16. Oktober 1917 bat er den Direktor des Heeresmuseums, Schiele gleich → Faistauer durch eine Kommandierung an das Heeresmuseum eine Fortsetzung seiner künstlerischen Arbeit zu ermöglichen..." Nachlaß → John, Heeresgeschichtliches Museum [Leopold Auer, Egon Schiele und das Heeresmuseum, Mitteilungen des österreichischen Staatsarchivs, 26, 1973]
Hiemit sei das in der Literatur fälschlich angegebene Datum „Herbst 1917" für Schieles Versetzung in das Heeresmuseum berichtigt.

3 Siehe den Brief Anton Peschkas vom 2. VI. 1917

4 Beide Lithographien erschienen zuerst im Avalun Verlag, Wien, den Arthur Roessler betreute, später, 1922, im Rikolaverlag, Wien [siehe K.Gr., pp. 78/86]

5 Dieser Ausspruch wurde nur der Kuriosität halber wiedergegeben, um die Persönlichkeit von Schieles Mutter zu beleuchten. Nicht nur, daß Schiele bloß 300 Bilder gemalt hat, es befand sich zur Zeit seines Todes auch fast alles in Privatbesitz.

6 Heinrich Benesch, Mein Weg mit Schiele, New York 1965, p. 39

7 Arthur Roessler, Handschriftliche Erinnerungen an Egon Schiele, 1943 [E. S. A. 508]

8 Siehe Nr. 1777 und L., p. 17, nach mündlicher und schriftlicher Mitteilung von → Adele Harms

9 „... Einige Tage darauf war ich an einem abscheulichen Herbsttag bei Schieles Begräbnis und weiß heute nicht mehr, ob 10 oder 50 Menschen dort waren. Ich kannte niemanden und weinte bitterlich..." [Jella Pollak, geborene Reif, London, in: Albertina Studien, 2. Jahrgang, Heft 4, p. 175]

10 Mitteilung von Anton Peschka jun., Frühjahr 1977

11 Die Gasse reicht von der „Verbindungsbahn" zur Elisabeth-Allee, die am Hietzinger Friedhof vorbeiführt, in dem Klimt seine letzte Ruhe gefunden hat (XIII. Bezirk).

12 Diese Gasse liegt hinter dem Städtischen Altersheim, nahe der Versorgungsheimstraße, und endet an der Waldvogelstraße, die — kurioserweise — ebenfalls entlang der „Verbindungsbahn" verläuft (XIII. Bezirk).

1918

1918 entstanden 16 Bilder: 3 Landschaften (eine unvollendet), 9 Porträts (darunter einige Aufträge), 4 Sonstiges

LANDSCHAFTEN:

„Wildbach" [K. 243; L. 291; Privatbesitz, Wien]

„Mödling", unvollendet, von fremder Hand ergänzt [fehlt bei K.; L. 298; Gertrude Peschka, Wien]

„Stadtende" [K. 231; L. 284; Neue Galerie, Graz]

PORTRÄTS:

„Bildnis Dr. Victor Ritter von Bauer" [K. 233; L. 286; Österreichische Galerie, Wien]

„Tafelrunde", auch „Die Freunde" [K. 244; L. 287; Privatbesitz, Schweiz]

„Tafelrunde", kleine Fassung [K. 239; L. 288; Privatbesitz, Rom]

„Die Familie" [K. 240; L. 289; Österreichische Galerie, Wien]

„Bildnis eines sitzenden Knaben" (Anton Peschka jun.), unvollendet, von fremder Hand ergänzt [K. 238; L. 290; Privatbesitz, New York]

„Bildnis Guido Arnot" [K. 235; L. 292; Privatbesitz, Graz]

„Bildnis Dr. Hugo Koller" [K. 236; L. 293; Österreichische Galerie, Wien]

„Bildnis Albert Paris Gütersloh" [K. 234; L. 294; Museum of Arts, Minneapolis, USA]

„Bildnis Robert Müller", unvollendet [K. 237; L. 295; Privatbesitz, Wien]

SONSTIGES:

„Hockendes Frauenpaar", unvollendet [K. 241; L. 296; Privatbesitz, Wien]

„Hockendes Männerpaar" [fehlt bei K.; L. 297; Kunsthandel, USA]

„Liebespaar", unvollendet [K. 242; L. 299; Privatbesitz, New York]

„Drei stehende Frauen", unvollendet [K. 245; L. 300; Privatbesitz, Wien]

AUSSTELLUNGEN:

Wien, Secession, Kollektivausstellung:	Nr. 1 „Umarmung", 1917 — Nr. 3 „Zerfallende Mühle", 1916 — Nr. 4 „Bildnis Karl Grünwald", 1917 — Nr. 5 „Mutter mit zwei Kindern", 1915/17 — Nr. 6 „Bildnis Johann Harms", 1916 — Nr. 7 „Sommerlandschaft", 1917 — Nr. 8 „Stadtende", 1917/18 — Nr. 9 „Einzelne Häuser", 1915 — Nr. 10 „Auferstehung", 1913 — Nr. 12 „Mödling", 1916 — Nr. 13 „Stadt im Grünen", 1917/18 — Nr. 14 „Bildnis Edith Schiele", 1917/18 — Nr. 15 „Die Familie", 1918 — Nr. 16 „Bildnis Dr. Victor Ritter von Bauer", 1918 — Nr. 17 „Vier Bäume", 1917 — Nr. 18 „Tod und Mädchen", 1915 — Nr. 19 „Liegende Frau", 1917
Zürich, Kunsthaus:	Nr. 107 „Die Familie", 1918 — Nr. 109 „Sommerlandschaft", 1917 — Nr. 110 „Stadt im Grünen", 1917
Klagenfurt:	„Bildnis Karl Grünwald", 1917
Wien, Secession, Bildnisse [diese Ausstellung fand schon nach dem Tod Schieles statt]:	Nr. 158 „Bildnis Dr. Hugo Koller", 1918 — Nr. 159 „Bildnis Albert Paris Gütersloh", 1918 — Nr. 160 „Bildnis Guido Arnot", 1918

PREISE UND EINNAHMEN:

8. I. 1918	Verein Bildender Künstler München, Sezession setzt die Versicherungssumme für „Tod und Mädchen" mit 4000 Mark fest
29. I. 1918	→ Hofrat Dr. F. M. Haberditzl überweist 700 Kronen als Restzahlung für sein Porträt [Anzahlung 300 Kronen am 24. XII. 1917]
6. II. 1918	→ Carl Reininghaus zahlt einen Nachtrag von 1000 Kronen für die Vermittlung von → Klimts „Beethovenfries". Es ist nicht bekannt, wieviel er vorher zahlte.
18. III. 1918	→ R. Lányi hat 1500 Kronen für „Mädchen" II., 1917, zu bezahlen
3. IV. 1918	Mitteilung an → Roessler, daß die Schwarzweißzeichnungen für „Freunde und langjährige Bekannte" 50 Kronen kosten
10. IV. 1918	Verkäufe auf der 49. Ausstellung der Secession: Nr. 15 „Menschenpaar" („Die Familie"), 1918, 5000,— Nr. 9 „Einzelne Häuser", 1915, 3000,— „Haus mit Schindeldach", 1915, 3000,— Nr. 14 „Bildnis Frau Edith Schiele", 1917, 3000,— Nr. 16 „Bildnis Victor Ritter von Bauer", 1918, 3000,— 15 Zeichnungen à 100 und à 200 Kronen
6. VII. 1918	→ Goltz verkauft Zeichnungen schwarzweiß à 30, farbig à 50 Mark
26. IX. 1918	→ Hagenbund überweist netto für 10 verkaufte Zeichnungen 960 Kronen

WOHNADRESSEN:

	Wien XIII., Hietzinger Hauptstraße Nr. 101
ab 5. VII. 1918	Schiele bezieht ein neues Atelier, Wien XIII., Wattmanngasse 6, in dem er auch wohnt, er behält aber die alte Wohnung bei

AUFENTHALTE:

seit 29. IV. 1918	im K. K. Heeresmuseum Wien, bis zu seinem Tode
12. VI. 1918	in Prag?
24. VII. 1918	Edith Schiele in Kovácspatak (Ungarn), Sanatorium Dr. Bischitz
4.—5. VIII. 1918	Besuch Schieles bei seiner Frau
27. VIII. 1918	Schiele [wahrscheinlich in Begleitung seiner Frau] verbringt einige Tage bei → Dr. Koller in Oberwaltersdorf, südöstlich von Wien
4. IX. 1918	am Wörther See
28. X. 1918	Edith Schiele stirbt in Wien XIII., Wattmanngasse 6
31. X. 1918	Schiele stirbt um 1 Uhr morgens in der Wohnung seiner Schwiegereltern, Wien XIII., Hietzinger Hauptstraße 114

139 „Die Familie", Öl, 1918 [L. 289]. Edith Schiele starb im 6. Monat der Schwangerschaft. Sie ist hier nicht dargestellt.

140 „Kauernde", schwarze Kreide, 1918. Ein Beispiel für den sich ab 1918 ändernden Zeichenstil Egon Schieles.

141 „Häuser und Föhren" (wahrscheinlich in der Mödlinger Gegend, südlich von Wien), Kreide, Deckfarben, 1918.

142 „Junge Frau", die nur andeutungsweise gezeichneten Hände verschränkt haltend. Kreidezeichnung, 1918.

143 „Stadtende", III, 1917/18 [L. 284]. Eine der von Schiele willkürlich veränderten Krumauer Ansichten. Bemerkenswert sind die kleinen, in lebhafter Bewegung dargestellten Personen. Ähnliches fehlt auf allen übrigen Landschaften.

144 „Selbstbildnis". Die einzige bildhauerische Arbeit Schieles. Abguß nach dem 1918 gemachten (nicht erhaltenen) Tonmodell.

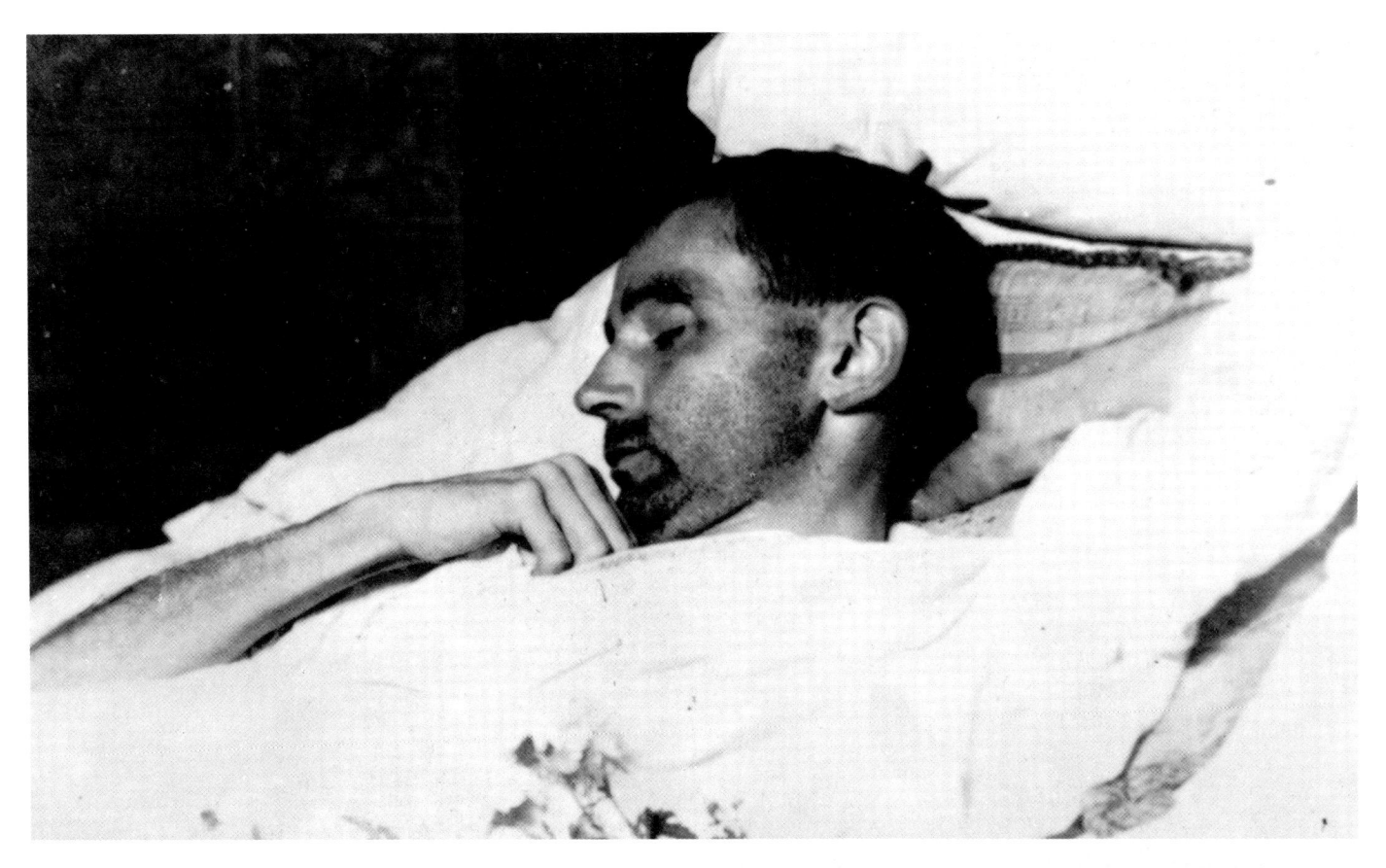

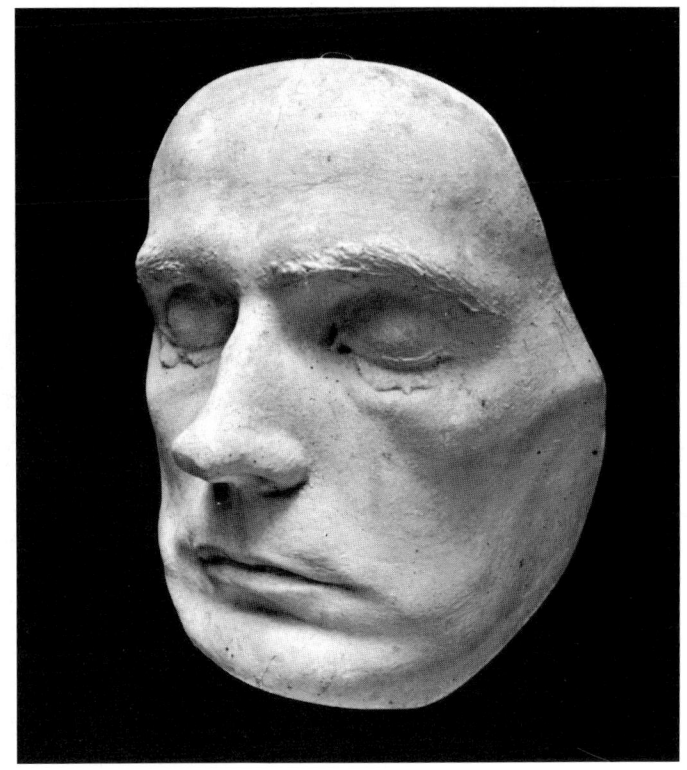

145 Egon Schiele auf dem Totenbett. Er starb am 31. Oktober 1918 um 1 Uhr nachts. Aufnahme von Martha Fein, die in Wien XIII. ein bekanntes Atelier hatte.

146 Schieles Totenmaske, abgenommen von Anton Sandig.

DOKUMENTE UND KORRESPONDENZ 1918

1. I. 1918
Notizbuch mit täglichen kurzen Eintragungen, bis zum Todestag, dem 31. X. 1918, geführt. Künftig mit „NB." bezeichnet. Blatt 31 r: „Egon Schiele Wien XIII. Hietzinger Hauptstraße 101 [durchgestrichen] XIII. Wattmanngasse 6."
E. S. A. 724 [1325]

[1326]

[nach dem 1. I. 1918]
An → Jella Reif, Wien I., Brandstätte 1. C. a. s.
„Erwidere Neujahrsgrüße Egon Schiele 1918"
Mitunterschrieben von → Edith Schiele
Dr. Wolfgang Fischer, London [1326]

[1327]

2. I. 1918
NB., Blatt 31 v.: „½5 Bertl [Freund, Modell] — 5ʰ K. abtel.[efonieren]¹ — 5 → Robert Müller — ½8 Akademie → Harlfinger sprechen."
E. S. A. 724 [1327]
1 Gertrude Kroc, Modell?

[1328]

3. I. 1918
NB., Blatt 32 r.: „6ʰ Sezession kommen — 6ʰ Secession kommt → Gütersloh und → Fischer — 8ʰ → Peschka Kaffee Eichberger."
E. S. A. 724 [1328]

Entfällt [1329]

4. I. 1918
NB., Blatt 32 r.: „5ʰ → Boerner-Wagner."
E. S. A. 724 [1330]

—
An → Josef Hoffmann. Auf Papier der „Secession", Wien, 1 p. 8°
„4. Jänner [191]8
Lieber Herr Professor Hoffmann! ich habe mit der Sezession eine Ausstellung neuer österreichischer Kunst vereinbart und bitte Sie uns bei der Beschaffung von einer größeren Anzahl von Bildern → Zülow's und → Kalvach's behilflich zu sein. Jedenfalls bitte ich um die Adressen dieser Herrn. In Ihrem Atelier am Stubenring haben Sie einen großen Zülow und einige kleinere die wir gerne haben möchten und Ihre Zustimmung erwarten. Die Einsendung der Kunstwerke soll sogleich geschehen, damit wir die Auswahl der zu reproduzierenden Arbeiten wählen können. Bitte senden Sie mir einen Katalog

von der Kopenhagener Ausstellung. Ebenso bitte ich mir mitteilen zu lassen wann die Bilder von Kopenhagen kommen, weil ich mit diesen rechne. Herzlichste Grüße
          Egon Schiele, 1918."
Nach: R., B. & P., p. 139; Verbleib unbekannt [1331]

—

An → Dr. Oskar Reichel, L. a. s., 1 p. gr. 8°
„4. Januar 1918.
Lieber Herr Dr. Reichel. ich habe mit der Sezession eine Ausstellung neuer österreichischer Kunst vereinbart, welche anfangs Februar eröffnet wird. Wegen Bilder von → Kokoschka schrieb ich und die Sezession an ihn um sein Einverständnis, diejenigen Bilder welche in Wien sind für diese Ausstellung zu geben. Nach Erhalt der Antwort Kokoschka's die ja nicht verneinend sein wird, werden wir an Sie das Ersuchen stellen, uns Ihre Bilder[1] für diese Ausstellung zu leihen und hoffe daß Sie uns die Sache nicht erschweren werden. Mit den besten Grüßen   Egon Schiele, 1918."
W. ST. B. 159.472 [1332]

[1] Dr. Reichel besaß eine Anzahl wichtiger Kokoschka-Bilder.

5. I. 1918
NB., Blatt 32 r.: „4h U. — 5 u. 6h R. von → Bauer Büste[1]."
E. S. A. 724 [1333]

[1] Meint Schiele damit sein „Bildnis Dr. Victor Ritter von Bauer", 1918? War dieses anfänglich als Halbporträt geplant?

6. I. 1918
NB., Blatt 31 v.: „10h Herr von → Bauer — 3—6 → Dr. R. Scheu — 4h K[affeehaus?] Herr Honig[1]."
E. S. A. 724 [1334]

[1] Ein Ehepaar Honig ist dem Herausgeber als Sammler von Bildern Herbert Boeckls in Erinnerung. Es gehörte zum Kundenkreis von → Gustav Nebehay.

—

→ Oskar Kokoschka, L. a. s., 1 p. quer 2°
„6. I. 1918
Sanatorium Dr. Teuscher[1], Weißer Hirsch b.[ei] Dresden
Sehr geehrter Herr Schiele. In Beantwortung Ihrer freundlichen Einladung theile ich Ihnen höflichst mit, daß ich, obwohl ich den Bestrebungen der Vereinigung, wie Sie sie zusammengesetzt haben allen Erfolg wünsche, mich doch an keiner Ausstellung in Wien betheiligen werde; wie ich schon seit vielen Jahren gehalten habe. Da ich kein Anzeichen besitze, daß sich die Gesinnung der Kreise, die sich dort mit Kunst beschäftigen, meiner Arbeit gegenüber so gebessert hätte, daß ich Lust hätte, auch nur mit den[!] Geringsten meiner Arbeit mich dort jemals wieder heimisch zu fühlen. Indem ich Sie bitte, strenge auf die Erfüllung meines Wunsches zu achten, bin ich mit dem verbindlichsten Dank und den freundlichsten Grüßen Ihr O. Kokoschka."

[1335]

W. ST. B. 109.837 [1335]

[1] Dr. Teuscher war Leiter eines militärischen Rekonvaleszenten-Sanatoriums [siehe O. Kokoschka, Mein Leben, München 1971, p. 169].

7. I. 1918
NB., Blatt 32 v.: „5h [Anny] Paar [Modell] 5 K[ronen][1] — 5h Schimek [Modell]."
E. S. A. 724 [1336]

[1] Schiele bezahlte das damals übliche Honorar von 5 Kronen für das Modellstehen pro Stunde, wie übrigens auch → Gustav Klimt [siehe Ch. M. Nebehay, Gustav Klimt, dtv., München, p. 265].

—

Oberleutnant → Dr. Hans von Rosé, als k. k. Anstaltskommandant, L. s., Eingabe an das k. und k. Reichskriegsministerium, um Egon Schiele in der „Konsumanstalt" abzulösen. Es wird um Stellung eines Ersatzes mit schöner Handschrift ersucht, etc.
Nach: Leopold Auer, Egon Schiele und das Heeresmuseum in: Mitteilungen des österreichischen Staatsarchivs, 26, 1973.
 [1337]

8. I. 1918
NB., Blatt 32 v.: „5h → Wagner Boerner abrufen [durchstrichen] — 6h → Carl Reininghaus u. F. Aran[?]."
E. S. A. 724 [1338]

—

→ Verein Bildender Künstler Münchens. Sezession, L. s., 3 pp. 8°. Gegen die Sendung des Bildes „Tod und Mädchen", 1915, nach Zürich stünde nichts im Wege, es möge jedoch auf 4000 Mark versichert werden, etc.
P. 64 [1339]

9. I. 1918
NB., Blatt 33 r.: „½5 Bertl [Freund, Modell] — 5h Herr R. Möller [statt: → Müller?] — 8h → Harta Kafee[!] Eichberger."
E. S. A. 724 [1340]

10. I. 1918
NB., Blatt 33 r.: „5h → Waniek, Vera [durchstrichen] — ¼6 → Institut f. Kulturforschung."
E. S. A. 724 [1341]

11. I. 1918
NB., Blatt 33 r.: „5h Rosa [Ciseck, Modell] — 8h → Harta Kaffee Eichberger."
E. S. A. 724 [1342]

DOKUMENTE UND KORRESPONDENZ 1918

12. I. 1918

NB., Blatt 33 v.: „5ʰ K[affeehaus?]."
E. S. A. 724 [1343]

13. I. 1918

NB., Blatt 33 v.: „10ʰ Herr von → Bauer — 10—½1 Hofrat → Vetter für nachmittags — 2ʰ Bertl [Freund, Modell]."
E. S. A. 724 [1344]

14. I. 1918

NB., Blatt 33 v.: „5ʰ Schimek [Modell] u. [Anny] Paar [Modell]."
E. S. A. 724 [1345]

15. I. 1918

NB., Blatt 34 r.: „5ʰ Secession Sitzung. → Gütersloh → Fischer verständigen — 7ʰ Gertrude [Gertrude Kroc, Modell?]."
E. S. A. 724 [1346]

16. I. 1918

NB., Blatt 34 r.: „5ʰ Wagner → Boerner abrufen — 5ʰ Polsterer[1]."
E. S. A. 724 [1347]

[1] Bekannte Wiener Industriellen-Familie [Mühlenbesitzer].

17. I. 1918

NB., Blatt 34 r.: „½5ʰ Bertl [Freund, Modell] — 8ʰ → Ernst Wagner gehen."
E. S. A. 724 [1348]

18. I. 1918

NB., Blatt 34 v.: „Hofrat Dr. → Vetter anrufen ab ½11ʰ 17. 4. 46 Wohnung 93. 4. 11. — 3ʰ → Institut für Kulturforschung."
E. S. A. 724 [1349]

19. I. 1918

NB., Blatt 34 v.: „3ʰ → Jungnickel besuchen — ½5ʰ Wagner → Boerner."
E. S. A. 724 [1350]

—

An → Anton Peschka, L. a. s., 1 p. 8°
„19. Januar 1918.
Lieber A. P. ich bin sehr böse, daß Du nicht zu mir gekommen bist, wo ich Dir den Anmeldebogen zur Unterschrift übergeben hätte. — Bitte unterschreibe diesen und füll ihn aus und sende ihn an mich oder die Sezession. Du wirst sicher ausgestellt haben [sic für: werden] und wird die Ausstellung aber erst Ende Februar oder längstens 1. März eröffnet werden. wo[!] Du vorher eingeladen werden wirst. → Klimt[1] hörte ich gestern wurde vom Schlag getroffen und befindet sich sehr krank. Einstweilen herzlichste Grüße
Egon Schiele 1918."
Nach: A. St. 1964, 2, p. 174 [1351]

[1] Klimt erlitt am 11. I. 1918 einen Schlaganfall, an dessen Folgen er am 6. II. 1918 starb.

20. I. 1918

NB., Blatt 34 v.: „10ʰ → Hofrat Vetter — 9ʰ Bertl F.[reund, Modell] — 5ʰ [Anny] Schimek [Modell] und IB[?]."
E. S. A. 724 [1352]

21. I. 1918

NB., Blatt 35 r.: „5ʰ Gants.[?] — 5ʰ K[affeehaus?]."
E. S. A. 724 [1353]

22. I. 1918

NB., Blatt 35 r.: „5ʰ Anny Schim. [der Familienname weggestrichen. Möglicherweise sollte es „Paar" heißen, gleichfalls Modell]."
E. S. A. 724 [1354]

23. I. 1918

NB., Blatt 35 r.: „½6ʰ → Dr. Weixlgärtner u. Frau — ½7ʰ Körbler."
E. S. A. 724 [1355]

—

An → F. A. Harta, Kriegsmaler, Feldpost 375, k. u. k. 15. Korpskommando, C. a. s.
„Lieber Harta, die Ausstellung wird kaum vor März eröffnet werden können, — wenn Sie, wie Sie sagten, um den 10. II. zurückkommen, so wird wohl noch einige Tage bis zur Eröffnung übrig bleiben. Herzlichste Grüße! Egon Schiele 1918."
E. S. A. 855 [1356]

24. I. 1918

NB., Blatt 35 v.: „5ʰ Beranek 5 K [wohl Honorar für das Modell]."
E. S. A. 724 [1357]

25. I. 1918

NB., Blatt 35 v.: „5ʰ Sezession — ½9ʰ → Boerner Wagner — 5ʰ Boerner Wagner [durchgestrichen]."
E. S. A. 724 [1358]

26. I. 1918

NB., Blatt 35 v.: „4ʰ → R.[itter] v. Bauer → Hanslik — 4ʰ bis 5ʰ Pausinger[1] — 6ʰ Relly [Schröder, Modell] — 7ʰ R. v. Pausinger."
E. S. A. 724 [1359]

[1] Franz von Pausinger (1839—1915), bekannter österreichischer Jagdmaler. Vielleicht ein Mitglied seiner Familie.

—

Velhagen und Klasings Monatshefte, L. s., 1 p. groß 8°. Anfrage, ob Schieles Bild „Stadt" nun an die Klischeeanstalt → Angerer & Göschl, Wien, übersandt werden könnte, etc.
E. S. A. 1033 [1360]

27. I. 1918
NB., Blatt 36 r.: „3ʰ Beranek [Modell] und K. [Gertrude Kroc, Modell?]."
E. S. A. 724 [1361]

28. I. 1918
NB., Blatt 36 r.: „Sammelwagen Secession — 5ʰ Sezession — 5ʰ Schimek [Modell] — 5ʰ [Grete] Porkert [Modell] K im Kreis [durchgestrichen]."
E. S. A. 724 [1362]

29. I. 1918
NB., Blatt 36 r.: „5 K[ronen] Porkert [Modell, der Name durchgestrichen].
E. S. A. 724 [1363]

—

→ Dr. Franz M. Haberditzl, L. a. s. Übersendet 700 Kronen; wohl Resthonorar für sein Bildnis. Sagt sich für Sonntag, den 3. II., an, etc.
E. S. A. 895 [1364]

30. I. 1918
NB., Blatt 36 v.: „5ʰ Relly [Schröder, Modell]."
E. S. A. 724 [1365]

—

An → Anton Peschka, L. a. s., 1 p. gr. 4°
„30. Januar
Lieber A. P. — ich kann Dir die angenehme Mitteilung machen daß die Landschaft mit aufgehender Sonne im Katalog der Ausstellung reproduziert werden wird. — Es sind bereits soviel Bilder in der Sezession, daß wir 3 solche Gebäude füllen könnten. Fortwährend laufen von Malern und Malerinnen Anfragen ein, allein 4mal wurde während einer Stunde, wie ich dort war angerufen. Es sind bereits vollständige Kollektionen von → Melzer, → Harta, → Merkl, → Gütersloh, → Fischer, → Kars, → Nowak, → Wagner, → Faistauer und eine große Anzahl von anderen Bildern eingetroffen. → Klimt geht es leider nicht besser, er tut mir ungeheuer leid, nebstbei wo man gleich am 2ten Tag nach dem Schlag bei ihm im Atelier eingebrochen hat[1]. — Das ist der Dank der Welt, und solange wartete man bei uns mit großen Aufträgen für ihn bis er unfähig war! Wie geht es Dir? — schreibe ob Du diesen Brief bekamst. 14 Tage vor Eröffnung

DOKUMENTE UND KORRESPONDENZ 1918

[1366]

der Ausstellung wird Dir von der Sezession geschrieben werden. Herzlichst grüßt Dich   Egon."
Privatbesitz, Schweiz; R., B. & P., pp. 125/6 [1366]
1 Der einzige Hinweis über den Einbruch in Klimts Atelier.

—

An → Arthur Roessler, C. a. s.
„30. Januar
Lieber A. R. — ich warte täglich auf meine Ablösung da die definitive Kommandierung in's Kriegsarchiv schon vor längerer Zeit zu uns kam. Dann möchte ich Sie einmal besuchen. Freundliche Grüße   Egon Schiele 1918."
W. ST. B. 180.616; Gl. 69 [1367]

31. I. 1918
NB., Blatt 36 v.: „4ʰ Sezession."
E. S. A. 724 [1368]

453

DOKUMENTE UND KORRESPONDENZ 1918

—
An → Richard Lányi [Abschrift]
„31. Januar 1918.
Wien XIII. Hietzinger Hauptstraße 101.
Lieber Herr Lányi — warum kommen Sie nicht mehr Zeichnungen auswählen? Freundliche Grüße		Egon Schiele."
E. S. A. 638				[1369]

1. II. 1918
NB., Blatt 36 v.: „5ʰ [Anny] Schimek [Modell]."
E. S. A. 724				[1370]

2. II. 1918
NB., Blatt 37 r.: „10ʰ Bertl [Freund, Modell] — von Haas Büsten abgeholt! — 2ʰ Bertl — 5ʰ Anny [Paar, Modell] (K 5—)."
E. S. A. 724				[1371]

3. II. 1918
NB., Blatt 37 r.: „→ Dr. Haberditzl nachmittags — 3ʰ Beranek [Modell — K 5]."
E. S. A. 724				[1372]

3. II. 1918 [Poststempel]
→ Anton Faistauer, Wien, IV., Floragasse 7, L. a. s., 2 pp. 4°
Unstimmigkeiten über die Gestaltung der IXL. Ausstellung der Secession. „... halte es aber für dringend notwendig daß Du mir Dein Programm u. die beabsichtigte Durchführung erklärst, sobald Du die Leitung in die Hand nimmst, was unserseits kein Auftrag war. Ich will auf keinen Fall als bloß mitgenommen angesehen werden...¹", etc.
E. S. A. 56				[1373]

¹ Der Brief ist ein Beweis für die zwischen beiden Künstlern bestehenden Spannungen, auf die wir schon hinwiesen.

4. II. 1918
NB. 1918, Blatt 37 r.: „5 K[affeehaus?]."
E. S. A. 724				[1374]

5. II. 1918
NB., Blatt 37 v.: „½5ʰ Boekl¹ — 5ʰ Relly [Schröder, Modell]."
E. S. A. 724				[1375]

¹ Schwer lesbar. Vielleicht: Herbert Boeckl (1894—1956), Maler.

6. II. 1918
NB., Blatt 37 v.: „¼9ʰ → Boerner."
E. S. A. 724				[1376]

—
→ Carl Reininghaus, L. s., 2 pp. 8°
„Wien, am 6. Februar 1918.
... Gestern abend sprachen wir noch von → Klimt und heute ist unser armer Freund dahingegangen. Das Ereignis an sich und alles was drum und dran hängt ist tief erschütternd...";
zahlt an Schiele noch einen Nachtrag von 1000 Kronen für die Vermittlung von → Klimts Beethovenfries [an A. Lederer], etc.
P. 65				[1377]

7. II. 1918
NB., Blatt 37 v.: „5ʰ Anny [? Paar?, Modell] — Anatom.[isches] Institut."
E. S. A. 724				[1378]

8. II. 1918
NB., Blatt 38 r.: „½5ʰ Bertl [Freund, Modell]."
E. S. A. 724				[1379]

9. II. 1918
NB., Blatt 38 r.: „→ Hofrat Vetter anrufen [durchgestrichen] — 10ʰ Secession [durchgestrichen] — 5ʰ An [? vielleicht: Anny Paar, Modell] — ½3ʰ → Klimt¹."
E. S. A. 724				[1380]

¹ Klimt wurde an diesem Tag auf dem Hietzinger Friedhof beigesetzt. Daß Schiele anwesend war, ist sonst nicht nachweisbar.

10. II. 1918
NB., Blatt 38 r.: „10ʰ → Hofrat Vetter absagen — 10ʰ und 2ʰ Sezession."
E. S. A. 724				[1381]

11. II. 1918
NB., Blatt 38 v.: „5ʰ Schimek [Modell]."
E. S. A. 724				[1382]

—
An → Dr. Wilhelm John, L. a. s.
„11. Februar [1918]
Sehr geehrter Herr Direktor Dr. John! Gleichzeitig übersende ich eine Abschrift der Antwort meines Anstaltskommandanten vom 7. Jänner, als die definitive befürwortende Kommandierung vom Kriegsministerium an uns kam und erlaube mir anzufragen ob das Heeresmuseum nicht selbst einen überflüssigen Schreiber hat der mich ablösen könnte, da mich mein jetziger Kommandant vorher nicht abgeben kann und schon am 7. Jänner wegen dieser Sache an das Kriegsministerium geschrieben wurde. Mit vorzüglichster Hochachtung
Egon Schiele, 1918."
Nach: Leopold Auer, Egon Schiele und das Heeresmuseum. In: Mitteilungen des Österreichischen Staatsarchivs, 26, 1973.
				[1383]

12. II. 1918

NB., Blatt 38 v.: „5ʰ Anny [Paar, Modell] u. Cl.[aire, Modell] — 5ʰ Billy [durchstrichen] → Erich [Lederer]."
E. S. A. 724 [1384]

13. II. 1918

NB., Blatt 38 v.: „2ʰ Bertl [Freund, Modell] — ½5ʰ Bertl — 5ʰ Baschik — ¼7ʰ → Reininghaus."
E. S. A. 724 [1385]

—

→ Hans Goltz. — Rechnung für die von Egon Schiele bezogene Zeitschrift „Das Kunstblatt", Januar—Juni, 1 p. groß 8°
E. S. A. 830 [1386]

14. II. 1918

NB., Blatt 39 r.: „2ʰ → Wagner [durchstrichen] — Frl. Klein Sezession — 5 Wagner [durchstrichen] → Peschka — → Radler 6 Kaffee Museum."
E. S. A. 724 [1387]

15. II. 1918

NB., Blatt 39 r.: „Beran[1] Brünn vorher melden? [durchstrichen] — → Erich [Lederer] — Foges[2] [durchgestrichen] Erich."
E. S. A. 724 [1388]

[1] Bruno Beran (geboren Brünn 1888), Maler, bis 1914 Paris, seit 1923 München.
[2] Ida Foges, Journalistin, die im Juli 1917 wegen eines Interviews angefragt hatte.

—

Gedruckter Nachruf auf → Gustav Klimt in: „Der Anbruch", I., 3:

„Gustav Klimt
Ein Künstler von unglaublicher Vollendung
Ein Mensch von seltener Tiefe
Sein Werk ein Heiligtum"

Nach A. C. VII, Anmerkung 95 [1389]

16. II. 1918

NB., Blatt 39 r.: „3ʰ Foges[1] — → Hofrat Vetter anruf. — 5ʰ → Wagner [durchstrichen] — Pancir[2] nach 6ʰ."
E. S. A. 724 [1390]

[1] Ida Foges, siehe 15. II. 1918.
[2] Pancir, Schneider Schieles.

—

Josef Gielka [vermutlich ein Handwerker]. Bestätigt auf einer Visitkarte Schieles in schlechtem Deutsch den Empfang von 100 Kronen.
E. S. A. 393 [1391]

18. II. 1918

NB., Blatt 39 v.: „1ʰ → Fischer — 2ʰ Bertl [Freund, Modell] K 6 — 5ʰ [Heinrich] → Benesch — 6ʰ Sezession — bis ½7ʰ Kaffee Museum — ½9ʰ Kaffee Exlberghütte[1]."
E. S. A. 724 [1392]

[1] Ausflugslokal im XVII. Bezirk.

19. II. 1918

NB., Blatt 39 v.: „nach 3 H. W. ? ? Major — ¼7 → Reininghaus."
E. S. A. 724 [1393]

20. II. 1918

NB., Blatt 40 r.: 2ʰ Sezession Jury — 2ʰ Relly [Modell] (½3ʰ K.[affeehaus?]) — 5ʰ Clair[e, Modell]."
E. S. A. 724 [1394]

21. II. 1918

NB., Blatt 40 r.: 5ʰ Anny [Paar, Modell] — 6ʰ Kaffee Museum."
E. S. A. 724 [1395]

22. II. 1918

NB., Blatt 40 r.: „→ Dr. Ankw.[icz] ½6 [durchstrichen]."
E. S. A. 724 [1396]

23. II. 1918

NB., Blatt 40 v.: „6ʰ → Dr. Ankwicz."
E. S. A. 724 [1397]

24. II. 1918

NB., Blatt 40 v.: „3ʰ Beranek [Modell]."
E. S. A. 724 [1398]

25. II. 1918

NB., Blatt 40 v. [durchstrichen]: Beran[1] Brünn."
E. S. A. 724 [1399]

[1] Bruno Beran, Maler, siehe NB. 15. II. 1918.

26. II. 1918

NB., Blatt 41 r.: „Beran Brünn [durchstrichen]."
E. S. A. 724 [1400]

27. II. 1918

Lotte Klein, XIX., Pyrkergasse 21, L. a. s., 3 pp. 8°. Entschuldigt sich für das peinliche Ende ihres Zeichenunterrichtes, durch das Dazwischentreten ihres Vaters. „... Wie leid es mir tut, daß ich nicht mehr bei Ihnen zeichnen kann[1], brauche ich Ihnen wohl nicht zu versichern...", etc.
E. S. A. 45 [1401]

[1] Es war bisher nicht bekannt, daß Schiele jungen Damen der Gesellschaft Zeichenunterricht gab.

DOKUMENTE UND KORRESPONDENZ 1918

1. III. 1918

NB., Blatt 41 v.: „½11ʰ Frau[?] Beran."
E. S. A. 724 [1402]

—

→ Carl Reininghaus, L. a. s. in Bleistift, 3 pp. 8°. An Edith Schiele. Bittet im Namen von Frau G. W. [wohl: Grete Wiesenthal, bekannte Wiener Tänzerin] um Samenkörner ihrer Sonnenblumen[1], etc.
E. S. A. 335 [1403]

[1] Schiele zeichnete auch 1918 Sonnenblumen. Es war aber bisher nicht bekannt, daß Edith Schiele sie in ihrer Wohnung [vielleicht auf dem Dach des Hauses] zog.

2. III. 1918

→ Hans Goltz, München. — Rechnung an die Neue Sezession München über 10,— Mark Transportkosten für ein Bild Schieles.
P. 66 [1404]

3. III. 1918

NB., Blatt 41 v.: „3ʰ Nebeihei [→ Gustav Nebehay]."
E. S. A. 724 [1405]

4. III. 1918

NB., Blatt 42 r: „5ʰ Relly [Schröder, Modell], durchgestrichen — 5ʰ → Pinell Koller [Broncia]."
E. S. A. 724 [1406]

—

Dr. Jakob Scheu, Hof- und Gerichtsadvokat, VI., Mariahilferstraße 107, 2 pp. groß 8°. An → Dr. Alfred Spitzer. Einmahnung von Schieles Schulden von 172 Kronen 49 Heller beim Schneider Holub, etc.
E. S. A. 639 [1407]

5. III. 1918

NB., Blatt 42 r.: „6ʰ Kafee[?] Museum."
E. S. A. 724 [1408]

—

→ Heinrich Benesch, C. a. s. [El Greco, Verkündigung]. Grüße aus Budapest.
E. S. A. 578 [1409]

6. III. 1918

NB., Blatt 42 r.: „5ʰ Relly [Schröder, Modell] — Malerm.[eister?]."
E. S. A. 724 [1410]

—

→ Dr. Arpad Weixlgärtner, L. a. s., auf Briefpapier der „Gesellschaft für vervielfältigende Künste", 1 p. 8°. Erinnert an einen versprochenen Akt oder eine Landschaft für die Jahresmappe. Gratuliert zum Erfolg in der Secession, etc.
E. S. A. 970 [1411]

7. III. 1918

NB., Blatt 42 r.: „½5ʰ Anny [Paar, Modell]."
E. S. A. 724 [1412]

8. III. 1918

NB., Blatt 42 v.: „5ʰ Schimek [Modell] 5ʰ."
E. S. A. 724 [1413]

—

An → Dr. Alfred Spitzer [Abschrift]
„Sehr geehrter Herr Dr. Spitzer! Mit gleicher Post übersende ich an Herrn Dr. Scheu den Restbetrag von K 172.49 und bitte Sie zu veranlassen, daß mir der Rest bestätigt wird[1]. — Ebenso sage ich Ihnen meinen herzlichsten Dank für Ihre bisherigen freundlichen Bemühungen und begrüsse Sie auf das herzlichste!   Egon Schiele."
E. S. A. 640 [1414]

[1] Restbetrag einer Schuld an Schneidermeister Holub [siehe 4. III. 1918].

9. III. 1918

NB., Blatt 42 v.: „5ʰ Dick — nach 8ʰ Kaffee Wunderer."
E. S. A. 724 [1415]

10. III. 1918

NB., Blatt 43 r.: „3ʰ → Dr. [Hermann] Eisler."
E. S. A. 724 [1416]

[vor dem 11. III. 1918]

Secession Wien. — Katalog der „XLIX. Ausstellung der Vereinigung bildender Künstler Österreichs — Wien, März 1918". Mit 4 Abbildungen: das von Schiele entworfene Plakat; Nr. 10 „Auferstehung", 1913; Nr. 12 „Stadt" [= „Mödling"], 1916; Nr. 16 „Bildnis Herr V. R. v. B." [= Dr. Victor Ritter von Bauer], 1918.
E. S. A. 1057 [1417]

11. III. 1918

NB., Blatt 43 r.: „5ʰ → Dr. [Hermann] Eisler — 6 Ann[y Paar, Modell]."
E. S. A. 724 [1418]

ARBEITSAUSSCHUSS

RICHARD HARLFINGER
PRÄSIDENT

OTTO FRIEDRICH
H. GROM-ROTTMAYER
FERDINAND KRUIS
MAXIMILIAN LENZ
ANTON NOWAK
ROBERT ÖRLEY

HÄNGEKOMMISSION
ANTON FAISTAUER
JOHANNES FISCHER
OTTO FRIEDRICH
H. GROM-ROTTMAYER
PARIS GÜTERSLOH
RICHARD HARLFINGER
EGON SCHIELE

PLAKAT
EGON SCHIELE

RUDOLF LECHNER
SEKRETÄR

[1417]

—

Ausstellungskritik: „Secession". Erschienen im „Illustrierten Wiener Extrablatt"
„... Schiele hat den grossen Mittelsaal zur Ausstellung seiner seltsamen Bilder zugewiesen erhalten ... Schiele lebt in einer umdüsterten Welt mit seinen grauenhaft verzerrten Gestalten, die Angst, Schauder, Schrecken, Verzweiflung erfüllt. Seine Weiber sind zumeist von geradezu grauenvoller Verworfenheit. Aber er ist insofern Moralist, als er die Sünde noch niemals in lockender lachender Schönheit gemalt hat... Seine Ansichten vieldächeriger alter deutscher Städte sind wie aus einem traurigen Bilderbuch, aus einer trostlos melancholischen Spielereischachtel herausgeholt ... Als Bildnismaler ist Schiele von erschreckender Eindringlichkeit, ein seelenkundiger Aufdecker verstohlenster Heimlichkeiten und Verborgenheiten ... r. r.[1]"
E. S. A. 280 [1419]

[1] „r. r." steht vermutlich nicht für → Arthur Roessler, der hauptsächlich für die „Arbeiter-Zeitung" Kritiken schrieb.

Ausstellungskritik „Secession" von Ungenannt in „Wiener Abendpost"
„... Das stärkste und wohl auch das führende Talent der neuen Richtung — der neuen Richtungen muß man jetzt sagen, denn ihrer sind fast nicht weniger als Namen — ist heute seit Gustav Klimts Heimgang Egon Schiele... Das Hauptbild von damals ist es auch hier, die grabesdüstere „Auferstehung". Zahlreiche Arbeiten des Künstlers — bald wird man sagen dürfen des Meisters — schwermütige deutsche Städtebilder von überallher und nirgendwo, todestraurige Männer, sterbensmüde Frauen, verträumte Kinder, die niemals lachen, nicht einmal lächeln, blicken uns aus seltsam stieren Augen an. Dann wieder: Laster, Sünde, letzte Verworfenheit und Verruchtheit. Schiele ist ein Phantast des Grausigen und Entsetzlichen. Dabei lebt er im rein dekorativen, flächenschmückenden, nicht flächendurchbrechenden Element..."
E. S. A. 280 [1420]

12. III. 1918

NB., Blatt 43 r.: „2^h Steiner [wohl → Hugo] — 5^h Frau [→ Lilly] Steiner — 8^h Kaffee Museum."
E. S. A. 724 [1421]

13. III. 1918

Egon Schiele, NB., Blatt 43 v.: „5^h → [Hugo?] Steiner [durchgestrichen] — 5^h Relly [Schröder, Modell] — 6^h An[ny Paar] — 7^h zu → Reininghaus."
E. S. A. 724 [1422]

An → Anton Peschka, 1. Regiment 42, 1. Bataillon, 3. Kompanie. C. a. s. [Korrespondenzkarte] schlecht lesbar
„13. III.
Lieber A. P. Deinen Brief vom 9. d. M. habe ich erhalten. Es war vielleicht niemals mehr Gelegenheit, daß Du mit dem Strom mitgerissen wirst. Ich meine daß man sich unglaublich für neue Kunst interessiert. Niemals waren Ausstellungen, sei es eine konventionelle oder eine neuester Kunst, so besucht wie diese. Am Eröffnungstag[1] konnte man um 12^h mittags wirklich nicht mehr gehn, — so viele Besucher und nicht geringer an Sonntagen um diese Zeit. Es wurde soviel gekauft, wie bei keiner Ausstellung. Natürlich wird auch unerhört geflucht, — doch atmen die Menschen auf nach so langer Zeit wieder Kunst, echte neue Kunst zu sehn. — Von Dir ist leider nichts im Katalog reproduziert, da der Ausschuß der Sezession, ohne mein Wissen 2 Räume eigenmächtig umhängte — und ich Streitigkeiten hatte. Es sind 2 Blumenbilder von Dir ausgestellt und mußt wenn Du nach Wien kommst nichts anderes, als — arbeiten — damit Du in den folgenden Ausstellungen besser vertreten sein kannst, was Dir von ungeheuren Nutzen sein wird. Diese Kollektion wird nämlich erweitert ins Ausland wandern. Das auswärtige Amt wird interessiert und hoffen wir daß es alles übernimmt.

Alles übrige hier. Komme sobald es geht, jeder Tag ist kostbar. Alles Übrige in Wien. — besuche mich gleich. Egon."
G. P. 15 [1423]

1 Es handelt sich um die 49. Ausstellung der Secession.

An → Gertrude Peschka [Abschrift]
„13. III. 1918.
Liebe Gerta, — wenn P.[eschka] kommt, so besucht mich gleich, womöglich den selben Tag nach 5^h. Er muß während seines Urlaubes arbeiten, da er andere Bilder und mehr, in den nächstfolgenden Ausstellungen im Ausland auszustellen Gelegenheit hat. Herzlichste Grüße Egon.
Freitag komme ich erst um 7^h."
E. S. A. 424 [1424]

[nach dem 13. III. 1918]
→ Ernst Wagner, L. a. s. in Bleistift, 2 pp. groß 8°. „... Meine Überzeugung in der Sezession totgehängt zu sein wird von allen denen, die meine Bilder aus meinem Atelier kennen, ohne Aufforderung meinerseits ausgesprochen..." Fragt an, ob man nicht umhängen könnte, etc.
E. S. A. 1006 [1425]

14. III. 1918
NB., Blatt 43 v.: „5^h [→ Lilly?] Steiner — 5^h ?."
E. S. A. 724 [1426]

—

Arthur Rudolph[1], L. a. s., 2 pp groß 8°. Protestiert gegen seine Behandlung in der IXL. Ausstellung der Secession. „... und daß ich bedauern muß in einem Hause Gast zu sein, das nicht ist, was es sein will...", etc.
E. S. A. 1018 [1427]

1 Möglicherweise: Arthur Rudolph [1885 — ansässig in Dresden], Maler und Lithograph.

—

An → Anton Peschka, L. a. s.
„Lieber A. P.! Ich schrieb gestern eine Karte an Dich und vermute, daß Du diese nicht bekommen könntest, weshalb ich Dir nochmals denselben Inhalt und weitere Details hiemit mitteile.
Unsere Ausstellung war am Eröffnungstag, und besonders an Sonntagen, so besucht, daß man nicht mehr gut gehen konnte. Man sah nur mehr begeisterte oder entsetzte Menschen, welche die Bilder verstellten. Der Ausschuß der Sezession hängte noch vor Beginn der Ausstellung eigenmächtig zwei Räume um, worinnen Deine Bilder waren. Daher kam es, daß nichts im Katalog von Dir reproduziert wurde, — doch hängen zwei Blumenbilder, wozu ich passende Rahmen machen ließ, die Dich gut, aber zu wenig zeigen. — Du mußt unbedingt jetzt arbeiten, denn niemals war die Gelegenheit so günstig wie diesmal, einen Erfolg zu erwarten. Du lasest ja den ungewöhnlichen Ankauf gleich am ersten Tag. — Man sehnte sich nach neuer Kunst, nach Bewegung, und atmet verjüngt auf. — Also trachte, sofort nach Wien zu kommen, — jeder Tag ist kostbar und verheißend. — Telegramm wurde nicht an Dich geschickt, da dies zu wenig wichtig war, und die Annahme nicht durchzuführen[1] war. Es wurde Dir ja geschrieben und als Aussteller dringe unbedingt darauf, daß man Dich abläßt. Die Ausstellung wird Ende März geschlossen und wird sofort weiter wandern. — Ich habe bereits Beziehungen zum auswärtigen Amt angebahnt und glaube, daß es nicht ausgeschlossen ist, daß das Ministerium die Ausstellung übernimmt. Wenn Du nach Wien kommst, so arbeite, — arbeite! — Damit Du in den folgenden Ausstellungen besser vertreten sein kannst. — Material kannst Du von mir haben, malen mußt Du auf Karton, da es Leinwand nur zu ganz enormen Preisen gibt. — Wenn Du Leinwand, die stark ist, auftreiben kannst, so bring' sie. — Wir hoffen, in absehbarer Zeit nach Holland zu kommen, um den Eindruck, welchen die Ausstellungen des Kriegspressequartiers im Haag, Rotterdam und Amsterdam machten, zu verwischen. — Gleich, wenn Du in Wien ankommst, so besuche mich nach 5 Uhr und sei bis dorthin herzlichst gegrüßt! Egon Schiele."
Nach: R., B. & P., pp. 126—7; Verbleib unbekannt [1428]

1 Telegramme an Feldpostnummern waren nur in begründeten Fällen möglich.

—

Alfons Walde[1], Leutnant, Kaiserschützen III, Reserve Spital Enns, L. a. s., 1 p. groß 8°
Erinnert Schiele an mehrmalige Atelierbesuche. Erbittet über ihn die Zusendung eines Kataloges der XLIX. Ausstellung der Secession. Er sei von Kriegsbeginn an Soldat. „... Es ist sehr traurig und Kriegsmaler wollte ich niemals werden...", gratuliert zum Erfolg der Ausstellung, etc.
E. S. A. 1001 [1429]

1 Alfons Walde (1891—1958), Maler von Tiroler Landschaften.

15. III. 1918
NB., Blatt 43 v.: „½5^h Frau Hertz[1], Althanplatz."
E. S. A. 724 [1430]

1 Hertz war ein bekanntes Uhrmachergeschäft, Wien I., Kärntnerstraße. Edith Schiele benützte einmal Briefpapier mit dem Kopf dieser Firma für einen Brief. Möglich, daß ihre Familie mit der Familie Hertz befreundet war.

16. III. 1918
NB., Blatt 44 r.: „3^h → H.[ugo] Steiner — 4 oder 5 [Tinni] Zerner [Modell?] — 5 Anny P.[aar, Modell]."
E. S. A. 724 [1431]

—

Arnold Landsberger, Mal-Leinwand, -Geräte und Künstlerfarben, I., Operngasse 3, L. s., 1 p. 4°. Gratuliert zum Erfolg der Secessionsausstellung; hofft Schiele wieder als Kunden zu haben; könne mit Leinwand dienen, etc.
E. S. A. 31 [1432]

—

→ Carl Moll, L. s. [geschrieben von der Sekretärin von → Gustav Nebehay, I., Hotel Bristol, Altes Haus], 1 p. 4°. Sei beauftragt, für Zürich eine österreichische Kunstausstellung „Ein Jahrhundert Wiener Malerei" vorzubereiten. Erbittet von Schiele „Ein Menschenpaar" und „Sommerlandschaft", etc.
E. S. A. 148 [1433]

17. III. 1918
NB., Blatt 44 r.: „Sezession — 3ʰ Beranek [Modell]."
E. S. A. 724 [1434]

—

Lotte von Gotthilf, L. a. s., 1 p. klein 8°. Bedankt sich für die Einladung zur Eröffnung der 49. Secessions-Ausstellung, etc.
P. 67 [1435]

18. III. 1918
NB., Blatt 44 r.: „5ʰ Kerbler."
E. S. A. 724 [1436]

—

An → Richard Lányi [Abschrift]
„Wien XIII., Hietzinger Hauptstraße 101.   18. März 1918. Lieber Herr Lanyi! — bitte, senden Sie mir den für das „Mädchen"¹ K. 1500.— entfallenden Betrag, mit Abzug des Geldes für bei Ihnen zuletzt gekaufte Bücher. Freundliche Grüße   Egon Schiele."
E. S. A. 1065/23; Verbleib des Originals ungeklärt [1437]
¹ „Mädchen", II., 1917.

19. III. 1918
NB., Blatt 44 v.: „2—4 Leut.[nant] ? ? ? — 4ʰ [Bruno] Beran, Secession — 5 Kaffe[!] Museum."
E. S. A. 724 [1438]

—

→ Franz Pfemfert, C. a. s. [Felix Müller: Victor Fraenkl. Für die „Aktion" gezeichnet]. Erbittet Beiträge für seine Schwarzweiß-Ausstellung. „... Und Holzschnitte macht Schiele nicht mehr?", etc.
P. 68 [1439]

—

→ Arpad Weixlgärtner, L. a. s., 1 p. 8°. Erinnert an Entwürfe für eine farbige Lithographie für die Jahresmappe der „Gesellschaft für vervielfältigende Kunst", etc.
E. S. A. 1035 [1440]

20. III. 1918
NB., Blatt 44 v.: „5ʰ ? Strauß [durchgestrichen] — 5ʰ Relly [Modell] u. Schi[mek, Modell]."
E. S. A. 724 [1441]

21. III. 1918
NB., Blatt 44 v.: „5ʰ ? Strauß [durchgestrichen] — 12ʰ Frau [Bruno] Beran Sezession [durchgestrichen]."
E. S. A. 724 [1442]

—

Feuilleton „Secession", erschienen in „Wiener Abendpost"
„... Zu den unzweifelhaft ganz großen und zwingenden Begabungen gehört der Wiener Egon Schiele ... Klimt war unendlich zart, übersensitiv, durchaus feminin; Schiele hingegen ist von einer robusten, radikalen Männlichkeit erfüllt. Klimt malte und zeichnete eine hysterische, lüsterne, naschhafte und kokette Sinnlichkeit und Sündlichkeit — Schiele malt und zeichnet am liebsten das letzte Laster und die äußerste Verworfenheit, das Weib als triebhaftes Herdentier, von dem alle Hemmungen der Sitte und der Scham abgefallen sind. Seine Kunst — und sie ist Kunst! — lächelt nicht, sie grinst uns in schaudervoller Verzerrung grauenhaft entgegen. Im gewissem Sinn ist dieser Egon Schiele ein malender, bedrohlicher Moralist, seine Visionen des Lasters haben wahrlich nichts Lockendes, nichts Verführerisches. Er schwelgt in den Farben der Verwesung ... Da sind auch Bildnisse von tiefschürfender Kraft der Charakteristik, erbarmungslos decken sie seelische Untergründe auf, verneinend und vernichtend. Die seltsamen Landschaften gehören zum Schönsten und Wirkungsvollsten ... Unter den Zeichnern ragt, wie schon erwähnt, Schiele hoch empor ...   Arnim Friedmann"
E. S. A. 282. Das Feuilleton ist die Fortsetzung der kurzen Notiz aus derselben Feder (siehe Nr. 1420). [1443]

—

An einen unbekannten Herausgeber [vielleicht an die Schriftleitung von Velhagen und Klasings Monatshefte?], 1 p. 4°
„Lieber Herr Dr. E. morgen sende ich eine Anzahl meiner reproduzierten Bilder an Sie ab und frage gleichzeitig an, ob man nicht ein oder zwei meiner Bilder farbig bringen könnte z. B. die Auferstehung [= „Auferstehung", 1913] oder die Mutter [„Mutter mit zwei Kindern", 1917] oder eine Landschaft. Die übrigen Bilder welche in der jetzigen Ausstellung ist [durchstrichen] sind und noch nicht reproduziert sind, werde ich aufnehmen lassen, — ebenso warte ich Ihre Angaben ab, welche Zeichnungen von dieser Ausstellung aufgenommen werden sollen. Freundliche Grüße Ihr
Egon Schiele, 1918."
Privatbesitz, Schweiz [1444]

DOKUMENTE UND KORRESPONDENZ 1918

22. III. 1918

NB., Blatt 45 r.: „½5ʰ [eingekreist] 5ʰ Zerner — ½6ʰ Beranek [Modell] — 5ʰ Relly [Schröder] u. Fritzi [wohl beide Modelle]."
E. S. A. 724 [1445]

—

Ingenieur → Th. Pietras[1], Groß Seelowitz, Mähren. L. a. s., 2 pp. An → Edith Schiele. Die Fabrik stünde schon seit Monaten still und sie verfügten über kein Stäubchen Zucker. Erbietet sich, ihr mit der ihm zustehenden Ration von ¾ Kilo Würfelzucker auszuhelfen, etc.
E. S. A. 470 [1446]

[1] Th. Pietras war mit Schiele 1917 in der „Konsumanstalt" bekannt geworden.

—

→ Felix A. Harta, Salzburg, Hotel Mirabell, C. a. s., 2 pp. quer 8°. → Carl Moll habe sein Bild „englischer Gruß" [das anscheinend in Schieles Besitz war] für die Zürcher Ausstellung ausgewählt; er bitte ihm das Bild zu überlassen. Freut sich über den Erfolg der Secessionsausstellung. „... Der unliebsame Zwischenfall wegen des → Gütersloh Aquarells hätte leicht vermieden werden können...", etc.
W. ST. B. 159.164 [1447]

—

→ Carl Reininghaus, Schreibmaschinbrief ohne Unterschrift, mit eigenhändigem Nachsatz, 1 p 8°. An → Edith Schiele. Über ihr verschaffte Textilien. Hofft, daß seine Intervention beim „Oebersten", der ihm Schieles Versetzung [an das Heeresmuseum] zugesagt habe, Erfolg haben würde, etc.
E. S. A. 221 [1448]

23. III. 1918

NB., Blatt 45 r.: „¼4ʰ [eingekreist]."
E. S. A. 724 [1449]

24. III. 1918

NB., Blatt 45 r.: „→ Lanyi bis ½11ʰ."
E. S. A. 724 [1450]

25. III. 1918

NB., Blatt 45 v.: „nach 10ʰ → Gütersloh [durchgestrichen] — 3ʰ Bm — 4ʰ → Dr. Rieger — 5ʰ Rubens [möglicherweise Anspielung auf die Körperfülle eines Modells]."
E. S. A. 724 [1451]

26. III. 1918

NB., Blatt 45 v.: „½5ʰ [Tinny] Zerner [Modell]; 5ʰ Landsberger [Farbenhandlung, I., Operngasse 4]."
E. S. A. 724 [1452]

27. III. 1918

NB., Blatt 45 v.: „¼4ʰ → Dr. Rieger gehen — 5ʰ Landsberger [Farbenhandlung] — Relly [Schröder] Fritzi [Modelle]."
E. S. A. 724 [1453]

—

Kunstverein für Böhmen in Prag. Künstlerhaus Rudolfinum. L. s. 1½ pp. groß 8°. An die Secession Wien, zu Handen der Herren → Fischer, Schiele und → Gütersloh. Im Prinzip könnte in Prag eine Ausstellung der Gruppe zwischen Mai und Juli stattfinden, etc. Auf der Rückseite Bleistift-Konzept der Antwort Schieles:
„19. IV. 1918
Sehr geehrter Herr! — in Beantwortung Ihres Schreibens vom 27. III. beeile ich mich Ihnen mitzuteilen daß wir beschlossen haben unsere Bilderkollektion vorderhand [durchstrichen: nicht] solange nicht weiter zu senden bis die für die österr. [eichische] Jahrhundertausstellung in Zürich von unserer Kollektion entlehnten Bilder, welche an Qualität die besten sind, zurückgekommen sind. Ich frage daher an ob Sie die Kollektion eventuell im Spätsommer oder Herbst übernehmen könnten und bitte uns schon jetzt einen bestimmten Termin bekannt geben zu wollen. Für die nächste Zeit aber könnten wir eine graphische Kollektion zusammenstellen welche Sie schon im Mai übernehmen könnten und wäre es [durchstrichen: von] mir erwünscht wenn [eine Zeile unkenntlich gemacht] Sie bei einen[!] allfälligen Besuch in Wien mich besuchen könnten." [Keine Unterschrift]
E. S. A. 486 [1454]

28. III. 1918

NB., Blatt 46 r.: „¼4ʰ → Dr. Rieger [durchgestrichen] — 4ʰ → Lederer Sezession — 5ʰ Mama — 5ʰ Beranek [Modell] — nach 6ʰ v. Pausinger."
E. S. A. 724 [1455]

—

Kunstverein für Böhmen in Prag. L. s., 2 pp. groß 8°. Im Prinzip bereit, die Ausstellung zu veranstalten, stellen jedoch eine Reihe von Bedingungen, unter anderem Beteiligung deutschböhmischer Künstler wie → Willi Nowak, → Rudolf Kalvach, → Alfred Kubin und anderen, etc.
P. 69 [1456]

29. III. 1918

NB., Blatt 46 r.: „6ʰ Neufeld — nach 7ʰ v. Pausinger."
E. S. A. 724 [1457]

29. III. 1918 [Datum des Poststempels]

An → Anton Peschka, L. a. s., 1 p. 8°
„Lieber A. P. Im Oktober [19]17 kam ein K.[riegs] M.[inisterium] Erl.[aß] dass alle Maler ob[!] Frontdienst oder

Hilfsdiensttauglich sind, für die Zusammenstellung der einzelnen Regimentsgeschichte als solche zu verwenden sind. Dein Regiment muß Dich also verlangen wenn Du bittlich wirst. Die Herrn welche besonders ausgezeichnet wurden, werden bei diesem Anlasse abkonterfeit. Tue das gleich und schreibe mir den Erfolg. Im Tagblatt[1] waren einige Zeilen über Dich, — ich werd Dir's senden. Herzlichste Grüße
Egon."

Nach: A. St. 1964, Heft 2, p. 174   [1458]

1 Wohl „Wiener Tagblatt", Tageszeitung.

30. III. 1918

NB., Blatt 46 r.: „nach 5ʰ v. Pausinger [durchstrichen]."
E. S. A. 724   [1459]

31. III. 1918

NB., Blatt 46 v.: „10ʰ Sezession — 12ʰ → Lederer."
E. S. A. 724   [1460]

—

→ Hans Tietze, XIX., Armbrustergasse 20, L. a. s., 3 pp. 8°. Möchte von einem zusammenfassenden Artikel über die Session-Ausstellung absehen, dagegen erbitte er Schieles Hilfe bei Beschaffung von Fotos für Einzel-Artikel. Bittet, ob er weitere Arbeiten von → Gütersloh sehen könnte, da dieser ihm einen starken Eindruck gemacht habe. etc.
E. S. A. 18   [1461]

—

„Neue Zürcher Zeitung", Zürich. Ausstellungskritik von Ungenannt: „Wiener Kunst"
„... In den Räumen der Sezession ließen sich die Jüngsten der „Klimtgruppe" von einst sehen, was sie lange genug versäumt hatten. Leider fehlte → Oskar Kokoschka, es fehlten → Wiegele, → Kolig und Sebastian Isepp[1]. Aber Egon Schiele, der einen ganzen Saal zu füllen und zu beherrschen verstand, war in den langen Jahren des letzten Wiener Schweigens ein Virtuose der Malerei und besonders auch der Zeichnung geworden; sein Erfolg war groß..."
E. S. A. 280   [1462]

1 Sebastian Isepp (geboren 1884), österreichischer Maler, später einer der besten Restauratoren in Wien; ging 1938 nach London.

?. III. 1918

K. und k. Infanterieregiment Hoch- und Deutschmeister Nr. 4 Ersatzbataillon. Vervielfältigter Brief, signiert von Major Freiherr von Odelga, 2 pp. groß 8°. Beabsichtigen, in den Räumen des Kunstsalons J. C. Wawra, III., Lothringerstraße 14[1], zu Gunsten des Witwen- und Waisenfondes eine Kunstausstellung mit nachfolgender Auktion zu veranstalten. Bitten um Überlassen von Bildern [keine Kriegsbilder!], etc.
E. S. A. 917   [1463]

1 Es ist das Lokal von → G. Pisko, das J. C. Wawra, der hauptsächlich als Auktionator bekannt wurde, um diese Zeit übernommen haben muß.

[? III. 1918]

An → Gertrude Peschka? P. a., 2 pp 8°. In Bleistift
→ „Peschka soll an Lt. d. R. [Leutnant der Reserve] → Doktor Ankwicz von Kleehoven VIII. Skodagasse 3 schreiben, unter Anführung daß er akad.[emischer] Maler ist mit mir gleichzeitig die Akademie besuchte und nun seit 30 Monaten an der Front steht, in der letzten Secessionsausstellung der Expressionisten mit uns ausstellte und ob nicht Herr Oberstleutnant Baron von Odelga[1] (zuerst diesen Namen in Lehmann Adressbuch No. II suchen, ob richtig) welcher letztgenannte Oberstlt. Deutschmeister[2] ist und für das Regiment ein Museum anlegt ihn nicht für dort verwenden könnte. Immer auf mich berufen."
E. S. A. 267   [1464]

1 Siehe den vorhergehenden Brief.
2 „Hoch- und Deutschmeister", das Wiener Infanterie-Hausregiment.

[? III. 1918]

An einen Maler [möglicherweise Antwort an Anton Rudolph, siehe 14. III. 1918], eigenhändiges Konzept zu einem Brief. 2 pp. klein 8°
„Sehr g.[eehrter] H.[err] R. Sie kennen nicht die Wiener Kunstverhältnisse und noch weniger die Schwierigkeiten mit welchen die Ausstellung, welche ja sehr grossen moralischen Erfolg hatte, zustande kommen konnte. Mit mir stimmten noch die Herren → Gütersloh, → Faistauer, → Fischer, → Harlfinger, Chrom-Rottmayr[1] und Otto Friedrich[2]. Jedenfalls aber bin ich überzeugt daß die Auswahl Ihrer Bilder gut, doch aber nicht ausreichend war, — dasselbe wurde auch anderen Ausstellern zuteil. Nun aber wird diese Kollektion ergänzt nach andern Städten wandern und frage daher an ob Sie, wenn Sie Lust haben ferner mit uns auszustellen, außer den 3 jetzt ausgestellten noch das Porträt von Herrn Ascher, die Karlskirche und ein Stadtbild, welches auch Herr Ascher besitzt dazu haben wollen, — sodaß dann 6 Bilder von Ihnen mitgeh[e]n könnten.
[P.S.] Die ganze Kollektion dürfte zunächst in Budapest und Prag ausgestellt werden. Später kämen deutsche Städte und Holland in Betracht, wohin wir uns bereits gewendet haben. Mit vorzüglicher Hochachtung!"
E. S. A. 1017   [1465]

1 Hermann Grom-Rottmayer (1877—1953), Genre- und Landschaftsmaler.
2 Otto Friedrich (1862—1927), Maler.

1. IV. 1918

NB., Blatt 46 v.: „½[!] → Gütersloh — 3ʰ [Tinny] Zerner, Modell — 5ʰ Rubens (K 5.—) [siehe 25. III. 1918] — 5ʰ Postkarten."
E. S. A. 724   [1466]

2. IV. 1918

NB., Blatt 46 v.: „Anny [Paar, Modell] wegen Donnerst. [ag]."
E. S. A. 724   [1467]

DOKUMENTE UND KORRESPONDENZ 1918

[vor dem 3. IV. 1918]

→ Dr. Hans von Ankwicz-Kleehoven, VIII., Florianigasse 20/III, eigenhändige Visitkarte. Lädt für den 3. IV. zum Tee. Die Maler Hollitzer[1], Wacik[2] und der Bildhauer Zelezny[3] kämen gleichfalls, etc.

W. ST. B. 159.811 [1468]

[1] Carl Leopold Hollitzer (1874—1942), Maler, Karikaturist, Bohemien.
[2] Franz Wacik (1883—1938), Maler, Graphiker, Illustrator und Bühnenbildner, zeichnete viel für „Die Muskete" [humoristische Wiener Wochenschrift].
[3] Franz Zelezny (1866—1932), Bildhauer (Holzplastiken).

3. IV. 1918

NB., Blatt 47 r.: „Rosa [Cisek, Modell] — 5^h Relly [Schröder, Modell] & Fritzi [Modell] — 5—8^h → Dr. Ankwicz! VIII. Florianigasse 20/III."

E. S. A. 724 [1469]

—

Moderne Welt [Zeitschrift für] Kunst, Industrie, Gewerbe, Mode, Gesellschaft, Sport. Wien, L. s., 1 p. groß 8°. Möchten Schieles „Auferstehung", 1913, reproduzieren, etc.

E. S. A. 1040 [1470]

—

An → Arthur Roessler, L. a. s.

„3. April 1918.   Wien XIII., Hietzinger Hauptstraße 101. Lieber A. R.! Ich vermute, daß Sie Sonntag am meisten Zeit haben werden und könnte Sie nach 6 Uhr erwarten. Die Darmstädter „D. K. u. D."[1] rührt sich scheinbar nicht; — einstweilen bereitet → Dr. M. Eisler eine Publikation in der Bruckmannschen „Kunst" und Dr. → Tietze eine in den Schrollschen „Bildenden Künsten" vor. — Gestern schrieb ich um die Photos, weil ich sie notwendig brauche. Für den „Singengel"[2] gebe ich Ihnen gerne 16 schwarze Zeichnungen, die ich für meine nächsten Bekannten und langjährigen Freunde mit K 50.— per Stück berechne. Freundliche Grüße Ihnen und Ihrer Frau!   Egon Schiele."

Nach: R., B. & P., p. 91; Verbleib unbekannt [1471]

[1] → „Deutsche Kunst und Dekoration", Darmstadt.
[2] Schon 1917 verhandelte Schiele um die Plastik „Der singende Engel".

[nach dem 3. IV. 1918?]

An → Arthur Roessler. Visitkarte mit eigenhändigen Zeilen in Bleistift.

„Bitte mir durch Überbringer dieses die Waffen von den Wilden zu senden. Herzlichst./."

W. ST. B. 180.623; Gl. 76 [1472]

4. IV. 1918

NB., Blatt 47 r.: „5^h Relly [Schröder] u. Fritzi [Modelle] — 5^h → Gütersloh — 5^h Körblich Anny [Modell, durchstrichen] — 5^h Beranek [Modell]."

E. S. A. 724 [1473]

—

→ Anton Faistauer, IV., Floragasse 7, L. a. s., 2 pp. 4°. Macht sich über die geplante Ausstellung im Rudolfinum, Prag, lustig. „... Ich ... bin leider erst wieder für den Herbst aktionsfähig, da $^4/_5$ meiner Arbeiten Privatbesitz geworden ist ...", etc.

E. S. A. 58 [1474]

5. IV. 1918

NB., Blatt 47 r.: „[Tinny] Zerner [Modell] — $^1/_2$5^h Anny [Paar, Modell]", eine Zeile durchgestrichen.

E. S. A. 724 [1475]

6. IV. 1918

NB., Blatt 47 v.: „→ Rosé, → Melzer — 5^h Schimek [wohl Modell]."

E. S. A. 724 [1476]

—

→ Verein bildender Künstler Münchens. Sezession. 1 p. groß 8°. Teilen mit, daß ihre Räume derzeit [wohl kriegsbedingt] belegt sind und sie daher nicht ausstellen können. Auf der Rückseite eigenhändiges Antwortkonzept Schieles in Bleistift: „Ihr Schreiben vom 6. d. M. [des Monats] habe ich erhalten und teile Ihnen trotzdem nochmals mit daß ich gemeint habe ob wir (die letzte österr.[eichische] Künstlergruppe[?]) im Rahmen der kommenden Münchner Jahresausstellung im Glaspalaste nicht eine Anzahl von Räumlichkeiten zur Verfügung gestellt bekommen könnten. Voraussichtlich sollen unter den Ausstellern folgende Herren grösser beteiligt sein

Brömse[1]	→ Kars	→ Oppenheimer
→ Faistauer	→ Kolig	Pascin[?][2]
→ Fischer	→ Kokoschka	Schiele
→ Gütersloh	→ Melzer	→ Wagner Dr. Ernst
→ Harta	→ Nowak Willy	→ Wiegele[?]
→ Jungnickel H. L.		→ Zülow

Nur wenn dies in Betracht käme bitte ich um eine Verständigung."

E. S. A. 491 [1477]

[1] August Brömse (1873—1925), sudetendeutscher Maler und Graphiker.
[2] Jules Pascin (eigentlich Julius Pincas, 1885—1930), Maler und Zeichner.

7. IV. 1918

NB., Blatt 47 v.: „$^1/_2$3^h → Gütersloh, Grete Pork[ert, Modell] — 6^h → Rössler."

E. S. A. 724 [1478]

8. IV. 1918

NB., Blatt 47 v.: „5^h → Dr. E. Wagner — → Harta!"

E. S. A. 724 [1479]

9. IV. 1918

NB., Blatt 48 r.: „12ʰ—8ʰ und [durchgestrichen:] 6—8ʰ Tal!¹"

E. S. A. 724 [1480]

¹ Vielleicht E. P. Tal, Direktor der Buchhandlung Hugo Heller, Wien I., Bauernmarkt [Erinnerung des Herausgebers].

[1481]

—

→ Lilly Steiner, L. a. s., auf Briefpapier mit Abbildung ihres von → Adolf Loos erbauten Hauses, XIII., St.-Veit-Gasse Nr. 10. 2 pp. 8°. Konnte die erbetene Malleinwand erst heute bringen. Fragt „... ob es Ihnen paßt mich jetzt wieder zu zeichnen und auch meine zwei Mäderln¹ zu beginnen ... Die Zeichnung von meinem Gatten macht mir täglich mehr Freude?...". etc.

E. S. A. 933 [1481]

¹ Eva Steiner, die mit → Professor Dr. Otto Benesch verheiratet war, und Maria Steiner. Die Zeichnungen, Mitglieder der Familie Steiner darstellend, heute als Geschenk von Eva Benesch in der Albertina.

10. IV. 1918

NB., Blatt 48 r.: „5ʰ Relly [Schröder, Modell] u. Fritzi [Modell] vorbz. [vorbestellen?] — 5ʰ → Gütersloh — → Wagner Sezession!"

E. S. A. 724 [1482]

—

→ Vereinigung bildender Künstler Österreichs. Secession. L. s., auf Papier mit dem Emblem, 1 p. groß 8°. Vordruck, mit welchem die Überweisung des Nettoerlöses von Kronen 15.996,— angezeigt wird. Beigelegt maschingeschriebene Abrechnung:

Katalog	15 „Menschenpaar", 1918	5000.—
	9 „Einzelne Häuser", 1915	3000.—
	„Haus [mit Schindeldach]", 1915	3000.—
	14 „Bildnis Frau E. Schiele", 1917	3000.—
	16 Bildnis V. R. [Viktor Ritter von Bauer], 1918	3000.—
	15 Zeichnungen [darunter Bildnisstudie R. Müller „Sonnenblumen", etc.]	100.—
		200.—

E. S. A. 92 [1483]

—

→ Anton Viditz[-Ward], II., Praterstraße 42; damals im Range eines Hauptmannes, C. a. s. Seine Tochter, die wohl gezeichnet werden sollte, sei krank. „... Inzwischen arrangieren Sie einmal einen kleinen Tee mit allen Ihren schönsten Modellen und laden mich hiezu ein..." Wird beim Militärkommando nachsehen, wie es mit Schieles Gesuch [um Versetzung in das Heeresmuseum] steht, etc.

E. S. A. 41 [1484]

11. IV. 1918

NB., Blatt 48 r.: „5ʰ Beranek [Modell] — 6—8 Tal [siehe 9. IV. 1918]."

E. S. A. 724 [1485]

—

→ Dr. Erwin Rieger, Zahnarzt, VII., Mariahilferstraße 124, L. a. s., 2 pp. Bittet, sein Bild „Umarmung" [Liebespaar, Mann und Frau II, 1917], das zwecks Signierens bei Schiele war, abholen zu können, da zwei „ärztliche Korporationen" eine Kunstwanderung bei ihm machen, etc.

E. S. A. 342 [1486]

12. VI. 1918

NB., Blatt 48 v.: „½5ʰ [Tinni] Zerner [Modell] — 5ʰ Anny [Paar, Modell] bekommt noch 4 K[ronen]."

E. S. A. 724 [1487]

—

→ Franz Pfemfert, C. a. s. [Postkarte der „Aktion": Felix Müller, Victor Fraenkl]. Rahmen seien [kriegsbedingt] nicht aufzutreiben; die avisierten Zeichnungen noch nicht eingetroffen. „... Schade, daß die Gemäldeausstellung an den Transportspesen scheitert. Aber — woher nehmen?...", etc.

P. 70 [1488]

13. IV. 1918

NB., Blatt 48 v.: „→ Frau Steiner! [durchgestrichen] → Gütersloh — 4ʰ Gret.[el] Pork.[ert, Modell] — 7ʰ Miller[?] Gusti[?]."

E. S. A. 724 [1489]

14. IV. 1918

NB., Blatt 48 v.: „→ Gütersloh [durchgestrichen] 11ʰ → Frau Steiner — 3ʰ Herr von Pausinger [siehe NB. 26. I. 1918] und Direktor Reichenfeld."

E. S. A. 724 [1490]

15. IV. 1918

NB., Blatt 49 r.: „4ʰ Bot.[anischer] G.[arten?] — 6ʰ St. M. [durchgestrichen] — ½9 Kaffee Museum."

E. S. A. 724 [1491]

DOKUMENTE UND KORRESPONDENZ 1918

—

An → Johannes Fischer, L. a. s., 2 pp. 8°; in Versalien geschrieben
„15. IV. 1918.
Lieber Fischer! — es wurden Ende voriger Woche fast sämtliche Bilder von der Sezession zu mir gebracht; — es stehen bei mir Bilder von → Faistauer, → Gütersloh, → Harta, → Fischer, Eckert[1], → Merkl, → Wagner und → Peschka und glaube daß es jetzt am besten ist, wenn jene Bilder welche für eine nächste Ausstellung in Betracht kommen bei mir gesammelt werden. Für den Transport entfallen für Dich K 15— und ersuche Dich mir dies demnächst zu übergeben. Voraussichtlich soll die Kollektion doch nach Budapest gehen, Herr Rittm.[eister] Neufeld schrieb bereits daß mich diesbezüglich zwei Herren besuchen werden. Bitte also laß Deine neue Kollektion gerahmt (wennmöglich) sofort zu mir herüber schikken. Daß die Herrn von Budapest einen Einblick bekommen. Ferner bereitet → Goltz eine Holzschnittausstellung vor zu welcher wir eingeladen wurden und ich der Meinung bin daß wir gut beteiligt sein sollen. Ebenfalls ist auch die Sammelstelle für Holzschnitte bei mir und ersuche Dich auch unsere anderen Künstler darauf aufmerksam zu machen. Die Holzschnitte müssen bis 30. d. M. [des Monats] bei mir sein. Ich komme bestimmt am Donnerstag um ½9—9ʰ ins Kaffee Museum und will alles andere besprechen. Interessiere einstweilen die Anderen. Freundlichen Gruß   Egon Schiele."
E. S. A. 80   [1492]

[1] Nicht feststellbar; alle Nachschlagwerke zitieren nur Walter Eckert, österreichischer Bildniszeichner, geboren 1913. Vielleicht dessen Vater?

16. IV. 1918
NB., Blatt 49 r.: „5 B[eranek, Modell?] — 7ʰ—8 Pancir[1] — 5ʰ [Tinny] Zerner [Modell] — 6 → Waniek, Vera — → Gütersloh anruf[en]!"
E. S. A. 724   [1493]

[1] Frantisek Pancir, Schneidermeister; siehe auch den Brief Schieles vom 10. X. 1918.

—

Kunsthalle zu Mannheim. Postkarte. Signiert: Hartlaub[?]. Es sei keine Möglichkeit, derzeit auszustellen. Erbittet Fotografien nach religiösen Kompositionen, da er im Verlag von Kurt Wolff [1887—1963, Verleger expressionistischer Dichtkunst in München] eine Publikation vorbereite, etc.
P. 72   [1494]

—

→ Ernst Wagner, L. a. s., 2 pp. groß 8°. „... Ich sage Dir gerne „Du". Als ich das erste Mal Dich sah und mit einem verborgenen Lebendigen in Dir Fühlung nahm, da fühlte ich, daß wir durch ein noch Unoffenbares Geistiges verbunden sind..." Es müßten 15 Arbeiten von ihm bei Schiele sein. Vielleicht, daß er ihn zeichne? Der Maler [Leopold] Krakauer [geboren 1890, ansässig in Israel] käme Samstag mit, etc.
E. S. A. 1004   [1495]

17. IV. 1918
NB., Blatt 49 r.: „Rahmen von ...? — 5ʰ Bau[?] 7—8 Pancir[1] — 5ʰ Rel.[ly Schröder, Modell] u. Fritz[i, auch Modell] bekommt K 4. — — 5ʰ [Grete] Pork.[ert, Modell]."
E. S. A. 724   [1496]

[1] Schneidermeister F. Pancir.

—

→ F. A. Harta, C. a. s., aus Salzburg. Wird sehen, ob er für die Ausstellungen bei → Goltz und Budapest etwas schicken kann. „... Umstehende Zeichnung ist nach dem Dr. [Bernhard] Paumgartner, dem Mozarteums-Direktor [später Präsident der Salzburger Festspiele] gemacht...", etc.
P. 107   [1497]

—

→ Carl Moll, L. s. [geschrieben von der Sekretärin von → Gustav Nebehay auf dessen Briefpapier]. Habe durch Verlegung der graphischen Gruppe [bei der Züricher Ausstellung] Platz geschafft; möchte noch zwei Landschaften hinzunehmen, so daß insgesamt 4 Bilder Schieles ausgestellt wären. „... Als Porträt hätte ich am liebsten das weibliche Porträt [„Bildnis Edith Schiele", 1917], welches → Herr Nebehay gekauft hat", etc.
E. S. A. 993   [1498]

18. IV. 1918
NB., Blatt 49 v.: „4—5ʰ B.[eranek?], 5ʰ → Gerti [Peschka] — 5ʰ Beranek [Modell?], ½9ʰ Kaffee Museum."
E. S. A. 724   [1499]

—

→ Edith Schiele. — Eigenhändiges Tagebuch. Vermerkt ihre Schwangerschaft.
Nach A. C., pp. 149, 176 und Anmerkung VI, 42, und VII, 64. Das Tagebuch befand sich ursprünglich im Besitz von → Adele Harms, jetzt im Nachlaß von Dr. Otto Kallir, New York. Laut A. C., die es einsehen konnte, habe Schiele seine Frau zum Führen eines Tagebuches angehalten, in dem sie, so wie er selbst in seinem KTB. von 1916, Notizen über eheliches Zusammensein eintrug.   [1500]

19. IV. 1918
NB., Blatt 49 v.: „5ʰ Rubens [Spitzname eines Modells?] bekommt K 4.— — 7ʰ M."
E. S. A. 724   [1501]

—

→ Hans Goltz, L. s. [Sekretärin], 1 p. groß 8°. Wäre erfreut, eine Kollektion Wiener Holzschnitte zu erhalten. Herr Kars [eigentlich Karpeles (1882—1945), tschechisch-französischer Maler und Lithograph] wünsche nicht, daß die in Wien befindliche Sammlung weiterversendet würde. etc.
E. S. A. 833   [1502]

20. IV. 1918

NB., Blatt 49 v.: „5ʰ → Dr. Wagner — [Leopold] Krakauer" [Maler (1890—1924), verheiratet mit → Grete Wolf] und zwei durchgestrichene Namen.

E. S. A. 724 [1503]

—

An → Verein bildender Künstler München, Sezession, eigenhändiger Entwurf eines Briefes. In Bleistift, unsigniert, 2 pp. quer 8°

„Wien, 20. IV. 1918.
Sehr geehrter Herr! Von unserer gegenwärtigen Kollektion gehen ein Teil der Bilder an das Kunsthaus in Zürich für die „ein Jahrhundert österr.[eichische] Malerei" Ausstellung und ein Teil nach Budapest. Um eine auserlesene Kollektion wieder beisammen zu haben werden wohl einige Monate vergehen, so daß Sie vor August auf unsere Sendung nicht rechnen könnten. Wollen Sie mir daher einen bestimmten Termin für die bei Ihnen projektierte Ausstellung im Spätsommer oder Herbst d. J. [= dieses Jahres] schon jetzt definitiv angeben. — Von wann bis wann. In unserer Ausstellung in der Wiener Sezession wurden die markantesten Künstler in gesonderten Räumen zur Schau gestellt und frage daher an ob dies auch bei Ihnen möglich sein wird. → Kokoschka, → Pascin und einige andere Künstler werden demnächst zur Beteiligung eingeladen und werden Sie ungefähr 2 Monate vor der dortigen Eröffnung eine Gesamtaufstellung der dorthin zu gelangenden Werke bekommen. Das Plakat und einen illustrierten Katalog leistete die Wr. [Wiener] Sezession, was Sie ja auch tun werden. — Den Katalog bekommen Sie in den nächsten Tagen. Mit vorzüglicher Hochachtung!"

E. S. A. 166 b [1504]

21. IV. 1918

NB., Blatt 50 r.: „10ʰ → Arnot — → Frau Steiner Anruf — 4ʰ Pausinger — 5ʰ [Tinny] Zerner [Modell] — 5 Modell."

E. S. A. 724 [1505]

22. IV. 1918

NB., Blatt 50 r.: „5ʰ [Grete] Pork.[ert, Modell] Rell.[y Schröder, Modell]."

E. S. A. 724 [1506]

—

→ Ernst Wagner, IV., Alleegasse 18/I., L. a. s., 1 p. 8°. Empfiehlt, die Malerin Grete Wolf, XVIII., Pötzleinsdorferstraße, aufzusuchen, er könne dort auch Arbeiten ihres Mannes [Leopold] Krakauer [(geboren 1890) Maler, ansässig in Israel] und von → Trčka sehen. „... Wir fühlen uns als eine zusammengehörige organische Gruppe ...", etc.

E. S. A. 343 [1507]

23. IV. 1918

NB., Blatt 50 r.: „5ʰ Gerti [Peschka] Bll. [Blätter?]."

E. S. A. 724 [1508]

—

→ Hans Goltz, L. s. [Sekretärin], 1 p. groß 8°. Sendet Graphik an die Secession als Wertpaket, etc.

E. S. A. 831 [1509]

—

Dr. Gustav Huber, L. s. Auf Papier des Präsidialbüros des K. K. Eisenbahnministeriums, 2 pp. groß 8°. Habe ein paar stille Tage bei seinem Freunde Anton Wildgans[1] in Mönichkirchen verbracht. Dessen Gedicht „Stimme eines Geistes (in memoriam F. P.)", enthalten in seinem letzten Werk „Mittag", sei „... eine Vision von ungeheurer Anschauungsgewalt". Wildgans habe dabei an Dürers Passion gedacht und sich vorgestellt, daß Max Klinger[2] der richtige Illustrator wäre. Der Schreiber aber habe an Schiele gedacht[3], etc.

Auf der Rückseite von Schieles Hand:
„23. IV. 1918.
Lieber Dr. Huber ich glaube daß jeder Künstler Dichter sein muß, — jedenfalls bitte ich Sie, mir Wildgans „Mittag" zu übersenden und möchte ich mich freuen Sie einmal bei mir sehen zu können, doch müßten Sie mich 8 Tage vorher verständigen und wäre die Zeit nach 6ʰ am vorteilhaftesten. Mit herzlichen Grüssen."

E. S. A. 634 [1510]

[1] Anton Wildgans (1881—1932), Dichter. Sein Band „Mittag" (Gedichte) erschien 1917.
[2] Max Klinger (1857—1920), Graphiker, Maler, Bildhauer.
[3] Dies wäre — sieht man von Schieles verlorengegangenen Zeichnungen für Bücher von → Professor E. Hanslik ab — der einzige Nachweise dafür, daß man an ihn wegen Illustrationen herangetreten ist.

—

→ Vereinigung bildender Künstler Österreichs. Secession, L. s., 1 p. groß 8°. Ersuchen, das Bild von → Gütersloh „Stillleben" ausfolgen zu wollen. → [Paul] Wengraf habe wiederholt das Bild „Vier Bäume", 1917, zurückverlangt, etc.

E. S. A. 907 [1511]

—

Kunstverein für Böhmen in Prag, Künstlerhaus Rudolfinum. L. s., 1½ pp. groß 8°. Eine Bilderausstellung könne grundsätzlich im Herbst veranstaltet werden; eine graphische Ausstellung „in ungerahmten Zustande" würden sie gleich durchführen, etc.

E. S. A. 487 [1512]

—

Alexander Wengrafs Witwe, Antiquitäten, etc., I., Seilerstätte 30 und Maysedergasse 5 [Wohnung], L. s., „R. Wengraf", 1 p. quer 8°. Die Mutter von → Paul Wengraf reklamiert im Auftrage ihres Sohnes das Bild „Vier Bäume", 1917, etc.

E. S. A. 39 [1513]

24. IV. 1918

NB., Blatt 50 v.: „nach 2ʰ zu → Dr. Spitzer — 5ʰ—6ʰ Arthur Holz — 6ʰ MK. 6 K [wohl Modell und Honorar]."

E. S. A. 724 [1514]

25. IV. 1918

NB., Blatt 50 v.: „5—6ʰ Arthur Holz — 5ʰ [Tinny] Zern.[er, Modell], durchgestrichen: Relly Schr.[öder, Modell]."

E. S. A. 724 [1515]

—

→ „Der Anbruch", Flugblätter aus der Zeit. Schriftleitung, I., Tiefer Graben 36, L. s. „Dr. Otto Schneider". 1 p. groß 8°. Sendet 13 Zeichnungen zurück. Die in der ersten Nummer der Zeitschrift reproduzierte Zeichnung Schieles habe er an die Buchhandlung R. Friedländer → [Lányi] retourniert. „... Frau Baronin Nostitz[1], die Frau des sächsischen Gesandten, bat mich, Ihre Bekanntschaft zu vermitteln...", etc.

P. 73 [1516]

[1] → Helene von Nostitz-Wallwitz (1878—1944), Schriftstellerin, Freundin von Rodin, Rilke und Hofmannsthal. In ihrem Buch: „Aus dem alten Europa", RoRoRo Taschenbücher 666, Hamburg 1964, pp. 88/9, berichtet sie ausführlich über einen Besuch bei → Gustav Klimt, nicht aber über ihre Begegnung mit Schiele, der sie zweimal gesehen haben muß (NB. 1918, 2. u. 4. Mai). Siehe auch A. C., p. 183.

26. IV. 1918

NB., Blatt 50 v.: „[Arthur] Holz — 5ʰ [Grete] Pork.[ert, Modell] — 5ʰ Rubens [Spitzname für Modell] — → Lederer."

E. S. A. 724 [1517]

27. IV. 1918

NB., Blatt 51 r.: „5ʰ [durchgestrichen:] Paar, Kerblich [Modelle]."

E. S. A. 724 [1518]

—

→ Arpad Weixlgärtner, L. a. s. Auf Briefpapier der „Gesellschaft für vervielfältigende Kunst", 3 pp. 8°. In der stattgefundenen Sitzung des Verwaltungsrates sei betont worden, daß es von großer Bedeutung wäre, ein Blatt Schieles für die diesjährige Mappe zu haben, allein die eingesandte Porträtlithographie wurde „... wie mich dünkt, nicht ganz zu Unrecht — nicht als jenes Beispiel der besonderen Eigenart und Stärke Ihrer Kunst befunden..." Erbitten eine andere Lithographie, Herr Berger[1] würde ihm sicher gerne an die Hand gehen. Er teile seine Meinung mit → Dr. Haberditzl, → Dr. Junk, Maler → Harlfinger, etc. Blätter von Lovis Corinth[2], Laage[3], Sterrer[4], → Junk und → Jungnickel seien angenommen worden, etc.

E. S. A. 1036 [1519]

[1] → Albert Berger, Lithograph, Wien VIII., Tigergasse 17. Druckte auch Schieles Plakat der Secessions-Ausstellung, 1918.
[2] Lovis Corinth (1858—1925), Maler.
[3] Wilhelm Laage (1868—1930), Maler, Holzschneider.
[4] Karl Sterrer (geboren 1885), Maler, Graphiker.

→ Franz Pfemfert, C. a. s. [Sonderdruck der „Aktion": Vlastislav Hofmann, Dostojewski]. Ein Egon-Schiele-Heft sei doch schon 1916 erschienen. „... Von Ihrem Mappenwerk[1] habe ich circa 30 Expl. bezogen und ständig in der Auslage..." Auch Postkarten lägen ständig auf, etc.

W. ST. B. 159.812 [1520]

[1] Es handelt sich wohl um die bei → R. Lányi 1918 erschienene Mappe mit Reproduktionen nach Schieles Zeichnungen.

28. VI. 1918

NB., Blatt 51 r.: „10ʰ → Arnot — → Gütersloh bis 4ʰ — → Dr. Reichel — ½5 → Waniek."

E. S. A. 724 [1521]

—

→ Dr. Ernst Wagner, L. a. s., 1 p. 8°. In Bleistift. Er wisse nicht, wer Holzschnitte mache, schreibe aber gleichzeitig an vier seiner Bekannten, etc.

W. ST. B. 160.336 [1522]

29. IV. 1918

NB., Blatt 51 r.: „5ʰ Dick."

E. S. A. 724 [1523]

30. IV. 1918

NB., Blatt 51 v.: „Holzschütte — → Goltz — 5ʰ Güntner[?] — 6ʰ → Nebehay [Hotel] Bristol [durchstrichen] — 5ʰ → Gerti [Peschka]."

E. S. A. 724 [1524]

? IV. 1918

Vereinigung bildender Künstler Österreichs. Secession, P. s. Rechnung über von Schiele dort erworbene Bilder und Graphik im Betrag von 1284 Kronen. → Johannes Fischer „Doppelbildnis" K 800,— — Holzschnitte von → R. Kalvach „Anbetung", Katalog Nr. 209, K 18,— — „An Bord", Kat. Nr. 212, K 6,— — → Georg Kars, Kat. Nr. 217, 224, 277, „Gartenweg", K 135,—, „Vor dem Laden", K 75,— und A. Kubin [(1877—1959) Zeichner, Illustrator], „Viehtreiben", K 250,—[1].

E. S. A. 921 [1525]

[1] Interessanter Hinweis auf Schiele als Kunstsammler.

1. V. 1918

NB., Blatt 51 v.: „5ʰ → Gerti — 6ʰ Holz."

E. S. A. 724 [1526]

An → Paul Wengraf, L. a. s., ½ p. quer 8°
„1. V. 1918.
Lieber Herr Wengraf! — Ihr Bild¹ wurde zu mir transportiert und ersuche Sie, mir dieses für eine weitere Ausstellung leihen zu wollen. Beste Grüße   Egon Schiele."
Beigelegt Notizzettel auf kariertem Papier:
Vorderseite: Flüchtige Skizze, Kopf einer jungen Frau [Brustbild] nach links.
Rückseite: „Porträt A. R. (Privatbesitz)²."
Ö. N. B. 201/70—1. Aus Sammlung Dr. Otto Frankfurter, Wien   [1527]

1 „Vier Bäume", 1917.
2 Bildnis von Arthur Roessler, 1910.

2. V. 1918
NB., Blatt 51 v.: „3ʰ → Baronin Nostiz — 5ʰ Beranek [Modell] — 6ʰ Schönberg[?] — → Steiner ⅛8."
E. S. A. 724   [1528]

—

→ Heinrich Benesch, C. a. s. [Goya, Bildnis der Frau Céan Bermudez], aus Budapest, gratuliert Schiele zur Erwerbung des Porträts Etlinger von O. K.¹ — möchte es gelegentlich ansehen, etc.
E. S. A. 579   [1529]

[Wingler Nr. 63]. Der einzige Hinweis darauf, daß Schiele ein Bild Kokoschkas besessen hat.

3. V. 1918
NB., Blatt 52 r.: „11ʰ Besprechung — 2ʰ [Tinny] Zerner [Modell] — 2ʰ Grete Pork[ert, Modell] — ½6ʰ Lederer — 5ʰ Günther[?] — Zeichnung → Nebehay für Zürich."
E. S. A. 724   [1530]

4. V. 1918
NB., Blatt 52 r.: „→ Waniek — 4ʰ → Baronin Nostiz — H. Mut[?] — 5ʰ [Anni] Kerblich [Modell] u. Freundin."
E. S. A. 724   [1531]

—

K. u. k. Heeresmuseum, AK-Nr. 4135 — Erlaubnisschein für den Einjährig-Freiwilligen Korporal Egon Schiele, in seiner dienstfreien Zeit Zivilkleider tragen zu dürfen. Signiert: „→ John, Ob. Ing."
E. S. A. 7   [1532]

5. V. 1918
NB., Blatt 52 r.: „½10ʰ → Lanyi — 10ʰ → Arnot — 5ʰ Hptm. [Hauptmann] Schindler — [durchstrichen:] → Waniek Zeichnung."
E. S. A. 724   [1533]

6. V. 1918
NB., Blatt 52 v.: „→ Reininghaus 1—3 — 58.081 → Koller anrufen — ½11ʰ Frl. Trittil — → Dr. Wagner besuchen abends ½6ʰ — bis 4ʰ hier[?] sein — 5ʰ Koller Alleeg. 26."
E. S. A. 724   [1534]

—

Kunstverein für Böhmen in Prag, Künstlerhaus Rudolfinum, L. s., 3 pp. groß 8°. Bittet um Übersendung von maximal 200 Arbeiten, da für größere Anzahl zu wenig Rahmen; Entwurf und Zusendung eines schwarzweißen Plakats umgehend erbeten ... voraussichtlicher Ausstellungstermin Ende Juni oder Anfang Juli, etc.
E. S. A. 226   [1535]

— [Poststempel]
→ Anton Faistauer, IV., Floragasse 7, L. a. s., 1 p. 4°. Habe an → Fischer 12 farbige Zeichnungen für die Prager Ausstellung übergeben. → Kolig bombardiere ihn eines angeblichen Verkaufes seiner Bilder an → [Karl] Grünwald halber mit Briefen, etc.
E. S. A. 55   [1536]

—

An → Dr. Hans Rosé. L. a. s., 1 p. quer 8°
„6. Mai 1918.
Sehr geehrter Herr Oberleutnant Dr. Rosé — ich beeile mich Sie für morgige lustige Zusammenkunft um 8ʰ bei Langer ergebendst einzuladen. Mit vorzüglichster Hochachtung und besten Grüßen   Egon Schiele."
Nach: A. St. 1966, Heft 2, Abbildung 21   [1537]

7. V. 1918
NB., Blatt 52 v.: „4ʰ Anny Paar [Modell] — Abend → Wagner[?]."
E. S. A. 724   [1538]

—

→ Hans Goltz, L. s., 1 p. groß 8°, teilt mit, daß die Wiener Secession von einer Ansichtssendung vom 23. April an Schiele nichts weiß und bittet, die ganze Sendung wieder an ihn zu senden ...
E. S. A. 832   [1539]

8. V. 1918
NB., Blatt 52 v.: „½9ʰ anrufen Holz — 10ʰ Porkert [Grete, Modell] — 3ʰ → Rosé — ½3ʰ Güterlo[h] → Reiningh[aus] — 5ʰ Dick — ¾7ʰ Ros[é] Doll [siehe Nr. 1545]."
E. S. A. 724   [1540]

DOKUMENTE UND KORRESPONDENZ 1918

9. V. 1918

NB., Blatt 53 r.: „→ Berger 10—11 — ½3ʰ → Frau Steiner — ¼4ʰ Friedell[1] — 5ʰ [durchgestrichenes Wort] → Harta nach 6ʰ Tal[2]."

E. S. A. 724 [1541]

[1] Egon Friedell [eigentlich Friedmann], (1878—1938, Selbstmord), Theaterkritiker, Schauspieler, Schriftsteller, Kulturhistoriker.
[2] Siehe NB. 9. IV. 1917.

10. V. 1918

NB., Blatt 53 r.: „½3ʰ → Gütersloh — 4ʰ [Anni] Kerblich [Modell] — [durchstrichenes Wort] bis 7 → Wagner, abwarten ½8ʰ → Wolf, Gersthof."

E. S. A. 724 [1542]

11. V. 1918

NB., Blatt 53 r.: „4ʰ Antonin — 5ʰ [Grete] Pork[ert, Modell]."

E. S. A. 724 [1543]

12. V. 1918

NB., Blatt 53 v.: „½10ʰ → Arnot — 3ʰ Rosa [Ciseck, Modell] — 4ʰ → Vidiz — ½8ʰ Piaristengasse."

E. S. A. 724 [1544]

13. V. 1918

NB., Blatt 53 v.: „10ʰ [Tinny] Zerner [Modell] — 5ʰ → Waniek [Weinhaus], Doll [Ober St. Veit]."

E. S. A. 724 [1545]

14. V. 1918

NB., Blatt 53 v.: „→ Wagner — ½10ʰ VIII. 1567 — [umrandet:] ¼3ʰ → Koller — 6ʰ Anny [Paar, Modell] — → (Arnot)! — ¼5ʰ Arnot."

E. S. A. 724 [1546]

—

Leonhard Tietz AG, Köln, L. s.: „Kropf", 2 pp. groß 8°, veranstaltet vom 1.—30. September 1918 als künstlerischer Berater der Tietz AG in deren neuen Kölner Haus eine Grafik-Ausstellung zwischen Impressionismus und der neuen Malerei; lädt zur Teilnahme ein, etc.

E. S. A. 485 [1547]

—

Kunstverein für Böhmen in Prag, Künstlerhaus Rudolfinum, L. s., 2 pp. 8°, wiederholt Bereitwilligkeit zur Ausstellung, will sich jedoch die Entscheidung über die Zusammenstellung vorbehalten.

E. S. A. 227 [1548]

15. V. 1918

NB., Blatt 54 r.: „10ʰ Dick — [durchgestrichen:] ½3ʰ [Tinny] Zerner [Modell] — 7ʰ → Ros[é?]."

E. S. A. 724 [1549]

16. V. 1918

NB., Blatt 54 r.: [durchgestrichen:] → Grünwald 10ʰ — [durchgestrichenes Wort:] 5ʰ Gerti [Porkert, Modell], → Gütersloh — 8ʰ Pancir[1]."

E. S. A. 724 [1550]

[1] Schieles Schneider.

—

→ Verein bildender Künstler Münchens, Sezession, L. s. auf Briefpapier mit Vignette, 1 p. 4°, erwartet Einsendung der Bilder Schieles zur Sommerausstellung und wird nach Maßgabe der Raumverhältnisse sich bemühen, diese wunschgemäß zusammen zu hängen.

E. S. A. 132 [1551]

—

→ Hans Böhler, Baden bei Wien, Gamingstraße 3, C. a. s. Fragt an, ob Schiele für die Prager Ausstellung seine Zeichnungen aus China brauchen könne, etc.

E. S. A. 929 [1552]

17. V. 1918

NB., Blatt 54 r.: „→ Grünwald 11ʰ — [wohl Hilde] → Berger [Modell] 3ʰ — 4ʰ [Anni] Kerblich [Modell]."

E. S. A. 724 [1553]

18. V. 1918

NB., Blatt 54 v.: „½11ʰ → Steiner — ¼4ʰ → Koller — nach 6ʰ M."

E. S. A. 724 [1554]

19. V. 1918

NB., Blatt 54 v.: „nach 3ʰ M. — [Tinny] Zern[er, Modell]."

E. S. A. 724 [1555]

20. V. 1918

NB., Blatt 54 v.: „10ʰ → Ros.[é] — ¼4ʰ → Koller — 3ʰ zu → Grünwald."

E. S. A. 724 [1556]

21. V. 1918

NB., Blatt 55 r.: „→ [Heinrich?] Böhler gehen — 11ʰ → Koller — 3ʰ [Anni] Kerblich [Modell] — 4ʰ → Gütersloh — 5ʰ → Gomperz."

E. S. A. 724 [1557]

[1558]

—

Richard Harlfinger, L. a. s. Auf Briefpapier der Secession Wien. 1 p. 4°
Ist als Präsident der Secession wiedergewählt worden. Bittet Schiele um eine Besprechung wegen der Möglichkeit einer neuerlichen Ausstellung seiner Gruppe. Über die Porträtausstellung im Herbst 1918, etc.
Oben und auf der Rückseite zwei kleine Bleistiftskizzen Schieles, das Plakat der 49. Ausstellung der Secession zeigend.
E. S. A. 1045 [1558]

22. V. 1918

NB., Blatt 55 r.: „3ʰ Hilde Berger [Modell] — → Dr. Gomperz [durchgestrichen] — 7ʰ Rosl [Ciseck, Modell]."
E. S. A. 724 [1559]

23. V. 1918

NB., Blatt 55 r.: „10ʰ [Anni] Kerblich [Modell] — 11ʰ → [Dr. Franz] Blei Galileihof — ½ [durchgestrichenes Wort] — Koller — 6ʰ [Anni] Kerblich [Modell] — ½6ʰ Sezession."
E. S. A. 724 [1560]

—

Josef Krzicek, L. a. s. auf Briefpapier der „Wiener Konzerthaus-Gesellschaft", III., Lothringerstraße 20, 2 pp. 4°, fragt an, ob er statt 120,— und 100,— Kronen je 100,— oder 80,— Kronen zahlen könne, da mehrere Blätter in Frage kämen, etc.
E. S. A. 42 [1561]

24. V. 1918

NB., Blatt 55 v.: „10ʰ → Dr. Gomperz — → Gütersloh — 6ʰ [Anni] Kerblich [Modell]."
E. S. A. 724 [1562]

—

→ Koloman Moser, L. a. s., 2 pp. 8°. Bedauert [wohl aus gesundheitlichen Gründen] sich an keiner Ausstellung beteiligen zu können. Freut sich über Schieles Erfolg in der Secession: „... Hoffentlich schreiten Sie unbeirrt wie bisher so weiter und kümmern sich weder um Lob noch Tadel...", etc.
P. 75 [1563]

—

An → Arthur Roessler, L. a. s., 1½ pp. gr. 8°
„24. Mai 1918.
Lieber Arthur Rößler — ich muß für → Dr. Koller das begonnene Porträt fertig malen, weil Dr. K. anfangs Juni auf's Land fährt, — daher sieht es mit der Berliner Fahrt ungünstig aus. Ich bitte Sie nun, wenn Sie in Berlin sind, entweder bei → Cassirer oder → Gurlitt oder in einer der beiden Sezessionen eine Kollektivausstellung zu besprechen. Von der Corinthischen Sezession[1] wurde ich bereits eingeladen, doch ist es meine Absicht 20—30 auserlesene Bilder und eine größere Anzahl von Zeichnungen in Berlin zu zeigen und könnte die Kollektion im Jänner 1919 bereit sein. Für den Fall einer günstigen Vereinbarung bin ich bereit Ihnen 2 farbige oder 4 schwarze Zeichnungen zu geben. Ebenso möchte ich mit dem graphischen Kabinet Neumann[2] in Berührung kommen in dem dort ständig neue Zeichnungen zu sehen wären. Die → Aktion bekam vor ca. einem Monat 30 Stück farbige und schwarze Zeichnungen deren Empfang mir noch nicht bestätigt wurde und ich schon deshalb darauf dringe, weil ich sonst vermuten könnte daß die Blätter in Verlust geraten sind. Herr → Pfemfert muß mir gleich den Empfang bestätigen und die Blätter welche für eine Ausstellung der Aktion bestimmt sind gesondert und möglichst gerahmt ausstellen, ebenso bitte ich die Zeichnungen nicht zu beschreiben, wie es einmal geschah. Wenn Sie von Berlin zurück sein werden, werde ich einstweilen für die Dame[3] das Material zusammen gestellt haben, denn gestern konnte ich → Lederer nicht erreichen.
Freundliche Grüße   Egon Schiele."
W. ST. B. 180.695; R., B. & P., pp. 91/12 [mit geringfügigen Änderungen], L., p. 602 [1564]

1 Eine Berliner Sezession stand Lovis Corinth (1858—1925), die andere Max Liebermann (1847—1935) nahe.
2 Graphisches Kabinett Neumann, Berlin.
3 „Die Dame", eine vom Verlag Ullstein in Berlin herausgegebene, damals führende deutsche Modezeitschrift. Wahrscheinlich sollte dort ein Artikel über ihn erscheinen.

25. V. 1918

NB., Blatt 55 v.: „2ʰ Rosl [Ciseck, Modell] — 5ʰ Engelhardt[1] — 5ʰ → Gerti [Peschka]."
E. S. A. 724 [1565]

1 Josef Engelhart (1864—1941), Maler, insbesondere des Wiener Volkslebens. Bereiste bei Gründung der Secession in deren Auftrag Europa und schuf wichtige Verbindungen zu ausländischen Künstlern, die in der Folge in Wien ausstellten.

26. V. 1918

NB., Blatt 55 v.: „→ Arnot — → Dr. Blei ½4ʰ — → Viditz noch vorher schreiben."
E. S. A. 724 [1566]

DOKUMENTE UND KORRESPONDENZ 1918

—

An → Richard Lányi, L. a. s.
„26. Mai 1918.   Wien XIII., Hietzinger Hauptstraße 101.
Sehr geehrter Herr Lányi! Meine von 1917 und 1918 gezeichneten Blätter (schwarz) werden bei Arnot und in allen übrigen Ausstellungen um 150 Kronen verkauft, die farbigen Blätter aus denselben Jahren um 300 Kronen; ich will Sie darum aufmerksam machen, damit Sie meine Blätter bei Ihnen nicht um weniger verkaufen, da ich sonst zukünftig keine Blätter Ihnen übergeben könnte. Mit den besten Grüßen
Egon Schiele."
Nach: R., B. & P., p. 173; Verbleib unbekannt   [1567]

—

An → Anton Peschka, L. a. s., 1 p., Briefkarte
„26. Mai 1918.
Lieber A. P. Ad K. M. Erl. Praes. [= Kriegsministerialerlaß Praesidialbüro] No. 34. 1. 62 von 1917 kannst Du als akad. [emischer] Maler für die Herstellung der Regimentsgeschichte als solcher kommandiert werden. Sei nicht böse dass ich so lange warten ließ, ich bekam aber erst gestern Bescheid. — Habe Geduld! — Für unsere graphische Ausstellung in Prag nahm ich 9 Blätter von Dir mit, wovon eine Aktzeichnung 1916 um K 100— und eine Zeichnung eines südlichen Ortes um K 60— bereits bei mir angekauft wurde. Schreibe gleich ob Du diesen Brief bekommen hast. Herzlichste Grüße
Egon."
Nach: A. St., 2. Jahrgang 1964, p. 175   [1568]

27. V. 1918

NB., Blatt 56 r.: „→ Koller 9^h."
E. S. A. 724   [1569]

28. V. 1918

NB., Blatt 56 r.: „9^h → Koller — [von der Hand Edith Schieles:] „Spazierengehen mit meiner armen Did 2—9^h" — $\frac{1}{2}1^h$ → Konsum Anstalt anstellen [vermutlich, um in seiner früheren Dienststelle Lebensmittel zu erhalten] — → Schönberg."
E. S. A. 724   [1570]

29. V. 1977

NB., Blatt 56 r.: „$\frac{1}{2}5^h$ → Gütersloh — 5^h Hohenberg — $\frac{1}{2}8^h$ → zu Koller."
E. S. A. 724   [1571]

30. V. 1918

NB., Blatt 56 v.: „→ Steiner."
E. S. A. 724   [1572]

31. V. 1918

NB., Blatt 56 v.: „bis 4^h Anruf → Grünwald — 6^h [Anni] Kerblich [Modell] Gartenbau[1]!"
E. S. A. 724   [1573]

[1] Gebäude der Gartenbaugesellschaft, Wien I., Parkring, damals Treffpunkt der Gesellschaft. Die erste Secessions-Ausstellung fand 1898 in adaptierten Räumen statt.

? V.[?] 1918

An → Richard Lányi, L. a. s.
„Lieber Herr Lányi! Da Sie von → Peschka, der mit uns in der Sezession ausgestellt hatte, noch nichts haben, rate ich Ihnen, diese beiden Blätter ihm abzukaufen und glaube, daß Herr Peschka auch noch anderes hat. Beste Grüße   Egon Schiele."
Nach: R., B. & P., p. 174; Verbleib unbekannt   [1574]

1. VI. 1918

NB., Blatt 57 v.: „$\frac{1}{2}3^h$ → Koller — Vortrag $\frac{1}{2}8^h$ P.[rater?] Str. 39."
E. S. A. 724   [1575]

2. VI. 1918

NB., Blatt 57 r.: „→ Arnot — $\frac{1}{2}3^h$ Rosl [Ciseck, Modell] — 5^h Wös."
E. S. A. 724   [1576]

3. VI. 1918

NB., Blatt 57 r.: „[durchgestrichene Zahlen] $\frac{1}{4}3^h$ → Koller — 6^h zu → Steiner."
E. S. A. 724   [1577]

—

→ Ernst Wagner, L. a. s., 1 p. gr. 8°. Bittet darum, in Schieles Atelier Bekannten seine Bilder zeigen zu dürfen, etc.
E. S. A. 1002   [1578]

—

→ Friedrich von Radler, C. a. s. Rät Schiele, Oberleutnant Zeymer[1] von der Bildersammelstelle des Kriegspressequartiers anzurufen, um Japanpapier zu bekommen, etc.
E. S. A. 998   [1579]

[1] Fritz Zeymer (1886—1940), Architekt.

4. VI. 1918

NB., Blatt 57 r.: „2^h Beranek [Modell] — 5^h zu → Gütersloh."
E. S. A. 724   [1580]

5. VI. 1918

NB., Blatt 57 v.: „$\frac{1}{4}3^h$ → Dr. Koller — $5\frac{1}{2}^h$ Langer[?]."
E. S. A. 724   [1581]

—

→ Arpad Weixlgärtner, L. a. s. auf Briefpapier der „Gesellschaft für vervielfältigende Kunst", 3 pp. 8°, braucht die zweite Lithographie bis 15., da der erste Stein schon gemacht sei, würde [die Druckerei] → A. Berger es bis dahin wohl schaffen. „... Daß Sie meinen lieben alten Freund → Gomperz gezeichnet haben, freut mich sehr!...", etc.

E. S. A. 1037 [1582]

—

→ Broncia Koller, IV., Alleegasse 26. L. a. s., 3 pp. 8°. Habe mit ihrem Mann gesprochen, glaubt daß Schiele und → Faistauer zufrieden sein werden; bittet einen Abend bei sich mit → Gütersloh und → Faistauer zu arrangieren, etc.

E. S. A. 35 [1583]

[nach dem 5. VI. 1918]

→ Albert Berger, Lithographie- und Steindruckerei, VII., Tigergasse 17, C. a. s., bittet um Bescheid, wann Schiele im Atelier anzutreffen sei, um seinen Lithographiestein abholen lassen zu können, etc.

E. S. A. 1034 [1584]

6. VI. 1918

NB., Blatt 57 v.: „½11^h Beranek [Modell] — 3^h Salusetzky [falsch für → Dr. Sas-Zalociecki, Kunsthistoriker] → Gütersloh — 5^h Neue ... wegen Nachtmahl."

E. S. A. 724 [1585]

7. VI. 1918

NB., Blatt 57 v.: „¼3^h → Dr. Koller — 5^h [Anni] Kerblich [Modell]."

E. S. A. 724 [1586]

8. VI. 1918

NB., Blatt 58 r.: „[Arthur] Holz — 3—4^h → Wagner — 6^h Wös.[?] — ½8^h zu → Koller mit → G.[ertie Peschka]."

E. S. A. 724 [1587]

—

Kunstverein für Böhmen in Prag, Künstlerhaus Rudolfinum, L. s., 1 p. groß 8°, erwartet Schiele bis längstens 13. in Prag, um Auswahl nach seinem Sinne treffen zu können — bittet um telegraphische Bekanntgabe des gewünschten Titels der Ausstellung, um „kleine Innenplakatchen" herstellen lassen zu können, etc.

E. S. A. 229 [1588]

9. VI. 1918

NB., Blatt 58 r.: „A. [durchgestrichen.] H. M. [Heeresmuseum] — Lt. [Leutnant] Hohenberg — 3^h Rosl [Rosa Ciseck, Modell] — 3^h → [Dr. Franz] Blei → Gütersl.[oh] — [durchgestrichen:] 5^h Pekarek — ½7^h Eisenstein, H. M."

E. S. A. 724 [1589]

10. VI. 1918

NB., Blatt 58 r.: „10^h H. M. [Heeresmuseum] — ½1^h Pekarek [durchgestrichen:] H. M., → Koller [durchgestrichen:] → Dr. Scheu und → Otto Stößl — ½7^h Eisenstein."

E. S. A. 724 [1590]

—

Dr. F. V. Spitzer[1], XIX., Steinfeldgasse 4. L. a. s., 2 pp. 8°, sendet separat die letzthin erschienene Heliogravure seines Klimtbildes und selbstgeätzten Studienkopf → Klimts, etc.

P. 76 [1591]

[1] Dr. F. V. Spitzer, nicht zu verwechseln mit → Dr. Alfred Spitzer, Advokat und Schiele-Sammler. Es läßt sich nicht feststellen, um welches Klimt-Bild es sich gehandelt hat.

11. VI. 1918

NB., Blatt 58 v.: „[durchstrichen:] Prag, 2—5^h H. M. [Heeresmuseum] — 3^h → Dr. Scheu und → Otto Stößl."

E. S. A. 724 [1592]

—

Deutsch-Österreichischer Verlag G. m. b. H., Wien I., Fleischmarkt 1. L. s., 1 p. gr. 8°, übersendet ein Exemplar des Werkes von Leppin „Hüter der Freude" und bittet um Vorschläge wegen der Gestaltung eines Umschlages ... „Wir reflektieren auf eine originelle[!] Zeichnung...", etc.

P. 77 [1593]

12. und 13. VI. 1918

NB., Blatt 58 v.: „Prag[1]."

E. S. A. 724 [1594]

[1] Die beiden lakonischen Eintragungen „Prag" am 12. und 13. Juni deuten auf einen Aufenthalt Schieles in Prag, wegen der von ihm dort arrangierten Ausstellung. Oder aber auf die Eröffnung der Ausstellung österreichischer Zeichnungen dort.

14. VI. 1918

NB., Blatt 59 r.: „4^h Holz!!!"

E. S. A. 724 [1595]

15. VI. 1918

NB., Blatt 59 r.: „½10^h → Dr. Scheu — 2^h Tin. [Tinny Zerner, Modell] — 3^h Dr. Zalojecki[1] — 6^h Wös. — → Koller, → Gütersloh, Pork [Grete Porkert, Modell]."

E. S. A. 724 [1596]

[1] Siehe NB. 6. VI. 1918.

DOKUMENTE UND KORRESPONDENZ 1918

DOKUMENTE UND KORRESPONDENZ 1918

16. VI. 1918

NB., Blatt 59 r.: „→ Arnot — ½2ʰ → Fischer — [durchstrichen:] 3ʰ → Dr. Zaloz. [Zalociecky]."
E. S. A. 724 [1597]

17. VI. 1918

NB., Blatt 59 v.: „½3ʰ → Koller — 5ʰ Beranek [Modell].
E. S. A. 724 [1598]

18. VI. 1918

NB., Blatt 59 v.: „6ʰ Kaffee Museum."
E. S. A. 724 [1599]

19. VI. 1918

NB., Blatt 59 v.: „[Eintragung durchgestrichen:] ½11ʰ Weber — 3ʰ Pork [Grete Porkert, Modell]. Fro[?] — 6ʰ → [Dr. Sas-Zalociecky, 8ʰ P. [möglicherweise: → Anton Peschka]."
E. S. A. 724 [1600]

—

→ Arpad Weixlgärtner, L. a. s. Auf Briefpapier der „Gesellschaft für vervielfältigende Kunst", 3 pp. 8°. Hat endlich Schwarzdruck von Schieles Lithographie[1] gesehen; bittet vor der Sitzung des Verwaltungsrates den farbigen Druck vorzulegen. „... Hoffentlich wird das etwas auffällige Genitale des Mädchens keinen Anstoß erregen...", etc.
E. S. A. 1038 [1601]

[1] „Mädchen", Kreidelithographie, K.Gr. 17; wurde letztlich nicht angenommen; erschien 1919 im Avalun Verlag, Wien.

20. VI. 1918

NB., Blatt 60 r.: „½11ʰ Freund Bertl [Bertl Freund, Modell] — 11[?] Anni Kerblich [Modell] — → Koller ½3ʰ — ½7ʰ Rosl [Ciseck, Modell]."
E. S. A. 724 [1602]

—

→ Hans Goltz, L. s., 1 p. groß 8°, übersendet Rechnung über an Schiele verkaufte Blätter: R. Seewald[1], farbiger Holzschnitt „Zerstörung Jerusalems", und Erich Heckel[2]: 2 Radierungen „Der Irre" und eine Lithographie „Belgische Landschaft" für zusammen 198,— Mark.
E. S. A. 834/5 [1603]

[1] Richard Seewald (geboren 1889), deutscher Maler und Graphiker.
[2] Erich Heckel (1883—1970), deutscher Maler, Graphiker, Holzschneider.

21. VI. 1918

NB., Blatt 60 r.: „½11 Bertl [Freund, Modell] — ½11ʰ [Anny] Paar [Modell] — 2ʰ Russo — 3ʰ Podlaha — 4ʰ Rosl [Rosa Ciseck, Modell]."
E. S. A. 724 [1604]

—

→ Dr. Robert Scheu, Baden, Franz-Josefs-Weg 22, C. a. s. Glaubt, daß seine Reise am 1. Juli stattfinden werde, weiß aber nicht, ob das Budget ausreiche, um Schiele mitzunehmen, etc.
E. S. A. 977 [1605]

22. VI. 1918

NB., Blatt 60 r.: „½11ʰ Weber — 12ʰ → Fischer — ½3ʰ → Koller — 6ʰ Dr. Zalos. [→ Zalociecki]."
E. S. A. 724 [1606]

23. VI. 1918

NB., Blatt 60 v.: „½12ʰ Rosl [Rosa Ciseck, Modell]."
E. S. A. 724 [1607]

24. VI. 1918

NB., Blatt 60 v.: „4ʰ Rosl [Rosa Ciseck, Modell]."
E. S. A. 724 [1608]

25. VI. 1918

NB., Blatt 60 v.: „2ʰ → Koller — 4ʰ LM[?] — 7ʰ → Gütersloh."
E. S. A. 724 [1609]

—

→ „Gesellschaft für vervielfältigende Kunst", Wien, C. s. des Sekretärs; wiederholt schriftliche Mitteilung → Dr. A. Weixlgärtners, daß für die Verwaltungsratsitzung am 27. Juni wenigstens die farbige Studie vorliegen müßte, etc.
E. S. A. 959 [1610]

26. VI. 1918

NB., Blatt 61 r.: „½11ʰ [Anny] Paar [Modell] — 9—10 Gl. — 2ʰ Russo, ¼4ʰ Österr.[eichische] K[?]."
E. S. A. 724 [1611]

27. VI. 1918

NB., Blatt 61 r.: „½11ʰ Kerbl [Anni Kerblich, Modell]."
E. S. A. 724 [1612]

—

→ Ernst Wagner, L. a. s. [Kartenbrief]. Reklamiert Geld. → Dr. Haberditzl und Dr. Rathe[1] wollen Samstag sich bei Schiele Wagners neue Bilder ansehen, etc.
P. 79 [1613]

[1] Dr. Kurt Rathe, Kunsthistoriker, Museumsbeamter.

28. VI. 1918

→ „Gesellschaft für vervielfältigende Kunst", L. s. [von A. Gradmann], 1½ pp. 8°. Bedauert, daß die vorgelegte farbige

Zeichnung¹ nicht für die diesjährige Jahresmappe in Betracht gezogen werden konnte. „... Der Gegenstand eignet sich doch weniger für die große Masse unserer Mitglieder, sondern eher für einen kleinen Kreis von Sammlern und Liebhabern...", etc.

E. S. A. 237; K.Gr. p. 21 [1614]

¹ „Bildnis Paris von Gütersloh", später lithographiert [K.Gr. 16]; es gibt Probedrucke in schwarz und rot, gedruckt bei → A. Berger, und eine Auflage von 125 Exemplaren in brauner Farbe im Avalun Verlag, Wien, 1919.

29. VI. 1918

NB., Blatt 61 v.: „4ʰ → Dr. Haberditzl, Dr. [Kurth] Rathe [Kunsthistoriker]."

E. S. A. 724 [1615]

1. VII. 1918

Brüder Gefäll, Bautechnisches Büro, Wien XIII., Hietzinger Hauptstraße 46. — Faktura über Adaptierungsarbeiten in Schieles neuem Atelier, Wien, XIII., Wattmanngasse 6, über einen Betrag von 1075,95 Kronen, der saldiert ist.

P. 80 [1616]

—

→ Hans Goltz, Buchhaltung. Rechnung über Mark 24,65 für Abonnement „L'Art et la Mode" und „Kunstblatt", 1918, Juli—Dezember. 1 p. groß 8°

E. S. A. 838 [1617]

3. VII. 1918

NB., Blatt 62 v.: „½11ʰ [Anny] Paar [Modell] — 2ʰ Rosel [Ciseck, Modell] Lea [wohl auch Modell] — ½6ʰ Doktor Groß¹."

E. S. A. 724 [1618]

¹ Dr. Groß, Wiener Rechtsanwalt, der im Ersten Weltkrieg und in der Nachkriegszeit im Kunsthandel tätig war [Erinnerung des Herausgebers].

4. VII. 1918

NB., Blatt 62 r.: „½11ʰ Kerbl [Anni Kerblich, Modell] — 3 Russo."

E. S. A. 724 [1619]

5. VII. 1918

NB., Blatt 62 v.: „[durchstrichenes Wort] 10—½11ʰ Install.[a]t.[eur] [vermutlich Brüder Gefäll, Hietzing] — ½3ʰ ?tig — 5ʰ Lea [wohl Modell] — ½7ʰ → [Fritz] Karpfen."

E. S. A. 724 [1620]

—

→ Dr. Robert Scheu, Baden, Franz-Josefs-Weg 22, C. a. s. Ist nach viermonatlichem Aufenthalt in Skandinavien zurückgekehrt, möchte Schiele aufsuchen. Sein Freund → Dr. Otto Stoeßl habe gebeten, ihn mit Schiele bekannt zu machen, etc.

E. S. A. 976 [1621]

DOKUMENTE UND KORRESPONDENZ 1918

[nach dem 5. VII. 1918]

→ Arthur Roessler, C. a. s. [Kloster in Münster, Münstertal, Schweiz], bereits XIII., Wattmanngasse 6, adressiert. Warum sei Schiele Dienstag ohne Verständigung ferngeblieben? Die Plastiken lägen zum Abholen bereit, etc.

E. S. A. 564 [1622]

6. VII. 1918

NB., Blatt 62 v.: „[durchstrichen:] vorm.[ittag] Oblt. [Oberleutnant] Vetter — ½5ʰ → Otto Stößl."

E. S. A. 724 [1623]

—

→ Hans Goltz, L. s., 1 p. groß 8°, übersendet Kontoauszug mit Saldo von Mark 31,45 zu seinen Gunsten. Schiele erhielt für 5 verkaufte Zeichnungen je 50,— resp. 30,— Mark gutgeschrieben, wurde hingegen mit Lieferungen der Buchhandlung belastet.

E. S. A. 836/7 [1624]

7. VII. 1918

An → Arthur Roessler, C. a. s., in Bleistift
„7. VII. 18.
Lieber A. R. —. Ich meinte Sie wollten heute mich besuchen. Seit 2 Tagen wohne ich nicht mehr Hietzinger Hauptstr.[aße] 101 sondern XIII. Wattmanngasse 6, nächst Hietzing, am Platz. — Es wird mich freuen wenn Sie dorthin kommen. Freundliche Grüße   Egon Schiele."

W. ST. B. 180.696; R., B & P., pp. 92/3 [1625]

8. VII. 1918

NB., Blatt 63 r.: „5ʰ Hartkopf[?]¹."

E. S. A. 724 [1626]

¹ Ab ungefähr der Mitte des Notizbuches wird die Schrift Schieles, die anfänglich gut lesbar ist, fahriger und schwer lesbar.

9. VII. 1918

NB., Blatt 63 r.: „3ʰ Pauli u. Schw.[ester, Modelle?] — 5ʰ → Dr. Zalociecky — 7ʰ Mutter."

E. S. A. 724 [1627]

—

→ Heinrich Benesch, L. a. s., 3¼ pp. 8°, ist durch Arbeit und Hunger sehr heruntergekommen, hat seine Mutter verloren; will nach seinem Urlaub in Kärnten Schiele wiedersehen, etc.

E. S. A. 594 [1628]

10. VII. 1918

NB., Blatt 63 r.: „½11ʰ [Anny] Paar [Modell] — 3ʰ Pauli [Modell?] — 5ʰ Feodor??"

E. S. A. 724 [1629]

DOKUMENTE UND KORRESPONDENZ 1918

—

→ Arthur Roessler, L. s., 1 p. klein 8°. Von den für einen Artikel in der [Modezeitschrift] „Die Dame" übersandten Fotos eigneten sich die Gemälde, nicht aber die Zeichnungen. „... Haben Sie Interesse für eine sehr schöne → [Lotte] Pritzel-Puppe?[1] Sie kennen doch die seltsamen Geschöpfe der Münchener Künstlerin? Eine dieser können Sie im Tausch bekommen...", etc.

E. S. A. 527 a, b   [1630]

[1] Lotte Pritzel (1887—1952), Puppenkünstlerin.

11. VII. 1918

NB., Blatt 63 v.: „3^h Russo — 7—8 Schneider[?]."
E. S. A. 724   [1631]

13. VII. 1918

NB., Blatt 63 v.: „Stemolak[1] 10—12, abends → Reiningh.[aus]."
E. S. A. 724   [1632]

[1] Karl Stemolak (1875—1954), Bildhauer.

—

→ Alexander Koch, Darmstadt, Sandstraße 16, 1 p. groß 8°. In seiner Zeitschrift → „Deutsche Kunst und Dekoration" werde demnächst ein Bericht über die Münchener Glaspalast-Ausstellung erscheinen. Von Schiele seien Reproduktionen nach „Stadtende" [1917/18] und „Landschaft" [auch Landschaft mit Fluß, 1916] vorgesehen, etc.

E. S. A. 230   [1633]

14. VII. 1918

NB., Blatt 64 r.: „→ Arnot — 4^h → Rößler?"
E. S. A. 724   [1634]

—

Xaver B. Gmür[1], XIII., Erzbischofgasse 3, L. a. s., 1½ pp. groß 8°. Längere Auseinandersetzung um „Sonnenblumen", 1914. Seine Frau habe es 1914 über Veranlassung des mittlerweile verstorbenen → Dr. H. Jung gekauft; sie habe über seinen Schwager Adolf Marx[2] in Brüssel danach recherchieren lassen. Es sei ihm nicht begreiflich, wieso Schiele davon nichts gewußt habe. Besteht auf Lieferung des von Schiele mit Vorbehalt verkauften Bildes, etc.

E. S. A. 223   [1635]

[1] Schweizer Staatsbürger, der eine Zeitlang geschäftlich in der „Wiener Werkstätte" tätig war, die er — nach 1918 — abrupt, irgendwelcher Schwierigkeiten halber, verlassen mußte [Erinnerung des Herausgebers].
[2] Adolf Marx, Besitzer einer Farbfabrik in Mödling bei Wien, besaß erlesenes Kunstgewerbe der „Wiener Werkstätte" und bedeutende Bilder von Malern der Secession [Erinnerung des Herausgebers].

[nach dem 14. VII. 1918]

An → Richard Lányi, L. a. s. in lilafarbener Tinte geschrieben, auf dem Briefpapier die neue Adresse: „Wattmanngasse 6", eigenhändig ausgebessert.

„Lieber Herr Lányi! Anbei übersende ich Ihnen den mir von Herrn → Gmür[1] übersandten Brief zur Durchsicht. — Herr Gmür wurde 1914 der Besitzer meines Bildes Sonnenblumen (Herbstsonne)[2]; — ich wußte 1914 nichts davon, wer der Käufer dieses Bildes war und wußte auch nichts als ich Ihnen dieses Bild verkaufte. — Ich ersuche Sie nun, mir dieses Bild auszufolgen, resp.[ektive] zur Abholung bereit zu halten, und käme der entfallende Kaufpreis bei einem zukünftigen Kaufe einer meiner Arbeiten zu Ihren Gunsten zur Abrechnung. Das Schreiben (Gmür) bitte mir zu retournieren und mir Ihren Entschluß, welchen ich unbedingt günstig erwarte, durch die Überbringerin dieses zu übersenden. Freundliche Grüße
                              Egon Schiele."

R., B. & P., pp. 173/4: L., p. 512 und Reproduktion. Der Brief heute in Privatbesitz, Wien   [1636]

[1] Siehe Brief vom 14. VII. 1918.
[2] „Sonnenblumen" II, 1914. War 1914 auf der Ausstellung in Brüssel und kam, des Ersten Weltkriegs halber, erst nach langer Zeit nach Wien zurück.

15. VII. 1918

NB., Blatt 64 r.: „Frau → [Karl] Grünwald — [Karl] Stemolak!! [Bildhauer (1875—1954)] — 2^h Eppel[?] — 5^h N.[ebehay?]."
E. S. A. 724   [1637]

16. VII. 1918

NB., Blatt 64 r.: „½11^h Korb — 6^h Wlutzky."
E. S. A. 724   [1638]

17. VII. 1918

NB., Blatt 64 v.: „[dreimal unterstrichen:] Now. T. — ½11^h [Anny] Paar [Modell] — → [Willi] Nowak — 5^h → Ad.[ele Harms?] — ½7^h Ad.
E. S. A. 724   [1639]

[vor dem 18. VII. 1918]

→ Arthur Roessler, C. a. s. [Georg Ehrlich, Zeichnung] Fragt an, wann er Schiele anträfe, um die Pritzel-Puppe und die Holzschnitzerei zu bringen, etc.

E. S. A. 561   [1640]

18. VII. 1918

NB., Blatt 64 v.: „½11^h → [Willi] Nowak — 5 → Ad.[ele Harms?]."
E. S. A. 724   [1641]

DOKUMENTE UND KORRESPONDENZ 1918

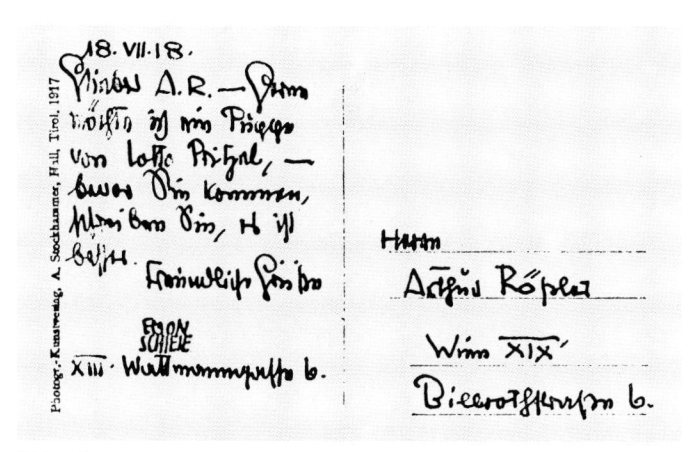

[1642]

—

An → Arthur Roessler, C. a. s. [Haus in Hall, Tirol]
„18. VII. 18.

Lieber A. R. — Gerne möchte ich eine Puppe von → Lotte Pritzel, — bevor Sie kommen, schreiben Sie, es ist besser. Freundliche Grüße   Egon Schiele
XIII. Wattmanngasse 6"

W. ST. B. 180.697; R., B. & P., p. 93   [1642]

19. VII. 1918

NB., Blatt 64 v.: „3ʰ → [Willi] Nowak — ½2[?] — 6ʰ Carl."
E. S. A. 724   [1643]

20. VII. 1918

NB., Blatt 65 r.: „½9ʰ → Reininghaus [Kaffee] Gröpl¹ — ½9—11ʰ N. → [Willi Nowak?] — [durchgestrichen:] → Dr. Koller Anruf 6ʰ [ein Wort durchgestrichen] — 5—7ʰ Carl."
E. S. A. 724   [1644]

¹ Kaffeehaus in Hietzing.

21. VII. 1918

NB., Blatt 65 r.: „10ʰ Tänzerin — Dita [Modell?] nachmittags — ½9ʰ [Willi] Now.[ak]."
E. S. A. 724   [1645]

22. VII. 1918

NB., Blatt 65 r.: „½10ʰ Math.[ilde] — ½11ʰ [Willi] Now.[ak] — 2ʰ Egger[?] — 5ʰ Grete Pork.[ert, Modell] — 6ʰ Mathild[e] — 8ʰ Pancir¹."
E. S. A. 724   [1646]

¹ Schieles Schneider.

23. VII. 1918

NB., Blatt 65 v.: „2ʰ [Anni] Kerbl.[ich, Modell] — 5ʰ Dita [Modell?]."
E. S. A. 724   [1647]

—

→ Lilly Steiner¹, L. a. s., 1 p. 4°. „... Wir möchten Sie recht herzlich bitten noch ein Doppelporträt unserer Kinder zu zeichnen² ..." Da sie auf das Land gehen, könnten sie Freitag zu ihm kommen und in welches Atelier (Hietzinger Hauptstraße oder Wattmanngasse)?, etc.
E. S. A. 28   [1648]

¹ Lilly Steiner war Graphikerin, bevor sie, um 1925, Malerin wurde. Weitere Briefe von ihr an Schiele aus den Monaten Mai—Juli 1918 befanden sich ehemals im Besitz von → Melanie Schuster-Schiele [siehe A. C., VII., Anmerkung 38].
² Das erwähnte Doppelporträt der Kinder des Ehepaares Steiner war seinerzeit in Prager Privatbesitz, andere Zeichnungen Schieles nach Familienmitgliedern heute als Geschenk von Frau Eva Benesch, geborene Steiner, in der Albertina.

24. VII. 1918

NB., Blatt 65 v.: „½11ʰ [Anny] Paar [Modell] — 2ʰ Tänzerin — Bad — 5ʰ Iller[?] — 7ʰ → [Georg] Merkl."
E. S. A. 724   [1649]

—

An → Anton Peschka, C. s. [Ansichtspostkarte]
J. A. Stargardt, Marburg, Katalog 591, Nr. 884 [ohne nähere Einzelheiten, vermutlich nur Gruß]   [1650]

[1651]

—

An → Edith Schiele, zur Zeit Kovácspatak Hontmegye bei Esztergom [Gran], Sanatorium Dr. Bischitz, Ungarn, L. a. s. [Krems, Sängerhof]
„Liebe Did, — wird für → Reininghaus ein Zimmer frei sein? — Vom Heeresmuseum hängt alles ab, wann und wielange ich bleiben kann¹ — Daß ich mir selbst zusammenräumen muß, werd ich nicht vergessen. — Bussi   Egon
Beste Grüße an Frau G.²
24. VII. 18."

E. S. A. 75   [1651]

¹ Schiele brauchte zum Besuch seiner Frau die Genehmigung der vorgesetzten militärischen Dienststelle [Heeresmuseum]; siehe 3. VIII. 1918.
² War es die Frau von → Karl Grünwald, mit der Edith Schiele dorthin fuhr?

25. VII. 1918
NB., Blatt 65 v.: „10ʰ Kaffe[!] Museum — 3ʰ Russo — 5ʰ Mathild[e] [Modell?] — 5—7ʰ → Rößler — ½7—7 K."
E. S. A. 724 [1652]

26. VII. 1918
NB., Blatt 66 r.: „→ Reininghaus schreiben — 5—7ʰ → Prof. Hanslik."
E. S. A. 724 [1653]

[um den 26. VII. 1918]
→ Lilly Steiner, C. a. s. Aus Mönichkirchen, wo sie einige ruhige Wochen mit ihrer Familie verbringe, etc.
E. S. A. 30 [1654]

27. VII. 1918
NB., Blatt 66 r.: „→ Dr. Koller ½1ʰ."
E. S. A. 724 [1655]

28. VII. 1918
→ F. A. Harta, L. a. s., Salzburg, Leitnerschlößl, 2½ pp. Wäre es nicht denkbar, daß man die Bemühungen der Zeitschrift „Anbruch" um eine Ausstellung junger Künstler mit dem „Hagenbund" absprechen könnte? Schiele möge mit dem Herausgeber → Dr. Schneider reden. → Fischer und → Gütersloh wären einverstanden, → Faistauer sei noch unsicher, etc.
E. S. A. 341 [1656]

29. VII. 1918
NB., Blatt 66 v.: „→ Reininghaus."
E. S. A. 724 [1657]

31. VII. 1918
NB., Blatt 66 v.: „[umrandet:] [Willy?] Now.[ak] K. 90 bezahlt."
E. S. A. 724 [1658]

[? VII. 1918]
An → Felix A. Harta, L. a. s.
[Schiele verhandelt wegen passender Ausstellungsräume für seine Gruppe. Hierfür käme weniger die Kunsthandlung → Miethke als der → „Hagenbund" in Frage, wo sie alle sofort Mitglieder werden könnten. Die Geschäftsstelle der Gruppe sei nun bei → Gustav Nebehay, Wien I., Hotel Bristol, Altes Haus.]
Nach: L., p. 17 [1659]

3. VIII. 1918
K. k. Heeresmuseum, Wien. — Vorgedruckter Erlaubnisschein für eine Reise von Egon Schiele nach Kovácspatak und Budapest¹. Dauer: 4. VIII. ½8 Uhr früh bis 6. VIII. 12 Uhr nachts. „Trägt Zivilkleider." Unterschrieben von Egon Schiele. Stempel und Unterschrift des Kommandanten fehlt.
Rückseite: handschriftliche Notiz Egon Schieles in Bleistift: „Pulver — 7ʰ — nach Bedarf — Medizin — 7 — alle 2 St.[unden] — Umschlag."
E. S. A. 352 [1660]

1 Außer diesem Schein kein Nachweis über diese Reise. Schiele war am 5. VIII. wieder in Wien.

4. VIII. 1918
NB., Blatt 67 v.: „Durst[?] — 5ʰ Wachlmeyr[?]."
E. S. A. 724 [1661]

5. VIII. 1918
NB., Blatt 67 v.: „[durchgestrichen:] 2ʰ Egger — [durchgestrichen:] 5ʰ neues Modell."
E. S. A. 724 [1662]

—

An → Arthur Roessler, C. a. s.
„5. August 1918.
Lieber A. R. — ich bin wieder in Wien¹ und bleibe bis anfangs nächster Woche. Auf die Pritzelpuppe² und die 2 anderen Javanischen Schattenfiguren freue ich mich sehr und treffen Sie mich am besten nach 5ʰ. Besten Gruß Egon Schiele."
W. ST. B. 180.698; R., B. & P., p. 93 [1663]

1 Also zurück vom Besuch seiner Frau in Ungarn.
2 → Lotte Pritzel [siehe Brief vom 10. und 18. VII. 1918].

6. VIII. 1918
NB., Blatt 67 v.: „[durchgestrichen:] ½11ʰ [Anni] Kerbl.[ich, Modell] — 5ʰ Anny Kles[?] abschreiben."
E. S. A. 724 [1664]

7. VIII. 1918
NB., Blatt 68 r.: „[durchgestrichen:] ½11ʰ Anny Paar [Modell] und unlesbares Wort — 2ʰ Tänzerin — 4ʰ [Willy?] Now.[ak] — 5ʰ neues Modell."
E. S. A. 724 [1665]

8. VIII. 1918
NB., Blatt 68 r.: „[durchgestrichen:] 3ʰ Russo — [durchgestrichen:] 5ʰ M — Oberwaltersdorf¹.'
E. S. A. 724 [1666]

1 Oberwaltersdorf, südlich von Wien. → Dr. Hugo Koller hatte dort einen Besitz. Schiele besuchte ihn dort, machte Zeichnungen nach ihm und seiner Familie und zeichnete nach Bauerkrügen.

—

→ Gustav Nebehay, L. s. Auf Briefpapier: „Gustav Nebehay, Hotel Bristol, Altes Haus", 1½ pp. 8°. „... Ihren Brief habe ich soeben bekommen. An den „Nassauischen Kunstverein" habe ich auch schon geschrieben. Ehe ich aber an die Künstler

schreibe muß unbedingt die Localfrage geregelt sein. Bitte lassen Sie mir durch den Boten mitteilen, ob Sie am Samstag in der Früh zu mir hinaufkommen können[1], damit wir die Sache allein und gründlich besprechen können, oder ob es Ihnen lieber ist, Nachmittag zu mir in's Geschäft herein zu kommen. Ersteres wäre mir offen gestanden weit lieber, da wir bei mir ganz ungestört sein können, dagegen meine Geschäftszeit infolge der bevorstehenden Reise sehr in Anspruch genommen ist. Mit besten Grüssen Ihr
[signiert:] Gustav Nebehay."
Im Besitz des Herausgebers; wurde ihm über Veranlassung von Prof. Alessandra Comini, Dallas, Texas, USA, von → Melanie Schuster-Schiele 1969 geschenkt. [1667]

[1] Gustav Nebehay wohnte Frühjahr—Spätherbst 1918 in der „Pechhütte" beim „Roten Berg", Ober St. Veit. Der Herausgeber erinnert sich sehr deutlich an einen Besuch → Gustav Klimts, nicht aber, daß Egon Schiele dort gewesen wäre. Es könnte jedoch sein, daß sich das Wort „hinaufkommen" auf einen Besuch der damals im 1. Stock des alten Hotels Bristol befindlichen Kunsthandlung bezieht.

9. VIII. 1918

NB., Blatt 68 r.: „2^h [Anni] Kerbl.[ich, Modell] u. [Anny] Paar [Modell] — 5^h M. [umrandet] ¼^h."
E. S. A. 724 [1668]

10. VIII. 1918

NB., Blatt 68 v.: „Ober Waltersdorf[1]."
E. S. A. 724 [1669]

[1] Siehe NB., 8. VIII. 1918.

11. VIII. 1918

NB., Blatt 68 v.: „10^h → Arnot."
E. S. A. 724 [1670]

—

→ Arthur Roessler, C. a. s. [E. Bollmann, Ansicht von Winterthur]. Konnte leider nicht abkommen, hätte Wichtiges wegen der „Neuen Secession" zu besprechen, etc.
E. S. A. 557 [1671]

12. VIII. 1918

NB., Blatt 68 v.: „9^h → Nebehay — 10^h Berlinerin — 11^h Instal.[lateur], Bild holen — 2^h Anny [Paar?, Modell], Anny [Kerblich?, Modell] — 5^h zu Nebehay."
E. S. A. 724 [1672]

—

→ Heinrich Benesch, L. a. s., „secretarius in spe"[1], 3 pp. 8°. Bittet um Geduld wegen Zahlung seiner Schuld, vertritt ab morgen seinen Direktor und hat daher vorläufig leider keine Zeit.
E. S. A. 592 [1673]

[1] Die Worte „secretarius in spe" können wohl nur als ein Scherz des im Dienst vielbeschäftigten Schreibers aufgefaßt werden.

13. VIII. 1918

NB., Blatt 69 r.: „[durchgestrichen:] 5^h [Relly] Schröder [Modell]."
E. S. A. 724 [1674]

14. VIII. 1918

NB., Blatt 69 r.: „10^h Berlinerin — 2—6^h → Dr. Schneider."
E. S. A. 724 [1675]

17. VIII. 1918

NB., Blatt 69 v.: „[durchgestrichen:] Petrich holen lassen vor 12^h — 10^h Berlinerin."
E. S. A. 724 [1676]

18. VIII. 1918

An → Anton Peschka, XII., Jägerhausstraße 13, C. a. s.
„18. VIII. 18.
Lieber A. P. wenn Du kannst komme, eventuell mit → Gertie an einem Nachmittag der nächsten Tage zu mir, da ich Dir etwas geben will, was Dich interessieren wird. Wenn Du in der Porträtausstellung[1] mittun willst mußt Du Dir die Ausstellungspapiere von der Sezession schicken lassen oder abholen. Bringe möglichst Deine neuen Bilder, nur wenn sie fertig sind zu mir, da in den nächsten Tagen die Auswahl für die Wiesbadener Ausstellung[2] beginnen wird. Euch freundliche Grüße Egon."
Privatbesitz, Schweiz [1677]

[1] Die Porträtausstellung fand 1918, erst nach dem Tode Schieles, in der Secession statt.
[2] Die geplante Wiesbadener Ausstellung kam anscheinend nicht zustande [siehe Nr. 1746].

19. VIII. 1918

NB., Blatt 70 r.: „Salzburg."
E. S. A. 724 [1678]

21. VIII. 1918

→ Anton Kolig, L. a. s., 2 pp. groß 8°. Aus Nötsch, Kärnten. Es handelt sich anscheinend um eine Ausstellung in Klagenfurt. „...Sie bekommen mit → Wiegele und mir einen Saal... wenn ich raten darf — Ihre schönen Landschaften und Porträts... nichts sehr Nacktes..." Der Beitritt zum „Hagenbund" als Gruppe fände seinen Beifall. Die Zeitschrift „Der Anbruch" sei durch → Isepp an ihn herangetreten; er sei aber durch einen Vertrag mit → [Carl] Moll gebunden und durch einen Auftrag 1½ Jahre beschäftigt. Ist erstaunt, von einer Prager Freundin gehört zu haben, daß Schiele in Prag, ohne seine Zustimmung, Blätter ausgestellt habe, etc.
W. ST. B. 159.244 [1679]

[1679]

DOKUMENTE UND KORRESPONDENZ 1918

—

→ Carl Moll, L. s. Auf Briefpapier der Kunsthandlung → Gustav Nebehay, Hotel Bristol, Altes Haus, 2 pp. groß 8°. An → F. A. Harta, Salzburg-Mönchsberg, Leitnerschlößl. Sei vom Nassauischen Kunstverein Wiesbaden eingeladen, eine Ausstellung neuer österreichischer Künstler zu veranstalten. Bittet, ihm eine „kleine Collection" zur Verfügung zu stellen, etc.
Mit eigenhändigem Nachsatz von Egon Schiele:
„Bitte senden Sie uns auch Fotos für den Katalog die bis 1. Sept. bei uns sein müßten. Wir haben beschlossen die Bilder jener Künstler welche in Wien weilen in deren Atelier gemeinsam auszuwählen und möchte Sie ersuchen falls Sie nach Wien kommen könnten diesen Rundgang mit mir zu machen. Mit den besten Grüßen Egon Schiele."
Privatbesitz, Wien; L., p. 17 [1680]

—

An → Paris Gütersloh, Wien XIII., Elstergasse 8. Brief von fremder Hand, auf Briefpapier der Kunsthandlung Gustav Nebehay, Hotel Bristol, Altes Haus, 2 pp. groß 8°. Der Text [von der Hand der Sekretärin geschrieben], gleichlautend mit dem oben Mitgeteilten. Der eigenhändige Nachsatz lautet:
„Wir haben beschlossen die Wahl der Bilder von Künstlern welche in Wien weilen in deren Atelier zu treffen und wirst Du nach dem 1. September zu diesem Rundgang rechtzeitig eingeladen werden. Wenn Du Fotos nach Deinen Bildern hast bitte ich diese bis 1. Sept. an obige Adresse für den Katalog der Ausstellung mitzusenden. Mit freundlichen Grüßen
Egon Schiele."
Besitz Christian M. Nebehay, Wien [1681]

24. VIII. 1918
NB., Blatt 70 v.: „10^h Berlinerin."
E. S. A. 724 [1682]

27. VIII. 1918
An → Anton Peschka, L. a. s., 1 p. 8°
„27. August 1918
Lieber A. P. — nehme meine innigste Teilnahme wegen Deines trauriges Fall's[1] von mir entgegen. — Ich fahre ein paar Tage nach Ober Waltersdorf[2] und werde Samstag um 6 Uhr wieder in Wien sein, — vielleicht besucht Ihr uns. Gleichzeitig nehme[!] möglichst Deine neuen Bilder oder Zeichnungen mit. Euch herzlichste Grüße Egon Schiele."
Nach: A. St. 1964, 2. Heft, p. 175; E. S. A. 425 [Abschrift] [1683]

[1] Anton Peschka sen., städtischer Marktgebühreneinheber und Mitglied des Wiener Bürgervereins, starb am 24. VIII. 1918.
[2] Landhaus von → Dr. Hugo Koller in Oberwaltersdorf.

30. VIII. 1918
NB., Blatt 71 v.: „[Miete?] für August bezahlt!"
E. S. A. 724 [1684]

31. VIII. 1918
NB., Blatt 72 r.: „[Willy?] Now[ak] K[ronen] 180.— [umrandet] — → Nebehay retour."
E. S. A. 724 [1685]

1. IX. 1918
→ K. und K. Heeresmuseum, Wien — Legitimation, laut welcher Schiele das Schlafen außerhalb der Kaserne erlaubt wird. Dienstantritt 7^h früh. Gültigkeit bis 30. IX. 1918. ½ p. 8°
E. S. A. 19 [1686]

2. IX. 1918
NB., Blatt 72 r.: „H[eeres] Museum[?]."
E. S. A. 724 [1687]

3. IX. 1918
NB., Blatt 72 v.: „3^h [Relly] Schröder [Modell] tel. 10—2^h 38. 1. 67 — 5—6 [durchgestrichen:] 7 → Rößler (und [Karl] Grünwald)."
E. S. A. 724 [1688]

4. IX. 1918
An → Anton Peschka, L. a. s.
„4. September 1918.   Wien XIII., Wattmanngasse 6.
Lieber A. P.! Du weißt, wir kommen morgen zusammen, um die Ateliers zu besuchen. Ich verstehe nicht, warum Du Deine angemeldeten Bilder bisher nicht zu mir bringen ließest. — Übrigens hättest Du meines Wissens noch andere gute Bilder, zum Beispiel, glaube ich, hat Dr. Eißler[1] eine „Sonnenblume" usw., ebenso wäre der „Park", den Du von der Grünbergstraße[2] aus maltest, gut, kurz, Du mußt, um einen guten Eindruck zu machen, Dich mehr bemühen, Deine Arbeit voll zur Schau zu bringen. Bitte, trachte eine größere Anzahl Deiner Arbeiten möglichst bis morgen zu mir zu bringen, sonst könnten wir morgen noch nicht Deine Bilder ansehen. Freundliche Grüße Egon.
Es kommt diesmal ganz und gar darauf an, das qualitativ Beste zu zeigen, und wird doch jeder sich sehr bemühen das Beste zu geben, da es doch morgen auch davon abhängt, wer als Mitglied dem → Hagenbund vorgeschlagen werden kann."
Nach: R., B. & P., pp. 127—8; Verbleib unbekannt [1689]

[1] → Dr. Hermann Eissler.
[2] Anscheinend 1911 in Schieles provisorischem Atelier, XII., Grünbergstraße 31, gemalt.

Professor F. Pineles, I., Liebiggasse 4, C. a. s. An → Edith Schiele. Bittet ein Paket mit 4½ Kilo Mehl abholen zu lassen, etc.
E. S. A. 978 [1690]

→ Adele Harms und → Edith Schiele, C. a. s. [Pörtschach, Wörthersee, Kaffee Wurzer]. An → Josefine Harms. Sie habe zu viel Schöpsernes¹ gegessen und fühle sich nicht wohl. „... Edith und Egon fahren im Boot ... Sonntag haben wir eine herrliche Partie von 22 km gemacht ..."
E. S. A. 405 [1691]

1 Schöpsernes = Hammelfleisch; war im Ersten Weltkrieg nicht rationiert.

5. IX. 1918

→ Heinrich Benesch, L. a. s., 2½ pp. 8°. „... Ich bitte Sie, von meiner Absicht, gegebenfalls meinen Besitz an Zeichnungen einem deutschen Museum als Nachlass zu widmen¹, niemandem zu erzählen. Ich hoffe ja, daß es nicht dazu kommen wird und möchte nicht, daß daraus ungünstige Schlüsse über meine Familienverhältnisse gezogen werden ...", etc.
E. S. A. 593 [1692]

1 Es kam nicht dazu. Seine Schiele-Zeichnungen sind heute in der Albertina.

6. IX. 1918

→ Heinrich Benesch, C. a. s. [Goya, Der Messerschleifer, Budapest]. Beklagt sich scherzend über die miserable Qualität der ihm von Schiele zugesandten Zigaretten, etc.
E. S. A. 581 [1693]

—

→ Carl Reininghaus, C. a. s. [flüchtig mit Bleistift]. An das Ehepaar Schiele. Geht demnächst auf Urlaub [Knappendörfl, Post Edlach]; Besuch in der Wattmanngasse später, etc.
P. 81 [1694]

9. IX. 1918

→ Ernst Wagner, L. a. s., aus Baden, Andreas-Hofer-Zeile 21, 2 pp. groß 8°. Sei durch „Chikane" im Militärdienst so herunter, daß er in den Krankenstand ging. Schlägt einiges für die geplanten Ausstellungen in Wiesbaden und Köln vor, etc.
Auf dem eigenhändigen Kuvert Notizen von Egon Schiele:
„Clemencitsch¹ bei Rudolf Heller
V. Margarethenstr. 71/III/7
Hegenbarth² — Halm und Goldmann³
→ [Heinrich?] Böhler"
E. S. A. 1007 [1695]

1 Arnold Clementschitsch (1887—1970), Kärntner Maler.
2 Josef Hegenbarth (1884—1962), Graphiker und Maler.
3 Damals bekannte Kunsthandlung, heute als „Galerie am Opernring" am selben Ort, I., Burgring.

10. IX. 1918

An → Anton Peschka, XII., Jägerhausstraße 13, C. a. s.
„Egon Schiele XIII. Wattmanngasse 6.
Lieber A. P. wir treffen uns morgen Mittwoch 6ʰ bei → Nebehay um die Bilder [von → Hans] Böhler zu sehen. Komme hin. Herzl.[ichen] Gruß
Egon."
Im Besitz des Herausgebers [1696]

—

→ Richard Lányi, I., Kärntnerstraße 44, L. a. s., 1 p. 8°. Fragt an, wann er das Bild „Wildbach"¹ abholen könne. Teilt mit, daß von [A. Roesslers] „Kritischen Fragmenten" eine Luxusausgabe auf besserem Papier erschienen sei, etc.
P. 82 [1697]

1 „Der Wildbach", 1919; Richard Lányi war der erste Besitzer.

Grete Wolf [Gattin des Malers Leopold Krakauer], XVIII., Pötzleinsdorferstraße 96, C. a. s. Könne Schiele Mittwoch oder Donnerstag zu ihr kommen, um die Bilder für Köln auszusuchen, etc.
W. ST. B. 162.132 [1698]

12. IX. 1918

NB., Blatt 74 r.: „3ʰ Berlin.[erin]."
E. S. A. 724 [1699]

13. IX. 1918

NB., Blatt 74 r.: „[durchstrichen:] K. 10 [K.] — 3ʰ Holuzky[?]."
E. S. A. 724 [1700]

—

→ Dr. Franz M. Haberditzl, L. a. s. Auf Briefpapier der Direktion der k. k. österreichischen Staatsgalerie, 2 pp. 8°. Ob Schiele bekannt wäre, wer der Besitzer einer im Heft der Zeitschrift „Bildende Künstler", 1911, auf Seite 119 abgebildeten Zeichnung sei. Der Kaiserliche Rat → S. Rosenbaum habe zugesagt, diese Zeichnung der Galerie zu widmen. Nun stelle sich heraus, daß der Besitzvermerk irrtümlich gedruckt worden sei, etc.
E. S. A. 896 [1701]

14. IX. 1918

NB., Blatt 74 r.: „3ʰ → Steiner."
E. S. A. 724 [1702]

15. IX. 1918

Hilde Ziegler, IV., Paniglgasse 17, L. a. s., 1 p. 8°. Sei wieder gesund; schlägt den 19. IX. zwecks Besprechung über die Porträtzeichnung vor¹, etc.
P. 83 [1703]

1 An diesem Tag entstanden zwei Porträtzeichnungen. Siehe ihren Brief vom 7. XI. 1918.

17. IX. 1918

→ Anton Faistauer, Maishofen bei Zell am See, L. a. s., 4 pp. klein 8°. Die Absprache mit → Nebehay sei ihm recht. Frägt an, wie groß die Beteiligung an der Ausstellung in Wiesbaden sei, der Reisezuschuß sei angenehm. „... Ich arbeitete Zeichnungen viel schwerer wie Du. Ich zeichne fleißig für den Kriegsaltar, der mir viele Sorgen macht. Es würde mich interessieren warum → Gütersloh nicht im Sonderbund ist...", etc.

E. S. A. 924 [1704]

—

An → Arthur Roessler, L. a. s., 1 p. gr. 8°
„17. September 1918.
Lieber A. R. — ich werde Ihnen in den nächsten Tagen die 3 Holzfiguren und den Glassturz zurücksenden, weil sie mich wirklich gar nicht interessieren, — lieber hätte ich ein sehr gutes Stück. Ich will ohnehin mit → Grünwald zu Ihnen kommen und glaube daß dies in den nächsten Tagen sein kann.
Mit den besten Grüßen
Egon Schiele."
W. ST. B. 180.618; Gl. 71 [1705]

ERWIN HANSLIK
Leiter des Institutes für Kulturforschung
Wien · I · Mölkerbastei 10

[1706]

18. IX. 1918

→ Erwin Hanslik. — L. a. s. der Sekretärin. Auf Briefpapier des „Institutes für Kulturforschung", I., Mölkerbastei 10. Professor Hanslik möchte mit Schiele innerhalb der nächsten Tage, während seines Aufenthaltes in Gastein, etwas erarbeiten[1], etc.

E. S. A. 995 [1706]

1 Es handelt sich wohl wiederum um wissenschaftliche Zeichnungen, die Schiele für ein neues Buch Hansliks machen sollte. Bisher hat es sich nicht klären lassen, welche Art Arbeit diesmal von ihm verlangt worden wäre.

—

An → Anton Peschka, L. a. s.
„18. IX. 1918 Wien XIII., Wattmanngasse 6.
Lieber A. P. bitte schicke Deinen Burschen[1] bestimmt morgen abends zu uns, damit er, wie Du versprochen, die Kohlen bringt. Säcke glaube ich zu bekommen. Freitag fahre ich nach Klagenfurt und bleibe einige Tage von Wien weg. Freundliche Grüsse Dir und Gerti."
E. S. A. 426 [Abschrift]; I. A. Stargardt, Marburg, 1975, Katalog 600, Nr. 1000 [gekürzt] [1707]

1 Anton Peschka stand als Offizier ein Offiziersbursche zur Verfügung.

19. IX. 1918

Hede Bönig, Mitglied des Deutschen Werkbundes, VII., Neubaugasse 26, L. a. s. Kenne Schieles Zeichnungen seit langem, da ein Freund sie „angemessen gerahmt und zu täglicher Freude an die Wand seines Musikzimmers gehängt" habe. Habe sich eine Schielemappe zugelegt und nach den Blättern kopiert. Möchte ihn kennenlernen, etc.

E. S. A. 23 [1708]

—

→ Anton Faistauer, L. a. s., aus Maishofen bei Zell am See, 4 pp. 8°. Über Ausstellungsangelegenheiten. „... In Deiner Mitgliederliste hast Du Clementschitsch[1]... vergessen. Diveky[2] wäre nicht schlechter als → Jungnickel. Leider ist der Kreis mit aller Anstrengung nicht zu erweitern...." Sein Schwager → Robin Andersen wäre in Mönichkirchen am Wechsel zu erreichen, etc.

E. S. A. 10 [1709]

1 Arnold Clementschitsch (1887—1970), Kärntner Maler.
2 Josef Diveky (1887—1951), Illustrator, Graphiker, arbeitete für die → Wiener Werkstätte.

[um den 19. IX. 1918]

→ Anton Faistauer, Maishofen bei Zell am See, L. a. s. An → Arthur Roessler. Ist auf ein halbes Jahr dem Militärdienst entronnen. „... Ich muß Sie jetzt doch bitten, dem Schiele Ihre... Vorschläge zu machen... ich habe übrigens Vertrauen auf seine Sauberkeit in ... Sachen, die das gemeinsame Wohl angehen, wenn ich auch zu seinem Geschmack u. Urteilskraft keines od. nur sehr vorbehaltsweise Vertrauen habe... Sie können auch gleich → Nebehaj[!], der unser Kaufmann ist, zur Besprechung zuziehen...", etc.

W. ST. B. 148.446 [1710]

20. IX. 1918

An → F. A. Harta und an → Broncia Koller [zwei anscheinend gleichlautende Briefe]. So gut ihm sein neues Atelier gefiele, die Feuchtigkeit darin werde ihm zusehends unangenehmer; er wolle sich dort keine Krankheiten zuziehen, etc.

Nach: L., p. 17 [1711]

[vor dem 21. IX. 1918]

F. A. Harta, C. a. s. Hat → Koligs Adresse nicht, schlägt Treffen für Montag im Restaurant Ottakringer Bräu [Restaurant in Hietzing] vor. Bringt 4 Bilder für die Porträtausstellung mit, etc.

E. S. A. 927 [1712]

21. IX. 1918

→ F. A. Harta, Kartenbrief, Salzburg, Leitnerschlößl. Will bei seiner Schwiegermutter Schieles Wünsche hinsichtlich der Mietung des von → Gustav Klimt zuletzt bewohnten Ateliers, XIII., Feldmühlgasse 11, unterstützen[1]. Wird drei Bilder nach Wien für die Porträtausstellung schicken, etc.

P. 84; A. C. VII., Anmerkung 95 [1713]

1 Siehe auch den Brief Hartas vom 1. X. 1918.

23. IX. 1918

→ Carl Reininghaus, C. a. s. In Bleistift. An → Edith Schiele. Scherzhaften Inhaltes „... Wo bleibt das fesche Madl? Er schreibt nicht, hat's leicht. Läßt's durch seine bessere Hälfte besorgen...", etc.

E. S. A. 338 [1714]

24. IX. 1918
→ Broncia Koller, L. a. s. aus Ober-Waltersdorf. Bedauert, daß Schiele und seine Frau so lange nicht in Ober-Waltersdorf gewesen seien. Habe mit → [Eduard Josef] Wimmer-[Wisgrill] gesprochen, um auch → [Josef] Hoffmanns Unterstützung bei der beabsichtigten Miete des von → Klimt benutzten Ateliers zu gewinnen. Wird Emilie Flöge [Freundin Klimts] besuchen. „Sie sind der Einzige von dem ich das Gefühl habe, Sie gehören hin...", etc.
P. 86 [1715]

26. IX. 1918
NB., Blatt 76 r.: „3ʰ Berlinerin"
E. S. A. 724 [1716]

—

→ Künstlerbund Hagen, L. a. s. des Sekretärs Josef Krzicek. Auf Papier der Vereinigung, I., Zedlitzgasse 6, 1 p. klein 8°. Hätte für 10 verkaufte Zeichnungen den Nettoerlös von 960 Kronen überwiesen, etc.
E. S. A. 922 [1717]

28. IX. 1918
An → Johannes Fischer [Abschrift]
„28. September 1918.
Lieber Fischer, — anbei übersende ich Dir die von Prag zurückgekommenen Zeichnungen. Die 5 Blätter → Gütersloh's liegen bei → Nebehay. Gleichzeitig frage ich an, wann mein Dombild fertig wird und ob Du die von mir seinerzeit ausgeliehenen Bücher noch brauchst, wenn nicht, so bitte ich diese der Ueberbringerin zu geben. Das Bild von Stein möchten wir nach Wiesbaden mitnehmen und bitte ich durch N.[ebehay] ebenfalls zu übergeben. Mit den besten Grüssen
Egon Schiele."
P. 86 [1718]

[vor dem 29. IX. 1918]
An → Arthur Roessler, 1 p. gr. 8°
„Lieber A. R. — anbei übersende ich zur Auswahl für die „Dame" 28 Fotos und ersuche Sie mir mitzuteilen ob Sie noch Zeichnungen, die allerdings nicht photographiert sind haben wollen. Die 28 Fotos bitte mir ehestens zurückzusenden. Herzlichste Grüße   Egon Schiele."
W. ST. B. 180.617; Gl. 70; vermutlich erste Hälfte 1918.
[1719]

29. IX. 1918
An → Arthur Roessler. L. a. s., 1 p. gr. 8°
„29. September 1913.
Lieber A. R. ... kann ich bald die Zeichnungen und Fotos haben die für die „Dame"[1] bestimmt waren? — ich brauche sie dringend. — Was ist mit den Javanischen Schattenfiguren? Prinz und Prinzessin[2]. Freundliche Grüße   Egon Schiele."
W. ST. B. 180.619; Gl. 72 [1720]

1 „Die Dame", führende deutschsprachige Modezeitschrift, Ullsteinverlag, Berlin.
2 Javanische Schattenspielfiguren, die Schiele durch Tausch erwerben wollte. Wir erwähnten, daß er diese — laut Roessler — bemerkenswert gut zu führen verstand.

—

→ Ernst Wagner, C. a. s. „... Wann fahrst Du nach Wiesbaden und wann wird die Ausstellung eröffnet?...", etc.
E. S. A. 999 [1721]

30. IX. 1918
NB., Blatt 77 r.: „5ʰ Jenny [Modell?] — 7ʰ Waniecek."
E. S. A. 724 [1722]

[um den 30. IX. 1918]
Eigenhändige Worte auf einer Karte im Visitkartenformat, die Schiele bei Abwesenheit an seine Tür steckte: „Komme 2ʰ—¼3ʰ"; auf dem unteren Rand: „Komme 4ʰ"; Rückseite: „Bin Kaffee Gröpl Hietzing am Platz. Komme gleich!"
E. S. A. 936 [1723]

—

Visitkarte: EGON SCHIELE mit eigenhändiger Adresse in Bleistift: „XIII. Wattmanngasse 6."
E. S. A. 937 [1724]

—

→ Edith Schiele. Gedruckte Visitkarte: FRAU EDITH SCHIELE
E. S. A. 938 [1725]

1. X. 1918
NB., Blatt 77 r.: „Porges 4—6 — 4ʰ—6ʰ O. — 7ʰ Waniecek."
E. S. A. 724 [1726]

—

→ K. u. k. Heeresmuseum. — Formular mit handschriftlichen Eintragungen Schieles [Name], auch unterschrieben „Egon Schiele E. F. Kpl." [Einjährig Freiwilliger Korporal] und von → Oberingenieur John. Schiele ist zur Dienstleistung kommandiert und [kann] infolgedessen innerhalb der Zeit von sieben Uhr früh bis fünf Uhr nachmittags nur in dienstlicher Beschäftigung außerhalb des Museums angetroffen werden, etc.
E. S. A. 965 [1727]

—

→ K. und k. Heeresmuseum, Wien. — Vorgedruckter Erlaubnisschein, „giltig bis ersten November 1918", laut welchem „Einj. Freiw. Krpl. Schiele Egon kommandiert beim k. u. k. Heeresmuseum" die Bewilligung erteilt wird, bis 12 Uhr

nachts ausbleiben zu dürfen. Links unten die Unterschrift Schieles, rechts Stempel und Unterschrift „→ John Ob.Ing."
E. S. A. 353 [1728]

—

→ F. A. Harta, Leitnerschlößl, Salzburg, L. a. s. Das Klimthaus sei bis Februar 1919 an die Erben vermietet. Seine Schwiegermutter habe Emilie Flöge [Freundin Klimts] die Zusicherung gegeben, sie weder zu drängen noch zu kündigen. Macht aufmerksam, daß das Haus nicht unterkellert und feucht sei. Das Haus, in dem er in Salzburg wohne, sei verkauft worden; erwägt die Übersiedlung nach Wien, etc.
E. S. A. 345 [1729]

—

→ Georg Merkel, L. a. s., 2 pp. 8°. Über Ausstellungsangelegenheiten. Bittet → Nebehay in seinem Namen zu einer Besprechung einzuladen. Ersucht Schiele um Intervention bei → [Karl] Grünwald, wegen der Herausgabe von vier Zeichnungen, etc.
E. S. A. 969 [1730]

2. X. 1918
NB., Blatt 77 r.: „½12^h [Kaffee] Kremser^1 — Porges 4—6^h — 4—6^h O."
E. S. A. 724 [1731]

^{1} Wien I., Kärntnerring 8, von → Josef Hoffmann eingerichtet.

—

An → Dr. Wilhelm John, eigenhändiger Briefentwurf, 3 pp. 4°
„Mittwoch 2. X. 1918
Sehr verehrter Herr Ober Ingenieur Dr. John, — nach persönlicher Rücksprache mit Ihnen erlaubte ich mir meinen Schwager den Maler Leutnant → Anton Peschka zu senden der einige Zeichnungen seiner Hand zeigen wollte — vielleicht ist das Eine oder Andere darunter welches Sie interessieren kann. Die Hauptsache meines Schreibens ist aber eine andere und glaube ich daß Sie als idealer Förderer der Kunst mich entschuldigen wenn ich nicht persönlich dieses melde, weil ich mir in Form des E. F. Korp., [Einjährig-Freiwilliger Korporal] E. Sch. nicht anmaßen kann mit all dem was ich besser in Form des Künstlers an Sie schreibe. Ich bekam gestern den beiliegenden offenen Zettel womit mir mitgeteilt wird zu einer neuerlichen Sichtung zu erscheinen. Dem gegenüber ich mitteilen muß daß ich bereits am 10. September 1918 mit der gesamten Mannschaft des Heeresmuseums einer Sichtungskommission vorgestellt wurde und ich nicht einsehe wieso es kommt daß ich nach noch nicht einem Monat abermals gesichtet werden soll. — Es muß dies ein Irrtum sein und weiß ich, von mir befreundeten Offizieren daß ich im Laufe eines Jahres nicht öfters als einmal einer Sichtungskommission vorgestellt werden brauche.
Es ist so ohnegleichen deprimierend wenn ich als Künstler von allen Seiten erhoben und mir die Verantwortung und Entscheidung für die jetzt wichtigsten künstlerischen Fragen in Österreich anvertraut werden und ich auf der anderen Seite wegen Irrtümern anderer kurzerhand und nach wenigen Wochen wieder vor eine Kommission gestellt werden soll deren Laune die Existenz einer, — wie man mir sagt —, schöpferischen Kraft auf das Stärkste hemmen und jede neue freie geistig-künstlerische Entfaltung damit immer wieder ausgewischt wird. — Die Richtstelle kommt mir vor. Es ist begreiflich daß dieses Gefühl der Abhängigkeit mich ungeheuer drückt und ich unter solchen dauernden Umständen nicht das Entzücken vor der Kunst, für die ich alles zu tun imstande bin, finden kann und daher aus diesen Gründen mich zu neuen Werken nicht zwingen will. Abgesehen davon daß ich heute begründet eine andere Rolle für den Staat spiele und daher eine andere Werteinschätzung meiner Person erhoffe.
Schon die Barackenluft mit ihren Kanzleien und Einwohnern allein setzt mich in Entsetzen und macht mich wahnsinnig nachher unfähig auch nur das Geringste schaffen zu können. Deswegen verzichte ich gerne auf sämtliche milit.[ärischen] Gebühren um nur nicht mit dieser Art Gegenpolmenschen in Fühlung zu kommen.
Gegenwärtig arbeite ich an der Zusammenstellung der Ausstellung in Wiesbaden für dessen[!] künstlerischen Inhalt ich verantwortlich bin und mich von morgens bis abends beschäftigt, gleichzeitig wird auch in der Sezession eine Porträtausstellung^1 gemacht deren Zusammenstellung auch mir überlassen wurde und an dem Zustandekommen unserer neuen Künstlervereinigung die seit einem ¾ Jahr ununterbrochen zu tun gibt und ich hauptsächlich die Anbahnung und Zusammenarbeit mit dem → Hagenbund anstrebe. Heute wollte ich ein Bild vollenden zu dem ein Herz gehört und wird mir durch diese Mitteilung jede Lust genommen. Neben meinen weiteren Verpflichtungen
 1. das Bild für das Heeresmuseum
 2. 14 Porträts die ich zu malen übernommen habe^2
 3. die Arbeiten mit → Prof. Hanslik
 4. für das Burgtheater Dekorationen zu entwerfen^3 werde ich unaufhörlich ersucht
 5. Der „Morgen" will eine neue Zeitschrift herausgeben und mich als Mitarbeiter haben;
eine Reihe von Ausstellungen im Reich und neutralen Ausland sind projektiert
erscheint mir der kleine schmierige Zettel wie eine böse Ironie. Ich leide schwer ———— das Gute braucht nicht Gewalt. Bitte Sie um Aufklärung um Weisung und Vergebung. Mit vorzüglicher Hochachtung Ihr dankbar ergebener"
E. S. A. 123; R., B. & P., pp. 181—3 [1732]

^{1} Kam erst nach seinem Tod in der Secession zustande.
^{2} Diese Mitteilung scheint dem Herausgeber leicht übertrieben zu sein.
^{3} Dekorationsentwürfe Schieles für das Burgtheater sind nicht bekannt geworden. Vom 29. IX. 1917 bis Juli 1918 war Max von Millenkovich Direktor. Vom 1. IX. 1918 bis 31. X. 1918, sehr kurzlebig, ein Dreierkollegium: → Hermann Bahr (1863—1934), Schriftsteller, Kritiker; Max Devrient (Schauspieler) und Robert Michel [freundliche Auskunft von Hofrat Dr. Josef Mayerhöfer, Leiter der Theatersammlung, Wien]: 1922 wurde → Paris von Gütersloh mit einem Entwurf der Szenenbilder für „Die Heirat wider Willen", nach Molière von Hugo von Hofmannsthal beauftragt. Er malte seine Entwürfe als Gast des Vaters des Herausgebers in dessen Haus in Ober St. Veit. Die Heranziehung moderner Maler für Bühnenbilder war damals ungewöhnlich.

3. X. 1918

NB., Blatt 77 v.: „[durchstrichen:] 3ʰ → Nebehay."
E. S. A. 724 [1733]

—

K. und k. Abteilung der Technischen Artillerie, Ersatzkompanie. — Vordruck, mit dem Schiele die Bewilligung erteilt wird, daheim nächtigen zu dürfen. Er habe um 6 Uhr früh bei der Kompanie [seine militärische Einheit während des Dienstes am Heeresmuseum] einzutreffen.
E. S. A. 165 [1734]

4. X. 1918

NB., Blatt 77 v.: „11ʰ zu → Nebehay."
E. S. A. 724 [1735]

—

→ Vereinigung bildender Künstler Österreichs. Secession. C. a. s des Sekretärs Lechner. Präsident → Harlfinger läßt Schiele um Anruf bitten, etc.
E. S. A. 914 [1736]

5. X. 1918

NB., Blatt 77 v.: „3—5ʰ Ziegler."
E. S. A. 724 [1737]

—

„Der Anbruch". Flugblätter der Zeit, I., Tiefer Graben 36. Schriftleitung. L. a. s. [unleserliche Unterschrift, vielleicht: Dr. Schneider]. Über eine Zusammenkunft, etc.
E. S. A. 17 [1738]

7. X. 1918

NB., Blatt 78 r.: „11ʰ Mandek — 2ʰ Wöhrer 2ʰ [Gertrude] Kroc [Modell] — 5ʰ Sezession — 8—9ʰ → [F. A.] Harta ([Restaurant] Langer?)"
E. S. A. 724 [1739]

—

Hilde Ziegler, IV., Paniglgasse 17, L. a. s., 3 pp. 8°, bittet um Entschuldigung, daß sie krankheitshalber (offenbar zur Porträtsitzung) nicht kommen kann[1], etc.
E. S. A. 43 [1740]

[1] Siehe Brief vom 15. IX. 1918.

8. X. 1918

NB., Blatt 78 r.: „11ʰ Mandek. — [durchgestrichen:] 3—5ʰ Porges — 4ʰ Wasiceck."
E. S. A. 724 [1741]

DOKUMENTE UND KORRESPONDENZ 1918

—

→ Anton Kolig, Nötsch im Gailtal, Kärnten, L. a. s., 1 p. groß 8°. Bedankt sich für den Verkauf eines Bildes; freut sich, daß Schiele seine Zeichnung gefällt. Bei der Porträtausstellung werde er nicht mittun. „... Was geschieht jetzt mit der Kollektion die für Wiesbaden zusammen war? ...", etc.
E. S. A. 973 [1742]

9. X. 1918

NB., Blatt 78 v.: „11ʰ Rosa Cisek [Modell], [durchgestrichen:] nur Samstag vormittags — 3—5ʰ Ziegler 5ʰ [unleserlich] — 4ʰ Wasiceck — 5ʰ Dr. Schneider [Zeitschrift „Der Anbruch"] 5ʰ Ullm[ann]."
E. S. A. 724 [1743]

10. X. 1918

NB., Blatt 78 v.: „11ʰ Elly Pik. — 5ʰ René — 5ʰ Dr. Schneider 5ʰ Ullm.[ann]."
E. S. A. 724 [1744]

—

An Schneidermeister Franc.[icek] Pancir, C. a. s., klein quer 8°
„10. Okt.
Lieber Herr Pancir! Können Sie mir noch einen guten Anzug machen? Hochachtungsvoll   Egon Schiele."
Der Schneider antwortete handschriftlich:
„... recht gerne ich habe aber kein[en] Stof[!] nur ein einziger Schwarzer[!] Cheviot (Winterwahre[!]) der kostet 380 Kronen wen[!] Sie darauf reflektieren dan[!] bitte sofort bestelen[!] Achtungsvol[!]   Franc. Pancir[1]."
E. S. A. 963 [1745]

[1] Siehe auch NB. 16. und 17. IV. 1918, etc.

—

→ Anton Faistauer, Maishofen bei Zell am See, L. a. s., 3 pp. 8°
„... Was hat Euch denn veranlaßt die Ausstellung in Wiesbaden abzusagen? ...". Wird um den 15. in Wien sein und sich bei → Nebehay melden. „... Ich bin sehr gespannt wie weit sich die politischen Dinge entwickeln werden. Wir werden vielleicht bald glücklich sein ...", etc.
E. S. A. 925 [1746]

[vor dem 11. X. 1918]

→ Edith Schiele, L. a. s., 1 p. Auf Briefpapier „Neue Secession". Geschäftsstelle Wien, XIII., Elßlergasse 8[1] [Briefkopf durchstrichen]. An → Gertrude Peschka, XIII., Jägerhausstraße 13. Bittet ihre Schwägerin, ihrem Dienstmädchen den „Kohlenzettel"[2] zu übergeben. „Ich schicke morgen einen Wagen um unser Quantum, — die Fuhre auf einmal zu machen, nämlich Eure und unsere ist unmöglich ...", etc.
G. P. 57 [1747]

483

DOKUMENTE UND KORRESPONDENZ 1918

1 Es konnte nicht geklärt werden, was es mit diesem — anscheinend voreilig für die Gruppe junger Künstler um Schiele gedruckten — Briefpapier für eine Bewandtnis hat. Es ist das einzige Mal, daß dem Herausgeber der Ausdruck „Neue Secession" begegnete. Gleichfalls nicht festzustellen war, wer an der angegebenen Adresse seinen Wohnsitz hatte. Nach dem Vereinsgesetz war ein ordentlicher Wohnsitz vorgeschrieben.
2 An Brennmaterial war im Ersten Weltkrieg überaus großer Mangel. Es stand überhaupt nicht fest, ob man das auf dem „Kohlenschein" vermerkte Quantum auch bekam.

11. X. 1918
NB., Blatt 78 v.: „11^h—3^h Löwe."
E. S. A. 724 [1748]

—

An → Anton Peschka L. a. s.
„Dienstag.   Wien XIII., Wattmanngasse 6.
Lieber A. P.! Warum kamst Du neulich nicht? — Es ist wichtig, daß die Kohlen vom Westbahnhof abgeholt werden und darum bitte ich Dich, diese von dort durch Deinen Fuhrmann holen zu lassen. — Es wird halbiert, ebenso die Transportkosten. Kann er heute, längstens morgen, darum fahren? Komme heute abends nach 6 Uhr zu mir, möchte Dir etwas wegen Verkauf sagen und bringe möglichst Deine neuen Bilder mit. Freundlichste Grüße Euch!   Egon."
Nach: R., B. & P., p. 128; Verbleib unbekannt [1749]

—

An → Anton Peschka, L a. s., 1 p. 8°
„11. Oktober 1918, 1^{h}30 mittags.
Lieber A. P. — ich habe noch immer keine Kohlen und brauche schon heute nachmittags einige. Ihr werdet gewiß einen kleinen Vorrat haben und ersuche Euch daher der Überbringerin ein Quantum das Ihr entbehren könnt mitzugeben. — Je mehr desto besser. — Wenn dann die Kohlen vom Westbahnhof kommen kann man ja das abziehen. Ich grüße Euch herzlichst bis um 3^h hab[e] ich warm!   Egon"
Nach: R., B. & P., p. 128 [1750]

12. X. 1918
NB., Blatt 79 r.: „11—1 3—7 Beranek [Modell] — 3^h Cink[?] u. Freundin [Modelle?]."
E. S. A. 724 [1751]

13. X. 1918
NB., Blatt 79 r.: „10^h Re — 3^h Löwe — [durchgestrichen:] 4^h → [Emmy] Obr.[ansky]."
E. S. A. 724 [1752]

—

Alfons Walde[1], L. a. s., 1 p. groß 8°. Über eine Zusammenkunft.
E. S. A. 1003 [1753]

1 Alfons Walde (1891—1958), Tiroler Maler.

14. X. 1918
NB., Blatt 79 r.: „3^h → Nebehay — → Haberditzl."
E. S. A. 724 [1754]

—

→ Robin C. Andersen, IV., Große Neugasse 6, L. a. s., 1 p. 8°. Herr → Nebehay habe ihm 5 seiner in Prag ausgestellt gewesenen Zeichnungen zurückgegeben, er aber habe über → Faistauer 12 Blatt übergeben gehabt, etc.
W. ST. B. 158.545 [1755]

15. X. 1918
NB., Blatt 79 v.: „11^h Mandek. — [durchstrichen:] 6^h tel. [Hede] Böning [siehe NB. 19. IX. 1918]."
E. S. A. 724 [1756]

16. X. 1918
NB., Blatt 79 v.: „11 Berlin[erin] — 2^h [Hede] Bö[ning] — [durchstrichen:] 5^h tel. Frl. Böning — 4^h → [Emmy] Obr.[ansky] — ³⁄₄6^h Bö[ning] und unleserliches Wort."
E. S. A. 724 [1757]

17. X. 1918
NB., Blatt 79 v.: „4^h Now.[ak]."
E. S. A. 724 [1758]

18. X. 1918
NB., Blatt 80 r.: „40^h → [Emmy] Obr.[ansky] — ½4^h Ria."
E. S. A. 724 [1759]

19. X. 1918
NB., Blatt 80 r.: „2^h [Tinny] Zerner [Modell]."
E. S. A. 724 [1760]

20. X. 1918
NB., Blatt 80 r.: „3^h Re."
E. S. A. 724 [1761]

21. X. 1918
NB., Blatt 80 v.: „½3^h Löwe."
E. S. A. 724 [1762]

22. X. 1918
NB., Blatt 80 v.: „2^h Re — [durchstrichen:] 4^h → [Emmy] Obr.[ansky]."
E. S. A. 724 [1763]

23. X. 1918
NB., Blatt 80 v.: „2^h → Peschk.[a] — 11^h Hamer — 4^h Frl. Ziegler — 5^h Re. Zerner."
E. S. A. 724 [1764]

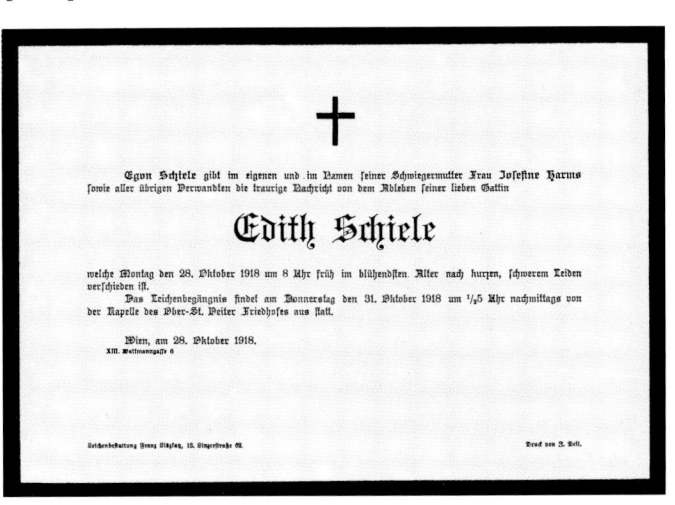

An → Gustav Nebehay, L. a. s.
„23. Oktober 1918.   Wien XIII., Wattmanngasse 6.
Lieber Herr Nebehay! Es ist mir unmöglich, in die Stadt zu kommen, da jetzt auch meine Frau die Grippe hat und größte Vorsicht notwendig ist. → Kolig sandte mir eine Zeichnung, welche er um 200 Kronen verkaufen möchte; anbei übersende ich Ihnen das Blatt durch meinen Schwager Herrn → Peschka mit der Anfrage, ob Sie das Blatt haben wollen. Es ist zwar nicht gerade viel, doch ist Kolig nicht gerade in der besten Lage und würden ihm die 200 Kronen gut tun. Jedenfalls wird er Ihnen, falls Sie die Absicht hätten, mehrere Blätter von K. zu erwerben, sehr entgegenkommen und wäre in diesem Falle gut, wenn Sie sich selbst mit ihm in Verbindung setzen würden; Anton Kolig, Nötsch am Dobratsch, Gailtal, Kärnten. Ich konnte wegen dem eingetroffenen Fall leider nicht zu den letzten Gängen für → Moser und Lendeke[1] kommen, — hoffe, daß alles gut ausgeht. Mit freundlichen Grüßen   Egon Schiele."
Nach: R., B. & P., p. 187; Verbleib unbekannt   [1765]

[1] Otto Friedrich Carl Lendecke (1886—1918), begabter Illustrator, ursprünglich Offizier, nahm 1909 seinen Abschied, lebte in Paris, trat 1911 zu Paul Poiret und in Wien zur → Wiener Werkstätte in Beziehungen. Schuf 1913 dekorative Ölgemälde für den Schönheitssalon Helena Rubinstein, London. Zeichnete viel für den „Simplizissimus" und diverse Modezeitschriften.

24. X. 1918

NB., Blatt 81 r.: „4h → [Emmy] Obr.[ansky]."
E. S. A. 724   [1766]

26. X. 1918

NB., Blatt 81 r.: „½3h Löwe — 2h Berl.[inerin]."
E. S. A. 724   [1767]

27. X. 1918

An → Marie Schiele, VI., Gfrornergasse 7, L. a. s., 1 p. 8°
„27. Oktober 1918.
Liebe Mutter Schiele, — → Edith erkrankte gestern vor acht Tagen an spanischer Grippe und bekam Lungenentzündung dazu. Auch ist sie im VI. Monat der Schwangerschaft. Die Krankheit ist äußerst schwer und lebensgefährlich; — ich bereite mich bereits auf das Schlimmste vor, da sie fortwährend Athemnot hat. Herzlichst grüßt Dich und → Mela   Egon[1]."
E. S. A. 664   [1768]

[1] Egon Schieles letzter Brief. Er wirft ein bezeichnendes Licht auf das Verhältnis Schieles zu seiner Mutter, daß dieser die Schwangerschaft Ediths verheimlicht worden war.

—

→ Edith Schiele, P. a. s., 1 p. quer klein 8°
„27. Oktober 1918
Ich habe ich[!] Dich unendlich liebe[!] und liebe Dich immer mehr grenzenlos und maßlos   Deine Edith[1]"
E. S. A. 665   [1769]

[1] Ihre letzten Zeilen, am Tage vor ihrem Tode geschrieben.

DOKUMENTE UND KORRESPONDENZ 1918

28. X. 1918

→ Edith Schiele. — Gedruckte Todesanzeige. Sie ist Montag, den 28. Oktober 1918, um 8 Uhr früh verschieden. Das Leichenbegängnis findet Donnerstag, den 31. Oktober 1918, um ½5 Uhr nachmittags von der Kapelle des Ober St. Veiter Friedhofes aus statt. Am oberen Rand der Parte liest man „Egon schwer krank beste Grüsse Maler → A. Peschka."
E. S. A. 629   [1770]

28. X. 1918

→ Josefine Harms, Trauervisitkarte mit eigenhändigen Zeilen „dankt von ganzem Herzen für das liebevolle Mitgefühl in ihrem namenlosen Unglück".
G. P. 123   [1771]

—

→ Anton Kolig, Nötsch, Gailtal, Kärnten. L. a. s. 4 pp. quer 8°. Hofft, daß es → Edith Schiele besser gehe. Sei derzeit an drei Bildern beschäftigt. Könne Schiele ihm Daten von → [Koloman] Moser [der am 18. X. an Kieferkrebs gestorben war] geben, er solle einen Artikel über ihn schreiben. „... Über die politische Lage bin ich höchst uninformiert ... Zu fürchten ist im Falle einer Auflösung der Front die Ergießung ungeordneter Horden in unsere Täler ...", etc.
E. S. A. 1   [1772]

—

→ Gustav Nebehay, Hotel Bristol, Altes Haus. L. s., 1 p. 8°. Bittet postwendend um Bekanntgabe der Preise jener Bilder, die bereits in Wiesbaden seien, etc.
E. S. A. 160

28. X. 1918 und später

Kondolenzschreiben zum Tode von → Edith Schiele [mit Ausnahme einiger unter dem jeweiligen Datum angeführten] Josef Krzicek, Sekretär des Künstlerbundes Hagen [E. S. A. 648] — → Guido Arnot und → Leopold Liegler [auf dem selben Briefpapier, E. S. A. 179 a, b, c] — → Broncia Koller [E. S. A. 175 und 656] — → Dr. Hugo Koller (E. S. A. 877] — → Dr. Franz M. Haberditzl [E. S. A. 903] — → Dr. Alfred Spitzer [E. S. A. 652] — → Carl Reininghaus [E. S. A. 876] — → Marie Czihaczek, auch im Namen von → Leopold Czihaczek [E. S. A. 503] — → Anton Viditz-Ward [E. S. A. 654] — Renée Edle von Jenny [E. S. A. 653]   [1773]

29. X. 1918

→ Gustav Nebehay, L. a. s., 1 p. 8°
„29. X. 18
Lieber Herr Schiele! Wohl weiß ich daß Worte zu schwach

[1774]

sind um Ihnen Trost zu spenden, dennoch will ich Sie mit einer Zeile unseres tiefsten Mitgefühls versichern. Die Überbringerin dieser Zeilen wird Ihnen bezüglich der Maske[1] alles noch mitteilen. Ich schreibe gleichzeitig an Herrn Schroth[2], derselbe der die → Klimt Maske und Hände gemacht hat, und hoffe ihn zu erreichen. Ihr Gustav Nebehay."
E. S. A. 742   [1774]

[1] Es ist fraglich, ob es zur Abnahme einer Totenmaske von Edith Schiele kam.
[2] Die Totenmaske Egon Schieles nahm der Bildhauer Anton Sandig ab [siehe HM. 1968, Nr. 181].

—

→ Heinrich Benesch, L. a. s., 2½ pp. 8° „... Gott tröste Sie und helfe Ihnen den schweren Schlag überwinden, ich fühle und trauere mit Ihnen. Ich war heute in der Wattmanngasse, konnte es aber nicht über mich gewinnen, die Tote zu sehen. Ich will ihr lebensvolles, liebreizendes Bild und nicht ihr lebloses Antlitz in der Erinnerung behalten ...", etc.
E. S. A. 178   [1775]

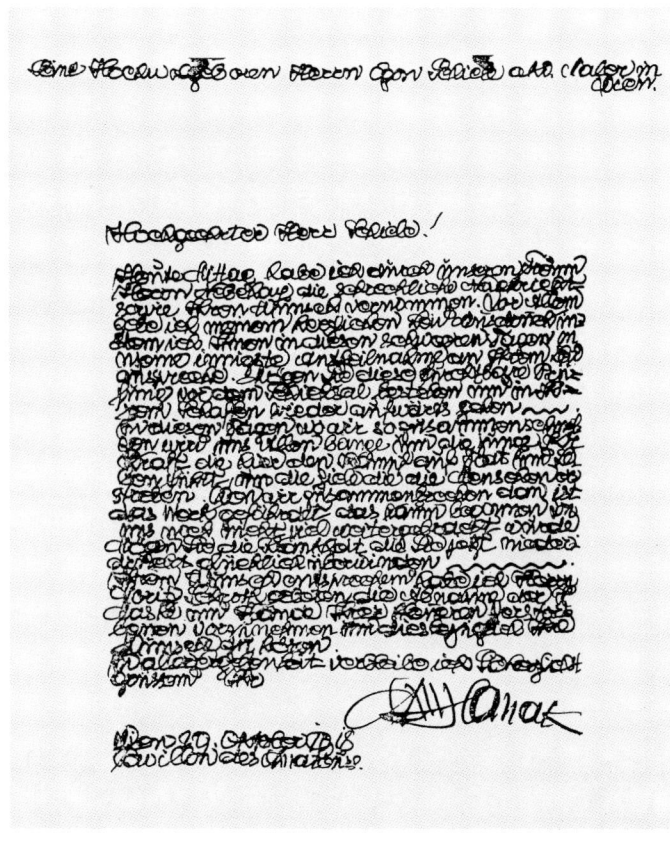

[1776]

—

→ Anton Hanak [Wien, Krieau], Pavillon des Amateurs 5, L. a. s., in seiner bekannten, schwer lesbaren Schrift, 1 p. 8°. Hat über den gemeinsamen Freund → Nebehay die traurige Nachricht erfahren „... In diesen Tagen wo wir so zusammenschmelzen, wird uns allen bange um die junge große Kraft, die hier den Kampf auf Tod und Leben führt, um die Ziele, die die Menschen anstreben. Wenn wir zusammenbrechen dann ist das Werk gefährdet..." Wird den Bildhauer Moritz Schroth zur Abnahme der Maske und der Hände von → Edith Schiele schicken[1], etc.

E. S. A. 214 und 212 [Abschrift]   [1776]

[1] Siehe Anmerkung 1 der Nummer 1774.

30. X. 1918 — 23^h

→ Adele Harms, eigenhändiger Zettel, 1 p. quer8°
„Egon Schieles letzte Worte!
Der Krieg ist aus — und ich muß geh'n. — Meine Gemälde sollen in allen Museen der Welt gezeigt werden! — Meine Zeichnungen sollen zwischen Euch — u. meinen Leuten geteilt werden! und nach 10 Jahren verkauft werden[1]."

Ing. Norbert Gradisch, Wien   [1777]

[1] Siehe auch L., p. 17, der einen ähnlichen Ausspruch nach mündlicher Mitteilung und nach einer schriftlichen Aufzeichnung von → Adele Harms mitteilt, die zur Zeit des Todes von Egon Schiele im Nebenzimmer erkrankt gelegen sei.

DOKUMENTE UND KORRESPONDENZ 1918

Ob ihre — sichtlich aus der Erinnerung wiedergegebene — Mitteilung tatsächlich authentisch ist, sei dahingestellt.

Notizbuch. Auf einigen der folgenden Blätter befinden sich Adressen und sonstige Notizen wie folgt:

Blatt 92 v.: „Neue Sezession Wien, Egon Schiele. akad. Maler — Fritz Tröster Feauteuil [= Fauteuil] Hirschengasse 4"
Blatt 93 r.: „Fuhrmann Josef Gmeiner XII. Schönbrunner Allee Casino"
Blatt 93 v.: „Kunstverein Leipzig. — → Johannes Fischer, Anzahlung für ein Ölbild K 150.— seit der Sezession schuldig K 20.— für Schuhe K 120.—"
Blatt 94 r.: „Tapezierer Felix Aigner VIII. Florianigasse 10"
Blatt 94 v.: „Frl. Rosa Ciseck [Modell] XIII Reinlgasse 34. — Frau Stemolak [Gattin des Bildhauers] XIII/5 Freienturmgasse 2. T[elephon] 33.3.71"
Blatt 95 r.: „Kriegs.Minist. Erl[aß] Präs[idium] No. 34.162 von 1917 III. Pechardgasse [statt: Bechardgasse] 2 Joseph Baruch. [Es könnte sich um den Besitzer des Hauses Wien XIII., Wattmanngasse 6, handeln. Siehe Nummer 1169.]
Blatt 95 v.: „Ludwig Tzeier[?] V. Bachergasse 3 od. 5 Schreibtisch."
Blatt 96 r.: „Herr Daniel Baruch Baden Walburggasse 10 [wohl statt: Weilburggasse] III. Bechardgasse 2 Joseph [Baruch]". [Siehe Blatt 95 r.]
Blatt 96 v.: „Fessler [= Papierhandlung Mayr & Fessler] Kärntnerstr. 37? Japanpapier"
Blatt 97 r.: „18.072 → Berger Lithograph, — J. Itten IX. Nußdorferstr. 27 Atelier, XIX. Peter Jordanstr. 86 Wohnung. Grete Wolf, Telephon 37.090 Samstag u. Sonntag Mittag sonst 95,408. übrige Zeit."
Blatt 97 v.: [von fremder Hand] „Dr. Josef Czermak" dann eigenhändig: „Windmühlgasse 16. Donnerst. oder Dienstag"
Blatt 98 r.: → „K[unst?] Galerie Arnold Dresden Schloßstraße — Vereinigung für Neue Kunst Frankfurt a. M. Westliche Fürstenbergerstraße 233 Köln a. Rh. — Kunsthalle zu Mannheim"
Blatt 98 v.: „Frl. Milla Silla VII. Mariahilferstr. 19 II. Stiege T[ür] 26 [wohl Modell] — Direktor Reichenfeld IV. Schmidgasse 10"
Blatt 99 r.: „Alte Welt. Windmühlg. 16 Dienst. od. Donnerst."
Blatt 99 v.: „→ Dr. Wagner Donnerstag oder Freitag VIII 1567 [Telephonnummer]"
Blatt 100 r.: „Dr. Max Eisler [Kunsthistoriker] I. Franzensring 22 T. 22.0.25 — Fr. Anny Paar, XVII. Halirschg. 19 [Modell]"
Blatt 100 v.: „Frl. M. S. Amon. Hotel Erzherzog Rainer IV. Mozartgasse."
Blatt 101 r.: „→ Goltz Katalog und Plakat — Rippl-Rónai[1] Katalog — Rudolfinum Prag Katalog — Fr. Relly Schröder XVI. Friedmanngasse 34 [Modell]"
Blatt 101 v.: „Tinny Zerner IV. Hauslabgasse 2 T[elephon] IV/1877 I. Biberstr. 8²"
Blatt 102 r.: „Frau → Lilly Steiner XIII. St. Veitgasse 10 T. 84.0.42 Aut.[omat] Freyenturmgasse 2   33.3.71"
Blatt 102 v.: „Dr. Abels XIII. Gloriettegasse 13 [Kunstschriftsteller] — Frau Diamant II. Unt[ere] Augartenstr. 1

487

DOKUMENTE UND KORRESPONDENZ 1918

[Gattin von Herrn Diamant, der mit Schiele in der „Konsumanstalt" war]"
Blatt 103 r.: „Dr. Kraus XIII. Penzingerstr. 87 — III. Esthegasse 3 — U. L. C. H. T.[elephon] 410.4333"
Blatt 103 v.: „Frl. Bertl Freund, XIII. Einwangg. 46 [Modell] — Frl. Gertrude Kroc VII. Neustiftg. 16 [Modell] — H[err] → Wengraf I. Maysedergasse 5 II. St[ock] — Frau Oberst R. v. Karnitschnigg VIII. Lerchenfelderstr. 120 19.406"
Blatt 104 r.: „Direktor Josef Neufeld Freund [von] → Rosé." Eggerthg. 9 — Frl. Anna Baschik VI. Laimgrubenga. 9 T[ür] 11 II. Stock [wohl Modell]" und unleserliche Notizen
Blatt 104 v.: „Anatom[isches] Inst[itut] Prof. Tandler — 47½×63"
Blatt 105 r.: „Maler Leo Katz IX. Althanplatz 8. — XIX. Strasserg. 11. T. 94.6.69"
Blatt 105 v.: „→ Pinell-Koller VI. Wienzeile. — Tinni Zerner IV. Hauslabg. 2 T[elephon] IV/1877 I. Biberstr. 8 [Modell]"
Blatt 106 r.: „→ Dr. Alfred Spitzer Fuchstallerg. 2 4369 St[elle] IV" [Telephonnummer]
Blatt 106 v.: „Frau → Lilly Steiner XIII. St. Veitgasse 10. 8 84042 Aut[omat]" [Telephonnummer]
Blatt 107 r.: „Gasthaus zu den drei Hacken Piaristengasse vis à vis der Kirche — Gilette Klingen Schleiferei K. F. J. [Kaiser Franz Josef] Quay 49 Braunshirn"
Blatt 107 v.: Oblt [Oberleutnant] Haas Hotel Münchnerhof — 38.167 → Rößler"
Blatt 108 r.: Eine Anzahl von Namen mit Telephonnummern
Blatt 108 v.:
Innendeckel: verschiedene Zahlen.
E. S. A. 724 [1778]

1 Rippl-Rónai, Jószef (1861—1927), ungarischer Maler.
2 Siehe Biographien unter Modelle.

31. X. 1918, 1ʰ morgens, stirbt Schiele

—

Egon Schiele. — Gedruckte Todesanzeige; im Namen von → Marie Schiele und ihren Töchtern → Gertrude und → Melanie. Das Leichenbegängnis finde Sonntag, den 3. November, um ¼3 Uhr von der Kapelle des Ober St. Veiter Friedhofes aus statt.
E. S. A. 663 [1779]

—

→ Arthur Roessler, eigenhändiger Bericht „Letzte Worte"[1]
„Auf Erden werden die Menschen jetzt — vielleicht — frei; — ich aber muß sie verlassen. Traurig ist das und schwer das Sterben. Doch nicht schwerer als das Leben war, mein Leben, an dem so viele Leute sich stießen. Nach meinem Tode, früher oder später, werden die Leute mich gewiß lobpreisen und meine Kunst bewundern. Ob sie das auch so maßlos tun werden, wie sie mich und mein Werk geschmäht, verhöhnt, verleumdet, verpönt und — verkannt hatten? Möglich. Mißverständnisse wird es immer geben zwischen mir und anderen. Gleichgültig ist nun das Eine wie das Andere!" —
Das sprach, nach Ohrenzeugenbericht, am 31. Oktober 1918 auf seinem Sterbelager Egon Schiele. Nichts ist diesen letzten Worten, dem klagenden Abgesang eines verscheidenden Genies, heute, an seinem 25. Todestag, anzufügen.
31. Oktober 1943   Arthur Roessler."
E. S. A. 508 [Erinnerungsbuch an Egon Schiele] und E. S. A. 386/7 [leicht veränderte Fassung] [1780]

1 Man vergleiche die von Roessler aus der Erinnerung wiedergegebenen Worte mit jenen, die von → Adele Harms überliefert werden.

—

Franz Theodor Csokor[1], VIII., Maria-Treu-Gasse 8/II/11, zum Tode Egon Schieles. L., ¼ pp. groß Folio
„Als jener trunkene Soldat von der Straße der flammenrauschenden Stadt in das stille Geviert des Archimedes drang, wurde der Ruf des aufgestörten Forschers zur ewig gültigen und einzig möglichen Abwehr des Geistes vor dem Einbruch der Unterwelt in sein Bereich... Ein teuflisches Geschick ließ den Maler Egon Schiele viereinhalb Kriegsjahre... heil durchstehen, um ihn bei Friedensschluß über dem frischen Grab seiner Gattin zu fällen... Raffte hier die Vorsehung gütig in der Reife weg? Geschah hier Tod im Zenit?... Von Schiele, der in seiner letzten Zeit die Einflüsse der Kunstgewerbeschule und der → Klimt'schen Morbidezza zum Teil verwunden hatte, gibt es ein Ölgemälde, das 1918 entstand, „Kauerndes Menschenpaar", eine Tragödie, deren Hintergrund aus Stein ist... Man denkt an einen Meister, mit dem Schiele sonst weder formal noch psychologisch Gemeinsamkeit hat, an → Edvard Munch... Vielleicht stand dieser Achtundzwanzigjährige mit seiner geradezu unheimlichen Virtuosität der Technik bereits an jener Grenze, wo sich der

[1779]

Blutzuschuß in das Gespinst des Geistes zu verdünnen beginnt, wo Kunst zur Manier gefriert. Vielleicht hielt er nicht mehr weit von einer spekulierenden Abstraktion, die den ekstatischen Schöpfer zum kühlen Experimentator gewandelt hätte, zum Pionier, der Größeren den Weg geräumt? Vielleicht? Der Protest des Archimedes gilt jedenfalls; Protest an Gott um diesen Doppelmord:
               Noli turbare circulos meos!
Der unverantwortliche höhere Ratschluß könnte allerdings das gleiche antworten."
W. ST. B. 180.700   [1781]

1 Franz Theodor Csokor (1885—1969), Schriftsteller; schrieb, vom Expressionismus herkommend, Gedichte, Romane und Dramen.

—

→ Lilly und Hugo Steiner, L. a. s., 3 pp. 8°, wahrscheinlich an → Josefine Harms. Hätten erfahren, daß Egon Schiele schwer krank sei. Machen sich erbötig mit „Kognak, Compott, Reis, Gries, echtem Thee, Cacao u. s. w." auszuhelfen. „Die richtige Kost ist oft die beste Medizin in einer so schweren Krankheit..." Beileid zum Tode von → Edith Schiele, etc.
E. S. A. 29   [1782]

1. XI. 1918

Neue Freie Presse, Wien. Zeitungsausschnitt
„[† Maler Egon Schiele.] Der Maler Egon Schiele ist gestern im Alter von 26[!] Jahren an der Grippe gestorben, nachdem ihm zwei Tage früher seine Gattin, die gleichfalls an der Grippe erkrankt war, im Tode vorangegangen war. Schiele war Expressionist und seine Bilder, die auf verschiedenen Ausstellungen, auch auf der letzten Frühjahrsausstellung der Sezession zu sehen waren, riefen großes Aufsehen hervor. Er war Klimt-Schüler und starke zeichnerische Qualitäten, Prägnanz und Kraft des Ausdrucks waren ihm eigen. Das Leichenbegängnis des Künstlers findet am Sonntag den 3. d. [ieses] um ¼3 Uhr nachmittags von der Kapelle des Ober-St. Veiter Friedhofes aus statt."
Ö. N. B., Beilage zu 201/70   [1783]

3. XI. 1918, ¼3ʰ

Begräbnis Egon Schiele auf dem Ober St. Veiter Friedhof.
Liste der anläßlich des Begräbnisses von Egon Schiele abgegebenen Blumen- und Kranzspenden.
Kränze schickten: Familie → Karpfen, Hans und Maximilian — → Hans Böhler — → [Karl] Grünwald — → [A.] Lederer — → Mutter Harms und → Dela — → Gerti Peschka und Kinder — → Vereinigung bildender Künstler, Secession; Blumen sandten: die Dienstboten — Tonschi Nowak — die → Wiener Werkstätte — → Heinrich Benesch und → Emmy Obransky.
E. S. A. 741   [1784]

3.[?] XI. 1918

Zeitungsausschnitt aus „Neue Freie Presse". Von → A. F. Seligmann
„[† Egon Schiele] ... Wie eine grausame Ironie des Schicksals erscheint es da, daß von derselben Krankheit ein blutjunger Künstler dahingerafft worden ist, der, wie vielleicht kein anderer, solche Greuel der Verwesung mit einer Art Wollust geschildert hat, Egon Schiele. Wir haben unsere Ansicht über ihn noch in der letzten Zeit wiederholt geäußert und haben keinen Grund, sie zu ändern: Ein außerordentliches zeichnerisches Können und ein aparter Farbensinn; diese Mittel virtuos verwendet, um eine kleine Reihe immer wiederkehrender grauenhaft verzerrter Schreckgestalten zu schildern oder in wie aus der Vogelperspektive gesehenen Landschaften, die auch etwas gleichsam Grimassierendes, Karikiertes haben, eigentümlich edelsteinleuchtende Farben nebeneinanderzustellen. Schiele war im höchsten Grad das, was man früher einen Manieristen nannte; jetzt will man von dieser Bezeichnung, die einen Beigeschmack von Tadel hat, nichts mehr wissen, sondern spricht von subjektiver Auffassung und schätzt sie um so höher, je mehr sie sich von der „gewöhnlichen", „akademischen", oder wie man das sonst nennen mag, entfernt. In seiner Art steht Schiele etwa zwischen dem späteren Klimt und Kokoschka, macht aber dabei den Eindruck eines absolut ehrlichen Künstlers. Das Schrullenhafte, Groteske, Dekadente, die Freude am Schauerlichen, ja Ekelerregenden war bei ihm nicht affektiert, sondern echt. Sie äußert sich in seinen Bildern und Zeichnungen mit einer fast schmerzhaften Intensität. Wer den jungen, hageren Mann mit dem schmalen, gestreckten Gesicht, den buschigen schwarzen Haaren und den stechenden Augen sah, der hatte den Eindruck, daß er sich von innen verzehren müsse. Der schwächliche Körper — er muß wohl auf der Lunge nicht ganz fest gewesen sein — ist denn auch der grassierenden Seuche rasch zum Opfer gefallen. Ob uns Schiele als Künstler noch mehr oder anderes zu sagen gehabt hätte? Vielleicht eine müßige Frage. Aber ich habe nicht den Eindruck, daß er sich noch in irgendwie auffallender Weise hätte entwickeln können. Schon was er mit 17 Jahren als → Griepenkerl-Schüler an der Wiener Akademie gemacht und ausgestellt hat, zeigt ihn als eine abgeschlossene und, man könnte sagen, ausgereifte Individualität, die sich im Laufe des Jahrzehnts, das ihm noch gegönnt war, nicht sonderlich geändert hat. Was er zu sagen hatte, hat er wohl gesagt; es braucht nicht jedem zu gefallen — Gott sei Dank! — aber als Aeußerung eines ungewöhnlich starken Talents und einer virtuosen Könnerschaft wird man es immer achten, hie und da auch bewundern.   A. F. S."
E. S. A. 874, 1160 A und 1161 [Duplikat]   [1785]

—

Zeitungsausschnitt aus „Neues Wiener Tagblatt"
„[Egon Schiele †] Der Tod des Malers Egon Schiele, den wir vorgestern gemeldet haben, hat dem nach Geltung und Anerkennung ringenden Expressionismus in Wien seinen stärksten Vertreter entrissen. Schiele war ein bedeutendes Talent, vor allem ein virtuoser Zeichner und als Kolorist oft von großer

Feinfühligkeit, neben → Faistauer vielleicht der einzige Farbenkünstler in der Schar der Neuordner unsres Kunstwesens. Schon dieses große Können unterschied ihn von seinen Begleitern und ließ die Hoffnung erstehen, daß die Reife seiner Künstlerschaft ihn aus dem Mißverständnis befreien werde, in dem ein so großer Teil unsrer jungen Künstlerschaft sich einspinnt. Denn er gehörte nicht zu den Verblüffern, zu den Spekulanten der Moderne. Er war eine ehrliche Natur, im Innersten gläubig und überzeugt, daß seine Wege die richtigen, seine Kunstziele die unsrer Zeit überhaupt waren. Und er war noch so jung! Im April 1890 in Tulln geboren, trat er sehr früh in Ausstellungen der Kunstschau und der „Jungen" an die Öffentlichkeit, damals ein heißer Bekenner Gustav Klimts, dessen hohe Meisterschaft so manches künstlerische Axiom ins Wanken gebracht hat. Von → Klimt ist er lange nicht losgekommen, doch war er sichtlich auf der Suche nach eigenen Wegen, und in seinen Porträts von Kriegsgefangenen, die er im Vorjahr in einer Kriegsausstellung zeigte, lenkte er merklich nach der Seite künstlerischer Logik ein. Es waren eben Zeichnungen, in denen er immer sein Bestes geboten hat ... [es folgt Zitat aus seinem „Entwurf zu einem geschriebenen Selbstporträt"] ...
Wir haben wörtlich zitiert, weil wir in diesen von krausen Redewendungen und in gewissen intellektuellen Kreisen typisch gewordenen Schlagworten erfüllten Aeußerungen geradezu ein Charakterisierung der Mentalität Schieles sehen, die sich in seiner künstlerischen Tätigkeit getreulich spiegelt. Freilich ist dieser „Entwurf" etwa acht Jahre alt, was in einem 28jährigen Leben ein sehr langer Zeitraum ist. Ein früher Tod hat Schieles Blütenträume nicht zur Reise gelangen lassen."
E. S. A. 1150 [1786]

4. XI. 1918

NB., Blatt 82 r.: letzte Eintragung [im voraus]. „4h Now.[ak]." [1786 a]

5. XI. 1918

→ Heinrich Benesch, L. a. s., 4 pp. an → Anton Peschka, XII., Jägerhausgasse 13. Habe anläßlich der Seelenmesse heute früh sich erlaubt, → Gertrude Peschka zu bitten, ihm „die kleine farbig getönte Kreidezeichnung von Egon aus dem Jahre 1907 zu überlassen. Sie stellt ein Bauernhaus mit einem alten knorrigen Baum im Vordergrunde dar ... Ich habe keine derartige Jugendarbeit von Egon ..." Wäre zu Gegendiensten bereit, etc.
E. S. A. 172 a, b [1787]

6. XI. 1916 und später

Kondolenzschreiben zum Tode Egon Schieles an → Josefine Harms und an → Anton Peschka
→ Georg Merkel [E. S. A. 878] — → Robert Philippi [E. S. A. 177] — → Ernst Wagner [E. S. A. 879] — Künstlervereinigung Dresden [E. S. A. 733] — → Verein bildender Künstler, Sezession, München [E. S. A. 734] — → Galerie Ernst Arnold, Dresden [E. S. A. 735] — → Alexander Koch, Darmstadt [E. S. A. 727] — → Karl Ernst Osthaus [E. S. A. 737]. [1788]

7. XI. 1918

Hilde Ziegler, IV., Paniglgasse 17, L. a. s., 2 pp. An → Anton Peschka. Schiele habe von ihr am 19. IX. 1918 zwei Porträtzeichnungen gemacht[1]. Fragt an, unter welchen Bedingungen sie diese erwerben könne, etc.
E. S. A. 40 [1789]

1 Siehe ihren Brief vom 15. IX. 1918.

17. XI. 1918

→ Emmy Obransky, II., Vorgartenstraße 88/19, L. a. s., 3 pp. Folio. An → Marie Schiele, VI., Gfrornergasse 17
„17. XI. 1918[1]
... Es schmerzt mich ungemein, daß Sie liebe gnädige Frau für mich unglückliches Geschöpf nicht einmal eine Antwort haben, geschweige denn ein Wort des Trostes — Ihre Liebenswürdigkeit und Herzensgüte, that mir so wohl, und nun muß ich auch dessen entbehren. — Wie anders stellte ich mir noch vor 4 Wochen meinen heutigen Geburtstag vor. — damals lebte noch Ihr armer unglücklicher Sohn, und ich hatte das unermeßliche Glück seine Liebe voll und ganz zu besitzen, — damals mußte ich ihm versprechen, meinen Geburtstag in seiner Gesellschaft zu feiern, — ... aber wie traurig hat sich mein kurzes, seliges Glück in bitteres Leid verändert, — ... heute hätte ich auch Zeichnungen als Geburtstaggeschenk von meinem geliebten Egon erhalten — Bitte mir wenigstens soviel zu berichten ob Ambrosi[2] Ihnen betreffs der Totenmaske geantwortet hat. ——— ... Emmy Obransky Componistin"
E. S. A. 732 [1790]

1 Wir geben diesen Brief absichtlich im vollen Wortlaut wieder, weil sich — tut man ihn nicht als überspannt ab — eine Beziehung abzeichnet, über die bisher nichts bekannt war. Aus dem NB. von 1918 geht hervor, daß Schiele die Verfasserin seit dem 13. X. 1918 mehrmals sah. Sie sandte ihm übrigens auch Blumen an sein Grab.
2 → Gustinus Ambrosi, die Totenmaske nahm aber der Bildhauer Anton Sandig ab.

[1790]

—

→ Anton Kolig, aus Nötsch im Gailtal, Kärnten, L. a. s., 1 p. groß 8°. An → Marie Schiele und ihre Töchter

„... Mein lieber Kollege ist nicht mehr. So unvorbereitet traf mich die Nachricht, daß ich bis heute die Fassung nicht wiederfinden kann — unmöglich dünkt es mich: Erst vor kurzem war ich mit ihm in Villach beisammen — er brachte mir Hilfe, Vertrauen entgegen, der Gute, dem Einsamen, Verzweifelnden hier im Bergdorfe. Dankbare Freude und neue Hoffnungen nahm ich nach Hause mit ... Ich fühle mit Ihnen, und traurig drück[e] ich Ihnen und Ihren lieben die Hand, Ihnen Dank sagend dafür daß er mir durch sein Beispiel und seine Güte geholfen hat...", etc.

E. S. A. 974 [1791]

19. XI. 1918

Feuilleton „Egon Schiele" von → Otto Stoeßl, erschienen in „Die Zeit", Wien

„... Ich erinnere mich wehmütig des einzigen, vor kaum vier Monaten mit dem hübschen, jungen Menschen in einem Hietzinger Gasthausgarten verbrachten Abend. Er sah nett, harmlos und wienerisch liebenswürdig aus, über seinem Gesicht und Sprechen lag noch der unberührbare erste Flaum der naiven Jugendlichkeit, die jeder wahrhafte Künstler wohl zeitlebens behält und die ihn vor der gemeinen Welt schützt, ohne daß er es auch nur weiß ... Er sprach nur über seine nächsten Gegenstände, Aufgaben, Personen, über sein Handwerk und dessen große Fragen, ohne Anmaßung und ohne jedes Pathos als von lauter selbstverständigen, aber wichtigen Dingen. Er wollte große Fresken malen und die langvergessene, zu Unrecht versäumte, weil rascheste Geistesgegenwart des Farbenauftragens auf der nassen Wand erfordernde Technik erneuern. Dies führte ihn auch darauf, daß er Schüler, Gehilfen brauchte und heranziehen wollte. Er beabsichtigte eine Malschule einzurichten und begabten jungen Leuten, die er teils bereits ausgewählt hatte, teils nach und nach finden und heranziehen wollte, Gelegenheit zu geben, sich frei, aber unter den Augen eines sinnverwandten Meisters auszubilden ... Er wollte das, weil er selbst diese richtige Schulung an der Akademie hatte entbehren müssen. So kam er auf seine künstlerische Bildung und auf sein Verhältnis zu → Klimt. Als Maler stand Schiele wohl erst am Anfang seines Weges, denn die Sachlichkeit seiner eigenen, vorwiegend zeichnerischen Anlage zwang ihn, die Gegenstände selbst bis ins Letzte durchzubilden, wobei ihre Farbigkeit ihn fast zu stören und als ein hinderlicher Überfluß und Überschuß zu reizen schien ... Die Farbe war ihm noch Zufall oder Laune oder Eingebung, nicht Schicksal. Aber auch als Maler war ihm ein großer Zug, eine eigentümliche, ursprüngliche Mystik, eine kindliche Neigung zum Schauerlichen, Wunderbaren im Gewöhnlichen, eine liebenswürdig spöttische Vorliebe für Skurriles gegeben, die er in seinen Porträts mit Willen ins Unheimliche, in eine unbewußte Kreuzigung des Hasses oder der Verachtung erhöhte. In den wenigen wunderbaren Bildern alter Städtchen, in dem winkeligen Übereinander von Dächern, Giebeln, in den vor Schmutz, Feuchtigkeit und welkem, abgeblättertem Anstrich tragisch erschütternden alten Mauern wußte er das heimliche Schicksal solcher vergessener Weltwinkel, runzelige Alterserfahrung, das Greisenantlitz und Todesgeheimnis menschlicher Wohnorte mit einem selbstverständlichen letzten Wissen und Können, mit einer höchsten, zugleich kindlich erstaunten und meisterlich unübertrefflichen Ausdruckskraft zu gestalten."

E. S. A. 282 [1792]

27. XI. 1918

→ Leopold Czihaczek, eigenhändiges Schriftstück mit Unterschrift

„... Begraben wurde Egon als Dritter über dem Sarge seiner Frau[1] in einem weiß beschlagenen Eichenholzsarge am So.[nntag] den 3. Novb. um ¼3 Uhr nachmittags. Seine Mutter → Marie Schiele ist Erbin Egons, der einen namhaften künstlerischen Nachlaß hinterlassen hat. Sein Schwager → Ant.[on] Peschka ordnet denselben. Ediths Begräbnis kostete K 3000 und Egons K 2000 laut Mitteilungen der → Marie Schiele[2]."

G. P. 53 [1793]

[1] Edith und Egon Schiele wurden zunächst im Grabe von → Johann Harms beigesetzt und erst 1929 in ein eigenes Grab auf dem Ober St. Veiter Friedhof, in Obhut der Gemeinde Wien, umgebettet.
[2] Siehe die genauen Kosten Nr. 1802 a, b.

—

→ Gustinus Ambrosi, Prater, Staatsatelier, L. s., 1 p. Die Totenmaske Schieles sei von einem Knaben abgeholt worden, er habe aber keine Bestätigung, die er erbittet, etc.

E. S. A. 738 [1794]

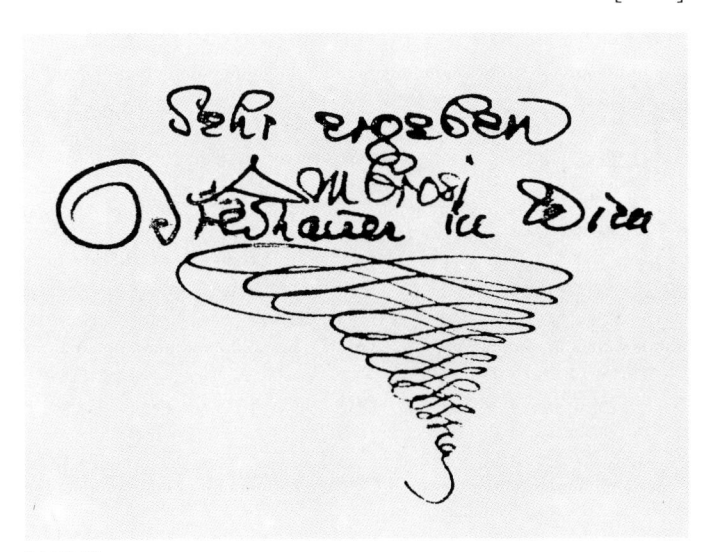

[1794]

[nach dem 27. XI. 1918]

→ Marie Schiele, L. a. s. ohne Datum, 3 pp. Auf Papier mit Trauerrand. An → Josefine Harms. Hofft zu erreichen, daß sie einen Abguß der Totenmaske Schieles bekäme.

„Wenn Frau Harms bei Gelegenheit den Muff von → Edith finden — die Boa war im Koffer — und den Perser Vor-

leger — dann wenn der Ring fertig ist bitte mir durch Paulchen zu schicken... Wir kamen mit den Körben gut an...", etc.
Mit Nachschrift von → Melanie Schiele. „Besten Dank für alles. Gnädige Frau können doch, nachdem die Kleider Ihnen nicht mehr zu Gesicht kommen, weniger an unsere unvergesslichen Liebsten erinnert werden. Uns war es so schrecklich das ausräumen[!]...", etc.

E. S. A. 157 [1795]

? XI. 1918

→ Secession, Wien. Ausstellungskatalog: „Secession Bildnisse. November—Dezember 1918". Raum VIII und X. „Sonderbund". Hängekommission: → Robin C. Andersen, → Gustav Nebehay[1].

E. S. A. 1096 [1796]

[1] Es waren einige Schiele-Porträts ausgestellt.

13. XII. 1918

→ Anton Faistauer, Maishofen bei Zell am See. L. a. s. an → Arthur Roessler, 2 pp. groß 8°. Habe wohl in letzter Zeit Briefe von Schiele bekommen, sie seien aber alle in Ausstellungsangelegenheiten und „daher gänzlich ungeeignet in Ihrem Sinne[1]", etc.

W. ST. B. 148.445 [1797]

[1] Roessler war es sichtlich um wichtige Schiele-Briefe zwecks Veröffentlichung zu tun.

23. XII. 1918

→ Gustav Nebehay, L. s. An → Arthur Roessler. Übersendet eine Fotografie, Schiele auf dem Totenbett zeigend. Es gäbe noch eine andere Aufnahme. Sie seien hergestellt im Atelier Martha Fein, XIII., Lainzerstraße 31. „Den einzigen Brief, den ich besitze, sende ich Ihnen anbei und bitte Sie, mir denselben wieder zurück zu senden...", etc.

E. S. A. 36 [1798]

1918

Egon Schiele, Seiten aus einem Notizbuch mit Bildertiteln etc. 4 pp. klein 8°
p. 1: „Auferstehung" — „Liegende Frau" — „Mann u[nd] Frau" — „Mädchen" — „Landschaft" — „Stadt" — „Fenster" Privatbesitz — „Einzelne Häuser" — „Herbstsonne" — „Häuser" Privatbesitz — „Herbstbäume" Privatbesitz [durchgestrichen] — „Kahle Bäume" Privatbesitz [durchgestrichen]
p. 2: → Jungnickel → Mopp — „Auferstehung" — „Liegende Frau" — „Mädchen" — „Mann u. Frau" — „Haus" (H. Böhler) — „Landschaft" — „Stadt" (Arnot) — „Einzelne Häuser" (Harta) — „Herbstbäume" (Sykora) — „Sonnenlose L[andschaft]" (Sykora) — „Sonnenblume" — „Häuser" (Hoffmann) —
Kubin 25 — Zeichnungen v[on] → Faistauer → O. Kok[oschka] — Moll — Dr. Stephan — → Wiegele — → Dr. Spitzer — Zeichn[ungen] Kok[oschka]
p. 3: „Liegende Frau" — „Liebespaar" [beides durchstrichen] — „Inselstadt" — „Landschaft mit Fluß-Mühle" — „4 Bäume" — „Stadt alte" — „Stadt" — „Haus"
Bildnis K. G. [Karl Grünwald]
Bildnis J. H. [Johann Harms]
Bildnis E. Sch. [Edith Schiele]
Bildnis V. R. v. B. [Viktor Ritter von Bauer]
„Auferstehung" — „Entschwebung" — „Mann u. Mädchen" — „Mutter"
p. 4: Bilder zu holen
„Mann u Frau" — „Mädchen" — „Einzelne Häuser" — „Landschaft"
XIII. H. H. [Hietzinger Hauptstraße] 101
„Auferstehung" — „Liegende Frau" — „Stadt"
XVI. Leop[old] Ernstg[asse] 39
Nach: K., p. 84. Der vielen Bildernamen halber wurde darauf verzichtet, nähere Angaben zu den einzelnen Bildern zu machen. [1799]

1918

Egon Schiele. — Eigenhändige Namensliste von Künstlern, anscheinend für eine geplante Ausstellung. Eine Besprechung war am „Donnerstag 2—½3h Kaffee Museum" angesetzt. 1 p. 8°. In Bleistift. Auf der Rückseite Adressen.

G. P. 17 [1800]

1918

Egon Schiele. — Eigenhändige Aufstellung von Ausstellungsadressen. 2 pp., in Bleistift, groß 8°
„Dresden [durchstrichen] — Künstler-Vereinigung, Neues städtisches Ausstellungsgebäude, Dresden, Lennéstraße — Freie Sezession Berlin Kurfürstendamm 208/9 — Haag — Düsseldorf — Amsterdam — Köln — Rotterdam — Budapest — Frankfurt — Breslau — Kunsthaus Zürich zu Handen Direktor Dr. Wartmann — Leipzig — Prag — Hagen i. W. [in Westfalen] — Hamburg — Basel — Bern — Sezession München Königsplatz 1 — Neue Sezession München Galeriestraße 27"

E. S. A. 228 [1801]

1918

Egon Schiele. — Eigenhändige Adressenliste von Freunden und Bekannten. 3 pp.
„→ Herr Guido Arnot, Wien I., Kärntnerring 15
→ Galerie Ernst Arnold, Dresden, Schloßstraße 34
→ Herrn Heinrich Böhler, Wien III., Schwarzenberggarten, Atelier
→ Herrn Hans Böhler, Wien VI., Linke Wienzeile 52
→ Herrn Heinrich Benesch, Wien X., Ghegaplatz 4, II. St[ock], T.[ür] 62
→ Paul Cassierer, Berlin
Baron Robert Doblhoff p[e]r. Adresse: Frau von Schrack, Wien I., Schmerlingplatz 1
→ Dr. Hermann Eißler[!], Wien I., Auerspergstr. 2
Dr. O. E. Ebert, Wien I., Universitätsbibliothek

Herrn Hofsekretär K. Ritter v. Enders, Klosterneuburg, Weidlingerstr. 16
Dr. Emil Frankl, Wien I., Himmelpfortgasse 7
Sektionschef von Fesch, Wien I., Stubenpastei[!] 12
Hofrat von Förster Streffleur, Wien XIII., Lainzerstraße 158
Redakteur E. Farkas, Wien VIII., Albertgasse 16
Herrn Karl von Fellner[!], Berlin, W. Leistikowstraße 6
Galerie Alfred Flechtheim G. m. b. H., Düsseldorf, Alleestraße 7
Dr. Otmar Fritsch, Musealassistent, Graz, Elisabethstr. 3
→ Dr. Erwin von Graff, Wien IX., Höfergasse 18
Regierungsrat Moritz Gallia[1], Wien IV., Wohllebengasse 4
Frau Lisa Gutherz-Ditmar, Wien III., Gerlgasse 4
Herr Hans Ritter von Guttmann[!], Wien IV., Schwindgasse 2
→ Frau Magda [Mautner Markhof-] Graßmeier[!], Wien III., Hauptstr. 138, wohnt jetzt in Salzburg
Dr. Stephan Großmann, Korrespondent des Berliner Tageblattes
Dr. Hugo Ganz, Wien XIX., Peter Jordangasse 72
Balduin Groller, Wien IX., Schulz-Strassnickig. 13
Frl. Lotte von Gotthilf, Wien IX., Maximilianplatz 6
→ Herr Hans Goltz, München, Briennerstr. 8
→ Hofkunsthandlung Fritz Gurlitt, Berlin
→ Regierungsrat Professor Josef Hoffmann, Wien I., Stubenring 3
→ Dr. Hora, Wien IX., Gilgergasse 9
Dr. Karl Horwitz, Wien I., Wipplingerstr. 12
→ Frau Daisy Hellmann, Wien I., Rathausstr. 17
Frau Hugo Henneberg, Wien XIX., Wollergasse 8
Herr Hugo v. Hoffmannstal[!], Rodaun b.[ei] Wien
→ Direktor Dr. Moritz[!] Haberditzl, Wien III., K. K. Staatsgalerie
Herr Hans Held, Wien XII., Wolfgangasse[!] 39
Herr Rudolf Huppert, Wien IX., Althanplatz 2
→ Professor Anton Hanak, Wien I., Stubenring 3
→ Direktor des K. u. K. Heeresmuseum, Dr. John, Wien, Arsenal
→ Herrn Ludwig Heinrich Jungnickel, Wien XII., Grünbergstraße 31
Professor Böhm, Klosterneuburg, Weidlingerstraße
Herrn A. Kößler, Wien IV., Plößlgasse 3
Dr. Alfred Kraus, Wien III., Moosgasse 2
Dr. Berthold König, Göding
→ Hofrat Alex. Koch, Darmstadt, Sandstraße 24
→ Herr Gustav Klimt, Wien XIII., Feldmühlgasse 9[!]
Künstlervereinigung, Dresden, Lennéstraße, Neues städt. Ausstellungsgeb[äude]
→ Frau [Serena] Lederer, Wien I., Bartensteingasse 8
→ Dr. Hofrat Leisching, Wien I., Stubenring 5
Frau Luise Lederer, Wien IX., Maximilianplatz 4, 5
Frau Grete Lang-Wiesenthal[2], Wien I., Friedrichstraße 2
→ Professor Berthold Löffler, Wien I., Stubenring 3
Frau F. Mendl, Wien XIX., Wallmodengasse 11
Frau General-Konsul Emmy Medinger, Wien XIX., Nußberggasse 2
Dr. Ottokar Mascha[3], Wien XIII., Wambacherstraße 14

→ Professor Kolo Moser, Wien III., Hauptstr.-Landstr. 138
→ Herr Carl Moll, Wien XIX., Wollergasse 10
Graphisches Kabinet I. B. Neumann, Berlin W. 15, Kurfürstendamm 33
Herr Heinrich Nowak, Wien I., Franzensring 18
Neue Sezession, München, Galeriestraße 26
Herr A. Neufeld, Wien III., Gärtnergasse 7
→ Herr Erwin von Osen, München, Georgenstraße 65/IV
→ Herr Max Oppenheimer, Berlin W. 15, Joachimstalerstr. 10
→ Herr Karl Ernst Osthaus, Museum Folkwang, Hagen in Westfalen
→ Herr Franz Pfemfert, „Die Aktion", Berlin-Willmersdorf
Herr J. K. Pohnzdny[?], Wien VIII., Langegasse 24
→ Herrn Carl Reininghaus, Wien VI., Schmalzhofgasse 22
Dr. Oskar Reichel, Wien XIX., Chimanistr. 11
→ Herrn Arthur Rößler[!], Wien XIX., Billrothstr. 6
→ Dr. Rieger, Wien VII., Mariahilferstraße 126?
Herrn Josef Reich, Wien VIII., Strozzigasse 41
Herrn Kurt Rathe, Wien I., Hegelgasse 21
→ Hofkunsthandlung E. Richter, Dresden, Pragerstraße 13
Dr. Hugo[!][4] Rathe, Wien I., Kupferstichkabinett, Elisabethstraße 3
Direktor Professor Alfred Roller, Wien I., Stubenring 3
→ Dr. Alfred Spitzer, Wien I., Hohenstauffengasse 17
→ Dr. Spitzer, Wien XIX., Steinfeldgasse 4 (Hohe Warte)
→ Herr Professor F. A. Seligmann, Wien I., Bäckerstraße 1
Fräulein A. Sachs, Wien IV., Gußhausstraße 14
Freie Sezession, Berlin, Kurfürstendamm 208/9
Sezession, München, Königsplatz 1
Herr Bruno Sykora[5], Wien VI., Loquaiplatz 12
Herr Skutesky[6] Raigern (a.[n] d.[er] Nordbahn)
Herr Karl Schreder, Wien VII., Kaiserstraße 7a
Herr Max Schreyer, Wien IX., Canisiusgasse 8—10
Herr Paul Ritter von Schoeller, Wien I., Wildpretmarkt 10
Dr. Paul Stephan, Wien XIX., Würthgasse 8
Frau Jenny Steiner, Wien I., Burgring 1
Herr Friedr. Stern, Wien VI., Marchettigasse 14
Herr Hofrat Professor Josef von Strygowski[!], Wien I., Franzensring 22
Herr Paul Stallmann, Hagen i. Westfalen, Eppenhauserstr. 47
→ Galerie Thannhauser, München
Professor Tessenow, Wien I., Stubenring 3
Herr Architekt E. S. [!] Wimmer, Wien VII., Neustiftgasse 32
Herr Direktor Dr. Wattmann[!][7], Kunsthaus Zürich
Herr Hofrat Prof. Otto Wagner, Wien VII., Doblhofgasse
Frau Hofrat Berta[!] Zuckerkandl, Wien VIII., Alserstr. 23, Pension Cosmopolite"

Nach: K., p. 86 [1802]

1 Bekannter Sammler. Seine Frau wurde von Gustav Klimt gemalt.
2 Die bekannte Tänzerin, Gattin des Graphikers und Holzschneiders Erwin Lang.
3 Schrieb ein wichtiges Buch über österreichische Plakate.
4 Richtig: Kurt Rathe.
5 Besaß Bilder von Schiele.
6 Bekannter Kunstsammler.
7 Richtig: Wartmann.

DOKUMENTE UND KORRESPONDENZ 1918

[1802 a]

[1802 b]

Knapp vor Drucklegung dieses Buches ist es den Bemühungen von Ing. Norbert Gradisch gelungen, den kompletten Verlassenschaftsakt nach Edith und Egon Schiele aufzufinden. Diese Unterlagen (mit Ausnahme der beiden eigenhändigen Testamente, vom Ehepaar Schiele in Neuhaus in Böhmen niedergeschrieben [siehe p. 326], die in der Urkundensammlung des Bezirksgerichtes Wien-Hietzing verbleiben müssen) sind über seine Veranlassung im Wiener Stadt- und Landesarchiv hinterlegt worden. Wir teilen daraus das Nachstehende mit:

„17. Juli 1915.

Mein letzter Wille.
Alle meine Einrichtungsgegenstände, alle Bilder und Zeichnungen die mir gehören, gehören meiner Frau Edith Schiele. Der Vorrat von Zeichnungen und auch die Bilder von meiner Hand dürfen vor 1922 nicht verkauft werden.
Egon Schiele."
[1802 a]

„Mein letzter Wille.

Nach meinem Tode gehören alle meine Wertgegenstände, wie Schmuck, Kleider, Möbel etc. meinen[!] Mann, Egon Schiele. Doch dürfen die Sachen weder verschenkt noch verkauft werden. Nach dem Tode meines Mannes fällt alles an meine Schwester Adele Harms zurück.
17. Juli 1915   Edith Schiele."
An: „Familie Johann Harms, Wien XIII., Hietzinger Hauptstraße 114/6."
[1802 b]

Die beiden Testamente wurden 1918 von → Adele Harms aufgefunden und dem Gericht übergeben. Ihr Vertreter war Dr. Richard Schlossar, Wien XIII., Am Platz 4. (In ihrer Eingabe wird als Bruder [oder Stiefbruder, möglicherweise ein uneheliches Kind ihres Vaters] ein Adolf Harms, Arbeiter in Steinabrückl, 41 Jahre alt, erwähnt, über den bisher überhaupt nichts bekannt war.) Da Edith Schiele vermögenslos gestorben war[1], fand ihrethalben keine Verlassensschaftsverhandlung statt.

Die Verlassenschaft nach Egon Schiele vertrat der uns bereits bekannte → Dr. Alfred Spitzer, Wien I., Hohenstaufengasse Nr. 17. Der Kunstbesitz wurde von Alfred Wawra, Kunsthändler in Wien I., Dorotheergasse, respektive Lothringerstraße 14 [als Nachfolger des → Kunstsalons A. Pisko], die Effekten von Karl Listopold, Wien XIII., Nisselgasse 17, wie folgt geschätzt:

AKTIVEN:

I. ZEICHNUNGEN UND GEMÄLDE

1) 5 farbige Zeichnungen (Porträtstudien) → Faistauer	150—
2) 4 Aktstudien, Zeichnungen (→ Klimt)	800—
3) 2 farbige Aktstudien (→ Kokoschka)	100—
4) 2 farbige Zeichnungen (→ Kolig)	40—
5) zwei farbige Akte (→ Harta)	60—
6) schwarzer Kopf (→ Fischer)	30—
7) „Hund" (→ Jungnickel)	15—
8) „Am Strand" (→ Jungnickel)	20—
9) 4 farbige Holzschnitte ([Richard] Seewald[2] und andere)	50—
10) 1 Radierung „Ostende" ([Erich] Heckel)[3]	20—
11) 540 farbige und schwarze Zeichnungen, fast ausschließlich Akte (Schiele)[4]	5000—
12) 1 Ölbild „Verkündigung" (→ Harta)	200—
13) Aquarell männlicher Kopf (→ Fischer)	30—
14—17) verschiedene Werke von [→ Hans] Böhler	195—

Von EGON SCHIELE:

18) Porträt angefangen „Robert Müller" [1918, L. 275]	100—
19) Landschaftsstudie am Reißbrett[?]	30—
20) „Rotes Haus"[?]	30—
21) Selbstporträt 1911 „Selbstseher" [L. 172]	200—
22) Plakatentwurf auf Karton[?]	20—
23) Selbstporträt Akademiezeit[?]	40—
24) „Herbstbäume" auf Blendrahmen[?]	60.—
25) 2 Selbstseher 1911 [L. 173]	200—
26) Stadt Mödling, unvollendet[?]	120.—
27) Pariser Landschaft [fraglich, ob von Schiele?]	50—
28) Landschaftsskizze (Rudolph)[?]	30—
29) Mann und Frau [1914; L. 254]	600—
30) Blumen[?]	60—
31) Drei Frauen, unvollendet [1918; L. 300]	400—
32) zwei kauernde männliche Akte [1918; L. 297]	400—
33) Stadt Mödling unvollendet [wahrscheinlich 1918; L. 298]	300—
34) zwei kauernde weibliche Akte [1918; L. 296]	400—
35) Eremiten [1912; L. 203]	600—
36) Fragment Mann und Frau [wahrscheinlich „Liebespaar" 1918; L. 299]	200—
37) Entschwebung unvollendet[?]	300—
38) Heilige 1911 [wahrscheinlich L. XXV]	600—
39) Bild für Reininghaus unvollendet[?]	—
40) Entschwebung 1915 [L. 265]	800—
41) 5 angefangene Arbeiten	100—
42) 2 Ölbilder „Stierkampf", zwei Mädchen [wohl nicht von E. S.]	150—
a) nachträglich dem Gericht gemeldet: 50 Zeichnungen diverser zeitgenössischer Künstler[5]	1000—
b) „Auferstehung", 1913 [L. 236], das zuerst in Wiesbaden, dann, 1920, im sächsischen Kunstverein, Dresden ausgestellt war	6000—

II. WOHNUNGSEINRICHTUNG

43—61) darunter: großer Spiegel; zwei geschnitzte Bauernstühle; antike Uhr; 3 Holzfiguren; Original Tiroler Bauernkasten mit Malerei, etc.	2876—

III. KLEIDUNG UND WÄSCHE

62—88) darunter: 3 Anzüge, 2 Mäntel, 2 Priestermäntel, etc.	1231—

IV. PRETIOSEN

89—93) darunter: 1 goldene Remontoiruhr; 2 Eheringe; 1 goldenes Damenarmband, etc.	501—

V. BARSCHAFT

94) an Bargeld	2000—
	24768—

PASSIVEN:

A)	Franz Liszkay, Kosten der Bestattung von Edith Schiele	2871.60
B)	" " Kosten der Bestattung von Egon Schiele	2363,80
C)	→ Dr. Franz Haldenwang, Krankheitskosten	275.—
D)	Dr. Josef Wetchy[6], Krankheitskosten	170.—
E)	W. Haase, Blumenrechnung	1550.—
F)	Magistratisches Bezirksamt XIII. Bezirk Beilegung ins Grab	66,60
G)	Einkommensteuer	77,40
H)	Schwestern Berger, Schneiderrechnung	1452.—
I)	Franz Edler, Tischlerrechnung	188.—
K)	Brüder Gfäll, technische Artikel	218.—
L)	Arnold Landsberger, Malutensilien [Juli—Oktober 1918]	2593.18
M)	→ Hugo Heller & Comp., Bücherrechnung	75,15
N)	Friedländer [= → Richard Lányi], Bücherrechnung	82,97
O)	Emil Scholz, Spediteurrechnung	249,15
P)	Alois Ebeseder, Malutensilien	182,54
Q)	→ Max Jaffé, Gemäldereproduktionen	330.—
		12745,15

so daß sich ein reines Nachlaßvermögen von Kronen 12,362,85 ergab, welches zu ½ an → Marie Schiele und zu je ¼ an → Melanie Schuster und → Gertrude Peschka fiel.

DOKUMENTE UND KORRESPONDENZ 1918

1 Die Eltern Harms, an sich nicht unbegütert, haben demnach ihrer Tochter weder Schmuck noch sonst eine Mitgift in die Ehe mitgegeben, was für Schiele eine gewisse Enttäuschung gewesen sein muß [siehe seine Bemerkung zu A. Roessler, „... Habe vor zu heiraten, — günstigst ...", Nr. 754].
2 Bei Goltz in München erworben [siehe Nr. 1603].
3 Wohl auch bei Goltz erworben.
4 Zum ersten Male haben wir eine verläßliche Nachricht über die Anzahl der von E. S. hinterlassenen Zeichnungen.
5 Ein weiterer, interessanter Hinweis auf E. S. als Kunstsammler.
6 Anscheinend Hausarzt der Familie Harms.

*

Wir beenden den Abdruck von Briefen und Dokumenten des E. S. A. mit dem Todesjahr, 1918, und lassen alles Spätere unberücksichtigt. Es will uns aber scheinen, daß das nachfolgend wiedergegebene Schriftstück, die Grabrede von → Heinrich Benesch von 1929, mit den schönen Worten über Schieles Persönlichkeit, der beste Abschluß dieses Teiles des Buches sei.

1929

→ Heinrich Benesch, eigenhändiges Konzept seiner 1929 am Ober St. Veiter Friedhof anläßlich der Umbettung von Edith und Egon Schiele und der Einweihung des von Benjamin Ferenczy geschaffenen Grabsteines gehaltenen Rede. 3 pp. Folio, Bleistift

„Vor hundert Jahren schrieb ein Dichter einem Großen aus dem Reiche der Tonkunst, der in jungen Jahren starb die Worte auf das Grab: „Die Kunst begrub hier einen reichen Besitz, aber noch viel schönere Hoffnungen." Diese Worte gelten auch für die Stätte, wo Egon Schiele ruht, der uns heute vor 11 Jahren ... durch einen frühen Tod entrissen wurde. Auch Egon Schiele gab uns Großes und wir durften noch Größeres von ihm erwarten, doch diese Hoffnung scheiterte an einem höheren Willen. Aber wenn wir auch Schiele's frühen Heimgang tief beklagen, so müssen wir doch dem Schöpfer danken, der ihn mit so großer künstlerischer Fruchtbarkeit gesegnet hat, daß er uns nach wenigen Jahren des Schaffens ein reiches künstlerisches Erbe hinterlassen konnte. Was Egon Schiele als Künstler war, brauche ich nicht zu sagen, das wissen alle, die die Kunst lieben; nur einige wenige Worte will ich an jene richten, die Egon Schiele den Menschen nicht gekannt haben:
Der Grundzug seines Wesens war der Ernst, durch stille, fast kindliche Heiterkeit gemildert. Die Widerwärtigkeiten des Lebens, die auch ihm reichlich zugemessen waren, berührten ihn kaum, sein Blick war immer über die Dinge hinweg auf sein hohes Ziel gerichtet. Er war niemals niedergedrückt oder mutlos. Und ein Charakterzug sei besonders hervorgehoben: Ich war mit Egon Schiele vom Jahre 1910 bis zu seinem Tode befreundet, ich war in diesen acht Jahren viele hunderte Male mit ihm beisammen gewesen, aber ich habe ihn nicht einmal zornig oder auch nur ungehalten oder unmutig gesehen, dazu gehört ein reines, starkes Herz. Seinen Freunden war er ein treuer, selbstloser, stets hilfsbereiter Gefährte, seinen Berufsgenossen ein ehrlicher Kritiker, der neidlos — ich betone das mit allem Nachdruck — völlig neidlos fremdes Verdienst anerkannte. Wir haben daher in Egon Schiele nicht nur einen großen Künstler, sondern auch einen wahrhaft guten Menschen verloren.

Und nun wollen wir ihm den Lorbeer auf das Grab legen den er reichlich und redlich verdient hat. Ein Zweig aus diesem Kranze aber gebührt der jungen Frau, die hier an seiner Seite ruht, denn sie ist ihm in den wenigen Jahren, die ihnen zusammen zu leben vergönnt war, eine verständnisvolle, liebende und treue Gattin gewesen.
Im Namen der Gesellschaft zur Förderung moderner Kunst sage ich hiemit allen herzlich Dank, die durch Spenden oder werktätige Mitarbeit dazu beigetragen haben, dieses Grabmal, ein Werk des jungen, reichbegabten Bildhauers Benjamin Ferenczy[1], zu errichten. Unser ganz besonderer Dank gebührt der Gemeinde Wien, die diese Grabstätte gewidmet hat, für die Erhaltung des Grabes sorgen und das Grabmal in ihre Obhut nehmen will ..."
G. P. 52 [1803]

1 Benjamin Ferenczy (1890—1967), ungarischer Bildhauer.

147 Der Grabstein von Edith und Egon Schiele (1929 von Benjamin Ferenczy geschaffen), auf dem Ober St. Veiter Friedhof [Gruppe B, Reihe 10, Nummer 15—16].

Gedichte und poetische Texte

Die Nummern in eckigen Klammern verweisen auf die Abschnitte „Dokumente und Korrespondenz".
Dort auch Hinweise auf Textvarianten.

Ich habe die ewigen Frühlingsalleen und den tobenden Sturm vorerst gesehen und mußte Abschied nehmen, — immerwährend Abschied nehmen von allen Orten des Lebens. Die ebenen Länder waren um mir in den ersten Tagen; damals hörte und riechte ich schon die Wunderblumen, die sprachlosen Gärten, die Vögel. Die Vögel? — in dessen Augen ich mich rosa sah mit glänzenden Augen? — Die Vögel sind tot. — Oft weinte ich mit halben Augen als es Herbst war. Alsdann freute ich mich über den herrlichen Sommer und lachte, als ich mir selbst im Sommer den weißen Winter malte. Ich träumte im Lenz von der allgemeinen Musik alles Lebenden. Bis dort war die Freude; dann begannen die Mußezeiten und die leblosen Schulen. Ich kam in endlose tote Städte und betrauerte mich. In der Zeit erlebte ich den sterbenden Vater. Meine rohen Lehrer waren stets mir die größten Feinde.
Jetzt muß ich mein Leben beleben!
Endlich kann ich die freigiebige Sonne wiedersehn und frei sein.

[154]

SKIZZE ZU EINEM SELBSTBILDNIS

In mir fließt altes deutsches Blut und oft spür' ich der Vorfahren Wesen in mir. Ein Urenkel des Justizrates Friedrich Karl Schiele, ersten Bürgermeisters von Bernburg im Herzogtum Anhalt,
wurde ich am 12. Juni 1890 in Tulln an der Donau durch einen Wiener als Vater aus einer Krummauerin als Mutter geboren. Die bildhaft nachwirkenden Eindrücke der Kindheitszeit empfing ich von ebenen Ländern mit Frühlingsalleen und tobenden Stürmen. Es war mir in jenen ersten Tagen, als hörte und roch ich schon die Wunderblumen,
die sprachlosen Gärten,
die Vögel, in deren blanken Augen ich mich rosa gespiegelt sah.
Oft weinte ich mit halben Augen als es Herbst war.
Wenn es Lenz war, träumte ich von der allgemeinen Musik des Lebens,
alsdann freute ich mich über den herrlichen Sommer und lachte, als ich in seinem Prangen mir selbst den weißen Winter malte.
Bis dahin lebte ich in Freude, in wechselnd heiterer und wehmütiger Freude,
dann begannen die Mußezeiten und die leblosen Schulen
Volksschule in Tulln, Realgymnasium in Klosterneuburg.
Ich kam in schier endlos und tot scheinende Städte und betrauerte mich.
In dieser Zeit erlebte ich das Sterben meines Vaters.
Meine rohen Lehrer waren mir stets Feinde. Sie — und andere — verstanden mich nicht. Die höchste Empfindung ist Religion und Kunst. Natur ist Zweck; aber dort ist Gott, und ich empfinde ihn stark, sehr stark, am stärksten. Ich glaube, daß es keine „moderne" Kunst gibt; es gibt nur eine Kunst, und die ist immerwährend.

[155]

SELBSTBILDNIS

Ich bin alles zugleich, aber niemals werd' ich alles zu gleicher Zeit tun.

[156]

SELBSTBILDNIS

Ich bin für mich und die, denen die durstige Trunksucht nach Freisein bei mir alles schenkt, und auch für alle, weil alle — ich auch liebe, — liebe.
Ich bin von Vornehmsten der Vornehmste — und von Rückgebern der Rückgebigste. —
Ich bin Mensch, ich liebe den Tod und liebe das Leben.

[157]

SELBSTBILDNIS

Ein ewiges Träumen voll süßesten Lebensüberschuß —
rastlos, — mit bangen Schmerzen innen, in der Seele. —
Lodert, brennt, wachst nach Kampf, — Herzenskrampf.
Wägen — und wahnwitzig rege mit aufgeregter Lust. —
Machtlos ist die Qual des Denkens, sinnlos, um Gedanken zu reichen. —
Spreche die Sprache des Schöpfers und gebe. — Dämon! Brecht die Gewalt! —
Eure Sprache, — Eure Zeichen, — Eure Macht.

[158]

EIN SELBSTBILD [auch: BEOBACHTUNG]

Dort oben auf den weit waldumrandeten Rauschenland
geht langsam der lange weiße Mann blaurauchend
und riecht und riecht die weißen Waldwinde.
Er geht durch die kellerriechende Erde
und lacht und weint.

[159, 767 a]

STAATSMANN

Zum Zwecke, Stufenmauern auf Mauern, Berge auf Berge, gleichmäßig. — Sterbliches Leben, Tod.

[160]

ANARCHIST

Wo was Groß anhob, glich ihm die Einwelt:
Gott war ohn' all' ohne. Hin lief ich, ihn spür', ihn riech' ich. So bist Du —, Ohr, Wind, Mund, so ist Dir die ist: Form. O! Zische zeternde Zirze, dehne weit deine Beine. Sturm jammert und ruft. Rufe Du, Rufe! Ohn' Alles, ohn' Kampf, streichle so Luft. Baue Berg, bringe bald boshafte Büsche.

[161]

ANARCHIST – SONNE

Koste Roter! rieche wiegende weiße Winde, schau an am All: Sonne, gelbglitzernde Sterne schaue, bis dir wohl ist und du mußt schließen die Augen. Hirnwelten funkeln dir um in deinen Höhlen. Laß zittern dir die innigen Finger, taste am Elemente, der du durstig taumelnd dir suchen mußt, springend sitzt, laufend liegst, liegend träumst, träumend wachst. Fieber fressen Hunger und Durst und Unlust, Blut fugt sich durch.
— —
Schaue an, Vater, mich, der du doch da bist, umstricke mich, gib mir: Nähe, Weite, laufe ab und auf, rasend, Welt. — Strecke jetzt deine edlen Knochen. Reiche mir weiches Ohr, schöne blaßblaue Wasseraugen. — Das, Vater, war da. Vor Dir bin ich.

[162]

DAS PORTRÄT DES STILLBLEICHEN MÄDCHENS

Eine Pollution meiner Liebe, — ja. Alles liebte ich. Das Mädchen kam, ich fand ihr Gesicht, ihr Unbewußtes, ihre Arbeiterhände; alles liebte ich an ihr. Ich mußte sie darstellen, weil sie so schaut und mir so nahe war. — Jetzt ist sie fort. Jetzt begegne ich ihren Körper.

[163]

WEISSER SCHWAN

Über den moosriechenden, schwarzumrandeten Parksee gleitet im regenbogenfarbenen Schaum der hohe ruhige runde Schwan.

[164]

ÄHRENFELD

Leuchtendes Hellicht durchschwält runzlige Erde. Sonnen atmen auf und nieder, erwärmen reichlichen Boden. Gelbe Flächen durchkreuzen steil ein sattiges Grün, sie wachsen näher und zeigen uns hier die gelben Atome, die spielen vor Lust an dem Leben.

[165]

NASSER ABEND

Ich habe lauschen gewollt des kühl atmenden Abends, der schwarzen Wetterbäume, ich sage: der schwarzen Wetterbäume; dann der Mücken, der klagenden, der groben Bauernschritte, der fernhallenden Glocken, die Regattenbäume hören, die Wettlaufalleen sehn und Mücken singen wie Drähte im Windwinterland. Aber der große schwarze Mann brach ihre Saitenklänge. — Die aufgestellte Stadt war kalt im Wasser vor mir.

[166]

TANNENWALD

Ich kehre ein in den rotschwarzen Dom des dichten Tannenwaldes, der ohne Lärmen lebt und mimisch sich anschaut.
Die Augenstämme, die dicht sich greifen und die sichtbare nasse Luft ausatmen. Wie wohl! — Alles ist lebend tot.

[167]

WER VON LEBEND PRIMBEGABTEN
wollen nicht schaun
Wunder,
und forschen im
eigenen Geiste
der Welten
Geleite?
Das ewige Kommen
Sein,
und Vergehn,
der Zukunft
Träume
und der Jetztzeit
Geduldigkeit.
Wünsche
werden Luft
in diesem All.
Welcher ist es
von den geistig
Begabten
Dem Natur gleich ist
ein Problem der
heiligen Künste?
Würden die meinen
sie ist das Erzeugnis
von menschlicher Hand?
Künstler ist vor allem
der geistig hochbegabte,
Ausdrückende der
Ansichten von
denkbaren Erscheinungen in
der Natur.
Sie seien Forscher, denen
die Natur vorerst
nahe kommt und
sie zeigt um es
mitzuteilen der Mitwelt.
Künstler empfinden leicht
das zitternde große Licht,
die Wärme,
das Atmen der Lebewesen
das Kommen und
Verschwinden.
Sie ahnen
die Ähnlichkeit
der Pflanzen
mit Tieren,
und der Tiere

mit dem Menschen,
und die Ähnlichkeit des Menschen
mit Gott.
Sie sind nicht Gelehrte,
die aus Ehrgeiz
Bücher fressen, —
Sie sind selbst.
Religion ist ihnen
Empfindungsgrad.
Nie werden sie
äußerliche
Gebärden tun,
oder in Bethäuser gehn
um zu hören,
nie werden sie hier
Andacht spüren. —
Nein, draußen
im tobenden Herbststurm
oder hoch auf Felsen
wo Edelblumen sind
für sie,
können sie
ahnen,
Gott.
Gram können
sie äußerlich überwinden
doch Innen bohrt dieser
und schmerzt bedenklich.
Sie sind Auserlesene,
Früchte der Mutter Erde
die gütigsten Menschen.
Sie sind leicht erregbar und
sprechen die ihrige Sprache.
— — — — — — —
Doch was ist Genius?
Ihre Sprache ist die der Götter
und sie leben hier im Paradies.
Diese Welt ist ihnen ihr Paradies.
Alles ist Gesang
und Göttergleich.
Leicht ist jede Arbeit für Sie
Die Künste sind die Blumen
in den Garten, die sie brechen,
in den Lüften leben sie, im melodischen Dasein doch
innig sind sie verbunden
mit der Welt.
Sie kennen keine Beschwerden.
Alles was sie sprechen

brauchen sie nicht ergründen,
Sie sagen es,
es muß so sein, — aus Überbegabtheit.
Sie sind Entdecker.
Göttliche, hochbegabte
allseitige, allwissende — —
bescheidene lebende Wesen.
Ihr Gegensatz ist der Prosaist,
der Alltagsmensch.
Schon als Kind
ist er unbekümmert
über die Zukunft.
Sie essen und trinken
und schlafen, dasselbe
Einerlei Tag für Tag.
Sie lernen
und studieren
arbeiten körperlich
und geistig zum
Überdruß.
Sie wissen nicht
die Tage des Lenzes
genießen das Höchste
menschliche, die
Liebe.
Auswendig leiern
sie diese
schon, die ABC Schützen
der Liebe.

Sie sind weit von
der Welt und die
äußerlichsten Wesen.
Zorn, Habsucht und
Ehrgeiz, reich sein
an Geld äußert
sich mit Vorliebe
in abstufenden Gebärden
Sie pummeln ihr
Leben lang
im Staat und
suchen nie die
Natur zu ergründen,
pfeifen leicht verständliche
Operetten und lesen
zum Genuße
Romane.
Der Bauer gleitet
rastlos mit seinem Pflug
entlang der Furchen
vom Morgen bis Abends spät,
Trinkt und ißt und ruht
Mittags — eine Stunde.
Dann geht die Arbeit fort
und abends sitzt er
im Wirtshaus um zu verdummen.
So geht es Tag für Tag
und immer senkt die Sonne ihre Strahlen
und vieles Wasser fließt.

[168]

ICH EWIGES KIND, — ich folgte stets den Gang der brünstigen Leute und wollte nicht in ihnen sein, ich sagte; — redete und redete nicht, ich lauschte und wollte sie stark oder stärker hören und hineinsehen.

Ich ewiges Kind, — ich brachte Opfer anderen, denen, die mich erbarmten, denen, die weitweg waren oder mich Sehenden nicht sahen. Ich brachte Gaben, schickte Augen und flimmernde Zitterluft ihnen entgegen, ich streute ihnen überwindbare Wege vor und, — redete nicht. — Alsbald erkannten einige die Mimik des Hineinsehers und sie fragten dann nicht mehr.

Ich ewiges Kind, — verdammte alsbald das Geld und lachte, während ich es beweinend nahm, das Hergebrachte, das Massenmuß, das Körpertauschliche, das Zweckgeld. Ich sah Silber wie Nickel, Nickel wie Gold und Silber und Nickel, und alles, wie unbeständige wertlose Zahlen für mich, die mich nichts kümmern, doch werde ich beweinend über das Zweckgeld lachen. — Wozu hieß es in mir. Wozu? — Jemand sagt: Geld ist Brot. — Jemand sagt: Geld ist Waare. — Jemand sagt: Geld ist Leben. — Wer aber sagt: Geld bist du? — Produkt? — Wäre Waare — O —, lebhafte Lebende! — Wo die Lebenden sind? —

Kein Geschäft. Alle Staaten bergen wenig Lebende. — Selbstsein! — Selbstsein! —

Wo die ‚Exlibris‘ beginnen, beginnt das Lebhafte, — wo die ‚Schüler‘ beginnen, die lebhaften Toten. — Leben? — Leben heißt Samen sprühn, Leben heißt Samen hinauswerfen, verschwenden, für? — für andere Arme vielleicht, für ewige Schüler. O —, die ewigen Schüler! O —, die ewigen Uniformierten! O —, die ewigen Staaten; Die Klage ist groß über die, die lebende Körper sind, die Klage die des Publikum's, die des Volkes, die der Masse, die der Soldaten, Beamten, Lehrer, Unnotwendigen, Handwerker, Kleriker, Gleichwollenden, Nationalen, Patrioten, Rechner, Niveaumenschen, Zahlenmenschen. —

Die Variation? —

Tuende und nicht Tuende. Bluff, ist schon eine Tat so weit er erfunden ist. Sprechen ist eigentlich keine Tat, höchstens eine tote. — Wohin fliegen Worte? — Der Ausdrückende ist der Künstler. Der Lebende ist einzig. —

Kauft! — Nicht Bilder, nicht Produkte, nicht Arbeit, Bilder? — Aus mir — nicht von mir. — Mich erkaufen — — — — — — — — Fragmente.

[171]

Peschka! Die alten Häuser sind so durchwärmt von der Siennaluft, überall gibt es sonnverbrannte Rouleau's, weiß rot und dazu spielt zuzelig eine alte Drehorgel; der große schwarze Jahresrock des blinden Musikanten ist altgrünbraun, zerschossen und abgeschunden. Ich rufe dich, um dir all das Vergönnte zu zeigen; da lachen große und kleine Kinderaugen herein und sprechen laut über mich. Oben im Garten gibt es alle Grün und menschenähnliche Blumen und Blumen. Draußen in einer Farbenwiese sind farbige Gestalten zerschmolzen, braune buschige Bauern am braunen Weg und gelbe Mädchen in der Maiblumenwiese. Hörst Du? —
Im Blätterbaum ist ein inniger Vogel, er ist dumpffarbig, er rührt sich kaum und singt nicht, — tausend Grüne spiegeln sich in seinen Augen.

[218]

Aus einem Skizzenbuch

Ein Maler gibt diese Skizzen.

Dame im Park

... so schritt ich den sonnenweißen Weg weiter —
ich, der ich rot war.
Ich habe die blaue Dame gesehen im Grünen —
im grünen Garten.
Sie blieb stille stehen —
sie schaute mit runden dunklen Augen auf mich.
Sie war fast weiß im Gesicht.

[652 a]

Zwei Kleriker

Der orangegraugrüne Grasacker
deckt
den rollrund-schwarzglänzenden Atlasklotz
mit dem karminbraunen dicken Kopf,
den Kopf, worauf die glitzergleißenden Gläser glänzen.
Die weiße Kreuzkette baumelt.

In großen Gratschen neben diesem
schreitet
der lange ixgraugrantige, bleiche Brillengucker
und spricht brummig im losen Land.

[652 b]

LANDSTRASSE

Die hohen Bäume gingen alle die Straße entlang.
In ihnen zirpten zittrige Vögel.
Mit großen Schritten und roten Bösaugen
durchlief ich die nassen Straßen.

[652 c]

GEWITTERANZUG

Schwarze Trauerwetterwolken rollten allüberall
    hoch —
warnende Wasserwälder.
Raunige Hütten und Brummbäume —

ich ging gegen den schwarzen Bach —
Vögel, gleich wie fahle Blätter im Wind.

[652 d]

MUSIK BEIM ERTRINKEN

In Momenten jochte der schwarze Fluß meine
    ganzen Kräfte.
Ich sah die kleinen Wasser groß
und die sanften Ufer steil und hoch.
Drehend rang ich
und hörte die Wasser in mir,
die guten, schönen Schwarzwasser — —
Dann atmete ich wieder goldene Kraft.
Der Strom strömte starr und stärker.

[652 e]

VISIONEN

Alles war mir lieb —
ich wollte die zornigen Menschen lieb ansehen,
damit ihre Augen gegentun müssen;
und die Neidigen wollt' ich beschenken und ihnen
    sagen,
daß ich wertlos bin.

... ich hörte weiche Wulstwinde durch Linien
    von Lüften streichen.
Und das Mädchen,
das mit klagender Stimme vorlas,
und die Kinder,
die mich groß anschauten und meinem Gegenblick
    durch Kosen entgegneten,
und die fernen Wolken,
sie schauten mit guten Faltenaugen auf mich.
Die weißen, bleichen Mädchen zeigten mir ihre
    schwarzen Beine und die roten Strumpfbänder
und sprachen mit schwarzen Fingern.
Ich aber dachte an die weiten Welten,
an Fingerblumen —
ob ich selbst da bin,
hatt' ich kaum gewußt.

Ich sah den Park: gelbgrün, blaugrün, rotgrün,
    violettgrün, sonniggrün und zittergrün —
und horcht' der blühenden Orangeblumen.
Dann band ich mich an die ovale Parkmauer und
    horchte der dünnfüßigen Kinder,
die, blau getupft und grau gestreiften mit den
    Rosamaschen.
Die Säulenbäume führten just Linien dorthin, als
    sie sich sinnlich langrund
niedersetzten.
Ich dachte an meine farbigen Porträtvisionen,
und es kam mir vor,
als ob ich einmal nur
mit jenen allen gesprochen hätte.

[652 f]

EMPFINDUNG

Hohe Großwinde machten kalt mein Rückgrat
und da schielte ich.
Auf einer krätzigen Mauer sah ich
die ganze Welt
mit allen Tälern und Bergen und Seen,
mit all den Tieren, die da umliefen —
Die Schatten der Bäume und die Sonnenflecken
              erinnerten mich an die Wolken.
Auf der Erde schritt ich
und spürte meine Glieder nicht,
so leicht war mir.

[767 b]

ABENDLAND

Ich habe Schaukelfelder durch winzige Zacken
    zerschneiden gesehen
von Tausenden verlierenden Punkten auf Gelb,
Spiegelteiche und weiche Wolken.
Neigend bogen sich die Berge und hüllten Lüfte
              aus Schleiern ein.
Ich roch die Sonne.
Jetzt war der blaue Abend da,
sang und zeigte mir erst die Felder.
Einen blauen Berg umfloß noch roter Schein.
Ich war von all dem Vielduftigen umträumt.

[1103]

Menschen um Schiele

Im nachstehenden finden sich kurze biographische Angaben über alle, die mit Schiele in nähere Berührung gekommen sind, und Hinweise auf Namen, auf welche in den vorhergehenden Teilen mittels Pfeil (→) verwiesen wurde, so ein Name mehr als dreimal vorkam. Wir fügen — besseren Verständnisses halber — hier auch einige Angaben über Sachliches bei: „Hagenbund" und anderes. Wo die Lebensdaten fehlen, ist dies auf den Umstand zurückzuführen, daß es an einschlägigen biographischen Nachschlagewerken, die Zeit von 1900 bis 1918 betreffend, mangelt. Am Ende unserer Angaben finden sich Hinweise auf die Rolle, die jeder davon in Schieles Leben gespielt hat, ob der Betreffende nun von Schiele gemalt oder gezeichnet wurde, oder aber welche seiner Bilder er besaß.

ADDA [von Schiele zweimal irrtümlich zu Beginn seines Flirts mit den → Harms-Mädchen verwendeter Vorname] = Adele Harms.

ADELE = Adele Harms.

„AKTION, DIE", Zeitschrift, herausgegeben von → Franz Pfemfert in Berlin, 1911—1918. „... das Lebenswerk eines Mannes, der stolz darauf war, daß seine Zeitschrift von Anfang an auf ‚zwei Augen gestellt' war, und der unerbittlich und konsequent seinen Weg zu Ende ging..." „Die ‚Aktion' ... ist eine der wichtigsten Quellen zur Geschichte des deutschen Expressionismus. Sie ist ein Dokument der Größe und der Grenzen dieser Bewegung..." [nach: „Ich schneide die Zeit aus." Expressionismus und Politik. Franz Pfemferts „Aktion" ... Herausgegeben von Paul Raabe. dtv München 1964].
Es wurde bisher übersehen, „Die Aktion" als Quelle für den Erstabdruck von Gedichten Egon Schieles zu würdigen. Auch ist sie für die Wiedergabe seiner Zeichnungen und zweier extra für diese Zeitschrift angefertigter Holzschnitte von Bedeutung [siehe auch → Pfemfert]. Schiele war übrigens gar nicht erfreut, daß → Arthur Roessler, ohne ihn zu fragen, in der Nummer vom 14. III. 1914 seine Gedichte „Aus einem Skizzenbuch" dort hatte erscheinen lassen [siehe Nr. 657].

l'ALLEMAND, Sigmund (8. III. 1840 — Wien — 23. X. 1910), Porträt- und Kriegsmaler, seit 1883 Professor an der Wiener Akademie der bildenden Künste. War 1907, als Schiele dort studierte, Rektor der Akademie.

148 Titelblatt des Egon-Schiele-Heftes der Zeitschrift „Die Aktion", mit Reproduktion eines Selbstporträts von 1915.

ALTENBERG, Peter [Pseudonym für Richard Engländer] (9. III. 1859 — Wien — 8. I. 1919), Hauptvertreter des literarischen Impressionismus in Wien. Von → Oskar Kokoschka gemalt. Altenbergs Vorliebe für heranwachsende junge Mädchen — eine Neigung, die er mit Egon Schiele teilte — fand in vielen seiner Prosaarbeiten Niederschlag.
Sein Name scheint unter jenen auf, die Schiele 1917 in der „Kunsthalle" vereinen wollte [siehe Nr. 1182].

AMBROSI, Gustinus (Eisenstadt, 24. II. 1893 — Wien 1975), Bildhauer, Graphiker, Dichter. Nicht er — wie es irrtümlich in der Literatur heißt —, sondern der Bildhauer → Moritz Sandig — wohl sein Schüler — nahm Schieles Totenmaske ab.

„ANBRUCH, DER"; Flugblätter der Zeit, Wien I., Tiefer Graben 36.
In der ersten Nummer der Zeitschrift ist eine Schiele-Zeichnung reproduziert [siehe Nr. 1516]. → F. A. Harta schlug 1918 vor [siehe Nr. 1656], die Absicht der Zeitschrift, eine Ausstellung junger Künstler gemeinsam mit dem → „Hagenbund", zu unterstützen.

ANDERSEN, Robin Christian (17. VII. 1890 — Wien — 23. I. 1969), Maler dänischer Herkunft. Studierte in Wien, München und Italien.
Mit Schiele befreundet.

ANGERER, Olga, geborene Soukup, Schwester von Schieles Mutter. War verheiratet mit Alexander Carl Angerer, dem Seniorchef des Hauses C. Angerer & Göschl in Wien [bekannte, heute noch bestehende Klischieranstalt]. Er diente in der alten Armee als k. und k. Hauptmann; war Hof-Fotochemigraph, Kaiserlicher Rat und Träger hoher Orden und Auszeichnungen. Er starb am 27. IV. 1950 [nach einer Parte im Besitz von Ing. Norbert Gradisch].
Schieles Mutter versuchte es 1906 vergeblich, Egon bei Angerer & Göschl unterzubringen. Man lese die Ablehnung im Brief ihrer Schwester vom 9. VI. 1906 nach [Nr. 63].

ANKWICZ VON KLEEHOVEN, Dr. Hans (Böheimkirchen, 29. IX. 1883 — Wien, 1962), Kunsthistoriker. War bis 1938 Bibliothekar am Museum für angewandte Kunst, ab 1945 an der Bibliothek der Wiener Akademie und lange Jahre hindurch Kunstkritiker der amtlichen „Wiener Zeitung", zudem einer der warmherzigsten Freunde und Förderer moderner Kunst. Mit Schiele seit 1918 bekannt [siehe Nr. 1468]. Verfaßte viele wichtige Biographien in Thieme-Beckers Künstlerlexikon. Befreundet mit → Josef Hoffmann und dem Marionettenspieler → Richard Teschner, an dessen Aufführungen er mitwirkte.
Besaß eine größere Anzahl von Schiele-Zeichnungen in seiner von Gegenständen der „Wiener Werkstätte" buchstäblich überquellenden Wohnung, Wien VIII., Florianigasse 20. Sie waren an der einen Seite einer Doppeltür befestigt. Auf der anderen Seite hingen Zeichnungen von Gustav Klimt.

ARNOLD, Kunsthandlung in Dresden. Wahrscheinlich gegründet von Johann Christoph Arnold (1763—1847), der Verleger von Ludwig Richter (1803—1884) und schon von dessen Vater Carl August Richter war. Er förderte auch Carl Maria von Weber. Die Firma befand sich bis ungefähr 1906 im Besitz der Graphikfirma C. G. Boerner in Leipzig. Sie wurde vor Eintritt von → Gustav Nebehay in die Firma C. G. Boerner abgestoßen.
Stellte seit 1912 Zeichnungen Schieles aus [siehe Nr. 389, 403, 414, 419, 613].

ARNOT, Guido (Wien, 1878 — London, 1964). Studierte in Paris und Florenz Malerei und Kunstgeschichte. Gründete — gemeinsam mit seinem Bruder Hugo — in Wien eine Kunsthandlung, die sich zuerst im Haus Wien I., Kärntnerring 13, befunden hat. Sie handelten dort (ein 1909 herausgegebener Katalog beweist dies) hauptsächlich mit aus Frankreich importierten Bildern. Zu einem späteren Zeitpunkt muß die Galerie in das Haus Kärntnerring 15 übersiedelt sein. Sie hatte eine Filiale in Paris, Nr. 1 & 3 Rue Laffitte, die Guido Arnot anscheinend bis zum Ausbruch des Ersten Weltkrieges leitete [siehe sein Briefpapier Nr. 756]. Dort waren 1914 Schiele-Zeichnungen ausgestellt [siehe Nr. 661]. Arnot kaufte seit

149 Der Wiener Kunsthändler Guido Arnot, Öl, 1918.

Juli 1912 Zeichnungen von Schiele [siehe Nr. 373]. Im Jänner 1915 eröffneten die Brüder ein Bildergeschäft im Gebäude des „Neuen Hotel Bristol", Kärntnerstraße, nahe der bekannten „Sirkecke" [siehe die Bemerkung von Arthur Roessler zu Beginn der Nr. 741].
Über den Erfolg der 1914/15 in der Galerie Arnot veranstalteten Schiele-Kollektiv-Ausstellung sind wir nicht unterrichtet. Schiele entwarf ein Plakat dafür, das ihn als hl. Sebastian darstellt [Historisches Museum der Stadt Wien]. Eine zweite (1916), mit viel Mühe und Gewissenhaftigkeit von ihm vorbereitete Ausstellung unterblieb, weil er sich mit Arnot nicht über die Höhe der Prozente einigen konnte.
„... Von der bloßen Ehre, die ein Herr Egon Schiele der Galerie Arnot gewährt, indem er seine Werke daselbst ausstellt, kann dieselbe nicht existieren..." [siehe Nr. 1147]. Schon im Katalog von 1909 heißt es auf einem kleinen Zettel: „Unser oberstes Geschäftsprinzip ist: Mäßige, für jedermann gleiche, aber streng feste, unabänderliche Preise." Daher verwundert die unnachgiebige Haltung Arnots kaum.
Schiele malte sein Porträt: „Bildnis des Kunsthändlers Guido Arnot", 1918. Durch Arnots Hände gingen die nachstehenden Bilder Schieles: „Agonie", 1912 — „Bekehrung" I, 1912 — „Sonne und Herbstbäume", 1912 — „Vorfrühlingslandschaft", 1913 — „Sägewerk", 1913 — „Stadt Stein" I, 1913 — „Bildnis Edith Schiele in gestreiftem Rock", 1915 — „Sommerlandschaft", 1917 — „Stadt im Grünen", 1917.

150 Melanie Schiele in Schieles erstem Atelier in Wien II.

151 Bildnis Dr. Victor Ritter von Bauer, Industrieller, 1918.

ATELIERS SCHIELE — Sein erstes war Wien II., Kurzbauergasse. Alle übrigen siehe unter: Wohnadressen.

BAHR, Hermann (Linz, 19. VII. 1863 — München, 14. I. 1934), Dichter und Schriftsteller, einer der bedeutendsten Lustspieldichter seiner Zeit, glänzender Stilist, Essayist und Kritiker.

BAUER, Victor Ritter von (keine Daten feststellbar), österreichischer Diplomat, Großgrundbesitzer, Großindustrieller. Schiele malte sein Porträt „Bildnis Dr. Victor Ritter von Bauer", 1918. Es gibt Studien aus dem Jahre 1917 hiezu [L. 286].

BEER-MONTI, Friederike (lebt auf Hawaii), Tochter der Besitzerin der eleganten „Kaiser-Bar", Wien I., Krugerstraße 3. War viele Jahre hindurch die Freundin des Malers → Hans Böhler. Arbeitete um 1918—1920 eine Zeitlang in der Kunsthandlung → Gustav Nebehay, Wien I., wo sie beauftragt war, den Nachlaßstempel auf jene Klimt-Zeichnungen aufzudrucken, die dort verkauft wurden. War viele Jahre hindurch Leiterin einer Kunsthandlung in New York „The Artist's Gallery", 113 West 13th Street.
Schiele malte 1914 ihr Porträt, das sie anscheinend selbst bezahlte. Siehe Näheres im Kapitel X.

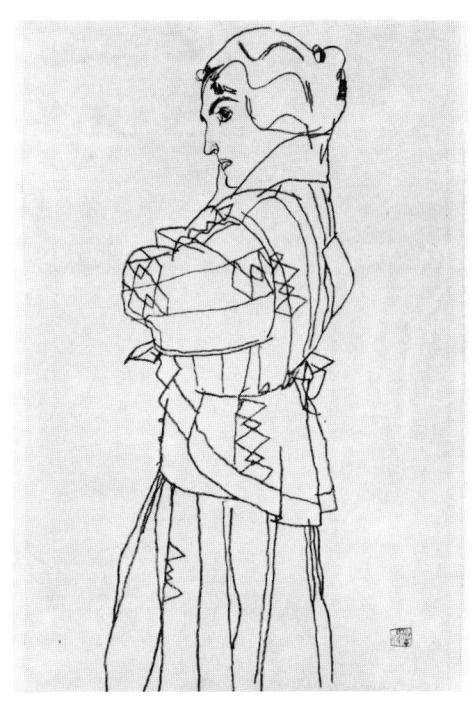

152 Friederike Beer-Monti, Studie, 1914.

511

153 Friederike Beer-Monti in einem Kleid der „Wiener Werkstätte" in ihrer von J. Hoffmann eingerichteten Wohnung.

154 Doppelporträt Heinrich und Otto Benesch, Öl, 1913.

BENESCH, Heinrich (1862—1947), Zentralinspektor der Südbahn.
Von allen, die um Egon Schiele waren, war er vermutlich der selbstloseste, uneigennützigste Freund und Helfer in vielen kleinen Nöten, wovon zahlreiche Briefe und Karten, die wir abdrucken, Zeugnis geben. Man lese besonders den bereits im verbindenden Text erwähnten Brief [Nr. 138] nach, in welchem Benesch im November 1910 Schiele um die kleinste, unscheinbarste Skizze bittet, die sonst in den Ofen geworfen würde. Mit der Gleichung: „Ofen = Benesch" ist dies ein Brief eines begeisterten Sammlers, der vermutlich nicht seinesgleichen hat. Auch die schönen Worte, die er anläßlich der Enthüllung des Grabdenkmales für das Ehepaar Schiele auf dem Ober St. Veiter Friedhof am 31. X. 1929 hielt, verdienen bekannt zu werden. Wir schließen die Wiedergabe der Korrespondenz mit seiner Ansprache ab [siehe Nr. 1803]. Bei durchaus beschränkten Einkommensverhältnissen war er ein Sammler par exzellence, der sich — bevor er 1908 Egon Schiele auf seiner ersten Ausstellung in Klosterneuburg entdeckte — an unbedeutende österreichische Künstler verlor, dann aber eine ungemein qualitätsvolle Sammlung von Zeichnungen und Aquarellen Schieles aufbaute, die sich heute zum Großteil in der Graphischen Sammlung Albertina befindet. 1917 besaß er bereits über 70 Blätter [siehe Nr. 1178]. Der Herausgeber ist in seiner Jugend dem würdigen alten Herrn sehr oft in der Kunsthandlung seines Vaters begegnet und hat ihn — ob seiner besonderen Liebenswürdigkeit und seines Enthusiasmus der modernen Kunst gegenüber — in bester Erinnerung.
Sein Buch „Mein Weg mit Egon Schiele", 1943, lebendig und verständnisvoll geschrieben, zählt zu den verläßlichsten Quellenschriften, die wir über Egon Schiele besitzen. Es wurde von seiner Schwiegertochter Eva Benesch, geborene Steiner, redigiert und bearbeitet und 1965 im Verlag der Johannes Presse, New York, herausgegeben.
Schiele malte ihn und seinen Sohn → Otto „Doppelporträt" 1913, vielleicht das bedeutendste Schiele-Porträt überhaupt. Es gibt auch eine ganze Anzahl von Porträtzeichnungen nach ihm.

BENESCH, Otto (Ebenfurth, Niederösterreich, 29. V. 1896 — Wien, 16. XI. 1964), Kunsthistoriker, Sohn von → Heinrich Benesch. Studierte an der Universität Wien unter Max Dvořák und Julius von Schlosser. Seit 1923 an der Albertina, Wien; 1938—1947 Emigration nach Frankreich, England und in die USA; 1947 bis 1962 Direktor der Albertina.
Begleitete als Jüngling seinen Vater auf zahlreichen Besuchen in Schieles Atelier. Fuhr 1912 als Sechzehnjähriger nach Krumau und schrieb von dort, daß er es so gesehen habe, wie Schiele es gemalt hätte [siehe Nr. 392]. Schrieb im Dezember 1914 das Vorwort zur Schiele-Kollektiv-Ausstellung bei → Guido Arnot [siehe Nr. 728] und — als Antwort auf lautgewordene Kritik im Jänner 1915 — seinen aufschlußreichen Brief mit dem bemerkenswerten Satz: „Sie, Herr

155 Leopold Berger, Hauslehrer der Familie Schiele, seit 1900 Direktor der Bürgerschule in Klosterneuburg.

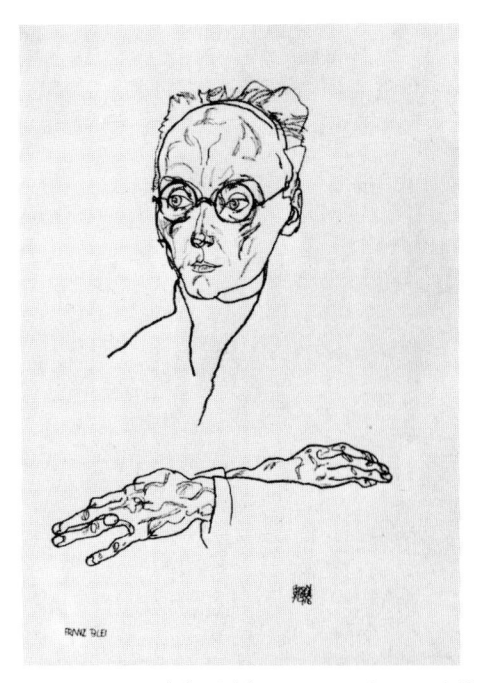

156 Franz Blei, Dichter, Essayist, Kritiker und Übersetzer, Kohlezeichnung. Schiele zeichnete ihn 1918 des öfteren.

Schiele, waren auch einmal einer von ‚denen um Klimt'. Die Wandlung, die Sie in andere Bahnen lenkte, kann nur ein Abstieg oder Aufstieg gewesen sein. Wohl war es ein Aufstieg..." Schiele fand übrigens die Einleitung gut, nur hätte er es lieber gesehen, wenn die Namen → Klimt und → Kokoschka nicht erwähnt worden wären [siehe Nr. 736]. Professor Benesch veröffentlichte nach 1918 eine Anzahl von Aufsätzen über Schiele. Vor allem sind die Texte seiner Ansprachen anläßlich von Eröffnungen von Ausstellungen von Handzeichnungen Schieles bemerkenswert.
Schiele stellte ihn, zusammen mit seinem Vater, Heinrich Benesch, auf seinem „Doppelporträt" von 1913 dar, zu dem es zahlreiche gezeichnete Vorstudien gibt.

BERGER, Albert, Besitzer einer kleinen lithographischen Druckerei in Wien VIII., Tigergasse 17. Der außerordentlich kunstsinnige Mann war Freund und Helfer junger Künstler. In seinem Betrieb wurde noch viel mit der Handpresse gearbeitet.
Schiele ließ dort im März 1918 das große und künstlerisch bedeutende Plakat für die 49. Ausstellung der „Secession" drucken, das wohl in annähernd 400 Exemplaren hergestellt worden ist [K.Gr. 15]. Ferner wurden dort sein „Bildnis Paris von Gütersloh", Lithographie, 1918 [K.Gr. 16], und die Lithographie „Mädchen", 1918 [K.Gr. 17], gedruckt [siehe Nr. 1584].

BERGER, Leopold (Wien, 12. XI. 1860 — Klosterneuburg, 7. VI. 1921). War in Tulln Hauslehrer bei der Familie Schiele. Dann Bürgerschuldirektor an der „Langstöger Volks- und Bürgerschule" in Klosterneuburg, 1900—1929; eine Zeitlang im Gemeinderat tätig und seit 1905 Bezirksfeuerwehrkommandant [freundlicher Hinweis von Ing. Norbert Gradisch, März 1978].
Schiele wohnte 1902—1904 bei ihm in der Albrechtsstraße 59, wo Berger auch starb.

„BILDENDE KÜNSTLER", Zeitschrift, von → Arthur Roessler im Verlag der Druckerei Brüder → Rosenbaum herausgegeben. Erschien 1911, nur ein Jahr hindurch.
Wichtig wegen Roesslers Aufsatz: „Egon Schiele" [siehe Nr. 198].

BLEI, Franz (Wien, 18. I. 1871 — Westbury, Long Island, 10. VII. 1942), Schriftsteller, Kritiker, Herausgeber der exklusiven Zeitschriften „Der Amethyst", 1906, „Opale", 1907; „Der Zwiebelfisch", 1908/09; „Hyperion", 1908/10, etc. War eine Zeitlang Mitarbeiter des Sozialdemokraten Viktor Adler (1852—1918) in Wien; stand seit 1911 in Beziehungen zu → Franz Pfemfert und seinem Kreis in Berlin.
Schiele kannte ihn anscheinend seit 1911, da er im Auftrag der „Wiener Werkstätte" Schiele-Zeichnungen nach München zu → Goltz brachte [siehe Nr. 267 und 276]; er zeichnete ihn 1918 mehrmals.

BODOR, Oberleutnant (keine Daten feststellbar), Vorgesetzter Schieles in Mühling.
Schiele zeichnete nach ihm 1916/17 [siehe Nr. 1199].

BÖHLER, Hans (11. IX. 1884 — Wien — 17. IX. 1961), Wien VI., Linke Wienzeile 52, Maler. Studierte an der Akademie der bildenden Künste in Wien. 1911 in China, Korea

157 Heinrich Böhler. Nahm 1917/18 bei Schiele Malunterricht und unterstützte ihn während seines Militärdienstes.

158 Marga[rete] Boerner-Wagner, 1917 gezeichnet. Nachweisbar nachträglich, in Abwesenheit des Modells, koloriert.

und Japan, 1936—1950 Aufenthalt in den USA. „Schöpfer farbstarker figurativer Bilder und zahlreicher, zum Teil großformatiger Zeichnungen, vor allem Aktzeichnungen" [Robert Waissenberger, Die Wiener Secession, Wien 1971, p. 255].
Stammte aus der Großindustriellenfamilie Böhler (Stahlwerke), war daher finanziell unabhängig, ein Lebenslust und Heiterkeit ausstrahlender Mann [Erinnerung des Herausgebers]. Viele Jahre hindurch befreundet mit → Friederike Beer-Monti, die er von → Gustav Klimt 1917 porträtieren ließ. Sie wurde auch von Schiele gemalt (1914).
Kaufte Schiele 1914 zwei Zeichnungen ab, die er bei einem Besuch des Ateliers seines Vetters → Heinrich Böhler gesehen hatte. Schiele besuchte sein Atelier und berichtet über Bilder, die er dort sah. Auch der Auftrag, das Bildnis von → Friederike Beer-Monti zu malen, kam — nach Schieles Worten — von ihm [siehe Nr. 706]. Fuhr September 1914, in Begleitung von Schiele und → L. H. Jungnickel, nach Krumau [siehe Nr. 711].

Böhler besaß von ihm: „Fenster", 1914, und „Die Familie", 1918. Es war beabsichtigt, daß Schiele sein Bildnis male, wozu es allerdings nicht kam [siehe Nr. 706].

BÖHLER, Dr. Heinrich (keine Daten feststellbar), Vetter von → Hans Böhler, der gleich diesem — finanziell unabhängig — seinen Neigungen nachgehen konnte. Hatte sein Atelier in Wien IV., Belvederegasse 30, Parterre rechts. Wurde Schweizer Staatsbürger, lebte nach dem Ersten Weltkrieg in St. Moritz. Wurde seit 1914 durch Vermittlung von → Josef Hoffmann von Schiele im Malen unterrichtet [siehe Nr. 703]. Zahlte an Schiele für die Dauer seiner Militärdienstzeit monatliche Unterstützungen.

Er besaß folgende Bilder Schieles:
„Triestiner Fischerboot", 1912 — „Häuser und bunte Wäsche", 1914 — „Gelbe Stadt", 1914 — „Hauswand am Fluß", 1915 — „Mutter mit zwei Kindern", 1915 — „Der Häuserbogen", 1915.

BOERNER, Marga[rete], Schauspielerin (keine Daten feststellbar).
Schiele zeichnete sie 1917, anscheinend im Auftrag von Oberleutnant Hans von Rosé. Bei der Ablieferung fragte er diesen: „Soll i's farbeln?" und kolorierte die Zeichnung im Gang der „Konsumanstalt" innerhalb einer halben Stunde [siehe Wolfgang Fischer, Egon Schiele als Militärzeichner, Albertina Studien 1966, Heft 2, p. 73]. Sie lieh sich 1917 von Schiele, der sie mehrmals in seinem Notizbuch von 1918 erwähnt, 200 Kronen [siehe Nr. 1192].

BUCHILLUSTRATIONEN Schieles sind nicht bekannt. Schiele war von Professor → Erwin Hanslik 1917/18 beauftragt worden, Zeichnungen für Illustrationen zu seinem Buch „Menschheit" zu machen (Schädelbildungen). Bis jetzt hat sich keine dieser Zeichnungen gefunden [siehe Nr. 1299].
Im April 1918 trat man mit dem Wunsch an ihn heran, das Gedicht „Stimme des Geistes" im 1917 erschienenen Buch „Mittag" von Anton Wildgans (1881—1932) zu illustrieren. Er antwortete dem Antragsteller: „... ich glaube, daß jeder Künstler Dichter sein muß..." [siehe Nr. 1510].

„BUND ÖSTERREICHISCHER KÜNSTLER". Eine → Gustav Klimt nahestehende Künstlergruppe in Wien mit dem Sitz III., Ungargasse 2.
Schiele wurde im Jänner 1913 Mitglied [siehe Nr. 441].

159 Ölskizze Schieles für ein Porträt des Onkels Czihaczek, 1906. Es gibt acht Bilder und viele Zeichnungen nach ihm.

160 Leopold und Marie Czihaczek im Musikzimmer; dessen Einrichtung ist typisches überladenes Fin de Siècle.

CASSIRER, Paul (Görlitz, 21. II. 1871 — Berlin, 7. I. 1926, Selbstmord), prominenter Verleger und Kunsthändler in Berlin; stand in enger Verbindung mit den Kämpfen der Berliner „Secession" gegen die Berliner „Hofkunst"; war Wegbereiter des französischen Impressionismus in Deutschland, wodurch er sich den persönlichen Unwillen Kaiser Wilhelms II. zuzog; führte Trübner[1], Liebermann[2], Corinth[3] und Slevogt[4] zum Erfolg; vertrat viele Jahre hindurch → Oskar Kokoschka.
→ Arthur Roessler bemühte sich im August 1911 vergeblich, ihn für Egon Schiele zu interessieren [siehe Nr. 240], was möglicherweise an Kokoschkas Einspruch scheiterte.

1 Wilhelm Trübner (Heidelberg, 3. II. 1851 — Karlsruhe, 21. XII. 1917), Maler.
2 Max Liebermann (20. VII. 1847 — Berlin — 8. II. 1935), Maler, Graphiker.
3 Lovis Corinth (Tzpian, Ostpreußen, 21. VII. 1858 — Zantvoort, 17. VII. 1925), Maler, Graphiker.
4 Max Slevogt (Landshut, 8. X. 1868 — Neukastel, 20. IX. 1932), Maler, Illustrator.

CÉZANNE, Paul (19. I. 1839 — Aix en Provence — 23. X. 1906), französischer Maler.

CZESCHKA, Carl Otto (Wien, 22. X. 1878 — Hamburg, 1960), Kunstgewerbler, Maler, Graphiker, Buchillustrator. Lehrte an der Wiener Kunstgewerbeschule, wo → Oskar Kokoschka sein Schüler war. Stand der „Wiener Werkstätte" nahe, für die er Entwürfe schuf. Ging 1908 an die dortige Kunstgewerbeschule als Professor nach Hamburg.

CZIHACZEK, Leopold (1842—20. II. 1929), Ingenieur und Oberinspektor der K. K. Staatsbahnen (Nordbahn), Verwaltungsrat der Lokalbahn Wiltendorf—Neunkirchen; wohnhaft Wien II., Zirkusgasse 47. Verheiratet mit → Marie Leopoldine, geborene Schiele, der Schwester von Schieles Vater. Nach dem Tod von → Adolf Schiele wurde Leopold Czihaczek 1905 neben der Witwe zum Mitvormund für die beiden minderjährigen Kinder Egon und → Gertrude bestellt, legte aber 1909, verärgert über das Verhalten seines Neffen, die Vormundschaft nieder. [Amtliche Enthebung April 1911, siehe Nr. 199.] Über seine Vermögensverhältnisse, seinen Lebensstil und über das Verhältnis zu Egon Schiele siehe pp. 14, 58, 115, 116.
Schiele versuchte mehrmals, den erbosten Vormund umzustimmen [siehe Nr. 251 und 588]. Schiele malte seinen Onkel in den Jahren 1906—1908 nicht weniger als achtmal. Es gibt auch eine Anzahl von Zeichnungen nach ihm.

CZIHACZEK, Marie, geborene Schiele, die Schwester von Schieles Vater (Freistadt, Schlesien, 26. V. 1853 — Wien, 8. II. 1937).
Sie war Schieles Tante „Mani", die ihm auch in jener Zeit zugetan blieb, da ihr verbitterter Mann nichts mehr von ihm wissen wollte [siehe über sie einen Aufsatz von Otto Kunz; Egon Schiele und seine Tante in: „Der Wiener Tag", 21. III. 1937, E. S. A. 1220].

DELA = Adele Harms

„DEUTSCHE KUNST UND DEKORATION". 1896 von → Alexander Koch in Darmstadt herausgegebene Zeitschrift, in welcher → Arthur Roessler 1915 einen größeren illustrierten Artikel über Schiele erscheinen lassen wollte [siehe Nr. 754]. Da er sich kurz darauf mit Schiele vorübergehend überwarf, kam es nicht dazu [siehe Nr. 763].

DIAMANT (keine Daten feststellbar), wahrscheinlich Zivilbeamter der „K. K. Konsumanstalt...".
Schiele reiste mit ihm und → Karl Grünwald im Juni 1917 nach Tirol [siehe Nr. 1212, 1221, 1225].

DID, DIDERLE = Kosename von → Edith Harms-Schiele.

EDIDERLE = Kosename für → Edith Harms-Schiele.

EDITH = Edith Harms-Schiele.

EGGER-LIENZ, Albin (Stribach bei Lienz, 29. I. 1868 — S. Justina bei Bozen, 4. XI. 1926), Maler. „... in einem impressionistisch bestimmten Naturalismus vorgetragen, zeugen seine ersten großen Historienbilder von einem neuen, rückhaltslosen Wirklichkeitssinn, der mit starkem Ausdruck und einem tragischen Zug gepaart erscheint..." [Österreichisches biographisches Lexikon, I. p. 224]. Einer der wenigen österreichischen Maler, die der Erste Weltkrieg zu künstlerischem Schaffen anregte.

EHRLICH, Hans (keine Daten feststellbar), vermutlich Schulfreund Schieles. Besuchte mit Schiele im Februar 1914 Eggenburg [siehe Nr. 638]. Im März 1915 erwähnt Schiele in einer Karte an → Anton Peschka, daß Hans Ehrlich an der Front sei [siehe Nr. 762], im August 1915, daß er an Typhus erkrankt und daß man seither ohne Nachricht sei. Im selben Brief an → Peschka wird ein „Peperl" [= Josef] Ehrlich erwähnt [siehe Nr. 832].

EISLER, MAX (Boskowitz, Mähren, 17. III. 1881 — Wien, 8. XII. 1937), namhafter Kunsthistoriker.
Bereitete im April 1918 einen Artikel über Schiele in der „Kunst" (Verlag Bruckmann, München) vor.

EISSLER, Dr. Hermann (Wien, 20. VII. 1860 — Nizza, 26. II. 1953). Trat nach Beendigung seines Studiums in die Firma „J. Eissler und Brüder" in Wien ein, deren Gesellschafter er nach dem Tode seines Vaters wurde. Gehörte zu den bedeutendsten Kunstsammlern Wiens vor dem Ersten Weltkrieg und besaß eine hervorragende Sammlung von Ölgemälden und Zeichnungen, darunter Landschaften und Genrebilder von Waldmüller[1] und anderen österreichischen Malern des 19. Jahrhunderts. Darüber hinaus Bilder einiger wichtiger Impressionisten, zum Beispiel „La Folle" von Géricault[2], die Skizze von Manet[3] zu seinem Bild „Le Bar aux Folies Bergères" etc. War der äußeren Erscheinung nach ein kleiner Mann mit einem faltigen Gesicht, aus dem ungemein lebendige Augen blitzten. Sprach leicht gehemmt und abgerissen [Erinnerung des Herausgebers]. Unterstützte nicht nur junge Künstler, sondern machte auch den Museen namhafte Zuwendungen.
Er besaß vorübergehend Schieles „Bildnis Dr. Oskar Reichel", 1910.

[1] Ferdinand Georg Waldmüller (Wien, 15. I. 1793 — Mödling, 23. VIII. 1865), der berühmteste Vorkämpfer des Realismus in der österreichischen Malerei.
[2] Théodore Géricault (Rouen, 26. IX. 1791 — Paris, 26. I. 1824), Maler.
[3] Édouard Manet (25. I. 1832 — Paris — 30. IV. 1883), Maler.

ELVIRA = Elvira Schiele.

ENGEL, Dr. Hermann (keine Daten feststellbar), Zahnarzt in Wien I., Rotenturmstraße 19. Behandelte Schiele im Jahre

161 Anton Faistauer, Malerfreund Schieles, gezeichnet 1909.

1911 über Empfehlung von → Arthur Roessler, an den er geschrieben hatte: „... Sie erzählten mir einmal von einem Zahnarzt, den ich für die drei [zu reparierenden] Zähne malen könnte..." [siehe Nr. 193 und Nr. 244]. Es gibt anscheinend vom August 1911 und später eine Anzahl von Briefen Schieles an ihn, die uns nicht zugänglich gemacht wurden [siehe A. C., V. Anmerkung 59, ehemals im Besitz von → Melanie Schuster-Schiele]. Einer der bemerkenswertesten Schiele-Briefe überhaupt, eine Deutung seines Bildes „Die Offenbarung", 1911, ist Nr. 397. Später kam es anscheinend wegen einer seiner Töchter zu Differenzen [siehe Nr. 1086 und 1094].
Schiele malte für ihn — vielleicht als Gegenleistung — „Bildnis Trude Engel", 1911. Außerdem besaß Dr. Engel das oben erwähnte Bild „Offenbarung", „Seegestade", 1913, und „Zwei Eremiten", 1911.

FAISTAUER, Anton (St. Martin bei Lofer, 14. III. 1887 — Salzburg, 13. II. 1930), Sohn von Bauern, sollte Geistlicher werden. Kam 1906 an die Akademie in Wien in die Klasse von Professor → Christian Griepenkerl, die er gemeinsam mit Egon Schiele 1909 verließ. Mitbegründer der → „Neukunstgruppe" und — nach den Worten → Arthur Roesslers — „deren motorische Kraft und ein geschickter Impresario". Es kam daher zwischen ihm und Schiele auch in späteren Jahren zu leichten Spannungen, als dieser, besonders nach → Klimts Tod, 1918, sich zum Führer der jungen österreichischen Maler auserkoren fühlte [siehe zum Beispiel Nr. 1373]. Faistauers Urteil über Schiele ist bemerkenswert: „... ich habe übrigens Vertrauen auf seine Sauberkeit in ... Sachen, die das gemeinsame Wohl angehen, wenn ich auch zu seinem Ge-

schmack u. Urteilskraft keines od. nur sehr vorbehaltsweise Vertrauen habe..." [siehe Nr. 1710]. Faistauer, dessen Leben — im Gegensatz zu Schiele — weniger emotionell und hektisch verlief, war ein bedeutender Maler. Seine 1926 für das Salzburger Festspielhaus geschaffenen Fresken mußten 1939 nach der Machtübernahme entfernt werden, haben sich aber erhalten.
Schiele zeichnete seinen Freund 1909.

162 Benjamin Ferenczy, Schiele-Plakette, Avers und Revers.

FERENCZY, Benjamin (Beni) (Szentendre, 18. VI. 1890 — Budapest, 1967), ungarischer Bildhauer. War 1925—1935 Mitglied des → „Hagenbundes" und lebte in sehr beschränkten Verhältnissen in Wien.
Schuf 1928 den — künstlerisch nicht befriedigenden — Grabstein für das Ehepaar Schiele auf dem Ober St. Veiter Friedhof; desgleichen eine Egon-Schiele-Plakette.

FISCHER, Johannes [Hans] (Feldsberg, 21. IX. 1888 — Wien, 13. XII. 1955), Maler, ursprünglich Naturwissenschaftler, trat erstmalig 1914 mit einer „Sonnenlandschaft" auf dem → Reininghaus-Wettbewerb in die Öffentlichkeit. „Das hervorstechendste Merkmal seiner Persönlichkeit ist seine Leidenschaftlichkeit, sinnlich und geistig" [Arthur Roessler, Johannes Fischer, in: Kritische Fragmente, Wien, 1918].
Freund und Ateliernachbar von Egon Schiele; er wohnte in Wien XIII., Martensgasse 16. Half diesem bei seinen fotografischen Experimenten, fotografierte Schiele 1916 mehrmals.
Schrieb 1943: „In memoriam Egon Schiele":
„Ich war schon lange mit Egon Schiele befreundet ehe ich durch meine Übersiedlung nach Ober St. Veit, wo wir sozusagen Türe an Türe wohnten, viele Stunden täglich beisammen waren. Ich habe fast alle seine wichtigen Bilder entstehen und werden sehen... Ich will hier feststellen das[!] Schieles erotische Zeichnungen ebenso wie die erotischen Zeichnungen anderer großer Künstler von der Antike bis zur Gegenwart mit Sexualität nicht das geringste zu schaffen haben;... Wer Schiele wirklich kannte, der sah nichts von Dekadenz und Perversität, es ist erstaunlich und für ein feines organisiertes Kulturgefühl unfaßbar daß die damalige sogenannte geistige Elite der Wiener Kunsthistoriker unter Führung des ‚Hofrates' Strzygowsky[1] (sein berüchtigter Ver-

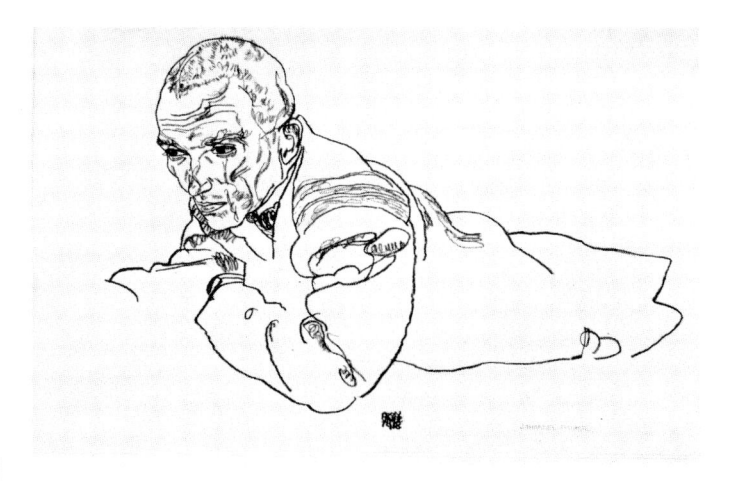

163 Johannes Fischer, Schieles Malerfreund, gezeichnet 1918.

gleich von → Kokoschkas Bildern mit Bordellfresken verdient der Nachwelt erhalten zu bleiben) sich wie eine Horde boshafter Affen über die um die Jahrhundertwende in Wien um eine noch nie dagewesene Vergeistigung von Musik und Malerei bemühte junge Künstlergeneration stürzte.
Seine Kunst führt im steilen Anstieg vom optisch sensuellen seiner ersten Anfänge zu immer stärkerer Vergeistigung, immer stärker und zwingender wird das Todesproblem das Kraftzentrum seines visionären Schauens und Gestaltens. Es ist ein durch nichts zu ersetzender Verlust der jungen Kunst des zwanzigsten Jahrhunderts, daß dieser geborene Freskomaler nicht das große Mausoleum, die ungeheure Krypta des Todes gestalten durfte, wozu der Weltkrieg reichlich Anlaß gegeben hätte. Die ganze reiche Entwicklung seiner letzten Jahre drängte mit Macht zur Wand, alle seine Bilder sind Vorstudien, Entwürfe für das seinem gestaltenden Denken vorschwebende Riesenfresko des Todes unter dessen alles bezwingende Kategorie sich die Elemente seiner Bildgestaltung restlos einordnen, der raumlose Blick seiner Asketengestalten sowie deren feierliches in die eine Dimension der zeitlosen Dauer gebannte[s] Schreiten und Schweben..."
[in: Erinnerungsbuch an Egon Schiele; E. S. A. 508]

[1] Strzygowski, Josef (Biala-Bielitz, Österreichisch-Schlesien, 7. III. 1862 — Wien — 2. I. 1941), bedeutender Wiener Kunsthistoriker, bezog die Kunst Asiens in die Erforschung der abendländischen Kunst ein.

FLESCH VON BRUNNINGEN, Hans (geboren am 5. II. 1895 in Brünn, lebt in Wien), Schriftsteller, promovierte 1919 zum Dr. jur. In seiner Jugend Expressionist [Sonderheft der „Aktion", Nr. 30, 1914]. Veröffentlichte viele Erzählungen und Romane, auch in englischer Sprache, unter dem Pseudonym Vincent Brun; Übersetzer; war 1940—1957 Ansager und Kommentator der BBC, London. Verheiratet mit der Schriftstellerin und Kritikerin Hilde Spiel.
Schiele zeichnete ihn im Auftrag von → Franz Pfemfert für die „Aktion". Dieser habe ihm → F. A. Harta, → Max Oppenheimer oder Egon Schiele als Porträtisten vorgeschlagen. Er erzählte dem Herausgeber — als einziger heute noch lebender Zeuge —, wie er über Anregung des mit ihm befreundeten

164 Hans Flesch von Brunningen, Schriftsteller. In seiner Jugend Expressionist. Für die „Aktion" 1914 gezeichnet.

165 Marie Gierlinger, eine Jugendfreundin Schieles. Angeblich hat Schiele in Klosterneuburg nach ihr gezeichnet.

Schriftstellers → Heinrich Nowak nach Ober St. Veit in das Atelier des ihm damals völlig unbekannten Schiele gegangen sei. Dieser habe für die Zeichnung nicht länger als 15 Minuten gebraucht. Sie sei dann nach Berlin geschickt worden, habe die Emigration Pfemferts überlebt, sei aber bei einer seiner Übersiedlungen in Verlust geraten.

FOLKWANG MUSEUM, Hagen in Westfalen. Goltz sandte im Januar 1912 Schiele Bilder dorthin zur Ausstellung. Siehe auch K. E. Osthaus.

FROMOWITSCH, Dr. (keine Daten feststellbar), Vorgesetzter Schieles in Mühling.
Schiele zeichnete nach ihm 1916/17 [siehe Nr. 1199].

GERTI — GERTRUDE = Gertrude Schiele-Peschka.

„GESELLSCHAFT FÜR VERVIELFÄLTIGENDE KUNST", ein 1871 in Wien zur Förderung aller Zweige der graphischen Künste gegründeter Verein. Organ: „Die graphischen Künste" (seit 1871), mit einer Beilage „Mitteilungen..."
Die von Schiele 1918 eingereichten Lithographien wurden abgelehnt.

GIERLINGER, Johann (Mühel, Oberösterreich, 6. II. 1859 — Klosterneuburg, 21. IX. 1908), „Stifts-Kurschmied" in Klosterneuburg, Buchberggasse 29. Verheiratet mit Maria, geborene Sindelar (Wien, 27. I. 1861 — Klosterneuburg 1938). Schiele wohnte nachweisbar im Schuljahr 1904/05 bei dem Ehepaar Gierlinger. Die Tochter Marie (Mohacs, 12. VI. 1893 — Klosterneuburg, 3. VII. 1975), verheiratet mit Leopold Berger (Sohn des Bürgerschuldirektors → Leopold Berger, bei dem Schiele vorher in Klosterneuburg wohnte), war mit Melanie Schiele bis zu deren Tod befreundet und erzählte, daß Schiele sie öfters im Hof des Hauses gezeichnet habe [freundliche Mitteilung von Ing. Norbert Gradisch, Frühjahr 1978].

GMÜR, Xaver B. (keine Daten bekannt), Schweizer Herkunft, Wien XIII., Erzbischofgasse 3; zeitweilig in der → „Wiener Werkstätte" tätig.
Seine Frau besaß das Bild „Sonnenblumen" II, 1914 [siehe Anmerkung zu Nr. 1635 und Nr. 1636].

GOGH, Vincent van (Groot-Zundert, 30. III. 1853 — Auvers sur Oise, 29. VII. 1890), Maler, Zeichner, Graphiker.
Von Einfluß auf Schiele, der sein „Schlafzimmer", 1888, als Vorbild für sein 1912 gemaltes Bild „Schieles Wohnzimmer in Neulengbach" nahm.

GOLTZ, Hans (geb. in Elbing — München, 1927), Buch- und Kunsthändler, Ausbildung in Königsberg. Er übernahm in München die 1863 von Hermann Manz gegründete Buchhandlung, Brunnerstraße 8, die 1887 an Ullrich Putze übergegangen war. 1912 gründete er am Odeonsplatz 1 seine Galerie „Neue Kunst Hans Goltz", die 1914 in sechs große Räume oberhalb der Buchhandlung verlegt und somit mit ihr vereinigt wurde. Er war ein Vorkämpfer des Expressionismus, stellte die Gruppe „Der blaue Reiter" aus und vertrat namhafte Künstler in Deutschland.
Seit September 1911 interessierte er sich — über Vermittlung

166 Inserat von Goltz in der Zeitschrift „Zwiebelfisch", 1911.

Arthur Roesslers — für Egon Schiele, den er 1913 auf ein Jahr unter Vertrag hatte. Es gelang ihm jedoch nicht, Schiele in Deutschland durchzusetzen. Bemerkenswerterweise vermochte er hauptsächlich Schwarzweiß-Zeichnungen zu verkaufen [siehe Nr. 284]. Seine von uns erstmalig wiedergegebene Korrespondenz mit Schiele ist ein wichtiger Beitrag zu einer noch ungeschriebenen Geschichte des deutschen Kunsthandels.
Über das Verhältnis Goltz—Schiele siehe p. 196, wo auch sein aufschlußreicher Brief vom 1. IV. 1913 [Nr. 484] abgedruckt ist. Wenig später heißt es: „... Ihre Gemälde dagegen sind in Deutschland in der Entwicklung, in der sich Ihre Kunst jetzt befindet, nicht verkäuflich..." [Nr. 593]. Aber im September 1917 ändert er seine Einstellung und baut Brücken für die Zukunft: „... Ihre Bilder im Glaspalast sind die einzigen, die aus diesem ungeheuren Wust von Kitsch und Scheußlichkeit herausleuchten. Ich würde diese gern nach Schluß der Ausstellung übernehmen. Sie gehören aber wirklich nicht mehr in den Glaspalast..." [Nr. 1267].

GOMPERTZ, Dr. Heinrich (1873—1942), Philosoph, Vertreter der Wiener Schule des Positivismus, 1918 Privatdozent, 1920 außerordentlicher, 1924 ordentlicher Professor an der Wiener Universität. Wohnte [1928] in Wien XII., Grünbergstraße 25. Emigrierte 1934 nach Amerika.
Schiele zeichnete ihn 1918.

GRAFE, Dr. Felix (9. VII. 1888 — Wien — 18. XII. 1942). Hervorragender Lyriker und Übersetzer von: Shakespeare, Swinburne, Oskar Wilde, Baudelaire, Mallarmé, Verlaine, Francis Jammes etc. Eigene Gedichte: „Iris", 1911; „Ruit Hora", 1915. Er war ein (ursprünglich wohlhabender) außerordentlich feinsinniger Mann, der seit frühester Jugend Bücher und Graphik sammelte und sich zwischen den Weltkriegen als „marchand amateur" betätigte. Er wurde wegen eines Spottgedichts auf Adolf Hitler hingerichtet. Der Herausgeber zählt einen Besuch, den er seinem Freund 1942 im Landesgericht Wien abstattete, zu den traurigsten Erinnerungen an die damalige Zeit.
Was Grafe als Schiele-Sammler betrifft [siehe Nr. 274 und 280], so sah der Herausgeber bei vielen Besuchen in seiner Wiener Wohnung weder ein Bild noch Zeichnungen von Schiele. Es mag wohl ein vorübergehendes Interesse des damals in München Lebenden gewesen sein.

167 Der Philosoph Professor Dr. Heinrich Gompertz, 1918.

GRAFF, Dr. Erwin von (keine Daten feststellbar), Gynäkologe, tätig an der Wiener Frauenklinik (Klinik von Professor Alfons von Rosthorn, 1857—1909, der ein berühmter Frauenarzt war).
Er lernte Schiele vermutlich anläßlich einer der von → Carl Reininghaus veranstalteten Soireen kennen, bei denen Arbeiten lebender Künstler vorgeführt wurden. Er berichtete ihm von einer jungen Frau, die er in seiner Klinik aufgenommen hätte und die über Schieles Untreue sehr unglücklich gewesen sei [siehe Nr. 102]. Auch muß er es gewesen sein, der es Schiele ermöglichte, an der Klinik nach schwangeren Frauen, neu- und totgeborenen Kindern zu zeichnen [siehe A. C., pp. 72/3, und Anmerkung 64, basierend auf Informationen von → Adele Harms und dem Dichter Max Mell (1882 bis 1971), der mit Erwin von Graff befreundet war. Die Mitteilung, daß er Schiele bei seinem Tode beigestanden hätte, ist vermutlich ein Irrtum. Wir wissen, daß dies der in Hietzing wohnende Arzt → Dr. Franz Haldenwang war [siehe Nr. 1802 a, b].

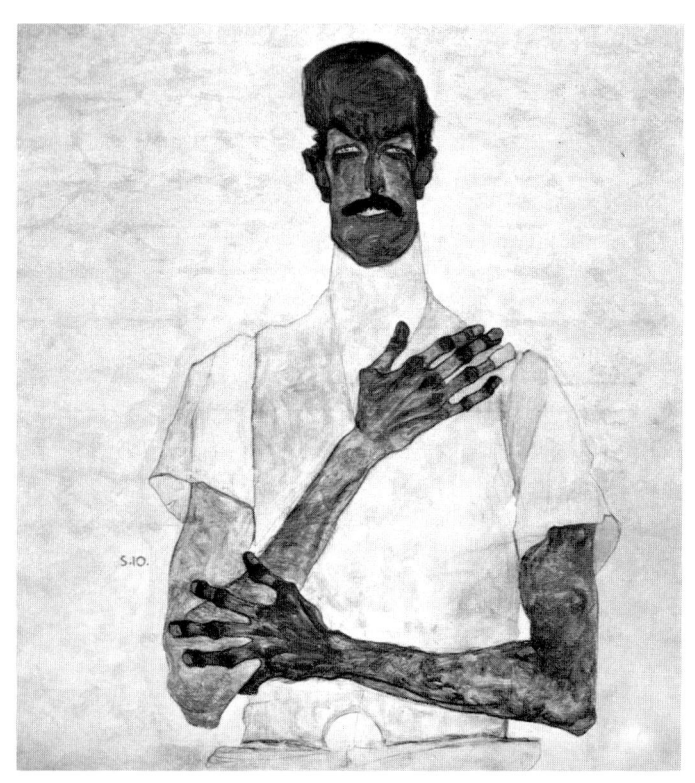

168 Bildnis Dr. Erwin von Graff, Öl auf Leinwand, 1910.

Schiele malte das „Bildnis Dr. Erwin von Graff" 1910. Es gibt Vorstudien zu diesem Bild, eine im Katalog von → Gustav Nebehay, „Die Zeichnung". Heft I. Nr. 13 [nicht abgebildet].

GRAPHIK Egon Schieles

Um dem Leser zu ermöglichen, Schieles Graphik — die in seinem Schaffen eine bedeutende Rolle spielt — an einer Stelle dieses Buches zu erfassen, haben wir sie hier zusammengestellt [nach K.Gr.]:

1. „Männlicher Akt" (Selbstbildnis) I.; 1912, Lithographie; 42 : 21,5 cm. Erschien in der → „Sema-Mappe".

2. „Männlicher Akt" (Selbstbildnis) II.; 1912, Lithographie; 41,9 : 20,2 cm. Existiert nur in einem Exemplar. Gleichfalls auf Umdruckpapier für die → „Sema-Mappe" gezeichnet gewesen.

3. „Männliches Bildnis"; Kaltnadelradierung, 1914; 12,1 : 16,5 cm. Erster Radierversuch Schieles auf einer Platte, auf der sich eine Radierung von → Robert Philippi befand; die Platte wurde später zerschnitten.

4. „Selbstbildnis"; Kaltnadelradierung; vor dem 8. V. 1914; 13 : 11 cm.

5. „Bildnis Franz Hauer"; vor dem 8. V. 1914. Kaltnadelradierung; 13 : 11 cm.

6. „Kauernde"; spiegelverkehrte Darstellung der Gestalt der Mutter des Gemäldes: „Blinde Mutter II"; Kaltnadelradierung; vor dem 16. VI. 1914; 48,3 : 32,2 cm.

7. „Kümmernis"; spiegelverkehrte Darstellung der Gestalt der Mutter im Gemälde „Blinde Mutter I"; Kaltnadelradierung; vor dem 16. VI. 1914; 48,2 : 32 cm.

8. „Bildnis Arthur Roessler"; vor dem 11. VII. 1914; Kaltnadelradierung; 24,2 : 32 cm.

9. „Kopf I"; Sommer 1916; Gummischnitt; 4,2 : 2,8 cm. Zu Lebzeiten des Künstlers kein Druck bekanntgeworden.

10. „Mutter ihr Kind in die Höhe hebend"; Gummischnitt; Sommer 1916; 4,2 : 2,8 cm.

11. „Kopf II"; Gummischnitt; Sommer 1916; 4,4 : 2,5 cm.

12. „Zwei Figuren"; Gummischnitt; Sommer 1916; 4,4 : 2,5 cm[1].

13. „Drei badende Männer"; Holzschnitt; Sommer 1916; 8 : 10 cm. Erschien in → „Die Aktion"; Berlin, VI. Jahrgang, Nr. 35/6.

14. „Männlicher Kopf"; Holzschnitt; Sommer 1916; 10 : 8 cm. Erschien in → „Die Aktion", VI. Jahrgang, Nr. 39/40.

15. „Secession 49. Ausstellung"; Plakat; Lithographie in mehreren Farben nach dem Gemälde „Die Freunde". Vor dem März 1918; Maße ohne Text: 42 : 48 cm.

16. „Bildnis Paris von Gütersloh"; Kreidelithographie (es gibt Probedrucke in verschiedenen Farben). Vor dem 27. April 1918; 26,4 : 30,2 cm.

17. „Mädchen"; Kreidelithographie (es gibt Probedrucke in verschiedenen Farben). Vor dem 19. VI. 1918; 21,1 : 37,3 cm. Wie Nr. 16 für die „Gesellschaft für vervielfältigende Kunst", Wien, geschaffen, jedoch nicht angenommen.

[1] Im September 1916 schreibt → Adele Harms an Schiele. „Die Stempel sind auch erst Ende nächster Woche fertig..." [E. S. A. Nr. 469]. Es könnte sein, daß es sich um die Stempel der beiden Gummischnitte K.Gr. 11 und 12 handelt, die Kallir mit „Sommer 1916" datiert.

169 „Männlicher Akt" (Selbstbildnis), Lithographie, 1912.

170 „Selbstbildnis", Kaltnadelradierung, 1914 entstanden.

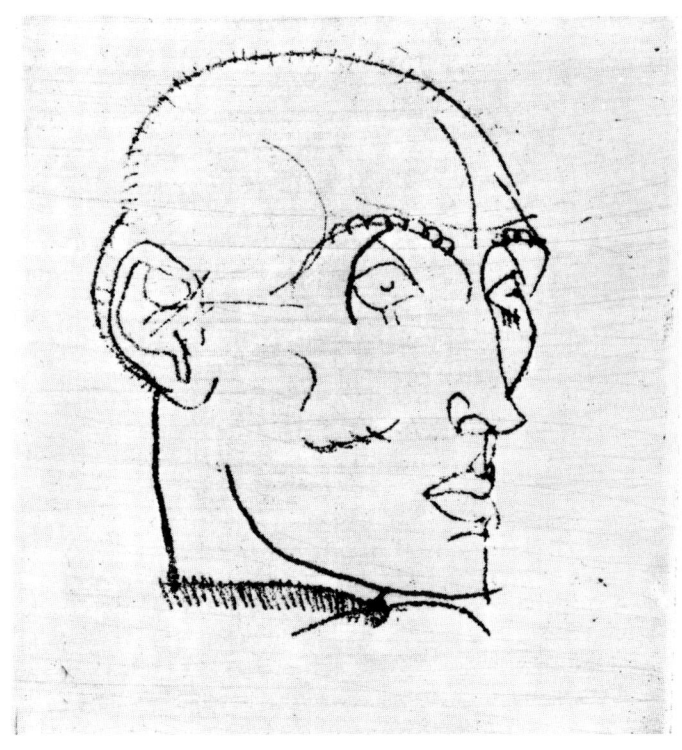

171 „Männliches Bildnis". Erster Radierversuch, 1914.

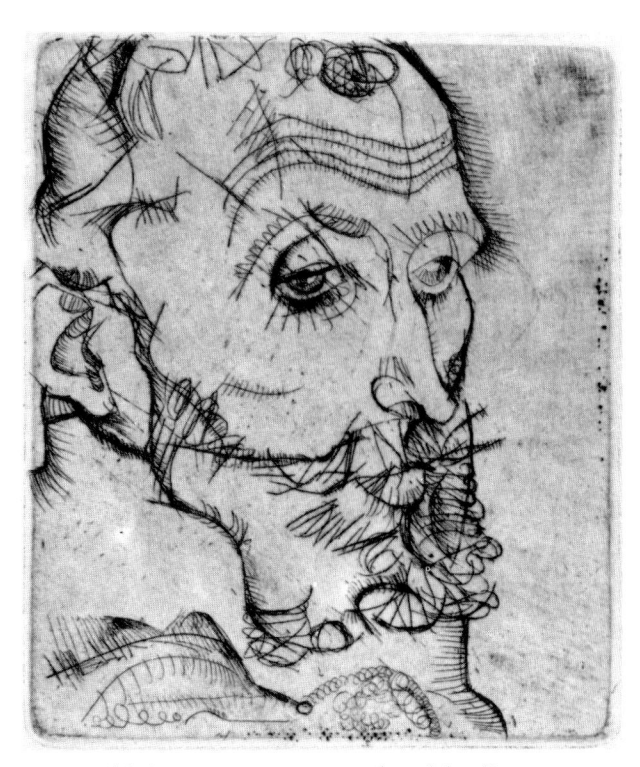

172 „Bildnis Franz Hauer", Kaltnadelradierung, 1914.

173 „Kauernde". Gestalt des Gemäldes „Blinde Mutter II", spiegelverkehrt. Eine Kaltnadelradierung, Sommer 1914.

174 „Kümmernis". Gestalt der Mutter des Bildes „Blinde Mutter I", spiegelverkehrt. Kaltnadelradierung, 1914.

175 „Bildnis Arthur Roessler", Kaltnadelradierung, im Sommer 1914 entstanden. Egon Schiele wurde von ihm zum Radieren angeregt.

176 „Kopf I", Gummischnitt, 1916 in Mühling entstanden.
177 „Mutter ihr Kind in die Höhe hebend", Gummischnitt.
178 „Drei badende Männer", Holzschnitt, Mühling, 1916.
179 „Kopf II", der 3. Gummischnitt, Mühling, Sommer 1916.
180 „Mädchen", Kreidelithographie, 1918. Von der „Gesellschaft für vervielfältigende Kunst", Wien, refüsiert.

181 „Bildnis Paris von Gütersloh", Kreidelithographie, 1918.   182 49. Ausstellung der „Secession", Plakat, Lithographie, 1918.

183 Chr. Griepenkerl, der „altmodische" Akademie-Professor.

184 Karl Grünwald, Kunsthändler, 1917 von Schiele gezeichnet.

GRIEPENKERL, Christian (Oldenburg, 17. III. 1839 — Wien, 22. III. 1916), Historien- und Porträtmaler. Studierte in Wien bei Rahl[1], der ihn an verschiedenen Fresken in Wiener Gebäuden mitarbeiten ließ; vollendete das Deckengemälde von Anselm Feuerbach[2] in der Wiener Akademie. War seit 1874 ordentlicher Professor an der Wiener Akademie und Lehrer einer großen Anzahl später bekannt gewordener junger österreichischer Künstler. „... Griepenkerls Stoffgebiet ist die allegorische Darstellung mit Benutzung antiker Mythologie, wie sie um die Mitte des 19. Jahrhunderts üblich war. An diesen Traditionen festhaltend, aber ohne das Temperament seines Lehrers Rahl zu besitzen, geriet er in schroffen Gegensatz zu den künstlerischen Forderungen seiner Zeit. Die tüchtige Behandlung des Handwerklichen gab seiner Lehrtätigkeit den Halt" [Thieme-Becker, Künstlerlexikon, XV, p. 22].
Schiele blieb drei Jahre an der Wiener Akademie, über deren Lehrbetrieb er sich selbst nicht geäußert hat [siehe Kapitel III].

1 Karl Rahl (13. VIII. 1812 — Wien — 9. VII. 1865), Historienmaler.
2 Anselm Feuerbach (Speyer, 12. IX. 1829 — Venedig, 4. I. 1880), Maler, lehrte eine Zeitlang an der Wiener Akademie.

GRIMSCHITZ, Dr. Bruno (Moosburg, Kärnten, 24. IV. 1892 — Wien, 13. VI. 1964), Kunsthistoriker. Begann sein Studium 1910; war 1914—1918 im Kriegsdienst (Italien, Rußland); promovierte 1918; war seit 1919 an der Österreichischen Staatsgalerie tätig, deren Direktor er 1939 wurde und bis 1945 blieb. Ab 1941 war er außerordentlicher Professor an der Wiener Universität.

GRÜNBAUM, Fritz (Brünn, 7. IV. 1880 — 1940 im KZ Dachau), Schauspieler, erfolgreicher Bühnenschriftsteller. Einer der geistreichsten Kabarettisten Wiens. War Sohn eines Kunsthändlers, studierte 1899—1903 Jus an der Universität Wien, nahm als Offizier am Ersten Weltkrieg teil.
Er besaß folgende Bilder Schieles: „Selbstseher", 1910; „Mädchen in Schwarz", 1911; „Tote Stadt", 1911. In der Schiele-Ausstellung der Galerie Würthle, Wien, waren im Dezember 1925 aus seinem Besitz 18 Aquarelle und 4 Zeichnungen ausgestellt [Katalog E. S. A. 1058].

GRÜNWALD, Karl (keine Daten feststellbar), Kunst- und Antiquitätenhändler, Wien I., Singerstraße 8. Diente im Ersten Weltkrieg unter → Dr. Hans von Rosé in der „K. u. K. Konsumanstalt für die Gagisten der Armee im Feld", Wien VI., Mariahilferstraße 134. Seinen Bemühungen gelang es, daß Schiele 1917 aus Mühling nach Wien versetzt wurde. Schiele reiste mit ihm im Juni 1917 nach Tirol und verstieg sich einmal zur Bemerkung: „... G. ist ein Vieh!..." [siehe Nr. 1227].

„... In meiner Ratlosigkeit ... erzählte ich einmal den Fall Schiele einem kleinen Oberleutnant ... er war bemüht, mit jungen Leuten der Literatur in Kontakt zu kommen. Er hatte hiebei den Ehrgeiz, solchen Künstlernaturen ... nach Möglichkeit die Härten des Militärdienstes erleichtern zu helfen ... schließlich klappte es ... und alles, was [Schiele] im letzten Teil seines Lebens geschaffen hat ist eigentlich ... der grotesken Tat dieses merkwürdigen Oberleutnants zu verdanken ..." [→ Leopold Liegler, in: Erinnerungsbuch an Schiele, E. S. A. 508].

1923 wurde Grünwald in einen Prozeß wegen Reproduktionen nach erotischen Zeichnungen Schieles verwickelt. Dabei wurden bei ihm anläßlich einer Rücksendung aus München im Wege einer Haussuchung 198 Drucke beschlagnahmt. Es kam zu einem Freispruch, die Beschlagnahme wurde jedoch erst in der Berufungsverhandlung vom 22. XII. 1923 aufgehoben [nach Zeitungsberichten, E. S. A. 1189/90].

Schiele malte ihn: „Bildnis Karl Grünwald", 1917 [Verbleib unbekannt]. Es gibt mehrere Zeichnungen Schieles nach ihm, der auch seinen Schreibtisch in der oben erwähnten „Konsumanstalt" zeichnete.

Die nachstehenden Bilder Schieles gingen durch seine Hände: „Vision und Schicksal", 1911; „Dämmernde Stadt", 1912/1913[?]; „Sonnenblume" II, 1914[?]; „Die Häuser am Meer", 1914; „Bildnis Johann Harms", 1916; „Mutter mit zwei Kindern" III, 1915/17; „Liegende Frau", 1917; „Häuser in hügeliger Landschaft", 1917/18; „Stadtende", 1917/18; „Bildnis Dr. Victor Ritter von Bauer", 1918; „Tafelrunde", auch „Die Freunde", große Fassung, 1917/18; „Bildnis Paris von Gütersloh", 1918.

GÜTERSLOH, Paris von (bürgerliche Name: Albert Konrad Kietreiber) (Wien, 5. II. 1887 — Baden bei Wien, 16. V. 1973), ursprünglich Schauspieler, debütierte 1909 auf der „2. Kunstschau" als Maler. „... Seine eigenartigen Federzeichnungen erregten im Herbst 1910 bei der Ausstellung der ‚Neukunstgruppe' Aufsehen. 1911/12 lebte er in Paris, 1914 bis 1918 Militärdienst. War 1919—1921 in München. Betätigte sich als Schriftsteller. Als Maler ist er Autodidakt, ‚seine in sehr hellen und bunten Farben gemalten Aquarelle besitzen einen starken koloristischen Reiz' (Thieme-Becker, XV, pp. 247/8). „Egon Schiele war der zweite Freund meiner Jugend und ist mir ein aufrichtiger und geschätzter bis zu seinem allzufrühen Tode geblieben. Uns, die künstlerisch nichts miteinander vereinte, vereinte unsere Verschiedenheit und der Respekt, den der eine vor dem Wesen des anderen hatte. Als einer der wenigen durch und durch echten Künstler war Schiele auch einer der wenigen, guten, gütigen Menschen. Was ich über ihn zu sagen hatte, habe ich öffentlich gesagt. Diese Zeilen sollen nur dartun, daß er mir noch lebt, als ob er lebte.
A. P. Gütersloh"
[1945/46 in: Erinnerungsbuch an Egon Schiele, E. S. A. 508].
Gütersloh gebührt das Verdienst — neben → Arthur Roessler —, sehr früh über Schiele geschrieben zu haben [siehe „Versuch über Egon Schiele" als Anmerkung 11 zu Kapitel VII].

185 „Bildnis Dr. Franz Martin Haberditzl", Öl, 1917.

Schiele malte ihn: „Bildnis Paris von Gütersloh", 1918. Es gibt auch einige Zeichnungen nach ihm sowie eine Porträtlithographie [K.Gr. 16] [siehe Abb. 181].

GURLITT, Friedrich (Fritz) (1854—1893), Kunsthändler in Berlin W 35, Potsdamer Straße 113, Sohn des Heinrich L. Th., Landschaftsmaler (1812—1897) „... wuchs dank seiner glänzenden Veranlagung und durch den Vater mühelos in das internationale Kunstleben hinein. 1880 gründete er in Berlin die später (seit 1908) von seinem Sohn Wolfgang geleitete Galerie Fritz Gurlitt. Gurlitt hat sich insbesondere als Pfleger der deutschen Romantiker sowie als Förderer Böcklins[1] und Feuerbachs[2] sowie um die Einführung der französischen Impressionisten in Deutschland verdient gemacht, die er bereits 1881 in Berlin zeigte." [Neue deutsche Biographie, VII., Berlin 1966, p. 328].
Verhandelte 1912, durch seinen Vertreter, erfolglos in Wien mit Schiele [siehe Nr. 411 und 413]. Wollte im Jänner 1914 Kupferplatten Schieles erwerben [siehe Nr. 639].

[1] Arnold Böcklin (Basel, 16. X. 1827 — San Domenico bei Fiesole, 16. I. 1901), Maler.
[2] Anselm Feuerbach (Speyer, 12. IX. 1829 — Venedig, 4. I. 1880), Maler.

GURLITT, Wolfgang, Sohn des Vorigen (keine Daten feststellbar). Gründete das „Wolfgang Gurlitt Museum", heute „Neue Galerie" in Linz.
Als eines der Hauptwerke dort das aus seinem Besitz stammende „Doppelporträt" Schieles von 1912 [Heinrich und Otto Benesch]. Besaß auch viele Zeichnungen Schieles und — anscheinend — auch Briefe von ihm, über deren Verbleib nichts zu eruieren war.

HABERDITZL, Dr. Franz Martin (1882—1944), Kunsthistoriker; seit 1909 Leiter des Kupferstichkabinetts der K. K. Hofbibliothek; seit 1915 Direktor der „Staatsgalerie" [heute: Österreichische Galerie] im Belvedere. Die Errichtung des Barockmuseums im Unteren Belvedere sowie die Aufstellung der modernen ausländischen Kunst in der Orangerie dort war sein Werk. Ihre Eröffnung erregte 1925 Aufsehen und verschaffte dem durch Krankheit (Gicht) an einen Rollstuhl gefesselten Mann internationale Anerkennung. Er verbrachte den Rest seines Lebens in den ebenerdigen Räumen des sogenannten „Belvederestöckls", was der Initiative von → Gustav Nebehay und einigen Wiener Kunstfreunden zu verdanken war [Mitteilung der Tochter Dr. Haberditzls]. Durch seine Erwerbung des „Bildnis Edith Schiele", 1917 (das zu buntfarbige Kleid der Dargestellten wurde auf seinen Wunsch vom Künstler übermalt), hielt Schiele zu Lebzeiten Einzug in ein österreichisches Museum. Die damals erworbenen Schiele-Zeichnungen sind heute in der Graphischen Sammlung Albertina.
Schiele malte ihn: „Bildnis Dr. Franz Martin Haberditzl", 1917. Der Dargestellte hält eine Zeichnung Schieles in Händen, auf der eine Sonnenblume zu erkennen ist. Wir sind durch zahlreiche, bisher unbekannte Briefe beider 1917/18 und durch Schieles Tagesnotizen 1918 genau über die Entstehungsgeschichte des Porträts informiert. Es gibt eine Anzahl Zeichnungen Schieles nach ihm.

„HAGENBUND". — Die Künstlervereinigung „Hagenbund" wurde 1900 gegründet. Seit 1880 trafen sich junge Künstler in verschiedenen Restaurants, dann im Gasthaus „Zum blauen Freihaus", Wien VI., Gumpendorferstraße 9, das dem Gastwirt Josef Haagen gehörte. Nach ihm wurde die Vereinigung benannt. Zu vorgerückter Stunde übersiedelte man ins benachbarte „Kaffee Sperl", wo auch der „Siebenerclub" sich traf, aus dem die Wiener „Secession" hervorging. Aus Enttäuschung, in diese exklusive Vereinigung nicht mit aufgenommen worden zu sein, wurde der „Hagenbund" gegründet [siehe Historisches Museum, Wien, „Der Hagenbund", Katalog der 40. Sonderausstellung, 1975].
Schiele war nicht Mitglied, stellte aber im Juli 1912 mit einer Gruppe junger Österreicher im Gebäude Wien I., Zedlitzgasse 6 (heute demoliert und einem Umspannwerk gewichen), aus. Im selben Jahr fand dort eine Ausstellung → Edvard Munchs statt.

HALDENWANG, Dr. Franz (keine Daten feststellbar), praktischer Arzt in Hietzing, Altgasse. Hervorragender Diagnostiker, Freund und Betreuer ungezählter Hietzinger Familien, 1910—1945.

186 Das Gebäude des „Hagenbundes", Wien I., Zedlitzgasse Nr. 6, in dem Schiele 1912 ausstellte. 1965 demoliert.

Erst das unvermutete Auffinden des Verlassenschaftsaktes nach Schiele brachte den Beweis, daß — entgegen den Angaben in der Literatur — nicht → Dr. von Graff, sondern Dr. Haldenwang Schiele im Oktober 1918 behandelt hat.

HANAK, Anton (Brünn, 22. 5 1875 — Wien, 6. 1. 1934), bedeutender österreichischer Bildhauer. Studierte bei → Hellmer an der Wiener Akademie. War 1904/05 in Italien, seit 1914 Lehrer an der Kunstgewerbeschule. 1906—1909 Mitglied der Wiener „Secession".
→ Arthur Roessler spricht in seinen „Erinnerungen an Egon Schiele", Wien 1948, p. 54 ff., ausführlich von einem mit Hanak und Schiele verbrachten Abend.

HANSLIK, Erwin (Biala, Galizien, 12. II. 1880 — Todesjahr nicht feststellbar), Dr. phil.; war Schüler von Sueß[1] und Penck[2]. Habilitierte sich 1911 in Wien als Privatdozent für Anthropogeographie; war hauptberuflich als k. k. Professor an der Staatsrealschule in Wien IX. tätig. Hanslik war der Gründer des „Instituts für Kulturforschung" in Wien I., Mölkerbastei 10. Im Nachwort des von ihm herausgegebenen Buches „Die Menschheit in 30 Weltbildern", Wien 1917, heißt es: „... Das Institut ... ist aus der Not des Krieges heraus entstanden. Sein einziges Ziel ist, zu erforschen, wie weit die Welt und das Leben Einheit und Harmonie sind ..." Die Karten dieses Werkes wurden nach Entwürfen des Verfassers von der k. k. Kunstgewerbeschule in Wien, Leiter der künstlerischen Arbeit: → Hofrat Alfred Roller, ausgeführt. Es war beabsichtigt, 1917 einen weiteren Band „Menschheit" herauszugeben, der sich bereits im Druck befand.
Schiele war beauftragt, für dieses Buch eine Anzahl von Illustrationen zu schaffen (Schädelbildungen). Nach seinen Zeichnungen hätten Klischees angefertigt werden sollen [Nr. 1299].
Das Buch ist nicht erschienen. Es wäre das einzige von Schiele illustrierte gewesen. Bisher hat sich auch keine seiner Zeich-

187 Adele Harms, Modistin. Aufnahme von Egon Schiele?

188 Edith Schiele-Harms, sich „mondän" gebend, vor dem Bild „Mädchen", 1917. Zu ihren Füßen der Hund „Lord".

nungen dazu gefunden. In Schieles Notizbuch von 1918 finden sich zahlreiche Hinweise auf seine Besuche bei Professor Hanslik.

1 Eduard Sueß (London, 20. VIII. 1831 — Marz, 26. IV. 1914) wirkte richtunggebend auf die geotektonische Forschung.
2 Albrecht Penck (Leipzig, 25. IX. 1858 — Prag, 7. III. 1945), Geomorphologe.

HARLFINGER, Richard (Mailand, 17. VII. 1873 — Wien, 12. IX. 1948), Maler, seit 1906 Mitglied der „Secession", 1917—1918 ihr Präsident.
Schiele hatte 1918 mit ihm wegen der 49. Ausstellung der „Secession" des öfteren zu tun.

HARMS, Adele (14. XI. 1890 — Wien — 1968), die Schwester von Edith Schiele. Betätigte sich als Modistin. Starb unverheiratet und mittellos und wurde im Grab des Ehepaars Schiele beigesetzt, ohne daß man die Familie davon benachrichtigt hätte [Mitteilung von Anton Peschka jun. 1977].
Zu Beginn seines Flirts mit den beiden (vis-à-vis wohnenden) hübschen jungen Damen scheint sich Schiele nicht klar darüber gewesen zu sein, wem seine Sympathien wirklich galten. Sein köstlicher Brief vom Jänner 1915 mit der Ansprache „Liebes Fräulein EDADEDAD [er zog beider Vornamen zusammen] wie auch ein Gruß an Adele Harms [ohne Erwähnung der Schwester] vom Juli 1914 [Nr. 697] scheint dies zu beweisen. Aber gegen Ende Jänner ist die Entscheidung zugunsten von Edith gefallen. Adele Harms erweist sich als humorvolle Briefschreiberin [siehe ihren ersten Brief an das junge Ehepaar vom Juni 1915, Nr. 806]. Auch später gibt es eine Anzahl freundlicher Schreiben. Ob dem Hinweis [bei A. C., p. 238, Anmerkung 36], Schiele habe die klösterliche Zurückhaltung seiner Schwägerin erfolgreich durchbrochen [seine Frau habe davon gewußt und es toleriert], Gewicht beizumessen sei, entzieht sich unserer Kenntnis. Tatsache scheint jedoch zu sein, daß sich bei → Melanie Schuster-Schiele [laut derselben Quelle] eine ganze Anzahl von Negativen Schieles nach Aktaufnahmen seiner Schwägerin befunden haben muß. Schiele zeichnete seine Schwägerin [ihr Foto siehe Abb. 187].

HARMS, Edith (Wien II., Kronprinz-Rudolf-Straße [jetzt Lassallestraße] 52, 4. III. 1893 — Wien XIII., Wattmanngasse 6, 30. X. 1918), Schieles Frau. Er heiratete sie — knapp vor seiner Einberufung — am 17. VI. 1915 durch Kriegstrauung in der protestantischen Dorotheerkirche, Wien I. [siehe über sie Kapitel VII und XI].
Schiele malte seine Frau zweimal: 1915 stehend, 1917 sitzend. Es gibt eine Anzahl von Porträtzeichnungen nach ihr. Er hat auch Akt nach ihr gezeichnet, aber — anscheinend über ihren Wunsch — ihrem Gesicht fremde Züge verliehen [siehe Abb. 137, 188, 189].

HARMS, Johann(es), Heinrich (Rüllstorf, Hannover, 23. XII. 1843 — Wien, 5. I. 1917). Der Schwiegervater Schieles. War bis zu seiner Pensionierung (10. XII. 1914) bei der k. k. österreichischen Staatsbahn — zuletzt in der Lokomotivwerkstatt — Wien XX., Floridsdorf, tätig. Verheiratet mit Josefa geborene Bürzner (Weitersfeld bei Retz, Niederösterreich, 7. II. 1850 — Wien, 10. II. 1939). Seine Frau, die in erster

Ehe mit einem Herrn Erdmann verheiratet war, brachte ihm einen Sohn Paul in die Ehe mit. Sie muß wohlhabend gewesen sein, denn das von der Familie bewohnte Haus in Wien XIII., Hietzinger Hauptstraße 114, gehörte ihr (vom 10. III. 1913 bis zum 18. V. 1918) [siehe Grundbuch für den XIII. Bezirk, Ober St. Veit, E. Z. 1457, Katastralnummer 518]. Sie wohnte zuletzt in Wien XIII., St.-Veit-Gasse 53/4.

Aus der Ehe stammen zwei Töchter → Adele, die unverheiratet blieb, und → Edith, die Schieles Frau wurde.

Es ist anzunehmen, daß dem kleinbürgerlichen Ehepaar der sich seit Beginn des Jahres 1914 abzeichnende Flirt mit dem jungen Künstler vis-à-vis nicht sonderlich willkommen war. Waren die Töchter doch zwei wohlbehütete Mädchen und Schieles Liebeswerben allzu stürmisch, wie man aus der energischen Zurechtweisung der Mutter unschwer entnehmen kann [siehe Nr. 654]. Anfang Januar 1915 gab es die ersten Rendezvous, alle hinter dem Rücken der Mutter. Am 17. Juni fand — unmittelbar nach Schieles Einberufung zum Militär — die formlose Kriegstrauung statt [siehe Nr. 796 und 797]. Es scheint, daß Schieles Verhältnis zu seinem Schwiegervater ein gutes war. Er schreibt 1917 an → Anton Peschka: „Am 5. Jänner starb mein Schwiegervater an Altersschwäche, ich hatte ihn sehr gerne, er war groß und mager, 76 Jahre alt." Schiele nahm ihm die Totenmaske ab [siehe Nr. 1170].

Schiele malte das „Bildnis Johann Harms", 1916. Es gibt Vorstudien hiezu [siehe Abb. 132].

HARMS-MÄDCHEN = Adele und Edith Harms.

HARTA, Felix Albrecht (Budapest, 2. VII. 1884 — Salzburg, 27. XI. 1964), Maler und Graphiker. Lebte in Salzburg. Studierte in München unter Habermann. Aufenthalte in Paris, Spanien, Belgien und Italien. „... Seine figuralen, namentlich seine biblischen Kompositionen, atmen in ihrer lebhaften Bewegtheit ein ausgesprochenes barockes Empfinden..." [Thieme-Becker, Künstlerlexikon, XVI, p. 70].

War enger mit Schiele befreundet. Seiner Schwiegermutter

189 Eine der vielen Zeichnungen nach Edith Harms-Schiele.

190 Familie Harms, um 1914. Schiele findet jene kleinbürgerliche Welt vor, die er bei L. Czihaczek so gehaßt hatte.

191 F. A. Harta, Porträt Egon Schiele. Im Auftrag der Berliner Zeitschrift „Die Aktion" Herbst 1916 gezeichnet.

192 Felix Albrecht Harta, ein Malerfreund Schieles. Für die Berliner Zeitschrift „Die Aktion" Herbst 1916 gezeichnet.

193 Franz Hauer, Gastwirt in Wien I., bedeutender Kunstsammler, 1914. Einer der wichtigsten Kunden Schieles.

gehörten das Haus Wien XIII., Feldmühlgasse 10, und auch Nr. 11, in dem → Klimt sein letztes Atelier hatte. Schiele wollte es zuerst als Gedenkstätte erhalten wissen, dann wollte er es selbst mieten. Im 6. Jahrgang der → „Aktion", Berlin, Heft 35/6, finden sich Reproduktionen nach einer Zeichnung Hartas, Egon Schiele darstellend, wie auch nach einer Zeichnung Schieles, F. A. Harta darstellend.
Harta besaß von Schiele die nachstehenden Bilder: „Seitwärts gewandtes Gesicht mit geschlossenen Augen", 1911; „Winterbäume", 1914; „Mutter mit zwei Kindern", 1914, und „Einzelne Häuser", 1915.

HAUER, Franz (Weißenkirchen, Wachau, 1866 — Wien, 5. VI. 1914). Stammte aus einfachen Verhältnissen (sein Vater war Briefträger) und besaß große körperliche Kräfte; er erlernte zunächst die Fleischhauerei und war dann eine Zeitlang Hausknecht im Hotel „Zur Rose" in Krems; trat (nach dem Militärdienst und seiner Heirat) 1894 in das Geschäft seines Schwagers — das „Reichenberger-Griechenbeisl", Wien I., Fleischmarkt 11 — ein, das er noch vor der Jahrhundertwende zur Gänze übernahm. Durch Fleiß und Tüchtigkeit — seine Frau stand bis zu ihrem frühen Tod, 1907, der Küche vor — machte er aus dem Lokal ein in der ganzen Stadt bekanntes. Er brachte es zu Wohlhabenheit und begann Bilder zu sammeln. Zuerst Maler aus dem Kreise des Künstlerhauses. Dann aber wandte sich seine Aufmerksamkeit den jungen, wenig beachteten Talenten zu. Für → Albin Egger-Lienz, den er besonders schätzte, ließ er in seiner „Galerie" (sein Haus in Wien XIX., Silbergasse, das die an tausend Bilder umfassende Sammlung kaum zu fassen vermochte) einen Extraraum anbauen [größtenteils nach: „Der Maler Leopold Hauer. Selbstbiographie, Privatdruck, Wien, 1962]. Er besaß bedeutende Bilder von → Oskar Kokoschka, darunter sein Porträt [heute im Museum von Rhode Island, USA]. Er starb an einer Blinddarmentzündung. Seine Sammlung wurde in den Nachkriegsjahren des Ersten Weltkrieges aufgelöst, Schiele kaufte jedoch im Mai 1917 aus dem Nachlaß sein Bild „Auferstehung", 1913, zurück [siehe Nr. 1201].
Hauer war in den Jahren 1912—1914 — Schiele war an ihn am 12. VII. 1912 erstmals herangetreten [siehe Nr. 372] — der vielleicht wichtigste Käufer seiner Bilder. Schiele zeichnete ihn 1914; im selben Jahr entstand eine Radierung nach seinem Kopf [K.Gr. 5]. Schiele schrieb an ihn im August 1913 eine Anzahl schöner Briefe, suchte ihn zu überreden, ihn in Sattendorf, Kärnten, zu besuchen [siehe Nr. 569], und am 25. VIII. schrieb er ihm einen seiner bemerkenswertesten Briefe überhaupt, weil es nicht sehr viele Briefe gibt, in denen er sich über seine Kunst äußert: „... Vorderhand denke ich hauptsächlich über Bilder nach die ich machen möchte ... Hauptsächlich beobachte ich jetzt die körperliche Bewegung von Bergen, Wasser Bäumen und Blumen ... Die Malerei allein genügt mir nicht..." [Nr. 573].
Von Bildern Schieles besaß er: „Herbstland", 1912; „Agonie", 1912; „Bekehrung" I, 1912; „Auferstehung", 1913; „Sägewerk", 1913; „Stein an der Donau" I und II, 1913; „Häuser am Fluß", 1914; „Vorstadt", 1914.

HEERESMUSEUM K. K. [heute: Heeresgeschichtliches Museum], Wien III., Arsenal.
Letzte militärische Dienststelle Egon Schieles, vom 29. April 1918 bis zu seinem Tod.

HELLER, Hugo (1870 — Wien — 1923), Buchhandlung und Verlag, Wien I., Bauernmarkt 3. Zu Schieles Zeiten eines der

führenden Sortimente Wiens, aufgeschlossen für moderne Literatur und Kunst. In der vom ambitionierten Inhaber gegründeten Konzert-Agentur — die das Zugrundegehen des Hauptgeschäftes in den Nachkriegsjahren [um 1930] überlebte — lernte Rudolf Bing, der jahrelang die New Yorker Oper leitete.
Während des Ersten Weltkrieges, als die Produktion von Büchern kriegsbedingt zu wünschen übrig ließ, begann man sich dort auch für moderne Graphik zu interessieren und stellte Schieles Blätter und Graphiken aus. Dieser bezog seine Bücher von dort, von → Richard Lányi und gelegentlich von → Hans Goltz, München.

HELLMANN, Daisy und Willy (keine Daten feststellbar. Wohnten Wien I., Rathausstraße 17), besaßen Schieles „Krumauer Landschaft", 1916.

HELLMER, Edmund von (12. XI. 1850 — Wien — 9. III. 1935), Bildhauer (Goethe-Denkmal, Wien 1900; Johann-Strauß-Denkmal, Wien, 1923, etc.). Seit 1902 leitete er die Meisterschule für Bildhauerei an der Wiener Akademie.
War 1907 Rektor der Akademie, als Schiele dort studierte.

HERRMANN, Gustav (keine Daten feststellbar), war im Ersten Weltkrieg Ulanen-Oberleutnant und Schieles wohlmeinender und verständnisvoller Vorgesetzter in Mühling, dem er viele Diensterleichterungen und Vergünstigungen — unter anderem die Einrichtung eines behelfsmäßigen Ateliers zum Malen — verdankte. War in einem kunstfreundlichen Milieu aufgewachsen; sein Bruder muß eine in Wien bekannte Sammlung mittelalterlicher Waffen und Rüstungen besessen haben [siehe E. S. A. 449, Zeitungsausschnitte: Doktor Ludwig Abels, Egon Schiele als Soldat].
Er bestellte bei Schiele das Bild „Die Vision des heiligen Hubertus", das dieser sichtlich nach seinen Wünschen zu gestalten hatte und das das einzige ist, bei dem er in geschmacklicher Hinsicht Konzessionen machen mußte [siehe die Abbildung bei K., Nr. 214]. Schiele muß viel von seinem damaligen Vorgesetzten gehalten haben; nicht nur, daß er sich „expressis verbis" 1917 bei ihm für geleistete Hilfe bedankt (was bei ihm sonst kaum vorkommt), er weihte ihn auch in seine Zukunftspläne ein: „... Es handelt sich um Kunst und die Zukunft..." [Nr. 1176]. Schiele zeichnete seine Vorgesetzten in Mühling mehrmals, doch konnte bisher keine seiner Zeichnungen einwandfrei als Porträt von G. Herrmann identifiziert werden.

HODLER, Ferdinand (Bern, 14. III. 1853 — Genf, 20. V. 1918), Schweizer Maler; ihm gelang auf der 19. Ausstellung der „Secession" (Jänner—März 1904) der Durchbruch zu internationaler Anerkennung. Die Ausstellung wurde von über 15.000 Personen besucht, zwölf seiner Bilder fanden in Wien Käufer. Vor allem war es → Carl Reininghaus, der mehrere Hauptwerke erwarb [siehe Ch. M. Nebehay, Klimt-Dokumentation, Wien 1969, Kapitel XXVI mit Nachweis aller Quellen]. Großer Einfluß auf Schiele, besonders für sein Bild „Vier Bäume", 1917, war „Herbstabend", 1892/93, gemalt.

194 Josef Hoffmann, Architekt, Kunstgewerbler, Gründer der „Wiener Werkstätte". Tatkräftiger Förderer Schieles.

HÖLZEL, Adolf (Olmütz, 13. V. 1853 — Stuttgart, 17. X. 1934), Maler, Entwurfzeichner für Glasmalerei, galt als „Entarteter".
Setzte sich im Dezember 1914 bei → Alexander Koch in Darmstadt dafür ein, daß Schiele aus dessen Unterstützungsfonds für eingerückte Künstler 100 Mark angewiesen bekam [siehe Nr. 718].

HOFFMANN, Josef (Pirnitz, Mähren, 15. XII. 1870 — Wien, 7. V. 1956), Architekt und Kunstgewerbler, Mitbegründer der „Secession" (1898) und — gemeinsam mit → Fritz Wärndorfer und → Koloman Moser — der → „Wiener Werkstätte" (1903). Einer der größten Förderer junger Talente in Wien, der — neben vielen anderen — → Oskar Kokoschka und auch Egon Schiele vorübergehend in der „Wiener Werkstätte" beschäftigte und ihn späterhin nach Kräften förderte.
Schiele verdankt ihm einen Auftrag für Treibarbeiten und die Gestaltung eines Glasfensters im Palais Stoclet, Brüssel, die allerdings nicht zur Ausführung gelangten: „Poldi Lodzinsky", 1910. Später vermittelte er Schiele Käufer. So Fritz Wärndorfer, der Schieles Bild „Sonne und Herbstbäume", 1912, erwarb; etwas später brachte er ihn mit → Heinrich Böhler zusammen, der nicht nur Bilder Schieles erwarb, sondern auch bei ihm Malunterricht nahm und ihn — seit er zum Militär einrücken mußte — unterstützte. Allerdings

wies dieser stille, zurückhaltende Mann, der bekannt dafür war, daß er niemals — auch nicht in den schwierigsten Situationen — die Ruhe verlor, den ewig um Geld drängenden Schiele einmal energisch in die Schranken. Es war ihm sichtlich peinlich, daß Schiele im Begriff war, sich die Freundschaft Heinrich Böhlers zu verscherzen [siehe Nr. 823]. Darüber hinaus sah Hoffmann darauf, daß in den Verkaufsräumen der „Wiener Werkstätte" stets Aquarelle und Zeichnungen Schieles zum Verkauf aufgestellt waren.
Hoffmann besaß Schieles Bild: „Die Häuser am Meer", 1914; Zeichnungen nach ihm von Schieles Hand sind nicht bekannt geworden.

HORA, Fritz (keine Daten feststellbar). Lebte in Wien und war der Erstbesitzer von Schieles „Krumau an der Moldau", 1913/14 [siehe Nr. 636].

HUYSMANS, Joris Karl (5. II. 1848 — Paris — 12. V. 1907), französischer Erzähler. Hauptvertreter des literarischen Impressionismus. Bekanntestes Werk „A rebours" (1884). Gab seit 1895 einem ästhetisch gefärbten Katholizismus Ausdruck.

IDA = siehe unter Modelle.

ISEPP, Sebastian (geboren Nötsch, Kärnten, 18. II. 1884 — London, 1954), Maler. „... gehörte mit → Oskar Kokoschka, → Franz Wiegele, → Anton Kolig und → Anton Faistauer zu der Gruppe junger österreichischer Künstler, die 1911 im → ‚Hagenbund' eine Aufsehen erregende Ausstellung veranstaltete, die als ‚Glaubenbekenntnis der neuen Generation' gewertet wurde..." [Thieme-Becker, XIX., p. 249]. Stellte 1915 in der Galerie → Arnot, Wien, aus. Lebte seit 1938 als Restaurator in London.

JÄGER, Siegfried (15. IV. 1889 — Klosterneuburg, 1. IV. 1976). Von Beruf Ingenieur. Klassenkamerad Schieles am niederösterreichischen Landesrealgymnasium Klosterneuburg.
Schiele zeichnete seinen Freund 1907 [Besitz Ing. Norbert Gradisch].

JAFFÉ, Max, heute noch bestehende Lichtdruckanstalt, Wien XVII.
Druckte unter anderem 1917 für → Richard Lányi die Mappe mit Reproduktionen nach Schieles Zeichnungen und Aquarellen und eine Reihe von Postkarten nach Zeichnungen und Bildern Schieles, die in → Lányis Verlag erschienen sind.

JOHN, Dr. Wilhelm (Olmütz, 1. V. 1877 — Wien, 19. III. 1934), Historiker. War seit 1909 Direktor des „Heeresmuseums" [heute „Heeresgeschichtliches Museum"] in Wien III., Arsenal, im Range eines Hauptmanns [Artillerie-Ingenieur]. Übernahm bei Ausbruch des Ersten Weltkrieges die Leitung der Kunstgruppe des Kriegspressequartiers, die ihn zur Gründung einer großen Gemäldesammlung am Heeresmuseum anregte. 1916 organisierte er auch den sonstigen Sammeldienst des Museums im Kriege [nach: Österreichisches biographisches Lexikon, III., Wien 1965, p. 126]. Bewahrte

195 Siegfried Jäger, einer der Schulkameraden von Schiele.

196 Derselbe, von Schiele 1907 gezeichnet. Die Gegenüberstellung Zeichnung—Foto in gleicher Haltung schien reizvoll.

durch Einberufung in das Kriegspressequartier viele österreichische Künstler vor dem Dienst an der Front.
War 1918 Schieles wohlwollender Vorgesetzter, als dieser es endlich durchgesetzt hatte, als Soldat an das Heeresmuseum versetzt zu werden. Schiele bezeichnete ihn in seinem langen Brief vom Oktober 1918 als „... idealen Förderer der Kunst" [siehe Nr. 1732].

JUNG, Dr. Hubert (keine Geburtsdaten bekannt, starb 1918), Architekt, Wien VII., Schottenfeldgasse 85, gehörte dem Kreis um → Josef Hoffmann und der → „Wiener Werkstätte" an.
Besaß von Schiele das Bild „Dämmernde Stadt", 1912/13, das ihm dieser für 300 Kronen überlassen hatte, weil er durch → Klimt erfahren hatte, daß Jung — der über wenig Geld verfügt haben muß — diesen Betrag [wohl in einer Lotterie] gewonnen habe [siehe Nr. 516]. Jung war Schiele beim Vermitteln von Bildern behilflich [siehe L. p. 574, der mehrere Briefe Schieles an ihn im Schweizer Privatbesitz erwähnt]. Über seinen Wunsch, ein Gegenstück zur „Dämmernder Stadt" zu erwerben, siehe Nr. 587. Jung war auch der Vermittler des Bildes „Sonnenblumen" II, 1914 — das, nach Brüssel zur Ausstellung geschickt, lange nicht zurückkam —, um das es Auseinandersetzungen gab [siehe Nr. 664 und 687]. Anscheinend war sein Bruder Hugo gleichfalls im Atelier Hoffmann tätig.

JUNGNICKEL, Ludwig Heinrich (Wunsiedel, Oberfranken, 1881 — Wien, 1965), Graphiker, Buchillustrator, einer der besten Tierdarsteller seiner Zeit. Schloß sich dem Kreis um → Klimt nach Gründung der „Secession" an; entwarf Stoffe für die → „Wiener Werkstätte"; brachte den Farbholzschnitt zu großer technischer Vollendung; malte 1914 für das Kinderzimmer im Palais Stoclet, Brüssel, einen Fries. War ein schrulliger Mann, der sich im Imitieren des „natürlichen Ganges von Menschenaffen" gefiel und sich in Gesellschaft ganz einfach auf den Boden hinstreckte, um seelenruhig eine halbe Stunde zu schlafen. Eine seiner besonderen Eigenheiten war, daß er sich niemals von bei ihm ausgewählten Zeichnungen zu trennen vermochte, deren Herausgabe er so lange verzögerte, bis er dem Kunden, ohne ein Wort davon zu sagen, inzwischen angefertigte Kopien überbringen konnte [Erinnerung des Herausgebers].
Gehörte zu Schieles engeren Künstlerfreunden.

JUNK, Dr. Rudolf (Wien, 23. II. 1880 — Rekawinkel bei Wien, 20. XII. 1943), Maler und Graphiker, langjähriger Direktor der Wiener Graphischen Lehr- und Versuchsanstalt. 1909—1922 Mitglied des „Hagenbundes", führte die Geschäfte des → „Bundes österreichischer Künstler" [siehe Nr. 619].

KÄFER, Johannes, Schriftsteller (keine Daten feststellbar). Ist nach unseren Feststellungen bisher der einzige, der den Versuch unternahm, sich mit den Dichtungen Egon Schieles zu beschäftigen.
„Egon Schiele als Dichter.
Daß Egon Schiele auch Dichter war, dürfte wohl nur denen bekannt sein, die sich eindringlicher mit seiner Kunst befaßt haben. Es sind nicht viele Gedichte, die Schiele hinterlassen hat. Sie sind im Besitz des Egon-Schiele-Archivs[1] und wurden erstmalig von A. Roessler in seinem Buch ‚Briefe und Prosa von Egon Schiele' veröffentlicht. Für die Deutung seines Wesens sind sie sehr aufschlußreich, denn so wie seine Bilder sind auch seine Gedichte reine Spiegelung seines Wesens, das rätelhaft und manchmal auch fremdartig erscheinen mag, im Grunde aber einfach und schlicht, nur vielfältig, reich und tief war. Ekstatisch wie seine Bilder sind auch seine Gedichte, Offenbarungen eines eigenwilligen Weltgefühls, verständlich nur jenen, die demütig und reinen Herzens seiner großen Kunst nahen. Schon die Titel seiner Gedichte in Prosa wie z. B. [zum Beispiel] ‚Selbstbildnis', ‚Dame im Park', ‚Musik beim Ertrinken' beweisen, daß es sich hier um Poeme von durchaus persönlicher Prägung handelt. Schon auf den ersten Blick hin sind sie erkennbar als Gedichte eines Malers. Das Bildhafte überwiegt, der Reiz, den die bunte Außenwelt auf den Betrachter ausübt, wird Anlaß zur Gestaltung. Erstaunlich die Leuchtkraft der Worte, mit denen Schiele den Zauber der farbigen Umwelt in seine kurzen, oft fragmentarisch wirkenden Gedichte bannt. Daß die Magie dieser Worte auch heute noch besteht, beweist, wie lebendig ihr Schöpfer einst empfunden hat. So urpersönlich ist das Gepräge dieser Gedichte, daß sie frei von jeglicher Phrase sind. Vergebens wird man in ihnen nach irgendeiner bereits schon zur Schablone erstarrten Redewendung suchen. Alles ist neu und ursprünglich, Ausdruck reinsten und urpersönlichsten Empfindens. Daß das Malerische in ihnen vorherrscht, darf nicht verwundern, aber nur, wer über jenes starke Farbenempfinden verfügt, wie es Schiele zu eigen war, wird jenen Zauber ganz zu empfinden vermögen, wenn er von ‚wiegenden weißen Winden', ‚gelbglitzernden Sternen', ‚orangegraugrünen Grasrücken', ‚sonnenweißen Wegen' und ‚gelben Atomen' spricht. Schieles Gedichte sind aber mehr als bloße Impressionen, denn darüber hinaus sind sie ebenso wie seine monumentalen Gemälde und virtuosen Zeichnungen Offenbarungen eines einzigartigen Weltgefühls und damit Ausdruck eines Menschentums, wie es reiner, keuscher und inniger kaum mehr gedacht werden kann ... War seine Trauer auch kosmisch, so war sie doch nicht Ausdruck einer Weltverneinung. Sein Ja zum Leben kam nur aus unergründlich dunklen Tiefen, wog daher um so schwerer. Wer, wie er, von sich bekennt:
‚Ich bin Mensch, ich liebe den Tod und liebe das Leben', der hat die höchste Formel der Lebensbejahung entdeckt, denn er hat die gefährliche Kluft Welt—Jenseits überbrückt, damit aber die Einheit der Welt und des Menschen neu hergestellt und erlebt. Durch diesen an sich selbst vollzogenen schöpferischen Akt wurde er zugleich und eben dadurch ein wahrhaft lebendiger und echter Mensch. Ihrer sind wenige, der Bruchstücke viele. Denen aber gelte, was Schiele in einem Brief ausrief:
‚Der Lebende ist einzig.'
Wien, im Dezember 1946   Johannes Käfer."
[Handschriftlich in einem Erinnerungsbuch „Egon Schiele", E. S. A. 508, Blatt 45 r—47 v.]

1 Nur teilweise richtig

197 Der Klosterneuburger Maler und väterliche Freund Max Kahrer, 1910 gezeichnet. War von Einfluß auf Schiele.

KAHRER, Max, Landschaftsmaler (Temesvar, Rumänien, 8. VII. 1878 — Klosterneuburg, 5. X. 1937). Sein Vater war Deutscher, seine Mutter Slowenin. Er studierte vier Jahre unter Franz Rumpler an der Wiener Akademie, dann 1913/14 in München; lebte seither in Klosterneuburg, wo er eine Künstlervereinigung gründete. Er brachte „kühl gestimmte, in Einsamkeit versunkene Landschaften zur Schau, die er im Hochgebirge und an den Gestaden oberösterreichischer und bayrischer Seen gesehen und in einfacher, mit sparsamen Mitteln arbeitender Technik gemalt hat... seither malt er in Donaugegenden nach anspruchslosen Motiven..." (Thieme-Becker, XIX, p. 438). Bereits 1905 bildete die Zeitschrift „The Studio" ein Bild von ihm ab.
Kahrer war zwölf Jahre älter als Schiele und nahm sich seiner in dessen Anfängen warmherzig an [siehe p. 36 und Anmerkung 8]. In einem Artikel in der Klosterneuburger Zeitung, Jänner 1929 [E. S. A. 243 c], polemisierte er gegen die Behauptung, daß → Ludwig Karl Strauch Schiele zur Farbe gebracht habe. Es scheint vielmehr, daß Schiele über Kahrers Malweise den Anschluß an die Secessionisten und somit zum Durchbruch zum eigenen Stil gefunden hat. Daß er Schiele nicht unkritisch gegenüberstand, beweist ein Brief an → Arthur Roessler, 1917: „...man darf auch von so ausgeprägten Naturen, wie Schiele einer ist, nicht alles immer als vollwertig nehmen, wenigstens nicht auf die Dauer, wenn es sich zeigt, daß die künstlerische Gesinnung in eine Manier unterzugehen droht..." [Nr. 1210].

Es gibt mehrere Zeichnungen Schieles nach seinem väterlichen Freund aus der Jugendzeit. Er besaß Schieles „Sonnenblumen", 1909/10.

KALVACH, Rudolf (Wien, 22. XII. 1883 — Kosmanos, Tschechoslowakei, 13. III. 1932), Maler, Holzschneider und Kunstgewerbler. Schüler der Wiener Kunstgewerbeschule unter → Alfred Roller und → Carl Otto Czeschka. Lebte teils in Wien, teils in Triest.
Mit Schiele befreundet.

KARPFEN, Fritz (21. II. 1897 — Wien, 1960), Kunstschriftsteller, Erzähler; vor 1938 Redakteur der Wiener Tageszeitungen „Der Tag" und „Der Morgen", später bei der „Welt am Montag".
Gab, gemeinsam mit → Arthur Roessler, das „Egon Schiele Buch", Wien, 1920, heraus, zu dem er das Vorwort: „Kunst und Zeit" schrieb. Dort heißt es:
„Die Idee der Herausgabe dieses Buches entstand drei Wochen vor dem Tode Egon Schieles, als ich — auf kurzem Urlaub in Wien weilend — an einem schönen Nachmittag in Schieles neuem Atelier [Wattmanngasse 6, Anmerkung des Herausgebers] dem Künstler zusah, wie er, auf hoher Leiter stehend, die Wände mit mächtigen, senkrechten, schwarzen Linien anstrich. Während er oben ‚malte', sah ich auf dem Sofa sitzend seine neuen Zeichnungen — Hunderte! — an und spielte mit dem großen Wolfshunde [sic!] Ich schlug Schiele, im Gespräche über Kunst und viele andere Dinge, die Herausgabe eines Schiele-Buches vor. Das ist so was Ähnliches wie ein Grabmal, lachte er. Und wir scherzten noch lange darüber. Drei Wochen später war Schiele tot..." In Schieles Notizbuch findet sich eine Eintragung unter dem 5. VII. 1918 [siehe Nr. 1620].
Schiele war aus seinen Klosterneuburger Tagen mit den Brüdern Fritz, Hans und Max Karpfen befreundet (letzterer war Zeichner [siehe Nr. 1273]. Sie waren die Söhne eines jüdischen Schlossermeisters und bewohnten das sogenannte „Karpfenhäusl" in der Martinstraße, Klosterneuburg [freundlicher Hinweis von Ing. Norbert Gradisch, Frühjahr 1978]. Wahrscheinlich war Hans Karpfen sein Klassenkamerad. Siehe den köstlichen Brief des fünfzehnjährigen Schiele, der sich mit Hans und Max Karpfen zu einer „Union-Kunstausstellung" zusammenschließen wollte [Nr. 61].

KARPFEN, Max = Fritz Karpfen.

KARS, George (eigentlich Karpeles) (Kralupy bei Prag, 2. V. 1882 — Genf, 6. II. 1945), Maler und Lithograph in Paris, studierte in München unter Franz von Stuck, später von Cézanne beeinflußt.
Mit Schiele befreundet.

KELLER, Albert von (Gais im Kanton Appenzell, 1844 — München, 1920), bayrischer Maler. „Trotz seiner Zugehörigkeit zur Sezession ist er der Tradition des Münchner Ateliers treu geblieben. Vor allem kann er als vortrefflicher Illustrator für die Ausdrucksformen der gesellschaftlichen Dekadenz am

198 Die Zeichnung „Freundschaft", 1913. Von der Münchner „Sezession" aus Sittlichkeitsgründen nicht ausgestellt.

199 Selbstporträt mit Gustav Klimt, um 1912, Feder; vermutlich im Zusammenhang mit „Die Eremiten", Öl, 1912.

Ende des 19. Jahrhunderts gewertet werden" [Thieme-Becker, XII., p. 93].

Er erwarb 1913 die Zeichnung „Freundschaft" von Egon Schiele, die in der „Sezession" aus Sittlichkeitsgründen von der Jury beanstandet und nicht placiert worden war [siehe Nr. 609].

KLIMT-BRÜDER = Ernst Klimt (3. I. 1864 — Wien — 9. XII. 1892), frühverstorbener Bruder von Gustav Klimt, Maler. — Georg Klimt (21. XI. 1867 — 3. IX. 1931), Metallbildhauer, jüngster Bruder Gustav Klimts.

KLIMT, Gustav (14. VII. 1862 — Wien — 6. II. 1918), Maler und Zeichner. Die bedeutendste Persönlichkeit im Kunstleben Wiens um 1900. War Gründer der „Secession", die — solange die „Klimt-Gruppe" ihr angehörte — blühte (1898—1905), und ein warmherziger Freund der heranwachsenden Künstlerjugend und ihr uneigennütziger Förderer.

Über das Verhältnis Klimt—Schiele siehe p. 95. Aus der vorhandenen Korrespondenz geht hervor, daß der erste Besuch Klimts bei Schiele nicht 1907, sondern im November 1910 stattgefunden hat [siehe Nr. 144 und die Anmerkung zu Nr. 170] und der Gegenbesuch Schieles bei Klimt im Jänner 1911. Dabei kam es zu einem Tausch, denn Schiele berichtet → Arthur Roessler aufgeregt: „Ich habe zwei schöne Klimtzeichnungen, ich war nachmittags bei Klimt. Er zeigte mir alles." Klimt, dessen Noblesse bekannt ist, kaufte dem Jün-

200 Der tote Gustav Klimt (mit abgenommenem Bart). Im Allgemeinen Krankenhaus, Wien, Februar 1918, gezeichnet.

geren darüber hinaus eine Anzahl von Zeichnungen ab, die → Gustav Nebehay aus seinem Nachlaß 1919 erwarb. Vermutlich war er es auch, der — in der wohlmeinenden Absicht, den erotisch aufgeregten Schiele zu beruhigen — die Bekanntschaft mit → Wally Neuzil (ursprünglich eines seiner Modelle) vermittelte. Nach der Affäre von Neulengbach half er entscheidend, indem er Schiele bei seinem Mäzen → August Lederer einführte. Im Januar 1918 berichtete Schiele (als einzige Quelle) von einem Einbruch in dem durch Klimts Krankheit verwaisten Atelier [siehe Nr. 1366]. Dann, am 6. II. 1918, zeichnete er in der Leichenkammer des Allgemeinen Krankenhauses den toten Klimt dreimal. Allerdings kann man dessen Züge — des abgenommenen Bartes halber — nur schwer erkennen. → Arthur Roessler berichtet in seinen „Erinnerungen an Schiele", daß Schiele vorgeschlagen habe, das Atelier Klimts als Gedenkstätte zu erhalten. Aus der Korrespondenz mit → F. A. Harta, dessen Schwiegermutter das Haus Wien XIII., Feldmühlgasse 11 [Klimts Atelier], gehörte, ersieht man, daß Schiele sich vergeblich bemühte, es für sich selbst zu mieten [siehe Nr. 1713].

Schiele hat seiner großen Verehrung für Klimt dadurch Ausdruck verliehen, daß er mehrmals ihn und sich darstellte. Auf nicht ausgeführten Postkartenentwürfen für die → „Wiener Werkstätte", auf einer Tuschfederzeichnung von 1912 und endlich auf dem Ölbild „Die Eremiten" aus demselben Jahr.

KOCH, Alexander (Köln, 9. XI. 1860 — Darmstadt, 5. I. 1939), Herausgeber der einflußreichen Zeitschriften „Deutsche Kunst und Dekoration" [seit 1896], „Innendekoration" [seit 1890], „Tapeten-Zeitung" [seit 1888], veröffentlichte Monographien über Kunsthandwerk und Wohnkultur.
Nahm lebhaften Anteil an Schieles künstlerischer Entwicklung. Unterstützte ihn während seiner Militärdienstzeit zweimal aus der von ihm ins Leben gerufenen Künstlerhilfe. Wobei er beklagte, daß aus Österreich keine Beteiligung dafür zu erreichen sei [siehe Nr. 717 und 843]. Schiele sandte ihm zum Dank drei seiner Zeichnungen [siehe Nr. 729]. Darüber hinaus besaß Koch eine Anzahl von Schieles Zeichnungen.

KOFRON, Ferdinand (keine Daten feststellbar), Rechnungsfeldwebel im Kriegsgefangenenlager Mühling [siehe Nr. 1174 und 1199].
Schiele zeichnete seinen Sohn, der gleichfalls Ferdinand hieß.

KOKOSCHKA, Oskar (geboren in Pöchlarn an der Donau, Niederösterreich, 1. III. 1886 — lebt in Villeneuve, Kanton Vaud, Schweiz), Maler und Graphiker.
Er wollte ursprünglich Chemiker werden. Studierte an der Wiener Kunstgewerbeschule (die im Gegensatz zur im Traditionellen verwurzelten Wiener Akademie vorbildlich fortschrittlich geleitet war) unter → Carl Otto Czeschka (Wien, 22. X. 1878 — Hamburg, 1960) und → Berthold Löffler. Arbeitete kurze Zeit in der → „Wiener Werkstätte". Ging dann, von → Adolf Loos gefördert und beeinflußt, eigene Wege, die ihn von Wien fortführten. → Paul Cassirer in Berlin vertrat ihn viele Jahre hindurch als Kunsthändler.
Schiele hat sich 1917/18 ganz außerordentlich darum bemüht, ihn in seine Ausstellungspläne miteinzubeziehen. Man lese die

201 Ferdinand, Feldwebel Kofrons Sohn, Mühling, 1916.

ablehnende Antwort Kokoschkas nach [Nr. 1335]. Schiele muß übrigens 1918 Kokoschkas „Bildnis des Schauspielers Karl Ettlinger", 1912 [Wingler Nr. 63], besessen haben, denn → Heinrich Benesch gratuliert ihm zum Erwerb [siehe Nr. 1529].
Über das Verhältnis Kokoschka—Schiele siehe pp. 96—98. Es könnte sein, daß der sehr empfindsame Kokoschka es nicht vertragen hat, daß Schiele auf der 2. „Kunstschau", 1909 (der letzten großen Präsentation der „Klimt-Gruppe" in Wien), ein Kabinett neben dem seinen eingeräumt worden war. Mit einemmal war er nicht mehr der einzige expressionistische Maler in Wien; war das „Wilde Kabinett", wie es Ludwig Hevesi, der Kunstkritiker der Wiener Secessionszeit, genannt hatte, kein Einzelfall mehr, sondern ein zweiter, Gleichberechtigter, war erschienen (beide stellten übrigens ohne jeden Erfolg aus). Es hat den Anschein, als habe Kokoschka seine Abneigung Schiele gegenüber bis heute bewahrt [siehe Kapitel V, Anmerkung 28].

KOLIG, Anton (Neutitschein, Mähren, 1. VII. 1886 — Nötsch, 17. V. 1950), Kärntner Maler; studierte an der Wiener Kunstgewerbeschule → Klimt stellte ihm, gemeinsam mit → Carl Moll, 1912 ein Reisestipendium für Paris zur Verfügung, 1917/18 Kriegsmaler; lebte später in Nötsch/Kärnten, der Heimat seiner Frau. Galt als einer der stärksten Malerbegabungen der österreichischen Gegenwartskunst. Mit Schiele befreundet.

202 Broncia Koller, Bildnis Edith und Egon Schiele, 1918.

203 Rupert Koller, Dr. Hugo Kollers Sohn, Kohle. 1918.

204 Bildnis Dr. Hugo Koller, Industrieller, Bibliophile; Öl, 1918. Wohnungseinrichtung Wien von J. Hoffmann.

KOLLER, Broncia [Bronislawa, „Broucia" laut Thieme-Becker, Künstlerlexikon], Malerin; siehe nächste Eintragung. Malte 1918 in Oberwaltersdorf ein Doppelporträt von Edith und Egon Schiele.

KOLLER, Dr. phil. et med. Hugo (1867—1949) [Wien IV., Alleegasse = Argentinierstraße 26], Industrieller, besaß eine große Bibliothek mit vielen alten Bänden [Erinnerung des Herausgebers]. Verheiratet mit der Malerin und Holzschneiderin → Broncia Pinell (geboren 1867 in Sanok, Rumänien. Wiederholte Aufenthalte in Paris, war seit 1903 wieder in Wien, beteiligte sich an der „Kunstschau" 1908/09). Ihrer beider Tochter, Sylvia Koller, war gleichfalls Malerin. Das Ehepaar besaß in Oberwaltersdorf, südlich von Wien, einen Besitz. 1918, im letzten Jahr seines Lebens, waren Schiele und seine Frau dort öfters eingeladen. Es entstanden im Hause unter anderem seine schönen Aquarelle nach Bauernkrügen und Zeichnungen nach dem Sohn Rupert und der Tochter Sylvia.
Schiele malte Ende Mai 1918: „Bildnis Dr. Hugo Koller" [siehe Tagebucheintragungen Schieles ab Nr. 1534].
Hiezu gibt es verschiedene Zeichnungen. Dr. Koller besaß außerdem von Schiele: „Einzelne Häuser", 1915.

„KONSUMANSTALT, k.[aiserlich] k.[önigliche], für die Gagisten der Armee im Felde", Wien VII., Mariahilferstraße. Gegründet im Ersten Weltkrieg von → Oberleutnant Doktor Hans von Rosé. Die Anstalt versorgte Offiziere des Feldheeres mit damals schwer erhältlichen Lebensmitteln und Getränken.
Schiele war dort vom Februar 1917 bis April 1918 mili-

205 Weinkeller der K. K. Konsumanstalt in Wien, 1917.

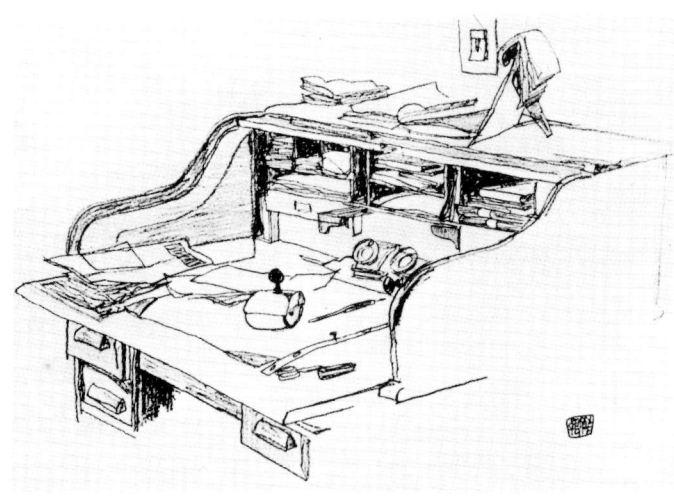

207 Schreibtisch von Oberleutnant Karl Grünwald, 1917.

206 Eduard Kosmack, Verleger, befreundet mit J. Hoffmann.

tärisch beschäftigt. Für eine geplante Festschrift zeichnete er die Büros und Lagerhäuser in Wien, Bozen, Brixlegg, Bruneck usw. [siehe den Aufsatz von Dr. Wolfgang Fischer, London: Egon Schiele als „Militärzeichner" in Albertina Studien, 1966, Heft 2].

KOSMACK, Eduard (Wien, 1880 — München, 1947), wohnte in einem Einfamilienhaus in Mödling bei Wien. War bis zum Ersten Weltkrieg Verleger in Wien I., Hegelgasse 19. In seinem Verlag erschien seit 1895 die Zeitschrift „Der Architekt". Redakteur → Otto Schönthal. Ferner, seit 1900, „Das Interieur", Wiener Monatsheft für Wohnungsausstattung und angewandte Kunst. Redakteur → Arthur Roessler. Stand dem Kreis um → Josef Hoffmann nahe. Nach Verlust seines Vermögens war Eduard Kosmack von zirka 1920—1928 Mitarbeiter der Kunsthandlung → Gustav Nebehay und dann bis zu seinem Tode im Münchner Kunstgewerbe in leitender Stellung tätig. Dem Herausgeber ein väterlicher Freund.
Schiele malte 1910 sein Porträt. Wegen der Bezahlung des Porträts, für welches Schiele — damals ein Unbekannter — den sehr mäßigen Preis von 200 Kronen gefordert hatte, gab es Schwierigkeiten [siehe Nr. 720]. Ob er tatsächlich jemals erwogen haben könnte, Verleger von Schieles erotischen Zeichnungen zu sein, scheint dem Herausgeber mehr als fraglich [siehe gleichfalls Nr. 720].

KRAKAUER, Leopold (Wien, 29. III. 1890 — Jerusalem, 1954), Maler, lebte in Israel, Gatte der Malerin → Grete Wolf [siehe Nr. 1495].

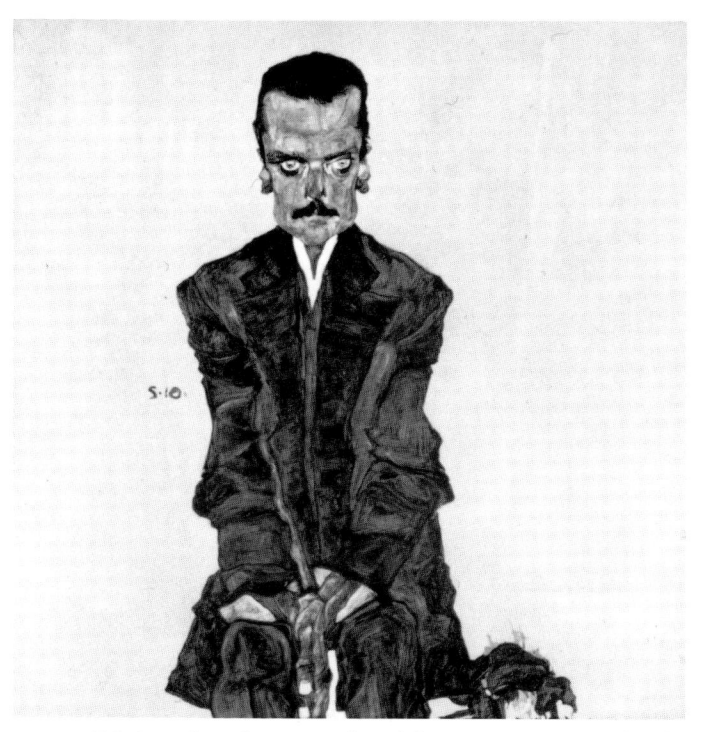

208 „Bildnis Eduard Kosmack", Öl, 1910. Der stechende Blick entspricht der von Egon Schiele intuitiv erfaßten Fähigkeit des Dargestellten, hypnotisieren zu können.

209 Moritz Otto Kuntschik, Architekt. Er war der Hausherr Schieles in Wien XIII., Hietzinger Hauptstraße 101, der für seinen oft säumigen Mieter viel Nachsicht hatte.

KRAUS, Karl (Gitschin, Böhmen, 28. IV. 1874 — Wien, 12. VI. 1936), Publizist, Kritiker des Zeitgeistes, witzig, schlagfertig und schonungslos. Veröffentlichte die Zeitschrift „Die Fackel", 1899—1936, in der er alle Mißstände des öffentlichen Lebens anprangerte. Wurde von → Oskar Kokoschka gemalt.
Kein Kontakt mit Schiele nachweisbar.

KRIWANEK, Mizzi (keine Daten feststellbar), Jugendfreundin Schieles.
Besuchte im August 1917 Schieles Atelier gemeinsam mit → Max Karpfen [siehe Nr. 1259].

KUBIN, Alfred (Leitmeritz, 10. IV. 1877 — Zwickledt bei Wernstein am Inn, 20. VIII. 1959), Maler, Federzeichner, Aquarellmaler und Schriftsteller.

KÜNSTLERBUND HAGEN = „Hagenbund".

„KUNSTHALLE", eine von Schiele im März 1917 unter diesem Namen geplante neue Vereinigung Gleichgesinnter. Es waren → Arnold Schönberg, → Gustav Klimt, → Josef Hoffmann, → Anton Hanak, → Peter Altenberg und viele andere darunter [siehe Nr. 1182]. Es ging Schiele sichtlich um eine Zusammenfassung aller Kräfte des kulturellen Österreichs, um in künstlerischer Hinsicht die Zeit nach der Beendigung des Ersten Weltkrieges gestalten zu helfen. Ein nüchterner Praktiker wie → Guido Arnot allerdings zeigte sich Schieles enthusiastischen Plänen gegenüber skeptisch [siehe Nr. 1213].

KUNTSCHIK, Moritz Otto (31. VIII. 1874 — Wien — 1933), Architekt in Wien, VI., Hirschengasse 25, Erbauer der Baumgartner Kirche, Wien XIV., 1908. Sohn eines Wiener Likörfabrikanten; studierte nach Abschluß der Höheren Gewerbeschule in Wien 1897—1900 bei Professor Viktor Luntz an der Akademie in Wien Architektur.
War Schieles geduldiger und nachsichtiger Hausherr in Wien XIII., Hietzinger Hauptstraße 101, vom Oktober 1912 bis zu seinem Tode [siehe Nr. 409].
Schiele wollte, als er 1915 einrücken mußte, sein Atelier aufgeben, besann sich aber eines Besseren [siehe Nr. 826].

KURZWEIL, Maximilian (Bisenz, Mähren, 12. X. 1867 — Wien, 10. V. 1916, Selbstmord), Maler und Holzschneider, 1886—1892 an der Wiener Akademie, 1892—1894 in Paris an der „Académie Julian". Mitglied der „Secession". Sein Holzschnitt „Polster" (1903) war sehr bekannt.

LANG, Erwin (22. VII. 1886 — Wien — 10. II. 1962), Maler, Holzschneider, Bühnenbildner, Wien IV., Alleegasse 2, Gatte der Tänzerin Grete Wiesenthal.

LÁNYI, Richard (keine Daten feststellbar), Buchhändler in Wien I., [verlängerte] Kärntnerstraße 44. Ein außerordentlich unternehmungslustiger Mann, ein Freund und Förderer der Kunst. Sein Geschäft war in der Hauptsache eine billige Bücherquelle. Viele Jahre lang war es übrigens die Kartenverkaufsstelle für → Richard Teschners „Figurenspiegel". Es wurde 1938 aufgelöst. „... Es liegt um Jahre zurück, als ich einen

ZEICHNUNGEN EGON SCHIELE
12 BLÄTTER IN ORIGINALGRÖSSE

WIEN 1917
BUCHHANDLUNG RICHARD LÁNYI
I. KÄRNTNERSTRASSE 44

| VON MAX JAFFÉ IN WIEN UNTER DER AUFSICHT |
| EGON SCHIELES IN EINER EINMALIGEN AUFLAGE |
| VON VIERHUNDERT EXEMPLAREN HERGESTELLT |

| DIE NEGATIVE UND DRUCKPLATTEN SIND VERNICHTET |

| JEDES EXEMPLAR |
| WURDE VOM KÜNSTLER HANDSCHRIFTLICH |
| SIGNIERT UND NUMERIERT, WOVON DIESES DIE |
| NUMMER 133 TRÄGT |

210 Titelblatt der von R. Lányi 1917 verlegten Mappe mit zwölf Reproduktionen nach Zeichnungen von E. Schiele.

winzigen Buchladen betrat, am oberen Ende der Kärntnerstraße gelegen und schon jenseits des Rings; also nicht mehr zur Korso- und Schaufensterwelt gehörend und fast schon Vorstadt. Es war die Buchhandlung des Richard Lányi. Der winzige Laden, aus einem einzigen schmalen, man konnte getrost behaupten, engbrüstigen Raum bestehend, barst vor Büchern. In solcher Gepfropftheit dünkte er mich der merkwürdigste, sonderbarste der Stadt. Und er wurde mir der vertrauteste. Denn hier waren nicht nur die neuesten Bücher zu finden oder die gewissen antiquarischen, hier stieß man auf jene verschollen geglaubten, auf die Ausreißer, die Totgesagten. Er war wie geschaffen, zur Fundgrube der Sammler zu werden. Also stockte hier niemals der geschäftliche Atem, nie sah ich diesen Zwergladen leer.
Sprach Lányi mit Käufern, hatte jedes Wort überzeugende Kraft, obgleich er — ähnlich wie Joseph Roth[1] — leise und mit sanfter Stimme redete. Es war nicht zu verwundern, daß hier, als wär's ihr Stammbeisel, Schriftsteller aus und ein gingen, zumeist ehe — und dann bloß um die Ecke biegend — das andere, das Café Museum, aufgesucht wurde. Robert Musil[2] dem Kriegs- und Hermann Broch[3] dem Schulkameraden konnte ich hier oft begegnen, Fontana[4], Csokor[5], → Franz Blei, dem Bruder Sonka[6] und — und — und... Man könnte getrost die Namen Dutzender Zeitgenossen hierhersetzen.

Noch eine dritte Merkwürdigkeit bot dieser winzige Laden, doch erst im nicht weniger winzigen Obergeschoß, das über ein enges ächzendes Treppchen zu erreichen war... Gewiß, auch dort gab's Bücher, doch das war nicht das Wesentliche an diesem Zwergraum; hier hingen Bilder, lagen Graphiken in Mappen; denn Lányi war auch Gemäldesammler und obendrein Mäzen. Also waren hier zumeist Werke zeitgenössischer Künstler zu finden: → Klimt, Schiele, → Faistauer, → Gütersloh, → Johannes Fischer, → Mopp und — und — und...
Dort hinauf aber durften nur solche, von denen er zu wissen glaubte, daß Gemälde ihnen nicht weniger bedeuten als ihm selber."

[nach: Geliebter Buchladen von Friedrich Heydenau. Für die Freunde seiner Buchhandlung herausgegeben von Wilhelm Herzog, Wien, ohne Jahr; E. S. A. 1094]

Lányi war der erste, der in einer Mappe [12] Schiele-Zeichnungen publizierte [1917] und eine Reihe von Postkarten nach Schieles Zeichnungen herstellen ließ. Er besaß [oder verkaufte] die nachstehenden Bilder Schieles: „Blick auf verschneite Dächer", 1907 — „Bildnis Herbert Rainer", 1910 — „Bildnis Wally", 1912 — „Waldandacht", 1915 — „Mädchen", 1917 — „Vorstadthaus mit Wäsche", 1917 — „Liegende Frau", 1917 — „Bildnis Albert Paris Gütersloh", 1918 — „Tafelrunde" (auch „Die Freunde"), kleine Fassung, 1918.

1 Joseph Roth (Schwabendorf bei Brody, Galizien, 2. VI. 1894 — Paris, 29. V. 1939), Schriftsteller, Essayist und Prosaist, „Radetzkymarsch".
2 Robert Edler von Musil (Klagenfurt, 6. XI. 1880 — Genf, 15. IV. 1942), Schriftsteller, „Der Mann ohne Eigenschaften", unvollendet, 1930—1943.
3 Hermann Broch (Wien, 1. XI. 1886 — New Haven, 31. V. 1951), Schriftsteller, „Der Tod des Vergil", 1945.
4 Oskar Maurus Fontana (13. IV. 1889 — Wien, 4. V. 1969), Schriftsteller, Theaterkritiker.
5 Franz Theodor Csokor (6. IX. 1885 — Wien — 5. I. 1969), schrieb expressionistische Gedichte und Romane.
6 Sonka (Pseudonym für: Hugo Sonnenschein, geboren 1890), expressionistischer Literat der äußersten Linken.

LEDERER, August (keine Daten feststellbar), Spiritusfabrikant in Györ [Raab], Ungarn. Lebte in Wien I., Bartensteingasse 8. War der große Mäzen von → Gustav Klimt, darüber hinaus ein bedeutender Kunstsammler. Zum Jahreswechsel 1912/13 war Egon Schiele in Györ bei dem Ehepaar Lederer eingeladen und malte dort das „Porträt Erich Lederer" [siehe Nr. 427—429]. Es ist köstlich zu lesen, wie er sich — beeindruckt von dem ihm bis dahin unbekannt gewesenen Luxus — bei → Arthur Roessler erkundigt, wieviel Trinkgeld er dem Diener geben müsse. Es ist die Meinung des Herausgebers, daß es mit Schiele finanziell aufwärtsging, seit er — wohl über Vermittlung von → Gustav Klimt — bei Lederers eingeführt wurde.
Besaß von Egon Schiele die nachstehenden Bilder: „Besonnte Straße mit massiver Planke im Vordergrund", 1907; „Heilige Familie", 1913; „Porträt Erich Lederer", 1912/13; „Heilige Familie", 1913; „Die Blinden", 1913; „Mödling" I., 1916.

LEDERER, Elisabeth, verheiratete Bachofen-Echt (keine Daten feststellbar), Schwester von Erich Lederer.

211 Erich Lederer, jugendlicher Freund, auch Förderer Schieles seit dem Besuch in Györ, Weihnachten/Neujahr 1912/13.

212 Elisabeth Bachofen-Echt, Schwester von E. Lederer, 1912.

LEDERER, Erich (geboren 1897, lebt in Genf), Sohn von → August Lederer und seiner Frau Serena. Der frühreife, außerordentlich begabte und künstlerisch feinsinnige Knabe, von Jugend an Sammler der Bücher von Aubrey Beardsley[1] und — seit Schiele um die Jahreswende 1912/13 im väterlichen Haus in Györ [Raab, Ungarn] war — dessen guter und verläßlicher Freund. Er erzählt, daß Schiele oft und oft sein jeweiliges Modell mit der Bitte um Abnahme einiger Zeichnungen zu ihm geschickt habe, die — über Anweisung an die väterliche Kasse — stets erfüllt wurde. Es bleibt zu bedauern, daß er, der voll lebendigen Erinnerungen (nicht nur an Klimt und Schiele, sondern auch an die Wiener Kunstszene von 1910—1938) ist, diese bisher nicht herausgab.
Schiele malte 1912 sein Bildnis. Im Zusammenhang damit entstand eine ganze Anzahl von Zeichnungen.

[1] Beardsley, Aubrey Vincent (1872—1898), englischer Zeichner, Illustrator.

LEDERER, Serena (keine Daten feststellbar), Gemahlin von August Lederer. Sie war — nach den Worten von → Josef Hoffmann — die bestgekleidete Dame der Wiener Gesellschaft und, nach den Erinnerungen des Herausgebers, eine imponierende Erscheinung.
Schieles Hinweis, daß sie 14 Jahre lang bei → Klimt Zeichenunterricht genommen habe, ist die einzige Quelle hiefür [siehe Nr. 429; ausführlich bei Ch. M. Nebehay, Klimt-Dokumentation, Kapitel XV: Klimt und die Familie Lederer]. Über ihren angeblichen Versuch, die Jury des → Carl-Reininghaus-Wettbewerbes, 1914, zugunsten Schieles zu beeinflussen, siehe Nr. 623.

LEISCHING, Eduard (26. XI. 1858 — Wien — 7. XII. 1939), Kunsthistoriker, 1909—1925 Direktor des Kunstgewerbemuseums, Wien.
War im Ersten Weltkrieg mit der Künstlerfürsorge betraut. Schiele bezog von dort eine mehr als bescheidene Unterstützung [siehe Nr. 1162].

LENDECKE, Otto Friedrich Carl (Lemberg, 4. V. 1886 — Wien, 17. X. 1918), Maler, Bildhauer und Illustrator. War ursprünglich Offizier; nahm 1909 seinen Abschied; lebte in Paris; verkehrte mit Rodin, arbeitete für Modejournale; war bekannt mit dem Pariser Modeschöpfer Paul Poiret; nach Wien zurückgekehrt, stand er der → „Wiener Werkstätte" nahe. Zeichnete viele Titelblätter der damals führenden Modezeitung „Die Dame".

LIDL, Wilhelm (keine Daten feststellbar), Gymnasiast in Krumau.
War Schiele 1911/12 bei der Beschaffung eines geeigneten Ateliers in Krumau (Gartenhaus) behilflich und scheint sich für ihn — weit über seine Verhältnisse gehende — finanzielle Auslagen zugemutet zu haben, die ihn in Schwierigkeiten mit seiner Familie brachten [siehe Nr. 186, 187, 203, 210, 226]. Schrieb Schiele im Oktober 1910 einen verzweifelten Liebesbrief [siehe p. 116 und Nr. 131].

LIEGLER, Leopold (30. VI. 1882 — Wien — 9. X. 1949), Beamter der Akademie der Wissenschaften, Wien; Schriftsteller und Kritiker, Freund von → Karl Kraus; Herausgeber der Stücke Johann Nestroys. Seit Juni 1915 mit Schiele in Korrespondenz [siehe Nr. 791].
Schrieb 1916 in der Zeitschrift → „Aktion", Berlin, einen kurzen Aufsatz über Egon Schiele unter dem Pseudonym: Ulrich Brendel [siehe Nr. 1101]; im selben Jahr eine längere Würdigung in den „Graphischen Künsten" [siehe Nr. 1124]. Bewirkte über → Karl Grünwald Schieles Versetzung von Mühling nach Wien [siehe Schieles verzweifelten Brief an ihn, kurz vor seiner Versetzung, Jänner 1917, Nr. 1161]. Im Gästebuch des E. S. A. findet sich eine längere Eintragung, in der auf die Ähnlichkeit von Schieles Werkgesinnung mit Rilkes „Aufzeichnungen des Malte Laurids Brigge", 1910 erschienen, hingewiesen wird. Ihm habe Schiele, auf seine Draufsichten angesprochen, einmal erklärt. „... Eigentlich [hat sich das] mir in Krumau aufgedrängt. Dort lernt man die Welt von obenher betrachten und in der Ausgefallenheit solcher Schau im Ungewöhnlichen der Draufsichten einen malerischen und zeichnerischen Wert schätzen..." 1923 verwahrte er sich als erster in einem Brief an → Arthur Roessler nachdrücklich gegen die Legendenbildung um Schiele, den er in den letzten fünf, sechs Lebensjahren kennengelernt hatte. Er habe „... weder etwas von einem bitteren Kampf ums Dasein, noch von Not und desgleichen etwas bemerken können..." [W. ST. B. 160.867].

LÖFFLER, Berthold (Nieder-Rosenthal bei Reichenberg, Böhmen, 28. IX. 1874 — Wien, 23. III. 1960), Maler, Graphiker, Kunstgewerbler; seit 1909 Professor an der Wiener Kunstgewerbeschule und Leiter der Fachklasse für dekorative Malerei und Graphik. Gründete 1902 gemeinsam mit Michael Powolny und Erwin Lang die Werkstätte „Wiener Keramik". War einer der Lehrer von → Oskar Kokoschka.

LÖWENSTEIN, Arthur (keine Daten feststellbar), Schulfreund Schieles aus den Klosterneuburger Tagen, vermutlich gleichfalls 1890 geboren. Bezeichnete sich als „Komponist" und machte sich erbötig, 1909 bei der Ausstellung der „Neukunstgruppe" im Salon von → Gustav Pisko einige seiner Werke vorzutragen [siehe p. 99 und Nr. 85].

LOOS, Adolf (Brünn, 10. XII. 1870 — Wien, 22. VIII. 1933), Architekt und Schriftsteller. Sohn eines Steinmetzmeisters. Verlor seinen Vater in früher Jugend; vertrug sich nicht mit seiner Mutter. Ging nach der Militärzeit an die Technische Hochschule Dresden, anschließend in die USA, wo er sieben Jahre lang blieb. Nach Wien zurückgekehrt, propagierte er seit 1897 theoretisch und praktisch eine neue, sachliche Bauweise, unter Verzicht auf Ornamentik und durch Verwendung edler Materialien. Sein Buch: „Ornament und Verbrechen", 1907 geschrieben, wurde in alle Weltsprachen übersetzt. Ausstattung des „Kaffee Museum" in Wien, 1898; „American Bar" im Kärntnerstraßendurchgang, 1908; Kauf- und Bürohaus am Michaelerplatz, Wien I. [sein Hauptwerk],

213 Arthur Löwenstein, Komponist, Schulkamerad Schieles in Klosterneuburg, 1909 [siehe auch die farbige Abb. 50].

214 „Lord", eine der wenigen Tierzeichnungen Schieles, 1918.

215 Roderic Mackey [Mackay?], Pianist, 1913 gezeichnet.

216 Der Maler und Radierer Hans Massmann, Öl, 1909 entstanden. Eines der Bilder der „Kunstschau" von 1909.

1910. Baute das Haus des Ehepaares → Steiner in Wien XIII., St.-Veit-Gasse Nr. 10 [siehe Nr. 1481].
Schiele verkehrte, wenn er in der inneren Stadt war, viel im „Kaffee Museum", hatte aber keinen direkten Kontakt mit Loos, der den jungen → Oskar Kokoschka protegierte und ihn dazu bewog, den Kreis um → Josef Hoffmann und die → „Wiener Werkstätte" zu verlassen. Es scheint übrigens, daß Loos gleich Schiele eine Vorliebe für Mädchen im Pubertätsalter hatte [freundlicher Hinweis von Frau Prof. Hilde Spiel, Wien, Frühjahr 1978].

LORD, Hund des Ehepaars Schiele, 1917/18 [siehe Eintragungen im Kriegstagebuch]. Schiele scheint bereits 1912 in Neulengbach einen Hund namens Kora besessen zu haben [siehe Nr. 334].

MACKEY [recte: Mackay?] (keine Daten feststellbar), Roderic, angeblich Pianist. Möglicherweise ein Sohn von John Henry Mackay (Greenock, Schottland, 6. II. 1864 — Berlin-Charlottenburg, 21. V. 1933), Dichter und Schriftsteller, lebte in Deutschland, Richard Strauss vertonte einige seiner Gedichte.
Schiele zeichnete ihn.

MAHLER, Gustav (Kalischt, Böhmen, 7. VII. 1860 — Wien, 18. V. 1911). Dirigent und Komponist. Von 1897 bis 1907 Direktor der Wiener Hofoper, die unter seiner künstlerischen Leitung aufblühte. Beschäftigte → Alfred Roller als Bühnenbildner. Durch seine Heirat mit der Stieftochter von → Carl Moll, Alma Schindler, kam er in Kontakt mit → Gustav Klimt. Transponierte anläßlich der feierlichen Eröffnung der Ausstellung von Max Klingers[1] Beethoven, 1902, ein Motiv aus Beethovens „Neunter Symphonie" für Posaunen.
Es ist möglich, daß → Gustav Klimt direkt durch ihn oder über → Alfred Roller Kenntnis von Richard Wagners Schrift über Beethovens Neunte Symphonie und vielleicht überhaupt von dessen Regieanweisungen erhielt, die von Einfluß auf seine „Fakultätsbilder" wie auch auf seinen „Beethovenfries" gewesen sein mochten, der bekanntlich durch Schieles Vermittlung an → August Lederer verkauft wurde.

[1] Max Klinger (Leipzig, 18. II. 1857 — Großjena bei Naumburg, 4. VII. 1920), Maler, Radierer, Bildhauer.

MARC, Franz (München, 8. II. 1880 — vor Verdun, 4. III. 1916). Besuchte ab 1900 die Kunstakademie München. War 1903 und 1907 in Paris. Lebte seit 1909 in Sindelsdorf. Seit 1911 Mitglied der „Neuen Künstlervereinigung". Entscheidende Mitarbeit am „Blauen Reiter".
Schiele stellte 1912 bei → Hans Goltz in einer Ausstellung aus, die den Arbeiten der Münchner Gruppe um Kandinsky—Marc gewidmet war, und besaß ein Exemplar des 1912 erschienenen „Blauen Reiters" [siehe Nr. 383].

MASSMANN, Hans (Bukarest, 10. VII. 1887 — Todesdatum nicht bekannt), Porträt-, Landschafts- und Genremaler, auch Radierer in Wien.
War ein Studienkollege Schieles, der 1909 sein Porträt malte und auch nach ihm zeichnete. Schiele schenkte ihm seine Öl-

bilder „Sonnenblume" (Studie), 1908, und „Haus zwischen Bäumen", 1908 [siehe L., p. 544].

MARIE = Marie Czihaczek, geborene Schiele.

MAUTNER MARKHOF, Magda, Wien III., Hauptstraße Nr. 138 (keine Daten feststellbar), eine der Töchter aus der bekannten kunstsinnigen Wiener Bierbrauer-Familie. Wie aus ihrem Brief an Schiele vom Dezember 1912 hervorgeht [siehe Nr. 424], war sie bestrebt, eine Sammlung zeitgenössischer österreichischer Kunst zusammenzubringen. Sie besaß das ursprünglich → Fritz Wärndorfer gehörende Bild Gustav Klimts „Die Hoffnung I", 1903 [Dobai 129, heute in der National Gallery, Ottawa]. Sie heiratete Herrn Hans Grasmayr, der aus ärmlichen Verhältnissen stammte und in einem entlegenen Salzburger Tal aufgewachsen war. Man hörte bloß, daß er Naturphilosoph gewesen sei und als Student mit dem Fahrrad Europa vom Nordkap bis Sizilien durchfahren habe. Auch in späteren Jahren habe er in Salzburg durch seine merkwürdige Kleidung, barfuß durch die Stadt gehend, Aufsehen erregt [freundliche Mitteilung von Dr. Ferdinand Eckhardt, Winnipeg]. Dem Ehepaar gehörte das „Hotel Stein" in Salzburg, heute im Besitz seiner Kinder.
Sie besaß von Schiele „Herbstbaum in bewegter Luft", 1912.

MELANIE [Mela] = Melanie Schiele.

MELL, Dr. Alfred (Graz, 2. VIII. 1880 — Wien, 22. V. 1962), Bruder des bekannten Dramatikers Max Mell (1882 bis 1971); war Direktor des Heeresgeschichtlichen Museums, Wien.

MELZER, Moritz (geboren Albendorf bei Trautenau, 22. XII. 1877 — lebt in Berlin). Ursprünglich Porzellanmaler, dann Schüler von Ludwig von Hoffmanns in Weimar, 1910/11. Mitbegründer der „Neuen Sezession" in Berlin. Wandelte sich vom Expressionisten zum Neorealisten. Holzschneider.

MERKEL, Georg (geboren 5. VI. 1881 in Lemberg), Maler. Studium an der Kunstakademie in Krakau; zwischen 1914 und 1938 in Wien ansässig, später bei Paris.
Mit Schiele befreundet.

METZNER, Franz (Wscherau bei Pilsen, 18. XI. 1870 — Berlin, 24. III. 1919), Bildhauer; 1903—1906 Professor an der Kunstgewerbeschule Wien, dann in Berlin. Sein Hauptwerk ist der plastische Schmuck des Völkerschlachtdenkmals in Leipzig. „... sein Hang zum Gewaltsamen führte oft zu Übertreibungen und leerer Pathetik" [Thieme-Becker, Künstlerlexikon, vol. XXIV, p. 448/9].

MIETHKE, Hugo, Othmar (keine Daten feststellbar), Inhaber einer vor dem Ersten Weltkrieg in Wien führenden Kunsthandlung, I., Dorotheergasse 11 (heute Kunstabteilung des Dorotheums). Nach seinem Tode übernahm wohl der Juwelier Rudolf Bacher die Firma. Der bekannte Maler und Kunstsammler → Carl Moll wurde als Geschäftsführer bestellt. Seinetwegen kam es zu einem Konflikt innerhalb der „Seces-

217 George Minne, „Kniender", Brunnenfigur, 1898.

sion", deren Mitglieder die Doppelgleisigkeit — große Ausstellungen hier und dort — nicht dulden wollten, und zum Austritt der „Klimtgruppe", 1905. Eine Zeitlang war übrigens → Arthur Roessler als Geschäftsführer dort tätig. Die Ausstellungstätigkeit war mustergültig.
Schiele stellte dort — allerdings ohne Erfolg — 1911 aus.

MINNE, George (Gent, 30. VIII. 1866 — Laethem-St. Martin, 20. II. 1941), belgischer Bildhauer. Gehört neben → Ferdinand Hodler zu den Künstlern, die auf Ausstellungen der „Secession" internationale Anerkennung und Käufer fanden. → Fritz Wärndorfer besaß einige seiner Frühwerke. Seine überschlanken, herben, expressionistischen Knabenfiguren (zum Beispiel sein bereits auf der 8. Secessions-Ausstellung, November-Dezember 1900, gezeigtes Modell eines Brunnens) wirkten (nach dessen eigenen Worten) stark auf → Oskar Kokoschka. Sein zu großen Hoffnungen berechtigendes Jugendwerk verflachte in späteren Jahren.
Über die noch ausstehende Untersuchung, ob Schiele direkt oder über Oskar Kokoschka von Minne angeregt wurde, siehe p. 97.

MOA (Familienname: Nahuimur? [siehe Nr. 281]), polynesische[?] Tänzerin, 1911—1914 Begleiterin von → Erwin Osen. Sie unterschrieb noch 1914 eine Karte Osens an Schiele [siehe Nr. 630].
Schiele, dessen Begeisterung für schöne Tänzerinnen bekannt war [siehe p. 117], zeichnete sie mehrmals.

218 Die Tänzerin Moa, Kohlezeichnung 1911. 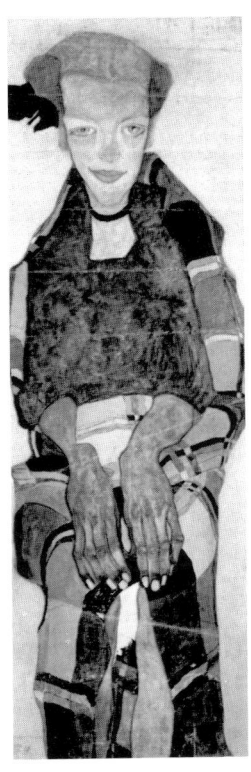 219 Poldi Lodzinsky.  220 Grete Porkert, Berufsmodell.

MODELLE SCHIELES. Aus der Korrespondenz und der Literatur lassen sich lediglich drei Namen feststellen: ein Modell namens Ida, dessen Opferfreudigkeit er einmal rühmt [siehe Kapitel I, Anmerkung 25], Poldi Lodzinsky [Modell für das nicht ausgeführte Glasfenster im Palais Stoclet, Brüssel] und → Wally Neuzil, mit der er von 1911 bis 1915 lebte. Als wichtigste Quelle erwies sich sein Notizbuch des Jahres 1918, in welchem sich zahlreiche Eintragungen über vereinbarte Stunden, das Honorar [meist waren 4 oder 5 Kronen pro Stunde] und, in einigen Fällen, auch die Adressen und Telefonnummern finden. Man kann, diesen Eintragungen folgend, unschwer erkennen, daß er beinahe an jedem Tag dieses Jahres nach Modellen zeichnete. Nachstehend eine Liste von Namen, die mit großer Wahrscheinlichkeit Modelle waren:

Baschik, Anna
Beranek
Berger, Hilde
„Berlinerin"
Cink und Freundin
Cisek, Rosa, XIII., Reinlgasse 34
Claire
Dita
Freund, Bertl, XIII., Einwanggasse 46
Fritzi
Jenny
Mathilde
Miller, Gusti
„Modell neues"
Paar, Anny, XVII., Halirschgasse 19
Pauli und Schwester
Pik, Elly
Porkert, Grete[1]
Ria
Rubens [wohl Spitzname eines Modells wegen seiner Körperfülle]
Schimek, Anny
Kerblich [auch Körblich] Anny
Kles, Anny
Kroc, Gertrude, VII., Neustiftgasse 19
Lea
M [= Mila Silla?], VII., Mariahilferstraße 1, II. Stock, Tür 26
Schröder, Relly, XVI., Friedmanngasse 34
„Tänzerin"
Trittil, Fräulein
Zerner, Tinni[2], IV., Hauslabgasse 2; I., Biberstraße 8

[1] Sie war, laut freundlicher Mitteilung von Serge Sabarsky, New York, die Tochter eines Fotografen in Wien. → Erich Lederer, Genf, teilte dem Herausgeber gelegentlich mit, daß manche der Modelle Schieles Lesbierinnen gewesen seien.
[2] Siehe unter: Pollak Jella. Sie arbeitete 1918 anscheinend auch als Schülerin Schieles in seinem Atelier.

MOLL, Carl (23. IV. 1861 — Wien — 1945, Selbstmord vor dem Einmarsch der Russen), Maler und Graphiker, Schüler von → Christian Griepenkerl und von Emil Jakob Schindler (Wien, 1842 — Westerland, Sylt, 1892; Landschafter von Bedeutung), dessen Witwe er heiratete. Sie brachte ihm eine Tochter, Alma, in die Ehe, die die Frau dreier bedeutender Männer wurde: → Gustav Mahler, Komponist; Walter Gropius, Architekt am Bauhaus; Franz Werfel, Dichter und Schriftsteller. Ursprünglich wohlhabend und Kunstsammler; sein Haus XIX., Steinfeldgasse 8, von → Josef Hoffmann erbaut. 1898 Mitbegründer der „Secession", Wien. Die „Klimtgruppe" verließ sie 1905 wegen eines Konfliktes, der durch seine Tätigkeit für die verwaiste → Galerie Miethke

221 Kolo Moser, besaß eine Reihe von Schiele-Zeichnungen.

222 Russischer Kriegsgefangener. Gezeichnet 1916.

heraufbeschworen worden war. War sein Leben lang einer der wichtigsten Männer der Wiener Kunstwelt, begabter Arrangeur großer internationaler Ausstellungen, Freund und warmherziger Förderer junger Talente.
Schiele hatte wohl in erster Linie dem vorübergehend dort tätigen → Arthur Roessler 1911 seine erfolglose Ausstellung in der Galerie Miethke zu verdanken. Erst 1918 gab es zu Moll — wegen der geplanten Ausstellungen in Wiesbaden und Zürich — Kontakte [siehe Nr. 1498 und 1680].

MOPP = Oppenheimer, Max.

MOSER, Kolo[man] (30. III. 1868 — Wien — 18. X. 1918), Kunstgewerbler und Maler. Mitbegründer der „Secession" in Wien und — gemeinsam mit → Josef Hoffmann und → Fritz Wärndorfer — der → „Wiener Werkstätte", 1903. Ein außerordentlicher, vielseitig begabter Künstler. Nach seiner Heirat mit Dita Mautner Markhof konnte er sich zur Gänze der Malerei widmen. Er steht als Maler unter dem Einfluß von → Ferdinand Hodler.
Bereits ein todkranker Mann (er starb kurz darauf an Kieferkrebs), schrieb er am 24. V. 1918 an Schiele einen anerkennenden Brief nach dem Erfolg auf der 49. Ausstellung der „Secession". Er besaß eine Anzahl von Schiele-Zeichnungen, die im Katalog der Kunsthandlung → Gustav Nebehay „Die Zeichnung", Heft 1, April 1919, zusammen mit solchen aus dem Nachlaß → Klimts angeboten wurden.

MÜHLING bei Wieselburg, Niederösterreich.
Im Ersten Weltkrieg war dort ein Kriegsgefangenenlager für russische Offiziere, dem Schiele vom 1. V. 1916 bis zum Jänner 1917 zugeteilt war.
Dort zeichnete er nach seinen Vorgesetzten und nach Kriegsgefangenen.

223 Egon Schiele (der 2. in der letzten Reihe) mit Offizieren und Kameraden des Kriegsgefangenenlagers, Mühling.

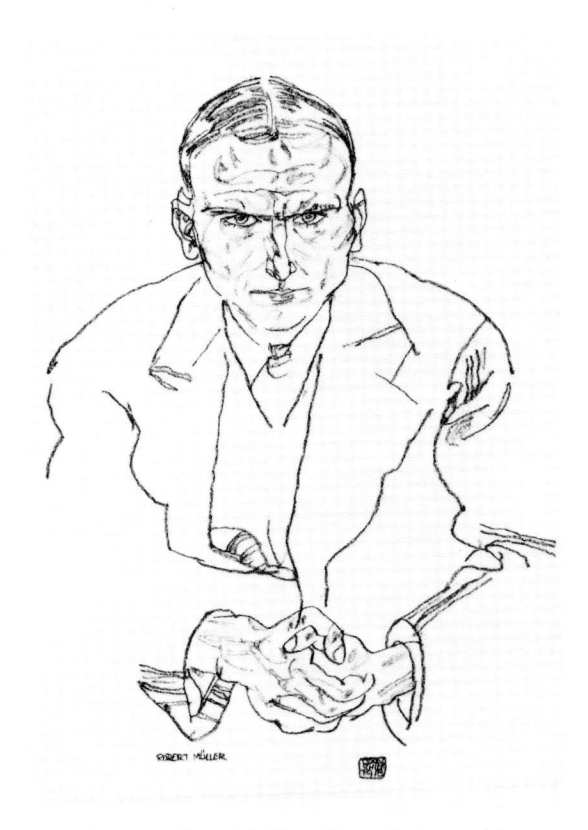

224 Robert Müller, Schriftsteller, 1918 gezeichnet.

225 Gustav Nebehay, 1929. Betreute Egon Schieles Nachlaß.

MÜLLER, Robert (29. X. 1887 — Wien — 27. VIII. 1927, Selbstmord), Schriftsteller, Schriftleiter der humoristischen Zeitschrift „Die Muskete" (österreichisches Gegenstück zum „Simplizissimus"). Arbeitete auch an den Zeitschriften „Der Ruf" und → „Der Anbruch" mit. Schrieb Romane und Essays.
Schiele hinterließ ein unvollendetes Ölgemälde „Bildnis Robert Müller", 1918, und zeichnete ihn.

„MÜNCHNER SEZESSION" = Verein bildender Künstler Münchens, Sezession.

MUNCH, Edvard (Loeiten, 12. XII. 1863 — auf Ekely, 13. I. 1944), norwegischer Maler und Graphiker. Gehört mit Cézanne, → van Gogh und → Hodler zu den Begründern des Expressionismus. In seinen düster gestimmten Menschendarstellungen malte er Tod, Weltangst und das unbewältigte Triebleben.
Munch hat mit seinen Versuchen, in Wien Freunde seiner Kunst zu finden, keinen Erfolg gehabt und auf der 12., 15. und 19. Secessionsausstellung, 1901—1902, vergeblich ausgestellt. Schiele konnte somit sein Werk damals kaum kennengelernt haben, da er zu diesem Zeitpunkt erst 12 Jahre alt war. Eher noch könnte er die Munch-Ausstellung im → „Hagenbund", 1912, gesehen haben sowie das Bild „Mädchen am Fenster", im Besitz von → Dr. Oskar Reichel [siehe Nr. 459]. Sonst war er auf Abbildungen von Munchs Oeuvre in den Kunstzeitschriften angewiesen. Es lassen sich keine direkten Einflüsse feststellen. Über die seelischen Belastungen, denen Munch in seiner Jugend ausgesetzt war und die eine Parallele zu den Jugenderlebnissen Schieles darstellen [siehe p. 16].

NACHLASS. Da Edith Schiele drei Tage vor ihrem Mann starb, fiel Schieles Nachlaß an seine Mutter Marie und an seine Schwestern → Melanie Schuster-Schiele und → Gertrude Peschka-Schiele. Es kommen im Handel Blätter vor, die den Stempel: „Nachlaß Egon Schiele" tragen, ohne daß festzustellen gewesen wäre, wie viele Blätter Schieles ihn tragen, noch wer dafür verantwortlich war [siehe auch Nr. 1802 a, b].

NEBEHAY, Gustav (Wien, 20. VI. 1881 — Marienbad, 7. IX. 1935), Kunsthändler in Wien und Berlin. War das 16. Kind eines aus dem Komitat Gran, Ungarn, stammenden Gastwirtes, Besitzer des renommierten Ausflugslokales „Zur Agnes" in Obersievering, Wien XIX., das heute noch existiert. Trat 1906 als Gesellschafter in das von ihm damals ins Leben gerufene Buchantiquariat der Graphikfirma C. G. Boerner, Leipzig, ein und wurde zu einem der erfolgreichsten Antiquare Deutschlands. Den phänomenalen Aufstieg von C. G. Boerner, deren zweimal im Jahr veranstaltete Graphik-, Autographen- und Buchauktionen ein Stelldichein des internationalen Handels wurden, unterbrach der Erste Weltkrieg. Nebehay gründete in Wien, wohin er einrücken mußte, 1916

547

226 Der erste Katalog von Zeichnungen Egon Schieles, 1919.

227 Anton Faistauer: „Neukunstgruppe", gezeichnetes Plakat.

die Kunsthandlung Gustav Nebehay, die zunächst in mehreren Salons des alten Hotels „Bristol" im ersten Stock, später in einem ehemaligen Frühstückssalon desselben Hotels, I., Kärntnerring 12, untergebracht war [um 1924 von → Josef Hoffmann umgebaut], und eroberte im Nu eine führende Position. Stets ein Freund der Künstler, hatte er rasch Anschluß an den Kreis um → Josef Hoffmann und die „Wiener Werkstätte" gefunden. 1917 war er mit dem scheuen → Gustav Klimt bekannt geworden, verwertete nach dessen Tod seinen Nachlaß und gab die ersten Kataloge Klimtscher Handzeichnungen heraus.

Wurde 1917/18 mit Egon Schiele bekannt, der sich seine großen Erfahrungen im Ausstellungswesen für seine Pläne sicherte [siehe zahlreiche Eintragungen Schieles im Notizbuch von 1918 ab Nr. 1405, und die Briefe Nr. 1667, 1772a, 1774]. Nach dem Tod Schieles wurde er von den Erben gleichfalls mit der Verwertung des Nachlasses betraut und veröffentlichte im Jahre 1919 den ersten Katalog von Handzeichnungen Egon Schieles: „Die Zeichnung", Heft I, April 1919, 28 pp. Mit 13 Abbildungen. Die verlangten Preise schwankten zwischen 60 und 750 Kronen. Die besten der im Katalog beschriebenen 162 Blätter stammten aus den Nachlässen von → Gustav Klimt und → Koloman Moser.

Nachstehende Bilder gingen durch Gustav Nebehays Hand: „Mädchenbildnis mit silberfarbenen Tüchern" (Melanie Schiele), 1908; „Sonnenblume" I., 1909/10[?]; „Madonna", 1911; „Wiese, Kirche und Häuser", 1912; „Die Häuser am Meer", 1914; „Zerfallende Mühle", 1917; „Vier Bäume", 1917; „Bildnis Edith Schiele", 1917/18, und — vermutlich — einige andere, deren Titel nicht eruiert werden konnten.

„NEUKUNSTGRUPPE, DIE". Vereinigung einiger junger Künstler, die — unter der Führung von Egon Schiele und → Anton Faistauer — 1909 aus der Akademie der bildenden Künste Wien, Klasse von Professor → Christian Griepenkerl, austraten [siehe Kapitel V] und im Kunstsalon von → G. Pisko ausstellten. Die Gruppe stellte 1912 in Budapest aus.

NEULENGBACH, Ort westlich von Wien.
Schiele wohnte 1911/12 im Haus „Au 48". Er war im April 1912 im Bezirksgericht inhaftiert [siehe Kapitel 8]. Die Identifizierung seiner Zelle durch eine seiner in der Haft geschaffenen Zeichnungen ist Frau Professor Alessandra Comini, Dallas, Texas, USA, zu verdanken [siehe Albertina Studien, 2. Jahrgang, 1964, Heft 4].

NEUZIL (auch Neuziel), Wally (Tattendorf, Niederösterreich, 1894 — k. k. Marodenhaus in Sinj [bei Split, Dalmatien], 25. XII. 1917; starb als Rote-Kreuz-Schwester an Scharlach).
Sie war anscheinend die Tochter eines Lehrers und zunächst Modell von → Gustav Klimt. Es könnte sein, daß dieser ihre Freundschaft mit Schiele gefördert hat. Schiele lebte mit Wally Neuzil von 1911 bis zu seiner Heirat, 1915, zusammen [siehe Kapitel VII. Man lese insbesondere Anmerkung 4: Arthur Roesslers Erzählung über die letzte Begegnung Schiele—Wally, nach]. Es hat den Anschein, als habe sie beim Kennenlernen seiner späteren Frau → Edith eine vermittelnde Rolle gespielt. Wir wiesen im verbindenden Text darauf hin, daß sie ihm in schwierigsten Situationen seines Leben [Ausweisung

228 Egon Schiele, Wohnzimmer in Neulengbach, Öl, 1911.

230 Eine der vielen Zeichnungen Schieles nach Wally, 1912.

229 Wally Neuzil, vermutlich von A. Roessler aufgenommen.

aus Krumau, die Affäre von Neulengbach] die Treue gehalten hat. Sie war in jenen Jahren sein Lieblingsmodell, nach der — unserer Vermutung nach — unzählige erotische Zeichnungen entstanden sind. Zudem kann man ihre Züge auf einigen Bildern erkennen [siehe Kapitel VII, Anmerkung 2].

NOSTITZ-WALLWITZ, geborene von Beneckendorff und von Hindenburg, Helene von (Berlin, 18. XI. 1878 — Bassenheim bei Koblenz, 17. III. 1944). Verheiratet mit dem sächsischen Minister Alfred von Nostitz-Wallwitz. Schriftstellerin. Verbrachte ihre Jugend im Hause des deutschen Botschafters in Paris, Fürst Münster. War befreundet mit Hofmannsthal, Rilke und Rodin.
Traf mit Schiele mehrmals 1918 zusammen [siehe Nr. 1516 und später], berichtet aber in ihrem Buch: „Aus dem alten Europa" nur über ihre Begegnung mit → Gustav Klimt [siehe Rororo-Taschenbuch 666, Hamburg, 1964, pp. 88/89].

NOWAK, Heinrich (geboren 26. I. 1890 in Wien, emigrierte 1939 in die Schweiz), Schriftsteller, Erzähler, Mitarbeiter verschiedener Zeitschriften. Schrieb einen kurzen Aufsatz über Schiele in der Zeitschrift „Die Aktion" [siehe Nr. 1102]. Trat an Schiele im November 1917 mit der Bitte um kostenlose Beiträge für die Zeitschrift „Der Anbruch" heran [siehe Nr. 1302].

549

231 Egon Schiele, Max Oppenheimer, Zeichnung, 1910.

232 Max Oppenheimer, Bildnis von Egon Schiele, Öl, 1910.

NOWAK, Willi (geboren in Mnischek in Böhmen, 3. X. 1886), Bildnis- und Landschaftsmaler, Lithograph und Buchillustrator in Prag.
Mit Schiele befreundet.

OBRANSKY, Emmy, Komponistin (keine Daten feststellbar). Aus ihrem Brief vom November 1918 [siehe Nr. 1790] könnte man — tut man ihn nicht als überspannt ab — auf ein Liebesverhältnis zwischen ihr und Egon Schiele schließen. Ihr Name kommt in seinem Notizbuch des Jahres 1918 des öfteren vor.

OLBRICH, Joseph Maria (Troppau, 22. XI. 1867 — Düsseldorf, 8. VIII. 1908), Architekt, Kunstgewerbler, Maler, Erbauer des Gebäudes der „Secession" in Wien, 1900, einem der architektonischen Hauptwerke des Jugendstils.

OPPENHEIMER, Max (Künstlername: Mopp) (Wien, 1. VII. 1885 — New York, 19. V. 1954), Maler, Graphiker und Schriftsteller. Schüler der Wiener und Prager Akademie. Lebte 1926—1939 in Berlin. Stand anfänglich dem Expressionismus nahe. Seine große Komposition: „Die Symphonie" mit 70 Figuren erregte 1923 großes Aufsehen.
War einer der Malerfreunde Egon Schieles, über den er, wie folgt, berichtet:
„Zwischen den beiden Stühlen und den drei Staffeleien meines Ateliers stand plötzlich ein junger Mensch. Die dunklen Augen seines kahlgeschorenen Asketenkopfes sahen mich unverwandt an. Dann sagte er: ‚Ich möchte Ihnen meine Bilder zeigen!' Wir gingen sogleich. Gegenüber dem Nordbahnhof, im fünften Stock eines öden Hauses[1] und an eine Kiste gelehnt, standen Gemälde. Farben lagen auf dem Fensterbrett und Berge von Zeichnungen bedeckten den Boden. Die Bilder waren auf Hintergründe gemalt, die mit Staniol beklebt waren. Die Linienführung war bizarr und sehr ornamental. Ich sagte, daß ich eine andere Auffassung vom Malen hätte, aber die Intensität, auf die es allein ankäme, schiene mir außerordentlich und der meinen irgendwie verwandt. ‚Deshalb komme ich zu dir', sagte er. — Zwei Tage und drei Nächte blieben wir beieinander, durchstreiften die Vorstädte und das Hügelgelände und gaben unsere letzten Kreuzer für ein Glas Milch am Morgen. Wir ergründeten alle Probleme der Kunst, denn wir waren jung: er achtzehn, ich dreiundzwanzig. Monate malten wir nebeneinander, standen einander Modell und teilten Not und Farben. Wir waren arm — halb verhungert, aber wir hatten ein Ziel und waren stolz auf unsere Bedürfnislosigkeit.
Als keine Farben mehr da waren, unternahm ich es, unsere Zeichnungen zu verkaufen. Zwölf von den seinen, farbig gehöht, und vier von den meinen. ‚Was soll ich mit dem Zeug', sagte ein Kunsthändler, ohne nach dem Preise zu fragen. Und in Döbling entließ mich der einzige Sammler[2], der damals in Wien moderne Kunst kaufte, mit den Worten: ‚Leider, mein Lieber, habe ich schon zuviel von euren Sachen!' Ich ging geknickt und entmutigt. Auf der Straße traf ich den Oberbaurat W.[3], der große Staatsaufträge hatte. Er gab

233 Erwin Osen, modisch-elegant. Schiele hat das Unheimliche in seinem Gesichtsausdruck 1910 gut erfaßt.

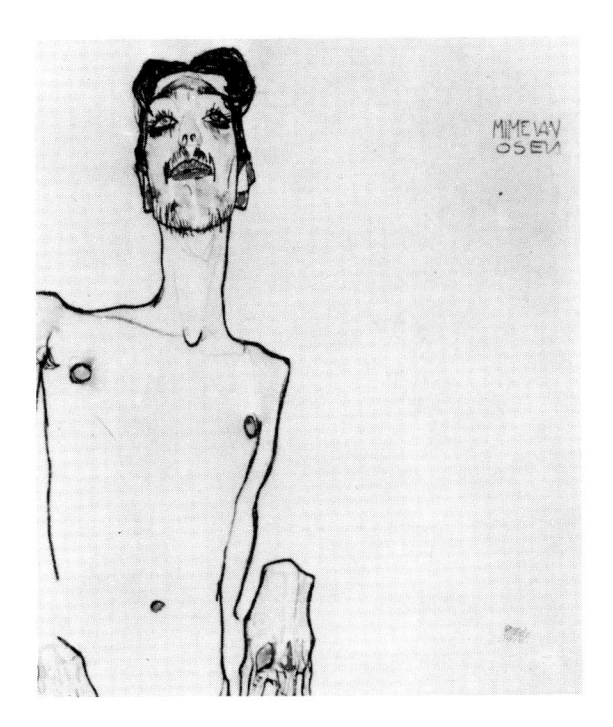

234 Die Aktzeichnungen nach Osen stehen in unmittelbarem Zusammenhang mit Selbstdarstellungen von 1910.

zwanzig Kronen für sechzehn unserer besten Blätter, und lächelnd sagte er: ‚Kommen S' nicht gleich wieder!'
Als ich Schiele zu Hause das Ergebnis, Farben und vier Semmeln, auf den Tisch legte, machte er jene verachtende Handbewegung und hatte jenen schmerzlichen Ausdruck, die das Motiv meines Porträts bildeten, das ich sogleich von ihm malte."
[Max Oppenheimer „Menschen finden ihren Maler", Zürich, 1933].
Schiele zeichnete mehrmals nach ihm. Er selbst malte Schiele 1910 [Historisches Museum der Stadt Wien].
1 Schieles Atelier, 1909, in IX. Alserbachstraße 39.
2 → Dr. Oskar Reichel
3 → Otto Wagner

OSEN, Erwin (geboren Wien[?] 1881 [Todesjahr nicht feststellbar]). Ursprünglich Theatermaler, Schüler von Anton Brioschi, des langjährigen Ausstattungschefs der Wiener Hoftheater [geboren Wien 1855]; trat in Kabaretts als Mimiker auf. Exzentriker. Hatte ein Atelier in Wien IX., Höfergasse 18, das Schiele im Juni 1912 übernahm [siehe Nr. 363]. In allen einschlägigen Künstlerlexika fehlt jede Nachricht über ihn. Er stellte 1947 in den Räumen des Wiener Kulturreferates, Wien VI., Bilder aus, die zum Teil aus exotischen Ländern stammten: Brasilien, Südsee, Afrika etc. Bemerkenswert ein 1912 gemaltes Temperabild „Die Stadt am blauen Fluß" wegen der ähnlichen Bezeichnung von Schieles Bildern. Es fällt schwer, heute zu entscheiden, wer von den beiden zuerst seine Bilder so betitelte. Es sei daran erinnert, daß beide gemeinsam in Krumau malten (1910). Wahrscheinlich scheint uns, daß sich Osen 1945 eines Bildertitels Schieles bediente, wie er ja schon früher seine Art zu signieren imitierte [Nr. 570]. Er zeichnete pathologische Porträts in der Landesirrenanstalt Steinhof, 1913 [siehe Nr. 570] und Entwürfe für die erste österreichische Aufführung von Wagners „Parsifal", Neues Deutsches Theater, Prag 1914 [siehe Nr. 616]. Er nannte sich damals „Erwin Dom Osen", früher auch: Mime van Osen. Im Vorwort des Katalogs wird darauf verwiesen, daß er der einzige Schüler → Klimts sei[!] und von dem Dichter Adalbert Stifter (1805—1868) abstamme.

Er gewann 1949 einen gegen die 2. Veröffentlichung von → Arthur Roesslers „Erinnerungen an Egon Schiele", Wien 1945, angestrengten Pressprozeß wegen des Kapitels: „Die Begegnung mit dem Abenteurer", respektive wegen des dort verwendeten, zu durchsichtigen Pseudonyms „Neso" (für Osen). Es besteht — worauf wir hinweisen möchten — die heute nicht mehr kontrollierbare Möglichkeit, daß die dort zitierte Briefstelle Schieles vom Juli 1912: „... Große Enttäuschung an einem, dem ich vielleicht alles anvertraut habe..." sich gar nicht auf ihn, sondern vielmehr auf → Anton Peschka beziehen könnte, dem Schiele gram war, weil er ihm nichts von den ihm von → Carl Reininghaus zu seiner Unterstützung während der Haft übergebenen 300 Kronen mitgeteilt habe [siehe Nr. 370 und 342].

Osen gehört mit zu jenen, die 1909 die Erklärung der „Neukünstler" gegenüber von Gustav Pisko unterschrieben haben [siehe Nr. 85], was Roessler entgangen ist, der ihn erst um

235 Osen mit der Tänzerin Moa bei einer seiner Vorstellungen von Pantomimen. Man beachte die Stellung der Hände.

1912 in Schieles Leben treten läßt. Die erste der stets merkwürdigen schriftlichen Mitteilungen Osens an Schiele stammt gleichfalls von 1909 [siehe Nr. 88].
Schiele zeichnete Osen 1910 des öfteren in ekstatischer Haltung. Es ist unsere feste Überzeugung, daß er als Zeichner und Maler außerordentlich durch den Mimiker Osen angeregt worden ist. Siehe im übrigen Kapitel VI.

OSTHAUS, Karl Ernst (Hagen, Westfalen, 15. IV. 1874 — Meran, 27. III. 1921), Kunsthistoriker, Mitbegründer des Deutschen Werkbundes, Begründer des Folkwang-Museums in Hagen, Westfalen, mit einer bemerkenswerten Abteilung erlesener Beispiele impressionistischer und expressionistischer Malerei.
Kaufte von Schiele eine Anzahl Zeichnungen und erwarb dessen Bild „Die tote Stadt", 1912. Es war das erste Bild Schieles in Museumsbesitz. Nach 1933 als „entartet" ausgeschieden, befindet es sich heute im Kunsthaus, Zürich.

OTTEN, Karl (Oberkrüchten bei Aachen, 29. VII. 1889 — Locarno, 1963; verlor 1944 das Augenlicht), Schriftsteller, Herausgeber von Sammlungen expressionistischer Prosa und Dramatik; studierte Soziologie und Kunstgeschichte in Mün-

236 Karl Otten, Schriftsteller, 1914 [nach Foto?] gezeichnet.

chen, Bonn und Straßburg. Mitherausgeber der „Neuen Kunst" 1913/14. Langjähriger und enger Mitarbeiter von → Franz Pfemfert. Als Pazifist im Ersten Weltkrieg in Schutzhaft [siehe Nr. 722, möglicherweise aus der Haft geschrieben].
Schiele zeichnete ihn 1914.

PASCIN, Jules (eigentlich: Julius Pincas) (Vidin, Bulgarien, 31. III. 1885 — Paris, 5. VI. 1940, Selbstmord), Maler und Zeichner. Sohn eines Spaniolen und einer in Serbien geborenen Mutter italienischer Abkunft. Kam fünfzehnjährig nach Wien an die Akademie und durch Vermittlung von Gustav Meyrink[1] zum „Simplizissimus" nach München. 1905 in Paris bei Henri Matisse; während des Ersten Weltkrieges in den USA[?], seit 1922 in Paris. „Die Themen seiner Bilder sind zumeist erotisch bestimmt" [Thieme-Becker, vol. XXVI., p. 267].
[1] Gustav Meyrink (Wien, 19. I. 1868 — Starnberg, Oberbayern, 4. XII. 1932), Schriftsteller, „Des deutschen Spießers Wunderhorn", 1909, „Der Golem", 1915.

PAUKER, Dr. Wolfgang Eduard (1867—1950), Augustiner-Chorherr im Stift Klosterneuburg, bekannter Kunsthistoriker; Religionsprofessor im Landes-Real- und Obergymnasium in Klosterneuburg (1902—1912); Konservator der „k. k. Zentral-Kommission für Erforschung und Erhaltung der Kunst- und historischen Denkmale" [das heutige Bundesdenkmalamt]; seit 1912 Kustos der Kunstsammlungen des Stiftes; 1913—1929 Honorardozent an der Kunstgewerbeschule des Österreichischen Museums für Kunst und Industrie in Wien für Liturgik und kirchliche Kunstgeschichte; war mit vielen Großen seiner Zeit befreundet. Seine umfangreiche Korrespondenz liegt im Archiv des Stiftes Klosterneuburg.

237 Der Dichter Charles Péguy. Von Schiele 1914 nach einem Foto für die Berliner Zeitschrift „Die Aktion" gezeichnet.

War mit ziemlicher Sicherheit Schieles Religionsprofessor, der frühzeitig sein Talent erkannte und ihm vermutlich ein Stipendium des Stiftes für das letzte Schuljahr verschaffte [siehe Nr. 59], ihm wohl auch 1908 die Teilnahme an der ersten Ausstellung im Kaisersaal des Stiftes ermöglichte und vielleicht auch an die Kunstgewerbeschule empfahl.
Schiele schickte ihm devote Glückwünsche zum Jahreswechsel 1908/09 [siehe Nr. 82] und im Oktober 1909 (wahrscheinlich mit verstellter Schrift) sich als „Sekretär" der Neukunstgruppe bezeichnend, eine Aufforderung, dieser beizutreten [siehe Nr. 90].

PECHE, Dagobert (St. Michael, Salzburg, 3. IV. 1887 — Mödling, 16. IV. 1923), Architekt, Maler und Kunstgewerbler. Neben → Josef Hoffmann der führende Künstler der → „Wiener Werkstätte".

PÉGUY, Charles Pierre (Orleans, 7. I. 1873 — 5. IX. 1914, gefallen in der Marneschlacht), französischer Schriftsteller, setzte sich für die Revision des Dreyfus-Prozesses[1] ein; Buchhändler und Verleger. Schrieb von tiefer Religiosität erfüllte Werke.
→ Fritz Pfemfert schickte Schiele 1914 eine Fotografie des gefallenen Dichters, nach der die in der Nummer 42/43 der Zeitschrift → „Die Aktion" publizierte Zeichnung Schieles gefertigt wurde [siehe Nr. 707]. Im selben Heft erschien ein Nachruf auf Péguy.

[1] Alfred Dreyfus (Mühlhausen, 9. X. 1859 — Paris, 11. VII. 1935), französischer Offizier jüdischer Herkunft, wegen angeblichen Landesverrates 1894 auf die Teufelsinseln bei Cayenne verschickt, 1906 freigesprochen.

PESCHKA, Anton Heinrich Edmund (21. II. 1885 — Wien — 9. IX. 1940), Schieles Schwager, Maler.
Die Familie Peschka wird in der Stadt Eger bereits im 11. Jahrhundert in der Stadtchronik erwähnt. Die Familie war bis Mitte des 18. Jahrhunderts dort ansässig und verstreute sich dann über Mähren und Schlesien. Nachstehend der Stammbaum von Anton Peschka [nach: Siebmacher, Großes allgemeines Wappenbuch VII., 16. Teil, Folio 377, Tafel 48].

GROSSELTERN:

Anton Peschka	Katharina Both	Josef Michael Zwedorn
10. VI. 1821 in	19. VII. 1834	Neulengbach, Eck Nr. 3
Mährisch-Trübau	Apatin	27. II. 1830

Barbara Eva Maria Schwarz
3. II. 1835
Neuern, Südböhmen

Heirat:	Heirat:
7. IV. 1856 in Alt Bečej	? I. 1863, Pfarre St. Oswald,
Komitat Bacz, Ungarn	Altmannsdorf bei Wien

ELTERN:

Anton Stephan Peschka	Emilie Zwedorn
26. V. 1859 in Alt Bečej	12. II. 1864, Altmannsdorf

Heirat: 26. IV. 1884, Altmannsdorf bei Wien
Anton Heinrich Edmund Peschka, akademischer Maler
21. II. 1885, Wien IV., Leibenfrostgasse 1

Heirat: 24. XI. 1914, Wien, mit
Gertrude Luise Maria Schiele

Der Vater Anton Peschkas war ein Kaufmann in der Vorstadt. Der Sohn hätte, nach dem Wunsch seiner Eltern, gleichfalls Kaufmann werden sollen. Er besuchte 1898—1903 die Realschule in Wien, Breitenfurterstraße 109, und erhielt einen Lehrbrief. Er wollte jedoch Maler werden und besuchte zunächst die private Malschule Schäffer in Wien. 1906—1910 war er an der Akademie der bildenden Künste in der Klasse von → Professor Christian Griepenkerl. Dort traf er mit Egon Schiele zusammen. Peschka arbeitete 1912—1913 im Atelier des bekannten Bühnenmalers Anton Brioschi (geboren 1885), dem lange Zeit hindurch die Ausstattung von Aufführungen der Hofoper, Wien, oblag. Am 3. III. 1915 meldete er sich als Einjährig-Freiwilliger [das Recht hiezu hatte er sich — wie auch Schiele — durch das Studium an der Akademie erworben] und rückte zum Ersatzbataillon (Landsturm) des Infanterie-Regiments 42 ein. Nach seiner Ausbildungszeit kam er nach Theresienstadt und war zunächst zur Bewachung der Mörder des österreichischen Thronfolgers Erzherzog Franz Ferdinand (Graz, 18. XII. 1863 — Sarajewo, 28. VI. 1914) eingeteilt. 1916 Fronteinsatz in den Masuren und in Weißrußland. Am 1. VIII. 1916 zum Leutnant befördert. 1917 in Galizien; 36 Monate im Stellungskrieg. Spätherbst 1917 an der Piave, eingesetzt auf der Hochfläche

238 Anton Peschka auf Heimaturlaub, mit seiner Familie.

239 Schiele [oder Anton Faistauer?] und Peschka, 1910.

240 Anton Peschka in der Werkstatt von Anton Brioschi(?).

von Asiago beim Calonozzo-See; Verwundung an Fuß und Hand; Operation in Wien; bis Kriegsende im Spital. Mehrfach ausgezeichnet (Signum Laudis, Kaiser-Karl-Truppenkreuz).

Ein Versuch, als Zeichenlehrer unterzukommen, scheiterte an den tristen wirtschaftlichen Zuständen des Nachkrieges. Er hatte am 24. XI. 1914 Egon Schieles jüngere Schwester → Gertrude geheiratet und vier Kinder mit ihr. Nach längerem Aufenthalt in Oberösterreich kehrte er 1923 nach Wien zurück, wo er in der Maygasse 37, in Wien-Speising, ein Haus der Wiener Künstler-Siedlung als Heim fand. Seine Gesundheit war durch die großen Strapazen des Weltkrieges angeschlagen, er selbst durch den schweren Existenzkampf zermürbt. Er starb im Alter von nur 55 Jahren [nach Aufzeichnungen von Anton Peschka jun., G. P. 116].

Ein begabter, feinsinniger Maler, sind ihm der künstlerische Durchbruch und die allgemeine Anerkennung nicht vergönnt gewesen. Er hat sich auch als Graphiker betätigt und wurde 1921 bei einem Wettbewerb der Postdirektion Wien mit einem ersten und dritten Preis für Marken und Postganzsachen ausgezeichnet. Im Juni 1925 nahm er an einem Wettbewerb der Österreichischen Nationalbank für Banknotenentwürfe teil und erhielt einen Preis für seinen Entwurf einer 10-Schilling-Note. Er war Mitglied der „Gemeinschaft bildender Künstler", Wien I., Zedlitzgasse, und gehörte der „deutschen Künstlerkolonie" in Böhmisch-Krumau und der Künstlergruppe „Wassermann" in Salzburg an. Von seiner Hand haben sich im Besitz der Familie viele schöne Landschaften und Blumendarstellungen, in Öl- und Aquarellfarben ausgeführt, erhalten. Zeichnungen aus der Zeit des Ersten Weltkrieges hat er dem Heeresgeschichtlichen Museum gewidmet; Radierungen und Kupferstiche der Albertina, Wien.

Man kann — nach Durchsicht der auf uns gekommenen Korrespondenz — behaupten, daß Schiele niemand anderem bessere Freundschaft hielt als Anton Peschka. Er war ihm herzlich zugetan, wenn es auch zur Zeit seiner Verlobung mit

241 Anton Peschka, Egon Schiele, Ölbild, 1916.

242 Egon Schiele, Zeichnung nach Anton Peschka, 1910.

→ Gerti Spannungen gab. Schiele hat Anton Peschka nach Kräften unterstützt und gefördert.
Schiele malte seinen Schwager 1909 und seinen Neffen Anton Peschka jun. als Kind, „Bildnis eines sitzenden Knaben", 1914. Es hat sich auch eine Anzahl seiner Zeichnungen nach ihm erhalten. Im Besitz seiner Witwe Gertrude Peschka-Schiele befinden sich nachstehende Bilder Schieles:
„Junge Mutter", 1914 — „Mödling" II, 1918.
[siehe Abb. 238, 239, 240, 241, 242]

PESCHKA, Anton, junior (geboren am 27. XII. 1914 in Wien), Sohn des Ehepaares Gertrude Peschka, geborene Schiele, und Anton Peschka. Beamter, lebt im Ruhestand, beschäftigt sich mit Malerei.

PESCHKA, Gertrude = Gertrude Schiele.

PFEMFERT, Franz (Lötzen, Ostpreußen, 20. XI. 1879 — Mexiko City, 26. V. 1954), Lyriker; Publizist linksradikaler Richtung, Herausgeber der Zeitschrift „Die Aktion" in Berlin (1911—1918); Übersetzer. „... Pfemfert war ein politischer Mensch, der moderne Typ eines Agitators. Er war eine kämpferische Natur, radikal, fanatisch, unerbittlich, leidenschaftlich besessen von dem Glauben an eine ‚menschliche Politik'. Er haßte das kaiserliche Deutschland, ohne das er nicht zu denken ist. Er sah 1911 den Krieg voraus, dessen Katastrophe ihn tief erschütterte. Er glaubte an die Macht der Revolution, die ihn verzehren sollte. Die russischen Anarchisten waren seine Lehrer, von den Publizisten Harden[1], → Kraus, Kerr[2] lernte er vieles. Die ‚Aktion' war das Forum seiner ehrlichen radikalen Gesinnung, die Leitartikel in den Jahren 1911 bis 1914 gleichen prophetischen Kassandrarufen. Sie gaben bis zum Kriege den wöchentlich erscheinenden, im Quartformat gedruckten Nummern mit der kräftigen Titelzeile das Gepräge. Wie seine Vorbilder, schrieb Pfemfert seine politischen Artikel selbst. Er duldete keine andere Gesinnung neben sich. Auch die politischen Glossen auf der zweiten und dritten Seite verraten meist die Hand des Herausgebers.
Die ‚Aktion' stand in der Opposition zur bürgerlichen Welt des Vorkriegseuropa. Dadurch wurde sie zum Zentrum aller gleichgesinnten Kräfte, die sich um 1910 in der literarischen Jugend regten. Eine Generation wuchs in Berlin heran, die besessen war von dem Glauben an die Macht des Wortes und beseelt von dem Willen zur Tat. Diese Zwanzigjährigen waren Studenten, Referendare und Abiturienten, Söhne aus gutbürgerlichen Elternhäusern, gegen die sie sich mit dem Recht der Jugend auflehnten. Sie schrieben Gedichte, Großstadtverse, denen man noch den Impressionismus ansah, aber gespickt mit Sarkasmus und Ironie. Sie liebten Nietzsche und Dehmel[3], lernten von George[4] und R. M. Rilke und hatten den Jugendstil schon hinter sich. In die Leidenschaft ihrer Strophen, in die Kühnheit ihrer Metaphern mischten sich Visionen gegenwärtigen und kommenden Unheils..."
[nach: Ich schneide die Zeit aus. Expressionismus und Politik.

555

Franz Pfemferts „Aktion", 1911—1918. Herausgegeben von Paul Raabe, dtv, Dokumente der Zeit, München 1964].
1 Maximilian Harden [eigentlich: Witkowski] (1861—1927) begründete die Wochenschrift „Die Zukunft", mit der er die Politik unter Wilhelm II. bekämpfte.
2 Alfred Kerr [eigentlich: Kempner] (1867—1948), Theaterkritiker in Berlin.
3 Richard Dehmel (1863—1920), Lyriker des Naturalismus.
4 Stefan George (1868—1933), setzte der modernen Formlosigkeit des Naturalismus eine formstrenge Wortkunst gegenüber.
Die Verbindung mit Schiele scheint Arthur Roessler hergestellt zu haben [siehe auch unter „Die Aktion"].

PHILIPPI, Robert (Graz, 4. VIII. 1877 — Wien, 23. III. 1959), Maler und Graphiker, anfänglich hauptsächlich Holzschneider. „... Die Hauptmasse seiner zwischen 1915 und 1926 erschienen Holzschnitte erschien als Mappe im Thyrsos-Verlag, Wien ... Qualitativ beeinflußt von → Klimt ..." [Vollmer, Künstlerlexikon, III., p. 583].
Unterwies Schiele 1914 in der Technik der Radierung und möglicherweise auch in der Technik des Holzschnittes [siehe Nr. 668].

243 Holzschnitt von Robert Philippi, der Egon Schiele 1914 Unterricht in der Radierkunst erteilte.

244 Melanie Schiele neben einem Baum stehend. Aufgenommen von Egon Schiele, damals vierzehn Jahre alt.

245 Eine andere Aufnahme von Melanie. Beide nach den erhaltenen Originalplatten, bisher unveröffentlicht.

246 Gustav Pisko im Ausstellungsraum, Wien I., Lothringerstraße 14. Vielleicht ist eines der Bilder von Egon Schiele.

PHOTOGRAPHISCHE TÄTIGKEIT SCHIELES siehe p. 282. Erst bei Drucklegung dieses Buches sind einige schöne Aufnahmen Schieles aufgetaucht, die er als ungefähr Vierzehnjähriger von seiner Schwester → Melanie gemacht hat [Originalplatten im Besitz von Ing. Norbert Gradisch, Wien].

PICASSO (eigentlich: Ruiz y Picasso), Pablo (Malaga, 25. X. 1881 — Mougins, 8. IV. 1973), Maler, Graphiker, Plastiker, Keramiker. Besuchte die Akademien von Barcelona und Madrid; ließ sich 1904 in Paris nieder; malte dort schwermütige Bilder (Blaue Periode); seit 1905 Harlekine und Zirkusleute (Rosa Periode); fand 1907 zum expressionistischen Stil; schuf 1908, gemeinsam mit Braque, die ersten Bilder des Kubismus. Kennzeichnend für ihn ist die sich ständig wandelnde Vielseitigkeit seiner Kunst.

Wir glauben sicher zu sein, daß weder seine Bilder noch seine Graphik in Wien bis 1918 ausgestellt gewesen sind. Von Interesse vielleicht der Hinweis, daß — möglicherweise — seine Zeichnungen aus den Jahren 1916 bis 1920 von Zeichnungen Schieles beeinflußt sein könnten, die 1914 in den Schaufenstern der Filiale der Galerie → Arnot in Paris, 1 & 3 rue Laffitte, ausgestellt waren. Dort sah sie → Franz Wiegele [siehe Nr. 661]. Es könnte sein, daß auch Picasso sie sah und — man kennt andere Beispiele dafür bei ihm — sie kurze Zeit hindurch spielerisch abwandelte [siehe seine Porträtzeichnungen: Guillaume Apollinaire (Deckname von G. A. de Kostrowitsky) (Rom, 26. VIII. 1880 — Paris, 9. XI. 1918), französischer Schriftsteller, der als Essayist die kubistische Malerei bekannt gemacht und in seinen Schriften den surrealistischen Stil mitgeschaffen hat. Er ist sitzend, in Uniform, dargestellt. Oder: Igor Feodorowitsch Strawinsky (Oranienbaum bei Petersburg, 18. VI. 1882 — New York, 6. III. 1971), russischer Komponist; lebte seit 1910 in Frankreich; seit 1939 in den USA. Der einflußreichste Musiker der Gegenwart. Er ist, annähernd in gleicher Haltung, sitzend dargestellt [siehe Roland Penrose, Picasso. His Life and Work, London, Penguin Books, 1971, Tafel IX, Abbildungen 2 und 3].

PIETRAS, Alfred (keine Daten feststellbar), Ingenieur in einer Zuckerfabrik in Groß-Seelowitz, Mähren. Lernte Schiele 1916 im Kriegsdienst kennen [siehe Nr. 885 und 1446].

PINELL, Broncia = Broncia Koller.

PISKO, Gustav (keine Daten feststellbar), Kunsthändler in Wien I., Lothringerstraße 14. Er gab, zusammen mit → Arthur Roessler, 1908 ein umfassendes Werk über Ferdinand Georg Waldmüller (1793—1865), den großen österreichischen Maler, heraus. Bereits im März 1918 befand sich in seinen Räumen die in der Nachkriegszeit sehr bekannt gewordene Auktionsfirma J. Wawra und Söhne [siehe Nr. 1463]. Es ist daher anzunehmen, daß Pisko um diese Zeit starb oder sein Geschäft aufgegeben hatte.

Daß er 1910 Schiele und den „Neukünstlern" sein Lokal für ihre erste Ausstellung zur Verfügung stellte — wie auch die Schauausstellung des Reininghaus-Wettbewerbes in seinen Räumen —, beweist, daß er bereit war, junge Kräfte zu fördern [siehe Kapitel V und X].

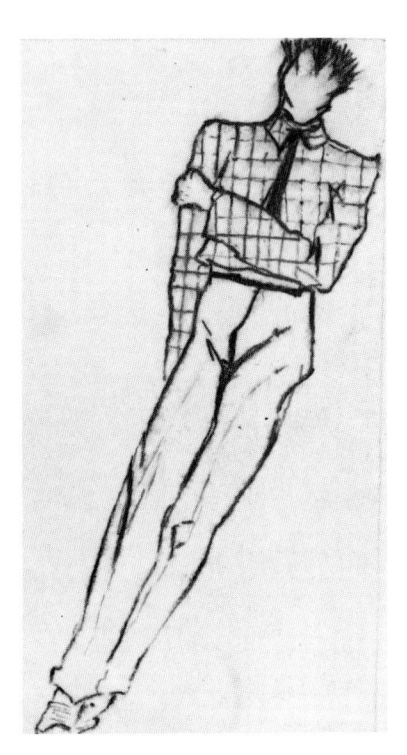

247 Jella Pollak Reif, Egon Schiele, Bleistift, 1917.

248 „Bildnis Herbert Rainer", Öl, 1910.

POLLAK, Jella, geborene Reif (lebt in London). Sie berichtet wie folgt:

„Egon Schiele war im Sommer 1917 bereits bekannt, das enfant terrible der Kunst in Wien, als eine Bekannte zu mir sagte: ‚Den Schiele kenn' ich, der wohnt bei uns in Hietzing.' Ich war sofort neugierig und bat sie, mich bei ihm einzuführen und einen Besuch möglich zu machen. Meine Bekannte kam mit mir. Frau Schiele öffnete uns die Tür in einen Vorraum, anschließend in ein großes, geweißtes, helles Atelier, alles sehr freundlich mit großen Bildern des Künstlers an den Wänden. Keine Möbel, nur zwei schwarze Ladenschränke (die Zeichnungen wurden in diesen flachen Laden aufbewahrt) und eine riesige Couch — in Wien Lotterbett geheißen — in der Mitte. Auf dieser saßen Hausherr und Besucher herum.

Schiele war ein schlanker junger Mensch, sehr beweglich, mit lebhaften schwarzen Augen und etwas struppigen dunklen Haaren, nicht besonders gut rasiert. Er trug ein — für die damalige Zeit — originelles Hemd, große blaue Karos auf beigem Grund [siehe Abb. 133].

Er war sehr interessiert zu hören, daß ich eine Kunstschülerin bin und fragte, wer mein Lehrer sei. Ich war damals in der ‚Kunstschule für Frauen und Mädchen' (die spätere Frauen-Akademie) und ich sagte: Prof. Otto Friedrich.

Schiele lachte gutmütig und sagte: ‚Der kann ja selber nix, was lernen' S denn da? Gehn' S doch lieber zu einem Anatomen, da werden'S mehr lernen.'

An diesen Besuch, der wohl sehr formell war, erinnere ich mich kaum, nur daß Schiele mich eine Zeichnung aussuchen ließ. Es war ein Männerakt mit einer orangen Jacke; leider ist sie mir verloren gegangen.

Eine meiner Kolleginnen in der Schule, T. Z.[1] — die ich übrigens gar nicht für besonders begabt gehalten habe —, begann bei Schiele zu arbeiten. Wieso, weiß ich nicht mehr. Auch nicht, ob sie nur gelegentlich hinkam oder regelmäßig Stunden nahm. Sie ist oft für ihn gesessen, aber nicht gern. Sie sagte: ‚Es ist kein Vergnügen; er sieht nur das Eine...'

Durch diese Kollegin kam ich nochmals zu Schiele. Diesmal war er schon bekannt, gesprächig und gut aufgelegt. Ich vergaß, zu bemerken, daß er ein scharfes Wienerisch sprach. Er fragte, wer die Dame gewesen sei, mit der ich letzthin da war. Wie gesagt, er sprach sehr lebhaft und sagte u. a. — was später so schrecklich tragisch klang — ‚Bis ich erst impotent sein werd', ja dann werd' ich erst malen können...'

Bei diesem Besuch sagte ich: ‚Ich habe gehört, daß Ihre Frau ein Kind erwartet.' Schiele: ‚Ja, was sagen' S, ich werd halt alt.'

Wir saßen auf dem Lotterbett und T. Z. sagte: ‚Schiele, Sie haben mir schon lang versprochen, einmal für mich zu sitzen. Möchten Sie sich nicht vielleicht ausziehen?' Schiele: ‚Heute nicht, aber nächstens. Die Fräulein Jella (ich) soll auch kommen und ich laß einen Wein holen.'

Bei dieser Gelegenheit zeichnete mich Schiele mit einem Fuchs auf den Knien und einem spitzen Hut mit zwei Federn, den er das Boccaccio-Hütchen nannte.

Als nächstes hörte ich, daß seine Frau an der Grippe gestorben sei und später hat man mir erzählt, daß er, schon schwer krank, ganz eingemummt beim Begräbnis war, gegen ärztlichen Rat.

Einige Tage darauf war ich an einem abscheulichen Herbsttag bei Schieles Begräbnis und weiß heute nicht mehr, ob 30 oder 50 Menschen dort waren. Ich kannte niemanden und weinte bitterlich..."
[nach Wolfgang Fischer, Unbekannte Tagebuchblätter ... Egon Schieles ... in: Albertina Studien, 2. Jahrgang, 1964, Heft 4].
1 Es war vermutlich Tinni Zerner [siehe unter Modelle Schieles].

PORKERT, Grete, siehe unter Modelle.

PRITZEL, Lotte (Breslau, 30. I. 1887 — Berlin, Februar 1952), Herstellerin künstlerisch gestalteter Puppen.
→ Arthur Roessler schlug Schiele 1918 eine ihrer Puppen im Tausch vor [siehe Nr. 1630, 1640 und 1663].

PUTZE, Ulrich = Hans Goltz, München.

RADLER, Friedrich, Edler von (Znaim, 29. IX. 1876 — Stuttgart, 9. II. 1942), Blumen- und Bildnismaler. Mitbegründer des „Hagenbundes", seit 1913 Mitglied der „Secession".
Verwendete sich im Frühjahr 1917 für die Versetzung Schieles an das Heeresmuseum. Muß zu Schieles Bekannten gehört haben, da er ihn mit „Lieber Freund" anspricht und ironisch schreibt: „... Sie als Militarist durch und durch, wissen das besser als ich ..." [siehe Nr. 1194].

RAINER, Dr., Dozent in Wien (keine Daten feststellbar). Schiele malte 1910 „Bildnis Herbert Rainer", Sohn des obigen.

REICHEL, Karl Anton (Wels, Oberösterreich, 6. IV. 1874 — Wien, 25. X. 1944), Maler und Radierer, studierte als Autodidakt in Prag, Wien und Paris. Ein feinsinniger Künstler, der sich eine Zeitlang, vor 1933, als Mittler zwischen der NSDAP und dem Haus Wittelsbach ausersehen wähnte, jedoch unmittelbar nach der Machtergreifung jeglichen Einflusses verlustig ging und zusätzlich wegen seines als Fememörder gesuchten Sohns in Schwierigkeiten geriet [Erinnerung des Herausgebers].

REICHEL, Dr. Oskar (keine Daten feststellbar), Arzt, bedeutender Kunstsammler. War im Frühjahr 1912 Hörer der Kunsthistoriker Joseph Strzygowski und Max Dvořák in Wien [siehe Nr. 341].
„... Der Wiener Sammler Dr. Oskar Reichel war es vor allem, der die Eigenart und Bedeutung des Malers Anton Romako erkannte. Er konnte 1913 seinen Besitz an 41, zum großen Teil hervorragenden Werken Romakos in einer Ausstellung bei → O. H. Miethke der Öffentlichkeit vorführen ... Romako wurde also bereits vor einem halben Jahrhundert wiederentdeckt, aber nur für Österreich ..." [Fritz Novotny, Der Maler Anton Romako, 1832—1889, Wien, 1954, p. 5].
Reichel erwarb seit 1910 zahlreiche Zeichnungen und Bilder Egon Schieles, die er allerdings zu sehr gedrückten Preisen kaufte, doch standen die Bilder Schiele jederzeit nicht nur für Ausstellungen, sondern auch zum Wiederverkauf an andere Interessenten zur Verfügung [siehe Nr. 504]. Heinrich Benesch berichtet über ihn in: „Mein Weg mit Egon Schiele", New York, 1965, p. 17:
„Schiele hatte jedoch sehr reiche Kunstfreunde, darunter einen Döblinger Millionär, der einmal zu einem Freunde sagte: ‚Der Benesch ist ein Narr, daß er dem Schiele mehr zahlt, als er muß.' Ich konnte jeweils nur ein Blatt, bestenfalls zwei Blätter gleichzeitig kaufen. So erhielt Schiele von mir immer nur kleinere Beträge. Wenn er nun größere brauchte, rollte er ein Dutzend oder mehr, meist aquarellierter Zeichnungen ein und fuhr damit zu seinem Döblinger Sammler. Der sah sich die Blätter ruhig, ohne Zeichen der Begeisterung an und sagte endlich: ‚Ja, ich brauche die Sachen nicht; wenn Sie zehn Kronen für das Stück wollen, können Sie sie hier lassen.' Und Schiele nahm die 120 Kronen für das Dutzend und fuhr beglückt nach Hause ..."
Schiele schrieb ihm im Jänner 1911 einen bemerkenswerten, selbstsicheren Brief über eines seiner Bilder: „... Es ist sicher gegenwärtig das Höchste, was in Wien gemalt wurde ..." [siehe Nr. 176].
Schiele malte ihn „Bildnis Dr. Oskar Reichel", 1910.
Außerdem besaß er die nachstehenden Bilder Schieles:
„Die Selbstseher I", 1910 — „Schwarze Mädchen", 1911 — „Der Prophet", 1911 — „Prozession", 1911 — „Madonna", 1911 — „Mutter und Tod", 1911 — „Delirien", 1911 — „Herbstbäume", 1911 — „Kahle Bäume", 1912 — „Herbstbäume", 1912 — „Die Brücke", 1913 — „Jesuiten", 1911 — „Ruine", 1911/12 — „Vision", 1911/12 — „Die Asketen", 1912.

249 „Bildnis Dr. Oskar Reichel", 1910 gezeichnet.

REINER = Rainer.

REININGHAUS, Carl (Graz, 10. II. 1857 — Wien, 30. X. 1929), wurde als ältester Sohn des Julius Reininghaus und seiner Gemahlin Emilie Mautner Markhof geboren. Er war Inhaber der Farben-Fabrik und Schlemm-Werke C. J. Reininghaus in Gösting bei Graz. Seiner Ehe mit Zoe von Karajan entsprossen mehrere Kinder; einer langjährigen Bindung mit Maria Schneider zwei außereheliche Söhne, die er später adoptierte. Nach dem Ersten Weltkrieg ehelichte er Friederike (Fritzi) Knepper, eine junge Lehrerin. [Freundliche Mitteilung von Sigurt Reininghaus, Schloß Rabenstein, Frohnleiten, 1976.]

Er war der größte Sammler moderner Kunst, den Österreich um die Jahrhundertwende aufwies. Schon in Graz hatte er mit dem Sammeln begonnen. Julius Mayreder, Architekt (1860—1911), hatte ihm sein Haus erbaut. Das Wohnzimmer schmückte ein Plafond, den Hans Makart bemalt hatte. Damals interessierten ihn hauptsächlich Maler der alten Schule. Die Gründung der Wiener „Secession", 1898, und das mit einemmal in Wien erwachte Interesse an moderner Kunst zogen ihn nach Wien, wo er zunächst am Stubenring 6, dann in Wien VI., Schmalzhofgasse 22, später in Hietzing in einer Villa, Hügelgasse 10, lebte. In all seinen Wohnungen vermochten nach Berichten von Augenzeugen die Wände die Bilder nicht zu fassen, so daß man beim Umhergehen darauf achten mußte, nur ja keinen Schaden anzurichten. 1904 war er es, der auf der Ausstellung der Wiener „Secession", die → Ferdinand Hodlers Weltruhm begründen sollte, nicht nur dessen Hauptwerk: „Die Lebensmüden", sondern — neben den Bildern „Die Bewunderung des Jünglings", „Die Wahrheit", „Der Tag" — auch einige kleinere Bilder erwarb. Lange Aufenthalte in Paris machten ihn mit der modernen französischen Malerei bekannt. Er besaß bedeutende Bilder von → Manet, → van Gogh, → Cézanne, → Renoir, aber auch Werke von → Munch und → Minne. Über den von ihm veranstalteten Carl-Reininghaus-Wettbewerb siehe Kapitel X.

Der Maler → Carl Moll, der mit ihm befreundet war, schrieb in seinem Nachruf [„Neue Freie Presse", 17. XI. 1929]:
„... Reininghaus lebte mit der Kunst, für die Kunst, und vielem kam dies zugute, viele haben ihm zu danken ... (er) war ein Sonderling mit dem wärmsten, überströmendsten Herzen und einem Gehirn, das, manchmal verwirrt, ihn mißtrauenskrank und kampftoll machte. Mißtrauen verbitterte sein Leben, machte ihn zum Schluß einsam, denn seinen Freunden machte er es schwer, sich in ihm zurechtzufinden. Hatte man sich aber von ihm räumlich entfernt, schwand leicht das Störende, man sah rein das Wertvolle, Seltene dieses Menschen, erkannte sein Herz, das sich oft auch vor den Freunden versteckte, der Kunst aber immer ganz und gar angehörte." Die große Sammlung fiel nach seinem Tod jahrelang geführten Erbschaftsprozessen zum Opfer. 1932 wurden Teile davon im Wiener → „Hagenbund" vor ihrer Auktionierung zum letzten Male geschlossen ausgestellt.

Reininghaus besaß eine der bedeutendsten Sammlungen von Bildern und Zeichnungen Schieles. Er hat sich 1912 in der Affäre von Neulengbach außerordentlich hilfsbereit erwiesen und nicht nur einen Strafverteidiger, sondern auch Geld zur

250 Carl Reininghaus, vermutlich sechzig Jahre alt.

251 Carl Reininghaus, auf Wiese eingeschlafen, 1912.

Verfügung gestellt [siehe Nr. 338, 342]. Arthur Roessler berichtet in seinen „Erinnerungen an Egon Schiele", Wien 1948, im Kapitel „Der reiche Mann" ausführlich über seinen Wunsch, von Schiele monumental-dekorative erotische Wandmalereien für seine Ringstraßenwohnung malen zu lassen. Als er sich auf dem Semmering — verärgert über Schieles Ablehnung — auf einer Wiese schlafen legte, zeichnete ihn dieser.
Schiele schrieb ihm unter anderem einen inhaltsreichen Brief, Anfang 1912, eine Deutung seines Bildes „Die Eremiten", 1912 [siehe Nr. 320]. Siehe auch über ihr gegenseitiges Verhältnis p. 195.
Er besaß die nachstehenden Bilder Schieles:
„Herbstbaum", 1909 — „Bildnis des Malers Karl Zakovšek", 1910 — „Stehender männlicher Akt", 1910 — „Stehender weiblicher Akt", 1910 — „Kniender männlicher Akt mit erhobenen Händen", 1910 — „Sitzender männlicher Akt", 1910 — „Doppelbildnis", 1910 — „Begegnung", 1913 — „Stein an der Donau" I., 1913 — „Stein an der Donau" II., 1913 — „Stürmer", 1910 — „Die Bekehrung II", 1913.

RENOIR, Auguste (25. II. 1841 — Paris — 3. XII. 1919), französischer Impressionist.

RICHTER, Emil (keine Daten feststellbar), Kunsthandlung in Dresden, Prager Straße Nr. 13.
Schiele stellte dort im April 1913 und später Zeichnungen aus [siehe Nr. 488, 641 etc.].

RIEGER, Dr. Heinrich (keine Daten feststellbar), Zahnarzt in Wien VII., Mariahilferstraße 124. Erklärte sich 1916 bereit, Edith Schiele zu behandeln, wenn er dafür „einen schönen Schiele" bekommen würde [siehe Nr. 877]. Die Verlassenschaft nach Egon Schiele hatte an ihn eine geringfügige Schuld von 50 Schilling. Unzufrieden mit der Qualität einer ihm von → Melanie Schuster-Schiele als Ausgleich überlassenen Zeichnung, drohte er 1934 mit einer Klage [E. S. A. 984/5].
Besaß von Schiele die Bilder:
„Berg am Fluß", 1910 — „Kardinal und Nonne", 1912 — „Umarmung", 1917. Außerdem eine größere Anzahl von Aquarellen und Zeichnungen, von denen einige 1928 zu einem Artikel von Wolfgang Born: „Egon Schieles Zeichnungen; zur zehnten Wiederkehr seines Todestages" abgebildet waren [E. S. A. 60].

ROESSLER, Arthur, Kunstkritiker, Schriftsteller (20. II. 1877 — Wien — 1955). Wie Ludwig Hevesi der Chronist der Zeit des „Wiener Kunstfrühlings" (1898—1905) war, so hat Arthur Roessler sich als Entdecker, Betreuer, Freund und Helfer in Schwierigkeiten Egon Schiele gegenüber, auf den er 1910 anläßlich der Ausstellung im Salon → Pisko aufmerksam wurde, bewährt. Damals schon, wie auch später, fand er als Kunstkritiker für Schieles Kunst Worte, die bis heute voll gültig sind. Man weiß viel zu wenig von ihm.
Nach ausgedehnten Studienreisen durch Deutschland, Frankreich, England und Italien ließ er sich zunächst in München nieder, wo er Mitarbeiter der „Münchner Zeitung" wurde.

252 Arthur Roessler, im Hintergrund der Traunsee, 1913.

253 „Bildnis Arthur Roessler", Ölbild auf Leinwand, 1910.

1905 kehrte er nach Wien zurück und übernahm, anscheinend gemeinsam mit → Carl' Moll, die Leitung der → Galerie Miethke, die nach dem Tod ihres Gründers verwaist dastand. Er wurde Kunstreferent der „Arbeiter-Zeitung", gab 1911 die kurzlebige Zeitschrift „Bildende Künstler" heraus und trat stets als unerschrockener Vorkämpfer der Moderne auf. Darüber hinaus war er Autor vieler wichtiger Bücher und

254 Wohnung von A. Roessler. Unter der Lampe „Versinkende Sonne", 1913, darunter: „Bildnis Ida Roessler", 1912.

255 Detail des Studierzimmers mit „Tote Mutter", einer Krumauer Landschaft und dem Selbstbildnis von 1911.

Künstlermonographien und Herausgeber von illustrierten bibliophilen Drucken.
Zu seinen „Erinnerungen an Egon Schiele" wäre zu sagen, daß sie mit Einfühlungsvermögen geschrieben sind und viele Einzelheiten festhalten, die sonst verloren wären.
Er gab die nachstehend verzeichneten Bücher über Egon Schiele heraus. Sie waren über viele Jahre die einzigen, die über ihn zur Verfügung standen:
a) In memoriam Egon Schiele. Wien 1921.
Wegen dieses Buches kam es 1948 zu einer Anwaltsintervention seitens des Mitherausgebers → Fritz Karpfen, der sich — aus der Emigration zurückgekehrt — gegen Roesslers Neuveröffentlichung zur Wehr setzte [E. S. A. 528 a, b, c].
b) Briefe und Prosa von Egon Schiele, Wien 1921.
Hinsichtlich der Herausgabe von Schieles Briefen ist zu sagen, daß Roessler aus Rücksicht auf Lebende viele Namen durch Initialen ersetzte, aber auch stilistische und orthographische „Verbesserungen" vornahm, ohne darauf hinzuweisen.
Hinsichtlich der Gedichte Schieles bestehen größere Bedenken. Man kann — soweit sie in Originalhandschrift vorliegen — mehrfach sein „Verbessern", Zusammenziehen von Fragmenten etc. feststellen. Wir verweisen darauf in den Anmerkungen unserer Wiedergaben. Da sehr viele der Originalhandschriften fehlen, kann ein endgültiges Urteil erst nach deren Wiederauffinden erstellt werden.
c) Erinnerungen an Egon Schiele, Wien 1912. Erweiterte Neuauflage, Wien 1945.
Gegen dieses Buch gab es 1945 ein gerichtliches Einschreiten seitens von → Erwin Osen, der sich (die erste Ausgabe hatte er unbeanstandet gelassen) nun, 26 Jahre später, erfolgreich gegen das allzu durchsichtige Pseudonym [Neso = Osen] wandte.
d) Egon Schiele im Gefängnis, Wien 1922.
Man lese das Kapitel VIII nach, in dem wir nachweisen, daß sich Roessler hier eine journalistische Fälschung geleistet hat.
e) Das graphische Werk Egon Schieles, Wien 1923.
Die Frage, was diesen sonst seriösen, ernst zu nehmenden Mann dazu veranlaßt haben mag, als Herausgeber teils sorglos, teils bevormundend verbessernd, teils verfälschend tätig zu sein, bleibt offen.
Diese einschränkenden Bemerkungen mögen aber nichts an der Dankbarkeit der Nachwelt ändern, die man Arthur Roessler für sein Eintreten für Egon Schiele, für seine diesem oft und oft bewiesene Treue und Freundschaft schuldig ist. Nicht vielen Künstlern der Neuzeit war es vergönnt, einen ähnlich selbstlosen und tapfer streitenden Wegbereiter an der

256 „Bildnis Ida Roessler", Öl auf Holz, 1912 gemalt.

257 Oberleutnant Dr. jur. Hans von Rosé, 1917.

Seite zu haben. Es sei Roessler unvergessen, daß er es war, der Schiele zum Radieren anregte.
Schiele hat Roessler mehrfach gezeichnet, ihn 1910 porträtiert und 1911 radiert. Er gehörte zu den eifrigsten Sammlern von Schieles Werken:
„Aus Brienz", 1907; „Winterlandschaft", 1907; „Sonnenblume", 1909; „Porträt Arthur Roessler", 1910; „Bildnis Hofrat Otto Wagner, Architekt" [Fragment], 1910; „Tote Mutter" I., 1910; „Mutter", 1910; „Stadt am blauen Fluß" I (Entwurf), 1910; „Selbstbildnis mit gespreizten Fingern", 1911; „Liegende Frau mit zurückgeschlagenem Rock", 1911; „Stadt am blauen Fluß" I (Tote Stadt), 1911; „Nachtbild" (Rathaus Krumau), 1911; „Stadtbild" (Krumau), 1911; „Ein Baum", 1911; „Das Zimmer des Künstlers in Neulengbach", 1911; „Bildnis Ida Roessler", 1912; „Winterbäume" (Drei Bäume), 1912; „Herbstbäume", 1912; „Versinkende Sonne", 1913; „Stadt am blauen Fluß" III, 1911; „Ruinen", 1911/12; „Gigant", 1912.

ROESSLER, Ida, geborene Lange, Gattin Arthur Roesslers, Tochter eines deutsch-amerikanischen Farmers [laut Jahrbuch der Wiener Gesellschaft, Wien 1928, p. 286]. Gab mit ihrem Mann 1905 das Buch „Oskar Wilde, Intentionen" im Inselverlag, Leipzig, heraus.
Schiele malte sie 1912.

ROLLER, Alfred (Brünn, 2. X. 1864 — Wien, 22. VI. 1935), Maler, Kunstgewerbler, Bühnenbildner. Revolutionierte unter der Direktion von → Gustav Mahler an der Wiener Staatsoper das Bühnenbild.

ROMAKO, Anton (Atzgersdorf bei Wien, 20. X. 1832 — Wien, 8. III. 1889, Selbstmord), Maler. War seit 1847 Schüler der Wiener Akademie unter Carl Rahl (1812—1865), dann in München unter Wilhelm Kaulbach (1805—1874). Seit 1857 in Rom ansässig, wo er auf dem Monte Mario ein großes Haus führte, in dem der Komponist Franz Liszt, der Maler Anselm Feuerbach und viele andere verkehrten. Nach einer Reihe von Unglücksfällen kehrte er nach Wien zurück, verarmte und geriet in Vergessenheit. Die Wiederentdeckung dieses außerordentlich begabten Malers erfolgte durch eine Ausstellung in der → Galerie Miethke, 1905, auf welcher 65 seiner Bilder gezeigt wurden. „... [er hat] einige der bedeutendsten Bildnisse und das wahrhaftigste Historienbild des 19. Jahrhunderts geschaffen ... → Oskar Kokoschka hat in seinen Bildnissen aus den Jahren um 1910 an die Porträtkunst Romakos angeschlossen ..." [Fritz Novotny, Der Maler Anton Romako, Wien 1954, p. 76].
Blieb ohne feststellbaren Einfluß auf Schiele, der im Hause eines seiner bedeutendsten Sammler, → Dr. Oskar Reichel, vor allem aber auf der Ausstellung seiner Sammlung, gleichfalls bei → Miethke, im Februar 1913 [siehe Nr. 445], nicht weniger als 41 hervorragende Bilder Romakos sehen konnte.

ROSÉ, Dr. jur. Hans von (Wien, 4. IX. 1890 — England, 11. II. 1974). Oberleutnant im Ersten Weltkrieg, erhielt nach dem Gefecht von Kotowice die bronzene Tapferkeitsmedaille (1914) und nach dem Gefecht bei Sokal in Galizien das Signum Laudis (15. VII. 1915). Schwer verwundet, richtete er in Wien zunächst eine Art „Konsumverein für Kriegsgefangene" ein, später übernahm er die Leitung der „K. K. Konsum-Anstalt für die Gagisten der Armee im Felde", deren Zentralbüro sich in Wien VI., Mariahilferstraße 134, be-

258 Der Drucker Sigmund Rosenbaum, 1910.

259 Die Tänzerin Ruth Saint Denis in einer Tanzpose.

fand. Ihm unterstanden 120 Offiziere und Hilfskräfte, dazu 23 Zivilangestellte.
Schiele, der sein Untergebener war, wurde von ihm dienstlich beauftragt, für eine Festschrift (die allerdings nicht erschien), die Magazine in Wien und außerhalb zu zeichnen. Schiele zeichnete in Wien, Bozen, Brixlegg, Bruneck und Trient. Er entwarf auch Schilder für die Anstalt. Er war Dr. Rosé sehr zu Dank verpflichtet, zeichnete ihn zweimal, entwarf für ihn ein Exlibris und porträtierte für ihn die Schauspielerin Marga Boerner [siehe Albertina Studien 1966, Heft 2, pp. 70—85].

ROSENBAUM, Sigmund (Wien, 4. V. 1867 — Kairo, 1945), Druckereibesitzer in Wien; trat um die Jahrhundertwende in die von den Brüdern Heinrich und Ignaz Rosenbaum gegründete Druckerei „Brüder Rosenbaum" ein. Sie befand sich damals in Wien VIII., Josefstädterstraße 29 (heute im eigenen Haus, Wien V.). Die Druckerei war jahrzehntelang führend für farbigen Offset in Österreich. Eine Zeitlang war dem Unternehmen ein Verlag angeschlossen, in dem unter anderem 1911 die kurzlebige Zeitschrift → „Bildende Künstler", Herausgeber → Arthur Roessler, erschien. Heft 3 war Egon Schiele gewidmet [siehe Nr. 198]. 1912 gab der „Akademische Verband für Literatur und Musik" in Wien dort die Zeitschrift „Der Ruf" heraus. Das Mai-Heft, ein Sonderheft: „Der Krieg", erschien mit Beiträgen von → Robert Müller, Georg Trakl[1], F. T. Csokor[2] und anderen. Auf dem Innenumschlag Ankündigung der Uraufführung von → Arnold Schönbergs Monodrama „Erwartung" und die Aufführung eines Dramas von → Oskar Kokoschka. Mit einem von Schiele entworfenen Umschlag [siehe Nr. 359, Abb. 56].
Schiele zeichnete Sigmund Rosenbaum 1910. Dieser besaß vorübergehend das „Bildnis Herbert Rainer", 1910. 1916 hatte Schiele bei ihm vorgesprochen, um eine Verwendung als Zeichner im Kriegsfürsorgeamt zu erreichen [siehe Nr. 1112].

1 Georg Trakl (1867—1914), Dichter.
2 Franz Theodor Csokor (1885—1969), Schriftsteller, Dramatiker.

SAINT DENIS [wohl Künstlername], Ruth (New York, 20. I. 1880 — Hollywood, 21. VII. 1968), Tänzerin, trat im Jänner 1907 in Wien auf. Schiele war von ihr begeistert [siehe p. 117 und Anmerkung 5]. Angeblich hat er sich wie folgt über sie geäußert. „Solch eine Figur kann mehr als unsere besten Tänzerinnen. Gegen meinen roten Dämon [javanische Schattenspielfigur] ist die Ruth... eine schwerfällige Kanone"; siehe: → Arthur Roessler, Erinnerungen, Wien 1948, p. 36. Aber auch → Karl Kraus beschäftigte sich mit ihr in der Glosse „Inder" in „Die Fackel", VIII. Jahrgang, 9. Jänner 1907, Nr. 216, pp. 19 ff. Er kritisierte weniger ihre Darbietungen als den Wortschwall der Tageskritik. Der Dichter Hugo von Hofmannsthal sei schuld, da er die Devise von der „unvergleichlichen Tänzerin" ausgegeben habe, etc.

SANDIG, Anton (keine Daten feststellbar), Bildhauer, Schüler von → Gustinus Ambrosi.
Nahm 1918 Schieles Totenmaske ab [siehe Anmerkung der Nr. 1774].

SAS-ZALOCIECKY, Dr. Vladimir Roman (Lemberg, 10. VII. 1896 — Graz, 12. X. 1959), Kunsthistoriker.

SCHEFFENEGGER, Dr. Max (geboren am 13. V. 1883 in Kirchdorf, Oberösterreich, Todesdatum nicht feststellbar), Jurist. War 1919 dem Kreisgericht St. Pölten zugeteilt; 1934 bis 1945 Verteidiger in Strafsachen, vertrat viele sozialdemokratische Mandatare; 1945 Unterstaatssekretär für Justiz [nach: Wer ist Wer?, Wien 1951, p. 171].
War, namens des Zweigvereins St. Pölten der Richtervereinigung, der Verfasser des Einspruches gegen Arthur Roesslers Schrift: Egon Schiele im Gefängnis, Wien 1922 [siehe p. 191].
Im Besitz von Diplom-Ingenieur Erhard Scheffenegger, Wien [Sohn des obigen?], das Bild „Wildbach", 1918.

SCHEU, Dr. Robert (geboren in Schönau, Niederösterreich, 11. VII. 1873), Ministerialsekretär, Kulturschriftsteller und Dramatiker, Mitarbeiter von → Karl Kraus an der „Fackel" und am „Simplizissimus".
Führte den Schriftsteller → Otto Stoessl bei Schiele ein. Plante, Schiele 1918 auf eine Auslandsreise mitzunehmen [siehe Nr. 1605].

SCHIELE, Adolf Eugen (Wien, 8. XI. 1851 — Klosterneuburg, 1. I. 1905). Der Vater Schieles war höherer Eisenbahnbeamter.
Wir wiesen schon im verbindenden Text darauf hin, daß wir keine rechte Vorstellung von Schieles Vater haben. Er hat seine Karriere bei der Eisenbahn gemacht — es ist übrigens wirklich erstaunlich, wie viele Menschen um Schiele mit der Eisenbahn zu tun hatten: der Großvater; der Vater; die Schwester → Melanie; ihr Mann; der Onkel → Czihaczek; der gute Freund → Heinrich Benesch; endlich der Schwiegervater → Harms! Adolf Schiele war vermutlich das Muster eines pflichtgetreuen Beamten. Da seine Tochter → Melanie 1886 in Garsten bei Steyr geboren ist, war er vermutlich zuerst dort tätig, dann in Launsdorf, Kärnten, endlich — auf bedeutenderem Posten — im wichtigen Bahnhof von Tulln, wo ihm an die 40 Unterbeamte unterstanden. Es ist möglich, daß die ungewöhnlich schönen und großen Aufnahmen des Bahnhofes von Pressefotografen gemacht wurden, die dort die Ankunft Edwards VII., König von England, erwarteten, der auf dem Wege von seinem gewohnten Kuraufenthalt in Karlsbad zu Kaiser Franz Joseph I. in Wien den Zug dort halten ließ, um sich in der Station die Uniform eines österreichischen Generals anzuziehen (freundliche Mitteilung des derzeitigen Stationsvorstandes anläßlich der Aufnahmen zum Egon-Schiele-Film, 1976). Es gibt einen langen, aufschlußreichen Brief von ihm an die Mutter [siehe Nr. 8], einige belanglose Karten und ein paar Zeichnungen, die ein kleines Talent erkennen lassen. Sein Grab ist auf dem Friedhof von Tulln. Es wurde 1962 von Melanie Schuster-Schiele in den heutigen Zustand versetzt [freundliche Mitteilung von Ing. Norbert Gradisch, 1978], nachdem es viel Streit zwischen der Mutter und Egon Schiele darum gegeben hatte.
Egon Schiele hat den Tod seines Vaters anscheinend niemals verwunden [siehe die Briefe 112, 320, 544]. Über die Wahrscheinlichkeit einer seelischen Belastung durch den an Paralyse erkrankten Vater siehe p. 15.
Es gibt keine Zeichnung Schieles nach seinem Vater, was man wahrscheinlich mit seiner großen Jugend erklären kann [siehe Abb. 4, 7, 10].

SCHIELE, Edith = Edith Harms.

SCHIELE, Elvira, älteste Schwester Egon Schieles (Wien, 28. V. 1883 — Tulln, 8. IX. 1893). Starb zehnjährig an Gehirnhautentzündung. Von ihr hat sich sehr wenig Schriftliches erhalten. Soweit man aus ihrer zierlichen Handschrift Schlüsse zu ziehen vermag, war sie künstlerisch begabt [siehe Nr. 24 und Abb. 7, 21].

SCHIELE, Gertrude (Gerti), Egons jüngere Schwester (geboren in Tulln, 13. VII. 1894, lebt in Wien). Sie war die Gespielin Egons in den ungetrübt glücklichen Tagen der Kindheit. Ein bildschönes Geschöpf, diente sie ihrem Bruder in ihrer Jugend oft als Modell. Es scheint, daß sie über seine Vermittlung zur „Wiener Werkstätte" kam, wo sie eine Zeitlang als Mannequin tätig war. Sie verlobte sich mit Schieles gutem Freund, dem Maler → Anton Peschka, konnte ihn aber, Egons Einspruch halber, erst volljährig geworden, am 24. XI. 1914 heiraten. Schiele schrieb ihm tags zuvor: „... was vor 1914 war, gehört zu einer anderen Welt, wer hoffnungslos ist, gehört zu den Sterbenden" [siehe Nr. 714]. Sie schenkte ihrem Mann vier Kinder.
Über Schieles Einstellung zu seiner Schwester siehe pp. 17/18. Ihr Haus in Wien XIII. ist voller Erinnerungsstücke an Schiele. Vor allem sind dort seine Möbel zu finden: die große Vitrine aus seinem Atelier, die er mit folkloristischen Kleinigkeiten angefüllt hatte; der Sessel aus seinem Atelier, in dem eine ganze Reihe seiner männlichen Modelle saß; ein schön bemalter Bauernkasten und vieles mehr. Sie selbst ist — trotz ihres hohen Alters — erstaunlich frisch im Erinnern an die Kindheit und zum Beispiel imstande, ohne zu zögern, die Namen aller Unterbeamten ihres Vaters auf alten Fotografien der Station Tulln mit Namen zu nennen. Heute bereits etwas leidend, wird sie von ihrem Sohn Anton Peschka jun. betreut, der von seinem Vater das künstlerische Talent ererbt hat.
Schiele hat eine Anzahl von Zeichnungen nach ihr geschaffen [darunter „Die Hämische", siehe p. 18 und Abb. 57] und sie öfters gemalt.
In ihrem Besitz befinden sich die nachstehenden Bilder Schieles: „Junge Mutter", 1914; „Mödling", II., 1918 [siehe Abb. 16, 17, 18, 19, 22, 24, 52, 53, 57].

SCHIELE, [Karl] Ludwig Wilhelm (Ballenstedt, Herzogtum Anhalt, 9. VIII. 1817 — Prag, 30. XI. 1862), der Großvater Schieles väterlicherseits. Zweitältester Sohn des Justizrates und ersten Bürgermeisters Friedrich Karl Schiele in Bernburg (1786—1862) und dessen Ehegattin Amalia Wilhelmine Albertine, geborene von Besser. Er hatte die Schule in Bernburg besucht und war 1838 nach Berlin gegangen, um dort an der Bauakademie zu studieren (Feldmeßkunst, Baumeister). Bis zu seinem Eintritt in die Dienste der österreichischen Nordbahn war er als Ingenieur in Berg- und Hüttenwerken Österreich-Ungarns in Böhmen, Galizien, Dalmatien und Istrien tätig. Er war außerordentlich sprachbegabt, beherrschte Latein, Französisch und Italienisch fließend und hatte Kenntnisse in Englisch, Polnisch und Griechisch. Er siegte 1844 in einem Wettbewerb, an dem 200 Bewerber teilnahmen, und war in der Folge maßgeblich am weiteren Ausbau der Kaiser-Ferdinands-Nordbahn nach Krakau tätig. Es war ihm zu verdanken, daß bei diesem Bahnbau statt der bisher in Verwendung stehenden Holzbrücken Eisenbrücken nach dem System Clark und Neyville verwendet wurden. Außerdem schuf er Normen für den Unterbau und Hochbau. Einen Teil seiner Erfahrungen legte er in einem Buch nieder, das, später von anderen erweitert, noch zwei Auflagen erlebte und als wichtiges Werk betrachtet wird: „Theorie der Ausweich-Geleise und Bahnkreuzungen", Wien 1856. Sein Ruf hatte sich derart gefestigt, daß ihm eine im September gegründete Gesellschaft den Bau der k. k. privilegierten böhmischen Westbahn für die Gesamtheit des Netzes Prag bis zur bayerischen Grenze samt Flügelbahnen als leitender Ingenieur übertrug. Er trat aus den Diensten der Nordbahn aus und übersiedelte nach Prag. Der Bau hatte in kürzester Zeit ausgeführt zu werden, um einen abgeschlossenen Vertrag zu erfüllen. Für Planung und Ausführung der über 180 km langen Strecken standen knapp drei Jahre zur Verfügung. Es gelang ihm, mit allen Schwierigkeiten fertig zu werden, allerdings bezahlte er die Überanstrengung mit seinem Leben; er starb, 45 Jahre alt, nachdem er kurz vorher zum Generalinspektor der k. k. privilegierten Kaiser-Ferdinands-Nordbahn designiert worden war. Er war der erste, der in Österreich eine Bahnanlage unter Verwendung von geologischen Schichtenlinien gestaltete, was später für die großen österreichischen Bahnbauten im Gebirgsterrain vorbildlich wurde [nach Leopold Czihaczek, Dem Andenken Ludwigs Schieles, Wien 1910, 20 pp., 8°. E. S. A. 840].

Seine Frau Aloisia, geborene Schimak, stammte aus Bechin in Mähren. Sie war die Tochter eines Fürstlich Paarschen Burggrafen und starb nach 28jähriger Witwenschaft. Aus der Ehe gingen drei Söhne und zwei Töchter hervor. Die eine Tochter, Marie, heiratete → Leopold Czihaczek, der Egon Schieles Onkel und Mitvormund war. Von den Söhnen starben zwei in jungen Jahren. → Adolf Schiele wurde Egon Schieles Vater.

Von seiner Hand hat sich eine ganze Anzahl von Zeichnungen im Besitz von → Gertrude Peschka-Schiele erhalten, die Zeugnis von seiner Handfertigkeit geben, wenngleich man sie nicht als ausgesprochen künstlerische Produkte einstufen kann. Er muß es zu Vermögen gebracht haben, denn seine Laufbahn war eine glänzende und sicher auch gut bezahlte. Wir nehmen an, daß das große Vermögen → Leopold Czihaczeks von seiner Frau, Marie Schiele (seiner Tochter), stammte. Er hat es erhalten und vermehrt. Dem Sohn Adolf Schiele ging es verloren [siehe p. 15].

Schiele war sich über die Bedeutung seines Großvaters nicht im klaren, sonst hätte er in seinem oft zitierten Lebenslauf [siehe p. 18] nicht auf ihn vergessen. Es sei denn (wofür manches andere spräche), daß dieser Lebenslauf von Arthur Roessler aus Bruchstücken zusammengesetzt und ergänzt wurde [siehe Abb. 5].

SCHIELE, Marie[a] (Krumau, 23. III. 1862 — Wien, 13. III. 1935), die Mutter Schieles. Sie war die Tochter des wohlhabenden Bauunternehmers → J. Franz Soukup (Mirkowitz, Böhmen, 28. VI. 1842 — Wien, 20. IV. 1898), der sich seine Frau Aloisia, geborene Poferl (Krumau, 8. VII. 1844 — Wien, 5. I. 1920), in Krumau gefunden hatte, wo er zunächst lebte [im sogenannten „Pinzkerhof" in der Fischergasse 40]. Später ist das Ehepaar nach Wien gezogen.

Marie Schiele heiratete Adolf Schiele im Alter von 17 Jahren. Die Ehe verlief nicht ohne Tragik. Die ersten beiden Kinder waren Totgeburten, die älteste Tochter Elvira starb mit 10 Jahren an einer Gehirnhautentzündung. Nicht sehr viel später erkrankte ihr Mann, vermutlich an einer Paralyse, mußte seinen Dienst quittieren und zog mit ihr für das letzte Jahr seines Lebens nach Klosterneuburg. Seit seinem Tod, 1. I. 1905, hatte sie von einer kärglichen Witwenpension zu leben, da sein Vermögen in Verlust geraten war [siehe p. 16].

Über ihr Verhältnis zu Egon siehe besonders pp. 16—17. Die beiden hatten viele Konflikte, hauptsächlich wegen der Gestaltung des Grabes des Vaters. Alle ihre diesbezüglichen Bitten verhallten ungehört. Unter den zahlreichen Briefen beider ist wahrscheinlich Schieles Brief vom 31. III. 1913 der aufschlußreichste. Er schreibt: ..., „ich werde die Frucht sein die nach ihrer Verwesung noch ewige Lebewesen zurücklassen wird; also wie groß muß Deine Freude darob sein — mich gebracht zu haben? —..." [siehe Nr. 483].

Da → Edith Schiele vor ihrem Mann gestorben war, fiel der Nachlaß an Marie Schiele und ihre Töchter. Sie holte mit → Melanie im November 1918 alle Fahrnisse von Edith aus der Wohnung von → Josefine Harms [siehe Nr. 1795]. Marie Schiele spendete 1924 — zur Erinnerung an ihren Sohn — der Österreichischen Staatsgalerie 50.000 Kronen [vermutlich Erlöse aus dem künstlerischen Nachlaß], ohne sich darüber klar zu sein, daß dies Inflationsgeld war. Kurz darauf, 1925, wurde die Währung saniert. 10.000 Kronen waren gleich einem Schilling.

Schiele hat nach seiner Mutter des öfteren gezeichnet und sie auch gemalt [siehe Abb. 4, 7, 8, 9, 11, 12, 21].

SCHIELE, Melanie Louise Maria (21. II. 1886 in Garsten, Oberösterreich — Wien, 29. X. 1974), die ältere Schwester Egon Schieles. Besuchte 1893—1897 die Volksschule in Tulln. Der spätere Bürgerschuldirektor in Klosterneuburg, → Leopold Berger, bei dem Egon Schiele als Schüler untergebracht war, war in Tulln Hauslehrer der Familie Schiele. Anschließend besuchte Melanie Schiele die Klosterschule in Tulln, später eine Mädchenschule in Wien XVIII. Vom 1. VII. 1909 bis zum 24. XI. 1933 war sie Schalterbeamtin bei der Bahn; während des Ersten Weltkrieges war sie als Rote-Kreuz-Schwester tätig. Sie lernte ihren Mann → Gustav Schuster (30. IV. 1884 — Wien — 24. IX. 1933), der als Oberrevident der Österreichischen Bundesbahnen starb, bei ihrer Tätigkeit auf dem Wiener Westbahnhof kennen. Sie ging anläßlich des Todes ihres Mannes in Pension und nahm ihre schwerkranke Mutter zu sich, welche zuletzt in Wien VI., Gfrornergasse 7, gewohnt hatte, und pflegte sie bis zu deren Tod am 13. III. 1935. Aus Schieles Nachlaß fiel eine Reihe von Einrichtungsgegenständen an sie: der große Spiegel aus seinem Atelier; sein gelbes Frühstücksgeschirr; verschiedene Puppen (die man auf der Fotografie, die ihn vor seiner Vitrine stehend zeigt, erkennen kann) und das auf seinem Bild „Schieles Schreibtisch", 1914, oben abgebildete Pferd [heute Besitz Ing. Norbert Gradisch, Wien].

Auch besaß sie die nachstehenden Bilder Schieles [von denen einige heute im Besitz ihres Neffen Ing. Norbert Gradisch, Wien, sind]:
„Hof in Klosterneuburg", 1907
„Schneeglöckchen in bauchiger Vase", 1907
„Bildnis Melanie Schieles mit braunem Pelz", 1907
„Motiv vom Weidlingerbach" [recte: „Holzbrücke über den Kierlingbach bei Klosterneuburg"], 1907
„Klosterneuburg bei Sonnenuntergang"
„Waldbäume", 1907
„Waldstudie", 1907
„Motiv aus dem Wienerwald", 1907
„Bildnis Leopold Czihaczek", 1907
„Leopold Czihaczek am Klavier", 1907
„Selbstbildnis mit langem Haar", 1907
„Wiese mit großem Baum", 1907
„Gartenhaus in Krumau", 1907
„Bauernhaus an Wehr", 1907
„Verschneiter Weingarten, im Hintergrund Klosterneuburg im Nebel", 1907
„Alter Mann mit weißem Bart", 1908.
1972 führte sie einen aufsehenerregenden Prozeß um den ihr gehörenden Nachlaß Egon Schieles.
Bis zu ihrer Verheiratung [am 21. VII. 1923] ist sie oftmals umgezogen. Wir geben nachstehend uns bekannt gewordene Anschriften wieder, weil die Mutter öfters bei ihr wohnte und diese Adressen unter Umständen für die Datierung von Briefen Egon Schieles wichtig sein könnten [nach Ansichtskarten im Besitz von Ing. Norbert Gradisch, Wien]:

1900—1901	Fortbildungsschülerin, Wien, Cottage, Prinz-Eugen-Straße 19
1902	Sommer in Lind bei Velden
1903	Klosterneuburg, Albrechtsbergergasse 4
1904	Klosterneuburg, Ortnergasse 28, Gartnergasse 23
1905	Klosterneuburg, Buchberggasse 29, Albrechtsbergergasse 65
	Sommer: Krumau, Pinzkerhof
	Sommer: Grumandorf, Wörther See, Villa Baudisch
1906	Klosterneuburg, Albrechtsbergergasse 65, auch 36
1907/08	[Tätig im Bahnhof Klosterneuburg] Wien XIX., Heiligenstädterstraße 12, II. Stock, Tür 19
1909	Wien XIX., Panzergasse 3, III. Stock
1911	Wien IX., Sobieskigasse 14/16, I. Stock [tätig Stadtbahnstation Nußdorferstraße]
1912	Wien XVIII., Theresiengasse 47
1914—1923	Wien VI., Gfrornergasse 7/6
1923—1933	Wien V., Margaretengürtel 36
1933—1972	Wien XIX., Döblinger Hauptstraße 77/2;

undatierte Karten geben den Franz-Joseph-Bahnhof (Eilgutaufgabe) und den Frachtenbahnhof Wien X. an, wo sie als Manipulantin tätig war.

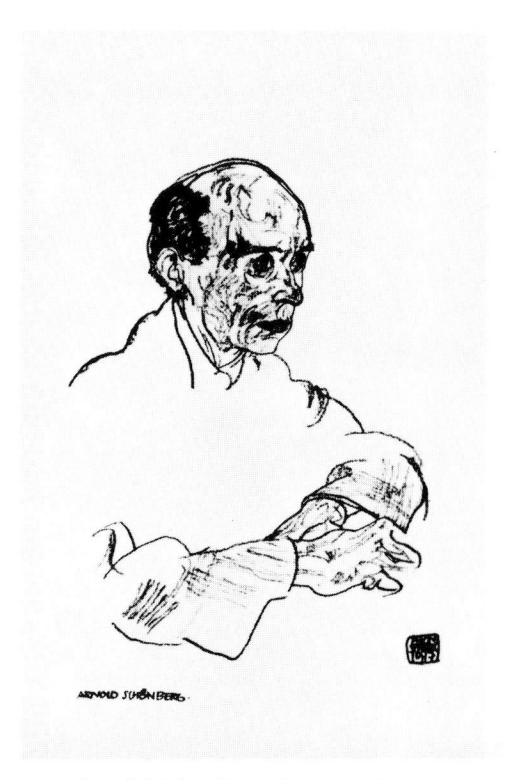

260 Arnold Schönberg, Komponist, 1917 gezeichnet.

Schiele zeichnete nach seiner jugendlichen Schwester und reichte Arbeiten nach ihr und ihrer Mutter bei seiner Aufnahmeprüfung in die Akademie ein. Außerdem fotografierte er sie als junges Mädchen [Originalplatten im Besitz von Ing. Norbert Gradisch, Wien] [siehe Abb. 7, 13, 14, 15, 16, 21, 24, 244, 245].

SCHÖNBERG, Arnold (Wien, 13. IX. 1874 — Los Angeles, 13. VII. 1951), Komponist, Autodidakt. Übte mit seiner Zwölftonmusik den stärksten Einfluß auf die neue Musik aus; Anton von Webern und Alban Berg gehörten zu seinen Schülern. Weniger bekannt sein dürfte, daß er dem Kreis um Kandinsky[1] nahestand. So lieferte er für den „Blauen Reiter", München 1912 (von dem Schiele ein Exemplar besaß), den Beitrag „Das Verhältnis zum Text". Im selben Band findet sich als Musikbeilage seine Vertonung „Herzgewächse" nach Maurice Maeterlinck. Die beiden anderen Musikbeilagen stammen von seinen oben genannten Schülern.
Wir haben keinerlei Nachricht über die Einstellung Schieles zur alten, noch zur modernen Musik. Er lernte den Komponisten vermutlich als Maler kennen, denn 1912 stellte Schönberg im Rahmen der „Neukunst-Ausstellung" gemeinsam mit Schiele, → Andersen, → Faistauer, → Gütersloh und → Kolig in Budapest aus. Als Schiele im März 1917 seine Vereinigung „Kunsthalle" plante, scheint auch Schönbergs Name auf [siehe Nr. 1182].

1 Wassily Kandinsky (Moskau, 5. XII. 1866 — Neuilly sur Seine, 1944), russischer Maler, Graphiker, Kunstschriftsteller und Dichter.

SCHÖNTHAL, Otto (10. VIII. 1878 — Wien — 31. XII. 1961), Architekt. Schüler und Mitarbeiter von → Otto Wagner in Wien (Steinhofkirche, Stadtbahn, Postsparkasse). War der Herausgeber der von → Eduard Kosmack seit 1895 verlegten Zeitschrift: „Der Architekt".
Besaß von Schiele: „Blumenfeld", 1910, und „Wiese, Kirche und Häuser", 1912.

SCHÜLER Schieles. Im Oktober 1911 erwähnt er, daß „seine Schüler Aufträge und Bilder spielend verkaufen könnten" [siehe Nr. 272], ohne daß es bisher gelungen wäre, festzustellen, ob er damals tatsächlich Zeichen- oder Malunterricht gegeben hat.
Seit April 1912 gab er → Carl Reininghaus Malunterricht [siehe Nr. 338]. Dieser malte sogar an dem verlorengegangenen Bild „Die Bekehrung", 1913, mit [siehe Nr. 529].
1914 erwägt Schiele, ob er nicht als Lehrer an irgendeine Kunstschule gehen sollte, oder aber, es fänden sich 4 bis 5 Privatschüler [siehe Nr. 698]. Kurz darauf, im August 1914, erwägt er sogar, als Zeichner in ein kartographisches Institut zu gehen [siehe Nr. 701]. Im September verschaffte ihm Josef Hoffmann → Heinrich Böhler als Schüler [siehe Nr. 703]. Dieser Unterricht wurde bis zum Tode Schieles — soweit es dessen Militärzeit zuließ — in Böhlers Atelier, Wien IV., Belvederegasse 30, Parterre, Hof rechts, fortgesetzt. Außerdem unterstützte Heinrich Böhler Schiele, als er einrücken mußte, durch monatliche Zahlungen.
1915 erwägt Schiele, Leiter einer Kunstschule für dekorative Malerei zu werden [siehe Nr. 822]. 1918 entschuldigt sich Lotte Klein für das „peinliche Ende ihres Zeichenunterrichtes durch das Dazwischentreten ihres Vaters" [siehe Nr. 1401]. Jella Pollak [siehe diese] berichtet, daß die Kunstschülerin Tinni Zerner 1918 Unterricht in Schieles Atelier hatte.

SCHUSTER, Gustav (30. IV. 1884 — Wien — 24. IX. 1933), kam durch die Vermittlung seines Onkels Dominik Ritter von Seydel, Generalbuchhalter der K. und K. Südbahngesellschaft, zur Eisenbahn. Lernte → Melanie Schiele beim gemeinsamen Dienst auf dem Wiener Westbahnhof kennen und lebte mit ihr in einer glücklichen, aber kinderlosen Ehe.

„SECESSION". — Vereinigung der bildenden Künstler Österreichs Secession. Gegründet 1898 von einer Anzahl junger Künstler, die mit der Leitung des „Künstlerhauses" unzufrieden waren und sich um → Gustav Klimt geschart hatten. Seit 1898 im eigenen, von → Joseph Maria Olbrich erbauten Gebäude, Wien I., Friedrichstraße 12, ein hervorragender Jugendstilbau. Bis zum Austritt der „Klimtgruppe" 1905 gab es dort 22 — zum Großteil hervorragende — Ausstellungen moderner Malerei und modernen Kunstgewerbes.
Schiele erlebte dort im Frühjahr 1918 seinen großen Erfolg [siehe p. 438]. Er war nicht Mitglied, aber „... der eigentliche Motor zu dieser Ausstellung ... den eine Reihe von Malern (→ Robin C. Andersen, Uriel Birnbaum[1], → Johannes Fischer, → Albert Paris Gütersloh, → Felix Albrecht Harta, → Ludwig Heinrich Jungnickel, → Alfred Kubin, → Georg Merkel, → Ernst Wagner und → Franz von Zülow) zur Teilnahme

261 Gustav Schuster, der Mann von Melanie Schiele.

oder auch zur Teilnahme an der Jury eingeladen hatte..." [Robert Waissenberger, Die Wiener Secession, Wien 1971, pp. 136/7].
[1] Uriel Birnbaum (geboren Wien, 13. XI. 1894), Graphiker, Maler und Dichter.

„SECESSION, NEUE". — Dieser Name kommt auf einem von → Edith Schiele im Oktober 1918 verwendeten Briefbogen vor. Als Geschäftsstelle: Wien XIII., Elßlergasse 8. Es konnte nicht geklärt werden, ob das der neue Name einer Künstlergruppe um Schiele war [siehe Nr. 1747].

„SEKRETÄR B." [weder der volle Name, noch Daten bekannt]. Spielte bei der Abfassung eines Briefes Schieles an → Arthur Roessler eine Rolle [siehe Nr. 494, 495, 499 und 500].

SELIGMANN, [Adalbert] Franz (1862—1945), ursprünglich Maler [nach den Worten von Schieles Maler-Freund → Johannes Fischer „der im Nebenberuf verkrachte, miserabelste Maler der Epoche", E. S. A. 340, p. 2], hatte an der Wiener Kunstakademie bei → Christian Griepenkerl und Carl Wurzinger (1817—1883) sowie 1888/89 in München bei Alexander Wagner (1838—1919) studiert; betätigte sich als Buch- und Zeitschriftenillustrator, malte auch einige große realistische Bilder: „Der Billrothsche Hörsaal", „Die Verlesung der Pragmatischen Sanktion" in der Neuen Hofburg, Wien, wurde aber vor allem als konservativer Kunstkritiker be-

kannt. Er war 1892—1904 bei der „Wiener Sonn- und Montagszeitung", 1904—1933 bei der „Neuen Freien Presse". In dieser Position nahm er durch drei Jahrzehnte beträchtlichen Einfluß auf das Wiener Kunstleben seiner Zeit. Er war zudem Professor der Kostümkunde an der Schauspielschule des Wiener Konservatoriums (heute Reinhardt-Seminar) und gründete — zusammen mit der Malerin Tina Blau (1845 bis 1916) — die Wiener Frauenakademie, an der er bis 1938 unterrichtete. Seinen umfangreichen Nachlaß hatte er noch zu Lebzeiten den Wiener Städtischen Sammlungen übergeben [nach Hans E. Goldschmidt, Quer Sacrum. Wiener Parodien und Karikaturen der Jahrhundertwende, Wien 1976, pp. 90/1].
Gehörte zu jenen, die sich abfällig über Schieles Kunst äußerten [siehe beispielsweise Nr. 340, 624]. Selbst in seinem Nachruf kann man lesen: „...Was er zu sagen hatte, hat er wohl gesagt; er braucht nicht jedem zu gefallen — Gott sei Dank..." [November 1918 in der „Neuen Freien Presse", siehe 1785].

„SEMA" = Künstlervereinigung in München. Gab 1912 die Mappe „Sema, 15 Originalsteinzeichnungen" im Delphin-Verlag, München, heraus. Die Mappe wurde in 215 numerierten Exemplaren in zwei Ausgaben herausgegeben.
Schiele wurde im November 1911 als Mitglied aufgenommen [siehe Nr. 296]. Im März 1912 schlug der Delphin-Verlag vor, die bis dahin unbezeichnete Lithographie „Akt" zu benennen [siehe Nr. 326]. Er veröffentlichte in der Mappe seine erste Feder- und Pinsellithographie: „Männlicher Akt (Selbstbildnis) I." [K.Gr. 1]. Eine zweite, gleichfalls auf Umdruckpapier gezeichnete Lithographie: „Männlicher Akt (Selbstbildnis) II.", existiert nur in einem Exemplar [K.Gr. 2].

„SONDERBUND". — Eine Künstlervereinigung, von Schiele geplant, die aber nicht in Erscheinung trat.

SOUKUP, Johann Franz (Mirkonitz, Böhmen, 28. VI. 1842 — Wien, 20. IV. 1898), der Großvater Schieles mütterlicherseits, Baumeister, durch die großen Bauvorhaben seiner Zeit wohlhabend geworden. Ursprünglich in Krumau ansässig, ist er gegen Ende seines Lebens nach Wien übersiedelt, wo er mehrere Häuser besaß.
Verheiratet mit Aloisia Poferl (Krumau, 8. VII. 1844 — Wien, 5. I. 1920), war er der Vater von Schieles Mutter, die ihre Jugend im sogenannten „Pinzkerhof" in Krumau verbracht hat. Es bleibt unaufgeklärt, weshalb Egon während seiner zahlreichen Krumauer Aufenthalte nicht bei seinen Verwandten wohnte [siehe Abb. 3].

SPITZER, Dr. Alfred (keine Daten feststellbar), Rechtsanwalt; hatte seine Kanzlei Wien I., Hohenstauffengasse 17.
Vertrat Schiele gelegentlich [siehe Nr. 632]; führte die Verlassenschaftsabhandlung für die Erben [Nr. 1802 a, b]. Über ihn liest man: „Pflicht ist es, an dieser Stelle des Anwalts Schieles zu gedenken. Dr. Alfred Spitzer, der feinsinnige Kunstsammler und Kunstkenner, der seit Jahrzehnten jedes junge Talent, das er erblickte, förderte, war einer der ersten, der die Kunst

262 Die Malerin Lilly Steiner, gezeichnet 1918.

Schieles erkannte und dem Alleinstehenden Hilfe bot" [Fritz Karpfen, Vorwort zu: Das Egon-Schiele-Buch, Wien 1921].
Spitzer besaß die nachfolgenden frühen Bilder Schieles: „Kahnfahrt", 1907 — „Malende Frau", 1907 — „Teich, Schwarzenberggarten Wien", 1907 — „Vorstadthäuser", 1907 — „Eichelhofgasse Wien", 1907 — „Sitzender Bub", 1908 — „Trocknende Wäsche", 1908 — „Berg am Fluß", 1910 — „Studie zu einem Stadtbild", 1911 — „Stadt am blauen Fluß" I. (Tote Stadt), 1911 — „Sonnenlose Landschaft", 1913.

STEINER, Lilly (Wien, 7. IV. 1884 — Paris, 1962), Tochter des k. und k. Hoftheaterarztes Dr. Joseph Hoffmann. Absolvierte 1899—1904 die Wiener Kunstschule für Frauen und Mädchen unter Professor Ludwig Michalek. Ursprünglich als Graphikerin tätig, wandte sie sich um 1928 der Ölmalerei zu und schuf eine Anzahl hervorragender Porträts (Alban Berg, im Besitz der Gesellschaft der Musikfreunde; Arthur Honegger, Aristide Maillol und andere), vor allem aber Porträts junger Mädchen.
Verheiratet mit dem Kommerzialrat Hugo Steiner (1874 bis 1947), der eine Tüllfabrik in Niederösterreich besaß und später Geschäftsführer von Kniže & Comp. (bekannter Herrenschneider in Wien, Karlsbad, Berlin, Paris, New York) wurde. Das Ehepaar hatte sich 1910 eine aufsehenerregende Villa in Hietzing von → Adolf Loos bauen lassen. Dieser richtete auch alle Lokale der Firma Kniže ein. Der Inhaber von

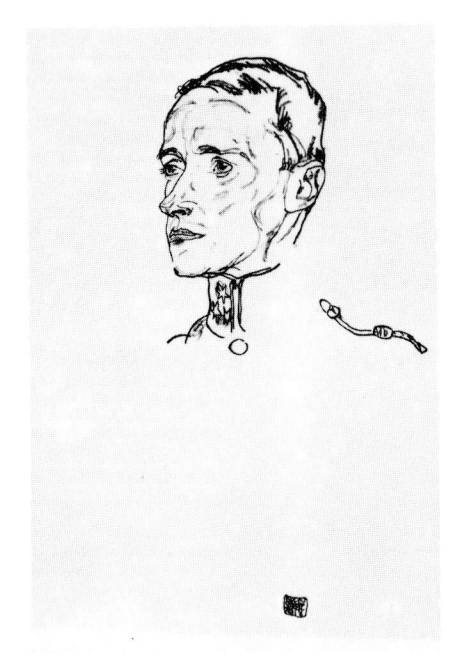

263 Kommerzialrat Hugo Steiner, 1918.    264 Eva Steiner, verehelichte Benesch.    265 Maria Steiner, die jüngere Tochter.

Kniže, Herr Fritz Wolff, Schwager von Hugo Steiner, besaß einige frühe Bilder von → Oskar Kokoschka.
Schiele ist im Jahr 1918 mit Herrn und Frau Steiner näher bekannt geworden und zeichnete sie und ihre beiden Töchter. Als das Ehepaar von der schweren Erkrankung Edith und Egon Schieles erfuhr, machte es sich erbötig, mit (damals schwer erhältlichen) Lebensmitteln auszuhelfen [siehe Nr. 1782].

STOESSL, Dr. Otto (2. V. 1875 — Wien — 15. IX. 1937), bis 1923 Hofrat im Eisenbahnministerium, Theaterkritiker und Schriftsteller (Erzählungen und Novellen).
Lernte Schiele 1918 über → Dr. Robert Scheu kennen [siehe Nr. 1590]. Schrieb einen Nachruf auf Schiele [siehe Nr. 1792].

STRAUCH, Ludwig Karl (Wien, 11. VII. 1875 — Klosterneuburg, 24. VIII. 1959), Landschafts- und Bildnismaler in Klosterneuburg bei Wien, 1890—1899 Schüler der Wiener Akademie unter → Christian Griepenkerl, 1899/1900 Stipendium in Italien, dann Freiwilliger bei den Buren in Südafrika. Weiterreise nach Madagaskar, Sansibar und Bombay. Stellte 1902 in Wien seine Studien aus. 1905—1935 Lehrer für Freihandzeichnen am Realgymnasium in Klosterneuburg. Gründer des „Vereins heimischer Künstler" in Klosterneuburg.
Strauch hat eine Anzahl früher Arbeiten seines Schülers sorgsam aufgehoben [heute im Niederösterreichischen Landesmuseum, Wien]. Er malte Schieles Schwester → Melanie, um 1906 [Besitz Ing. Norbert Gradisch].
War Schieles Zeichenlehrer im letzten Schuljahr 1905 und ist sein eigentlicher Entdecker. Er ließ dem Knaben jede Förderung angedeihen [siehe p. 35]. Der Kuriosität halber sei festgehalten, daß er sich rühmte, Schiele zur Farbe geführt zu haben. Schieles erste Arbeiten seien vorherrschend schwarz gewesen [was die von uns erstmalig abgebildeten Jugendarbeiten widerlegen. Uns will eher scheinen, als habe Schiele sich ein bis zwei Jahre hindurch die Malweise seines Zeichenprofessors zum Vorbild genommen und daher viel Grau verwendet]. Auch habe Schiele ihm später den Vorwurf gemacht, ihm seine Eigenart geraubt zu haben [E. S. A. 506, Eintragung im Gästebuch des Schiele-Archivs]. Dagegen wandte sich → Max Kahrer und nannte es eine kühne Be-

266 Professor Ludwig Karl Strauch vor der Staffelei, 1906.

hauptung, Schiele Farbensinn absprechen zu wollen [E. S. A. 243 a, b, c].
Schiele zeichnete seinen Lehrer öfters, einmal bei der Arbeit.

STURM (wahrscheinlich STURM-SKRLA), Egge [Eugen], Freskenmaler (geboren Komorn, Ungarn, 9. IV. 1894).
Schiele erwähnt ihn zweimal: „... Wer mit einem Menschen nahe verkehren kann, der derart degeneriert ist wie St. dem mangelt es schon an körperlichen[!] Formgefühl, was erst an Geist und Seele, so weit diese da sind..." [siehe Nr. 483]. Später heißt es: „... Sturm kann ich nicht recht schreiben, weil ich einmal mit ihm was hatte" [siehe Nr. 556].

ŠTURSA, Ian (Neustadtl, Mähren, 15. V. 1880 — Prag, 2. V. 1925, Selbstmord). „Der begabteste unter den tschechischen Bildhauern..." (Thieme-Becker, Künstlerlexikon, XXXII, p. 260). Schiele wollte eine Plastik von ihm besitzen [siehe Nr. 328].

SYKORA, Professor Bruno (keine Daten feststellbar), besaß von Schiele:
„Herbstbäume", 1911, und „Kahle Bäume", 1912.

TESCHNER, Richard (Karlsbad, 1879 — Wien, 1948), Illustrator, Marionettenspieler.

267 Andres Thom, Schriftsteller, Zeichnung, um 1916.

268 Inserat der Galerie Thannhauser, um 1912.

THANNHAUSER, Heinrich, Inhaber der 1904 in München gegründeten „Modernen Galerie Heinrich Thannhauser", Theatinerstraße 7. Eine der profiliertesten Kunsthandlungen Deutschlands, die große Ausstellungen lebender Maler Deutschlands und Frankreichs veranstaltete. Heinrich Thannhauser starb 1934 beim Grenzübertritt nach der Schweiz an einem Herzschlag, sein Sohn Justin (1892—1976) setzte in Paris und New York seine Tätigkeit fort. 1971 übersiedelte er nach Bern.
In seinen Räumen fand 1912 die Ausstellung der Blätter der → „Sema"-Mappe statt. Schiele besuchte die Galerie 1912: „War in München zwei Tage und sah... bei Thannhauser Gutes" [siehe Nr. 384].

THOM, Andres (1884—1943), Schriftsteller in Wien.
Schiele zeichnete ihn 1916.

TIETZE, Dr. Hans (Prag, 1. III. 1880 — New York, 12. IV. 1954), Kunsthistoriker, Wien XIX., Armbrustergasse 20. Spielte im Wiener Kunstleben eine bedeutende Rolle. Vor allem nach 1918, als es um die Zusammenlegung der Sammlungen des Kupferstichkabinetts der Hofbibliothek mit den Beständen der Albertina ging. Er wurde oft zu den schwierigsten Verhandlungen auf dem Gebiete der Kunst herangezogen und hat sie stets in stiller, vornehmer Art zu lösen versucht.
Seine zögernde Anerkennung Schieles, die man aus seinem Brief vom März 1918 [siehe Nr. 1461] deutlich ablesen kann, ist vielleicht nicht zuletzt darauf zurückzuführen, daß er zu den Freunden von Adolf Loos und → Oskar Kokoschka gehörte, der ihn und seine Frau Erika übrigens gemalt hat. Bereitete im April 1918 einen Artikel über Schiele in der Zeitschrift „Die Bildenden Künste" (Verlag Schroll, Wien) vor, der im 2. Jahrgang, Heft 5, erschien [siehe Nr. 1471].

TOMASI, Oddone (Rovereto, 12. II. 1864 — Arco, 1. I. 1929), italienischer Kirchenmaler und Bildniszeichner. Studierte an der Wiener Akademie 1909—1913.
Tauschte mit Schiele Zeichnungen [siehe die Anmerkung zu Nr. 705].

TOULOUSE-LAUTREC, Henri de (Albi, 24. II. 1864 — Schloß Malrome, Gironde, 9. IX. 1901), Maler und Graphiker, dem Impressionismus nahestehend. Stammte aus adeliger französischer Familie. Lebte seit 1886 auf dem Montmartre in Paris und fand in den Kaffees, Kabaretts, im Zirkus und auf Rennplätzen seine Motive.

Einige seiner Bilder wurden in Wien auf der 16. Ausstellung der „Secession", Jänner—Februar 1903, gezeigt. In Zusammenhang mit Schiele bedeutungsvoller war jedoch die in der Galerie Miethke 1909 veranstaltete große Kollektiv-Ausstellung. Man kann aus Schieles Zeichnung nach seiner Schwester → Gertie „Die Hämische", 1910, und aus seinem gezeichneten [farbigen] Selbstporträt vom selben Jahr einen vorübergehenden, sehr starken Einfluß feststellen [siehe Abb. 57, 58].

TRČKA, Anton Josef [Pseudonym: Antios] (geboren Wien, 7. IX. 1893), Maler, Bildhauer, Kunstgewerbler und Lyriker. Studierte 1911—1914 an der Graphischen Lehr- und Versuchsanstalt, Wien. „Machte 1914 eine Reihe von Aufnahmen Schieles..., die über die Tradition der Porträtfotografie weit hinausgehen. Das expressive Mienen- und Gebärdenspiel dürfte das Ergebnis einer intensiven Zusammenarbeit zwischen Fotografen und Dargestelltem sein, an der Schiele sicherlich entscheidenden Anteil hatte, ... [Egon] Schiele war an den neuen Möglichkeiten, die ein Zusammenwirken von Maler und Fotograf bot, lebhaft interessiert und hat auch selbst Negative und Abzüge mit dem Pinsel überarbeitet..." [H. M., 1968, Nr. 103].
Trčka besaß von Schiele: „Bildnis Trude Engel", 1911, als Zweitbesitzer.

VALLY (auch Walli und Wally) = Wally Neuzil.

„VEREIN BILDENDER KÜNSTLER MÜNCHENS, Sezession".
Schiele stellte dort mehrmals aus. Zum ersten Male 1912.

„VEREINIGUNG BILDENDER KÜNSTLER ÖSTERREICHS. SECESSION" = Secession.

VETTER. — Der Name kommt in Schieles Notizbuch von 1918 mehrfach vor, ohne daß es gelungen wäre, nähere Daten festzustellen.

VIDITZ-WARD, Anton (keine Daten feststellbar). War Offizier in der österreichisch-ungarischen Armee. Vor dem Ersten Weltkrieg im Range eines Hauptmannes bei Musterungskommissionen für ausgewanderte Österreicher in den USA, die nicht Amerikaner geworden waren; lernte dort seine wohlhabende Frau, eine Miß Ward, kennen. Das Ehepaar leitete nach 1918 in Wien die amerikanische Ausspeisung für österreichische Kinder. Anton Viditz-Ward war Sammler und erfolgreicher Vermittler von Kunstgegenständen in der Zeit nach dem Ersten Weltkrieg [Erinnerung des Herausgebers]. Mit Schiele bekannt [siehe Nr. 1484].

WÄRNDORFER, Fritz (Friedrich) (geboren Wien, 5. V. 1868, Todesjahr nicht feststellbar, starb in den USA), Industrieller. War wahrscheinlich Schüler des Schottengymnasiums. Aufenthalte in England. Erwarb 1896 das Haus Wien XIX., Carl-Ludwig-Straße 43. 1902 war die Ausstattung des Musikzimmers (Margret Macdonald-Mackintosh) und des Speisezimmers (Josef Hoffmann) vollendet. 1903 Mitbegründer der → „Wiener Werkstätte" und ihr kommerzieller Direktor. Daneben Gesellschafter der Baumwollspinnerei Wärndorfer Benedict Mautner mit Fabriken in Günseldorf und in Nachod (Böhmen). Er dürfte nicht nur sein Vermögen, sondern auch das Geld seiner Familie bei einer der finanziellen Krisen der „Wiener Werkstätte" verloren haben. Wanderte im Mai 1914 nach den USA aus. [Freundlicher Hinweis von Peter Vergo, University of Exeter, Oktober 1977.] Besaß von Gustav Klimt: „Die Hoffnung" I., 1903, die in seiner Wohnung in einem Schrein aufbewahrt war [heute National Gallery, Ottawa], Skulpturen von → George Minne, etc.
Schiele zeichnete 1913 seinen Sohn[?]. Er besaß von Schiele „Sonne und Herbstsonne", 1912.

WAGNER, Ernst (Cilli, Untersteiermark — Ammerland, Starnberger See, 1951), Dr. juris, Maler, Graphiker und Schriftsteller. Studierte nach Erlangung des Doktorates in Wien Bildhauerei an der Kunstgewerbeschule und an der Akademie, schloß sich in München dem Kreis um Adolf von Hildebrandt an; 1909 Verkehr mit Auguste Rodin in Paris; rückte 1915 ein, wurde später dem Kriegspressequartier zugeteilt, in dessen Auftrag er Vorträge in Kopenhagen und Stockholm hielt. In der 49. Ausstellung der „Secession" — die Schiele großen Erfolg brachte — erschien er als Maler visionärer Darstellungen.
War in den letzten beiden Jahren des Ersten Weltkrieges mit Schiele befreundet. Schiele zeichnete ihn 1918.

WAGNER, Max (4. X. 1882 — Wien — 14. VIII. 1954), Wiener Landtagsabgeordneter und Gemeinderat. War als Sekretär der Militärgewerkschaft enger Mitarbeiter des Generals Theodor Körner (1873—1957; seit 1951 Bundespräsident der Republik Österreich). Besaß eine große Sammlung zur Geschichte der Revolution von 1848 [nach einem Zeitungsausschnitt, E. S. A. 335].
Gründer des Egon Schiele Archivs, das mit seinen rund 1200 Nummern das umfangreichste auf uns gekommene Quellenmaterial zum Leben und Wirken von Egon Schiele darstellt. Seiner Zusammenstellung nach muß es aus Gaben der Familie und im übrigen aus von → Heinrich Benesch und → Arthur Roessler übergebenem Material bestehen. Zusätzlich hat der Sammler aus dem Handel erworben, was ihm angeboten wurde. Er war Vorstandsmitglied des „Vereins der Museumsfreunde", Wien. Nach seinem Tod wurde seine Sammlung der Graphischen Sammlung Albertina übergeben, der sie testamentarisch vermacht worden war.
Max Wagner hat durch seine großherzige Schenkung dem Andenken Egon Schieles einen unvergeßlich wertvollen Dienst geleistet. Das Egon Schiele Archiv wurde vom Herausgeber 1977/78 durchnumeriert, alle Originale in Klarsichtfolien ge-

269 Ernst Wagner, einer der Maler-Freunde Schieles, von ihm 1918 mehrmals gezeichnet.

270 Otto Wagner, der große Architekt. Er wurde von Egon Schiele 1910 auch gemalt.

271 Max Wagner, der Gründer des Egon Schiele Archivs, heute in der Graphischen Sammlung Albertina, Wien.

legt, nachdem vorher Fotokopien angefertigt worden waren. Originale und Fotokopien liegen nun in zwei analog zusammengestellten Reihen von Ordnern, so daß jedem Benutzer zunächst die Fotokopien vorgelegt werden können, um das kostbare Material zu schonen. Im vorliegenden Buch sind alle Briefe etc. bis zum Jahre 1918 ausgewertet; ausgenommen sind die Skizzenbücher, die einer späteren Veröffentlichung vorbehalten sind, weil ihr Umfang den Rahmen des vorliegenden Buches gesprengt hätte; später Datiertes wurde nur auszugsweise berücksichtigt.

WAGNER, Otto Koloman (13. VII. 1841 — Wien — 11. IV. 1918), Architekt, Bahnbrecher der Moderne. Lehrer von → Josef Hoffmann, → Joseph Maria Olbrich und vielen anderen.
Unterstützte Egon Schiele durch Ankäufe von Zeichnungen. Saß ihm 1910 für ein Porträt, das ursprünglich 100:100 cm groß sein hätte sollen. Allein, die Sitzungen ermüdeten ihn so sehr, daß es unvollendet blieb. Schiele schnitt eines Tages den Kopf heraus und schenkte ihn → Arthur Roessler. Wagner hatte Schiele vorgeschlagen, doch eine Reihe prominenter Österreicher zu malen, dazu kam es jedoch nicht [siehe Arthur Roessler, Erinnerungen an Egon Schiele, Wien 1946, pp. 19—22: „ein mißglücktes Projekt" und p. 119 dieses Buches].
Das Porträt [auch der herausgeschnittene Kopf] ist verlorengegangen. Eine Zeichnung nach Wagner hat sich erhalten.

573

272 Anton von Webern, Komponist, 1918.

273 Franz Weigang, Architekt, Zeichnung, um 1910.

WAGNER-BOERNER = Boerner.

WALLY (auch Walli oder Vally) = Wally Neuzil.

WANIEK, Herbert (17. X. 1897 — Wien — 12. V. 1949), Schauspieler, Regisseur, seit 1933 am Wiener Burgtheater tätig. Ein außerordentlich feinsinniger, literarisch hochgebildeter Mann, dem viele hervorragende Inszenierungen — besonders von Stücken Shakespeares, Nestroys und Raimunds — zu verdanken sind.
Schrieb 1917 in der kurzlebigen Zeitschrift „Ver": „Egon Schiele und ich" [siehe Nr. 1301].

WEBERN, Anton von (Wien, 3. XII. 1883 — Mittersill, Salzburg, 15. IX. 1945, versehentlich von einem amerikanischen Soldaten erschossen), Komponist. Neben Alban Berg der bedeutendste Schüler → Arnold Schönbergs.
Schiele zeichnete ihn 1918.

WEIGANG, Franz (keine Daten feststellbar), Architekt in Wien, mit Schiele befreundet.
Schiele zeichnete ihn um 1910.

WEIPPEL, Theodor (keine Daten feststellbar), im Ersten Weltkrieg Leutnant, zeichnete sich in der 10. Isonzoschlacht, 26. Mai 1917, um den Monte Santo aus.
Schiele dürfte ihn, der vermutlich kriegsverletzt ins Hinterland versetzt worden war, in Mühling kennengelernt haben und fertigte eine Zeichnung nach ihm an [abgebildet in: Die Deutschmeister, Taten und Schicksale, Wien, 1928, p. 778; freundlicher Hinweis von Mr. Richard Harrington, Providence, USA].

WEISER, Dr. Hans (keine Daten feststellbar), Strafverteidiger in Wien VII., Zieglergasse 11. Verteidigte im Auftrag von → Carl Reininghaus Schiele nach der Affäre von Neulengbach in St. Pölten [siehe p. 193, Nr. 338 und 409]. Schiele nahm seine Dienste auch in Mietangelegenheiten in Anspruch [siehe Nr. 342].

WEIXLGÄRTNER, Arpad (Wien, 6. IV. 1872 — Göteborg, 2. II. 1961), Kunsthistoriker. Verheiratet mit Josephine, geborene Neutra, einer Schwester des bekannten Architekten. Graphikerin und Plastikerin. Verfasser eines grundlegenden Oeuvrekataloges von August von Pettenkofen; langjährig am Kunsthistorischen Museum Wien tätig. Viele Jahre hindurch Schriftleiter der Zeitschrift „Die Graphischen Künste", die von 1879 bis 1943 erschien.
Trat 1918 mit Schiele in Kontakt. Die eingereichten Lithographien Schieles fanden jedoch nicht den Beifall seines Komitees. „... die eingesandte Porträtlithographie wurde ... nicht als jenes Beispiel der besonderen Eigenart und Stärke Ihrer Kunst befunden ..." [siehe Nr. 1519].

WENGRAF, Paul (keine Daten feststellbar, lebt in London). Kunsthändler, Wien I., Maysedergasse 5/II. War zuerst im

274 Paul Wengraf, 1917 von Egon Schiele gezeichnet.

275 Wiener Werkstätte Postkarte Nr. 289, 1909.

Antiquitätengeschäft seiner Mutter, Wien I., Singerstraße, beschäftigt, später selbständig. Begann sich in den letzten Jahren des Ersten Weltkrieges auch für moderne Kunst zu interessieren.
Erwarb von Schiele als Erstbesitzer „Vier Bäume", 1917. In der Korrespondenz ist des öfteren von „einem Porträt die Rede". Wahrscheinlich handelt es sich um eine Kohlezeichnung: „Halbfigur mit zu den Schläfen erhobenen Händen", 1917, Besitz Galerie Würthle, Wien. Er schreibt im Oktober 1917. „... Soweit ich [das Blatt] in Erinnerung habe, ist es die denkbar beste Darstellung meines Inneren und Äußeren; die Hände an die Stirn gelegt, der Beschauer kann mutmaßen, daß ich mir in peinlicher Verlegenheit an den Kopf griff und nicht wußte, wo noch ein noch aus — und aus der Verlegenheit dieses zum Schicksal gewordenen Ungeschickes der Rede nach irgendwohin ausschaute — So werde ich — wenn je — der Nachwelt erhalten bleiben..." [siehe Nr. 1286].

WIEGELE, Franz (23. II. 1887 — Nötsch im Gailtal, Kärnten — 17. XII. 1944), Maler, Graphiker und Modelleur. Studierte an der Wiener Akademie; 1912 in Paris; 1913 in Holland; 1914 in Algier, dort bei Kriegsausbruch interniert; ab 1917 in Zürich, dann in Wien; seit 1926 wieder in Nötsch. „... In der Zeichnung und im Ölbild steht die menschliche Figur im Mittelpunkt ... Mit dem Bilde dreier lebensgroßer Akte im Wald trat er 1911 ... vor die Wiener Öffentlichkeit" [Thieme-Becker, XXXV, pp. 529/530].
Schiele muß ihm vor 1914 eines seiner Bilder an → Carl Rei-

ninghaus vermittelt haben. Er schreibt im selben Brief, daß er in der Pariser Filiale, 1 & 3, rue Laffitte, der → Galerie Arnot Zeichnungen Schieles gesehen hätte [siehe Nr. 661].

„WIENER WERKSTÄTTE", ein der Herstellung von bedeutendem Kunstgewerbe gewidmetes Unternehmen, an dem die Elite junger österreichischer Kunstgewerbler Anregung und Auftrag fand, 1903 von → Josef Hoffmann, → Koloman Moser und → Fritz Wärndorfer gegründet. Ihr beispielhaftes Wirken dauerte bis 1932.
Wie Oskar Kokoschka (der dort seine → Gustav Klimt gewidmeten „Träumenden Knaben" 1908 erscheinen ließ) entwarf auch Egon Schiele [3] Postkarten, die neben den 15 Kokoschka-Karten zu den künstlerisch besten der über 900 Stücke umfassenden Serie zählen. → Gertrude Schiele arbeitete als junges Mädchen als Mannequin in der Modeabteilung [siehe p. 17].

WILLY, ein mit Familiennamen nicht bekannter Verehrer von → Edith Harms. Sein Name scheint des öfteren in ihren Briefen auf [siehe Nr. 490].
Auch Schiele muß ihn gekannt haben [siehe Nr. 749].

WIMMER-WISGRILL, Eduard Josef (2. IV. 1882 — Wien, 1962), Architekt, Kunstgewerbler, Bühnenbildner und Modeschöpfer, der → „Wiener Werkstätte" nahestehend, langjähriger Professor an der Kunstgewerbeschule.
Besaß von Schiele „Aktselbstbildnis mit ornamentaler Drapierung", 1909, und einige bedeutende farbige Blätter.

575

276 WW-Postkarte Nr. 288, 1909.

277 Nicht ausgeführter Entwurf für WW-Postkarte, 1909.

278 WW-Postkarte Nr. 290, 1909.

279 Nicht ausgeführter Entwurf für WW-Postkarte, 1909.

280 Nicht ausgeführter Entwurf für WW-Postkarte, 1909.

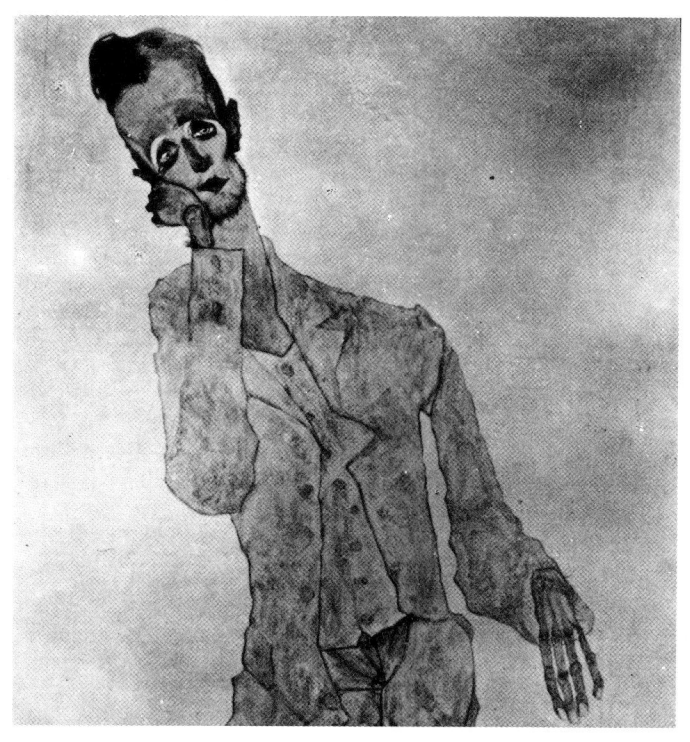

281 Karl Zakovšek, Maler, schwarze Kreide, gezeichnet 1910.

282 Klimt und Schiele. Nicht ausgeführter Entwurf, 1909.

WOLF, Grete (keine Daten feststellbar), Malerin, Wien XVIII., Pötzleinsdorferstraße, Gattin des Malers Georg Krakauer (Wien, 29. III. 1890 — Jerusalem 1954).
Schiele zeichnete sie.

ZAKOVŠEK, Karl (geboren Wien 1888), Zeichenlehrer, zuletzt am Bundesrealgymnasium Wien XVII. [siehe L., Nr. 148]. Studienkollege Schieles an der Wiener Akademie. Gründungsmitglied der „Neukunstgruppe".
Schiele malte 1910 sein Porträt und zeichnete nach ihm.

ZALOCIECKI = richtig: Sas-Zalociecky.

ZÜLOW, Franz von (15. III. 1883 — Wien — 26. II. 1963), Maler, Illustrator, entstammte einem mecklenburgischen Adelsgeschlecht; seine Mutter war aus Haugsdorf, Niederösterreich, wo er seine Jugend und die Jahre 1907—1914 verbrachte. Studierte an der Graphischen Lehr- und Versuchsanstalt in Wien, dann an der Akademie der bildenden Künste unter → Christian Griepenkerl; 1904—06 an der Kunstgewerbeschule unter → Carl Otto Czeschka. Mitarbeiter der „Wiener Werkstätte" (Stoff- und Tapetenmuster). Gab in den ersten Jahren seines Schaffens eine fortlaufende Folge der von ihm erfundenen bunten Schablonendrucke heraus; fertigte Holz- und Linolschnitte.

Abbildungsverzeichnis, Besitznachweis

1 E. S. A. 672
2 Wiener Stadtbibliothek, Inv. 180.641
3 Ing. N. Gradisch, Wien
4 E. S. A. 685, Aufnahme von Fritz Luckhardt, Wien II.
5 nach E. S. A. 840
6 nach E. S. A. 840
7 E. S. A. 686, Aufnahme Josef Müller, Tulln
8 Ing. N. Gradisch, Wien, 32 : 22,3 cm
9 Ing. N. Gradisch, Wien
10 Ing. N. Gradisch, Wien
11 Albertina, Inv. 23527, 43 : 26,8 cm
12 Albertina, Inv. 31020, 31,6 : 45 cm
13 Ing. N. Gradisch, Wien
14 Ing. N. Gradisch, Wien, 30,7 : 21,9 cm
15 Ing. N. Gradisch, Wien, 53 : 37 cm
16 Ing. N. Gradisch, Wien, 45,4 : 31,3 cm
17 Albertina, Inv. 31249, 48,1 : 32 cm
18 Gertrude Peschka, Wien
19 Gertrude Peschka, Wien
20 E. S. A. 718
21 E. S. A. 696
22 Gertrude Peschka, Wien
23 Gertrude Peschka, Wien
24 E. S. A. 693
25 Ing. N. Gradisch, Wien
26 Gertrude Peschka, Wien
27 Ing. N. Gradisch, Wien
28 E. S. A. 673, Aufnahme Adolf Bernhard, Klosterneuburg 1906
29 Albertina, Inv. 26276, 55,2 : 35,3 cm
30 Ing. N. Gradisch, Wien, 39,6 : 29,9 cm
31 Gertrude Peschka, Wien, Maße nicht feststellbar
32 Ing. N. Gradisch, Wien, 30,1 : 43,3 cm
33 Niederösterreichisches Landesmuseum, Wien. Hinten beschriftet: „Ansicht vom Gymnasium auf die Stadt Klosterneuburg. Naturstudie von Schiele, Egon, Schüler III. Kl[asse]... Fachlehrer L. K. Strauch." Inv. 1907, 36,8 : 46,1 cm
34 Niederösterreichisches Landesmuseum, Wien, Inv. 1911/c, 15,6 : 37,3 cm
35 Niederösterreichisches Landesmuseum, Wien, Inv. 1911/l, 2,2 : 6,7 cm
36 Niederösterreichisches Landesmuseum, Wien, Inv. 1911/m, 2,1 : 6,7 cm
37 E. S. A. 691
38 Gertrude Peschka, Wien
39 Albertina, Inv. 30753, 53,2 : 37,9 cm
40 Ing. N. Gradisch, Wien, 58,5 : 74 cm
41 Neue Galerie, Graz, Inv. I/1206, 25 : 18 cm
42 Gertrude Peschka, Wien, 21,5 : 21 cm
43 Privatbesitz, Schweiz, ca. 24 : 48 cm
44 Österreichische Galerie, Wien, Inv. 5493, 24 : 18 cm
45 E. S. A. 669 b
46 Niederösterreichisches Landesmuseum, Wien, Inv. 1905, 59,8 : 43,5 cm
47 Gertrude Peschka, Wien, 29 : 40 cm
48 Privatbesitz, Graz, 31,5 : 21,5 cm
49 Viktor Fogarassy, Graz, 71,5 : 27,5 cm
50 Privatbesitz Wien, 23,5 : 23,3 cm
51 Historisches Museum der Stadt Wien, Inv. 115.157, 32 : 30 cm
52 Viktor Fogarassy, Graz, 139,5 : 140,5 cm
53 Albertina, Inv. 30772, 44,8 : 28 cm
54 Hessisches Landesmuseum, Darmstadt, 88,5 : 88,5 cm
55 Privatbesitz, Wien, 57 : 50 cm
56 E. S. A. 846 [siehe Nr. 359]. Es ist der Kopf der Zeichnung: „Stehender männlicher Akt", Bleistift, Aquarell, Deckweiß, Albertina, Inv. 30766, 55,7 : 36,8 cm
57 Gertrude Peschka, Wien, 45 : 31,4 cm
58 Viktor Fogarassy, Graz, 44 : 27,8 cm
59 Historisches Museum der Stadt Wien, Inv. 96030/2, 45 : 31,5 cm
60 Albertina, Inv. 31119, 48,5 : 31,4 cm
61 Historisches Museum der Stadt Wien, Inv. 78951, 100 : 100 cm
62 Albertina, Inv. 26668, 31,1 : 44,4 cm
63 Historisches Museum der Stadt Wien, Inv. 104.207, 27,5 : 34 cm
64 Historisches Museum der Stadt Wien, Inv. 133.911/c
65 Serge Sabarsky, New York, 31,8 : 48 cm
66 Aufnahme Dr. Franz Glück, Wien
67 Albertina, Inv. 30541, 45,4 : 30 cm
68 Albertina, Inv. 27947, 43,5 : 29,3 cm
69 Albertina, Inv. 33358, 55,2 : 36,4 cm
70 Viktor Fogarassy, Graz, 79,5 : 80 cm
71 Neue Galerie, Graz, 48 : 31 cm
72 Národní Galerie, Prag, Inv. 0-4396, 100,5 : 100,5 cm
73 E. S. A. 688, möglicherweise von E. Schiele fotografiert
74 E. S. A. 688, desgleichen
75 Albertina, Inv. 31161, 48,2 : 31,7 cm
76 Neue Galerie, Graz, 55,7 : 37 cm
77 Neue Galerie, Graz, 56 : 37 cm
78 Gertrude Peschka, Wien, 48,2 : 31,5 cm
79 Albertina, Inv. 31032, 31,9 : 48 cm
80 Albertina, Inv. 31031, 32 : 48,3 cm
81 Albertina, Inv. 31030, 48 : 31,8 cm
82 Albertina, Inv. 31025, 48,4 : 31,6 cm
83 Albertina, Inv. 31160, 48,2 : 32 cm
84 Albertina, Inv. 31030, 48 : 31,8 cm
85 Albertina, Inv. 31026, 21,8 : 48 cm
86 Gertrude Peschka, Wien, Maße nicht feststellbar
87 Albertina, Inv. 31027, 48,2 : 31,8 cm

88 Albertina, Inv. 31162, 31,7 : 48,7 cm
89 Privatbesitz, Schweiz, ca. 48 : 32 cm
90 Viktor Fogarassy, Graz, 89,5 : 90,5 cm
91 Neue Galerie, Graz, 45 : 32 cm
92 E. S. A. 328, Geschenk von Prof. A. Comini, Dallas, Texas
93 E. S. A. 328, desgleichen
94 Aufnahme Dr. Karl Josef Steger, Wien
95 Historisches Museum der Stadt Wien
96 Daisy Bene-Kastner, Graz, 48,7 : 32,1 cm
97 Viktor Fogarassy, Graz, 30,5 : 46,2 cm
98 Historisches Museum der Stadt Wien, Inv. 133.911/a
99 E. S. A. 689
100 E. S. A. 705
101 E. S. A. 677
102 Privatbesitz, 46,5 : 31,5 cm
103 E. S. A. 675
104 E. S. A. 703
105 Historisches Museum der Stadt Wien, Inv. 133.911/d
106 Viktor Fogarassy, Graz, 44,9 : 31,3 cm
107 Historisches Museum der Stadt Wien, Inv. 75.406
108 E. S. A. 704
109 E. S. A. 701
110 Albertina, Inv. 30766, 55,7 : 36,8 cm
111 E. S. A. 702
112 E. S. A. 674
113 Albertina, Inv. 30395, 44,3 : 30,5 cm
114 E. S. A. 678
115 Historisches Museum der Stadt Wien, Inv. 133.970. Aufnahme Johannes Fischer
116 Gertrude Peschka, Wien, ca. 44 : 30 cm
117 E. S. A. 679
118 Albertina, 48,3 : 32,2 cm
119 Historisches Museum der Stadt Wien, Inv. 94.262
120 E. S. A. 666
121 Historisches Museum der Stadt Wien, Inv. 95.466, Tuschfeder und Deckfarben, 67 : 50 cm
122 E. S. A. 631
123 Viktor Fogarassy, Graz, 110 : 140 cm
124 Österreichische Galerie, Wien, Inv. 3171, 150,5 : 180 cm
125 Österreichische Galerie, Wien, Inv. 4473, 150 : 159 cm
126 Museum der schönen Künste, Budapest, Inv. 1915-933, 48 : 32,7 cm
127 Privatbesitz, Schweiz, 100 : 120,5 cm
128 Ing. N. Gradisch, Wien
129 E. S. A. 676
130 Niederösterreichisches Landesmuseum, Wien, Inv. 2043, 110 : 140 cm
131 Neue Galerie, Linz, Inv. 13, 110 : 140,5 cm
132 Guggenheim Museum, New York, 140 : 110,5 cm
133 Privatbesitz, Wien, 45,5 : 29,5 cm
134 Österreichische Galerie, Wien, Inv. 3917, 110 : 140,5 cm
135 Albertina, Inv. 31172, 44,5 : 24,7 cm
136 Österreichische Galerie, Wien, Inv. 4438, 100 : 170 cm
137 Österreichische Galerie, Wien, Inv. 1991, 140 : 110,5 cm
138 E. S. A. 671
139 Österreichische Galerie, Wien, Inv. 4277, 152,5 : 162,5 cm
140 Albertina, Inv. 23526, 45 : 29,5 cm
141 Gertrude Peschka, Wien, Maße nicht feststellbar
142 Privatbesitz, Graz
143 Neue Galerie, Graz, Inv. I/466, 109,5 : 140 cm
144 Historisches Museum, Wien, Inv. 133.540, Höhe 28,5 cm
145 E. S. A. 709
146 Historisches Museum, Wien, Inv. 95170, 19,5 : 15,5 cm
147 E. S. A. 720
148 E. S. A. 511
149 Privatbesitz Graz, 141 : 100,5 cm
150 Ing. N. Gradisch, Wien
151 Österreichische Galerie, Wien, Inv. 3158, 140,5 : 110,5 cm
152 Nach einem Ausstellungskatalog
153 Klimt-Archiv der Albertina [Geschenk von Mrs. F. Beer-Monti]
154 Neue Galerie der Stadt Linz, Inv. 12, 121 : 131 cm
155 Ing. N. Gradisch, Wien
156 Historisches Museum der Stadt Wien, Inv. 102.007, schwarze Kreide, 47 : 30 cm
157 Bildarchiv der Österreichischen Nationalbibliothek, Wien, Nr. Pf 31390 : E(1)
158 Privatbesitz, England, Deckfarben, ca. 47 : 30 cm
159 Privatbesitz, München, 40,4 : 51,5 cm
160 E. S. A. 711
161 Albertina, Inv. 30538, Bleistift, Farbstift, 38,7 : 30 cm
162 Historisches Museum der Stadt Wien, Inv. 132.879, Bronze, Ø 8 cm
163 Historisches Museum der Stadt Wien, Inv. 115.166, schwarze Kreide, ca. 30 : 47 cm
164 Postkarte der Zeitschrift „Die Aktion", Berlin, 1914. Wiener Antiquariat Ingo Nebehay, Wien
165 Ing. N. Gradisch, Wien
166 Im Besitz des Herausgebers
167 Historisches Museum der Stadt Wien, Inv. 102.021, Kohle, 46,7 : 28,8 cm
168 Privatbesitz, New York, 100 : 90 cm
169 Nach: „Sema-Mappe", München 1912, 42 : 21,5 cm
170 Albertina, Wien, 13 : 11 cm
171 Hier ohne der links auf der Platte befindlichen Radierung von Robert Philippi: „Stehender Orientale"; 11,2 : 10,5 cm
172 Albertina, 13 : 11 cm
173 Albertina, 48,3 : 32,2 cm
174 Albertina, 48,2 : 32 cm
175 Historisches Museum der Stadt Wien, Inv. 94.262, 24,2 : 32 cm
176 Nach: Katalog der Schiele Ausstellung, Galerie Würthle, Wien 1925, 4,2 : 2,8 cm, E. S. A. 1058
177 E. S. A. 440. Dort ist der Stempel dreimal abgedruckt [siehe die Abbildung p. 389]
178 Nach: „Die Aktion", Berlin, 2. IX. 1916, 8 : 10 cm
179 Nach: „Die Aktion", Berlin, 1916, Nr. 39—40, E. S. A. 1055
180 Nach: Das graphische Werk Egon Schieles, Wien 1922
181 Nach: Das graphische Werk Egon Schieles, Wien 1922
182 Archiv des Herausgebers
183 E. S. A. 219

184 Historisches Museum der Stadt Wien
185 Privatbesitz, Wien, 140,5 : 110 cm
186 Nach: Katalog „Der Hagenbund", Historisches Museum der Stadt Wien, Wien 1975
187 E. S. A. 632. Aufnahme von Egon Schiele?
188 E. S. A. 722. Aufnahme von Egon Schiele?
189 Albertina, Inv. 34279, schwarze Kreide, 46 : 29,7 cm
190 E. S. A. 683
191 Nach: „Die Aktion", Berlin, 1916, Nr. 35/6, E. S. A. 511
192 Nach: „Die Aktion", Berlin, 1916, Nr. 35/6, E. S. A. 511
193 Albertina, Inv. 26671, Kreide, 43,7 : 28,8 cm
194 Archiv des Herausgebers
195 Ing. N. Gradisch, Wien
196 Ing. N. Gradisch, Wien, schwarze Kreide, weiß getönt, 47,8 : 32,1 cm
197 Albertina, Inv. 31176, schwarze Kreide, 44 : 31,8 cm
198 Nach: Katalog der internationalen Schwarz-Weiß-Ausstellung, Wien 1913. Archiv des Herausgebers
199 Gertrude Peschka, Wien
200 Viktor Fogarassy, Graz, schwarze Kreide, bezeichnet: „Gustav Klimt 7. II. 1918", 47,3 : 30,2 cm
201 Historisches Mesum der Stadt Wien, Inv. 95.169, 46,5 : 39,4 cm
202 Bildarchiv der Österreichischen Nationalbibliothek, Nr. D 22062
203 Privatbesitz, Wien, schwarze Kreide, 46 : 29,6 cm
204 Österreichische Galerie, Wien, Inv. 4296, 140 : 110 cm
205 Privatbesitz, England, schwarze Kreide
206 Archiv des Herausgebers
207 Privatbesitz, England, schwarze Kreide
208 Österreichische Galerie, Wien, Inv. 4702, 100 : 100 cm
209 Dipl.-Ing. Kuntschik, Wien
210 Archiv des Herausgebers
211 Archiv des Herausgebers
212 Privatbesitz, Schweiz
213 Privatbesitz, Wien, schwarze Kreide und Farbstifte, 23,5 : 23,3 cm
214 Ing. N. Gradisch, Wien, schwarze Kreide, 46,1 : 29,8 cm
215 Historisches Museum der Stadt Wien, Inv. 102.823, schwarze Kreide, 48 : 32 cm
216 Privatbesitz, Schweiz, 120 : 110 cm
217 Museum des 20. Jahrhunderts, Wien, Marmor, Höhe 79 cm
218 Albertina, Inv. 31003, Bleistift, 48 : 31,8 cm
219 Dr. Ferdinand Eckhardt, Winnipeg, Deckfarben und Öl auf Leinwand, 109,5 : 36,5 cm
220 Serge Sabarsky, New York, schwarze Kreide, 45 : 32 cm
221 Archiv des Herausgebers
222 Albertina, Inv. 31107, Bleistift, Deckfarben, 44,8 : 31,2 cm
223 E. S. A. 700
224 Historisches Museum der Stadt Wien, Inv. 102.821, schwarze Kreide, 47,5 : 29,5 cm
225 Archiv des Herausgebers
226 Archiv des Herausgebers
227 Ing. N. Gradisch, Wien, 48 : 28 cm. Anscheinend gibt es von diesem gezeichneten Plakat eine Farbvariante in Wiener Privabesitz
228 Historisches Museum der Stadt Wien, Inv. 117.203, Öl auf Holz, 40 : 31,6 cm
229 Historisches Museum der Stadt Wien, Inv. 133.911 c
230 Privatbesitz, Wien, Bleistift, Deckfarben, 29,7 : 26 cm
231 Albertina, Inv. 32438, schwarze Kreide, Tusche, Aquarell, 45 : 29,9 cm
232 Historisches Museum der Stadt Wien, Inv. 102.953, Öl auf Leinwand, 46 : 44 cm
233 Privatbesitz, Wien, schwarze Kreide, Aquarell, ca. 44 : 30 cm
234 Neue Galerie, Graz, Inv. 6334, schwarze Kreide, Aquarell, 37,8 : 29,7 cm
235 Theatersammlung München, Inv. II 22738
236 Historisches Museum der Stadt Wien, Inv. 115.170, schwarze Kreide, 46,5 : 32 cm
237 Nach: „Die Aktion", Berlin, Titelblatt der Nummer 42/3, E. S. A. 327
238 Gertrude Peschka, Wien
239 Gertrude Peschka, Wien. Zusätzlich beschriftet. „Maler Faistauer und ich in Maishofen bei Zell am See im Jahre 1905"
240 Gertrude Peschka, Wien
241 Nach einem Foto, E. S. A. 710, im Historischen Museum der Stadt Wien, Inv. 78.031, Öl, 129,5 : 88 cm
242 Viktor Fogarassy, Graz, Kohle aquarelliert, 45 : 30,8 cm
243 Nach: Katalog „Egon Schiele and his Circle", La Boetie, New Zork, Archiv des Herausgebers
244 Ing. N. Gradisch, Wien
245 Ing. N. Gradisch, Wien
246 Gertrude Peschka, Wien
247 Nach: Albertina Studien, 1964, Heft 4, Privatbesitz, London
248 Österreichische Galerie, Wien, Inv. 4766, 101 : 101,5 cm
249 Ehemals Galerie Würthle, Wien, Kreide, Aquarell, Deckweiß, 44,5 : 31,3 cm
250 Sigurt Reininghaus, Schloß Rabenstein, Frohnleiten, Steiermark
251 Historisches Museum der Stadt Wien, Inv. 102.824, Bleistift, 48 : 31,6 cm
252 Historisches Museum der Stadt Wien, Inv. 133.911
253 Historisches Museum der Stadt Wien, Inv. 98.751, 100 : 100 cm
254 Historisches Museum der Stadt Wien, Inv. 132.104/1—3
255 Historisches Museum der Stadt Wien, Inv. 132.104/4
256 Historisches Museum der Stadt Wien, Inv. 104.206, 31,5 : 39,5 cm
257 Privatbesitz, England
258 Dr. Ferdinand Eckhardt, Winnipeg, Bleistift, 55 : 37 cm
259 Bildarchiv der Österreichischen Nationalbibliothek, Wien, Inv. 26.259 : E(3)
260 Privatbesitz, Niederösterreich
261 Ing. N. Gradisch, Wien
262 Albertina, Inv. 37098, schwarze Kreide, 46 : 29,5 cm
263 Albertina, Inv. 37097, schwarze Kreide, 46 : 29,5 cm

264 Privatbesitz, Wien, schwarze Kreide, 48,5 : 30,2 cm
265 Albertina, Inv. 30579, schwarze Kreide, 48,5 : 30,2 cm
266 Niederösterreichisches Landesmuseum, Wien, Inv. 1917 a, schwarze Kreide, 22,3 : 25 cm
267 Historisches Museum der Stadt Wien, Inv. 102.825, schwarze Kreide, 56,5 : 37,5 cm
268 Archiv des Herausgebers
269 Historisches Museum der Stadt Wien, schwarze Kreide, 56 : 37 cm
270 Historisches Museum der Stadt Wien, Inv. 96.030/1, Bleistift, Wasserfarben, Deckweiß, 43,5 : 26 cm
271 E. S. A. 1
272 Privatbesitz, Innsbruck, schwarze Kreide, 47,1 : 30 cm
273 Historisches Museum der Stadt Wien, Inv. 94.261, Bleistift, Wasserfarben, 48,2 : 32,2 cm
274 Galerie Würthle, Wien
275 Historisches Museum der Stadt Wien, Inv. 96.726
276 Historisches Museum der Stadt Wien, Inv. 96.726
277 Albertina, Tuschfeder, Himmel grau laviert, Inv. 31391, 15,7 : 10,2 cm
278 Historisches Museum der Stadt Wien
279 Albertina, Tuschfeder, laviert, Inv. 31393, 15,4 : 9,8 cm
280 Albertina, Tuschfeder, laviert, Inv. 31394, 15,6 : 10,2 cm
281 Historisches Museum der Stadt Wien, 56 : 37 cm
282 Albertina, Inv. 31391, schwarze Tusche, laviert, 15,5 : 9,9 cm

Auf dem Umschlag: „Die Wahrheit wurde enthüllt", 1913. Privatbesitz, London, Bleistift, Deckfarben

Die fotografischen Vorlagen (soweit nicht von privaten Sammlern zur Verfügung gestellt) wurden von der Lichtbildwerkstätte „Alpenland", Wien, Foto Fürböck, Graz, Erich Lünemann, Wien, und Fotostudio Otto, Wien, angefertigt.

Benützte Literatur

Verwendete Sigel für oft zitierte Literatur siehe p. 44

Auer, Leopold, E. S. und das Heeresmuseum in: „Mitteilungen des österreichischen Staatsarchivs", 26, 1973

Benesch, Heinrich, Mein Weg mit Egon Schiele, New York, 1965

—, Handschriftliche Erinnerungen an E. S., E. S. A. 508

Benesch, Otto, über E. S. in „Art International", 9/10, 1958, p. 59

Bisanz-Brakken, Marian, Gustav Klimt — Der Beethovenfries, Salzburg, 1977

Chipp, Herschel, „Artforum", vol. 2, nr. 7, Januar 1964 [angebliches Schulheft von E. S.]

Comini, Alessandra, Egon Schiele in prison, Albertina Studien 1964, pp. 123—137

—, Egon Schiele in prison, New York, 1973

—, Egon Schiele's Portraits, Berkeley, 1974

Czihaczek, Leopold, Dem Andenken Ludwig Schieles, Ingenieur, General-Inspektor der K. K. priv[ilegierten] Böhmischen Westbahn (1817—1862), Wien, 1910

—, Dem Andenken Anton Czihaczeks, Lehrer an der K. K. Brünner Deutschen Lehrerbildungsanstalt und Normalhauptschule (1811—1876), Wien, 1911

Faistauer, Anton, Neue Malerei in Österreich, Wien, 1923

Feuchtmüller, Rupert, Egon Schieles Städtebilder von Stein an der Donau in: „Alte und moderne Kunst", Wien, 1969, Heft 103, pp. 29 ff.

Fischer, Johannes, Handschriftliche Erinnerungen an Schiele, E. S. A. 340

Fischer, Wolfgang, Egon Schiele als Militärzeichner in: Albertina Studien 1966, Heft 3, pp. 76 ff.

Freiberg, Siegfried, Ihr werdet sehen... Egon Schiele Roman, Wien, 1967

Genealogisches Handbuch bürgerlicher Familien, 20. Band, Görlitz, 1912, pp. 373 bis 386

Goldschmidt, Hans E., Quer Sacrum. Wiener Parodien und Karikaturen der Jahrhundertwende, Wien, 1976

Graphische Sammlung Albertina, Gustav Klimt — Egon Schiele, Zum Gedächtnis ihres Todes vor 50 Jahren: Zeichnungen und Aquarelle, Wien, 1968

Hauer, Leopold, Selbstbiographie, Wien, 1962

Hevesi, Ludwig, Acht Jahre Sezession (März 1897 bis Juni 1905), Wien, 1906

—, Altkunst—Neukunst, Wien, 1909

Historisches Museum der Stadt Wien, Egon Schiele, Leben und Werk. Ausstellung zur 50. Wiederkehr seines Todestages, Wien, April—September 1968

Kallir, Otto, Egon Schiele, Oeuvre-Katalog der Gemälde, Wien, 1966

Karpfen, Fritz, Das Egon Schiele Buch; mit einem Beitrag von Arthur Roessler, Wien, 1921

Kokoschka, Oskar, Mein Leben, München, 1971

Leopold, Rudolf, Egon Schiele, Gemälde, Aquarelle, Zeichnungen; Salzburg, 1972

Mitsch, Erwin, Egon Schiele; Salzburg, 1974

Nebehay, Christian M., Gustav Klimt, Dokumentation, Wien, 1969

—, Ver Sacrum, 1898—1903, Wien, 1975

Nebehay, Gustav, „Die Zeichnung", Heft I, April, 1919

Nostitz-Wallwitz, Helene von, Aus dem alten Europa, Rororo Taschenbuch 666, Hamburg, 1964

Novotny, Fritz, Der Maler Anton Romako, Wien, 1954

Österreichisches biographisches Lexikon, Wien, 1957 ff.

Penrose, Roland, Picasso, His life and work, London, Penguin Books, 1971

Pollak-Reif, Jella, über E. S. in: Albertina Studien, 2. Jahrgang, Heft 4, pp. 175 ff.

Raabe, Paul [Herausgeber], „Ich schneide die Zeit aus", Expressionismus und Politik. Franz Pfemferts „Aktion", dtv München, 1964

Roessler, Arthur, Egon Schiele in „Bildende Künstler", Wien, 1911

—, Briefe und Prosa von Egon Schiele, Wien, 1921

—, Erinnerungen an Egon Schiele, Wien, 1922

—, Egon Schiele im Gefängnis, Aufzeichnungen und Zeichnungen, Wien, 1922

—, Anton Faistauer, Wien, 1948

—, Erinnerungen an Egon Schiele, Wien, 1948 (erweitert)

Schöny, Heinz, Die Vorfahren des Malers Egon Schiele, in: Zeitschrift für Genealogie und Heraldik, Wien, 1968, pp. 1 ff.

Stenersen, Rolf, Edvard Munch, Close-up of a Genius, Oslo, 1972

Vergo, Peter, Gustav Klimts „Philosophie" und das Programm der Universitätsgemälde, Klimt-Studien, Mitteilungen der österreichischen Galerie, Jahrgang 22/23, Salzburg 1978

Waissenberger, Robert, Die Wiener Secession, Wien, 1971

Weiermair, Peter, Egon Schiele in Bregenz, in: „Vorarlberg", Vierteljahresschrift, Heft 2, 1917

Wer ist wer? Wien, 1951

Wingler, Hans Maria, Oskar Kokoschka, Ein Lebensbild, Berlin, Ullstein, 1966

Register

Die Zahlen verweisen auf die Briefe, *kursiv Gesetztes verweist auf Seiten, Kapitel oder Abbildungen*. Für im Text verwendete Sigel für oft zitierte Literatur siehe p. 44.
Man beachte auch die Hinweise unter Egon Schiele, d) Allgemeines

Abels, Dr., Kunstschriftsteller, 1778
„Abendpost, Wiener", Kritik E. S. Kollektive, 1918: 1420, 1443
Adamschik, Sepp, Maler, 85
Adda = Adele Harms
Adele = Adele Harms
Adler, Friedrich, Mörder des Ministerpräsidenten Graf Stürgkh, 1208
Aigner, Zimmerfrau von E. S. in Mühling, 1130, 1154
Akademie, K. K., der bildenden Künste, Wien, Studienordnung: 57; Zeugnisse für E. S.: 67, 68, 74, 78, 79, 80, 86, 596, 662; *Kapitel III; p. 93, Anm. 3; Kapitel V*
„Aktion, Die", Zeitschrift, Berlin, 502, 503, 563, 652 a—f, 656, 657, 671, 677, 699, 752, 753, 767 a, b; 780, 1017, 1083, 1085, 1099, 1100, 1103, 1122, 1167, 1170, 1182, 1564; *Kapitel X; p. 283, 509, Abb. 148, 164, 191, 192, 237*
Allemand, L', Sigmund, Maler, 74, 78, 79, 80, 81, 86; *p. 509*
Alt, Rudolf von, Maler, Aquarellist, 1291; *p. 35*
Altenberg, Peter, Dichter, 1122, 1182; *p. 59, 509*
Altmünster am Traunsee, Besuch von E. S. bei A. Roessler: 553, 554, 556, 559; *Kapitel IX, Abb. 105, 252*
Amarich, Thomas, Maler[?], 111
Ambrosi, Gustinus, Bildhauer, 1790; an Marie Schiele[?]: 1794; *p. 509*
Amiet, Cuno, Schweizer Maler, *p. 95*
Ammer, K.[arl] L.[udwig], Übersetzer, 124; *p. 117*
Amsterdam. — Ausstellung österreichischer Kunst, Herbst 1917; 1272
„Anbruch, Der", Flugblätter zu der Zeit, 1917; 1302, 1516, 1656, 1679; an E. S.: 1738; *p. 509*
Andersen, Robin Christian, Maler, 557, 623, 874, 1709, 1755, 1796; *p. 510*
Andri, Ferdinand, Maler, 450
Angeli, Heinrich von, Maler, 624
Angerer, Olga, Schwester von Schieles Mutter, 446; an Marie Schiele: 63; *p. 21, Anm. 6; 57, 510*
Angerer & Göschl, Klischeefirma, Wien; 63, 1360; *p. 57, 63, Anm. 1; 510*
Ankwicz von Kleehoven, Dr. Hans, Kunsthistoriker; 1396, 1397, 1464, 1469; an E. S.: 1468; *p. 510*
Annunzio, Gabriele d', italienischer Dichter; *p. 121, Anm. 12*

Antios = Trčka, Anton Josef
Antonin, 1543
Apollinaire, Guillaume, französischer Schriftsteller, *p. 557*
Apollotheater, Varieté in Wien, 248, 719
„Arbeiter-Zeitung", Wien; 344, 350, 741, 1209; *p. 561*
Arnold, Galerie, Dresden; 389, 403, 414, 419, 613, 1788, 1802; *p. 510*
Arnot, Guido, Kunsthändler; 773, Ausstellung von E. S. Zeichnungen in Paris: 661, 720, 723, 726, 727, 728, 730, 736, 737, 738, 741, 746, 747, 750, 923, 949, 961, 1014, 1130, 1131, 1135, 1137, 1138, 1144, 1156, 1214, 1271, 1505, 1521, 1533, 1544, 1546, 1567, 1576, 1597, 1634, 1670, 1802; an E. S.: 756, 761, 825, 896, 907, 1096, 1121, 1126, 1134, 1141, 1147, 1149, 1168, 1208, 1213, 1773; *Kapitel XI; p. 100; 510, 532, 575, Abb. 149*
„Art, L', et la Mode", Kunstzeitschrift, 1617
„Art, L', et les Artistes", Zeitschrift, Paris, 663, 670
Ascher, Ernst, Maler, 623
Aschner, Felix, Sammler[?], an E. S.: 1308

Baar, Hugo, Maler, *p. 85*
Bahr, Hermann, Dichter, Kritiker, 1210; *p. 60, 511*
Bailly, Louis, Maler[?], Paris, 623
Barany, Professor [Arzt] in Stockholm, 867
Barlach, Ernst, deutscher Bildhauer, *p. 95*
Barth, Otto, Maler, *p. 85*
Baruch, Joseph und Daniel, Hausherren von E. S. Atelier, Wien XIII., Wattmanngasse [6], 1169, 1778
Baschik, Anna, Modell[?], 1385, 1778
Bassermann, Albert, Schauspieler, 806
Baudelaire, Charles, Dichter, 198
Bauer, Dr., Victor Ritter von, Industrieller, 1334, 1344, 1359; *p. 511, Abb. 151*
Beardsley, Aubrey, englischer Zeichner, 428
Beck, Friedrich, Maler, *p. 85*
Beer-Monti, Friederike, porträtiert von E. S., 706, 764; *pp. 282, 284, Anm. 11, 12; 511, Abb. 152, 153*
Benesch, Eva, siehe Steiner, Eva
Benesch, Heinrich, Zentralinspektor, Sammler, 247, 300, 321, 334, 338, 341, 343, 350, 454, 508, 633, 821, 825, 828, 997, 1074, 1392, 1802, Grabrede für E. S.: 1803; an M. O. Kuntschik: 676; an Arthur Roessler: 173, 182, 188, 190, 191, 233, 259, 297, 769; an Edith Schiele: 863, 865; an Egon Schiele: 137, 138, 181, 245, 304, 324, 455, 475, 477, 524, 525, 541, 547, 667, 857, 870, 1006, 1047, 1178, 1200, 1202, 1204, 1238, 1254, 1409, 1529, 1628, 1673, 1692, 1693, 1775; *p. 59; Kapitel IV; 116, 120, Anm. 1; 152, 200, Anm. 8; 512, 572, Abb. 154*
Benesch, Professor Dr. Otto, Kunsthistoriker, 188, 324, 508, 646, 728, 736, 870, 1481, 1784; an E. S.: 392, 393, 738; an Anton Peschka: 1787; *p. 153, Anm. 9; 201, Anm. 16; 321, 512, Abb. 154*
„Benotto" = Benesch, Dr. Otto
Beran, Bruno, Maler, 1388, 1399, 1400, 1438, 1442
Beran, Irene, Gattin des Malers, 1402; an E. S.: 1244
Beranek [kein Vorname bekannt], Modell, 1357, 1361, 1372, 1398, 1434, 1445, 1455, 1473, 1485, 1493, 1499, 1528, 1580, 1585, 1598, 1751
Berger, Albert, lithographischer Drucker, 1519, 1541, 1582, 1614, 1778; an E. S.: 1584; *p. 513*
Berger, Hilde, Modell[?], 1553, 1559
Berger, Leopold, Bürgerschuldirektor, Klosterneuburg, 28; *p. 34, 41, 513, 566; Abb. 155*
Berlin siehe „Sezession", Berlin
„Berlinerin" [Modell?], 1672, 1675, 1676, 1682, 1699, 1716, 1757, 1767
„Besessenen, Die", Zeitschrift, 601
Besser, Familie von, *p. 13*
Bezold, G., Direktor des Germanischen Nationalmuseums, Nürnberg, 653, 660,
„Bildende Künstler", Zeitschrift, Wien, 182, 186, 187, 198, 202, 300, 309; *p. 151, 513, 561*
Billy, 1384
Birnbaum, Uriel, Graphiker, Dichter, *p. 568*
Birringer, Maria, Jugendfreundin von E. S.[?]: 50
Bismarck, Otto Fürst von, *p. 13*
Blei, Dr. Franz, Schriftsteller, 267, 276, 1122, 1560, 1566, 1589; *p. 513; Abb. 156*
Bloch, Hausherr des Gartenhauses in Krumau[?], 210
Bodor, Oberleutnant, Vorgesetzter von E. S. in Mühling, 1199; *p. 513*
Boeckl, Herbert, Maler, 1334, 1375
Böhler, Hans, Maler, 706, 712, 874, 949, 1114, 1142, 1170, 1317, 1696, 1784, 1802;

an Josef Hoffmann: 711; an E. S.: 1552; *p. 282, 513*

Böhler, Heinrich, Sammler, Schüler von E. S., 272, 686, 689, 698, 705, 706, 708, 712, 736, 738, 754, 782, 790, 792, 794[?], 802, 813, 818, 819, 822, 823, 835, 838, 1557[?], 1695[?], 1802; an E. S.: 703, 745, 751, 766, 770, 786, 840, 841, 844, 1059; *p. 283, 321, 514, 531, 532, 568; Abb. 157*

Böhler-Stahlwerke, Kapfenberg, 786, 792, 818

Böhm, Adolph, Male, 1802; *p. 36*

Bönig, Hede, Kunstgewerblerin, 1756, 1757; an E. S.: 1708

Boerner[-Wagner], Marga[rete], Schauspielerin, an E. S.: 1192, 1330, 1338, 1347, 1350, 1358, 1376; *p. 66, Anm. 35 d; 514, 564; Abb. 158*

Bonanoni, Cesare, Maler, Paris, 623

Bonnard, Pierre, französischer Maler, *p. 95*

Braque, Georges, *p. 61, 96*

Bregenz. — Aufenthalt von E. S. in, 1912: 384; *p. 198, Abb. 94*

Brendel, Ulrik, Pseudonym von: Liegler, Leopold

Brioschi, Anton, Hoftheatermaler, 575, 606; *p. 551, 553*

Broch, Hermann, Schriftsteller, 791; *p. 540*

Brömse, August, sudetendeutscher Maler, 1477

Bruckmann, F., A.G., Verlag, München, 682, 723

„Brücke, Die", Künstlervereinigung, Dresden 1906—1913; 755

Brüssel. — Palais Stoclet: *p. 119;* Salon 1914: 666, 670, 684, 687, 689, 709

„Buch und Bild", Ausstellung bei H. Goltz, München, 1911; 277, *Abb. 166*

Budapest. — Reise nach[?], 1913; 468, 471

„Bund österreichischer Künstler", 1038, 1208; an E. S.: 441, 450, 619, 782[?], 1157; *p. 514*

Burgtheater, Dekorationen von E. S. für, Auftrag an E. S.[?], 1732

Carl, 1643, 1644

Cassirer, Paul, Kunsthändler, Berlin, 240, 246, 247, 251, 259, 604, 1564, 1802; *p. 515, 536*

Cézanne, Paul, Maler, 623, 861, 866; *p. 515, 560*

Chipp, Herschel, B., amerikanischer Kunsthistoriker, 45

Christiania, siehe Oslo

„Cicerone, Der", Zeitschrift, 352

Ciseck, Rosa, Modell, 1342, 1469, 1544, 1559, 1565, 1576, 1589, 1602, 1604, 1607, 1608, 1618, 1743, 1751[?], 1778

Cizek, Franz, Reformator des Schulzeichen-Unterrichts, *p. 36*

Claire (kein Familienname bekannt), Modell, 1384, 1394

Claus, Wilhelm, Maler, Paris, 623

Clementschitsch, Arnold, Maler, 1695

Comini, Professor Alessandra, amerikanische Kunsthistorikerin, 1667; *p. 199, Anm. 1, 548*

Commeter, Galerie, Hamburg, 1304

Conselari, Fritz, Maler[?], 85

Corinth, Lovis, Maler, 144, 1519, 1564

Courbet, Gustave, Maler, 623

Csokor, Franz Theodor, Schriftsteller, 359, 1781; *p. 540, 564*

Czermak, Dr. Josef, 1778

Czeschka, Carl Otto, Maler, Kunstgewerbler, *p. 65, Anm. 13; 95, 515, 577*

Czihaczek, Leopold, Onkel und Mitvormund von E. S., 20, 21, 58, 69, 71, 84, 96, 99, 107, 177, 178, 179, 199, 218, 378, 1793; an E. S.: 97, 103, 1773; an Gertrude Schiele: 97; an Marie Schiele: 105, 106, 108; *p. 14, 16, 18, 19, 57, 58, 63, Anm. 7, 8, 10; 70, 93, 115, 240, 515; Abb. 159, 160*

Czihaczek, Marie, Frau des Obigen, 8, 21, 29, 31, 35, 58, 65, 75; an E. S.: 1773; *p. 14, 20, Anm. 6; 63, Anm. 10; 83, 515; Abb. 160*

„Dal" oder auch „Dalerle", Kosename von Harms, Adele

„Dame, Die", Modezeitschrift, Berlin, 1564, 1630, 1719, 1720

D'Aniel, Vera, an E. S.: 1298

Darnaut, Hugo, Maler, 624

Dela = Adele Harms

„Delphin Verlag", München, siehe „Sema"

Denis, Maurice, französischer Maler, *p. 95*

„Deutsch-Österreichischer Verlag", G.m.b.H., 1953

„Deutsche Kunst und Dekoration", Zeitschrift, Darmstadt, 645, 664, 717, 720, 754, 848, 1117, 1263, 1266, 1311, 1471; an E. S.: 898; *p. 515*

Diamant, Angestellter[?] der „K. K. Konsumanstalt", 1212, 1222, 1223, 1225, 1778; *p. 515*

„Did" oder „Diderle", Kosename von Harms-Schiele, Edith

Dietzl [oder Rietzl], Kunsthändler, München, 578

Dita [Modell?], 1645, 1647

Diveky, Josef, Graphiker, 1709

Doblhoff, Baron Robert, 1802

„Doll", Weinhaus in XIII., Ober St. Veit, 1545

Dornhöffer, Friedrich, Kunsthistoriker, 409

Dresden. — Aufenthalt von E. S. in [?], *p. 239;* Kunstausstellung, Große Deutsche, 1913: 478, „Künstlervereinigung": 1788, 1802; an E. S.: 1127, 1128, 1139, 1166

Drljac, Lazar, Maler[?], 85

Düsseldorf. — Ausstellung in, 1913; 478, 481

Dufy, Raoul, Maler, Paris, 623

Durst[?], 1661

Dvořak, Professor Dr. Max, Kunsthistoriker, 341

Ebert, Dr. O. E., 1802

Ebeseder, Farbenhandlung, Wien I., 1031, 1162

Eckert, Robert, deutscher Maler, 623, 1492

Eckhardt, Dr. Ferdinand, Kunsthistoriker, Winnipeg, *p. 544*

Eder, Hans, Porträtmaler, München, 1208

Ediderle = Edith Schiele

Edith = Edith Schiele

Eduard VII., König von England, *p. 565*

Egger, 1646, 1662

Egger-Lienz, Albin, Maler, 200, 371, 633, 1261; *p. 282, 516*

Ehrlich, Hans, Maler, 85, 762, 832; *p. 99, 516*

Eichhorn, Leo Bernhard, Maler, 200

Eisenstein, H. M., 1589

Eisler, Dr. Max, Kunsthistoriker, 1778; *p. 516*

Eissler, Dr. Hermann, Sammler, 208, 213, 215, 546, 547, 1416, 1418, 1471, 1689, 1802; an E. S.: 234; *p. 516*

Elvira = Elvira Schiele

„Emporium", italienische Kunstzeitschrift, 663

Endell, Ernst Moritz August, Berliner Architekt, 443

Enderer, R. von, Kunsthistoriker, 1125

Enders, K., Ritter von, Hofsekretär, 1802

Engel, Dr. Hermann, Zahnarzt, Sammler, 193, 244, Verweis vor Nr. 245, 397, 1094; an E. S.: 1096; *p. 516*

Engelhart, Josef, Maler, 1565

Eppel[?], 1637

Erdmann, Fritz, Halbbruder von Edith Schiele, 1131

Ewers, Hans Heinz, deutscher Schriftsteller, 740

Exner, Hilde, Künstlerin[?], 310

„Extrablatt, Wiener Illustriertes", 1419

Faistauer, Anton, Maler, 85, 300, 371, 412, 419, 445, 459, 557, 623, 624, 867, 874, 1114, 1123, 1170, 1208, 1235, 1317, 1366, 1465, 1477, 1492, 1583, 1656, 1704, 1755, 1786; an Arthur Roessler: 309, 1710, 1797; an E. S.: 1316, 1373, 1474, 1536, 1709, 1746; *p. 99, 283, 284, Anm. 12; 441, Anm. 2; 516; Abb. 161, 227*

Farkas, E., Redakteur, 1802

Fein, Martha, Fotografin, Wien XIII., Lainzerstraße 31, 1798, *Abb. 145*

Fekete, Leutnant in Mühling, von Schiele gezeichnet, 1057

Feldmann, Kunsthändler[?], Berlin, 688

Felner, Karl von, Dramatiker, 1802; an E. S.: 860

Feodor, 1629

Ferenczy, Benjamin [Beni], ungarischer Bildhauer, 1803; *p. 440, 517; Abb. 147, 162*

Fesch, von, Sektions-Chef, 1802
Fiori, Ernesto de, Bildhauer, 466, 576, 589, 861; *p. 96*
Filetz, Kriegskamerad von E. S. in Mühling, 1174
Fischer, Johannes, Maler, 623, 750, 752, 786, 811, 867, 986, 1114, 1123, 1131, 1170, 1317, 1328, 1346, 1366, 1392, 1454, 1465, 1477, 1492, 1525, 1536, 1597, 1606, 1656, 1778; *p. 282, 517; Abb. 100, 103, 163*
Flechtheim, Alfred, Galerie, Düsseldorf, 1802
Flesch von Brunningen, Hans, Schriftsteller, 677, 752; an E. S.: 699; *p. 65, Anm. 22; 283, p. 517; Abb. 164*
Flöge, Emilie, Freundin Klimts, 1729
Förster-Streffleur, Rudolf, Hofrat im Unterrichtsministerium, 1294, 1802
Foges, Ida, Journalistin beim „Neuen Wiener Journal", 1388, 1390; an E. S.: 1230
Folkwang Museum, Hagen/Westfalen, 251, 353, 356; an E. S.: 197, 237, 312, 329, 407, 409, 876, 975; *p. 518*
Fontana, Oskar Maurus, Schriftsteller, *p. 540*
Forel, Dr. August, Psychiater, Insektenforscher, *p. 120*
Forstner, Leopold, Kunstgewerbler, Mosaikwerkstatt, 556
Frankl, Dr. Emil, 1802
Franz Ferdinand, Erzherzog, Thronfolger, 200, 836; *p. 102, Anm. 29*
Franz Joseph I., Kaiser. — Ausspruch über E. S. Bild Jagdausstellung 1909, *p. 119*
Freud, Sigmund, Arzt, *p. 60*
Freudlperger, H., Maler[?], 85
Freund, Bertl, Modell, 1327, 1340, 1344, 1348, 1352, 1371, 1379, 1385, 1392, 1602, 1604, 1778
Friedell [eigentlich Friedmann], Egon, Schriftsteller, 1541; *p. 59*
Friedmann, Armin, Kritiker, 1420, 1443
Friedrich, Otto, Maler, 1465
Fritsch, Dr. Otmar, Musealassistent, Graz, 1802
Fritz, Hans, Architekt, 956, 961
Fritzi, Modell[?], 1445, 1453, 1469, 1473, 1496
Fromowitsch [oder -wicz], Dr., Vorgesetzter von E. S. in Mühling, 1130, 1142, 1199; *p. 518*
„Front", Feldwochenschrift; an E. S., 1251

Galerie, Österreichische, 1017, 1175
Gallia, Moritz, Regierungsrat, Sammler, 1802
Gallé, Architekt, 458
Ganz, Dr. Hugo, 1802
„Gartenbau Gesellschaft", 1573
Gauguin, Paul, Maler, 144, 459; *p. 96*
Gavarni, Paul, französischer Zeichner, 230
Gerti = Gertrude Schiele-Peschka
„Gesellschaft für vervielfältigende Kunst", Wien, 1125, 1265, 1268, 1610; an E. S.: 1252, 1614; *p. 438, 518, s. auch Abb. 180*
Gielka, Josef, Handwerker[?]; an E. S.: 1391
Gierlinger, Johann, Kurschmied, Klosterneuburg, 52, 53; *p. 34, 41;* [seine Tochter Marie]: *518*
Gierlinger, Johanna, 52
Gierlinger, Marie, *Abb. 165*
Gmür, Xaver B., bei der „Wiener Werkstätte" tätig; an E. S.: 1635, 1636; *p. 518*
Gogh, Vincent van, holländischer Maler, 144, 213, 310, 321, 445, 459, 623; *p. 96, 100, 518*
Goltz, Hans, Buch-, Kunsthändler, München, 256, 258, 272, 278, 285, 287, 334, 337, 339, 353, 358, 362, 402, 436, 481, 484, 527, 544, 568, 573, 576, 578, 633, 700, 736, 758, 822, 1172, 1202, 1214, 1404, 1492, 1497, 1524, 1802; an Folkwang Museum, Hagen/Westfalen: 391; an Arthur Roessler: 192, 253, 255, 261, 267, 271, 273, 277, 280, 283, 284, 286, 288, 290, 292, 312, 315, 336, 360, 396, 403, 404, 410, 420; an E. S.: 274, 347, 354, 356, 361, 387, 390, 408, 414, 421, 422, 423, 442, 446, 462, 463, 466, 484, 521, 526, 567, 574, 585, 589, 593, 599, 600, 602, 607, 613, 627, 640, 674, 683, 688, 696, 781, 837, 861, 993, 1028, 1043, 1056, 1069, 1079, 1080, 1183, 1185, 1198, 1239, 1267, 1289, 1396, 1502, 1509, 1539, 1603, 1617, 1624; *p. 152, 196, 405, 518; Abb. 166*
Gompertz, Heinrich, Dr. Philosoph, 1557, 1559, 1562, 1582; *p. 519; Abb. 167*
Goncourt, de, Brüderpaar, Kunstkritiker und -sammler, Paris, 230
Gotthilf, Lotte von, 1802; an E. S.: 1435
Goya, Francisco, spanischer Maler, *p. 196*
Gradmann, A., Sekretär der „Gesellschaft für vervielfältigende Kunst", 1265, 1268, 1614
Grafe, Dr. Felix, Schriftsteller, Sammler, 274, 280, 282; *p. 519*
Graff, Dr. Erwin von, Gynäkologe, 123, 482, 1802; an E. S.: 94, 102, 113; *p. 147, 439, 519; Abb. 168*
Grasmayr, Hans, Naturphilosoph, *p. 544*
Grasmayr, Magda = Magda Mautner Markhof
Griepenkerl, Christian, Maler, 80, 86, 1170, 1785; *p. 59, 60, 61, 65, Anm. 16, 34; 93, 99, 100, Anm. 2; p. 525, 553, 568; Abb. 183*
Grimschitz, Dr. Bruno, Kunsthistoriker, *p. 440, 525*
Groller, Balduin, 1802
Grom-Rottmayer, Hermann, Maler, 1293, 1465
Gromosin, Dr. W., Vorgesetzter von E. S. in Mühling[?] an Edith S.: 1151
Gropius, Walter, deutscher Architekt, *p. 545*
Groß, Dr. Rechtsanwalt, 1618

Großmann, Janka, Künstlerin, 623
Großmann, Dr. Stefan, Journalist, 1802
Grünbaum, Fritz, Conférencier, Sammler, *p. 525*
Grünwald, Karl, Kunsthändler, 485, 1131, 1150, 1154, 1161, 1174, 1182, 1200, 1202, 1212, 1219, 1221, 1222, 1225, 1227, 1262, 1278, 1290, 1536, 1550, 1553, 1556, 1573, 1637, 1651[?], 1688, 1705, 1730, 1783; *p. 403, 406, Anm. 3; 525; Abb. 184, 207*
Gschmeidler, Zugsführer, E. S. zeichnete den Sohn, 1916, 910
Günt[h]er, 1524, 1530
Gütersloh, Paris von, Maler, 210, 300, 419, 445, 459, 503, 623, 752, 867, 986, 1017, 1102, 1111, 1114, 1122, 1123, 1170, 1208, 1253, 1317, 1328, 1346, 1366, 1447, 1451, 1454, 1461, 1465, 1466, 1473, 1477, 1478, 1482, 1489, 1490, 1492, 1493, 1511, 1521, 1542, 1550, 1557, 1562, 1571, 1580, 1583, 1585, 1589, 1596, 1609, 1614, 1704, 1718, 1732; *p. 99, 151, 153, Anm. 11; 526; Abb. 181*
Gurlitt, Fritz, Kunsthändler, Berlin, 411, 413, 419, 620, 639, 1564, 1802; *p. 526*
Gurlitt, Wolfgang, 527
Gutherz-Ditmar, Lisa, 1802
Gutmann, Hans Ritter von, Bergrat, 1802
Guys, Constantin, Zeichner, 635
Györ[Raab], Ungarn, Besuch von E. S. bei Familie Lederer 1912, *p. 198*

Habermann, Hugo J. A. Freiherr von, Maler, München, 312, 414
Haberditzl, Dr. Franz Martin, Museumsdirektor, 824, 940, 1017, 1213, 1310, 1372, 1519, 1613, 1615, 1754, 1802; an E. S.: 1171, 1177, 1190, 1197, 1203, 1218, 1228, 1264, 1294, 1315, 1364, 1701, 1773; *p. 404, 527; Abb. 185*
„Hagenbund", Künstlervereinigung, Wien, 307, 319, 321, 332, 333, 340, 351, 352, 372, 398, 424, 425, 489, 494, 516, 1656, 1659, 1679, 1689, 1732; an E. S.: 379, 478, 485, 1717; *p. 527; Abb. 186*
Haldenwang, Dr. Franz, Arzt, 1802 a, b; *p. 527*
Halm & Goldmann, Kunsthandlung, 1261, 1695
Hamburg. — Ausstellung von E. S. Zeichnungen, Kunsthalle 1914: 695
Ham[m]er[?], 1764
Hamilton, Mrs., Fotografin in Wien, 916
Hanak, Anton, Bildhauer, 450, 465, 1179, 1182, 1261, 1802; an E. S.: 1776; *p. 527*
Hanslik, Dr. Erwin, Privatdozent für Anthropogeographie, 1291, 1299, 1341, 1349, 1359, 1510, 1653, 1732; an E. S.: 1299, 1706; *p. 527*
Hardt, Ernst [eigentlich: E. Stöckhardt], deutscher Erzähler, Dramatiker, *p. 65, Anm. 15*
Harlfinger, Richard, Maler, 1293, 1327, 1465, 1519, 1736; an E. S.: 1558; *p. 528*

585

Harms, Adele, Modistin, Schwägerin von E. S.: 629, 647, 654, 784, 887, 967, 1021, 1025, 1026, 1029, 1034, 1131, 1191, 1500, 1639[?], 1640[?], 1777, 1780, 1784; an Josefine Harms: 1691; an E. S.: 730, 740, 806, 812, 997, 1007, 1031, 1100; *p. 321, 322, 324, Anm. 7; 440, 519, 520, 528; Abb. 187, 190*

Harms, Adolf, vermutlich unehelicher Sohn von Johann Harms, *p. 495*

Harms, Edith, Gattin von E. S.: 490, 629, 654, 754, 766, 773, 796, 797, 799, 813, 839, 883, 885, 886, 887, 889, 894, 895, 901, 906, 912, 914, 918, 920, 921, 922, 923, 924, 926, 931, 932, 933, 934, 936, 938, 939, 940, 941, 943, 945, 949, 952, 957, 162, 167, 1018, 1019, 1020, 1026, 1029, 1031, 1034, 1048, 1058, 1087, 1091, 1500, 1725, 1768, 1770, 1772, 1773, 1782, 1793, 1795, 1803; an Josefine Harms: 847, 1691; an Gertrude Peschka: 1747; an E. S.: 730, 740, 746, 748, 749, 772, 809, 871, 1021, 1025, 1049, 1051, 1052, 1054, 1084, 1131, 1133, 1135, 1137, 1153, 1154, 1163, 1329, 1570, 1769; an Marie Schiele: 829, 959, 1002, 1060; an Melanie Schiele: 959; *p. 17, 20, Anm. 1; 148, 284, Kapitel XI, 324, 325, Anm. 6, 8; 439, 528; Abb. 137, 188, 189, 190, 202*

Harms, Johann[es], Schwiegervater von E. S.: 796, 797, 985, 1105, 1164, 1170, 1793; *p. 19, 20, Anm. 1; 322, 324, Anm. 5; 528; Abb. 132, 190*

Harms, Josefine [Josefa], Schwiegermutter von E. S., 797, 1021, 1031, 1771, 1784; an Edith Schiele: 805; an E. S.: 654; an Marie Schiele: 806; *p. 20, Anm. 1; 322, 324, Anm. 3; 528; Abb. 190*

Harta, Felix Albrecht, Maler, 691, 705, 706, 720, 752, 867, 874, 986, 1012, 1013, 1017; Frau Harta: 1031, 1044, 1074, 1103, 1114, 1122, 1123, 1170, 1208, 1235, 1317, 1340, 1342, 1366, 1447, 1477, 1479, 1492, 1541, 1739; an E. S.: 1497, 1656, 1712, 1713, 1729; *p. 437, 529; Abb. 191, 192*

Hartkopf[?], 1626

„Hartmann", Restaurant, I., Kärntnerring Nr. 14 [Künstler Kegelabende], 706, 1111

Hartmann, Spedition, Wien, 405

Haschek, Dr. Eduard, Physiker, 79

Hauer, Franz, Gastwirt, Sammler, 379, 501, 520, 529, 539, 550, 556, 561, 562, 572, 578, 623, 679, 705, 720, 822, 1006, 1201, 1204, 1208; an E. S.: 514, 515, 518, 533, 558, 615; *p. 198, 406, Anm. 4; 530; Abb. 172, 193*

Hauer, Leopold, Maler [Sohn von Franz Hauer], 566; an E. S.: 583

Hausenstein, Wilhelm, Kunsthistoriker, Diplomat, 567

Hauser, Steinmetzfirma, Wien, 551

Heckel, Erich, deutscher Maler, 1603

Heeresmuseum, K. K. [heute: Heeresgeschichtliches Museum]. — Dienststelle von E. S. April—Oktober 1918: 1367, 1383, 1532, 1589, 1590, 1592, 1660, 1686, 1687, 1727, 1728, 1734; *p. 438, 530*

Hegenbarth, Josef, Maler, 200, 1695

Heine, Dr. Helene, Breslau, an E. S.: 1247

Held, Hans, 1802

Heller, Hugo, Buchhandlung, Wien, 705, 1162, 1163; an E. S.: 1189; *p. 530*

Heller, Vinzenz, Bildhauer, 67

Hellmann, Willi und Daisy, Sammler, 1135, 1142, 1802; *p. 531*

Hellmer, Eduard von, Bildhauer, 67, 68, 662; *p. 531*

Henkl, Rolf, 1243, 1262

Henneberg, Hugo, Frau [von G. Klimt gemalt], 1802

Herrmann, Gustav, Oberleutnant, Vorgesetzter von E. S. in Mühling, 1048, 1057, 1063, 1163, 1199, 1234, 1329; *p. 360, 531*

Herz, Uhrengeschäft, Wien I., 772, 1430

Herzmanovsky-Orlando, Fritz von, Schriftsteller, *p. 406, Anm. 1*

Hevesi, Ludwig, Kunstkritiker, *p. 94, 98, 120, Anm. 5; 561*

Hildebrandt, Dr. [Kunsthistoriker?], 521

Hodler, Ferdinand, Maler, 144, 173, 198, 200, 310, 371; *p. 95, 198, 201, Anm. 21; 531*

Höllriegl [von E. S. gezeichnet?], 1174

Hölzel, Adolf, Maler, Stuttgart, 717, 718, 720; *p. 531*

Hölzl, Verleger, 1111

Hoen, Maximilian von, Generalmajor, Leiter des Kriegsarchivs, 923, 951, 1136

Hoetger, Bernhard, Bildhauer, Graphiker, 466

Hoffmann, Josef, Architekt und Kunstgewerbler, 104, 110, 213, 214, 276, 295, 298, 338, 413, 450, 496, 546, 547, 623, 676, 684, 698, 703, 794, 819, 822, 824, 855, 1025, 1146, 1153, 1161, 1162, 1182, 1226, 1715, 1731, 1802; an E. S.: 303, 666, 686, 709, 823, 1255, 1256, 1300; *p. 59, 94, 95, 119, 405, 531; Abb. 194*

Hofmannsthal, Hugo von, Dichter, 1802; *p. 36*

Hohenberg, Leutnant, 1571, 1589

Holub, Schneider von E. S., 1162, 1407, 1414

Hollitzer, Carl Leopold, Maler, Karikaturist, 1468

Holt [Schulfreund von E. S. in Klosterneuburg], 48

Holuzky[?], 1700

Holz, Arthur, 1514, 1515, 1517, 1526, 1540, 1587, 1595

Honig, Kunstsammler, 1334

Hora, Dr., Sammler, 1802; *p. 532*

Horst, Maler, *p. 36*

Horwitz, Dr. Karl, 1802

Huber, Dr. Gustav, 1510

Huber, Gustav, von L. Czihaczek gefördert, *p. 63, Anm. 10*

Huppert, Rudolf, 1802

Huysmans, Joris-Karl, französischer Dichter, 198, 1143; *p. 532*

Ida, Modell, 248; *p. 22, Anm. 25, 545*

Iller[?], 1649

„Institut für Kulturforschung" = Professor Erwin Hanslik

„Interieur", Das", Zeitschrift, 222

Isepp, Sebastian, Maler, Restaurator, 1462, 1679; *p. 532*

Itten, Johannes, Schweizer Maler, lebte 1916 bis 1918 in Wien, 1778

Jäger, Siegfried, Ingenieur, Klassenkamerad von E. S., *p. 532; Abb. 195, 196*

Jaffé, Max, Lichtdruckanstalt, 1226; an E. S.: 1248, 1319; *p. 405, 532*

„Jagdausstellung" 1910 im Prater, 102; *p. 119, Abb. 59*

Jahn, Gustav, Maler, *p. 85*

Jank, Angelo, Maler, Illustrator, München, 691

Jawlensky, Alexeij von, Maler, 410

Jenny, Renée Edle von [vielleicht von E. S. porträtiert?]; von ihm im Notizbuch 1918 unter „René" geführt[?]; siehe auch unter René[e]; an E. S. 1773

John, Dr. Wilhelm, Ober-Ingenieur, Direktor des K. und K. Heeresmuseums, 1282, 1294, 1532, 1727, 1728, 1802; *p. 438, 441, Anm. 2; 532*

„Journal, Neues Wiener", Tageszeitung, 626, 1250

Jung, Hubert und Dr. Hugo, Architekten, beide anscheinend im Atelier von J. Hoffmann tätig, 516, 587, 664, 687, 822, 1635; *p. 533*

Jungnickel, Ludwig Heinrich, Maler, Tierzeichner, 711, 712, 874, 1074, 1090, 1114, 1123, 1170, 1208, 1317, 1350, 1477, 1519, 1709, 1802; an E. S.: 665, 859, 945, 1115; *p. 533*

Junk, Dr. Rudolf, Graphiker, 450, 478, 481, 623, 624, 1519; an E. S.: 506, 619; *p. 533*

„Kabinett, Wildes" auf der „Kunstschau" 1908/09, *p. 94, 101, Anm. 6; 536*

Käfer, Johannes, Schriftsteller, *p. 118, 533*

Kaffeehäuser, Wiener, von E. S. frequentiert: „Alserhof", Wien VIII., 269, 324, 409; „Dobner", Wien I., 891; „Eichberger", Wien XIII., 616, 646, 875, 986, 1074, 1195, 1312, 1328, 1340, 1342; *p. 152, Anm. 4;* „Gartenbau", Wien I., 1574; „Gröpl", Wien XIII., 1644, 1723; „Heinrichshof", *p. 59, 122, Anm. 16;* „Josefinum", Wien IX., 301, 310, 316; „Kremser", Wien I., 295, 302, 1731; *p. 59;* „Museum", Wien I., 923, 1387, 1392, 1395, 1408, 1421, 1438, 1491, 1499,

1599, 1652; *p. 59;* „Quadratl" = „Kremser"; „Rathauskaffee", Wien I., 893; „Stadtpark", Wien I., 887, 1184; „Wunderer", Wien XIII., 308, 778, 1138, 1415; „Zentral", *p. 59*
Kahrer, Max, Maler, 72, 137; an Arthur Roessler, 1210; *p. 36, 58, 534; Abb. 197*
Kainz, Josef, Schauspieler, *p. 65, Anm. 15*
Kallir, Dr. Otto, Kunsthändler, New York, 1500
Kalvach, Rudolf, Maler, 310, 1331, 1456, 1525; *p. 534*
Kandinsky, Wassily, Maler, München, 466; *p. 567*
Kapralik, W., Kritiker, 1297
Karl I., Kaiser von Österreich-Ungarn, 1214
Karpfen, Fritz, Jugendfreund von E. S., 61, 1620; *p. 121, Anm. 5; p. 534, 562*
Karpfen, Hans, Jugendfreund von E. S., 61, 1784; *p. 534*
Karpfen, Max, Jugendfreund von E. S., 59, 61, 1784; an E. S.: 1259; *p. 534*
Kars, George [eigentlich Karpeles], Maler, Paris, 623, 1099, 1366, 1477, 1502, 1525; *p. 534*
Katz, Leo, Maler, 1778
Katzler, Maler, 137, 675, 1238; *p. 85*
Keller, Professor Albert von, Maler in München, 609; *p. 534; Abb. 198*
Kenner, Anton R. von, Maler, *p. 95*
„Keramik, Wiener", 694
Kerblich [auch Kerbler und Körblich], Anny, Modell, 1436, 1473, 1518, 1531, 1542, 1553, 1557, 1560, 1562, 1573, 1586, 1612, 1619, 1638[?], 1647, 1664, 1668, 1672[?]
Kessler, Hertha, Akademie-Schülerin, *p. 152, Anm. 1*
Khnopff, Fernand, belgischer Maler, 459
Kiesler, Maler, 1182
Kirchner, Ernst Ludwig, deutscher Maler, 410
Kirstein, August, Architekt, 382
Kisling, Moise, Maler, Paris, 623
Klaus, Karl, Architekt, 346, 413
Klee, Paul, Maler, 327
Klein, Lotte, Schülerin Schieles, 1387; an E. S.: 1401; *p. 568*
Klemm, Walther, Maler, 382, 1317
Kles[?], Anny [Modell?], 1664
Klima, C., Maler, an E. S.: 333, 349, 355, 932
Klimt, Ernst, Maler, *p. 63, Anm. 4; 535*
Klimt, Georg, Bildhauer, *p. 63, Anm. 4; 535*
Klimt, Gustav, Maler, 133, 141, 142, 144, 169, 170, 175, 176, 198, 204, 213, 214, 248, 320, 322, 353, 371, 400, 409, 429, 441, 508, 516, 556, 623, 624, 706, 728, 736, 738, 779, 814, 824, 830, 867, 874, 949, 986, 1013, 1111, 1114, 1123, 1182, 1261, 1291, 1341, 1366, 1377, 1380, 1389, 1420, 1591, 1713, 1729, 1774, 1781, 1786, 1802; *p. 17, 19, 57, 60, 61, 66, 83, 94, 100, Anm. 5; 194, 196;* Beethovenfries: *Kapitel XIII/XIV, p. 535; Abb. 199, 200, 282*
„Klimtgruppe", 144
Klinger, Max, deutscher Bildhauer, Graphiker, 351, 1510; *p. 406, Anm. 7; 543*
Klosterneuburg, 59; Kunstausstellung: 77, *p. 84, p. 34, 35*
„Knaben, Die träumenden", *p. 95, Anm. 8, 9*
Koch, Alexander, Verleger, Darmstadt, 387, 645, 718, 720, 915, 916, 1263, 1320, 1788, 1802; an E. S.: 717, 729, 768, 843, 848, 898, 1117, 1633; *p. 536*
Koch, Ludwig[?], Maler, 200
Kocmata, Karl F., Herausgeber der Zeitschrift „Ver", 1301
König, Dr. Berthold, 1802
König, Einjährig-Freiwilliger Korporal in Mühling, 960
Kößler, A., 1802
Kofron, Ferdinand, Rechnungsfeldwebel in Mühling, *p. 536; Abb. 201 [sein Sohn]*
Kohn, Dr., Zugführer, Kriegskamerad von E. S., 929
Kokoschka, Oskar, Maler, 310, 343, 359, 371, 390, 404, 445, 459, 461, 462, 557, 706, 728, 736, 752, 867, 874, 1028, 1044, 1080, 1102, 1114, 1123, 1170, 1235, 1261, 1317, 1332, 1462, 1477, 1504, 1529; an E. S.: 1335; *p. 57, 58, 94, 95, 96, 120, 282, 283, 284, Anm. 11; 530, 536, 563, 570, 571, 575*
Kolig, Anton, Maler, 371, 867, 1170, 1208, 1317, 1462, 1477, 1536, 1712, 1765; an E. S.: 1679, 1742, 1772; an Marie Schiele: 1791; *p. 536*
Koller, Broncia [Bronislawa], geborene Pinell, Malerin, Gattin von Dr. Hugo Koller, 201, 310, 874, 1406, 1778; an E. S.: 1583, 1773; *p. 537; Abb. 202*
Koller, Dr. Hugo, Industrieller, Sammler, 1534, 1546, 1554, 1556, 1557, 1560, 1564, 1569, 1570, 1571, 1575, 1577, 1581, 1586, 1587, 1590, 1596, 1598, 1602, 1606, 1609, 1644, 1655, 1666, 1669, 1683; an E. S.: 1773; *p. 537; Abb. 204*
Koller, Rupert, Sohn von Dr. H. Koller, *p. 537; Abb. 203*
Koller, Sylvia, Tochter von Dr. H. Koller, *p. 537*
„Konsumanstalt, K. K., für die Gagisten der Armee im Felde", Wien VI. — Dienststelle von E. S. 1917, 1570; *Kapitel XIII; p. 537, 563; Abb. 205, 207*
Kopenhagen. — Ausstellung österreichischer Kunst, Herbst 1917, 1261, 1300, 1331
Kora, Hund von E. S.[?], 334
Korngold, Erich Wolfgang, Komponist, *p. 121, Anm. 12*
Kosmack, Eduard, Verleger, 130, 169, 183, 222, 346, 720; *p. 119, 120, 538, 568; Abb. 206, 208*

Kovácspatak, Ungarn. — Besuch von Edith Schiele und E. S., 1651, 1660
Krakauer, Leopold, Maler, 1495, 1503, 1507; *p. 538, 577*
Kraus, Dr. Alfred, 1802
Kraus, Karl, Schriftsteller, *p. 60, 283, 539*
Krems. — Stadtbeschreibung, *p. 34*
„Kriegsausstellung", Kaisergarten im Prater, 1917: 1207, 1210, 1211, 1214, 1235, 1242; *p. 404*
Kriegsgefangene, russische, Zeichnungen von E. S. nach, *p. 359; Abb. 222*
Kriegspressequartier, K. K., 1214, 1246, 1272; *p. 438*
Kriwanek, Mizzi, Jugendfreundin von E. S.: 1259; *p. 539*
Krk, Antonie, Mutter von L. Czihaczek, *p. 14*
Kroc, Gertrude, Modell, 1327, 1346, 1361, 1739, 1778
Kronfeld, Dr. [Arzt], 231; Vortrag über den pathologischen Ausdruck im Porträt: 570
Krumau. — Pinzkerhof, Geburtshaus der Mutter von E. S., 42, 56; *Abb. 27;* Budweiser Tor, Zeichnung von E. S., 1906, 64; Gartenhaus: 186, 187, 194, 203, 210, 217, 221; *Abb. 66, 73, 74;* Boykott und Ausweisung: 239; Ausweisung, *Kapitel VII, Abb. 90, 135, 143*
Krzizek, Josef, Sekretär des „Hagenbunds", später des „Bundes österreichischer Künstler", 485, 1153, 1157; an E. S.: 1561, 1717, 1773
Kubin, Alfred, Zeichner, 327, 1456, 1525; *p. 539*
Kudera, wahrscheinlich mit E. S. bei der „Konsumanstalt", 1917, beschäftigt gewesen, 1245
„Künste, Graphische", Zeitschrift [siehe auch „Gesellschaft für vervielfältigende Kunst"], 791, 846, 1124; *p. 574*
„Kunstblatt, Das", deutsche Zeitschrift, 1386, 1617
„Kunst, Entartete". — Konfiszierung von Bildern von E. S., *p. 440*
„Kunst für Alle, Die", Zeitschrift, München, 723; an E. S.: 331
„Kunsthalle", von E. S. geplante Arbeitsgemeinschaft, 1182, 1206, 1213; *p. 404, 539*
„Kunstschau", 1908/09, *p. 94*
„Kunstverein für Böhmen in Prag", 1474, 1536, 1568; an E. S.: 1456, 1512, 1535, 1548, 1588; an „Secession", Wien: 1454
Kuntschik, M. O., Architekt, Hausherr von E. S., 400; an E. S.: 449; *p. 539; Abb. 209*
Kurzweil, Max, Maler, 623, 738; *p. 539*

L. A., Unbekannte, die E. S. nahegestanden haben muß, 102
Laage, Wilhelm, deutscher Maler, Holzschneider, 1519

Lampel, Fritz, Schriftsteller, 1182, 1278
Landsberger, Arnold, Malutensiliengeschäft, Wien, 428, 429, 1162, 1452, 1453; an E. S.: 1432
Lang, Erwin, Holzschneider, verheiratet mit der Tänzerin Grete Wiesenthal, 867, 1170, 1317, 1802; *p. 539*
Langer[?], 1581
Lányi, Richard, Buchhändler [siehe auch: Zeichnungen, Lányi-Mappe], 1190, 1203, 1262, 1267, 1450, 1516, 1533; an E. S.: 1187, 1697, *p. 404, 539; Abb. 210*
Laske, Oskar, Maler, *p. 406, Anm. 5*
Laurencin, Marie, Malerin, Paris, 623
Lea, Modell[?], 1618, 1620
Lederer, August, Industrieller, Mäzen Klimts, 427, 428, 706, 814, 824, 879, 891, 949, 1025, 1784; *p. 198, 237, 405, 540*
Lederer, Elisabeth [Liese], verheiratete Bachofen-Echt, Tochter von A. Lederer, 949, 1014; *p. 540; Abb. 212*
Lederer, Erich, Sohn von A. Lederer, Kunstsammler, 428, Zeichenunterricht durch E. S.: 444, 586, 867, 885, 986, 1014, 1021, 1261, 1321, 1384, 1388, 1455, 1460, 1517, 1530; an E. S.: 584, 840; *p. 541; Abb. 211*
Lederer, Fritz, Sohn von A. Lederer, 949, 1014
Lederer, Luise, 1802
Lederer, Serena, Gattin von A. Lederer, 428, 429, 444, 623, 756, 855, 1142, 1802; an E. S.: 586; *p. 284, Anm. 4; 541, 545*
Leisching, Eduard, Hofrat, Kunsthistoriker, 784, 785, 1161, 1162, 1802; *p. 541*
Lendecke, Otto, Maler, 1317, 1765; *p. 541*
Lenin, W. J. russischer Staatsmann, *p. 59*
Levy, Rudolf, deutscher Maler, 623
Lewitzka, Zofia, Künstlerin, 623
Lichnowsky, Fürst Karl Max, 1170
Lidl, Wilhelm [Willy], Gymnasiast in Krumau, 189; an E. S.: 131, 186, 187, 203, 210, 226, 872; *p. 116, 148, 541*
Liebermann, Max, deutscher Maler, 144, 1564
Liechtenstein, Fürst Johann II., von und zu, 1111
Liegler, Leopold, Schriftsteller, 1090, 1101, 1124, 1125, 1182; an E. S.: 791, 846, 1144, 1220, 1314, 1773; an Edith Schiele: 1143, 1150, 1155, 1278, 1284, 1285; *p. 282, 403, 526, 542*
Linke, Dr. Friedrich, Chemiker, 78
Linz. — Aufenthalt 1913, 528
List, Wilhelm, Maler, 738, 867
„Lloyd, Pester", Tageszeitung Budapest, 212, 311, 315
Lobmeyr, Ludwig, Glasfabrikant, Sammler, 1291
Lodzinsky, Poldi, Modell, *Abb. 219*
Löffler, Berthold, Kunstgewerbler, 694, 818, 819, 895, 1802; an E. S.: 827; *p. 95, 542*
Löwe, 1748, 1752, 1762, 1767

Löwenstein, Arthur, Komponist, 85; *p. 102, Anm. 30, 31, 542; Abb. 50, 213*
Loos, Adolf, Architekt, 956, 1481; *p. 536, 542, 569, 571*
Ludwig, Bernhard, Großtischlerei, 883

Macht, Kunsthandlung, Berlin, 208
Mackey oder Mackay, Roderic, Pianist, *p. 543; Abb. 215*
Mahler, Gustav, Komponist, *p. 406, Anm. 8; 543, 545*
Mandek, 1739, 1741, 1756
Manet, Edouard, französischer Maler, 459; *p. 560*
Mann, Heinrich oder Thomas, deutsche Schriftsteller, 1122
Mannheim. — Kunsthalle, an E. S.: 1494
Marc, Franz, deutscher Maler, *p. 543*
Marchand, Jean, Maler, Paris, 623
Marinetti, Filippo Tommaso, italienischer futuristischer Dichter, 778
Marx, Adolf, Fabrikant, Baden bei Wien, 1635
Mascha, Dr. Ottokar, Kunsthistoriker, 1802
Massmann, Hans, Maler, 85; *p. 543; Abb. 216*
Mathilde [Modell?], 1646, 1652
Matisse, Henri, franz. Maler, *p. 60, 96*
Matsch, Franz von, *p. 57, 63, Anm. 4*
Mautner Markhof, ein Mitglied der Familie[?], 224
Mautner Markhof [verheiratete Grasmayr], Magda, Sammlerin, 425, 494, 516, 1802; an E. S.: 424; *p. 544*
Mayer[?], Heinrich, Sammler, 425
Medinger, Emmy, „Gattin des Generalkonsuls", 1802
Melanie [Mela] = Melanie Schiele
Mell, Dr. Alfred, Historiker, 1294; *p. 544*
Mell, Max, Dichter, *p. 519*
Melzer, Moritz, Maler, Graphiker, 563, 623, 635, 1185, 1366, 1476, 1477; *p. 544*
Mendelssohn-Bartholdy, Lotte, Redakteurin, Berlin, 780, 781
Mendl, F., 1802
Merkel, Georg, Maler, 1182, 1317, 1366, 1492, 1649, 1788; an E. S.: 1730; *p. 544*
Meštrović, Ivan, Bildhauer, 144
Metzner, Franz, Bildhauer, *p. 544*
Meyer, Fritz, Hersteller beim Kunstverlag Anton Schroll[?], 477
Meyrink, Gustav, deutscher Schriftsteller, *p. 552*
Miethke, Galerie, Wien, 98, 174, 194, 196, 204, 205, 206, 208, 212, 214, 311, 396, 410, 445, 459, 460, 1659; an E. S.: 184, 201; *p. 18, 94, 151, 544, 559, 561, 563*
Miller, Gusti, Modell[?], 1489
Minkus, C., an E. S.: 116
Minne, George, belgischer Bildhauer, 104, 144; *p. 95, 101, Anm. 10; 544, 572; Abb. 217*
Moa, exotische Tänzerin [Familienname: Nahuimur oder Mandú], Freundin von Erwin Osen, 281, 630, 631; *p. 117, 544; Abb. 218, 235*
„Modell, Neues", 1662, 1665
Modelle von E. S., *p. 545*
Moll, Carl, Maler, 184, 194, 738, 867, 874, 1153, 1156, 1679, 1802; an F. A. Harta; 1680; an E. S.: 1433, 1447, 1498; *p. 545, 560, 561*
Mopp = Max Oppenheimer
Moreau, Gustave, französischer Maler, *p. 60*
„Morgen, Der", Wiener Zeitung, 460
„Morgen, Der", Zeitschrift, 1732
Moser, Kolo[man], Maler, 104, 120, 204, 211, 222, 338, 738, 1765, 1772, 1802; an E. S.: 1563; *p. 57, 546; Abb. 221*
Mühling bei Wieselburg. — K. und K. Offizierstation für Kriegsgefangene; Dienststelle von E. S. 1915—1917: 953 ff.; *Kapitel XII., p. 546; Abb. 223*
Müller, Julius, Architekt, Schieles Hausherr XII., Grünbergstraße 31; 211, 213
Müller, Robert, Schriftsteller, 359, 1327, 1340; *p. 547; Abb. 224*
München. — Aufenthalte von E. S.: 73, 381, 382, 384, 538, 542; Ausstellung Glaspalast, 1917; 1267, 1303, 1309
„Münchner Sezession" = „Verein bildender Künstler, München Sezession"
Münter, Gabriele, Malerin, München, 410
Munch, Edvard, norwegischer Maler, Graphiker, 144, 445, 459, 1781; *p. 16, 96, 527, 547*
Museum für angewandte Kunst, Wien, 1014
Museum, Österreichisches = Museum für angewandte Kunst
Musil, Robert Edler von, Schriftsteller, *p. 540*
Mut[?], H., 1531
Muther, Richard, deutscher Kunsthistoriker, 728, 738

Nahuimur = Moa
Nationalmuseum, Germanisches, Nürnberg, 1152, 1157; an E. S.: 653, 660
Naube, Zugsführer in Mühling, 960
Nebehay, Gustav, Kunsthändler, 204, 1261, 1334, 1405, 1498, 1524, 1530, 1637[?], 1659, 1672, 1679, 1680, 1681, 1704, 1710, 1718, 1730, 1732, 1733, 1735, 1746, 1754, 1755, 1776, 1796; an Arthur Roessler: 1798; an E. S.: 1667, 1772a, 1774; *p. 102, Anm. 12; 120, 405, 438, 547; Abb. 225, 226*
Neuburg, Fabrikant, Sammler[?], 769
Neufeld, A., Oberleutnant, 1492; an E. S.: 1216
Neuhaus in Böhmen [heute: Jindrichuv Hradec]. — dort Stammregiment von E. S.: 815—825
„Neuigkeits Weltblatt", Wiener Zeitung, 1125
„Neukunstgruppe, Die", 85, 93, 196; Ausstellung in Budapest, 1911: 300, 311; *p. 61, 96; Kapitel V.; p. 548; Abb. 227*

Neulengbach an der Westbahn. — Affäre von: 337, 338, 341, 342, 344, 345, 346, 349, 362, 453, 457, 633; *p. 151; Kapitel VIII; 199, 200, 201; Anm. 1, 3, 11; 548;* Schiele wohnte im Haus Au 48: 241, 247, 248, 249, *Abb. 66, 228;* Gerichtsgebäude[Zelle]; *Abb. 92, 93;* Villa Wunsam: 69, 105

Neumann, J. B. Graphisches Kabinett, Berlin, 1564, 1802; an E. S.: 672, 878

Neuzil, Wally, Freundin von E. S.: 230, 239, 330, 350, 385, 477, 482, 524, 550, 557, 616, 633, 648, 667, 719, 735, 739, 740, 754, 764, 769, 772, 1130; an M. O. Kuntschik: 451; *p. 17, 120, Anm. 2; Kapitel VII; p. 194, 203, 238, 321, 322, 548; Abb. 64, 65; 229, 230*

Nieman, Georg, Architekt, 68, 74

Nostitz-Wallwitz, Helene von, deutsche Schriftstellerin, 1516, 1528, 1531; *p. 549*

Nowak, Heinrich, Schriftsteller [siehe auch unter Nowak, Willy], 1102, 1302, 1802; *p. 549*

Nowak, Willy, Maler, 1185, 1366, 1456, 1477, 1639, 1641, 1643, 1644[?], 1645, 1646, 1658, 1665[?], 1758, 1778, 1784; *p. 550*

Nurscher, J., Bedienerin[?] von E. S., 1917; 1162, 1240

Obransky, Emmy, Komponistin, 1752, 1757, 1759, 1763, 1766, 1784; an Marie Schiele: 1790; *p. 324, Anm. 7; 550*

„Observer", Zeitungsausschnittbüro, 196

Odelga, Freiherr von, Major, an E. S.: 1463, 1464

Olbrich, Joseph Maria, Architekt, 895; *p. 550, 568*

Oppenheimer, Max, Maler [Mopp], 221, 254, 321, 327, 367, 402, 459, 563, 1099, 1122, 1170, 1185, 1477, 1802; an Arthur Roessler: 195; an E. S.: 603, 765; *p. 550; Abb. 231, 232*

Orlik, Emil, Maler, Holzschneider, 738

Osen Erwin, Maler, 85, 102, 104, 226, 269, 321, 362, 363, 370, 386, 513, 616, 1802; an E. S.: 88, 89, 281, 498, 570, 581, 582, 616, 630, 631, 728; *p. 97, Kapitel VI, 121, Anm. 14; 551, 562; Abb. 233, 234, 235*

Oslo, geplante Ausstellung österreichischer Kunst, Herbst 1917, 1261

Osthaus, Karl Ernst, Kunsthistoriker [siehe auch Folkwang Museum, Hagen], 142, 276, 283, 362, 391, 420, 423, 425, 526, 1788, 1802; an E. S.: 197, 237, 388, 390, 407, 408, 409; *p. 552*

Otten, Karl, Schriftsteller, Pazifist an E. S.: 722, *p. 552; Abb. 236*

Paar, Anny, Modell, 1336, 1345, 1371, 1378, 1380[?], 1384, 1395, 1412, 1418, 1422, 1431, 1467, 1475, 1487, 1518, 1538, 1546, 1604, 1611, 1618, 1629, 1639, 1649, 1665, 1668, 1672[?], 1778

Pancir, Frantisek, Schneider von E. S., 1390, 1493, 1496, 1550, 1631[?], 1646; an E. S: 1745

Paris. — Möglichkeit eines Aufenthaltes für E. S. in, 629, 632, 633, 634; Ausstellungen von E. S. Zeichnungen bei G. Arnot, 1914: 661, 756

Pascin, Jules [eigentlich Julius Pincas], Maler, 1477, 1504; *p. 552*

Pauker, Dr. Wolfgang Eduard, Kunsthistoriker, Stift Klosterneuburg, 59, 77, 82, 90, 92; *p. 36, 37, 57, 84, 552*

Paul, Bruno, Architekt, Berlin, 780

Pauli und Schwester, Modelle[?], 1627, 1629

Paumgartner, Dr. Bernhard, Dirigent, 1497

Pausinger, Franz von, 1359, 1457, 1459, 1490, 1505

Peche, Dagobert, Architekt, Kunstgewerbler, 619, 1317; *p. 553*

Pechstein, Max, deutscher Maler, 635

Péguy, Charles, französischer Dichter, 707; *p. 283, 553; Abb. 237*

Pekarek, 1589, 1590

Peschka, Anton, junior, 199, 793, 867, 1226, 1312, 1318; *p. 555*

Peschka, Anton, Maler, 85, 100, 110, 135, 140, 147, 209, 218, 229, 234, 235, 244, 287, 308 *(abgebildet),* 317, 332, 362, 370, 448, 483, 486, 505, 540, 551, 573, 578, 715, 733, 786, 836 *(abgebildet),* 899, 1170, 1328, 1387, 1424, 1492, 1600, 1732, 1764, 1765, 1770, 1793; an seine Eltern: 789; an E. S.: 552, 557, 771, 773, 783, 795, 868, 869, 1120, 1167, 1214, 1306; an Gertrude Schiele: 100, 112; *p. 18, 20, Anm. 1; 35, 97, 122, Anm. 14; 553; Abb. 238, 239, 240, 241, 242*

Peschka, Gertrude = Gertrude Schiele

Petrich, 1676

Pettenkofen, August von, Maler, 459; *p. 574*

Pfemfert, Franz, Herausgeber der „Aktion", Berlin, 402, 652, 671, 677, 1017, 1085, 1122, 1182, 1564, 1802; an Arthur Roessler: 503, 563, 752; an E. S.: 707, 1099, 1439, 1488, 1520; *p. 283, 555*

Philippi, Robert, Radierer, 644, 670, 694, 1788; *p. 281, 556; Abb. 243*

Picasso, Pablo, französischer Maler; *p. 61, 96, 557*

Pietras, Alfred, Chemiker, Kriegskamerad von E. S., 882—886, 888, 890, 891, 893; an Edith Schiele: 1446; *p. 557*

Pik, Elly [Modell?], 1744

Pineles, Professor F., an E. S.: 1690

Pinell, Broncia [Bronislawa] = Broncia Koller

Pisko, Gustav, Kunsthändler, 85, 90, 92, 93, 98, 172, 180, 183, 622, 623, 626, 661, 671, 736, 1463; an E. S.: 628; *p. 96, 279, 557, 561; Abb. 246*

Podlaha, 1604

Poe, Edgar Allan, amerikanischer Schriftsteller, 740

Pohnzdny[?], J. K., 1802

Pollak, Jella, geborene Reif; *p. 441, Anm. 9; p. 545, 558; Abb. 247*

Polsterer, 1347

Porges, 1726, 1731, 1741

Porkert, Grete, Tochter eines Fotografen, Modell, 1362, 1363, 1478, 1489, 1490, 1496, 1506, 1517, 1530, 1540, 1543, 1550, 1596, 1600, 1646; *p. 545, 559; Abb. 220*

Powolny, Michael, Bildhauer, Keramiker, 694

Prag. — Aufenthalte von E. S.: 83, 801, 802, 803, 804, 808, 809, 813, 1592, 1594; Einladung nach: 534

„Presse, Neue freie", Wiener Zeitung, 340, 504, 624, 737, 1783, 1785; *p. 569*

Princip, Gavrilo, Mörder des Erzherzogs Franz Ferdinand, 836

Pritzel, Lotte, deutsche Puppenkünstlerin, 1630, 1640, 1642, 1663; *p. 559*

Prutscher, Otto, Architekt, 110, 214, 706

Puttkamer, von, Familie; *p. 13*

Putze, Ulrich = Hans Goltz, München

„Quadratl" = Kaffeehaus „Kremser"

Raab, Ungarn = Györ

Radler, Friedrich von, Blumenmaler, 1387; an E. S.: 1194, 1579; *p. 559*

Rainer, Dr., Vater des Herbert Rainer, 147, 279; *p. 559, Abb. 248*

Rath, Heribert, Bildhauer, *p. 33*

Rathe, Dr. Kurt, Kunsthistoriker, 1613, 1615, 1802

Reich, Josef, 1802

Reichel, Karl Anton, Radierer, 1317; *p. 559*

Reichel, Dr. Oskar, 180, 188, 204, 209, 211, 213, 214, 263, 269, 270, 285, 287, 300, 321, 346, 395, 405, 413, 435, 442, 445, 452, 459, 461, 493, 494, 649, 1017, 1044, 1123, 1255, 1521, 1802; an E. S.: 644; an Arthur Roessler: 268, 334, 341, 343; *p. 551, 559; Abb. 249*

Reichenfeld, Direktor, 1490

Reif, Jella = Pollak

Reiffenstein, Bruno, Fotograf, Wien, 507

Reiner = Rainer

Reininghaus, Carl, 97, 99, 137, 138, 143, 147, 272, 298, 307, 317, 318, 322, 324, 338, 341, 342, 362, 453, 504, 507, 508, 516, 539, 550, 556, 622, 623, 624, 625, 626, 661, 706, 822, 1338, 1385, 1393, 1422, 1534, 1632, 1644, 1651, 1653, 1657, 1802; an Edith Schiele: 1403, 1448, 1714; an E. S.: 457, 467, 473, 480, 482, 505, 509, 529, 634, 814, 1377, 1773; pro memoria über E. S.: 453; *p. 96, 195, 201, Anm. 18; Kapitel X; 406 531, 560, 568; Abb. 250, 251*

„Reiter, Der blaue", München 1911, 192, 396; *p. 152, 198, 518, 543, 567*

589

René[e], vielleicht: Renée Edle von Jenny, die Schiele porträtierte, 1722[?], 1744, 1752[?], 1761[?], 1763, 1764
Renner, Karl, Dr. Staatsmann, *p. 36*
Renner, Fanny, 876
Renoir, Auguste, französischer Maler, 459, 623; *p. 561*
Ria, Familienname unbekannt, Modell[?], 1759
Richter, Emil, Kunsthandlung, Dresden, 389,1802; an E. S.: 488, 641, 642, 651, 658, 669, 685, 700, 758, 1030; *p. 561*
Richter, Hans, deutsch-amerikanischer Maler, 1099
Rieger, Heinrich, Dr. Zahnarzt, 1451, 1453, 1455, 1802; an E. S.: 877, 1269, 1486; *p. 561*
Rietzl [oder Dietzl], Kunsthändler, München, 578
Rimbaud, Arthur, französischer Dichter, 124, 226; *p. 177, 118*
Ritter, William, Journalist, Paris, an E. S.: 663
Rittner, Thaddäus, Erzähler, 1182
Rodin, Auguste, französischer Bildhauer, 144, 1516; *p. 572*
Rösch, Roland, Schulfreund von E. S.[?], 37
Roessler, Arthur, Kunstschriftsteller, Kritiker, 99, 154, 155, 157, 169, 186, 187, 192, 198, 218, 219, 223, 224, 230, 274, 337, 338, 351, 356, 376, 442, 443, 521, 527, 530, 551, 553, 556, 570, 650, 687, 741, 752, 753, 777, 867, 885, 914, 918, 920, 923, 949, 1074, 1122, 1137, 1170, 1209, 1419, 1478, 1634, 1652, 1688, 1780, 1802; an Hans Goltz: 254, 260, 262, 275, 276, 282, 289, 291, 311, 419, 435; an Fritz Hegenbart: 200; an E. S.: 109, 169, 224, 230, 240, 246, 257, 270, 285, 294, 299, 305, 306, 339, 344, 346, 364, 367, 371, 389, 401, 402, 432, 458, 494, 499, 501, 507, 510, 520, 532, 535, 543, 560, 608, 635, 656, 680, 681, 682, 684, 691, 692, 693, 718, 732, 759, 850, 916, 951, 1083, 1113, 1266, 1287, 1311, 1622, 1630, 1640, 1671; *p. 13, 14, 19, 20, Anm. 3; 21, Anm. 5, 16; 22, Anm. 25, 31; 36, 38, 39, 59, 61, 65, Anm. 14, 35a; 98, 121, Anm. 12; 122, Anm. 16; 151, 199, Kapitel IX., 280, 281, 439, 561, 566, 572, Abb. 61, 98, 119, 252, 253, 254, 255*
Roessler, Ida, Gattin von A. Roessler, 732, 923; *p. 563; Abb. 256*
Rohe, Ch. K., Verleger in München [„Delphin Verlag"]; an E. S., 313
Roller, Alfred, Bühnenbildner, 1802; *p. 407, Anm. 8; 527, 543, 563*
Romako, Anton, Maler, 343, 445, 459, 461; *p. 559, 563*
Rosé, Dr. Hans von, Vorgesetzter von E. S. 1917; 1165, 1192, 1476, 1540, 1549, 1556; an das K. K. Kriegsministerium, 1337; *p. 66, Anm. 35d; 403, 563; Abb. 257*

Rosenbaum, Brüder, Drucker, 169, 172, 180, 182, 183, 198, 200, 202, 274, 300, 309, 359, 1111, 1701; *p. 564;* (Rosenbaum, Sigmund) *Abb. 258*
Rosthorn, Professor Alfons von, Gynäkologe, 94, 102
Roth, Josef, Schriftsteller, *p. 540*
Rotterdam. — Ausstellung des K. K. Kriegspressequartiers, 1246
Rouault, Georges, französischer Maler, *p. 60*
„Rubens" [wie auch „Dick"], wohl Spitzname für ein Modell, 1451, 1466, 1501, 1517, 1523, 1549
Rudolf, Anton[?], Arthur, Maler in Dresden, 1465; an E. S.: 1427
„Ruf, Der", Zeitschrift, Wien, Umschlag von E. S.: 359; *Abb. 56*
Rumpler, Franz, Maler, 624
Russo, 1604, 1611, 1631, 1652, 1666

Sachs, A., Fräulein, 1802
Saint-Denis, Ruth, Tänzerin, von E. S. verehrt; *p. 120, Anm. 5; 564; Abb. 259*
Salmon, André, französischer Kunsthistoriker[?], 568
Salvotti, Baron, sollte von E. S. gezeichnet werden, 306
Salzburg. — Aufenthalt in, 536, 1678[?]
Sandig, Anton, Bildhauer, nahm Totenmaske von E. S. ab, 1774, 1790; *p. 564, Abb. 146*
San Francisco. — Weltausstellung 1915, geplante Beteiligung von E. S., 742, 754
Saschek = Schaschek
Sas-Zalociecky, Dr. Vladimir Roman, Kunsthistoriker, 1585, 1596, 1597, 1600, 1606, 1627, *p. 565*
Sattendorf am Ossiachersee, Kärnten. — Aufenthalt von E. S. 562, 564, 565, 566, 569, 571, 573, 575, 576; *p. 239*
Schachinger, Hans, Maler, 85, 91
Schattenspielfiguren, javanische, 1720; *p. 120, Anm. 4*
Schaschek [oder Saschek], Fotograf, 300, 334, 376
Scheffenegger, Dr. Max, Richter, *p. 191, 200, Anm. 3; 565*
Scheffler, Karl, Kunstschriftsteller, Berlin, 393
Schenker & Co, Spediteur, 710
Scheu, Dr. Jakob, Anwalt, 1414; an Dr. Alfred Spitzer: 1407
Scheu, Dr. Robert, Schriftsteller, 400, 1334, 1590, 1592, 1596; an E. S.: 1605, 1621; *p. 565*
Schiele, Adolf Eugen, Vater von E. S., 3, 6, 7, 9, 11, 12, 14, 15, 17, 18, 28, 34, 39, 301, 551, 556, 557; Trauma von E. S. wegen seines Todes: 320, 544, 548, 551; an E. S.: 49, 53; an Elvira Schiele: 21; an Melanie Schiele: 30; *p. 13, 14, 15, 16, 20, Anm. 1; 21, Anm. 5; 35, 40, Anm. 4; 41, 238, 565; Abb. 4, 7, 10*

Schiele, Aloisia Veronika, geborene Schimak, Großmutter väterlicherseits von E. S., 3; *Abb. 6*
Schiele, Edith, Gattin Schieles = Edith Harms

Schiele, Egon

a) BILDER

Im nachstehenden sind hauptsächlich Bildertitel laut L. verwendet, aber auch von E. S. selbst gebrauchte Bezeichnungen. Es fällt manchmal schwer, zu erkennen, um welches Bild es sich tatsächlich gehandelt hat. Siehe auch die hier nicht aufgenommenen eigenhändigen Bilderlisten von E. S.: 733, 873, 1320, ferner unsere Zusammenstellungen aller gemalten Bilder am Schluß jedes Kapitels.

„Agonie", 1912: 375, 430, 618, 728
„Alte Stadt", unklar: 262
„Asketen", 1912: 430, 459, 618, 640
„Auferstehung" [auch „Gräber"], 1913: 542, 514, 516, 517, 518, 530, 533, 553, 558, 562, 566, 623, 640, 728, 1201, 1204, 1208, 1417, 1444, 1470
„Bäume", 1912: 618
„Bäume, Kahle", 1912: 439, 463, 618, 854
„Bäume, Vier", 1917: 1109, 1511, 1513, 1527; *Abb. 134*
„Begegnung", 1913: 452, 622, 623; *Abb. 107*
„Bekehrung", 1912/13: 375, 430, 508, 509, 511, 513, 522 c, 529, 554, 618, 634
„Blumen, Rote", 1908; *Abb. 48*
„Blumenbild", auf Japan, 1911: 231
„Boothafen", 1912: 430, 618
Brettl-Bilder = auf Holz gemalte Bilder, 338
„Brücke, Die", 1913: 429, 473, 481, 618
„Bildnis Dr. Victor Ritter von Bauer", 1918: 1333[?], 1417, 1483; *Abb. 151*
„Bildnis Friederike Beer-Monti", 1914: 707
„Bildnis Trude Engel", 1911: 193, 1086
„Bildnis der Frau des Künstlers, stehend", 1915: 839, 900
„Bildnis Karl Grünwald", 1917: 1205
„Bildnis Dr. F. M. Haberditzl", 1917: 1260, 1264, 1315, 1319; *Abb. 185*
„Bildnis Dr. Hugo Koller", 1918: 1564, *Abb. 204*
„Bildnis Eduard Kosmack", 1910: 130, 169, 1111; *Abb. 208*
„Bildnis Erich Lederer", 1912: 429, 434
„Bildnis des Malers Hans Massmann", 1909: 505; *Abb. 216*
„Bildnis des Malers Anton Peschka", 1909: 317
„Bildnis Herbert Rainer", 1910: 133, 146, 169, 222; *Abb. 248*

„Bildnis Dr. Oskar Reichel", 1910: 169, 208, 215
„Bildnis Arthur Roessler", 1910: 117, 118, 169, 1527; *Abb. 61, 253*
„Bildnis Ida Roessler", 1912: 136, *Abb. 256*
„Bildnis Edith Schiele, sitzend", 1917: 1483, 1498; *Abb. 137*
„Bildnis Gertrude Schiele", 1909: 1120; *Abb. 53*
„Bildnis Otto Wagner", 1910: 141
„Doppelbild Heinrich Benesch und Sohn Otto", 1913: 475, 522 b, 529, 539, 550, 574; *Abb. 154*
„Doppelporträt" [Egon und Edith Schiele], 1916: 924, 940
„Entschwebung", 1915: 831, 835, 867, 899
„Eremiten", 1911, und „Eremiten, Die", 1912: 262, 320, 331, 379, 412, 430, 452, 485, 506, 607, 618, 640, 831, 835, 1172, 1272
„Erinnerung", 1912: 618
„Familie, Die", 1918: 1433, 1483, 1781; *Abb. 139*
„Felsen im Meer", kein Datum bekannt: 499
„Felsenstadt", 1913: 572
„Fensterwand", 1914: 1142
„Flußstadt", 1912: 618
„Frauenbildnis", 1911/12: 640
„Frauen, Drei", 1916: 913, 914, 918, 924
„Geburt des Genies" [auch „Tote Mutter" II], 1911: 242
„Gewitterberg", 1910: 141
„Gigant", 1912: 618
„Häuser im Winter", 1907/08: *Abb. 44*
„Häuser am Meer", 1914: 659
„Häuserbogen" [auch „Inselstadt"], 1915; 766, 786
„Häuser, Einzelne", 1915: 1483; *Abb. 123*
„Häuser mit Wäsche", 1915: 835
„Häuser und bunte Wäsche", 1914: 686, 689
„Haus mit Schindeldach", 1915: 840, 841, 1483
„Hauswand am Fluß mit Anbauten", 1915: 840, 841
„Heilige", 1911: 430, 618
„Herbstabend", 1912: 618
„Herbstbäume", I, 1911: 263, 430, 439, 463, 618, 1017; *Abb. 70*
„Herbstbäume", klein, 1912: 321
„Herbstbaum in bewegter Luft", 1912: 424, 425, 494, 516
„Herbstland", 1912: 375, 430, 618
„Herbstsonne", 1912: 618, 645, 1120
„Jesuiten", [auch „Prozession"], 1911: 300, 321, 439, 445, 504, 618, 704, 854
„Jungfrau, Die", 1917: 1140
„Kalvarienberg", 1912: 324, 618
„Kardinal und Nonne", 1912: 323, 521, 527, 640, 688, 861, 993, 1028, 1079
„Krumau, Rathaus in", 1911: 262
„Krumauer Landschaft", 1916: siehe „Stadt am Fluß"

„Krumauer Rathaus mit zwei Mondsicheln", 1911: 223
„Krumauer Stadtviertel", 1915: 742
„Landhäuser", 1912: 618, 640
„Landschaft" [auch „Landschaft mit Fluß"], 1916: 1663
„Landschaft, Sonnenlose", 1913: 613, 640
„Lodzinsky, Poldi", Glasfensterentwurf Palais Stoclet, 1910: 104, 110, 123; *p. 545; Abb. 219*
„Lyriker, Der", 1911: 283, 618, 640
„Mädchen" II, 1917: 1437
„Mädchen in Schwarz", 1911: 262, 300, 430, 435, 618
„Madonna", 1911: 300, 430, 435, 459, 461, 618, 640, 644, 854
„Mann und Frau", I, 1914: 687, 689, 828, 930
„Menschenpaar", siehe „Familie, Die"
„Mödling", 1916: 895, 1142, 1360[?], 1417
„Mondnacht", 1913: 618, 640
„Motiv aus Oberdöbling", 1908
„Mühle, Zerfallende", 1916: 960, 968, 990, 991, 996, 998, 1000, 1118, 1140, 1172; *Abb. 130*
„Mutter, Blinde" I, 1914: 670, 673, 684, 899
„Mutter, Die" II, auch „Junge Mutter", 1914: 1120, 1122, 1182
„Mutter mit zwei Kindern" II, 1915: 867, 1140, 1444
„Mutter mit zwei Kindern" III, 1915/17: 864, 867; *Abb. 125*
„Mutter mit zwei Säuglingen", 1910: 123
„Mutter und Kind" I, 1909/11: *Abb. 55*
„Mutter und Tochter", 1913: 613
„Nachtbild" [Rathaus Krumau], 1911: 321
„Offenbarung", 1911: 300, 309, 397, 430, 618
„Patriotisches Bild", 1915 [von H. Böhler erwähnt]: 766
„Pflaumenbaum mit Fuchsien", 1909/10: *Abb. 54*
„Propheten", 1911: 618
„Prozession", 1911: 439, 445, 504, 618, 854
„Rocen di Mare", 1912: 432
„Rückkunft", 1912: 618
„Ruine", 1911: 321, 493, 618
„Ruine Weitenegg" [auch „Landschaft mit Ruine"], 1916: 1033, 1053
„Sägewerk", 1913: 580, 637, 643
„Schieles Wohnzimmer in Neulengbach", 1911: 293, 618; *Abb. 228*
„Schwangere und Tod", 1911: *Abb. 72*
„Seegestade", 1913: 618
„Seeufer ohne Sonne", 1913: 618
„Segel, Ruhende", 1912: 430, 618
„Segelschiffe in wellenbewegtem Wasser", 1907: *Abb. 41*
„Selbstbildnis mit Lampionfrüchten", 1912: 425
„Selbstbildnis mit gespreizten Fingern", 1911: 321; *Abb. 49*

„Selbstbildnis mit schwarzem Tongefäß", 1911: 299, 412; *Abb. 63*
„Selbstseher", 1910: 151, 169, 435, 442, 618
„Selbstseher, Die" I, 1910: 262, 504, 640
„Sommerlandschaft", 1917: 1433
„Sommernacht" II, 1911: 300
„Sonne, Späte", 1911: 640
„Sonne und Herbstbäume", 1912: 333, 338, 516
„Sonne, Versinkende", 1913: 493, 574, 578, 741
„Sonnenblume", 1911: 300
„Sonnenblumen" II, 1914: 663, 664, 670, 684, 689, 702, 1038, 1635, 1636
„Stadt am blauen Fluß", 1911: 618
„Stadt, Dämmernde", 1912/13: 485, 489, 568, 587, 590, 600, 618
„Stadt, Die kleine" II, 1912/13: *Abb. 90*
„Stadt, Die kleine" III, 1913/14: 576, 618, 636, 663, 1360
„Stadtende", 1917/18: 1633; *Abb. 143*
„Stadt und Fluß" [auch „Landschaft und Fluß"], 1916: 1135, 1140, 1142; *Abb. 131*
„Stein an der Donau mit Weinberg Terrasse"; „Frauenbergkirche mit jenseitigem Donauufer"; „Stadt Stein" [2 Ansichten], alle 1913, hier zusammengefaßt: 479, 493, 507, 515, 516, 518, 522 a, 529, 530, 531, 557, 562, 566, 728
„Steinach am Brenner", 1907: 71
„Steinland", 1912: 430
„Stilleben", 1912: 618
„Tafelrunde" [auch „Die Freunde"], 1917/18: 1170
„Tod und Mädchen" [auch „Mann und Mädchen"], 1913: 831, 867, 899, 1303, 1339; *Abb. 124*
„Tote Mutter" I, 1910: 221, 321
„Tote Mutter" II, 1911: 172, 351
„Tote Stadt" I oder III, 1910/11: 215, 222, 223, 262, 321, 618
„Tote Stadt" II, 1912: 391, 430, 618
„Umarmung", 1917: 1486; *Abb. 136*
„Vágó László", 1911: 640
„Vision", 1911: 262, 274, 275, 282, 435, 618
„Vision und Schicksal", 1911: 211
„Vorstadt", 1914: 670, 684
„Waldandacht", 1915: *Abb. 127*
„Wassergeister" I, 1907: *Abb. 43*
„Weingarten, Verschneiter", 1907: *Abb. 40*
„Wildbach", 1918: 960, 1697
„Winterbäume", 1912: 618

b) BRIEFE VON E. S., NACH ADRESSATEN GEORDNET

Amarich, Thomas, Maler[?], 111
Arnot, Guido, Kunsthändler, 648, 716, 725, 734, 764, 779, 821, 828, 831, 833, 835, 838, 842, 845, 852, 855, 862, 892, 900,

EGON SCHIELE   b) BRIEFE   c) GEDICHTE   d) ALLGEMEINES

954, 1095, mit Abdruck des Gummistempels: „Mutter und Kind", 1916: 1105, 1119, 1123, 1129, 1132, 1136, 1140, 1142, 1145, 1146, 1206, 1270, 1567

Benesch, Heinrich, Zentralinspektor, 196, 225, 242, 249, 269, 293, 295, 385, 425, 476, 539, 545, 546, 464, 675, 736, 813, 822, 1162, 1249

Czihaczek, Leopold, Mitvormund von E. S., 35, 84, 96, 212, 251, 460, 588

Czihaczek, Marie, 29, 31, 75

Engel, Dr. Hermann, 397

Fischer, Johannes, Maler, 810, 819, 1492, 1718

Großmutter [unklar welche], 33

Gütersloh, Paris von, Maler, 1681

Haberditzl, Dr. Franz Martin, Kunsthistoriker, 726, 1149, 1173, 1175, 1193, 1196, 1217, 1223, 1260, 1279, 1290, 1295

Harms, Adele, Schwägerin von E. S., 629, 647, 697, 719, 739, 743, 744, 747; *Abb. 120*

Harms, Edith, Gattin von E. S., 647, 719, 739, 743, 744, 747, 798, 801, 802, 803, 804, 808, 881, 1130, 1138, 1156, 1169, 1212, 1219, 1224, 1225, 1226, 1227, 1229, 1230, 1231, 1232, 1233, 1274, 1323, 1651; *Abb. 120*

Harms, Johann[es], Schwiegervater von E. S., 815, 967

Harms, Josefine, Schwiegermutter von E. S., 847

Harta, Felix A., Maler, 735, 750, 800, 811, 817, 864, 927, 1070, 1356, 1659, 1680, 1711

Hauer, Franz, Gastwirt, Sammler, 372, 374, 376, 516, 517, 519, 530, 553, 566, 569, 571, 573, 580, 597, 610, 614, 621, 622, 633, 637, 643, 650

Herrmann, Gustav, Oberleutnant in Mühling, 1176

Heller, Hugo, Buchhandlung[?], 1191

Hoffmann, Josef, Architekt und Kunstgewerbler, 123, 142, 497, 590, 591, 592, 659, 690, 708, 711, 785, 818, 856, 1038, 1148, 1152, 1179, 1237, 1321, 1331

Hora, Fritz, 636

Huber, Dr. Gustav, 1510

John, Dr. Wilhelm, Direktor des K. K. Heeresmuseums, 1310, 1383, 1732

Jung, Dr. Hugo, Architekt, 664, 687, 698

Jungnickel, Ludwig Heinrich, Maler, 1184

Kahrer, Max, Maler, 72

Karpfen, Max, Jugendfreund von E. S., 59, 61, 1273

Kiesler, Maler, 1195

Kofron, Ferdinand, Rechnungsfeldwebel in Mühling, 1174, 1199

Koller, Broncia, geborene Pinell, Malerin, 1711

Kriegspressequartier, K. K., Bildersammelstelle des, 1246

Kriegstagebuch, 1916: 882 bis 1109

Kuntschik, Moritz Otto, Architekt, Hausherr von E. S. in Wien XIII., 409, 434, 496, 655, 702

Lányi, Richard, Buchhändler, 1172, 1180, 1181, 1188, 1369, 1437, 1636

Liegler, Leopold, Schriftsteller, 1111, 1161

Nebehay, Gustav, Kunsthändler, 1765

Notizbuch, 1918 ab: 1325

Pancir, Frantisek, Schneider von E. S., 1745

Pauker, Dr. Wolfgang Eduard, Kunsthistoriker, 82, 90 [eigenhändig?], 92

Philippi, Robert, Radierer, 668, 679, 760

Pietras, Alfred, Chemiker, 1245

Powolny, Michael, Bildhauer, Keramiker, 694

Peschka, Anton, Schwager von E. S., 95, 140, 211, 213, 214, 248, 258, 301, 302, 307, 310, 316, 318, 350, 445, 468, 471, 487, 536, 538, 544, 548, 555, 556, 557, 559, 575, 606, 713, 724, 762, 774, 775, 776, 777, 778, 782, 784, 787, 792, 794, 832, 834, 849, 867, 879, 1084, 1114, 1122, 1170, 1182, 1208, 1258, 1261, 1291, 1312, 1313, 1318, 1324, 1351, 1366, 1423, 1428, 1458, 1568, 1650, 1677, 1683, 1689, 1696, 1707, 1749, 1750

Prutscher, Otto, Architekt, 110

Reichel, Dr. Oskar, Sammler, 122, 125, 132, 134, 143, 175, 176, 194, 217, 220, 227, 264, 265, 357, 384, 504, 523, 704, 854, 1186, 1253, 1332

Reif, Jella, Schülerin von E. S., 1326

Reininghaus, Carl, Sammler, 207, 243, 320, 330, 338, 369, 426, 456, 479, 508, 511, 513, 522 a, b, c, 531, 554, 1036, 1118, 1221

Robczok, Frau des Oberkellners im Kaffeehaus „Eichberger", 875

Roessler, Arthur, 98, 114, 115, 117, 118, 119, 120, 121, 124, 126, 127, 128, 129, 130, 133, 135, 136, 139, 141, 144, 145, 146, 147, 148, 149, 150, 151, 170, 171, 172, 180, 183, 189, 193, 202, 204, 208, 209, 215, 216, 221, 222, 223, 228, 229, 231, 236, 238, 239, 244, 247, 252, 256, 263, 266, 272, 278, 279, 287, 298, 300, 314, 319, 321, 322, 328, 332, 335, 337, 345, 348, 353, 362, 363, 370, 373, 394, 395, 406, 413, 428, 429, 436, 439, 444, 452, 454, 465, 469, 481, 489, 491, 492, 493, 495, 500, 534, 542, 549, 550, 565, 578, 595, 639, 657, 670, 677, 689, 701, 705, 720, 721, 723, 742, 754, 755, 763, 851, 915, 917, 930, 948, 950, 961, 965, 1017, 1072, 1085, 1094, 1215, 1263, 1277, 1280, 1288, 1292, 1296, 1307, 1367, 1471, 1472, 1564, 1625, 1642, 1663, 1705, 1719, 1720, *Abb. 2*

Rosé, Dr. Hans von, Oberleutnant, 1276, 1537

Rudolph, Anton[?] Arthur, Maler, 1465

Scheu, Dr. Robert, Schriftsteller, 400

Schiele, Adolf, 47, 56

Schiele, Gertrude, 83, 112, 185, 486, 714, 790, 793, 1424, 1464

Schiele, Marie, 70, 232, 317, 381, 427, 447, 448, 483, 512, 528, 540, 551, 577, 579, 594, 598, 706, 712, 715, 757, 788, 799, 809, 816, 820, 829, 1040, 1104, 1257, 1322, 1768

Schiele, Melanie, 30, 42, 44, 48, 51, 52, 54, 71, 73

Sonstiges [zum Großteil eigenhändig], 32, 34, 38, 43, 45, 60, 62, 66, 81, 638, 727, 731, 1116, 1158, 1159, 1160, 1205, 1207, 1240, 1317, 1723, 1724, 1779, 1799, 1801

Spitzer, Dr. Alfred, Rechtsanwalt, Sammler, 632, 1414

Stibbe[?], Eugen, Maler, Antiquitätenhändler, 649

Strauch, Kamilla, Gattin von L. K. Strauch, 101

Strauch, Ludwig Karl, Maler, 104, 174

Unbekannt: an ein Fräulein [Liebesbrief], 87, 1304, Dr. E., Herausgeber von Velhagen & Klasings Monatshefte[2], 1444

„Vereinigung bildender Künstler Münchens, Sezession", 1504

„Vereinigung bildender Künstler Österreichs, Secession", 417

Wengraf, Paul, Kunsthändler, 1527

c) GEDICHTE, APHORISMEN, MANIFESTE

„Geburtstagsgedicht", 47; „Manifest Neukunstgruppe", 93, 671; „Aphorismen", 153; „Ich habe die ewigen Frühlingsalleen...", 154; „Skizze zu einem Selbstbildnis", 155; „Selbstbildnis", 156, 157, 158; „Staatsmann", 160; „Anarchist", 161; „Anarchist-Sonne", 162; „Das Porträt des stillbleichen Mädchens", 163; „Weißer Schwan", 164; „Ährenfeld", 165; „Nasser Abend", 166; „Tannenwald", 167, „Peschka! die alten Häuser...", 218, 219; „Wer von den lebend Primbegabten...", 168; „Aus einem Skizzenbuch: Dame im Park — Zwei Kleriker — Landstraße — Gewitteranzug — Musik beim Ertrinken — Visionen", 652 a—f; „Die Kunst — Der Neukünstler", 671; „Beobachtung" — „Empfindung", 767 a, b; „Abendland", 1103; p. 283, Anm. 13, ferner [durch besonderen Druck hervorgehoben] pp. 497—508

d) ALLGEMEINES

Atelier und Wohnungen siehe jeweils am Ende jedes Kapitels

Aufenthalte und Reisen siehe jeweils am Ende jedes Kapitels

Bildertitel, *p. 121, Anm. 12*

Bilderverzeichnisse, eigenhändige: 618, 733, 873, 1320, 1799

Bildhauerische Arbeit (Selbstbildnis), *Abb. 144*

Bregenz, Aufenthalt in, 1912: 384; *p. 198; Abb. 94*
Buchillustrationen, *p. 514, 527*
Bücher im Besitz von E. S., *p. 83, 121, Anm. 10*
Eifersucht wegen Schwester Gertrude, *p. 18*
Einrücken zum Militär, 787, 788
Einstellung, politische, *p. 151*
Eisenbahn. — Gezeichnete Züge, *Abb. 23*; Spielen mit, *p. 34, 39, Anm. 1*; 238, 239
Erotiker, kein tätiger, *p. 22, Anm. 31*
Fotograf, E. S. als, 39, *Anm. 1; p. 282, 557*
Fotos: *Abb. 1, 7, 21, 22, 24, 25, 26, 28, 37, 45, 64, 98, 99, 100, 101, 103, 104, 105, 107, 108, 109, 111, 112, 114, 115, 117, 122, 128, 129, 138, 145*
Frauen um E. S. [siehe auch unter Biographien: Modelle], L .A., *p. 147*; Modell Ida, *p. 22, Anm. 25, 147*, Herta Kessler, 152, *Anm. 1*; Ausspruch der Mutter, *p. 324, Anm. 6*; Emmy Obransky, *p. 324, Anm. 7, 550*; siehe auch: Wally Neuzil, Edith Harms
Gänserndorf, nordöstlich von Wien, E. S. eskortierte russische Kriegsgefangene, 865, 867
Geburt: 19
Graphik, Zusammenstellung seiner, *p. 520; Abb. 169—182*
Györ [= Raab], Ungarn, Aufenthalt von E. S. 1912: 427, 428, 429; *p. 198*
Hunde von E. S.: Kora[?], 334; siehe auch unter Lord
Ida, Modell, 248; *p. 22, Anm. 25; 545*
Illustrationen, geplante, 1510, 1593
Illustrationen, wissenschaftliche, 1299, 1706
Kartographisches Institut, angestrebte Stelle in, 701
Korporal, Beförderung zum, 1029
Kriegsflugblätter, patriotische[?], 705
Kriegsgefangene, russische; *Abb. 222*
Kriegsspital, im, 839
Kunstbesitz, 1525, Bild von Oskar Kokoschka: 1529, 1603, 1802 a, b
Literarische Tätigkeit, 222
„Lord", Hund von E. S., 1020, 1029, 1048, 1088, 1130, 1137, 1156; *p. 543; Anm. 214*
Maltechnik, nachlässige, 259
Militärarrest, im, 871
Modelle, *p. 545*
Musterungen, 754, 777, 782
Nachlaß, 1802 a, b; *p. 547*
Nachruf auf Gustav Klimt, 1389
Preise und Einnahmen siehe jeweils am Ende jedes Kapitels
Puppentheater, *p. 39, Anm. 1*
Radierer, als, *p. 281*
Radierungen von E. S., 639, 668, 670, 674, 680, 689, 701, 718; *Abb. 169—182*
Schattenspielfiguren, javanische, *p. 120, Anm. 4*
Schüler von E. S., *p. 568*
Schulhefte, 38, 43, 45
Taufschein, 20

Totenbett, auf dem, *Abb. 145*
Totenmaske, *Abb. 146*
Wohnadressen und Aufenthalte finden sich jeweils am Ende jedes Kapitels
Zeichner, als, *p. 65, 66, Anm. 35 a—d*
Zeichnungen, erotische, *p. 194, 195, 549, 538, Abb. 76*
Zeichnungen, Kolorieren von, 1178, *p. 65, 66, Anm. 35 b—d*
Zeugnisse der Akademie, 67, 74, 78, 79, 80, 86

*

Schiele, Elvira, älteste Schwester von E. S., 13, 14, 15, 19, 21, 22, 23, 24, 27, 28, 42; *p. 15, 20, Anm. 1; 565; Abb. 7, 21*
Schiele, Friedrich Karl, Urgroßvater von E. S., *p. 18, 20, Anm. 1*
Schiele, Gertrude [Gerti], verheiratete Peschka, jüngere Schwester von E. S., 26, 31, 83, 97, 100, 112, 179, 199, 214, 281, 317, 318, 342, 429, 483, 487, 544, 557, 559, 564, 578, 606, 713, 771, 782, 783, 784, 799, 829, 879, 895, 1084, 1162, 1182, 1312, 1499, 1524, 1526, 1565, 1587, 1784, 1787; an E. S.: 470, 474; *p. 15, 17, 18, 20, Anm. 1; 22, Anm. 27, 30, 35, 40, Anm. 1; 65, Anm. 15; 565; Abb. 16, 17, 18, 19, 22, 24, 52, 53, 57, 238*
Schiele, Just, Staatsanwalt, Bernburg, *p. 13*
Schiele, Justus Bernhard Gottfried, Ur-Urgroßvater von E. S., *p. 19, Anm. 1*
Schiele, Karl Ludwig, Großvater von E. S., 1, 2, 3, 4, 17, 108, 787; *p. 18, 20, Anm. 1; 565; Abb. 5*
Schiele, Louise, verwitwete Wachtel, verehelichte Krch, Tante von E. S., *p. 20, Anm. 1*
Schiele, Maria Leopoldina Franziska = Marie Czihaczek
Schiele, Marie, geborene Soukup, Mutter von E. S., 9, 10, 11, 12, 13, 15, 16, 18, 19, 25, 26, 27, 34, 63, 105, 106, 108, 199, 281, 406, 555, 564, 592, 980, 982, 1014, 1018, 1019, 1042, 1073, 1281, 1455, 1627, 1779, 1793; an L. Czihaczek: 107; an Josefine Harms: 1795; an Edith Schiele: 858, 1003; an E. S.: 55, 69, 537, 1003; an Gertrude Schiele: 235; an Melanie Schiele: 40, 46; *p. 14, 16, 20, Anm. 1; 21, Anm. 10, 24; 63, Anm. 3; 324, Anm. 6; 566; Abb. 4, 7, 8, 9, 11, 12, 21*
Schiele, Melanie Louise Maria, verheiratete Schuster, ältere Schwester von E. S., 13, 15, 21, 22, 24, 30, 34, 46, 51, 52, 54, 301, 383, 483, 557, 579, 829, 830, 952[?], 980, 1003, 1014, 1018, 1019, 1648, 1667, 1779, 1795; an L. Czihaczek: 58; an Marie Czihaczek: 31; an E. S.: 678; an Marie Schiele: 380; *p. 15, 16, 18, 20, Anm. 1, 2; 22, Anm. 26; 566; Abb. 7, 13, 14, 15, 16, 21, 150, 244, 245*
Schimek, Vorname Anny[?], Modell, 1336, 1345, 1352, 1354, 1362, 1370, 1382, 1413, 1441, 1476

Schindler, Hauptmann, 1533
Schlik (auch Schlick), Franz Graf von, 3
Schlitza-Schlucht bei Tarvis. — 30, 548, 782, 783
Schmarich, Rudolf, Maler, 85
Schmidt-Rottluff, Karl, deutscher Maler, 1099
Schmutzer, Ferdinand, Radierer, 624
Schneider, Dr. Otto, Herausgeber von „Der Anbruch", 1516, 1656, 1675, 1738, 1743, 1744
Schnitzler, Arthur, Schriftsteller, *p. 60*
Schoeller, Paul Ritter von, 1802
Schönberg, Arnold, Komponist, 359, 1182, 1528[?], 1570; *p. 567; Abb. 260*
Schönherr, Karl, Schriftsteller, *p. 99*
Schönthal, Otto, Architekt, 104, 169, 172, 465; *p. 538, 568*
Scholz, Spediteur, Wien, 504
Schostal, Dr. Felix, Rechtsanwalt; an L. Czihaczek: 199
Schreder, Karl, 1802
Schreyer, Max, 1802
Schröder, Heinrich, Maler, 623
Schröder, Relly, Modell, 1359, 1365, 1375, 1394, 1406, 1410, 1422, 1441, 1445, 1453, 1469, 1473, 1482, 1496, 1506, 1515, 1674, 1688, 1778
Schroll & Co., Anton, Kunstverlag, 1263
Schroth, Bildhauer, 1774
Schütt, Gustav, Landschaftsmaler, 557
Schuster, Gustav, Ehemann von Melanie Schiele, *p. 17, 20, Anm. 1; 566, 568; Abb. 261*
Schuster, J., Schulfreund[?], 41
„Schwarz-Weiß-Ausstellung, Internationale", 1913: 617
Schweiz. — Aufenthalt von E. S. 1912[?], *p. 198*
„Secession, Neue", Geschäftsstelle Wien XIII., 1747, 1778; *p. 568*
„Secession Wien" = „Vereinigung bildender Künstler Österreichs"
Seewald, Richard, deutscher Maler, 1603
„Sekretär B." [Name nicht bekannt], 494, 495, 499, 500; *p. 568*
Seligmann, [Adalbert] Franz, Kritiker der „Neuen Freien Presse", 340, 624, 737, 1785, 1802; *p. 468*
„Sema", Künstlervereinigung, München. — 313, 325, 326, 327, 336, 339, 353, 358; an E. S.: 296, 326, 365; *p. 197, 280, 569*
Servaes, Franz, Kritiker, 738
„Sezession, Berlin", Ausstellung, „Wiener Kunstschau", 8. I. 1916: 855, 856, 864, 867, 1270, 1564, 1802
„Sezession, München", siehe: „Verein bildender Künstler Münchens"
„Sezession", Neue, München", 1802
Silla, Milla, Modell[?], 1778
Siller, Josef, Cafetier, Sammler in Wien, 317
Skutezky, Arnold, Industrieller, Kunstsammler, Raigern bei Brünn, 1177, 1802

Slevogt, Max, deutscher Maler, 144
Sonderbund-Ausstellung, Köln, 1912: 361, 368, 387
„Sonderbund", von E. S. 1917 gegründete Künstlervereinigung, 1704; *p. 438, 569*
Sonnenschein, Hugo [Pseudonym: Sonka], Literat, 382
Soukup, Aloisia, Großmutter von E. S. mütterlicherseits, 11
Soukup, Franz, Bruder von Schieles Mutter, Mitvormund von E. S. seit 1911, 199, 606
Soukup, Johann Franz, Großvater von E. S. mütterlicherseits, 10, 11; *p. 14, 21, Anm. 6; 569; Abb. 3*
Soukup, Marie = Marie Schiele
Spiegel, der große, im Atelier von E. S., 244
Spiel, Hilde, Schriftstellerin, Kritikerin, *p. 517, 543*
Spitzer, Dr. Alfred, Rechtsanwalt, 338, 406, 643, 1514, 1773, 1778, 1802; *p. 569*
Spitzer, Dr. F. V., 1802; an Edith Schiele: 1236; an E. S.: 1591
Staatsgalerie, siehe Galerie, Österreichische
Staatssubvention an E. S., 1912[?], 400, 409
Stadler, Toni [Anton], Maler, 923, 1208
Stalin, Josef, russischer Staatsmann, *p. 59*
Stallmann, Paul, Möbelfabrikant, Hagen/Westfalen, 1802; an E. S.: 1283, 1305
Stecher, Franz Anton, Jesuit, Kirchenmaler, *p. 201, Anm. 16*
Steinach am Brenner, Tirol. — Aufenthalt von E. S. 1907: 71, *p. 64, Anm. 10*
Steiner, Eva, verheiratet mit Professor Dr. Otto Benesch, 1481, 1648; *Abb. 264*
Steiner, Hugo, Kaufmann, 1421, 1422; an Josefine Harms: 1782; *Abb. 263*
Steiner, Jenny, 1802
Steiner, Lilly, Malerin, 1421, 1426, 1489, 1490, 1505, 1528, 1541, 1554, 1572, 1577, 1702, 1778; an Josefine Harms: 1782; an E. S.: 1481, 1648, 1654; *p. 569; Abb. 262*
Steiner, Maria, 1481; *Abb. 265*
Stella, Eduard, Maler, 102
Stemolak, Karl, Bildhauer, 1632, 1637, 1778
Stephan, Dr. Paul, Kritiker, 1802
Stern, Friedrich, Kunstkritiker, 412, 1802
Sterrer, Karl, Maler, 1519
Stockert, Familie, Verwandte von E. S., 70, 199
Stockholm. — Ausstellung österreichischer Kunst, September/Oktober 1917: 1252, 1255, 1256, 1258, 1261, 1291, 1300, 1321
Stoclet, Alphonse, Baron, Sammler, Brüssel, 684, 686
Stoclet Palais, Brüssel. — Entwürfe von E. S. für, 104, 110, 123, 684; *p. 119, 531*
Stoessl, Otto, Erzähler, 1143, 1590, 1592, 1623, 1792; *p. 565, 570*

Stovel, Dr., Richter Schieles in St. Pölten, *p. 201, Anm. 16*
Strauch, Kamilla, Gattin von L. K. Strauch, 101
Strauch, Ludwig Karl, Maler, 42, 104; *p. 35, 36, 37, 58, 534, 570; Abb. 266*
Strauß, 1441, 1442
Strawinsky, Igor, russischer Komponist, *p. 557*
Strnad, Oskar, Architekt, Bühnenbildner, 1014, 1317
Strobl, Alice, Kunsthistorikerin, *p. 66*
Strzygowski, Joseph, Kunsthistoriker, 137, 341, 1802; *p. 517, 559*
Stuck, Franz von, deutscher Maler, 144, 384
Sturm-Skrla, Egge [Eugen], Freskenmaler, *p. 571*
Štursa, Jan, Bildhauer, 328, 402, 494, 510, 635, 732, 1317; *p. 571*
Stutz, Amelie Marie, an E. S.: 897
Sykora, Professor Bruno, Sammler, 854, 1017, 1802; *p. 571*

„Tänzerin" [Modell?], 1645, 1649, 1665
„Tagblatt, Neues Wiener", 1458, 1786
Tal, E. P.[?], im Buchhandel tätig, 1480, 1485, 1541
Taschner, Ignatius, Maler, 102
Teschner, Richard, Marionettenspieler, *p. 406, Anm. 6, 571*
Tessenow, Heinrich, deutscher Architekt, 1802
Thannhauser, Galerie, München, 208, 254, 325, 334, 336, 339, 384, 1802; *p. 571; Abb. 268*
Thöny, Wilhelm, Maler, 623
Thom, Andres, Schriftsteller, *p. 571; Abb. 267*
Tietz, A.G., Leonhard, Köln, Warenhaus, an E. S.: 1547
Tietze, Dr. Hans, Kunsthistoriker, 1471; an E. S.: 1471; *p. 571*
Tivoli, Meierei, Wien XIII., Klimts Frühstückslokal. — 142, 143, 214, 248
Tomasi, Oddone, italienischer Maler, 705, 720; *p. 22, Anm. 32; 571*
Tommelebauer = Sattendorf
Toorop, Jan, belgischer Maler, 144; *p. 96*
Toulouse-Lautrec, Henri de, Maler, Graphiker, 445, 459; *p. 18, 280, 281, 572*
Trakl, Georg, Dichter, 359; *p. 564*
Trčka, Anton Josef, Maler, Fotograf, 1507, *p. 282, 572, Abb. 1, 101, 104, 107, 108, 117*
Triest. — Mehrere Aufenthalte von E. S., 350, 373
Trittil, Fräulein [Modell?], 1534
Tulln an der Donau. — Stadtbeschreibung, *p. 33, Abb. 20*

Ullmann, 1743, 1744

Vágó, Architekt, Budapest, 309, 314

Vallotton, Felix, Schweizer Maler, *p. 96*
Vally [auch Walli und Wally] = Wally Neuzil
„Velhagen & Klasings Monatshefte, Berlin"; an E. S.: 1241, 1360
„Ver", Zeitschrift, 1301
Vera, 1493
„Verband, Akademischer, für Literatur und Musik", Wien, 366
„Verein bildender Künstler Münchens, Sezession", 269, 312, 321, 353, 414, 439, 443, 445, 462, 463, 597, 637, 641, 645, 659, 900, 907, 1208, 1226, 1404, 1788, 1802; an E. S.: 250, 323, 415, 463, 605, 609, 611, 673, 972, 1339, 1477, 1551; *p. 572*
„Vereinigung bildender Künstler Österreichs, Secession", 439, 447, 557, 1312, 1332, 1346, 1351, 1358, 1362, 1366, 1368, 1373, 1380, 1381, 1392, 1394, 1411, 1417, 1423, 1425, 1427, 1428, 1429, 1432, 1434, 1438, 1447, 1460, 1677, 1739, 1784, 1796; an E. S.: 416, 417, 437, 438, 1483, 1511, 1525, 1736; *Kapitel XIV; p. 568, 572*
„Ver Sacrum", Zeitschrift der Wiener Secession, *p. 83*
Vetter, Hofrat, 1344, 1349, 1352, 1380, 1381, 1390, 1623[?]; *p. 572*
Viditz-Ward, Anton, Major, 1544, 1566; an E. S.: 1484, 1773; *p. 572*
Villach-Kärnten. — Aufenthalte von E. S.: 540, 542, 545, 550, 690, 694, 697, 698
„Volksblatt, Deutsches", 460, 461
„Volkszeitung, Österreichische", 1297
Vuillard, Edouard, französischer Maler, *p. 96*

Wachlmeyr[?], 1661
Wachtel-Krch, Luise, Schwester des Vaters von E. S., 5, 21, 35, 58
Wacik, Franz, Maler, 1468
Wärndorfer, Fritz, Mitbegründer der „Wiener Werkstätte", 110, 338, 516; *p. 531, 572*
Wagner, Dr. Ernst, Maler, 1348, 1366, 1387, 1390, 1477, 1479, 1482, 1492, 1503, 1534, 1538, 1542, 1546, 1587, 1778; an E. S.: 1282, 1425, 1495, 1507, 1522, 1578, 1613, 1695, 1721; *p. 441, Anm. 2; 572; Abb. 269*
Wagner, Max, Gründer des E. S. Archivs, *p. 572; Abb. 271*
Wagner, Otto, Architekt, 104, 110, 117, 141, 169, 248, 570, 956, 1802; *p. 59, 119, 122, Anm. 16; 551; 573; Abb. 270*
Wagner, Richard, deutscher Komponist, *p. 407, Anm. 8*
Wagner-Boerner = Marga Boerner
Walde, Alfons, Maler; an E. S.: 1429, 1753
Waldmüller, Ferdinand Georg, Maler, *p. 97*
Wally, Freundin Schieles = Wally Neuziel
Walser, Karl, Schweizer Maler, 393
Waniek, Herbert, Regisseur, 1301, 1341,

1493, 1521, 1531, 1533, 1545, 1722[?], 1726[?]; *p. 574*
Waniecek [auch Wasiceck], 1722, 1726, 1741, 1743
Wa[r]chalowski, Frau W., 977
Wartmann, Kunsthistoriker, Zürich, 1802; an E. S.: 908, 1110
Waske, Erich, deutscher Maler, 623, 626
Watschy = Wetchy
Wawra, J. C., Kunstversteigerer, 1463, 1082 a, b
Weber, 1600, 1606
Webern, Anton von, Komponist, *p. 574; Abb. 272*
Wedekind, Frank, deutscher Schriftsteller, *p. 60*
Weigang, Franz, Architekt, *p. 574; Abb. 273*
Weininger, Otto, Philosoph, *p. 60*
Weippel, Theodor, Leutnant, *p. 574*
Weiser, Dr. Hans, Strafverteidiger von E. S., 338, 341, 342, 409, 425; *p. 195, 199, Anm. 3; 574*
Weixlgärtner, Arpad, Hofrat, Kunsthistoriker, siehe auch: „Gesellschaft für vervielfältigende Kunst", 791, 846, 1111, 1355, 1610; an E. S.: 1411, 1440, 1519, 1582, 1601; *p. 574*
„Welt, Moderne", Zeitschrift, 1470
Weltkrieg, 1914—1918, *pp. 281, 282*
Wengraf, Paul, Kunsthändler, 1778; an E. S.: 1262, 1286, 1511, 1513; *p. 574; Abb. 274*
Werfel, Alma und Franz [Schriftsteller], *p. 545*

„Westermanns Monatshefte", Braunschweig, 398
Westheim, Paul, deutscher Kunsthistoriker, 1185
Wetchy, Dr. Josef, Arzt in Hietzing
Wiegele, Franz, Maler, 85, 867, 1170, 1317, 1462, 1477, 1679; an E. S.: 661; *p. 99, 575*
„Wieland", deutsche Zeitschrift, 780, 837, 993
„Wiener Werkstätte", 98, 213, 214, 229, 244, 276, 300, 338, 362, 427, 428, 470, 496, 516, 545, 546, 619, 728, 729, 887, 1111, 1765, 1784; *p. 17, 95, 119, 197, 575; Abb. 275—282*
Wiesbaden. — „Nassauischer Kunstverein", geplante Ausstellung, 1918: 1677, 1680, 1732, 1742
Wiesenthal, Grete, Tänzerin, 1403; *p. 539*
Wildgans, Anton, Dichter, 1510; *p. 514*
Wilhelm II., deutscher Kaiser, 867, 1161
Willersdorfer, R., Maler[?], 85
Willy [Familienname unbekannt], Bekannter von Edith Harms, 746, 748, 749, 881, 1312; an Edith Harms: 490; *p. 575*
Wimmer-Wisgrill, Eduard Josef, Kunstgewerbler, 104, 214, 216, 244, 362, 1715, 1802; *p. 575*
Witzmann, Carl, Architekt, Bühnenbildner, 883, 1111
Wlutzky, 1638
Wöhrer, 1739
Wolf, Frau und Tochter, 458
Wolf, Grete, Gattin von Leopold Krakauer, Maler, 612, 1503, 1507, 1542, 1778; an E. S.: 1698; *p. 577*
Wolff, Kurt, Verleger, München, 1494

Zakovšek, Karl, Maler, 85, 123; *p. 577; Abb. 281*
Zalociecki = Sas-Zalociecky
Zawadowski, Waclaw, Maler, Paris, 623
„Zeit, Die", Zeitschrift, 1792
Zelezny, Franz, Bildhauer, 1468
Zerner, Tinny, Schülerin und Modell von E. S., 1431, 1445, 1452, 1466, 1475, 1487, 1493, 1505, 1515, 1535, 1545, 1549, 1555, 1596, 1760, 1764, 1778; *p. 545, 558, 568*
Zeymer, Fritz, Architekt, 1579
Ziegler, Hilde, von E. S. 1918 porträtiert, 1703, 1737, 1740, 1743, 1764; an Anton Peschka: 1789
Zoir, Emil, schwedischer Maler, 253, 258, 396, 466
Zorn, Anders Leonard, schwedischer Radierer, 258
Zuckerkandl, Bertha, Journalistin, 1802
Zülow, Franz von, Maler, 1317, 1331, 1477; *p. 577*
Zürcher Kunstgesellschaft, an E. S.: 908, 1110
„Zürcher Zeitung, Neue", 1462
Zürich. — Aufenthalt von E. S., 1912[?], 384; Ausstellungen: 764, 779, 828, 1114, 1115, 1174, 1291, 1316, 1433, 1447, 1530
Zunzer, Johann, Journalist[?], *p. 199, Anm. 3*
Zweig, Stefan, Schriftsteller, 124